U0526263

本研究为国家自然科学基金面上项目"中国营商环境、总经理自主权与企业技术创新：制度基础观与高层梯队理论整合视角下的多层次研究"（72072137）的阶段性成果。

中国营商环境、战略领导与技术创新

张三保◎著

中国社会科学出版社

图书在版编目(CIP)数据

中国营商环境、战略领导与技术创新/张三保著. —北京：中国社会科学出版社，2022.11
ISBN 978-7-5227-1083-9

Ⅰ.①中… Ⅱ.①张… Ⅲ.①投资环境—研究—中国②经济管理—研究—中国③企业管理—技术革新—研究—中国 Ⅳ.①F832.48②F123③F279.23

中国版本图书馆 CIP 数据核字(2022)第 235113 号

出 版 人	赵剑英	
责任编辑	王　曦	
责任校对	李斯佳	
责任印制	戴　宽	

出　版	中国社会科学出版社	
社　址	北京鼓楼西大街甲 158 号	
邮　编	100720	
网　址	http://www.csspw.cn	
发行部	010-84083685	
门市部	010-84029450	
经　销	新华书店及其他书店	

印刷装订	北京君升印刷有限公司	
版　次	2022 年 11 月第 1 版	
印　次	2022 年 11 月第 1 次印刷	

开　本	710×1000　1/16	
印　张	19	
插　页	2	
字　数	286 千字	
定　价	108.00 元	

凡购买中国社会科学出版社图书，如有质量问题请与本社营销中心联系调换
电话：010-84083683
版权所有　侵权必究

前　言

"十四五"时期是中国由全面建设小康社会向基本实现社会主义现代化迈进的关键时期，是"两个一百年"奋斗目标的历史交汇期，也是积极应对国内社会主要矛盾转变和国际经济政治格局深刻变化的战略机遇期。2020年年初暴发的新冠疫情，更加剧了外部环境的不确定性和潜在风险。面对国际贸易竞争日益加剧、国内经济增速放缓的严峻挑战，国家审时度势，深化科技体制改革，确定了创新驱动发展的国家战略，并出台了优化营商环境、弘扬企业家精神、促进科技创新和产业升级的一系列配套政策。那么，在中国经济追赶过程中，制度和领导如何作用于技术创新？

为了历史地、辩证地回答上述问题，本书基于对中国技术创新政策演进与发展历程的把握，开展如下五个探索：（1）中国经济追赶与技术创新的初始条件——地方政府及其官员有何特点？（2）从政府与市场的互动看，中国情境下宏观环境因素与微观企业行为之间如何相互作用？（3）从政府与市场的协同看，中国举国体制的演进如何推动技术创新升级？（4）自上而下地，中国的制度环境和经理自主权如何影响企业技术创新？（5）自下而上地，企业家推动产业升级与制度创新的路径是什么？

运用文献研究、政策文本分析、案例研究、统计与计量分析等方法，我们获得如下研究结论：

第一，新中国成立至今的科技进步战略与道路转换经历了五个阶段。无论是知识产权、国家创新指数还是企业创新能力，中国技术创新都取得了杰出成就，确立了作为全球创新领先者的地位。当然，中国的制度指标相对于其他指标仍处于劣势，尤其是监管环境表现较差，亟待完善。

第二，地方政府积极主义以及政府的领导力，是中国经济发展与技术创新众多初始条件中最重要的条件。其中，地方政府企业化行为既有经济和政治上的积极效应，也有经济和社会上的消极作用，且消极作用正日渐超过积极效应。基于高阶理论的逻辑框架，中国地方官员静态特征的效应涉及年龄、任期、教育水平、专业背景、性别五种人口统计特征的作用；动态过程的效应包括其来源、工作经历、去向、交流、更替和晋升竞争六个方面的影响。

第三，中国情境下 2012—2021 年的宏微观结合研究中，对宏观因素关注程度由高至低依次是：政治、环境、经济、社会文化、法律和技术因素；微观因素则依次为：微观企业结果、财务战略、研究与开发战略、公司治理。其中，宏观环境对微观企业行为的效应包括主效应、中介效应和调节效应三类，并以主效应为主，较少涉及中介效应；微观企业行为对宏观环境的影响，主要体现在政治、经济、社会文化和环境因素方面。

第四，在推动中国移动通信产业技术标准经历"3G 突破、4G 同行、5G 引领"的技术追赶过程中，举国体制发挥了"有为政府 + 有效市场"的积极作用。（1）技术标准制定的新型举国体制以市场为主导，发挥多主体协同创新优势：企业通过技术创新发挥创新主体作用，政府通过制度创新发挥支撑引领作用，产业联盟通过组织创新发挥技术标准促进作用。（2）中国从 3G 到 5G 技术标准的发展中，企业逐渐主导了标准化过程，其作用日益突出；政府的角色从主导到引导，在标准的国际化中不可替代；产业联盟沟通了企业与政府，在传递资源和信息方面的重要作用日益凸显。（3）技术标准的举国体制呈现出"政府主导"→"政府与市场并重"→"市场主导"的演变过程。

第五，制度环境和战略领导作用于企业创新的路径如下：（1）地区正式与非正式制度环境，如政府干预与保护程度、司法公正程度、金融发展水平、劳动力灵活性、民营化程度和外商投资水平、社会信任等，均会对总经理自主权产生影响；（2）总经理自主权与企业研发投入正相关，而与研发投入波动负相关；（3）总经理自主权中介了制度环境与企业研发投入的关系。

第六，在"制度不完善"环境中，制度企业家可以通过"先嵌入，后突破"的行动路径，来推动制度"从有到新"的变革；在"制度空白"的环境中，制度企业家通常采取"先投资，后证明"的模式实施创新，实现制度"从无到有"的转变。百年未有之大变局下，制度企业家在平衡国家与企业利益的过程中，尤其应考量国家安全诉求。

基于以上研究结论，未来可从以下六个方面开展研究和政策实践：其一，发挥地方政府积极主义优势，规范地方政府企业化行为；其二，完善地方官员治理，推动官员领导力研究；其三，推动宏微观相结合的研究，创新立足中国实践的理论；其四，发挥举国体制优势，推动关键技术创新；其五，完善影响技术创新的制度环境；其六，弘扬企业家精神，推动制度创新。

目 录

第一章 绪论 ……………………………………………………（1）
  第一节 研究背景与问题 ………………………………………（1）
  第二节 研究目标与意义 ………………………………………（3）
  第三节 研究思路与方法 ………………………………………（6）

第二章 理论基础与研究综述 …………………………………（9）
  第一节 理论基础 ………………………………………………（9）
  第二节 技术进步在经济发展过程中的作用 …………………（11）
  第三节 发展中国家技术进步的路径及影响因素 ……………（12）
  第四节 发展阶段与科技创新的动态关系 ……………………（13）
  第五节 政府与市场在国家科技创新中的作用 ………………（14）
  第六节 制度、产业与领导在企业技术创新中的作用 ………（17）
  第七节 战略领导对制度创新的影响 …………………………（22）
  第八节 现有研究述评 …………………………………………（23）

第三章 中国技术创新的政策演进与发展现状 ………………（25）
  第一节 新中国科技进步战略与道路的转换：基于政策
          文本分析 …………………………………………（25）
  第二节 中国经济追赶中的知识产权变化：三个事实及
          三个阶段 …………………………………………（27）

第三节　中国国家技术创新的演进:以全球创新指数为例 …… (32)
第四节　中国企业技术创新能力的特征化事实:
　　　　以世界500强企业为例 ………………………… (40)

第四章　中国经济追赶与技术创新的初始条件:地方
　　　　政府与官员 …………………………………………… (44)
第一节　中国政府积极主义的表现:地方政府企业化 …… (44)
第二节　中国政府的领导力:地方官员的效应分析 ……… (63)
第三节　中国经济追赶与技术创新初始条件的小结 …… (89)

第五章　中国宏观环境与微观企业行为的双向互动:
　　　　十年回顾 ……………………………………………… (91)
第一节　文献来源、主题比较及分类 …………………… (92)
第二节　宏观环境对微观企业行为的主效应 ………… (100)
第三节　宏观环境对微观企业影响的调节效应 ……… (124)
第四节　微观企业行为的宏观效应 …………………… (136)
第五节　既有研究不足与未来研究方向 ……………… (140)

第六章　举国体制推进关键技术创新:中国3G到
　　　　5G的案例 …………………………………………… (145)
第一节　概念、理论与文献综述 ………………………… (148)
第二节　研究方法 ………………………………………… (154)
第三节　研究发现 ………………………………………… (156)
第四节　研究结论 ………………………………………… (170)
第五节　研究启示与政策建议 …………………………… (177)

第七章　中国制度环境、总经理自主权与企业技术
　　　　创新研究 ……………………………………………… (184)
第一节　分析框架、文献回顾与假设提出 ……………… (185)

第二节 假设检验 …………………………………………（192）
第三节 稳健性检验 ………………………………………（198）
第四节 本章小结 …………………………………………（201）

第八章 从技术创新到制度创新：中国制度企业家的案例研究 ……………………………………………（204）
第一节 问题提出：企业家应否"在商言商"？ ……………（204）
第二节 制度企业家的界定与特质 ………………………（205）
第三节 制度企业家改变制度的方式 ……………………（208）
第四节 制度企业家推动制度创新的案例分析 …………（209）
第五节 案例小结 …………………………………………（212）

第九章 研究结论与政策建议 …………………………（214）
第一节 研究结论 …………………………………………（214）
第二节 政策建议和研究方向 ……………………………（218）

参考文献 ……………………………………………………（223）

第一章 绪论

第一节 研究背景与问题

一 现实背景

"十四五"时期（2021—2025年）是中国实现"两个一百年"奋斗目标的关键时期。2020年年初暴发的新冠疫情，更加剧了外部环境的不确定性和潜在风险。面对国际贸易竞争日益加剧、国内经济增速放缓的严峻挑战，国家审时度势，深化科技体制改革，确定了创新驱动发展的国家战略。[①] 2021年3月发布的国家"十四五"规划纲要从"强化国家战略科技力量、提升企业技术创新能力、激发人才创新活力、完善科技创新体制机制"四个方面提出了"坚持创新驱动发展"的具体规划。[②] 2022年4月10日发布的《中共中央 国务院关于加快建设全国统一大市场的意见》进一步要求"促进科技创新和产业升级"。[③]

企业是创新的重要主体，在中国经济发展中扮演着重要角色（陈劲和李佳雪，2020）。企业家创新活动是推动企业创新发展的关键，企

[①] 参见 http://www.most.gov.cn/yw/201605/t20160520_125675.htm。

[②] 《中华人民共和国国民经济和社会发展第十四个五年规划和2035年远景目标纲要》，参见 http://www.gov.cn/xinwen/2021-03/13/content_5592681.htm。

[③] 《中共中央 国务院关于加快建设全国统一大市场的意见》，参见 http://www.gov.cn/zhengce/2022-04/10/content_5684385.htm。

业家精神的内涵之一便是勇于创新。2017年9月《中共中央 国务院关于营造企业家健康成长环境弘扬优秀企业家精神更好发挥企业家作用的意见》强调，营造企业家健康成长环境，弘扬优秀企业家精神，更好发挥企业家作用，对于激发市场活力、实现经济社会持续健康发展具有重要意义。

因而，在宏观经济转型和产业创新升级的背景下，从政府（制度、官员）和市场（行业、企业、企业家）两个方面及其互动入手，研究技术创新的多层影响因素和多阶段动态机制，以及企业家推动制度创新的路径，成为企业乃至国家创新驱动发展的现实、紧迫要求。

二　理论背景

任何创新至少包含两个层次，一个层次是行动者，另一个层次是行动者所嵌入的环境（Gupta, Tesluk & Taylor, 2007）。因此，需要从多层次和跨层次角度分析企业的创新机制，以深入揭示技术创新的本质（许庆瑞等, 2018；林润辉、张红娟和范建红, 2013；张红娟和谭劲松, 2014）。

过去四十多年，中外学者对企业创新或创新能力做了大量研究，从不同视角聚焦于创新的多个研究议题（综述请见：Garud, Tuertscher & Van de Ven, 2013；魏轩、陈伟和林超然, 2019）。然而，这些研究往往从宏观或微观视角把创新现象割裂开来。宏观层面上的创新研究关注包括社会信任、政府、法治、金融等在内的制度环境，以及市场结构、合作网络紧密度、创新成果可占有性等在内的行业环境。与宏观层面的研究不同，微观视角关注个人、团队和组织层面的创新动因。将创新的宏观与微观动因割裂开的研究范式，未能为业界和学界理解制度环境影响技术创新的机制，乃至从技术创新到制度创新的路径提供清晰答案。

鉴于此，未来研究应综合考虑宏微观层面因素对技术创新的影响，并在此基础上探索通过技术创新推动制度创新的路径，从而实现在理论创新上开辟新路。

三 研究问题

基于以上现实背景与理论背景，以及对中国技术创新政策演进与发展现状的把握，本书致力于探索如下五个核心问题：

第一，中国经济追赶与技术创新的初始条件——地方政府及其官员有何特点？

第二，从政府与市场的互动看，中国情境下宏观环境因素与微观企业行为之间如何相互作用？

第三，从政府与市场的协同看，中国举国体制的演进如何推动技术创新升级？

第四，自上而下地，中国的制度环境和经理自主权如何影响企业技术创新？

第五，自下而上地，企业家推动产业升级与制度创新的路径是什么？

为回答上述五个问题，本书致力于运用文献研究、政策文本分析、统计与计量分析、案例研究等，采用多层次研究方法，考察中国技术创新政策演进与发展现状，分析中国经济追赶与技术创新的初始条件，回顾中国情境下宏观环境因素与微观企业行为之间的互动研究，检验中国制度环境影响企业技术创新的机制与边界条件，并探索企业家推动制度创新的路径。

第二节 研究目标与意义

一 研究目标

通过对上文五个问题的深入探索，本书致力于实现以下三个方面的目标。

第一，基于自上而下的宏观—微观与自下而上的微观—宏观整合范式，构建能够解释新技术和新时代背景下，中国从技术创新到制度创新的理论框架。

第二，从多学科交叉对话的角度，建立起新的中国创新型企业外部制度环境的分析评价框架，从而具体指导新技术背景下，企业选择更为有效的路径提升企业创新，推动产业升级与制度创新。

第三，基于对中国技术创新的政策演进、发展现状、初始条件的研究结论，以及对影响技术创新的举国体制乃至制度与领导前因和机制的研究成果，提出操作性强的对策建议，致力于帮助中国政府优化制度环境和产业政策，帮助中国企业提升创新能力。

二 研究意义

（一）实践意义

本书以探索有中国特色的创新型企业乃至国家构建为主题，以提升技术和制度创新为目标，研究成果对中国企业实现技术创新、产业升级、打造创新型国家具有直接的启发与指导意义。如，一方面，政府需要在构建良好的制度环境方面有所作为，其方向应该是营造企业高管能够做出积极解读与回应的制度环境。另一方面，不可忽视微观层面对宏观层面要素的反馈影响。例如，中国企业技术创新的目标定位，要从利用制度和行业环境，转向影响甚至改变行业和制度环境，引导企业采取更为有效的创新战略，在新技术和新时代背景下推动产业升级和制度变革，从而克服外部环境因素的干扰与束缚，最终获得竞争优势。总之，本书可以为优化营商环境、培育企业家精神、构建创新型企业、建设创新型国家提供更有针对性、更为有效的理论依据。

（二）理论意义

本书根据中国技术创新的现实特征，结合现有研究成果，提出宏观与微观整合的研究思路与框架，力图解释和发现中国技术创新和制度创新的培育与发展途径。新的理论研究框架符合新时代背景下实现创新驱动经济发展的战略目的。所以，本书具有以下四个方面的理论意义：

第一，整合制度基础观和高阶理论，构建新的理论研究框架，致力于宏观与微观领域的有效连接。以往研究多分别关注影响技术创新的宏观或微观层面因素，这种割裂的视角未能充分揭示出现实技术创新实践的宏观和微观的统一性、互动性与复杂性，也不能解释在同一国家不同省份之间为何技术创新存在较大差异。由于理论研究纲领（Theoretical Research Program）探讨理论与理论间的关系，在这个层次上分析不同理论的联系更有助于做出理论贡献（杨治、王砚羽和夏军，2019）。本书整合制度基础观和高阶理论，构建新的理论研究框架来解读新时代背景下中国技术创新的影响因素与作用机制，一方面有助于推进在全球化与知识经济背景下的技术创新理论研究，另一方面深化和拓展制度基础观和高阶理论的内涵和外延，提升相关内容理论对重大现实问题的协同解释力度。

第二，深入剖析中国经济追赶过程中技术创新的初始条件，考察中国情境下宏观环境与微观企业行为的双向互动关系。本书分别从政府积极主义和地方政府的领导力两个视角，阐释中国经济追赶与技术创新的初始条件。并且，还将通过系统综述《中国社会科学》《经济研究》《管理世界》三种中文学术期刊中的宏微观研究，挖掘中国情境下影响微观企业行为的宏观环境因素。

第三，揭示制度企业家自下而上推动制度创新的路径。传统的技术创新过于关注自上而下的影响，忽视了微观层面能够反馈影响宏观层面要素的现实。本书旨在弥补这一空白。以提升企业技术创新为直接目标，以推动制度创新为落脚点，探讨其演进路径与增长的内在机制，从宏观与微观互动的角度，不但深入研究营商环境通过企业家对企业技术创新的影响，更综合考虑战略领导如何影响制度创新。这一闭合回路的研究，是创新研究领域的新尝试。

第四，实现研究方法上的可能创新，为技术创新提供全新的理论见解。在深刻把握技术创新和制度创新关键过程的基础上，本书将综合利用文献研究、政策文本分析、统计与计量分析、案例研究等，将技术创新乃至制度创新的产生、发展变化以及实施全过程有机贯穿到学术研究过程，实现研究方法上的可能创新，研究成果也预期能为新技术环境下创新型企业的构建提供全新的理论见解。

第三节 研究思路与方法

一 研究思路

本书的研究对象包括宏观层面的制度、中观层面的行业以及微观层面的企业及个体。为了使本书的结论具有较好的拓展性，样本将涵盖国有、民营以及外资企业，在规模上将包含大、中、小型企业，在行业上将涵盖多种类型的行业，在地区上将包含制度基础设施发展较高和较低的区域。正是这种多样化的背景以及不同的地区和行业环境给予企业创新不同的影响。

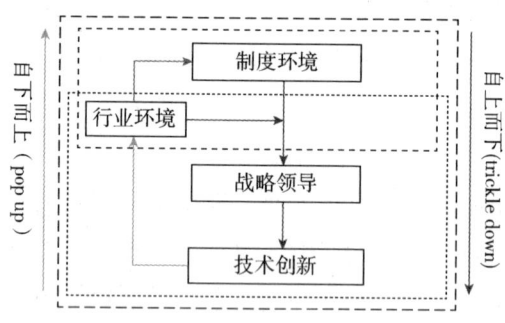

图 1-1 本书的研究框架

研究的总体框架如图 1-1 所示。研究思路从自上而下的垂滴（trickle down）过程与自下而上的涌现（pop up）过程两个链条跨层次展开。在整合研究框架的基础上，本书将运用多种方法开展研究，从宏观营商环境、中观产业环境到微观企业技术创新，再到中观产业升级乃至宏观制度创新。在闭环过程中，涵盖垂滴和涌现双向互动；在微观企业内部，致力于揭示企业家推动技术创新到制度创新的机制，并为企业和政府提供多方面的战略与政策启示。

本书的技术路线如图1-2所示。后文各章节安排如下：

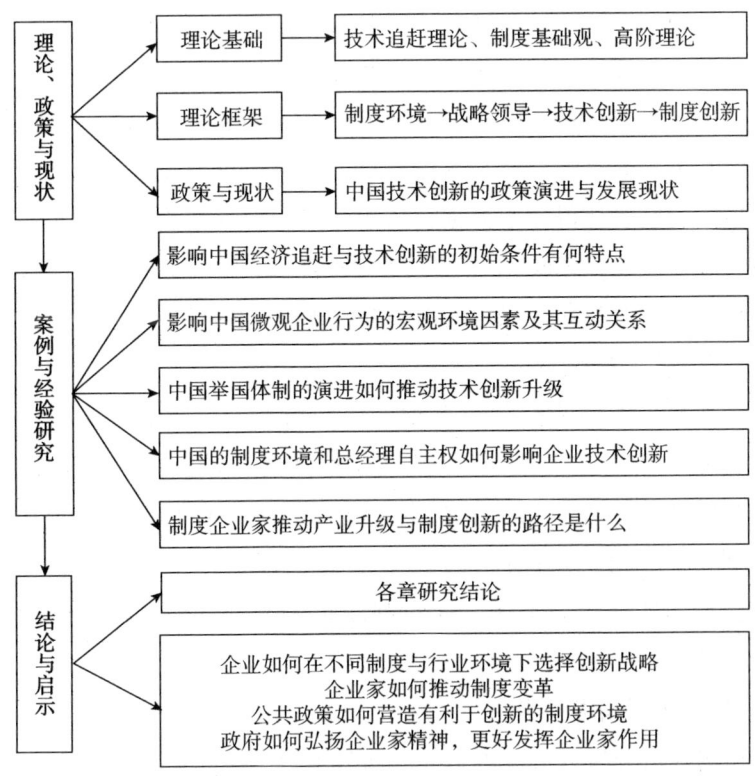

图1-2　本书的技术路线

二　研究方法

（一）文献研究法

围绕技术追赶理论、制度基础观以及高阶理论等，为研究如下内容提供借鉴：中国经济追赶与技术创新的初始条件——地方政府企业化行为以及地方官员效应、技术进步在经济发展过程中的作用、后发国家技术追赶与创新的路径及其影响因素、政府与市场在国家科技创新中的地位和作用、企业技术创新的多重影响因素以及企业家塑造创新环境的机制。在对相关文献进行系统梳理的基础上，结合案例研究，构建创新型企业的培育和提升路径的理论模型。

（二）统计分析及计量模型研究

一方面，运用统计数据，分析中国技术创新的演进与特征化事实。比如，以中国知识产权变化的三个事实管窥中国经济追赶的三个阶段，以全球创新指数为例反映中国国家技术创新的演进，以中国世界500强企业相关数据反映企业技术创新能力。另一方面，基于世界银行等大规模问卷调研获得样本数据，采用回归分析等方法对数据进行统计分析，验证假设、修改模型。通过实证数据的统计分析，重点探讨新技术环境下宏微观整合视角的创新型企业构建机制。

（三）案例研究

一方面，本书选择具有典型意义的行业——技术密集型的移动通信行业开展案例研究，探索从3G标准到5G标准的竞争过程中，中国政府和市场（包括企业和企业家）共同构成的举国体制在关键技术创新中的角色定位；另一方面，本书还选择滴滴打车和支付宝等平台型创新企业为案例，探索制度企业家自下而上推动制度变革与创新的路径。

（四）政策分析方法

运用政策分析方法，本书一方面基于新中国成立以来的政策文件，分析新中国科技进步战略与道路的转换，并将其分为向科学进军、科学的春天、科教兴国、自主创新、科技强国五个阶段；另一方面，基于既有的案例与定量研究，从优化营商环境和发挥企业家精神两个方面，为中国经济追赶和技术创新提供政策建议。

第二章 理论基础与研究综述

本章首先介绍三个理论基础，之后从技术进步在经济发展过程中的作用，发展中国家技术进步的途径与影响因素，发展阶段与科技创新的动态关系，政府与市场在国家科技创新中的作用，制度、产业与领导在企业技术创新中的作用、战略领导对制度创新的影响六个方面回顾既有研究，最后指出既有研究的不足，为后文开展有关研究以弥补不足打下基础。

第一节 理论基础

一 技术追赶理论

技术追赶是后发国家为缩短与产业领先国家之间的差距，不断获得技术能力，并在技术不断变化的条件下把这些能力转化为产品和工艺创新的过程（Pavitt，1993）。该理论起源于 Gerschenkron（1962）的后发优势理论，即落后国家可以利用其后发优势，通过技术引进、模仿等方式，缩小与领先国家的技术差距。该理论认为，后发经济体的追赶并非简单地追随先发经济体的发展路径，而是会创造新路径或技术跨越，走出一条与先发经济体不同的新路，来实现可持续的追赶（Lee and Lim，2001）。

以韩国为例，李根（2022）提出了该国企业三种不同追赶模式：路径跟随式、阶段跳跃式和路径创造式。对于路径跟随式而言，后发企业在发展路径上与先行企业相同，只是用时更短。阶段跳跃式和路径创造式统称为"技术跳跃"：其中，前者被称为"第Ⅰ类跳跃"，指后发企业在发展路径上与先行企业保持一定程度的一致，但由于跨越了某些阶段，从而节约了追赶时间；后者被称为"第Ⅱ类跳跃"，指后发企业在发展路径上跟随先行企业一段时间后，转而探索自己的发展路径。致力于能力尤其是技术能力建设和升级，韩国首先采用了路径跟随式追赶，之后再转向后两种追赶模式，实现了跨越式发展。这种能力观认为，决定一国能否实现持续增长的最根本因素并不在于政府在经济发展中所扮演的角色，而在于政府致力于企业能力的建设。可见，该理论不同于传统的政府与市场的二分法，而是更加强调政府与市场融合的协同作用。

二　制度基础观

制度基础观（Institution-based View）认为，组织与其所处的制度环境之间存在动态交互作用——制度可以自上而下地影响组织，组织也能自下而上地反作用于制度环境。其中，制度环境包括正式制度和非正式制度两种，它们与组织所在的产业状况和组织自身所拥有的资源状况共同影响企业的战略选择（如图2-1）。并且，制度的作用在转型经济国家表现得更为明显（Peng，2002）。

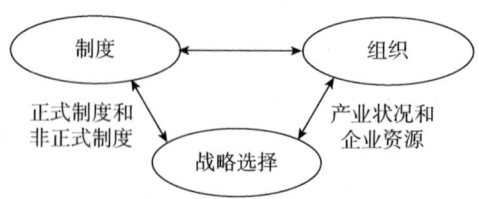

图2-1　制度基础观的核心观点

资料来源：Peng（2002）。

制度基础观有两个核心假设：第一，企业及其管理者在制度约束下理性追求自身利益，并做出战略选择；第二，正式制度与非正式制度共同支配企业行为，当正式制度失效或空白时，非正式制度能够降低不确定性、坚定管理者与企业信心（彭维刚，2007）。

基于制度基础观的既有探讨，多强调制度环境对组织的直接影响（Bjornskov & Foss，2016；蓝海林等，2010）。鉴于此，希特和徐凯（2019）强调，未来研究有必要从单一制度分析转向多元制度的复杂效应分析，从单一层次制度分析转向跨层次制度的组合效应分析，从制度效应的静态分析转向考察制度效应的动态和演化效应。高阶理论为厘清制度环境作用于企业行为的机制提供了新视角（Finkelstein, Hambrick & Cannella, 2009）。除了政策、制度与行业环境，还应关注经理自主权，以及战略与内部资源和外部环境的匹配（许德音和周长辉，2004）。

三　高阶理论

高阶理论（Upper Echelons Theory）认为，高层管理者基于自身经历、信念与价值观所形成的对事物的认知解读而采取行动，进而影响企业层次的战略与绩效（Hambrick & Mason, 1984）。在复杂组织变革日益常态化、地理分散化以及新技术日新月异的现阶段，企业高层在组织中的影响力比以往都更具有广度和深度（Quigley & Hambrick, 2015；Hambrick & Quigley, 2014）。此外，如图2-2所示，研究表明，CEO对企业绩效变异量的解释力略高于行业，仅次于企业本身特性（Crossland & Hambrick, 2007）。

第二节　技术进步在经济发展过程中的作用

经济增长理论对于技术进步在经济发展中的作用认知经历了三个阶段。

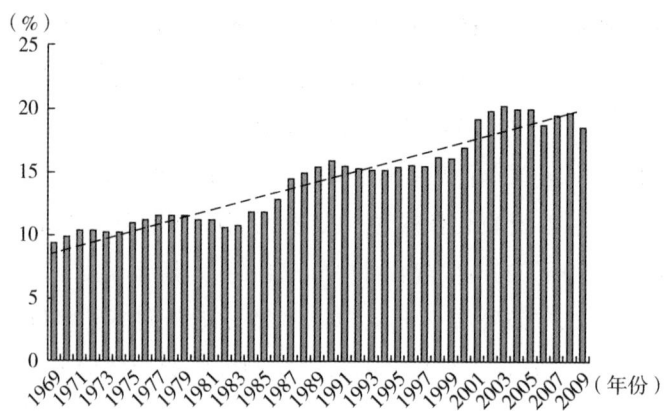

图2-2 1969—2009年CEO对企业绩效的影响效应

资料来源：Quigley & Hambrick (2015)。

第一阶段，古典增长理论否认科技进步，并据此认为经济增长不具有连续性。在亚当·斯密和大卫·李嘉图创立的古典经济增长理论中，经济发展的决定因素被归纳为土地、劳动力和资本三要素。其中，由于土地是固定的，而劳动力和资本是相对可变的，因而经济增长取决于劳动力投入和资本投入。

第二阶段，新古典增长理论认可外生科技进步。20世纪50年代末期，索洛、斯旺和米德等人建立起的新古典增长模型，一方面认可科技进步作为经济增长的决定因素；另一方面又假定它是外生变量，排除将其作为影响经济增长的最重要因素。

第三阶段，新增长理论强调内生科技进步。20世纪80年代以来兴起的新增长理论又称内生增长理论，如卢卡斯的人力资本模型、罗默的知识模型等，认为技术进步不是外生的，而是一个国家的制度、政策、环境所内生出来的（王守宝，2010）。

第三节 发展中国家技术进步的路径及影响因素

发展中国家实现技术进步主要有两条路径：自主研发和技术引进

(郭熙保，2019）。中国科技创新的相关研究主要关注技术追赶（technology catch-up），即后发国家通过学习和研发，减少或消除与技术水平领先的先发国家之间的技术差距，最终实现技术超越的过程（刘建新等，2011）。如前所述，技术追赶主要有"特定轨迹"和"技术跳跃"两种路径（Lee and Lim，2001）。

技术追赶路径的选择，受到技术进步的累积性、技术轨迹的稳定性、技术差距、技术发展速度等技术特质，以及经济社会因素如经济发展程度、外商直接投资（FDI）等的影响（Guo et al.，2013）。具体而言，技术进步累积性越强、技术轨迹越不稳定，追赶者越难确定研发目标，追赶所需研发投入越大，就越需要采用路径跳跃式或路径创造式追赶模式（Lee and Lim，2001）。

第四节　发展阶段与科技创新的动态关系

一　后发国家技术追赶的动态性

技术追赶期内，外部环境的变化会导致追赶路径的动态变化。这些外部环境包括：技术生命周期与基础技术的变化，外部制度与市场环境的持续变化（Ayyagari et al.，2011）。这就要求后发国家制定技术追赶战略时，除要审慎利用自身的比较优势把握住"机会窗口"外，还应根据技术升级和制度变革做出调整，以实现制度与技术的协同演化（Gao and Liu，2012；Romer，2010）。

中国技术追赶面临的追赶情境发生了巨大变化。改革开放后，中国通过吸引外资、扩大出口，主动将自身创新网络、资源网络、市场网络置于全球分工体系中（迟福林，2021），加快了技术追赶进程。但是，由于习惯享受市场换技术的红利，国内企业普遍缺乏自主创新能力（陈劲等，2021）。发达国家长期以来的严格技术封锁，使得中国难以通过引进技术和出口导向实现技术追赶。近年来西方国家技术封锁的升级，使得中国在关键技术领域被"卡脖子"的问题愈加凸显，技术追赶出现更大不确定性（牛志伟等，2020）。

可见，随着国内外社会、经济和科技的迅速变化，不同时期的发展矛盾、发展对象和发展方式会动态影响中国技术追赶模式，未来研究应分阶段对其中的技术追赶路径进行动态剖析。

二 发展阶段与技术创新的关系

一般而言，创新与经济发展之间呈正相关关系：一个经济体越发达，其创新就越多，反之亦然。全球创新指数的统计（GII，详见第三章）证实了这种关系。当然，有些经济体打破了这种模式。相对于其预期表现和发展水平，有些经济体的表现高于或低于预期。以 2021 年的 GII 为例，有 19 个经济体相对于其发展水平来说表现高于预期——它们被称为创新实现者。其中，中国的发展水平相对于国内生产总值而言远高于预期，是当之无愧的创新领导者。并且，在全球最具创新力的 30 个经济体中，中国仍然是唯一的中等收入经济体，并首次进入东南亚、东亚和大洋洲地区前三位。[①]

第五节 政府与市场在国家科技创新中的作用

一 政府在国家科技创新中的作用

在国家创新体系中，政府主要扮演了协调者和指导者的重要角色（Lundvall，2007）。

第一，作为制度供给者，政府通过制定和实施政策推动科技创新，如产业发展制度、知识产权制度、公共研究制度、海外研究制度。在

[①] 参见 https：//www.wipo.int/edocs/pubdocs/en/wipo_pub_gii_2021/cn.pdf。

新兴经济体中，国家层面制度以资源集中性和政策强制性效应为手段，是科技创新的关键保障（魏江等，2016）。

第二，通过公共投资打造创新环境，为科技创新提供先决条件（Asheim et al.，2007）。具体包括：系统解决创新人才和投资资本缺乏等问题（Spigel and Harrison，2018）；牵头组建产业联盟、行业协会、公共服务平台等，整合、协调创新资源，增加科技产业竞争力和开放程度，甚至影响全球技术标准制定（Kwak et al.，2011）。

第三，通过公共采购增加产品需求，激励企业开展技术创新活动（Georghiou et al.，2014）。此外，采取引导基金股权投资、研发补贴、税收优惠等手段，刺激科技企业的研发投入（Lokshin and Mohnen，2013；Kang and Park，2012；Czarnitzki and Lopes-Bento，2011）。研究表明，政府扶持对成长早期阶段的科技企业至关重要——能增加企业获得后续投资的概率，并对其创新成果和创新收入带来积极影响（Howell，2017）。

当然，政府对科技创新的影响并不总是有效或积极的。一方面，政府政策对高质量技术创新的刺激作用有限，研发补贴等政策对产业创新和生产率提升作用不显著（Dolfsma and Seo，2013）。另一方面，在双方信息不对称的情况下，政府政策可能会对科技创新带来反向激励作用，扭曲企业创新动机（安同良等，2009；Acemoglu and Robinson.，2013），甚至对科技企业研发活动造成"挤出效应"，即出现政府失灵现象（McQuaid，2002）。

二 市场在国家科技创新中的作用

市场机制通过竞争优胜劣汰、引导短期资源配置、鼓励自发的创造性等方式，促进科技创新（路风和何鹏宇，2021）。在中国情境下，市场的作用还体现在国内市场庞大、需求多样以及产业链基础相对完整，从而促使创新主体有较大动机和能力在细分领域投入研发，进而推动科技创新（程鹏等，2011）。中国可以基于本土市场规模产生的收益，通过与外国公司合作，在较短时间内形成自身创新能力（徐康宁和冯伟，2010）。

与政府一样，市场在推动科技创新中也会出现失灵，即造成创新资源配置缺乏效率或资源配置失当的情况（贾诗玥和李晓峰，2018）。市场机制不能自动带来重大突破，以实现经济发展所要求的结构性重大变化（路风和何鹏宇，2021）。当面临技术封锁、市场垄断等不完全竞争条件或技术标准、创新回报具有较大不确定性时，科技企业的创新投入意愿较低。

三 政府与市场的融合在国家技术创新中的作用

由于单纯依靠政府或市场力量推动技术创新均可能出现失灵，二者需要有机融合以共同推进技术创新。根据新熊彼特增长理论，国家层面技术创新体系的顶层设计需要围绕"政府—市场—技术"的多层次模式来进行（Romer，1986）。对于政府而言，不仅要发展制度能力，还要恰当处理自身与市场的关系（韩寅，2015）。比如，通过建立独立监管机构，提升技术创新效果（Lin et al.，2018）。对于新兴高技术产业而言，更需要市场拉动和政府推动的共同作用，以增强产业创新的协同效应（Peters et al.，2012；Nemet，2009）。

作为中国情境下有为政府与有效市场融合发展的重要实践，新型举国体制强调充分发挥市场在资源配置中的决定性作用，同时坚持政府在技术发展中的引导作用，以克服和弥补市场作用的缺陷（陈云贤，2019）。一些研究探索了新型举国体制的内涵和运作逻辑（蔡跃洲，2021；陈劲等，2021），并将其与政府主导的传统举国体制进行对比（李哲和苏楠，2014），指出新型举国体制的核心在于平衡政府与市场的关系（廉思秋等，2021）。因此，在中国发展历程中，动态考察政府与市场各自扮演的角色以及二者之间互动的演化规律，将有助于理解政府主导的传统举国体制如何向政府与市场融合发展的新型举国体制转变。

第六节 制度、产业与领导在企业技术创新中的作用

以下分别从政府和市场两个层面中的制度环境、产业环境、企业所有制、战略领导四个层面,论述企业技术创新的影响因素。

一 制度环境对企业技术创新的影响

(一)正式制度对企业技术创新的影响

目前学界对影响企业技术创新的正式制度要素的探讨,主要聚焦于转型国家或新兴经济体,尤其是中国情境。在国际情境下,Barasa等(2017),Maksimov、Wang和Luo(2017)分别研究了转型国家的制度与企业创新的关系。Wu和Park(2019)检验了国际制度复杂性与新兴市场国家跨国企业的创新。Szczygielski(2017)表明,政府支持对私有企业创新的支持作用在制度完备的情况下更有效。Xie和Li(2018)则验证了制度发展水平对于新兴市场中企业出口和创新之间关系的调节作用。

在中国情境下,整体而言,良好的市场化环境推动了企业技术创新(Qu, Qu & Wu, 2017;鲁桐和党印,2014;王立清等,2011;张杰等,2011)。以下分别从三个方面梳理正式制度因素影响企业技术创新的研究。

第一,政府对企业技术创新投入的作用包括积极和消极两个方面。一方面,政府服务(廖开容、陈爽英,2011)、政府减少干涉(顾元媛和沈坤荣,2012)以及政府研发补助(朱斌、李路路,2014;李健、杨蓓蓓和潘镇,2016)等因素,均显著促进企业的研发投入;并且,中国政府对企业的研发资助对企业自身研发投入具有杠杆效应,工业化发展阶段会不断增强此杠杆效应(廖信林、顾炜宇、王立勇,

2013）。另一方面，民营经济竞争程度和政府管制（廖开容、陈爽英，2011）、基于GDP的晋升竞争、地方政府财权与事权的不匹配（顾元媛、沈坤荣，2012），则对企业研发投入产生显著消极影响。综合来看，Jia（2017）对政府政策对企业创新数量与新颖性的影响研究表明，政府积极推动创新确实可以增加创新的总量，但如何保证创新的数量与质量之间的平衡，仍然是一个棘手的任务。

第二，法治与中介组织发展水平对企业技术创新投入的影响。法治环境（王永健等，2016）、法律制度（邵传林、徐立新，2015；江雅雯、黄燕和徐雯，2011）、名义和实际知识产权保护水平的提高（尹志锋等，2013；廖开容、陈爽英，2011），均显著正向影响企业研发投入。当然也有研究认为，现阶段中国知识产权保护水平尚未对中国企业研发投入产生正效应（李蕊、沈坤荣，2014）。此外，律师和会计师等市场中介组织服务条件、行业协会对企业的帮助程度（曹琪格、任国良和骆雅丽，2014）、公共研究机构（林承亮和许为民，2013）均显著正向影响企业R&D投资。

第三，金融发展、劳动力供给对企业技术创新投入的效应。高效的金融体系能促进企业的研发活动（冉光和、张冰和庞新军，2013；江雅雯、黄燕和徐雯，2011），而金融约束和资金可得性显著抑制了企业R&D投入（廖信林、顾炜宇和王立勇，2013；张杰等，2012）。信贷寻租和融资约束都能显著抑制企业创新（张璇等，2017）。进一步，地区市场化进程与企业R&D强度的正相关关系在央企最显著；对于地方国有企业而言，这种推动作用容易被地方政府的干预所削弱（纪晓丽，2011）。此外，国内传统廉价劳动力的短缺、劳动力成本的持续上升，是很多企业持续进行创新投入的重要动力（林炜，2013）。

（二）非正式制度对技术创新的影响

研究表明，社会信任（李晓梅，2013；张三保和张志学，2012）、社会资本（林洲钰、林汉川，2012；陈爽英等，2010）、社会网络（Balachandran & Hernandez, 2018；张红娟与谭劲松，2014；钱锡红、杨永福和徐万里，2011；池仁勇，2005），以及中国情境下的关系文化

(Xie 等，2017），均正向影响企业创新投入。相反，杜善重（2019）则发现，董事长与总经理之间的亲缘关系会降低家族企业的创新投入；袁建国、后青松和程晨（2015）也认为，企业政治关联阻碍了企业创新活动，降低了创新效率。可见，中国情境下的非正式制度尚未得到有效开发，其对企业技术创新的影响尚无定论，这两方面都值得进一步探索。

二 产业环境对企业技术创新的影响

国际学者对影响企业创新的行业因素的探讨，主要包括但不限于七个方面：产业政策（Aldridge & Audretsch，2010）、市场结构（Voss et al.，2006）、合作网络（Zhang et al.，2019；Howard et al.，2016；Cox et al.，2015；Ozer & Zhang，2015）、买家/顾客/用户的需求（Priem et al.，2012）、行业之间的知识溢出（Funk，2014）、产学研互动（Mowery & Sampat，2006）以及市场专用性状况（Encaoua & Martinez，2006），等等。

国内对影响企业创新的行业因素的归纳主要包括市场集中度和要素密集度。比如，市场集中度与研发强度之间存在显著的倒 U 形关系（寇宗来和高琼，2013）。又如，中国上市公司所属的劳动密集型、资本密集型和技术密集型三类行业中，第二至第十大股东持股比例、基金持股比例和董监高持股比例均正向影响研发投入（鲁桐和党印，2014）。

三 企业所有制对企业技术创新的影响

中国正处于经济转型的进程中，企业的所有权结构相对复杂，国有企业与民营企业（尤其是家族企业）是最为常见的两类特殊企业。不同所有制类型企业具备不同的资源禀赋——国有企业通常比民营企业从体制内获得更多资源，因而它们对企业创新投入与产出的影响存在显著差别。比如，企业自身现金流、注册资本及商业信用会增加，而银行贷款则减少企业 R&D 投入；就 R&D 投入来源而言，国有企业依靠现金流、注册资本以及银行贷款，民营企业则依赖现金流、注册资本和商业信用（张杰等，2012）。并且，业绩考核制度显著提高了央企的创新水平，并显著提高创新对企业价值的边际贡献；而民营企业不受该项制度影响。然而，尽管国有企业更容易获得关键的 R&D 资源，但其创新效率较低（Zhou et al.，2017）。引入非控股国有股权能够显著增强民营企业的创新能力；制度环境落后地区的民营企业引入非控股国有股权对其创新投入的促进作用更强，而制度环境发达地区的民营企业引入非控股国有股权对其创新产出的促进作用更强（邵云飞、李刚磊和徐赛，2019）。

所有制影响企业创新的现有研究，主要考察其与外部制度的交叉作用。比如，政府补贴对企业创新绩效的促进作用，在民营企业比国有企业更大，且在要素市场扭曲程度低的地区更大；所有制上述关系的调节作用还依赖于要素市场的扭曲程度（杨洋、魏江和罗来军，2015）。又如，进口对从事一般贸易的民营企业创新活动产生了更强的促进效应，而对从事加工贸易的民营企业创新活动产生了抑制效应；与发达国家开展的进出口贸易对中国本土民营企业创新活动的抑制效应更为突出。然而，国企对跨国公司的依赖性、学习封闭性及创新能力之间的恶性循环被国产化政策强化了；由于缺少和跨国公司建立直接联结的机会，民有企业摆脱了国有企业所面临的恶性循环（江诗松、龚丽敏和魏江，2011）。

以上研究表明，尽管国有企业能比民营企业获得更多资源禀赋从而增加创新投入，但同时也可能由此导致"锁定效应"而弱化创新能力。此外，政治因素与市场因素对企业创新存在潜在的交互作用，尽管企业拥有高水平的政府关系和具有创新性的经济利益相关者都能够提升企业的创新绩效，但两者联合时会削弱该积极作用。因而，未来有必要进一步考察不同所有制企业在企业技术创新中的不同作用。

四 战略领导对企业技术创新的影响

(一) 高管团队因素对企业技术创新投入与产出的影响研究

高管团队传记性与非传记性人力资本对企业研发投入存在或正或负两种影响（朱焱和张孟昌，2013）。一方面，高管团队的平均受教育水平、平均任期和职业经验以及非离职组高管持股（郭葆春和张丹，2013），技术性背景高管团队成员的比重、引入激励机制后高管团队人力资本的激励（罗正英、汤玲玲和常嬛，2013），均与R&D投入强度正相关。另一方面，高管团队的平均年龄、离职组高管持股（郭葆春和张丹，2013），高管团队平均在位时间（罗正英、汤玲玲和常嬛，2013），团队中创始经理人比例及其兼任CEO（陈闯和刘天宇，2012），均与企业R&D投入强度负相关。此外，团队股份均匀度会稀释创始经理人对企业研发投入的影响（陈闯和刘天宇，2012）；高管团队的多样性能够提升企业创新绩效（Boone等，2018）；进一步，Schubert和Tavassoli（2020）研究表明，高管团队多样性决定了企业是否完全从事创新活动，而中层管理团队影响企业创新实际结果；高管团队稳定性也会影响企业技术创新绩效（张兆国、曹丹婷和张弛，2018）。

(二) 高管个体因素对企业技术创新投入与产出的影响研究

影响企业创新的高管个体因素主要包括年龄、性别、学历、任期、素质（康艳玲等，2011；邵敏，2012；安同良等，2009），高管预期（谢震、艾春荣，2014；甄丽明，2013），以及总经理自主权，等等。比如，当企业通过外部招聘而非内部选拔CEO时，企业研发效率降低（Cummings & Knott，2018）。特别地，从总经理自主权与企业研发投入的关系来看，存在相反的结论。一方面，总经理自主权越大，企业就更可能加大创新投入（Wangrow等，2015；张长征和胡利利，2011；苏文兵等，2010；Sahaym & Steensma，2007；彭倩，2007）。另一方面，总经理自主权与企业R&D投资显著负相关（Dong & Gou，2011；

张长征、赵西萍和李怀祖，2006）。可见，总经理自主权对企业技术创新投入的效应尚未形成定论。

第七节　战略领导对制度创新的影响

一　国际背景下企业家推动制度创新的研究

自下而上的创新影响过程体现在企业对制度和行业创新环境的塑造上。外部环境不仅形成了企业创新的条件和约束，而且也被企业所影响。制度和行业环境能否充分反映企业创新需求，从企业角度看，很大程度上取决于企业影响外部环境发展的能力（Macher & Mayo, 2014；Oliver & Holzinger, 2008）。一些同样处于创新环境不够良好的企业，能够利用对环境的塑造能力，在激烈的市场竞争中成长起来。

在解释企业如何应对制度压力时，社会学及组织理论领域的学者惯用制度理论来解释并侧重于研究企业能够采取的应对措施，如服从（DiMaggio, 1988）、退耦（decoupling）（MacLean & Behnam, 2010；Westphal & Graebner, 2010）以及主动操纵（Oliver, 1991）。比如，黄冬娅（2013）对中国企业家影响地方政策过程进行了探讨。政治经济学领域的学者倾向于利用利益集团理论解释企业如何影响制度环境：利益集团能增强其成员影响公共政策的能力（North, 1991；Spiller & Liao, 2006；Henisz & Zelner, 2005）。战略管理学者主要依赖企业政治行为理论来解释企业对环境的影响。企业政治行为理论认为在市场经济中，行业环境是社会各种利益团体（包括企业）的权力斗争和利益平衡的结果（Shaffer, 1995；Mahon & McGowan, 1998）。企业可以通过财务刺激、信息游说、社会力量动员等非市场战略影响制度环境（Choi, Jia & Lu, 2014；Hillman, Keim & Schuler, 2004；Hillman & Wan, 2005）。

可见，企业可以通过两条途径实现企业对行业环境等创新生态系统的反馈：第一，竞争效应，如果企业的创新水平很高，成为行业内的标杆企业，就可能并购其他企业，改变行业的竞争规则；第二，示范效应，其他企业很有可能在制度压力等因素作用下模仿该企业的创新战略等组织架构和设计，或者与该标杆企业形成战略联盟，改变行业的网络结构，从而影响行业环境、制度环境等创新生态系统。

二　中国情境下企业家推动制度创新的研究

学界将能够推动制度创新的企业家称为"制度企业家"。研究者们普遍认为，在中国制度变迁过程中，制度企业家扮演了重要的促进者和推动者的角色。比如，邵传林（2015）研究表明，民营企业家群体在中国市场化制度变革中更多地扮演着正面角色，其正面作用要大于负面作用；也就是说，民营企业家群体促进了中国式制度变迁进程。从更广泛的范围，张维迎（2013）认为，人类社会博弈的游戏规则是长期历史演化的结果，而不是计划设计的产物，但有一些"制度企业家"对社会规范和法律的形成产生了举足轻重的影响。汤邦锐（2017）指出，制度变迁和企业家精神之间存在双向互动：制度结构会影响企业家行为，作为市场微观主体的企业家也在推进制度变迁；中国市场化制度变迁过程，既是一个制度的模仿与自发、局部与系统变迁并存的过程，又是一个复杂性和不确定性融于企业家行动中的随机过程。

第八节　现有研究述评

第一，现有对影响技术创新外部环境的探讨，多聚焦于行业环境要素，对中国情境下影响企业技术创新的制度因素的开发相对不足。因此，未来研究可进一步挖掘中国情境下影响微观企业行为尤其是技术创新的制度要素。具体而言，可基于文献研究，探索中国经济追赶过程中技术创新的初始动力，以及影响企业行为的宏观环境因素。

第二，在技术创新的形成机制上，既有研究对其影响因素的探讨，分别基于制度/产业/资源基础观及高阶理论，涵盖了制度、行业、企业、团队和个体等多层级要素，但是鲜有研究有效考察这些要素的整合作用。鉴于此，未来研究可一方面选择技术密集型行业，考察上述综合影响因素构成的举国体制对技术创新的作用机制。另一方面，参考张三保和张志学（2014）构建的"宏观—微观"研究框架，整合制度基础观和高阶理论，构建"制度环境→战略领导→企业创新"的理论模型并开展经验研究，以建立宏观与微观领域的有效连接。

第三，在制度创新的形成机制上，尽管推动制度变革的制度企业家已受到关注，并形成了理论研究和案例研究两方面成果。然而，一方面，理论研究迄今多停留在论证制度企业家的积极作用，而在制度创新的形成机制上，甚少有研究清晰阐明从战略领导到企业创新进而推动行业演变并最终实现制度创新的路径。另一方面，尽管中国情境下已有一些历史和现实的案例剖析弥补了从微观到宏观实证研究的不足，但对历史上制度企业家的研究仍屈指可数，对当代涌现出的制度企业家的关注也较为欠缺，不利于历史地、全面地阐明自下而上的制度创新过程与机制。鉴于此，未来研究应进一步加强中国情境下制度企业家的案例研究，从而为企业家推动制度创新的机制建设提供可能。

第三章　中国技术创新的政策演进与发展现状[*]

基于前述理论与文献回顾，本章首先从历史的角度梳理新中国成立以来科技进步战略与道路的转换过程；之后，运用公开数据，分别从知识产权、全球创新指数和企业技术创新能力三个角度，呈现中国技术创新的演进过程与发展现状。

第一节　新中国科技进步战略与道路的转换：基于政策文本分析

基于不同历史阶段的国家政策文本，我们将新中国成立至今的科技进步战略与道路的转换划分为五个阶段，如表3-1所示。

表3-1　新中国成立以来科技进步战略与道路的转换

阶段	1949—1977年 向科学进军	1978—1994年 科学的春天	1995—2005年 科教兴国	2006—2011年 自主创新	2012年以来 科技强国
阶段特征	技术复制	技术引进	跟踪模仿转为自主创新	增强自主创新能力	创新驱动、全面创新
阶段地位	落后	努力追赶	逐渐赶超	赶超并行	并行甚至部分领先

---

[*] 作者感谢DBS-2022项目组中的"中国科技创新历史研究小组""中国企业500强创新研究小组""GII中的中国创新小组""中国企业创新研究小组"各位成员的出色助研工作。

续表

阶段	1949—1977年 向科学进军	1978—1994年 科学的春天	1995—2005年 科教兴国	2006—2011年 自主创新	2012年以来 科技强国
科学思想	向科学进军、自力更生	科学技术是生产力、四个现代化最关键的是科学技术现代化	科学、教育	走中国特色自主创新道路、把增强自主创新能力贯彻到现代化建设各个方面	创新是新发展理念之首、把创新摆在国家发展全局的核心位置
科技创新地位	科学技术是实现现代化的关键	科学技术是生产力	科学技术是先进生产力的集中和主要标志	建设创新型国家是国家发展战略的核心，是提高综合国力的关键	创新是引领发展的第一动力
科技与经济的关系	科学研究服务于国家事业，科技政策以国防和经济双重导向	经济建设依靠科学技术，科学技术面向经济建设	经济建设依靠科学技术，科学技术面向经济建设，努力攀登科学技术高峰的指导方针	促进科技与经济更加紧密结合	以科技发展促进经济发展新方式的形成
科技体系市场化程度	高度计划性	建立社会主义市场经济体制	充分利用计划和市场两种手段	以市场为导向	市场在资源配置中发挥基础作用
产业结构	快速实现工业化，以重工业和国防工业为重	产业结构调整，农轻重协调发展	加快产业结构优化升级	高技术产业迅速发展，产业结构明显优化	推进大国重器研究、基础研究、应用基础研究
企业的创新主体地位	科技成果由政府分配给企业	企业承担的科技任务比较小	企业的创新主体地位初步确立	进一步确立和强化企业的创新主体地位	企业的创新主体地位进一步加强

资料来源：作者整理。

以上五个阶段中，中国的科技发展道路经历了从技术复制、技术引进，到跟踪模仿转为自主创新、增强自主创新能力，再到创新驱动、全面创新的转换过程；科技地位从落后挨打的局面发展到如今在某些领域与西方国家并行甚至领先；在党的领导下，科学技术始终被摆在关乎国家发展的重要位置；科技发展与经济发展的联系逐渐紧密，科技政策更是以转变经济发展方式为目标导向，科技创新对经济发展的贡献程度不断加深；科技创新资源的配置方式逐渐由计划转为市场；产业结构不断完善升级；企业的创新主体作用也不断加强。

第二节 中国经济追赶中的知识产权变化：三个事实及三个阶段

专利是技术创新活动的重要产出，专利数量是衡量技术创新水平的重要变量。1949年新中国成立后，尚无相关的专利法规法律，专利数量更无从谈起。直到1984年3月12日《中华人民共和国专利法》审议通过，并于1984年4月1日起施行。此后专利法先后历经了3次修订，修订时间分别是1992年、2000年和2008年。中国专利包括发明、实用新型、外观设计3类，其中发明专利最能体现技术的创新水平；而且相对于申请专利而言，授权专利具备更高的新颖性、创造性和实用性（高继平，2021）。据此，我们搜集了几组知识产权变量数据——发明专利、实用新型专利与外观设计专利；国内专利与国外专利；企业专利与个人专利，通过观察这些专利变量的变化趋势，来总结新中国成立以来中国科学技术进步的阶段性特征。

一 中国知识产权变化的三个事实

（一）专利类型方面

第一，如图3-1，1985—2020年，除了2003年、2005年和2009年略低于外观设计以外，中国实用新型专利一直都是申请授权数量最多的专利类型；并且，2011年以后实用新型专利申请授权量呈爆炸式增长，与其他两类专利申请授权量之间的差距不断扩大。

第二，除了早期的 1985 年、1988 年、1989 年、1990 年、1991 年和 1992 年以外，外观设计专利的申请授权数量都高于发明专利，1992 年以后外观设计专利与发明专利的申请授权量差距逐渐扩大，但 2014 年以后这种差距有所缩小。

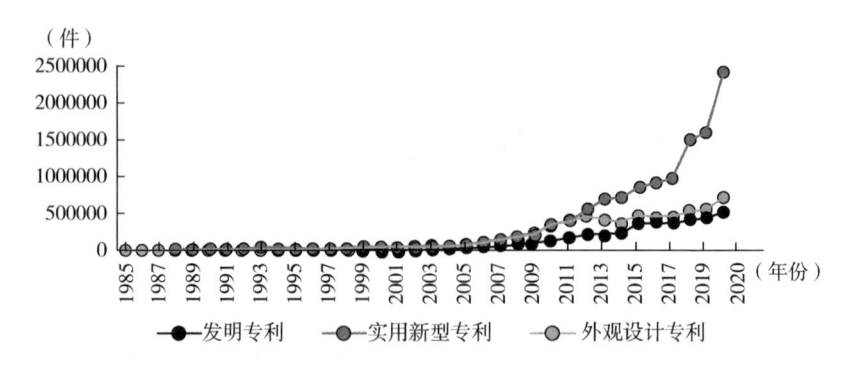

图 3-1 中国三种类型的专利申请授权量（1985—2020 年）

第三，发明专利的申请授权量总的来说是三种专利类型当中最少的，占比一直低于 30%，且呈波动状态（见图 3-2）。

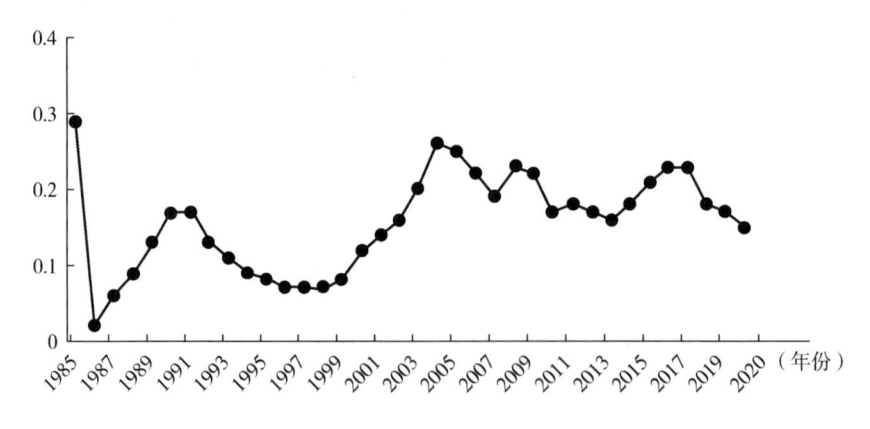

图 3-2 中国发明专利占比（1985—2020 年）

（二）国内与国外专利方面

1985—2020 年，中国国内专利申请授权量一直远远多于国外专利（图 3-3），国内专利占比一直在 80% 及以上（见图 3-4）。

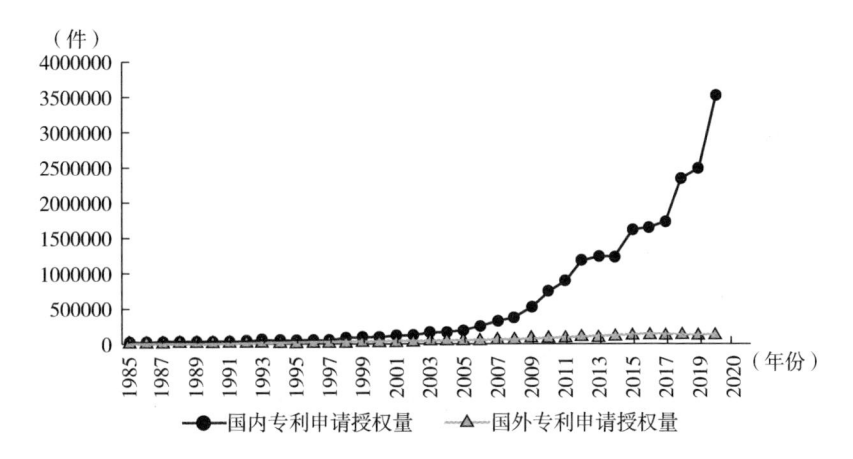

图 3-3 中国国内与国外专利申请授权量（1985—2020 年）

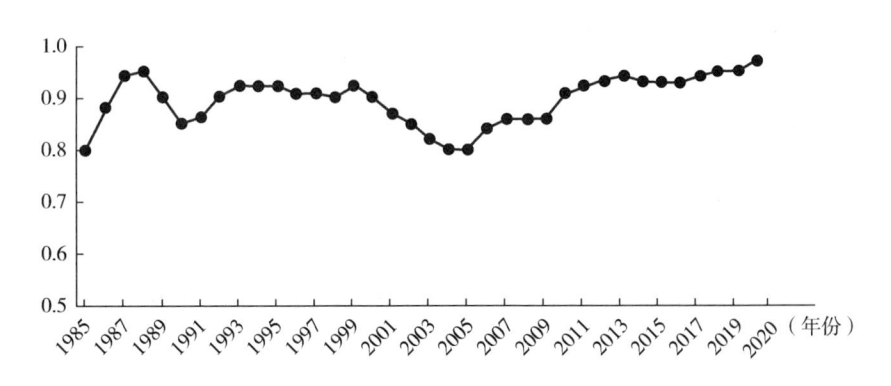

图 3-4 中国国内专利占比（1985—2020 年）

（三）企业与个人发明专利方面

在追赶初期（1995—2003 年），企业发明专利仅占少数，中国个人发明专利多于企业发明专利（见图 3-5）；只有在追赶后期（2004—2020 年），企业发明专利的占比才开始增加并超过了个人发明专利，且差距越来越大（见图 3-6）。①

---

① 考虑到数据的可获得性，我们使用国内"职务发明专利申请授权量"中的"企业发明专利申请授权量"代表中国企业发明专利申请授权量；使用国内"非职务发明专利申请授权量"代表中国个人发明专利申请授权量。

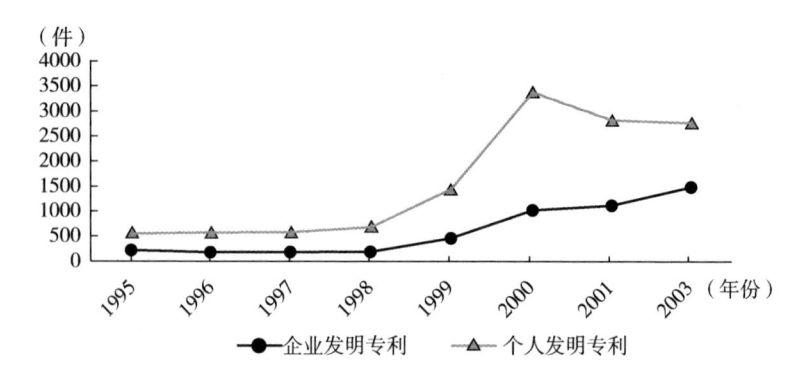

图3-5 中国国内企业及个人发明专利申请授权量（1995—2003年）

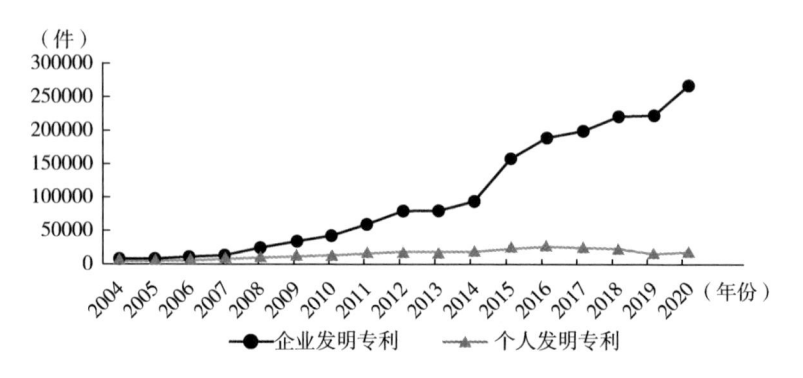

图3-6 中国国内企业及个人发明专利申请授权量（2004—2020年）

二 中国知识产权变化的三个阶段

我们可以将1985—2020年分为三个阶段，来阐释上述三个方面的事实，如表3-2所示。

第一个阶段是1985—1999年。该阶段的特点是国内技术水平低，国内专利申请授权量停留在万级，发明专利申请授权量更是没有突破万级，三种类型的专利中发明专利占比也很低。

第二个阶段是2000—2009年。该阶段中国技术水平快速提高，国内专利申请授权量达到十万级别，且10年间国内专利授权量从10万以下增长到50万；发明专利占比是三个阶段中最高的，进一步说明该阶段技术水平相对于第一个阶段来说有了很大进步；企业发明专利占比不断攀升；2001年中国加入WTO，经济对外开放程度进一步提升，中国市场的发展吸引了很多国外企业在中国申请专利，导致国内专利占比降低。

第三个阶段是2010—2020年。该阶段中国技术水平急速提升并趋向成熟，国内专利申请授权量突破百万级别；国内专利重新回到90%以上的水平，这主要得益于中国企业技术与创新能力的极大提升，企业发明专利占比突破50%，开始在国家科技创新中发挥主体作用。

表3-2　中国的三个追赶阶段与知识产权变量的变化趋势　　单位：件

	第一阶段：1985—1999年				第二阶段：2000—2009年				第三阶段：2010—2020年			
	平均	1985年	1995年	1999年	平均	2000年	2005年	2009年	平均	2010年	2015年	2020年
国外专利	3252	27	3816	8055	39338	10109	42384	80206	102724	74205	121215	118367
国内专利	32150	111	41248	92101	215884	95236	171619	501786	1682084	740620	1596977	3520901
国内专利占比	0.90	0.80	0.92	0.92	0.84	0.90	0.80	0.86	0.94	0.91	0.93	0.97
发明专利	3229	40	3393	7637	53820	12683	53305	128489	323999	135110	359316	530127
发明专利占比	0.11	0.29	0.08	0.08	0.20	0.12	0.25	0.22	0.18	0.17	0.21	0.15
中国企业发明专利	241	—	205	462	9773	1016	7712	32160	146405	40049	158620	268366
中国个人发明专利	778	—	598	1412	6227	3353	5944	13126	19343	13618	24618	16924
国内发明专利	1839	—	1530	3097	23679	6177	20705	65391	243844	79767	263436	440691
中国企业发明专利/国内发明专利	0.13	—	0.13	0.15	0.34	0.16	0.37	0.49	0.58	0.50	0.60	0.61

第三节 中国国家技术创新的演进：以全球创新指数为例

一 全球创新指数指标体系构成

全球创新指数（GII）是由康奈尔大学、欧洲工商管理学院（INSEAD）和世界知识产权组织（WIPO）共同构建的、衡量经济体经济创新能力的评价体系（见表3-3）。它们基于国家创新能力的范围，构建了20项三级指标、80项四级指标，广泛探讨了包括政治环境、教育等在内的创新情况。[①]

自2011年开始，迄今已发布11份年度报告。各年度主题如下：

2011年：加快增长和发展；[②]

2012年：加强创新联系，促进全球增长；[③]

2013年：创新的本地活力；[④]

2014年：创新中的人才要素；[⑤]

2015年：促进发展的有效创新政策；[⑥]

2016年：全球创新 致胜之道；[⑦]

2017年：创新养育世界；[⑧]

2018年：世界能源 创新为要；[⑨]

2019年：打造健康生活·医学创新的未来；[⑩]

[①] 参见 https://www.wipo.int/global_innovation_index/zh/。
[②] 参见 https://www.wipo.int/edocs/pubdocs/en/economics/gii/gii_2011.pdf。
[③] 参见 https://www.wipo.int/edocs/pubdocs/en/economics/gii/gii_2012.pdf。
[④] 参见 https://www.wipo.int/edocs/pubdocs/en/economics/gii/gii_2013.pdf。
[⑤] 参见 https://www.wipo.int/edocs/pubdocs/en/economics/gii/gii_2014.pdf。
[⑥] 参见 https://www.wipo.int/edocs/pubdocs/en/wipo_gii_2015.pdf。
[⑦] 参见 https://www.wipo.int/edocs/pubdocs/zh/wipo_pub_gii_2016.pdf。
[⑧] 参见 https://www.wipo.int/edocs/pubdocs/en/wipo_pub_gii_2017.pdf。
[⑨] 参见 https://www.wipo.int/edocs/pubdocs/zh/wipo_pub_gii_2018-abridged1.pdf。
[⑩] 参见 https://www.wipo.int/edocs/pubdocs/zh/wipo_pub_gii_2019.pdf。

2020年：谁为创新出资；[①]

2021年：在新冠疫情期间追踪创新。[②]

表3-3　　　　　　全球创新指数评价指标体系

一级指标	二级指标	三级指标
创新投入指数	制度	政治环境
		管理环境
		商业环境
	人力资本和研究	教育
		高等教育
		研究和开发
	基础设施	信息和通信技术
		能源
		通用基础设施
	市场完善度	信用
		投资
		贸易与竞争
	商业完善度	知识工作者
		创新联系
		知识吸收
创新产出指数	科学输出	知识创新
		知识影响
		知识推广
	创新输出	创新无形资产
		创新商品和服务
		网络创意

二　中国创新指数的演变趋势

（一）中国 GII 得分与排名演变

自2013年以来，中国的GII排名持续稳步上升，确立了作为全球创新领先者的地位，展示出中国创新能力建设的杰出成就（见图3-7）。

[①] 参见 https：//www.wipo.int/edocs/pubdocs/zh/wipo_pub_gii_2020.pdf。
[②] 参见 https：//www.wipo.int/edocs/pubdocs/en/wipo_pub_gii_2021.pdf。

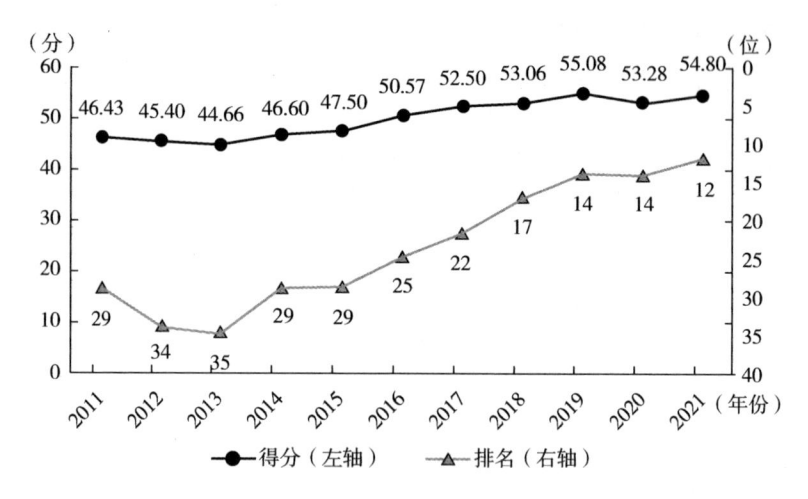

图 3-7 中国创新指数得分与排名（2011—2021 年）

2021 年中国 GII 为 54.80，排名世界第 12 位，创造了历史最好成绩，列东南亚、东亚和大洋洲区域第 3 位。同时，中国位于中等偏上收入组第 1 位，成为创新排名前 30 位中唯一的中高收入国家。

（二）中国创新投入与产出指数得分与排名演变

中国的创新投入指数排名在 2012—2016 年提升迅速，2017—2021 年则呈现稳中有升的态势（见图 3-8），但是创新投入指数排名相对于 GII 排名来说还有较大的差距。

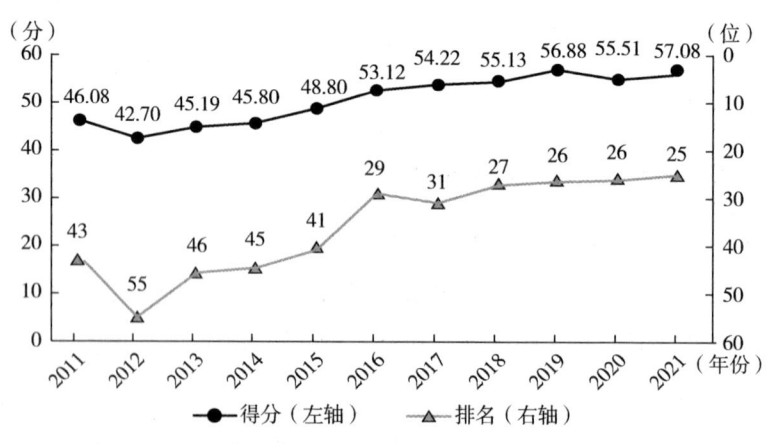

图 3-8 中国创新投入指数得分与排名（2011—2021 年）

中国的创新产出方面在2011—2021年表现卓越（见图3-9），总体呈上升趋势，且自2018年起已跻身世界前十位，居绝对的领先地位。

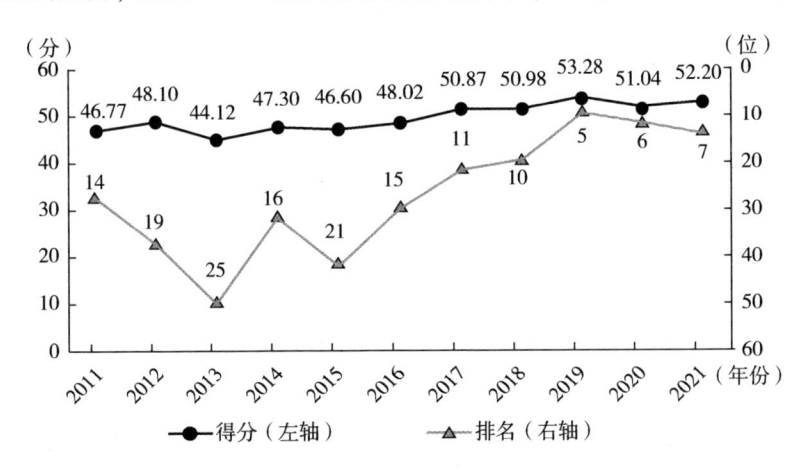

图3-9 中国创新产出指数得分与排名（2011—2021年）

中国在创新投入与产出指数的排名差距较大。2021年，中国创新产出指数排名世界第7位，其产出水平与英国（第4位）、荷兰（第6位）和德国（第10位）等高收入经济体相当，而创新投入指数排名仅第25位，这说明了中国具有较高的创新投入产出比。

三 中国创新指数的特征

（一）制度

如图3-10，尽管制度指标得分逐步上升，从最低时的第121位提升至第61位，但仍不匹配中国领先的创新地位。中国制度环境在不断进步，这得益于中国稳定的政体和政府效率提升、营商环境改善。同时，中国的制度指标相对于其他指标仍处劣势，尤其是监管环境（2021年处于第106位）表现较差，亟待完善。

（二）人力资本与研究

中国的人力资本和研究指标在得分和排名上基本呈现稳步上升的

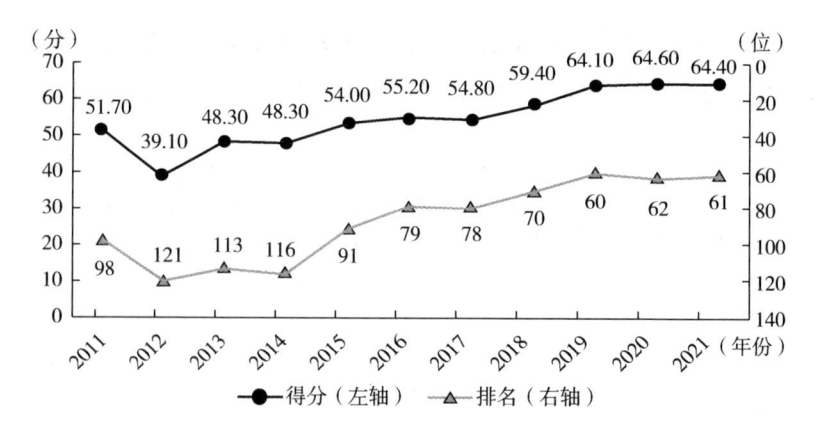

图 3-10 中国制度指标得分与排名（2011—2021 年）

趋势。得分从 2011 年的 39.90 提升至 2021 年的 50.60，排名从 2011 年的第 56 位提升到 2021 的第 21 位（见图 3-11）。这种稳步增长是中国对教育和科研的投入成果，2020 年，全国共投入 R&D 经费 24393.1 亿元，比上年增加 2249.5 亿元，增长约 10.2%。此外，中国的高等教育指标（2021 年为第 83 位）为劣势指标，高等教育入境流动率较低，高等教育国际吸引力偏弱。

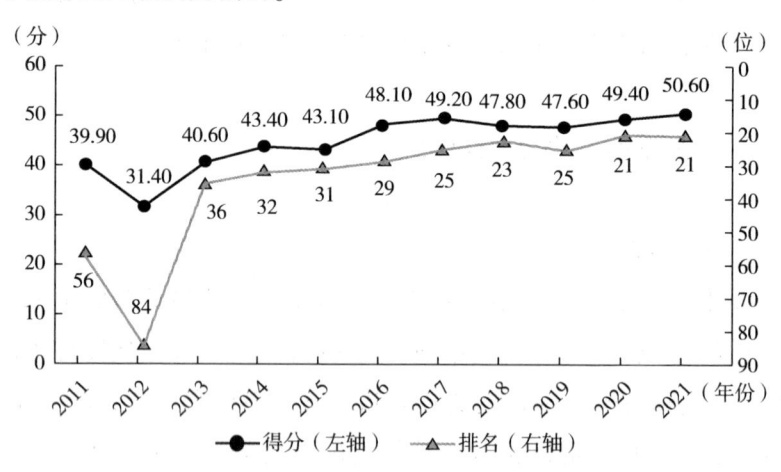

图 3-11 中国人力资本与研究指标得分与排名（2011—2021 年）

（三）基础设施

中国的基础设施指标得分与排名基本保持稳定，除少数年份变化以外，得分大体呈上升趋势，排名也在逐渐提前（见图3-12）。中国基础设施建设逐年完善，通用基础设施投入比重（2021年为第4位）远高于中高收入国家，信息和通信技术不断发展。此外，基础设施的短板在于环境保护与能源效率问题，虽然近年来中国在环境治理方面采取了积极的措施，但目前能效较低，实现"碳中和"的预期为2060年，比欧洲等高收入经济体要晚10年。

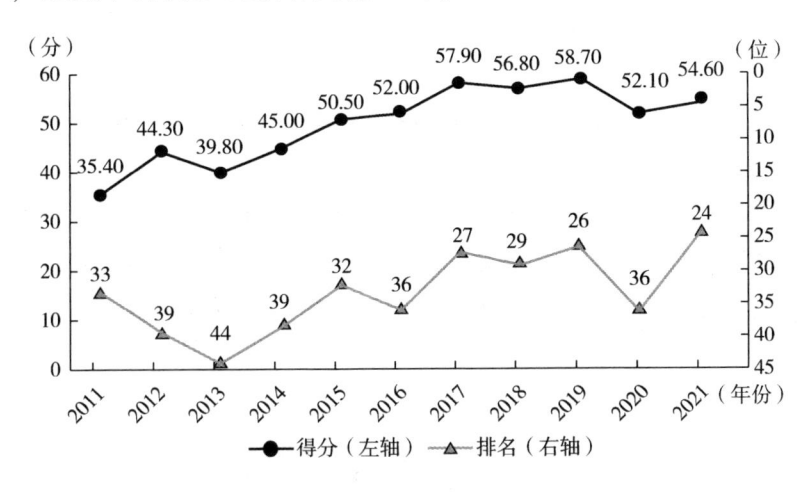

图3-12 中国基础设施指标得分与排名（2011—2021年）

（四）市场完善度

2011—2021年中国市场完善度方面，得分呈现稳定上升趋势。但排名的变化波动较大，2014年和2015年两年排名骤降，2016年排名又大幅上升，之后再未巨幅震荡，2018年以来保持上升趋势（见图3-13）。市场完善度方面，中国国内市场快速增长，市场规模稳居世界首位，信用指标不断提升。但同时，中国的投资指标得分和排名呈下降趋势，这表明中国在吸引投资方面仍存在较大问题，政府及相关部门应加强市场监管，完善相关制度，营造良好的投资环境。

（五）商业完善度

2011—2021年，中国商业完整度指标的排名在2016年达到最高峰（第7位）；之后除2020年外，其余各年全球排名均为前15位，表

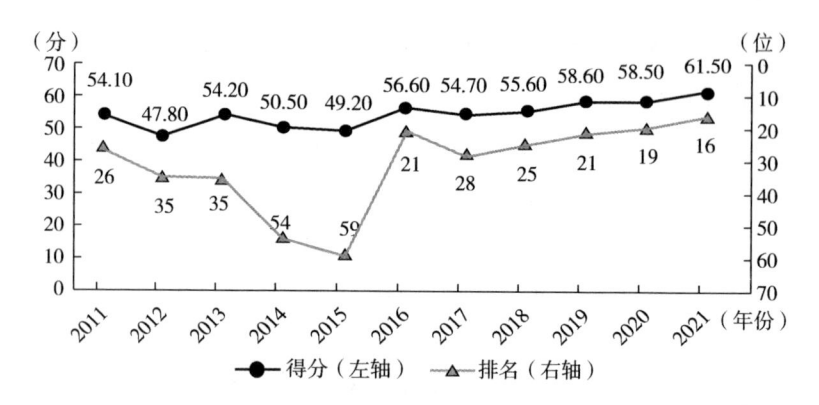

图 3-13 中国市场完善度指标得分与排名（2011—2021年）

明中国商业完整度长期位于世界前列（见图 3-14）。但同时，受中美贸易摩擦、全球经济形势放缓等因素的影响，FDI 流入净值占 GDP 比重、海外资金在研发支出中占比成为劣势指标，导致商业完善度指标排名的下降。

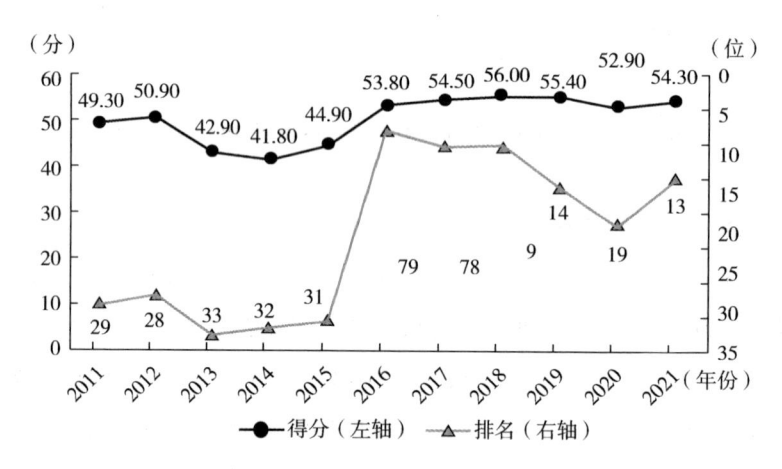

图 3-14 中国商业完整度指标得分与排名（2011—2021年）

（六）科学输出

2011—2021年，中国科学输出指标世界排名总体变动不大，居于世界高位，表现优秀：最低为 2011 年的第 9 位，最高排名为 2013 年、2014 年的第 2 位。得分方面总体波动亦不大，最高得分为 61.80，最低得分为 52.70（见图 3-15）。中国的专利密集型产业增加值占 GDP 比重、人均 GDP 增长率、制造业的升级和技术产品占出口额比重等指标都取得了亮眼的成绩，居世界前十位。

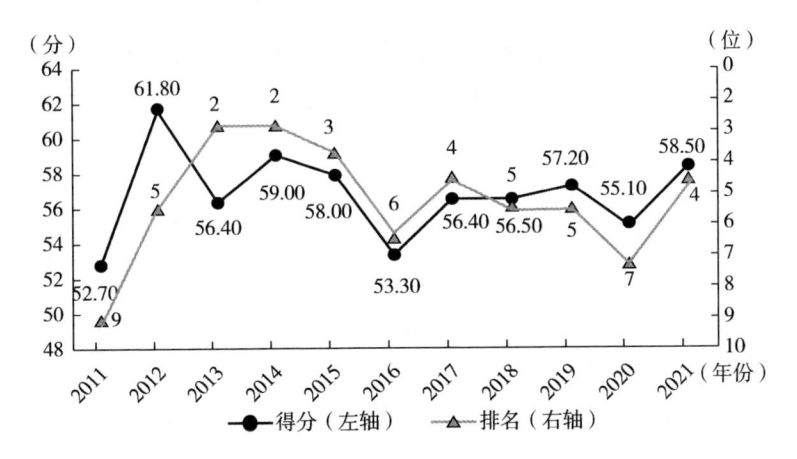

图 3-15　中国科学输出指标得分与排名（2011—2021 年）

（七）创新输出

如图 3-16，中国创新输出的世界排名虽然在 2011—2013 年出现了一定程度的下滑，但 2014—2019 年开始呈现稳步上升的趋势。然而，在 2019—2021 年，中国创新输出指标发展后劲不足，呈缓慢下降趋势，从第 12 位跌到第 14 位。在创新输出中，中国的商标数量、自

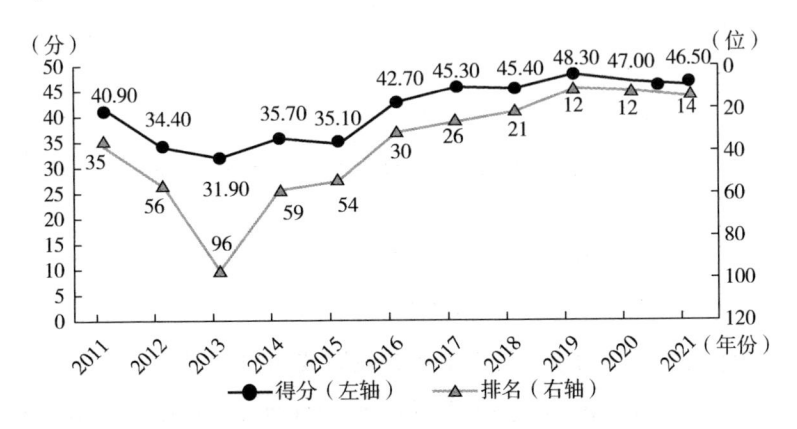

图 3-16　中国创新输出指标得分与排名（2011—2021 年）

主设计产品和创意商品出口量稳步增长，指标排名居世界第1位；文化创意产品（电影、音乐与文学作品等）出口占比低，为劣势指标。

第四节　中国企业技术创新能力的特征化事实：以世界500强企业为例

一　全球视野下的中国企业：中美两国世界500强企业

如图3-17，近20年来，世界500强企业中，中国企业上榜数呈现爆发式的增长态势，从2002年的11家跃升至2021年的132家，共增加了121家。其中，2002—2006年增速较缓且在2006年出现下跌，2007年进入快速增长期，2021年达到峰值。

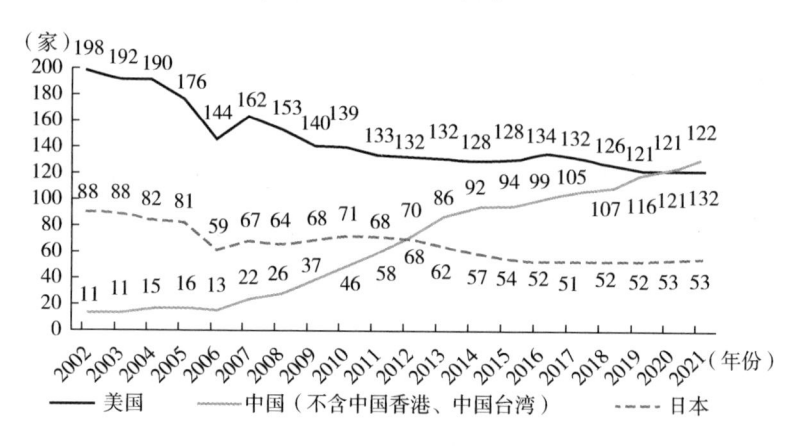

图3-17　美国、日本、中国世界500强企业数量分布（2002—2021年）

相比而言，美国上榜企业数在20年来大幅下降，从2002年的198家下降到2021年的122家；虽然在2007年和2016年有短暂回升，但整体趋势仍以减少为主。日本上榜企业数波动相对较小，从总体来看，呈下降趋势，从2002年的88家下降到2021年的53家。从2021年的数量来看，与美国、中国差距较大。

二 中国世界 500 强企业的创新特征

中国世界 500 强企业研发投入保持持续稳定增长态势。如图 3-18 所示，2021 年企业共投入研发费用 13066.47 亿元，中国企业的研发投入在突破万亿元大关后进一步增长，继续保持稳中求进增长态势。与上年相比，研发收入增加了 2312.41 亿元，增幅为 21.50%。

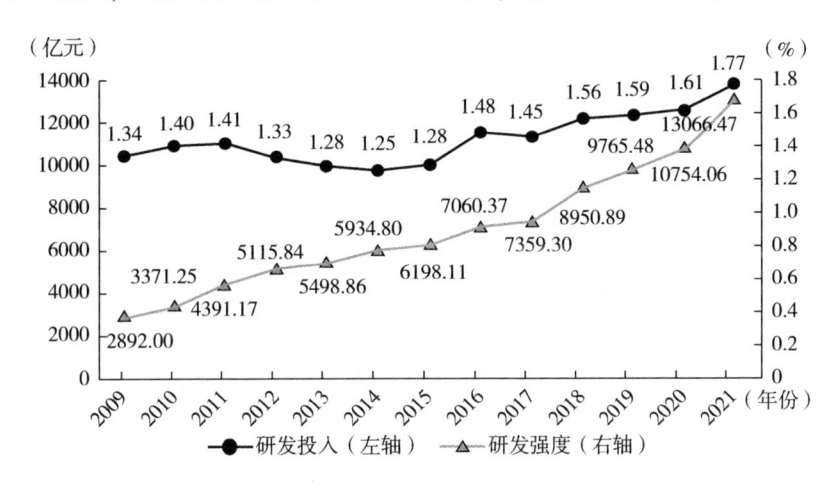

图 3-18 中国世界 500 强企业研发投入与研发强度变化态势（2009—2021 年）

从总体趋势来看，2012—2015 年，中国世界 500 强企业研发强度增长幅度相对较小，2016 年以来，企业研发投入持续较快增长，研发强度也呈现持续的提升态势。2021 年中国世界 500 强企业研发投入总额占营业收入比例约为 1.77%，企业平均研发强度达到历史最高水平。与 2020 年相比，研发强度增长 0.16 个百分点，为 13 年间最大增幅。自 2017 年起，中国世界 500 强企业研发强度和研发投入持续提升，表明大企业群体对研发的重视程度进一步提升。

如图 3-19，中国世界 500 强企业专利数量持续增加，2021 年申报专利总数 144.86 万件，专利拥有量比上年增长了 16.89%，其中发明专利数 59.46 万件，比上年增长 22.78%，发明专利占比较 2020 年提高 1.97 个百分点，表明专利质量稳步提升。

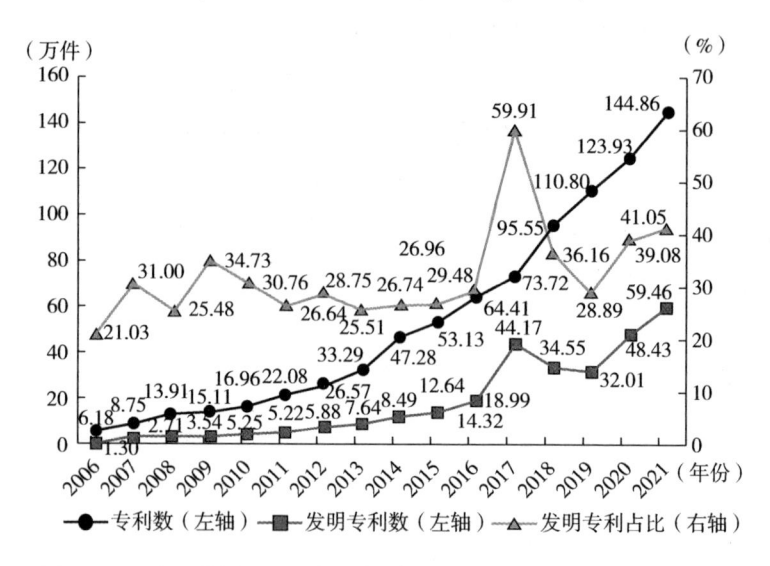

图 3-19 中国世界 500 强企业专利产出占比态势（2006—2021 年）

从总体趋势来看，中国企业拥有的专利数量持续增加，自 2013 年以来一直保持较高的增速。其中发明专利数总体呈增长趋势，2006—2015 年稳速增长，2016—2017 年企业发明专利数量大幅增长，增幅达 132.25%，发明专利数在 2018 年和 2019 年略有回落，此后保持在较高水平。发明专利占比在 2013—2016 年稳步提高，2017 年达到 59.91% 的峰值，在 2019 年跌落到 28.89%，此后高速增长，2021 年达到 41.05%。2019 年以来，中国世界 500 强企业拥有的专利数与发明专利数都稳速增长，发明专利占比也在逐年提高，专利的数量和质量都保持稳中有进的态势。

如图 3-20，2013—2021 年中国世界 500 强企业企业参与各类标准制定的数量总体保持上升态势，在国际标准制定上的话语权逐渐增强。参与制定总标准数呈波动式上升趋势，2019 年后上升幅度较大，9 年来总增长率达 145%；参与制定国内标准数量与总标准制定数量变化趋势趋同，总增长率达 124%；参与制定国际标准数呈现平稳上升趋势，2019—2020 年增长达 297%，总增长率达 603%。

第三章 中国技术创新的政策演进与发展现状

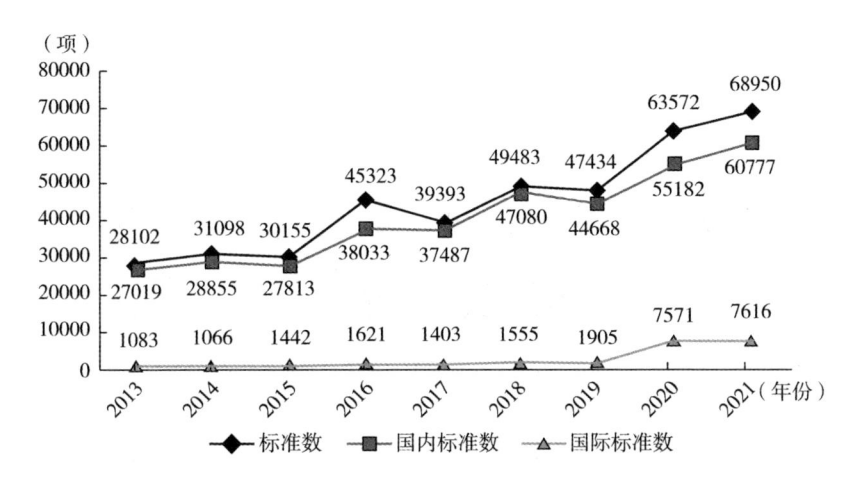

图3-20 中国世界500强企业参与各类标准制定的数量态势（2013—2021年）

如图3-21，自2008年起，中国世界500强企业研发投入占全国企业R&D经费的比重在短暂回落后快速上升，并在2010年达到历史最高水平（84.68%）。在接下来的四年中，该比重缓慢下降，到2014年达61.61%。2014—2019年，研发投入占比相对稳定，在60.60%到65.53%之间波动。总体而言，中国世界500强企业研发投入占全国企业R&D经费的比重在2010年达到历史最高水平后回落，随后在2013—2019年窄幅波动，变化不大。

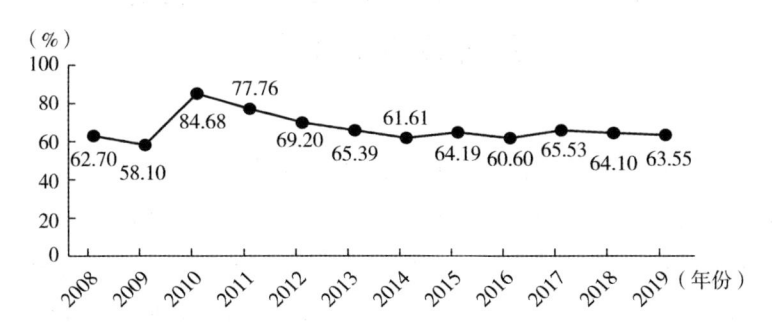

图3-21 中国世界500强企业研发投入占全国企业R&D经费的比重（2008—2019年）

注：2008—2009年缺失华为的研发投入数据。

· 43 ·

第四章　中国经济追赶与技术创新的初始条件：地方政府与官员

制度决定论把现代化、工业化或国家实力的高速增长归因为政府机构或政治制度（阎学通，2021）。李根（2022）认为，东亚地区的政府积极主义以及政府的领导力，是该地区经济发展众多初始条件中最重要的条件之一。鉴于此，本章分别介绍中国地方政府积极主义的表现，以及地方官员的效应，为后续探讨中国经济追赶中的技术创新提供背景支持。

第一节　中国政府积极主义的表现：地方政府企业化[①]

对东亚地区政府积极主义程度的历史性反思表明：长期以来，在东亚地区思想和文化中，政府作为一种组织机构对社会具有支配作用；由于需要协调全国区域内的协调配合，强干预政府是一个经济体实现追赶的必备条件之一（李根，2022）。中国的地方政府企业化，就是政府积极主义的具体表现。

---

① 本节主要内容以《地方政府企业化：模式、动因、效应与改革》为题，发表于《政治学研究》2014年第6期。

第四章　中国经济追赶与技术创新的初始条件：地方政府与官员

作为一种资源配置方式，"地方政府企业化"是地方政府为实现经济增长和官员晋升，像企业一样直接参与或干预经济发展活动的行为方式（宫希魁，2011）。最初，它被用于解释中国20世纪80年代县、镇、村级政府对乡镇企业发展的作用（Oi, 1992；1995；1999）。如今，伴随经济发展水平和市场发育程度的提高，以及国家立法、执法等环境的变化，中国的地方政府企业化行为已从"经营企业"发展到"经营城市"，并表现在两个方面：一方面，对待自身利益上，通过招商引资、经营土地或与企业甚至境外资本结成"增长联盟"（growth coalitions）等方式积极创收（李苑元，2011）；另一方面，对待公共利益上，则往往忽视服务职能的履行，或将其转嫁给市场。

当前，有关中国地方政府企业化的研究，尚存在以下四点不足：其一，对其成因的探讨，往往集中于国内的财政体制或官员晋升机制等某一方面，虽较为深入，却忽略了国际趋势及其与国内形势的互动；其二，对地方政府企业化运作模式的认知，仅包括招商引资和土地出让等部分内容，未能完整反映实际情况；其三，对地方政府企业化行为效应的认知，不乏持消极、积极与中立观点者，迄今仍未形成定论；其四，缺少对中外地方政府企业化在成因、表现形式与效应等方面的比较。以上研究不足，难免导致公共政策实施上产生偏颇。鉴于此，本章系统分析中国地方政府企业化的成因、现状与效应并分别进行比较，进而提出有针对性的改革建议。

一　地方政府企业化的成因与中外比较

（一）中国地方政府企业化的由来

中国地方政府企业化行为受到主观与客观两方面因素的共同驱动：客观方面主要是分权化、全球化和信息化的国际形势带来的冲击；主观方面则为中国中央政府与地方政府之间的财政分权改革与地方官员晋升的机制设计。

1. 国际背景：分权化、全球化和信息化

20世纪70年代中期以来，西方国家面临财政支出压力过大、传统的官僚制导致政府失效、公民的政治冷漠等诸多困境。在此背景下，以极力推崇市场机制、提倡私有制和反对国家干预为核心的"新自由主义"在20世纪80年代应运而生（栾峰和何丹，2005）。在新自由主义思想的影响下，欧美各国普遍推行分权化，以减少层级、授权管理和分散决策权等来减少国家干预，建立以"市场式、参与式、弹性化、解制型"为特征的政府治理模式。与之相对应，地方政府也开始从提供社会福利和公共服务，向提高竞争优势、促进地方经济增长转变。

20世纪70年代末期，几乎与世界经济全球化进程同步，中国推动了渐进式的改革开放。经济全球化一方面为地方政府注入了新的元素，带来了新的机遇和广阔的发展空间，另一方面也引发了国家乃至国内地方政府间日趋激烈的竞争（康艳红，2006）。全球化的冲击，对地方政府的竞争力提出了更高的要求，要求地方政府用更多的手段来代替传统单一的行政管制，满足地方资源整合的需要（张京祥等，2004）。并且，信息技术革命在弱化主权国家作用的同时，增强了不同类型网络（如社群网络等）的力量（曼纽尔·卡斯特，2003；Harvey，2005）。因此，地方政府需要通过提高组织体系的自主性、灵活性和弹性，以适应复杂多变的环境和公民多样化的需求，从而博得公民、企业、社会组织对政府和其他公共服务组织的信任。

2. 中国国内形势：财政体制改革与官员晋升机制

（1）央地政府：财政分权改革

从财政拨款到财政包干——经营企业。1980年以前，中国地方政府的财政收入直接来源于中央财政拨款，间接来源于国有企业向国家上缴的利润。这种近乎平均主义的分权安排，导致地方政府缺乏发展经济的动力。为此，中央政府推动了两方面改革：第一，对国有企业实施"放权让利"，同时大幅降低对国有工业企业的控制比重，下放大批国有企业给省、市、县级地方政府。1979年7月，国务院发布《关于扩大国营工业企业经营管理自主权的若干规定》等五个文件，突破了企业自主权的坚冰（袁宝华，2009），提升了企业利润留成比例。到1985年，在国有工业企业占镇或镇以上全部工业产出的比重中，中央管理20%，省、市级政府控制45%，县级政府控制35%（Qian and Xu，1993）。由此，地方政府与所属国有企业建立起"荣辱与共"的关系。第二，在财政上，从1980年起，中央与省级政府"分灶吃饭"，实行"划分收支，分级包干"的"财政包干制"，从而一方面扩大了省级政府支配经济资源的自主权（杨爱平，2011），另一方面也大量减少了中央对地方的财政支持，造成后者事权、财力和财权的严重不匹配（Qiao and Shah，2006）。为了满足本地区财政支出的需要，地方政府竭尽所能发展本地区经济：一方面通过直接成立公司、投资实业、设置贸易壁垒来保护本地企业乃至招商引资"开源"，另一方面通过阻止本地企业外流、减少对公共服务的支出和截留上缴中央财政的收入"节流"。

从财政包干到分税制——经营城市。财政包干制改革的结果，是中央与地方财政收入呈现此消彼长态势——中央财政收入占GDP的比重，已从改革之初一路下滑到1993年的12.6%。中央财力的日渐消弱，直接促成了1994年分税制的出台。在分税制下，国税和地税分开，地方政府由国有企业的"所有者"变为"征税者"。相比财政包干制，分税制下的地方政府企业化行为发生了两大转变：其一，国有企业受宏观经济形势影响遭遇发展瓶颈，削弱了地方政府的投资自主权，以及直接从经济活动中获得的财政收入；其二，中央和地方税源结构和征收征管成本的不对称，导致地方政府财政收入严重不足，而地方政府的事权不减反增，更持续扩大了收支缺口。分税制导致地方政府的财力弱化，也迫使其必须另寻资金来源。值得一提的是，在分税制下，地方政府可以完全占有土地出让金，而不用再上缴中央财政。这种制度安排使得土地出让金可能成为地方政府新的收入增长点。并且，分税制改革确立的地方税收来源主要包括：小部分增值税和企业所得税（四成）、营业税和其他工商业税收。在这种情况下，营业税超过增值税成为地方政府的主要税种（陶勇，2011）。对营业税征收范围（主要包括交通运输业、金融保险业和建筑业）进行细分便不难发现，仅建筑业和房地产业营业税可由地方政府完全支配（黄新华，2011），因而顺理成章地成为地方营业税的主体。

因此，一方面，土地出让金和建筑业及房地产业营业税对地方政府形成了巨大激励；另一方面，20世纪90年代初期和中期，中国城市土地有偿使用制度的建立，以及住房制度由福利分配向商品化的转变，为地方政府经营土地、房产等要素提供了条件。此后，地方政府行为实现了从"经营企业"到"经营城市"的嬗变。在此阶段，一方面直接组建一系列政策性公司（如各地方政府的城投公司），获得城建资金；另一方面，则通过大规模城建和改造，推动房价上涨、土地升值，并将土地置换获取的土地出让金，作为地方财政收入的最重要来源。经营城市的核心目标，就是通过拥有的土地这一垄断性资源，获得最大化收益。

（2）地方政府：官员晋升机制

除了财政税收的激励，中国地方政府还面临着以层级控制为主要特征的政治晋升激励（赵晖，2014）。这种竞争机制主要表现为行政发包并进行量化考核、绩效排名与择优提拔（陈潭和刘兴云，2011）。它呈现出三方面特征：自上而下层层加码、竞争赶超及偏重经济指标（周黎安，2007）。纵向来看，目标责任制的考核制度按照行政隶属关系，将上级政府或部门在规定时间（通常为一年）的总体目标任务层层分解、逐级落实，并依据GDP增长程度这种可观察的绩效标准，来评价目标责任完成状况（王汉生和王一鸽，2009），且直接与政治晋升挂钩（刘长发，2011）。横向而言，目标责任制下的相对绩效考核评估方式，使得地方政府的考核得分仅为一个相对数字（周黎安等，2005）。然而，即使面临着相同的政治竞争环境，职业前景和地区禀赋的差异（王贤彬和徐现祥，2010）也会影响地方政府竞争的积极程度。

由此，这种晋升激励机制对地方官员产生了正负两个方向的影响。正向激励方面，经济分权和政治集权下的晋升激励，既赋予地方政府参与竞争的资源与工具（土地、金融及一定程度的政策制定权力），又予其以竞争的压力和动力。地方官员在这种强大政治动力的推动下，围绕经济增长展开晋升锦标赛（Blanchard and Shleifer，2001），并间接地鼓励其进行创新以脱颖而出（周黎安，2007）。负向激励方面，"政治淘汰赛"式的运作方式和一票否决制，增加了政府官员的危机意识，使其行为往往具有短视性（周黎安，2010），具体表现在四个方面：其一，不合作。相对绩效评估使得政府官员关心自己与竞争对手的相对位次，因而很可能做出"零和"决策，造成因徒困境式的恶性竞争（周黎安，2004；荣秋艳，2014）。其二，搞破坏。晋升锦标赛的性质决定了要胜利就必须超越对手，因此不排除一些不光明手段的采用，如蓄意破坏对手绩效的行为（Chen，2003）。其三，恶化预算软约束。当已有的预算内资源难以实现政府官员短期内的政绩目标时，预算外资源满足了地方政府的支出需求（马骏和刘亚平，2005），土地作为能被地方政府自由掌握的重要资源，成为地方政府攫取预算外资源的一个重要来源（张飞和曲福田，2005；Lichtenberg and Ding，2009）。房地产作为依附土地资源的载体，既成就了地方政府的土地财政又维持了地方融资平台的运作。其四，调支出。对经济增长的追求促使政府官员更多地选择"经济性支出"，而忽视"社会性支出"。可见，对地方政府官员的这两方面激励，已成为中国地方政府企业化行为的直接动因。

（二）中外成因比较

1. 共同点

二者均受到分权化和全球化的影响。中国分权化改革的推行，不可否认受到西方发达国家以放松政府管制为核心的"新自由主义"的影响（栾峰和何丹，2005）。中央政府把大量的经济和行政管理权限下放到各级地方政府，空前增加了其发展地方经济的自主性（杨爱平，2011）。在分权化过程中，地方政府失去了大量来自中央的财政支持，造成了事权和财权的不对称（Qiao and Shah，2006），为了满足本地区财政支出的需要，地方政府都竭尽所能发展本地区经济，以"增长联盟"的形式达成政府与企业的双赢。

2. 成因差异

其一，所有制和市场化程度上，西方地方政府的转型建立在私有制背景下、较为完善的市场经济基础上；而中国则发生在公有制背景下、尚待完善的市场经济基础上。其二，改革的初始动力上，西方财政分权的动力一般在于提高地方公共物品的供给效率，使公共物品在最优规模上以最少的成本提供（吕晨飞，2007）；而中国分权化改革的起因，在于地方政府的财政压力。

不难发现，中国"地方政府企业化"与西方的"企业家城市"在成因上存在很多共同点。虽然前者面临经济和社会的双重转型，后者是由福利型向经济发展型国家的转变，但二者都朝着市场化的方向迈进，且在此过程中对经济结构、经济秩序以及政治精英和经济精英之间的社会关系产生了影响。在某种程度上，这两种不同层面的转型相互关联和补充（Zhu，1999）。在缺少完善、系统的整体规制约束和不成熟的市场经济下，中国地方政府担当了推动地方经济增长的主导力量，这也是二者的主要差别。总体而言，中国地方政府的管治方式正在向企业化和竞争型转变，这与西方国家的主体趋势是一致的（Harvey，1989）。由此可见，地方政府企业化并非中国独有现象，只不过这种政府干预市场的程度在中国尤其明显而已。

二 地方政府企业化的现状与比较

（一）中国地方政府企业化的现状

现阶段，中国地方政府企业化行为主要反映为土地财政、地方债务、巨型工程和招商引资四个方面，并且它们形成了一个互相依赖、共生共荣的体系。

1. 土地财政

土地财政，是以政府为主体，依托土地资源所开展的财政收支和利益分配活动（邓子基，2012）。这个过程包含了土地征用、出让和开发三个阶段。在此过程中，收入分配在被征地农民与政府、贸易部

第四章 中国经济追赶与技术创新的初始条件:地方政府与官员

门与非贸易部门、老住户与新移民之间进行。处于城市化最边缘的失地农民,以及非贸易部门和城市化过程中的大量新移民(范方志和汤玉刚,2013),共同承担了地方基础设施和公共产品的成本。土地财政的收入,主要包括与土地有关的税、费、租,以及以土地为抵押的债务收入(刘守英和蒋省三,2005;杨圆圆,2010);支出则主要用于土地征用与开发、支农、城市基础设施建设及有关住房、教育等民生性投入等①。其实质在于,在土地资本化的方式下,地方政府财政调控和资源分配能力得以增强(唐在富,2012)。受宏观经济状况和政策波动性的影响,中国的土地财政目前呈现出"东高西低"的强度格局(顾乃华等,2011)和自东向西递减的发育程度。2007—2017年中国土地出让面积与出让金演变趋势如图4-1所示。

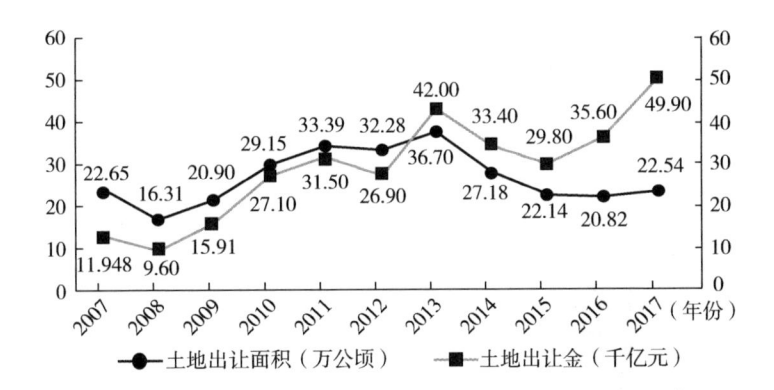

图4-1 2007—2017年中国土地出让面积与出让金演变趋势

资料来源:中华人民共和国自然资源部:《自然资源公报》,http://www.mnr.gov.cn/sj/tjgb/,2019年3月23日。

土地财政的主要策略包括两个方面:一方面进行土地开发,通过基础设施建设和城区的规划建设,获取土地增值基础上的土地出让收入,以及与土地相关的产业税费等收入;另一方面实施土地引资,通

---

① 参见中华人民共和国国务院办公厅《国务院办公厅关于规范国有土地使用权出让收支管理的通知》,2006年12月25日,http://www.gov.cn/zwgk/2006-12/25/content_478251.htm。

过低价出让工业用地,吸引外资进入,以期从未来稳定的现金流和产业、人口的积聚中,获得土地出让金和税收收入。地方政府供地引资存在价格"竞低"的趋势(王丽娟和毛程连,2012),受到财政政策和信息的外溢效应以及政治体制的影响(唐鹏等,2014),地方政府的土地出让和土地引资策略还具有空间互动的关系。

2. 地方债务

在特定时期内,为了平衡财政收支,地方政府运用负债等信用方式向上级政府、其他组织或个人借款以弥补财政赤字,并承诺在将来某一时间予以偿还,这种融资方式就是地方政府债务。目前,中国地方政府债务情况十分复杂,主要呈现出三个方面的特征:规模庞大,还款堪忧;形式和举债主体多样,隐性风险增强;还款源单一,难以持续。

从数量上看,根据可以公开获取的最新数据,如图4-2所示,截至2013年6月底,中国地方政府的负债已超过各级政府负债的50%。到2012年年底,全国各级政府负有偿还责任债务的总债务率为113.41%。从债务增速看,中国地方政府性债务风险呈扩散状态。

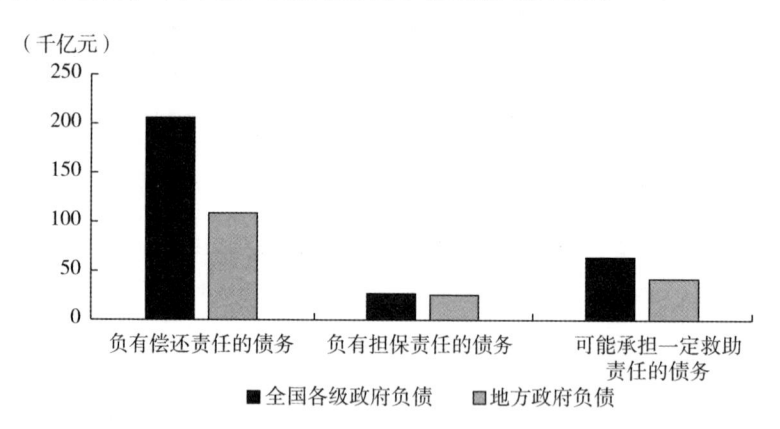

图4-2 按发生条件划分的中国地方债务

资料来源:中华人民共和国审计署办公厅:《2013年第32号公告:全国政府性债务审计结果》,2013年12月30日,http://www.audit.gov.cn/n1992130/n1992150/n1992500/3432077.html,2014年10月25日。图中数据截至2013年6月。图4-3资料来源同此。

就结构而言，如图4-3所示：其一，中国各层级地方政府债务中，市级政府负债比例最高，县级其次，省级、乡级靠后。县级债务占比出现持续上升的趋势，说明越到基层政府，债务风险越突出。其二，举借主体方面，融资平台公司、政府部门和机构、经费补助事业单位依次是政府负有偿还责任债务的主要举借主体。其三，资金来源方面，银行贷款、BT（build-transfer，建设—移交）、发行债券是政府负有偿还责任债务的主要来源。地方融资平台的银行贷款是地方政府债务的主要来源，地方债务迅速积累主要归因于地方政府融资平台的飞速扩张。

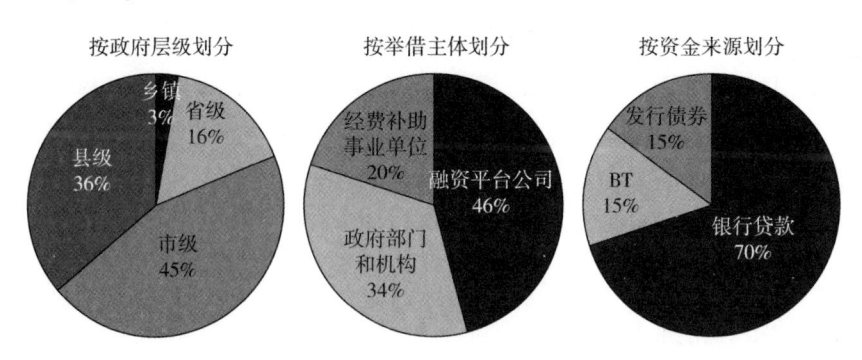

按政府层级划分：乡镇3%、省级16%、县级36%、市级45%

按举借主体划分：经费补助事业单位20%、政府部门和机构34%、融资平台公司46%

按资金来源划分：发行债券15%、BT 15%、银行贷款70%

图4-3 中国地方政府负有偿还责任的债务结构比例

3. 巨型工程

全球化催生出了更加极化的竞争环境（陆枭麟和张京祥，2010），加之分权化的财政压力和政治晋升的主观动力，使得城市政府不遗余力地实施"城市营销"（city marketing）（Wu，2003）。中国的城市营销表现在两个方面：一是间接利用"城市大事件"（mega-event）吸引全球目光聚焦进而提升城市竞争力（唐可清和潘佳力，2008），其中最主要的就是场馆建设（谢守红，2002）；二是直接以经济建设为目的开展大型建设。

巨型工程投资规模大，决定了投资与实施主体是政府和国家；建设规模大，用地需求较大；建设周期长，一般需5年周期，而与此对应的风险，则要求相关主体具备规避风险的能力（张如林，2009）。

巨型工程项目的开发,通过改善周边地区的投资环境、吸引关联产业的集聚、构建便捷的交通网络、推进形成房地产市场和新居住区(赵玉宗,2006),往往有助于打造新的产业空间、调整城市和区域空间结构并成为经济发展引擎和新增长点。

然而,以下三个方面的风险亦不容忽视:其一,依托力量上,由城市政府、开发商和投资商组成的增长联盟,建立在追求短期利益的基础上,从而既排斥了公众的广泛参与,又不可避免地受到复杂市场环境与政策环境变化的影响,增大了其解体的可能性。其二,经济效应上,出于对经济或政治利益的追求,从而故意压低项目预算,导致巨型工程普遍预算超支,造成绝大部分经济风险由普通大众承担并作用于土地价格,增加了城市居民的生活成本(张京祥等,2009)。其三,社会效应上,巨额的建设和运营投资,必然会压缩公共福利的支出;并且这种"营销型"的城市发展战略,实质是将城市发展的动力设想为外生,更加关注于城市间存量发展资源的转移与争夺(Friedmann、李泳,2004),因而必将导致城市间的零和博弈。

4. 招商引资

招商引资是在市场经济背景下,一个国家或地区利用管理、人才、资本、信息和网络等经济要素,吸引外地优质资本、技术、人才及先进的管理经验等生产要素向本地流动,以促使本国、本地区经济发展的过程。它具有经验性、实践性和综合性三个特点。

从发展历程来看,中国地方政府招商引资始于1999年,大致可划分为三个阶段:1999—2000年的外资招商,2000—2005年的内外并重,以及2005年至今的招商选资。可见,整个招商引资过程经历了从来者不拒到有选择性的产业引导,从廉价出让土地到有所规划、公开招投标的转变(张丙宣,2012)。改革开放以来,地方政府招商引资已在不断摸索中形成多种典型模式(王翼,2007),如表4-1所示。

表4-1　　　　　　　　中国地方政府招商引资模式

地区代表	模式类别及解释
长三角地区的江苏	政府主导型
珠三角区域	市场主导型
北京丰台区	"总部经济"：将企业价值链与区域资源实现最优空间耦合
山东半岛	"专攻型"（承接日韩）、"并购"（分为境外上市或内资外嫁）
温州	"以民引外"：依托高度发达的民营企业和民营经济优势，吸引外资企业、推动二者合作，实现经济发展的"双引擎"

地方政府招商引资的运作思路有两条：第一，通过优惠策略，为投资者提供政策方面的利好；第二，通过公共产品策略，改善生产环境。其中，前者通过税收优惠（以财政返还或奖励的形式，先征后返各种税费）、土地优惠（低价或零地价出让土地、以财政返还的形式先征后返、以租代售等）（魏小题，2014），或产业资助等降低投资方成本或增加其收益的政策来吸引投资；后者通过提高公共产品的供给数量和质量，以增强本地区的生产效率来吸引投资。

（二）中外运作模式比较

1. 共同点

背景上，公共权力与经济资源的相对分离以及政府经济发展职能的强化，是中西方形成增长联盟的共同制度背景。具体而言，20世纪80年代，多数发达资本主义国家经历了从福利型国家向经济发展型国家的转变，政府职能向经济领域进一步扩展的同时，经济资源更多地掌握在私人手中。为了让私有经济响应政府增长战略的号召，以期聚集私人资源，公共权力必须与经济利益集团结成某种形式的联盟（张振华，2011）。在中国，掌握公共权力的城市政府发展地方经济的需求，和掌握经济资源的企业土地寻租的动机（何丹，2003），形成了二者的利益联盟。

特点上，运作模式主要包括土地资源市场化、土地管理权力分散化，以及地方政治、经济精英与房地产市场利益密切相关这三个方面

(Jonas and Wilson, 1999)。这一联盟往往会通过房地产开发, 使城市变成一台"增长机器", 用社区空间的使用价值置换出交换价值（理查德·C. 博克斯, 2005), 促进城市增长并从中获取各自利益。

价值取向上, 中外均倡导市场的基础性作用。在私有制和较为成熟的市场经济框架内, 企业家城市下的增长联盟完全遵照市场的决定性作用发展地方经济; 而中国体制转型中的增长联盟, 政府也一直强调市场在资源配置中的基础性作用以及政府服务职能的建设。

2. 模式差异

主导力量上, 西方商业资本凭借强大的经济力量占据联盟的主角（叶林, 2013); 而中国增长联盟中的地方政府往往在市场的培育、联盟者的挑选以及发展计划的制订和实施上有主动权。

组成人员和限制力量上, 西方增长联盟的主要参与者是与城市发展有直接或间接利益关系的商业集团（土地所有者、开发商和建筑商）或各类组织（地方媒体、公共设施部门、服务业、零售商等), 市民可以通过民主渠道来影响增长联盟为社会利益服务。在中国, 不发达的市场经济现状（Ma, 2002), 民主、法制建设的相对滞后以及城市的市民社会、非政府组织（NGOS）力量极其微弱, 导致民众基本被排除在城市政府、工商企业集团的增长联盟之外, 难以通过民主和法制的渠道来监督并制约增长联盟。

内部关系上, 在国外, 为了得到私营部门的投资, 政府在与其确立合作伙伴关系时就已明确权力分配规则和行为规范, 双方关系比较稳定; 而中国城市中增长联盟的内部关系相对脆弱（严华鸣, 2012)。

三 地方政府企业化的效应与比较

(一) 中国地方政府企业化的效应

从对政治、经济与社会等方面的影响来看, 中国地方政府企业化行为具有积极与消极两个方面的效应。

1. 经济与政治上的积极效应

第一，节约政府开支、提高政府效率。经济分权和政治集权对地方政府最重要的影响，是政府之间的竞争。这种自下而上的竞争，促成同级政府之间相互监督和学习，有助于提高政府部门的运作效率，节约行政管理成本，防止权力滥用。同时，作为利益主体的地方政府在行政管理和提供公共服务时，考虑到自身的经济、政治利益，必然会尽量减少各项费用开支，用最少的支出创造最多的公共产品和服务，有利于提高政府办事效率和对公众需求的回应。

第二，提供援助之手，避免市场失灵。在市场机制尚不完善的条件下，地方政府在一定范围内弥补了市场机制的不足（张三保和费菲，2008），推动了市场化改革和区域经济发展。比如，通过为高科技企业提供贷款担保、资金支持等，培育和发展支柱产业；通过分配土地和矿山资源，以展开区域经济合作与竞争来调节地方经济；利用市场准入制度控制垄断性行业，防止垄断价格过高。

第三，推动制度变革，促进民主化与社会认同。分权化改革后，地方政府被赋予更多的资源配置权力，增强了其作为相对独立经济利益主体的权利意识。这一方面增加了维护旧产权关系的成本，另一方面也增强了地方政府的讨价还价能力，有效地突破了制度创新进入壁垒。如此，便增强了制度安排的效率，让制度改革成为经济发展的内生动力，有效化解了"诺斯悖论"（north paradox）。可见，地方政府企业化行为冲击了制度供给在经济体制改革中的主导地位，推动着中国民主政治建设和市场经济的发展（李清华，2008）。除此之外，地方政府还通过塑造城市空间结构，形成城市文化和社会认同（王华兵和秦鹏，2013），促进城市群体的有机团结，进而实现城市治理的目标。

2. 对经济和社会的干扰

其一，地区市场分割、市场秩序扰乱。为维护地方利益，一些地方政府人为抬高外地产品和服务进入本地的"门槛"，增加歧视性收费项目，限制本地商业机构销售外地某些产品，甚至设置关卡堵截外地产品的流入，阻碍生产要素的自由流动。政府本应将自己定位于为社会公众提供公共物品、消除经济外部性、制止市场垄断等，但企业化行为下的地方政府扮演了经济发展的管理者和参与者双重角色。地方政府之间以行政区划为壁垒形成的对抗性竞争，造成了产能过剩、产业结构趋同等经济问题，环境恶化等生态问题，以及城市空间上的无序盲目扩张、结构上欠优化、土地利用效率低下等发展问题（张京祥和洪世健，2008），沿海的城镇密集地区尤为严重。

其二，财务风险积聚。地方政府企业化行为的一个直接表现，就是组建政府融资平台公司，以筹集资金运用于市政设施、公共事业等项目。据国家审计署的数据，自2008年年底以来，地方政府投融资平台的数量和融资规模迅速扩张，截至2013年6月底，全国各级地方政府债务超过10.8万亿元，较之上年上升了13.06个百分点。虽然风险总体可控，但是地方政府的还款能力与庞大的债务相比不容乐观。一些地方政府（特别是县级以下政府），不完善的融资平台法人治理结构、不清晰的责任主体、不规范的操作程序以及脆弱的资金链（傅建源，2010），极易形成债务风险，对地方财政造成巨大压力，也给中央财政和商业银行构成潜在风险。

其三，公众利益诉求缺失、发展欠缺可持续性。在现行的地方政府"土地财政"体制下，中国许多城市掀起大规模土地扩张、房地产开发热。大量以成片商业开发区、大学城等建设为代表的"圈地式"城市土地开发模式，以及"炒地"、强拆活动，其背后是地方政府创造财政收益和政绩的动力，和地产开发商依托行政权力获得超额利润的动机。当地方政府更多站在自身利益的立场上来看待问题时，公众的利益诉求就不能通过有效途径得以及时表达。土地财政的最大风险在于，地方政府在创收的动力下会加剧城市的无序扩张，推高城市地价，从而忽视城市化质量和公共服务水平。这种公众不能共享发展收益的行为得不到大众的支持（邓子基，2012），必然在经济社会发展与城市化进程中不可持续。

可见，作为公共事务管理机构，转型时期中国的地方政府分化出独立于地方民众的自身经济利益。由此看来，作为中国渐进式改革在特定阶段的产物，地方政府企业化行为虽然在促进经济发展和制度变革方面发挥了积极作用，但也对经济的持续发展和社会治理产生了消极影响，具有过渡性特征。

（二）中外效应比较

首先，在政策动力上，无论是企业家城市还是地方政府企业化，都存在提高行政效率和促进区域经济发展的动力。然而，前者是为了扭转政府失灵的局面，并提高公众的政治参与积极性；后者更多的是对不健全的市场体制进行补充，以及地方政府作为相对独立的利益主体考虑自身利益的结果。

其次，在制度效果上，二者均使原有制度得以优化。不过，企业家城市更多地集中在政府行政的灵活性和对公众需求的适应性；而地方政府企业化则推动了制度改革的进程。

最后，在发展的持续性上，二者均存在不可持续发展的问题。但是，前者主要是过度分权导致的政府实际控制力和协作力的减弱，重点是发展动力具有外生性，不能增加总的社会财富且不能实现区域发展共赢；后者以不顾城市化质量和公共服务水平为代价的财政创收模式，最终难免被抛弃。同时，转型期的中国地方政府分化出了独立于地方民众、公共事务管理机构的自身经济利益，存在异于公共利益的价值取向，也就不可避免地发生"与市场争利""与民争利"的行为（马学广等，2008）。由此看来，企业家城市和地方政府企业化产生的负面影响都超过了正面作用，需要进行改革和完善。

四　地方政府企业化的改革方向

解决中国地方政府企业化问题，需要在现代化的国家治理体系中，深化改革地方政府与中央政府、市场及社会的关系。

（一）央地政府分权和法制建设

在国家治理体系中，政府是最重要的主体，其治理效率直接决定着国家治理绩效。中国地方政府财权和事权的不对称，是地方政府对"土地财政"和融资平台过度依赖的主因。因此，为了推进地方政府职能的纠偏，必须改革和规范现行中央与地方关系，实现中央政府与地方政府间事权与财权的科学划分，并提供法律保障。

1. 合理划分中央与地方事权和财权

一方面，推动事权改革，优化配置中央和地方政府权责，实现节流。事权改革应遵循的总体方向在于：决策权和监督权向更高层级的地方政府乃至中央集中，执行权和管理权则应适度下放到低层级的地方政府；此外，对于那些溢出边界模糊、难以明确界定的职责，应尽量归属于中央政府或高层级地方政府（孙志燕，2013）；对于县及县以下地方政府，则应逐步退出非公共服务领域，从长期而言实现彻底退出经济发展领域。2014年9月出台的《国务院关于加强地方政府性债务管理的意见》中就明确要求，地方政府举债不得突破批准的限额，债务限额由国务院确定并报全国人大或其常委会批准；地方政府在限额内举借的债务，只能用于公益性资本支出和适度归还存量债务，不得用于经常性支出。

另一方面，改变地方政府主要依靠土地财政和债务融资创造财政收入的行为取向，积极"开源"。土地财政方面，可考虑结合土地经营方式多样化和土地收益基金化的管理方式。根据企业的规模和性质，灵活采用出让、年租或入股等方式，抑制单一出让制下地方政府炒地、卖地的冲动，挤压房地产泡沫（邓子基，2012）。同时，对政府土地出让金收入在扣除土地开发成本后的收益进行专项管理，明确资金使用方向和额度限制，并采取基金管理的办法，为后任政府的建设提供持续和稳定的资金来源。地方债务方面，结合政府征税权力为抵押的举债融资机制（刘志彪，2013）与地方政府债务约束机制（巴曙松，2011），逐步降低乃至消除地方债务对土地价值的过度依赖现象，并稳步推进房产税改革，将非经营性房屋纳入房产税的征收，并使其成为地方政府的主体税种（贾康和刘微，2012）。在债务偿还来源上，可将土地收益基金按一定比例划拨，划拨出来的资金性质上类似于偿债基金；在债务偿还制度上，按照《国务院关于加强地方政府融资平台公司管理有关问题的通知》，从融资平台公司的规范、融资信贷的严格管理以及地方政府担保的合法性三方面着手。同时，可在财政部印发《2014年地方政府债券自发自还试点办法》的基础上，逐步推广地方政府发行市政债券的权力，拓宽其融资渠道，将隐性债务显性化，实现地方债务风险控制的目的，并辅之以转移支付的渠道，为地方政府进行基础设施建设和调控区域经济提供财源。

2. 为事权和财权的划分与维护提供法律依据

一是，界定上，站在立法的高度上，并结合中国经济社会发展中的新情况、新问题（刘华，2013），进一步明确中央和地方各自专有或者共有的职权范围。二是，征管运用上，着重在政府的预算编制和预算管理上下功夫，硬化各级政府的预算约束，规范地方政府的财政支出方向。①预算编制方面，在预算范围上逐步取消增量预算，扩大零基预算，全面清理规范政府各部门和各行政性事业机构的非税收入和罚款，并明确相应的法律责任；在预算制度的稳定性上尽力减少预算调整，缩短税收条例及暂行条例的试行期限，提高中国税收立法层次和税收法律效力；在预算的有效性上，逐步研究征收社会保障税、环境保护税等，引导个人和企业的消费投资行为，实现可持续发展（方胜，2012）。②预算管理方面，在使用原则上，对财政职能及其适用范围和调控机制进行明确规定；在使用途径上，探索出中央与地方实现财政收支平衡的公共预算和资本预算资金制度（刘志峰和熊文钊，2013），并对各级金库进行设置与管理，致力于建设一个公平公开的预算体系。

（二）地方政府与市场机制完善

对市场作用进行全新定位，发挥市场在资源配置中的决定性而非基础性作用。这就要求重新界定地方政府的职能、作用、范围和规模，减少其对资源的直接配置和微观经济活动的直接干预，加快建设统一开放、竞争有序的市场体系，建立公平开放透明的市场规则，把土地供给、融资机制和环境保护等市场机制能有效调节的经济活动交给市场，把政府不该管的事交给市场，让市场在所有能够发挥作用的领域都充分发挥作用，推动资源配置实现效益最大化和效率最优化，让企业和个人有更多活力和更大空间去发展经济、创造财富。

防止政府过度介入市场的关键，在于处理好政府与企业的关系。为此，应通过深化国有企业改革，进一步完善国有企业法人治理结构，将政府的公共管理职能独立出企业的经营管理，并引入多元化产权主体，规范各方责权利，以此实现决策的科学化，发展混合所有制经济，增强市场竞争力和根据市场变化决策的灵活调整能力。

政府在日渐退出强势的经济干预、市场自由发展空间得以拓宽的同时，应注重引导各类中介组织，为市场的独立运转提供良好的社会环境，维持良好的市场秩序（成婧，2010）。比如，依托中介组织作为沟通政府与企业之间的渠道，使其一方面通过提供行业标准、行业规范等促成工商企业的合作以弥补政府制度的不足，另一方面通过社会信用体系的维护补充市场制度的不足（刘祖云，2006）。在这种关系模式中，政府对微观主体市场行为的调节从直接变为间接；同时，规范运行的国有企业和非国有企业将为市场经济有序健康发展奠定微观基础。

（三）地方政府与社会治理创新

地方政府可通过社会治理创新，在公共价值创造中体现发展理念，更加注重公众参与的公共服务绩效评估机制，发展地方政府与公众之间的合作、互动和主动关系。比如，建立和完善公众全程参与公共服务绩效评估的机制（秦长江，2012）：评估前公开考核内容、依据和流程，充分保障公众的知情权；评估中保证公众参与评估的独立性，排除干扰性因素；评估后积极回应对考核结果的反馈，建立问责机制，增强公众参与的积极性和责任意识。又如，结合多种调研工具提升公众参与评估质量。评估中可采取问卷发放、电话询问、网络投票、民意调查以及专门小组讨论等多种方法，提升公众参与评估的科学性、有效性和可靠性（蒋俊杰，2014）。再如，以法律形式把政府的管理形式、管理方法和运作程序纳入公众监督之下，强化公众对公共权力

第四章　中国经济追赶与技术创新的初始条件：地方政府与官员

的监督（张勤和刘含丹，2008），实现权力结构之间既相互制约又相互协调的运行机制，防止权力滥用引致腐败。

地方政府企业化行为诞生于分权化、市场化和全球化的大环境，具有历史必然性，而非中国特有现象。从长远看，其弊端大于优点。以政府尤其是地方政府为中心，合理界定政府、市场和社会的各自行为边界，实现三者既相互制约又相互支撑，从而协同应对公共治理中的政府失灵、市场失灵及组织失灵问题（何显明，2013），是中国实现国家治理体系和治理能力现代化的必由之路。伴随中国转型体制的逐步完善，地方政府企业化行为将实现逐步纠偏。当然，制度惯性与既得利益格局的制约（程永林，2013），亦使得全面深化改革政府职能的实践任重而道远。

第二节　中国政府的领导力：地方官员的效应分析[①]

"十四五"规划纲要要求，完善上下贯通、执行有力的组织体系，提高各级领导班子和干部适应新时代新要求抓改革、促发展、保稳定的政治能力和专业化水平。可见，深入剖析地方官员发挥的效应，对于创新官员的选拔与治理机制、推进国家创新能力建设乃至国家治理体系和治理能力现代化具有重要的现实意义。

高阶理论（Upper Echelons Theory）认为，高层管理者的人口统计特征（如年龄、任期、教育水平、性别、职能背景、种族、财务状况等），在很大程度上影响并塑造了他们的认知水平与价值观，进而影响战略选择和组织的绩效（Hambrick and Mason，1984）。基于高阶理论，本书以中国地方官员为研究对象，结合政治学、管理学、经济学

---

① 本节部分内容以《中国地方官员与区域经济发展研究》为题，发表于《武汉大学学报》（哲学社会科学版）2017年第6期。作者感谢梁严匀、刘雅婷、陈堰轩、赵雪婷出色的助研工作。

等交叉学科视角，致力于通过系统文献研究回答三个问题：(1) 地方官员的静态特征，如专业背景、教育水平、年龄、任期、性别等人口统计特征，会产生哪些效应？(2) 地方官员的动态过程，包括其来源、工作经历、去向、交流、更替和晋升竞争，会引发什么结果？(3) 如何推进中国地方官员的相关研究，以深化地方官员治理机制改革？

通过回答上述三个问题，本书将在理论和实践上做出两个方面的贡献。其一，理论上，应用高阶理论的框架分析中国地方官员，将该理论的组织适用情境从企业拓展到政府，促进政治学、管理学和经济学等学科的交叉融合。其二，实践上，厘清地方官员静态特征与动态过程的效应，为建设高素质专业化干部队伍、推动国家治理体系与治理能力现代化提供依据。

后文首先探讨地方官员五个方面静态特征的效应；之后阐释地方官员六种动态过程的效应；最后构建分析框架，指出未来研究方向。

一　中国地方官员静态特征的效应

基于高阶理论的分析框架，以下分别从地方官员的年龄、任期、教育水平、专业背景、性别等人口统计特征出发，考察其静态特征的效应。

(一) 年龄的效应

地方官员年龄的正向影响方面，年龄相对较大的地方官员，其辖区内企业投资效率更高（傅利平和李永辉，2015），更偏向于增加民生财政支出（郭平和林晓飞，2018），获得更多的专项转移支付（杨默和杨永恒，2017），城市建设用地效率也会相对更高（Chen et al., 2017）。同时，随着官员年龄的增加，环境污染带来的晋升收益减少，因环境事故遭受处分的惩罚成本加大，官员对辖区环境治理的力度也会增加（金刚和沈坤荣，2019）。但也有研究发现，市委书记的年龄越大越倾向于制定较低的经济增长目标（余永泽和杨晓章，2017），当地级市官员年龄接近55岁时，放大的目标对产能过剩的影响更加明显（Chen et al., 2021）。无论上任还是离任官员，涉及年龄较大的官员更替对当年经济增长造成的负面影响更大（王贤彬等，2009）。相比之下，比较年轻的地方官员则在提供与教育有关的商品和服务方面效率更高（Gu & Garcia，2021）。

地方官员年龄还存在非线性效应。比如，在中国环境规制体制下，地方环保规制部门（如环保局）官员到任年龄与排污收费等规制行为之间存在倒 U 形关系，49 岁前得以任命的规制官员更有激励采取积极的规制行为，且此效应在东部地区明显，在中西部地区不明显（韩超等，2016）；地方官员年龄与地方银行信贷规模也呈倒 U 形关系，即地级市主官 54 岁左右时，存在较强的晋升激励，因而会出现信贷规模峰值（纪志宏等，2014）。另外，与地方政府债务规模呈 U 形关系，即省委书记年龄较大时，其年龄与地方政府债务规模正相关，此时其经济激励优于政治晋升激励；反之亦然（方明月，2015）。

此外，不同年龄的官员对于当地的教育投入持相反态度：较年轻的官员更加偏向于较少的教育支出，而年长的官员更加愿意投入教育（江依妮等，2017）。其中，年轻官员对于教育支出的影响，呈现出显著的区域效应：东部地区更倾向于考察官员的经济业绩，年龄越轻的市委书记和市长会相对忽视教育等非生产性支出；而东北地区的市委书记越年轻，则越愿意投入教育，原因可能是自 20 世纪 90 年代以来，东北地区经济整体呈现衰败气象，年轻领导更加重视地区可持续发展因而更加重视教育支出（江依妮和易雯，2017）。但也有学者认为，市委书记和市长的年龄均与辖区教育支出呈现 U 形关系（宋冉和陈广汉，2016）。

之所以出现上述结果，与官员政治晋升的扭曲激励不无关系，晋升激励对于年轻官员的影响效果更大。年龄越小的市级官员，职业生涯的发展机会越大，因此更加重视提升绩效来争取晋升（Yao & Zhang，2015），例如，相对年轻的官员更可能提出更高的经济增长目标。官员越年轻，任期越长，晋升竞争的激励影响越大，晋升与经济效率的负向关联越强（蒋德权等，2015）。同理，年龄越大的地方官员，在晋升锦标赛中越是处于不利地位，晋升概率越小（王艺明等，2015），政治激励的作用越小（徐现祥和王贤彬，2007），越倾向于短视政策，同时规避风险倾向更强而采取"温和型"施政（袁凯华和李后建，2015）。

（二）任期的效应

中国地方官员的每个法定任期为五年。① 一方面，省委书记、省长在短期内能引领辖区产业结构变动（宋凌云等，2013），通过增加产业结构非适宜性从而促进经济增长，但随着产业结构非适宜性的提高，当产业结构与区域资源禀赋的偏离超过某一最优水平时，这种促进作用会逐步弱化（张先锋等，2015）。另外，地方官员任期越长，在运用税收优惠等政策扶持非国有经济方面越娴熟且越有信息优势，因此非国有经济投资占比越高（赵旭杰等，2015），对所辖地区发展国际友好城市的促进作用也越强（Zhang et al.，2020），当地城商行的贷款投放越多（李维安和钱先航，2012）。

另一方面，过长任期也会带来负面影响。地方官员任期与其晋升机会呈负相关（Shi et al.，2018），当任期过长时，地方官员发展经济和环境保护的积极性会逐渐降低，对自身晋升的预期降低，使之前的强激励转化为弱激励（刘胜和顾乃华，2017）。基于公平理论可知，当自身投入未取得相应回报时，不公平感会刺激地方官员采取行动，比如降低投入，直到消除这种不公平感。具体地，当官员的任期超过三年，滥用公共资金的动机就会加强（Li et al.，2019）。同时，在财政金融方面，官员任期与财政透明度显著负相关（张蕊和朱建军，2016）。虽然地方官员会在任职关键时点增加具有短期增长效应的经济性公共品投资，但具有长期投资属性的社会性公共品投资则随官员任职年数增多而减少（王媛，2016）。此外，在省委书记的任期考核年，企业盈余管理显著增加（潘红波等，2018）。

地方官员任期的非线性效应作用于宏微观层面的众多方面。首先，

---

① 《中华人民共和国宪法》关于任期的相关规定：第九十八条 地方各级人民代表大会每届任期五年；第一百零六条 地方各级人民政府每届任期同本级人民代表大会每届任期相同。

第四章　中国经济追赶与技术创新的初始条件：地方政府与官员

官员任期与腐败程度（陈刚和李树，2012）、财政效率（杨海生等，2015）和工业用地价格（田文佳等，2019）均存在 U 形关系。具体而言，新任官员上任后由于"利益型关系网络"的断裂和重新形成，官员腐败程度会先下降后提高；新市长上任 1 年内，由于换届过渡政策不连续最明显，对财政效率产生负影响，而后逐步回升；市委书记上任 5 年内，晋升激励逐渐增强，不断压低工业用地价格，而后晋升激励减弱，不再压低工业用地价格。

其次，官员任期的倒 U 形效应存在于地方经济发展、财政金融、环境治理、组织人事等方面。具体而言，产业与经济发展方面，地方官员的任期与城市房价（郭峰和胡军，2015）、旅游业发展（Deng et al.，2021）、第二产业（段俊宇，2016）和第三产业的持续增长（刘胜等，2016）、地方经济增长率（周晓慧和邹肇芸，2014）、对经济增长目标及完成情况的影响（余永泽和杨晓章，2017）等，均存在倒 U 形关系。有学者研究发现，地区人均 GDP 的增长率随省长任期呈倒 U 形关系（段俊宇，2016），过短或过长的任期，都不利于地方官员获得良好的区域经济绩效——任期增长了地方官员的经验和阅历：当任期过短时，地方官员缺乏足够的时间和精力，来了解当地经济社会发展情况，官员的离任也会导致上马不久的新项目中断；当官员的任期短于 4 年和 5 年时，例如市级层面主官的任期普遍较短，其对经济增长的影响为正，但尚未达到能够促使经济增长率达到更高点的长度（顾海兵和雷英迪，2013）；当在任年数长于 4 年和 5 年时，其对经济增长的影响为负（张军和高远，2007）。而且，在任期的 4—5 年，晋升的概率较高，官员有激励向企业提供相对较多的土地和融资优惠（于春晖等，2015）。为了促进地方经济增长，土地交易价格调控成为地方官员招商引资的工具。在企业所在省份的省长接近退休时，一些公司更容易通过收购破产的国有企业并重新雇用其工人，进入与其核心业务无关的行业（Wang & Luo，2019）。这种现象产生的原因是，就即将退休的省长的职业目标来说，社会稳定比经济发展更重要。

财政金融方面，官员任期与地方财政支出呈倒 U 形关系。新任官员刚上任,财政扩张的行为显现,具体表现为财政支出的规模开始增加,在上任后第一年,财政支出达到任期内的峰值,之后对地方财政支出的扩张偏向会出现下降趋势(王贤彬等,2013),财政支出减少。具体而言,官员任期越长,地区交通基础设施投资、可视型公共品支出(丁从明等,2015)、民生投入(罗党论等,2015)、省级信贷投放与固定资产投资(谭之博和周黎安,2015)均会呈现倒 U 形变化。

环境治理方面,省级官员对碳减排的影响随其任期增加呈现倒 U 形变动(王娟和张克中,2014);类似研究表明,地级市党委书记的任职年限与年均 PM2.5 水平之间呈 U 形关系(Cao et al.,2019),地区污染程度随着官员任期的延续先下降后上升,呈 U 形变化(吴培材和王忠,2016),任期越长、年龄越小的省委书记越倾向于颁布更多环保法规来推进制度建设。

组织人事方面,下级的晋升率会随上级官员任期表现出倒 U 形的变化趋势:在上级官员任期的开始阶段,由于职位空缺增加而增加任命下级官员的人数;进入其任期后期,随着出台新政策的可能性下降,而减少任命下级官员的人数;任期缩短至三年左右将有利于扩充下级官员队伍,即下级官员数量在上级任期第三年达到最大值(徐现祥和刘勇,2018)。

最后,官员任期对微观企业层面的绩效与投资也有重要影响。具体而言,官员任期与企业 TFP(张豪等,2017)、制造业企业的金融化程度(周梓洵等,2021)、企业 R&D 投资(朱星文,2016)、地方国企过度投资等指标之间存在倒 U 形关系(曹春方等,2014)。官员的晋升可以分为受年龄限制和不受年龄限制两类,其中不受年龄限制的官员,任期与企业投资之间呈现理论模型所刻画的 U 形关系(周敏等,2017)。

在一个任期内的不同阶段,地方官员会表现出不同的施政行为。资金投入方面,固定资产投资在官员一届任期内的前三年保持快速增长,后两年的增速放慢(姚金伟和韩海燕,2019)。资金流动方面,在官员任职初期,第一工作地和前任职地的资金会更多地流入现任职地；而在任职中后期时，出生地的资金会更多地流入现任职地；这一现象的产生原因可能来自官员情感与理性的平衡（钱先航和曹廷求，2017）。政策承诺的可信度在官员任期内存在周期性波动，官员政策承诺可信度一般在每一届任期第三年左右达到峰值（杨君和倪星，2013）。在任期的不同阶段，地方官员也会通过互联网对自身形象进行不同的构建。（Pan，2019）。

（三）教育水平的效应

整体而言，地方官员的教育水平越高，给当地带来的效应越积极。比如，带来更多的地方民生财政支出投入（郭平和林晓飞，2018；杨默和杨永恒，2017），更高的本地财政透明度（张蕊和朱建军，2016），更低的建设性支出比重和更高的科教文卫支出比重（王贤彬等，2013），城市的可持续发展（孙伟增等，2014），以及更高的企业TFP水平（张豪等，2017）。然而也有研究发现，高学历并不能提高地方官员对公共教育等居民福利的关注，具有研究生学历的书记和市长反而会倾向于减少教育支出（宋冉和陈广汉，2016），并且相较于省委书记，省长因其政绩考核要求和升迁激励的不同，更多地追求经济上的成绩，从而忽视教育供给；另外，省级地方官员对于当地教育的投入，不仅受到官员自身的受教育水平的影响，还存在明显的地域偏袒倾向（王艺明等，2015）。

（四）专业背景的效应

地方官员的专业禀赋主要包括理工科、人文社会科学、经济学及管理学等专业背景，专业禀赋的差异会导致其决策和行为效果的异质性。具体而言，具有理工科背景的地方官员对于地区内知识、技术资源的整合与创新有促进作用，从而利于企业R&D投资的增长（朱星文，2016）；官员的经济管理专业背景会显著减少碳排放（Meng et al.，2019），优化区域环境；党政一把手若都具有经济学专业禀赋会对促进区域经济增长有积极作用（张尔升，2012），若都有人文社科禀赋则对产业结构高级化有显著正向影响。然而与之相反的是，有理工科禀赋的地方官员却不利于产业结构高级化。

(五) 性别的效应

随着越来越多的女性担任各省市要职，女性在政治舞台上的影响力日益凸显。性别特质如女性的严谨细致和较强的沟通力等具有独特影响（董晓艳，2009）。由于我国女性官员往往分管教科文卫工作，因而相比男性官员更关注教育，如女性市委书记或市长更加倾向于增加教育支出，但这种影响仅在东部和东北地区存在（江依妮和易雯，2017）。此外，女性干部有助于促进协商民主的发展和完善（贺羡，2016）。

基于以上对地方官员五个方面静态特征效应的系统归纳，以下运用表格系统呈现相关研究结果，并为未来研究机会提供启示，详见表4-2。

二 中国地方官员动态过程的效应

地方官员队伍的流动提高了地区交流协作，成为地区经济社会发展和区域平衡的重要组织保障，但也伴生了行为短期化及政策不确定性等风险。以下分别从来源、工作经历、去向、交流、更替、晋升竞争六个方面的动态因素，考察地方官员的效应。

(一) 来源的效应

对于省级地方官员而言，其主要来源包括：省内晋升、外省晋升、外省平调等。不同的晋升来源对区域各领域发展具有差异化影响。

地方官员省内晋升对于抑制农转地、促进平等、土地供应、建筑业、道路建设等具有积极影响，而对教育投入和环境治理方面产生消极作用。具体而言，本地人担任政府领导可以在一定程度上起到抑制大规模农地转用的作用（Chen et al.，2019）；与那些从其他城市调来的领导人相比，在本地长期居住的领导人，其辖区城市支出不平等现象明显减少，且当城市领导人是当地人时，会更慷慨地直接向低收入家庭提供有针对性的转移支付，从而产生较小的不平等（Zhang et al.，

第四章　中国经济追赶与技术创新的初始条件：地方政府与官员

表4-2　中国地方官员静态特征的效应

官员静态特征	宏观层面效应					微观企业效应		
	产业与经济发展	财政金融	自然资源	环境保护	教育、文旅与民主	组织人事	企业绩效	财务与投资
专业背景	产业结构高级化（+）经济增长（+）			碳排放（-）				R&D投资（+）
教育水平	可持续发展（+）	民生投入（+）转移支付收入（+）财政透明度（+）			科教文卫投入（+）教育投入（-）		企业TFP水平（+）	
年龄	经济增长（-）第二、第三产业增长（∩）	民生投入（+）转移支付收入（+）债务规模（U）银行信贷规模（∩）	建设用地效率（+）	环境治理力度（+）	教育商品和服务效率（-）教育投入（+/U）	晋升激励（-）	投资效率（+）	
任期	经济增长（+）非国有经济投资（+）产业结构变动（+）人均GDP增长率（∩）	财政透明度（-）社会性公共品投资（U）财政效率（∩）财政支出（∩）民生投入（∩）交通基础设施投资（∩）可视型公共品支出（∩）固定资产投资（∩）省级信贷资金投放（∩）来源地资金流入（初期）出生地资金流入（中后期）	工业用地价格（U）房价（∩）	碳减排（∩）	国际友好城市发展（+）旅游发展（∩）	晋升激励（-）下级官员任命（∩）	企业TFP水平（∩）制造业企业金融化程度（∩）	盈余管理（+）R&D投资（∩）国企过度投资（∩）
性别（女性）					教育投入（+）协商民主建设（+）			

注：（+）代表正相关关系；（-）代表负相关关系；（U）代表U形关系；（∩）代表倒U形关系。
资料来源：作者整理。

2020）；在影响地方土地供应结构方面，具有本地工作经验的市长更倾向于与工业企业合作租赁更多工业用地。同时，不同城市之间存在明显的异质性：在商住用地价格远高于工业用地的城市，当地市长更愿意租赁商住用地以获得短期更高的财政收入。相反，在欠发达的城市，地方市长通过与工业企业勾结来追求长期可持续的税收收入（Sun et al.，2020）；本地提拔的市委书记会显著扩大建筑业产值，增加实铺道路面积，同时减少当地中小学教师人数（王定星，2017）；相对于来自中央的官员而言，本省晋升的省长，不利于碳排放的减少（詹新宇和刘文彬，2018），但也有学者认为，当省长为本地人时，会催生乡土情结的环境治理效应，从而加大辖区的排污费征收力度（王海和尹俊雅，2019）。

本省晋升的地方官员的经济增长轨迹呈现倒 U 形变动（王贤彬和徐现祥，2008），即使官员的家乡在其辖区外，官员对当地经济发展也会有促进作用。比如，省级官员在任期间，其辖区外家乡县的夜间灯光亮度提高约 8 个百分点（李书娟等，2016）。类似的，来自中央的官员会显著促进其籍贯来源省份的经济增长（张平等，2012）。

外省晋升或平调的官员对于地区发展整体上产生积极影响。外省调入的省委书记显著正向影响经济增长质量，且更注重提升创新和共享方面的经济增长质量，但在协调、绿色和开放方面的影响不显著（詹新宇和刘文彬，2018）；由外地晋升的市委书记辖内城商行会显著地扩张信贷（李维安和钱先航，2012），官员异地调任能够促进政策创新扩散，并且呈现出经验展示型、经验嵌入型、治理复制型和治理再造型四种政策扩散模式（朱光喜和陈景森，2019）。同时，外地晋升（或调任）的省长比来自中央调任或本地晋升的省长更倾向于增加污染治理新增投资、颁布更多的环保法规。

特别的，当官员来自中央时，资金会更多地从上一个任职地流入下一个任职地（钱先航和曹廷求，2017），公开地方财政信息更积极（张蕊和朱建军，2016），教育支出和行政管理费也会高出 0.9% 和 0.5%，但是，基建支出降低 1.9%（杨良松和庞保庆，2014），且对经济增长的影响而言,从中央调任省委书记的经济增长质量效应为负(詹新宇和刘文彬,2018)。平调和外省晋升的地方官员经济增长绩效最大(11%),本省晋升的次之(10.5%),来自中央的最小(9.5%)(王贤彬和徐现祥,2008)。从中央调任地方任职的官员也会由于接收到了短期晋升的强信号,做出强反应,倾向于采取短平快的经济发展主义型财政政策,从而忽视地方教育(赵琦和顾昕,2018)。

此外,不同地域的地方官员在财政支出方面,也具有差异化的决策。就教育支出来说,东部地区,地方官员某些特征对教育支出有着显著影响;而在中西部地区,地方官员对教育支出的影响相对较小;且在东北地区,来自本地的市级官员更愿意投入当地教育,而西北地区来自外地的市委书记更加重视当地教育支出(江依妮和易雯,2017)。再者,部分研究表明地方官员存在籍贯地偏爱现象:一方面官员通过资源转移影响籍贯地经济发展,即省级官员在任期间,其籍贯地的制造业企业数量、进入率、资本以及经济增长率都实现一定程度的增长(徐现祥和李书娟,2019);另一方面官员的本地身份也会影响地方政府公共品供给行为,在籍贯地任职的官员有更大动力为辖区提供更多的基础教育、公共医疗及环境保护财政支出(王芳,2018)。

(二) 工作经历的效应

首先,地方官员背景和经历对其晋升具有促进作用。例如,具有企业高管任职或高校背景、拥有交流经历、在政治生涯中表现更好的官员有着更大的晋升机会,但其背景不会弱化经济绩效与晋升的关系(罗党论等,2015)。与此同时,曾在多地任职的履历对地级市官员的晋升会产生显著的积极影响;省辖市书记、市长的频繁调动所产生的影响会沿行政层级自上而下传导,省委书记的职位调整次数与次年省辖市书记、市长的职位调整高度相关;市委书记和市长向经济总量更低城市的平调次数约为更高城市的七分之一(李杨,2017)。拥有理工科全日制学历、地市党政一把手任职经历、中央机关和国家部委或高校工作经历,以及在多个省份任职省委常委的时间相对较长,有助于官员向正省级实职领导岗位晋升；在不同时期，拥有经济专业本科学历、多个省直部门及农村工作经历，也有助于官员晋升（杨竺松等，2021）。省级官员的晋升概率与中央工作经历、企业工作经历、经济增长均显著正相关（杜兴强等，2012）。

其次，拥有相关领域背景的地方官员，对该地区经济发展、企业投资、政府公共支出及环境保护等也都具有积极意义。例如，省级官员的金融背景，对区域金融发展具有正向促进作用（张树忠和朱一鸣，2015）。在地区投资方面，由于省长和省委书记的职责划分不同，具有留学经历的省长能显著促进 FDI 流入本地，而具有留学经历的省委书记对 FDI 却没有直接影响（高雄伟和董秘刚，2017）；市长、市委书记凭借任职经历拥有的关系资本可以使辖区获得更多的财政转移支付补助（卢洪友等，2011）；县委书记在关键部门的任职经历与人均专项转移支付显著正相关（杨默和杨永恒，2017）。此外，地方官员的工作经历对于改善区域环境具有正向影响。比如，省长在能源紧张省份的工作阅历，有助于显著降低辖区内单位 GRP（地区生产总值）能耗（陈雪梅和王志勇，2014），而具有中央任职经验的官员对于污染防治的控制更有效（臧传琴和初帅，2016）。相反，有市长经历的市委书记会显著减少公共支出，如科教支出比例和中小学教师人数（王定星，2017），有经济工作背景的省委书记倾向于扩大政府债务规模（方明月，2015）。

最后，地方官员的企业工作经历的影响则是多方面的。一方面，具有企业任职背景的地方官员与当地教育投入（宋冉和陈广汉，2016）和企业创新投入有显著的正相关关系（顾元媛和沈坤荣，2012），对企业 R&D 投资产生激励作用，制定的政策也能更有效地解决企业的问题（朱星文，2016），同时，具有市场经济时期企业任职背景的官员对辖区经济增长有显著的积极影响，且在一定范围内，任职时间越长，效果越明显；而仅有计划经济时期企业的任职背景则对此无影响（徐磊和王伟龙，2016）。另一方面，官员企业背景会对地方政府债务产生负面影响：具有企业工作经历的地方官员，倾向于运用债务杠杆来发展地方经济，进一步导致地方政府债务规模扩大（崔兵和陈梦冬，2019）。

（三）去向的效应

中央政府对地方官员的流动有着严格控制，官员的分派与轮换反映了中央在经济增长和地区差距之间的权衡（Huang，2014）。省级地方官员离任后的去向主要有四类：平调、调入中央、退居二线和其他（王贤彬，2010）。

地方官员的不同去向，会对任职地资金流动以及经济增长产生影响。当官员平调时，出生地的资金会更多地流入任职地（钱先航和曹廷求，2017）。据学者统计，省长、省委书记离任后，其原任职地的经济增长绩效从高至低分别为平调、退居二线和调入中央，然而并不存在显著差异（王贤彬和徐现祥，2008）。这与之前学术界的普遍观点相悖，即具有良好经济增长绩效的地方官员，会有更大的晋升概率。而调任省、中央的市委书记任内城商行会紧缩信贷（李维安和钱先航，2012）。总体来看，官员调任将导致流入地的经济增长速度下降，且地方官员前后任职地区之间的地理距离越远，当前任职地区的经济表现越差，其原因主要在于调任官员缺乏对本地信息的了解（陈绍俭等，2019）。所以，中央在决定官员去向时，不单单是考察经济增长，还有着更复杂的考核体系。

（四）交流的效应

地方官员的交流活动，对于区域投资、混合所有制改革、环境治理，以及带动全国、特别是不发达地区的经济社会发展至关重要。整体而言，官员交流制度在激励地方官员发展经济方面比官员留任制度更有效（尹振东，2010），省长交流使流入地的经济增速显著提高1%左右（王贤彬，2010）。这种积极影响在20世纪90年代之后变得明显，并与中国干部交流走向正规化、制度化的现实相匹配。可见，加快完善干部交流制度，有助于扩大地方官员对当地经济的积极影响。以FDI为例，省级官员交流显著促进了流入辖区人均FDI的增加，大致使人均FDI增加20%左右。鉴于此，中央政府运用省级官员交流机制，可以在一定程度上缓解 FDI 区位分布不平衡问题，进而促进地区经济协调发展（吕朝凤和陈霄，2015）。从全国角度看，地方官员交流有助于打破地方政府间单纯的竞争关系，显著影响国内市场一体化进程（魏建和王安，2016）。

另外，官员交流也会显著降低流入地的腐败程度，增加教育支出（宋冉和陈广汉，2016），正向激励环境污染治理（臧传琴和初帅，2016），具有绿色增长效应，且环保考核压力会增加市委书记交流对城市绿色增长的影响程度（刘玉海和赵鹏，2018）。但是在交流方向及其他任职情况不同时，地方官员交流的效应可能存在差异。比如官员垂直交流时则不利于城市环境质量改善，且垂直交流强度会加强这种负面效应（卢洪友和张楠，2016）；促进创新方面，地方官员在履新地任满 5 年之后，异地交流当年能显著提升辖区技术创新；若不满 5 年，其异地交流当年负面影响辖区技术创新（赵忠涛，2019）。在对地方财政的影响上，官员交流对财政分权具有双重影响，即交流官员比例的提高，会降低以财政收入衡量的分权水平，而提高以财政支出衡量的分权水平（王安和魏建，2013）。

在对企业的具体影响上，官员交流有利于打破政府与企业合谋的"关系网"，积极推进国有企业控制权合理转让的混合所有制改革（狄灵瑜和步丹璐，2019）。同时，无论是垂直还是横向的官员交流，都可以有效抑制企业通过股权投资获得政府补助，且这种抑制作用在其任期越长、地区资源禀赋越好时越明显（狄灵瑜和步丹璐，2019）。

异地交流也存在部分负面影响，例如异地交流会激励官员"为增长而竞争"，强化"逐底竞争"行为，从而抑制 FDI 的生态改善作用（刘胜和顾乃华，2017）。

除此之外，官员交流路径决定了交流行为对于地区经济发展的作用方向。干部交流的趋势，主要是地方官员从沿海发达地区流向内地、东北等稍落后省份（王贤彬，2010）。具体而言，沿海—内地的省长交流，能显著促进地区经济发展；内地之间的省长交流，影响却不十分显著；在沿海省区内部的交流，也不存在这种效应。交流路径也会影响交流结果：平行交流的官员能促进地方经济增长，而中央下到地方任职的官员交流会阻碍地方经济发展；与此同时，若官员到经济发达地区交流，则能正向促进当地经济增长，若交流到不发达地区，反而会产生负面效应。

（五）更替的效应

官员更替可能带来的不确定性，给企业经营活动与成果、地方产业与经济发展、政策制定、资源配置以及区域环境治理等带来一系列影响。

1. 对企业层面的效应

（1）对企业财务决策的效应

地方官员更替消极影响企业现金持有决策、应计盈余管理以及企业投融资。具体而言，地方官员更替会使企业选择持有更高水平的现金以应对未来政治不确定性，增加了其现金持有的市场竞争效应而削弱了其价值效应（潘少银，2015；Ni，2018）。就企业盈余管理而言，面对地方领导人变更而产生的政策不确定性时，当地上市公司会提高盈余管理程度来降低未来可能增加的政策性成本（陈德球和陈运森，2018）。具体地，在地方官员变更当年，企业真实盈余管理的程度显著提高，而应计盈余管理的程度显著降低；并且，在地方官员变更的作用下，政府干预的力度越大，企业的真实盈余管理就越多，而应计盈余管理就越少（陈文磊，2018）。企业投资决策的波动性随着政治变动而增加，官员更替导致企业投资大幅减少（An et al.，2016）。且这一影响主要存在于省级控制的国有企业，当经济处于上行期或管理层不具有政治身份时，官员换届的经济后果更加明显（贾倩等，2013）。具体而言，官员更替带来的政策不确定性通过两种路径影响企业投资：一是通过减少企业融资；二是通过企业资本运作削弱融资对投资的影响系数，使得企业债权和股权融资对投资的正向作用变弱。虽然也有研究发现，地方官员更替会增加辖区企业的投资支出，但这是由于新任官员为在"短期出成绩"而扩大投资，导致企业受政府投资冲动的推动而非基于自身情况做出增加投资决策，最终引发企业过度投资，降低投资效率和市场绩效，且这种影响在国企尤甚（孙静晓和踪家峰，2014；陈艳艳和罗党论，2012）。

然而，地方官员变更后，新任官员有助于企业获得银行贷款。由于地方资源配置效率随着地方官员的变更而变化，从而对企业贷款数目产生影响（陈艳艳和罗党论，2016）。与官员变更前两年相比，变更的后两年内，企业获得的银行贷款大幅增加，且多为短期贷款，尤其在市场化程度低的地区以及国有企业，官员变更会产生更大影响；且工作环境变化作为中介变量，能使官员更有动机提升短期的地方经济绩效，因而该地区企业的短期贷款数额变化更大（程哲和白云霞，2015）。

官员更替也会影响企业政商关系构建。在地方官员更替期间，企业主要通过慈善献金来建立政商关系，减少了由商业腐败带来的政治收益（贾明等，2015）。由于原有政治关系重新洗牌，企业的寻租费用会显著增加，且民营企业及市场化程度较低地区的企业寻租费用相对较高（申宇等，2015）。官员更替大大削弱了政治关联产生的税收规避效应，企业在新领导上任后会减少避税行为，且这一负向影响在法制环境较好的地区更弱（于文超等，2015）。当即将上任的领导者对国有企业管理者有更大的政治影响力，转移资源的动机更强，或者存在政治家—管理者网络时，政治更替对这些企业的税收状况的影响更加明显，并在反腐工作启动后逐渐消失（Chen et al.，2021）。

（2）对企业创新研发的效应

地方官员的更替会弱化企业联盟研发活动（李后建，2016），显著减少企业 R&D 投资，且这种抑制程度与企业类型有关：领导干部异地交流对高新技术企业的 R&D 投资比非高新技术企业的"挤出"效应更强；省级地方官员异地更替对国有企业 R&D 投资的"挤出"效应明显；省长和省委书记异地更替会显著抑制省属国有企业的研发投资，但对中央国有企业研发投资的抑制作用并不明显；且市场化进程会弱化其"挤出"效应（何山和李后建，2014）。

地方官员更替当年，企业创新研发投入减少的根源，在于中国官员晋升锦标赛机制下，地方官员表现出保守和短视的态度，倾向于将更多的社会资源，尤其是稀缺资源，投放到能在短期内实现经济效益的项目上，而减少对效益实现时间长的研发项目的投入，因此避免对创新进行高风险的长期投资。类似的，官员更替会增加企业所面临融资环境的不确定性，减少政府补助和银行贷款等企业创新所需资源（陈德球等，2016）；同时，通过提升企业融资约束、降低创新对业绩贡献度来显著降低企业创新水平。其中，官员变更对企业创新的作用效果，受到新任市长来源、市场化程度、企业性质以及行业性质的显著影响（王全景和温军，2019）。

但也有研究认为，官员更替正向影响企业研发投入强度，企业创新概率和强度在政府管制较强、法制环境较差的地区，会随官员更替频率增加而出现倒 U 形变化（于文超，2019），且官员更替对大企业研发投入强度的促进作用更小（李后建，2018）。

（3）对企业经营绩效的效应

现有研究普遍发现，地方官员的更替会对企业经营产生损害。相比于非更替年份，官员更替当年企业承担着更大的经营风险，且当企业所在地区市场化进程较慢时，企业风险受政策不确定性影响的程度更大（罗党论等，2016）。官员的更替活动会显著增加企业的倒闭风险，且这一风险存在多期滞后效应；同时，官员变更引起的退出风险，明显增加了国有企业尤其是非央企的风险（刘海洋等，2017）。有学者发现，地方官员的频繁更替会扩大外资企业面临的政治风险，从而导致当地外资企业业绩下滑的比率扩大 1.28 倍（Zhong et al.，2019）。因此，官员稳定的任期有助于降低企业经营风险。

地方官员变更对于企业股价和企业价值具有负面效应。地市级官员变更带来的政治不确定性会显著降低辖区企业的股价同步性，而且来自异地的新任官员相对来源本地而言，更能显著降低该地区企业的股价同步性；领导层变更引发的政治不确定性会使企业 H 股跌幅小于 A 股跌幅，即显著降低 A – H 股的溢价，并且对于政治不确定性较低、机构所有权较多的公司来说，其降低效果较低，而对于政治风险较高、市场化水平和经济条件较低的城市的公司来说，其降低效果较强（Cheng et al.，2021）。深入研究发现，地市级政府官员发生变更会促使辖区内不太知名的企业公开更多企业私有信息，以应对政治不确定性所带来的风险，这使得其股价同步性进一步降低（廖义刚等，2016）。

2. 对产业发展的效应

官员变更所引发的政策不连续性，对产业发展的影响是一把"双刃剑"。一方面，官员更替会产生负面作用：减少辖区内家族企业所获得的财政补贴（朱丽娜等，2018）、抑制传统行业（如服务业）可持续增长（刘胜等，2016）、引致辖区内企业产能过剩（徐业坤和马光源，2019）、阻碍产学研协同创新（黄菁菁和原毅军，2018）、使得会计师事务所审计费用提高（杨鑫等，2018）等。另一方面，官员更替也为各地带来新的发展思路，如显著提高区域的创业精神（贺小刚和朱丽娜，2016），促进地区技术创新，且官员调整对技术创新的促进作用主要来自集中换届期（杜博士和吕健，2022）。更具体地说，企业创新数量和质量在地方官员晋升前期都会显著降低（王砾等，2018）。

3. 对地区财政与经济的效应

地方官员更替带来的地方经济政策不确定性，负面影响地方财政支出和投资活动（如投资支出、地方债发行以及外资专用投资）。首先，官员更替导致资源配置扭曲与财政效率损失（杨海生等，2015），新任地方官员会促使地方经济建设类的财政支出比例高于全国均值，科教文卫等财政支出趋近于全国均值（姚东旻等，2020），且会增加辖区内交通基础设施投资（丁从明等，2015）。进一步研究发现，投资支出及其增速在市长变更后前两年均比变更当年有所提升，投资峰值出现在变更后第 2 年，而第 3 年及以后甚至低于变更当年；类似的，负债融资和政府支出均在市长变更后第 1 年出现峰值；负债融资和政府支出的峰值出现于市长变更后第 1 年；且变更后第 2 年最可能出现企业投资效率降低、过度投资增多（陈艳艳和罗党论，2016）。地方官员更替对财政支出增长率的负向影响程度，在经济欠发达地区比发达地区更明显（肖洁等，2015）。这一不确定时期的财政扩张，会通过降低银行资产收益率增大商业银行风险，且其负面影响大于政策不确定性的正面影响（李振新和陈享光，2020）。

另外，官员更替造成的不确定性会大大降低城市的发债概率并缩小发债规模：书记或市长更替会提高城投债的发债风险和成本，且发债成本受变更不确定性的影响更大（罗党论和佘国满，2015）。地方官员变动还会显著降低该地当年外资专用性投资水平：省长变更比省委书记变更的影响更加明显，且独资形式比合资和合作的外资专用性投资更可能受影响（刘琳和郑建明，2017）。

对经济增长的影响方面，早期研究表明，国家领导人的更替会显著影响经济增长绩效（Jones & Olken，2005），但并未涉及这种影响究竟是正面还是负面，长期还是短期的。持积极态度的学者认为，地方官员更替中的跨省轮换对地方经济增长存在正面影响，且在东部省份更明显（Zhang & Gao，2008）。地方官员变更对新城建设影响重大：新上任尤其是相对年轻的地方官员，往往将新城新区建设作为拉动投资和经济增长的重要途径，以最大化短期的经济增长绩效和税收（彭冲和陆铭，2019）。从更宏观的视角来看，地方官员更替会提高全国投资增长（王贤彬等，2010）。虽然从聚焦高能耗产业角度来看，新任乡土官员因为刺激第二产业而对区域经济在短期内有促进作用，但其长期效应为负（雷平等，2018）；而且从离任官员和新任官员两方综合分析，地方官员更替整体上会使地方经济在短期内呈负向波动（王贤彬等，2009），从而抑制经济增长（杨海生等，2014）。

地方官员的更替对经济增长的效应并未形成定论的原因在于，更替行为往往同时涉及官员的离任和上任。首先，官员的年龄及其所处的职业生涯阶段，会对更替行为影响经济绩效的效果产生调节作用：较年轻的地方官员一般处于职业生涯中的发展期，往往会为了追求仕途晋升而更有积极推动地方经济建设的动力；而年龄较大的地方官员一般已经到达职业生涯的后期，此时更倾向于维持现有地位和成就，追求更大作为的动力和积极性都会下降。此外，还需考虑地方官员的适应性：任何来源的地方官员发生变更后，都需要时间来重新熟悉和适应新的任职环境；官员的工作经验、教育背景、性格偏好等因素，会影响变更期间当地政策的连续性，进而使得地方经济产生不同程度的波动。

4. 对环境污染与治理的效应

官员更替对地区环境在短期内有负面影响，但效应会随着官员任期发生改变。频繁的地方官员更替可能会阻碍国家主导的绿色经济发展，官员的短视效应使其倾向于选择快速、低质量且阻力最小的途径来执行环境政策（Eaton & Kostka，2014），比如新调任的官员在新任期的头几年中会放松环境规制而导致二氧化碳排放量呈下降—上升模式（Hong et al.，2019）。更替发生当年，地区污染加重，在接任官员的任期内，官员对辖区环境有积极影响（吴培材和王忠，2016），但也会随着接任官员任期的延长而恶化（Gao & Liang，2016）。环境污染与官员的调动和调动后的任期呈正相关关系，当官员的任期增加到临界值时，官员的任期与环境污染之间的正相关关系会发生变化（Zhou et al.，2019）。较少的更替通常有利于降低空气污染，但是当领导层的更替是可预测时，地方领导人更有可能以损害空气质量为代价，将重点放在鼓励经济活动的政策上，导致空气污染会出现高峰（Song et al.，2021）。

另外，企业环境治理具有政治周期性，会随环保厅长变更年份而变化：当新任环保官员年龄相对更小，或企业不在变更环保厅长上任前所在城市时，其周期性特征更为明显（胡珺等，2019）。基于地域偏爱的视角，若新任官员来自本地调任，则当地企业的环境表现将得到改善；若新任官员来自异地调任，则当地企业的环境表现将发生恶化（陈秋平等，2019）。而在跨界污染方面，当省长和环护官员同时更换任期时，对跨界污染的抑制作用最强（Lu，2021）。

（六）晋升竞争的效应

中央对地方官员的激励主要有两方面，一是分权激励，二是政治激励（刘伟，2016）。在晋升激励与竞争中，中国自上而下的政府体系——从中央政府到不同层级的地方政府，定期设定包含 GDP、投资和财政收入在内的各种经济增长目标，且所设定的经济增长目标越来越激进；各级地方政府官员通过在各自管辖范围内实现经济增长来竞争（Li et al.，2019）。在所有的增长目标中，GDP 增长目标无疑是最重要的一个。地方官员的晋升机制，引发了地方官员围绕着区域经济发展的晋升锦标赛，也被称作"政治锦标赛"（Su et al.，2012；周黎安和陶婧，2011）。因此，他们在做经济决策时，不仅会考虑能产生多少 GDP 收益，也会思考能为自身政治晋升带来何种好处，由此有更强激励去选择利己不利人的事情，而不愿选择利己又利人的双赢合作（周黎安，2004）。这就不难理解地方官员施政的"援助之手"和"攫取之手"——前者是官员为获得职务晋升而表现出的、追求地区"公共利益"的行为，后者则是为了追求某些纯粹的"私人利益"的行为（文雁兵，2014；郭瑞等，2018）。以下从两方面加以分析。

1. 援助之手

地方官员受到的晋升激励对区域产业发展、经济增长和城市扩张都具有重要作用。首先，晋升激励有利于促进产业结构优化升级，实现高质量发展。地方官员在晋升激励下，为了获得政治上的晋升及其相关的经济利益，有动力和能力去发展地方经济、改善基础设施，进而推动本地产业结构高级化（邹璇和李冉冉，2019）。例如，地方官员致力于招商引资发展当地经济，会通过政府补助的形式吸引外来资本进入本辖区进行股权投资来带动本地区经济增长（步丹璐等，2018），倾向于增加住宅和商业市场的公共土地销售以增加土地销售收入和促进经济增长。但在相同的政治竞争和政治激励下，职业前景和地区发展水平会引发地方官员经济增长行为的差异：地方官员的职业前景较好时，其推动地区经济增长的动力更强；其地区禀赋居于中间水平时，推动经济增长的动力和效果就相对弱化（王贤彬和徐现祥，2010）。

作为城市土地扩张的一个关键驱动因素，地方官员的职级晋升动机会导致其管辖的城市化空间维度向外扩张，并且提升伴随产生的社会福利水平（Wang et al.，2020）。具体到特定行业，地方官员晋升竞争效应的影响不尽相同。对于建筑行业，晋升激励对地方官员决定扩大建设用地具有正向作用，但对市长和市委书记在城市扩张方面有着不同的影响（Chen et al.，2017）。晋升锦标赛对服务业等地方产业的作用并不稳定：一方面，官员晋升激励会加剧资源要素错误配置、扭曲服务业投资—消费结构，导致服务业增长不可持续；另一方面，地区制度环境的改善，会降低政策不连续性的负面影响（刘胜等，2016）。对于高污染行业，晋升压力则会影响高污染企业的融资活动（冯志华，2021），抑制高污染企业的固定资产投资。因此，金融环境和法律环境等制度环境的改善，可在一定程度上规避地方官员激励导致的要素市场扭曲（戴魁早，2016）。

其次，晋升激励的积极影响还体现在抑制官员腐败上。地方官员对政治晋升的偏好程度越高，其努力程度越高、腐败程度越低（郭广珍等，2011）。进一步地，地方官员腐败行为与竞争省份的官员腐败行为有关，地区间官员腐败行为存在显著的策略互动，并且表现为空间策略互补型，即如果竞争地区官员降低腐败水平，那么本地区官员也相应降低腐败水平。

再次，晋升竞争也与地方财政税收之间存在非线性关系。在大多数省份，以县级行政区的数量反映竞争激烈程度，县级行政区的数量与财政收入之间存在倒 U 形关系。这表明，对同一委托人负责的官员数量越多，政治竞争就越激烈，导致税收增加；然而，对同一委托人负责的官员过多，又会导致没有竞争力的官员推卸责任和增加对政治不稳定的恐惧，进而会导致税收减少（Lü & Landry，2014）。

除此之外，在晋升锦标赛的影响下，地方官员晋升的援助之手会在地方银行业以及产业扶持等方面呈现出"利己不利人"现象。例如，为了缓解晋升压力，地方官员会动用其行政控制力来扩张经济规模，并由此提升银行风险（纪志宏等，2014）。当官员晋升压力大时，城市商业银行会减少短期贷款，增加中长期贷款。另外，地级市市委书记的晋升激励越强，越可能扶持中央政府鼓励发展但与本地生产性结构不尽一致的产业；且这种扭曲性影响更明显地存在于国有经济占比高和经济落后的地区；产业政策偏向与本地生产性结构的趋同，能提高行业的全要素生产率（熊瑞祥和王慷楷，2017）。

对微观企业层面的影响上，为了在政治晋升中获得竞争优势，地方官员有强烈动机鼓励当地企业成功上市（Piotroski & Zhang，2014）。以首次公开发行（IPO）活动为例，省级地方官员对IPO定价偏低，使地方政府控股的国有企业上市时存在明显的抑价行为（Liu et al.，2020）。基于地方经济绩效的官员晋升制度，是地方官员促进市场便利化的关键激励因素。地方政府向企业提供有关产品、技术和市场机会的信息，并帮助企业从银行获得贷款，为地方企业及市场发展提供支持（Cull et al.，2017）。

2. 攫取之手

以GDP为重的考核体系，使地方官员仅关注可被考核和量化的经济指标，而忽视不在考核范围内或难以衡量的考核指标。比如，热衷于"面子工程"，甚至不惜运用破坏市场秩序的手段发展经济，如纵容当地企业生产假冒伪劣产品、污染环境、浪费能源，在财政上一味支持企业扩张等，以获得任内优异绩效；且地方官员政绩诉求对辖区环境污染的影响在沿海地区更明显。（冯辉和沈肇章，2015）。地方官员晋升激励的总体净效率为正：既能提升工业创新效率，也会抑制政府创新偏好、损失工业创新效率（李政和杨思莹，2019）。在当前的分权制度下，为彰显地方经济增长的政绩，地方官员竞相干预信贷资源偏向本地投资，从而导致信贷资源非市场化地流动而损失配置效率（孙犇和宋艳伟，2012）。

考核体系的扭曲，严重影响了市场机制正常运行，导致政府失灵问题。不少文献从政治晋升竞争的角度，解释了上文提到的重复投资、产业趋同、边界效应等现象（张晔和刘志彪，2005；舒洪冰，2006；周黎安和陶婧，2011）。比如，官员通过政治权力干预国企经营并导致非效率投资（刘莉等，2020）；地方官员的相对业绩比较，以及害怕落后的风险规避态度，是产业结构趋同的根本原因（张晔和刘志彪，2005）；晋升竞争会导致地方官员偏向第二产业以实现短期经济增长，而忽视对长期经济增长至关重要的第三产业（佟健和宋小宁，2011）。对于能源效率而言，在短期经济增长的激励下，地方政府倾向优先发展第二、第三产业尤其是重工业，给能源效率带来了巨大的冲击（仲伟周和王军，2010）。这种急功近利的"短视行为"，会导致地区社会发展滞后于经济发展。进一步的研究发现，处于竞争劣势的官员会在维持发展型努力的同时，采取"攫取之手"并提高其保留效用。地方官员在合作时倾向于同所辖区域发展水平相差较大的区域，而非发展水平相近的区域（张晶等，2015）。

政府官员晋升激励也会对地区经济活动带来重要影响。众多研究都已证明地方政府竞争是促使地方债务规模膨胀的重要因素，晋升激励越强，地方债务的增长速度越快。官员的晋升压力显著增强了土地租赁收入对债务规模风险的正向影响。处于晋升压力下的地方官员会倾向于扩大城市投资规模，从而增加债务规模风险（Zhang et al.，2021）。晋升激励下的政府竞争强化了地方官员的投资冲动，催生地方政府扩大举债规模进行基建投资来刺激地区经济增长，以获得政治优势（陈菁和李建发，2015；刁伟涛，2017；黄健和毛锐，2018；黄春元和毛捷，2015；杨大楷等，2014；邓晓兰等，2019）。

微观层面上，官员晋升也会影响企业行为。一方面，市委书记政治晋升会推动当地企业并购交易，包括显著增加地方国企和民企当年实施并完成并购交易的可能性，并缩短并购交易时间。另一方面，官员晋升也会加剧企业财务压力。在债务杠杆方面，地方官员的晋升压力越大，企业越容易获得债务融资，从而抑制企业技术创新（程仲鸣等，2019），导致地方国企过度投资（曹春方等，2014）。市委书记的晋升激励，会提高区内国企承担发债成本的意愿（贾君怡和黄家明，2021）。进一步地，官员的晋升激励会通过增加企业短期债务比重影响企业负债率，具体表现为：地方官员晋升激励越强，企业负债率水平越高，企业财务风险越大，陷入财务困境的可能性也越大（赵宇，2019）。除此之外，市委书记与市长的任期越长，越接近任期考核时点，其对辖区内企业实际税率的提升作用越明显（汤泰劼等，2019）。

三 地方官员效应分析框架与研究展望

（一）分析框架

以上分析表明，对地方官员效应的研究主要聚焦于其静态特征及其动态过程。其中，静态特征涵盖年龄、任期、教育水平、专业背景与性别五个方面；动态过程则涉及地方官员的来源、工作经历、去向、交流、更替、晋升竞争六大领域。它们的效应分别包括宏观地区和微观企业两个层面。由此，本书构建出一个中国地方官员效应的系统分析框架（如图4-4）。

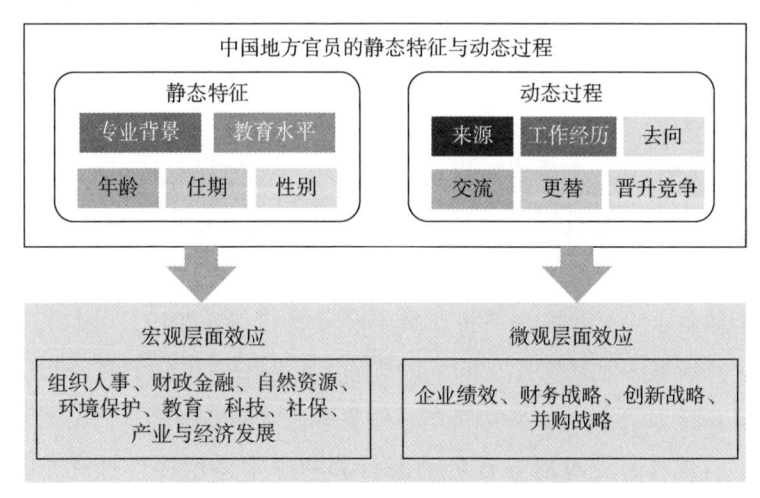

图4-4 中国地方官员效应的分析框架

（二）研究展望

1. 考察个体内隐特征，区分不同职能官员的效应

对静态层面要素的相关研究，主要集中于地方官员的年龄、任期、教育水平、专业背景、性别等显性的人口统计特征，缺乏对人格、思

想、观念与认知等隐性因素的关注。行政价值观和民主价值观（刘祖云，2003；朱芳芳和陈家刚，2016）、品德胜任力（梅继霞，2017）、人格特质（余君，2006；王登峰和崔红，2008）等心理层面的个体属性差异，可能会影响地方官员的认知，从而改变其行为、决策以及影响辖区各领域发展。未来可引入心理学、管理学理论及方法，借鉴管理过程中个体心理活动规律与行为活动规律的研究成果，挖掘并进一步探讨地方官员的隐性个人特征在其决策中的作用。

2. 关注官员团队影响，探索团队异质性效应

领导一个复杂的组织是一项共享活动，整个高管团队的集体认知、能力和互动，均会在战略行为中有所体现（Hambrick，2007）。因此，相比仅关注高管个体，聚焦于整个高管团队，将对组织结果产生更强的解释力。在中国政治体制环境下，由若干党政干部成员构成一个高管团队，即"领导班子"。基于高阶理论，高管团队的组成、战略决策、团队过程等方面都会对组织绩效产生影响。相对于地方官员个体而言，领导班子具有哪些不同的静态特质和动态过程？它们又会对政策制定产生什么影响？

既往研究多从个体层次出发，讨论单一个体静态特征的异质性效应。研究发现，官员同质性对本地经济政策具有重要影响。例如，当市委书记与市长存在相同的个人特征——年龄、受教育水平或者党龄时，本地企业的实际税率都将显著下降（杨进等，2019）。因而，未来可以进一步关注地方政府内部官员配置以及党政领导之间的搭配关系。

3. 探索动态特征的交互作用，拓展研究对象的范围

尽管现有研究对地方官员动态行为的探索呈现多样性和丰富性，涵盖来源、工作经历、去向、交流、更替、晋升竞争等多个方面，多涉及地方官员的直接效应，却较少探讨不同要素之间的相互作用。未来一方面可以考察上述动态要素之间的交互作用。另一方面探讨价值观、品德素养等隐性静态特征效应的评价。

在分析层次方面，动态层面的既有研究主要针对的是省级或市级层面的考察，对县级及以下更为微观层面的分析微乎其微。县级政府

作为基层行政组织，直接面向广大农村与农民群众，县级政府官员的能力和决策直接关系着县域治理、县域经济和社会的发展，对于实现共同富裕起着重要作用。因此，未来研究有必要将分析层次内化至县级地方政府，有利于研究结论的稳健性。另外，在区域差异方面，全国各地的经济发展水平、人口密度、城市化程度等存在显著差异，这些都将导致地方官员相关决策及行为的差异化，但已有研究多局限于某一辖区的内部效应，未来可以加入不同地区间的比较研究，探索地方官员在加快全国统一大市场中的应有作用。

4. 探讨自下而上的反馈作用

现有研究过于关注自上而下的影响，忽视了微观层面亦能反向影响宏观层面要素的现实。自下而上的影响路径体现在地方官员对制度环境的塑造上：外部环境不仅约束和激励了地方官员的相关行为，也会被地方官员所影响。因此，未来研究可从宏观与微观互动的角度，既自上而下探究制度环境影响地方官员行为的机制，又自下而上考察地方官员推动制度变革的反馈作用，从而更加清晰、全面地阐明制度环境与地方官员之间的动态交互影响。

5. 挖掘官员效应的制度前因，探索制度互动的影响

未来可继续探讨地方官员效应的影响因素，如正式制度、非正式制度及其互动。其中，正式制度包括中央和地方分权、晋升锦标赛，乃至多元政绩竞赛等方面（陈科霖和谷志军，2022）。非正式制度因素则可以从传统文化、舆论环境等方面拓展。此外，正式制度与非正式制度共同约束着地方官员的行为选择，未来研究可进一步考察二者的互动对地方官员效应的影响。

第三节 中国经济追赶与技术创新初始条件的小结

就经济发展与技术追赶而言，对于政策选择（如出口导向或进口替代战略）还是初始条件（如政府领导力与自治力）更重要，学界仍莫衷一是。李根（2022）认为，初始条件的作用更重要；并且，政府

的领导力与自治力在众多初始条件中是最重要的条件之一。

中国经济追赶与技术创新中的初始条件之一在于政府积极主义，表现为地方政府的企业化行为。并且，从中央到地方，都有一个强有力且致力于经济发展的政治领导层，以及为实现经济发展而达成的全国共识。具体表现在，地方政府在取得民众对于经济发展的公共物品属性的共识基础上，通过土地财政、地方债务、巨型工程和招商引资等行为方式，调动资源、激励民众并实施精心设计的产业政策，像企业一样直接参与或干预经济发展活动。此外，这种经济追赶体制，由有能力的政府官员和有胆识的企业家共同管理。

第五章　中国宏观环境与微观企业行为的双向互动：十年回顾[*]

第四章阐释了中国经济追赶过程中技术创新的两个重要初始条件。事实上，企业技术创新本质上是一种微观企业行为。那么，在中国情境下的微观企业行为会受到哪些宏观环境因素影响？这些宏观环境因素分别对微观企业行为具有什么影响？微观企业行为对于宏观环境又有何影响？本章致力于通过回答这些问题，为后文探索自上而下的技术创新和自下而上的制度创新开启新篇章。

一直以来，科学领域中都存在宏观和微观领域之间的鸿沟，这可能源于专业知识的分化（Aguinis et al.，2011）。由此导致的一个直观问题是，宏微观的分野往往使得我们难以全面理解现实世界的问题，因为现实世界并不会自然地被划分为宏观和微观，更不会允许人们忽略它们之间的影响。并且，在日益复杂的环境中，越来越多的重要问题亟待我们运用宏观和微观两种视角的优势来加以分析和解决（Huselid，2011）。事实上，为了引导学者使用宏观视角将微观过程联系起来，并探索微观现象如何聚集起来解释宏观结果，Coleman（1990）就曾建立起"科尔曼之舟"（Coleman's Boat）——一个包含四条线路的闭环模型，包括宏观到微观的"情境机制"，微观层面的"行为形成机制"，微观到宏观的"转换机制"，以及宏观层面的互动关联。进一步，Cowen

---

[*] 本章主要内容曾在第十届"宏观经济政策与微观企业行为"研讨会上做主题报告。作者感谢刘雅婷、傅昭龙出色的助研工作。

等（2022）提炼出现有宏微观研究中普遍出现的三个理论挑战——微观理论在探索宏观现象中的误用，在专注于微观现象的跨层次研究中缺乏对宏观背景更细致入微的考虑，以及较少关注连接两个层面的聚合过程。

在中国，宏微观结合的研究仍是当前经济学与管理学中开展得比较薄弱的领域（饶品贵等，2013）。这可能与交叉学科研究的难度有关——它要求学者们对两个领域都要有较深的理解。自2012年始，一批富有远见和影响力的会计学者每年组织召开"宏观经济政策与微观企业行为"学术研讨会，为研究宏微观结合的学者们提供了交流平台。2012—2021年这十年来，中国情境下的宏观环境与微观企业行为研究已经取得了长足进步，积累了大量高质量的研究文献。当然，既有研究也还存在不少值得改进的领域，比如过于偏重于探讨宏观经济政策对微观企业行为的影响，而对文化、技术等重要宏观因素的潜在影响重视不够，等等。鉴于此，有必要对这十年来的研究积累开展系统回顾，在此基础上构建出一个整合性分析框架，并启发学界深入推进宏微观相结合的研究，从而为国际主流的宏微观结合研究与实践贡献中国方案。

基于对"宏观经济政策与微观企业行为"学术研讨会历年入选论文的系统回顾（饶品贵等，2013，2016，2019，2021；丁友刚等，2014；范从来等，2014，2017，2020），本章致力于系统回顾2012—2021年发表在《管理世界》《经济研究》《中国社会科学》三种中文期刊上的相关研究，全景呈现中国宏观环境与微观企业行为高质量研究的十年进展，并在此基础上为下一个十年的相关研究提供指引。

第一节　文献来源、主题比较及分类

一　文献来源

宏观环境与微观企业行为的交叉研究主要集中在管理、会计及金

第五章 中国宏观环境与微观企业行为的双向互动：十年回顾

融等多学科领域。相关高质量的研究成果主要发表于《管理世界》《经济研究》《中国社会科学》三种中文期刊。鉴于此，以2012年1月至2021年12月为期限，我们首先从三种期刊所发表的论文中，初步筛选出论文题目中同时包含了宏观环境和微观企业行为的460篇相关文献。随后，逐篇分析论文摘要和全文，进一步确认宏微观交叉研究文献，并删除综述类论文。最终，我们遴选出373篇文献，如表5-1所示。

表5-1　三本期刊的宏微观交叉研究论文数量与比重（2012—2021年）

单位：篇，%

中文期刊	相关论文数量	总论文数量	占比
《管理世界》	222	1944	11.42
《经济研究》	143	1688	8.47
《中国社会科学》	8	1162	0.69
合计	373	4794	7.78

资料来源：作者整理。

如图5-1，三种期刊的相关文献在近十年间分布较为均匀，略有波动，近年来呈明显增多趋势。其中，《管理世界》发表的宏微观

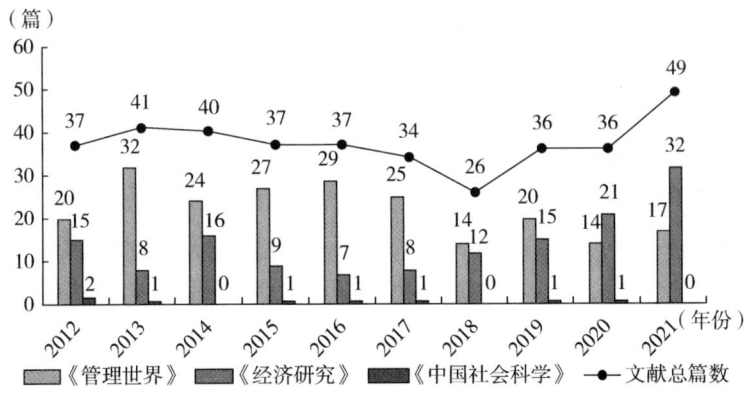

图5-1　三种杂志按年发表相关论文数量统计（2012—2021年）

资料来源：作者整理。

领域文献最多,《经济研究》近年来涉及宏微观互动领域的研究也明显增多,《中国社会科学》由于是综合性期刊则一直较少。

二 研究主题概述与比较

我们统计了宏微观结合文献中的宏观环境因素和微观企业主题及其相应频次。

如图 5-2,宏观环境因素涵盖了 PESTEL 分析模型中的政治、经济、社会文化、技术、环境和法律六大类别。六类宏观因素的讨论次数由高至低依次是:政治因素、环境因素、经济因素、社会文化因素、法律因素和技术因素。

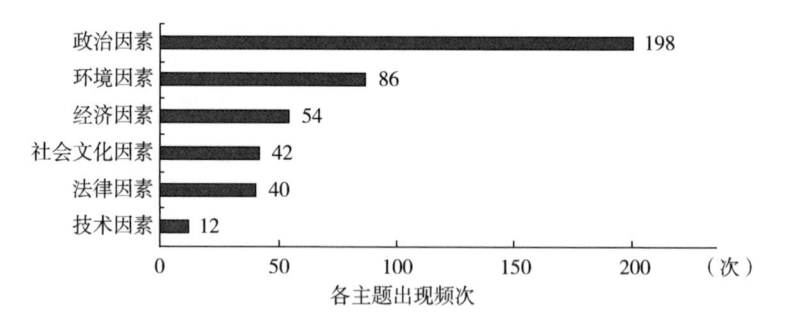

宏观因素	频次
政治因素	198
环境因素	86
经济因素	54
社会文化因素	42
法律因素	40
技术因素	12

图 5-2 宏观环境因素的大类研究主题分布(2012—2021 年)

资料来源:作者整理。

如图 5-3,微观企业因素讨论频次前四位的主题则依次为:微观企业结果、财务战略、研究与开发战略、公司治理。

不难发现,2012—2021 年三种重要期刊发表的宏微观互动研究,更多聚焦在政治(频次为 198)和环境(频次为 86)等宏观因素,企业绩效、生产率等微观企业结果(频次为 122),以及企业投融资、股利分配等财务战略(频次为 106)。

第五章 中国宏观环境与微观企业行为的双向互动：十年回顾

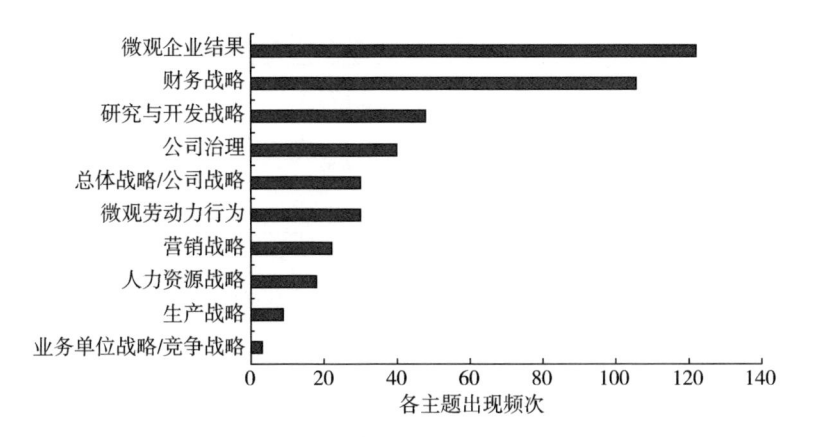

图 5-3 微观企业因素的研究主题分布（2012—2021 年）

资料来源：作者整理。

三 微观企业行为的宏观前因分类及效应

在 PESTEL 框架下，我们将既有文献中所涉及的宏观前因逐一归入相应大类，并根据研究主题将各大类别因素细分为大类变量乃至具体变量。进一步，结合这些宏观因素所起的效应（包括主效应、中介效应和调节效应三类）加以分类，从而更加全面地呈现影响微观企业行为的宏观因素。详见表 5-2。

表 5-2　微观企业行为的宏观前因分类与效应

PESTEL 分析	大类变量	具体变量	主效应	调节效应	中介效应
一、政治因素	政策	货币政策	货币政策、货币政策工具、量化宽松政策	紧缩货币政策	
		财政政策	财政扩张、差异化扶持政策、固定资产加速折旧政策、（地方）税收任务、税收竞争、所得税减半征收政策、税收激励、税收政策、税收优惠和财政补贴政策、政府补贴、政府创新补贴政策、研发激励政策、政府技术创新支出、人才政策	政府补贴、地区税收任务，地区征税	

· 95 ·

续表

PESTEL分析	大类变量	具体变量	主效应	调节效应	中介效应
一、政治因素	政策	产业政策	产业政策、开发区政策	产业政策	
		限薪政策	国企高管限薪政策	—	
		联合奖惩政策	联合奖惩政策		
		创新政策	《国家中长期科学和技术发展规划纲要（2006—2020年)》	—	
		贸易政策	战略性贸易政策	—	
		服务业外资参股政策	服务业外资参股政策	—	
		"八项规定"	"八项规定"	"八项规定"	
		研发激励政策	《高新技术企业认定管理办法》	—	
		半强制分红政策	半强制分红政策	—	
		国企改制政策	国企改制政策	—	
		劳动力保护政策	最低工资标准、社保降费政策	—	
		"振兴东北"战略	"振兴东北"战略	—	
		卖空管制放松政策	卖空管制放松政策	—	
		环保政策	《环境空气质量标准（GB3095-2012)》《绿色信贷指引》	—	
		两控区政策	两控区政策	—	
		高新区政策	高新区政策	—	
		"银税互动"政策	"银税互动"政策	—	
	制度与变革	不确定性	贸易政策不确定性、官员更替/地方政府换届引起的政策不确定性、政策时机和强度不确定性	—	
		正式制度	国家制度、融券卖空机制、融资融券制度、新股定价制度、养老保险制度、劳动人事制度、银行续贷标准、产权制度、沪深港通交易制度、中央环保督查制度	产权制度、契约制度、知识产权保护制度	制度支持

续表

PESTEL分析	大类变量	具体变量	主效应	调节效应	中介效应
一、政治因素	制度与变革	改革	产权改革、市场化改革、税制改革、地方政府性债务管理改革、行政审批改革、出口退税管理制度的简政放权改革、群团改革、分红权激励改革、撤县设区改革、供给侧改革	市场化改革、股权分置改革、税制改革、混合所有制改革	
		制度环境	制度环境和制度距离、制度环境感知、制度压力、契约环境、制度改善速度	制度环境、制度发展水平、制度多样化、行政级别	
	政府行为	政府干预	国家控股比例、政府管制、政治庇佑、政府干预、FDI补贴、政府会计监督、地方财政分权	政府（薪酬）管制、政府干预、地方保护主义、政府放权	
		政治关联	政治关联、政治网络	政治关联	
		党组织参与治理	党组织参与公司治理、纪委参与治理	—	
		政府质量	政府质量、企业风格与政府环境匹配度	政府质量、官员腐败程度	
二、经济因素	经济增长		地区经济发展水平差距、地区增长目标偏离	人均GDP	
	经济环境	数字经济	数字经济发展	—	
		经济改革	—	经济改革	
		宏观税负	宏观税负、住房价格		
		经济周期	经济下行	经济周期	
		通货膨胀和汇率	人民币汇率、预期通货膨胀	—	
		全球化	—	全球化	
		金融危机	金融危机与经济下行压力	金融危机	
		经济集聚	经济集聚	经济发展和地区集聚经济	
	金融环境		金融发展和金融市场化程度、金融深化、金融地理结构、金融监管水平	金融约束、金融发展水平	

续表

PESTEL分析	大类变量	具体变量	主效应	调节效应	中介效应
二、经济因素	经济不确定性	经济政策	"四万亿"经济刺激计划	经济刺激政策	
		不确定性	宏观经济不确定性、经济政策不确定性	经济政策不确定性	
	进出口	贸易自由化	进口自由化、贸易自由化、中间品贸易自由化	—	
三、社会文化因素	社会	结构社会资本	跨越型和"整合型"社会资本、社会网络、社群网络、海外移民网络、社会冲突、异地商会、社会流动性	社会连带、社会网络嵌入	
		文化社会资本	社会信任、地区间信任	信任	
		人力资本	劳动力成本、人力资本红利	—	
		收入差距	居民收入差距变化	—	
	文化	国家/民族层面	出资国文化特征、东道国类型、儒家伦理、传统主义文化和现代主义文化、语言特征（将来时态标记）	留学国家文化特征	
		地区层面	海洋文化、宗教传统、关系文化、文化亲近性、地域文化差异、传统商业文化	儒家思想	
		企业/个人层面	家族主义文化、宗教信仰、宗族观念、家乡认同、集体主义倾向、个人传统性	中庸思维、性别平等程度	
四、技术因素	信息技术		信息基础设施、信息监管技术	信息与通信技术、行业技术动态性、信息技术环境，金融科技发展	
	互联网		互联网、互联网普及率、股吧、大数据应用、网络市场渗透	—	
	智能技术	机器人应用	机器人应用	—	
五、环境因素	环境不确定性	客观环境不确定性	—		
	自然地理环境	自然环境	空气质量、空气污染、环境规制及工具	—	

第五章 中国宏观环境与微观企业行为的双向互动：十年回顾

续表

PESTEL 分析	大类变量	具体变量	主效应	调节效应	中介效应
五、环境因素	自然地理环境	地理环境	地域因素、区位地理、地理集聚、城市规模	—	地理集聚
	媒体		媒体关注度、媒体负面报道、媒体压力、"胡润百富榜"	—	
	市场环境	市场性质	市场需求、市场结构和市场规模、环境不确定性、要素市场扭曲	劳动力市场、市场优胜劣汰机制和要素市场、要素市场扭曲、市场模糊性	
		市场集聚	集聚出口环境、市场集中度、市场整合	市场集中度	
		市场竞争	行业竞争、市场竞争、非正规部门及其灰色竞争行为、竞争缺乏、环境复杂性（竞争者数量）	行业竞争、市场竞争、恶性竞争	
		市场分割	市场分割、劳动力市场分割	市场分割	
		市场化程度	市场化程度	市场化程度	
		经营环境	—	外部经营环境确定性、营商环境	
		投资环境	投资环境、外商投资	—	
		信息环境	—	信息环境、信息不对称	信息不对称程度
	基础设施建设		基础设施建设、交通基础设施、高铁、城市社区基础建设	—	
	社区环境		周围企业行贿行为、城市产业发展水平		
	科研环境		—	城市科研配套环境	

· 99 ·

续表

PESTEL分析	大类变量	具体变量	主效应	调节效应	中介效应
六、法律因素	法律法规		《反垄断法》、《物权法》、《劳动合同法》、《社会保险法》、双边投资协定	《中华人民共和国企业国有资产法》《劳动合同法》《关于办理利用信息网络实施诽谤等刑事案件适用法律若干问题的解释》	
	法律环境		法律环境、产权保护、法律制度效率、法治水平、税收执法力度、知识产权保护、知识产权保护执法力度、证监会换届产生的监管政策不确定性和监管力度下降、投资者保护	法律制度水平、法制监管、诉讼风险环境、司法效率或司法公平度、司法地方保护主义、知识产权保护、知识产权保护执法力度、投资者保护程度和诉讼风险、分析师关注、外部审计、反腐力度、外部治理环境	

第二节 宏观环境对微观企业行为的主效应

一 政治因素的影响

(一) 国家政策

作为推动中国渐进式改革过程中的重要执行主体，政府对经济资源的分配具有绝对话语权。其各项政策作为政府参与经济的重要表现，影响着企业行为选择和价值提升（杨兴全等，2018）。

1. 货币政策

货币政策与企业投融资的关系密切：宽松的货币政策可以缓解民企的融资约束，进而影响企业的投资决策，且最终体现在企业价值上（靳庆鲁等，2012），尤其是对宏观经济感知向好的企业会更积极响应政策刺激，增加投融资行为（张成思等，2021）。货币政策执行模式中，合意信贷规模管制会使得商业银行转移高风险贷款到资产负债表外，使得成熟的大型企业更容易获得贷款，积累更多现金（于泽等，2017）；拥有更多投资机会的成长型中小企业，却难以获得贷款，减少了企业投资（于泽等，2015）；而货币政策适度水平的提高，则有助于减少企业"短贷长投"的行为，并间接降低对公司业绩的不利影响（钟凯等，2016）。

并且，货币政策也会直接影响企业出口。发达国家的量化宽松政策显著增加了中国企业的对外出口规模，会引致外资企业在中国出口市场中占比的上升（张靖佳等，2015），并加剧中国企业出口价格的波动（孙浦阳等，2016）。

此外，货币政策越宽松，集团企业选择集中负债模式的可能性越小，但集中负债又会降低集体企业的整体投资水平（何捷等，2017）。并且，多种货币政策工具对特征企业具有调节效应（欧阳志刚、薛龙，2017）。

2. 财政政策

财政政策主要分为税收政策和补贴政策，两者都能激励企业，并受行业、激励目标等多因素的影响而具有差异（柳光强，2016）。在一些情况下，财政政策也可能会对企业造成负面影响，例如以信贷支撑的财政扩张和"去杠杆"出现的信用违约会提高借贷成本和外部融资风险溢价，进而导致民营企业融资成本大幅上升（梅冬州等，2021）。

（1）税收政策。企业减税是供给侧结构性改革的重要内容。税收激励可降低有效平均税率而显著提升各类企业的进入率（贾俊雪，2014），降低企业的税收负担而促进企业的投资（付文林、赵永辉，2014），并显著促进企业研发投入（刘诗源等，2020），减税降费能增加企业的全要素生产率和总产出,并改善企业间资源分配效率(田磊、陆雪琴,2021)。并且,对出口企业的退税、补税,能够使得其企业成本加成率低于非出口企业的成本加成率,最终导致出口产品价格降低(盛丹、王永进,2012)。

具体到各项税收政策,所得税减半征收政策有效降低了小微企业的实际税负,缓解了杠杆风险与融资约束(王伟同等,2020);增值税改革也能降低企业的税负,通过降低增值税有效税率来促进企业投资(许伟、陈斌开,2016);"留底退税"改革也降低了企业税负并促进投资,提升价值(吴怡俐等,2021)。而固定资产加速折旧政策则促进了企业的资本投资增长(刘啟仁等,2019),从而促进企业人力资本升级(刘啟仁、赵灿,2020),使员工能与企业分享更多租金,但管理层的租金分享程度比普通员工更高,因而扩大了公司内部收入不平等(张克中等,2021);投资抵扣税收优惠则能通过提升风险投资基金的风险承担来激励企业进行风险投资(彭涛等,2021)。小微企业所得税优惠政策,对整体小微企业的应税收入弹性作用较低,其中应税收入3万元和6万元周围企业相对于30万元周围企业的应税收入弹性较高,即减税效率较高(李昊楠,2021)。减税激励也可能造成不利影响,比如高新技术企业的减税政策反而会使得企业进行研发操纵,最终导致企业研发绩效下降(杨国超等,2017)。

存在税收任务的情况下,地方征税机关较大的税收计划压力导致企业税负显著上升(白云霞等,2019),这一过程可能是通过税收征管力度增加而实现的(田彬彬等,2020)。在其他方面,地区间税收竞争显著影响了企业异地并购行为,引致资本跨区流动(王凤荣、苗妙,2015)。

(2)补贴政策。政府补贴对企业的研发创新具有积极作用。人才政策可以促使企业加大对研发人才的招聘雇用,提升研发投入、专利产出和研发效率,且更大的补贴力度和更低的门槛要求带来的效果更显著(孙鲲鹏等,2021)。陈红等(2018)发现,研发补贴与企业创新和绩效显著正相关。中国的R&D补贴政策从整体上看对企业技术创新有显著的激励效应，以税收优惠为代表的"普惠式"补贴的政策效果要优于以直接财政补贴为代表的"竞争式"补贴（安同良、千慧雄，2021）；政府创新补贴政策对企业私人创新投入造成挤出效应，而高新技术企业减税政策和研发加计扣除政策则产生挤入效应（张杰，2021）。相比国企，政府补贴对民企的创新绩效促进效应更大（杨洋等，2015）。并且，不同政府补贴类型的影响有所差异：贷款贴息型的政府创新补贴政策对企业私人研发投入产生显著的挤入效应，促进企业自主创新能力的提升（张杰等，2015）；非研发补贴对新创企业创新产出具有积极影响，而研发补贴对新创企业创新产出却是倒 U 形影响（吴伟伟、张天一，2021）；政府的生产性补贴也会直接促进企业做出口决策（苏振东等，2012）；政府研发前补贴和研发后成本分担两种补贴方式对不同的企业融资约束和政企信息不对称程度具有社会效益差异，而二者的混合补贴机制可有效节省企业融资成本并降低信息成本，实现效益增益（赖烽辉等，2021）。此外，补贴效果也与企业类型有关：政府增加对创新密度较大类型企业的创新投资支出，可以显著提高其创新速度和技术水平（苗文龙等，2019）。

然而，政府补贴也可能对企业产生负面影响。以中国钢铁企业为例，政府补贴可能使许多项目在明显亏损的状况下仍然运行，带来产能过剩（马红旗等，2018）；补贴可能通过增加非生产性成本导致受补贴企业加成率下降（任曙明、张静，2013），并直接增加企业投资水平，进而增加企业的过度投资程度（王克敏等，2017），甚至会导致企业的中间产品的成本增加，即增加企业的过度购买行为（刘海洋等，2012）。总体来说，政府的直接和间接支持会限制企业技术创新效率的提升（肖文、林高榜，2014），差别化政策虽然能在短期内帮助受补贴企业获得较高的市场份额，但也显著抑制了大企业的技术创新和成长（王永进等，2017）。

3. 产业政策

产业政策对企业的影响同样有利有弊。产业政策既可能显著提高受扶持行业内企业出口额（陈钊、熊瑞祥，2015），激励企业创新，也能使得上下游企业的融资约束得以缓解（卞泽阳等，2021）。但产业政策也可能导致企业仅仅表面迎合政策要求，而无益于真正从事创新（杨国超、芮萌，2020）。产业政策只激励了企业创新的"数量"，而非"质量"（黎文靖、郑曼妮，2016）。并且，相对于受扶持企业，非产业政策扶持企业更趋于多元化经营（杨兴全等，2018），受产业政策支持的企业在跨境并购中会支付更高的溢价且并购完成概率更低（钟宁桦等，2019）。此外，产业政策会对企业的人力资源产生影响，产业挑选出的重点行业相比于非重点行业有更强的人才需求（刘毓芸、程宇玮，2020）。

4. 劳动力保护政策

一方面，作为一种劳动力保护政策，最低工资水平的提高，可以整体提高企业平均工资水平，减少企业雇用人数（马双等，2012），促进企业对外的直接投资（王欢欢等，2019），使企业出口额下降（孙楚仁等，2013），并增加企业盈余管理的动机（陆瑶等，2017）。另一方面，企业社保缴费也是劳动力保护的一道屏障。近年来国家出台了《降低社会保险费率综合方案》《中华人民共和国社会保险法》等多项社会保险政策。社保缴费率下调会显著提高企业的社保参与率和社保缴费总支出，会提高企业招工激励与意愿从而扩大员工雇用规模（宋弘等，2021），社保缴费基数下限下降会增加企业劳动需求和资本投入，同时产出水平也会相应提高（杜鹏程等，2021），政策冲击也会使不同征收机构的征收强度出现分化，使得劳动密集型企业相对于非劳动密集型企业的社保缴费强度提升更高，但增加的社保缴费并未通过减少就业、降低其他类型薪酬或提升职工学历结构的形式转嫁给职工（鄢伟波、安磊，2021）。

然而，最低工资标准上涨，会导致企业选择规避税收来保持行业竞争力，进而降低企业风险，提升企业价值（刘行、赵晓阳，2019）。此外，最低工资标准还会通过"竞争效应"和"自身效应"正向影响企业产品的价格水平（徐建炜等，2017）。

5. 政策不确定性

一方面，稳定的贸易政策可以对企业进出口产生正面影响。贸易政策不确定性的下降，会显著扩大企业进口规模（毛其淋，2020），并激励企业加大新产品研发力度、增加对国外中间投入品进口、缓解企业融资约束，进而显著降低企业储蓄率（毛其淋、许家云，2018）；另一方面，一国最优的贸易政策选择也受到产品质量差异和国内企业出口模式的影响（谢申祥等，2018）。此外，在劳动力市场方面，贸易政策的不确定性下降，能够提升劳动者的工资议价能力，有助于提升劳动者收入水平（谢申祥等，2019）和分享更多由税收优惠带来的租金，从而缓解公司内部收入不平等（张克中等，2021）。

地方政府官员更替会导致地区层面的政策不稳定。当地方官员更替时，政策不确定性上升，加剧企业面临的市场风险（罗党论等，2016），导致企业税收规避行为增多（陈德球等，2016），企业盈余管理行为增多（陈德球、陈运森，2018），企业慈善捐赠数目增多（戴亦一等，2014），带来地区企业产能过剩（徐业坤、马光源，2019）和地方国企的过度投资（曹春方，2013）。然而对于企业投资的影响存在相反结论。比如，为更好满足中央政府的GDP考核目标，新任官员拉动投资，地方官员更替产生的投资冲动会增加辖区企业投资支出甚至过度投资，从而降低投资效率（陈艳艳和罗党论，2012）。省委书记更替产生的事实政治权力转移导致政府干预减少（曹春方，2013），以及市委书记更替带来的政治不确定性增加（徐业坤，2013），导致官员更替对国企投资量的负面影响。此外，政策时机不确定性可能导致企业过度投资，而政策强度不确定性却会抑制企业过度投资（陈少凌等，2021）。

6. 其他政策问题

半强制分红政策显著提高了中国资本市场的派现意愿和派现水平，但明确最低分红"门槛"的政策却表现出更弱的约束效应（魏志华等，2014）。"八项规定"政策实施后，企业消费性现金支出中当期管理和销售费用比例的下降，却没有导致下一年度的公司业绩上升，表明企业可能操纵费用归类来规避管制（叶康涛、臧文佼，2016）。

卖空管制放松政策能够改善公司并购活动所产生的短期并购绩效和长期并购绩效（陈胜蓝、马慧，2017）。联合奖惩政策对于企业及纳税人税收遵从度以及企业绩效起到了激励与改善作用（李林木等，2020）。

环保政策方面，《环境空气质量标准（GB3095-2012）》的实施，改善了地方官员执行动机，进而增强企业高管污染减排意愿，提升企业环保投资规模，从而达到环境保护的目的（张琦等，2019），设立跨区域环保督查中心也可以显著减少边界企业污染排放，达到边界污染治理效果（赵阳等，2021）。而《绿色信贷指引》的实施使得绿色信贷限制行业的绿色创新总量显著增加，但绿色创新质量提升不明显（王馨、王营，2021）。两控区政策则通过提升生产成本阻碍了企业生产率的增长（盛丹、张国峰，2019）。

区域发展政策方面，以东北工业为例，"振兴东北"战略虽有利于企业的产值增加，却不利于提升利润（董香书、肖翔，2017）。

国企改革方面，中央政府对国企高管的限薪政策，有助于抑制全社会企业高管薪酬的过快增长（方芳、李实，2015）。并且，国企改革政策带来国企内部治理的完善和代理成本的下降，有利于提升国企的生产效率（孔东民等，2014）。

企业贷款政策方面，中国2015年推出的"银税互动"政策允许银行获取税务部门的企业纳税信息，减少银企间信息不对称，显著提高了小微企业平均的银行贷款可得性与贷款额度（杨龙见等，2021），消除小微企业融资约束（陈彪等，2021），从而有效缓解小微企业"融资难融资贵"的问题。

创新政策方面，《国家中长期科学和技术发展规划纲要（2006—2020年）》显著促进了企业专利数量、专利质量以及TFP（total factor productivit，全要素生产率）水平的提升，也促进了劳动密集型行业的创新产出（寇宗来、刘学悦，2020）。并且，国家科技计划显著促进了中小企业的创新产出（秦雪征等，2012）。而高新区"以升促建"

政策则显著提升了高新区内本土企业的创新水平（张杰等，2021）。

计划生育政策方面，随着二孩政策、三孩及以上政策的陆续出台，国家放松计划生育控制会增强劳动者享受更多闲暇时间的意愿从而选择提前退休，减少老年劳动供给（汪伟、王文鹏，2021）。

（二）制度、改革与制度环境

1. 制度

正式制度对于企业的影响，主要有两个方面，一是制度影响员工个人，进而影响到由员工所构成的企业；二是制度效应直接或间接地影响企业，引导、驱动乃至迫使企业进行某些行为的改变。

（1）社会保障制度。良好的社会保障制度有利于提高员工满意度（才国伟、刘剑雄，2013）。养老金的增长率与参保群体预计退休年龄呈负相关，直接影响着个体的退休决策与企业劳动力供给（刘子兰等，2019）。良好的破产制度、社会规范和融资环境对于创业者失败再创业有促进作用（郑馨等，2019）。

（2）股票交易制度。股票交易制度对企业创新、投融资及公司治理等存在多方面影响。中国式卖空机制对于公司有显著的创新激励效应和价值提升效应，且创新激励效应会随着制度的完善逐步显现（权小锋、尹洪英，2017）。同时，卖空制度对于标的企业融资有着事前威慑作用，促进了企业优化融资决策和资源配置（顾乃康、周艳利，2017），促进了企业资本结构动态调整（黄俊威、龚光明，2019），提高了企业违规成本，降低了企业违规倾向（孟庆斌等，2019）。此外，潜在投资者会通过卖空将利空消息显示在股价当中，从而迫使股东保障自身利益，推动企业更好地执行清算期权，提升清算期权的价值（靳庆鲁等，2015）。融资融券制度对于资本市场定价效率的提高有着显著作用，从而能够抑制上市公司的并购活动（李善民等，2020）。沪深港通交易制度的实施对非财务信息定价有增强作用，从而影响企业投资（连立帅等，2019）。发行市盈率管制会显著降低公允估值较高的企业研发、并购等投资支出以及上市融资规模，但其上市三年内再融资的概率和规模会显著上升（胡聪慧、齐云飞，

2021)。

（3）其他制度。中国用工制度的市场化不足限制了中国企业劳动力的流动性（马草原等，2020）。此外，续贷限制能够强化银行在公司治理中的作用，加强债务对于企业的约束能力（刘海明、曹廷求，2018）。

2. 改革

伴随涉企改革的不断深入，企业对于改革红利的获取会产生各种行为反应，促使企业战略、经营等方面处在动态调整当中，进而影响整个企业乃至社会企业环境的变化。

（1）产权改革。政府对国企仍有过多干预与保护，单纯的市场化改革只能弱化其融资约束（徐明东、陈学彬，2012），而产权改革则可以更显著地提高企业投资的资本成本敏感性，进而影响企业投资（徐明东、田素华，2013）。分红权激励改革通过改善预期、加强监督和提高员工风险承担意愿等途径发挥作用，提高企业的创新效率和质量（曹春方、张超，2020）。

（2）行政改革。撤县设区改革能促进企业所得税实际税率的降低，从而有效增加企业绩效（范子英、赵仁杰，2020）。相反，撤县设区改革使企业获得的补贴、税收等政策红利下降，加剧了企业的融资约束程度，进而影响企业的融资决策（卢盛峰、陈思霞，2017）。

其他行政改革方面，行政审批中心通过所进驻的部门实现跨部门协调，便于企业进入市场（毕青苗等，2018）。对于出口企业来说，简政放权对于企业出口绩效具有稳健而显著的改善作用（许和连、王海成，2018）。此外，在中国特色社会组织情境下，群团改革有效提高了企业创新能力和专利研发效率（赵晶等，2019）。

（3）财税体制改革。一方面，地方政府债务会给企业财务发展带来阻碍。因此，实施地方政府性债务管理改革不仅显著抑制了政府性债务的增长，同时也通过降低融资平台新增贷款来缓解上市公司的融资困境（梁若冰、王群群，2021）。除此之外，供给侧改革，尤其是结构性供给侧改革措施，有助于降低企业投资面临的政策不确定性，从而显著抑制企业过度投资（陈少凌等，2021）。

另一方面，税法改革会引起企业的推迟、跨期效应。企业所得税法改革对税率、企业性质、管理层持股情况存在差异的公司产生不同的利润推迟效应（王亮亮，2014）。税制改革会引发企业工资的跨期转移，前后工资的跨期转移反映于资本市场，最终提高了公司价值（王亮亮、王娜，2015）。相反，国发〔2019〕21号文所确定的后移消费税征收环节的税制改革会对企业利润产生负面影响，从而有损企业价值（刘行、陈澈，2021）。另外，增值税税率能够通过"价格效应"与"税负效应"影响企业价值（刘行、叶康涛，2018）。而所得税征管范围改革降低了企业避税程度，并最终对企业劳动收入产生正面影响（杜鹏程等，2021）。

3. 制度环境

个人、企业对制度环境的感知程度和态度影响着个体和企业的行为。何轩等（2014）发现，对外部制度环境的不利感知会削弱家族企业传承意愿。而王博和朱沆（2020）发现，正式制度的改善速度与个人的机会型创业选择有着倒U形的关系。

制度环境影响着企业的慈善行为和企业治理。不断推进制度环境的市场化改革，可以降低中国企业因"主动配合"或"被动选择"而进行慈善捐赠的动机（唐跃军等，2014）。又如，当存在经济发展的内生影响时，家族企业中家族涉入与制度环境之间存在倒U形关系，而控制经济发展的内生影响后家族涉入与制度环境负相关（陈凌、王昊，2013）。此外，区域制度环境的差异会导致企业总经理自主权大小程度的差异，并进而影响组织战略选择与绩效（张三保、张志学，2012）。

制度环境对企业的影响还体现在其他多个方面。在创新能力方面，许庆瑞等（2013）通过对海尔集团的纵向案例研究发现，历史压力和随机事件可以作为外部推力促进企业实现自主创新能力演化。在经济效益方面，良好的制度环境提高了地区竞争力，可以降低地方政府给予企业税收优惠的压力，从而增加企业实际税负（刘慧龙、吴联生，

2014）；而制度压力的存在影响企业的制度履行，进而使企业增加商业机会、产生经济效益（林润辉等，2016）。投融资战略方面，改善契约环境可以对企业债务融资的约束起到有效缓解作用（杨畅、庞瑞芝，2017）；而制度约束会导致企业对外直接投资的增加（李新春、肖宵，2017）。在战略实践方面，地区之间的经济环境和制度距离会吸引创业者选择条件较优地进行创业实践（叶文平等，2018）；目标市场制度环境越好，企业越可能实施跨区域经营战略（宋渊洋、黄礼伟，2014）。

（三）政治行为

1. 政府干预

政府干预对于两种企业类型——国有企业和民营企业的不同影响方面，国有企业控股比例与企业绩效之间呈倒 U 形关系（杨典，2013）；政治庇佑会增加国有企业的管理成本，民营企业由于管理成本面对外来变化时的刚性较小、影响微小（杨继生、阳建辉，2015）；随着地方财政分权程度上升，地方政府的差异化行为会推高国有企业杠杆率，降低非国有企业杠杆率，但整体上会降低企业部门杠杆率（谭小芬、张文婧，2021）。

政府干预是一把双刃剑。一方面，过度干预会产生负效应。政府对于企业干预水平越高，企业去库存执行效率和意愿越小，政府放权会显著提升企业去库存水平（刘斌等，2018）；并且政府干预越高，银行不良贷款就越高（谭劲松等，2012）；降低政府管制能够通过促进低收入人群的"自我雇佣"来提高整个市场的创新水平（陈刚，2015）。另一方面，适度干预能够规范市场环境。通过政府管制能够减少企业群体性败德行为（李新春、陈斌，2013）；通过外国直接投资（FDI）补贴政策可以吸引外国跨国企业直接投资（马捷等，2012）；政府的会计监督也对企业的盈余管理有缓解作用，提升企业会计信息质量（柳光强、王迪，2021）。

2. 政治关联

政治关联对于企业发展往往产生负效应，但国有企业和民营企业所受影响区别较大。存在政治关联对民营企业绩效有正效应而对国有企业是负效应（田利辉、张伟，2013）；更紧密的政治关联会提高民营企业的高管薪酬，但相同水平下对国有企业影响微小（唐松、孙铮，2014）。此外，政治关联与劳动收入份额有显著负相关关系（魏下海等，2013），还会降低企业的创新水平（袁建国等，2015）。

相反，政治关联也可以对企业产生正面影响。比如，通过信息效应和资源效应显著降低企业的现金—现金流敏感度，缓解融资约束（于蔚等，2012）；在国家层面分析时发现，政治网络与创业也有着正效应的因果关系（吴一平、王健，2015）。

3. 党组织参与治理

国有企业党组织参加治理有利于增加企业并购中的溢价水平，减少国有资产流失（陈仕华、卢昌崇，2014）；党组织的存在能够抑制高管绝对收入与员工收入差距（马连福等，2013）；纪委的治理参与能够有效抑制高管的非货币收益（陈仕华等，2014）。

4. 政府质量与政府环境

企业风格与政府环境匹配才会对企业长期发展有正向影响（肖土盛等，2018）。类似的，在单独的企业投资方面不仅需要较高的政府质量，也需要公司治理结构与政府质量互动关系匹配才能提高企业投资水平（焦豪等，2017）。

二 经济因素的影响

宏观经济因素如何影响、何种程度影响微观企业的生产发展，是国家经济政策制定及企业生产决策需要考虑的重要因素。这一部分的研究可以概括为经济增长、经济环境、金融环境、经济政策不确定性、进出口及贸易自由化五个方面。

（一）经济增长

横向比较来看，地区的经济发展水平差异及制度距离会显著提高外来人口异地创业的概率（叶文平等，2018）；纵向比较而言，地方政府增长目标同实际增长值产生过高的偏离，会对地方性国有企业的创新水平产生抑制效果（黎文靖等，2020）。

（二）经济环境

宏观经济环境影响企业的生存、经营和发展以及各项劳动者权益，比如数字经济发展的智能化在提高中低技能劳动者相对福利水平的同时，却挤占了其相对收入权（柏培文、张云，2021）。现有研究多从宏观税负、经济危机、经济周期、汇率和通货膨胀、经济集聚等方面入手发掘对微观企业的影响。

从宏观税负和经济危机角度看，住房价格上涨会导致企业利润率下降，进一步导致企业上缴税收的下降（黄少安等，2012）。宏观税负对民营制造业的发展有制约作用（杨继生、黎娇龙，2018），而在经济危机这一外部冲击下，公司大股东会积极展现管家行为，且持股比例越高，其对企业绩效的改善程度越高（连燕玲等，2012）。

从经济周期角度看，出于对政府支持行为的回报，国有企业相对于民营企业在经济下行期会更明显地呈现出减少避税程度的"逆经济周期支持效应"（陈冬等，2016），在国际金融危机产生的经济下行压力期间，在受经济刺激政策支持的行业里，中国经济刺激政策与企业市场绩效呈现正相关性（连立帅等，2016），然而在刺激计划退出后，前期获得更多信贷的国有、大型与受支持行业内的企业，由于做了大规模逆周期投资并大幅扩张雇员，导致后期企业绩效变差及偿债压力加剧（钟宁桦等，2021）。

从汇率角度看，汇率冲击更多地通过改变企业聘用决策影响制造业就业（戴觅等，2013）。对于出口企业，人民币的升值一方面会对企业出口产品质量的提升及新进入企业产品的质量提升、出口高质量产品的企业出口持续期延长均具有正面影响（许家云等，2015），并给企业的出口贸易带来负面冲击（张会清、唐海燕，2012）；另一方面会导致出口企业采取一定程度的 PTM 行为（项后军、吴全奇，2015）。黄新飞等（2014）则发现了预期通货膨胀对零售商品价格的正向拉动效应。

从经济集聚角度看，经济集聚会对大部分制造业企业生产率产生负面效果，且不同生产率企业的空间选择行为受到城市规模的显著影响，经济上的集聚效应会降低制造业行业企业生产率（李晓萍等，2015）。相反，城市产业结构发展也能通过城市经济的集聚作用正向影响流动劳动力工资收入：城市产业结构发展水平越高，对流入劳动力工资的提升作用越明显（呼倩等，2021）。

（三）金融环境

信贷配给上，随着金融发展及市场化指数的提高，企业自我配给、银行体系的信贷配给和企业受到信贷配给的概率均会显著降低（苟琴等，2014）。企业税负方面，刘行和叶康涛（2014）表明，金融发展通过缓解公司融资约束，可以显著提升企业所得税税负。金融发展水平的提高对迁入当地的企业数量有着促进作用（李殊琦等，2014）。从企业内部管理角度来看，金融深化可以通过降低控制权私人受益及缓解融资约束而显著降低家族企业控制权与现金流权分离度，以及董事席位超额控制程度（陈德球等，2013）。除整体金融发展水平外，地方金融发展对当地企业的生产率、区域金融中心建设对所在及周边城市企业生产率均具有显著的积极影响（陶锋等，2017）。企业受到的金融监管水平越高，其集团的多元化—控制匹配程度越高（冯米等，2012）。

（四）经济不确定性

宏观经济不确定性会减弱外部需求、流动性资金需求以及长期资金需求对公司投资带来的正面影响，其中流动性资金需求及外部需求的影响最为显著（王义中、宋敏，2014）。经济政策不确定性使得企业出于风险对冲而降低高管变更的概率，且在高管变更时会更倾向于选择内部人员继任（饶品贵、徐子慧，2017），还会促进企业的创新活动，且这种对于企业创新的正向效应还具有与企业异质性相关的选择效应（顾夏铭等，2018），另外还会显著抑制企业对固定资产的投资（刘贯春等，2019）。

(五) 进出口及贸易自由化

企业生产率方面，贸易自由化对企业出口动态的正向影响可能是贸易自由化促进生产率提升的重要渠道（毛其淋、盛斌，2013）。具体到企业而言，进口竞争对企业生产率增长的促进作用取决于企业的相对生产率，对于生产率较低的一部分企业，反而会阻碍其全要素生产率的增长（简泽等，2014）。

进出口方面，最终品进口自由化在短期内降低了本国内销企业的利润率，而长期来看，再一次达到均衡时市场上企业的利润率会升高（余淼杰、智琨，2016）。陈雯和苗双有（2016）则强调了中间品的贸易自由化会提高中等生产率的制造业企业进行技术升级的可能性。同时，罗长远和张军（2012）以泰国为例研究发现，虽然来自中国的进口增长总体上对泰国企业的创新产生了一定负向影响，但其效应明显具有"创造性破坏"性质，反而是推动泰国经济"结构性向好"的积极因素。另外，外国关税以及投入品关税的下降会导致企业成本加成的上升，而本国最终品关税的下降则会降低企业的成本加成（余淼杰、袁东，2016）；更低的关税也会让企业加大出口强度，提高出口销售比（田巍、余淼杰，2013）。而外资进入以及引致的地理集聚与行业集中导致了中国的出口行为（包群等，2012）。

三 社会文化因素的影响

(一) 社会因素

1. 结构社会资本

结构社会资本的影响，主要是从社会资本、社会网络以及社会冲突角度考虑。社会资本方面，以传统的人情社会、熟人社会形成的"整合型"社会资本，以及跨越社会网络、将原有社会网络"延展"而形成的"跨越型"社会资本，对企业中农民工的收入增加及经济地位的提升有显著的正向影响（王春超、周先波，2013）。

社会网络和社会冲突从风险承担和企业绩效两方面对微观企业行

为产生影响。社会网络的丰富程度与企业风险承担水平呈正相关（张敏等，2015），同时社会冲突加剧会减少企业的风险承担水平（杨瑞龙等，2017）。而在企业绩效方面，企业中的劳动者会形成较为固定的社群网络，正面的社群网络可以有效缓解信息不对称和实现可致信承诺（左翔、李辉文，2017）。而优良的移民网络则可以提高企业出口绩效，主要作用于中国出口的扩展边际（蒙英华等，2015）。除此之外，异地商会能有效提高异地子公司绩效和运营效率（曹春方、贾凡胜，2020）。社会流动性能增加企业的全要素生产率和企业绩效（吴育辉等，2021）。

2. 文化社会资本

文化社会资本主要聚焦于信任，包括员工个人、家庭创业以及企业的信任效应。

对员工个人来说，信任程度越高，中层经理与普通雇员的年薪差距越大，总经理收入更可能与企业绩效相关，并更有可能采用固定工资（戴治勇，2014）。而且，信任对家庭选择创业有显著的正向影响（周广肃等，2015）。

总体来说，企业之间信任度越高，越有利于企业开展活动，提高企业绩效。一方面，地区间的信任有助于母公司与子公司之间搭建良好关系，促进集团异地发展（曹春方等，2019）。另一方面，主并公司所在地区的高信任度将有助于并购交易主体之间降低交易成本，提高企业价值创造能力（王艳、李善民，2017），显著提高地区间并购频率和规模以及并购绩效（杨继彬等，2021）。

3. 人力资本与收入差距

人力资本和收入差距会对企业绩效和创新产生影响。通用人力资本过剩带来的人力资本红利，使得企业可以通过加大通用人力资本投入来替代专用人力资本，从而降低劳动力成本，提高绩效和收益（刘方龙、吴能全，2013）。然而，劳动力成本增加反而与创新能力水平的提高正相关（林炜，2013）。其中间机制在于，收入差距的变化会产生"市场规模效应"和"价格效应"，前者与产品创新负相关，后者则相反（安同良、千慧雄，2014）。此外，人口红利的下降，不仅可以提升中低技能劳动者的相对收入，且能改善低技能劳动者的相对福利水平（柏培文、张云，2021）。

（二）文化因素

1. 国家/民族层面的文化

不同国家的文化特征会对企业决策造成影响。一方面，出资国文化特征中的和谐主义、不确定性规避以及与中国的文化差异会显著降低企业风险，而个人主义则显著增加企业风险（赵龙凯等，2014）。类似的，和谐主义更高的国家的跨国企业，更倾向于和国有企业合资（赵龙凯、陈康，2017）。另一方面，语言环境会影响人们对于信息的获取，在不强制要求区分现在和将来时态的语言环境中，企业有着较低的现金股利支付率（潘越等，2021）。

另外，儒家伦理可降低代理成本（古志辉，2015），且企业利用国家文化原型资源可有效提高品牌知名度和影响力，促进企业品牌的国际化传播（刘英为等，2020）。而传统主义文化与早期创业活动和成熟期创业活动正相关，现代主义文化则与高期望创业活动和高创新创业活动正相关（赵向阳等，2012）。

2. 地区层面的文化

企业创新受到地域因素和关系文化影响。海洋社会中的族群文化对企业创业具有较强的正向影响（赵子乐、林建浩，2019）。同时，地区关系文化与新创企业关系战略背离存在显著负相关关系（李新春等，2016）。

企业所在地区的宗教文化传统也对企业行为有影响。一方面，地区宗教传统越浓厚，则民营企业创始资金来源构成中来自家族外部成员的出资占比越高（辛宇等，2016）。另一方面，上市公司所在地的宗教传统可以约束企业的行为规范，抑制盈余管理和违规行为，从而提高公司治理质量（陈冬华等，2013）。

扩展到不同地域之间，如果地域文化差异过大，会给企业的跨地域发展带来很大的挑战，企业进入异地市场的可能性也会越小（高超等，2019）。而制度质量相对低下的地区中，文化的亲近更可能导致企业独资化（包群等，2017）。

3. 企业/个人层面的文化

中国自古以来就有宗族的概念，深刻的家族观念对企业绩效增长不利（吴超鹏等，2019）。但是，亲属参与加强了股东与管理层间代理成本的缓解作用，从而有助于提高企业市场绩效和成长性（潘越等，2019）。从家族观念扩展到家乡认同，出于对家乡的归属感和责任感，当董事长和总经理在其家乡工作时会增加环境方面的投资，协助环境治理（胡珺等，2017）。

另外，员工的个人传统性对沉默行为具有显著的正向预测效果，而员工的集体主义倾向对沉默行为具有显著的负向预测效果（李锐等，2012）。

四 技术因素的影响

从信息技术的影响看，信息化投入密集度的提高可以提高企业的劳动生产率，信息基础设施的完善有助于企业更好地利用信息化相关的资本，提升企业的出口绩效（李坤望等，2015）。而信息监管技术的进步有效减少了企业的逃税行为，降低了企业的盈利能力和资本扩张速度（张克中等，2020）。

从互联网的影响看，股吧发帖量、阅读量和评论量可以降低上市公司的盈余管理水平（孙鲲鹏等，2020），同时互联网也能缓解信息不对称传递低房价地区的信号，降低高房价地区企业迁移的机会成本，助推企业选址由高房价向低房价地区流动（安同良、杨晨，2020）。伴随着互联网在中国的不断建设和普及，企业的分工水平会通过搜寻成本的降低而得到提高（施炳展、李建桐，2020），同时相关数据也证实，2001—2007年，网络市场渗透降低了企业总体市场势力，但在2008—2014年转为提升（李斌、黄少卿，2021）。大数据的应用也被证实可以显著提高企业的生产效率和研发投入，从而提高企业市场价值（张叶青等，2021）。

智能技术比如机器人应用也会对企业产生影响：机器人应用与企业的劳动力需求成反比，并通过产业链对上下游企业劳动力需求产生影响（王永钦、董雯，2020）。

五 环境因素的影响

环境因素包括环境不确定性、自然地理环境、媒体、市场环境、基础设施建设和社区环境六个方面。以下逐一梳理环境因素影响微观企业行为的相关研究。

（一）环境不确定性

客观环境的不确定性会对企业的经营治理造成影响，与企业投资治理模式紧密程度呈明显负相关，即当面临较高的环境不确定性时，企业更倾向于选择较为松散的治理模式（陈梅、茅宁，2015），导致企业投资出现偏离（投资过度和投资不足），进而提高非国有控股公司的价值而降低国有控股公司价值（申慧慧等，2012）。但是王斌和张伟华（2014）发现，企业所处环境的不确定性越高使得母公司总部自营率越高，公司整体业绩稳定性提升，公司整体经营风险降低。

（二）自然地理环境

作为企业面临的重要非产业环境，空气质量、区位地理、城市规模等自然地理环境因素会对企业绩效、经营和战略等产生重要影响。

1. 自然环境

空气污染会显著降低企业生产率。它可能通过增加人体健康风险、挤占研发资金、引发资源错配、减少劳动力供给等途径对企业生产率造成负向影响（李卫兵、张凯霞，2019）；同时空气污染引起空气能见度下降，造成企业库存水平上升，进而导致企业生产效率的下降（李超、李涵，2017）。另外，空气质量也是企业劳动力的影响因素之一——空气污染会导致劳动力跨区县和跨国流出（李丁等，2021），同时空气质量也与企业员工薪酬呈明显负相关（沈永建等，2019）。

在环境规划工具方面，环保补助会导致企业迎合政府和机会主义行为，从而对企业绿色创新产生"挤出"结果，而排污收费会通过外部压力和内部激励"倒逼"企业绿色创新能力，从而促进企业绿色发明专利成果的产出（李青原、肖泽华，2020）；环境规制的实施则主要作用于排污较高的企业，显著提升了企业的全要素生产率（于亚卓等，2021）。

2. 地理环境

（1）地域因素。地处边远地区的企业由于交通等的不便利，面临更高程度的信息不对称水平，更多依靠背负债务来获取融资，直接造成其剩余举债能力不足，进一步要求企业有极高的财务灵活性，更倾向于减少股利的发放（张玮婷、王志强，2015）。不仅如此，与外界联系越困难的偏远地区企业，贸易成本越高，产品出口价格越低，出口产业呈梯度分布（杨汝岱、李艳，2013）。

（2）城市规模与地理聚集。不同于偏远地区，城市规模对企业发展也有多方面正向影响。大城市的制造业企业间资源配置快速并且到位，企业的生产率水平高、提升快，企业的经济效益由于地理集聚可以得到更大提高（郭晓丹等，2019）。此外，地理聚集会提升企业的竞争压力，促使企业提升自己的商业信誉，良好的信息交流也形成了良好的声誉机制，对于企业间的商业信用提升也有促进作用（王永进、盛丹，2013）。对劳动者而言，城市发展的规模经济效应有利于提高劳动者个人的就业概率（陆铭等，2012）。

（三）媒体

对企业来说，在健全的法律制度下，媒体造成的舆论影响会激励企业更好地发展。受到媒体关注的企业，生产效率、公司业绩与社会责任都会有不同程度的增加；同时，公司盈余操纵、衡量大股东掏空的关联交易以及其他违规行为均显著降低（孔东民等，2013）。

媒体的监督作用也存在一定局限性。其监督职能的发挥，仅在政府及行政主管部门介入的条件下，才能促使高管薪酬趋于合理（杨德明、赵璨，2012）。与此不同，在高诉讼风险的环境下，媒体的负面报道会促使公司更换审计师,也会使审计师提高审计费用,对审计契约起到明显制约作用(刘启亮等,2013)。同时,媒体负面报道数量与企业创新水平显著负相关(杨道广等,2017)。

(四) 市场环境

企业所处的市场环境会使得企业自身发展的战略、产品的生产销售等,为适应市场发展而做出相应变动。

1. 市场聚集

大城市中企业市场聚集对企业创新发展有格外的优势。贸易成本的降低使市场整合度逐渐升高,可以有效提高企业生产的专业化程度,提高了企业垂直分工程度(李嘉楠等,2019)。与之不同,面对企业聚集,在合作和商品出口的过程中,内资企业通过模仿与创新提升了公司的学习能力,其中创新效应更显著(赵永亮等,2014)。另外,面对市场集中度的提升和市场聚集,企业的产能利用率与市场整合的程度正相关(贾润崧、胡秋阳,2016)。

2. 市场竞争

良好的市场竞争,能提高公司的创新能力。企业所在地区市场化程度以及企业所在行业竞争度的提升,通过激励国有企业创新研发和提升资源配置效率使得国有企业的全要素生产率得以提高(孔东民等,2014)。但是,进入壁垒大、垄断地位强,使大公司更容易获得足够高的利润与市场份额,因此缺乏相应的激励机制进行创新(王永进等,2017)。此外,非正规部门的存在及其灰色竞争行为也会抑制正规企业的独立创新,促使其更多地转向模仿(张峰等,2016)。过高的市场竞争也使得出口企业的成本加成率低于非出口企业,从而使得出口价格变低(盛丹、王永进,2012)。不仅如此,环境复杂性会导致企业高程度战略变革的发生:居安思危谋变革可以帮助企业获取并维持竞争优势,内外交困促变革却无法显著改善企业前期的不良绩效,而集思广益商变革则会伤害企业绩效(张明等,2020)。

其他方面,市场竞争不利于企业进行员工 CSR 投资,对员工培训、员工社会保障和员工工作环境均呈现负面影响(周浩、汤丽荣,

2015），也会造成中国上市公司股票特质性风险的显著增加（吴昊旻等，2012）。但是市场竞争越低，企业集团的多元化—控制匹配程度就越高（冯米等，2012），市场竞争程度越高，就越能提升生产率较低的企业全要素生产率（简泽、段永瑞，2012）。此外，中国零售商品的平均价格具有明显的季节性波动，市场需求、市场结构和超市规模对零售商品价格调整具有正向拉动效应（黄新飞等，2014）。

3. 市场分割

市场分割一定程度上会阻碍企业发展。目标市场的市场分割程度与企业跨地区经营战略显著负相关（宋渊洋、黄礼伟，2014）。同样，市场分割程度越大，地方国企的企业价值越低，促使地方国企增加异地子公司的建立（曹春方等，2015）。但同时，市场分割也在一定程度上促进了企业进行线上销售模式，加快了中国电子商务的扩张与发展（马述忠、房超，2020）。而对于员工，劳动力市场分割，导致不同劳动部门的"吸引力"与"排斥力"有所不同，降低了员工的组织流动，可以增强企业运营的稳定性（李路路等，2016）。

4. 市场化程度

市场化程度的提升，对企业生产率、绩效和公司治理方面都有正面影响。随着国内市场化程度的提高，国企生产效率对外资企业有显著的逐年追赶态势（孔东民等，2014）；市场化程度还会通过政府对IPO公司的补助机制间接影响企业绩效（王克敏等，2015）；与中西部地区相比，市场化水平更高的东部地区内的国企，高管晋升机制会更有效地执行（张霖琳等，2015）。

5. 投资环境

良好的投资环境有利于经济的发展。引进外资会对中国企业走出国门有显著促进作用，并通过提升内资企业生产率水平，间接推动其对外直接投资（李磊等，2018）。但是，中国投资环境、行业发展状况以及母公司特征对外商投资企业撤资决策具有显著的正向效应，而外商投资企业经营状况对撤资决策有显著的负向效应（李玉梅等，2016）。

（五）基础设施建设

基础设施建设的完善，对企业绩效有良好的促进作用。基础设施可以带来市场的扩张和竞争，良好便利的交通促进了企业的交流沟通，增强了企业效率，减少了运输成本，提升了企业生产率（张睿等，2018；刘冲等，2020）；长期来看也能提高企业研发投资的资本回报，激励企业投入研发（蔡晓慧、茹玉骢，2016）。同时，中国高铁显著提高了企业的出口，对资本或技术密集型行业、时间敏感性产品、东部地区城市和高铁直达港口的城市出口促进作用更大（唐宜红等，2019）。在对劳动力的影响上，良好的城市社区基础设施会提高信息、资源和要素流通效率，引致居民对创业成功的乐观预期，显著提高居民创业概率（万海远，2021）。

（六）社区环境

企业所处的社区环境会对企业行为产生影响。姚晶晶等（2015）研究表明，当意识到周围企业在向官员行贿时，尤其对于小公司而言，企业自身也会增大政治行为的投入；大公司为了保持自身的合法性与声誉，更难受到社区环境的影响。

六　法律因素的影响

研究法律因素对微观主体的影响，主要以上市公司为样本，并大多采用 DID 双重差分法。

（一）法律法规

针对市场环境的规范性法律对企业产生的影响主要视行业和企业类型而定。

在行业上，《中华人民共和国劳动合同法》的颁布对劳动密集型产业影响最为明显，短期会降低民企的投资水平，但长期会倒逼企业创新（倪骁然、朱玉杰，2016），促进企业转型升级；也会加剧企业的人工成本黏性，增大用机器设备替代人工的可能性（刘媛媛、刘斌，2014），相反，对于国有企业则影响较小。

在企业类型上,《中华人民共和国反垄断法》的颁布对国有企业的投资行为和投资规模有较大影响,减少了企业过度投资,同时也对整个市场产生良性影响,改善了市场环境的竞争秩序,一定程度上避免了产能过剩(王彦超、蒋亚含,2020)。与此相似,《中华人民共和国社会保险法》和《中华人民共和国物权法》的颁布也对整个市场环境产生正效应,降低了企业违规率(许红梅、李春涛,2020),提高了商业信用在金融借贷方面的作用(钱雪松、方胜,2017)。

在国际互动方面,由两国政府签订的双边投资协定(Bilateral Investment Treaties)可以替补东道国制度的缺位、弥补母国制度支持的不均衡性,积极促进企业到签约国投资(宗芳宇,2012)。

(二)法律监管

法制监管和良好的法治氛围能改善市场环境,促进企业发展。较好的法律环境对于企业资本结构调整的各类速度均有正效应(黄继承等,2014)。中证中小投资者服务中心的成立,对上市公司的财务重述行为具有负效应,保护了中小企业的合法权益(何慧华、方军雄,2021)。从产权保护方面来看,产权保护能够提升企业存续时间,产权保护越好,企业存续时间越长(史宇鹏等,2013),同时企业的公司治理情况更好,信息透明度更高(严武等,2012)。

对于产权中的重要组成部分——知识产权保护,寇宗来等(2021)通过构建技术跨国转移模型分析说明,在一定条件下,南方国家会自愿加强知识产权保护力度,以减少北方企业策略性延迟引入先进技术,进而实现南北双赢,而最优的知识产权保护力度即为南方企业模仿能力的倒U形函数。在和企业创新能力关系的研究中发现,"三审合一"可提高知识产权审理的司法效率而促进企业创新能力(王海成、吕铁,2016);执法力度与企业创新能力显著正相关(吴超鹏、唐菂,2016);设立知识产权法院会减少企业低质量创新,从而显著抑制企业的研发投入和专利申请,但同时可以提高专利的引用价值、应用价值以及市场价值,有助于激励企业高质量创新(黎文靖等,2021)。

谈到产权和家族企业，识别产权，并为其提供保护的高法律制度效率和高金融深化程度能够显著降低家族控制权结构中的控制权与现金流权分离度和家族董事席位超额控制程度（陈德球等，2013）。

法制水平还能影响企业内部的薪酬激励策略：法制水平越高，收入差距越大，激励效应越明显（戴治勇，2014）。具体行政职能机构的执法力度也能对企业运行产生影响，地方税收系统中的竞争行为会降低税收执法效率，从而导致更大规模的企业避税（范子英、田彬彬，2013）；而证监会换届导致的监管不确定性增加和监管力度下降，会提高企业的盈余管理成本，降低企业盈余质量（古朴、翟士运，2020）。

综上，宏观环境从政治、经济、社会文化、技术、环境和法律六个方面，对微观企业行为过程、结果以及微观劳动力行为的主效应的研究框架如图5-4所示。

第三节 宏观环境对微观企业影响的调节效应

一 政治因素的调节效应

（一）国家政策

1. 货币政策

紧缩性货币政策对企业公有制程度与取得超额银行借款之间的正相关关系有着正向的调节作用（邓路等，2016）。然而，也有研究指出，紧缩性货币政策使得非国企积极使用商业信用代替融资，从而正向调节了信贷资金与企业绩效之间的正相关关系（饶品贵、姜国华，2013）。从贷款期限结构视角来看，企业短期借款占比越高，在紧缩货币政策条件下，企业绩效上升得越快（刘海明、李明明，2020）。

第五章 中国宏观环境与微观企业行为的双向互动：十年回顾

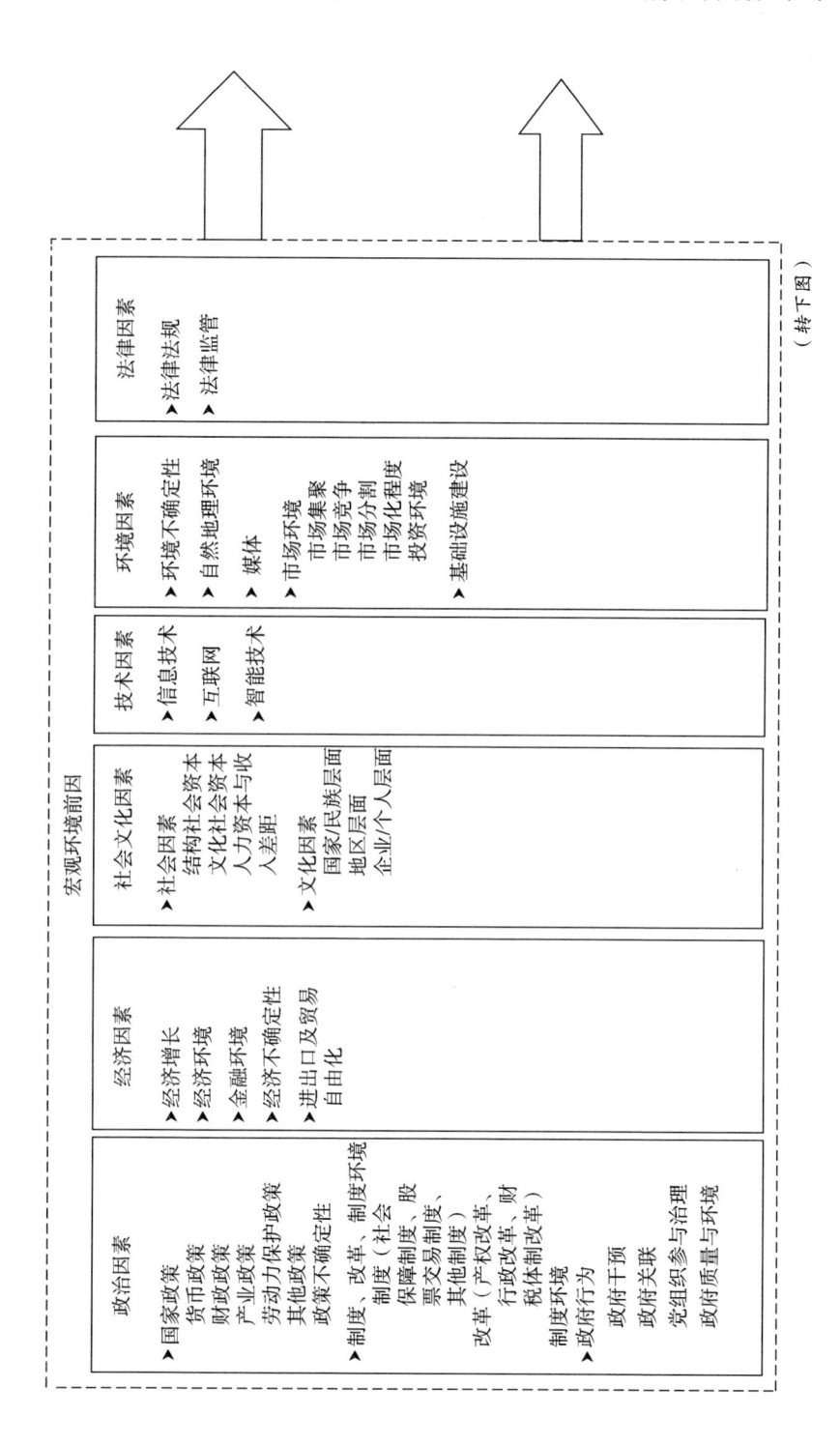

宏观环境前因

政治因素
- 国家政策
  - 货币政策
  - 财政政策
  - 产业政策
  - 劳动力保护政策
  - 其他政策
  - 政策不确定性
- 制度、改革（社会、制度环境）
  - 保障制度、股票交易制度、其他制度）
- 改革（产权改革、行政改革、财税体制改革）
- 制度环境
- 政府行为
  - 政府干预
  - 政府关联
  - 党组织参与治理
  - 政府质量与环境

经济因素
- 经济增长
- 经济环境
- 金融环境
- 经济不确定性
- 进出口及贸易自由化

社会文化因素
- 社会因素
  - 结构社会资本
  - 文化社会资本
  - 人力资本与收入差距
- 文化因素
  - 国家/民族层面
  - 地区层面
  - 企业/个人层面

技术因素
- 信息技术
- 互联网
- 智能技术

环境因素
- 环境不确定性
- 自然地理环境
- 媒体
- 市场环境
  - 市场集聚
  - 市场竞争
  - 市场分割
  - 市场化程度
  - 投资环境
- 基础设施建设

法律因素
- 法律法规
- 法律监管

（转下图）

（接上图）

微观企业行为过程

总体战略/公司战略：并购，避税，跨地区发展，区位选择，多元化经营，总部自营，贸易企业转移，关系战略背离程度，战略—结构匹配度，战略变革

业务单位战略/竞争战略：竞合战略，产品定制化战略

研究与开发战略：创新，技术选择，学习能力（模仿与创新），技术引进策略，私人性质创新投入，库存水平，进出口销售，出口，商品价格，依市定价，定制生产，垂直专业化分工，组织资本，购买行为，所得税税率，税负，融资，投资（固定资产，环保，跨地区贸易，品牌国际化传播）线上销售

利政策，分红行为，资本结构，撤资决策，合资选择，现金持有，管理成本，利润/工资跨期转移，创始资金来源，FDI决策，区位选择，盈余管理，股价协同，人力资本粘性/机器代替人工，人工成本粘性，员工薪酬水平利结构，冗余雇主规模，就业决策，国企高管晋升评价机制，员工CSR投资，劳动力需求，劳动力成本，人工资本投资，团队关系冲突，招聘与雇用，社保缴费

人力资源战略：薪酬差距，经理人报酬—业绩敏感度，薪酬委员会独立性，外部审计，"去家族化"改革，家族企业控制权结构偏好，家族涉入，家族企业传承意愿，高管私有收益，大股东掏空行为，代理成本，治理模式选择，高管变更，CEO掌控力和管理自主权，创始人和大股东管理行为

绩效（加成率，盈余持续性，成本加成，劳动收入份额，环境治理绩效，产能利用率，并购绩效，研发补贴使用率，技术创新效率，创新产出），生产率，利润，增加值率，产值，投机行为，社会责任行为（慈善捐赠，违规败德行为/行贿，过度排污，寻租行为，企业价值，企业进入率，风险承担水平，股票特质性风险，非伦理行为），员工满意度，企业存续时间，创新能力，信贷配给，商业信用，市场势力，创业

劳动者工资议价能力，劳动者工资和福利水平
员工工作组织流动，劳动力流动
职工劳动供给和退休决策，就业概率
沉默行为，控股股东股权质押及机会主义行为
创业

图5-4 宏观环境对微观企业影响的主效应研究整合（2012—2021年）

资料来源：作者整理。

2. 财政政策

财政政策可以调节经济因素对企业的影响。不确定的经济政策会加大私人科研创新投入，拉动企业的创新能力；而政府补贴使得企业降低成本，正向调节了这一关系（顾夏铭等，2018）。税收征管效率的增强和税收任务的增长增加了避税成本，从而正向调节了经济下行与国企的"逆周期支持效应"的正相关关系（陈冬等，2016）。此外，田彬彬和范子英（2018）发现"八项规定"的颁布通过增加合谋的成本，对"征纳合谋"与企业逃税之间的正相关关系起到负向调节作用。而在税收征管强度较弱的地区，企业所得税征管范围改革对企业避税程度的正向作用更加显著（杜鹏程等，2021）。

3. 产业政策

由于银行关联董事在非支持的领域能够发挥有效监督作用，所以产业政策对任用银行关联董事与企业监督绩效之间的正相关关系有着负向调节作用（祝继高等，2015）。相反，对于受产业政策支持的企业，政府补助、长期负债较多，使其扩大投资水平，降低投资效率，增加了过度投资程度（王克敏等，2017）。同时，企业现金持有的市场竞争效应和价值效应会受到影响，即企业持现水平与企业在产品市场上的成长和企业价值显著正相关（陆正飞、韩非池，2013）。

（二）制度、改革与制度环境

1. 制度

契约制度负向调节了社会冲突与企业风险承担能力之间的负相关关系（杨瑞龙等，2017）。国企的民营化通过市场化方式激励了相关企业自身的融资能力和创新能力，增强抗风险能力，产权制度对这一关系有正向调节作用（余明桂等，2013）。其他制度方面，知识产权保护制度负向调节了创新补贴政策与企业私人研发投入之间的正相关关系（张杰等，2015）。

2. 改革

"放管服"改革以来，CEO的权限日益膨胀导致高管的腐败问题已经严重影响企业绩效，政府尝试出台的薪酬管理制度恶化了高管腐败问题（徐细雄、刘星，2013）。相反，混合所有制改革政策的正式推出，放大了非实际控制人董事会权力在战略性行业的国企中的治理效应，即当非实际控制人具有董事会权力时，国企更少发起并购，但并购绩效和效率更高（逯东等，2019）。在股权分置改革的背景之下，市场化和股权分置改革对微观企业负债和债务期限与企业投资的正相关关系存在正向的调节作用（李泽广、马泽昊，2013）。同时，伴随股权分制改革，机构投资者持股现象更加普遍，这抑制了公司相关费用黏性的下降（梁上坤，2018）；上市公司现金股利政策也更加注重中小投资者的偏好，现金股利溢价对上市公司现金股利分配的解释力显著增强（支晓强等，2014）。2011年税制改革负向调节了企业工薪所得税纳税筹划与员工激励之间的正相关关系（王雄元等，2016）；增值税转型使企业投资补贴的正面效应大于所得税负面效应，从而在整体上显著提高公司投资价值相关性（万华林等，2012）。

3. 制度环境

制度环境的调节作用可分为如下类别。

（1）政治关系和私人关系。制度环境、要素市场和法治水平负向调节政治关系与企业绩效之间的正相关关系（戴维奇等，2016）。类似的，企业的政治关系与劳动收入份额之间的负相关关系，伴随政治制度的完善而减弱（魏下海等，2013）。此外，良好的政治制度会负向调节个人的政治网络与创业之间的正相关关系（吴一平、王健，2015），并负向调节企业边界私人关系与机会主义行为的负相关关系（寿志钢等，2018）。

（2）国际交流和产品创新。地区良好的制度环境会吸引更多的外资和跨国公司进入，正向调节了跨国公司进入与企业成本加成率之间的正相关关系（毛其淋、许家云，2016），但制度环境也会弱化产品定制化与企业跨国渠道绩效之间的积极关系（王永贵、洪傲然，2020）。

社会资源有利于企业研发国际化并提升创新绩效，这一影响伴随着市场化程度的提高而增强（李梅、余天骄，2016），而中国城市间按照行政级别进行资源分配（江艇等，2018），城市的高行政级别可以增强人才政策对企业研发人员招聘的正向影响效果（孙鲲鹏，2021）。制度的正式化正向调节创新广度与绩效之间的正相关关系，但负向调节创新深度与绩效之间的正相关关系（杨震宁、赵红，2020）。对外投资广度对创新绩效有正向促进作用，制度的多样化程度正向调节了这一正向促进作用（黄远浙等，2021）。

（3）家族企业与其他方面。在制度环境越偏向于市场化完善时，二代经营者与父辈同领域经营的概率就越大（李新春等，2015）。而在制度环境不够完善的地区，企业经营的代理成本很大；伴随着制度的完善，企业经营的代理成本降低，家族传承者的相对优势消失，从而降低了家族企业传承者的接任概率（王明琳等，2014）。

地方制度环境越差，民企越倾向于采用民间金融来融通资金，但这对民企的业绩有负面影响（邓路等，2014）。当制度环境比较差时，股东更能体会到外部冲击的压力，从而进一步迫使其改善企业绩效（连燕玲等，2012）。另外，制度环境的正式化会负向调节控制者运用社会资本与取得企业控制权之间的正相关关系（赵晶、郭海，2014）。在外部制度环境较好的国有企业中，非国有股东参与高层治理提高国企税收规避程度和纳税贡献的作用更加突出（马新啸等，2021）。

（三）政府行为

宏观方面，目标公司所处地区的地方保护主义，在异地独董对异地并购效率的影响中起较为显著的负向调节作用（刘春等，2015）；且地方干预会增强出口政策对出口企业增加值率的抑制效应（张杰等，2013）。微观方面，政府薪酬管制正向调节了 CEO 权力与高管腐败行为的正相关关系，进一步损害了企业绩效（徐细雄、刘星，2013）。

官员更替引起的政策不确定性，既对企业投资支出水平产生负面影响（徐业坤等，2013），也会导致上市公司的盈余管理行为（陈德球、陈运森，2018），且这些影响在具有政治关联的企业中更为显著。对于国企而言，政府干预程度的提高会强化经济下行期的国企减少避税程度（陈冬等，2016）；政府在地区层面的放权程度及股权分置改革，正向调节了地方国企的金字塔层级与企业创新的正相关关系（江轩宇，2016）。此外，政府管制程度越高，非正规竞争对企业创新的抑制作用越低（张峰等，2016）；且地区腐败程度负向调节了研发补贴和内部控制对企业创新和研发补贴绩效的显著促进作用（陈红等，2018）。

二 经济因素的调节效应

经济因素涉及经济改革、经济周期、经济金融发展水平、经济刺激政策和经济地理等方面。

经济改革方面，精英型创业者所创立的企业规模与增长速度均高于草根型创业者，而经济改革不断推进的正向调节作用愈发显著（朱斌、吕鹏，2020）。

经济周期方面，企业战略对盈余管理的影响在经济上升时期较强，在经济下降时期则相反（孙健等，2016）。金融市场不发达的地区和银根紧缩的时期，银行背景独立董事能使得所在上市公司获得更多的信贷（刘浩等，2012）。在货币政策紧缩期和国际金融危机期间，国有上市公司和非国有上市公司之间超额银行借款的差异增大（邓路等，2016），企业的负向盈余操纵获得更多的政府补贴（王红建等，2014）。

经济金融发展水平方面，高 GDP 国家能够抑制传统主义文化对早期和成熟期创业活动的正相关效应（赵向阳等，2012）。利率市场化对公司商业信用的影响，主要存在于金融发展水平较低的地区（陈胜蓝、马慧，2018）。同时地区经济发展水平越高，人才政策对企业研发人员招聘的正向影响效果越显著（孙鲲鹏等，2021），对空气污染带来的劳动力流出效应的抵消作用也越强，使得劳动力进一步向发达地区集聚（李丁等，2021）。

经济刺激政策的出现，会导致企业市场绩效在国际金融危机期间与经济刺激政策退出后经济下行压力期间的正向关联性更强（连立帅等，2016）。经济政策的不确定性，不但抑制了企业资本投资活动，其中金融约束起负向调节效应（顾夏铭等，2018）；而且会加剧业绩期望落差归因和战略背离风险，弱化行业竞争期望落差（连燕玲等，2019）。

经济地理方面，地区集聚经济在一定程度上缓解了两控区环境管制的生产率负效应（盛丹、张国峰，2019）。经济全球化可以调节儒家伦理降低企业代理效率的作用，公司参与国际市场竞争会削弱儒家伦理的边际贡献（古志辉，2015）。

三 社会文化因素的调节效应

宏观效应方面 地区间的经济发展水平差距和制度距离会吸引潜在创业者向条件好的地区流动从而促进当地经济的发展，异地混合嵌入程度对其有着正向调节作用，而同乡网络嵌入会对异地创业产生负面效应（叶文平等，2018）。微观效应方面，市场化对公司商业信用的影响主要存在于信任程度较高的地区（陈胜蓝、马慧，2018）；社会连带对 CEO 掌控力和企业绩效之间的关系存在倒 U 形调节效应（张祥建等，2015）。

文化因素中的民族层面 拥有海外经历的高管会增加其与普通员工之间的薪酬差距，且来自个人主义倾向国家的高管对其影响更大（柳光强、孔高文，2018）。在地区层面，边界人员私人关系对渠道投机行为的抑制作用在受儒家思想影响较深的地区将被强化（夏春玉等，2020）。在企业及个人层面，拥有女性投资者的企业偏好差异化战略，更乐于提供员工培训；而在性别平等较低的情境中，女性投资人并没有体现出强烈的涉他偏好和竞争回避意识（熊艾伦等，2018）。思维模式方面，当团队成员拥有较高水平的中庸思维或者领导成员交换关系时，会对员工自我分类造成的子群之间的隔阂产生抑制作用，从而降低对信息进一步加工处理的负向影响（赵可汗等，2014）。

四 技术因素的调节效应

对于科技因素的投入,CEO过度自信正向调节了IT投资与企业绩效的正相关关系,且这种调节效应在高信息强度和高技术波动环境中更为积极(王铁男等,2017)。此外,相较于短期研发投资,家族企业更愿意进行长期研发投资,而外部行业技术环境会正向调节短期研发投资而负向调节长期研发投资(吴炳德等,2017)。对于出口来说,移民网络对中国企业出口起着正面作用,其中信息与通信技术的应用进一步增加了移民网络对中国企业出口概率的促进作用(蒙英华等,2015)。企业的数字化转型提升了其股票流动性,而良好的金融科技发展对其有正向调节作用(吴非等,2021)。

五 环境因素的调节效应

(一)环境不确定性

国内要素市场的扭曲程度,负向调节了政府补贴与企业创新绩效的正相关关系(杨洋等,2015)。并且,要素市场的扭曲虽然会降低企业全要素生产率(罗德明等,2012),但同时也有助于缓解重点产业政策对相应行业内企业全要素生产率提升的抑制作用(张莉等,2019)。延伸到国际市场,市场的模糊性也会正向调节产品定制化战略与企业跨国经营绩效的正相关关系(王永贵、洪傲然,2020)。

在不同的市场背景下,环境的不确定性还可能带来不同后果。完全竞争和垄断竞争市场中,环境不确定性正向调节了多市场接触与企业非伦理行为之间的正相关关系;而在寡头垄断市场中,环境不确定性对这一关系有着负向调节作用(曾伏娥、袁靖波,2016)。

(二)市场环境

1. 市场竞争

一方面,市场竞争是一种鞭策,有利于企业积极进取。比如,市场竞争会正向调节内部控制与企业研发的正相关关系（陈红等，2018）。在全球化的趋势下，市场竞争也正向调节了外资企业进入与企业社会责任的正相关关系（黄伟、陈钊，2015）。细分到产品市场，激烈的竞争具有同样效果。产品市场竞争负向调节了经营业绩与企业安稳战略的正相关关系，激烈的竞争环境促使企业即使处于富有状态也要"居安思危"（张远飞等，2013）；相反，当产品市场竞争激烈程度较低时，卖空压力对企业并购绩效的改善作用更加明显（陈胜蓝、马慧，2017）。在国家层面，市场竞争与政府对于公司所有权和政府补贴的相关关系具有正向调节作用：随着市场竞争的加剧，在行业层面与地区层面，国企都获得了更高的补贴（孔东民等，2013）。

另一方面，市场竞争也是一份压力，加剧了企业在利益驱使下的不法行为。外部环境的竞争性会显著正向调节企业赶超压力与其道德败坏行为之间的正相关关系（贺小刚等，2015）。而当市场竞争趋于恶性时，将会增强政治网络战略与制度支持的正相关关系（林亚清、赵曙明，2013）。过于激烈的市场竞争，可能打压企业的积极性。市场竞争程度会正向调节企业生产率与糟糕空气质量之间的负相关关系（李卫兵、张凯霞，2019）。市场竞争还会负向调节企业境外竞合战略与企业创新之间的正相关关系（李东红等，2020）。激烈的市场竞争也会削弱企业社会资本投资获得创新资源的功效（林志帆、龙小宁，2021）。

2. 市场分割

市场分割对企业整合资源构成障碍。市场分割不但负向调节组织协调性与企业竞争复杂性和绩效之间的负相关关系（皮圣雷、蓝海林，2014）；而且会削弱校友关系网络和企业异地并购间的正相关关系（彭聪等，2020）；还使得省际双边信任程度对并购绩效的影响更加显著（杨继彬等，2021）。

3. 市场化程度

市场化程度正向调节以下正相关关系：代理冲突和异地独董（孙亮、刘春，2014）、公司治理与企业创新（鲁桐、党印，2014）、地方政府换届和企业慈善捐赠（戴亦一等，2014）、企业慈善捐赠与获得政府补贴（张敏等，2013）；显著增强了高技能员工和长期雇佣员工和信息与通信技术（ICT）形成的互补效应（何小钢等，2019）；增强了私人关系对投机行为的抑制作用（夏春玉等，2020）。

市场化程度负向调节了以下正相关关系：会计专业独董的声誉与企业盈余质量（黄海杰等，2016）、CEO职业经历与企业创新水平（何瑛等，2019）、非国有股东治理和高管薪酬激励（蔡贵龙等，2018）、创始人担任关键职位与公司业绩（夏立军等，2012）、社会网络和企业风险承担（张敏等，2015）、"社群网络"与企业生产率（左翔、李辉文，2017）。

市场化程度负向调节了以下负相关关系：原罪嫌疑和企业会计质量信息（唐松等，2017）、关系文化与企业绩效（李新春等，2016）、家族控制和企业研发（朱沆等，2016）、创始人的家族主义文化观念与"去家族化"治理改革（吴超鹏等，2019）、政府会计监督与企业盈余管理（柳光强、王迪，2021）。此外，还负向调节了以下关系：政策不确定性影响企业风险的程度（罗党论等，2016）、非财务信息和外部融资的相关性（程新生等，2012）、经理人兼任薪酬委员会与经理人报酬—业绩敏感度的关联度（谢德仁等，2012）。

4. 营商环境

在企业创新方面，优化营商环境显著调节寻租对企业不同创新活动的影响，有利于无寻租企业开展自主创新（夏后学等，2019）。而对于企业内控而言，营商环境负向调节内控和预算松弛的负相关关系（刘浩等，2015）。

5. 信息环境

信息不对称程度正向调节媒体关注度与企业生产效率、公司业绩与社会责任的正相关关系（孔东民等，2013）。并且，信息环境会负向调节多个大股东和企业融资约束的负相关关系（姜付秀等，2017）。

（三）科研环境

一个地区企业的创新活动也受配套科研环境的影响。科研基础和科研环境更成熟的城市，可以增强人才政策实施对企业研发人员招聘的正向影响，从而显著增加企业的研发产出（孙鲲鹏等，2021）。

六　法律因素的调节效应

（一）法律法规

《中华人民共和国企业国有资产法》正向调节了原罪嫌疑和企业会计信息质量的负相关关系（唐松等，2017）。《劳动合同法》一方面正向调节最低工资水平与企业对外直接投资的正相关关系（王欢欢等，2019），另一方面负向调节高学历员工和企业创新的正相关关系（王珏、祝继高，2018）。另外，《关于办理利用信息网络实施诽谤等刑事案件适用法律若干问题的解释》出台后，股吧活跃度与公司盈余管理的负相关关系明显增强，股吧对上市公司的治理作用得到提升（孙鲲鹏等，2020）。

（二）法律环境

法律环境目前涉及法制监管与外部审计两个方面。健全完善的法制监管环境，对微观企业稳健发展、企业员工的创新意识、企业之间合作的顺利进行、劳动者基本福利的保障等，都有着正向调节作用。

良好的法治环境促进企业创新。投资者保护程度和诉讼风险正向调节了企业认购 D&O 保险与企业创新的正相关关系（胡国柳等，2019）。知识产权环境正向调节企业专利产出和财务绩效的正相关关系（陈红等，2018）。知识产权保护负向调节了非正规部门及其灰色竞争行为与企业创新的负相关关系（张峰等，2016），却正向调节了企业专利产出与未来财务绩效的正相关关系（吴超鹏、唐菂，2016）。此外，司法地方保护主义正向调节企业诉讼和企业创新的正相关关系（潘越等，2015）。而地方的反腐力度会负向调节企业社会资本投资与企业创新间的正相关关系，但有利于中长期激励创新（林志帆、龙小宁，2021）。外部治理环境差的地区，中证中小投资者服务中心对上市公司财务重述的负相关关系更加显著，有效维护了中小企业的利益（何慧华、方军雄，2021）。

法律法规还与社会中自发形成的非正式制度形成了一定的互补关系。一方面，法制环境正向调节了宗教传统和企业违规行为的负相关关系（陈冬华等，2013），企业慈善捐赠和企业避税的正相关关系（李增福等，2016），以及社会信任和企业并购的正相关关系（王艳、李善民，2017）；且外部监管环境正向调节了宗族观念与家族企业治理的正相关关系（潘越等，2019）。另一方面，法制环境还负向调节大股东退出威胁和控股股东私利行为的负相关关系（姜付秀等，2015），以及社会资本对于股权控制的替代效应（祝继高、王春飞，2012）；家族控制权和银行信贷合约的正相关关系（陈德球等，2013）；且司法效率负向调节了外资企业侵权行为和内资企业侵权行为的正相关关系（邵敏、包群，2013）。地区环境执法力度正向调节了绿色信贷政策与企业绿色创新的正相关关系（王馨、王营，2021）。

此外，对审计行业而言，诉讼风险环境会正向调节媒体负面报道和审计契约关系的正相关关系（刘启亮等，2013）；外部审计则负向调节财务困境和大股东掏空行为的正相关关系（郑国坚等，2013），高质量的分析师关注及外部审计也有助于缓解上市公司控股股东股权质押对债券信用利差的正向效应，从而抑制控股股东侵害企业债权人利益的机会主义行为（史永东等，2021）。

第四节 微观企业行为的宏观效应

微观企业行为对宏观环境产生的影响，主要体现在 PESTEL 的政治、经济、社会文化和环境因素方面（见图 5-5）。

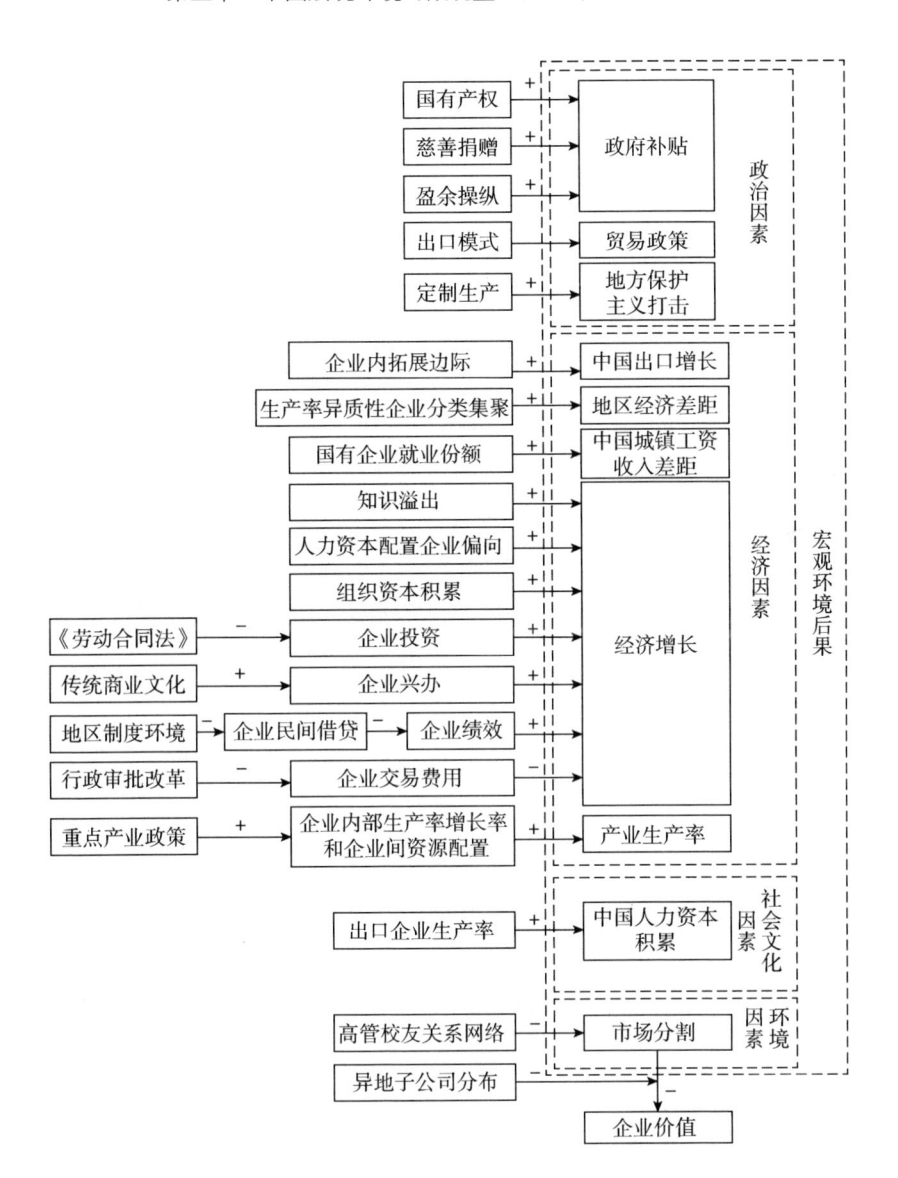

图 5-5　微观企业行为的宏观后果与效应研究结论整合（2012—2021 年）

资料来源：作者整理。

一　对政治因素的影响

企业对宏观政治因素环境的影响，主要体现在对政府补贴和政策的主效应上。

企业产权性质对政府补贴的边际影响取决于补贴动机：当企业有盈余管理需求时，国企和民企均可获得较高的政府补贴；但在无盈余管理需求时，亏损的国企则获得了更多补贴（孔东民等，2013）。企业慈善捐助行为也会影响政府补贴，具有明显的政企纽带效应：企业的慈善捐助越多，与政府的联系越紧密，获得的政府补贴也越多，越能为自己创造良好的政治环境，而国企慈善捐助的效果更为明显（张敏等，2013）。此外，企业会通过盈余操作使得政府补贴发生变化：负向盈余操纵，即将报表粉饰为当期财务状况不佳但拥有盈利潜力的企业可以获得更多政府补贴，并降低了政府补贴的边际价值，使得政府资源配置效率下降，对整体营商环境产生影响（王红建等，2014）。企业的生产方式也会影响政府行为，定制生产比重越高从而对契约环境越敏感的外地企业，更容易遭受东道市场地方保护主义的打击（黄玖立、周璇，2018）。

对政策的影响方面，微观企业出口模式和宏观贸易政策具有双向的影响机制（谢申祥等，2018）。类似的，企业与货币政策间也存在双向影响，企业间内生互动会放大货币政策的效果，使得货币政策对担保圈内的企业投资影响加强（刘海明、曹廷求，2016）。

二 对经济因素的影响

（一）主效应

对增长率的主效应。积极方面，国企的知识溢出，对私有企业乃至全社会的创新产出有显著积极影响，对帮助解决市场失灵、提升宏观经济发展效率具有重要作用（叶静怡等，2019）；企业产品范围的调整变化，会促进经济的增长（钱学锋等，2013）。消极方面，人力资本在企业和政府部门间的配置也会影响经济增长：优秀人才越是偏向于配置到政府部门的地区，长期经济增长率越低（李世刚、尹恒，2017）。

对经济差距或波动的主效应。国企就业份额大幅度下降,会导致中国城镇工资收入差距显著下降(夏庆杰等,2012)。劳动力成本差异导致生产率异质性企业分类集聚,会增大发达地区和较落后地区的生产率差距,缩小地区间的经济增长差距(吕大国等,2019)。企业投资对地区经济增长质量的影响表现在:在经济规模较小的地区,企业固定资产与权证投资是一把"双刃剑"——既能促进GDP增长,也会降低经济增长质量;企业的技术投资方面,尽管短期收益较小,但长期依然能提升经济增长质量;地方国企的投资活动负面影响经济规模较小地区的经济增长质量;民企的投资活动对经济发展水平较高地区的经济增长质量提升较高(郝颖等,2014)。此外,企业的组织资本也会影响宏观的经济波动(许志伟、吴化斌,2012)。

(二)中介效应

微观企业行为作为中介因素所影响的宏观环境,主要体现在经济增长方面。重点产业政策有利于促进产业生产率的提高,但受该重点产业企业内部生产率增长率和企业间资源配置的影响,若投入到该产业TFP高的企业中,对产业生产率的贡献越大(宋凌云、王贤彬,2013)。并且,地区的市场化程度越低,民企越会更多地采用民间金融,从而显著负向影响企业业绩,增加企业未来发展风险,对地区经济增长产生不利影响(邓路等,2014)。行政审批改革会通过降低企业交易费用、降低社会成本来促进经济增长(夏杰长、刘诚,2017)。《劳动合同法》通过降低部分企业特别是劳动密集型企业和非上市公司的投资,在一定程度上抑制区域经济增长(潘红波、陈世来,2017)。传统商业文化则在企业层面上通过促使非国有企业兴办繁荣、民营企业经营领域多元化,来实现促进地区经济增长(刘蓝予等,2021)。

三 对社会文化因素的影响

社会文化因素方面的主效应,主要体现在对人力资本积累的直接影响上:地区出口企业生产率的提高,不仅有利于中国城镇和农村劳动者的人力资本投资,而且有助于劳动者子女教育投入的增长,能够促进中国人力资本的长期积累和提升(陈维涛等,2014)。

四 对环境因素的影响

(一) 主效应

对环境因素的主效应,主要体现在对市场环境的影响上:高管校友关系网络可以显著降低市场分割对资源流动的阻碍作用,从而促进整个市场资源的流动(彭聪等,2020)。

(二) 调节效应

市场分割降低了地方国企的公司价值、增加其过度投资,地方国企异地子公司分布的增加则会削弱上述效应(曹春方等,2015)。企业高管校友关系网调节市场分割对资源流动的阻碍:高管校友圈的互动联系有助于降低市场分割程度,促进资源的跨区域流动(彭聪等,2020)。

第五节 既有研究不足与未来研究方向

基于以上回顾,以下分别从数据来源、测量指标和分析方法,主题挖掘、分析框架、微观到宏观,中介、调节及双重效应,国家需求、国际因素与国际对话等方面阐释未来方向。

一 拓展数据来源,更新测量指标,改进分析方法

数据来源方面,大多数研究的样本来源于二手数据库,少量使用了一手数据。主要包括 CSMAR 数据库、Wind 数据库、CCER 标准数据库、CEIC 数据库、RESSET 数据库、CPIC 数据库、国家统计局数据库、同花顺数据库、中国工业企业数据库、中国专利数据库、中国经济新闻数据库、交通数据库、区域经济发展数据库、《中国城市统计年鉴》、中国综合社会调查(CGSS)、证券市场数据、上市公司的经营

数据、相关部委以及世界银行的行业或企业调查数据。二手数据具备客观可复制、样本量大等优势，但也存在由于变量固定而难以灵活选题的局限。通过问卷调查法收集的一手数据，要么样本数量不足而代表性不够，要么样本量充足却仅有截面数据。因此未来研究应该拓宽数据来源，注重一手数据的收集，并注意数据收集的方法使用，如采用多阶段抽样等方法，持续追踪数据来反映宏微观因素的效果（刘子兰等，2019）。在政策相关的研究中，可采用政策推行前后的数据，在变化中反映政策的作用（黄俊威、龚光明，2019）。

指标测量方面，市场化水平或制度环境等宏观因素的测量主要采用了市场化指数，而该指标的开发距今相对久远。又如，顾夏铭等（2018）、饶品贵和徐子慧（2017）、刘贯春等（2019）对经济不确定性的测量，采用了中国经济政策不确定性指数（Baker et al.，2016），而该指标建立在《南华早报》英文版的文章索引之上，未必能客观真实全面地反映中国经济的情况。鉴于此，未来研究应致力于进一步开发反映中国制度环境的指标，形成科学的测量指标体系，为宏微观结合的研究提供更多宏观变量。张三保和张志学（2021）对中国省份营商环境评估指标体系的构建及其2017—2019年的连续评估结果，正是这种有益尝试的具体呈现。

分析方法方面，宏微观领域的已有研究普遍构建计量模型，通过OLS回归分析方法、DID法、GMM回归方法、面板固定效应回归、混合OLS分析模型、2SLS模型、LP模型、ACF模型、Tobit模型、probit模型等方法来进行数据分析。这些方法各有优势和不足，为保证研究结果的可靠性，可选择多种分析方法互相验证，注重稳定性检验，并进一步跟踪与使用断点回归或案例研究等分析方法。当然，方法的应用并不在于新奇，而应重在严谨有效。

二 挖掘宏微观因素，构建多层次框架，探索微观影响宏观

其一，在PESTEL分析模型六类宏观因素中，既有研究对于技术

因素的关注相对较少。然而，技术发展对社会、对企业的影响与日俱增。因此，未来研究可以更多地聚焦于技术因素如网络安全、人工智能、数字化等方面对微观企业的影响。并且，对于微观主题的已有探索，大多关注微观企业行为过程与结果，而对于微观关键个体的关注较少。因此，未来的微观主题可进一步考虑战略领导自下而上的能动作用（Finkelstein et al.，2009），关注行为战略。

其二，同一宏观因素对社会、企业、个体可能产生不同程度甚至相反的影响；某些重要的微观因素如企业创新，又可能有多方面的宏观前因且作用各不相同。因此，未来研究可以聚焦某一重要宏观或微观因素，构建多层次分析框架，深入探讨内在联系机制，以厘清其因果效应，以更微妙的方式将宏观影响融入微观理论，同时也思考研究所观察到的微观机制是否适用于更广泛的宏观管理环境（Cowen et al.，2022）。

其三，既有微观影响宏观的研究数量，明显少于宏观作用于微观的研究，同时其内在联系并没有得到充分探索，比如现有研究并不总是阐明微观研究中建立的理论机制如何或为什么会自动或必然地转化到宏观层面上（Cowen et al.，2022）。这主要受制于研究方法的成熟程度、内在逻辑的严密程度等因素。无论如何，微观行为对于宏观环境的作用同样重要。因此，后续研究有必要进一步探索个体、企业等微观主体的行为通过影响企业绩效"加总"形成宏观经济发展水平，进而推动宏观制度环境的变革，实现从微观到宏观以及对于微观理论应用的拓展。

三　关注中介效应，强调调节效应，探索双重效应

第一，既有研究较少关注宏观环境影响微观企业行为的中介机制，仅有少量限于对政治因素（林亚清、赵曙明，2013）和信息环境（李莉等，2014）中介作用的探讨。对中介效应的探讨，往往能厘清宏观与微观相互作用的机制。因而，未来应进一步关注多层次中介变量的效应。比如，张三保和张志学（2014）基于制度理论和高阶理论提出

的"宏观环境—战略领导—组织过程与结果"一般化分析框架,对于打开宏观作用于微观的"黑箱"具有重要意义。

第二,既有研究在调节变量的选择上,主要涵盖企业类型、规模、成长阶段、性质等微观因素,以及企业所处的政治、经济、文化环境等宏观因素,如文化差异、市场环境、政府监管环境等。未来研究可一方面从变量集合中选择不同调节因素开展探索,另一方面开发新的调节因素。

第三,总体而言,相比宏微观互动的主效应,既有研究对调节效应的关注较少,对中介效应的探索也凤毛麟角,更遑论双重效应。因而,未来研究应深入探索宏观环境作用于微观因素的多种机制与边界条件,并在此基础上进一步考察中介效应被调节或调节效应被中介等复杂情况。

四 立足中国实践,考虑国际因素,开展国际对话

探索宏微观互动研究的实践意义,就在于为公共政策的制定或完善提供依据,为企业或个体决策提供方向。

首先,实现创新驱动既是国家经济发展的战略需要,也是行业革新的必然趋势,正逐渐成为企业升级的原动力。那么,自上而下,外部环境与企业技术创新投入和产出之间的关系及其作用机制与边界条件是什么?自下而上,企业家推动制度创新有哪些路径?此外,从管理学的角度看,国之重器与重大工程中积累了哪些经验,还存在哪些亟待解决的问题?因此,未来研究应紧密结合国家发展的重大需求,探究通过制度创新推进技术创新,以及通过弘扬企业家精神推动制度创新两条路径,为进一步完善制度供给、更好服务经济高质量发展提供决策依据。

其次,未来研究应更多考虑国际因素。除汇率相关的进出口研究外,聚焦各国经济互动对跨国企业行为的影响,或不同宏观因素对国内外企业的影响差异、国家间文化差异的效应比较等,对企业实践具

有重要指导意义。因此，未来可将研究对象推广到"一带一路"等相关国家或地区，在讲好中国故事的同时，为分析与解决百年未有之大变局下的世界发展难题贡献中国智慧。

最后，未来宏微观结合研究还应着力提升国际对话能力。本章着重回顾了2012年以来在三种中文期刊上发表的文章。事实上，在西方学术界，*Journal of Management* 曾在2011年发布专刊，呼吁管理学界通过连接宏观与微观领域，实现既在研究方法与理论创新上开拓新途，又跨越科学与实践之间的鸿沟（Aguinis et al.，2011）。限于篇幅，本章未能回顾西方学术界的探索，未来将继续系统梳理，在比较中西宏微观研究的异同中，提升国际对话能力。

第六章　举国体制推进关键技术创新：中国 3G 到 5G 的案例[*]

基于第四章对中国技术创新初始条件的分析，以及第五章对于中国情境下宏观环境与微观企业行为的互动回顾，本章选择中国移动通信行业为案例情境，分析从 3G 到 5G 标准的制定过程中，政府、企业、产业联盟三者之间分工与协助关系的变化，并在其间讨论了企业领导者的作用，以揭示标准竞争过程中举国体制的演变及其对于关键技术创新的影响。

核心技术成为当今世界大国竞争的关键。作为技术竞争的最高层次，"标准竞争"是综合了技术、市场、政治等多方面因素的复杂竞争过程。一些发达国家为了巩固自身的守成地位，通过制定严苛的技术规范和标准来提高市场准入，增大发展中国家对发达国家现有国际标准体系的依附，进而实现全球标准体系的垄断（肖洋，2017）。能否在关键核心技术创新方面具备持续性、系统性、自主性的全面突破能力，是保障中国能否拥有最为基本的经济发展安全权力的核心条件（张杰和吴书凤，2021）。并且，中国今天无论从任务的特点还是从完成任务的方式来讲，所需要完成的重大任务都比以往更加复杂（路风和何鹏宇，2021）。

---

[*] 本章内容以《举国体制演进如何推动关键技术升级？——中国 3G 到 5G 的案例研究》为题，发表于《经济管理》2022 年第 9 期。作者感谢梁严匀出色的助研工作。

"十四五"规划纲要强调"坚持创新核心地位,加快建设科技强国"的战略发展目标。在此背景下,本章以中国参与3G到5G标准竞争为情境,从标准生命周期的视角对中国移动通信技术标准的演进进行全面的分析,阐述面向技术标准竞争的传统举国体制如何向新型举国体制演化、不同阶段的举国体制中政府与市场如何互动、如何利用举国体制推动关键技术升级等问题。通过探究政府、企业和产业联盟三大主体在三代标准竞争中的纵向角色转换及横向协同变迁,揭示技术标准竞争中新型举国体制的具体内涵和外延。

本章的理论贡献主要体现在以下三个方面:

第一,对技术追赶理论和依附理论的相关研究有贡献。技术追赶理论和依附理论表明,后发国家在技术追赶时难免陷入对西方发达国家的依附从属地位,因此面临着技术去依附的重大挑战。同时,中国移动通信产业的技术发展实践表明,举国体制是中国作为发展中国家摆脱依附地位的不可替代的工具。本章通过结合技术追赶理论和依附理论,探讨举国体制在推动中国关键技术创新中发挥的重要作用。在中国情境下,研究技术追赶和技术去依附具有重要的理论价值。

第二,对新型举国体制的相关研究有贡献。以往对新型举国体制的研究大多建立在对传统举国体制"集中力量办大事"的阐释上,缺乏对新型举国体制的具体机制内涵的解释。对举国体制的解释需要回归具体情境和实践(路风、何鹏宇,2021),本章在路风和何鹏宇(2021)技术追赶理论和依附理论的基础上,以中国参与三代移动通信技术标准竞争为案例,通过系统揭示举国体制在不同历史阶段的表现形式,为深入理解新型举国体制的内涵和外延提供了新视角。

第三,丰富了技术创新和标准竞争的相关研究。过去有关中国移动通信技术标准竞争的研究多聚焦于一代或两代标准(Stewart et al.,2011;Chen et al.,2014),或主要从单一参与主体切入(Gao,2014;Kshetri et al.,2011;Gao et al.,2014;Kwak et al.,2012;Zhang,

2016)。然而，技术创新并非完全遵循从基础研究到市场应用的"线性模型"，相反，技术创新在很大程度上遵循的是一种"链环模型"，即依赖于创新活动不同阶段之间的频繁反馈和各阶段不同创新主体之间的密切互动（Rosenberg，2009；梁正、李代天，2018）。本章遵循技术创新的"链环模型"，纵向分析了中国三代通信技术标准竞争中的迭代创新过程，基于标准生命周期模型剖析了技术生命周期的不同阶段（形成、实现和扩散）中，企业、政府和产业联盟在三代通信技术标准竞争中的纵向角色转换及横向协同变迁，首次全面而准确地剖析了技术标准竞争中的"新型举国体制"。

本章主要有以下三点实践启示：第一，通过比较技术追赶不同阶段的举国体制，探讨了不同举国体制的具体适用情境，为更好发挥举国体制的优势提供了启示；第二，从宏观、中观和微观多个层面，为中国更好参与5G标准竞争提出了详细建议；第三，从标准生命周期的视角为后发国家参与通用标准竞争、实现技术追赶甚至建立行业领先地位（Lee and Malerba，2017）提供了具体方案，为不同行动主体在技术标准形成、实现和扩散的不同阶段的任务和参与方式提供了参考。

本章后续安排如下：文献综述，回顾了技术标准、举国体制及生命周期理论等相关研究。研究方法，介绍了本章选择纵向案例研究方法和中国移动通信产业作为案例的原因，以及案例数据收集与分析过程。研究发现，立足于标准生命周期和政府、企业、产业联盟三大主体，分析了3G、4G和5G标准竞争过程。研究结论，总结出中国移动通信技术标准迭代过程中的举国体制的演变，并对比了"政府主导""政府与市场并重"和"市场主导"这三种举国体制的不同适用条件与共同特征，进而解释了新型举国体制的具体表现和内涵。研究启示与政策建议，为各主体更好地参与5G乃至通用技术标准竞争提供详细建议。

第一节 概念、理论与文献综述

一 相关概念

标准是"通过标准化活动，按照规定的程序经协商一致制定，为各种活动或其结果提供规则、指南或特性，供共同使用和重复使用的文件"[①]。技术标准是企业提供产品和服务所依据的与技术方法、方案和路线有关的强制性或指导性文件（Blind，2004；Wang et al.，2014）。标准化则是通过标准之争确立最佳解决方案的过程。由于人们对更高的生产力和更佳的资源配置的不断追求（Wang，2008），通过不同方案解决同一技术问题的多标准之争在历史上非常普遍（Gupta，2014）。尽管典型的标准化模式主要有三种——基于市场的标准化（市场主导，任何主体都可以通过市场进行标准竞争）、基于政府的标准化（政府主导）和基于委员会的标准化（由利益相关者组成的组织就解决方案达成一致），但现有文献大多假定标准在一种模式的边界内制定和传播，缺乏对多模式标准化的研究（Wiegmann et al.，2017）。

中国在20世纪80年代中期以前的标准化体系完全建立在以政府为基础的标准化模式之上（Chuang，2016）。从3G标准竞争开始，中国的TD-SCDME案例表现出基于政府和委员会的多模式标准化。基于委员会的标准化模式协调程度高，有利于经济全球化和市场一体化发展，但政府可以通过支持某种受青睐的解决方案来干预委员会的标准化（Gao et al.，2014；Gao，2014）。随着国内市场、企业技术创新能力以及对外开放的不断发展，多模式标准化成为中国移动通信技术领

[①] 参见《标准化工作指南第1部分：标准化和相关活动的通用术语》（GB/T 20000.1—2014）。

域标准竞争的主流模式,市场成为参与标准竞争的关键主体。5G 时期,中国《国家标准化体系建设发展规划(2016—2020 年)》提出,要发挥市场对标准化资源配置的决定性作用,激发市场主体活力。①2021 年,《国家标准化发展纲要》出台,提出到 2025 年实现"标准供给由政府主导向政府与市场并重转变"的发展目标,为今后 15 年中国标准化发展制定了目标和蓝图。

为此,本章将以中国移动通信技术标准竞争为案例,选择企业、政府和产业联盟这三个参与主体,阐述它们在标准竞争过程中发挥的作用以及它们之间的交互和协调,探讨后发国家如何在标准竞争中实现技术赶超。

二 相关理论

(一)技术追赶理论

现有文献对技术追赶路径的研究大致可以分为"特定顺序"和"技术跳跃"两大学派(刘建新等,2011)。"特定顺序"学派认为后发国家技术追赶从发达国家技术成熟期起步,获取技术、吸收技术再成功改进技术,随后依次进入发达国家的成长期和新兴期技术领域,技术追赶遵循"引进技术→适应性改进→创新"的顺序,强调后发国家在利用发达国家已有的先进技术方面的好处(Kim,1997;Kim,1980;Hobday,1995;吴晓波,1995);而"技术跳跃"学派则认为"特定顺序"低估了后发国家沿着既定技术轨道追赶的困难,将缺乏经验积累的后发国家置于被动的劣势地位,只有付出更大的代价才能跨越高昂的技术门槛。新技术轨道的出现往往为后发国家打开了技术追赶的机会窗口,此时对过去经验、技能和资金积累的依赖较小,因此"技术跳跃"学派认为后发国家应抓住新兴技术轨道出现的机会窗

---

① 为推动实施标准化战略,加快完善标准化体系,提升我国标准化水平,国务院办公厅制定了《国家标准化体系建设发展规划(2016—2020 年)》,自 2015 年 12 月 17 日起施行。

口，尽早参与新产品、新工艺的技术开发（Perez and Soete，1988；Lee and Lim，2001；高旭东，2005；路风、慕玲，2003）。

移动通信技术标准的代际更迭明显，中国3G技术标准走的更多的是"特定顺序"的路径，市场化刚起步时发达国家的技术和产品早已占领了市场，新的技术轨道4G时代随即到来，中国在3G产业上的巨额投入打了水漂；而中国4G、5G技术标准则抓住了"技术跳跃"的机会窗口，经验积累和技术平滑演进使得自主创新的成本和风险不断缩小、水平不断提高，对发达国家的依附不断减弱。中国移动通信产业实现技术追赶的过程也是技术不断去依附的过程。

（二）依附理论

依附理论将世界经济解释为"中心—边缘"模型，即资本主义产生之后的世界逐渐形成了先进资本主义国家与不发达国家对立、不平等的"两极"（巴兰，2000），处于中心地位的发达资本主义国家，通过剥夺、剥削处于边缘地位的发展中国家的"经济剩余"，造成了后者内部的分化和总体的欠发达（Frank，1967），不发达国家由于缺乏自主发展能力而在经济、政治、文化等多个方面依附于发达国家，且依附与不发达互为因果、恶性循环（孙来斌、颜鹏飞，2005）。依附论的终极目标是为不发达国家找到一条"去依附"的发展道路。对此，依附论的学者们普遍认为，发展中国家必须走非西方资本主义的发展道路，对策主要包括改变现存的国际不平等结构，创造对于发展中国家有利的条件；进行国内结构性变革，动员大众力量；充分发挥国家作用，主张将强有力的领导人、廉洁的官员和正确的政策相结合，以推进有效的发展方案等，为发展中国家探索符合自己国情的发展道路提供了借鉴（周穗明，2002）。

边缘国家对中心国家的依附历经了从"殖民依附"至"金融—工业依附"再到第二次世界大战后"技术—工业依附"的变化过程（Santos，1970）。其中，20世纪70年代以来，世界经济形态向知识经济转型，西方跨国资本的国际主导地位日益巩固并不断对外扩张，发展中国家开始普遍实施出口导向的经济发展战略、与资本主义世界经济体系联系更加紧密……"技术—工业依附"成为主流依附形式,主要表现为在全球生产链分工中,发达国家跨国公司凭借对核心技术和市场终端的垄断成为生产链的主导,并获取高额的附加值;而发展中国家由于对发达国家所掌握的技术、市场的高度依赖,不得不接受它们制定的各种不平等规则和条件,往往处于低附加值环节(陈子烨、李滨,2020)。

中国如同世界上的大多数发展中国家一样在技术方面明显依附于发达国家(黎贵才、王碧英,2014)。然而自改革开放以来,中国一直强调对发达国家的技术追赶,并在当前的国际经济格局中取得了重大成就。中国摆脱依附式发展所取得的成就与美国的相对衰落两相作用之下国际分工格局逐渐变化,并导致了中美贸易摩擦,美国试图遏制中国发展从而维护其霸权地位(陈子烨、李滨,2020)。为此,中国必须做好应对美国长期打压的准备,继续实现全球产业链分工中的向上突破,中国必须坚持中国特色社会主义道路,发挥新型举国体制优势(吴宁、汤艳红、黄朝峰,2022)。

(三)标准生命周期

生命周期(Life Cycle Theory)的概念被广泛应用于技术领域,是解释技术演变及发展过程的成熟理论。它用生命体从出生到死亡的变化过程,来模拟企业、市场、产业、产品的阶段性发展与成长的动态轨迹,一般包含开发、引入、成长、成熟和衰退几个阶段。张三保和费菲(2008)将生命周期概念纳入标准竞争过程,将标准生命周期划分为形成、实现、扩散三个阶段,形成如图 6-1 所示的标准生命周期模型。法定标准的形成、实现和扩散过程,即本章所关注的标准生命周期。在形成阶段,科学研究和技术创新是标准产生的基础,企业首先通过投入大量的资金、人才进行技术研究和发明,创造出大量核心技术。作为技术的持有者及标准竞争的参与主体,企业为了保持核心技术的独占权,往往会将"技术专利化"。随后,专利化的核心技术经由国内或国际标准化组织认可,形成法定标准,即"专利标准化";在实现阶段,拥有标准的企业继续开展产品研发,将抽象的技术标准转换为试商用产品,并通过持续的技术改进达到成熟商用,"标准产业化"标志着法定标准的实现;在扩散阶段,通过大规模生产及向国外转移生产,持续扩大安装基础,达到"产业市场化",实现法定标准的扩散。

本章将从标准生命周期的视角出发,把对各代中国移动通信标准演进路径的分析建立在三个阶段上:标准形成、标准实现和标准扩散,考察不同阶段的任务重点和推动力,厘清3G、4G及5G标准不同发展阶段三类主体的角色与协调。

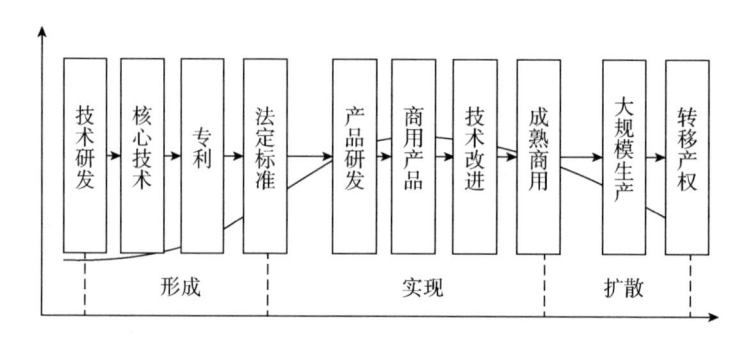

图 6-1 标准的生命周期模型

三 相关文献综述

(一) 新型举国体制及相关研究

对于新型举国体制的概念,现有文献大多通过将新型举国体制与传统举国体制对比,从理论角度探究新型举国体制的逻辑,而较少立足于关键技术创新实践来考察举国体制由传统向新型的演进。与传统举国体制相比,新型举国体制最显著的特征在于兼顾经济逻辑与政治逻辑,充分发挥市场而非计划在资源配置中的决定性作用,同时坚持政府的科学引导,以防范和弥补"市场失灵"带来的弊端(李哲、苏楠,2014;雷小苗,2021;谢宜泽、胡鞍钢,2021)。新型举国体制以实现国家发展和国家安全为最高目标,以科学统筹、集中力量、优化机制、协同攻关为基本方针,以现代化重大创新工程为战略抓手,以创新发展的体制安排为核心实质(何虎生,2019);它的适用领域是核心技术攻关等集中式资源配置的重大项目(黄新华、石术,2021),对改变中国多数行业关键核心技术受制于人的局面具有很强的潜力;其具体架构包括强化政府部门的组织和统一管理功能、创新和完善研发活动的组织和管理模式,以及构建好共享技术研发成果的成本分担机制和利益分享机制(曾宪奎,2020;唐亚林、郝文强,2021);科技创新新型举国体制的实质是制度创新,政府应当从建立决策体系、实施体系和评价体系三方面完善相关的制度体系(殷忠勇,2017)。

新型举国体制的内涵尚待探索。路风和何鹏宇(2021)指出,"举国体制"是实现"重大任务"的一种任务体制,可同时与计划和市场体制兼容,因而"新型举国体制"将由中国在新的历史时期所完成的重大任务及其采用的方式来定义。一般认为,新型举国体制是一个尚处于动态演进阶段的历史性概念,其时代内涵和外延体现在新时期的伟大实践当中,尚需在多层次和多视角上进行考察和深入阐释(曹睿卓、董贵成,2021)。

为此,本章以中国移动通信技术标准的演进为依托,探究面向移动通信行业的标准竞争从传统举国体制向新型举国体制的演变,明确不同历史时期驱动演化的因素,同时以新时期5G标准实践为载体,总结新型举国体制的内涵和外延。

(二)技术追赶与去依附需要发挥中国特色社会主义新型举国体制优势

中国作为典型的技术后发国家,产业自主创新困难的原因一方面在于企业没有成为自主创新主体;另一方面,这种依附困境很大程度上是由技术追赶国的体制机制缺陷导致的(Malerba and Nelson,2011)。企业创新离不开政府、高校、研究院等其他非企业参与者以及这些创新参与者之间的网络,因此创新系统的核心是如何治理不同参与者的相互关系,从而整合与协调创新资源,发挥系统创新作用(Nelson,1993;Liu and White,2001)。

在一段时间内，中国创新体系存在的严重缺陷主要表现为：各级政府过度干预经济，科教体制导向行政化，国家投资偏向大国企甚至中外合资企业，而歧视民企和小型创业型企业（赵晓庆，2019）。制度缺陷甚至成为后发国家技术追赶最关键的制约瓶颈（吴敬琏，2002），想要完全摆脱依附地位、实现技术追赶，后发国家的政府就必须为技术追赶提供良好的制度环境（陈毛林、黄永春，2016）。这意味着政府作为制度供给者，在技术追赶和技术去依附的标准竞争中起重要作用，然而现有文献多强调制度的约束作用，或从政府与市场割裂的视角研究技术标准竞争。

实际上，中国移动通信技术追赶的成功实现是举国体制下技术与制度不断协同的结果。从 3G 到 5G，举国体制的演进促进了中国移动通信技术的升级换代。3G 阶段呈现出强烈的传统举国体制特征，在政府主导下发挥集中力量办大事的优势，集中所有资源，在技术引进和创造性改进的基础上成功实现 TD-SCDMA 标准，打破了西方国家对通信标准的垄断；4G 阶段，举国体制由传统逐渐向新型转型，政府与市场共同主导了 TD-LTE 标准的发展，中国首次在移动通信领域与西方发达国家比肩；5G 阶段则表现出明显的新型举国体制特征，以市场为导向，企业发挥自主创新的主体作用，政府主要发挥引导和支持作用，中国开始领跑全球移动通信技术，向世界证明了发展中国家能够打破"边缘依附"的劣势局面。

第二节　研究方法

一　方法选择

案例研究帮助人们全面地了解复杂的社会现象，它适用于主要问题为"怎么样（how）"、"为什么（why）"，且研究者几乎无法控制研究对象的研究领域。纵向案例研究从过程视角出发，对多个时间节点上的同一案例进行研究，有利于确认关键事件的发展次序、厘清不同行为主体之间的互动机制、识别事件中的因果关系（Yin，2003；Eisenhardt，1989）。

本章采用纵向案例研究方法，主要出于以下考虑：首先，本章试图回答"中国移动通信技术如何实现后发追赶"、"3G、4G、5G 标准怎样实现更迭演进""举国体制在不同历史时期的表现与内涵""举国体制在移动通信技术标准演进中发挥的具体作用"等一系列复杂问题，按照产业动态演进的时间顺序对技术标准竞争所涉及的关键问题进行复盘与推理，厘清政府、市场和产业的角色以及互动关系。此外，当前没有同时覆盖 3G、4G、5G 三代标准的研究框架，关于举国体制的分析也没有可供参考的成熟理论框架，该研究领域也不易获得量化数据或控制研究对象。

二 案例选择

本章选择移动通信产业作为案例研究对象，主要有以下原因。

第一，移动通信产业对于研究后发国家参与技术标准竞争的问题具有很好的适应性，而标准竞争又是新形势下全球竞争的关键所在。当今世界发展依托于快速发展的信息科技网络，而通信网络又是信息化竞争的重要制高点，参与甚至主导国际信息标准的制定是大国制胜的必经之路。1G 和 2G 时代，核心技术、协议一直掌握在其他国家手里。中国在错过了前两代通信标准制定的背景下成功实现了 3G 突破、4G 同步和 5G 领跑。

第二，移动通信产业特别适合揭示举国体制从传统到新型的演进，解释新型举国体制的具体内涵和外延问题。从 3G 到 5G，中国移动通信技术的成长过程体现了不同历史阶段举国体制发挥作用的具体机制和内涵，每一代技术标准的成功都离不开"有为政府"和"有效市场"共同发挥作用，体现了举国体制之下"集中力量办大事"的优势。

第三，中国移动通信产业拥有较长的时间跨度，且技术迭代明显。

中国 3G 起步于 20 世纪互联网在国内逐渐普及的最后十年，当前 5G 国际标准的第三个版本 R17 已经完成了系统设计，5G 技术演进的第一阶段圆满结束，各国终端产品和市场商业化蓬勃发展。长达 30 年的时间跨度和三代技术标准之争足以阐释后发国家从技术追赶到领跑的完整过程。

第四，中国移动通信产业可供搜集和使用的资料较丰富。伴随着信息化、网络化的推进，移动通信产业一直备受关注；近年来美国抵制华为 5G 等事件也引发了大量对中国移动通信发展道路的总结与反思；同时中国移动通信产业的发展历程长，因此有丰富的二手资料可用。

三 数据收集与分析

基于研究目的，我们首先尽可能多地搜集与移动通信技术标准相关的二手资料，它们主要包括中央和地方政府颁布的文件、行业年鉴、经核实的媒体报道、期刊、数据库等资料。其次，对于收集到的资料进行交叉检验，相互印证、补充以提高案例研究的信效度，并且按照时间顺序梳理移动通信技术标准演进中的关键事件，进而将每一代移动通信标准的发展按照标准生命周期的三个阶段（形成、实现、扩散）进行划分。再次，进一步对数据进行精简、描述和补充，将各个阶段的推动性事件和因素按照政府、市场和产业联盟三个主体进行归纳总结和理论抽象。最后，比较不同阶段、不同代际，分析在技术标准竞争中制胜的关键因素，识别政府、市场与产业之间的关系演化，揭示传统举国体制向新型举国体制的演变。

第三节 研究发现

标准生命周期视角下中国移动通信产业三代标准竞争发展历程（如图 6-2），包括政府主导下的 3G 突破（1998—2013 年）、政府与

第六章 举国体制推进关键技术创新：中国 3G 到 5G 的案例

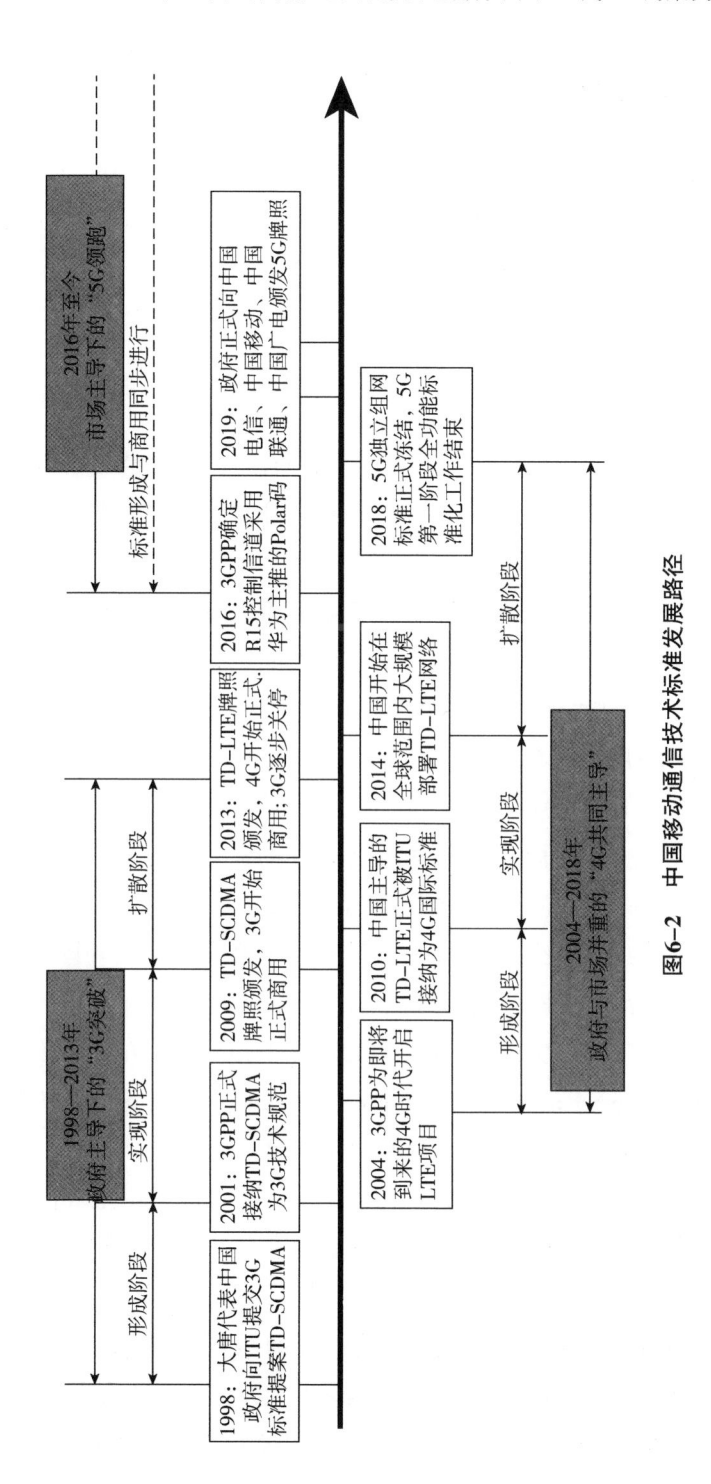

图6-2 中国移动通信技术标准发展路径

市场并重的 4G 共同主导（2004—2018 年）和市场主导下的 5G 领跑（2016 年至今）。

下面分别分析三代标准形成、实现、扩散的演进历程，以及政府、企业、产业联盟三个主体的纵向角色与横向互动，以解剖各阶段政府与市场互动关系下技术标准竞争的特征及其动因。

一　1998—2013 年：3G 突破

总的来说，中国主导的 3G 技术标准 TD-SCDMA 的发展和商业化由中国政府的政策制定，并由国内和跨国公司参与共同塑造。TD-SCDMA 国际标准的确立，标志着中国在国际电信市场第一次有了话语权，实现了移动通信领域国际标准竞争的重大突破。然而，该标准由于产业成熟较晚，尽管中国企业推广花费颇巨，但国际市场早已被竞争对手瓜分，收益有限（王云辉，2012）。

（一）政府高度参与

中国以 TD-SCDMA 为代表的 3G 技术起步于 20 世纪 90 年代。中国企业和行业一方面因缺乏开发核心技术的资源和能力，高度依赖外国技术；另一方面又受到标准供应商的抵制，而相对强大的政府研究机构与行业的联系较弱；此外，当时的商业模式（使用外国标准和中国的低成本劳动力进行制造）仍然保持着高利润，整个商业生态系统使得中国电信行业在没有外部推动的情况下，根本不可能开发出本土标准（Suttmeier et al., 2006; Tan et al., 2020）。在这样的大环境和背景下，TD-SCDMA 标准的形成是由中国政府促成的。

政府高度参与了标准选择和标准制定过程，对中国主导的 TD-SCDMA 标准成为 3G 国际标准起到了关键性作用。政府提出要开发中国自己的 TD-SCDMA 标准，同时为发展 3G 标准投入了超过 2 亿元的先期资金，耗时 5 年组织了全球规模最大、涉及厂商最多、试验技术最多的第三代移动通信技术实验。在国家的支持下，技术升级迅速展开。2000 年 5 月，国际电信联盟（ITU）正式公布，中国 TD-SCDMA、美国 CDMA2000 与欧洲 WCDMA 共同被采纳为 3G 国际主流标准，欧美厂商垄断移动通信技术标准的局面被一举打破。2001 年 3 月，TD-SCDMA 正式被第三代移动通信标准化组织（3GPP）接纳成为 3G 技术规范。然而，这只是 TD-SCDMA 参与国际标准竞争的初步性胜利，为了不被市场抛弃，它还必须与早已开启商用进程的 CDMA2000 和 WCDMA 两大标准争夺市场。

21 世纪初，国内市场仍处在由传统计划经济向市场经济转轨的探索过程中，市场环境的不确定性、竞争对手的先发优势、自身技术的不够成熟，都奠定了中国政府在 TD-SCDMA 商业化进程中的决定性地位。与 CDMA2000 和 WCDMA 相比，TD-SCDMA 发展起步较晚，关键技术的研究与应用尚未成熟，产业化步伐进展缓慢（娄勤俭，2008），在市场竞争中处于明显弱势的困境。此外，中国"3G 之父"李世鹤曾谈道："让 TD 死活的决定权不在制造商手上，也不在搞技术的人手上，所谓的用户、市场不选择也都是借口。没有明晰的市场信号、市场计划，你叫这些人怎么做？"（李世鹤、王静，2008）

于是，为使 TD-SCDMA 标准更具竞争优势，推动产品研发和产业化实现，打造完整的产业链，政府做出了一系列政策大动作。2002 年，政府提供约 7 亿元支持通信行业组建产业联盟，承诺为 TD-SCDMA 划分 155M 频率的带宽（沧海，2019），公开释放了支持 TD-SCDMA 的强烈信号。2004 年，全球开始商用 WCDMA 之后，国家发改委和国家信息产业部[①]达成一致，决定放缓 3G 商用牌照的发放，而加强 TD-SCDMA 的实际应用力度，为 TD-SCDMA 标准占据国内市场提供时间（卢彦铮、郭峰，2006）。TD 产业联盟秘书长杨骅表示，"人家已经开始成熟商用的时候，我们才开始提出做产业化的开发，这个差距是巨大的。大部分国家发牌照都在 2005 年以前，我们是 2009 年发的，在当时那个条件下，可以说我们的政府非常睿智，如果 2005 年就发牌照的话，中

---

① 以下简称"信产部"，2008 年合并成立"工业和信息化部"（简称"工信部"）。另，文中"国家发改委"为"国家发展和改革委员会"的简称。

国的移动通信产业就没有机会崛起。"（周远方、吕栋，2020）同时，政府也为 TD-SCDMA 的产业化源源不断地提供巨额资金支持，2004年，国家发改委、科技部和信产部联合推出了 TD-SCDMA 研发和产业化专项资金，约 7.68 亿元，此外还有许多政府主导下的银行贷款和融资。2006 年 1 月，信产部正式颁布 TD-SCDMA 标准为中国通信行业国家标准。2008 年 8 月，中国移动获得工信部批准在全国建立 TD 网络并开展试商用，北京、上海、广州等 10 个中国城市正式放号试商用，中国 3G 步入快速发展阶段。同时，中国政府实现了让 TD-SCDMA 服务于北京奥运会的承诺，为国内用户和国外游客带来最新的移动通信服务体验。2009 年 1 月，工信部正式发放 3G 牌照，TD-SCDMA 由中国移动接手，开启了在国内市场的正式商用，合法性得以正式确认。此外，中国电信获得 CDMA2000 牌照，中国联通获得 WCDMA 牌照，三种国际标准瓜分中国市场。

然而，由于抢先进入发达国家市场的 WCDMA、CDMA2000 已普遍投入商用，技术也更为成熟稳定，TD-SCDMA 作为后进入者难以获得后发优势，最终 TD-SCDMA 的国际化征程未能成功。一方面，技术性贸易壁垒问题日渐突出。到了后 3G 时代，高通凭借对 3G 技术的垄断性地位向各国企业收取高额的专利许可费。为了限制"高通税"不合理的收费模式，中国政府从 2013 年 11 月开始发起对高通的反垄断调查，最终开出 60 亿元人民币的反垄断罚单，帮助中国企业打破高通构筑的专利壁垒，大大降低企业成本，提高技术创新能力（杨毅沉等，2015），充分体现了政府的保护者作用，维护本国企业的合法利益，保证标准发展过程中的公平性与公正性。另一方面，在后期 3G 用户规模逐渐萎缩的背景下，政府果断改变战略规划，集中资源支持加快 LTE – Advanced（简称 4G）发展。总的来说，中国 3G 走的是一条旨在顺利过渡到 4G 的国产化演进之路（Mugen and Wang，2009），这条路由政府高度参与计划，是中国政府的战略选择。

（二）国有企业一枝独秀，产业联盟初露锋芒

政府将研发 TD-SCDMA 的重任指定给国资委所属电信科学技术研

究院（现大唐电信科技产业集团，简称大唐）。大唐的前身是研究通信装备的，改制前就拥有很强的科研实力，在3G标准的形成、实现和扩散阶段都发挥了带头作用。然而由于一直依赖技术引进，缺乏参与前两代标准竞争的基础，独立打造TD-SCDMA的难度太大，大唐开始与西门子联合开发TD-SCDMA。1998年1月，大唐首次公开3G技术方面的研究成果，提出了TD-SCDMA技术，随后又代表中国政府向国际电信联盟（ITU）提交了3G标准提案TD-SCDMA，并成功地被国际通信标准化组织ITU和3GPP接纳。

标准实现与扩散阶段，由于技术和资金上的局限性，单个企业很难成为市场标准规则的制定者。同行业企业间建立的标准联盟，可以利用联盟内外部资源来制定和推广市场标准，实现标准的规模效益。2002年，为降低核心技术研发成本，促进终端产品商业化，在国家发改委、信产部和科技部的支持下，大唐牵头，联合南方高科、华立、华为、联想、中兴等8家知名移动通信企业自愿发起成立产业联盟TDIA（TD-SCDMA Industry Alliance）。TD-SCDMA技术专利在联盟内部许可使用，协调加强了企业之间的联系与合作，标准的产业化加快，市场竞争力增强。此后，TD产业联盟在提高标准、强化门槛的基础上不断扩张，成员包括工业价值链的各个环节：系统设备、终端/手机、芯片组和测试仪器，形成TD-SCDMA标准完整的产业链（Chen et al.，2014）。截至3G逐步关停的2013年，TD产业联盟的成员已达97家。2004年，TD-SCDMA标准全线最新产品首次在中国国际通信设备与技术展览会上进行展示，大唐耗资7.08亿元启动TD-SCDMA研发和产业化项目，新增百项专利，并对16项非常重要的专利进行PCT专项的申请，增加了中国在国际标准竞争中的知识产权谈判筹码。2005年7月，TD产业联盟和大唐组成中国TD-SCDMA访问团出访欧洲，携手开拓TD-SCDMA海外市场（王涛，2005）。2006年1月，TD产业联盟与近20家厂商携手亮相国家科技创新重大成就展，多项TD-SCDMA技术成果引起产业界广泛关注（谭劲松、林润辉，2006）。

二 2004—2018 年：4G 共同主导

TD-LTE 的成功是中国各代移动通信技术积累的丰富客户群向后兼容的结果（Ismat，2013），是中国首次在移动通信标准领域走到与西方发达国家比肩的世界主导地位。中国主导的 TD-LTE 与欧洲主导的 LTE TDD 并驾齐驱，扭转了中国移动通信核心技术和知识产权受制于人的被动局面，完成了从"3G 突破"到"4G 共同主导"的重大跨越。

（一）政府从主导转向引导，依旧发挥重要作用

4G 时代，华为、中兴等中国通信设备厂商依靠自己的市场竞争力在国际上占有一席之地，政府不再高度主导，但 TD-LTE 的成功仍然得益于政府从国家战略的高度提前部署，抢先占领并保护国内市场，提高自主标准在国际市场上的竞争力和影响力。为了摆脱在 TD-SCDMA 上的困境，更好更快地占领产业发展制高点，国家决定提前上 4G，加快推动 TD-LTE 标准制定和技术研发。实际上早在 2001 年，中国"863 计划"就启动了面向后三代/四代移动通信发展的重大研究计划——未来通用无线环境研究计划。

在 TD-LTE 形成阶段，政府作为市场经济秩序的协调者与监控者，在规范标准竞争效率方面发挥着重要作用，也为 TD-LTE 标准定下了国际化基调。2004 年，3GPP 为迎接 4G 时代开启了 LTE 项目，LTE 下又包含 FDD（频分双工）和 TDD（时分双工）两个子类系统模式。当时在 TDD 技术提案方面，美国提出了 WIMAX 标准，中国和欧洲都提出了 LTE-TDD 标准，但帧结构不同。中欧标准的艰难磨合给了 WIMAX 迅速发展的大好机会。时任工信部科技司司长闻库谈道：就是在这种背景下，欧洲企业和中国企业均认为应该加快技术融合进度，提出要把两个技术进行整合，整合的核心问题就是帧结构（刘晶，2013）。然而参与标准竞争的企业之间存在激烈的竞争关系和利益冲突（张三保、费菲，2008），在推动融合之初，相关各方产生了强烈的分歧（刘晶，2013）。政府选择直接干预，调停争议。工信部积极参与 4G

第六章　举国体制推进关键技术创新：中国 3G 到 5G 的案例

标准讨论的全过程，与大唐、华为、中兴、中国移动等主要厂商技术负责人召开会议，协调帧结构融合问题。最终，在工信部相关领导的大力支持下，统一了企业的意见，融合方案高票通过，从而奠定了 TD-LTE 国际化的基础。TD-LTE 技术提案于 2007 年 12 月正式被 3GPP 通过并写入标准。国务院常务会议将 TD-LTE 列入国家重大科技专项，审议并通过了"新一代宽带无线移动通信网"科研规划。2008 年，工信部牵头成立 TD-LTE 工作组，科技部将 TD-LTE 列入"十一五"国家科技重点支撑项目，国家发改委则成立新一代移动通信测试验证国家工程实验室和新一代移动通信系统技术国家工程实验室。2010 年 10 月，中国提出并主导的 TD-LTE，和欧洲主导的 LTE-TDD 一起，正式被 ITU 接纳成为 4G 国际标准。

在标准实现和扩散阶段，政府一方面通过规模试验、频谱划分和专项计划等方式推动 TD-LTE 商业化，另一方面利用商用牌照发放权为 TD-LTE 标准争取商业化时间，后期又从移动通信产业发展的战略高度决定融合发展 4G 标准的不同制式。测试是 TD-LTE 产业化的关键。2012 年始，TD-LTE 规模试验网正式扩大，北上广深等多个城市建设 TD-LTE 基站，中国展开多项 TD-LTE 规模试验。从最初的单系统设备测试到后来的试点城市测试，政府通过试验增强了 TD 产业化的整体能力，企业也在测试中提高了研发能力和产品成熟度。在测试过程中，国内外企业同台竞技，你追我赶。企业为了率先进入试点城市，拼命赶指标，加速测试，测试的总体时间大大压缩（卢彦铮、郭峰，2006）。2012 年 10 月，政府正式公布分配 190MHz 的频率资源给 TD-LTE，全球 TD-LTE 市场和产业发展的信心得以大幅提升。2013 年 10 月，工信部联合国资委启动 TD-LTE 产业化专项计划，释放了本土推动 TD-LTE 技术标准实现商业化的决心和信号。2013 年 12 月，出于保护 TD-LTE 产业发展考虑，工信部正式向中国移动、中国电信和中国联通三大运营商发放 TD-LTE 4G 牌照，以发挥国内市场的规模效应。15 个月后，工信部向中国电信、中国联通发放 LTE-FDD 牌照，开始采取 LTE 混合组网模式，顺应 LTE-TDD/FDD 融合发展的全球趋势。

这 15 个月为 TD-LTE 的商业化争取了时间。自此，中国全面进入 4G 规模商用时代，中国产业抢占国际 4G 创新制高点的步伐得以加快，中国在全球 5G 发展中的话语权也大大加强。

（二）"国家队"与"民营队"并驾齐驱，产业联盟转型升级

TD-LTE 标准顺利发展离不开政府的市场监管和政策干预，更离不开企业的研发和推广，本土企业在 TD-LTE 标准的全产业链领域拥有自主研发技术优势，除了在 TD-SCDMA 领域拥有强大技术和经验的大唐以外，华为、中兴等也发挥了中坚作用。多家技术供应商和移动运营商如大唐、中兴、华为、爱立信、三星、中国移动等，均参与了 LTE 的标准化过程：2005 年在中国政府支持下，大唐联合多家国内厂家，向 3GPP 提交了 TDD 演进模式提案；次年，大唐代表中国政府向 ITU 提交了 TDD 技术提案；2007 年 11 月，中国企业联合其他国际运营商和设备制造商，提出融合现有 TDD 的两种方案，形成统一的 TD-LTE 技术方案（田雨欣，2020）。2009 年，在工信部、中国移动、华为、中兴、大唐等多个单位的努力下，中国主导的具有自主知识产权的 TD-LTE-Advanced，作为 LTE-A 技术的 TDD 分支，获得了 3GPP 和国际通信企业的广泛认可和支持。2010 年 10 月，ITU 正式确定了 4G（IMT-Advanced）国际标准，TD-LTE-Advanced 被接纳为 IMT-Advanced 4G 技术，TD-LTE 终于成为继 TD-SCDMA 之后中国主导的又一个国际通信标准。

从 2011 年 9 月开始，TD-LTE 正式步入商用阶段，沙特阿拉伯、波兰、日本等运营商纷纷开启 TD-LTE 试验网络（李珊等，2011），TD-LTE 的国际商用进程已然展开。在国内市场，各单位加紧技术试验、基建建设和产品研发，华为等民营企业逐渐领跑全球通信科技创新，为 TD-LTE 在移动通信标准及产业的国际竞争中取得核心主导地位发挥了重要作用。2013 年 2 月，中国移动在杭州等多个城市启动 4G 大规模用户体验。大唐携手运营商协同开展实质性产品研发和测试，华为、中兴也进行持续高强度投入研发，跻身 4G 核心技术专利的全球第一阵营。2013 年年底国内商用牌照颁发，2014 年起中国开始在全球范围内大规模部署 TD-LTE 网络。大唐不断推出 4G 深度覆盖方案全系产品，华为、中兴也努力扩展海内外市场，在全球范围内获得的 4G 网络工程合同数量位居前列。中国非常重视电信基础设施建设并投入了大量资金，申请的专利数量也高于其他国家，对于网络设备、芯片和设备供应商等 4G 行业的参与者来说，中国是最重要的国家（Cho et al.，2021）。2015 年，已开通 52 个 TD-LTE 商用网络，拥有 116 家运营商成员和 97 家合作伙伴（彭丰运，2015）。截至 2016 年 6 月 30 日，华为累计申请中国专利 54720 件、外国专利 34527 件，90% 以上专利为发明专利；累计获得专利授权 54742 件，成为全球发明专利数量最多、技术最先进的通信企业之一（夏凡、王星，2017）。到 2017 年，已建成 200 万个 TD-LTE 基站，占全球的 40%，全球支持 TD-LTE 的终端近 4269 款，支持 TD-LTE 的手机 3255 款以上，中国超越美日韩等发达国家，成为全球最大的 4G 市场，网络覆盖和用户规模均跃居世界第一，TD-LTE 成为事实上的 4G 国际标准（杨骅，2017）。

产业联盟特有的承上启下作用在标准竞争中意义非凡。在政府支持下，产业联盟协调加强企业之间的联系与合作，联盟成员间实现资源共享、优势互补，企业的技术研发能力和创新水平不断提高。4G 阶段，以华为、中兴为代表的部分成员的专利申请量和持有量飞速增长并跃居世界前列，联盟成员企业之间的专利合作与专利运用需求更加凸显（TD 产业联盟，2016）。根据产业发展和成员需求，联盟积极探索运用市场化方式来促进产业的专利协同运用，搭建服务于移动通信领域专利协同运用的专业平台，推动成员之间的专利合作；同时完善联盟内部知识产权保护机制，提高成员专利风险抵御能力和专利运用能力；此外，TD 产业联盟还吸纳新成员加入，首次吸纳电信研究院等研究机构、北京邮电大学和华中科技大学等高校，以及海外运营商，积极促成与垂直行业联盟的合作，使联盟合作伙伴涵盖标准产业链的研发、生产等各个环节；通过在电力、轨道交通、医疗等行业展开合作，总结发布一些行业认可的 TD-LTE 技术方案及技术规范，便于 TD-LTE 标准的全行业推广（刘晶，2016），推进标准的产业化进程。TD

产业联盟专家担任 3GPP RAN5 副主席职务，主要从事移动终端标准化工作，对 TD-LTE 进军海外市场发挥了积极作用。

三　2016 年至今：5G 领跑

4G 的成功商用与蓬勃发展，为 5G 技术的发展奠定了产业与市场基础。从 3G 的 TD-SCDMA 到 4G 的 TD-LTE，中国拥有自主产权的 TD 技术，从一纸标准逐渐发展为一个完整的产业，从国内局部市场发展为全球规模化市场，中国移动通信产业的国际竞争力也随之提升。经历 3G 标准的追赶和突破、4G 标准的共同主导，中国正引领 5G 标准竞争。

（一）5G 标准生命周期缩短，形成、实现和扩散阶段同步展开

3G、4G 标准的技术和市场积累，极大地缩短了 5G 标准的生命周期，使其呈现出三个阶段同步开展的特征。ITU 从 2012 年开始组织全球业界开展 5G 标准化前期研究，持续推动全球 5G 共识形成。3GPP 的 5G 标准目前包含 R15、R16 和 R17 三个版本。2016 年 11 月，3GPP 最终确定 R15 控制信道采用华为主推的 Polar 码，使其成为 5G 国际标准的重要组成部分。2018 年 6 月，R15 标准正式冻结，标志着 5G 第一个商业化标准完成，进入了产业全面冲刺新阶段；随后受到全球 COVID-19（Corona Virus Disease 2019）的影响，5G 标准制定进程变缓。直到 2020 年 7 月，3GPP 宣布 R16 标准正式冻结，标志着 5G 第一个演进版本标准完成，R16 拓展了 5G 行业应用，与 R15 一起构筑了 5G 标准的核心基础；2022 年 3 月，3GPP 宣布完成了 R17 功能性冻结，后续 R17 将发布更适合商用的版本和代码。至此，5G 三代标准的技术全貌基本成型，5G 演进的第一个阶段基本结束。后续的 R18、R19 和 R20 这三个版本被视为 5G 的第二轮演进创新，也叫做 5G-Advanced，将会更加面向整个市场。根据 2021 年 3GPP 第 46 次 PCG（项目合作组）会议的决定，R18 版本标准预计 2023 年年底冻结（党博文，2012）。目前已有关于 6G 的探索。但高通中国区的研发负责人徐皓表示，未来五到十年，5G 仍然是最主要的研究方向。2025 年左右可能会有更多的关于6G标准的讨论，2028年左右可能开始推出6G标准，而到2030年左右才开始商用。

（二）中国领跑5G商用部署

当前，国际上5G尚未实现规模商用，但中国已经进入商用部署的关键时期，各大终端厂商为抢占市场先机，纷纷采取"先上车后补票"，终端产品与网络部署同步进行甚至先行。自2019年6月6日，工信部正式向中国电信、中国移动、中国联通、中国广电发放5G商用牌照以来，5G基础设施建设发展迅速。当前中国已建成全球规模最大的5G独立组网网络，5G普及率全球领先。与过去几代移动通信发展历程不同的是，5G终端和网络是同步成熟，甚至从产品化方面，终端还先于网络。随着5G网络的部署，中国5G终端市场和用户规模也急速增长。截至2021年4月，中国已有337款5G手机上市，累计出货量近3亿部（徐勇，2021）。截至2021年5月，中国5G标准的必要专利申报数量占38%以上，居世界首位，中国5G拥有9000多个应用创新案例，且正在以多种形式快速融入数条生产线和行业，在系统中形成领先优势。[①] 截至2021年年底，中国累计建成并开通5G基站142.5万个，覆盖全国所有地级市城区、超98%的县城城区和80%的乡镇镇区，建成全球最大5G网，数量占全球60%以上；移动电话用户总量16.43亿户，其中5G用户达到3.55亿户；5G行业应用创新案例超10000个，覆盖工业、医疗等20多个国民经济行业。[②] 5G商用部署进程的持续推进，加速了5G时代的全面到来。与此同时，在现有5G取得领先优势的基础上，中国也在稳中有进地推动6G发展。

（三）华为"一马当先"，产业联盟持续发力

在5G标准竞争中，专利等知识产权被视为赢得这场比赛的关键

[①] 2021年8月，中国互联网络信息中心（CNNIC）发布第48次《中国互联网络发展状况统计报告》，手机基站数量快速增长，5G网络建设稳步推进。中国5G商业发展在规模、标准数量、应用创新三个方面均处于领先地位。

[②] 2022年1月，工信部发布《2021年通信业统计公报》，5G和千兆光网等新型信息基础设施建设覆盖和应用普及全面加速。

因素，这使得公司在技术领先和先行者激励方面拥有更大的自主权（Kim et al.，2020）。国产手机负责人表示，如果企业坐拥非常庞大的专利组合，就会在市场中拥有主导力量（李娜，2021）。虽然目前5G完整标准尚未完成，但企业纷纷开始进军国外市场，积极推进国际标准化策略，在海外市场上推广自主技术标准，拓宽标准使用范围，扩大市场占有率，提高自主标准在国际市场上的竞争力和影响力。

其中，华为的技术优势帮助中国在5G建设方面获得领先地位，在5G国际市场占得先机。作为5G技术的全球领先者，以及许多西方国家的4G网络供应商，华为是获得5G合同的有力候选者（Karsten and Olav，2021），它积极采用领导者策略，争取5G国际标准竞争领域的话语权和主导权。早在2019年年初，以华为、中兴、大唐为代表的中国企业ETSI最新5G标准必要专利声明数量合计超过30%，占比居全球5G国际专利申请首位，其中华为以1970件声明专利排名全球第一，成为5G技术的领跑者，代表中国提出Polar Code方案，积极参与5G国际标准竞争（李伟、贺俊和江鸿，2020）。任正非提到，全世界只有华为的5G做得最好，我们在170个国家为30亿人口提供了服务，总共给社会提供了8万多项专利，这些专利对信息社会底座构成的贡献是很大的。根据国际知名专利数据公司IPLytics在2021年发布的《5G专利竞赛的领跑者》报告，华为凭借15.39%的专利申请量位居榜首，且已连续4年位居全球5G专利申请数量第一名（通信世界编辑部，2021）。

然而，进入2018年后，华为5G海外发展频频受阻。华为的技术进步，打破了欧美等发达国家主导的局面，多国以存在安全问题为由，禁止其国内电信运营商与华为合作建立5G网络，将华为5G设备和技术拒之门外。2019年5月，美国商务部以国家安全紧急状态为由，将华为及其70家关联企业列入出口管制"实体名单"，禁止华为从美国企业购买技术或配件，谷歌、高通、美光和安谋（ARM）等美系企业，也相继宣布停止或暂停与华为合作（张丽媛，2019）。2019年8月，包括华为11个研究中心在内的46家子公司被进一步列入黑名单。

面对外界的质疑，华为始终秉承开放和自主创新的原则。一方面，华为花费二十亿美元对整个华为网络系统进行整改，表示有信心为客户提供创新、可信、安全的 5G 产品。另一方面，华为迅速启用备用方案，对花费十余年自主研发的"鸿蒙"操作系统进行测试和商标注册申请，并自建完整供应链，作为产品连续供应和战略安全的有效保证。经过多方努力，华为重新获得多国的信任和支持，并建立友好的合作关系。

产业联盟也在积极应对国际标准竞争的挑战，区域性、技术性产业联盟相继涌现。产业联盟依托 3G、4G 产业推动经验及产业链建设成就，转型推动 5G 技术发展和产业部署进程，通过支撑政府、服务成员企业，协调内部资源分配，优化资源配置，为企业提供资金、人才等方面的支持，加快了 5G 标准的产业化步伐。从 2016 年开始，TD 产业联盟携手产业链各环节启动 5G 技术与测试研究项目；成立 5G 测试技术工作组，对 5G 产品研发及产业化开展深入研究和探索测试；针对 5G 技术的后续发展积极建言献策（甄清岚，2016）；运营商牵头成立的区域性产业联盟不断涌现，为企业搭建起与高校、研究机构等外部资源合作的桥梁。从全球视角来看，产业联盟努力扩大国际合作范围和领域，深化与国际标准化组织的交流合作，进一步提升产业联盟在国际标准化组织中的话语权和影响力，为标准的国际化发展提供支持。2017 年 5 月，TD 产业联盟赴 ITU 交流，推动 TDD 无线宽带发展，进一步加快 TDD 在全球的规模商用进程，对巩固和突出 TDD 技术在 5G 时代的重要地位起到了积极推动作用。

（四）政府化身"守门人"

5G 标准竞争背后也是大国之间的博弈。华为确实已经成为 3GPP 中 5G 标准化领域最具影响力的参与者，且华为遵循的是一条渐进式参与到现有治理体系当中的道路，这一体系在很大程度上遵循了更广泛的国家战略，中国政府至少在其中扮演着金融支持者和政治协调者的角色（Nanni，2021）。在标准形成阶段，工信部、国家发改委和科技部共同成立 IMT – 2020（5G）推进组，与国外知名通信企业开展

5G 技术研究合作；5G 首次被写入国务院政府工作报告，作为国家战略高地强力推进，力争实现全球领先。在标准实现阶段，工信部向中国电信、中国移动、中国联通、中国广电提前发放 5G 商用牌照，全面加快 5G 商用步伐；全力支持和推进中国企业在海外市场的扩张和发展，并欢迎国外企业积极参与中国 5G 网络建设；与此同时，政府提前谋划，加强研究，稳中有进推动 6G 发展。

在激烈的国际竞争中，中国政府一方面投入巨资，预计到 2025 年将达到 1840 亿美元（Xinhua, 2019），优先采购本国产品以支持本国技术标准发展，同时着眼提升本国企业的国际竞争力，推动国内具有优势的标准走出国门，进一步扩大用户基础，促进标准在全球范围拓展。如政府补贴价格使得中国供应商在发展中国家甚至欧洲都具有吸引力（Lewis, 2020）。另一方面，中国政府在国际标准舞台上充分表达本国意见和主张，通过参与政治性谈判争取和维护本国的合法利益。面对当前中国 5G 技术全球化进程严重受阻的情况，政府通过政治层面强力发声，明确表态支持包括华为、中兴在内的中国科技企业深化对外合作。同时与利益各方积极沟通，出台相关政策措施全力推进 5G 在海内外市场的扩张和发展，力求为中国企业提供公平、公正、稳定的竞争环境。

第四节　研究结论

一　移动通信标准竞争中的举国体制演变

（一）政府从主导到引导，始终发挥重要作用

政府的角色从一开始的主导逐渐演变为引导，在国际标准竞争中发挥了无可取代的作用。政府的大力支持，推动中国在国际移动通信领域的核心技术研发和标准制定取得突破。政府通过实施特定的公共政策，如控制牌照发放时间节点来引导标准的商用化进程，大力促进

自主标准技术及产品的大规模推广和应用。但是，标准化并不总是需要强有力的政府干预，在标准化技术与现有系统协同时，政府可能只需要"一只轻柔的手"（Gao et al.，2021；Liu et al.，2018）。从 3G 到 5G，随着技术和经验的积累，标准之间的过渡变得更加平滑，政府不再需要全程操盘，但是仍然发挥着关键引导作用。当前 5G 国际标准竞争所面临的国际形势是复杂多变的，政府对标准竞争的干预显得更为关键，在国际标准竞争局面中将发挥不可替代的作用。

（二）企业的主体作用逐渐增强

在三代移动通信标准国际竞争中，企业的主体作用越来越突出，甚至主导了整个标准化的发展流程。中国民营企业发展壮大的事实促使中国进一步接受"多利益相关者治理体系"，国内企业在标准化过程中发挥着越来越重要的作用（Shen，2016）。企业是标准核心技术及专利的提出者和拥有者，全程参与标准竞争中的研发、制定、生产、经营等一系列重要环节，推动着标准的形成、发展与扩散。大唐、华为及中兴等企业深入参与 3G、4G 移动通信标准国际竞争，积累了一定的竞争经验，提升了自主创新能力和国际竞争力，为新一代移动通信标准国际竞争奠定了坚实的基础。5G 竞赛中主力企业继续加强标准技术研发和科技创新，将技术优势转化为竞争优势，力求在国际 5G 标准主导权的竞争中占据领先。

（三）产业联盟承上启下，未来仍待进一步发展

由政府支持、国内移动通信企业牵头发起成立的 TD 产业联盟，在政府和企业之间扮演独特的桥梁角色，成为标准竞争顺利开展的有力助推器。在政府的支持下，TD 产业联盟迅速得到了各方面的支持，在资金、技术和市场准入机制等方面享受优惠和倾斜政策，并从早期的政府推动为主，逐渐发展到以企业为主体、市场为导向的良性发展道路（王茂光等，2015）。在 3G 和 4G 阶段，为 TD-SCDMA、TD-LTE 及其演进技术进行标准的推进与完善，并为移动通信产业的快速健康发展贡献了重要力量。迈入 5G 时代，TD 产业联盟积极寻求转型变革，期望凭借前两代标准竞争积累的产业建设成就和经验，继续推动新一代移动通信技术发展及 5G 产业化进程。

然而,现阶段中国与标准相关的产业联盟大都属于社团(协会)性质的组织,而非像国外那种能够用领先技术垄断市场的企业协议集团,它们成为政府标准(国家标准或行业标准)的推广组织,只有少数开始尝试制定联盟自己的标准,到目前为止中国还没有真正的技术标准企业协议集团的案例(王平、梁正,2013),中国产业联盟发挥的作用还十分有限,未来还存在很大提升空间。传统的 TD 产业联盟以及新兴的区域性和技术性 5G 产业联盟需要充分发挥其独特的桥梁作用,进一步扩大在国际标准化组织中的影响力和发言权,助力中国 5G 标准成功"走出去"。

(四)标准竞争中的举国体制小结

中国参与三代移动通信标准竞争的过程体现了举国体制的演变,即由 3G 时期政府主导过渡到 4G 时期政府与企业并重,5G 时期,新型举国体制又展现出以企业为主导的特征。通过对三大主体的分析,本章总结出三代技术标准发展阶段政府与市场的关系,如图 6-3 所示。进一步,本章对比了三代技术标准发展阶段所运行的举国体制,探讨了它们的使用背景和共同特征,如表 6-1 所示。

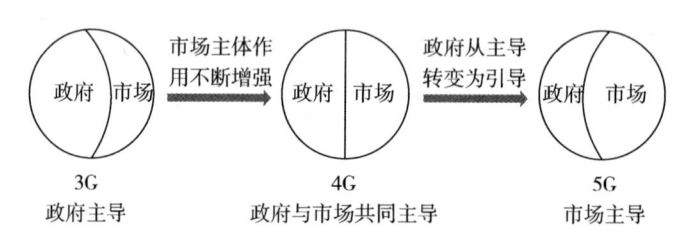

图 6-3 从 3G 到 5G:政府与市场关系的演变

表 6-1 标准竞争中三种举国体制对比

政府与市场的关系	政府主导	政府与市场共同主导	市场主导
移动通信技术标准与时间	3G 1998—2013 年	4G 2004—2018 年	5G 2016 年以来

续表

政府与市场的关系	政府主导	政府与市场共同主导	市场主导
标准竞争结果	3G突破 成功实现国内市场化	4G共同主导 成功实现国际市场化	5G领跑 中国率先推进5G商用化
政府角色	全程操盘，高度主导	主导转向引导，鼓励和支持市场发挥主体作用	引导为主，在标准国际竞争中发挥独特作用
企业角色	大型国有企业为主，大唐一枝独秀	国有企业与民营企业并驾齐驱	民营企业为主，华为一马当先
TD产业联盟角色	政府推动为主，积极发挥政企桥梁作用	转型升级，吸纳海内外产学研成员	企业为主、市场导向，区域性、技术性产业联盟相继涌现
技术研发主体	大唐	大唐、中国移动、华为、中兴	华为
标准推进主体	政府机构+大型国企	政府机构+民企、国企、跨国企业	民营企业+跨国企业
适用背景	市场化程度低，企业技术水平和创新能力弱，无标准竞争经验	市场化较完善，企业技术与创新能力强，具有标准竞争技术与经验积累	技术平滑演进，市场化程度高，企业技术与创新能力处于世界前列，标准竞争积累的技术经验和客户基础充足
共同特征	有为政府+有效市场		

3G标准竞争阶段的举国体制最重要的特征是政府高度参与，发挥了主导作用；此外，企业方面，大唐一枝独秀，扛起了中国3G发展的大旗；产业联盟建立并迅速扩军，形成3G标准完整的产业链，也做出了重要贡献。

4G标准竞争阶段体现的举国体制，最大的特征是政府与企业并重。正如中国政府发布的《国家标准化发展纲要》指出，到2025年，标准供应将由政府主导转变为政府与市场并重。政府从主导逐渐向引导转变；企业方面，除了大唐、中兴等国有企业，华为等民营企业也在标准竞争中发挥了重要作用,形成"国家队"与"民营队"并驾齐驱的局面;为更好地发挥其桥梁作用,产业联盟不断转型升级。

5G 标准竞争阶段,新型举国体制表现出明显向企业倾斜的特征。"十四五"规划纲要明确提出,要完善技术创新市场导向机制,强化企业创新主体地位,促进各类创新要素向企业聚集,形成以企业为主体、市场为导向、产学研用深度融合的技术创新体系。华为一马当先,成为 5G 国际标准竞争中的主力军;政府化身"守门人",全力支持企业参与标准竞争,在国际舞台上发挥了关键作用;区域性、技术性的产业联盟纷纷涌现,进一步发挥联盟作用。

三种举国体制都与当时移动通信技术标准竞争的国内外背景相契合,有助于推动中国甚至全球移动通信技术的发展。尽管 3G 标准最后未能成功扩散至国际市场,但其积累的产业链、创新链和人才队伍对后来 4G 及 5G 的成功具有不可缺少的贡献,因此从长远的国家战略和发展角度来看,不论是政府主导还是企业主导,移动通信标准竞争过程中的三种举国体制都是"有为政府"与"有效市场"的结合。三个主体都是推动标准竞争的关键主体,发挥着不可替代的作用。

二 新型举国体制的内涵解读

中国移动通信产业的技术追赶过程表明,面向科技创新的新型举国体制既要以市场为主导,坚持企业的创新主体地位;又要坚持政府的引导,发挥政府制度创新作用,以"有形之手"防范市场失灵;同时实现产业联盟的组织创新,积极发挥连接作用和联盟优势;形成多元主体的协同创新模式。新型举国体制的具体内涵如下。

(一)坚持企业的创新主体地位

核心技术是推动经济高质量发展的关键因素。技术创新的主体在于企业,企业落实各项国家政策,积极从事技术研发活动,进行专利和产品开发,不断推进标准的技术革新和代际更替。使企业成为技术创新的主体,有利于激发企业开展创新活动的积极性、自主性,增强企业的科技开发能力和市场竞争能力（高旭东，2009）。在三代移动通信标准国际竞争中，企业的主体作用越来越突出，主导着整个标准化的发展流程，中国企业的技术水平和创新水平得到显著提高。在未来的标准竞争中，企业仍需继续保持高水平的技术创新能力，这是企业获得竞争优势的关键。

技术追赶理论认为，后发国家培养技术能力的主要途径是引进、消化、吸收发达国家的先进技术，再进行自主创新（Adner and Kapoor, 2010; Frost, 1997; Kim, 1998）。中国在参与国际移动通信标准竞争前期，也曾面临着原始创新薄弱、核心技术落后等困局，大唐、华为、中兴等中国领先企业积极采取技术创新战略，一方面通过"引进来"的方式，加强与国外企业合作交流，积极吸收国外先进技术；另一方面通过"走出去"的方式，在全球范围内进行海外投资并购、设立海外研发中心等，主动参与国际竞争，大力开展技术研发和自主创新，实现了自身技术创新与国际竞争力的提升（Gao, 2018）。

（二）持续发挥政府的制度创新作用

从 3G 到 5G 的竞争过程中，政府的角色从一开始的主导逐渐演变为引导，尤其是在国际标准竞争局面中发挥着不可替代的作用。政府始终将移动通信标准的制定作为一项重要的国家战略，致力于通过顶层设计实现制度创新。但由于政府干预行为存在内在的局限性，政府在参与前几代标准竞争的过程中，也出现了干预过度和干预不足的问题，造成公共政策效率低下或无效。目前 5G 正处于规模商用的关键时期，地方政府的具体政策可能会降低电信运营商的公司价值，进而导致其市场融资能力下降，因此政策制定者应考虑实施更多的扶持政策（Jeon et al., 2020）。

新中国成立初期，在高度集中的计划经济体制下，政府作为单一的经济主体，通过行政计划的方式来统管和分配创新资源。1992 年，党的十四大开始实行市场经济，进行以市场配置创新资源的制度改革，企业的市场竞争地位和技术创新主体地位得以确立（王钦，2019）。此后，政府积极探索市场导向的制度创新，对促进企业创新活动具有关键性的引导作用，为整个创新生态系统建设和有效运行提供了不可或缺的服务支撑。政府的制度创新作用首先体现在政策制定方面，政府通过制定创新活动规则、实施科技创新战略、颁布配套法律法规等，对创新资源进行优化配置，指导创新主体开展相应的创新活动。其次，政府会对创新主体活动进行直接或间接的引导干预，同时给予资金支持和政策扶持，利用宏观调控手段驱动创新发展，为维护创新环境并提高创新效率提供帮助（宋晶等，2017）。

（三）实现产业联盟的组织创新

中国产业联盟是在国家科技部等多部门的支持下，由产业链内企业自愿成立的一种介于政府与企业之间的中间性组织，力求进行组织层面的创新。一方面，它向政府传达企业的发展现状和需求，为政府决策提供建设性的参考意见；另一方面，它对联盟内部资源进行有效组织，有效地协调了成员企业的生产经营活动。而以 TD 联盟为代表的中国产业联盟一直致力于扮演好连接政府与企业的桥梁角色，其传递资源和信息的重要作用日益凸显。但当前阶段下，中国产业联盟尚未充分发挥其独特的桥梁作用，未来还需要进一步扩大在国际标准化组织中的影响力和发言权。

为了塑造产业集群竞争优势，产业内高水平的相关企业在特定边界内紧密集聚在一起形成了经济集群（Porter，1990）。企业通过产业集聚紧密互动而加速创新，相互补充、相互协作、相互学习以拓展自身优势（武亚军等，2005）。产业联盟吸引相关企业参与产业链和创新链的建设，并通过推动产业结构优化和组织创新，为联盟内部的创新主体提供多样化的服务与资源，同时加强与外部创新环境的联系，进一步整合各种创新要素，通过创新活动产生规模经济，最终推动创新发展和经济增长。

（四）多主体的协同创新模式

中国在移动通信技术标准竞争中从追赶到领先的发展模式表明，转型经济体的增长战略在于政府、企业与产业联盟之间的动态互动。具体而言，政府提出整体规划和优化资源配置，为各创新主体的活动提供指导；企业积极跟进，积极从事技术创新，发挥其市场主体的作用，从而实现政府干预与企业主导的有机结合。此外，作为联系的桥梁和互动的平台，产业联盟努力协调各方建立生态体系，这成为一种新的合作竞争组织形式。最终，成功实现政府、企业与产业联盟之间的协同创新，形成了持续的制度创新、技术创新与组织创新能力。

多元主体的协同创新模式，是中国在移动通信标准竞争领域实现跨越式发展的主要驱动力（Gao and Liu，2012；Lee et al.，2017）。与发达国家相比，后发国家的自主创新能力与国际先进水平相比仍存在一定差距，创新的风险性、复杂性以及不确定性使得单个创新主体无法获取创新活动所需的全部资源，难以实现独立创新。在新一轮信息革命背景下，竞争模式呈现网络式形态特征，创新网络的构建需要异质性成员共同参与，以营造创新生态和协调创新活动，整合多种创新资源，发挥多元主体创新模式的协同性（Chesbrough，2003；Amsden，2001；胡钰，2015）。总之，该模式为更好理解政府、企业与产业联盟之间协同作用，以及新兴经济体发展创新性经济、实现高质量发展提供了重要启示。

第五节 研究启示与政策建议

一 对参与移动通信标准竞争的启示

虽然以华为为代表的中国企业摆脱了 3G、4G 时代亦步亦趋的技术形式，在 5G 规则制定上拥有更多话语权，但这并不代表华为已经可以左右 5G 技术的发展（王思琪，2016）。当前 5G 标准演进的三个版本均已完成，中国发放商业牌照也近三年，但从市场来看，大多数用户仍停留在 4G 时代，并没有感受到 5G 带来的冲击。2020 年 2 月，ITU 启动 6G 标准研发，宣告国际标准组织层面首次为 6G 进行顶层设计。然而，在当前发达国家对华技术封锁的严峻形势下，中国在5G的全面商用和6G国际标准竞争上面临着巨大挑战。加速5G的规模应用，抓住"时间窗口"做好6G的提前部署成为"十四五"时期中国通信产业的发展重点，这就要求标准竞争各主体承担起应有的责任，实现政府、企业与产业联盟之间的协同创新。对于未来中国5G的后续发展以及中国参与6G国际标准竞争，本书提出以下几点建议：

在微观层面，尽管主力企业在标准竞争的第一阶段表现出一定的技术领先优势，但能否继续保持高水平的创新能力与科技实力是影响标准竞争力、获得标准竞争优势的关键。对于华为、中兴等具有较强的自主创新能力和国际竞争力的大型企业，可以采用合作者策略，不仅要注意与国内相关技术研发主体、运营商、科研机构等加强联合，提升自身技术标准研发实力；还可与国外先进企业达成合作，学习吸纳其丰富的技术经验和先进的核心专利，进一步提高企业的技术研发能力和国际影响力，在国际标准力量抗衡时为企业赢得更多的支持。同时，企业还应该与政府密切配合，争取国家和政府的扶持，关键时候借助政府力量，在国际竞争和标准谈判时增添筹码。

在宏观层面，政府应充分利用制度优势，建立具有中国特色的标准化管理体系，加强顶层设计，优化完善政策环境，在标准化不同阶段发挥引导、支持和监管作用。在当前错综复杂的国际经贸形势下，政府更应坚定推进标准国际化进程，提升标准化开放合作水平，加强国际交流合作，积极推动中国标准走出去；同时，加强对标准竞争的政治干预，加强国际标准化活动的实质性参与，提高对外标准磋商和谈判能力（陶忠元，2010），在国际标准舞台上充分表达中国的意见，争取和维护中国应有的合法权益，为中国自主技术的国际标准化进程保驾护航。此外，之前的TD-SCDMA标准和TD-LTE标准，都是在被确立为国际标准后才开始在国内全面应用，进而尝试海外扩散。但通过5G标准的发展可以预见，未来6G标准的形成、实现和扩散很可能会同步进行。政府应充分利用中国庞大的市场和广泛的消费者群体，提高其作为用户基础的市场价值。此外，可以加快国内牌照的发放进度，率先进行中国移动6G标准技术及产品的大规模推广和采用，抢先占领并保护国内市场，以市场推进标准的实现和扩散，通过事实应用来获取与国外技术标准竞争的优势。

在中观层面，产业联盟应与政府部门加强沟通联系，切实发挥联盟在政府和企业间的桥梁纽带作用。更好统筹内外资源，加强国内外企业间交流和产业链上下游的合作，促进产学研与政企银等单位结合。此外，还要积极承担国际标准化组织工作，形成合力，作为产业代表在国际标准竞争舞台上为中国企业发声，更多地反映中国企业的技术优势，积极主动表达诉求和争取利益，向国际社会贡献中国智慧和中国方案。

二 发挥新型举国体制、参与标准竞争的建议

中国参与移动通信技术标准竞争的过程表明，标准竞争是多主体参与的竞争；在标准竞争的不同阶段，不同参与主体的主要目标和任务各不相同，其标准竞争策略和措施的侧重点也有所差异。其中，企业坚持技术创新主体地位，政府持续发挥制度创新作用，产业联盟实现组织创新，共同构成多元主体的协同创新模式。基于标准发展的不同阶段，以及中国在移动通信技术标准竞争中的经验，本章进一步提出通用标准竞争中各主体在不同阶段的应有角色定位，以期为后发国家借鉴中国经验、更好参与国际标准竞争提供方向。

（一）标准形成阶段的各主体角色定位

1. 企业聚焦技术研发与专利标准化

标准形成阶段的重点是核心技术的研发，因此企业是标准形成阶段的当然主导。竞争伊始，企业首先要进行广泛的市场调查，结合市场需求和竞争对手实力，预期可能的发展路线，并制定相应的研发、技术及生产策略。标准形成阶段以企业核心专利技术为基础，这就要求企业聚焦于技术与专利开发，积极实施"技术专利化"，通过专利积累获得领先优势，持续推进技术的标准化进程。之后，致力于实现"专利标准

化",密切关注国内外标准竞争的发展态势,积极参与标准形成和制定的过程,与标准制定机构保持良好关系(吴传荣、曾德明,2006)。

2. 政府是引导者和推动者

相比企业,政府更多应扮演引导者和推动者角色。具体而言,企业技术研发初期,政府应从政策方面给予帮助,为企业搭建良好的创新平台,激励技术创新;设立专项奖励资金或直接投资于技术标准研发及知识产权开发项目,对发展自主技术标准的企业和联盟给予政策优惠,并设立专门机构为企业科研创新提供必要的资源和服务(毕勋磊,2011)。技术发展中后期,企业科研结果开始转化为技术专利。此时政府应善用法律手段,建立健全知识产权保护体系,完善《专利法》《反垄断法》等相关法律法规,保护企业自主创新。此外,政府还需要通过宏观调控来引导标准竞争的发展方向。一方面,进行技术选择和专利布局,对关乎国家安全与民生发展,且具有市场发展前景的技术标准给予一定程度的政策倾斜;另一方面,避免市场恶性竞争,防范市场锁定于落后标准,构建信息开放、资源共享平台(张三保、费菲,2008)。并且,政府还可以对先导产业实施福利补贴政策,加速标准的确立。

3. 产业联盟发挥"中介"作用、促进标准形成

产业联盟特有的承上启下作用,在标准制定过程中具有重要作用。在标准形成阶段,提高企业的研发能力和创新水平最为关键。产业联盟可以通过协调内部资源分配,为企业提供资金、人才等方面支持,形成更强的技术实力;加强与高校、科研机构的交流合作,设立技术研发基地。并在政府支持下,牵头组织建立标准的信息情报平台,帮助企业分析相关领域内的技术情报、市场情报、竞争情报,在联盟成员间共享信息、开展研发合作(朱国华、谢兰,2008)。同时,还应充分发挥"中间性组织"优势,全面考察、评估标准相关的关键工艺流程及技术信息,注意平衡各方利益,促成意见一致,有效协助标准制定。此外,组织成员积极参与国际标准制定,加强与国际标准化组织间的交流合作,推动国内先进技术标准走向国际市场。

(二) 标准实现阶段的各主体角色定位

1. 企业加速推进技术商用化、标准产业化

在标准实现阶段，企业以扩大标准在各种产品中的应用，以技术标准快速转化为经济利益为主要目标，将进一步开展技术标准产品研发，并根据市场反馈完成技术改进，从而形成成熟的商用产品。为此，一方面，需要继续研发周边专利，形成"专利池"，并通过技术标准输出的形式收取技术转让费用，加快技术研发成本的回收（谭劲松、林润辉，2006）；另一方面，需要加大产品研发投入，抢先进入市场，培育市场品牌，积累用户安装基础，取得标准竞争的先发优势，抢占成为行业的事实标准。然而，由于技术和资金上的局限性，单个企业很难成为市场标准规则的制定者。同行业企业间可以建立标准联盟，利用联盟资源和优势来制定和推广市场标准，获得标准产品的规模效益。联盟企业间通过加强交流合作，优势互补，使整体收益最大化，优化资源配置，降低标准发展过程中的潜在风险，加快标准的产业化步伐。

2. 政府是市场协调者与监控者

在此阶段，政府作为市场经济秩序的协调者与监控者，在规范标准竞争效率方面发挥着重要作用。参与标准竞争的企业，代表不同的利益主体，彼此之间存在着激烈的竞争关系和利益冲突（张三保、费菲，2008）。标准实现阶段，标准竞争主场转移到商品市场，矛盾和冲突可能会进一步激化。因此，政府可以通过法规或政策来调停竞争，通过设立企业联盟、标准委员会和行业协会等，缓解企业间的紧张关系。同时，也要积极促进市场的自由竞争，形成市场主导技术标准发展的格局，并规避市场失灵。政府在支持自主技术标准发展的同时，不必完全排斥国际先进技术标准的引进，以促进其与国内自主技术标准的良性竞争。另外，还应注意保证标准发展过程中的公平性与公正性，防止垄断的产生。值得指出的是，本阶段的产品研发投入，远高于形成阶段的技术研发投入，属于资金和技术双密集阶段。为此，政府要引导企业形成产业联盟，集中力量开展联合创新，实现产业内企业的群体突破；加强标准化人才队伍的建设，培养一批掌握专业技术

和标准化知识，又熟悉国内外标准化工作的专家人才；逐步促成一体化的国内市场和完整的国内产业链；为企业产品标准的实现提供试运行环境。对于已成为法定标准或有潜力成为事实标准的技术及专利，政府可以加大介入力度，实行政府采购，利用市场分配、强制推广、采购补贴、减免安装费用等措施来拉动标准需求，从而扩大用户安装基础，推动其成为事实标准。

3. 产业联盟连接企业、共同推进标准产业化

标准的实现往往伴随着标准产业化和商业化进程的加快。产业联盟可以协调加强企业间的联系与合作，实现优势互补。一方面，建立标准联盟"专利池"，促使各成员借助"专利池"授权技术专利许可使用，实现关键技术转移，促进资源共享和互惠互利，共同推动标准的产业化，快速增强市场竞争力，并为国内标准转化为国际通行标准提供优势。另一方面，建设标准化"人才池"，加强标准化人才的培养，从而提高企业科技创新能力；推动设立标准化服务机构，集中资源解决标准化过程中的普遍问题，例如在标准形成后提供必要的专利价值评估，进行专利纠纷调解和仲裁等。此外，在该阶段，联盟还可以积极吸纳新成员，使联盟合作伙伴涵盖标准产业链的研发、生产等各个环节，进一步推进标准的产业化进程。

（三）标准扩散阶段的各主体角色定位

1. 企业积极扩展海外市场、实现标准国际化

进入标准扩散阶段，一些跨国公司开始进军国外市场。在"专利标准化"后，企业继续追求"标准全球化"。实施标准竞争战略的最终目标，就是赢得市场。因此企业在这个阶段要应对国际标准竞争，大力开展国际贸易，在海外市场上推广自主技术标准，拓宽技术标准的使用范围，提高产品销售量和市场占有率，继续扩大用户安装基础，提高标准在国际市场上的竞争力和影响力。同时，在国际标准竞争阶段，技术性贸易壁垒问题日渐突出。企业应根据自身规模和技术研发实力，采取相应策略。具体而言，追随策略适用于不具备明显竞争优势的中小规模企业，直接采用国际标准有利于避免遭遇国外的技术性

贸易壁垒，顺利进入国际市场。合作策略适用于在特定领域具有一定竞争实力的部分大、中型企业，可以与行业内领先企业开展技术、人才上的战略合作，同时积极参与国际标准化活动，与标准化组织保持密切协作。领导策略适用于兼具强大自主创新能力和国际竞争力的大型企业，需要充分利用已有竞争优势，主导国际标准研制，积极推动自身掌握的技术标准获得国际标准化组织的认可（王华，2007）。

2. 政府是标准保护者与推广者

该阶段政府的角色定位应是保护者和推广者。随着标准的进一步扩散，本国市场快速扩张，竞争者和模仿者大量涌入，一些跨国企业在进军国内市场后开始掌握该项技术，标准竞争越来越激烈（薛卫、雷家骕，2008；杨辉，2013）。因此，政府应实施积极的知识产权保护政策，保护本国重要技术和知识产权。与此同时，政府还应加强区域的技术交流与跨产业和跨部门合作；通过优先采购本国产品支持本国技术标准发展，扩大本国标准的安装基础；积极推进国际标准竞争战略，鼓励并支持本国企业跨国发展，着眼提升本国企业的国际竞争力，推动国内具有优势的标准走出国门，进一步扩大用户基础，促进标准在全球范围拓展；实质性参与国际标准化工作，积极承担国际标准化组织机构职责，在国际标准舞台上充分反映本国意见和主张，通过参与政治性谈判争取和维护本国的合法利益。

3. 产业联盟在国际标准化策略中发挥纽带作用

扩散阶段，产业联盟应积极推进国际标准化策略。努力扩大联盟的国际合作范围和领域，支撑政府、服务联盟企业，做好国际标准化协调组织工作；深化与国际标准化组织的交流合作，进一步提升联盟在国际标准化组织中的话语权和影响力，为标准的国际化发展提供支持；同时，通过组织开展标准化活动，加强与标准化国际机构及国外企业的交流学习，借鉴其先进的设备、技术、管理等，持续推动整个标准产业的健康发展；此外，特别需要赢得政府的支持，从而增强本国企业在国际标准竞争中的地位，为提升联盟在合作谈判中的影响力和竞争力增添筹码。

第七章　中国制度环境、总经理自主权与企业技术创新研究[*]

第六章运用案例研究，考察了环境乃至领导因素作用于行业技术创新的机制。本章则基于大样本数据，定量分析制度环境和战略领导共同作用于企业技术创新的机制。案例研究和定量分析的综合运用，有助于清晰地揭示自上而下的技术创新机制。

创新是推动长期经济发展的根本动力，基于创新的竞争是现代市场经济的实质。一国必须持续创新其政治、经济和文化制度……诱致企业家活动不断配置到创新行动中（庄子银，2007）。通过制度创新诱致企业家的创新行动，有必要首先明确两个问题：第一，哪些具体制度要素影响企业创新？第二，制度环境作用于企业创新的机制是什么？为了回答这两个问题，我们首先结合制度理论和高阶理论，初步构建出连接制度环境、战略领导与企业创新战略的分析框架。其次，系统梳理了中国情境下影响企业创新的制度与领导因素。再次，分别就制度环境、总经理自主权与企业技术创新三者间的关系提出假设，并运用世界银行的大样本数据进行假设检验和稳健性检验。本章最后简要归纳了研究结论，以及理论和现实启示。

本章贡献包括四个方面：第一，尽管张三保和张志学（2012）将

---

[*] 本章内容以《外部制度环境、高管自主权与企业创新战略——中国30省12301家企业的证据》为题，发表于《创新与创业管理》2017年第17辑，清华大学出版社2018年版。

Crossland 和 Hambrick（2011）的分析框架由"制度环境—总经理自主权—企业静态绩效"拓展到"制度环境—总经理自主权—企业动态行为"，分析层次也从国家之间内化到一国内部不同地区之间，但其实证据停留于地区层次，缺乏微观企业层次的证据。本书则进一步运用企业层次的大样本数据，深入考察省份和城市两个层次的宏观制度环境，作用于微观企业层次研发投入的机制，从而真正实现宏观与微观领域的有效连接，推动制度理论与高阶理论的融合发展；第二，基于理论与国情分析，本章提出将离婚率作为信任这一非正式制度的创新性测量方案，丰富了中国情境下的社会信任研究；第三，不同于仅关注企业研发投入单一指标的以往研究，本章还考察了总经理自主权对研发投入波动的效应，从而进一步厘清了总经理自主权的本质，即行为自由度（Latitude of Action）和目标自由度（Latitude of Objective）的有机统一，呼应了 Shen 和 Cho（2005）的定性结论及张三保、张志学（2014）的实证结论；第四，研究结论为企业研发投入、政企关系处理乃至支持创新的国家治理体系建设提供了启发。

第一节 分析框架、文献回顾与假设提出

一 分析框架

承继 North（1990）在制度领域的开拓性研究，Peng（2002）进一步指出，企业的战略选择不仅受传统产业战略观的框架与企业能力所驱动，亦能反映正式与非正式制度的约束。为此他提出制度基础观（Institution-based View），以探究制度环境与企业之间的交互作用，以及这种交互作用对企业战略选择的影响。彭维刚（2007）指出，制度基础观有两个核心假设：第一，管理者和企业在制度约束下理性地追求他们的利益，并作出战略选择；第二，当正式制度与

非正式制度共同支配企业的行为时，在正式制度约束失效的情况下，非正式制度约束在降低不确定性及坚定管理者与企业的信心方面，发挥了更重要的作用。中国作为转型中的发展中国家，制度环境尚不完善，地区间制度环境存在差异，大量经济学文献表明制度环境的差异会导致地区经济发展的差异。另外，创新作为企业的一种投资行为，也必然不可避免地受到制度环境的影响（邵传林，2015；李后建，2015）。

区别于传统的产业基础观和资源基础观分别仅关注产业环境或企业资源与能力等要素，制度基础观及其相关研究系统证明了制度环境对于企业战略选择与结果的重要作用。然而，它们忽视了高层管理者的重要作用。关于高层是否重要的争论从未中断，形成了两种具有代表性的观点。其中战略管理的一派高阶理论认为高层管理者会对企业的产出产生重要影响，企业的战略选择反映了组织内高管团队的价值观念和认知基础（Hambrick，1984；Hambrick and Quigley，2014）。在这种争论中，Hambrick 和 Finkelstein（1987）引入了管理自主权这一概念，将辩论焦点从高管"是否"重要引到了"何时"重要。管理自主权是指管理者在制定和执行战略的过程中所具备的行为自由度，拥有较高自主权的管理者才能按照自己的意愿实施变革，才有助于管理者在动态环境中不断调整以应对外界变化（Crossland and Hambrick，2007）。遵此理论逻辑，管理自主权的大小必然会对企业创新产生影响。

目前关于制度环境对企业创新行为的影响研究，大多立足于制度理论视角，探究制度因素（如政府干预、政府补贴、金融发展水平等）对企业创新的直接效应（廖开容等，2011；邵传林等，2015；李后建等，2015；李健，2016），未能深入挖掘宏观环境对微观企业行为的作用机制，形成"黑箱"。

作为高阶理论的重要变量，管理自主权（Managerial Discretion）即管理者在诸多内外部因素制约下的影响力程度（Hambrick & Finkelstein，1987）。管理自主权被认为是"宏观"与"微观"的有效连接纽带，在中国企业的发展历程中具有重要意义，在转型中国背景下理

第七章 中国制度环境、总经理自主权与企业技术创新研究

应得到更多的实证检验（张三保、张志学，2014）。许德音和周长辉（2004）也指出，管理的精髓在于总经理自主权，在于战略与内部资源和外部环境的匹配，而不仅仅是政策、制度与行业环境的问题。作为理解高层梯队效应变异程度的一种方式，管理自主权的研究已持续受到大量关注（如 Quigley et al.，2020；Crossland & Chen，2013；Campbell et al.，2012；Graffin，Carpenter & Boivie，2011）。它受个人、群体、组织和环境等不同层次因素的影响（Neely et al.，2020）。其中，高管个体或团队层次的特征通常交互作用于高管对组织结果的效应（如 Georgakakis et al.，2017；Mohr & Batsakis，2018）。并且，大量证据表明了考虑企业状况、国家情境和行业动态性等环境因素的必要性（Belenzon，Patacconi，& Zarutskie，2016；Blagoeva et al.，2020；Boone et al.，2018；Quigley & Graffin，2017）。因此，进一步探讨管理自主权的制度前因与组织效应，将有助于带来管理自主权概念的拓展（Hambrick，et al.，2004），实现宏观与微观领域的有效连接。此外，近期一些研究继续重申了管理自主权作为关键调节变量的重要性（Wangrow et al.，2015）。相比传统的调节效应，管理自主权中介效应的进一步验证，有助于大幅提升其对管理现象的解释力（Crossland & Hambrick，2011；张三保、张志学，2012）。

因此，将制度理论与高阶理论结合，以此探究企业战略选择具有十分重要的现实意义。基于此背景，本章构建出如图 7-1 的分析框架。围绕此研究框架，本章将对现有研究进行回顾，分别从制度理论和高阶理论视角，识别企业技术创新的驱动因素与作用路径，提出相关研究假设并进行实证检验。

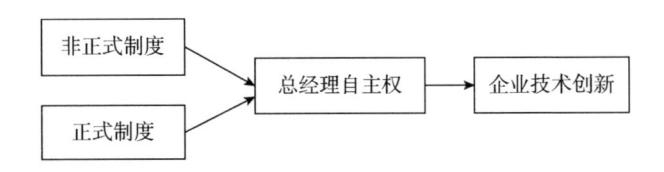

图 7-1 制度环境、总经理自主权与企业技术创新的研究框架

二 文献回顾

(一) 影响企业研发投入的非正式制度要素

民营企业家的银行与协会关系资本均对其研发投资倾向有正向促进作用（陈爽英等，2010）。省份社会资本促进了企业的技术创新水平，且这种促进作用在内资股权比例越高的企业越明显；社会资本具备替代法律保护发挥作用的功能（林洲钰、林汉川，2012）。此外，社会信任对于创新在国家层面起到积极的促进作用（李晓梅，2013）。

(二) 影响企业研发投入的正式制度要素

政府作用。政府作用包括支持和干预两个方面。总体而言，知识产权保护、政府服务会显著促进民营企业的研发投入，民营经济竞争程度、政府管制则负向影响民营企业研发投入（廖开容、陈爽英，2011）。政府补助方面，基于 GDP 的晋升竞争及不匹配的地方财权与事权，显著降低了政府对企业的研发补贴，进而降低企业研发投入；企业研发投入强度随着政府干涉、寻租空间的减少而提高（顾元媛、沈坤荣，2012）。此外，中国政府对企业的研发资助对企业自身的研发投入存在杠杆效应，随着工业化阶段的发展、金融约束的减小和资金可得性的提高而不断增强（廖信林等，2013）。政府研发补助政策对中国民营企业研发投入具有激励效应（朱斌、李路路，2014）。进一步的，政府补助有助于缓解外部融资约束，从而平滑创新投资波动，推动创新可持续（李健等，2016）。

法治与中介组织发展水平。知识产权保护方面，李蕊和沈坤荣（2014）发现，现阶段中国知识产权保护水平尚未对中国企业研发投入产生正效应。然而，尹志锋等（2013）基于世界银行企业数据研究发现，名义和实际知识产权保护水平的提高，均显著正向影响了企业研发投入。进一步的，王永健等（2016）实证表明，法治环境与企业研发投入正相关。利用中国省域制度环境的面板数据，曹琪格等（2014）实证发现，律师和会计师等市场中介组织服务条件、行业协会对企业的帮助程度均显著正向影响企业 R&D 投资。此外，江雅雯等（2011）发现，良好的法律保护制度将促进企业的研发活动。林承亮和许为民（2013）发现，公共研究机构的建设有利于增进知识吸收能力强企业的研发投入，而挤出知识吸收能力弱企业的研发投入，有利于激励联盟内企业的研究活动而遏制联盟外企业的研究活动。

金融发展与劳动力。江雅雯等（2011）表明，高效的金融体系能促进企业的研发活动。进一步的，张杰等（2012）利用大样本微观企业数据研究发现：融资约束显著抑制了民营企业 R&D 投入；自身现金流、注册资本及商业信用增加了企业 R&D 投入，而银行贷款则减少了企业 R&D 投入；国有企业 R&D 投入依靠现金流、注册资本以及银行贷款，而民营企业则依赖现金流、注册资本和商业信用。此外，冉光和等（2013）运用中国省级面板数据实证显示，金融发展和 FDI 均对中国内资企业研发投入具有显著的正向效应。

市场化程度。王立清等（2011）表明，市场化指数、法制环境指数、融资环境指数和产品市场环境指数与公司 R&D 投入水平显著正相关。此外，纪晓丽（2011）发现，企业 R&D 强度与地区市场化进程正相关，这种正相关关系在央企最高；对于地方国有企业而言，这种推动作用容易被地方政府的干预所削弱。张杰等（2011）指出，要素市场的市场化进程能有效促进中国企业的 R&D 活动；地区要素市场扭曲程度越深，要素市场扭曲对中国企业 R&D 投入的抑制效应就越大；在要素市场扭曲程度越高的省份，企业规模、利润、市场势力、资本密集度以及获得政府财政补贴与企业 R&D 投入负相关。又如，鲁桐和党印（2014）分析发现，良好的市场化环境是企业技术创新的外部推动力量。

（三）影响企业研发投入的高管因素

高管团队层次的影响因素。朱焱和张孟昌（2013）认为，管理团队传记性人力资本与非传记性人力资本对企业研发投入存在显著影响。具体而言，郭葆春和张丹（2013）发现：高管团队的平均年龄、离职组高管持股与 R&D 投入强度负相关；高管团队的平均受教育水平、平均任期和职业经验，以及非离职组高管持股与 R&D 投入强度正相关。并且，陈闯和刘天宇（2012）表明，创始经理人在高管团队中的比例及其兼任 CEO，会抑制企业研发投入；高管团队股份均匀度则会稀释创始经理人对企业研发投入的影响。此外，罗正英等（2013）发现：高管团队平均年龄对企业研发投入没有影响，其平均在位时间与企业研发投入呈显著负相关，团队成员中技术性背景成员的比重与企业研发投入呈正相关；引入激励机制后高管团队人力资本的激励能促进企业增强研发投入程度。

高管个人层次的影响因素包括年龄、性别、学历、任期等方面（康艳玲等，2011；邵敏，2012；安同良等，2009）。从高管预期与外部对高管的压力来看，分析师关注给经理层带来的过大压力会导致后者更关注短期业绩而减少研发投入；同时，分析师关注也可能减少信息不对称，从而正向影响公司研发投入；控股股东和增加经理层持股水平是减少经理层短期行为的因素（谢震、艾春荣，2014）。此外，当企业 IPO 超募资金规模超过管理层预期时，研发投入强度会增强；当超募资金规模低于预期，超募严重程度与研发投入之间为 U 形关系；并且，政府补贴力度强化了超募程度与企业研发投入之间的敏感度（甄丽明，2013）。

三　研究假设

（一）地区制度环境与企业总经理自主权

从管理自主权的前因来看，现有研究多数讨论了行业（例如 Sahaym et al., 2012；Hambrick and Quigley, 2014）、组织（Kim, 2013；Quigley and Hambrick, 2012）和个人（例如 McClelland et al., 2010）因素。这些探讨更加强调微观结构，而忽视了制度因素。Hambrick 等（2004）指出，许多国家管制日趋放松等宏观环境方面的诸多要素，带来了管理自主权的巨大扩展。Crossland 和 Hambrick（2007；2011）首次考察了国家层次的制度环境对国别 CEO 自主权水平的影响。进一步，张三保和张志学（2012）则首次在一国内部，考察了省份层次制度环境对省域 CEO 自主权水平的作用。然而，目前尚无研究提供微观企业层次的证据，证实企业所在地区宏观制度环境与企业总经理自主权之间的关系，从而真正实现宏观与微观的有效连接。为此，我们从微观层次提出如下的假设 1：

H1：对于企业所在的城市或省份而言，较高的社会信任水平，较大的贸易保护程度、司法公正程度、金融发展水平、劳动力灵活性、民营经济发展水平以及外商投资水平，将会促进总经理自主权；而较大的政府干预程度，将严重制约总经理自主权。

（二）管理自主权与企业研发投入

从总经理自主权与企业研发投入的关系来看，Sahaym 和 Steensma （2007）指出，总经理自主权越大，企业就更可能加大创新投入。彭倩（2011）也证实，总经理自主权与 R&D 投入正相关。张长征和胡利利（2011）显示，总经理自主权越高，则企业越倾向于启动技术创新而非购买技术创新成果。苏文兵等（2010）发现，总经理自主权总体上显著正向影响企业研发投入强度；其中，以董事长与总经理两职兼任为特征的职位权和以营运资金或自由现金流为特征的运作权，均有助于提升研发投入强度；但以高管薪酬差异为特征的薪酬权与研发投入之间的关系不明显。

然而，张长征等（2006）表明，总经理自主权越大，企业启动 R&D 活动的概率越低，且 R&D 投入水平越低。Dong 和 Gou （2011）也表明，总经理自主权与企业 R&D 投入显著负相关。Wangrow 等 （2015）在对国外关于管理自主权的研究综述中指明，管理自主权正向影响企业研发投入水平。我们认同此观点。尽管我们坚持认为，管理自主权对企业研发投入具有正向影响，但当其增加到一定幅度时，对企业研发投入的正向效应也必将趋于平缓。何况，管理自主权还受制于制度与资源动因，也不可能无限增大。基于以上文献，我们提出假设 2。

H2：总经理自主权越大，则企业研发投入强度越高（2a），企业研发投入强度的波动越低 (2b)。

(三) 地区制度环境、总经理自主权与企业研发投入

通常将总经理自主权作为调节变量的研究较多，而忽视了其在外部环境与企业结果关系中的中介作用（Wangrow，2015）。国外学者们在这方面进行了有益的尝试（如 Campbell et al.，2012；Messersmith et al.，2013），中国学者也逐渐在研究中引入管理自主权作为中介变量。张长征等（2006）实证表明，管理自主权作为中间变量，仅显著影响企业规模与 R&D 经费投入强度的关系，而对企业规模与 R&D 人员投入强度关系的影响不显著。张长征和蒋晓荣（2011）以陕西省技术型企业为对象的实证分析表明，技术型企业的股权集中度对管理自主权的配置有正向影响，并通过管理自主权显著正向影响企业 R&D 投入。据此，我们提出假设 3：

H3：总经理自主权中介了地区制度环境与企业研发投入强度及其波动的关系。

第二节　假设检验

一　样本来源

企业层次数据来自世界银行联合中国国家统计局于 2005 年在中国 30 个省份 120 个城市开展的《企业投资与经营环境调查》。该问卷填答对象分别为企业负责人、企业财务负责人和人事负责人等。调查所涉及的 12400 家企业样本中，北京、天津、上海、重庆 4 个直辖市各抽样调查了 200 家企业，其余城市各 100 家。这些企业中，8% 为国有控股企业，28% 为外资企业，64% 为非国有企业。除了收集企业数据，本次调查还收集了城市数据。由于一些服务性企业（如金融服务业）容易受到更多的政策限制，为了保证一致性，样本企业主要分布于制造业。并且，每一行业中的样本企业均被分为大型、中型和小型，每

类企业占到行业全部收入的 1/3。此外，每个企业至少有 10 名雇员。结合研究指标，我们对问卷调查数据进行了仔细勘查，剔除了包含明显奇异特征值的观测企业，最终样本共包括 12301 家企业。

二 变量测量

（一）自变量：省份层次的制度指标

非正式制度。任何一个社会的经济活动都根植于社会关系网络中。在以家庭为基本单元的中国社会，居于支配地位的组织原则——"亲族原则"——在相当程度上影响着人们日常交往行为中的信任（包括信任程度和信任范围），并进而制约着奠基于信任之上的合作行为的发生、发展（许烺光，2002）。韦伯（1993）亦认为，中国社会信任的基石建立在亲戚关系或家庭式的纯粹个人关系之上，也就是说，信任的半径只在家庭层面，因为家庭是中国社会的基本单元。很明显，如果这种社会基本单元因为离婚而导致破裂，那么至少婚姻双方的信任感会极度降低。同理，我们不难推测：如果一个地区家庭破裂比率（即粗离婚率）较高，则当地社会信任水平将大幅降低。因此，我们以 2002—2004 年各省粗离婚率作为信任程度（divorce）的代理变量。具体计算方法为：离婚宗数除以当年期初人口与期末人口之和的均值。其中，离婚宗数的数据来自 2003—2005 年的《中国民政事业统计年鉴》，期初人口与期末人口的数据来自相关年份《中国统计年鉴》。

正式制度。樊纲等（2010）的《中国市场化指数》，较为客观地量化了 1997—2007 年中国地区间制度差异与变迁过程。如表 7-1 所示，我们从中选取了反映各省正式制度的六个相关指标，包括：地方保护程度、司法公正程度、金融业市场化、劳动力灵活性、非国有经济、外商投资水平。其中，除劳动力灵活性由我们自行设计计算外，其余指标均由我们根据《中国市场化指数（2010）》中 2002—2004 年三年指标计算的均值得到。此外，由于数据受限，我们缺乏合适的指标来度量政府干预程度，将在后面的稳健性检验中进行进一步的检验。

（二）中介变量和因变量：企业创新及其波动

中介变量方面，我们采用 CEO 在企业生产、投资、用工三方面自主权程度的总体均值。总经理分别汇报其在企业生产、投资、用工三方面的自主权程度，然后根据汇报结果计算出管理自主权的总体均值。

因变量包括有关创新的两个指标：研发投入强度和研发投入强度波动。其中，我们参考唐跃军和左晶晶（2014）对公司创新的测量方法，使用当年研发投入与上年总资产比重来计算"研发投入强度"。此外，我们还参考马光荣等（2014）研发强度的另一种测量的方法，即当年研发支出占当年销售收入比重。在此基础上，计算了"研发投入强度波动"指标，表明创新的持续性。具体如表 7 – 1 所示。

表 7 – 1　　　　　　　自变量、中介变量和因变量测量方法

变量	Obs	M	SD	定义
$divorce$	12301	1.092	0.471	2002—2004 年各省粗离婚率。离婚宗数除以当年期初人口与期末人口之和的均值
loc_pro3	12301	8.347	1.515	地方保护程度。各地抽样调查样本企业在全国各省份销售产品时遇到的贸易保护措施（涉及每个省份的陈述件数）与该省区 GDP 之比
leg_jus3	12301	4.683	2.235	司法公正程度。反映各地中介组织的发育，以及法律对生产者权益、消费者权益和知识产权的保护等四个方面内容
fin_dev3	12301	6.930	2.344	金融业市场化。含"非国有金融机构吸收存款占全部金融机构吸收存款的比例"、"非国有企业在银行贷款占全部企业贷款的比重"
lab_fle3	12301	4.028	2.907	劳动力灵活性。当地科技人员总数占当地总人数比重
non_soe3	12301	6.772	2.527	非国有经济。含非国有经济占工业销售收入、全社会固定资产总投资的比重，非国有经济就业人数占城镇总就业人数的比例
for_inv3	12301	2.979	2.326	外商投资水平。各地外商（含港澳台）投资占地方 GDP 的比重

续表

变量	Obs	M	SD	定义
tot_dis	12223	8.194	1.523	CEO 在企业生产、投资、用工三方面自主权程度的总体均值
rd_ass4	12051	0.0473	0.119	研发投入强度。2004 年研发支出与上年净固定资产的比值（%）
vrd_sale03	6464	3.083	48.02	研发投入强度波动。（rd_sale04-rd_sale03）/rd_sale03 的绝对值。其中，rd_sale04 为 2004 年 R&D 支出占当年销售收入比重，其余类推

注：①divorce 由作者根据以下统计年鉴计算：离婚宗数的数据来自 2003—2005 年的《中国民政事业统计年鉴》，期初人口与期末人口的数据来自《中国统计年鉴》。②lab_fle3 中，科技人员数和总人数分别来自 2003—2005 年《中国高技术产业统计年鉴》和《中国统计年鉴》。

（三）控制变量：个人、组织与城市层次

基于对总经理自主权相关文献的回顾（Wangrow et al., 2015；张三保、张志学，2014；连燕玲等，2015），我们识别了地区、组织、高管等层次对管理自主权的影响；在关于企业研发投入的研究中，组织、高管层次影响因素被广泛识别（温军，2012；江雅雯，2011；邵敏，2012），因此，结合数据的可获得性，本章控制了 CEO 个人、所在企业组织与所在城市三个层次的影响因素：个人层次包括 CEO 的教育程度，任期，是否政府任命，是否兼任董事长，以及与中层经理的薪酬差距；企业层次包括民营产权比重、外资产权比重、年龄以及规模；所在城市层次则为城市经济规模。

三 回归分析

我们应用省份制度环境对总经理自主权进行 OLS 回归，来验证假设 1-2，回归结果如表 7-2 所示。

为控制各制度因素之间的交互影响，我们控制高管、组织、城市层次变量的影响，在回归模型中逐一加入制度指标。回归结果表明，作为非正式制度的表现形式，信任程度越小，则该省企业总经理自主

权也越小（$\beta = -0.132$，$p < 0.01$）。从正式制度指标来看，地方保护程度越高，总经理自主权越大（$\beta = 0.066$，$p < 0.01$）；司法公正程度（$\beta = 0.025$，$p < 0.01$）、金融业市场化（$\beta = 0.026$，$p < 0.01$）、非国有经济（$\beta = 0.043$，$p < 0.01$）以及外商投资水平（$\beta = 0.026$，$p < 0.01$）越高，则该省总经理自主权越大。尽管劳动力灵活性（$\beta = 0.008$）对总经理自主权的影响不显著，但仍起正向作用。因而，假设1绝大部分得到验证。我们还可以发现，总经理自主权显著正向影响企业研发投入强度（$\beta = 0.003$，$p < 0.01$），显著负向影响企业研发投入强度波动（$\beta = -1.196$，$p < 0.01$），因此，假设2a和2b均得到验证。

表7-2 省份制度环境、总经理自主权与R&D投入及其波动的OLS回归

变量	总经理自主权（tot_dis）							rd_ass4	vrd_sale03
	(1)	(2)	(3)	(4)	(5)	(6)	(7)	(8)	(9)
$divorce$	-0.132** (0.036)								
loc_pro3		0.066** (0.011)							
leg_jus3			0.025** (0.008)						
fin_dev3				0.026** (0.008)					
lab_fle3					0.008 (0.006)				
non_soe3						0.043** (0.008)			
for_inv3							0.026** (0.008)		
tot_dis	—	—	—	—	—	—	—	0.003** (0.001)	-1.196** (0.429)
Control	YES	YES	YES	YES	YES	YES	YES	YES	YES

续表

变量	总经理自主权（tot_dis）							rd_ass4	vrd_sale03
	(1)	(2)	(3)	(4)	(5)	(6)	(7)	(8)	(9)
Constant	8.156** (0.251)	8.046** (0.252)	8.504** (0.267)	8.402** (0.256)	8.291** (0.254)	8.692** (0.263)	8.525** (0.266)	−0.197** (0.023)	−12.16 (10.39)
Obs.	8572	8572	8572	8572	8572	8572	8572	8382	4928
F	22.14**	24.05**	21.70**	21.87**	21.07**	23.71**	21.86**	22.26**	1.61†
R^2	0.028	0.030	0.027	0.027	0.026	0.030	0.027	0.028	0.004

注：**$p<0.01$，*$p<0.05$，†$p<0.1$；括号中为标准误。

四 中介效应分析

为进一步检验假设3，我们运用Sobel检验方法（Baron and Kenny, 1986; Sobel, 1982），考察了总经理自主权对制度因素与企业创新及其波动关系的中介效应。如表7-3中的结果所示，在对7种制度指标与2种企业研发投入指标进行的14项Sobel检验中，信任程度分别与研发投入强度（Sobel系数 = −0.0004，Z = −2.651，P<0.01）及其波动（Sobel系数 = 0.31，Z = 2.71，P<0.01），地方保护程度与研发投入强度波动（Sobel系数 = −0.11，Z = −2.82，P<0.01），劳动力灵活性与研发投入强度（Sobel系数 = 0.00003，Z = 1.974，P<0.05）四对关系被完全中介；其余均被部分中介。由此，假设3得到初步验证。

表7-3 总经理自主权中介效应的Sobel检验结果

变量	rd_ass4	vrd_sale03
divorce	−0.0004，−2.651，P<0.01	0.31，2.71，P<0.01
loc_pro3	0.00012，2.335，P<0.05	−0.11，−2.82，P<0.01
leg_jus3	0.00003，1.720，P<0.1	−0.02，−1.64，P<0.1
fin_dev3	0.00005，2.058，P<0.05	−0.04，−2.49，P<0.05
lab_fle3	0.00003，1.974，P<0.05	−0.02，−1.77，P<0.1

续表

变量	rd_ass4	vrd_sale03
non_soe3	0.00005, 1.974, $P<0.05$	-0.04, -2.54, $P<0.05$
for_inv3	0.00004, 2.012, $P<0.05$	-0.02, -1.94, $P<0.1$

注：各栏依次为系数、Z值、显著性。

第三节 稳健性检验

为了检验前述结果的稳健性，我们使用不同层次的制度变量与不同内容的创新指标，分别对总经理自主权与制度前因及创新结果的关系进行了实证分析。

一 变量测量

中介变量与三个层次的控制变量均与前述研究相同，自变量与因变量测量方法如下。

（一）自变量：城市制度环境

非正式制度。参考张俊生和曾亚敏（2005）、刘凤委等（2009），以及张三保和张志学（2012）的做法，我们采用1999年各省自愿献血率的自然对数，反映2002—2004年的各省社会信任水平（blood）。

正式制度。世界银行（2007）将2005年《企业投资与经营环境调查》所得到的企业层次数据合并到了城市层次，这里包括5个正式制度指标：①政府干预与保护程度（gov-int2）。询问企业每年用来和税务、公安、环保、劳动和社会保障等部门打交道的总天数。用总天数除以365。②司法公正程度（leg-jus2）。询问企业在商业或其他争议中的合同权利和产权（包括履约）得到保护的可能性（%）。该变量经标准化后构成一项指数。③金融发展水平（fin-dev2）。本次调查中区级已获得银行贷款的企业比例。④劳动力灵活性（lab-fle2）。询问企业如果裁员不涉及任何处罚，它们认为其冗员比例是多少。因而，冗员度越低则表明劳动力市场越灵活。⑤民营经济发展水平（non-soe2）。国内民营企业在本次调查中所占的百分比。

（二）因变量

与前述研究不同，这里的研发投入强度（rd-lab04）以人均研发投入来衡量，即 2004 年研发支出/当年总雇佣人数。研发投入强度波动（vrd-lab03），则以 2004 年人均研发投入强度与 2003 年该值之差，除以 2003 年研发投入强度。这两个指标均由我们计算得出。

二 回归分析

运用城市层次制度环境的回归结果如表 7-4 所示。从非正式制度来看，更高的社会信任水平，与更大的总经理自主权相关（$\beta=0.083$，$p<0.01$）。正式制度的两个负向指标上：更大的政府干预程度（$\beta=-10.57$，$p<0.01$）和更小的劳动力灵活性（$\beta=-5.996$，$p<0.01$），均与更小的总经理自主权相关。从正式制度的其余指标来看，更高的司法公正程度（$\beta=1.029$，$p<0.01$）、金融发展水平（$\beta=0.3$，$p<0.01$）、民营经济发展水平（$\beta=0.374$，$p<0.01$），均与更大的总经理自主权相关，假设 1 得以验证。总经理自主权与研发投入强度及其波动的关系方面：总经理自主权越大，研发投入强度越大（$\beta=0.0004$，$p<0.1$），研发投入强度波动越小（$\beta=-1.596$，$p<0.01$）。假设 2 得到进一步验证。

表 7-4 城市制度、总经理自主权与企业研发投入及波动的 OLS 回归

变量	总经理自主权（tot_ dis）						rd_ lab04	vrd_ lab03
	(10)	(11)	(12)	(13)	(14)	(15)	(16)	(17)
blood	0.083** (0.014)							
gov_ int2		-10.57** (1.138)						

续表

变量	总经理自主权（tot_dis）						rd_lab04	vrd_lab03
	(10)	(11)	(12)	(13)	(14)	(15)	(16)	(17)
leg_jus2			1.029** (0.097)					
fin_dev2				0.300** (0.116)				
lab_fle2					-5.996** (0.890)			
non_soe2						0.374** (0.123)		
tot_dis	—	—	—	—	—	—	0.0004† (0.000)	-1.596** (0.320)
Control	YES	YES	YES	YES	YES	YES	YES	YES
Constant	7.570** (0.274)	8.271** (0.249)	7.477** (0.258)	8.098** (0.255)	8.832** (0.265)	7.580** (0.328)	-0.052** (0.005)	-1.282 (7.759)
Obs.	8,572	8,572	8,572	8,572	8,572	8,572	8,572	4,926
F	24.09**	28.92**	31.39**	21.50**	25.12**	21.75**	35.83**	3.33**
R^2	0.030	0.036	0.039	0.027	0.031	0.027	0.044	0.007

注：**$p<0.01$，*$p<0.05$，†$p<0.1$；括号中为标准误。

三 中介效应检验

Sobel 方法检验结果显示：总经理自主权完全中介了以下制度指标分别与研发投入强度及其波动的关系：社会信任水平（Sobel 系数 = -0.12，Z = -3.82，P < 0.01）、政府干预与保护程度（Sobel 系数 = 17.41，Z = 4.50，P < 0.01），司法公正程度（Sobel 系数 = -1.59，Z = -4.47，P < 0.01）、金融发展水平（Sobel 系数 = -0.55，Z = -2.76，P < 0.01）、劳动力灵活性（Sobel 系数 = 9.01，Z = 4.26，P < 0.01）以及民营经济发展水平（Sobel 系数 = -0.74，Z = -3.59，P < 0.01）。由此我们确认，总经理自主权具有中介效应。

第四节 本章小结

一 研究结论

制度环境与总经理自主权。我们分别采用粗离婚率、自愿献血率两个指标，作为非正式制度的代理变量，并运用城市与省份两个层次的正式制度指标，对企业总经理自主权进行了回归分析。研究发现：企业总部所在地区内社会信任水平越高，政府保护程度越大，司法公正程度越高，金融发展水平越高，劳动力灵活性越高，民营经济发展水平越高，外商投资水平越高，则其总经理自主权越大。相反，企业总部所在地区的政府干预程度越大，则其总经理自主权越小。也就是说，地区制度环境的差异会导致总经理自主权大小的差异。

总经理自主权与企业研发投入强度。实证表明：第一，当总经理拥有更大的管理自主权，企业将更有可能增加研发投入强度，承担由此带来的潜在风险，并获取与风险相应的回报。第二，尽管当总经理拥有更大的管理自主权时，企业将更有可能提高其净利润中用于再投资的比重，并在再投资中加大研发投入的强度；但是，出于对企业风险可控性的关注，总经理主观上会运用较大的管理自主权来降低企业研发投入强度的波动，使之趋于平稳，有助于创新的可持续性。由此可见，总经理对其管理自主权的利用，并非盲目冒险以追逐超额回报，而是张弛有度、理性决策，既敢于冒险又适时规避风险，从而实现总经理个人与其企业目标的统一。

二 理论启示

第一，管理自主权的本质方面，从其对企业研发投入战略与生产效率的影响来看：一方面，总经理自主权越大，企业研发投资强度越高；另一方面，随着总经理自主权的增大，企业研发投入强度的波动却越低。这表明，作为一种"行为自由度"，总经理自主权固然能对企业的创新战略产生巨大影响，但这种影响仍有一定限度。毕竟，客观而言，企业战略选择是多种原因作用的结果，总经理自主权纵然具有强大解释力，也只能解释其中的一部分。

第二，管理自主权的效应方面，其中介效应得以证实，突破了以往研究中大量验证的调节效应。也就是说，制度环境对企业研发投入战略的影响，是通过管理自主权来传导的，制度环境作用于企业研发投入的机制得以明晰。

第三，进一步证明了"制度动因→总经理自主权→组织行为"的分析框架，从而既拓宽了高阶理论的外延，又强化了制度理论的内涵，实现了宏观与微观的有效连接。同时，本章在制度因素的选择上，探究了多种制度因素，并创新性地设计了社会信任这一指标的测量方法，为未来的相关研究奠定了数据基础。

三 管理实践启示

首先，企业研发投入方面，对高管而言，在实施创新战略时，应该兼顾外部制度环境与内部资源，合理运用外部制度环境，理性看待政府的作用，不应一味抵制，也不应过度涉入，在企业经营中应维护管理的自主权与独立创新意志，实现企业创新持续发展。

其次，政企关系方面，我们发现，政府保护和政府干预对企业管理自主权的影响出现了相反的结论。这表明，在政企关系中，要注意"亲"和"清"的关系，政府需把握一定的尺度，尊重企业高管的管理自主权，鼓励创新能动性，促进企业健康持续发展。

最后，国家治理方面，政府应该加强顶层制度设计，完善国家治理体系，合理分配资源，实现治理能力和治理体系的现代化建设，为企业创新创业营造良好的制度环境，推动社会创新发展。如：推进混合所有制改革，刺激市场活力，引入竞争机制，激发中国企业创新活力；民营企业现阶段存在融资难、融资成本高等困境，政府应该对金融机构加强监管，对现阶段金融企业并购等存在的金融风险进行规范化管理，提高金融发展水平；就社会司法水平提升而言，应该大力推动司法体制改革，加强司法公正廉洁建设，提高司法公信力，为企业创新创业营造良好的法律环境，消除其后顾之忧。

第八章 从技术创新到制度创新：中国制度企业家的案例研究[*]

第五章回顾了中国情境下宏观环境与微观企业行为的双向互动研究。第六章和第七章分别探讨了制度和领导自上而下推动技术创新的机制。本章从微观到宏观，考察战略领导如何通过技术创新推动制度创新。首先由关于"在商言商"的激辩引入，并基于制度企业家的界定，分析其四大特质，挖掘制度企业家改变制度的方式。其次，在此基础上，分别运用滴滴打车和支付宝两个案例，阐释制度企业家改变制度的过程。最后，分别从企业家自身和社会视角，为充分挖掘和发挥企业家的制度创新能力提出了建议。

第一节 问题提出：企业家应否"在商言商"？

2013年6月，柳传志在一次座谈时表示：从现在起，我们要在商言商（宋代伦，2013）。这一"在商言商"的观点，曾一度引起舆论、业界与学界的热议。

支持者认为，游戏规则由政治经济体系设定，企业家只能善用游戏

---

[*] 本章内容以《何以称制度企业家为创新勇士》为题，发表于《清华管理评论》2018年第1—2期。

规则而获利,而不能挑战游戏规则(徐瑾,2013)。企业家的这种"软弱性",决定了其无法成为社会改良的直接推动者,而只能通过自身选择来传递价值观,从而间接影响社会;抑或,当其他阶层掀起社会改良的浪潮时,企业家再推波助澜。因此,"在商言商"无可厚非。

反对者则强调,积极参与制度创新与变革,是企业家应尽的责任与义务。这是因为:其一,从现实角度讲,企业家的生产经营活动("在商"),需要良好的政治、法律等营商环境,因而不可能仅仅"言商";其二,从法律角度看,企业家作为公民,当然拥有关心公共事务的权利与义务;因而企业家关注政治、社会、法律等命题均是理所当然;其三,对于新兴行业而言,政府的监管与规范往往相对滞后,要求企业家勇敢发声以加快国家技术追赶的脚步;其四,企业家如何处理公共事务,将会影响下一阶段的制度:即使本阶段只讲经济效益、不推动制度变革能赚到利润,但制度的不确定性在下一阶段依然可能严重威胁企业家利益(李华芳,2013);其五,除了经营商业,企业家更重要的社会责任是推动社会进步和制度变革(周阳敏,2014)。

那么,在市场制度不断完善的过程中,中国的企业家究竟应扮演何种角色?

第二节 制度企业家的界定与特质

纵观中国改革开放以来社会制度的变迁,企业家们为打破阻碍市场发展的制度约束,成就良好的市场环境不懈努力,他们在赢得可观利润的同时,也推动了所在行业乃至整个社会的发展,故谓之"制度企业家(Institutional Entrepreneur)"。

日新月异的当下中国,正在号召一批这样与国家发展共脉络、同呼吸、善思索、有责任心的制度企业家,运用其企业家地位和价值自觉,积极参与制定公民社会的规则,推进营造自由企业精神的法律与政策环境,真正赢得企业家乃至全体社会成员的尊严。这既是国家、社会对企业家的期待，也是企业家获得长期利益的内在要求，更是企业家精神内涵的重要体现。

一 制度企业家的界定

国外学者对制度企业家的界定，最早可追溯到 Eisenstaedt（1980）的论断，即那些在制度变迁过程中充当催化剂，为变迁指明方向并在推动变迁的活动过程中承担领导者角色的人。该定义强调制度企业家在制度变迁中的促进作用。

国内学者则更重视制度企业家的特质，认为制度企业家是一群特殊的企业家。其中，最早可追溯至周其仁（2000）以企业家麦高文为典型的界定："不同于一般企业家对产品、技术和商业组织创新过程中的盈利机会的敏感，制度企业家对制度创新过程中的盈利机会敏感，并带头提出游戏规则的创新。"此后，Li 等（2006）基于新兴市场中的企业家案例，将制度企业家定义为这样一群富有创造性的个人：他们在开展或者扩张其商业冒险活动的过程中，为了追求成功而打破现行的、非市场制度的约束；他们的终极目标是商业冒险活动的成功，但他们的创新活动会带来额外的正面效应。

但也有学者认为，制度企业家并非仅限于"企业家"群体，只要利用资源改变或创造制度，即为制度企业家。如，张维迎（2013）认为，制度企业家就是改变或者制定游戏规则的人；这些规则可以是正式的社会制度，也可以是人们的行为、认知或道德的规范等非正式制度。

我们认为，制度企业家首先归属于追逐利润的"企业家"范畴，但非一般的企业家。制度企业家们对制度缺失环境中潜藏的盈利机会高度敏感，并敢于突破制度壁垒来获得可观的收益。但是，他们所谋求的收益，不仅是企业的超额利润，也是社会全体福利的增长；他们所从事的创新活动，也不仅是商业模式的创新，还是制度的创新。因而，他们通过创新活动赢得可观利润的同时，也推动了所在行业乃至整个社会的发展。

第八章　从技术创新到制度创新：中国制度企业家的案例研究

二　制度企业家的四大特质

在制度逐渐走向完善的过程中，每个阶段都会不可避免地存在某些非均衡的慢性痼疾制约着企业的发展。抑或，随着新知识和新技术的涌现，商业模式和市场规模也随之改变，进而引起对制度创新的需求。制度企业家能敏锐地洞察到这种需求，并对其中潜藏的获利机会高度敏感。

网约车进入市场之前，"打车难"的问题十分突出。其背后的症结所在，便是出租车行业管理的"特许经营制"：政府对运营车辆数量的严格管制，使得市场长期处于供不应求的状态。程维正是敏锐地察觉到潜藏的巨大市场需求，才乘着移动互联网发展的东风，搭建了出租车出行的O2O平台，即滴滴打车。通过逐步将非运营车辆接入约车平台，冲击"特许经营制"，程维率领滴滴出行拉开了出租车行业管理制度改革的序幕。

可见，相比于传统企业家，制度企业家对制度缺失背后潜藏的盈利机会，以及构建新制度所能带来的社会全体福利提升，有着更为敏锐的洞察力。这是驱使其进行制度创新的根本动因。

此外，一些现有的制度安排，虽已演变成制约生产力发展的桎梏，但要动摇甚至改变它，没有一种超然的冒险精神，以及动员和组织社会资源的能力，是无法实现的。李书福初创吉利汽车时，即面临原有的《汽车产业发展政策》对民营资本进入汽车制造行业的限制。拿不到汽车生产"许可证"，则无法生产和销售汽车。但李书福没有就此放弃。他不断在新闻媒体上公开呼吁公平竞争、重建市场机制，以争取公众的支持；同时，通过游说政府官员来影响政策制定。最终，国家放松汽车生产管制目录，管理制改为公告制，吉利成为中国首家获轿车生产资格的民营企业。

制度企业家响应制度需求的创新活动，不仅能为自身发展获得更大空间，还能够以促进制度变迁的形式，形成外部效应，推动经济发展。无论是程维率领滴滴出行变革出租车行业的"特许经营制",还是李书福突破禁止民营资本进入汽车产业的制度壁垒,他们的成功均无可否认地对所在行业的变革与发展,起到了重要的推动作用。这也是制度企业家区别于其他企业家最为重要的特点:他们改变的不是技术和产品,也不单纯是商业模式,而是制度,是人们从事商业活动的游戏规则。

概言之,与传统企业家相比,制度企业家存在四个方面的独特之处:从目标来看,他们谋求的不仅企业的利润,也是社会福利的增长;从过程来看,他们凭借对经济发展机遇的敏锐洞察力、对社会资源的动员和组织的能力以及敢为人先的创新和冒险精神,致力于打破阻碍经济发展的低效制度,推动制度的完善和变迁;从内容来看,他们从事的不只是单纯的商业创新,也是制度的创新;从结果来看,他们在赢得可观利润的同时,也推动了所在行业乃至整个社会的发展。

第三节 制度企业家改变制度的方式

在中国当前经济体制转轨的背景下,诸多重要的制度安排尚未健全,存在显著的制度缺失。一方面,过去针对国有企业制定的一大批法律法规、管制规章,已成为一种痼疾,制约着企业的发展;另一方面,在互联网浪潮的冲击下,新技术和新商业模式不断涌现,许多新兴领域的出现,暴露出"制度真空"。概括来说,我国当前存在的制度缺失表现为以下两方面:一是"制度不完善",即现有的制度已不适应当前社会经济的发展,甚至成为经济发展的桎梏;二是"制度空白",即某一领域尚未建立起相关的制度。

两种不同的制度缺失特征,形成了制度企业家两种不同的制度创新路径。

在"制度不完善"环境中,由于面临强大的政府监管压力,若是创业初期即直接实践制度创新,对现有制度发起正面冲击,风险极大。

因而，制度企业家们往往会通过"先嵌入，后突破"的行动路径，来推动制度"从有到新"的变革。他们先嵌入原有制度，在政策允许的范围内开展创新活动，奠定基础，之后再寻找突破的机会窗口，冲击原有制度，使其出现松动乃至改变。

而在"制度空白"的环境中，由于缺乏明确的规章制度，制度企业家在初期面临的制度压力较弱，通常采取"先投资，后证明"的模式实施创新。他们先进入制度的真空领域，创造出一种全新的逻辑和治理结构，等到新规则被众多企业跟随或影响十分广泛时，政府即承认新规则的合法性，从而实现制度"从无到有"的转变。

第四节　制度企业家推动制度创新的案例分析

一　滴滴出行："先嵌入，后突破"

在"制度不完善"环境中，制度企业家们需要通过对现有制度进行补充和修缮，来推动企业自身的发展。现有制度是制度企业家创新活动的首要作用对象。因而，当制度企业家提出一种比原有制度更优越的制度安排时，不仅面临强大的制度阻力，还会面临公众因不熟悉而形成的认知约束。

创新初期，制度企业家掌握的资源较少，自身能力较弱。他们往往会在制度允许的范围内开展创新活动，为变革奠定基础。初创滴滴出行时，程维并未直接介入发展空间更大的快车业务，而是先从出租车行业切入，搭建出租车出行的O2O平台。传统出租车的管理，建立在特许经营的行政垄断基础之上。地方政府通过颁发出租车经营牌照的方式进行管理。这种"特许经营规制"，使得非营运车辆难以进入出租车市场。因而，程维选择从政策允许的出租车行业入手，先实现线下业务线上化，以规避制度压力，求得企业的生存，为之后的改革积累资源。

在"嵌入"制度阶段，制度企业家虽面临的制度压力较弱，但仍会面临较强的认知约束，且需要大量资源来支撑其业务推广。因而，制度企业家往往采取公开倡导的策略，推广其创新活动以突破公众认知，并通过构建社会网络来获取大量资源。滴滴打车（滴滴出行前身）刚进入市场时，网约车对于人们来说仍然是新事物，知名度和认可度都较低。因而，程维在创业初期，通过微信红包、"免费星期一"等大规模的补贴手段，来推广其业务，培养用户习惯和认知。同时，通过积极融资、与银山出租车公司、腾讯等建立合作关系等方式储备大量资源，支撑滴滴打车的推广，为之后的制度变革奠定基础。

当制度企业家在"嵌入"制度阶段积累了足够的资源，在市场上站稳脚跟之后，便会采取策略对原有制度发起冲击，以获得更大的发展空间。在寻找变革旧制度的突破口过程中，制度企业家的活动必定会受到政府规制和原有利益群体的阻挠。面对规制压力，他们通常会采取公开宣传和与政府沟通的策略，推广新制度的优越性，使人们意识到变革的必要性；同时依托强大的客户群来不断冲击原有制度，使得旧制度出现松动甚至改变。

在互联网约车已初步建立合法性，并渗入人们的生活中之后，程维便开始将打车平台的约车对象，从出租车向非营运车辆跨越，相继推出专车和快车业务，对传统出租车行业的"特许经营制"发起冲击。由于非运营车的介入对传统出租车行业的利益结构和政府的规制形成了严峻挑战，因而遭到政府和传统出租车行业的反对。面对强力的制度压力，程维积极参加公共论坛，向公众宣传快车业务的公益搭车性质，并倡导"共享经济平台"，以引导公众对滴滴快车的正面认知。同时，积极和政府斡旋，设立"滴滴研究院"，以科学的大数据分析影响政府的态度。这一系列制度行为，再加上有利的大环境和强大的客户群，使得政府对网约车的管制开始出现松动。2015年10月，交通部发布《网络预约出租汽车经营服务管理暂行办法（征求意见稿）》。同年，滴滴成功获得上海市交通委员会网络约租车平台经营资格许可。2016年，交通部出台的《网络预约出租汽车经营服务管理暂行办法》和国务院办公厅发布的《关于深化改革推进出租汽车行业健康发展的指导意见》，使得网约车正式合法化。

二 支付宝："先投资，后证明"

在"制度空白"的新兴领域，尚未形成正式的规章制度，且急需制度企业家对这一民众尚不熟悉的领域开展制度建构工作，以规范行业行为，推进行业发展。因而，制度企业家面临的约束，主要来源于公众因不熟悉而产生的抵制和质疑。

在制度创新初期，制度企业家们可以在规制压力较弱的情境下，开展投资和经营活动，为新制度的诞生奠定基础。在创建一种新模式或新规则之后，再采取公开宣传或倡导的策略，向公众灌输新规则的合理性，以打破认知约束。马云创立支付宝之初，其面临的第三方支付市场便是一个典型的"制度空白"领域。在支付宝出现之前，国内的第三方支付均以企业用户为主，只有业内人士和相关机构有所接触，而公众对其几乎一无所知。因而，马云将支付宝以独立第三方支付平台的身份推出之后，率先打出"你敢用，我就敢赔"的口号，推出全额赔付的制度，同时对支付宝进行广告宣传，以提高支付宝的知名度、消除公众对第三方支付平台诚信问题的质疑。

此外，在构建新制度的过程中，制度企业家除了要克服公众的认知约束，还会面临"制度空白"带来的不确定性问题。"制度空白"领域中的经营活动没有惯例可循，也没有明确的规范和制度作为指导，充满了不确定性。制度企业家往往需要借助相关领域的权威机构，构建起强大的社会网络，调用充足的资源来消除这种不确定性，以进一步强化新制度的根基。在支付宝创立初期，马云积极推动支付宝与各大金融机构（如中国邮储银行、各大商业银行以及 VISA 等国际组织）建立战略合作关系，配置大量的资源来支撑其支付业务的推广。同时，不断研发新的保密技术，强化支付宝的安全性，以保障用户的资金和信息安全。

通过公开宣传和构建社会网络等策略，为新制度的形成和传播奠定合法性基础之后，制度企业家则会开始向市场推广新制度。若是新制度符合人们的需求，则会吸引大批追随者加入，壮大新市场。当市场的规模足够大、影响足够广泛时，政府则会为这片"制度空白"的新兴领域制定新制度，对其进行规范。由于支付宝的第三方支付模式既降低了商家的运营成本，又满足了用户多样化的支付需求，依托电子商务发展的浪潮，第三方支付逐步渗透进人们生活的方方面面。支付宝迅速成长为中国第三方支付的龙头企业。其一路走来，也带动了一批第三方支付企业的发展，使得市场的规模日益壮大。由于制度的缺失，第三方支付市场潜藏的网络系统性风险、沉淀资金的管理问题等逐渐暴露；监管机构制定新制度规范市场，以弥补这一制度真空。2011年5月26日，支付宝获得中国人民银行颁发的第一张"非金融机构支付业务许可证"，正式认可了第三方线上支付交易的合法地位，第三方支付市场被逐渐规范化。

第五节　案例小结

在不同的制度缺失环境中，"先嵌入，后突破"和"先投资，后证明"，是制度企业家选择的两种创新路径。无论哪种方式，在创新初期，制度企业家均需要突破公众的认知约束，并获取足够的资源，来构建和推广新制度。其间，公开宣传和构建社会网络，是两种较为常用的策略。

两种路径的差异在于：在新制度的合法化阶段，由于"制度空白"环境中不存在原有制度，因而制度企业家凭借其商业上的成功和强大的影响力，即可在阻力较小的情况下获得政府的认可。而在"制度不完善"的环境中，制度企业家的创新是对原有制度的挑战，不可避免地会遭受强大的制度阻力。因而，制度企业家需要通过游说、公开宣传和倡导等策略来克服变革过程中的阻碍。两种创新路径最终的成功，均离不开强大的客户群作为依托。

第八章 从技术创新到制度创新：中国制度企业家的案例研究

企业家们应肩负起制度企业家的责任，长袖善舞，积极推动制度的发展和完善，并在平衡国家与企业利益的过程中考量"百年未有之大变局"下的国家安全诉求。政府机构应加快构建统一的基础制度规则、市场设施、要素和资源市场，为企业家促进科技创新和产业升级创造公平透明可预期的营商环境，并进一步畅通制度企业家的建言渠道。当然，社会也应给予制度企业家更多的包容，以保障企业家的制度创新能力得到充分挖掘和发挥，使制度创新真正惠及人民。

第九章 研究结论与政策建议

基于前述各章的系统研究，本章首先集成呈现六个核心章节的研究结论，并结合这些研究结论提出六个方面的政策建议。

第一节 研究结论

一 中国技术创新的政策演进与发展现状

第一，新中国成立至今的科技进步战略与道路转换的五个阶段中，中国的科技发展道路经历了从技术复制、技术引进，到跟踪模仿转为自主创新、增强自主创新能力，再到创新驱动、全面创新的转换过程。

第二，从知识产权的角度看，1985—2020年，中国经济追赶中的知识产权变化具有以下三个特点：①专利类型上，实用新型和外观设计专利的申请授权数量都高于发明专利。其中，前者一直是申请授权数量最多的专利类型，而发明专利的申请授权量是三种专利类型中最少的，占比一直低于30%，且呈波动状态。②中国国内专利申请授权量一直远远多于国外专利，国内专利占比一直在80%及以上。③在追赶初期（1995—2003年），企业专利仅占少数，中国个人专利多于企业专利；在追赶后期（2004—2020年），企业专利占比开始增加并超过个人专利，且差距越来越大。

这种变化过程可进一步细分为三个阶段：第一阶段（1985—1999年）：由于国内技术水平低，国内专利申请授权量停留在万级，发明专利申请授权量占比很低。第二阶段（2000—2009年）：中国技术水平快速提高，国内专利申请授权量达到十万级别，且10年间国内专利授权量从10万件以下增长到50万件；发明专利占比是三个阶段中最高的；企业发明专利占比不断攀升；2001年中国加入WTO，经济对外开放程度进一步提升，中国市场的发展吸引了很多国外企业在中国申请专利，导致国内专利占比降低。第三阶段（2010—2020年）：中国技术水平急速提升并趋向成熟，国内专利申请授权量突破百万级别；国内专利重新回到90%以上的水平，这主要得益于中国企业技术与创新能力的极大提升，企业发明专利占比突破50%，开始在国家科技创新中发挥主体作用。

第三，从国家创新指数看，2013年以来，中国的GII排名持续稳步上升，确立了作为全球创新领先者的地位。2021年中国创新指数为54.80，居世界第12位，创造了历史最好成绩，居东南亚、东亚和大洋洲区域第3位。同时，中国居中等偏上收入组第1位，也是创新排名进入前30的唯一中高收入国家，这展示了中国创新能力建设的杰出成就。当然，中国的制度指标相对于其他指标仍处劣势，尤其是监管环境（2021年第106位）表现较差，亟待完善。

第四，从企业技术创新能力看，以中国世界500强企业为观察对象，2016年以来，这些企业研发投入持续较快增长，研发强度也呈现持续提升态势——2021年平均研发强度达到历史最高水平1.77%。相应的，其拥有的专利与发明专利数量都稳速增长，发明专利占比也在逐年提高，专利的数量和质量都保持稳中有进。

二 中国经济追赶与技术创新的初始条件：地方政府与官员

地方政府积极主义以及政府的领导力，是中国经济发展与技术创新众多初始条件中最重要的条件之一。

中国经济追赶与技术创新中的初始条件之一在于政府积极主义，表现为地方政府的企业化行为。并且，从中央到地方，都有一个强有力且致力于经济发展的政治领导层，以及为实现经济发展而达成的全国共识。具体表现在，地方政府在取得民众对于经济发展的公共物品属性的共识基础上，通过土地财政、地方债务、巨型工程和招商引资等行为方式，调动资源、激励民众并实施精心设计的产业政策，像企业一样直接参与或干预经济发展活动。此外，这种经济追赶体制，由有能力的政府官员和有胆识的企业家共同管理。

三　中国情境下影响微观企业行为的宏观环境因素

中国情境下2012—2021年的宏微观结合研究中，讨论次数由高至低的宏观因素依次是：政治因素、环境因素、经济因素、社会文化因素、法律因素和技术因素。讨论频次前四位的微观企业因素依次为：微观企业结果、财务战略、研究与开发战略、公司治理。

其中，宏观前因对微观企业行为的效应包括主效应、中介效应和调节效应三类，并以主效应为主，较少涉及中介效应。微观企业行为对宏观环境的影响，主要体现在政治、经济、社会文化和环境因素方面。

四　举国体制与关键技术创新

在中国移动通信产业，举国体制推动技术标准经历了"3G突破、4G同行、5G引领"的技术追赶过程；三代标准的演进，反过来也揭示了举国体制从传统向新型的转变。从各代标准发展来看，不论是政府主导的传统举国体制还是新型举国体制，都在中国参与移动通信技术全球标准竞争过程中发挥了"有为政府+有效市场"的积极作用，是技术"去依附"不可替代的工具。

（1）技术标准制定的新型举国体制以市场为主导，发挥多主体协同创新优势：企业通过技术创新发挥创新主体作用，政府通过制度创新发挥支撑引领作用,产业联盟通过组织创新发挥技术标准促进作用。

(2) 中国从 3G 到 5G 技术标准的发展中,企业逐渐主导了标准化过程,其作用日益突出;政府的角色从主导到引导,在标准的国际化中不可替代;产业联盟沟通了企业与政府,在传递资源和信息方面的重要作用日益凸显。

(3) 技术标准的举国体制呈现出"政府主导"→"政府与市场并重"→"市场主导"的演变过程。

五 制度环境作用于技术创新的机制

第一,城市与省份两个层次的正式与非正式制度环境,均对总经理自主权产生影响。企业总部所在地区内社会信任水平越高,政府保护程度越大,司法公正程度越高,金融发展水平越高,劳动力灵活性越高,民营经济发展水平越高,外商投资水平越高,则其总经理自主权越大。相反,企业总部所在地区的政府干预程度越大,则其总经理自主权越小。

第二,总经理自主权与企业研发投入正相关,而与研发投入强度波动负相关。当企业家拥有更大的自主权,企业将更有可能增加研发投入强度,提高其净利润中用于再投资的比重,并在再投资中加大研发投入的强度;并且,出于对企业风险可控性的关注,总经理主观上会运用较大的管理自主权来降低企业研发投入强度的波动,使之趋于平稳,有助于创新的可持续。

第三,总经理自主权中介了制度环境与企业研发投入的关系。也就是说,制度环境的差异会导致总经理自主权大小的差异,并进一步作用于企业的技术创新。研究结论丰富了制度基础观和高阶理论,并为企业创新战略、政企关系处理乃至国家治理体系和治理能力现代化建设提供了启示。

六 企业家推动制度创新的机制

在"制度不完善"的环境中,即现有的制度已不适应当前社会经济的发展,甚至成为经济发展的桎梏时,制度企业家可通过"先嵌入,后突破"的行动路径,来推动制度"从到新"的变革。具体而言,可以先嵌入原有制度,在政策允许的范围内开展创新活动,奠定基础,之后再寻找突破的机会窗口,通过战略行动"开疆拓土"冲击原有制度,迫使其出现松动乃至改变。

在"制度空白"的环境中,即某一领域尚未建立起相关的制度时,制度企业家可采取"先投资,后证明"的模式实施创新。具体而言,可以先进入制度的真空领域,创造出一种全新的逻辑和治理结构,等到新规则被众多企业跟随或影响十分广泛时,再迫使政府承认新规则的合法性,从而实现制度"从无到有"的转变。

无论哪一种方式,在创新初期,制度企业家均需要突破公众的认知约束,并获取足够的资源,来构建和推广新制度。其间,公开宣传和构建社会网络,是两种较为常用的策略。两种路径的差异在于:在新制度的合法化阶段,由于"制度空白"环境中不存在原有制度,因而制度企业家凭借其商业上的成功和强大的影响力,即可在阻力较小的情况下获得政府的认可;而在"制度不完善"的环境中,制度企业家的创新是对原有制度的挑战,不可避免地会遭受强大的制度阻力。因而,制度企业家需要通过游说、公开宣传和倡导等策略来克服变革过程中的阻碍。两种创新路径的最终成功,均离不开强大的客户群作为依托。

第二节 政策建议和研究方向

一 发挥地方政府积极主义优势,规范地方政府企业化行为

作为经济发展众多初始条件中最重要的条件之一,中国地方政府

积极主义——地方政府企业化行为受到主观与客观两方面因素的共同驱动。其对政治、经济与社会等方面的影响具有积极与消极两个方面。要继续发挥其作为资源配置的有效方式，未来需要深化改革地方政府与中央政府、市场及社会的关系。具体而言，合理划分中央与地方事权和财权，为事权和财权的划分与维护提供法律依据；对市场作用进行全新定位，更好发挥市场在资源配置中的决定性作用；在建设服务型政府的过程中，为提升整合性公共服务能力，充分发挥各层治理组织的优势。

二 完善地方官员治理，推动官员领导力研究

地方官员的领导力也是中国经济发展与技术创新众多初始条件中最重要的条件之一。完善中国地方官员治理，需要从三个方面着手：①适度分权、权责分明；②优化考评，合理激励；③持续反腐，倡导廉政。

关于地方官员的领导力研究，未来可从以下五个方面继续深入探索：①考察地方官员个体内隐特征，区分不同职能官员的效应；②关注官员团队影响，探索团队异质性效应；③探索动态特征的交互作用，拓展研究对象的范围；④探讨自下而上的反馈作用;⑤挖掘官员效应的制度前因，探索制度互动的影响。

三 推动宏微观相结合的研究，创新立足中国实践的理论

对宏观环境与微观企业行为的系统回顾，显示出宏微观结合的强大生命力，并为开展自上而下的技术创新研究和自下而上的制度创新研究提供了全新视角。未来研究可首先从三个方面进一步挖潜：①拓展数据来源，更新测量指标，改进分析方法；②挖掘宏微观因素，构建多层次框架，探索微观因素之于宏观环境的影响；③关注宏观环境因素的中介效应，强调其调节效应，探索双重效应。

在此基础上,进一步立足中国实践,考虑国际因素,开展国际对话。其一,紧密结合国家发展的重大需求,探究通过制度创新推进技术创新,以及通过弘扬企业家精神推动制度创新两条路径,为进一步完善制度供给、更好服务经济高质量发展提供决策依据。其二,可将研究对象推广到"一带一路"沿线国家或地区,在讲好中国故事的同时,为分析与解决百年未有之大变局下的世界发展难题贡献中国智慧。其三,继续系统梳理西方学术界在连接宏观与微观领域的探索,在比较中西宏微观研究的异同中,提升国际对话能力。

四 发挥举国体制优势,推动关键技术创新

中国参与移动通信技术标准竞争的过程表明,标准竞争是多主体参与的竞争;在标准竞争的不同阶段,不同参与主体的主要目标和任务各不相同,其标准竞争策略和措施的侧重点也有所差异。其中,企业坚持技术创新主体地位,政府持续发挥制度创新作用,产业联盟实现组织创新,共同构成多元主体的协同创新模式。

具体而言:(1)企业层面,采用合作者策略,与国内相关技术研发主体、运营商、科研机构等加强联合,提升自身技术标准研发实力;与国外先进企业达成合作,学习吸纳其丰富的技术经验和先进的核心专利,进一步提高企业的技术研发能力和国际影响力,在国际标准力量抗衡时为企业赢得更多的支持;与政府密切配合,争取国家扶持,借助政府力量,在国际竞争和标准谈判时增添筹码。(2)宏观政府方面,充分利用制度优势,建立具有中国特色的标准化管理体系,加强顶层设计,优化完善政策环境,在标准化不同阶段发挥引导、支持和监管作用。(3)中观产业联盟层面,加强与政府部门的沟通联系,切实发挥联盟在政府和企业间的桥梁纽带作用;更好统筹内外资源,加强国内外企业间交流和产业链上下游的合作,促进产学研与政企银等部门结合;积极承担国际标准化组织工作,形成合力,作为产业代表在国际标准竞争舞台上为中国企业发声,更多地反映中国企业的技术优势,积极

主动表达诉求和争取利益，向国际社会贡献中国智慧和中国方案。

五　完善影响技术创新的制度环境

政企关系方面，构建"亲"和"清"的关系，要求政府把握一定的尺度，尊重企业高管的管理自主权，鼓励创新能动性，促进企业健康持续发展。国家治理方面，政府应该加强顶层制度设计，完善国家治理体系，合理分配资源，实现治理能力和治理体系的现代化建设，为企业创新创业营造良好的制度环境，推动社会创新发展。如：政府应该推进经济混合所有制改革，不断在经济发展的各个领域引入民营资本、外商资本等，刺激市场活力，引入竞争机制，激发中国企业创新活力；民营企业现阶段存在融资难、融资成本高等困境，政府应该对金融机构加强监管，对现阶段金融企业并购等存在的金融风险进行规范化管理，提高金融发展水平；就社会司法建设而言，应该大力推动司法体制改革，加强司法公正廉洁建设，提高司法公信力，为企业创新创业营造良好的法律环境，消除其后顾之忧。

六　弘扬企业家精神，推动制度创新

第一，企业家们应肩负起制度企业家的责任，长袖善舞，积极推动制度的发展和完善，并在平衡国家与企业利益的过程中重视"百年未有之大变局"下的国家安全诉求，避免在寻求制度创新中遭遇"滑铁卢"。

第二，政府机构应加快构建统一的基础制度规则、市场设施、要素和资源市场，为企业家促进科技创新和产业升级创造公平透明可预期的营商环境，[1] 并进一步畅通制度企业家的建言渠道。

---

[1] 《中共中央 国务院关于加快建设全国统一大市场的意见》，参见 http：//www.gov.cn/zhengce/2022-04/10/content_5684385.htm。

第三，社会也应给予制度企业家更多的包容。正如周其仁（2000）所言："一个比较容忍制度企业家、保护制度企业家并习惯于将制度企业家的个别创新努力一般化的社会，能够更多地享受制度创新驱动的经济增长。"只有企业家的制度创新能力得到充分挖掘和发挥，制度创新才能真正惠及人民。

参考文献

安同良、千慧雄：《中国居民收入差距变化对企业产品创新的影响机制研究》，《经济研究》2014 年第 9 期。

安同良、千慧雄：《中国企业 R&D 补贴策略：补贴阈限、最优规模与模式选择》，《经济研究》2021 年第 1 期。

安同良、杨晨：《互联网重塑中国经济地理格局：微观机制与宏观效应》，《经济研究》2020 年第 2 期。

安同良、周绍东、皮建才：《R&D 补贴对中国企业自主创新的激励效应》，《经济研究》2009 年第 10 期。

巴曙松：《地方债务问题应当如何化解》，《西南金融》2011 年第 10 期。

白云霞、唐伟正、刘刚：《税收计划与企业税负》，《经济研究》2019 年第 5 期。

柏培文、张云：《数字经济、人口红利下降与中低技能劳动者权益》，《经济研究》2021 年第 5 期。

包群、邵敏、Ligang Song：《地理集聚、行业集中与中国企业出口模式的差异性》，《管理世界》2012 年第 9 期。

包群、谢红军、陈佳妮：《文化相近、合作信任与外商合资关系的持久性》，《管理世界》2017 年第 3 期。

保罗·巴兰：《增长的政治经济学》，商务印书馆 2000 年版。

本刊编辑部：《2021年中国5G实力榜 5G专利企业10强》，《通信世界》2021年第19期。

毕青苗、陈希路、徐现祥、李书娟：《行政审批改革与企业进入》，《经济研究》2018年第2期。

毕勋磊：《政府干预技术标准竞争的研究述评》，《中国科技论坛》2011年第2期。

卞泽阳、李志远、徐铭遥：《开发区政策、供应链参与和企业融资约束》，《经济研究》2021年第10期。

才国伟、刘剑雄：《归因、自主权与工作满意度》，《管理世界》2013年第1期。

蔡贵龙、柳建华、马新啸：《非国有股东治理与国企高管薪酬激励》，《管理世界》2018年第5期。

蔡晓慧、茹玉骢：《地方政府基础设施投资会抑制企业技术创新吗？——基于中国制造业企业数据的经验研究》，《管理世界》2016年第11期。

蔡跃洲：《中国共产党领导的科技创新治理及其数字化转型——数据驱动的新型举国体制构建完善视角》，《管理世界》2021年第8期。

沧海：《从入门到放弃——中国移动3G的踏板人生》，IT之家，2019-03-16，https://www.ithome.com/0/414/729.htm。

曹春方、贾凡胜：《异地商会与企业跨地区发展》，《经济研究》2020年第4期。

曹春方、马连福：《官员特征与地方国企募资变更》，《经济科学》2015年第3期。

曹春方、马连福、沈小秀：《财政压力、晋升压力、官员任期与地方国企过度投资》，《经济学》（季刊）2014年第4期。

曹春方、夏常源、钱先航：《地区间信任与集团异地发展——基于企业边界理论的实证检验》，《管理世界》2019年第1期。

曹春方、张超：《产权权利束分割与国企创新——基于中央企业分红权激励改革的证据》，《管理世界》2020年第9期。

曹春方、周大伟、吴澄澄、张婷婷：《市场分割与异地子公司分布》，《管理世界》2015年第9期。

曹春方：《政治权力转移与公司投资：中国的逻辑》，《管理世界》2013年第1期。

曹琪格、任国良、骆雅丽：《区域制度环境对企业技术创新的影响》，《财经科学》2014年第1期。

曹睿卓、董贵成：《新型举国体制：概念、内涵与实现机制》，《科学社会主义》2021年第4期。

曾伏娥、袁靖波：《多市场接触、市场集中度与企业非伦理行为》，《管理世界》2016年第6期。

曾建光、张英、杨勋：《宗教信仰与高管层的个人社会责任基调——基于中国民营企业高管层个人捐赠行为的视角》，《管理世界》2016年第4期。

曾宪奎：《我国构建关键核心技术攻关新型举国体制研究》，《湖北社会科学》2020年第3期。

陈彪、罗鹏飞、杨金强：《银税互动、融资约束与小微企业投融资》，《经济研究》2021年第12期。

陈闯、刘天宇：《创始经理人、管理层股权分散度与研发决策》，《金融研究》2012年第7期。

陈德球、陈运森、董志勇：《政策不确定性、税收征管强度与企业税收规避》，《管理世界》2016年第5期。

陈德球、陈运森：《政策不确定性与上市公司盈余管理》，《经济研究》2018年第6期。

陈德球、魏刚、肖泽忠：《法律制度效率、金融深化与家族控制权偏好》，《经济研究》2013年第10期。

陈德球、肖泽忠、董志勇：《家族控制权结构与银行信贷合约：寻租还是效率？》，《管理世界》2013年第9期。

陈冬、孔墨奇、王红建：《投我以桃，报之以李：经济周期与国企避税》，《管理世界》2016年第5期。

陈冬华、胡晓莉、梁上坤、新夫：《宗教传统与公司治理》，《经济研究》2013 年第 9 期。

陈刚：《管制与创业——来自中国的微观证据》，《管理世界》2015 年第 5 期。

陈红、纳超洪、雨田木子、韩翔飞：《内部控制与研发补贴绩效研究》，《管理世界》2018 年第 12 期。

陈劲、李佳雪：《一流创新企业成长路径》，《企业管理》2020 年第 4 期。

陈劲、阳镇、朱子钦：《新型举国体制的理论逻辑、落地模式与应用场景》，《改革》2021 年第 5 期。

陈菁、李建发：《财政分权、晋升激励与地方政府债务融资行为——基于城投债视角的省级面板经验证据》，《会计研究》2015 年第 1 期。

陈科霖、谷志军：《多元政绩竞赛：中国地方官员晋升的新解释》，《政治学研究》2022 年第 1 期。

陈凌、王昊：《家族涉入、政治联系与制度环境——以中国民营企业为例》，《管理世界》2013 年第 10 期。

陈梅、茅宁：《不确定性、质量安全与食用农产品战略性原料投资治理模式选择——基于中国乳制品企业的调查研究》，《管理世界》2015 年第 6 期。

陈秋平、潘越、肖金利：《晋升激励、地域偏爱与企业环境表现：来自 A 股上市公司的经验证据》，《中国管理科学》2019 年第 8 期。

陈少凌、李广众、杨海生、梁伟娟：《规制性壁垒、异质不确定性与企业过度投资》，《经济研究》2021 年第 5 期。

陈绍俭、冯宗宪、殷永昆：《官员来源、本地信息与地区经济增长——基于地级市数据的新证据》，《南方经济》2019 年第 1 期。

陈胜蓝、马慧：《贷款可获得性与公司商业信用——中国利率市场化改革的准自然实验证据》，《管理世界》2018 年第 11 期。

陈胜蓝、马慧：《卖空压力与公司并购——来自卖空管制放松的准自然实验证据》，《管理世界》2017 年第 7 期。

陈仕华、姜广省、李维安、王春林：《国有企业纪委的治理参与能否抑制高管私有收益?》，《经济研究》2014 年第 10 期。

陈仕华、卢昌崇：《国有企业党组织的治理参与能够有效抑制并购中的"国有资产流失"吗?》，《管理世界》2014 年第 5 期。

陈爽英、井润田、龙小宁：《民营企业家社会关系资本对研发投资决策影响的实证研究》，《管理世界》2010 年第 1 期。

陈潭、刘兴云：《锦标赛体制、晋升博弈与地方剧场政治》，《公共管理学报》2011 年第 2 期。

陈维涛、王永进、李坤望：《地区出口企业生产率、二元劳动力市场与中国的人力资本积累》，《经济研究》2014 年第 1 期。

陈文磊：《地方官员变更、政府干预与企业盈余管理方式选择》，《山西财经大学学报》2018 年第 4 期。

陈雯、苗双有：《中间品贸易自由化与中国制造业企业生产技术选择》，《经济研究》2016 年第 8 期。

陈雪梅、王志勇：《地方官员阅历与能源强度——基于 2000—2010 年省级面板数据的分析》，《世界经济文汇》2014 年第 1 期。

陈艳艳、罗党论：《地方官员更替与企业投资》，《经济研究》2012 年第 S2 期。

陈艳艳、罗党论：《政治周期、地方官员变更与资源配置》，《上海财经大学学报》2016 年第 5 期。

陈云贤：《中国特色社会主义市场经济：有为政府＋有效市场》，《经济研究》2019 年第 1 期。

陈钊、熊瑞祥：《比较优势与产业政策效果——来自出口加工区准实验的证据》，《管理世界》2015 年第 8 期。

陈子烨、李滨：《中国摆脱依附式发展与中美贸易冲突根源》，《世界经济与政治》2020 年第 3 期。

成婧：《后危机时代我国政府治理模式的转型与定位——以政府与市场关系为观察视角》，《特区经济》2010 年第 10 期。

程鹏、柳卸林、陈傲、何郁冰：《基础研究与中国产业技术追赶——

以高铁产业为案例》,《管理评论》2011年第12期。

程新生、谭有超、刘建梅:《非财务信息、外部融资与投资效率——基于外部制度约束的研究》,《管理世界》2012年第7期。

程永林:《锦标赛机制、治理模式转型与改革进路》,《社会科学研究》2013年第2期。

程哲、白云霞:《融资冲动、资本配置效率与地方官员更迭频度》,《改革》2015年第8期。

程仲鸣、金必简、俞中坚:《官员晋升激励、债务杠杆与企业技术创新》,《科学决策》2019年第7期。

迟福林:《建设更高水平开放型经济新体制》,《当代经济科学》2021年第1期。

崔兵、陈梦冬:《"地方主官"特征与地方政府债务——来自我国29个省份的经验证据》,《南方金融》2019年第4期。

戴魁早:《地方官员激励、制度环境与要素市场扭曲——基于中国省级面板数据的实证研究》,《经济理论与经济管理》2016年第8期。

戴觅、徐建炜、施炳展:《人民币汇率冲击与制造业就业——来自企业数据的经验证据》,《管理世界》2013年第11期。

戴维奇、刘洋、廖明情:《烙印效应:民营企业谁在"不务正业"?》,《管理世界》2016年第5期。

戴亦一、潘越、冯舒:《中国企业的慈善捐赠是一种"政治献金"吗?——来自市委书记更替的证据》,《经济研究》2014年第2期。

戴治勇:《法治、信任与企业激励薪酬设计》,《管理世界》2014年第2期。

党博文:《三问5G-Advanced:是什么?来了吗?如何干?》,通信产业网,2022-3-18,https://xw.qq.com/cmsid/20220318A098HU00。

邓路、刘瑞琪、廖明情:《宏观环境、所有制与公司超额银行借款》,《管理世界》2016年第9期。

邓路、谢志华、李思飞:《民间金融、制度环境与地区经济增长》,《管理世界》2014年第3期。

邓晓兰、刘若鸿、许晏君：《"为增长而竞争"与"为和谐而竞争"对地方债务规模的影响效应——基于投资冲动的中介机制》，《经济社会体制比较》2019年第4期。

邓子基：《关于土地财政的几个问题》，《学术评论》2012年第1期。

狄灵瑜、步丹璐：《官员交流与国有企业控制权的合理转让》，《当代财经》2019年第7期。

《第三版5G标准R17完成冻结》，证券时报网，2022-04-13，https://baijiahao.baidu.com/s? id = 1729981529089389973&wfr = spider&for = pc。

刁伟涛：《纵向博弈、横向竞争与地方政府举债融资及其治理》，《当代经济科学》2017年第5期。

丁友刚、饶品贵、姜国华、沈永建、陈冬华：《第三届"宏观经济政策与微观企业行为"学术研讨会综述》，《经济研究》2014年第12期。

董香书、肖翔：《"振兴东北老工业基地"有利于产值还是利润？——来自中国工业企业数据的证据》，《管理世界》2017年第7期。

董晓艳：《女性领导的特质及其领导能力的提升》，《领导科学》2009年第24期。

杜博士、吕健：《官员调整、政绩竞赛与技术创新》，《科研管理》，2022年3月9日，https://kns.cnki.net/kcms/detail/11.1567.G3.20210920.0813.018.html。

杜鹏程、王姝勋、徐舒：《税收征管、企业避税与劳动收入份额——来自所得税征管范围改革的证据》，《管理世界》2021年第7期。

杜鹏程、徐舒、张冰：《社会保险缴费基数改革的经济效应》，《经济研究》2021年第6期。

段俊宇：《省级地方官员的任期与经济增长》，《经济资料译丛》2016年第1期。

樊纲、王小鲁、朱恒鹏：《中国市场化指数：各地区市场化相对进程 2009 年报告》，经济科学出版社 2010 年版。

范从来、陈冬华、王宇伟、沈永建、姜国华：《宏观问题之微观证据与微观研究之宏观价值——第五届宏观经济政策与微观企业行为学术研讨会综述》，《经济研究》2017 年第 1 期。

范从来、姜国华、陈冬华、徐巍、姚振晔：《新时代宏观影响微观的新视角及微观检验宏观的新证据——第八届宏观经济政策与微观企业行为交叉研究论坛综述》，《经济研究》2020 年第 1 期。

范从来、梁上坤、王宇伟、陈冬华、姜国华：《拓展"宏观经济政策与微观企业行为"研究——第二届"宏观经济政策与微观企业行为"学术研讨会综述》，《经济研究》2014 年第 1 期。

范方志、汤玉刚：《土地财政与收入分配》，《宁夏社会科学》2013 年第 5 期。

范子英、田彬彬：《税收竞争、税收执法与企业避税》，《经济研究》2013 年第 9 期。

范子英、赵仁杰：《财政职权、征税努力与企业税负》，《经济研究》2020 年第 4 期。

方芳、李实：《中国企业高管薪酬差距研究》，《中国社会科学》2015 年第 8 期。

冯米、路江涌、林道谧：《战略与结构匹配的影响因素——以我国台湾地区企业集团为例》，《管理世界》2012 年第 2 期。

冯志华：《环境保护、地方官员晋升与企业融资》，《管理评论》2021 年第 8 期。

Friedmann, J.、李泳：《规划全球城市：内生式发展模式》，《城市规划汇刊》2004 年第 4 期。

付文林、赵永辉：《税收激励、现金流与企业投资结构偏向》，《经济研究》2014 年第 5 期。

傅建源：《试析地方政府融资平台债务风险及其防范》，《财会月刊》2010 年第 11 期。

傅利平、李永辉：《地方政府官员晋升竞争、个人特征对城市扩张的影响——基于全国地级市面板数据的实证分析》,《城市问题》2015年第1期。

高超、黄玖立、李坤望：《方言、移民史与区域间贸易》,《管理世界》2019年第2期。

高雄伟、董秘刚：《省长留学经历与FDI——来自中国的经验证据》,《南方经济》2017年第1期。

高旭东：《技术创新能力培养：特定的培养顺序还是有效的R&D》,《科学学与科学技术管理》2005年第6期。

工信部：《工信部解读LTE：FDD牌照发放》,《中国电信业》2015年第3期。

宫希魁：《地方政府公司化倾向及其治理》,《财经问题研究》2011年第4期。

苟琴、黄益平、刘晓光：《银行信贷配置真的存在所有制歧视吗?》,《管理世界》2014年第1期。

古朴、翟士运：《监管不确定性与企业盈余质量——基于证监会换届的准自然实验》,《管理世界》2020年第12期。

古志辉：《全球化情境中的儒家伦理与代理成本》,《管理世界》2015年第3期。

顾乃华、王小霞、陈雄辉：《我国土地财政的区域差异与成因——基于省际面板数据的实证研究》,《产经评论》2011年第2期。

顾乃康、周艳利：《卖空的事前威慑、公司治理与企业融资行为——基于融资融券制度的准自然实验检验》,《管理世界》2017年第2期。

顾夏铭、陈勇民、潘士远：《经济政策不确定性与创新——基于我国上市公司的实证分析》,《经济研究》2018年第2期。

顾元媛、沈坤荣：《地方政府行为与企业研发投入——基于中国省际面板数据的实证分析》,《中国工业经济》2012年第10期。

郭葆春、张丹：《中小创新型企业高管特征与R&D投入行为研究——基于高阶管理理论的分析》,《证券市场导报》2013年第1期。

郭峰、龙硕、胡军：《财政分权、政绩偏好和地方官员腐败研究》,

《世界经济文汇》2015年第3期。

郭广珍、彭坤：《地方官员行为与经济发展：一个分析框架》，《当代经济科学》2011年第2期。

郭平、林晓飞：《地方官员特征与民生财政支出——来自中国省长省委书记的证据》，《地方财政研究》2018年第3期。

郭瑞、文雁兵、史晋川：《地方官员与经济发展：一个文献综述》，《管理评论》2018年第12期。

郭熙保：《发展经济学》，高等教育出版社2019年版。

郭晓丹、张军、吴利学：《城市规模、生产率优势与资源配置》，《管理世界》2019年第4期。

韩寅：《技术创新的市场失灵机制以及政府作用》，《技术经济与管理研究》2015年第4期。

郝颖、辛清泉、刘星：《地区差异、企业投资与经济增长质量》，《经济研究》2014年第3期。

何丹：《城市政体模型及其对中国城市发展研究的启示》，《城市规划》2003年第11期。

何虎生：《内涵、优势、意义：论新型举国体制的三个维度》，《人民论坛》2019年第32期。

何慧华、方军雄：《监管型小股东的治理效应：基于财务重述的证据》，《管理世界》2021年第12期。

何捷、张会丽、陆正飞：《货币政策与集团企业负债模式研究》，《管理世界》2017年第5期。

何山、李后建：《地方官员异地更替对企业R&D投资具有"挤出"效应吗？》，《产业经济研究》2014年第4期。

何显明：《政府转型与现代国家治理体系的建构——60年来政府体制演变的内在逻辑》，《浙江社会科学》2013年第6期。

何小钢、梁权熙、王善骝：《信息技术、劳动力结构与企业生产率——破解"信息技术生产率悖论"之谜》，《管理世界》2019年第9期。

何轩、宋丽红、朱沆、李新春：《家族为何意欲放手？——制度环境感知、政治地位与中国家族企业主的传承意愿》,《管理世界》2014年第2期。

何瑛、于文蕾、戴逸驰、王砚羽:《高管职业经历与企业创新》,《管理世界》2019年第11期。

贺羡:《中国女性领导干部的协商民主认知——基于地方官员问卷调查结果的分析》,《经济社会体制比较》2016年第5期。

贺小刚、邓浩、吴诗雨、梁鹏:《赶超压力与公司的败德行为——来自中国上市公司的数据分析》,《管理世界》2015年第9期。

贺小刚、朱丽娜:《地方官员更替与创业精神:来自省级经验的证据》,《中山大学学报》(社会科学版)2016年第3期。

呼倩、夏晓华、黄桂田:《中国产业发展的流动劳动力工资增长效应——来自流动人口动态监测的微观证据》,《管理世界》2021年第10期。

胡聪慧、齐云飞:《资本市场与企业投融资决策——来自新股定价制度调整的证据》,《经济研究》2021年第8期。

胡国柳、赵阳、胡珺:《D&O保险、风险容忍与企业自主创新》,《管理世界》2019年第8期。

胡珺、宋献中、王红建:《非正式制度、家乡认同与企业环境治理》,《管理世界》2017年第3期。

胡珺、汤泰劼、宋献中:《企业环境治理的驱动机制研究:环保官员变更的视角》,《南开管理评论》2019年第2期。

胡钰:《建设新常态下的创新生态》,《科技日报》2015年3月2日第6版。

黄春元、毛捷:《财政状况与地方债务规模——基于转移支付视角的新发现》,《财贸经济》2015年第6期。

黄海杰、吕长江、丁慧:《独立董事声誉与盈余质量——会计专业独董的视角》,《管理世界》2016年第3期。

黄继承、朱冰、向东:《法律环境与资本结构动态调整》,《管理世界》2014年第5期。

黄健、毛锐：《地方债务、政府投资与经济增长动态分析》，《经济学家》2018 年第 1 期。

黄菁菁、原毅军：《基于倾向得分匹配模型的产学研合作与企业创新绩效研究》，《研究与发展管理》2018 年第 2 期。

黄玖立、周璇：《定制化与地方保护主义：经验证据及对自贸区建设的启示》，《管理世界》2018 年第 12 期。

黄俊威、龚光明：《融资融券制度与公司资本结构动态调整——基于"准自然实验"的经验证据》，《管理世界》2019 年第 10 期。

黄少安、陈斌开、刘姿彤：《"租税替代"、财政收入与政府的房地产政策》，《经济研究》2012 年第 8 期。

黄伟、陈钊：《外资进入、供应链压力与中国企业社会责任》，《管理世界》2015 年第 2 期。

黄新飞、陈思宇、李腾：《我国零售商品价格行为研究——来自长三角 15 个市超市的微观证据》，《管理世界》2014 年第 1 期。

黄新华、石术：《论作为国家治理制度优势的新型举国体制》，《新视野》2021 年第 4 期。

黄新华：《区域经济增长中地方政府企业化行为的检验：1998—2007 年——基于 30 个省会城市数据的实证分析》，《政治学研究》2011 年第 1 期。

黄远浙、钟昌标、叶劲松、胡大猛：《跨国投资与创新绩效——基于对外投资广度和深度视角的分析》，《经济研究》2021 年第 1 期。

纪晓丽：《市场化进程、法制环境与技术创新》，《科研管理》2011 年第 5 期。

纪志宏、周黎安、王鹏、赵鹰妍：《地方官员晋升激励与银行信贷——来自中国城市商业银行的经验证据》，《金融研究》2014 年第 1 期。

贾君怡、黄家明：《晋升激励对地方国企发债成本的影响》，《中国软科学》2021 年第 8 期。

贾俊雪：《税收激励、企业有效平均税率与企业进入》，《经济研究》2014 年第 7 期。

贾康、刘微：《"土地财政"：分析及出路——在深化财税改革中构建合理、规范、可持续的地方"土地生财"机制》，《财政研究》2012年第1期。

贾润崧、胡秋阳：《市场集中、空间集聚与中国制造业产能利用率——基于微观企业数据的实证研究》，《管理世界》2016年第12期。

贾诗玥、李晓峰：《超越市场失灵：产业政策理论前沿与中国启示》，《南方经济》2018年第5期。

简泽、段永瑞：《企业异质性、竞争与全要素生产率的收敛》，《管理世界》2012年第8期。

简泽、张涛、伏玉林：《进口自由化、竞争与本土企业的全要素生产率——基于中国加入WTO的一个自然实验》，《经济研究》2014年第8期。

江诗松、龚丽敏、魏江：《转型经济背景下后发企业的能力追赶：一个共演模型——以吉利集团为例》，《管理世界》2011年第4期。

江诗松、龚丽敏、魏江：《转型经济中后发企业的创新能力追赶路径：国有企业和民营企业的双城故事》，《管理世界》2011年第12期。

江艇、孙鲲鹏、聂辉华：《城市级别，全要素生产率和资源错配》，《管理世界》2018年第3期。

江轩宇：《政府放权与国有企业创新——基于地方国企金字塔结构视角的研究》，《管理世界》2016年第9期。

江雅雯、黄燕、徐雯：《政治联系、制度因素与企业的创新活动》，《南方经济》2011年第11期。

江依妮、易雯：《区域差异、地方官员特征与教育支出行为》，《广东财经大学学报》2017年第6期。

姜付秀、马云飙、王运通：《退出威胁能抑制控股股东私利行为吗?》，《管理世界》2015年第5期。

姜付秀、王运通、田园、吴恺：《多个大股东与企业融资约束——基于文本分析的经验证据》，《管理世界》2017年第12期。

蒋俊杰：《"考核新政"背景下地方领导干部治理能力现代化的困

境与对策》,《领导科学》2014 年第 9 期。

焦豪、焦捷、刘瑞明:《政府质量、公司治理结构与投资决策——基于世界银行企业调查数据的经验研究》,《管理世界》2017 年第 10 期。

金刚、沈坤荣:《地方官员晋升激励与河长制演进:基于官员年龄的视角》,《财贸经济》2019 年第 4 期。

靳庆鲁、侯青川、李刚、谢亚茜:《放松卖空管制、公司投资决策与期权价值》,《经济研究》2015 年第 10 期。

靳庆鲁、孔祥、侯青川:《货币政策、民营企业投资效率与公司期权价值》,《经济研究》2012 年第 5 期。

康艳红:《政府企业化背景下的中国城市郊区化发展研究》,《人文地理》2006 年第 5 期。

康艳玲、黄国良、陈克兢:《高管特征对研发投入的影响——基于高技术产业的实证分析》,《科技进步与对策》2011 年第 8 期。

孔东民、代昀昊、李阳:《政策冲击、市场环境与国企生产效率:现状、趋势与发展》,《管理世界》2014 年第 8 期。

孔东民、刘莎莎、王亚男:《市场竞争、产权与政府补贴》,《经济研究》2013 年第 2 期。

孔东民、刘莎莎、应千伟:《公司行为中的媒体角色:激浊扬清还是推波助澜?》,《管理世界》2013 年第 7 期。

寇宗来、高琼:《市场结构,市场绩效与企业的创新行为——基于中国工业企业层面的面板数据分析》,《产业经济研究》2013 年第 3 期。

寇宗来、李三希、邵昱琛:《强化知识产权保护与南北双赢》,《经济研究》2021 年第 9 期。

寇宗来、刘学悦:《中国企业的专利行为:特征事实以及来自创新政策的影响》,《经济研究》2020 年第 3 期。

赖烽辉、李善民、王大中:《企业融资约束下的政府研发补贴机制设计》,《经济研究》2021 年第 11 期。

蓝海林、汪秀琼、吴小节、宋铁波:《基于制度基础观的市场进入模式影响因素:理论模型构建与相关研究命题的提出》,《南开管理评论》2010 年第 6 期。

雷小苗：《社会主义市场经济条件下科技创新的新型举国体制研究》，《经济学家》2021 年第 12 期。

黎贵才、王碧英：《拉美依附理论的当代发展——兼论中国经济是否正在拉美化》，《当代经济研究》2014 年第 1 期。

黎文靖、彭远怀、谭有超：《知识产权司法保护与企业创新——兼论中国企业创新结构的变迁》，《经济研究》2021 年第 5 期。

黎文靖、汪顺、陈黄悦：《平衡的发展目标与不平衡的发展——增长目标偏离与企业创新》，《管理世界》2020 年第 12 期。

黎文靖、郑曼妮：《实质性创新还是策略性创新？——宏观产业政策对微观企业创新的影响》，《经济研究》2016 年第 4 期。

李斌、黄少卿：《网络市场渗透与企业市场影响力——来自中国制造业企业的微观证据》，《经济研究》2021 年第 11 期。

李超、李涵：《空气污染对企业库存的影响——基于我国制造业企业数据的实证研究》，《管理世界》2017 年第 8 期。

李丁、张艳、马双、邵帅：《大气污染的劳动力区域再配置效应和存量效应》，《经济研究》2021 年第 5 期。

李东红、乌日汗、陈东：《"竞合"如何影响创新绩效：中国制造业企业选择本土竞合与境外竞合的追踪研究》，《管理世界》2020 年第 2 期。

李根（Keun Lee）：《经济追赶与技术跨越：韩国的发展路径与宏观经济稳定》，安芳、李贵卿译，北京大学出版社 2022 年版。

李昊楠：《减税效率的提升路径——来自结构性减税时期小微企业应税收入弹性的证据》，《管理世界》2021 年第 11 期。

李后建：《官员更替、寻租行为与企业联盟研发投入》，《产业经济研究》2016 年第 3 期。

李后建、张宗益：《地方官员任期、腐败与企业研发投入》，《科学学研究》2014 年第 5 期。

李后建、张剑：《腐败与企业创新：润滑剂抑或绊脚石》，《南开经济研究》2015 年第 2 期。

李华芳:《复杂的企业家——谈企业家的政治责任》,腾讯·大家,参见 http://dajia.qq.com/blog/287654062582022.html,2013 年 7 月 19 日。

李嘉楠、孙浦阳、唐爱迪:《贸易成本、市场整合与生产专业化——基于商品微观价格数据的验证》,《管理世界》2019 年第 8 期。

李健、杨蓓蓓、潘镇:《政府补助、股权集中度与企业创新可持续性》,《中国软科学》2016 年第 6 期。

李坤望、邵文波、王永进:《信息化密度、信息基础设施与企业出口绩效——基于企业异质性的理论与实证分析》,《管理世界》2015 年第 4 期。

李磊、冼国明、包群:《"引进来"是否促进了"走出去"?——外商投资对中国企业对外直接投资的影响》,《经济研究》2018 年第 3 期。

李莉、闫斌、顾春霞:《知识产权保护、信息不对称与高科技企业资本结构》,《管理世界》2014 年第 11 期。

李林木、于海峰、汪冲、付宇:《赏罚机制、税收遵从与企业绩效——基于纳税信用管理制度的研究》,《经济研究》2020 年第 6 期。

李路路、朱斌、王煜:《市场转型、劳动力市场分割与工作组织流动》,《中国社会科学》2016 年第 9 期。

李娜:《5G 手机专利收益将于 2025 年达 200 亿美元 诉讼背后谁在收割市场?》,第一财经日报,2021 - 07 - 15,https://baijiahao.baidu.com/s? id = 1705283007686106639&wfr = spider&for = pc。

李梅、余天骄:《研发国际化是否促进了企业创新——基于中国信息技术企业的经验研究》,《管理世界》2016 年第 11 期。

李青原、肖泽华:《异质性环境规制工具与企业绿色创新激励——来自上市企业绿色专利的证据》,《经济研究》2020 年第 9 期。

李清华:《"地方政府公司主义"对中国制度变迁的影响》,《江西金融职工大学学报》2008 年第 21 期。

李蕊、沈坤荣:《中国知识产权保护对企业创新的影响及其变动机制研究》,《经济管理》2014 年第 4 期。

李锐、凌文辁、柳士顺:《传统价值观、上下属关系与员工沉默行为——中项本土文化情境下的实证探索》,《管理世界》2012 年第 3 期。

李珊、孙路阳、杨天一:《TD-LTE 商用正式起步国际运营商影响力渐强》,《通信世界》2011 年第 37 期。

李善民、黄志宏、郭菁晶:《资本市场定价对企业并购行为的影响研究——来自中国上市公司的证据》,《经济研究》2020 年第 7 期。

李世刚、尹恒:《政府—企业间人才配置与经济增长——基于中国地级市数据的经验研究》,《经济研究》2017 年第 4 期。

李世鹤、王静:《TD 之父李世鹤独家访谈:等待中国 TD 的发令枪》,新浪科技,更新时间 2008 – 05 – 03,http://tech.sina.com.cn/t/2008 – 05 – 03/23372172991.shtml。

李书娟、徐现祥、戴天仕:《身份认同与夜间灯光亮度》,《世界经济》2016 年第 8 期。

李殊琦、赵仲匡、海闻:《贸易企业"用脚投票"?——基于区域金融发展水平不均衡的视角》,《管理世界》2014 年第 7 期。

李伟、贺俊、江鸿:《"十四五"时期我国通信产业发展的战略取向》,《改革》2020 年第 9 期。

李卫兵、张凯霞:《空气污染对企业生产率的影响——来自中国工业企业的证据》,《管理世界》2019 年第 10 期。

李晓梅:《社会信任与文化价值观对于国家创新绩效的作用研究——基于 65 个样本国家的实证研究》,《科学学与科学技术管理》2013 年第 8 期。

李晓萍、李平、吕大国、江飞涛:《经济集聚、选择效应与企业生产率》,《管理世界》2015 年第 4 期。

李新春、陈斌:《企业群体性败德行为与管制失效——对产品质量安全与监管的制度分析》,《经济研究》2013 年第 10 期。

李新春、韩剑、李炜文:《传承还是另创领地?——家族企业二代继承的权威合法性建构》,《管理世界》2015 年第 6 期。

李新春、肖宵:《制度逃离还是创新驱动?——制度约束与民营企业的对外直接投资》,《管理世界》2017年第10期。

李新春、叶文平、朱沆:《牢笼的束缚与抗争:地区关系文化与创业企业的关系战略》,《管理世界》2016年第10期。

李杨:《地方官员任期变化对经济社会发展的影响——基于260个省辖市的考察》,《郑州大学学报》(哲学社会科学版)2017年第3期。

李玉梅、刘雪娇、杨立卓:《外商投资企业撤资:动因与影响机理——基于东部沿海10个城市问卷调查的实证分析》,《管理世界》2016年第4期。

李苑元:《城市化过程中的非均衡发展问题研究》,博士学位论文,上海社会科学院,2011年。

李泽广、马泽昊:《契约环境、代理成本与企业投资—债务期限关系》,《管理世界》2013年第8期。

李增福、汤旭东、连玉君:《中国民营企业社会责任背离之谜》,《管理世界》2016年第9期。

李哲、苏楠:《社会主义市场经济条件下科技创新的新型举国体制研究》,《中国科技论坛》2014年第2期。

理查德·C.博克斯:《公民治理:引领21世纪的美国社区》,中国人民大学出版社2005年版。

连立帅、陈超、米春蕾:《吃一堑会长一智吗?——基于金融危机与经济刺激政策影响下企业绩效关联性的研究》,《管理世界》2016年第4期。

连立帅、朱松、陈关亭:《资本市场开放、非财务信息定价与企业投资——基于沪深港通交易制度的经验证据》,《管理世界》2019年第8期。

连燕玲、贺小刚、张远飞、周兵:《危机冲击、大股东"管家角色"与企业绩效——基于中国上市公司的实证分析》,《管理世界》2012年第9期。

连燕玲、叶文平、刘依琳:《行业竞争期望与组织战略背离——

基于中国制造业上市公司的经验分析》,《管理世界》2019 年第 8 期。

连燕玲、周兵、贺小刚、温丹玮:《经营期望、管理自主权与战略变革》,《经济研究》2015 年第 8 期。

廉思秋、高山行、舒成利、郝志阳:《新型举国体制下构建触发中国高新技术突破的"扇形"模式研究》,《中国科技论坛》2021 年第 11 期。

梁若冰、王群群:《地方债管理体制改革与企业融资困境缓解》,《经济研究》2021 年第 4 期。

梁上坤:《机构投资者持股会影响公司费用粘性吗?》,《管理世界》2018 年第 12 期。

梁正、李代天:《科技创新政策与中国产业发展 40 年——基于演化创新系统分析框架的若干典型产业研究》,《科学学与科学技术管理》2018 年第 9 期。

廖开容、陈爽英:《制度环境对民营企业研发投入影响的实证研究》,《科学学研究》2011 年第 9 期。

廖信林、顾炜宇、王立勇:《政府 R&D 资助效果、影响因素与资助对象选择——基于促进企业 R&D 投入的视角》,《中国工业经济》2013 年第 11 期。

廖义刚、林婷、邓贤琨:《地方官员更替、企业辖区知名度与股价同步性》,《财经理论与实践》2016 年第 6 期。

林承亮、许为民:《增进或挤出:公共研究机构与企业研发投入关系的考察》,《浙江社会科学》2013 年第 8 期。

林润辉、谢宗晓、王兴起、魏军:《制度压力、信息安全合法化与组织绩效——基于中国企业的实证研究》,《管理世界》2016 年第 2 期。

林润辉、张红娟、范建红:《基于网络组织的协作创新研究综述》,《管理评论》2013 年第 6 期。

林炜:《企业创新激励:来自中国劳动力成本上升的解释》,《管理世界》2013 年第 10 期。

林亚清、赵曙明:《政治网络战略、制度支持与战略柔性——恶性竞争的调节作用》,《管理世界》2013 年第 4 期。

林志帆、龙小宁:《社会资本能否支撑中国民营企业高质量发展?》,《管理世界》2021 年第 10 期。

林洲钰、林汉川:《中国制造业企业的技术创新活动——社会资本的作用》,《数量经济技术经济研究》2012 年第 10 期。

刘斌、黄坤、王雷:《谁更愿意去库存:国有还是非国有房地产企业?》,《经济研究》2018 年第 6 期。

刘冲、吴群锋、刘青:《交通基础设施、市场可达性与企业生产率——基于竞争和资源配置的视角》,《经济研究》2020 年第 7 期。

刘春、李善民、孙亮:《独立董事具有咨询功能吗?——异地独董在异地并购中功能的经验研究》,《管理世界》2015 年第 3 期。

刘方龙、吴能全:《"就业难"背景下的企业人力资本影响机制——基于人力资本红利的多案例研究》,《管理世界》2013 年 12 期。

刘凤委、李琳、薛云奎:《信任、交易成本与商业信用模式》,《经济研究》2009 年第 8 期。

刘贯春、段玉柱、刘媛媛:《经济政策不确定性、资产可逆性与固定资产投资》,《经济研究》2019 年第 8 期。

刘海明、曹廷求:《基于微观主体内生互动视角的货币政策效应研究——来自上市公司担保圈的证据》,《经济研究》2016 年第 5 期。

刘海明、曹廷求:《续贷限制对微观企业的经济效应研究》,《经济研究》2018 年第 4 期。

刘海明、李明明:《货币政策对微观企业的经济效应再检验——基于贷款期限结构视角的研究》,《经济研究》2020 年第 2 期。

刘海洋、孔祥贞、马靖:《补贴扭曲了中国工业企业的购买行为吗?——基于讨价还价理论的分析》,《管理世界》2012 年第 10 期。

刘海洋、林令涛、黄顺武:《地方官员变更与企业兴衰——来自地级市层面的证据》,《中国工业经济》2017 年第 1 期。

刘浩、唐松、楼俊:《独立董事:监督还是咨询?——银行背景独立董事对企业信贷融资影响研究》,《管理世界》2012 年第 1 期。

刘浩、许楠、时淑慧：《内部控制的"双刃剑"作用——基于预算执行与预算松弛的研究》，《管理世界》2015年第12期。

刘华：《公共服务分工体制视角下的中央与地方关系》，《江苏社会科学》2013年第6期。

刘慧龙、吴联生：《制度环境、所有权性质与企业实际税率》，《管理世界》2014年第4期。

刘建新、王毅、吴贵生、格佛海：《后发国家产业技术追赶模式新探：单路径、双路径与多路径》，《科学学与科学技术管理》2011年第11期。

刘晶：《TD-LTE使TDD技术更有生命力》，《中国电子报》2013年11月19日。

刘晶：《TD产业联盟秘书长杨骅：多项TDD特色技术将吸纳为5G标准》，《中国电子报》2016年9月23日。

刘晶：《工信部科技司司长闻库：TD-LTE使TDD技术更有生命力》，《中国电子报》2013年11月19日。

刘晶：《十五年国际标准路锻造大唐核心竞争力》，《中国电子报》2013年11月2日。

刘蓝予、周黎安、吴琦：《传统商业文化的长期经济影响——基于明清商帮的实证研究》，《管理世界》2021年第11期。

刘琳、郑建明：《地方官员变更与外资专用性投资——基于中国省际面板数据的实证研究》，《国际贸易问题》2017年第7期。

刘启亮、李祎、张建平：《媒体负面报道、诉讼风险与审计契约稳定性——基于外部治理视角的研究》，《管理世界》2013年第11期。

刘啟仁、赵灿、黄建忠：《税收优惠、供给侧改革与企业投资》，《管理世界》2019年第1期。

刘啟仁、赵灿：《税收政策激励与企业人力资本升级》，《经济研究》2020年第4期。

刘胜、顾乃华：《官员治理、外商直接投资与地区环境污染——基于官员激励及其异质性视角》，《经济体制改革》2017年第2期。

刘胜、顾乃华、陈秀英：《制度环境、政策不连续性与服务业可持续性增长——基于中国地方官员更替的视角》，《财贸经济》2016年第10期。

刘诗源、林志帆、冷志鹏：《税收激励提高企业创新水平了吗？——基于企业生命周期理论的检验》，《经济研究》2020年第6期。

刘守英、蒋省三：《土地融资与财政和金融风险——来自东部一个发达地区的个案》，《中国土地科学》2005年第5期。

刘翔：《中国服务型政府构建研究——基于社会治理结构变迁的视角》，博士学位论文，复旦大学，2010年。

刘行、陈澈：《消费税征收环节后移对企业的影响——来自股票市场的初步证据》，《经济研究》2021年第3期。

刘行、叶康涛：《金融发展、产权与企业税负》，《管理世界》2014年第3期。

刘行、叶康涛：《增值税税率对企业价值的影响：来自股票市场反应的证据》，《管理世界》2018年第11期。

刘行、赵晓阳：《最低工资标准的上涨是否会加剧企业避税？》，《经济研究》2019年第10期。

刘英为、汪涛、聂春艳、张伟：《如何应用国家文化原型实现品牌的国际化传播——基于中国品牌海外社交媒体广告的多案例研究》，《管理世界》2020年第1期。

刘玉海、赵鹏：《地方官员治理与城市绿色增长》，《经济学报》2018年第4期。

刘毓芸、程宇玮：《重点产业政策与人才需求——来自企业招聘面试的微观证据》，《管理世界》2020年第6期。

刘媛媛、刘斌：《劳动保护、成本粘性与企业应对》，《经济研究》2014年第5期。

刘长发：《政治体制改革的动力机制探析》，《攀登》（哲学社会科学版）2011年第3期。

刘志彪：《我国地方政府公司化倾向与债务风险：形成机制与化

解策略》,《南京大学学报》(哲学·人文科学·社会科学版) 2013 年第 5 期。

刘志峰、熊文钊:《我国中央对地方财政调控的法制化思考》,《北京行政学院学报》2013 年第 1 期。

刘子兰、郑茜文、周成:《养老保险对劳动供给和退休决策的影响》,《经济研究》2019 年第 6 期。

刘祖云:《政府与市场的关系：双重博弈与伙伴相依》,《江海学刊》2006 年第 2 期。

柳光强、孔高文:《高管海外经历是否提升了薪酬差距》,《管理世界》2018 年第 8 期。

柳光强、王迪:《政府会计监督如何影响盈余管理——基于财政部会计信息质量随机检查的准自然实验》,《管理世界》2021 年第 5 期。

柳光强:《税收优惠、财政补贴政策的激励效应分析——基于信息不对称理论视角的实证研究》,《管理世界》2016 年第 10 期。

娄勤俭:《TD-SCDMA 产业发展的几点思考》,《中国集成电路》2008 年第 8 期。

卢盛峰、陈思霞:《政府偏袒缓解了企业融资约束吗?——来自中国的准自然实验》,《管理世界》2017 年第 5 期。

卢彦铮、郭峰:《TD-SCDMA：3G 化中国标准》,人民网,2006-03-23,http://media.people.com.cn/GB/22114/46419/60858/4230909.html。

鲁桐、党印:《公司治理与技术创新：分行业比较》,《经济研究》2014 年第 6 期。

陆铭、高虹、佐藤宏:《城市规模与包容性就业》,《中国社会科学》2012 年第 10 期。

陆枭麟、张京祥:《宏观经济环境变迁与城市大事件效应》,《国际城市规划》2010 年第 2 期。

陆瑶、施新政、刘璐瑶:《劳动力保护与盈余管理——基于最低工资政策变动的实证分析》,《管理世界》2017 年第 3 期。

陆正飞、韩非池:《宏观经济政策如何影响公司现金持有的经济效应？——基于产品市场和资本市场两重角度的研究》,《管理世界》2013 年第 6 期。

逯东、黄丹、杨丹：《国有企业非实际控制人的董事会权力与并购效率》,《管理世界》2019 年第 6 期。

路风、何鹏宇：《举国体制与重大突破——以特殊机构执行和完成重大任务的历史经验及启示》,《管理世界》2021 年第 7 期。

路风、慕玲：《本土创新、能力发展和竞争优势：我国激光视盘播放机工业的发展及其对政府作用的政策含义》,《管理世界》2003 年第 12 期。

栾峰、何丹：《企业家城市：城市发展理论的内涵及其批判》,《城市规划学刊》2005 年第 2 期。

罗党论、赖再洪：《重污染企业投资与地方官员晋升——基于地级市 1999—2010 年数据的经验证据》,《会计研究》2016 年第 4 期。

罗党论、廖俊平、王珏：《地方官员变更与企业风险——基于中国上市公司的经验证据》,《经济研究》2016 年第 5 期。

罗党论、佘国满、陈杰：《经济增长业绩与地方官员晋升的关联性再审视——新理论和基于地级市数据的新证据》,《经济学（季刊）》2015 年第 3 期。

罗党论、佘国满、邓可斌：《地方官员任期与民生投入》,《中山大学学报》（社会科学版）2015 年第 5 期。

罗德明、李晔、史晋川：《要素市场扭曲、资源错置与生产率》,《经济研究》2012 年第 3 期。

罗长远、张军：《中国出口扩张的创新溢出效应：以泰国为例》,《中国社会科学》2012 年第 11 期。

罗正英、汤玲玲、常嫦：《高管团队人力资本、激励机制与企业研发投入》,《苏州大学学报》（哲学社会科学版）2013 年第 1 期。

吕朝凤、陈霄：《地方官员会影响 FDI 的区位选择吗——基于倍差法的实证研究》,《国际贸易问题》2015 年第 5 期。

吕晨飞：《对中国财政体制分权化改革制度演进的分析及政策建

议》,《财政研究》2007 年第 1 期。

吕大国、耿强、简泽、卢任:《市场规模、劳动力成本与异质性企业区位选择——中国地区经济差距与生产率差距之谜的一个解释》,《经济研究》2019 年第 2 期。

马草原、程茂勇、侯晓辉:《城市劳动力跨部门流动的制约因素与机制分析——理论解释与经验证据》,《经济研究》2020 年第 1 期。

马草原、马文涛、李成:《中国劳动力市场所有制分割的根源与表现》,《管理世界》2017 年第 11 期。

马光荣、刘明、杨恩艳:《银行授信、信贷紧缩与企业研发》,《金融研究》2014 年第 7 期。

马红旗、黄桂田、王韧、申广军:《我国钢铁企业产能过剩的成因及所有制差异分析》,《经济研究》2018 年第 3 期。

马捷、岳阳、段颀:《市场规模、利润侵蚀和争取多产品跨国企业的政策竞争》,《经济研究》2012 年第 2 期。

马骏、张文魁、张永伟、袁东明、项安波:《深化国有企业三项制度改革的思考》,《发展研究》2015 年第 11 期。

马连福、王元芳、沈小秀:《国有企业党组织治理、冗余雇员与高管薪酬契约》,《管理世界》2013 年第 5 期。

马述忠、房超:《线下市场分割是否促进了企业线上销售——对中国电子商务扩张的一种解释》,《经济研究》2020 年第 7 期。

马双、张劼、朱喜:《最低工资对中国就业和工资水平的影响》,《经济研究》2012 年第 5 期。

马新啸、汤泰劼、郑国坚:《非国有股东治理与国有企业的税收规避和纳税贡献——基于混合所有制改革的视角》,《管理世界》2021 年第 6 期。

马学广、王爱民、闫小培:《从行政分权到跨域治理:我国地方政府治理方式变革研究》,《地理与地理信息科学》2008 年第 1 期。

迈克尔·希特、徐凯:《制度与创业战略》,《管理学季刊》2019 年第 2 期。

曼纽尔·卡斯特：《网络社会的崛起》，夏铸九等译，社会科学文献出版社 2003 年版。

毛其淋、盛斌：《贸易自由化、企业异质性与出口动态——来自中国微观企业数据的证据》，《管理世界》2013 年第 3 期。

毛其淋、许家云：《跨国公司进入与中国本土企业成本加成——基于水平溢出与产业关联的实证研究》，《管理世界》2016 年第 9 期。

毛其淋、许家云：《贸易政策不确定性与企业储蓄行为——基于中国加入 WTO 的准自然实验》，《管理世界》2018 年第 5 期。

毛其淋：《贸易政策不确定性是否影响了中国企业进口？》，《经济研究》2020 年第 2 期。

梅冬州、温兴春、吴娱：《财政扩张、信用违约和民营企业融资困境》，《经济研究》2021 年第 3 期。

蒙英华、蔡宏波、黄建忠：《移民网络对中国企业出口绩效的影响研究》，《管理世界》2015 年第 10 期。

孟庆斌、邹洋、侯德帅：《卖空机制能抑制上市公司违规吗？》，《经济研究》2019 年第 6 期。

苗文龙、何德旭、周潮：《企业创新行为差异与政府技术创新支出效应》，《经济研究》2019 年第 1 期。

倪骁然、朱玉杰：《劳动保护、劳动密集度与企业创新——来自 2008 年〈劳动合同法〉实施的证据》，《管理世界》2016 年第 7 期。

牛志伟、邹昭晞、卫平东：《全球价值链的发展变化与中国产业国内国际双循环战略选择》，《改革》2020 年第 12 期。

欧阳志刚、薛龙：《新常态下多种货币政策工具对特征企业的定向调节效应》，《管理世界》2017 年第 2 期。

潘红波、陈世来：《〈劳动合同法〉企业投资与经济增长》，《经济研究》2017 年第 4 期。

潘红波、周颖、陈世来：《地方官员任期考核与企业盈余管理》，《会计与经济研究》2018 年第 3 期。

潘少银：《地方官员更替与企业现金持有》，硕士学位论文，暨南大学，2015 年。

潘越、林淑萍、张鹏东、戴亦一：《语言将来时态标记特征与公司股利政策——基于投资者语言认知效应的跨国研究》，《经济研究》2021 年第 7 期。

潘越、潘健平、戴亦一：《公司诉讼风险、司法地方保护主义与企业创新》，《经济研究》2015 年第 3 期。

潘越、翁若宇、纪翔阁、戴亦一：《宗族文化与家族企业治理的血缘情结》，《管理世界》2019 年第 7 期。

彭冲、陆铭：《从新城看治理：增长目标短期化下的建城热潮及后果》，《管理世界》2019 年第 8 期。

彭聪、申宇、张宗益：《高管校友圈降低了市场分割程度吗？——基于异地并购的视角》，《管理世界》2020 年第 5 期。

彭丰运：《换帅，三大运营商影响各不同》，《通信世界》2015 年第 24 期。

彭辉安：《社会资本与公共危机整体性治理：价值、困境与出路》，《党政干部学刊》2014 年第 1 期。

彭倩：《经理自主权及其与 R&D 投入关系的实证研究——来自中国上市公司制造业的经验证据》，硕士学位论文，浙江理工大学，2011 年。

彭涛、黄福广、孙凌霞：《税收优惠能否激励风险投资：基于准自然实验的证据》，《管理世界》2021 年第 1 期。

彭维刚：《全球企业战略》，人民邮电出版社 2007 年版。

皮建才、殷军、周愚：《新形势下中国地方官员的治理效应研究》，《经济研究》2014 年第 10 期。

皮圣雷、蓝海林：《中国横向整合企业竞争策略组合与组织协调性：转型期制度情境的调节作用》，《管理世界》2014 年第 4 期。

《企业家谈政治也是本分》，《第一财经日报》2013 年 7 月 15 日第 2 版。

钱先航、曹廷求：《钱随官走：地方官员与地区间的资金流动》，《经济研究》2017 年第 2 期。

钱学锋、王胜、陈勇兵：《中国的多产品出口企业及其产品范围：事实与解释》，《管理世界》2013年第1期。

钱雪松、方胜：《担保物权制度改革影响了民营企业负债融资吗？——来自中国〈物权法〉自然实验的经验证据》，《经济研究》2017年第5期。

《强化企业创新主体地位》，光明网，2021-10-25，https：//m. gmw. cn/baijia/2021-10/25/35256412. html。

秦雪征、尹志锋、周建波、孔欣欣：《国家科技计划与中小型企业创新：基于匹配模型的分析》，《管理世界》2012年第4期。

秦长江：《协作性公共管理：理念、结构与过程》，博士学位论文，上海交通大学，2012年。

权小锋、尹洪英：《中国式卖空机制与公司创新——基于融资融券分步扩容的自然实验》，《管理世界》2017年第1期。

冉光和、张冰、庞新军：《金融发展、外商直接投资与企业研发投入——基于我国省级面板数据的实证研究》，《经济经纬》2013年第2期。

饶品贵、陈冬华、姜国华、陆正飞：《深化宏观经济政策与微观企业行为的互动关系研究——"第四届宏观经济政策与微观企业行为学术研讨会"综述》，《经济研究》2016年第2期。

饶品贵、姜国华：《货币政策、信贷资源配置与企业业绩》，《管理世界》2013年第3期。

饶品贵、罗勇根、陈冬华、姜国华：《宏观之微观意义和微观之宏观启示——第九届宏观经济政策与微观企业行为研究学术研讨会综述》，《经济研究》2021年第1期。

饶品贵、孟为、陈冬华、姜国华、陆正飞：《宏微观交叉研究再出发——第七届宏观经济政策与微观企业行为交叉研究学术研讨会综述》，《经济研究》2019年第1期。

饶品贵、石孟卿、姜国华、陈冬华：《宏观经济政策与微观企业行为互动关系研究——首届"宏观经济政策与微观企业行为"学术研讨会综述》，《经济研究》2013 年第 2 期。

饶品贵、徐子慧：《经济政策不确定性影响了企业高管变更吗?》，《管理世界》2017 年第 1 期。

任曙明、张静：《补贴、寻租成本与加成率——基于中国装备制造企业的实证研究》，《管理世界》2013 年第 10 期。

《任正非接受 CBS 采访：美国给我们的压力只会变成更大的动力》，经济日报—中国经济网，2019 - 03 - 20，https：//www.sohu.com/a/302595328_ 120702。

荣秋艳：《中国地方政府职能：问题、成因及转变》，《经济问题探索》2014 年第 3 期。

阮荣平、郑风田、刘力：《信仰的力量：宗教有利于创业吗?》，《经济研究》2014 年第 3 期。

邵传林、徐立新：《创新驱动发展的制度性影响因素研究——基于中国省际层面的实证检验》，《北京邮电大学学报》（社会科学版）2015 年第 4 期。

邵传林：《企业家角色定位与中国式制度变迁——基于中国省际层面的实证检验》，《当代经济管理》2015 年第 11 期。

邵敏、包群：《FDI 对我国国内劳工权益的影响——改善抑或是恶化?》，《管理世界》2013 年第 9 期。

邵敏：《信贷融资、人力资本与我国企业的研发投入》，《财经研究》2012 年第 10 期。

申慧慧、于鹏、吴联生：《国有股权、环境不确定性与投资效率》，《经济研究》2012 年第 7 期。

沈永建、于双丽、蒋德权：《空气质量改善能降低企业劳动力成本吗?》，《管理世界》2019 年第 6 期。

盛丹、王永进：《中国企业低价出口之谜——基于企业加成率的视角》，《管理世界》2012 年第 5 期。

盛丹、张国峰：《两控区环境管制与企业全要素生产率增长》，《管理世界》2019 年第 2 期。

施炳展、李建桐：《互联网是否促进了分工：来自国制造业企业的证据》，《管理世界》2020 年第 4 期。

史永东、宋明勇、李凤羽、甄红线：《控股股东股权质押与企业债权人利益保护——来自中国债券市场的证据》，《经济研究》2021 年第 8 期。

史宇鹏、和昂达、陈永伟：《产权保护与企业存续：来自制造业的证据》，《管理世界》2013 年第 8 期。

寿志钢、王进、汪涛：《企业边界人员的私人关系与企业间机会主义行为——双刃剑效应的作用机制及其边界条件》，《管理世界》2018 年第 4 期。

宋代伦：《柳传志：以后在商言商 不谈政治》，《南方都市报》2013 年 8 月 17 日。

宋弘、封进、杨婉彧：《社保缴费率下降对企业社保缴费与劳动力雇佣的影响》，《经济研究》2021 年第 1 期。

宋晶、高旭东、王一：《创新生态系统与经济增长的关系》，《技术经济》2017 年第 360 期。

宋凌云、王贤彬：《重点产业政策、资源重置与产业生产率》，《管理世界》2013 年第 12 期。

宋渊洋、黄礼伟：《为什么中国企业难以在国内跨地区经营?》，《管理世界》2014 年第 12 期。

苏文兵、李心合、徐东辉、许佳：《经理自主权与 R&D 投入的相关性检验——来自中国证券市场的经验证据》，《研究与发展管理》2010 年第 4 期。

苏文兵、徐东辉、梁迎弟：《经理自主权、政治成本与 R&D 投入》，《财贸研究》2011 年第 3 期。

苏振东、洪玉娟、刘璐瑶：《政府生产性补贴是否促进了中国企业出口?——基于制造业企业面板数据的微观计量分析》，《管理世界》2012 年第 5 期。

孙楚仁、田国强、章韬：《最低工资标准与中国企业的出口行为》，

《经济研究》2013 年第 2 期。

孙健、王百强、曹丰、刘向强：《公司战略影响盈余管理吗?》，《管理世界》2016 年第 3 期。

孙鲲鹏、罗婷、肖星：《人才政策、研发人员招聘与企业创新》，《经济研究》2021 年第 8 期。

孙鲲鹏、王丹、肖星：《互联网信息环境整治与社交媒体的公司治理作用》，《管理世界》2020 年第 7 期。

孙来斌、颜鹏飞：《依附论的历史演变及当代意蕴》，《马克思主义研究》2005 年第 4 期。

孙亮、刘春：《公司为什么聘请异地独立董事?》，《管理世界》2014 年第 9 期。

孙浦阳、张靖佳、高恺琳：《量化宽年松政策对于企业出口价格的影响研究——基于微观数据的理论与实证研究》，《管理世界》2016 年第 11 期。

孙伟增、罗党论、郑思齐、万广华：《环保考核、地方官员晋升与环境治理——基于 2004—2009 年中国 86 个重点城市的经验证据》，《清华大学学报》（哲学社会科学版）2014 年第 4 期。

孙志燕：《中央——地方政府权责配置优化的原则思路及关键环节》，《中国发展评论：中文版》2013 年第 4 期。

《TD-LTE·十年历程》，《人民邮电》2014 年 12 月 4 日第 7 版。

TD 产业联盟：《致力专利协同运用，促进产业健康发展》，2016 - 02 - 03，http://www.tdia.cn/2016/10/13/13/。

谭劲松、简宇寅、陈颖：《政府干预与不良贷款——以某国有商业银行 1988—2005 年的数据为例》，《管理世界》2012 年第 7 期。

谭劲松、林润辉：《TD-SCDMA 与电信行业标准竞争的战略选择》，《管理世界》2006 年第 6 期。

谭小芬、张文婧：《财政分权、地方政府行为与企业杠杆率分化》，《经济研究》2021 年第 6 期。

汤邦锐：《制度企业家才能视角下的制度变迁研究——以中国的

市场化制度变迁为例》，硕士学位论文，浙江工商大学，2017年。

汤泰劼、罗曼璐、宋献中：《地方官员主政压力、财政目标考核与企业实际税率》，《经济评论》2019年第3期。

唐可清、潘佳力：《城市：重大事件与事件空间》，《时代建筑》2008年第4期。

唐鹏、石晓平、曲福田：《地方政府竞争与土地财政策略选择》，《资源科学》2014年第4期。

唐松、孙铮：《政治关联、高管薪酬与企业未来经营绩效》，《管理世界》2014年第5期。

唐松、温德尔、孙铮：《"原罪"嫌疑与民营企业会计信息质量》，《管理世界》2017年第8期。

唐亚林、郝文强：《新型举国体制：历史演变、时代特征与模式构建》，《华东理工大学学报》（社会科学版）2021年第4期。

唐宜红、俞峰、林发勤、张梦婷：《中国高铁、贸易成本与企业出口研究》，《经济研究》2019年第7期。

唐跃军、左晶晶、李汇东：《制度环境变迁对公司慈善行为的影响机制研究》，《经济研究》2014年第2期。

唐跃军、左晶晶：《所有权性质、大股东治理与公司创新》，《金融研究》2014年第6期。

唐在富：《中国土地财政基本理论研究——土地财政的起源、本质、风险与未来》，《经济经纬》2012年第2期。

陶锋、胡军、李诗田、韦锦祥：《金融地理结构如何影响企业生产率？——兼论金融供给侧结构性改革》，《经济研究》2017年第9期。

陶勇：《中国地方政府行为企业化变迁的财政逻辑》，《上海财经大学学报》2011年第1期。

陶忠元：《国际贸易领域中的标准竞争及其对策》，《学术交流》2010年第11期。

田彬彬、范子英：《征纳合谋、寻租与企业逃税》，《经济研究》2018年第5期。

田彬彬、陶东杰、李文健：《税收任务、策略性征管与企业实际税负》，《经济研究》2020 年第 8 期。

田磊、陆雪琴：《减税降费、企业进入退出和全要素生产率》，《管理世界》2021 年第 12 期。

田利辉、张伟：《政治关联影响我国上市公司长期绩效的三大效应》，《经济研究》2013 年第 11 期。

田巍、余淼杰：《企业出口强度与进口中间品贸易自由化：来自中国企业的实证研究》，《管理世界》2013 年第 1 期。

田文佳、余靖雯、龚六堂：《晋升激励与工业用地出让价格——基于断点回归方法的研究》，《经济研究》2019 年第 10 期。

田雨欣：《制度创业理论视角下移动通信行业技术标准竞争研究》，硕士学位论文，山西大学，2020 年。

佟健、宋小宁：《中国地方政府官员的隐性激励机制——基于职业生涯考虑模型》，《当代财经》2011 年第 6 期。

万海远：《城市社区基础设施投资的创业带动作用》，《经济研究》2021 年第 9 期。

万华林、朱凯、陈信元：《税制改革与公司投资价值相关性》，《经济研究》2012 年第 3 期。

汪伟、王文鹏：《预期寿命、人力资本与提前退休行为》，《经济研究》2021 年第 9 期。

王斌、张伟华：《外部环境、公司成长与总部自营》，《管理世界》2014 年第 1 期。

王博、朱沆：《制度改善速度与机会型创业的关系研究》，《管理世界》2020 年第 10 期。

王春超、周先波：《社会资本能影响农民工收入吗？——基于有序响应收入模型的估计和检验》，《管理世界》2013 年第 9 期。

王定星：《地方官员特征与公共支出》，《南京财经大学学报》2017 年第 4 期。

王凤荣、苗妙：《税收竞争、区域环境与资本跨区流动——基于企业异地并购视角的实证研究》,《经济研究》2015 年第 2 期。

王海、尹俊雅:《乡土情结的环境治理效应——基于官员异质性视角的实证考察》,《云南财经大学学报》2019 年第 2 期。

王海成、吕铁:《知识产权司法保护与企业创新——基于广东省知识产权案件"三审合一"的准自然试验》,《管理世界》2016 年第 10 期。

王汉生、王一鸽:《目标管理责任制:农村基层政权的实践逻辑》,《社会学研究》2009 年第 2 期。

王红建、李青原、邢斐:《金融危机、政府补贴与盈余操纵——来自中国上市公司的经验证据》,《管理世界》2014 年第 7 期。

王华:《新形势下我国企业国际标准竞争策略的建议》,《商场现代化》2007 年第 2 期。

王华兵、秦鹏:《论城市规划的公共性及其制度矫正》,《中国软科学》2013 年第 2 期。

王欢欢、樊海潮、唐立鑫:《最低工资、法律制度变化和企业对外直接投资》,《管理世界》2019 年第 11 期。

王娟、张克中:《财政分权、地方官员与碳排放——来自中国省长、省委书记的证据》,《现代财经》(天津财经大学学报) 2014 年第 9 期。

王珏、祝继高:《劳动保护能促进企业高学历员工的创新吗?——基于 A 股上市公司的实证研究》,《管理世界》2018 年第 3 期。

王克敏、刘静、李晓溪:《产业政策、政府支持与公司投资效率研究》,《管理世界》2017 年第 3 期。

王克敏、杨国超、刘静、李晓溪:《IPO 资源争夺、政府补助与公司业绩研究》,《管理世界》2015 年第 9 期。

王立清、杨宝臣、高常水:《制度环境对企业 R&D 投入的影响——基于我国上市公司的经验证据》,《科技进步与对策》2011 年第 22 期。

王丽娟、毛程连:《地方政府间土地优惠竞争关系研究——基于空间自回归模型的实证检验》,《财经论丛》2012 年第 6 期。

王亮亮、王娜:《税制改革、工资跨期转移与公司价值》,《管理世界》2015 年第 11 期。

王亮亮：《税制改革与利润跨期转移——基于"账税差异"的检验》，《管理世界》2014 年第 11 期。

王茂光、李博、唐孝文：《技术标准联盟发展演化的关键路径研究——以 TD 联盟为例》，《管理现代化》2015 年第 5 期。

王明琳、徐萌娜、王河森：《利他行为能够降低代理成本吗？——基于家族企业中亲缘利他行为的实证研究》，《经济研究》2014 年第 3 期。

王沛、刘峰：《社会认同理论视野下的社会认同威胁》，《心理科学进展》2007 年第 5 期。

王平、梁正：《联盟标准组织探析》，《中国标准化》2013 年第 5 期。

王钦：《新中国工业技术创新 70 年：历程、经验与展望》，《中国发展观察》2019 年第 21 期。

王全景、温军：《地方官员变更与企业创新——基于融资约束和创新贡献度的路径探寻》，《南开经济研究》2019 年第 3 期。

王守宝：《科技进步与经济发展的相关性研究》，博士学位论文，天津大学，2010 年。

王思琪：《摆脱亦步亦趋　华为打入 5G 核心标准》，《第一财经日报》2016 年 11 月 21 日。

王涛：《TD-SCDMA 标准国际化布满荆棘　被疑重走日本老路》，《通信产业报》2005 年 8 月 31 日。

王铁男、王宇、赵凤：《环境因素、CEO 过度自信与 IT 投资绩效》，《管理世界》2017 年第 9 期。

王伟同、李秀华、陆毅：《减税激励与企业债务负担——来自小微企业所得税减半征收政策的证据》，《经济研究》2020 年第 8 期。

王贤彬、徐现祥、李郇：《地方官员更替与经济增长》，《经济学（季刊）》2009 年第 4 期。

王贤彬、张莉、徐现祥：《什么决定了地方财政的支出偏向——基于地方官员的视角》，《经济社会体制比较》2013 年第 6 期。

王贤彬：《地方官员来源、去向、任期与经济增长——来自中国省长省委书记的证据》,《管理世界》2008年第3期。

王贤彬:《中国地方官员对经济增长的影响研究》,博士学位论文,中山大学,2010年。

王馨、王营:《绿色信贷政策增进绿色创新研究》,《管理世界》2021年第6期。

王雄元、史震阳、何捷:《企业工薪所得税筹划与职工薪酬激励效应》,《管理世界》2016年第7期。

王彦超、蒋亚含:《竞争政策与企业投资——基于〈反垄断法〉实施的准自然实验》,《经济研究》2020年第8期。

王艳、李善民:《社会信任是否会提升企业并购绩效?》,《管理世界》2017年第12期。

王义中、宋敏:《宏观经济不确定性、资金需求与公司投资》,《经济研究》2014年第2期。

王艺明、刘志红、杨雨迪:《地方官员的地域偏袒与教育供给》,《经济管理》2015年第8期。

王翼:《我国地方政府招商引资模式创新研究》,硕士学位论文,上海交通大学,2007年。

王永贵、洪傲然:《千篇一律还是产品定制——"一带一路"背景下中国企业跨国渠道经营研究》,《管理世界》2020年第12期。

王永健、谢卫红:《任务环境与制度环境对企业创新的交互影响研究》,《科学学与科学技术管理》2016年第4期。

王永进、盛丹、李坤望:《中国企业成长中的规模分布——基于大企业的研究》,《中国科学社会》2017年第3期。

王永进、盛丹:《地理集聚会促进企业间商业信用吗?》,《管理世界》2013年第1期。

王永钦、董雯:《机器人的兴起如何影响中国劳动力市场?——来自制造业上市公司的证据》,《经济研究》2020年第10期。

王云辉:《抢占制高点 TD-LTE渐成世界主流标准》,《中国高新技术产业导报》2012年4月2日第C2版。

韦伯：《儒教与道教》，江苏人民出版社 1993 年版。

魏江、潘秋玥、王诗翔：《制度型市场与技术追赶》，《中国工业经济》2016 年第 9 期。

魏下海、董志强、刘愿：《政治关系、制度环境与劳动收入份额——基于全国民营企业调查数据的实证研究》，《管理世界》2013 年第 5 期。

魏轩、陈伟、林超然：《创新能力研究理论背景演化、分类及关系研究》，《管理学季刊》2019 年第 4 期。

温军、冯根福：《异质机构、企业性质与自主创新》，《经济研究》2012 年第 3 期。

文雁兵：《区域异质性视角下中国地方政府行为选择及演变》，《中国人口科学》2014 年第 3 期。

吴炳德、王志玮、陈士慧、朱建安、陈凌：《目标兼容性、投资视野与家族控制：以研发资金配置为例》，《管理世界》2017 年第 2 期。

吴超鹏、唐菂：《知识产权保护执法力度、技术创新与企业绩效——来自中国上市公司的证据》，《经济研究》2016 年第 11 期。

吴超鹏、薛南枝、张琦、吴世农：《家族主义文化、"去家族化"治理改革与公司绩效》，《经济研究》2019 年第 2 期。

吴传荣、曾德明：《技术标准战略在我国对外贸易中的应用分析》，《商业研究》2006 年第 4 期。

吴非、胡慧芷、林慧妍、任晓怡：《企业数字化转型与资本市场表现——来自股票流动性的经验证据》，《管理世界》2021 年第 7 期。

吴昊旻、杨兴全、魏卉：《产品市场竞争与公司股票特质性风险——基于我国上市公司的经验证据》，《经济研究》2012 年第 6 期。

吴敬琏：《发展中国高新技术产业：制度重于技术》，中国发展出版社 2002 年版。

吴宁、汤艳红、黄朝峰：《新型举国体制助推中国科技实现"去依附"》，《创新科技》2022 年第 3 期。

吴伟伟、张天一：《非研发补贴与研发补贴对新创企业创新产出的非对称影响研究》，《管理世界》2021 年第 3 期。

吴晓波：《二次创新的进化过程》，《科研管理》1995 年第 2 期。

吴一平、王健：《制度环境、政治网络与创业：来自转型国家的证据》，《经济研究》2015 年第 8 期。

吴怡俐、吕长江、倪晨凯：《增值税的税收中性、企业投资和企业价值——基于"留抵退税"改革的研究》，《管理世界》2021 年第 8 期。

吴永宁、周乃元、陈君石：《十五国家重大科技专项"食品安全关键技术"》，《中国食品卫生杂志》2007 年第 2 期。

吴育辉、张欢、于小偶：《机会之地：社会流动性与企业生产效率》，《管理世界》2021 年第 12 期。

武亚军、高旭东、李明芳：《国际化背景下的中国本土企业战略：一个理论框架与应用分析》，《管理世界》2005 年第 11 期。

魏小题：《应遏制过度牺牲公共利益的招商引资行为——访全国政协委员、重庆市审计局副局长丁时勇》，《中国审计报》2014 年 3 月 10 日。

夏春玉、张志坤、张闯：《私人关系对投机行为的抑制作用何时更有效？——传统文化与市场经济双重伦理格局视角的研究》，《管理世界》2020 年第 1 期。

夏凡、王星：《深企参与研发 TD-LTE 系统 在全球 46 个国家实现商用》，2017-02-10，https：//www.sohu.com/a/125896567_114731。

夏后学、谭清美、白俊红：《营商环境、企业寻租与市场创新——来自中国企业营商环境调查的经验证据》，《经济研究》2019 年第 4 期。

夏杰长、刘诚：《行政审批改革、交易费用与中国经济增长》，《管理世界》2017 年第 4 期。

夏立军、郭建展、陆铭：《企业家的"政由己出"——民营 IPO 公司创始人管理、市场环境与公司业绩》，《管理世界》2012 年第 9 期。

夏庆杰、李实、宋丽娜、Simon Appleton：《国有单位工资结构及其就业规模变化的收入分配效应：1988—2007》，《经济研究》2012 年第 6 期。

项后军、吴全奇：《垂直专业化、计价货币与出口依市定价（PTM）行为研究》，《管理世界》2015 年第 4 期。

肖土盛、李丹、袁淳：《企业风格与政府环境匹配：基于异地并购的证据》，《管理世界》2018 年第 3 期。

肖文、林高榜：《政府支持、研发管理与技术创新效率——基于中国工业行业的实证分析》，《管理世界》2014 年第 4 期。

肖洋：《西方科技霸权与中国标准国际化——工业革命 4.0 的视角》，《社会科学》2017 年第 7 期。

谢德仁、林乐、陈运森：《薪酬委员会独立性与更高的经理人报酬—业绩敏感度——基于薪酬辩护假说的分析和检验》，《管理世界》2012 年第 1 期。

谢申祥、刘培德、王孝松：《价格竞争、战略性贸易政策调整与企业出口模式选择》，《经济研究》2018 年第 10 期。

谢申祥、陆毅、蔡熙乾：《开放经济体系中劳动者的工资议价能力》，《中国社会科学》2019 年第 5 期。

谢守红：《经济全球化与世界城市的形成》，《外国经济与管理》2002 年第 4 期。

谢宜泽、胡鞍钢：《新型举国体制：时代背景、基本特征与适用领域》，《深圳大学学报》2021 年第 4 期。

谢震、艾春荣：《分析师关注与公司研发投入：基于中国创业板公司的分析》，《财经研究》2014 年第 2 期。

辛宇、李新春、徐莉萍：《地区宗教传统与民营企业创始资金来源》，《经济研究》2016 年第 4 期。

熊艾伦、王子娟、张勇、李宏毅：《性别异质性与企业决策：文化视角下的对比研究》，《管理世界》2018 年第 6 期。

熊瑞祥、王慷楷：《地方官员晋升激励、产业政策与资源配置效率》，《经济评论》2017 年第 3 期。

徐建炜、邹静娴、毛捷：《提高最低工资会拉升产品价格吗?》，《管理世界》2017 年第 12 期。

徐瑾：《变动时代的中国企业家》，《IT 时代周刊》2013 年第 8 期。

徐康宁、冯伟：《基于本土市场规模的内生化产业升级：技术创新的第三条道路》，《中国工业经济》2010 年第 11 期。

徐明东、陈学彬：《中国工业企业投资的资本成本敏感性分析》，《经济研究》2012 年第 3 期。

徐明东、田素华：《转型经济改革与企业投资的资本成本敏感性——基于中国国有工业企业的微观证据》，《管理世界》2013 年第 2 期。

徐细雄、刘星：《放权改革、薪酬管制与企业高管腐败》，《管理世界》2013 年第 3 期。

徐现祥、李书娟：《官员偏爱籍贯地的机制研究——基于资源转移的视角》，《经济研究》2019 年第 7 期。

徐现祥、刘勇：《中国任命地方官员的模式》，《经济学报》2018 年第 4 期。

徐现祥、王贤彬、舒元：《地方官员与经济增长——来自中国省长、省委书记交流的证据》，《经济研究》2007 年第 91 期。

徐业坤、马光源：《地方官员变更与企业产能过剩》，《经济研究》2019 年第 5 期。

徐业坤、钱先航、李维安：《政治不确定性、政治关联与民营企业投资——来自市委书记更替的证据》，《管理世界》2013 年第 5 期。

许德音、周长辉：《中国战略管理学研究现状评估》，《管理世界》2004 年第 5 期。

许和连、王海成：《简政放权改革会改善企业出口绩效吗？——基于出口退（免）税审批权下放的准自然试验》，《经济研究》2018 年第 3 期。

许红梅、李春涛：《社保费征管与企业避税——来自〈社会保险法〉实施的准自然实验证据》，《经济研究》2020 年第 6 期。

许家云、佟家栋、毛其淋：《人民币汇率变动、产品排序与多产品企业的出口行为——以中国制造业企业为例》，《管理世界》2015 年第 2 期。

许烺光：《宗族、种姓与社团》，台北天南书局 2002 年版。

许庆瑞、吴志岩、陈力田：《转型经济中企业自主创新能力演化路径及驱动因素分析——海尔集团 1984—2013 年的纵向案例研》，《管理世界》2013 年第 4 期。

许庆瑞等：《中国特色自主创新道路研究：从二次创新到全面创新》，浙江大学出版社 2018 年版。

许伟、陈斌开：《税收激励和企业投资——基于 2004—2009 年增值税转型的自然实验》，《管理世界》2016 年第 5 期。

徐勇：《5G 发牌两周年：成绩显著，未来可期》，人民邮电报网，2021 - 06 - 07，http：//www. xinhuanet. com/info/2021 - 06/07/c_139992994. htm。

许志伟、吴化斌：《企业组织资本对中国宏观经济波动的影响》，《管理世界》2012 年第 3 期。

薛卫、雷家骕：《标准竞争——闪联的案例研究》，《科学学研究》2008 年第 6 期。

鄢伟波、安磊：《社会保险缴费与转嫁效应》，《经济研究》2021 年第 9 期。

严华鸣：《公私合作伙伴关系在我国城市更新领域的应用——基于上海新天地项目的分析》，《城市发展研究》2012 年第 8 期。

严武、许荣、史清华、汪勇祥：《产权保护和市场信息不对称：来自中国 A – B 股的证据》，《经济研究》2012 年第 11 期。

阎学通：《大国领导力》，李佩芝译，中信出版集团 2021 年版。

杨爱平：《从垂直激励到平行激励》，《学术研究》2011 年第 5 期。

杨畅、庞瑞芝：《契约环境、融资约束与"信号弱化"效应——基于中国制造业企业的实证研究》，《管理世界》2017 年第 4 期。

杨大楷、汪若君、夏有为：《基于竞争视角的地方政府债务研究述评》，《审计与经济研究》2014 年第 1 期。

杨道广、陈汉文、刘启亮：《媒体压力与企业创新》，《经济研究》2017 年第 8 期。

杨德明、赵璨：《媒体监督、媒体治理与高管薪酬》，《经济研究》

2012年第6期。

杨典：《公司治理与企业绩效——基于中国经验的社会学分析》，《中国社会科学》2013年第1期。

杨国超、刘静、廉鹏、芮萌：《减税激励、研发操纵与研发绩效》，《经济研究》2017年第8期。

杨国超、芮萌：《高新技术企业税收减免政策的激励效应与迎合效应》，《经济研究》2020年第9期。

杨海生、才国伟、李泽槟：《政策不连续性与财政效率损失——来自地方官员变更的经验证据》，《管理世界》2015年第12期。

杨海生、陈少凌、罗党论：《政策不稳定性与经济增长——来自中国地方官员变更的经验证据》，《管理世界》2014年第9期。

杨骅：《4G走向成熟 5G呼之欲出》，《中国电子报》2017年9月5日第4版。

杨辉：《基于产品生命周期的技术标准战略探讨》，《船舶标准化与质量》2013年第5期。

杨继彬、李善民、杨国超、吴文锋：《省际双边信任与资本跨区域流动——基于企业异地并购的视角》，《经济研究》2021年第4期。

杨继生、黎娇龙：《制约民营制造企业的关键因素：用工成本还是宏观税负？》，《经济研究》2018年第5期。

杨继生、阳建辉：《行政垄断、政治庇佑与国有企业的超额成本》，《经济研究》2015年第4期。

杨进、周川力、姜先登：《官员搭配、制度环境与地方实际税率——基于中国工业企业数据的研究》，《当代财经》2019年第2期。

杨龙见、吴斌珍、李世刚、彭凡嘉：《"以税增信"是否有助于小微企业贷款？——来自"银税互动"政策的证据》，《经济研究》2021年第7期。

杨默、杨永恒：《地方官员对县级转移支付分配的影响研究——以G省86个县为例》，《行政论坛》2017年第4期。

杨汝岱、李艳：《区位地理与企业出口产品价格差异研究》，《管理世界》2013 年第 7 期。

杨瑞龙、章逸然、杨继东：《制度能缓解社会冲突对企业风险承担的冲击吗?》，《经济研究》2017 年第 8 期。

杨兴全、尹兴强、孟庆玺：《谁更趋多元化经营：产业政策扶持企业抑或非扶持企业?》，《经济研究》2018 年第 9 期。

杨洋、魏江、罗来军：《谁在利用政府补贴进行创新？——所有制和要素市场扭曲的联合调节效应》，《管理世界》2015 年第 1 期。

杨毅沉、郭宇靖、赵超、高亢：《是什么让高通"认罚"60 亿元? 揭秘中国史上最大金额反垄断罚单》，新华网，2015-02-10，http://news.xinhuanet.com/fortune/2015-02/10/c_1114325707.htm。

杨圆圆：《"土地财政"规模估算及影响因素研究》，《财贸经济》2010 年第 10 期。

杨震宁、赵红：《中国企业的开放式创新：制度环境、"竞合"关系与创新绩效》，《管理世界》2020 年第 2 期。

杨治、王砚羽、夏军：《中国管理研究的理论贡献》，《管理学季刊》2019 年第 4 期。

杨竺松、燕阳、张雪君、张君忆：《中国共产党干部选任的能力导向——来自省委常委的证据（1983—2012 年)》，《政治学研究》2021 年第 3 期。

姚金伟、韩海燕：《当代中国地方官员有序政治流动及其经济性影响——实际任期考察的视角》，《财经问题研究》2019 年第 5 期。

姚晶晶、鞠冬、张建君：《企业是否会近墨者黑：企业规模、政府重要性与企业政治行为》，《管理世界》2015 年第 7 期。

叶静怡、林佳、张鹏飞、曹思未：《中国国有企业的独特作用：基于知识溢出的视角》，《经济研究》2019 年第 6 期。

叶康涛、臧文佼：《外部监督与企业费用归类操纵》，《管理世界》2016 年第 1 期。

叶林：《从增长联盟到权益共同体：中国城市改造的逻辑重构》，《中山大学学报》（社会科学版）2013 年第 5 期。

叶青、李增泉、李光青：《富豪榜会影响企业会计信息质量吗？——基于政治成本视角的考察》，《管理世界》2012 年第 1 期。

叶文平、李新春、朱沆：《地区差距、社会嵌入与异地创业——"过江龙"企业家现象研究》，《管理世界》2018 年第 1 期。

殷忠勇：《论科技创新新型举国体制的构建——时代背景、理论基础和制度体系》，《人民论坛·学术前沿》2017 年第 3 期。

尹志锋、叶静怡、黄阳华：《知识产权保护与企业创新：传导机制及其检验》，《世界经济》2013 年第 12 期。

于蔚、汪淼军、金祥荣：《政治关联和融资约束：信息效应与资源效应》，《经济研究》2012 年第 9 期。

于文超：《政企关系重构如何影响企业创新？》，《经济评论》2019 年第 1 期。

于文超、李树、袁燕：《官员更替、产权性质与企业避税》，《浙江社会科学》2015 年第 8 期。

于亚卓、张惠琳、张平淡：《非对称性环境规制的标尺现象及其机制研究》，《管理世界》2021 年第 9 期。

于泽、陆怡舟、王闻达：《货币政策执行模式、金融错配与我国企业投资约束》，《管理世界》2015 年第 9 期。

于泽、钱智俊、方庆、罗瑜：《数量管制、流动性错配和企业高额现金持有——来自上市公司的证据》，《管理世界》2017 年第 2 期。

余淼杰、袁东：《贸易自由化、加工贸易与成本加成——来自我国制造业企业的证据》，《管理世界》2016 年第 9 期。

余淼杰、智琨：《进口自由化与企业利润率》，《经济研究》2016 年第 8 期。

余明桂、李文贵、潘红波：《民营化、产权保护与企业风险承担》，《经济研究》2013 年第 9 期。

郁建兴、徐越倩、江华：《温州商会的例外与不例外——中国公民社会的发展与挑战》，《浙江大学学报》（人文社会科学版）2007 年第 6 期。

袁宝华：《企业自主权是怎样突破坚冰的——回忆30年企业改革历程（上）》，《中外管理》2009年第1期。

袁建国、后青松、程晨：《企业政治资源的诅咒效应——基于政治关联与企业技术创新的考察》，《管理世界》2015年第1期。

臧传琴、初帅：《地方官员特征、官员交流与环境治理——基于2003—2013年中国25个省级单位的经验证据》，《财经论丛》（浙江财经大学学报）2016年第11期。

詹新宇、刘文彬：《地方官员来源的经济增长质量效应研究》，《中央财经大学学报》2018年第4期。

张丙宣：《招商引资、利益博弈与激励机制——以杭州市J镇为个案的研究》，《中共杭州市委党校学报》2012年第5期。

张成思、孙宇辰、阮睿：《宏观经济感知、货币政策与微观企业投融资行为》，《经济研究》2021年第10期。

张尔升：《地方官员的企业背景与经济增长——来自中国省委书记、省长的证据》，《中国工业经济》2010年第3期。

张尔升：《地方官员的专业禀赋与经济增长——以中国省委书记、省长的面板数据为例》，《制度经济学研究》2012年第1期。

张飞、曲福田：《土地市场秩序混乱与地方政府竞争》，《社会科学》2005年第5期。

张峰、黄玖立、王睿：《政府管制、非正规部门与企业创新：来自制造业的实证依据》，《管理世界》2016年第2期。

张红娟、谭劲松：《联盟网络与企业创新绩效：跨层次分析》，《管理世界》2014年第3期。

张会清、唐海燕：《人民币升值、企业行为与出口贸易——基于大样本企业数据的实证研究：2005—2009》，《管理世界》2012年第12期。

张杰、毕钰、金岳：《中国高新区"以升促建"政策对企业创新的激励效应》，《管理世界》2021年第7期。

张杰、陈志远、杨连星、新夫：《中国创新补贴政策的绩效评估：

理论与证据》,《经济研究》2015 年第 10 期。

张杰、刘元春、郑文平:《为什么出口会抑制中国企业增加值率?——基于政府行为的考察》,《管理世界》2013 年第 6 期。

张杰、芦哲、郑文平:《融资约束、融资渠道与企业 R&D 投入》,《世界经济》2012 年第 10 期。

张杰、吴书凤:《"十四五"时期中国关键核心技术创新的障碍与突破路径分析》,《人文杂志》2021 年第 1 期。

张杰、周晓艳、李勇:《要素市场扭曲抑制了中国企业 R&D?》,《经济研究》2011 年第 8 期。

张杰:《中国政府创新政策的混合激励效应研究》,《经济研究》2021 年第 8 期。

张京祥、洪世键:《城市空间扩张及结构演化的制度因素分析》,《规划师论坛》2008 年第 12 期。

张京祥、王莉莉、罗震东:《全球化环境中城市巨型工程的多维审视》,《人文地理》2009 年第 4 期。

张京祥、吴缚龙、崔功豪:《城市发展战略规划:透视激烈竞争环境中的地方政府管治》,《人文地理》2004 年第 3 期。

张晶:《具有涉他偏好的地方官员晋升锦标激励研究》,《西安交通大学学报》(社会科学版) 2015 年第 35 期。

张靖佳、孙浦阳、刘澜飚:《量化宽松政策、财富效应与企业出口》,《经济研究》2015 年第 12 期。

张军、高远:《官员任期、异地交流与经济增长——来自省级经验的证据》,《经济研究》2007 年第 11 期。

张俊生、曾亚敏:《社会资本与区域金融发展——基于中国省际数据的实证研究》,《财经研究》2005 年第 2 期。

张克中、何凡、黄永颖、崔小勇:《税收优惠、租金分享与公司内部收入不平等》,《经济研究》2021 年第 6 期。

张克中、欧阳洁、李文健:《缘何"减税难降负":信息技术、征税能力与企业逃税》,《经济研究》2020 年第 3 期。

张莉、朱光顺、李世刚、李夏洋:《市场环境、重点产业政策与企业生产率差异》,《管理世界》2019年第3期。

张丽媛:《台媒:美商务部赴台审查台积电供货华为是否违规,结果无可奈何》,环球网,更新时间2019-06-03,https://3w.huanqiu.com/a/c36dc8/7NcwxvxuRI4?agt=8。

张霖琳、刘峰、蔡贵龙:《监管独立性、市场化进程与国企高管晋升机制的执行效果——基于2003—2012年国企高管职位变更的数据》,《管理世界》2015年第10期。

张敏、马黎珺、张雯:《企业慈善捐赠的政企纽带效应——基于我国上市公司的经验证据》,《管理世界》2013年第7期。

张敏、童丽静、许浩然:《社会网络与企业风险承担——基于我国上市公司的经验证据》,《管理世界》2015年第11期。

张明、蓝海林、陈伟宏、曾萍:《殊途同归不同效:战略变革前因组态及其绩效研究》,《管理世界》2020年第9期。

张琦、郑瑶、孔东民:《地区环境治理压力、高管经历与企业环保投资——一项基于〈环境空气质量标准(2012)〉的准自然实验》,《经济研究》2019年第6期。

张勤、刘含丹:《构建政府与公民社会组织的合作互动机制》,《新视野》2008年第6期。

张如林:《巨型工程与城市发展》,《城市问题》2009年第2期。

张睿、张勋、戴若尘:《基础设施与企业生产率:市场扩张与外资竞争的视角》,《管理世界》2018年第1期。

张三保、费菲:《政府参与标准竞争:案例研究与理论探讨》,《经济管理》2008年第1期。

张三保、张志学:《管理自主权:融会中国与西方、连接宏观与微观》,《管理世界》2014年第3期。

张三保、张志学:《区域制度差异,CEO管理自主权与企业风险承担——中国30省高技术产业的证据》,《管理世界》2012年第4期。

张树忠、朱一鸣:《地方官员的金融背景与辖区金融发展——来自中国省级官员的证据》,《金融理论与实践》2015 年第 5 期。

张维迎:《制度企业家与中国的未来》,《杭州》(周刊) 2013 年第 1 期。

张玮婷、王志强:《地域因素如何影响公司股利政策:"替代模型"还是"结果模型"?》,《经济研究》2015 年第 5 期。

张祥建、徐晋、徐龙炳:《高管精英治理模式能够提升企业绩效吗?——基于社会连带关系调节效应的研究》,《经济研究》2015 年第 3 期。

张叶青、陆瑶、李乐芸:《大数据应用对中国企业市场价值的影响——来自中国上市公司年报文本分析的证据》,《经济研究》2021 年第 12 期。

张晔、刘志彪:《产业趋同:地方官员行为的经济学分析》,《经济学家》2005 年第 6 期。

张远飞、贺小刚、连燕玲:《"富则思安"吗?——基于中国民营上市公司的实证分析》,《管理世界》2013 年第 7 期。

张长征、胡利利:《基于经理自主权的企业技术创新决策模型研究:来自陕西省技术型企业的经验证据》,《经济研究导刊》2011 年第 34 期。

张长征、蒋晓荣:《股权集中度与经理自主权对技术型企业 R&D 投入的影响效应分析》,《中外企业家》2011 年第 16 期。

张长征、赵西萍、李怀祖:《基于经理自主权的企业 R&D 投入决策模型及实证研究》,《管理科学》2006 年第 3 期。

张兆国、曹丹婷、张弛:《高管团队稳定性会影响企业技术创新绩效吗——基于薪酬激励和社会关系的调节作用研究》,《会计研究》2018 年第 12 期。

张振华:《增长联盟:分析转型期我国地方政府与经济利益集团关系的一种理论视角》,《天津社会科学》2011 年第 1 期。

赵晖:《地方政府政绩与公信力的背离及其消解》,《行政论坛》2014 年第 1 期。

赵晶、郭海：《公司实际控制权、社会资本控制链与制度环境》，《管理世界》2014年第9期。

赵晶、李林鹏、和雅娴：《群团改革对企业创新的影响》，《管理世界》2019年第12期。

赵可汗、贾良定、蔡亚华、王秀月、李珏兴：《抑制团队关系冲突的负效应：一项中国情境的研究》，《管理世界》2014年第3期。

赵龙凯、陈康：《国有还是非国有？——基于文化的合资伙伴选择》，《管理世界》2017年第1期。

赵龙凯、岳衡、矫堃：《出资国文化特征与合资企业风险关系探究》，《经济研究》2014年第1期。

赵向阳、李海、Andreas Rauch：《创业活动的国家（地区）差异：文化与国家（地区）经济发展水平的交互作用》，《管理世界》2012年第8期。

赵晓庆：《中国产业自主创新的创新主体动态协同模式——基于通信设备产业的案例分析》，《广西财经学院学报》2019年第6期。

赵阳、沈洪涛、刘乾：《中国的边界污染治理——基于环保督查中心试点和微观企业排放的经验证据》，《经济研究》2021年第7期。

赵永亮、杨子晖、苏启林：《出口集聚企业"双重成长环境"下的学习能力与生产率之谜——新—新贸易理论与新—新经济地理的共同视角》，《管理世界》2014年第1期。

赵宇：《官员晋升激励与企业负债——地级市层面的经验分析》，《经济管理》2019年第4期。

赵玉宗：《全球化、城市化与巨型工程官员晋升激励与企业负债——地级市层面的经验分析》，《城市规划》2006年第3期。

赵子乐、林建浩：《海洋文化与企业创新——基于东南沿海三大商帮的实证研究》，《经济研究》2019年第2期。

甄丽明：《IPO超募与创业企业R&D投资行为——来自创业板的经验研究》，《证券市场导报》2013年第9期。

甄清岚：《5G技术与测试大会：TD产业联盟三点建议促5G发展》，

中国通信网，2016-04-15，http：//www.cww.net.cn/article？id=355741。

郑国坚、林东杰、张飞达：《大股东财务困境、掏空与公司治理的有效性——来自大股东财务数据的证据》，《管理世界》2013年第5期。

郑馨、周先波、陈宏辉、杨甜：《东山再起：怎样的国家制度设计能够促进失败再创业？——基于56个国家7年混合数据的证据》，《管理世界》2019年第7期。

支晓强、胡聪慧、童盼、马俊杰：《股权分置改革与上市公司股利政策——基于迎合理论的证据》，《管理世界》2014年第3期。

《中共中央 国务院关于加快建设全国统一大市场的意见》，参见http：//www.gov.cn/zhengce/2022-04/10/content_5684385.htm。

钟凯、程小可、张伟华：《货币政策适度水平与企业"短贷长投"之谜》，《管理世界》2016年第3期。

钟宁桦、解咪、钱一蕾、邓雅琳：《全球经济危机后中国的信贷配置与稳就业成效》，《经济研究》2021年第9期。

钟宁桦、温日光、刘学悦：《"五年规划"与中国企业跨境并购》，《经济研究》2019年第4期。

周斌：《TD联盟宣布再次扩军》，《移动通信》2010年第Z1期。

周广肃、谢绚丽、李力行：《信任对家庭创业决策的影响及机制探讨》，《管理世界》2015年第12期。

周浩、汤丽荣：《市场竞争能倒逼企业善待员工吗？——来自制造业企业的微观证据》，《管理世界》2015年第11期。

周黎安、李宏彬、陈烨：《相对绩效考核：中国地方官员晋升机制的一项经验研究》，《经济学报》2005年第1期。

周黎安、陶婧：《官员晋升竞争与边界效应：以省区交界地带的经济发展为例》，《金融研究》2011年第3期。

周黎安：《官员晋升锦标赛与竞争冲动》，《人民论坛》2010年第15期。

周黎安:《晋升博弈中政府官员的激励与合作——兼论我国地方保护主义和重复建设问题长期存在的原因》,《经济研究》2004年第6期。

周黎安:《中国地方官员的晋升锦标赛模式研究》,《经济研究》2007年第7期。

周其仁:《制度企业家麦高文》,《IT经理世界》2000年第21期。

周穗明:《现代化:历史,理论与反思》,中国广播电视出版社2002年版。

周婷婷、白帆帆:《地方官员任期、晋升锦标赛与五星级酒店行业发展》,《中央财经大学学报》2017年第10期。

周阳敏:《制度企业家、制度资本与制度变迁》,《社会科学战线》2014年第1期。

周远方、吕栋:《如果没有政府在3G时代下这个决心,就不会有今天5G的先发优势》,观察者网,2020-10-20,https://baijiahao.baidu.com/s? id=168103 2707390980064&wfr=spider&for=pc。

朱斌、李路路:《政府补助与民营企业研发投入》,《社会》2014年第4期。

朱斌、吕鹏:《中国民营企业成长路径与机制》,《中国社会科学》2020年第4期。

朱光喜、陈景森:《地方官员异地调任何以推动政策创新扩散?——基于议程触发与政策决策的比较案例分析》,《公共行政评论》2019年第4期。

朱国华、谢兰:《中小企业、行业协会与标准化战略》,《消费导刊》2008年第24期。

朱沆、Eric Kushins、周影辉:《社会情感财富抑制了中国家族企业的创新投入吗?》,《管理世界》2016年第3期。

朱建军、张蕊:《经济增长、民生改善与地方官员晋升再考察——来自2000—2014年中国省级面板数据的经验证据》,《经济学动态》2016年第6期。

朱星文：《地方官员异质性、企业 R&D 投资与经济增长：一个理论分析框架》，《当代财经》2016 年第 1 期。

朱焱、张孟昌：《企业管理团队人力资本、研发投入与企业绩效的实证研究》，《会计研究》2013 年第 11 期。

祝继高、陆峣、岳衡：《银行关联董事能有效发挥监督职能吗？——基于产业政策的分析视角》，《管理世界》2015 年第 7 期。

祝继高、王春飞：《大股东能有效控制管理层吗？——基于国美电器控制权争夺的案例研究》，《管理世界》2012 年第 4 期。

庄子银：《创新企业家活动配置与长期经济增长》，《经济研究》2007 年第 8 期。

宗芳宇、路江涌、武常岐：《双边投资协定、制度环境和企业对外直接投资区位选择》，《经济研究》2012 年第 5 期。

邹璇、李冉冉：《晋升激励促进了产业结构高级化吗？——基于省级财政分权视角的空间效应研究》，《云南财经大学学报》2019 年第 4 期。

左翔、李辉文：《市场化进程中的劳动者社群网络与企业效率》，《经济研究》2017 年第 3 期。

Acemoglu, D. & Robinson, J. A., "Economics versus Politics: Pitfalls of Policy Advice", *Journal of Economic Perspectives*, 2013, 27 (2): 173–192.

Adner, R. and R. Kapoor, "Value Creation in Innovation Ecosystems: How the Structure of Technological Interdependence Affects Firm Performance in New Technology Generations", *Strategic Management Journal*, 2010, 31: 306–333.

Aguinis, H., B. K. Boyd, A. C. Pierce, and C. J. Short, "Walking New Avenues in Management Research Methods and Theories: Bridging Micro and Macro Domains", *Journal of Management*, 2011, 37 (2): 395–403.

Aldridge, T. & Audretsch, D. B., "Does Policy Influence the Commercialization Route? Evidence from National Institutes of Health Funded Scientists", *Research Policy*, 2010, 39 (5): 583 – 588.

Amsden, A., "The Rise of The Rest: Challenges to the West from Late-Industrializing Economies", *Contemporary Sociology*, 2001, 31 (4): 416 – 925.

Ayyagari, M., Demirguç-Kut, Asli, Maksimovic, V., "Firm Innovation in Emerging Markets: The Role of Finance, Governance, and Competition", *Journal of Financial & Quantitative Analysis*, 2011, 46 (6): 1545 – 1580.

Baker, S. R., N. Bloom, and S. J. Davis, "Measuring Economic Policy Uncertainty", *Quarterly Journal of Economics*, 2016, 131 (4): 1593 – 1636.

Balachandran, S. & Hernandez, E., "Networks And Innovation: Accounting for Structural and Institutional Sources of Recombination in Brokerage Triads", *Organization Science*, 2018, 29 (1): 80 – 99.

Barasa, L., Knoben, J., Vermeulen, P., Kimuyu, P. & B. Kinyanjui, "Institutions, Resources and Innovation in East Africa: A Firm Level Approach", *Research Policy*, 2017, 46 (1): 280 – 291.

Baron, R. M. and D. A. Kenny, "The Moderator-mediator Variable Distinction in Social Psychological Research: Conceptual, Strategic, and Statistical Consideration", *Journal of Personality & Social Psychology*, 1986, 51: 1173 – 1182.

Belenzon, S., Patacconi, A., Zarutskie, R., "Married to the Firm? A Large-Scale Investigation of the Social Context of Ownership: A Large-Scale Investigation of The Social Context of Ownership", *Strategic Management Journal*, 2016, 37: 2611 – 2638.

Bjornskov, C. & Foss, J. J., "Institutions, Entrepreneurship and Economic Growth: What Do We Know and What Do We Still Need to Know?" *Academy of Management Perspective*, 2016, 30: 292 – 315.

Blagoeva, R., Mom, T. J., Jansen, J. J., George, G., "Problem-Solving or Self-Enhancement? A Power Perspective on How CEOs Affect R&D Search in the Face of Inconsistent Feedback", *Academy of Management Journal*, 2020, 63 (2): 332–355

Blanchard, O. and Shleifer, A., "Federalism with and Without Political Centralization: China versus Russia", *IMF Staff Papers*, Palgrave Macmillan Journals, 2001, 48 (4): 171–179.

Blewett, R. A., "Off-Budget Activities of Local Government: Comment", *Public Choice*, 1984, 42 (2): 205–211.

Blind, K., "The Economics of Standards", *Social Science Electronic Publishing*, 2004, 39 (3): 191–210.

Campbell, J. T., T. C. Campbell, D. G. Sirmon, L. Bierman, and C. S. Tuggle, "Shareholder Influence over Director Nomination via Proxy Access: Implications for Agency Conflict and Stakeholder Value", *Strategic Management Journal*, 2012, 33 (12): 1431–1451.

Chen, H. W., Tang, S., Wu, D. H., "The Political Dynamics of Corporate Tax Avoidance: The Chinese Experience", *Accounting Review*, 2021, 96 (5): 157–180.

Chen, J., D. Luo, G. She, and Q. Ying, "Incentive or Selection? A New Investigation of Local Leaders' Political Turnover in China", *Social Science Quarterly*, 2017, 98 (1): 341–359.

Chen, K. P., "Sabotage in Promotion Tournaments", *Journal of Law, Economics, & Organization*, 2003, 19 (1): 119–140.

Chen, S., Zhao, J. and Peng, Y., "The Development of TD-SCDMA 3G to TD-LTE-Advanced 4G from 1998 to 2013", *IEEE Wireless Communications*, 2014, 21 (6): 167–176.

Chen, Z., J. Tang, J. Wan, and Y. Chen, "Promotion Incentives for Local Officials and The Expansion of Urban Construction Land in China: Using the Yangtze River Delta as A Case Study", *Land Use Policy*, 2005,

2017, 63: 214 – 225.

Cheng, X., Kong, D., Wang, J., "Political Uncertainty and A-H Share Premium", *Pacific-Basin Finance Journal*, 2021, 68: 101388.

Chesbrough, H. W., *Open Innovation: The New Imperative for Creating and Profiting from Technology*, Harvard Business School Press, 2003.

Cho, D., Yoon, K. and Seol, S., "Technology Standard Competition Analysis in the 4th Wireless Telecommunication Industry Using Evolutionary Game Theory", *Wireless Personal Communications*, 2021, https://doi.org/10.1007/s11277-021-08863-9.

Chuang, L. H., "Chinese Standardization System: Past History, Current Status, Future Challenges", In: Jakobs, K., Mione, A., Cutting-Decelle, A.-F., Mignon, S. (Eds.), EURAS Proceedings 2016-Co-Opetition and Open Innovation, 2016, 105 – 121.

Coleman, J. S., "Foundations of social theory, Cambridge", MA: Harvard University Press, 1990.

Cowen, A. P., Rink, F., Cuypers, I. R. P., Grégoire, D. A. and Weller, I., "Applying Coleman's Boat in Management Research: Opportunities and Challenges in Bridging Macro and Micro Theory", *Academy of Management Journal*, 2022, 65 (1): 1 – 10.

Cox, P. E., Mcdonald, R., Wang, D., et al., "Exposed: Venture Capital, Competitor Ties, and Entrepreneurial Innovation", *Academy of Management Journal*, 2015, 58 (5): 1334 – 1360.

Crossland, C. and D. C. Hambrick, "How National Systems Differ in Their Constraints on Corporate Executives: A Study of CEO Effects in Three Countries", *Strategic Management Journal*, 2007, 28: 767 – 789.

Crossland, C. and D. C. Hambrick, "Differences in Managerial Discretion Across Countries: How Nation-level Institutions Affect the Degree to which CEOs Matter", *Strategic Management Journal*, 2011, 32 (8): 797 – 819.

Crossland, C. and G. Chen, "Executive Accountability Around the World: Sources of Cross-national Variation in Firm Performance-CEO Dismissal Sensitivity", *Strategic Organization*, 2013, 11 (1): 78–109.

Cull, R., L. Xu, X. Yang, L. A. Zhou, and T. Zhu, "Market Facilitation by Local Government and Firm Efficiency: Evidence from China", *Journal of Corporate Finance*, 2017, 42: 460–480.

Czarnitzki, D. & Lopes-Bento, C., "Innovation Subsidies: Does the Funding Source Matter for Innovation Intensity and Performance? Empirical Evidence from Germany", *Industry and Innovation*, 2011, 21 (5): 380–409.

Deng, T., Zhao, W., Ma, M., "Local Leaders and Tourism Development: A Case Study in China", *Journal of Travel Research*, 2021, https://doi.org/10.1177/00472875211037746.

DiMaggio, P. J., "Interest and Agency in Institutional Theory", in Zucker, L. G., ed., *Institutional Patterns and Organizations: Culture and Environment*, Cambridge: Ballinger, 1988: 14.

Dolfsma, W. & Seo, D., "Government Policy and Technological Innovation: A Suggested Typology", *Technovation*, 2013, 33 (6–7): 173–179.

Eaton, S. and G. Kostka, "Authoritarian Environmentalism Undermined? Local Leaders' Time Horizons and Environmental Policy Implementation in China", *China Quarterly*, 2014, 218: 359–380.

Eisenhardt, K. M., "Making Fast Strategic Decisions in High-Velocity Environments", *Academy of Management Journal*, 1989, 32 (3): 543–576.

Eisenstaedt, S. N., "Cultural Orientations, Institutional Entrepreneurs and Social Change: Comparative Analyses of Traditional Civilizations", *American Journal of Sociology*, 1980, 85 (1): 234–254.

Finkelstein, S., Hambrick, D. C. and Cannella, A. A. J., *Strategic*

Leadership: Theory and Research on Executives, Top Management Teams, and Boards, England: Oxford University Press, 2009.

Frank, A. G., *Capitalism and Underdevelopment in Latin America: Historical Studies of Chile and Brazil*, New York: Monthly Review Press, 1967.

Frost, T. I., "Imitation to Innovation: The Dynamics of Korea's Technological Learning", *Journal of International Business Studies*, 1997, 28 (4): 868–872.

Funk, R. J., "Making the Most of Where You Are: Geography, Networks, and Innovation in Organizations", *Academy of Management Journal*, 2014, 57 (1): 193–222.

Gao, N. and P. Liang, "Fresh Cadres Bring Fresh Air? Personnel Turnover, Institutions, and China's Water Pollutions", *Review of Development Economics*, 2016, 20: 48–61.

Gao, P., Gao, X. and Liu, G., "Government-Controlled Enterprises in Standardization in the Catching-Up Context: Case of TD-SCDMA in China", *IEEE Transactions on Engineering Management*, 2021, 68 (1): 45–58.

Gao, P., Yu, J. and Lyytinen, K., *Government in Standardization in the Catching-Up Context: Case of China's Mobile SystemTelecommunications Policy*, 2014, 38 (2): 200–209.

Gao, X., "A Latecomer's Strategy to Promote a Technology Standard: The Case of Datang and TD-SCDMA", *Research Policy*, 2014, 43 (3): 597–607.

Gao, X., "The Rules Have Changed: A Case Study of Chinese Government Support of Local Technologies", *Research-Technology Management*, 2014, 57 (1): 11–14.

Gao, X., "Effective Strategies to Catch Up in the Era of Globalization", *Research-Technology Management*, 2018, 61 (3): 19–26.

Gao, X. and J. Liu, "Catching up through the development of technology standard: The case of TD-SCDMA in China", *Telecommunications Policy*, 2012, 36 (7): 531 – 545.

Garud, R., Tuertscher, P. & Van de ven, A., "Perspectives on Innovation Processes", *Academy of Management Annals*, 2013, 7 (1): 775 – 819.

Georgakakis, D., Greve, P., Ruigrok, W., "Top Management Team Faultlines and Firm Performance: Examining the CEO-TMT Interface", *Leadership Quarterly*, 2017, 28: 741 – 758.

Georghiou, L., Edler, J., Uyarra, E. & Yeow, J., "Policy Instruments for Public Procurement of Innovation: Choice, Design and Assessment", *Technological Forecasting and Social Change*, 2014, 86: 1 – 12.

Gerschenkron, A., *Economic Backwardness in Historical Perspective: A Book of Essays*, Cambridge: The Belknap Press of Harvard University Press, 1962.

Gu, Y., Ayala Garcia J., "Educational Expenditure Efficiency in China: The Role of the Governor's Characteristics", *Applied Economics*, 2021, 53 (25): 2832 – 2847.

Guo, B., Gao, J., Chen, X., "Technology Strategy, Technological Context and Technological Catch-up in Emerging Economies: Industry-level findings From Chinese Manufacturing", *Technology Analysis & Strategic Management*, 2013, 25 (2): 219 – 234.

Gupta, K., "Technology Standards and Competition in The Mobile Wireless Industry", *George Mason Law Review*, 2014, 22 (4): 865 – 896.

Hambrick, D. C. and P. A. Mason, "Upper Echelons: The Organization as A Reflection of Its Top Managers", *Academy of Management Review*, 1984, 9 (2): 193 – 206.

Hambrick, D. C. and T. J. Quigley, "Toward More Accurate Contextualization of the CEO Effect on Firm Performance", *Strategic Management*

Journal, 2014, 35 (4): 473 – 491.

Hambrick, D. C., S. Finkelstein, T. S. Cho, and E. M. Jackson, "Isomorphism in Reverse: Institutional Theory as an Explanation for Recent Increases in Intra-industry Heterogeneity and Managerial Discretion", *Research in Organizational Behavior*, 2004, 26 (4): 307 – 350.

Hambrick, D. C., "Upper Echelons Theory: An Update. Academy of Management Review", 2007, 32 (2): 334 – 343.

Hambrick, D. C. and S. Finkelstein, "Managerial Discretion: A Bridge Between Polar Views of Organizational Outcomes", *Research in Organizational Behavior*, 1987, 9 (4): 369 – 406.

Harvey, D., "From Managerialism to Entrepreneurialism: The Transformation in Urban Governance in Late Capitalism", *Geografiska Annaler: Series B, Human Geography*, 1989, 71 (1): 6 – 14.

Harvey, D., *A Brief History of Neoliberalism*, Oxford: Oxford University Press, 2005.

Hobday, M., *Innovation in East Asia: The Challenge to Japan*, Aldershot, Hants: Elgar, 1995.

Howard, M., Steensma, H. K., Lyles, M., et al., "Learning to Collaborate Through Collaboration: How Allying with Expert Firms Influences Collaborative Innovation within Novice Firms", *Strategic Management Journal*, 2016, 37 (10): 2092 – 2103.

Howell, S. T., "Financing Innovation: Evidence from R&D Grants", *American Economic Review*, 2017, 107 (4): 1136 – 1164.

Huang, G., "China Looks at Environment to Evaluate Local Officials", *Frontiers in Ecology and the Environment*, 2014, 10: 544.

Huselid, A. M. and Becker, E. B., "Bridging Micro and Macro Domains: Workforce Differentiation and Strategic Human Resource Management", *Journal of Management*, 2011, 37 (2): 421 – 428.

Ismat, A., "LTE and WiMAX: Comparison and Future Perspective", *Communications and Network*, 2013, 5 (4): 360 – 368.

Jeon, C., Han, S. H., Kim, H. J. and Kim, S., "The Effect of Government 5G Policies on Telecommunication Operators' Firm Value: Evidence from China", *Telecommunications Policy*, 2020, 46 (2): 102040.

Jia, R., *Pollution for Promotion*, Social Science Electronic Publishing, 2017.

Jonas, A. E. G. and D. Wilson, *The Urban Growth Machine: Critical Perspectives, Two Decades Later*, State University of New York Press, 1999.

Jones, B. F. and B. A. Olken, "Do Leaders Matter? National Leadership and Growth since World War II", *Quarterly Journal of Economics*, 2005, 120 (3): 835 – 864.

Kang, K. N. & Park, H., "Influence of Government R&D Support and Inter-firm Collaborations on Innovation in Korean Biotechnology SMEs", *Technovation*, 2012, 32 (1): 68 – 78.

Karsten, F. and L. Olav, "Huawei, 5G and Security: Technological Limitations and Political Responses", *Development and Change*, 2021, 52 (5): 1045 – 1273.

Kim, E. H., "Deregulation and Differentiation: Incumbent Investment in Green Technologies", *Strategic Management Journal*, 2013, 34 (10): 1162 – 1185.

Kim, L., "Stages of Development of Industrial Technology in A Developing Country: A Model", *Research Policy*, 1980, 9 (3): 254 – 277.

Kim, L., *Imitation to Innovation: The Dynamics of Korea's Technological Learning*, Boston: Harvard Business School Press, 1997.

Kim, L., "Crisis Construction and Organizational Learning: Capability Building in Catching-up at Hyundai Motor", *Organization Science*, 1998, 9 (4): 506 – 521.

Kim, M., Lee, H., Kwak, J., "The Changing Patterns of China's International Standardization in ICT Under Techno-Nationalism: A Reflection Through 5G Standardization", *International Journal of Information Management*, 2020, 54: 102145.

Kshetri, N., Palvia, P. and Dai, H., "Chinese Institutions and Standardization: The Case of Government Support to Domestic Third Generation Cellular Standard", *Telecommunications Policy*, 2011, 35 (5): 399 – 412.

Kwak, J. Y., Lee, H. and Chung, D. B., "The Evolution of Alliance Structure in China's Mobile Telecommunication Industry and Implications for International Standardization", *Telecommunications Policy*, 2012, 36 (10 – 11): 966 – 976.

Kwak, J., Lee, H. & Fomin, V. V., "Government Coordination of Conflicting Interests in Standardisation: Case Studies of Indigenous ICT Standards in China and South Korea", *Technology Analysis & Strategic Management*, 2011, 23 (7): 789 – 806.

Lee, K. and Malerba, F., "Catch-Up Cycles and Changes in Industrial Leadership: Windows of Opportunity and Responses of Firms and Countries in The Evolution of Sectoral Systems", *Research Policy*, 2017, 46 (2): 338 – 351.

Lee, K., Gao, X. and Li. X., "Industrial Catch-Up in China: A Sectoral Systems of Innovation Perspective", *Cambridge Journal of Regions Economy and Society*, 2017, 10 (1): 59 – 76.

Lee, K., Lim, C., "Technological Regimes, Catching-Up and Leapfrogging: Findings from Korea Industries", *Research Policy*, 2001, 30 (3): 459 – 483.

Lewis, J., "Can Telephones Race? 5G and the Evolution of Telecom: Part I", *Center for Strategic and International Studies (CSIS)*, http://www.jstor.org/stable/resrep24786, 2020.

Li, D., Feng, J. & Jiang, H., "Institutional Entrepreneurs", *America Economic Review*, 2006, 96 (2): 258 – 262.

Li, X., X. Weng, and L. A. Zhou, "Target Setting in Tournaments: Theory and Evidence from China", *Economic Journal*, 2019, 129 (623): 2888 – 2915.

Lichtenberg, E. and C. Ding, "Local Officials as Land Developers: Urban Spatial Expansion in China", *Journal of Urban Economics*, 2009, 66 (1): 57 – 64.

Lin, X., Lu, T. J. & Chen, X., "Technological Innovation, Market Competition, and Regulatory Reform in Telecommunications", *Wireless Personal Communications*, 2018, 102 (2): 997 – 1007.

Liu, G. Y., Gao, P., Chen, F., Yu, J. and Zhang, Y., "Technological Innovation Systems and IT Industry Sustainability in China: A Case Study of Mobile System Innovation", *Telematics and Informatic*, 2018, 35 (5): 1144 – 1165.

Liu, J., K. Uchida, and Y. Li, "Provincial Economic Performance and Underpricing of IPOs: Evidence from Political Interventions in China", *Economic Modelling*, 2020, 86: 274 – 285.

Liu, X., White, S., "Comparing Innovation Systems: A Framework and Application to China's Transitional Context", *Research Policy*, 2001, 30 (7): 1091 – 1114.

Lokshin, B. & Mohnen, P., "Do R&D Tax Incentives Lead to Higher Wages for R&D Workers? Evidence from The Netherlands", *Research Policy*, 2013, 42 (3): 823 – 830.

Lu, J., "Turnover of Environmental Protection Officials and Transboundary Water Pollution", *Environmental Science and Pollution Research*, 2021, 28 (8): 10207 – 10223.

Macher, J. T. & Mayo, J. W., "Influencing Public Policymaking: Firm-, Industry-, and Country-Level Determinants", *Strategic Management Journal*, 2014, 36 (13): 2021 – 2038.

Maclean, T. L. & Behnam, M., "The Dangers of Decoupling: The

Relationship between Compliance Programs, Legitimacy Perceptions, and Institutionalized Misconduct", *Academy of Management Journal*, 2010, 53 (6): 1499 – 1520.

Maksimov, V., Wang, S. L. & Luo, Y., "Institutional Imprinting, Entrepreneurial Agency, and Private Firm Innovation in Transition Economies", *Journal of World Business*, 2017, 52 (6): 854 – 865.

Malerba, F., Nelson, R., "Learning and Catching up in Different Sectoral Systems: Evidence from Six Industries", *Industrial and Corporate Change*, 2011, 20 (6): 1645 – 1675.

Maskin, E., Y. Qian, and C. Xu, "Incentives, Information, and Organizational Form", *Review of Economic Studies*, 2000, 67 (2): 359 – 378.

McClelland, P. L., X. Liang, and V. L. Barker, "CEO Commitment to the Status Quo: Replication and Extension Using Content Analysis", *Journal of Management*, 2010, 36 (5): 1251 – 1277.

Meng, H., X. Huang, H. Yang, Z. Chen, J. Yang, Y. Zhou, and J. Li, "The Influence of Local Officials' Promotion Incentives on Carbon Emission in Yangtze River Delta, China", *Journal of Cleaner Production*, 2019, 213: 1337 – 1345.

Messersmith, J., J. Lee, J. P. Guthrie, and J. Li, "Turnover at the Top: Executive Team Departures and Firm Performance", *Organization Science*, 2013, 25: 776 – 793.

Mohr, A. and Batsakis, G., "The Contingent Effect of TMT International Experience on Firms' Internationalization Speed", *British Journal of Management*, 2018, 30: 869 – 887.

Mugen, P. and Wang, W., "Technologies and Standards for TD-SCDMA Evolutions to IMT-Advance", *IEEE Communications Magazine*, 2009, 47 (12): 50 – 58.

Nanni, R., "The 'China' Question in Mobile Internet Standard-Making: Insights from Expert Interviews", *Telecommunications Policy*, 45: 102151. https://doi.org/10.1016/j.telpol.2021.102151, 2021.

Neely, B. H., Lovelace, J. B., Cowen, A. P. & Hiller, N. J., "Metacritiques of Upper Echelons Theory: Verdicts and Recommendations for Future Research", *Journal of Management*, 2020, 46 (6): 1029 – 1062.

Nelson, R., *National Systems of Innovation*, Oxford University Press, 1993.

Nemet, G. F., "Demand-Pull, Technology-Push, And Government-Led Incentives for Non-Incremental Technical Change", *Research Policy*, 2009, 38 (5): 700 – 709.

Ni, X., "Local Official Turnover, Ownership, and Firm Cash Holdings: Insights from An Emerging Market", *European Financial Management*, 2018, 25 (4): 1013 – 1046.

North, D. C., *Institutions, Institutional Change and Economic Performance*, Cambridge University Press: Cambridge, UK, 1990.

North, D. C., Institutions, *Journal of Economic Perspectives*, 1991, 5 (1): 97 – 112.

Oi, J. C., "The Role of the Local State in China's Transitional Economy", *China Quarterly*, 1995, 144: 1132 – 1149.

Oi, J. C., *Rural China Takes Off: Institutional Foundations of Economic Reform*, Berkeley: University of California Press, 1999.

Oi, J. C., "Fiscal Reform and the Economic Foundations of Local State Corporatism in China", *World Politics*, 1992, 45 (1): 99 – 126.

Ozer, M. & Zhang, W., "The Effects of Geographic and Network Ties on Exploitative and Exploratory Product Innovation", *Strategic Management Journal*, 2015, 36 (7): 1105 – 1114.

Pavitt, B. M., "Technological Accumulation and Industrial Growth: Contrasts Between Developed and Developing Countries", *Industrial and Corporate Change*, 1993, 2 (2): 157 – 210.

Peng, M. W., "Towards an Institution-based View of Business Strategy", *Asia Pacific Journal of Management*, 2002, 19 (2-3): 251-267.

Perez, C., Soete, L., "Catching up in Technology Entry Barriers and Windows of Opportunity", in Dosi, G. et al., (eds.), *Technical Change and Economic Theory*, London: Pinter, 1988.

Peters, M. and M. Schneider, et al., "The Impact of Technology-Push and Demand-Pull Policies on Technical Change-Does the Locus of Policies Matter?", *Research Policy*, 2012, 41 (8): 1296-1308.

Piotroski, J. D. and T. Zhang, "Politicians and the IPO Decision: The Impact of Impending Political Promotions on IPO Activity in China", *Journal of Financial Economics*, 2014, 111 (1): 111-136.

Porter, M. E., "The Competitive Advantage of Nations", *Harvard Business Review*, 1990, 68 (2): 73-91.

Priem, R. L., Li, S. & Carr, J. C., "Insights And New Directions from Demand-Side Approaches to Technology Innovation, Entrepreneurship, and Strategic Management Research", *Journal of management*, 2012, 38 (1): 346-374.

Qian, Y. and C. Xu, "Why China's Economic Reform Differ: The M-form Hierarchy and Entry/Expansion of the Non-state Sector", *Economics of Transition*, 1993, 1 (2): 135-170.

Qiao, B. and A. Shah, *Local Governance in Developing Countries*, World Bank Publication, 2006.

Qu, Y., Qu, T. & Wu, Y., "The Role of Regional Formal Institutions and Foreign Direct Investment in Innovation in Chinese Enterprises", *Asia Pacific Business Review*, 2017, 23 (1): 1-17.

Que, W., Y. Zhang, and G. Schulze, "Is Public Spending Behavior Important for Chinese Official Promotion? Evidence from City-Level", *China Economic Review*, 2019, 54: 403-417.

Quigley, T. J. & Hambrick, D. C., "Has the 'CEO Effect' Increased in Recent Decades? A New Explanation for The Great Rise in America's Attention to Corporate Leaders", *Strategic Management Journal*, 2015, 36 (6): 821 – 830.

Quigley, T. J. and D. C. Hambrick, "When the Former CEO Stays on as Board Chair: Effects on Successor Discretion, Strategic Change, and Performance", *Strategic Management Journal*, 2010, 33 (7): 834 – 859.

Quigley, T. J. and Graffin, S. D. , "Reaffirming the CEO Effect is Significant and Much Larger Than Chance: A Comment on Fitza (2014)", *Strategic Management Journal*, 2017, 38: 793 – 801.

Quigley, T. J. , Hubbard, T. D. , Ward, A. , Graffin, S. D. , "Unintended Consequences: Information Releases and CEO Stock Option Grants", *Academy of Management Journal*, 2020, 63: 155 – 180.

Romer, P. M. , "Increasing Returns and Long-run Growth", *Journal of Political Economy*, 1986, 94 (5): 1002 – 1037.

Romer, P. M. , "What Parts of Globalization Matter for Catch-up Growth?", *American Economic Review*, 2010, 100 (2): 94 – 98.

Rosenberg, N. , *Studies on Science and the Innovation Process*, World Scientific, 2009.

Sahaym, A. , H. K. Steensma, and M. A. Schilling, "The Influence of Information Technology on the Use of Loosely Coupled Organizational Forms: An Industry-Level Analysis", *Organization Science*, 2007, 18 (5): 865 – 880.

Sahaym, A. , L. J. Treviño, and H. K. Steensma, "The Influence of Managerial Discretion, Innovation and Uncertainty on Export Intensity: A Real Options Perspective", *International Business Review*, 2012, 21 (6): 1131 – 1147.

Santos, T. D. , "The Structure of Dependence", *American Economic Review*, 1970, 60 (2): 231 – 236.

Schubert, T. , Tavassoli, S. , "Product Innovation and Educational

Diversity in Top and Middle Management Teams", *Academy of Management Journal*, 2020, 63 (1): 272 – 294.

Shen, H., "China and Global Internet Governance: Toward an Alternative Analytical Framework", *Chinese Journal of Communication*, 2016, 9 (3): 304 – 324.

Shen, W. and T. S. Cho, "Exploring Involuntary Executive Turnover through a Managerial Discretion Framework", *Academy of Management Review*, 2005, 30 (4): 843 – 854.

Shi, Y., C. Chang, C. Jang, and Y. Hao, "Does Economic Performance Affect Officials' Turnover? Evidence from Municipal Government Leaders in China", *Quality & Quantity*, 2018, 52 (1): 1873 – 1891.

Sobel, M. E., "Asymptotic Confidence Intervals for Indirect Effects in Structural Equation Models", *Sociological Methodology*, 1982, 13: 290 – 312.

Song, C., Sesmero, J., Delgado, M. S., "The Effect of Uncertain Political Turnover on Air Quality: Evidence from China", *Journal of Cleaner Production*, 2021, 303: 127048.

Spigel, B. & Harrison, R., "Toward a Process Theory of Entrepreneurial Ecosystems", *Strategic Entrepreneurship Journal*, 2018, 12 (1): 151 – 168.

Stewart, J., Shen, X., Wang, C. and Graham, I., "From 3G to 4G: Standards and the Development of Mobile Broadband in China", *Technology Analysis & Strategic Management*, 2011, 23 (7): 773 – 788.

Su, F., T. Ran, X. Lu, and L. Ming, "Local Officials' Incentives and China's Economic Growth: Tournament Thesis Reexamined and Alternative Explanatory Framework", *China & World Economy*, 2012, 20 (4): 1 – 18.

Suttmeier, R. P., Cao, C. and Simon, D. F., "Priorities and Funding—'Knowledge Innovation' and the Chinese Academy of Sciences",

Science, 2006, 312: 58-59.

Szczygielski, K., Grabowski, W., Pamukcu, M. T. & Tandogan, V. S., "Does Government Support for Private Innovation Matter? Firm-Level Evidence from Two Catching-Up Countries", *Research Policy*, 2017, 46 (1): 219-237.

Tan, J., Wang, L., Zhang, H. and Li, W., "Disruptive Innovation and Technology Ecosystem: The Evolution of the Inter-Cohesive Public-Private Collaboration Network in Chinese Telecommunication Industry", *Journal of Engineering and Technology Management*, 57: 101573. https://doi.org/10.1016/j.jengtecman, 2020, 101573.

Wang, B. and Y. Zheng, "A Model of Tournament Incentives with Corruption", *Journal of Comparative Economics*, 2020, 48 (1): 182-197.

Wang, L., D. Kong, and J. Zhang, "Does the Political Promotion of Local Officials Impede Corporate Innovation?", *Emerging Markets Finance and Trade*, 2019, 9: 1-23.

Wang, P., "Standardization Historical Overview", *China Standardization*, 2008, 3: 27-35.

Wang, Y., C. Yao and D. Kang, "Political Connections and Firm Performance: Evidence from Government Officials' Site Visit", *Pacific-Basin Finance Journal*, 2019, 57: 101021.

Wang, Z., Q. Zhang, and L. Zhou, "Career Incentives of City Leaders and Urban Spatial Expansion in China", *Review of Economics and Statistics*, 2020, 120 (5): 897-911.

Wangrow, D. B. Schepker, D. J. & Barker, V. L., "Managerial Discretion: An Empirical Review and Focus on Future Research Directions", *Journal of Management*, 2015, 41 (1): 99-135.

Westphal, J. D. & Graebner, M. E., "A Metter of Appearances: How Corporate Leaders Manage the Impression of Financial Analysts about the Conduct of their Boards", *Academy of Management Journal*, 2010, 53

(1): 15 –43.

Wiegmann, P. M., Vries, H. and Blind, K., "Multi-Mode Standardization: A Critical Review and A Research Agenda", *Research Policy*, 2017, 46: 1370 –1386.

Wu, F., "The (Post –) Socialist Entrepreneurial City as a State Project: Shanghai's Re-Globalization in Question", *Urban Studies*, 2003, 40 (9): 1673 –1698.

Wu, J. & Park, S. H., "The Role of International Institutional Complexity on Emerging Market Multinational Companies' Innovation", *Global Strategy Journal*, 2019, 9 (2): 333 –353.

Xie, X., Zeng, S., Zang, Z. & Zou, H., "Identifying the Factors Determining Cooperative Innovation Effect in Emerging Economies: Evidence from Chinese Firms", *Chinese Management Studies*, 2017, 11 (3): 366 –386.

Xie, Z. & Li, J., "Exporting and Innovating among Emerging Market Firms: The Moderating Role of Institutional Development", *Journal of International Business Studies*, 2018, 49: 222 –245.

Xinhua, "China Focus: Top Mobile Operators Switch on Commercial Services. October 31, 2019. http://big5.xinhuanet.com/gate/big5/www.xinhuanet.com/english/2019 – 10/31/c_ 138518787. htm, 2019.

Yao, Y. and M. Zhang, "Subnational Leaders and Economic Growth Evidence from Chinese Cities", *Journal of Economic Growth*, 2015, 20 (4): 405 –436.

Yin, R. K., *Case Study Research: Design and Methods*, London: Sage, 2003.

Zhang, J., Jiang, H., Wu, R., et al., "Reconciling the Dilemma of Knowledge Sharing: A Network Pluralism Framework of Firms' R&D Alliance Network and Innovation Performance", *Journal of Management*, 2019, 45 (7): 2635 –2665.

Zhang, L., Han, R. and Zhang, J., "Land-Leasing Behavior, Local Officials' Promotions, and Chinese Cities' Debt Risks", *International Journal of Strategic Property Management*, 2021, 25 (6): 485 – 496.

Zhang, Y. M., "Meso-level Factors in Technological Transitions: The Development of TD-SCDMA in China", *Research Policy*, 2016, 45 (2): 546 – 559.

Zhang, Z. X. & Zhong, W., "Barrier to Organizational Creativity at Chinese Companies", In *Building Innovation Capacity in China: An Agenda for Averting the Middle-Income Trap* (pp. 339 – 367), ed., A. Lewin, J. P. Murmann, & M. Kenny, Cambridge: Cambridge University Press, 2016.

Zhong, W., Y. Lin, D. Gao, and H. Yang, "Does Politician Turnover Affect Foreign Subsidiary Performance? Evidence in China", *Journal of International Business Studies*, 2019, 50 (7): 1184 – 1212.

Zhou, K. Z., Gao, G. Y. & Zhao, H., "State Ownership and Firm Innovation in China: An Integrated View of Institutional and Efficiency Logics", *Administrative Science Quarterly*, 2017, 62 (2): 375 – 404.

Zhu, J., "Local Growth Coalition: The Context and Implications of China's Gradualist Urban Land Reforms", *International Journal of Urban and Regional Research*, 1999, 23 (3): 534 – 548.

中国区域"五位一体"协同发展：
机理、态势及其驱动机制

罗能生 等著

中国社会科学出版社

图书在版编目（CIP）数据

中国区域"五位一体"协同发展：机理、态势及其驱动机制/罗能生等著.
—北京：中国社会科学出版社，2021.12
ISBN 978 - 7 - 5203 - 9350 - 8

Ⅰ.①中… Ⅱ.①罗… Ⅲ.①区域经济发展—研究—中国 Ⅳ.①F127

中国版本图书馆 CIP 数据核字（2021）第 234700 号

出 版 人	赵剑英
责任编辑	喻 苗
责任校对	胡新芳
责任印制	王 超

出　　版	中国社会科学出版社
社　　址	北京鼓楼西大街甲 158 号
邮　　编	100720
网　　址	http://www.csspw.cn
发 行 部	010 - 84083685
门 市 部	010 - 84029450
经　　销	新华书店及其他书店

印刷装订	三河弘翰印务有限公司
版　　次	2021 年 12 月第 1 版
印　　次	2021 年 12 月第 1 次印刷

开　　本	710×1000　1/16
印　　张	42
字　　数	668 千字
定　　价	198.00 元

凡购买中国社会科学出版社图书，如有质量问题请与本社营销中心联系调换
电话:010 - 84083683
版权所有　侵权必究

目 录

绪 论 ……………………………………………………………… (1)
   第一节 推进中国区域"五位一体"协同发展的必要性和
           可能性 ……………………………………………… (1)
   第二节 中国区域经济、政治、文化、社会及其生态协同
           发展的界定 ………………………………………… (5)
   第三节 推进区域经济社会协同发展的理论依据 ………… (7)
   第四节 研究指南：习近平新时代关于区域协调发展的
           重要论述 …………………………………………… (27)
   第五节 本书的基本思路和基本内容 ……………………… (33)

第一篇 新中国成立以来中国区域发展战略的演变及其新时期区域协同发展战略构想

第一章 中国区域发展战略研究综述 …………………………… (39)
   第一节 关于中国区域发展战略演变过程的研究 ………… (39)
   第二节 区域发展战略国际研究综述 ……………………… (41)
   第三节 区域发展战略实施的国内研究综述 ……………… (43)
   第四节 本章小结 …………………………………………… (47)

第二章 新中国成立以来区域发展战略演变阶段科学划分 ……… (49)
   第一节 引言 ………………………………………………… (49)
   第二节 样本选择与研究设计 ……………………………… (50)
   第三节 区域发展战略演变阶段划分 ……………………… (55)

第四节 新中国成立以来中国区域发展战略演变分析……………（65）

第三章 区域发展战略实施效果评价体系的构建………………（70）
　第一节 指标设计思路……………………………………………（70）
　第二节 指标体系设计……………………………………………（71）
　第三节 评估模型构建……………………………………………（75）
　第四节 数据说明…………………………………………………（86）

第四章 中国区域发展战略实施效果评价结果与反思…………（88）
　第一节 空间效率分析……………………………………………（88）
　第二节 空间公平分析……………………………………………（90）
　第三节 空间综合效应分析………………………………………（94）
　第四节 评估结果综合比较………………………………………（97）
　第五节 小结………………………………………………………（99）

第五章 新时期中国区域发展战略构想…………………………（101）
　第一节 协同发展：中国区域发展的新趋势……………………（101）
　第二节 新时期中国区域发展的战略方针构想…………………（103）
　第三节 新时期中国区域发展的战略内容设计…………………（104）

第二篇　中国区域经济、政治、文化、社会及生态协同发展测度

第六章 区域协同发展相关研究回顾及本研究的基本思路………（111）
　第一节 国内外相关研究动态及评价……………………………（111）
　第二节 本研究的基本思路与基本内容…………………………（122）

第七章 中国区域经济、政治、文化、社会、生态
　　　 系统协同演进机理分析……………………………………（124）
　第一节 区域经济、政治、文化、社会、生态系统介绍………（124）
　第二节 区域经济、政治、文化、社会、生态系统协同

演进的理论基础 …………………………………… (126)
第三节 中国区域协同发展非线性演进模型的建立 ………… (128)
第四节 中国区域协同发展非线性演进机理分析 …………… (134)

第八章 中国区域经济、政治、文化、社会、生态
系统协同发展测度 ……………………………………… (137)
第一节 指标体系的建立与数据来源 ………………………… (137)
第二节 数据处理 ……………………………………………… (144)
第三节 中国区域经济、政治、文化、社会、生态协同发展的
测度结果及分析 ……………………………………… (148)

第九章 中国各区域协同发展的制约因素：基于
序参量的分析 …………………………………………… (155)
第一节 序参量概述 …………………………………………… (155)
第二节 R/S 分析法介绍 ……………………………………… (156)
第三节 序参量的甄别 ………………………………………… (157)
第四节 各区域协同发展关键制约因素分析 ………………… (159)

第三篇 中国区域经济、政治、文化、社会和生态 协同发展的推进机制研究

第十章 推进中国区域协同发展的基本理念和原则 ……… (163)
第一节 以民生幸福为宗旨引领协同发展 …………………… (163)
第二节 在发展中推进协同 …………………………………… (165)
第三节 发挥政府和市场的双重作用 ………………………… (166)
第四节 统分结合多元推动 …………………………………… (168)

第十一章 推进中国区域协同发展的动力机制研究 ……… (170)
第一节 中国区域协同发展动力机制的理论分析 …………… (170)
第二节 市场竞争、政府竞争推动区域协同发展的机理模型 …… (188)

第十二章　推进中国区域协同发展的协调机制分析 (205)
第一节　构建多层次联动协调体系 (205)
第二节　创新跨区域协调组织 (209)
第三节　健全多元的制度规范 (211)
第四节　建设互联的交通网络 (212)
第五节　打造共享的信息平台 (214)
第六节　培育内生的认同共识 (216)

第四篇　推进中国区域经济协同发展研究

第十三章　协同发展：区域经济发展的新趋势 (221)
第一节　中国区域经济发展的新格局与新理念 (221)
第二节　区域经济协同发展的界定 (223)
第三节　相关研究综述 (224)

第十四章　中国区域经济协同发展度的动态评价及比较 (238)
第一节　区域经济协同发展评价指标构建 (238)
第二节　区域经济协同发展度的评价模型 (241)
第三节　中国区域经济协同发展度的比较分析 (249)
第四节　本章小结 (261)

第十五章　区域经济协同发展的驱动机制研究 (263)
第一节　区域经济协同发展驱动机制的机理分析 (263)
第二节　区域经济协同发展驱动机制的哈肯模型构建 (271)
第三节　区域经济协同发展驱动机制的分阶段序参量识别 (281)

第十六章　区域经济协同发展的模式选择 (288)
第一节　中心—腹地模式 (288)
第二节　"飞地"模式 (292)
第三节　省际毗邻边缘区模式 (298)
第四节　区域城市群模式 (302)

第十七章　推进中国区域经济协同发展的支撑体系研究 ………… (305)
　第一节　中国区域经济协同发展的主要障碍 ………………… (305)
　第二节　推进中国区域经济协同发展的制度创新 …………… (314)
　第三节　推进中国区域经济协同发展的政策支撑 …………… (322)

第五篇　推进中国区域政治协同发展研究

第十八章　推进中国区域政治协同发展的理论分析 …………… (337)
　第一节　区域政治协同发展的界定 …………………………… (337)
　第二节　区域间政治协同的机理分析 ………………………… (339)
　第三节　区域内政治相关要素协同：基于政治—经济
　　　　　系统的分析 ………………………………………… (341)

第十九章　中国省际政治协同的测度及现状分析 ……………… (346)
　第一节　指标体系的构建 ……………………………………… (346)
　第二节　基于熵值法的中国省际政治协同测度 ……………… (351)
　第三节　中国省际政治协同现状的时空分析 ………………… (353)

第二十章　区域间政治协同对区域经济增长的影响 …………… (366)
　第一节　计量模型与数据说明 ………………………………… (366)
　第二节　数据的统计性描述与检验 …………………………… (370)
　第三节　计量结果分析 ………………………………………… (377)

第二十一章　推进中国区域政治协同发展的政策建议 ………… (391)
　第一节　优化各级政府间政治结构和权责关系 ……………… (391)
　第二节　健全区域政府间政治协同发展机制 ………………… (394)

第六篇　推进中国区域文化协同发展研究

第二十二章　推进区域文化协同的必要性和意义 ……………… (403)
　第一节　区域文化与区域文化协同发展的界定 ……………… (403)

第二节　推进区域文化协同发展的必要性和意义 ………… (405)

第二十三章　中国区域文化发展的测度及协调性分析 ……… (407)
　　第一节　区域文化发展测度方式构建 ……………………… (407)
　　第二节　区域文化发展测度结果及其协调性分析 ………… (411)
　　第三节　中国八大区域文化发展演变趋势分析 …………… (415)

第二十四章　中国区域文化协同发展：以文化产业为例 …… (425)
　　第一节　中国区域文化产业协同发展的测度 ……………… (425)
　　第二节　中国区域文化产业协同发展影响因素的实证研究 …… (437)
　　第三节　中国区域文化产业协同发展推进机制 …………… (442)

第二十五章　中国区域文化与经济协同发展研究 …………… (468)
　　第一节　区域文化与经济协同发展测度模型构建 ………… (468)
　　第二节　中国区域文化与经济协同发展的测度结果及分析 …… (471)

第二十六章　推进中国区域文化协同发展的政策建议 ……… (482)
　　第一节　推进区域文化协同发展的建议 …………………… (482)
　　第二节　推动区域文化与经济协同发展的建议 …………… (486)

第七篇　推进中国区域社会协同发展研究

第二十七章　社会协同发展：新时期区域发展的重要主题 ……… (491)
　　第一节　推进区域社会协同发展的意义 …………………… (491)
　　第二节　国内外相关研究综述 ……………………………… (492)
　　第三节　研究的基本思路与内容 …………………………… (500)

第二十八章　区域社会协同发展的理论分析 ………………… (502)
　　第一节　区域社会协同发展及其影响因素 ………………… (502)
　　第二节　区域社会与经济协同发展的机理分析 …………… (506)

第二十九章　中国区域社会发展的评估及协同性分析 (510)
- 第一节　区域社会发展评估体系的构建 (510)
- 第二节　中国区域社会发展测度结果及其分析 (516)
- 第三节　中国区域社会发展时空演变分析 (520)
- 第四节　中国区域社会协同发展的测度与分析 (527)

第三十章　中国区域社会与经济协同发展的测度与分析 (532)
- 第一节　中国各地区经济发展程度的测度 (532)
- 第二节　中国各地区社会与经济协同的测度 (536)
- 第三节　中国各地区社会与经济协同的分析 (539)

第三十一章　中国区域社会发展对经济增长作用实证研究 (544)
- 第一节　社会发展与经济增长的动态关系 (544)
- 第二节　社会发展对区域经济增长的促进作用 (549)
- 第三节　本章小结 (557)

第三十二章　推进中国区域社会协同发展政策建议 (559)
- 第一节　加大力度更加重视区域社会发展 (559)
- 第二节　优化机制推进区域间社会协同发展 (562)
- 第三节　统筹推动区域社会与经济协同发展 (564)

第八篇　推进中国区域生态协同发展研究

第三十三章　中国区域生态协同发展的理论分析 (569)
- 第一节　区域生态协同发展及其构成 (569)
- 第二节　区域生态协同发展的影响因素分析 (572)
- 第三节　区域生态与经济协同发展的机理分析 (578)

第三十四章　中国区域生态发展的测度与空间关系分析 (585)
- 第一节　区域生态发展：基于生态环境状况的分析 (585)
- 第二节　区域生态发展：基于生态效率的分析 (590)

第三节　生态发展的区域间关系：基于空间相关性分析 ……… (594)
　　第四节　本章小结 …………………………………………… (602)

第三十五章　中国区域生态与经济的相互关系及协同度分析 …… (603)
　　第一节　中国区域生态与经济相互影响分析 ……………… (603)
　　第二节　中国区域生态与经济发展耦合度研究 …………… (616)

第三十六章　中国区域生态环境协同治理分析 ………………… (622)
　　第一节　区域生态环境协同治理的机理分析 ……………… (622)
　　第二节　区域生态环境的纵向协同治理机制分析 ………… (628)
　　第三节　区域生态环境的横向协同治理机制分析 ………… (635)

第三十七章　推进中国区域生态与经济协同发展的对策 ………… (640)
　　第一节　加强区域生态与经济协同发展的综合性制度建设 …… (640)
　　第二节　优化政府合作治理推进区域生态与经济协同发展 …… (644)
　　第三节　利用市场机制推进中国区域生态与经济协同发展 …… (646)

主要参考文献 …………………………………………………… (651)

后　记 …………………………………………………………… (660)

绪　　论

第一节　推进中国区域"五位一体"协同发展的必要性和可能性

改革开放以来，中国区域经济社会发展取得前所未有的巨大进步，经济增长更是创造了人类历史上罕见的奇迹。但在经济高速发展的同时，也产生了严重的区域发展不平衡、不协调问题。

一是不同区域之间经济社会发展差距不断扩大，区域之间发展不平衡问题突出。这种不平衡首先体现在经济发展水平差距上，2015年，中国最发达地区人均GDP已经超过1.6万美元，而少数不发达地区仅为4000美元左右；同时，不平衡也普遍地表现在区域政治、文化、社会和生态各领域中，区域之间发展水平差异很大，不协调明显。更值得注意的是，区域之间在经济、政治、文化、社会和生态方面的合作与竞争机制不完善，矛盾和冲突时有发生。这些问题不仅制约了各区域的发展和国家的整体发展，也对国家安全和统一造成负面影响。

二是区域中经济、政治、文化、社会和生态发展不同步，区域内部发展不协调问题严重。区域发展中普遍存在重经济发展，崇拜GDP增长，而对其他领域的改革和发展重视不够的问题，政治、文化、社会和生态普遍严重滞后于经济发展。主要表现在：（1）区域政治与经济发展不协调。政治体制改革迟缓、政府职能转变不到位，行政管理体制机制不健全等，严重制约了经济和整个社会的优化发展。（2）区域文化与经济发展不平衡。文化发展普遍不足，社会共同理想和价值观没有确立起来，社会道德、社会信用失范严重，区域文化软实力远远落后于硬实力。（3）社会建设严重滞后于经济发展，社会公共服务和社会保障不足，收入不公平和贫富差距大问题严重，社会矛盾和冲突时有发生。这些社会问题不但危及经济的持续发展，也对整个社会稳定与和谐发展造成很大危害。（4）生态环境恶化问题严重，经济的快速发展过度消耗了自然资源，唯利是图的经济行为严重破坏了生态环境，大气、水、土地等深层次的污染对人的生存发展造成深度危害，严重损害了经济社会可持续发展的根基。

针对中国区域发展中存在的问题，从20世纪90年代以来，中共中央就开始注重区域协调发展问题，逐步推进区域协调发展战略。党的十七大更是提出了区域协调发展的总体战略，党的十七大报告提出："必须统筹区域发展，坚持全面协调可持续发展的原则，全面推进经济建设、政治建设、文化建设、社会建设，促进现代化建设各个环节、各个方面相互协调，坚持走生产发展、生活富裕、生态良好的文明发展道路，实现经济社会永续发展。"党的十八大报告进一步强调："继续实施区域发展总体战略，充分发挥各地区比较优势，优先推进西部大开发，全面振兴东北地区等老工业基地，大力促进中部地区崛起，积极支持东部地区率先发展。"更为重要的是，提出了中国特色社会主义的经济建设、政治建设、文化建设、社会建设、生态文明建设"五位一体"的总体布局，为区域经济社会协同发展指明了方向。

推进区域经济、政治、文化、社会及生态协同发展，是党的十八大确定的"五位一体"发展战略布局在区域发展中的落实，也是新时期中国区域经济社会发展的必然要求，具有重大的现实意义和历史意义。

第一，是实现中国区域经济社会持续发展的要求。改革开放以来，与区域经济迅猛发展相对应的，是区域政治、文化、社会、生态文明发展的严重滞后。这种社会其他领域发展与经济的不同步，在一定历史条件下是可以理解的，甚至是必然的。但是，这种不同步性不能过大，更不能严重失衡，特别是它应该随着经济发展不断缩小而不是愈来愈严重。从20世纪90年代以来，中国区域经济与社会发展不协调问题就开始凸显，此后不断扩大，愈来愈严重。片面强调区域经济发展而忽视其他社会方面发展，造成了一些地方政府治理体制的落后和官员腐败的泛滥，造成了人们精神信仰的缺失和价值观念的混乱，造成了社会问题的频发和一些社会矛盾的激化，造成了环境的严重污染和生态的破坏等。这些问题不仅反过来严重恶化了经济发展的环境和条件，更破坏了区域经济社会持续发展的根基。历史和现实都表明，片面的发展即使在一定时期内可以促进某一方面的快速发展，但不可持续，更不会有整个社会的健康发展。社会是一个由经济、政治、文化、社会和生态构成的巨大系统，每个子系统的发展都会影响到其他子系统和整个系统的发展，只有所有子系统都健全发展了，整个社会大系统才可能健康、持续发展。只有积极推进区域经济、政治、文化、社会和生态"五位一体"协同发展，才能保障区域社会不偏离正常的发展轨道，不失去健全发展的条件，实现可持续的发展。

第二，是全面提升区域全体人民幸福生活的要求。经济社会发展的最终目的是让人民过上幸福的生活。习近平说，"带领人民创造幸福生活，是我们党始终不渝的奋斗目标"①。人民的幸福生活当然首先需要有物质条件，需要以经济的发展为基础和前提，但是，只有经济的发展并不一定提升人民的幸福感。只有当经济发展的成果能够公平惠及全体人民时，经济发展才会带来人民幸福的提升。同时，人民的幸福不仅需要物质上的满足，而且也需要人的价值和尊严得到尊重，精神生活得到充实，生活环境比较优良等。而这些方面的满足和目标的实现，只有经济发展是远远不够的，还需要政治文明的进步、社会公平的提升、社会文化的发展、生态文明的优化。一句话，只有"五位一体"协同发展，才能给广大人民带来真正有保障的、可持续的幸福生活。

第三，是全面建成小康社会，实现中华民族伟大复兴的要求。全面建成小康社会是党的十八大提出的中国社会主义现代化的一个根本目标，在中共中央十八届五中全会《关于制定国民经济和社会发展第十三个五年规划的建议》中提出，全面建成小康社会具体包含了五个方面的目标：一是经济保持中高速增长；二是人民生活水平和质量普遍提高；三是国民素质和社会文明程度显著提高；四是生态环境质量总体改善；五是各方面制度更加成熟定型。显然，全面小康社会就是经济、政治、文化、社会及生态全面协同发展的社会。中国各区域要实现全面小康社会，就必须同步推进经济、政治、文化、社会和生态协同发展。实现中华民族的伟大复兴是一个比全面小康社会更为宏大和高远的目标，也更依赖于各区域经济社会的全面发展。民族的复兴，始于经济的发展，成于民族

---

① 《习近平在中国共产党成立95周年上的讲话》，2016年7月1日。

文化的发展和人民素质的全面提升。只有当中国各区域不仅经济上持续发展，达到中等发达国家以上的水平，而且政治文明不断提升，文化发展、社会发展和生态文明建设都走在世界的前面，被全世界人民所推崇，中华民族才是真正实现了伟大复兴。

推进区域经济、政治、文化、社会和生态协同发展意义特别重大，是非常必要的，同时，也是可能的、可行的。新中国成立以来，特别是改革开放以来中国经济社会的快速发展，为中国推进区域经济、政治、文化、社会及生态协同发展创造了条件。

首先，具备了推进区域经济、政治、文化、社会及生态协同发展的经济基础。中国已经是世界第二大经济体，2015年国内生产总值达到67.7万亿元，人均GDP达7900美元左右，公共预算收入达15.2万亿元，具备了较为雄厚的经济基础，为推进区域经济、政治、文化、社会及生态协同发展提供了良好经济支持。据统计，2015年，中国政府教育支出26205亿元，增长8.4%；文化体育与传媒支出3067亿元，增长9.3%；医疗卫生与计划生育支出11916亿元，增长17.1%；社会保障和就业支出19001亿元，增长16.9%；城乡社区支出15912亿元，增长11.5%；农林水支出17242亿元，增长16.9%；节能环保支出4814亿元，增长26.2%。[①] 此外，企业等社会组织和群体在社会保障、生态环保、慈善事业、文化发展等方面的投入和捐助也在不断增加，共同为区域经济社会协同发展提供了物质条件。

其次，形成了推进区域经济、政治、文化、社会及生态协同发展的认识基础。一是中央政府和各级地方政府，逐步摆脱了把GDP看得高于一切的理念，在保障经济发展的同时，更加注重经济社会的协同发展，把社会发展、文化发展、生态发展摆在了更加重要的位置上。中共中央提出的"五位一体"总体战略布局得到了全国上下的一致认可。二是人民群众的权利意识、公平意识、生态意识等不断提升，在注重物质生活改善的同时，也不断追求精神生活的提升，追求权利和价值的实现，追求生态环境的优化。广大人民群众的生活已经走过只求温饱的时代，不再满足于经济的发展和物质生活的改善，而是追求丰富多彩的生活和人

---

① 财政部国库司：《2015年财政收支情况》，《中国财政》2016年第3期。

的全面发展，也要求社会更加全面和协调地发展。可以说，推进区域经济、政治、文化、社会及生态协同发展已经成为全民的共同认知和共同理想，这种共同的认知和理想是推进区域经济、政治、文化、社会及生态协同发展的巨大精神动力。

最后，拥有了推进区域经济、政治、文化、社会及生态协同发展的制度保障。推进区域经济、政治、文化、社会及生态协同发展不仅仅是一种理念，更需要相应的制度保障，需要健全推进的体制机制。应该说，为了落实"五位一体"协同发展的战略布局，国家和政府已经制定了一系列的政策、制度，逐步完善促进经济社会全面、协同发展的体制机制。这不仅表现在国家"十二五"、"十三五"规划中，对经济、政治、文化、社会和生态发展统一规划，一体布局，而且相继出台了一系列政策和制度，来保障除了经济以外的政治、文化、社会和生态的发展。如《中共中央关于深化文化体制改革　推动社会主义文化大发展大繁荣若干重大问题的决定》，中共中央《关于加强社会主义协商民主建设的意见》，《中共中央　关于全面推进依法治国若干重大问题的决定》，《中共中央国务院关于加快推进生态文明建设的意见》等，对政治、文化、生态、社会发展做出了顶层设计和制度安排。区域各级政府也出台了相应的政策和制度来保障中央政策和制度的落实和实施。这些政策和制度，使"五位一体"协同发展不仅仅是一个理念，还是具体的任务，并确定了实施和实现的基本路径和方式，这就为区域推进"五位一体"协同发展提供了有力的保障。

第二节　中国区域经济、政治、文化、社会及其生态协同发展的界定

区域协同发展指的是区域之间或区域不同部门之间通过相互协作、优势互补来实现共同发展的过程。区域协同发展首先是一种发展方式，即合作发展或相互协作，是实现区域协调发展的一种优化方式；同时，也是一种发展状态，即协调且共同发展的状态。区域协同发展包含两个方面的协同：一是区域之间的协同发展，处于不同地理或空间的区域之间，在经济社会发展的各个方面，通过相互作用、相互合作来实现共同

发展；二是区域内的协同发展，主要体现在区域经济、政治、文化、社会和生态的相互影响、相互协调和同步发展。

区域协同发展与区域协调发展是紧密联系又有一定区别的概念，一般说来，区域协调发展是一个一般性的概念，协同发展则是更为具体的、特殊性的概念。协调发展包含协同发展，协同发展可以视为协调发展的一个优化形态或是协调发展的一种高级形态。

我们认为，区域关系的发展大致要经历三个阶段：不平衡发展阶段、非均衡协调发展阶段和协同发展阶段。由于资源禀赋、区位及文化历史等其他条件的不同，在一个具有较大国土面积的国家，区域之间的经济社会发展总是会存在差异，这种差异在初期是自然禀赋和条件的差异，并会随着经济发展逐步扩大，特别是在市场竞争和区域竞争条件下，这种差异可以演变为悬殊的两极，造成一国各区域不平衡的发展。这种不平衡在一定历史阶段是不可避免的，一定的差异和不平衡甚至是必要的，它会激发区域发展的活力，使一些区域得以快速发展，从而带动整个国家进入新的发展阶段；但是，一国之内区域之间的这种不平衡发展如果差距过大，则会制约区域和国家的持续发展，不仅影响到国家经济的整体发展，也会影响国家的稳定与安全。因此，当这种不平衡过于严重，危及社会稳定和经济持续发展时，国家和政府就必然出来干预，采取各种政策手段，实施针对性的区域发展战略，来促进区域的协调发展。当然，这种协调发展战略不可能消除区域已经存在的差距和不平衡，只能努力在一定程度上缩小差距，同时提倡区域之间基于发展水平的不同进行产业分工与合作，提倡先发展地区带动后发展区域发展，区域关系进入非均衡协调发展阶段。在非均衡协调发展阶段，非均衡与协调始终存在矛盾，政府促进协调发展的努力与市场自发非均衡惯性经常会发生冲突，而且这一阶段的协调发展主要注重的是区域之间差距的缩小，追求的是区域之间外在的平衡。所以，协调发展的成效并不显著，在协调中有些区域、有些方面的差距仍然在不断扩大。

区域协调发展战略需要进一步由不均衡协调发展推进到协同发展阶段。区域协同发展战略的主要特征有以下四点。一是在性质特征上，注重区域内在的合作来实现共同发展，相关区域之间发挥各自比较优势，确立共同发展目标，进行深度的合作和融合，乃至一体化的运作，也就是说，这个阶段的区域协调发展超越了对外在平衡的追求，更注重区域间内在的联系和协作，并通过相互协作实现共同发展、同步发展。二是在内容上，注重区域经济、政治、文化、社会和生态"五位一体"的协同发展，而不是仅仅注重区域经济协调发展。三是在推进机制上，注重发挥政府和市场的双重作用，在区域经济协同发展中更注重发挥市场的主导作用。四是区域协同发展首先是一种紧密的局部区域协调关系，像京津冀、珠三角、长三角等，这一阶段的整体区域关系的发展是通过一个个局部区域的协同发展去推进整个区域的协调发展。

区域协同发展的主体是区域。所谓区域，是一个宽泛的概念，大的区域如中、东、西部划分，小的区域如一个功能区、开发区等。现有研究成果，一般都是定位在一个层面上进行研究，本课题将拓展到多个区域层面上进行研究：一是传统行政区划的区域，本课题将主要以省级行政单位为区域分析单位；二是地理邻近区域之间的关系，如长三角、珠三角、中原经济区、东北经济区等；三是通常划分的大区域，东、中、西、东北部的关系。课题将根据研究的具体问题，在不同区域层面上展开研究。

区域经济、政治、文化、社会和生态协同发展，包含两个层次：一是指区域之间的经济、政治、文化、社会和生态的协同发展；二是指区域内部经济、政治、文化、社会和生态之间的协同发展。本课题将兼顾两个层面，同时依据研究对象和问题的不同，确定一个方面为主线，而以另一方面为辅助来进行分析。同时，在区域协同发展的五个方面中，经济是基础和核心，因此，本书也将以经济发展作为基础，来分析区域各方面的协同发展问题。

第三节 推进区域经济社会协同发展的理论依据

探讨中国区域经济、政治、文化、社会和生态协同发展，是一项非常复杂的现实性研究，也是一项需要高远视野和深刻认知的探索性研究，因此，需要以一定的科学理论来指导研究，以一定的明智思想来启迪探索，以一定的方法论来优化分析。本课题研究的理论基础、思想启示和方法论借鉴主要有：马恩关于区域和社会发展的思想；协同学的相关思想和方法；区域经济学的相关理论；新中国成立以来党和国家主要领导人的区域发展思想。

一 理论基础：马恩关于社会全面发展、区域均衡发展思想

推进区域经济、政治、文化、社会及生态协同发展的基本要求，就是要把区域社会看成一个由多方面因素构成的、相互依存的整体或系统，注重区域的全面发展。马克思是对社会进行系统分析的思想先驱，也是最早提出人的全面发展和社会全面发展的思想家。马克思、恩格斯的相关理论和思想，在今天仍然闪耀着智慧的光芒，具有重要的启示价值，是指导我们研究区域经济、政治、文化、社会与生态协同发展的理论基础。

（1）社会是一个各方面相互联系的有机体，经济是基础。马克思、恩格斯用唯物史观的方法考察整个人类社会，将社会比作一个有机的整体。在《哲学的贫困》一书中，马克思指出，所谓社会，就是"一切关系在其中同时存在而又互相依存的社会有机体"。"当我们深思熟虑地考察自然界或者人类历史，或者我们的精神活动时，首先呈现在我们眼前的，是一幅由种种联系和相互作用交织起来的图画。"[1] 马克思、恩格斯常用"社会体系""社会机体""总体"和"整体"等概念来表述社会的状态。马克思认为，这个社会有机体主要是由社会经济结构、政治生活、社会生活以及精神生活构成的。同时，马克思进一步揭示了社会有机体中各方面的相互作用关系的基本机制，强调了经济结构对其他因素及其整个社会的基础性作用。"人们在自己生活的社会生产中所发生的一定的、必然的和不以他们的意志为转移的关系，也就是同他们的物质生产力在特定的发展阶段相适合的生产关系，而这些生产关系的总和就构成了社会的经济结构，既有法律和政治的上层建筑竖立其上，也有一定的社会意识形式与之相适应。物质生活的生产方式关系着整个社会生活、政治生活以及精神生活的过程。"[2]

马克思的社会有机体思想无疑是我们现在所提倡的区域经济、政治、

---

[1] ［德］恩格斯：《社会主义从空想到科学的发展》，人民出版社1967年版，第48—51页。
[2] 《马克思恩格斯选集》第2卷，人民出版社1995年版，第82页。

文化、社会和生态"五位一体"发展的思想源泉与理论依据,特别是马克思关于社会有机体运行机制中,经济是基础的思想,也告诉我们,在区域"五位一体"发展中,应该把经济的发展放在基础和中心的地位。我们在分析其他社会因素的发展时,都需要从与经济紧密联系的角度来考察和分析。

(2) 人与自然、社会与生态紧密连接,需要一体发展。马克思、恩格斯对人和自然的内在依存关系进行了深入的研究和探讨,是西方最早提出要保护自然,促进社会和自然协调发展的思想家之一,他们的思想对我们今天推进社会与生态的协同发展仍然具有非常重要的启迪意义。

马克思指出,人和自然是不可分割地联系在一起的,"人本身就是自然存在物。人作为一种自然存在物,且作为有生命的自然存在物,一方面,具备自然力和生命力,是能动的自然存在物;这两种力量作为天赋和才能,也作为欲望存在于人身上;而另一方面,人同时作为自然的、肉体的、感性的和对象性的存在物,和自然界的动植物一样,是受动的、受制约的和受限制的存在物,也表明,人欲望的对象是作为不依赖于其本身的对象而存在于他之外的。但是这些对象是人所需要的对象,是表现及确立他的本质力量所不可或缺的、重要的对象"[1]。"自然界,就它本身不是人的身体而言,是人的无机的身体。人要依靠自然界生活,自然界是人为了不至于死亡而必须与之间断交往的、人的身体。"[2]

恩格斯强调,人类的行为必须尊重自然,要按自然规律办事。他告诫我们"不要过分陶醉于我们人类对自然界的胜利。每一次这样的胜利,自然界都对我们加倍报复。每一次胜利,起初看起来确实取得了我们预期的结果,但是再往后却发生完全不同的、出人意料的影响,通常会把最初的结果又消除了。美索不达米亚、希腊、小亚细亚和其他各地的居民,为了得到更多耕地,毁灭了森林,但是他们做梦也想不到,这些地方今天竟因此成了不毛之地,因为他们,这些地方失去了森林,同时也就失去了水分的积聚中心和贮藏库。阿尔卑斯山的意大利人,当他们在山的南坡把在山的北坡得到精心保护的枞树林砍光用尽时,不会想到,

---

[1] 《马克思恩格斯全集》第42卷,人民出版社1986年版,第167—168页。
[2] 《马克思恩格斯全集》第42卷,人民出版社1986年版,第92页。

这样一来，他们把本地区的高山畜牧业的根基完全毁掉了；他们更没有预料到，他们这样做，竟使得山泉在一年中的大部分时间都是枯竭的，同时在雨季，更加凶猛的洪水又会倾泻到平原上。在欧洲传播和栽种马铃薯的人，并没有预料到，随同这种含粉的块茎一起来到的，还有瘰疬症的传播。因此，我们每走一步都要记住：我们统治自然界，决不会像征服者统治异族人那样，决不会是像站在自然界之外的人一样，相反地，我们连同自己的肉、血和头脑都是属于自然界并存在于自然之中的；我们对自然界的全部统治力量，就在于我们比其他的一切生物都强，能够认识和正确运用自然的规律"[1]。

马克思认为，人与自然的和谐统一是未来社会发展的理想。他指出："共产主义不仅是人与人、人与社会矛盾的解决，而且也是人与自然矛盾的解决，人与自然实现了内在统一。""这种共产主义，作为完成了的自然主义，等于人道主义，而作为完成了的人道主义，等于自然主义，它是人和自然界之间、人和人之间的矛盾的真正解决，是存在和本质、对象化和自我确证、自由和必然、个体和类之间的斗争的真正解决。它是历史之谜的解答，而且知道自己就是这种解答。"[2]

马恩关于自然是人的无机身体的深刻思想，关于人决不能像征服者统治异族人一样去奴役自然的警告，关于通过实现人与自然的内在统一来实现人类社会的发展理想，对于我们今天去处理人与自然的关系，都是极具启发和指导意义的。

（3）社会全面发展与人的全面发展。马克思也是最早提出社会的全面发展和人的全面发展的思想家，为我们现在提倡的社会"五位一体"发展的战略布局提供了思想基础。马克思从社会系统视角出发，批评了资本主义的片面化发展造成了社会的畸形与人的异化，提出了共产主义社会全面发展的社会蓝图：即经济上，实现公有制和按需分配、生产力极大发展，社会财富涌流；政治上，消灭阶级、政党、国家，人民自主来管理自己、管理社会；文化上，知识高度发达，每个人都掌握了多方面的科学知识和技能，社会道德高尚，"劳动成为每个人的生活的第一需

---

[1] 《马克思恩格斯选集》第3卷，人民出版社1995年版，第383页。
[2] 《马克思恩格斯文集》第1卷，人民出版社2009年版，第185—186页。

要"；社会发展完善，公有制基础上全体人民免费享有完善公共服务。马克思进一步认为，社会全面发展的根本目的是实现人的全面而自由的发展，因而共产主义的最终目的是，"人用一种全面的方式，作为一个完整的人，占有自己的全面的本质"[①]。马克思的社会全面发展实现的思想无疑是我们今天所提倡的经济、政治、文化、社会和生态协同发展的思想指导，特别是其强调的人的全面发展为目的的社会发展思想，为我们去推进经济社会协同发展提供了根本依据，也就是说，不论是经济发展还是政治、文化、社会和生态的发展，都应该以人的自由而全面的发展作为目的，在这一共同目标的引领下，才能为五个方面的发展找到共同的连接基础和共同的价值目标，真正实现协同发展。

(4) 区域分工及其均衡发展思想。在马克思生活的19世纪中叶，区域间的联系还不是很紧密，因此，区域经济问题还很少得到经济学家的关注，马克思是少有的在那个时代就开始关注区域经济差异和平衡性的思想家。其相关思想对我们今天推进区域协调发展，仍具有重要的启示。

首先，马克思是从资本主义市场经济中的劳动分工协作及其产业分工来揭示区域分工的形成。马克思认为，在工场手工业时期和大工业时期，"一方面，分工协作可以扩大劳动的空间范围，某些劳动过程由于劳动对象在空间上的联系就需要协作；另一方面，协作可以相对地在空间上缩小生产领域。在劳动的作用范围扩大的同时，劳动空间范围的缩小，会节约非生产费用"[②]。劳动者、生产资料与生产过程的集聚使得曾经单个劳动者的劳动变成为手工工场或者是商业店铺的劳动。"如此一来，往往会形成整个城市和整个地区都专门从事某种行业的现象"，劳动的地域分工由此产生。"将特殊的生产部门固定在一个国家的某个特殊地区的地域进行分工，而充分利用各种特点的工场手工业生产的出现，使生产获得了新的推动力。"[③] 机器生产则进一步推动了劳动地域分工的发展，"机器生产摧毁了国外市场的手工业产品生产，迫使这些市场逐渐成为它的原料产地"。"一种适应于机器生产中心的新的国际分工开始产生了，它

[①]《马克思恩格斯全集》第42卷，人民出版社1986年版，第123页。
[②][德]马克思：《资本论》第1卷，人民出版社2004年版，第381页。
[③][德]马克思：《资本论》第1卷，人民出版社2004年版，第409—410页。

使得地球的部分地区转变为主要从事农业生产的地区，服务于另一部分主要从事工业生产的地区。"①

资本主义的工业的发展，导致了工业与农业的分离和结合，造成城市与农村区域的差别和对立。"一个民族内部的分工，首先会引起工商业劳动与农业劳动的分离，在某种意义上也引起了城乡的分离以及城乡利益的对立。"② 正如马克思所说，"一切发达的、以商品交换为中介的分工的基础，首先都是城乡的分离"③。资本主义工业的发展，一方面破坏了农村手工业发展的生存条件和农业的独立发展，使得"现代农业为现代工业生产提供了大量的原料以及生产资料，农业和工业的分离是以劳动者与土地的分离作为条件的，当这一条件得到满足时，亦即劳动条件转化为资本条件，资本主义经营方式全面侵入农业时，以农业为生计的劳动者因为遭受剥夺，从而与生产条件相分离，必然会破坏农村家庭手工业，同时促进农业与工业的分离，农村和城市的分离"④。

马克思认为，不论是国际区域生产的分工与分离，还是城乡区域的分工与分离，都是一定历史条件下的生产和交易发展的必然产物；但这种基于资本主义生产与交换发展起来的分工和分离具有对抗的性质，造成了区域发展的片面性、差异性，不利于区域和社会的全面发展。因此，马克思、恩格斯主张，在消灭资本主义私有制，无产阶级夺取国家政权以后，要尽可能实现全国生产力的均衡布局。首先，"把一切生产工具都集中在国家也就是成为了统治阶级的无产阶级手里，尽可能快地增加生产力的总量"⑤，进而按照总的计划增加国家工具和生产工具，开垦荒地和改良土壤。马克思、恩格斯主张大工业在全国尽可能地均衡分布，把农业和工业结合起来，促使城乡对立逐步消灭。

马克思关于区域分工以及均衡发展的有关思想，在当时无疑是具有远见卓识的，尽管其还不是很完整和系统，但其中蕴含的一些深刻思想，如关于自发的市场分工导致区域发展的差异，导致城乡对立，关于区域

---

① 《马克思恩格斯全集》第44卷，人民出版社2001年版，第519—520页。
② 《马克思恩格斯全集》第3卷，人民出版社1986年版，第24—25页。
③ ［德］马克思：《资本论》第1卷，人民出版社2004年版，第390页。
④ ［德］马克思：《资本论》第1卷，人民出版社2004年版，第579—580页。
⑤ 《马克思恩格斯选集》第1卷，人民出版社1972年版，第272页。

的不平衡在资本主义市场经济条件下不会消除，需要在消灭私有制以后发挥国家和政府的作用，来推进区域均衡发展的思想，在今天仍具有重要的启示意义。尤其是把马克思的区域思想和社会全面发展思想结合起来，就能为我们推进区域经济、政治、文化、社会与生态协同发展提供重要的理论指导。

二　方法论启示：协同学理论和方法

区域协同发展的核心是协同，对协同机理做出科学解释和提出协同方法论的是现代协同学。因此，尽管区域协同并不完全等同于协同学所界定的耗散系统协同，但其基本思想，特别是其研究协同生成和演化的方法论，对于我们揭示区域协同发展具有积极的借鉴意义。

协同学（Synergetics）又称"协调合作"之学，是德国科学家赫尔曼·哈肯在20世纪70年代创建的一门交叉性学科。耗散理论强调了系统结构动态优化的必然性，哈肯以此为基础，致力于探究支配系统从无序到有序的发展的普遍规律，他以非线性动力学为数学工具，结合平衡相变理论、激光理论、信息理论、控制理论、一般系统论、动力学系统理论等理论，提出了协同学理论。

（一）协同学理论的核心观点

协同学是一门研究协同作用的科学，即指各个子系统之间相互竞争、相互合作的科学，主要研究在远离平衡状态的开放系统在与外界存在物质或能量交换的情况下，系统怎么样通过内部的协同作用，形成一定的有序结构或某种有组织性的功能。[1] 该理论的核心是自组织理论，所有复杂系统的结构、特征以及行为都不是其子系统对应的结构、特征和行为的机械或简单的总和，在一定条件下，子系统之间往往是协同的、有调节、有目的地组织起来的。在自组织过程中子系统以看似杂乱但实际却很有秩序的方式进行集体运动，达成协同一致的动作，最终形成一定的有序结构或实现某种有组织性的功能。

---

[1] Wang Guiyou, *Chaos to Order: Intyoduction of Synergistics*, Hubei People's Press, 1987, pp. 69–74.

1. 协同作用

协同或者说协同作用是协同学研究领域最基本的概念。一个系统，由许多子系统构成，如果在其子系统之间互相配合并由此产生了协同作用和合作效应，那么系统便处于自组织状态。在宏观层面上和整体上就表现为具有一定的结构或者功能。虽然不同的系统性质不同，但都是由新结构代替旧结构，发生质变的行为在机理上却有一定的相似甚至相同之处。近代以来的自然科学非常注意研究不同的物质结构、层次运动和系统内部各个要素之间的协调问题，推崇自然的简单和谐。正如爱因斯坦所说："如果不相信我们世界是内在和谐的，那么也就不会有任何科学。"[①] 无论是哥白尼的宇宙运行论，还是开普勒的行星运动三定律，无论是原子轨道的壳层模型，还是分子轨道对称守恒原理，抑或是正负电荷的对称性，以及正反粒子对的存在，都从不同的侧面揭示了宇宙万物从宏观到微观，从机械运动到生物运动的和谐性和协同性。

2. 序参量

在千差万别的各学科领域中确定系统自组织赖以运行的自然规律是协同学理论的研究目标，许多个体，无论是原子、分子、细胞，或者是动物、人类都有其集体行为规范，一方面通过竞争，另一方面则通过协作间接地决定着自身的命运。[②] 也就是说，存在着普遍的更高层次的必然性，它们导致新的结构和新的模式的产生。总之，协同学强调了系统自组织能力的主导作用，即存在"一只无形的手"使各个子系统实现有条不紊的运转。我们"这只无形的手"叫作序参量，各个子系统的共同作用产生序参量，序参量反过来又支配各个部分的行为，并最终推动整个系统的发展。哈肯指出："熵作为处理自组织结构的工具太过粗糙"，因此，他提出了序参量的概念。

序参量是描述系统宏观有序度或宏观模式的参量，目的在于描述系统在时间的进程中可能会处于什么样的有序状态和具有什么样的有序结构和性能，是为了描述系统整体的有序性或宏观模式而被引进的。序参

---

① Born M., Infeld L., Erinnerungen an Albert Einstein, Union Verlag, 1967.

② Haken H., "Synchronization and Pattern Recognition in a Pulse-coupled Neural Net", *Physica D: Nonlinear Phenomena*, Vol. 2005, No. 1, 2005, pp. 1–6.

量通过综合研究被找到，不但可以把握系统的宏观秩序，还可以了解微观层次上各种子系统的行为或运动状态，反映出系统状态从无序到有序。在不同的学科中，采用的是不同的物理量来描述系统，例如在耗散结构理论中用到的概念是热力学的熵，而在信息论中用的是"信息量"这一概念，在协同学中，哈肯则选用了"序参量"这个概念来代表一个系统的有序度。序参量在不同的系统中具体的物理意义也不同。序参量的大小代表了系统在宏观上的有序程度。

当一个系统处于完全无规则的混沌状态时，各个子系统之间彼此的联系很弱，子系统各自的相对独立性占据主导地位，此时就其总体而论，序参量之值为零。而随着外界条件的不断改变，如激光的泵浦功率、铁磁体磁化过程中的温度等，序参量的值也随之变化，子系统相对较为独立。当系统到达临界区域时，各个子系统之间相互作用，产生的协同行为将占据主导地位，序参量在此时将呈指数型增加，并很快达到特定饱和值，这个转变的时间非常短，无法观察到转变的细节，只能发现在临界点上发生了突变。子系统间通过协同作用将产生自组织行，在宏观上将出现一定的有序结构或功能，例如铁磁体在居里点以上时，由于热运动的影响，各个元磁体（原子或磁畴）的磁矩的排列是杂乱无章的，此时整个铁磁体并不显示出磁性。这一现象从协同学的观点来看，就是没有在宏观上形成有序结构，没有产生整体的功能。而当温度降到居里点之下时，由于原子热运动的能量降低，原子之间的相互作用超过了其取向的程度，元磁体便依据一定的方向来排列，从而表现出宏观上的磁性。类似于这种自组织功能的强弱，一般可以利用宏观量的磁化强度即序参量来描写。

3. 伺服原理

协同学理论的核心原理是伺服（slaving）原理，也可称为役使原理或支配原理，即快变量服从慢变量，序参数支配系统的行为。系统中通常存在着大量的快变量以及少量的慢变量，这两类变量在系统处于平衡态时差异不明显。当系统远离平衡态时，这种差异开始逐步显现。而到系统逼近临界点时，这种差异就充分地暴露出来，慢变量和快变量发挥着完全不同的作用：快变量的存在时间很短，一般不会主导系统的演化进程，而慢变量则主宰着系统演化的方式和方向，支配着快变量的行为。

因而归根结底，役使原理的本质在于：它揭示出在系统走向有序、到达临界点或其附近时，数量巨大的快变量是受到少数慢变量支配的，从而系统行为是由少数慢变量左右的。因此，人们可以通过重点把握这些少数慢变量的变化来认识和控制系统整体的演化。[①]

在解包含有阻尼系数相差悬殊的快变量和慢变量方程时，可借鉴统计物理学中的计算方法，令快变量的时间微商为零，消去快变量，使原来几乎无法求解的方程变得简单可解，即求出慢变量方程的解，可以反映出有序结构形成过程的主要特征和结果。[②]

（二）区域经济系统的协同学内涵

1. 区域经济系统的协同转化条件

区域经济也是一个复杂系统，区域之间、区域内部各要素在一定阶段也是处于相对分散和无序状态，区域协调发展就是区域之间、区域内各要素之间通过相互作用，从无序到有序，实现协同发展的过程。和协同学揭示的系统一样，区域系统要实现从无序到有序的转化，关键在于各子系统通过非线性的相互关系而产生的协同作用。具体而言，该转化应满足如下条件：①系统状态或结构的演化自始至终都受到序参量的影响，且序参量主导着系统内部各个子系统的行为；②系统内各子系统之间的有机联系和协调合作是系统实现有序发展的重要条件之一，只有当系统的各组分之间的关联作用发挥主导作用，且各子系统之间形成协同时，系统才会呈现有序结构；③除了系统内部各组分间的协同作用机制外，外部环境所提供的控制变量也为系统自组织结构的形成和有序演化提供保障；④系统反馈机制的调节作用，任何开放系统要维持其稳定性，都必须构建良好的反馈机制以确保其运行轨迹的准确性。

2. 区域经济系统的两种运动趋势

协同学理论指出，任何一个复杂系统的内部都存在两种相反的运动趋向。其一是子系统各自自发的、无序的运动，其二则是相关联的子系统之间的相对运动。区域经济也是一个复杂的系统，同样存在内部子区

---

① 吴彤：《自组织方法论纲》，《系统辩证学学报》2001年第2期，第4—10页。
② 李楼瑞、许典雄、董新年、王忠达：《协同学简介》，《黄石高等专科学校学报》1994年第1期，第38—44页。

域经济系统各自自发无序的运动，以及子系统之间的相对运动。在一定的条件假定下，复杂系统的自组织过程是一个由自发协同而产生有序的过程，系统内部各个子系统之间彼此相互竞争，同时又相互合作，从而产生了协同效应，由此产生序参量支配，进而导致时空或功能上有序结构的形成，达成区域经济的协同发展。

如图1.1所示，运动趋向1展示了各区域子系统间自发无序的运动。各个子系统间不存在竞争与合作的相互作用，系统本身具有无序持续运动的特性，系统内部各子系统及其相应的状态变量在无外力作用时也会自发地产生无序变化，这种运动趋势特征不利于有序结构的形成，将导致系统走向无序和瓦解。在区域经济协同发展的系统中，如果没有政府主动干预，各经济主体将自发地、持续地经营，形成相对无序的运动，经济活动伴随着人类生活的方方面面，这种无序的运动是社会与生俱来的特质，主要是源于系统内部的非平衡性。

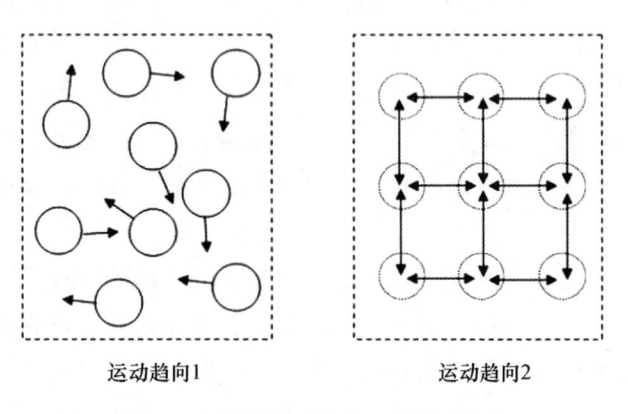

运动趋向1　　　　　运动趋向2

图1.1　区域经济系统的两种运动趋向

运动趋向2则是各个子系统之间相互联系的有序运动。各个子系统之间存在着这样或那样的非线性联系，造成了各个子系统的协调有序的运动规律，这种由序参量主导其他快变量带来的关联有序的运动，是系统从自发走向有序的重要影响因素。在这些自发无序的运动中，序参量对快变量起决定性支配作用，而快变量在被支配活动中对序参量存在一定的反作用力。在中国的区域经济协同发展系统中，多种驱动要素之间存在某种确定的非线性协同作用，例如，一个经济指标的变动，将通过特有的模式传导给其他经济指标，造成一系列的其他经济效应，而这些经济效应又通过各种途径反作用于其他微观层面的经济活动，各个要素之间相互影响，互相联系，这种协调机制保证了系统变量逐渐成为有序的关联运动。

三 理论借鉴：现代区域经济学的理论

区域经济学是运用经济学的观点，研究国内不同区域经济的发展变化、空间组织及其相互关系的综合性应用科学。区域经济学中相关区域协调发展的一些理论和思想，对于我们研究和推进区域经济社会协同发展，具有直接启示和借鉴意义。

（一）新古典区域均衡发展理论

新古典经济学理论中关于区域均衡发展是建立在一系列的理论假设之上的，这些假设包括：要素自由流动、资本与劳动之间可以完全替代、信息是完全的等。在新古典经济学假设条件均能够较好地得到满足时，要素在各个地区的分布将不能够影响到各个区域最终的经济效用，在满足完全竞争的假设条件下，劳动、资本等生产要素将在各个区域之间自由流动，造成的结果是各个区域的发展差距将最终被抹平，各个地区的比较优势将得到增强，但是要素的边际报酬递减规律将使得区域之间的发展趋于均衡。

边际报酬递减规律是新古典经济学区域平衡发展理论的主要基础。一般来说，发达地区的人均资本量比较大，根据边际报酬递减规律，随着资本的不断增加，资本的回报率将不断地降低；而欠发达的地区劳动力要素比较充裕，随着劳动力的不断增加，将导致相对较低的工资水平。在相对成熟的市场经济体中，资本和劳动力的流动的成本是比较低的。由于发达地区与欠发达地区之间的要素价格不同，这种特征的差异将推动要素资源的跨地区流动。例如，欠发达地区的劳动力要素向资本充裕的发达地区流动，而发达地区的资金要素向劳动力充裕的欠发达地区流动。要素的跨地区流动使得要素价格在各个区域之间趋于均等化，最终实现区域经济均衡发展的目标。考虑到新古典经济学区域平衡发展理论是建立在非常严格的假定条件下才成立的，从而导致在现实中很难得到实现。经济体尤其是发展中国家通常存在二元经济现象，且要素的流动还会涉及诸如运输成本、户籍制度、市场环境等一系列问题，而这些问题在这一理论中并未考虑，因而不能完全解释现实中区域差距长期不断扩大的现象。但理论中所包含的通过要素的自由流动可以促进区域平衡发展的思想依然具有积极的启示意义。

（二）区域平衡发展理论

区域平衡发展理论是发展经济学中的一种理论，讨论发展中国家经济发展模式或战略，是在新古典经济学区域经济增长理论的基础上发展起来的，但是其推进平衡发展的路径却与新古典平衡理论有很大差异。平衡增长理论的区域一般是指一定区域的国家，但其思想也对一国内区域间的平衡发展具有借鉴意义。按照平衡增长的类型，平衡增长理论可以分为如下三类。

1. "极端"的平衡增长理论——罗丹的大推进论理论

1943年，发展经济学家罗森斯坦·罗丹在他的《东欧和东南欧国家的工业化问题》一文中指出，发展中国家要想从根本上解决贫穷落后的问题，关键在于工业化的实现。在这些国家工业化的进程中，首先遇到的障碍就是资本形成不足的问题，但由于生产函数和需求的不可分性，即资本的集聚性和需求互补性，以及储蓄供给的不可分性，满足投资的最低限度是成功的必要条件，因此，罗丹主张实行"大推进"的战略，即在各个工业部门进行全面而大量的投资，才能保证这些工业部门能够发展起来，从而实现工业的大发展。同时，罗丹指出，在全面发展工业的进程中，为避免部分工业发展过快，形成产品过剩，必须在投资的同时按照同一个投资率对其他各个工业部门进行投资，保证各个工业部门均衡发展，使得产品的生产和需求实现平衡。

2. "温和"的平衡增长理论——纳克斯的贫困循环论与平衡增长理论

1953年，发展经济学家纳克斯在其《不发达国家的资本形成》一文中，率先提出了"贫困恶性循环"理论，纳克斯认为，发展中国家穷的原因是由于它穷，即国民收入太低，如此就形成了一个"低收入—储蓄能力不足—资本匮乏—生产率低下—低收入"的恶性循环，所以他主张，应该全面地、大规模地对国民经济各个生产部门进行投资，实施平衡增长的战略，但同时，他认为各部门未必都按同一比率发展，而是应当按照各部门产品的需求价格弹性以及收入的弹性大小来确定投资率。

3. "完善的"平衡增长理论

1959年，经济学家斯特里顿在其《不平衡增长》一文中，率先提出了一种介于上述两种理论之间且综合了其理论特点的平衡增长理论，后来被称为"完善的"平衡增长理论。由于这种理论一方面强调了扩大投资规模对克服供给的不可分性与需求互补性的重要作用，另一方面也强调了取得各经济部门之间实现平衡增长的重要性。与此同时，斯特里顿既主张国民经济各部门依据不同比例全面发展，从而实现平衡增长，同时也主张在实现平衡增长的过程中，可依据各部门产品的需求收入弹性来确定不同的投资率与增长比例，利用个别部门的优先发展与快速增长来解决经济发展中的阻碍问题，最终能够实现国民经济各部门按恰当的比例平衡增长。

此外，其他重要的均衡发展理论还有立本斯坦的临界最小努力理论与纳尔逊的低水平陷阱理论，立本斯坦指出，一个国家的经济要想取得长期且持续的增长，就必须保证在一定时期内受到某个大于临界最小规模的增长刺激。纳尔逊则认为，发展中国家可能存在着低水平收入反复循环的现象，是不发达经济很难跨越的一个陷阱，在外界的条件保持不变的情况下，如果要走出陷阱，就必须使人均的收入增长率超过人口的增长率。

所有的平衡增长理论都在一定程度上反映了发展中国家在突破区域经济发展困境中需要采取突破性策略的一种思路，注重政府在整个平衡增长中的突出作用，具有一定的参考意义。但这种理论没有说清楚这种大规模、平衡性的投资从何而来，以什么机制去推进和实现投资，显然，由于区域和行业差异和比较利益不同，市场机制下不可能出现这种按比例的平衡投资，而不基于市场机制的投资，如何保障投资的效率？显然，不能保障效率的投资是不可持续的。因而平衡增长理论和战略难以在现实中实现。

（三）区域非均衡发展理论

"不平衡增长"的概念最早是经济学家赫希曼在其1958年所出版的《经济发展战略》一书中针对在当时很有影响力的平衡增长理论提出的，这种理论也被称为不平衡增长理论。而在此之前，学术界已经有一些非均衡增长理论的提出，例如佩鲁的发展极理论与缪尔达尔的循环累积因果论。同时，非常重要的非均衡增长理论还有经济学家弗里德曼提出的中心—外围理论，区域经济的梯度推移理论和威廉姆森的倒"U"型理论。

1. 发展极理论

1955 年，经济学家佩鲁在其《略"论发展极"的概念》一文中第一次提出"发展极"的概念和理论，而现在我们一般所说的增长极理论则是部分英美的学者在对发展极概念进行了补充与发展之后提出来的。佩鲁的发展极理论核心是，在一个区域的经济增长过程中，部分主导部门或创新能力较强的企业与行业倾向于在某些地区或大城市聚集，形成了一种资本与技术高度集中、具有规模经济且其自身的增长非常迅速并且能够对邻近的地区产生较大的辐射带动作用的"发展极"，通过鼓励和支持那些具有"发展极"的地区或城市的率先增长，将会带动相邻地区的共同发展。

2. 循环累积因果论

1957 年，经济学家缪尔达尔在其出版的《经济理论与不发达区域》一书中率先提出了"理上的二元经济"的理论，且利用"扩散效应"和"回流效应"两个概念，阐释了经济发达地区的优先发展对于其他落后地区经济增长的促进作用与不利影响，提出了既充分发挥发达地区的模范带头作用，又采取适宜的对策来刺激经济落后地区的发展，从而消除发达地区与落后地区并存的二元经济结构的政策主张。

3. 不平衡增长理论

1958 年，经济学家赫希曼在其出版的《经济发展战略》一书中率先提出了不平衡增长理论。这一理论中又存在两个重要的原理，其一是"引致投资最大化"的原理。赫希曼利用一个关于"社会分摊资本"与"直接性生产活动"之间关系的模型来阐释这一原理，其中，"社会分摊资本"指的是用于基础设施建设的投入，这种投资规模大、建设周期较长、收益慢且不高、投资效率低但受益面广。"直接性生产活动"指的是直接投资于工业和农业等产业部门中能迅速见效的，且直接增加产出与收益的投资行为，一般投资较集中、周期较短、收益较快并且投资效率高。经过分析，赫希曼认为，应该优先发展那些直接生产性活动的部门，并且应当优先选择那些可以产生最大的引致投资的直接生产性活动部门。其二则是"联系效应"

理论。这一理论能够解决如何选择、依据什么标准进行选择引致投资实现最大化的部门的问题。他还认为所谓的联系效应就是指各个产业部门中客观存在的能够相互影响和相互依存的关联度,这一效应可用该产业产品的需求价格弹性与收入弹性来度量,所以,那些优先投资与发展的产业,就应当是联系效应最大的产业,亦即该产业产品的需求价格弹性与收入弹性最大化的产业,这一假定是不平衡增长理论的核心。

4. 中心—外围理论

中心—外围理论最早是由劳尔·普雷维什在20世纪40年代提出来的,其主要是阐明了发达国家与落后国家之间的中心—外围不平等结构及其发展模式和政策主张。在20世纪60年代,弗里德曼在《极化发展的一般理论》一文中将中心—外围理论引入区域经济学。弗里德曼认为,经济的发展是不连续但逐步累积的创新过程,创新一般起源于区域内部少数的变革中心,这些区域属于核心区,由这些中心自上而下、由里朝外地向创新潜能较低的地区扩散,这些区域就是外围区域。在核心区和外围区的关系中,前者通常处于支配地位,后者通常处于依附地位,核心区域通过支配效应、连锁效应、心理效应、信息效应、现代化效应和生产效应六种联系机制来强化与巩固支配地位。所以,这一过程的区域发展表现为不均衡发展,核心区域的增长将扩大其与外围区域之间的经济发展差异。与此同时,他认为在核心区域将本身的机构扩张到外围区域的过程中,核心区域很有可能在某些方面失去进一步创新的能力,反而引起新的核心区域在外围形成。

5. 区域经济梯度推移理论

1966年,哈佛大学跨国企业问题专家弗农教授在其《产品周期中的国际投资和国际贸易》一文中首次提出"产品循环阶段论",他认为工业各部门乃至各工业产品均处于不同的生命循环阶段上,通常会经历创新、发展、成熟、衰老四个发展阶段,且在不同的阶段,某些兴旺部门将转为停滞部门,乃至最后成为衰退部门。同年,汤普森教授在其《对制造业地理的几点理论思考》一文中首次提出了"区域生命周期理论",这一理论认为,一个工业区从建立开始,它将像一个生命有机体一样遵循着一个规则的变化次序,不断地向前发展,发展阶段从年轻到成熟最后到老年阶段,在不同阶段的区域将面临一系列不同的问题,且处于不同的竞争地位。区域经济的梯度理论是产业梯度转移理论的简称,这一理论是在区域生命周期理论与产品生命周期理论的基础上形成的。这一理论认为,在客观上存在的经济和技术发展的区域梯度差异,就意味着每个国家或地区均处在一定的经济发展梯度上,且产业和技术将会随着时间的推移由高梯度区朝着低梯度区扩散和转换。

6. 倒"U"型理论

倒"U"型理论第一次出现在 1965 年威廉姆逊的《区域不平衡与国家发展过程》一文中。和以往的理论不同的是,这一理论建立在实证研究的基础之上,将时序问题引入区域空间结构变动的分析中。威廉姆逊将库兹涅茨的收入分配倒"U"型理论假说应用到区域经济发展方面,提出区域经济差异的倒"U"型理论。威廉姆逊利用实证研究指出,不管是截面分析还是时间序列分析,其结果都表明发展阶段和区域差异之间存在倒"U"型的关系,也就是说,经济活动的空间集中是国家经济发展初期阶段不可逾越的,但因此而产生的区域经济差异将随着经济发展的成熟而最终趋于消失。

(四)区域发展理论研究的新进展

区域发展是一个集合多种影响因素的综合性问题,随着区域发展基础理论的不断完善,众多学者开始更加深入和全面地探索区域发展的理论问题。20 世纪 70 年代,Sombart 研究了交通运输同区域经济发展的问题,并提出了"生长轴"的概念,[①] 随后,陆大道在此基础上结合增长极理论提出了点轴开发理论[②],点轴开发理论认为区域经济发展应当从发达区域的经济中心点沿交通线路向不发达区域纵深推移,这种空间线性推进方式实现了增长极理论聚点突破与梯度转移理论线性推进的完美结合,后来学者在这一轴式的基础上将这一理论发展为网络开发理论,从而形成了区域空间开发的完整理论;20 世纪 90 年代以来,西方社会科学各领域的不断融合,进一步促进了区域发展理论的完善。以 Krugman 的核心—边缘模型为基础的"新经济地理学",也即 NEG 模型成为区域经济发展研究的新范式,新经济地理学以规模报酬递增和不完全竞争为基本

[①] Sombart W., *Allgemeine Nationalökonomie*, Duncker & Humbolt, 1960.

[②] 陆大道:《2000 年我国工业生产力布局总图的科学基础》,《地理科学》1986 年第 2 期,第 110—118 页。

假设前提，将空间维度引入一般均衡分析框架，研究和解释经济活动的空间分布特征及规律；[1] 由于新经济地理学对于区域发展的研究更为深入和全面，后来的学者进一步扩充了这一理论模型。Ottaviano 通过对 NEG 模型的六类政策效应即区域效应、贸易互动效应、门槛效应、锁定效应、选择效应和协调效应进行归纳，成功构造了 NEG 实证分析与规范分析的基础；[2] Borck 和 Pflüger 探讨了 NEG 模型的政策解释作用，成功将政策分析的框架从以往理论的全聚集极端分析模式转向 NEG 模型的部分聚集分析模式，且发现这一模式具备更强的现实解释能力；[3] Ulltveit-Moe 将金钱外部性和技术外部性两大因素进一步融入 NEG 基本分析框架，考察二者之间互动对于产业区位及最优区域政策设计的影响；[4] Fenge 则将 NEG 模型的分析模式扩张到公共投入竞争分析领域，并发现一个地区的基础设施提供将给另一个地区造成的由企业争夺所带来的负外部性以及由贸易增加所带来的正外部性；[5] 此外，Gruber 和 Marattin 在 NEG 模型中引入内生贸易成本因素，研究了基础设施改善对于区域经济的影响，发现基础设施的改革带来了更显著的聚集，从而进一步丰富了这一理论；[6] Sheard 将传统的两区域模型进一步扩展到三区域框架（一个核心区域加上两个边缘区域），探究了地区补贴分配对区域经济发展的影响，研究认为，区域政策设计过程中对特定区域或者区域中的特定集群应予以特别关注。[7]

应该说，区域不平衡发展理论比较符合区域发展的实际状况，比较具有现实性，对中国推进区域经济社会协同发展具有启示意义。但这种

---

[1] Krugman P. R., *Geography and Trade*, MIT Press, 1991.

[2] Ottaviano G., "Regional Policy in the Global Economy: Insights from New Economic Geography", *Regional Studies*, Vol. 37, No. 6 – 7, pp. 665 – 673.

[3] Borck R., Pflüger M., "Agglomeration and Tax Competition", *European Economic Review*, Vol. 50, No. 3, 2006, pp. 647 – 668.

[4] Ulltveit-Moe K. H., "Regional Policy Design: An Analysis of Relocation, Efficiency and Equity", *European Economic Review*, Vol. 51, No. 6, 2007, pp. 1443 – 1467.

[5] Fenge R., von Ehrlich M., Wrede M., "Public Input Competition and Agglomeration", *Regional Science and Urban Economics*, Vol. 39, No. 5, 2009, pp. 621 – 631.

[6] Gruber S., Marattin L., "Taxation, Infrastructure and Endogenous Trade Costs in New Economic Geography", *Papers in Regional Science*, Vol. 89, No. 1, 2010, pp. 203 – 222.

[7] Sheard N., "Regional Policy in a Multiregional Setting: When the Poorest are Hurt by Subsidies", *Review of World Economics*, Vol. 148, No. 2, 2012, pp. 403 – 423.

理论并没有考虑不同国家的国情特点，我们应该基于中国区域发展的基本情况和发展战略来吸取其合理因素；同时，不平衡发展理论更注重不平衡发展的积极作用，而不谈其消极效应；注重市场机制的自发演进，对政府在区域发展中的作用认识不足，事实上，区域协调发展不仅仅是一个经济问题和市场问题，而且也是一个国家的政治问题和安全问题，需要发挥政府的重要作用才可能有效解决。

四　指导思想：中共历代领导人的区域发展思想

中国区域经济发展是在中国这块土地上、在中国特色社会主义建设中的区域发展，因此，一切区域经济发展的理论都必须与中国区域发展的实际相结合才能有效。新中国成立以来，中国共产党在探索中国特色社会主义发展过程中，也对中国区域的发展进行了积极的探索，历代党和国家领导人基于中国区域发展的实际情况，提出了一系列区域发展的战略思想，这些思想指导了当时中国区域关系的处理和区域经济与社会的发展，成为今天我们探索中国区域经济社会协同发展最为直接、最有价值的指导思想和参考依据。研究中国区域经济、政治、文化、社会和生态协同发展，必须认真地去吸取和遵循他们提出的重要战略思想。

新中国区域发展的战略思想，最早是毛泽东在《论十大关系》这篇著名文章中提出的"正确处理沿海和内地关系"的战略思想，它指导了新中国前30年的区域发展。改革开放之后，邓小平同志提出了"两步走"的战略思想：第一步先集中发展沿海，第二步是在沿海发展起来以后，由沿海支援内地，从而实现全面发展。"两步走"是改革开放战略的具体实施方案，加快了中国经济的起飞。20世纪90年代，江泽民同志在"三个代表"重要思想的指导下，将区域协调发展的战略思想写入国民经济"九五"计划，并于1999年启动了西部大开发战略。进入21世纪，胡锦涛同志对中国区域经济发展进程进行了总结，并先后启动了东北振兴和中部崛起的发展战略，结合东部率先发展，提出中国区域发展总体战略，为中国区域经济协调发展打开了新的格局。党的十八大之后，习近平同志审时度势，坚持上一代领导人提出的区域协调发展总体战略，并进一步提出了新的区域发展战略思想，带领中国区域发展迈入新时代。

1956年4月，毛泽东同志听取了34个中央部委的经济工作汇报，并在此基础上发表了《论十大关系》一文，其中专门探讨了沿海与内地工业的关系，标志着毛泽东区域经济思想的形成。他认为，在中国全部的轻工业和重工业中，约百分之七十都分布在沿海，只有百分之三十在内地，这种不合理的分布状况是由于历史原因形成的。沿海的工业基地必须充分利用，但为了工业发展的平衡布局，内地的工业也需予以重视加快发展。毛泽东区域发展思想的核心是平衡发展，这一思想以社会主义区域公平和全国人民共享平等幸福生活的理念为基础，既是对旧中国区域极度不平衡的发展状况的一种纠正，也是对中国区域经济发展宏观格局的一种统筹规划。这一区域经济发展战略的实施，一定程度上改变了中国历史上形成的经济重心过分偏重于沿海的分布格局，推动内地纷纷走上工业化的道路，对中国社会主义现代化建设事业具有重要的战略意义，对区域经济发展产生了深远的影响。

1978年，邓小平同志提出了"两个大局"的战略思想，这"两个大局"分别是：沿海地区加快对外开放，较快地先发展起来，内地要顾全这个大局；沿海地区发展到一定时期，要拿出更多的力量帮助内地发展，沿海地区也要顾全这个大局。这一指导思想深刻地影响了中国后来区域经济政策的制定，标志着中国区域经济发展战略思想由区域经济均衡发展向区域经济非均衡发展的历史性转变。在这种区域经济的倾斜式发展战略指导下，沿海地区成为率先建设的重点，这样东部地区获得了长足的发展，显著增强了中国的综合国力，在一定程度上促进了中国与发达国家经济差距的缩小，加快了社会主义现代化建设的步伐。"两个大局"战略思想的实践取得了举世瞩目的伟大成就，对中国区域经济乃至国民经济协调发展具有十分重大的理论指导价值和实践意义。

20世纪90年代，江泽民同志以"三个代表"重要思想为指导，针对改革开放以来日渐凸显的区域发展不平衡问题，提出了区域协调发展的战略思想。中央在这一战略思想的指导下于1999年启动西部大开发战略，中国经济西进的步伐由此大大加快。此后，又提出和实施了东北地区老工业基地振兴战略，为东北这一为共和国工业现代化做出过重大贡献的区域的创新发展提供了新的契机。这样，东北老工业基地振兴、西部大开发同沿海地区率先实现现代化发展一起，成为新的历史条件下中国区域发展的整体战略。这也意味着中国区域发展战略开始从优先发展的非均衡战略向区域协调发展战略的初步转变。江泽民区域协调发展的战略思想是对邓小平"两个大局"战略思想的继承和创新发展。如果说，邓小平时代主要是实施"第一个大局"，江泽民时代则努力在推进"第二个大局"，并在新的历史条件下进行了新的拓展。

党的十六大以后，胡锦涛同志创造性地提出了科学发展观，统筹区域发展是其中的一个重要内容。统筹发展意味着要统筹兼顾，合理布局，妥善处理区域发展中的各方面关系，走各地区协调发展、共同富裕之路。以胡锦涛同志为总书记的党中央总结了中国区域经济发展的进程，进一步推进了东北振兴战略，并启动了中部崛起的发展战略，结合西部大开发和东部率先发展，提出了中国区域发展总体战略。

第四节 研究指南：习近平新时代关于区域协调发展的重要论述

党的十八大以来，以习近平同志为核心的党中央，依据新时代中国区域发展的新形势、新特点和新任务，提出了一系列区域协调发展的新思想、新理念、新战略和新政策，这些新思想、新理念、新战略和新政策，是习近平新时代中国特色社会主义思想重要组成部分，是新时代处理中国区域协调发展关系的根本指导思想，无疑也是我们研究区域协同发展的最直接的价值指引和理论依据。

一 确立了推进区域协调发展新的理论和政策依据

在党的十九大上，习近平同志做出"中国特色社会主义进入新时代，中国社会主要矛盾已经转化为人民日益增长的美好生活需要和不平衡不充分的发展之间的矛盾"的重大政治论断。这一重大论断，为党和国家大政方针、长远战略的确定提供了重要依据，也特别地为推进区域协调发展战略提供了新的根本依据。

主要矛盾中提到的不平衡，主要就是指区域发展的不平衡，其包含的重大理论判断和政策意涵：一是区域不平衡问题突出，已成为制约中国经济社会持续发展的根本问题或主要矛盾之一；二是解决区域发展协调已成为新时代党和国家的战略中心任务。也就是说，新的主要矛盾的论断及其理论,把区域协调发展问题的重要性提高到前所未有的高度,也为如何去解决区域协调发展问题提供了基本依据;这也标志着,解决中国区域协调发展迎来了历史的新机遇,区域协调发展将取得新突破。

同时,主要矛盾的论断也指出了解决不平衡发展,目的是满足人民日益增长的美好生活需要,这也为我们推进区域协调发展提供了重要依据和提出了更高的要求。也就是说,区域协调发展不能仅仅满足于经济增长差距的缩小,而应该以满足人民日益增长的美好生活需要为最高目标,追求经济、政治、文化、社会和生态的协同发展,推进区域的全面的、可持续的发展。

二 提出了区域协调发展的新战略规划

习近平关于区域协调发展的重要论述,在继承改革开放以来我党区域协调发展思想和战略基础上,提出了一系列新的战略、新的布局,把区域发展战略推进到一个新的高度。

首先,坚持持续推进"西部开发、东北振兴、中部崛起、东部率先"四大地区发展战略,提出新的要求和政策目标。要求"强化举措推进西部大开发形成新格局,深化改革加快东北等老工业基地振兴,发挥优势推动中部地区崛起,创新引领率先实现东部地区优化发展"。[①]

其次,提出了三大区域发展新战略。在坚持继续推进和优化中共中央已经确定的四大区域发展战略的基础上,依据新时代国家整体战略和区域经济社会发展的需要,以习近平同志为核心的党中央提出了新的三大区域发展战略。

其一,是京津冀协同发展战略[②],推进京津冀三地作为一个整体协同发展,以疏解非首都功能、解决北京"大城市病"为基本出发点,调整优化城市布局和空间结构,构建现代化交通网络系统,扩大环境容量生态空间。

---

① 《中华人民共和国国民经济和社会发展第十一个五年规划纲要》,人民出版社2006年版,第3页。
② 中共中央、国务院:《京津冀协同发展规划纲要》,2015年。

其二，提出和规划建设长江经济带发展战略①，在强化共抓大保护、不搞大开发的总体指导思想下，大力保护长江生态环境、加快构建综合立体交通走廊、创新驱动产业转型升级、积极推进新型城镇化、努力构建全方位开放新格局、创新区域协调发展体制机制。

其三，协调推进粤港澳大湾区发展战略②。以香港、澳门、广州、深圳为中心引领粤港澳大湾区建设，带动珠江—西江经济带创新绿色发展，打造充满活力的世界级城市群，具有全球影响力的国际科技创新中心，内地与港澳深度合作示范区，宜居宜业宜游的优质生活圈。

三 提出区域协同发展的新理念、新目标

首先，提出和强化了"协同"发展的新理念。在习近平的有关新时代区域发展战略中，"协同"一词被提升到显著的地位，除了有"京津冀协同发展战略"的表述，在阐述长江经济带各省市的协调发展、城乡的协调发展等问题时，都在不少地方提出协同发展概念，强调了协同发展的意义。相对于比较宽泛的区域协调概念，区域协同发展更强调区域间内在的互动关系和合作共生，更加注重一体化、整体性的发展思路，更加注重互补、错位又相互促进的共同发展，在一定意义上说，协同发展是协调发展的优化形态，是一种更高层次的协调发展。

其次，提出了区域协调发展的三大具体目标。习近平在2017年12月召开的中央经济工作会议上，提出了区域协调发展的三大目标："要实现基本公共服务均等化，基础设施通达程度比较均衡，人民生活水平大体相当。"③ 这里没有提经济增长平衡的目标，而是从公共服务和人民的生活水平这些更贴近人民美好生活的方面提出目标，一方面体现了习近平实事求是的态度，承认现实中区域经济发展的差距，不去搞经济上的平调；另一方面体现了以人民为本的价值观，注重人民现实生活的感受，强调政府对人民公共服务的公平和均等。

---

① 中共中央、国务院：《长江经济带发展规划纲要》，2016年。
② 中共中央、国务院：《粤港澳大湾区发展规划纲要》，2019年。
③ 习近平：《明确区域协调发展的三大目标》，2018年5月6日访问，中国新闻网，2017年12月28日。

最后，确立了区域发展的更加全面、更高目标。习近平在区域协调发展的有关论述中，从来不只是注重经济的发展与协调，而是强调区域的全面发展，更加注重生态环境和民生福利等，如提出长江经济带的总的指导思想是，共抓大保护，不搞大开发，强调要基于"五位一体"的总体布局和"四个全面"的战略布局的要求，来推进区域协调发展。①

习近平强调，中国经济已由高速增长阶段转向高质量发展阶段，区域经济发展必须加快实现质量变革、效率变革、动力变革。实施区域协调发展战略，推动各区域缩小基本公共服务差距，实现基本公共服务均等化；提升区域间互联互通，推动区域互动、城乡联动、陆海统筹；促进生产要素自由流动，提高资源空间配置效率；依据主体功能定位发展，充分发挥比较优势，推动各区域加快转变发展方式、优化经济结构和转换增长动力，进而实现更高质量、更有效率、更加公平、更可持续的发展。

四　建立更加有效的区域协调发展新机制的重要思想

如何来推进区域协调发展战略？习近平认为关键在于深化改革，机制创新。他提出"建立更加有效的区域协调发展新机制"的重要思想，为破解长期以来区域协调发展中存在的问题，进一步推进区域向更高水平、更有效率的发展，提供了根本指导。②

习近平提出的建立更加有效的区域协调发展新机制主要包括以下内容。

（1）建立区域战略统筹机制。推动国家重大区域战略融合发展。以"一带一路"建设、京津冀协同发展、长江经济带发展、粤港澳大湾区建设等重大战略和倡议为引领，以西部、东北、中部、东部四大板块为基础，促进区域间相互融通补充。统筹发达地区和欠发达地区发展。推动东部沿海等发达地区改革创新、新旧动能转换和区域一体化发展，支持中西部条件较好地区加快发展，鼓励国家级新区、自由贸易试验区、国

---

① 习近平：《在深入推动长江经济带发展座谈会上的讲话》，《求是》2019年第17期。
② 中共中央、国务院：《关于建立更加有效的区域协调发展新机制的意见》，新华社，2018年11月18日。

家级开发区等各类平台大胆创新，在推动区域高质量发展方面发挥引领作用。

（2）健全市场一体化发展机制促进城乡区域间要素自由流动。实施全国统一的市场准入负面清单制度，消除歧视性、隐蔽性的区域市场准入限制。推动区域市场一体化建设。按照建设统一、开放、竞争、有序的市场体系要求，推动京津冀、长江经济带、粤港澳等区域市场建设，加快探索建立规划制度统一、发展模式共推、治理方式一致、区域市场联动的区域市场一体化发展新机制，促进形成全国统一大市场。

（3）深化区域合作机制。推动区域合作互动。深化京津冀地区、长江经济带、粤港澳大湾区等合作，提升合作层次和水平。积极发展各类社会中介组织，有序发展区域性行业协会商会，鼓励企业组建跨地区跨行业产业、技术、创新、人才等合作平台。促进流域上下游合作发展。加快推进长江经济带、珠江—西江经济带、淮河生态经济带、汉江生态经济带等重点流域经济带上下游间合作发展。加强省际交界地区合作。支持晋陕豫黄河金三角、粤桂、湘赣、川渝等省际交界地区合作发展，探索建立统一规划、统一管理、合作共建、利益共享的合作新机制。

（4）优化区域互助机制。深入实施东西部扶贫协作。加大东西部扶贫协作力度，推动形成专项扶贫、行业扶贫、社会扶贫等多方力量多种举措有机结合互为支撑的"三位一体"大扶贫格局。深入开展对口支援。深化全方位、精准对口支援，推动新疆、西藏和青海、四川、云南、甘肃四省藏区经济社会持续健康发展，促进民族交往交流交融，筑牢社会稳定和长治久安基础。创新开展对口协作（合作）。面向经济转型升级困难地区，组织开展对口协作（合作），构建政府、企业和相关研究机构等社会力量广泛参与的对口协作（合作）体系。

（5）健全区际利益补偿机制。完善多元化横向生态补偿机制。贯彻绿水青山就是金山银山的重要理念和山水林田湖草是生命共同体的系统思想，按照区际公平、权责对等、试点先行、分步推进的原则，不断完善横向生态补偿机制。建立粮食主产区与主销区之间利益补偿机制。研究并制定粮食主产区与主销区开展产销合作的具体办法，鼓励粮食主销区通过在主产区建设加工园区、建立优质商品粮基地和建立产销区储备合作机制以及提供资金、人才、技术服务支持等方式开展产销协作。健全资源输出地与输入地之间利益补偿机制。围绕煤炭、石油、天然气、水能、风能、太阳能以及其他矿产等重要资源,坚持市场导向和政府调控相结合,加快完善有利于资源集约节约利用和可持续发展的资源价格形成机制,确保资源价格能够涵盖开采成本以及生态修复和环境治理等成本。

(6) 完善基本公共服务均等化机制。提升基本公共服务保障能力。在基本公共服务领域,深入推进财政事权和支出责任划分改革,逐步建立起权责清晰、财力协调、标准合理、保障有力的基本公共服务制度体系和保障机制。提高基本公共服务统筹层次。完善企业职工基本养老保险基金中央调剂制度,尽快实现养老保险全国统筹。推动城乡区域间基本公共服务衔接。加快建立医疗卫生、劳动就业等基本公共服务跨城乡跨区域流转衔接制度,研究并制定跨省转移接续具体办法和配套措施,强化跨区域基本公共服务统筹合作。

(7) 创新区域政策调控机制。实行差别化的区域政策。充分考虑区域特点,发挥区域比较优势,提高财政、产业、土地、环保、人才等政策的精准性和有效性,因地制宜培育和激发区域发展动能。建立区域均衡的财政转移支付制度。根据地区间财力差异状况,调整完善中央对地方一般性转移支付办法,加大均衡性转移支付力度,在充分考虑地区间支出成本因素、切实增强中西部地区自我发展能力的基础上,将常住人口人均财政支出差异控制在合理区间。建立健全区域政策与其他宏观调控政策联动机制。加强区域政策与财政、货币、投资等政策的协调配合,优化政策工具组合,推动宏观调控政策精准落地。

五 以区域协调发展推动精准扶贫战略

习近平关于区域发展的战略关注的一个重点,就是老少边穷地区,特别强调的就是精准扶贫,这是习近平区域发展战略以民为本的一个重要体现,是中国社会主义制度下的区域发展战略的特色和优势。习近平强调,实施区域协调发展战略的主要目标之一,就是要为打赢精准脱贫攻坚战提供强大支撑。打赢精准脱贫攻坚战,瞄准特定贫困群众精准帮扶,向深度贫困地区聚焦发力。实施区域协调发展战略,要特别加大力度支持革命老区、民族地区、边疆地区、贫困地区的发展,紧紧抓住集中连片特殊困难地区这个重点、农村贫困人口脱贫这个短板,深入实施东西部扶贫协作,重点攻克深度贫困地区脱贫任务,坚决打好精准脱贫攻坚战,确保到2020年中国现行标准下农村贫困人口实现脱贫、贫困县全部摘帽、解决区域性整体贫困。[①]

六 积极开展国际区域合作

习近平依据新时代中国经济社会发展的新趋势,构建新型开放型经济体系的新要求,提出了"一带一路"倡议及其他的国际区域合作机制。习近平指出,要实行更加积极主动的开放战略,推动构建互利共赢的国际区域合作新机制。充分发挥"一带一路"国际合作高峰论坛、上海合作组织、中非合作论坛、中俄东北—远东合作、长江—伏尔加河合作、中国—东盟合作、东盟与中日韩合作、中日韩合作、澜沧江—湄公河合作、图们江地区开发合作等国际区域合作机制作用,加强区域、次区域合作。支持沿边地区利用国际合作平台,积极主动开展国际区域合作。推进重点开发开放试验区建设,支持边境经济合作区发展,稳步建设跨境经济合作区,更好发挥境外产能合作园区、经贸合作区的带动作用。[②]

习近平新时代有关区域协调发展的重要论述非常丰富,以上仅仅是择其要者进行了一些阐述,其博大精深的内涵,有待进一步地深入研究。习近平新时代区域协调发展理论,既高瞻远瞩,有深刻独到的理论见解,又脚踏实地,有切实可行的实践方略,是推进新时期区域协调发展的行动指南,也是我们研究新时代区域发展的根本指引,特别是为本项目研究中国区域经济、政治、文化、社会及生态的协同发展,提供了直接的思想指导和理论依据。

第五节 本书的基本思路和基本内容

如前所述,推进区域经济、政治、文化、社会及生态协同发展的研

---

① 习近平:《提高脱贫质量聚焦深贫地区 扎扎实实把脱贫攻坚战推向前进》,新华社,2018年2月14日。

② 中共中央、国务院:《关于建立更加有效的区域协调发展新机制的意见》,新华社,2018年11月18日。

究包括两个层面的问题：一是区域中经济、政治、文化、社会及生态各方面如何协调发展的问题；二是区域之间经济、政治、文化、社会及生态如何协同发展的问题，显然，这是一个内容丰富，关系复杂，论域广阔的选题。如何在兼顾全面的基础上形成清晰思路和研究主线，突出重点，抓住根本，落实到问题的解决上，是一个非常困难的问题。基于对选题的深入研究和子课题研究分工合作的需要，经过反复研讨和思考，我们确定了课题研究和成果阐述的基本思路。

课题研究将采取总分结合的逻辑思路，首先，从总体上对区域经济、政治、文化、社会和生态的协同发展进行整体研究；其次，分别对区域经济、政治、文化、社会和生态五个方面的协同发展进行具体研究。

在总体研究部分，将从历史、实证和理论三个方面来进行：从历史的视角，对新中国成立以来中国区域发展战略及其绩效进行考察和评价，揭示新的历史条件下推进区域协同发展的必然趋势；从实证的视角，评估中国区域"五位一体"协同发展的状况及其演变进程，揭示中国区域协同发展的需要解决的一些基本问题；从理论的视角，探讨推进中国区域协同发展的基本理念、动力机制和协调机制，提出推进区域协同发展的理论依据。

在具体研究部分，将基于对区域协同发展的整体的理论、实证和历史分析，进一步对区域经济协同发展、区域政治协同发展、区域文化协同发展、区域社会协同发展和区域生态协同发展进行分别研究。对区域的每一个具体领域或因素的协同发展研究，将从三个方面展开：一是区域之间该领域的协同关系，如区域间文化协同发展等，因为主要涉及不同空间区域之间的协同关系，可以称之为空间协同；二是区域内该领域内部各方面或各要素的协同，如文化内部的文化资源、文化产业、文化事业、文化风尚四个要素的协同发展，可以称之为要素协同；三是区域内该因素与其他因素之间，特别是与经济因素的协同发展，如区域文化与经济的协同等。由于区域内各因素都是处于相互关联、相互依存中，任何一个方面的协同发展，只有在与其他方面的协同中才可能实现。这方面的协同可以称为环境协同。为了避免阐述的重复和基于经济在区域中处于基础和中心地位，区域内各因素的环境协同将主要研究其与经济的协同关系。这样，在具体研究部分，基本上就是要分别研究区域经济、政治、文化、社会和生态五个领域的空间、要素和环境三个方面的协同发展。当然，由于各方面的特性和要求不同，三个方面协同的分析内容会有所侧重，分析方法也会有差异，不会一概而论。

基于以上的研究思路，课题成果除了绪论以外，基本内容将分为八篇。

绪论主要是提纲挈领的界定和阐明研究什么，为什么研究和如何去研究等问题，界定了区域经济、政治、文化、社会及生态协同发展的内涵和构成；分析了推进区域经济、政治、文化、社会及生态协同发展的必要性和意义；阐明了本书的基本理论依据；介绍了研究的基本思路和基本内容。

第一篇，新中国成立以来中国区域发展战略的演变及其新时期区域协同发展战略构想。在全面回顾新中国成立以来区域发展战略演变的基础上，利用内容分析法科学划分中国区域发展战略演变的三个阶段：平衡发展—优先发展—不均衡协调发展；构建模型和指标体系从空间效率和公平的角度，对各阶段区域发展战略进行科学评估；揭示新的历史条件下选择区域协同发展战略的必然逻辑和基本要求。

第二篇，中国区域经济、政治、文化、社会及生态协同发展的测度。建立区域经济、政治、文化、社会、生态系统非线性演化的模型，揭示其协同演化机理；构建五边形蛛网模型对中国区域基于经济、政治、文化、社会及生态协同发展水平进行了测度，揭示了各省区域"五位一体"发展状况及其差异，及其协同演进的基本阶段；并利用序参量分析，揭示了制约中国区域经济社会协同发展的决定性因素。

第三篇，中国区域经济、政治、文化、社会和生态协同发展的推进机制研究。首先，提出了中国推进区域经济社会协同发展的四大基本理念；其次，构建了数理模型，揭示了推进中国区域协同发展的动力机制；最后，深入分析了推进中国区域协同发展的协调机制。

第四篇，推进中国区域经济协同发展研究。构建融入协同度的 DEA 扩展模型，对中国区域经济协同发展水平进行了测度；利用哈肯模型探讨了区域经济协同发展的驱动机制；分析了区域经济协同发展的模式选择；提出了推进中国区域经济协同发展的支撑体系。

第五篇，推进中国区域政治协同发展研究。在对区域政治协同理论分析的基础上，构建指标对中国区域政治协同发展水平进行了测度，进而探讨了区域政治发展对区域经济增长的作用，提出了促进区域政治协同发展的政策建议。

第六篇，推进中国区域文化协同发展研究。对中国区域文化协同发展机理进行分析的基础上，对中国区域文化发展及其协调性进行了分析；进而以文化产业为例，对中国区域文化协同发展进行了全面研究，并分析区域文化与经济的协同发展，最后提出了促进区域文化协同发展的政策建议。

第七篇，推进中国区域社会协同发展研究。在对区域社会发展进行理论分析的基础上，全面测度区域社会发展水平及其协同度，在对区域社会与经济协同性进行评估的基础上，实证了区域社会发展对及区域经济增长的作用，最后提出了提升区域社会发展水平，推进区域社会协同发展的政策建议。

第八篇，推进中国区域生态协同发展研究。在对区域生态及其协同发展进行理论分析的基础上，对中国区域生态发展进行了测度并分析其空间关系，进而对中国区域生态与经济的相互关系及协同度进行了分析；在此基础上，对中国区域生态环境协同治理进行了探讨，最后，提出了推进中国区域生态与经济协同发展的对策建议。

第一篇

新中国成立以来中国区域发展战略的演变及其新时期区域协同发展战略构想

推进中国区域经济、政治、文化、社会和生态"五位一体"协同发展是新时期中国区域发展的总体战略布局，这一战略布局既是适应中国新时期建成全面小康社会和实现社会主义现代化的需要提出来的，也是长期以来中国区域发展战略的演进和提升。中国是一个幅员辽阔、区域差异很大的国家，新中国成立以来，区域发展问题一直备受国家重视，在不同的历史发展时期，国家提出了一系列区域发展战略和政策，并进行了积极的实践，取得许多成功经验，也留下了不少经验教训。因此，在具体探讨新时期区域经济、政治、文化、社会和生态"五位一体"协同发展之前，全面回顾和分析新中国成立以来中国区域发展的战略，对其进行科学评估，揭示其演进的基本规律，总结其经验教训，对于优化选择和有效推进新时期区域发展战略，具有重大的现实意义；同时，对区域发展战略的演进机制和演变规律的揭示，对于促进当代区域发展的理论研究，具有重要的学术价值。本篇将在对中国区域发展战略进行经验描述的基础上，运用内容分析法探讨中国区域发展战略的演进过程，进而从空间效率和空间公平角度，探讨各阶段战略演变的特征，并对中国区域发展战略的实施效果进行动态评估，最后，提出新时期中国区域发展应采取战略的思考。

第一章

中国区域发展战略研究综述

第一节 关于中国区域发展战略演变过程的研究

关于中国区域发展战略的演变过程，学术界基于不同的依据和特征把握，主要有"三阶段论"和"四阶段论"，而不同学者对于每一个阶段的特征，又有不同的解读。

一 中国区域发展战略的三阶段划分

提出中国区域发展战略演变三阶段划分的学者认为，中国区域发展战略先后经历了平衡的发展战略阶段、不平衡的发展战略阶段、协调发展战略阶段。Yang[①]、Fan[②]认为中国区域发展战略经历三个阶段，第一个阶段是政策优惠向内陆地区倾斜；由于认识到第一个阶段经济低效，从而转变为扶持沿海地区发展的第二阶段区域发展战略；第三个阶段是"九五"计划之后，在经济差距逐渐拉大，社会不和谐因素不利于经济发展的背景下实行的区域协调发展战略阶段。高萍等通过讨论中国区域发展战略的三次转向，将中国区域发展战略划分为三个阶段：第一个转向是1949—1979年，第二个转向是1979—1999年，第三个转向始于国民经

---

① Yang D., "Patterns of China's Regional Development Strategy", *China Quarterly*, Vol. 122, 1990, pp. 230 – 257.

② Fan, C. C., Uneven Development and Beyond: Regional Development Theory in Post-mao China, International Journal of Urban and Regional Research, 1997.

济和社会发展的第十一个五年规划时期。① 杨小军和何京玲从公平与效率的视角分析了中国区域发展战略的历史演进和价值目标的选择,认为从20世纪50年代初到70年代末,实行的是公平优先的均衡发展战略;从"七五"计划到20世纪90年代实行的是效率优先的非均衡发展战略;此后实行的是公平与效率相统一的发展战略。② 范恒山运用区域经济发展理论研究得出中国区域发展战略经历了均衡发展战略、非均衡发展战略和可持续发展战略三个阶段。③ 武力基于计划和市场在不同时期的主导地位,分析了中国区域发展战略形成的历史原因,并在此基础上总结出中国区域发展战略先后经历了三个阶段。其中,第一个阶段是从新中国成立到1977年,是计划经济基础上的均衡发展战略时期;第二个阶段是从1978年至1998年,是基于计划和市场混合基础上的非均衡发展时期;第三个阶段是从1999年至2012年,是基于市场经济基础上的协调发展战略时期。④

二 中国区域发展战略四阶段划分

李剑林基于发展观演变的角度,分析了中国区域发展战略各阶段的背景、特征和空间格局,研究发现,中国区域发展战略经历了平衡发展阶段、非均衡发展阶段、非均衡协调发展阶段、科学发展阶段,从而提出了中国区域发展战略演变的四个阶段划分。⑤ 陆大道通过分析中国区域发展战略方针的演变,研究发现在"六五"计划前实行的是重点发展内陆地区的区域发展战略,在"九五"计划前实行的是向沿海倾斜的区域发展战略,在"九五"计划中提出了区域协调发展战略,开始实施区域

---

① 高萍、孙群力:《制度变迁对区域经济增长影响的实证分析——以经济体制变迁和产权制度变迁为例》,《财经科学》2006年第11期,第53—60页。
② 杨小军、何京玲:《基于公平与效率视角的我国区域经济发展战略演进》,《商业研究》2009年第5期,第36—38页。
③ 范恒山:《国家区域政策与区域经济发展》,《甘肃社会科学》2012年第5期,第77—80页。
④ 武力:《新中国中央政府区域经济政策演变的历史分析》,《甘肃社会科学》2013年第2期,第91—95页。
⑤ 李剑林:《基于发展观演变的中国区域经济发展战略及空间格局调整》,《经济地理》2007年第27卷第6期,第896—899页。

协调发展战略。① 杨伟民等在分析中国主体功能区战略建设时，认为中国区域发展战略在"十一五"规划之前经历了三个阶段，自"十一五"规划后至今，中国区域发展战略实行的是主体功能区战略，研究结果表明，中国区域发展战略经历了四个阶段。②

第二节　区域发展战略国际研究综述

（1）区域发展战略实施效果评估研究。对于区域发展战略及其实施成效，国内外学者进行了不同角度的探讨。国外研究中，Moore 和 Rhodes 通过受援助地区与其他地区的对比分析验证了英国区域政策的有效性；③ Wren 研究了区域政策的直接就业效应，并发现政策对区域就业存在较大影响，且这种影响在经济周期的不同阶段具有不同的特征；④ Diego Puga 运用新经济地理的有关区位理论对欧洲的区域经济政策进行了分析和评价，并发现欧盟制定区域经济政策有效缩小了成员国的经济发展差距；⑤ Borck 和 Pflüger 利用 CGE 模型分析了欧盟区域基础设施建设援助政策对于欧盟内部区域经济发展的影响，并认为该项政策对于促进落后区域的经济发展起到了良好效果，且以基础设施为主体的区域政策使得欧盟内部交通条件得到改善，区域贸易效率得到增强；⑥ Becker 和 Fuest 通过构建欧盟国家间竞争企业区位模型分析也得到了类似结论；⑦ Wiberg 运用垄

---

① 陆大道：《关于我国区域发展战略与方针的若干问题》，《经济地理》2009 年第 29 卷第 1 期，第 2—7 页。

② 杨伟民、袁喜禄、张耕田等：《实施主体功能区战略，构建高效、协调、可持续的美好家园——主体功能区战略研究总报告》，《管理世界》2012 年第 10 期，第 1—17 页。

③ Moore B., Rhodes J., "Evaluating the Effects of British Regional Economic Policy", *Economic Journal*, Vol. 83, 1973, pp. 87 – 110.

④ Wren J. T. C., "UK Regional Policy: An Evaluation", *Regional Studies*, Vol. 31, No. 9, 1997, pp. 835 – 848.

⑤ Puga D., "European Regional Policies in Light of Recent Location Theories", *José María Mella Márquez*, Vol. 2, No. 4, 2002, pp. 113 – 150.

⑥ Borck R., Pflüger M., "Agglomeration and Tax Competition", *European Economic Review*, Vol. 50, No. 3, 2006, pp. 647 – 668.

⑦ Becker J., Fuest C., "Source Versus Residence Based Taxation with International Mergers and Acquisitions", *Social Science Electronic Publishing*, Vol. 95, No. 11, 2009, pp. 28 – 40.

断竞争理论模型发现,区域选民投票率越高,区域财政补贴的政策效应也越好,[①] 但 Mileti、Prete 和 Guido 运用 MDID 估计值对 1996 年至 2004 年意大利南部地区区域补贴政策下的企业效率进行评估也发现,区域补贴政策一方面提高了企业的利润,另一方面也降低了企业的全要素生产率;[②] Peters 对 1970 年至 2010 年美国包含 78 个城市进行了聚类分析,并建立多分变量逻辑斯谛回归模型分析城市收入不均衡的影响因素,结果表明,区域经济极端不均衡的地区多集中于大城市中心、高度发达的农村地区以及部分平原和西部山区,这些地区往往拥有发达的金融业和服务业,而均衡地区则拥有更低的教育、医疗及服务水平,且制造业及农业在产业结构中占据主要地位。[③]

(2) 区域发展差距收敛性及其影响因素研究。有关区域发展差距的演变路径,对于不同的样本国家,国外学者也有不同的观点。如 Baumol 以 1870 年到 1978 年 16 个工业化国家长期经济增长为样本研究,发现了"俱乐部收敛"的存在,即在具有相同的人力资本、市场开放度等结构特征的经济地区间存在着一定的增长收敛趋势;[④] Barro 和 Martin 以欧洲及美国等发达国家为样本,也发现了这些国家区域发展趋同的趋势,即落后地区增长速度却比发达地区快,但他们得出了两种不同的区域增长收敛模式,即随时间推移人均收入增长率与初始收入水平负相关的 β 收敛和在固定时点上不同国家与区域间实际人均收入水平差异程度降低的 σ 收敛;[⑤] 而 Whalley 和 Xin 以中国为研究样本则发现 20 世纪 80 年代到现在中国的城乡收入差距正不断扩大,区域经济呈现出发展不均衡的态势。[⑥]

[①] Wiberg M., "Political Participation, Regional Policy and the Location of Industry", *Regional Science and Urban Economics*, Vol. 41, No. 5, 2011, pp. 465 – 475.

[②] Mileti A., Prete M. I., Guido G., "The Role of New Retailing Formats in the Italian Local Development", *Chinese Business Review*, Vol. 10, No. 8, 2011, pp. 587 – 600.

[③] David J. Peters, "American Income Inequality Across Economic and Geographic Space, 1970 – 2010", *Social Science Research*, No. 426, 2013, pp. 1490 – 1540.

[④] Baumol, W., "Productivity, Growth, Convergenceand Welfare: Whatthe Longrun DataShow", *Americian Economic Review*, No. 76, 1986, pp. 1872 – 1885.

[⑤] Barro, R. J., Sala-i-Martin, X., "Conuergence across States and Regions", in Cukierman, and Ledieman, L. eds., *Political Economic Growth and Business Cycles*, MIT Press, 1992.

[⑥] Whalley, J. and Xin, X., "China's FDI and non-FDI Economies and the Sustainability of Future High Chinese Growth", *China Economic Review*, Vol. 21, 2010, pp. 123 – 135.

（3）对于区域发展差距收敛的影响因素，国外学者也从多方面进行了探寻。在自然因素方面，Selin 分析了气候参数（温度、降水量、海平面水位、空气、风速等）对于区域经济增长的影响，结果表明，气候变化对于区域经济增长有着重要的直接或间接影响，如对农作物生产方式的改变、渔业产值的变化、风能等能源的利用，以及由于气候变化所带来的自然灾害对于经济的破坏等；[1] Hu 等构建了 1995—2010 年中国 31 个省（直辖市、自治区）GDP 的空间距离模型，并通过阈值和最小生成树法建立了几个不同的空间经济网络，分析并验证了地理距离对于经济网络形成的重要影响；[2] 在非自然因素方面，Whalley 等采用索洛余值及舒尔茨人力资本度量对中国经济增长的来源进行了分析发现，人力资本是中国经济增长的重要来源，因而人力资本的地区差异也是导致区域差异变动的重要因素之一；[3] Crescenzi 探讨了基础设施建设对于欧盟地区经济增长的影响，其结论表明，基础设施建设对于地区的经济增长的促进作用远低于一个地区的人力资源环境、创新能力以及社会经济和制度环境的贡献。[4]

第三节　区域发展战略实施的国内研究综述

（1）区域发展战略实施效果评估研究。潘文卿和李子奈通过多区域投入产出模型技术分析了环渤海、长三角、珠三角这三大增长极对中国内陆经济发展的外溢效应；[5] 刘生龙、王亚华和胡鞍钢使用 GMM 模型对

---

[1] V. S. Selin., "Russia's Northern Regions: Economic Dynamics and Problems", *Regional Research of Russia*, No. 24, 2012.

[2] Sen Hu, Hualei Yang, Boliang Cai, Chunxia Yang, "Research on Spatial Economic Structure for Different Economic Sectors from a Perspective of a Complexnetwork", *Physica A: Statistical Mechanics and its Applications*, No. 39, 2013, pp. 2 – 17.

[3] Whalley J., Zhao X., "The Contribution of Human Capital to China's Economic Growth", National BureauofEconomic Research, 2010.

[4] Crescenzi R., Rodríguez-Pose A., "Infrastructure and Regional Growth in the European Union", *Papers in Regional Science*, Vol. 91, No. 3, 2012, pp. 487 – 513.

[5] 潘文卿、李子奈：《三大增长极对中国内陆地区经济的外溢性影响研究》，《经济研究》2008 年第 6 期，第 85—94 页。

西部大开发的实施成效进行了严谨的检验;[①] 单海鹏从经济总量、经济增长速度、产业结构、人民生活水平、基础设施建设等几方面对西部大开发的绩效进行了评价。[②] 王思薇和安树伟运用线性回归方法对西部大开发中的科技政策效应进行了评价[③];魏后凯、蒋媛媛和邬晓霞从固定资产投资、对外开放、经济增长速度及与东部地区差距等几方面评价了东北振兴政策的实施效果,从固定资产投资、地区经济增长、地区工业化、居民生活水平、东西发展差距、对外开放水平等几个方面分析了西部大开发的成效;[④] 姜四清、王姣娥和金凤君从经济总量与发展速度、国企改革与非公经济发展、工业升级改造与产业结构调整、对外开放、资源型城市转型等几方面对东北振兴政策进行了评析;[⑤] 张伟和吴文元发现虽然改革开放后长三角都市圈的经济出现了长时间的快速增长,但能源使用效率的低下正成为该地区经济可持续发展的重要"瓶颈";[⑥] 李红锦和李胜会运用数据包络分析发现珠三角城市群具有较高的经济效率;[⑦] 王鹏、李健和张亮对中部崛起战略实施后中部地区的自主创新能力进行分析发现,该区域自主创新能力依然偏弱;[⑧] 魏后凯和高春亮对中国四大板块间协调发展的基本态势及区域政策效果进行了分析;[⑨] 盖美、张丽平和田成诗以

[①] 刘生龙、王亚华、胡鞍钢:《西部大开发成效与中国区域经济收敛》,《经济研究》2009年第9期,第94—105页。

[②] 单海鹏:《西部大开发:10年绩效评价》,《兰州商学院学报》2010年第26卷第1期,第26—32页。

[③] 王思薇、安树伟:《西部大开发科技政策绩效评价》,《科技管理研究》2010年第30卷第2期,第48—50页。

[④] 魏后凯、蒋媛媛、邬晓霞:《我国老工业基地振兴过程中存在的问题及政策调整方向》,《经济纵横》2010年第1期,第38—42页。

[⑤] 姜四清、王姣娥、金凤君:《全面推进东北地区等老工业基地振兴的战略思路研究》,《经济地理》2010年第30期,第558—562页。

[⑥] 张伟、吴文元:《基于环境绩效的长三角都市圈全要素能源效率研究》,《经济研究》2011年第10期,第95—109页。

[⑦] 李红锦、李胜会:《基于DEA模型的城市群效率研究——珠三角城市群的实证研究》,《软科学》2011年第5期,第91—95页。

[⑧] 王鹏、李健、张亮:《中部地区自主创新能力评价及提升路径分析》,《中国工业经济》2011年第5期,第37—46页。

[⑨] 魏后凯、高春亮:《中国区域协调发展态势与政策调整思路》,《河南社会科学》2012年第1期,第73—81、107—108页。

GDP 和人口数作为测度区域经济差异的变量指标,运用基尼系数、泰尔指数、变异系数及空间中心统计法、地带分离系数法,从时间维度及空间角度对环渤海经济区 44 个城市经济发展差异的演变趋势进行了定量分析。①

(2) 中国区域发展差距研究及其影响因素研究。关于中国区域发展差距收敛性的讨论。张晓旭和冯宗宪认为改革开放以来中国区域经济发展存在显著全域 β 收敛;② "中国工业经济区域差异及协调发展研究"课题组也认为,在考虑空间依赖性的情况下,经济增长具有较为明显的全域性收敛;③ 周业安和章泉采用分量回归的方法研究了中国城市间经济的收敛方式,发现新古典经济增长模型的条件收敛的结论并非普遍现象;④ 潘文卿运用 Theil 指数分解方法及空间计量模型分析后发现,这种绝对收敛在 1990 年之后便不复存在,取而代之的是东、中、西三大区域的"俱乐部收敛",⑤ 傅晓霞和吴利学的研究亦支持存在"俱乐部收敛"的结论;⑥ 刘夏明、魏英琪和李国平对 80 年代以来地区人均 GDP 的基尼系数进行分解后却发现,90 年代之后的中国区域经济呈发散势态,且不存在"俱乐部收敛"的现象;⑦ 樊纲和王小鲁认为,由于市场化程度的差异,改革期间中国三大区域间的经济水平无论是绝对差距还是相对差距都在不断扩大。⑧ 可见,由于研究方法、称量指标等方面的差别,上述研究的结论莫衷一是,在这一问题上尚未达成一致的看法。

---

① 盖美、张丽平、田成诗:《环渤海经济区经济增长的区域差异及空间格局演变》,《经济地理》2013 年第 33 卷第 4 期。
② 张晓旭、冯宗宪:《中国人均 GDP 的空间相关与地区收敛:1978—2003》,《经济学》(季刊) 2008 年第 2 期,第 399—414 页。
③ "中国工业经济区域差异及协调发展研究"课题组、史修松:《中国工业经济区域差异及协调发展研究》,《调研世界》2011 年第 5 期,第 7—12 页。
④ 周业安、章泉:《财政分权、经济增长和波动》,《管理世界》2008 年第 3 期,第 6—15 页。
⑤ 潘文卿:《中国区域经济差异与收敛》,《中国社会科学》2010 年第 1 期,第 72—84 页。
⑥ 傅晓霞、吴利学:《中国地区差异的动态演进及其决定机制:基于随机前沿模型和反事实收入分布方法的分析》,《世界经济》2009 年第 5 期,第 41—55 页。
⑦ 刘夏明、魏英琪、李国平:《收敛还是发散?——中国区域经济发展争论的文献综述》,《经济研究》2004 年第 7 期,第 70—81 页。
⑧ 樊纲、王小鲁:《消费条件模型和各地区消费条件指数》,《经济研究》2004 年第 5 期,第 13—21 页。

相比于国外研究，对于中国区域经济发展的影响因素，国内研究更为精细。吴建新认为物质资本积累和技术进步是影响地区经济增长、决定地区收入差距的主要因素，①但傅晓霞和吴利学发现，物质资本深化并不能完全决定地区差异的变化过程；②梁涵、杨开忠和姜玲认为高素质人力资源是中国区域经济发展的重要因素，③潘越和杜小敏也发现人力资本流动是扩大中国区域发展差距的重要原因，④胡鞍钢、刘生龙和马振国发现，人口老龄化和人口增长率对经济增长均产生不利影响，⑤潘文卿的研究表明，中国区域经济存在明显的局域性的空间集聚特征，且人力资本与地区间空间溢出效应对区域经济增长有较大的推动作用；⑥部分学者还探讨了外商投资对于区域发展的影响。如丁翠翠研究表明，外商直接投资对中国东部、中部地区经济增长有着巨大的推动作用；⑦黄晖考虑了制度因素在中国区域经济增长差异中的作用，并发现重视技术创新对于区域发展的重要性；⑧此外，何雄浪等还从新经济地理学的角度出发探讨了中国区域经济非均衡发展的原因，并得出区域经济差距缩小的关键在于资源禀赋质量而非数量上的提高的结论。⑨

---

① 吴建新：《技术、效率、资本积累与中国地区发展差异》，《数量经济技术经济研究》2009年第11期，第28—38页。

② 傅晓霞、吴利学：《中国地区差异的动态演进及其决定机制：基于随机前沿模型和反事实收入分布方法的分析》，《世界经济》2009年第5期，第41—55页。

③ 梁涵、杨开忠、姜玲：《高素质人力资源对我国区域经济支撑作用的地带差异》，《软科学》2011年第25卷第3期，第91—94页。

④ 潘越、杜小敏：《劳动力流动、工业化进程与区域经济增长——基于非参数可加模型的实证研究》，《数量经济技术经济研究》2010年第5期，第34—48页。

⑤ 胡鞍钢、刘生龙、马振国：《人口老龄化、人口增长与经济增长——来自中国省际面板数据的实证证据》，《人口研究》2012年第36卷第3期，第14—26页。

⑥ 潘文卿：《中国沿海与内陆间经济影响的溢出与反馈效应》，《统计研究》2012年第10期，第30—38页。

⑦ 丁翠翠：《外商直接投资对我国经济增长影响的动态效应与区域差异》，《统计与决策》2013年第16期，第116—119页。

⑧ 黄晖：《中国经济增长区域差异的制度分析》，《经济地理》2013年第33卷第1期。

⑨ 何雄浪、郑长德、杨霞：《空间相关性与我国区域经济增长动态收敛的理论与实证分析——基于1953—2010年面板数据的经验证据》，《财经研究》2013年第7期。

第四节 本章小结

区域发展作为国家及地区发展的一个不可回避的问题，一直以来在学术界都备受关注，有关的理论与实证研究在学界也涌现出了大量的成果，20世纪初期以来的平衡发展理论以及之后的非均衡发展理论都对各国的区域发展产生了重要的影响，并直接主导了众多国家尤其是发展中国家的区域发展战略的制定与实践；而诸多对于各具体国家区域发展战略如欧洲模式等的研究也为其他各国的区域发展提供了极有益的借鉴。但对各国或地区而言，区域的发展是一个不断变化的过程，区域发展理论与实践的跟进研究也有其客观上的必要性，对中国区域发展战略实施效果的相关研究同样如此。

对于中国区域发展战略实施效果的已有研究，一方面，从研究时期来看，以往研究多集中于改革开放后的部分时段，或选择固定时点进行研究，如从2000年开始的研究，或以具体战略实施阶段为研究时段，如针对西部大开发的研究等。而较少有跨期较长的全面研究，尤其是对于改革开放前区域发展战略的实施成效，更少有人纳入研究范畴，管卫华、林振山和顾朝林与彭国华的相关研究包含了改革开放前的时间范围，但他们仅选取了地区人均GDP这一个指标用以衡量区域经济发展，只是衡量了区域经济发展的状况。[1][2]

另一方面，由于经济发展在区域发展中的特殊地位，已有的文献较多从区域经济发展的角度对区域政策的实施成效开展研究和讨论。而实际上，区域发展是一个政治、经济、文化、社会和生态相互作用的结果，虽然国内一些研究注意到了经济发展同政治、文化、社会和生态发展之

---

[1] 管卫华、林振山、顾朝林：《中国区域经济发展差异及其原因的多尺度分析》，《经济研究》2006年第7期，第117—125页。

[2] 彭国华：《我国地区经济的长期收敛性——一个新方法的应用》，《管理世界》2006年第9期，第53—58页。

间的协同关系,[1][2][3][4][5] 但却未将其纳入同一研究框架,因而未能观测区域发展战略的实施对于区域及经济体发展的影响。再者,关于区域发展战略施效果方面的研究,或关于单独对其实施效率方面的研究,或关于单独研究其导致的区域差异的研究也即公平因素,将其置入同一研究框架的文献仍有待补充。

基于已有文献的研究成果及相应的不足,本部分选取新中国成立以来至今为研究时段,立足于区域经济、政治、文化、社会和生态"五位一体"的全面协同发展,并从效率和公平两大层面综合追溯自新中国成立以来三大区域发展战略的实施成效,进而总结出中国区域发展的动态演进特征,以丰富学界对于中国区域发展战略实施效果的研究成果,并力图对中国区域发展战略的未来优化与调整提供有益的政策启示。

---

[1] 余明桂、回雅甫、潘红波:《政治联系、寻租与地方政府财政补贴有效性》,《经济研究》2010年第3期,第65—77页。

[2] 郝大江:《基于要素适宜度视角的空间经济协调研究》,《财经研究》2010年第36卷第1期,第101—111页。

[3] 毛盛勇、刘一颖:《高等教育劳动力与中国经济增长——基于1999—2007年的面板数据分析》,《统计研究》2010年第27卷第5期,第53—57页。

[4] 周海燕、吴宏、陈福中:《异质性能源消耗与区域经济增长的实证研究》,《管理世界》2011年第10期,第174—175页。

[5] 李小胜、宋马林、安庆贤:《基于环境技术的省际环境管制成本研究》,《中国人口·资源与环境》2013年第23卷第6期,第111—116页。

第二章

新中国成立以来区域发展战略演变阶段科学划分

第一节 引言

区域发展战略会随着经济社会环境的改变而发生转变,所以任何国家区域发展战略都不是一成不变的。如殷醒民等通过分析德国的区域发展政策,得出了德国区域政策自二战以来主要经历了三个阶段的转变。[①]而关于中国区域发展战略的演进过程,目前学术界存在两种不同的看法:即"三阶段论"和"四阶段论",其中,"三阶段论"认为,中国区域发展战略演变经历了均衡发展战略、非均衡发展战略以及非均衡协调发展战略三个阶段;[②][③]"四阶段论"的主要观点认为,中国区域发展战略经历了均衡发展战略、非均衡发展战略、区域协调发展战略和区域统筹协调发展战略四个阶段。[④]而目前学者对于区域发展战略演变阶段的划分方式存在分歧,其中的一个重要原因在于对主体功能区战略是否属于区域发展战略存在不一致,例如杨伟民等认为中国自"十一五"规划后至今,

---

[①] 殷醒民、刘婍:《一个目标、两个层级的区域政策——评德国区域平衡发展政策》,《世界经济文汇》2007年第3期,第72—85页。

[②] 杨小军、何京玲:《基于公平与效率视角的我国区域经济发展战略演进》,《商业研究》2009年第5期,第36—38页。

[③] 高新才:《与时俱进:中国区域发展战略的嬗变》,《兰州大学学报》(社会科学版)2008年第36卷第3期。

[④] 杨伟民、袁喜禄、张耕田等:《实施主体功能区战略,构建高效、协调、可持续的美好家园——主体功能区战略研究总报告》,《管理世界》2012年第10期,第1—17页。

实行的是主体功能区战略，而范恒山则将主体功能区战略作为区域协调发展战略的组成内容。①②

综观国内外相关文献，可以发现以往对区域发展战略演变阶段的研究大多使用国家的固定资产投资额、建设项目数量以及税收优惠等指标进行统计分析，或者从有关区域发展战略政策文本角度进行经验描述，极少运用科学方法或者模型进行分析。我们认为，区域发展战略的演变既是以政策的提出为导向的，又应该以其实施效应为依据。而政策在开始提出的时候往往不是很明确，而是逐步清晰的，也不是一个单一的政策，而是一定时期一系列政策的组合才构成一个完整的战略，因此，要准确地判定区域发展战略的阶段和演进，不能仅凭主观的判断，而需要运用科学方法进行科学分析和评判。

第二节　样本选择与研究设计

一　样本选择

对于中国区域发展战略的研究，首先需要明确的一个概念是区域的划分。根据研究目的的不同，对区域大小的划分也就存在不一致。在新中国成立初期，中国经济发展极度不平衡，为了建设和管理的需要，把全国划分为华北、东北、西北、华东、中南、西南六大行政区。随后为了国防安全考虑，将大量的重工业迁往内地，并在"三五"计划中提出了"三线"的区域概念。随着战争威胁的消除，为了经济建设需要，中国在"七五"计划当中明确提出了"东部、中部、西部"的概念。但是随着"振兴东北老工业基地"的政策出台，中国在区域经济建设过程中，又提出东部、中部、西部和东北地区的新划分。由于本部分当中主要研究的是区域经济发展战略的演变及历史成因，中国疆域辽阔，各地的发展演变也不一致，但区域之间基本的地理空间结构没有改变，基于地理

---

① 杨伟民、袁喜禄、张耕田等：《实施主体功能区战略，构建高效、协调、可持续的美好家园——主体功能区战略研究总报告》，《管理世界》2012年第10期，第1—17页。

② 范恒山：《我国促进区域协调发展的理论与实践》，《经济社会体制比较》2011年第6期，第1—9页。

邻近的区域之间基本的经济社会关联也变化不大。同时,由于本部分以新中国成立为历史起点,时间跨度较长,为了保持区域划分样本前后一致性,本部分按 1949 年 10 月 1 日中华人民共和国成立时,全国先后设立华北、东北、西北、华东、中南、西南六大行政区的划分方式为基本依据,同时结合 Ulltveit-Moe 的研究成果,将全国除香港、澳门特别行政区以及台湾地区之外的其他 31 省级行政区按行政区与经济区类型划分为"东北地区""华北地区""华东地区""中南地区""西南地区"及"西北地区"六大区域为基准。[①] 其中,"东北地区"包括辽宁省、吉林省、黑龙江省、内蒙古自治区,"华北地区"包括北京市、天津市、河北省和山西省;"华东地区"包括上海市、江苏省、浙江省、安徽省、福建省、江西省、山东省;"中南地区"包括湖北省、湖南省、河南省、广东省、广西壮族自治区和海南省;"西南地区"包括四川省、重庆市、贵州省、云南省、西藏自治区;"西北地区"包括陕西省、甘肃省、新疆维吾尔自治区、青海省和宁夏回族自治区。同时,对区域发展战略的研究仅仅从空间层面进行是不够的,时间因素是推动区域发展战略转变的重要原因,因而,需要从时空两个维度进行研究。中国区域发展战略经历了不同发展阶段的演变,那么在每个阶段内,都可以将相应时期的五年计划或规划作为实现这一时期战略的措施,从而构成区域发展战略研究的政策工具。

二 研究设计与说明

本研究采用内容分析法[②][③]分析中国区域发展战略演变的阶段划分。内容分析法最初是在"二战"时提出的。当时在美国国会图书馆,美国传播学家哈罗德·拉斯韦尔等人组织了一项名为"战时通讯研究"的工作,他们主要是通过德国公开的报纸资料来分析德国的经济发展

[①] Ulltveit-Moe K. H., "Regional Policy Design: An Analysis of Relocation, Efficiency and Equity", *European Economic Review*, Vol. 51, No. 6, 2007, pp. 1443 – 1467.

[②] 邱均平、邹菲:《关于内容分析法的研究》,《中国图书馆学报》2004 年第 30 卷第 2 期,第 12—17 页。

[③] 何为、黄贤金、钟太洋等:《基于内容分析法的土地督察制度建设进展评价》,《中国土地科学》2013 年第 1 期,第 4—10 页。

状况，并获取其军政机密情报，这项工作最终取得了出人意料的成功。自此，内容分析法得到了发展和完善。[1] 内容分析法的研究内容可以文本、音频或者视频，其通过定性和定量研究方法的结合，并且利用统计学方法，从现有的显性或者隐性的资料中推测作者的意图。现如今，内容分析法已经被广泛运用到社会学、心理学、医学等领域。

内容分析法是指根据文献内容而做出客观系统的定量分析的方法，其目的是查明文献中事实的本质和趋势，揭示文献中所隐含的情报内容，并对事物的发展做出情报预测。内容分析方法主要包括选择样本、确定分析单元、构建分析类目以及编码这几个阶段。其中构建分析类目需要具备完备性和能够方便地进行定位。基于区域空间分析和时间分析这两个维度来合理选择分析类目，将区域空间层面的类目划分为"东北地区""华北地区""华东地区""中南地区""西南地区"及"西北地区"；时间层面的分析类目则为相应的战略阶段内的五年计划或规划。内容分析法中的分析单元是进行内容分析的最小单位。在对文本进行分析的过程中，分析单元可以是一个文本里面的词、句子或者段落。根据本部分研究的主题及目的，将每个政策文本的具体款项设定为分析单元。本部分将政策工具作为依据，运用内容分析法来分析和评判中国区域发展战略的演进和阶段划分。政策是由一系列基本的单元工具组成，[2] 是为达到政府政策体系目标而具体实施的手段和措施。[3] 区域发展战略在空间层面表现为政策作用在不同的地区，以及如何协调不同地区之间的关系。

本部分采用内容分析法是基于以下两个原因：首先，分析区域经济发展战略的文献资料繁多，利用内容分析法的定量与定性相结合的方法，能够有效梳理清楚中国区域经济发展战略的演变过程；其次，目前利用内容分析法研究这一主题的学者甚少，作者希望尝试通过将内容分析法纳入这一主题的研究过程当中，丰富中国区域经济发展战略研究的内容

---

[1] 邱均平、邹菲：《关于内容分析法的研究》，《中国图书馆学报》2004年第30卷第2期，第12—17页。

[2] 何为、黄贤金、钟太洋等：《基于内容分析法的土地督察制度建设进展评价》，《中国土地科学》2013年第1期，第4—10页。

[3] 赵筱媛、苏竣：《基于政策工具的公共科技政策分析框架研究》，《科学学研究》2007年第1期。

和形式。内容分析法的研究步骤如下：(1) 根据研究目的，提出研究假设；(2) 选择分析内容，进行样本抽样；(3) 确定分析单元和分析类目，设计类目表；(4) 对抽样内容进行定量分析；(5) 进行信度和效度的检验；(6) 对得到的结果进行最后的汇总分析。[①]

同时，本部分在进行区域发展战略演变的历史成因分析时，将内容分析法和共词分析法相结合。共词分析法的思想来源于文献计量学的共被引和引文耦合的概念，是20世纪70年代中后期由法国的计量经济学家提出来的。共词分析法主要用于热点问题的趋势分析，在本部分中运用共词分析法的优势是能够在促使区域发展战略发生演变的各种历史成因中寻找出最为关键的因素，且方便对各个阶段的历史成因进行对比分析。本部分主要运用共词分析法中的点度中心度和网络图等概念构建本部分的分析框架。

(1) 文本编号。本部分所选取的区域发展战略资料均来源于公开的数据资料。为了保证所选取的区域发展战略文本的准确性和代表性，从以下三个角度对区域发展战略资料选取的合理与否进行考量：其一是根据研究主题，选择具有权威性的样本，因此需要考虑政府所制定的相关政策；其二是选择具有连续性的样本；其三是选择与区域发展战略密切相关的样本。因此，本部分最终选取了国务院制订的十个"五年"计划和两个"五年"规划，以及相应的政策解释文本为研究样本，即主要是中央政府关于制订五年计划的建议以及国务院总理关于五年计划的报告。各样本的文本名称及编号如表2.1所示。

表2.1　　　　　　　　区域发展战略文本名称及编号

编号	名称
1	中华人民共和国发展国民经济的第一个五年计划
2	中国共产党第八次全国代表大会关于发展国民经济的第二个五年计划（一九五八——九六二）的建议
3	第三个五年计划

[①] 宋振峰、宋惠兰：《基于内容分析法的特性分析》，《情报科学》2012年第7期。

续表

编号	名称
4	第四个五年计划
5	中华人民共和国第五个五年计划
6	中华人民共和国国民经济和社会发展第六个五年计划（摘要）
7	关于第六个五年计划的报告
8	中华人民共和国国民经济和社会发展第七个五年计划（摘要）
9	中共中央关于制定国民经济和社会发展第七个五年计划的建议
10	关于第七个五年计划的报告
11	中华人民共和国国民经济和社会发展第八个五年计划（摘要）
12	中共中央关于制定国民经济和社会发展十年规划和"八五"计划的建议
13	中华人民共和国国民经济和社会发展"九五"计划和2010年远景目标纲要
14	中共中央关于制定国民经济和社会发展第十个五年计划的建议
15	中华人民共和国国民经济和社会发展第十一个五年规划纲要
16	中华人民共和国国民经济和社会发展第十二个五年规划纲要

（2）内容分析单元编码。本部分依据"编号—具体条款/章节"[①] 的规则对样本进行编码。样本中共206个涉及区域发展战略以及相应的重点发展区域的分析单元。由于每个时期国家针对发展问题的重点不一样，导致区域划分也存在不一致，从而可能导致一个分析单元会进入一个以上的编码单位。由于区域发展战略主要依靠政府投资，而投资最终会落实到相应的产业，而产业布局的跨区域性决定了将一个分析单元编入一个以上的编码单位是可行的。同时，考虑到内容分析法的特点，在编码过程中，根据"0""1"规则进行，即如果某个分析单元涉及投资重点，就将该分析单元划分到相应的区域中；反之不涉及投资重点，就不对其进行编码。编码过程如下：例如，第一个五年计划第四章是工业，第三节是重工业，而对应的具体项目就是电力工业，因此，编码为1—4—3—3，同时，这个项目说明中国在"一五"计划期间电力工业的重点发展区域是华东，从而将1—4—3—3对应到华东区域及"一五"时期。

---

① 何为、黄贤金、钟太洋等：《基于内容分析法的土地督察制度建设进展评价》，《中国土地科学》2013年第1期，第4—10页。

第三节 区域发展战略演变阶段划分

一 区域发展战略演变阶段的总体划分

在对上文区域发展战略文本分析单元编码的基础上得到政策文本的二维分布图2.1，从而形成区域发展战略文本的频数统计表2.2。总体上看，所选政策文本都涉及了第一产业、第二产业和第三产业，并且其作用范围涵盖了"东北地区""华北地区""华东地区""中南地区""西南地区"和"西北地区"这六大区域。

通过研究表2.2中政策文本涉及各区域的次数，并以每个五年计划为时间段进行排序，可以发现，"一五"时期的重点发展区域依次为华北地区、西南地区、中南地区、西北地区、东北地区、华东地区，"二五"时期为华北地区、西北地区、中南地区、华东地区、西南地区、东北地区，"三五"时期为西南地区、西北地区、华北地区、中南地区、东北地区、华东地区，"四五"时期及"五五"时期均为西南地区、西北地区和中南地区，而"六五"时期为华北地区、华东地区、东北地区、西北地区、中南地区、西南地区，由此可见，这一时期的发展重心转向了沿海的华北地区和华东地区，"七五"时期和"八五"时期都发生了同样的转变。直到"九五"时期，发展重点依次是华北地区、西南地区、西北地区、东北地区、华东地区、中南地区，由此可知，西南地区和西北地区进入前三名。这说明了落后区域也逐步成为该时期发展的重点区域。到了"十五"时期，重点发展区域排序依次为华北地区、中南地区、西南地区、西北地区、东北地区、华北地区，"十一五"时期为华东地区、华北地区、中南地区、西南地区、西北地区、东北地区，"十二五"时期为华北地区、中南地区、西北地区、东北地区、华东地区、西南地区。综合从"十五"时期到"十二五"时期的政策频数排序来看，中国的六大区域均为重点发展区域。

从"一五"计划至今的区域发展战略可划分为三个阶段，第一个阶段为"一五"时期到"五五"时期，第二个阶段为"六五"时期到"九五"时期末，第三个阶段为"十五"时期至"十二五"阶段。

	"一五"	"二五"	"三五"	"四五""五五"	"六五"	"七五"	"八五"	"九五"	"十五"	"十一五"	"十二五"
东北	1-5-4-1, 1-4-3-1, 1-4-3-4, 1-4-3-7, 1-4-3-8, 1-4-3-9, 1-4-4-3, 1-4-4-4	2-5-1	3-2-2-8, 3-2-2-5		6-7-5, 6-8-1, 6-10-3, 6-10-4, 6-17-3, 7-2-1, 7-2-2, 7-2-4, 7-2-5-1, 7-2-5-2	8-7-2-2	11-3-3-1, 11-3-4-4	13-4-1-5, 13-4-1-6, 13-4-2-5	14		16-5-2, 16-12, 16-20, 16-25
华北		2-5-1, 2-5-2, 2-5-5	3-2-2-1, 3-2-2-5, 3-2-7-7		6-8-1, 6-9-1, 6-10-1, 6-136-10-2, 6-10-3, 6-10-4, 6-17-2, 6-17-3, 6-17-4, 7-2-1, 7-2-2, 7-2-3, 7-2-4, 7-2-5-1, 7-2-5-2	8-7-2-28-7-3-18-9-1, 8-9-2, 8-14-3	11-3-3-1, 11-3-5-1, 11-3-4-2, 11-3-4-1, 11-3-4-3, 11-3-4-4, 11-4	13-4-1-5, 13-4-1-6, 13-4-2-2, 13-4-1-4, 13-4-2-7, 13-4-2-8, 13-9-2	14	15-11-3, 15-12-4, 15-12-2, 15-16-1, 15-16-2, 15-16-4	16-5-2, 16-11-2, 16-12, 16-20

第二章 新中国成立以来区域发展战略演变阶段科学划分 / 57

续表

	"一五"	"二五"	"三五"	"四五""五五"	"六五"	"七五"	"八五"	"九五"	"十五"	"十一五"	"十二五"
华东	1-7-1	2-5-4, 2-5-5			6-7-5, 6-9-1, 6-10-1, 6-10-4, 6-11-1, 6-13, 6-17-3, 6-17-4, 7-2-3, 7-2-4	8-14-3	11-3-3-2, 11-3-4-2, 11-3-4-1, 11-3-4-3, 11-3-4-4, 11-4, 11-6-3	13-4-2-7, 13-4-2-8		15-11-3, 15-9-1-4, 15-12-2, 15-16-1, 15-16-2, 15-16-4	16-11-2, 16-12, 16-20
中南	1-4-3-1, 1-4-3-81-4-4-1, 1-4-4-31-4-4-4	2-5-1, 2-5-5	3-2-2-1, 3-2-7-3	4	5	6-7-5, 6-17-3, 7-2-3, 7-2-4, 7-2-5-1	8-7-2-2, 28-9-1, 8-14-3	11-3-3-1, 11-3-3-2, 11-3-5-1, 11-3-4-3, 11-6-3	13-4-2-6,	14	15-11-3, 15-9-1-4, 15-9-1-11, 15-12-2, 15-16-4, 15-28	16-5-2, 16-11-2, 16-12, 16-20

续表

	"一五"	"二五"	"三五"	"四五""五五"	"六五"	"七五"	"八五"	"九五"	"十五"	"十一五"	"十二五"
西南	1-4-3-2, 1-4-3-51- 4-3-7,1-4-3-8, 1-6-2,1-6-3, 1-6-4	2-5-2	3-2-7-8, 3-2-8- 43-2-2-8, 3-2-2-2, 3-2-2-3, 3-2-2-4, 3-2-2-5, 3-2-4-1, 3-2-7-2, 3-2-7-3	4	6-10-1, 6-10-4, 6-17-4, 7-2-3	8-7-2-2, 28-9-1	11-3-3-1, 11-3-3-2	13-4-1-6, 13-4-1-4, 13-4-2-1, 13-4-2-5, 13-4-2-6, 13-9-2	14	15-9-1-11, 15-16-4, 15-28, 15-12-2	16-11-2, 16-11-3
西北	1-4-3-2, 1-4-3-5, 1-4-3-7	2-5-2, 2-5-3, 2-5-6	3-2-2-2, 3-2-2-3, 3-2-2-4, 3-2-7-2, 3-2-8-4	5	6-8-1, 6-9-1, 6-13, 6-17-2, 6-17-4, 7-2-3, 7-2-5-2	8-7-2-2	11-3-3-2	13-4-1-5, 13-4-1-6, 13-4-2-6	14	15-12-4, 15-9-1-11, 15-16-1, 15-28	16-5-2, 16-11-3, 16-11-2, 16-25

图 2.1 区域发展战略二维分布图

二　区域发展战略的分阶段分析

（一）第一阶段：区域平衡发展战略阶段

根据表2.2得到第一阶段，即从"一五"时期到"五五"时期区域发展战略政策重点分布的频率统计表，如表2.3所示，并依据表2.3得到图2.2。按照五年计划里面重点投资区域的条款项目数计，在"一五"时期，重点投资区域在华北、西南和中南地区，根据频率统计，华北地区和西南地区占整个"一五"计划时期投资项目的29.17%，这与新中国成立后急需利用内陆地区的资源密切相关。"二五"时期重点投资区域在华北、西北。"三五"时期重点投资于西南、西北地区，是由于在这个计划期内，即1966—1970年，由于与苏联关系破裂，中国提出了"三线建设"的概念，即将西南、西北以及京广线以西广大华北、华南地区的腹地作为经济建设的重点，并将工业实行"山、散、洞"的备战布局。据统计，三线建设时期国家在西部的投资是东部和中部投资总和的61.5%。[①]"四五"和"五五"时期，中国仍然将重点投资区域放在广大的内陆地区。综合来看，从"一五"时期到"五五"时期，西南地区得到最多的投资项目，占了31.25%，其次是华北和西北地区，从而这一阶段区域发展战略的特征是政策重点向西南、西北等内陆地区倾斜。由于西南、西北地区的历史因素和地理因素，其经济发展严重滞后于华东地区，因此进行上述区域发展战略的空间布局，并且对这些地区加大投资力度，以避免陷入"贫困陷阱"，并促进该区域的经济和社会发展。因此，就全国经济发展水平而言，可以认为国家在第一个五年计划到第五个五年计划期间实行的是区域平衡发展战略。

表2.2　　　　　　　　　区域发展战略编码统计表

	东北	华北	华东	中南	西南	西北	合计
"一五"	1	7	1	5	7	3	24
"二五"	1	3	2	2	1	3	12

---

① 张文合：《我国区域经济发展战略的转变与选择》，《经济研究》1989年第10期，第71—76页。

续表

	东北	华北	华东	中南	西南	西北	合计
"三五"	2	3	0	2	10	5	22
"四五"	0	0	0	1	1	1	3
"五五"	0	0	0	1	1	1	3
"六五"	10	16	10	5	4	7	52
"七五"	1	5	1	3	2	1	13
"八五"	2	7	7	5	2	1	24
"九五"	3	7	2	1	6	3	22
"十五"	1	1	0	1	1	1	5
"十一五"	0	6	6	6	4	4	26
"十二五"	4	4	3	4	2	4	21

表 2.3　　　　　区域平衡发展战略阶段统计表

	"一五" 频数	"一五" 百分比(%)	"二五" 频数	"二五" 百分比(%)	"三五" 频数	"三五" 百分比(%)	"四五" 频数	"四五" 百分比(%)	"五五" 频数	"五五" 百分比(%)	合计 频数	合计 百分比(%)
东北	1	4.17	1	8.33	2	9.09	0	0.00	0	0.00	4	6.25
华北	7	29.17	3	25.00	3	13.64	0	0.00	0	0.00	13	20.31
华东	1	4.17	2	16.67	0	0.00	0	0.00	0	0.00	3	4.69
中南	5	20.83	2	16.67	2	9.09	1	33.33	1	33.33	11	17.19
西南	7	29.17	1	8.33	10	45.45	1	33.33	1	33.33	20	31.25
西北	3	12.50	3	25.00	5	22.73	1	33.33	1	33.33	13	20.31
合计	24	100.00	12	100.00	22	100.00	3	100.00	3	100.00	64	100.00

（二）第二阶段：区域优先发展战略阶段

全国"一刀切"的区域平衡发展战略并未实现全国统一的快速发展，本来具有发展优势的东部地区发展缓慢，得到更多国家资源投入的原来发展比较落后中西部地区的经济发展也未见起色。随着中国开始实施改革开放的国家战略，区域发展战略也随之发生了变化。中国提出实行部分区域优先发展战略，企图通过"先富带动后富"，优先发展东部沿海地区，进而通过扩散效应来实现整个国民经济增长。1978年国家进行了改革开放，国际形势趋向缓和，经济发展成为建设的重点。随着改革开放的推进，中国

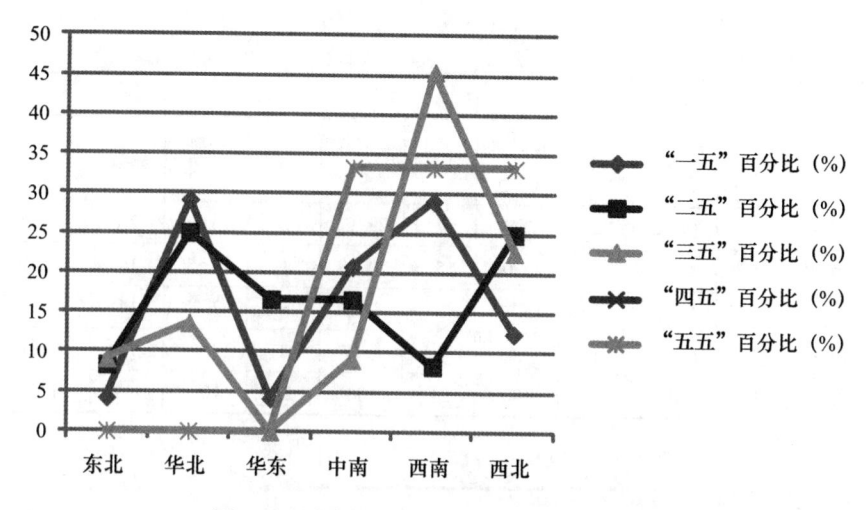

图 2.2　区域平衡发展战略阶段区域分布图

政府开放了一大批沿海城市和区域，相应的财政支持也倾向于促进沿海的对外贸易以及创造良好的经济发展环境以吸引外商投资。从表 2.4 和图 2.3 中可以看出，在第六个五年计划至第八个五年计划期间，外商投资的重点集中在华东、华北区域，这与当时改革开放政策有关。而在"六五"时期，外商的投资项目集中在华北、东北和华东地区，其中华北地区占投资项目总和的 30.77%；"七五"时期，华北地区的外商投资依然保持首位，直至"八五"时期，其外商投资项目比重才有所下降。然而在"九五"时期，华北地区依然是计划投资的重点区域，与以往不同的是，为了给"西部大开发战略"蓄势，政府对西南地区和西北地区的投资力度加大。同时，从"六五"时期到"九五"时期的整个连续区间看，华北地区、华东地区和东北地区的投资项目位列前三，其中华北地区占了 31.53%。

表 2.4　　　　　　　区域优先发展战略阶段统计

	"六五"		"七五"		"八五"		"九五"		合计	
	频数	百分比（%）	频数	百分比（%）	频数	百分比（%）	频数	百分比（%）	频数	百分比（%）
东北	10	19.23	1	7.69	2	8.33	3	13.64	16	14.41
华北	16	30.77	5	38.46	7	29.17	7	31.82	35	31.53

续表

	"六五"		"七五"		"八五"		"九五"		合计	
	频数	百分比（%）	频数	百分比（%）	频数	百分比（%）	频数	百分比（%）	频数	百分比（%）
华东	10	19.23	1	7.69	7	29.17	2	9.09	20	18.02
中南	5	9.62	3	23.08	5	20.83	1	4.55	14	12.61
西南	4	7.69	2	15.38	2	8.33	6	27.27	14	12.61
西北	7	13.46	1	7.69	1	4.17	3	13.64	12	10.81
合计	52	100	13	100	24	100	22	100	111	100

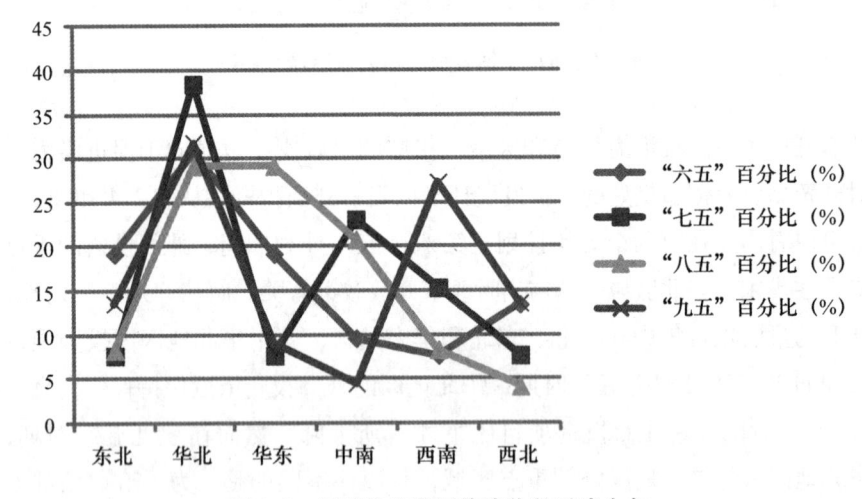

图2.3　区域优先发展战略阶段区域分布

从"六五"计划到"九五"计划期间，政府实行的是向华东、华北沿海地区倾斜的区域优先发展战略。这一结论从如下两个方面推进了以往学者的相关研究：一是将"八五"计划时期纳入这一阶段，这与李剑林从发展观角度提出的区域发展战略阶段划分的结论存在不一致；① 二是之前的学者认为这一阶段属于不均衡发展战略阶段的原因，往往他们将区域平衡发展战略阶段和该阶段的区域发展战略做比较分析，然而这一

---

① 李剑林：《基于发展观演变的中国区域经济发展战略及空间格局调整》，《经济地理》2007年第27卷第6期，第896—899页。

阶段的发展战略是在对外开放政策以及"两个大局"指导思想上做出的，突出的是将促进全国经济增长作为目标，推行沿海地区优先发展，实现以先富带动后富，而并非通过限制内地的发展需求以带动沿海地区发展的政策战略，因此，继续使用区域的"优先发展战略"更加符合我们国家的政策内涵。

（三）第三阶段：不均衡协调发展战略阶段

到了20世纪90年代，区域经济差距越来越大，东部地区环境污染越发严重，资源稀缺加剧，中、西部地区自然资源与人力资源非常丰富，然而经济发展水平却一直远远地比不上东部地区。为了缩小地区经济差距，国家开始逐步推进区域协调发展战略。中央政府在第十个五年计划期间出台了西部大开发战略，并相继提出了振兴东北等老工业基地战略以及中部崛起计划，进一步在"十一五"期间落实了相关政策措施。"十二五"规划中提出的区域发展总体战略和主体功能区战略，是从全局的角度，充分利用各地区的资源优势，实现生产力的合理布局，从而促进经济与生态的和谐发展。鉴于并未按照行业与重点发展区域结合的方法对"十五"计划进行编制，所以不能以行业标准进行编码，然而依据在"十五"时期出台的各种区域发展战略，可以得知该时期的重点发展区域为：东北地区、华北部分省份、西北地区、西南地区以及中南地区区域，并据此进行编码。表2.5显示出，在整个"十五"时期到"十二五"时期，华北地区的投资项目最为集中，但是其与中南地区、西南地区和西北地区也并未拉开太大的差距。同时从图2.4中可以看出，从"十五"到"十二五"期间，全国区域投资重点分布的频率统计相差不大，这说明西部大开发等一系列政策的出发点都是为了缩小全国经济差距，促进经济布局合理化，这说明这一阶段开始追求推进区域不均衡协调发展战略。

但由于区域之间存量差距巨大，东部经过长期优先发展已确立发展优势，在市场机制作用下，不论是社会资源还是国家资源实际上不可避免地在相当长一个时期仍然是向东部倾斜。中央推进区域协调发展并不是也不可能完全消除区域差距，更不会采取平调的方式去削高补低，而是在承认不均衡基础上尽可能在未来的发展中缩小差距。国家区域发展的基本指导思想，也是鼓励东部地区继续引领全国发展，率先实现现代化；同时，促进其他后发地区加快发展，缩小与发达地区的差距；在基本公共服务方面追求各区域的均等化发展，具体的区域发展战略则注重发挥比较优势的差异化发展。因此，这一阶段总的战略取向是追求区域协调发展，但是一种承认差异、有先有后的协调发展，即是一种不均衡的协调发展。

表2.5 区域协调发展战略阶段统计

	"十五"		"十一五"		"十二五"		合计	
	频数	百分比（%）	频数	百分比（%）	频数	百分比（%）	频数	百分比（%）
东北	1	20	0	0	4	19.05	5	9.62
华北	1	20	6	23.08	4	19.05	11	21.15
华东	0	0	6	23.08	3	14.29	9	17.31
中南	1	20	6	23.08	4	19.05	11	21.15
西南	1	20	4	15.38	2	9.52	7	13.46
西北	1	20	4	15.38	4	19.05	9	17.31
合计	5	100	26	100	21	100	52	100

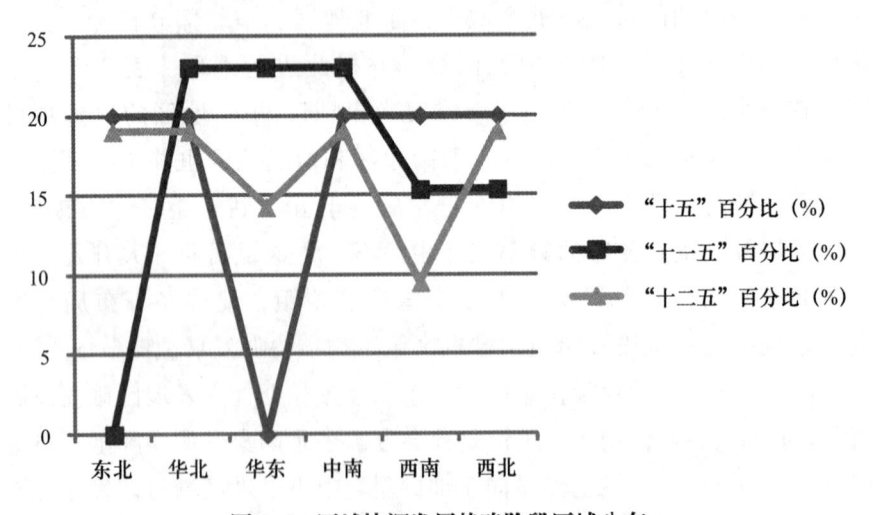

图2.4 区域协调发展战略阶段区域分布

第四节　新中国成立以来中国区域发展战略演变分析

以上，我们通过科学方法，对新中国成立以来中国的区域发展战略阶段进行了划分，证明其经历了平衡发展、优先发展与不均衡协调发展三大发展阶段。那么，这三大阶段具有哪些具体内涵和基本特征？其演进的基本规律是怎样的？本节将继续深入探讨。

一　区域平衡发展战略阶段分析

新中国成立之初，中国社会满目疮痍，经济发展极为落后，人民生活非常贫穷，国内外政治局势危机四伏，构建一座"稳定"而"富强"的中华大厦成为中国政府最为迫切的目标。而作为这座大厦根基的经济建设自然成为这一期间中国发展的重中之重。然而，作为一个农业大国，中国的工业基础极为薄弱，且由于区域资源禀赋的客观差异及长期战乱的巨大影响，工业生产的70%以上集中于国土面积不足12%的东南沿海地区，经济发展区域不平衡的现象极为严重。这不仅造成整个国家发展的严重倾斜，不利于新社会的发展；同时，共产党和社会主义革命追求的基本理想，就是社会公平，就是要使全国各地的所有人民都过上平等的幸福生活，显然，这就需要推进区域经济社会平衡发展。因此，经过国民经济恢复时期对整个经济社会运行机制的整顿后，中国政府开启了区域平衡发展战略。

在这一战略阶段，国家共制订了"一五"至"五五"五个五年国民经济发展计划，力图实现区域经济发展的平衡。"一五"时期确立了经济发展在整个发展中的核心地位，国家以苏联援建项目为中心，大规模的重工业建设与投资在中国得以开展，而仅在苏联援建的156项重点工程中，内地的布局比例就高达80%；"二五"时期中国开始了钢铁行业的全国"大跃进"，大批钢铁工业建设项目落户中西部地区，重工业基地的内地分布比例进一步得到提高；"三五"时期，出于国防战备的需要，中国开展了规模空前的"三线建设"，重点发展以西南地区为重点的三线地区，这一时期，中西部地区基本建设投资比例高于同期东部地区的2倍，且大批沿海老工业基地向以西南地区为重点的内地迁移，大大削弱了沿海地区的工业基础；"四五"时期的建设重心由西南地区转向"三西"地区，即豫西、鄂西和湘西，同时对于东部沿海地区的投资比重亦有所加大；"五五"时期，内地新疆等少数民族地区的发展得到进一步的支援，同时东部沿海地区的重视程度进一步加深。

从"一五"至"五五"时期，这一战略阶段实施期间中国正处于计划经济时期，因而区域发展战略对区域发展有着决定性的影响。这一战略阶段一方面在区域发展扶持上以内陆地区为主，注重区域间发展差距的缩小，呈现出区域平衡发展的特征；另一方面，在整个社会建设上，以经济为主要发展目标，以重工业为主要方向，其他社会方面相对重视不足，因而又呈现出区域内部发展的不均衡。

二　区域优先发展战略阶段分析

具有划时代意义的中共第十一届三中全会开启了中国改革开放的新时代，也结束了新中国成立以来所实施的区域平衡发展战略。中国的区域发展"重内地、轻沿海"的格局发生了根本性的转变，延续1979年中共中央提出的对比例严重失调的国民经济"调整、改革、整顿、提高"的八字方针，以"六五"计划为起点，中国进入区域"局部优先发展"的战略阶段。这一战略转变的基本指导思想，就是让一部分具有比较优势的地方优先发展起来，然后，由先进带动后进，实现全国的发展。

区域发展战略由平衡发展向优先发展战略转型的主要原因，一是"文革"以后，经济发展缓慢，经济效率低下，急需寻求经济发展的突破，而经济发展的突破不可能在全国同时实现，只能选择具有比较优势的区域率先发力，优先发展。东部地区历史上就是经济发达地区，具备比较好的发展条件，顺理成章被选择为优先发展地区。二是"文革"结束后国门逐步打开，对外开放战略确定，中国急需与世界进行经济交流，但全面开放风险太大，阻力太大，因此需要一些具有开放区位优势的地方先行先试，东部沿海地区无疑具有先天优势。所以，"六五"时期中国区域发展战略向优先发展战略转型，是经济发展寻求突破，对外开放需要试行的必然结果，当然，也是对此前长期区域平衡发展战略不成功的反思的结果。

"六五"时期，重工业生产的技术改造大规模开展，大批不合格的"三线"企业被整顿，重点建设项目由内地向东部沿海转移，基本建设投资东部沿海地区的比重也开始高于中西部地区。"七五"时期，中共中央依照中国区域资源的梯度分布特征，把中国划分为东、中、西三大区域，同时制定"加速东部沿海地带的发展，同时把能源、原材料建设的重点放在中部，并积极做好进一步开发西部地带的准备"的区域梯度发展战略，确立了东部地区在区域发展中的优先地位。"八五"时期以 1992 年"南方谈话"和党的十四大为标志，中国的改革开放和现代化建设进入关键阶段，经济体制改革取得重大进展，公有制为主体，多种所有制共同发展的局面业已成形，市场在资源配置中的作用得到进一步加强，东部地区在对外贸易中的比较优势得到进一步加强。

区域优先发展战略是充分发挥不同区域比较优势，鼓励部分地区优先发展来促进国家全局效益提升的区域发展战略。"六五"至"九五"时期为这一战略实施的阶段。此阶段以党的十一届三中全会后的改革开放为序幕，区域发展方向出现了大方向的转变。由于改革开放后中国加入了全球化的浪潮，区域经济发展开始注重各区域的比较区位优势，而东部沿海地区作为全球化竞争的战略要地自然受到重视。因而，不同于平衡发展战略阶段，优先发展的不均衡发展阶段以经济发展为主线，在地区发展上大力倾向东部地区，依托其在对外开放上的比较优势，在东部地区先后建立了深圳、珠海、汕头、厦门和海南 5 个经济特区以及大连、秦皇岛、天津、烟台、青岛、连云港、南通、上海、宁波、温州、福州、广州、湛江、北海 14 个沿海开放港口城市和珠江三角洲、长江三角洲、闽南三角洲、辽东半岛、山东半岛、秦皇岛、唐山等沿海经济开放区，使之成为拉动中国经济迅速崛起的引擎。

应该说，优先发展战略取得很大成功，推动了中国经济的快速发展；但是却没有完全达到战略的完整目标预期。实际上优先发展战略有相互联系的两个环节，即先发战略和带动战略。事实证明，先发战略是非常成功，带动战略却成效甚微，甚至加大了区域发展的差距。"九五"时期区域发展差距日趋扩大，不均衡发展的消极效应开始凸显，调整过度失衡的区域发展势在必行。同时，经过近 20 年的快速发展，中国也有了调整区域发展战略的物质条件。

三 区域不均衡协调发展阶段分析

2000年3月,经由全国人民代表大会审议,中国开始了"西部大开发"战略,正式开启了区域协调发展战略的步伐。"十五"时期国家先后开始了"西部大开发"战略、"东北等老工业基地振兴"战略及"中部崛起"计划,涉及区域含重庆、四川、陕西等12个西部地区,华中三省、华东两省、华北山西省在内的六个中部地区以及东北三省等沿海老工业地区。"十一五"时期,国家提出了"坚持实施推进西部大开发,振兴东北地区等老工业基地,促进中部地区崛起,鼓励东部地区率先发展"的区域发展总体战略,并将国土空间划分为"优化开发""重点开发""限制开发"和"禁止开发"四类主体功能区,进一步补充了全国区域发展协调互动机制。"十二五"以来,区域发展格局进一步完善,东、中、西部地区产业渗透逐渐加大,覆盖全国范围的新经济增长极不断产生,区域发展逐渐突破东、中、西三大区域的划分界限,以长三角、珠三角、北部湾、环渤海、海峡西岸、东北三省、中部和西部等区域为主要板块的中国区域发展蓝图正逐步形成。总之,尽管区域经济仍然不均衡,但区域协调发展战略已在积极推进中,区域差异也呈现逐步缩小的趋势,区域发展进入一个新的历史阶段。

区域不均衡协调发展战略既要求注重发挥各区域比较优势,又要求注重缩小区域发展差距。改革开放以来,区域非均衡发展带来了中国经济的快速发展,但同时区域发展的差距也不断拉大,甚至一定程度上出现了区域发展的"马太效应",不仅对不发达地区的发展造成了极大压力,也危及整个国家的稳定和经济社会可持续发展。以"十五"时期为起点,国家开始注重区域之间的协调发展,开启了区域协调发展战略。在这一时期,国家开始改变片面的东部地区优先发展战略,对中西部地区尤其是西部地区的经济社会发展进行了大力的扶持。2000年开始的西部大开发战略以及之后批准的多个内陆区域经济发展规划,使得这一时期对内陆中西部地区的重视程度得到了明显的增强。总体上看,这一战略阶段的区域发展从两条主线予以展开,一是注重发展在不同区域间的协调,即在区域发展的重点方向上加大对中西部地区尤其是西部落后地区的扶持力度,在内陆地区培育出了一批新的增长极;同时,鼓励东部沿海地区继续率先发展，发挥在全球经济竞争中比较优势。二是开始纠正片面注重经济发展的倾向，逐步注重区域经济、政治、文化、社会、生态的协调发展。这一阶段强调区域协调发展，不是像第一阶段一样，使所有区域的发展水平协调一致发展，而是承认区域间存在发展差距、注重发挥区域各自比较优势的基础上来推进协调发展，努力缩小区域发展差距，也就是在不均衡的基础上来促进区域协调发展。

第三章

区域发展战略实施效果评价体系的构建

第一节 指标设计思路

根据中国社会主义建设"五位一体"的基本思想，完整的区域发展战略评估应尽可能囊括经济、政治、文化、社会与生态这五个层面的信息。一方面，要能综合反映出相应评价阶段区域发展战略的总体实施效果，这一效果我们称为空间综合效应，它可以进一步分解为经济综合效应、政治综合效应、文化综合效应、社会综合效应与生态综合效应；另一方面，区域发展战略的实施效果还可以从空间效率和空间公平的角度予以展开，其中，空间效率指区域发展战略实施后整个区域经济社会的整体发展水平，空间公平是指在区域发展战略实施后与区域间发展差距的大小。同时，可以进一步从经济、政治、文化、社会与生态五个层面展开来分析空间效率和空间公平。

在具体指标的选取上，应遵循全面性、科学性、代表性及可行性的原则。既要能客观全面地反映相应期间内空间效率和空间公平的水平，又要尽可能地简明扼要，富有代表性，同时还应有权威的统计数据的支持，以确保评估结果的准确可靠。

基于上述原则的考虑，本部分从空间效率与空间公平两大宏观角度出发，在每一个角度上均细分为经济、政治、文化、社会与生态五个评估层面，再从每个评估层面中选择出最具有代表性的指标，以构造区域发展战略的实施效果的评价指标体系。运用这一指标体系一方面有利于我们对战略实施的综合水平做出评估，另一方面便于从空间效率和空间公平两个维度对实施成效做进一步的剖析。

第二节　指标体系设计

一　空间效率评估指标设计

全面且合理地反映出中国区域发展战略实施后经济、政治、文化、社会与生态层面的整体发展状况是空间效率评估指标设计的基本要求。

（1）经济层面。经济发展是一国发展的重要基础。经济发展质量的高低决定了国家文化、社会、生态及政治发展的水平。经济发展水平的衡量不仅要包含总体和人均意义上的经济增长的度量，还应包含支撑未来经济增长潜力的经济结构调整的衡量；不仅要包含国内消费、投资水平的增长的度量，还应包含对外贸易水平的衡量。因此，本部分选用GDP（D1）、人均GDP（D2）、第三产业占GDP比重（D3）、人均社会消费品零售总额（D4）、人均资本存量（D5）及对外贸易系数（D6）共6项指标从以上角度综合衡量经济效率水平。

（2）政治层面。政治发展是一国发展的根本保证。只有一个民主的政治体制才能充分发挥人民参与社会生产、维护社会和谐稳定的积极性，高度的政治文明是一国民主、自由、平等、法治的重要体现。本部分从中国的根本政治制度人民代表大会制度出发，以人民代表大会代表成员的结构来反映中国政治的发展水平。其中，全国人民代表大会代表总数（D29）是总量上的指标；少数民族代表（D30）、女性代表（D31）和农工代表（D32）占总代表人数比重分别反映了中国政治制度在民族、性别和基层上的民主程度；此外，我们还以全国政治协商委员非共产党员占委员总数比例（D33）来衡量中国政治的协商民主水平。

（3）文化层面。文化发展是一国发展的重要支撑。文化是一个国家、企业乃至个人的无形财富，是国家创新力的重要来源，文化的繁荣程度决定了一国政治、经济、社会和生态发展的张力，同时，一国的文化软实力还是其全球竞争力的重要组成部分。本部分以文化事业机构数（D14）、艺术表演团体数（D15）来衡量文化事业机构的发展水平；以图书出版总印数（D16）和人均图书馆藏书量（D17）来衡量文化产品的发展成果；以普通高等学校平均每十万人口在校生数（D18）来代表居民的文化素质；以人均文化事业费（D19）来反映国家对文化的重视程度以及文化的发展潜力；以对外文化交流来往项目数（D20）来衡量文化的对外影响力。

（4）社会层面。社会发展是一国发展的重要前提。只有一个治安稳定、人民安居乐业的社会环境方能实现政治、经济、生态和文化上的有效发展。因此，社会发展的衡量应包含社会稳定程度及居民生活水平等方面。我们选用成灾面积占受灾面积比例（D11）来反映抗灾救灾的能力；用交通线路密度（D7）、每千人拥有卫生技术人员数（D8）和人均住宅建筑面积（D9）来衡量居民生活的社会环境，同时以人均社会事业支出费（D10）来反映政府对于社会发展的重视程度；用人民法院一审案例中刑事案件比例（D12）及城镇登记失业率（D13）来代表社会治安的水平。

（5）生态层面。生态发展是一国发展的内在要求。良好的生态环境是人类社会和工业文明赖以生存的基础，决定着一国经济、政治、社会和文化可持续发展的空间。生态发展的关键是对环境污染的控制与治理。本部分以年平均气温（D21）和城市人均日生活用水量（D22）来反映居民生活的自然条件；以工业"三废"的排放量（D24、D25和D26）来反映环境污染的程度；以单位GDP的能源消耗量（D27）来衡量工业能源的利用效率；以水电、核电、风电生产占能源生产总量比例（D28）以及人均公共绿地面积（D23）来度量生态的改善。

二 空间公平评估指标设计

与空间效率评估指标不同的是，在国家统计局公布的统计数据中，很少有指标能够直接体现空间公平，因而有必要在原始指标的基础上采用一定方法构建复合指标。目前研究中常用的指标有变异系数、基尼系数、离均差系数、广义熵指数、泰尔指数、阿特金森指数等。① 本部分选取基尼系数作为处理的统一方法。基尼系数是意大利统计学家Gini在洛伦兹曲线的基础上提出的用于度量居民收入分配不均等程度的指标，

---

① 万广华：《不平等的度量与分解》，《经济学》（季刊）2009年第1期，第347—368页。

Keeble 等人将基尼系数的分析方法引入区域产业分布的研究中，创造了区位基尼系数并使其成为产业地理集聚领域的重要分析方法。由于在理论解释及实践操作中的相对优越性，基尼系数不断在新的领域得到应用和拓展，现已成为度量不公平程度最常用的指标之一。[1]

基尼系数的基本分析思路通过洛伦兹曲线展开，洛伦兹曲线是一条反映收入累计百分比（由低至高排序后分组）同对应人口累计百分比关系的曲线。如图 3.1 所示，矩形的纵轴表示由低至高排序后的收入累积百分比，横轴为对应的人口累计百分比，直线 OL 和折线 OHL 分别为理论上的绝对平均分配线和绝对不平均分配线，现实中收入分配的轨迹往往是曲线 OEL 的形状，基尼系数便是图中弧面 OEL 同三角形 OHL 的面积之比，用以反映收入分配的实际轨迹偏离绝对平均分配线的程度。

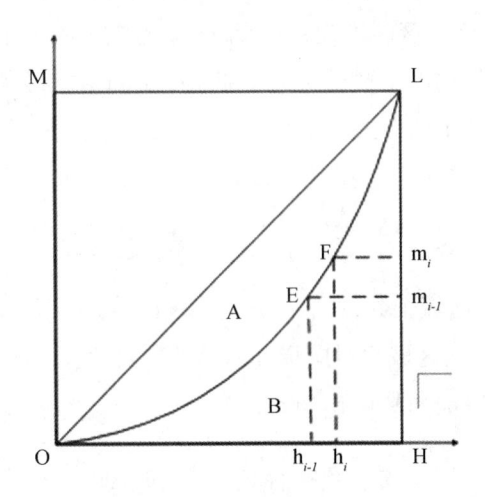

图 3.1　基尼系数原理

基于离散型的统计数据的基尼系数我们可以通过如下方式求解：过图中 E、F 点作辅助线 EG 和 FH，将弧面 OELH 近似分解为 n 个小梯形，令 h、m 分别为单位收入占总收入比例比及对应人口占总人口比例，则有：

---

[1] Cowell F. A., Champernowne D. G., *Economic Inequality and Income Distribution*, Cambridge Books, 1999.

$$S_B = \sum_{i=1}^{n} \frac{1}{2}(1 - \sum_{k=1}^{i} h_k + 1 - \sum_{k=1}^{i} h_{k-1})(\sum_{k=1}^{i} m_k - \sum_{k=1}^{i} m_{k-1})$$

$$= -\frac{1}{2} \sum_{i=1}^{n} (2\sum_{k=1}^{i} h_k - h_i - 2) y_i \tag{3.1}$$

同基尼系数的原始形式不同的是,本部分分析的个体将由人口转向区域,因而需要将每一区域视同为一个抽象的人,再按基尼系数的计算方法算出基于相应指标的区域基尼系数。值得注意的是,这种方法在使用上很容易忽略不同区域间原本存在的异质性,应用到一些指标的计算中将很可能使结果产出较大的误差,如地区 GDP 这一指标,定义每一区域 GDP 相同时为绝对公平显然是不科学的,因此在指标的选取上就要求基础指标不受区域异质性的干扰,如可选用地区人均 GDP 替代地区 GDP 作为区域产出公平的基础指标,因为不论区域间存在何种差异,区域间的人均 GDP 越接近,区际产出的空间分布就越公平。因此,本部分所选用的空间公平指标均做了类似处理。此外,由于本部分的分析只涉及 28 个个体,采用不分组的方式可以得到更为精确的结果,计算方法上以 Fei 和 Ranis 等定义的离散分布型基尼系数计算公式为基础,[①] 见公式 3.2。

$$G = \frac{1}{2Sn} \sum_{i=1}^{n} \sum_{j=1}^{n} |x_i - x_j| = \frac{2}{Sn} \sum_{k=1}^{n} k y_k - \frac{n+1}{n} \tag{3.2}$$

其中,n 表示区域个数,x_i,x_j 分别代表区域 i 和区域 j 对应指标的值,$|x_i - x_j|$ 表示任意两区域间对应指标差值的绝对数($i,j = 1,2,3,\cdots,n$);y_k 为所有区域相应指标的数值按照自小到大的顺序进行排序之后的新的指标值序列,S 为所有区域对就指标值的总和,即 $S = \sum_{i=1}^{n} x_i = \sum_{j=1}^{n} x_j = \sum_{k=1}^{n} x_k$。考虑到数据的完整性及代表性,相应指标的选取规定如下。

(1) 经济层面。选取地区人均 GDP(D34)、地区人均资本存量(D37)、人均地区社会消费品零售总额(D36)分别构造区域基尼系数衡量区际人均产出、人均投资和人均消费水平三个方面的差异程度;以地区第三产业占 GDP 比例的区域尼基系数(D34)来衡量区际经济结构的

[①] Fei J. C. H., Ranis G., Kuo S. W. Y., "Growth and the Family Distribution of Income by Factor Components", *Quarterly Journal of Economics*, Vol. 92, No. 1, 1978, pp. 17–53.

差异程度；以地区对外贸易系数的区域基尼系数（D38）来衡量区际经济外向度的差异程度。

（2）政治层面。选取全国人大代表数的区域基尼系数（D53）反映政治层面上的空间公平程度。

（3）文化层面。选取"地区人均文化事件机构数"的区域基尼系数（D43）衡量文化投入的区际公平程度；以"地区高等学校每十万人在校学生数"的区域基尼系数（D47）来度量区域间居民文化素质水平的差异程度；以"地区人均艺术表演团体数"的区域基尼系数（D44）来度量区域间文化事业机构的发展差异程度；以"地区人均图书出版总印数"的区域基尼系数（D45）和"地区人均公共图书馆藏书量"的区域基尼系数（D46）来度量区域间文化产品产量的差距大小；以"地区人均文化事业费"的区域基尼系数（D48）来度量政府在文化事业投资上的区际差距大小。

（4）社会层面。以"地区人均社会事业支出费"的区域基尼系数（D41）构造地区基尼系数反映社会投入的区域公平程度；选取"地区交通线路密度"的区域基尼系数（D39）以及"地区每千人卫生技术人员数"的区域基尼系数（D40）来衡量区域间社会发展水平的差异程度；以"地区城镇失业率"的区域基尼系数（D42）来衡量区域间社会稳定水平的差异程度。

（5）生态层面。"地区工业废水排放量"的区域基尼系数（D50）、"地区工业固体废弃物排放量"的区域基尼系数（D51）来衡量区域间生态污染的差异程度；以"地区工业'三废'产值占GDP比重"的区域基尼系数（D52）度量环境治理方面的区际差异；以"地区单位GDP能源消耗"的区域基尼系数（D49）来衡量能源利用效率在区域间的差距大小。

第三节　评估模型构建

由于本部分的综合指标体系所选取的指标数较多且层次性十分明显，

在评估模型的选取上，本部分采用 Saatly 创立的层次分析法。[①] 层次分析法是一种定性与定量相结合的层次化分析方法，对于将半定性以及半定量问题转化为定量分析有着良好的效果。其解决问题的思路是将与决策相关的元素进行分类，并分解成目标、准则、方案等不同的层次，进而通过不同子层次的量值，对相关问题进行定量分析。在效应评估上，运用层次分析法的思路便是将待评估效应进行逐层分解，对于每一层次，选个合适的指标，并采用专家逐层比较指标重要性，并通过数学计算和检验对指标进行赋权，进而组成一个多层次的评估指标体系结构模型。层次分析法易于操作，也有助于对相应的评估结果进行结构上的深入剖析。

一　建立层次结构模型

建立模型的第一步是确立模型的层次结构，根据指标体系的设计思路，区域发展战略评估的层次结构模型应有四个阶层。如图 3.2 所示，最上一层为目标层，目标层展示战略实施的综合效应，其次为准则层，准则层分为空间效率、空间公平，其下设子准则层，由经济效应、社会效应、文化效应、生态效应和政治效应共同组成，最后一层是指标层，与本部分选择的评估指标集一一对应。

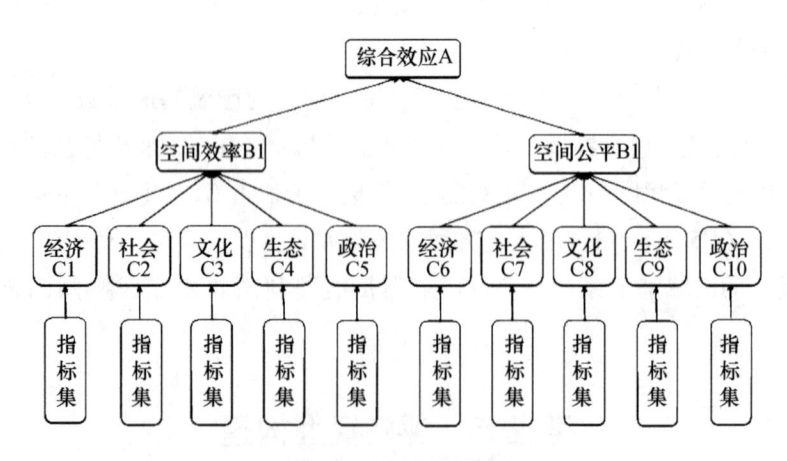

图 3.2　层次结构模型

[①] Saatly T. L., "How to Make a Decision: The Analytic Hierarchy Process", *European Journal of Operational Research*, Vol. 48, No. 11, 1990, pp. 9–26.

二 构造判断矩阵并计算权向量

采用 Saatly 的 1—9 标度法[①]（见表 3.1），按照区域发展战略中不同指标的不同地位，对模型各阶层中的因子进行重要性的两两对比，能够构建判断矩阵 $A = (a_{ij})_{n \times n}$，其具体形式如公式 3.3 所示。

$$A = \begin{bmatrix} a_{11} & a_{12} & a_{13} & a_{14} & \cdots & a_{1n} \\ a_{21} & a_{22} & a_{23} & a_{24} & \cdots & a_{2n} \\ a_{31} & a_{32} & a_{33} & a_{34} & \cdots & a_{3n} \\ a_{41} & a_{42} & a_{43} & a_{44} & \cdots & a_{41} \\ \cdots & \cdots & \cdots & \cdots & \cdots & \cdots \\ a_{n1} & a_{n1} & a_{n1} & a_{n1} & \cdots & a_{n1} \end{bmatrix}$$

其中，$a_{ij} \geq 0, a_{ij} \times a_{ji} = 1$，当 $i = j$ 时，$a_{ij} = 1$。　　　(3.3)

以每一指标层的判断矩阵为基础，采取合适的方法，能够测算出各指标集相应的权向量。常用的计算权向量的方法有和积法、方根法等，本部分采用方根法。应用方根法，将判断矩阵 A 中元素按行相乘，得到向量 $M = (m_i)_{n \times 1}$（其中 $m_i = \prod_{j=1}^{n} a_{ij}$），再计算 M 中元素 m_{ij} 的 n 次方根，再行归一化，便能得到相应的权向量 $\omega = (\omega_i)_{n \times 1}$。

表 3.1　　　　　　　　　　　标度法

标度值	意义	标度值	意义
1	因子 i 和因子 j 同样重要	7	因子 i 比因子 j 强烈重要
3	因子 i 比因子 j 稍微重要	9	因子 i 比因子 j 极为重要
5	因子 i 比因子 j 重要	2, 4, 6, 8	介于上述相邻判断的中值
倒数值	表示因子 j 相比于因子 i 的重要性			

本部分研究的时期为 1952 年至 2012 年，但由于数据统计等原因，众多指标数据在 1952 年至 1975 年存在缺失，为了尽可能使评估指标体系包

[①] Saatly T. L., "How to Make a Decision: The Analytic Hierarchy Process", *European Journal of Operational Research*, Vol. 48, No. 11, 1990, pp. 9–26.

含更多信息，我们将这一时期分为 1952 年至 1975 年和 1980 年至 2012 年两大时期。因此，在模型的构建上，也将分两大时期进行。本部分 AHP 模型的判断矩阵如表 3.2 和表 3.3 所示。

表 3.2　　　　　　1952 年至 1975 年判断矩阵及其权向量

空间效率	C1	C2	C3	C4	C5	C6	Wi
C1	1	3	3	2	3	0.39	0.39
C2	0.33	1	1	0.5	1	0.12	0.12
C3	0.33	1	1	0.5	1	0.12	0.12
C4	0.5	2	2	1	2	0.23	0.23
C5	0.33	1	1	0.5	1	0.12	0.12
经济	D1	D2	D4	D3	D6	D5	Wi
D1	1	0.25	0.33	0.25	0.5	0.5	0.06
D2	4	1	2	0.5	3	3	0.25
D4	3	0.5	1	0.33	2	2	0.15
D3	4	2	3	1	3	4	0.35
D6	2	0.33	0.5	0.33	1	1	0.1
D5	2	0.33	0.5	0.25	1	1	0.09
社会	D7	D8	D11	D10	—	—	Wi
D7	1	1	6	3	—	—	0.4
D8	1	1	6	3	—	—	0.4
D11	0.17	0.17	1	0.33	—	—	0.06
D10	0.33	0.33	3	1	—	—	0.15
文化	D16	D14	D18	D19	D15	—	Wi
D16	1	3	0.33	3	3	—	0.23
D14	0.33	1	0.2	2	1	—	0.1
D18	3	5	1	7	5	—	0.51
D19	0.33	0.5	0.14	1	0.5	—	0.06
D15	0.33	1	0.2	2	1	—	0.1
生态	D21	D27	D28	D22	—	—	Wi
D21	1	2	2	1	—	—	0.33

第三章　区域发展战略实施效果评价体系的构建　/　79

续表

空间效率	C1	C2	C3	C4	C5	C6	Wi
D27	0.5	1	2	0.5	—	—	0.2
D28	0.5	0.5	1	0.5	—	—	0.14
D22	1	2	2	1	—	—	0.33
政治	D29	D30	D31	D32	D33	—	Wi
D29	1	0.2	0.2	0.17	0.33	—	0.05
D30	5	1	1	0.5	3	—	0.23
D31	5	1	1	0.5	3	—	0.23
D32	6	2	2	1	4	—	0.39
D33	3	0.33	0.33	0.25	1	—	0.1
空间公平	C6	C7	C8	C10	—	—	Wi
C6	1	2	2	3	—	—	0.42
C7	0.5	1	1	2	—	—	0.23
C8	0.5	1	1	2	—	—	0.23
C10	0.33	0.5	0.5	1	—	—	0.12
经济	D34	D36	D35	D37	—	—	Wi
D34	1	3	2	2	—	—	0.42
D36	0.33	1	0.5	1	—	—	0.15
D35	0.5	2	1	2	—	—	0.27
D37	0.5	1	0.5	1	—	—	0.16
社会	D39	D40	D41	—	—	—	Wi
D39	1	2	3	—	—	—	0.54
D40	0.5	1	2	—	—	—	0.3
D41	0.33	0.5	1	—	—	—	0.16
文化	D47	—	—	—	—	—	Wi
D47	1	—	—	—	—	—	1
政治	D53	—	—	—	—	—	Wi
D53	1	—	—	—	—	—	1

注：缺省值用"—"表示。

表3.3　　　　　　　　1980年至2012年判断矩阵及其权向量

空间效率	D1	D2	D3	D4	D5	—	—	—	Wi
D1	1	3	3	2	3	—	—	—	0.39
D2	0.33	1	1	0.5	1	—	—	—	0.12
D3	0.33	1	1	0.5	1	—	—	—	0.12
D4	0.5	2	2	1	2	—	—	—	0.23
D5	0.33	1	1	0.5	1	—	—	—	0.12
经济	D1	D2	D4	D3	D6	D5	—	—	Wi
D1	1	0.25	0.33	0.25	0.5	0.5	—	—	0.06
D2	4	1	2	0.5	3	3	—	—	0.25
D4	3	0.5	1	0.33	2	2	—	—	0.15
D3	4	2	3	1	3	4	—	—	0.35
D6	2	0.33	0.5	0.33	1	1	—	—	0.1
D5	2	0.33	0.5	0.25	1	1	—	—	0.09
社会	D7	D8	D11	D10	D12	D13	D9	—	Wi
D7	1	1	6	3	3	1	1	—	0.21
D8	1	1	6	3	3	1	1	—	0.21
D11	0.17	0.17	1	0.5	0.5	0.17	0.17	—	0.03
D10	0.33	0.33	2	1	1	0.33	0.33	—	0.07
D12	0.33	0.33	2	1	1	0.33	0.33	—	0.07
D13	1	1	6	3	3	1	1	—	0.21
D9	1	1	6	3	3	1	1	—	0.21
文化	D16	D14	D18	D19	D15	D17	D20	—	Wi
D16	1	3	0.33	3	3	1	2	—	0.17
D14	0.33	1	0.2	2	1	0.33	1	—	0.07
D18	3	5	1	7	5	3	5	—	0.4
D19	0.33	0.5	0.14	1	0.5	0.25	1	—	0.05
D15	0.33	1	0.2	2	1	0.33	1	—	0.07
D17	1	3	0.33	4	3	1	2	—	0.17
D20	0.5	1	0.2	1	1	0.5	1	—	0.07
生态	D21	D27	D28	D22	D23	D24	D25	D26	Wi
D21	1	2	2	1	2	2	2	2	0.2
D27	0.5	1	2	0.5	1	0.5	0.5	0.5	0.08

续表

空间效率	D1	D2	D3	D4	D5	—	—	—	Wi
D28	0.5	0.5	1	0.5	1	0.5	0.5	0.5	0.07
D22	1	2	2	1	2	1	2	2	0.18
D23	0.5	1	1	0.5	1	0.5	0.5	0.5	0.08
D24	0.5	2	2	1	2	1	1	1	0.14
D25	0.5	2	2	0.5	2	1	1	1	0.13
D26	0.5	2	2	0.5	2	1	1	1	0.13
政治	D29	D30	D31	D32	D33	—	—	—	Wi
D29	1	0.2	0.2	0.17	0.33	—	—	—	0.05
D30	5	1	1	0.5	3	—	—	—	0.23
D31	5	1	1	0.5	3	—	—	—	0.23
D32	6	2	2	1	4	—	—	—	0.39
D33	3	0.33	0.33	0.25	1	—	—	—	0.1
空间公平	C6	C7	C8	C9	C10	—	—	—	Wi
C6	1	2	2	2	3	—	—	—	0.35
C7	0.5	1	1	1	2	—	—	—	0.18
C8	0.5	1	1	1	2	—	—	—	0.18
C9	0.5	1	1	1	2	—	—	—	0.18
C10	0.33	0.5	0.5	0.5	1	—	—	—	0.1
经济	D34	D35	D36	D37	D38	—	—	—	Wi
D34	1	3	2	3	3	—	—	—	0.39
D35	0.33	1	0.5	0.5	2	—	—	—	0.12
D36	0.5	2	1	2	2	—	—	—	0.23
D37	0.33	2	0.5	1	2	—	—	—	0.16
D38	0.33	0.5	0.5	0.5	1	—	—	—	0.09
社会	D39	D40	D41	D42	—	—	—	—	Wi
D39	1	2	2	2	—	—	—	—	0.4
D40	0.5	1	2	0.5	—	—	—	—	0.2
D41	0.5	0.5	1	1	—	—	—	—	0.17
D42	0.5	2	1	1	—	—	—	—	0.24
文化	D45	D43	D47	D48	D44	D46	—	—	Wi
D45	1	2	0.33	0.5	2	0.5	—	—	0.12

续表

空间效率	D1	D2	D3	D4	D5	—	—	—	Wi
D43	0.5	1	0.25	0.33	1	0.5	—	—	0.07
D47	3	4	1	2	4	3	—	—	0.36
D48	2	3	0.5	1	3	2	—	—	0.23
D44	0.5	1	0.25	0.33	1	0.5	—	—	0.07
D46	2	2	0.33	0.5	2	1	—	—	0.15
生态	D49	D50	D52	D51	—	—	—	—	Wi
D49	1	3	3	3	—	—	—	—	0.49
D50	0.33	1	2	1	—	—	—	—	0.2
D52	0.33	0.5	1	0.5	—	—	—	—	0.12
D51	0.33	1	2	1	—	—	—	—	0.2
政治	D53	—	—	—	—	—	—	—	Wi
D53	1	—	—	—	—	—	—	—	1

注：缺省值用"—"表示。

三 一致性检验

为确保权重设定的可操作性，还应当根据一致性指标 CI 以及平均随机一致性指标 RI 计算出一致性比率 CR（见表3.4），对判断矩阵实施一致性检验。当一致性指标 $CI = \frac{\lambda_{max} - n}{n - 1} = 0$ 时，矩阵 A 为一致性矩阵，但在实际研究中，CI 常常偏离这一值，但只要一致性比率 $CR = \frac{CI}{RI}$ 在0—0.1，判断矩阵的一致性偏离程度便在容许范围内，可视同为通过一致性检验；若 $CR > 0.1$，则应进行标度调整，直至通过一致性检验。表3.5为本部分一致性检验结果。

表3.4　　　　　　　　RI 取值表

N	1	2	3	4	5	6	7	8	9
RI	0	0	0.58	0.9	1.12	1.24	1.32	1.41	1.45

表 3.5　　　　　　　　　　　　一致性检验结果

检验值	指标层（1980—2012）											
	C1	C2	C3	C4	C5	C6	C7	C8	C9	C10	B1	B2	A
λ_{max}	6.11	7.00	7.12	8.18	5.08	5.15	4.18	6.10	4.06	2.00	5.01	5.01	2.00
CR	0.02	0.00	0.01	0.02	0.02	0.03	0.07	0.02	0.02	0.00	0.00	0.00	0.00
是否通过检验	是	是	是	是	是	是	是	是	是	是	是	是	是

检验值	指标层（1952—1975）											
	C1	C2	C3	C4	C5	C6	C7	C8	C10	B1	B2	A	—
λ_{max}	6.11	4.02	5.08	4.06	5.08	4.05	3.01	6.00	2.00	4.01	4.01	2.00	
CR	0.02	0.01	0.02	0.02	0.02	0.02	0.01	0.00	0.00	0.00	0.00	0.00	
是否通过检验	是	是	是	是	是	是	是	是	是	是	是	是	—

注：缺省值用"—"表示。

四　确立指标权重

完成上述步骤，得到各层次因子权重，如表 3.6 所示。

表 3.6　　　　　　　区域发展战略评价指标体系结构

准则	权重	子准则	权重	指标	权重	属性
B1 空间效率	0.5	C1 经济	0.394	D1 GDP	0.057/0.057	正
				D2 人均 GDP	0.249/0.249	正
				D3 第三产业占 GDP 比重	0.353/0.353	正
				D4 人均社会消费品零售总额	0.154/0.154	正
				D5 人均资本存量	0.091/0.091	正
				D6 对外贸易系数	0.095/0.095	正
		C2 社会	0.124	D7 交通线路密度	0.397/0.207	正
				D8 每千人卫生技术人员数	0.397/0.207	正
				D9 人均住宅建筑面积	—/0.207	正
				D10 人均社会事业支出费	0.147/0.069	正
				D11 成灾面积占比	0.060/0.035	逆

续表

准则	权重	子准则	权重	指标	权重	属性
B1 空间效率	0.5	C2 社会	0.124	D12 人民法院一审案例中刑事案件比例	—/0.069	逆
				D13 城镇登记失业率	—/0.207	逆
		C3 文化	0.124	D14 文化事业机构数	0.098/0.071	正
				D15 艺术表演团体数	0.098/0.071	正
				D16 图书出版总印数	0.228/0.167	正
				D17 人均图书馆藏书量	—/0.174	正
				D18 普通高等学校每十万人口在校学生数	0.515/0.398	正
				D19 人均文化事业费	0.060/0.048	正
				D20 对外文化交流项目数	—/0.072	正
		C4 生态	0.234	D21 年平均气温	0.331/0.197	逆
				D22 城市人均日生活用水量	0.331/0.181	逆
				D23 人均公共绿地面积	—/0.076	正
				D24 工业废水排放量	—/0.139	逆
				D25 工业废气排放量	—/0.128	逆
				D26 固体废弃物排放量	—/0.128	逆
				D27 单位GDP能源消耗量	0.197/0.083	正
				D28 水电、核电、风电占能源生产总量比例	0.139/0.070	正
		C5 政治	0.124	D29 全国人民代表大会代表总数	0.046/0.046	正
				D30 全国人民代表大会代表中少数民族代表比例	0.234/0.234	正
				D31 全国人民代表大会代表中女性代表比例	0.234/0.234	正
				D32 全国人民代表大会代表中农工代表比例	0.390/0.390	正
				D33 全国政治协商委员非共产党员占委员总数比例	0.095/0.095	正
B2 空间公平	0.5	C6 经济	0.423/0.349	D34 "地区人均GDP"的区域基尼系数	0.423/0.390	逆
				D35 "地区第三产业占GDP比重"的区域基尼系数	0.271/0.232	逆

续表

准则	权重	子准则	权重	指标	权重	属性
B2 空间公平	0.5	C6 经济	0.423/0.349	D36 "地区人均社会消费品零售总额"的区域基尼系数	0.145/0.123	逆
				D37 "地区人均资本存量"的区域基尼系数	0.161/0.162	逆
				D38 "地区对外贸易系数"的区域基尼系数	—/0.093	逆
		C7 社会	0.227/0.185	D39 "地区交通线路密度"的区域基尼系数	0.540/0.398	逆
				D40 "地区每千人卫生技术人员数"的区域基尼系数	0.297/0.199	逆
				D41 "地区人均社会事业支出费"的区域基尼系数	0.164/0.167	逆
				D42 "地区城镇失业率"的区域基尼系数	—/0.236	逆
		C8 文化	0.227/0.185	D43 "地区人均文化事业机构数"的区域基尼系数	—/0.074	逆
				D44 "地区人均艺术表演团体数"的区域基尼系数	—/0.074	逆
				D45 "地区人均图书出版总印数"的区域基尼系数	—/0.117	逆
				D46 "地区人均图书馆藏书量"的区域基尼系数	—/0.147	逆
				D47 "地区高等学校每十万人在校学生数"的区域基尼系数	1.000/0.361	逆
				D48 "地区人均文化事业费"的区域基尼系数	—/0.228	逆
		C9 生态	—/0.185	D49 "地区单位GDP能源消耗"的区域基尼系数	—/0.493	逆
				D50 "地区工业废水排放量"的区域基尼系数	—/0.196	逆

续表

准则	权重	子准则	权重	指标	权重	属性
B2 空间公平	0.5	C9 生态	—/0.185	D51 "地区工业固体废弃物排放"的区域基尼系数	—/0.196	逆
				D52 "地区工业'三废'综合利用产品产值占GDP比重"的区域基尼系数	—/0.116	逆
		C10 政治	0.122/0.098	D53 "地区全国人民代表大会代表数"的区域基尼系数	1.000/1.000	逆

注：（1）"正"属性指标值越大，区域发展越好，"逆"属性指标值越小，区域发展越好；（2）所有以绝对数度量的指标都以1952年为基期进行折算处理；（3）因1980年之前部分指标数据残缺严重，故该指标采用1980年之后的数据纳入评估体系，因而，这类指标的权重分为两层，"/"前部分表示1952—1975年权重，后部分表示1980—2012年权重；（4）人均资本存量（D5，D37）指标数据采用张军等设计的估计方法计算；① 对外贸易系数（D6，D38）指标为样本年份各省、直辖市和自治区进口和出口总额/该年份该地区GDP，其中美元兑人民币汇率以年平均汇率进行折算；交通线路密度（D7，D39）指标为样本年份各省、直辖市和自治区交通运输线路长度/区域土地面积，其中，交通运输线路长度在空间效率层面的测算采用铁路、公路、内河运输线路和民航航线长度总和，而其在空间公平层面的测算采用地区铁路与公路长度总和；人均社会事业支出费（D10，D41）指标采用财政支出减去人均文化事业费之后用于文教科卫的人均事业费；文化事业机构数（D14，D43）指标包括样本年份各地区公共图书馆和博物馆数目；（5）由于工业"三废"综合利用产品产值比重（D52）变更了统计口径，加之2010年以后各省份统计年鉴该指标数据不再公布，2012年该项指标的缺失部分以工业固体废弃物综合利用率进行替代；此外，对外文化交流项目数（D20）2012年的数值利用2011年的值进行相似替代。

第四节　数据说明

本章的数据来自《新中国六十年统计资料汇编》《中国统计年鉴》《中国环境统计年鉴》《中国社会统计年鉴》《中国区域经济统计年鉴》和"中国气象局中国气象科学数据共享中心数据"，样本来自1952年至2012年中国31个省、直辖市和自治区。由于本部分样本数据的截止年份

---

① 张军、吴桂英、张吉鹏：《中国省际物质资本存量估算：1952—2000》，《经济研究》2004年第10期，第35—44页。

是正处于"国民经济和社会发展第十二个五年规划"实施中期的2012年,因此,"十二五"时期各层指标的评价结果均指"十二五"中期各层指标的评价结果。按照不同时期的不同特征可以将区域发展战略实施阶段划分为经济恢复时期、经济调整时期、十一个"五年计划(规划)"以及"十二五"规划实施中期等阶段,并将存量分析时点定为经济恢复时期、经济调整时期、十一个"五年计划(规划)"的末年以及"十二五"规划实施中期的2012年,并将每项指标每一时点的存量数据与该项指标上一时点存量数据的差值作为该项指标该时点的增量数值,以便于从存量及增量的视角考察不同阶段区域发展战略实施效果。

鉴于本部分测算的年份跨度大,存在某些数据缺失的情况,为此我们选择一定的方法弥补缺失值:对于缺失年份所处时期数值变化相对稳定的指标,采用移动加权平均法或曲线拟合方法对其进行估计;对于缺失数据年份前后年度数值变化大的指标,根据该指标在全国或性质相似地区的变化趋势,采用移动加权平均法或曲线拟合方法进行估计,可以减少数据缺失带来的测算偏误。同时,我们对各指标进行统一量纲处理,方法采用阈值法,计算公式见3.4,其中,X、Y分别表示某项指标处理前、后的数值,X_{max}、X_{min}则代表该指标处理前数据的最大值、最小值。

$$Y = \begin{cases} 100 \times (X_i - X_{min})/(X_{max} - X_{min}), X \text{ 为正向指标} \\ 100 \times (X_{max} - X_i)/(X_{max} - X_{min}), X \text{ 为逆向指标} \end{cases} \quad (3.4)$$

此外,为得到年份完整、统计口径一致的样本数据,本部分将重庆市和海南省分别并入四川省和广东省进行处理,西藏因数据缺失较多而被剔除,最终得到28个省份1952年至2012年的样本数据。采用阈值法消除指标量纲,在AHP模型所确定的各指标权重基础上进行逐层加权,可分别得到存量及增量层面上区域发展战略的空间效率、空间公平、总效果得分。得分采用满分100制,空间效率、空间公平以及综合效果的得分均在0—100,分值越大,表明发展水平越高。

第 四 章

中国区域发展战略实施效果评价结果与反思

第一节 空间效率分析

表4.1表示中国各时期的区域发展战略在政治、经济、文化、社会及生态各层面的空间效率及其综合空间效率评价。总体上看，新中国成立初期的空间效率水平较低，并在相当长的时间里发展缓慢。以1978年中国改革开放为拐点，1978年前后的空间效率发展呈现截然不同的发展轨迹。"五五"时期之后的空间效率得以持续稳定增长，而2012年从增量视角计算的综合空间效率值下降。从发展战略的实施效果来看，平衡发展阶段中的空间综合效率发展出现停滞。中国在这一时期中以"人民公社"为单位进行集体化的社会生产，区域发展战略的主线是平衡布局，重点发展内陆区域。与此同时，国家实施计划经济，严格管控国民经济，经济发展依赖政治决策，在这种情况下中国先后经历工农业的"大跃进"、迎合国防需求的大规模"三线建设"以及长达十年的"文化大革命"，给空间效率造成了极大的损失。从表4.1中可以看出，这一时期的空间总效率得分仅为24.68，处于较低的水平，且在期间显现出不停波动的特征。"一五"时期、"三年调整时期"以及"四五"时期和"五五"时期空间效率水平得到了轻微的提升，而对应"二五"时期和"三五"时期的社会动荡时期，空间效率水平还出现了下降。从其他维度来看，文化和政治水平得到了提升，社会效率缓慢增长，而经济效率和生态效率下降严

重,这显然同区域平衡发展战略制定的宗旨存在背离。

表 4.1　　　　　　　区域发展战略空间效率得分

时期	经济效率 存量	经济效率 增量	社会效率 存量	社会效率 增量	文化效率 存量	文化效率 增量	生态效率 存量	生态效率 增量	政治效率 存量	政治效率 增量	综合空间效率 存量	综合空间效率 增量
经济恢复时期	10.42	—	2.52	—	0.61	—	83.36	—	27.81	—	27.46	—
"一五"计划	13.41	18.71	7.43	30.09	5.05	24.71	70.73	39.07	30.40	36.35	27.16	27.82
"二五"计划	11.89	7.98	14.84	34.41	7.02	19.66	48.50	23.26	29.10	31.03	22.36	19.14
三年调整时期	8.75	3.79	13.98	14.68	10.07	22.25	55.16	66.32	34.47	43.85	23.61	27.03
"三五"计划	5.10	2.89	14.42	7.05	4.83	5.12	52.25	50.25	34.47	33.13	20.90	18.52
"四五"计划	2.97	5.75	21.28	33.01	12.88	34.10	36.77	29.83	67.09	65.11	22.34	25.65
"五五"计划	3.66	12.99	12.33	33.56	15.70	35.68	51.50	54.30	63.64	28.13	24.86	29.90
"六五"计划	18.45	46.54	42.16	48.98	25.41	38.51	48.60	61.91	65.32	38.10	35.12	48.40
"七五"计划	24.82	27.05	44.17	27.54	23.11	9.26	40.88	46.03	61.21	30.78	35.28	29.81
"八五"计划	32.53	30.62	49.39	32.43	33.97	26.79	48.68	72.35	57.42	29.53	41.67	40.01
"九五"计划	47.49	49.50	51.70	27.18	38.77	27.81	54.05	66.73	54.64	31.85	49.36	45.89
"十五"计划	64.19	51.83	57.34	50.43	53.99	50.19	39.65	51.48	50.13	26.52	54.59	48.24
"十一五"规划	87.00	74.28	74.00	59.53	87.62	79.01	37.70	60.96	51.72	36.15	69.56	65.20
"十二五"规划	98.21	42.04	82.52	35.90	99.92	45.85	36.11	55.21	66.94	48.80	78.07	45.68
实施阶段均值												
平衡发展阶段	8.03	8.68	12.40	25.47	8.02	23.59	56.89	43.84	41.00	39.60	24.10	24.68
优先发展阶段	30.82	38.43	46.85	34.03	30.32	25.60	48.05	61.76	59.65	32.57	40.36	41.03
不均衡协调发展阶段	83.14	56.05	71.28	48.62	80.51	58.35	37.82	55.88	56.26	37.15	67.41	53.04

注:缺省值用"—"表示。

优先发展阶段的战略目标是促进区域经济实力的不断快速增长,实证的结果也显示出这一战略较好地实现了预定的目标。从表 4.1 中可以看出，这一时期的空间效率得分为41.03，相较前一时期提升十分显著。具体来看，"六五"时期至"九五"时期，各时期的空间效率水平都得到了提升，增量数据显示出这种提升的态势亦较为稳定。将政治、经济、文化、社会及生态等各层面空间效率进行分解，可观察到非均衡发展阶段的文化、社会空间效率发展是基本停滞状态，政治空间效率还出现了一定程度的下降，而生态效率的下滑则更为严重。由此可见，这一阶段空间效率的提升主要来自地区经济空间效率的迅速提升，由于区域非均衡发展战略在空间效率上对于经济发展的极大偏重，其对于经济发展的促进作用确实很显著，但也承担着生态效率损失的不良后果。

不均衡协调发展阶段空间效率水平也得到了较大程度的增长，且通过其与优先发展阶段的增量数据比较，空间效率在不均衡协调发展阶段的增长要高于优先发展阶段，这说明中国实施区域协调发展战略不但没有牺牲空间效率，反而提升了空间效率。从表4.1中可以看出，这一时期空间效率的总水平得分为67.41，处于三大战略阶段的最佳水平。具体来看，"十五"至"十二五"时期空间效率水平取得了显著的成效；在具体维度方面，经济、文化、社会的空间效率均有较大提升，政治的空间效率水平处于较稳定状态，这在一定程度上证明协调发展战略的实施在可以实现经济平稳、快速增长和文化、社会等各层面空间效率提升的双赢。值得关注的是，这一时期的生态空间效率并没有同步增长，从存量角度的空间效率数值上看，生态空间效率显著下降，且增量视角的空间效率显示其下降的程度相当明显。长期以来，大量的工业"三废"、温室效应等制约生态发展的非期望产出伴随着中国的工业化进程而出现。尽管能源使用效率、新型能源开发水平及城市绿地覆盖率正不断提高，但是仍难以满足污染治理的要求，生态效率下降成为经济社会发展进程中的牺牲品。

第二节　空间公平分析

表4.2分别列出的是中国各个时期区域发展战略在政治、经济、文化、社会及生态各层面的空间公平程度及其综合空间公平的测算结果。与空间效率变化趋势相似，综合空间公平值在新中国成立前呈现极低水

平，新中国成立之后整体呈上升态势，但这一上升过程在整个研究期间都处在不断波动之中。

表 4.2　　　　　　　　区域发展战略空间公平得分

时期	经济公平 存量	经济公平 增量	社会公平 存量	社会公平 增量	文化公平 存量	文化公平 增量	生态公平 存量	生态公平 增量	政治公平 存量	政治公平 增量	综合空间公平 存量	综合空间公平 增量
经济恢复时期	52.67	—	0.00	—	0.00	—	—	—	2.06	—	22.53	—
"一五"计划	65.18	57.27	49.91	95.53	5.65	72.68	—	—	2.06	19.96	40.46	64.92
"二五"计划	79.68	55.25	80.64	67.24	26.48	63.32	—	—	0.00	16.78	58.07	55.11
三年调整时期	82.17	42.44	81.23	20.62	20.69	36.55	—	—	44.95	89.33	63.44	41.87
"三五"计划	59.50	14.86	81.73	20.81	24.09	32.52	—	—	44.95	19.96	54.73	20.85
"四五"计划	49.85	28.72	78.95	15.20	40.69	41.04	—	—	61.06	44.82	55.76	30.42
"五五"计划	42.02	29.97	70.26	19.40	55.37	55.49	69.42	—	48.13	0.00	55.36	29.71
"六五"计划	48.49	45.16	61.85	14.13	56.38	36.50	80.01	77.52	100.00	100.00	63.27	49.18
"七五"计划	43.34	35.94	64.90	25.69	59.72	41.13	82.94	79.68	90.45	5.22	62.26	40.08
"八五"计划	44.38	37.32	59.85	16.27	65.61	45.65	56.98	21.93	81.14	5.59	57.08	29.03
"九五"计划	29.21	27.45	58.94	20.97	41.65	29.48	58.42	53.35	70.34	3.30	46.41	29.05
"十五"计划	27.96	39.14	66.73	35.13	39.95	51.06	36.70	40.51	72.75	23.67	43.33	39.34
"十一五"规划	61.93	73.80	88.64	55.55	81.56	88.27	31.12	55.93	71.59	18.17	65.75	64.43
"十二五"规划	71.64	48.44	92.93	30.29	91.86	48.15	31.15	43.09	75.74	26.36	72.24	41.89
实施阶段均值												
平衡发展阶段	61.58	38.08	63.25	39.80	24.71	50.27	9.92	—	29.03	31.81	50.05	40.48
优先发展阶段	41.35	36.47	61.38	19.26	55.84	38.19	69.59	58.12	85.48	28.53	57.26	36.83
不均衡协调发展阶段	53.84	53.79	82.76	40.42	71.12	62.49	32.99	46.51	73.36	22.74	60.44	48.55

注：缺省值用"—"表示。

从表 4.2 能够看出，平衡发展战略推行阶段，空间公平的增长幅度最高，由"经济恢复时期"的 22.53 上升至"五五"时期的 55.36，并在"三年调整时期"达到峰值 63.44。从"经济恢复时期"至"经济调整时期"，空间公平的上升是新中国成立初期国家对国民经济社会布局全面调整的结果，这说明平衡发展战略对于缩小区域差距确实起到了良好的效果；但在"三五"至"五五"时期，这一收敛进程却出现了停顿，具体表现为空间公平得分的相应下降；尽管平衡发展战略的目标是缩小地区经济发展差距、促进区域均衡发展，但事实却和平衡发展战略的初衷背道而驰，"三五"时期以后，空间公平降低。而经济空间公平降低成为中国综合空间公平性下降的主要原因。但分析其他四个层面的指标不难发现，这一时期社会、政治和文化的空间公平都得到了较大提升。由于改革开放前的生态评估指标受到来自统计数据的客观局限，难以对生态的空间公平实施量化评价，同时这也从侧面说明国家对生态水平的发展重视程度有待加强。

优先发展战略阶段。透过表4.2可以看到，总体上这一时期的空间公平平均得分略高于平衡发展阶段，由50.05上升至57.26。从整个过程来看，"六五"时期空间公平水平提升较大，随后在"七五"至"九五"期间，无论以存量数据计算还是以增量数据计算的空间公平得分都呈现持续下降态势，这表明该时期的地区发展差距不断扩大且扩大程度不断加深。具体看来，以存量指标计算的经济、文化、社会、生态和政治层面的空间公平性均下降，且经济、生态的空间公平性下降尤为显著。其中，经济公平由"六五"时期的48.49下降至"九五"时期的29.21，可见非均衡发展战略并未实现经济的高效率增长。而生态公平由"六五"时期的80.01下降至"九五"时期的58.42，可以看出，这一时期的生态环境为区域经济社会的快速发展付出了惨重的代价。

针对优先发展战略实施致使区域差距过大的严重态势，"五五"期间中国提出区域协调发展战略，并自"六五"时期起开始进行实质性实施。从评估结果来看，不均衡协调发展战略的实施对区域发展差距的收敛起到了较好效果。从表4.2中可以看出，一方面，从总体水平来看，这一时期的空间公平得分为60.44，略高于上一阶段，但不同的是，在这一阶段，区域发展差距不但出现了收敛，且收敛的速度正逐渐加快，从"九五"时期的46.41跃升至"十二五"时期的72.24，效果十分明显。而另一方面，这一阶段区域政治、经济、文化、社会及生态的空间公平性均在上升，说明这些层面的区域差距在逐渐缩小，但与政治、经济、文化和社会层面相比，生态层面的空间差异收敛速度相对较慢。

第四章 中国区域发展战略实施效果评价结果与反思 / 93

根据表4.1和表4.2所给出的得分情况，表4.3总结了新中国成立以来中国区域发展战略的动态演变过程。

表4.3 中国区域发展战略演变特征动态

战略阶段	战略时期	战略主要内容	重视程度								
			效率层面				公平层面			
			经济	社会	文化	生态	政治	经济	社会	文化	生态	政治
平衡发展战略	经济恢复时期（1949—1951）	整顿国民经济	★	☆	☆	○	☆	★	★	★	★	★
	"一五"时期（1952—1957）	在全国各地区适当地分布生产力	★	☆	☆	○	☆	★	★	★	★	★
	"二五"时期（1958—1962）	合理配置中国生产力，利用沿海地区支援内陆，促进各地区发展	★	☆	☆	○	☆	★	★	★	★	★
	经济调整时期（1963—1965）	"调整、巩固、充实、提高"	★	☆	☆	○	☆	★	★	★	★	★
	"三五"时期（1966—1970）	改变工业布局，加快"三线建设"	★	☆	☆	○	☆	★	★	★	★	★
	"四五"时期（1971—1975）	有重点建设内地战略后方同时，必须充分发挥沿海的发展潜力	★	☆	☆	○	☆	★	★	★	★	★
	"五五"时期（1976—1980）	在全国基本建成六个大区不同水平、各有特点、各自为战、大力协同的体系	★	☆	☆	○	☆	★	★	★	★	★
优先发展战略	"六五"时期（1981—1985）	发挥中心城市的作用，解决"条条""块块"的矛盾	★	★	★	☆	☆	○	○	○	○	☆
	"七五"时期（1986—1990）	东部地带的发展和中部地带以及西部地带的开发更好结合起来	★	★	★	☆	☆	○	○	○	○	☆
	"八五"时期（1991—1995）	发挥沿海与内地、经济发达地区与较不发达地区之间的关系，促进地区合理分工、各展其长、优势互补、协调发展	★	★	★	☆	☆	○	○	○	○	☆

续表

战略阶段	战略时期	战略主要内容	重视程度									
			效率层面					公平层面				
			经济	社会	文化	生态	政治	经济	社会	文化	生态	政治
优先发展战略	"九五"时期（1996—2000）	促进区域协调发展，重视支持中西部地区发展，缩小差距，但尚未进入实质的实施阶段	★	★	★	☆	☆	☆	☆	☆	☆	☆
不均衡协调发展战略	"十五"时期（2001—2005）	实施西部大开发战略，加快中西部地区发展，合理调整地区经济布局，促进地区经济协调发展	★	★	★	☆	☆	★	★	★	★	★
	"十一五"时期（2006—2010）	促进区域协调发展，逐步形成主题功能定位清晰、东、中、西良性互动，公共服务和人民生活水平差距趋向缩小的区域协调发展格局	★	★	★	☆	☆	★	★	★	★	★
	"十二五"时期（2011—2015）	充分发挥不同地区比较优势，促进生产要素合理流动，深化区域合作，推进区域良性互动发展，逐步缩小区域发展差距	★	★	★	★	★	★	★	★	★	★

注：(1) 以上资料依据中央政府各时期制订的《中华人民共和国发展国民经济的五年计划》整理，其中，"五五"时期资料依据《1976—1980年发展国民经济十年规划纲要（草案）》整理，"九五"时期资料依据《中华人民共和国国民经济和社会发展"九五"计划和2010年远景目标纲要》整理。(2) 以"★""☆"和"○"来标注重视程度，其中"★"表示重视，"☆"表示一般，"○"表示不重视。

第三节 空间综合效应分析

如表4.4所示，计算得到各时期经济、文化、社会、生态及政治的空间综合效率，进而可得到反映区域发展战略实施空间综合效应。以存量数据和增量数据计算的综合效应得分来看，区域发展战略实施的综合效应都表现为显著上升。

平衡发展阶段，从表4.4中可以看到，这一阶段的空间综合效应得分为 37.07,处于较低的水平。具体来看,"经济恢复时期"总效率水平仅为 25.00,而在这一战略阶段的末期,也即"五五"时期,空间综合效应的得分达到 40.11,上升较为显著,"三五"时期由于社会动荡的原因,空间综合效应也随之下滑。从各个角度分析,平衡发展阶段各层面的综合效应初始得分都极低,表明新中国成立初期各层面的发展都处于较低的水平,尤其是文化、社会和政治综合效应的得分都极为低下。这一时期的区域文化、社会和政治水平都得到较大的提高,而作为战略重点的经济发展来看,这一时期区域经济发展水平仅由"经济恢复时期"的 31.55 上升到 33.47。且这一过程历经曲折,两次较大的增长分别出现在"一五"时期和"六五"时期,这两大时期正处于经济社会也相对稳定的时期,这表明,国家实施平衡发展战略致使经济空间效率下降,但其空间公平性并没有得到显著上升,此外,经济综合效应的发展也依赖于稳定的经济社会环境。

表 4.4 区域发展战略实施综合效应得分

战略期间	经济综合效应 存量	增量	社会综合效应 存量	增量	文化综合效应 存量	增量	生态综合效应 存量	增量	政治综合效应 存量	增量	空间综合效应 存量	增量
经济恢复时期	31.55	—	1.26	—	0.31	—	—	—	14.94	—	25.00	—
"一五"计划	39.30	37.99	28.67	62.81	5.35	48.70	—	—	16.23	28.16	33.81	46.37
"二五"计划	45.79	31.62	47.74	50.83	16.75	41.49	—	—	14.55	23.91	40.22	37.13
三年调整时期	45.46	23.12	47.61	17.65	15.38	29.40	—	—	39.71	66.59	43.53	34.45
"三五"计划	32.30	8.88	48.08	13.93	14.46	18.82	—	—	39.71	26.55	37.82	19.69
"四五"计划	26.41	17.24	50.14	24.11	26.79	37.57	—	—	64.08	54.97	39.05	28.04
"五五"计划	22.84	21.48	41.30	26.48	35.54	45.59	60.46	—	55.89	14.07	40.11	29.81
"六五"计划	33.47	45.85	52.01	31.56	40.90	37.51	64.31	69.72	82.66	69.05	49.20	48.79
"七五"计划	34.08	31.50	54.54	26.62	41.42	25.20	61.91	62.86	75.83	18.00	48.77	34.95
"八五"计划	38.46	33.97	54.24	24.35	49.79	36.22	52.83	47.14	69.28	17.56	49.38	34.52
"九五"计划	38.35	38.48	55.32	24.08	40.21	28.65	56.24	60.04	62.49	17.58	47.89	37.47
"十五"计划	46.08	45.49	62.04	42.78	46.97	50.63	38.18	46.00	61.44	25.10	48.96	43.79
"十一五"规划	74.47	74.04	81.32	57.69	84.59	83.64	34.41	58.45	61.66	27.16	67.66	64.82
"十二五"规划	84.93	45.24	87.73	33.10	95.89	47.00	33.63	49.15	71.34	37.58	75.16	43.79

续表

战略 期间	经济综合效应		社会综合效应		文化综合效应		生态综合效应		政治综合效应		空间综合效应	
	存量	增量	存量	增量	存量	增量	存量	增量	存量	增量	存量	增量
实施阶段均值												
平衡发展阶段	34.81	23.39	37.82	32.63	16.37	36.93	—	—	35.01	35.70	37.07	32.58
优先发展阶段	36.09	37.45	54.12	26.65	43.08	31.89	58.82	59.94	72.57	30.55	48.81	38.93
不均衡协调发展阶段	68.49	54.92	77.03	44.52	75.82	60.42	35.41	51.20	64.81	29.95	63.92	50.80

注：缺省值用"—"表示。

优先发展阶段的空间综合效应相较于前一阶段不但没有得到总体预计上的较大提升，反而出现了下降。从表4.4中可以看出，这一时期的空间综合效应平均得分为48.81，在具体时段上，由"六五"时期的49.20下降至"九五"时期的47.89，表明这一阶段的空间综合效应水平的内部处于一个曲折降低的过程。具体来看，这一时期经济和社会都取得了缓慢的发展，文化综合效应由"六五"时期的40.90下降至"九五"时期的40.21，总体上较为稳定，而生态和政治综合效应则都出现了一定程度的下降，由此可见，非均衡发展阶段客观上忽视了经济发展同生态与政治之间的联系，虽然经济层面的空间效率水平上升显著，但空间公平水平却上升缓慢，且生态综合效应水平的下降为经济综合效应的提高付出了一定的代价。

不均衡协调发展阶段，以存量和增量数据计算的空间效应得分亦都处于增高的水平，总体增长势头强劲。从表4.4中可以看出，这一时期的空间综合效应平均得分为63.92，处于三大区域发展战略阶段的最大值，表明这一时期区域发展相对于前两个时期取得了更大成果。从具体时段来看，无论是存量或是增量得分，空间综合效应水平都在逐年上升，这表明区域不均衡协调发展阶段的空间综合效应水平实现了不断加快的快速增长。从具体层面来看，经济、社会和文化层面的综合效应得分都得到了极大的提高，其中经济综合效应水平由"十五"时期的46.08提升到"十二五"时期的84.93，社会综合效应水平由"十五"时期的62.04

提升到"十二五"时期的87.73，文化综合效应水平由"十五"时期的46.97提升到"十二五"时期的95.89，提升效果极为明显，政治方面的发展较为稳定，而生态综合效应的得分则由"十五"时期的38.18下降到"十二五"时期的33.63，表明这一时期的生态水平仍在继续下降，但从增量数据中也可以看出，这种下降的速度正不断放缓。这表明，区域不均衡协调发展战略的实施极大地促进了区域空间综合效应的增长。

第四节 评估结果综合比较

分别绘制1952—2012年空间效率、空间公平及综合效应基于存量和增量的折线图，可以更直观地看到不同时期区域发展战略实施效果的演变过程（见图4.1、图4.2）。总体来看，新中国成立以来中国的区域发展战略取得了显著的效果，综合效应、空间效率和空间公平的水平都得到了较大的提升。但在不同的战略时期，综合效应水平上升的驱动因素有很大的差别。平衡发展阶段，综合效应存量曲线同空间公平存量曲线极为相似，因此，综合效应水平的变化主要来自空间公平水平的影响，空间公平的存量曲线上升走势明显，增量曲线也处于较高的位置，也即拥有较高的增长率，这说明平衡发展战略对于区域发展差距的收敛确实起到了较大的作用，但空间效率存量曲线在这一期间内极为平坦并出现小幅下降，这说明平衡发展战略对空间效率增长的负面影响同样不容忽视；优先发展阶段空间存量效率大幅提升，但综合效应存量曲线却极为平坦，这主要是因为空间公平存量曲线有着同空间效率完全相反的轨迹，进而削弱了效率提升对于综合效应增长的积极影响，由此可见，优先战略亦是一把"双刃剑"，区域发展效率的大幅提升未必是一个乐观的信号，因为区域差距的不断拉大正为此埋单。还可以看到，无论是平衡发展战略还是优先发展战略，都存在着效率与公平间的巨大矛盾（见表4.5），且这对矛盾一直制约着区域发展战略综合效应的增长，这在相当长的时间内曾引发出学界激烈的争论。对于这一争论，从图4.1和图4.2中可看出，本部分的研究结果给出了积极的答案。存量曲线上，不均衡协调发展战略时期的综合效应水平得到了稳定快速的增长，在此过程中，除了在战略实施的初期，空间公平仍处于下滑的阶段，但相应增量曲线的轨迹显示下滑的程度在不断减轻；增量曲线上，三条曲线也皆处于较高的位置。"十二五"期间虽然增量曲线转而下降，但这并不意味着不均衡协调发展战略的积极效果有所削弱，原因是本部分所定义的"十二五"规划在时间范围上只包含2011年至2012年两年的长度。

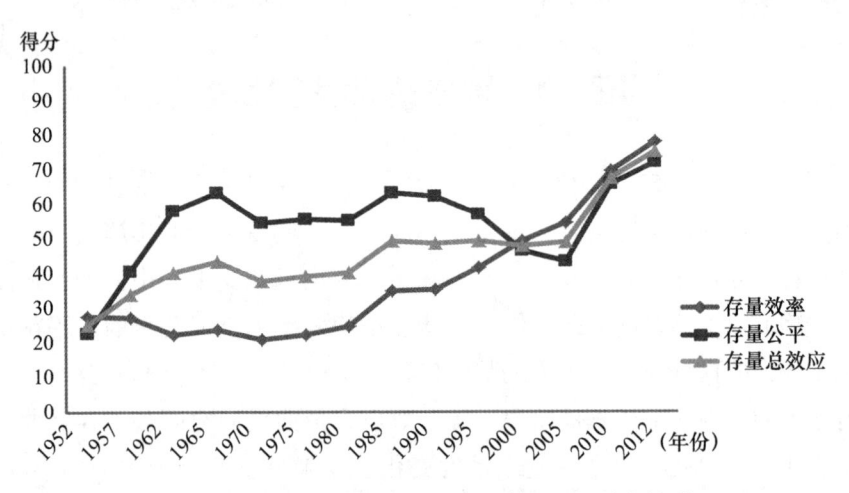

图4.1 区域发展战略实施效果（存量）的动态演进

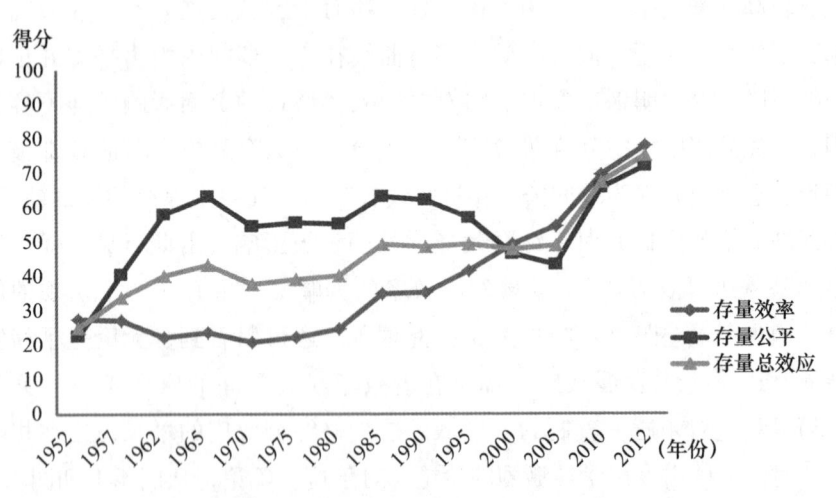

图4.2 区域发展战略实施效果（增量）的动态演进

表 4.5　　　　　中国区域发展战略特征与实施效果对比

战略时期	战略特征		实施效果		
	空间效率	空间公平	空间效率	空间公平	空间综合效应
平衡发展时期	一般	重视	下降	上升	上升
优先发展时期	重视	一般	上升	下降	上升
不均衡协调发展时期	重视	重视	上升	上升	上升

第五节　小结

本章为实证评估部分，通过选取1952年至2012年的省际面板数据，以每五年计规划的末年为分析节点，运用区域发展战略评估指标体系及AHP模型分别从经济、文化、社会、生态和政治五个层面对各时点的空间效率、空间公平及空间综合效应水平进行了评估测算，并得出了存量和增量意义上的得分，以进行跨时期多层次的比较分析。

根据各阶段空间效率、空间公平及空间综合效应的评估得分情况，本部分发现，一方面，无论是平衡发展战略阶段、优先发展战略阶段还是不均衡协调发展战略阶段，中国区域发展的空间综合效应水平都得到了提升；但另一方面，综合效应上升的内部对应着空间效率与空间公平水平的迥异变化：在平衡发展阶段，空间效率下降，但空间公平水平上升，优先发展阶段，空间效率水平得到极大提升，但空间公平水平不断下降，而不均衡协调发展阶段，无论是空间效率还是空间公平水平，都得到了较大程度的提升。由此可见，平衡发展战略的实施效果并没有达到预想的水平，尤其是对于经济效率增长的预期水平，优先发展战略虽然取得了效率上的较大增长，但也在客观上拉开了区域发展差距，而不均衡协调发展阶段则同时实现了空间效率与空间公平的较大增长，进而实现了空间综合效应的大幅增长。

从另一个层面对空间综合效应进行分解，我们可以分别得到经济效应、社会效应、文化效应、生态效应和政治效应的得分，进而反映出五个层面在不同时期的发展。通过评估结果本部分发现，平衡发展阶段及优先发展阶段区域政策对于经济发展的偏重极大，对文化、社会、生态和政治层面发展不够重视，且其在经济效应的提升上作用微弱，但在不均衡协调发展阶段，区域文化、社会、生态和政治水平的发展都得到了较大的提升。进而，通过这两个方向上的对比，本部分发现，区域协调发展战略十分适用中国当今时代的发展要求。

第 五 章

新时期中国区域发展战略构想

第一节　协同发展：中国区域发展的新趋势

新中国成立以来，中国区域发展战略经历了平衡发展、局部优先发展和不均衡协调发展三个阶段的动态演变，与之伴随的是，不同阶段的战略方针和战略重点受不同时期国外形势和国内历史背景变化而进行了适时的调整与优化。

新中国成立之初，经过对整个经济社会运行机制的整顿，使民经济得到恢复，之后，中国决策层实施了区域平衡发展战略，并主导了1949年至1978年中国区域发展道路。这一阶段的战略目标体现为"注重空间公平"。"一五"至"五五"时期，虽然确立了经济建设在全国整体发展中的核心地位，但出于国防战备需要，开展了空前规模的"三线"建设，大批沿海老工业基地向西南、豫西、鄂西和湘西等"三西"地区迁移，绝大部分重工业投资与建设在腹地开展和分布，大批钢铁工业建设项目落户于中西部地区，重工业基地在腹地分布的比例进一步提高。

改革开放之后，中国区域发展战略开始由"平衡发展"向"局部优先发展"转变，这一时期的战略目标体现于"空间效率优先、兼顾空间公平"。以经济发展为主线，依托东部地区在地理位置和对外开放上的比较优势，先后建立了深圳、珠海、汕头、厦门和海南5个经济特区以及大连、秦皇岛、天津等14个沿海开放港口城市和珠江三角洲、长江三角洲、闽南三角洲、辽东半岛、山东半岛、秦皇岛、唐山等沿海经济开放区，使它们成为拉动中国经济迅速崛起的引擎。也由此，将中国划分为东部、中部和西部三大区域，且考虑到东部地区接近国际市场明显区位优势，确立了东部地区在区域发展中的优先地位，重点建设项目由内地向东部沿海转移，而中西部地带则依据各自的经济发展和资源禀赋确定不同的发展重点。

以"九五"时期为起点，党中央明确了区域协调发展战略方针，标志着中国正式迈开实施区域协调发展的战略步伐，这一阶段的战略目标是"统筹区域发展，更加注重空间公平"。区域协调发展战略主要从两个层面展开：从全国层面来看，充分发挥不同地区的比较优势，合理调整地区经济布局，积极支持东部地区率先发展的同时，振兴东北地区等老工业基地，促进中部地区崛起和推进西部大开发，加快东北和中西部地区发展，逐步形成主体功能定位清晰，东、中、西良性互动的整体局面，促进地区经济协调发展；从地区层面来看，推进太原城市群、皖江城市带、鄱阳湖生态经济区、中原经济区、武汉城市圈、环长株潭城市群等区域发展，加大对革命老区、民族地区、边疆地区和贫困地区扶持力度，实施主体功能区战略。此外，还注重在区域经济、政治、文化、社会和生态等各层面的协调发展，并将国土空间划分为"优化开发""重点开发""限制开发"和"禁止开发"四类主体功能区，对全国及各区域协调发展互动机制做进一步的补充。

总体来说，新中国成立以来，中国区域发展大致上经历了"平衡但发展速度不快""发展速度快但不协调"的两个大阶段。"九五"计划以来，国家逐步推进区域协调发展战略取得一定成效，但并没有从根本上解决区域发展不均衡问题。这段时期的区域发展战略及其实施取得积极成效，也存在以下明显不足。一是注重了宏观上的战略布局，如分别推出了西部大开发、中部崛起、东北振兴等战略，但对具体局部的区域合作关注不够，对如何去实施也缺乏具体的机制，如中部崛起的六省份之间应该如何去相互协调发展则路径不明确，以致一些中部省份之间很少有经济联系，如安徽与湖南，把它们放在一起似乎都比较别扭，这就使得一些宏观的区域战略显得比较空疏，难以有效落地，实际效果也大打折扣。二是这些区域发展战略基本上还是一种平衡战略，而不是合作战略；即主要是追求外在差距的缩小，而不是追求区域之间的合作来实现共同发展。三是注重政府的作用，对如何发挥市场在区域协调发展中的作用重视不够。四是中央政府在区域发展拥有了过多的权力和责任，地方政府在区域协调发展中主动权、积极性都不够。国家一个区域发展战略一发布，各地方政府最积极的就是争先恐后去中央争资源，而很少去谋划地方区域之间如何来合作去推进协调发展。五是区域协调发展关注的主要是经济协调发展，对区域间政治、文化、社会和生态的协调发展关注很少。这些存在的问题表明，中国区域发展战略还需要进一步更新和完善，推进区域协同发展需要有新的思路。党的十八大以来，中央在继续推进党的十七大确定的区域发展总体战略的同时，也在进一步创新和完善区域发展战略，除了高瞻远瞩地推出了连接国际的"一带一路"倡议外，国内推出了长江经济带发展战略和京津冀协同发展战略，预示了中国区域协调发展进入一个新的阶段。

基于中国区域发展战略的逻辑演进和现实反思，依据中国全面建成小康社会和实现国家现代化的目标，我们认为，未来中国区域发展战略的总体方向应该以"促进空间公平"为主要战略目标，推行区域"协同发展"战略，即通过推进区域之间的合作来实现区域共同发展，同时，区域的协同发展是区域内部各因素的相互协作、共同发展，也就是区域经济、政治、文化、社会和生态的协同发展。

第二节 新时期中国区域发展的战略方针构想

战略方针上，中国未来将逐步推行以关联区域的局部协同发展推进整个区域协调发展的战略。虽然当前政府在宏观层面推进区域协调发展战略的投入很大，但却没有达到预期目标，而在这一过程中相关区域的局部合作和协同发展却取得显著成效，出现了许多区域合作集群，如珠三角、长三角、中原经济圈、环渤海经济圈、长株潭城市群、武汉城市圈等，在这些区域集群中，相关区域主体合作紧密，成效显著，展示了中国地区合作与协调发展的美好前景。因此，未来中国区域发展战略可能会遵循"以局部协同发展，推进整体协调发展"的路径推进。

一方面，全局协调的总体方向依然不会改变。改革开放以来，中国区域发展战略在宏观上经历了由"东部地区优先发展"逐步过渡到"东中西部地区协调发展"的演变过程，"十一五"以来政府主导的区域协调发展战略使得中西部地区在国民经济发展中的地位得到了极大的改变，中、西部地区的经济地位由东部地区战场的大后方转向全国战场的前方，经济增速迅速提升并超过东部地区，东、中、西三大区域间的发展差距呈逐步缩小之势。但从产业的布局来看，中、西部地区尤其是西部地区的产业分布依然以低附加值的产业为主，且较发达的产业集群亦多集中于东部地区，东、中、西三大区域间的发展差距并未得到根本性的转变，因此，三大区域间的协调发展仍将是未来区域发展战略的宏观方向。

另一方面，区域局部的协同发展将得到更高程度的关注。这种局部的协同发展既体现为各行政区域间的协同发展，如随着跨区域经济交流的不断加强，以市场主导、政策为辅的地区城市群与经济圈，如京津冀经济圈、中原城市群、长江中游城市群、海峡西岸城市群等正不断涌现，这些城市群遍及东、中、西各个区域，形成引导区域一体化的重要增长极；同时也体现为各局部区域内部的协同发展，如各省份制定的内部城市一体化发展规划如长株潭一体化等、各市县域制定的总体区域发展规划，如宁波、张家港、常熟等，乃至城市交通通勤圈规划等。

可以预见，随着一个多层次细化深入的中国区域协同发展体系的逐步形成，传统的东、中、西三大区域梯度的界限将逐步消融，各区域间的产业集聚将进一步深化，区域增长极对外围地区的扩散效应将得到显著增强。因而，促进以城市群为主体的区域内部增长极的协同发展将成为未来中国实现宏观上的区域一体化的重要途径；此外，在更为微观的地区层面，以基于地区比较优势差异的主体功能区和遍及各省市的经济开发区为主体的区域局部协同也将不断推进，为最终实现区域协同发展的战略目标奠定基础。

第三节　新时期中国区域发展的战略内容设计

传统的经济协调发展向经济、政治、文化、社会和生态"五位一体"协同发展模式转变。在新中国成立初期，中国的工业化起步阶段，工业化程度极为低下，生产技术和人力资本亦十分落后，因而不得不采用粗放式的生产方式，这使得中国在很长一段时间内沦为世界污染产业转移的中心，成为举世闻名的"世界工厂"。这种粗放的工业化进程给中国的生态系统带来了严重的破坏。同时，在地方政府的政绩考核中，长期以GDP论英雄的模式也使得政府在区域发展的过程中过于重视区域经济的发展，甚至不惜牺牲区域生态、社会和文化等层面的发展，这种极力追求经济增长的发展方式使中国经济迅速崛起为仅次于美国的第二大经济体，同时也使得相应的负面影响不断彰显。然而，自"九五"计划中国提出了"可持续发展"的概念以来，在注重经济快速增长的同时，不断优化调整经济发展的产业结构，并提升对环境污染防治、社会稳定以及增强文化软实力的重视力度。然而，经济发展同政治、文化、社会和生态间的协同并不是一个一蹴而就的过程，目前，中国政治体制仍有待进一步优化调整，生态环境依然较为恶劣，社会保障体制依旧不够完备，文化软实力仍待进一步加强，因此，中共中央将经济、政治、文化、社会和生态间的协同发展置于国家战略的高度，党的十八大报告针对中国特色社会主义事业做出了经济、政治、文化、社会和生态"五位一体"的总体全新布局，确立了各层面在发展中的不可分性；十八届三中全会也将加快社会主义民主建设、健全中国基本经济制度及开放型经济新体制、建立健全现代文化市场体系、推进社会事业改革创新及社会治理创新以及加快生态文明建设作为新时期国家建设的重要着力点，并探索建立起包含上述层面的政绩考核评价体系。由此可见，"五位一体"的区域发展模式亦将成为未来中国实施区域协同发展的重要内容。而在最新《中共中央关于全面深化改革若干重大问题的决定》中，对于经济发展同文化、社会、生态和政治发展间的协同，也有明确的指示方向。

其一，经济与政治的协同发展。经济的快速稳定增长是政治良好有序发展的重要保障，而政治的稳定也是经济正常发展的重要前提，中国作为一个多民族多地区的大国，未来经济发展同政治发展间的协同必然成为一大重要发展趋势。经济与政治的协同发展，主要是在追求经济快速稳定增长的同时，保持政治文明的不断跟进。第一，推进人民代表大会制度的进一步优化，确保人民监督的权力得以真正落实。第二，进一步加强协商民主，集合不同政党的政治意见，异中求同，促进各政党间友好关系的维持，同时也为社会主义建设集纳更多宝贵意见。第三，基层民主建设将得到进一步增强，行政层面，基层选举、议事等制度正逐步完善；社会层面，以职工代表大会等为代表的社会民主管理制度也正在不断完善中。

其二，经济与文化的协同发展。一国对他国的国际影响力不仅体现于经济实力的强硬，还包含文化与观念的软力量。近年来，随着中国国际影响力的不断增强，文化软实力不断受到中国政府高层的关注，文化的输出以及文化产业的发展与繁荣不断受到重视，如在各国不断增设的"孔子学院"，以及对于传统文化遗产的加强保护等。在经济与文化的协同发展上，一方面，未来将建立起完备的文化管理体制，将传统的政府办文化向市场办文化转移，从而激发文化发展的活力；另一方面，将建立起健全的现代文化市场体系、现代公共文化服务体系等，以实现文化的产业化，将文化软实力逐步转化为有经济效益的生产力，从而推动社会主义文化的大发展大繁荣，实现经济与文化更深层次的融合与协同。

其三，经济与社会的协同发展。一般而言，经济同社会的发展有着相互促进的作用，政府作为一国社会发展的建设主体，雄厚的经济实力无疑是社会进一步发展的有力推动，而社会的繁荣与稳定，也是经济得以持续稳定发展的重要前提。针对中国当前社会发展与就业、收入分配、住房等多方面的矛盾，未来中国经济与社会的协同发展将成为区域发展的重要方向。一方面，以保障和改善民生的社会服务体系将不断得以加强和完善，如近年来的保障房建设、医疗保险制度、失业救助制度等都是改善民生的有力举措；另一方面，以维护社会稳定与安定的社会治理体系也将得到进一步加强，收入分配改革、税制改革、基本公共服务均等化等举措将不断完善，并最终形成科学有效的社会治理体制，实现经济与社会的良好有序与互促式发展。

其四，经济与生态的协同发展。在"五位一体"的社会主义现代化建设中，经济发展同生态发展在一定程度上存在一定的替代关系，即经济发展总是伴随着一定的生态下降的代价。目前，中国生态水平对于经济持续调整发展的承载力正不断下降，实现经济与生态的协同发展，不仅是未来中国区域发展的方向，更是迫在眉睫的重大任务。为此，自实行协调发展战略以来，经济与生态的协同发展便一直受到重视，针对中国资源有限的现状，近年来中国实行了"主体功能区"的发展战略，以因地制宜，实现资源最有效率的运用，而在公共环境的治理上，对于公共资源产权的界定也开始受到关注，即将污染环境的行为和相应的生态补偿与惩罚联系起来。此外，生态环境保护管理体制也正在进一步加强与完善。

此外，就国际经验来看，区域协同发展也将是各国区域发展的主流趋势。英国自加入欧盟之后，区域生态、社会同经济间的协同发展开始受到重视，并成立了各区域专职的区域发展机构以及考虑利益相关者参与的区域议院系统；美国由于南、西、北三大区域间一直存在较大的发展差距，也制定了一系列协调区域发展的举措，同中国区域发展规划类似，美国曾于19世纪上半叶开展了三次大规模的以西部拓荒为主的"西进运动"，以缩小西部地区同其他区域的发展差距。而随着区域发展差距的逐步缩小，美国的区域发展战略开始朝向以培育产业集群和增长极为主导的新型区域协同发展战略方向；而德国作为世界闻名的高福利国家，拥有覆盖全民生、老、病、残、死、伤、失业、教育、住房等各层面的广泛而全面的社会保障体系，这一保障体系为其区域间及区域内部协同发展奠定了坚实的基础；日本的区域发展战略虽有着高度控制、高度连贯和高度细化的特点，但其在新时期开展的集"全国性计划""大都市圈计划""地方圈计划""产业振兴计划"和"特别地区振兴计划"为一体的开发计划体系，也显示出该国区域发展走向协同的重要特征；此外，欧盟的多中心发展模式以及诸多极具针对性的政策工具，如欧洲煤钢共同体、结构基金、聚合基金、欧洲社会基金、欧洲农业指导和保障基金、渔业指导融资工具等，也都显示出其对于区域协同发展的重视。

总体看来，在战略内容上将由推进区域经济协调发展提升到实现区域经济、政治、文化、社会及生态的全面协同发展。长期以来，经济发展都是区域发展战略的关注重点，然而这种只注重经济发展的片面战略目前已陷入困境且逐步得到改善。党的十八大报告提出了中国经济、政治、文化、社会和生态"五位一体"发展的战略目标，强调将协同推进社会主义市场经济、民主政治、先进文化、和谐社会和生态文明建设。显然，"五位一体"协同发展也是对中国每一个区域的战略要求。相应地，中国区域之间的协调发展，不能局限在区域经济领域，而必须拓展在社会经济等各个领域，推进区域之间经济、政治、文化、社会和生态的协同发展。

第二篇

中国区域经济、政治、文化、社会及生态协同发展测度

推进区域经济、政治、文化、社会及生态协同发展，是新时期中国区域发展的基本战略，也是党的十八大提出的"经济建设、政治建设、文化建设、社会建设、生态文明建设"五位一体"总体布局"在区域发展中的贯彻落实。为了有效推进区域"五位一体"协同发展，首先需要对中国区域经济、政治、文化、社会和生态协同发展状况有一个基本的认识，弄清楚区域系统中的五个子系统协同演变的规律，同时，也揭示在区域协同发展中存在的主要问题，从而为中国制定区域协同发展战略，推进"五位一体"全面发展，提供基本依据和决策参考。本研究拟以群落生态学及物理学随机力理论为基础，以中国31省份（市、区）为研究对象，利用非线性演化模型探究自2002年以来，中国区域经济、政治、文化、社会、生态系统协同发展的演变机制，测度中国各区域"五位一体"协同发展的水平，从而揭示中国各区域在系统协同发展所处的阶段及其演变趋势，同时依据对区域系统演进的序参量分析，揭示各区域协同发展的根本制约因素。

第 六 章

区域协同发展相关研究回顾及本研究的基本思路

第一节 国内外相关研究动态及评价

一 协同发展内涵的研究综述

国外对于区域经济协同发展的概念研究在19世纪30年代就开始了，但直到20世纪中期才对区域协同发展的问题重新进行系统的研究。20世纪中期，英国经济学家博尔丁将区域经济发展分成三种类型：储备型、福利型和休养生息型，并分别阐述了三种类型经济协同发展的内涵，[1] 随后，以梅森为首的经济学家开始研究资源、环境对于经济发展的影响，提出了饱和（Satiation）的观点[2]，以及戴利提出了任何一种经济发展的模式都要将有限的资源作为约束条件进行考虑。[3] Georgescu—Roegen 将热力学定理运用到经济系统的分析当中，并认为经济系统符合一定的热力学定律，[4] 贝克曼则认为经济系统协同发展应包括经济与不可再生能源的关系以及环境污染的治理两个方面。[5]

国内对于经济协同发展的研究开始于20世纪后期。刘再兴、蒋

---

[1] 费洪平：《中国区域经济发展》，科学出版社1998年第9期，第1—18页。
[2] Mishan E. J., *The Economic Growth Debate*, London: Allenand Unwin, 1977, pp. 5 – 18.
[3] Daly H. E., Steady H. E., *The Econom*, San Francisco: Freeman, 1997, pp. 40 – 65.
[4] 尼古拉斯·乔治斯库—罗根 "熵定律和经济问题"，载赫尔曼·E. 戴利和肯尼斯·N（编）《珍惜地球》（中译本），商务出版社2001年版，第89页。
[5] Kisho Kurokawa, *Each One a Hero: The Philosophy of Symbiosis*, Tokyo: Kodansha International, 1997, pp. 18 – 35.

清海等人对区域经济协同发展的情况进行了分析和概述,他们指出区域经济协同发展包括区域分工和共同发展两个层次。①② 区域经济发展的差距的形成是区域经济协同发展之路上的必要环节。李兴江、褚清华阐述了区域经济协调发展的一般规律,即区域经济发展经历了从较小的差距到较大的差距,再到差距再次变小,区域经济发展变得越来越协调。③ 同时探讨了区域经济产生不同层次差距的原因。张国红系统阐述了区域经济协调发展的内容,并详细探讨了区域不协调发展中存在经济发展差距的原因、结果和解决方法。④ 彭荣胜则认为区域经济协调发展是一种动态的稳定关系,而不是静态的静止状态。⑤ 区域主体之间相互作用,相互沟通,互相促进经济体的发展,最终达到协调的状态。

二 指标体系的研究综述

从20世纪70年代来,国外学者对于区域可持续发展的指标体系及研究方法做了多角度的研究,并提出其他反映区域可持续发展的指标体系。人文发展指数HDI由联合国提出的用以测度一个国家或地区的人类生活发展情况的指数,该指数综合考虑一个地区人的寿命、教育和生活质量情况;1989年,Daly和Cobb提出的经济福利指数(ISEW),用来表示一个地区的经济发展和福利水平的状况,1995年Cobb等人在经济福利指数的基础上,提出了真实进步指数(GPI),该指标考虑的因素相对于ISEW要复杂一些,GPI综合考虑了公民收入水平、家庭内部劳工和义工的价值、生态环境的承受能力以及生态环境污染的成本等因素。Hartwick J. M. 在惯用的国民生产总值的基础上扣除了相应的生态系统消耗的部分,

---

① 刘再兴:《九十年代中国生产力布局与区域的协调发展》,《江汉论坛》1993年第2期,第20—25页。
② 蒋清海:《论区域经济协调发展》,《开发研究》1993年第1期,第37—40页。
③ 李兴江、褚清华:《区域经济协调发展的逻辑演进》,《生产力研究》2004年第5期,第25—27页。
④ 张国红:《探究区域经济发展差异 促进区域经济协调发展》,《商业研究》2005年第4期,第25—27页。
⑤ 彭荣胜:《区域间产业协调发展基本问题探讨》,《商业时代》2006年第36期,第74—83页。

得出了绿色国民生产净值（GNNP），[1] Vitousek 等人考虑了生态系统的承载极限，建立了净初级生产力指标（NPP）。[2] 联合国可持续发展委员会（UNCSD）建立了以经济发展驱动力、经济发展状态以及经济发展响应的 DSR 指标体系，涉及区域经济、生态环境、社会和制度四个类别，总计有 147 项指标。[3] 环境问题科学委员会（SCOPE）将人类居住的环境分成了四个不同的方面：自然资源、环境、生态系统、水和空气污染，一共 25 个指标，同时也分成了社会、经济、环境三个子系统建立了一套指标体系，社会子系统方面采用了贫困指数、失业指数等指标，经济子系统方面采用了国家债务、存款率等指标，环境子系统方面采用了生态风险、生态对人类福利影响等指标。[4]

美国的"总统可持续发展委员会"（PCSD）在 1996 年建立了美国可持续发展的指标体系，由十大目标组成：人类健康、经济增长、收入平衡、环境保护、资源利用、可持续发展能力、民主参与程度、人口结构、受教育程度、外交政策，一共 54 个指标。[5] 英国也有类似的可持续发展的指标体系，1994 年确定了可持续发展的四大目标：经济增长的同时人类的健康和环境得到保障；不可循环利用的资源效率最大化利用；可循环利用的资源多次科学利用；生态环境的破坏最小化。基于这四大目标，设置了包括经济发展、社会交通、闲暇旅游、国际贸易、能源利用、土地开发、水和空气、绿色覆盖、水产资源、臭氧层监控、大气排放、海洋生态、野生动物保护、土壤质量、矿产储量、垃圾利用、放射性物质等 21 个不同具体科目的 123 个指标。[6]

---

[1] Hartwick, J. M., "Natural Resources, National Accounting and Economic Depreciation", *Journal of Public Economics*, Vol. 43, 1990, pp. 291-304.

[2] Vitousek P. M., Howarth R. W., "Nitrogen Limitation on Land and in the Sea: How Can it Occur", *Biogeochemistry*, No. 13, 1991, pp. 87-115.

[3] 叶文虎等：《联合国可持续发展指标体系评述》，《中国人口·资源与环境》1997 年第 3 期，第 83—87 页。

[4] 朱启贵：《国内外可持续发展指标体系初步研究》，《地理研究》1996 年第 4 期，第 16—23 页。

[5] 曹凤中：《美国的可持续发展指标》，《环境科学动态》1996 年第 2 期，第 5—8 页。

[6] Department of the Environment of UK, *Indicators of Sustainable Development for the United Kingdom*, London: HMSO, 1994, pp. 20-37.

中国在联合国颁布的《21世纪议程》的基础上先于其他国家提出了《中国21世纪议程》，随后国内的很多专家学者在对我们现实国情进行分析的基础上，对可持续发展指标进行了很多研究。中国区域可持续发展的大部分指标体系集中在衡量工农劳作的强度指数、农业现代化发展程度的指标体系、各区域间协调发展的指标体系、衡量人类居住的环境优良的指数、衡量城市经济发展与环境相协调的指标体系等。其中由中科院可持续发展战略研究组比较系统提出的"中国可持续发展指标体系"，根据中国经济可持续发展内容、特征的分析，结合中国现实国情，建立了包括要素层、变量层、状态层、系统层以及总体层五个等级的多层次的指标体系，从官方层面给科学研究可持续发展问题提供了工具支持。[1]

中国大部分学者在研究区域可持续发展的指标体系时，一般以社会、经济、资源、环境四个子系统作为准则层，在每个准则层下采用不同数量和类别的量化指标。马小明等以在研究城市可持续发展问题时，以储蓄率为基础，提出了真实储蓄率的概念，考虑了储蓄的开放性和折旧的影响给城市人民的生活带来的具体变化。[2] 孔繁德等以在选择不同子系统作为准则层的基础上，研究了城市发展的内涵、特征及趋势，并定量分析了城市环境中的可持续发展综合水平。[3] 周海春在研究社会子系统、经济子系统和环境子系统的同时，将人民生活的具体情况、科学技术发展水平单独作为两个准则层，综合评价了中国各地区的协调发展水平。[4] 王玮等把区域经济发展划分为发展能力、持续能力及协调能力三个方面，对1997—2001年苏州市可持续发展能力的动态变化进行了实证研究。[5] 梁保松等以人口结构、经济发展、科技教育、综合资源、生态环境和社会生活六个子系统，利用层次分析法，计算权重，得出评价城市发展的

---

[1] 中国科学院可持续发展研究组：《中国可持续发展战略报告》，科学出版社2000年版，第14—29页。
[2] 马小明、过孝民、田大庆等：《城市可持续发展环境经济评价及案例》，《中国环境科学》1999年第2期，第127—132页。
[3] 孔繁德、张明顺：《城市生态环境建设与保护规划》，中国环境科学出版社2001年版，第10—32页。
[4] 周海春：《发展水平评价指标体系》，《经济研究参考》2003年第16期，第24—35页。
[5] 王玮、陆根法、钱瑜：《苏州市城市可持续发展能力研究》，《重庆环境科学》2003年第12期，第104—105页。

综合指数。[1] 贾珍以经济发展、社会进步、环境保护这三个视角,建立青岛市的区域系统协调发展指标体系,并利用熵值法计算指标权重,对青岛市的综合发展能力进行实证研究。[2] 王道平、刘晓红、张彩霞等学者都从经济、社会、人口、资源和环境的角度,在充分理解了区域系统发展内涵的基础上,提出了区域系统可持续发展的模式,从具体的指标分析区域的综合发展能力。[3][4][5]

三 协同发展评价的研究综述

目前对区域协同发展水平的研究主要集中在对协调度的评价上。有以下两种思路。

第一种思路参考经济可持续发展评价的方法,以区域内各子系统间的联动效应来反映总体协调状况。

国外研究方面:1995 年 Cobb 等提出了真实进步指数(GPI),用来衡量一个地区的真实发展的状况。Costanza 等首次利用 GPI 指标来分析不同区域之间发展的差异,得出若一个地区单位资本的 GPI 的值越高,则该地区整体发展水平越高;[6] Costanza 等对区域发展建立了动力学模型,深入研究了系统发展的特征、非线性作用和规律;[7] 此外,Costanza 利用上述的动力学模型对区域产业子系统和区域生态子系统进行了实证研究。设计公平度、可持续发展度等指标并赋以均等的权重分析了两个区域子

---

[1] 梁保松、张荣、王建平等:《城市可持续发展评价模型研究及实证研究》,《郑州大学学报》(理学版) 2005 年第 1 期,第 104—109 页。

[2] 贾珍:《青岛城市可持续发展指标体系与综合评价研究》,硕士学位论文,东北财经大学,2005 年,第 12—25 页。

[3] 王道平、梁爱华等:《区域 PREE 系统可持续发展状况的综合评价》,《管理工程学报》2002 年第 1 期,第 8—12 页。

[4] 刘晓红、李国平:《基于可持续发展的城市综合评价体系实证研究——以西安市为例》,《当代经济科学》2006 年第 3 期,第 96—103 页。

[5] 张彩霞、梁婉君:《区域 PERD 综合协调度评价指标体系》,《经济经纬》2007 年第 3 期,第 59—62 页。

[6] R. Costanza, J. Erickson, K. Fligger, et al., "Estimates of the Genuine Progress Indicator (GPI) for Vermont, Chittenden County and Burlington, from 1950 to 2000", *Ecological Economics*, No. 51, 2004, pp. 139 – 155.

[7] R. Costanza, M. Ruth, "Using Dynamic Modeling to Scope Environmental Problems and Build Consensus", *Environmental Management*, No. 2, 1998, pp. 183 – 195.

系统的发展情况。① Young、Seok Moon 使用内生增长模型来研究经济发展速度与能源消费量间的关系,同时指出了政府需要制定完善的能源消费政策来促进经济增长;② Konstantion Bithas 和 Peter Nijkamp 在研究区域经济与生态环境协调发展问题时,考虑了不完全信息的存在,建立了全面的生态经济指标体系。③ Stratos 和 Konstandinos 在研究区域经济子系统和生态子系统的协调发展时,建立相应的测算指标,利用投入产出模型分析了两个子系统之间的相互作用对区域总产出的影响,同时揭示了协调发展区域经济子系统和生态子系统的重要性。④

国内研究方面:汪波等人把区域发展分解为经济、社会、人口、资源环境和科技教育这五个子系统,其发展可以概括成整个区域系统的发展,通过建立多层的指标体系,利用层次分析法测算各级指标的权重,最终得出各地区的协调发展的数值。⑤ 刘小林在分析区域经济子系统、人口子系统、环境子系统、资源子系统时,建立了相应的指标体系,利用主成分分析法对各级指标计算权重,用实际的观察值和理想值表示协调发展的实际状态和理想状态。最终揭示了区域协调发展的三种不同的方式:快速增长、平稳波动和逐步衰减。⑥ 张佰瑞具体以中国"十一五"期间的 31 省份为样本,划分了中国四大政策区域,着重以社会发展的角度对区域协调发展的程度进行了衡量,同时分析了系统发展的特征和所处发展阶段。⑦ 高志刚等除了在经济子系统、社会子系统和环境子系统几个

---

① R. Costanza, "Social Goals and the Valuation of Natural Capital", *Environmental Monitoring and Assessment*, No. 86, 2003, pp. 19 – 28.

② Youngtanza, "Soci Environment and Development", *Applied Energy*, No. 64, 1999, pp. 427 – 440.

③ Konstantion Bithas, Peter Nijkamp, "Self-organization and Sustainability: Energeties of Evolution and Implications for Ecological Economies", *Ecological Economies*, No. 33, 2000, pp. 119 – 134.

④ Stratos Loizou, Konstandinos Mattas, Vangelis Tzouvelekas, Christos Fotopoulos, Kostantinos Galanopoulos, "Regional Economic Development and Environmental Repercussions: An Environmental Input-output Approach", *International Advances in Economic Research*, No. 3, 2000, pp. 373 – 386.

⑤ 汪波、方丽:《区域经济发展的协调度评价实证分析》,《中国地质大学学报》(社会科学版) 2004 年第 6 期, 第 52—55 页。

⑥ 刘小林:《区域人口资源环境与经济系统协调发展的定量评价》,《统计与决策》2007 年第 1 期, 第 64—65 页。

⑦ 张佰瑞:《我国区域协调发展度的评价研究》,《工业技术经济》2007 年第 9 期, 第 90—93 页。

通常的方面入手，还将城乡发展单独作为一个子系统进行分析。在此基础上，对 2000—2007 年的中国各地区发展情况进行研究，揭示了中国东部、中部、西部发展不平衡的现状。[1]

第二种思路以深入了解区域协调发展内涵为基础，将概念、内涵、特征作为立足点，并且构建相应的协调度评价。

Wackernagel 等提出了"生态足迹"（ecological footprint）的概念。它表示一个生态系统中人类对自然环境消耗的需求相对于生态系统能提供给人类的最大消耗极限，这个生态足迹的值越大表示人类的活动对生态环境的影响越恶劣，这一评价方法也从人与自然的角度诠释了系统的协调能力。[2]

彭荣胜在分析区域系统协调发展内涵的同时，并没有将系统做子系统的分割，而是在系统整体的高度，提炼出系统一体化程度、系统发展差别程度和系统发展速度三个概括性的指标，从整体发展的角度对区域系统协调进行量化分析。[3] 张守忠、李玉英在研究区域系统协调发展的同时，对区域发展的原动力以及区域发展的一般轨迹做出了分析，从区域初始发展到区域之间差异的出现，再到区域之间的专业化与分工的形成，最后到区域系统的可持续发展。分不同的发展阶段阐述了区域系统发展的内涵，并对不同的阶段分别建立了对应的指标体系，利用加权求和法定义了区域协调发展的综合指数。从原来横向的评价方式创新性地变成了纵向的评价方式，不失为后人的研究提供了一种好的思路。[4] 覃成林、张华等认为区域系统发展会出现三种不同的状态：联系、增长、差异，这三种不同的状态概括了区域系统的基本特征和内涵。作者用 Moran's I 系数来表示区域之间的联系紧密程度，用区域经济增长的变异系数来表示区域增长的离散状态，用经济增长的绝对水平的变异系数来表示区域

---

[1] 高志刚、王垚：《基于组合评价的中国区域协调发展水平研究》，《广东社会科学》2011 年第 1 期，第 19—27 页。

[2] Wackernagel M., Onisto L., Bello P., et al., "National Natural Capital Accounting with the Ecological Footprint Concept", Ecological Economics, No. 29, 1999, pp. 375-390.

[3] 彭荣胜：《区域经济协调发展的内涵、机制与评价研究》，博士学位论文，河南大学，2007 年，第 15—60 页。

[4] 张守忠、李玉英：《区域经济协调发展综合评价问题探讨》，《商业时代》2009 年第 29 期，第 114—115 页。

系统的差异化程度，综合指标之间的取值，对中国东、中、西部以及31个省份的协调发展能力进行测度，并进行排序，分析地区之间存在的差异。① 孙军、高彦彦认为区域系统的发展受到许多不同因素的影响，包括区域内市场、区域内政策、区域分工、区域战略定位等，通过建立不同因素相应的量化指标，对中国各地区的区域内影响因素进行定量分析，给研究区域系统的整体评价增加了一种选择路径。②

在这两种思路中，第一种思路借鉴了可持续发展测度法，该方法现已比较成熟，因而具有较高的理论可信度，但也存在一定的局限性，例如在研究视野上只局限于单一的区域内部，因而在促进区域间协调发展方面的实际意义不大；第二种思路将区际协调度的测度作为目标，虽然具有较高的现实意义，但同时在理论基础上还需要进一步地务实。

四 区域系统演化的研究综述

第一种对系统演化进行研究的方程是比利时的数学家 Verhulst 提出的，他在1838年在对人口进行分析时，提出了世界人口的 Logistic 增长模型。③ Deevey 认为这种增长形式可能是最普遍的，Logistic 方程成了种群生态学中的核心理论之一。④ 种群生态学利用 Logistic 方程对物种的数量变化进行了研究，提出了物种得以进化的两种不同的方式：一种是生态系统中处于弱势的种群提高自身的种群数量；另一种是处于强势地位的物种稳固自己强者地位得以在系统中立足。⑤ 赫尔曼·哈肯在1976首次将生物学、协同学等多种理论综合起来分析从物种到生态系统的演化过程。他认为种群的数量作为种群发展最直接的因素，直接决定了种群发展的方向和趋势，种群数量也是制约种群发展

---

① 覃成林、张华、毛超：《区域经济协调发展：概念辨析、判断标准与评价方法》，《经济体制改革》2011年第4期，第34—38页。
② 孙军、高彦彦：《金融危机背景下中国经济增长的区域差异及其协调发展》，《经济论坛》2011年第2期，第5—11页。
③ Verhulst, P. E., Corresp Math Phys, 1838, pp. 113–118.
④ [美] Odum, E. P.：《生态学基础》，孙儒泳等译，人民教育出版社1982年版，第180—181页。
⑤ [比] 伊·普里戈金、[法] 伊·斯唐热：《从混沌到有序》，曾庆宏、沈小峰译，上海译文出版社1987年版，第25—70页。

的序参量。① Logistic 方程不仅可以用来分析生态学物种的变化,昝廷全还利用其对产业演化进行了全面分析,并利用李雅普诺夫的理论研究了系统稳定性在产业演化领域的应用。他认为从短期看,资源从传统行业向高新技术行业转移是产业演化的趋势;但是从长期来看,产业演化是依靠资源有效的利用以及制度上不断的创新来推动的。②

另外一个对系统演化进行分析的方程是 Fisher 在 1930 年提出的费舍尔方程,在研究达尔文研究物种进化优胜劣汰的过程中,费舍尔发现现实经济生活中也出现了相似的优胜劣汰的情况,他对于经济演化的动态研究为后人奠定了良好的基础。1945 年,Lotka 和 Volterra 也提出 Lotka-Volterra 方程,这个方程与费舍尔方程的结论有许多一致的地方,它描述了生态系统中的捕食动物与被捕食动物竞争共存的关系。③ 后来 VER 模型的出现对费舍尔方程进行了更进一步的深化,在分析经济系统演化时,将技术创新转化为成本变量并进行了研究。④ 随后哈肯在对 Lotka-Volterra 方程进行研究的基础上,引入了影响系统稳定的"涨落力"来进行系统演化的分析。⑤

陈平在对中国几千年历史演化进行分析的过程中,结合 Logistic 方程和 Lotka-Volterra 方程对中国的各个产业的演化进行了研究,得出了在有限资源的约束条件下,产业系统演化崩溃的临界值。⑥ 陈军昌在前人的基础上,对二维 Lotka-Volterra 方程进行了改进,取消了资源重叠系数,使用了侵占能力指标,并探讨了三维 Lotka-Volterra 方程的作用机制⑦。

演化博弈的最初创始人是 John Maynard Smith,他在研究生态系统时

---

① [德] 哈肯:《协同学:物理学化学和生物学中的非平衡相变和自组织(Synergetics)》,原子能出版社 1984 年版,第 372—384 页。
② 昝廷全:《产业经济学系统的研究》,科学出版社 2002 年版,第 42—87 页。
③ 盛昭瀚:《演化经济学》,上海三联书店 2002 年版,第 181—182 页。
④ Verspagen, "Convergence Innovation in Eco-classical Growth-mode is: A Survey", *Journal of Macroeconomics*, No. 4, 1992, pp. 631–662.
⑤ [德] 哈肯:《协同学:物理学化学和生物学中的非平衡相变和自组织(Synergetics)》,原子能出版社 1984 年版,第 372—384 页。
⑥ 陈平:《劳动分工的起源和制约从斯密困境到广义斯密原理》,《经济学》(季刊)2002 年第 2 期,第 229—230 页。
⑦ 陈军昌:《非线性产业或经济系统的演化(创新)分析——内含政务专业化的分工形式化研究视角》,博士学位论文,江西财经大学,2009 年,第 238—260 页。

指出，只要物种的变异和消亡对系统不产生整体的影响，则认为这样的变化是稳定的。① 泰勒尔试着用博弈论的理论来分析经济演化、产业演化的现实过程，他在研究市场组成结构时，利用达尔文的理论和非合作博弈理论，得出了企业发展的行为决策随着企业利润函数中的参量变化而随之改变的关系。② Thomas C. Schelling 研究了个体的某种决策的变化是如何影响整体决策演化方向的。③ 同时，H. Peyton Yong 进一步对 Thomas Schelling 的理论进行了深入研究，在博弈论中的 ESS 进化稳定策略的基础上，创新性地提出了"随机稳定"的概念。指出任何一个系统在演化的过程中，都会受到一些随机的、不持续的干扰作用，短期内这些干扰会对系统造成一定的影响，但长期来看，一些状态会成为一种趋势而不至于影响系统演变的方向。④

盛昭瀚和蒋德鹏认为，演化博弈用来研究生物体通过突破各种障碍达到均衡状态从而得以进化的方法，生物主体都是选择对自己最有利的因素并加以选择采纳的，利用种群增长率和适应度两个指标加以博弈分析，最终得出系统利益最大化下的每个个体的最优策略是选择遗传或者变异。⑤

蒋蓉华、王娜从合作博弈的角度，分析了包含两个主体的区域经济演化博弈模型。通过演化稳定策略的分析，得出不同的区域主体之间只有进行密切合作，才能达到区域间协调发展的状态，两个不同的区域主体才会达到最大化利益的稳定状态。同时也指出了宏观政策和约束机制建立的必要性。⑥

朱广芹、佟光霁利用 EKC 曲线的特点，将区域经济和生态协调发展

---

① Smith M. J., *On Evolution*, Edinburgh: Edinburgh University Press, 1972.
② [法]泰勒尔（Jean Tirole）:《产业组织理论》，张维迎译，中国人民大学出版社1997年版，第50—78页。
③ Thomas C. Schelling, "Models of Segregation", *American Economic Review*, No. 2, 1969, pp. 488 – 493.
④ Wallace, Chris, and H. Peyton Young. "Stochastic Evolutionary Game Dynamics." Handbook of Game Theory 4 (2014): 327.
⑤ 盛昭瀚:《演化经济学》，上海三联书店2002年版，第281—286页。
⑥ 蒋蓉华、王娜:《区域经济合作的演化博弈分析》，《技术经济与管理研究》2009年第6期，第142—144页。

分成了四个不同的阶段,在分析不同阶段发展特点的基础上,从对称演化博弈和非对称演化博弈两个角度进行分析,对中国各省份所处的经济生态系统的发展阶段进行了实证研究,得出了影响系统发展的两个因素:系统所处发展阶段和环境带来的外部性的大小。[1] 沈承诚从生态和政治两个领域协调发展的角度,梳理了生态政治化的历程,从公民、污染企业和地方政府三个不同主体的角度分析了各自的博弈特点和博弈所采取的策略,研究了解决当前中国社会中所面临的生态恶化的方法。[2]

Schieve W. C. 和 Allen P. M. 等利用耗散理论分析了城市演化的特征及其系统演化的方程。[3] 王放、李后强利用非线性的理论,研究了人口学的各种演化问题。[4] 在美国和墨西哥的北美自由贸易的谈判过程中,Grossman 和 Krueger 研究了人均收入的变化与生态环境恶化之间的关系,并得出了自由贸易区的施行虽然会对经济发展起到一定的促进作用,但对北美整个区域的生态环境的影响不容乐观。Panayotou 于 1993 年在研究环境质量的变化与人均收入之间的关系时,利用库兹涅茨的倒"U"型的收入分配不均与经济发展关系的曲线,提出了相应的环境曲线 EKC。

林逢春等将区域系统分成了四个板块,人口子系统、经济子系统、资源子系统和环境子系统,即区域 PERE 系统。利用各个子系统之间的相互关系,建立了区域 PERE 演进的非线性方程,并以山西省的某一个地区为例进行了实证研究,验证了非线性方程的合理性,为研究区域系统整体演化提供了工具支持。[5]

张杰利用自组织理论对区域系统的发展机理进行了分析,他指出区域系统的演进有其内在的动力机制,区域系统自身的"熵"的变化揭示了耗散结构对区域系统稳定发展的重要性,由于其内在动力的存在,从长期来看区域系统处于动态稳定状态。同时,从经济、社会、环境、科

---

[1] 朱广芹、佟光霁:《区域生态合作的演化博弈分析》,《科技进步与对策》2011 年第 5 期,第 29—34 页。

[2] 沈承诚:《生态政治化进程中的生存博弈》,《社会科学》2010 年第 5 期,第 3—12 页。

[3] Schieve W. C., Allen P. M., et al., *Self-organization and Dissipative Structure: Application in the Physical and Social Science*, Austin, Texas: University of Texas Press, 1982, p. 132.

[4] 王放、李后强:《非线性人口学导论》,四川大学出版社 1995 年版,第 19—54 页。

[5] 林逢春、王华东:《区域 PERE 系统的通用自组织演化模型》,《环境科学学报》1995 年第 4 期,第 488—496 页。

技、政策五个方面对哈尔滨市的区域系统进行了实证研究，揭示了区域系统协同发展的特征。①

王义宏、陈森发把区域经济看成有生命的系统，从区域系统发展的主导产业和非主导产业两个主体入手，建立既竞争又协同的演化模型，揭示了主导产业和非主导产业的竞争协同关系。结果表明两个主体各自的支付矩阵和系统的初始状态直接影响着系统未来演化的方向，影响主体支付矩阵的收益、成本以及贴现率均有可能对主体的状态造成影响。②

五　研究述评

理论方面，国内外很多专家、学者、研究所甚至很多非营利的政府机构都对区域系统协调发展进行了大量研究，主要集中在：区域经济协调发展产生的原因、区域协调发展的模式、区域经济协调发展的经验借鉴、区域经济在发展的过程中遇到的阻碍、经济与人口、资源、环境等相互作用、政府对区域协调发展的政策指导等方面。目前对区域协调发展的定性研究较为成熟，而对于具体国家的区域协同发展战略的研究以及如何根据区域系统发展的演化及其所处阶段展开的研究较缺乏。

实证方面，国内外对于区域系统协调发展及演化的实证分析或是利用耗散理论、自组织理论，或是利用博弈论进行分析，很少有人利用生态学理论研究区域系统演化与协调发展问题。且实证的对象通常都是某个局部的省份或城市，而对于中国 31 个省份的整体研究较少，更缺乏对区域经济、政治、文化、社会及生态"五位一体"的协同发展研究。

第二节　本研究的基本思路与基本内容

本研究拟从群落生态学及物理学随机力角度出发，以中国 31 省份为

---

① 张杰：《基于自组织理论的区域系统演化发展研究》，博士学位论文，哈尔滨工程大学，2007 年，第 28—41 页。
② 王义宏、陈森发：《区域经济系统协同竞争演化方向研究》，《求索》2009 年第 8 期，第 5—8 页。

研究对象，利用非线性演化模型探究自 2002 年以来中国区域经济、政治、文化、社会、生态系统协同发展的演化机制，测度中国区域经济、政治、文化、社会、生态系统协同状况及其演进阶段，揭示各区域经济社会协同发展的决定性制约因素。

第一章，区域协同发展相关研究回顾与本研究的基本思路。通过全面分析国内外区域系统协同发展、系统演化的相关研究，为本研究提供启示，并对全文做布局安排。

第二章，中国区域经济、政治、文化、社会、生态系统协同演化机理分析。在阐明中国区域经济、政治、文化、社会、生态系统概况基础上，建立区域经济、政治、文化、社会、生态系统非线性演化的模型，揭示其协同演化机理。

第三章，中国区域经济、政治、文化、社会、生态系统协同发展测度及分析。在明确区域经济、政治、文化、社会、生态系统协同发展的内涵的基础上，借鉴国内外区域经济、政治、文化、社会、生态系统协同发展的模式，搜集 2002—2012 年中国区域经济、政治、文化、社会、生态系统发展数据的基础，确定中国区域经济、政治、文化、社会、生态系统协同发展的研究方法和评价模型，建立区域经济、政治、文化、社会、生态系统综合评价的指标体系，得出中国 31 省份区域经济、政治、文化、社会、生态系统的协同发展格局，并分析了中国 31 省份区域经济、政治、文化、社会、生态系统目前所处发展阶段。

第四章，中国各区域经济社会协同发展的制约因素：基于序参量的分析。利用协同学分析非线性系统序参量的方法，结合二、三章的相关研究，分析中国各区域系统协同演化的序参量，揭示各区域经济社会协同发展的决定性制约因素，从而为各区域制定推进区域协同发展战略提供决策依据。

第七章

中国区域经济、政治、文化、社会、生态系统协同演进机理分析

第一节 区域经济、政治、文化、社会、生态系统介绍

党的十八大正式提出"生态文明建设",并将其融入"政治建设、经济建设、社会建设、文化建设"的框架内,形成"五位一体"的总体布局,全面协调可持续地促进现代化建设各方面,促进生产力与生产关系、经济基础与上层建筑的稳定发展。本研究将"五位一体"的布局模式概括为经济、政治、文化、社会、生态系统,即经济子系统(Economy)、政治子系统(Politics)、文化子系统(Culture)、社会子系统(Society)、生态子系统(Ecology),各子系统构成了中国特色社会主义建设的五个不同的方面,它们各司其职、相互影响,影响着区域发展的水平与方向。

经济发展是一切经济社会得以发展进步的前提,没有经济的发展就没有其他子系统的繁荣与稳定。当然经济发展不仅是指经济总量的上升,更意味着经济结构、经济质量的改善。GDP是衡量经济规模的常用标准,它反映了一定时期内,一个国家或地区生产的全部最终产品的价值,同时GDP中第一、第二、第三产业的合理结构与足额的科技研发投入代表了除地区经济总量以外的经济发展水平与效益情况。

政治文明是人类改造社会的政治成果的总和,是区域内人类生产活动得以维持的有效保障。政治文明包括政治稳定和政治效率两个方面,政治稳定是指一定的社会系统保持动态的有序性和连续性,劳工关系的

改善、法律的完善以及人大代表、政协委员良好的职能发挥都是政治稳定的关键；政治效率指的是政府部门处理公共事务的效率，地方财政的科学管理，行政管理费的合理利用直接影响了政治效率。

文化建设就是发展文化艺术、新闻出版、广播电视、图书馆等各项文化事业的活动。它既是建设物质文明的重要条件，也是提高人民思想觉悟和道德水平的重要条件，是区域全面协调可持续发展的必不可少的条件。文化传播的广度与文化产品的多样性直接决定了文化事业的繁荣，大力发展文化事业即是对子孙后代负责的表现。而文化事业的繁荣与发展则无疑需要文化产业的带动与支持，文化产业的投资与效益直接决定了文化事业的长久发展。

社会发展是依社会环境的需要与人民的愿望而从事的各种建设。社会发展是关乎人民群众基本生活质量和公共利益的公共事业，是区域全面协调可持续发展的核心组成部分。社会是共同生活的人民通过各种各样的关系联合起来的集合，人民群众受教育水平、生活质量以及人民的就业水平能够很好地反映社会繁荣的水平，社会的公共安全和社会保障的程度则很大程度上体现了社会稳定的状况。

生态文明建设是关系人民福祉、关乎民族未来的长远大计。人与自然的和谐相处是区域可持续发展的关键所在，把生态文明建设放在突出地位，融入政治建设、经济建设、社会建设、文化建设各方面和全过程，是建设美丽中国，实现中华民族永续发展的重要前提。生态环境的维持需要坚持节约资源和保护环境的基本国策，坚持节约优先、保护优先、自然恢复为主的方针，着力推动低碳发展、绿色发展、循环发展，形成资源节约和环境友好的空间格局；环保产业的繁荣则为环境治理提供了良好的资金来源，从而从根本上实现"变废为宝"。

"五位一体"的总体布局是代表了最广大人民的根本利益和共同愿望。深刻理解"五位一体"总体布局的内涵，透彻研究其影响区域协调发展的机制对于构建中国特色社会主义，实现中华民族伟大复兴的"中国梦"具有很大的理论价值和现实意义。

第二节 区域经济、政治、文化、社会、生态系统协同演进的理论基础

演进最初来自生物学中对于物种世代之间出现群体特征和数量变化的研究。标准的生物学的系统方程是：$dz/dt = \mu - vz$，其中 μ 表示一个物种的成长率，v 代表这个物种的衰减率。在生物种群学经典的"捕食—被捕食"模型中，为了维持系统的稳定。系统一定有"此消彼长"的相互制约的内因，若没有此内因，系统就只能单方向地增长或减少，便永远不会出现稳定的状态。这种线性增长或减少的系统不可能是一个有机系统。

一 哈肯的种群生态学模型

哈肯比较早地将生物学、生态学、协同学同时结合起来研究生态系统从微观到宏观的演化过程。哈肯最先描述种群数量增长的方程是：[1]

$n = g - d, n = rN, d = sN$，即 $n = (r - s)N$。

其中 n 为种群数量的变化率，N 为种群中个体的数量，g 为种群的出生率，d 为种群的死亡率。方程表示的是种群数量的增长与种群现有数量的动态变化关系，r 和 s 为外生的参数，这个外生的参数在种群生态学中是诸如气候、环境、食物、水源、温度等变量。

当外生参数 r、s 与种群个体的数量 N 无关时，上面的方程组的稳态解并不稳定（$r = s$）。即这个群体会出现线性的成长或消亡。

当外生参数 r、s 与种群个体的数量 N 相关时，比如气候的变化、食物的限量、水资源的有限供给对种群数量的增长造成的压力，便得到 Verhulst 方程：$n = aN - bN^2$。这个方程多了一项 $-bN^2$，这也表示随着种群数量的不断增长，面对有限的食物和水资源的供给，种群增长率存在越来越大的上行压力。

哈肯对 Verhulst 方程分两种情况进行讨论。

---

[1] ［德］哈肯：《协同学：物理学化学和生物学中的非平衡相变和自组织（Synergetics）》，原子能出版社1984年版，第372—384页。

一种情况是：种群中每个个体需要生存下来的条件不会发生任何意义上的竞争关系，如食物不同、气候要求不同等。这种情况的结果是生态系统中群体和谐共存，每个个体的生长方程为：$n_i = a_i N_i - b_i N_i^2$。

另一种情况是：种群中个体之间存在一定的竞争。假设物种的数量为 2，物种之间的食物存在相互重合的部分，物种 1 对于两种食物的敏感系数为 m_{11} 和 m_{12}，物种 2 对于两种食物的敏感系数为 m_{21} 和 m_{22}。

物种生长方程为：$n_1 = (m_{11}F_1 + m_{12}F_2)N_1 - s_1 N_1$、$n_2 = (m_{21}F_1 + m_{22}F_2)N_2 - s_2 N_2$。假设两种食物的供给量恒定。这该方程组的稳态解为 $n_1 = n_2 = 0$。即该生态系统中各种群的增长率接近于 0，种群数量达到一个稳定的最大值，也可称极限值。

二　Logistic 增长模型

Logistic 增长模型起源于闻名于世的英国人马尔萨斯的人口增长模型（Malthus 模型）：[①] $dN(t)/dt = rN(t)$，$N(t_0) = N_0$。

上述方程的解为 $N(t) = N_0 e^{r(t-t_0)}$。在马尔萨斯模型中，人口呈指数型增长，增长速度为 e^r，最终会得出人口的增长永无止境的结论。这个模型有了很严格的假设条件，它没有考虑客观环境因素的影响，一定的社会总资源、有限的空间大小不可能满足人口无限的增长。

当人口总数比较少时，或者人类生存繁衍的初始阶段，马尔萨斯的人口增长模型是成立的。但是当人口总数非常大时，地球上有限的资源、有限的空间对人口数量增长的限制作用会越来越明显。因此，Malthus 模型演化为：$dN/dt = rN - kN^2$。r 和 k 被称为"生命系数"（Vital Coefficients）。这就是众所周知的 Logistic 增长模型。

Logistic 增长模型有以下几个特点：第一，Logistic 增长曲线有一个极限值 r/k，表示按照 Logistic 增长规律，人口数量会出现一个最大值；第二，Logistic 增长曲线在 $N < r/2k$ 时，$d^2N/dt^2 > 0$，为凸函数，在 $N > r/2k$ 时，$d^2N/dt^2 < 0$，为凹函数。曲线形状呈"S"型，即在人口数量达到极限值的一半 $r/2k$ 之前，人口的增长速度是递增的，但是过了这个点后，

[①]　余爱华：《Logistic 模型的研究》，硕士学位论文，南京林业大学，2003 年，第 5—9 页。

增长的速度会不断地放缓，最终人口增长速度会趋于0。

第三节　中国区域协同发展非线性演进模型的建立

本研究将政治子系统（Politics）、经济子系统（Economy）、社会子系统（Society）、文化子系统（Culture）、生态子系统（Ecology）概括为区域经济、政治、文化、社会、生态系统。根据陈军昌提出的非线性方程解决有机系统问题的方法[①]，确定区域经济、政治、文化、社会、生态系统的发展受两个因素的影响：一是系统内生产要素之间的作用，比如劳动力和资本之间并不存在固定的线性关系，且要素投入的变化并不能确定地带来规模报酬递增或者递减；二是各子系统之间的相互影响，区域经济、政治、文化、社会、生态系统的各子系统之间存在着复杂的非线性作用机制，各子系统之间既相互依存相互作用，又相互制约、相互影响，既有正相关的影响，如政治文明的进步会促进经济的腾飞，经济的发展会促进文化的繁荣等；也有负相关的影响，如经济的起步通常以生态的恶化为代价。本研究将这两个因素作为模型的假设条件，从初级到高级的构建非线性演进方程。从初级到高级的三种演进方式之间的关系如表7.1所示。

表7.1　　　　　　　　三种区域系统演进方式

	考虑要素之间的相互作用	考虑子系统之间的相互影响
初级演进方式	否	否
中级演进方式	是	否
高级演进方式	是	是

一　初级演进方式

初级演进方式是区域系统协同发展的初始状态。该状态下，区域系

---

① 陈军昌：《非线性产业或经济系统的演化（创新）分析——内含政务专业化的分工形式化研究视角》，博士学位论文，江西财经大学，2009年，第238—260页。

统的发展不受任何因素的干扰,近似于种群生长的初始阶段,要素之间的相互作用很小,真正意义上的子系统还没有形成。随着时间的推移,要素的投入水平是均匀递增的,即劳动力投入对时间的导数 $\partial L/\partial t$ 和资本投入对时间的导数 $\partial K/\partial t$ 都是一定的常数,则 $\frac{\partial y}{\partial t} = \frac{\partial y}{\partial K} \times \frac{\partial K}{\partial t} = c \frac{\partial y}{\partial K}$ (c 为常数),故可认为要素投入水平的增加可以用时间的推移来表示。

在不考虑要素之间相互作用,不考虑子系统之间互相影响的情况下。发展水平 y 的变化情况可以表示成:

$[t, t+\Delta t]$ 时间内系统的发展水平的增加 = $[t, t+\Delta t]$ 时间内系统的要素投入带来的发展水平的"翻新" y_1 - $[t, t+\Delta t]$ 时间内系统的要素积累带来的发展水平的"折旧" y_2。

在发展的情况下,单位时间内要素的投入并不能全部转化成系统产出的增长,比如设备的投入使用过程中,其中大部分会给生产带来积极正面的作用,不可避免的是设备的损耗会导致一部分生产功能的不完全利用,最终导致价值的流失。要素投入对系统产生正面的影响,我们称为要素投入带来的发展水平的"翻新",它与 t 时刻的发展水平成正比,即 $y_1 = k_1 y(t) \Delta t$;要素投入对系统产生的负面影响,本研究定义为要素积累带来的发展水平的"折旧",它与 t 时刻的发展水平成正比 $y_2 = k_2 y(t) \Delta t$。通过以上分析,则有系统的发展方程: $y(t + \Delta t) - y(t) = k_1 y(t) \Delta t - k_2 y(t) \Delta t$。当 Δt 趋于 0 的时候,有:

$$dy(t)/dt = k(y) \qquad (7.1)$$

假设 t 和 $y(t)$ 的初始值为 t_0 和 y_0,则解微分方程可以得出 $y(t) = y_0 e^{r(t-t_0)}$。本研究将 k 定义为要素投入对区域系统协同发展的"拉力系数", $k > 0$,它表示要素投入的增加最终给系统的发展带来拉动的程度。对初级演进方式下的系统发展方程进行数值模拟,得出图 7.1。可以看出,在子系统之间相对独立且系统内各要素之间相互影响较小的前提下,区域经济、政治、文化、社会、生态系统发展水平随着时间的变化逐渐递增,且发展水平的增长速度越来越快,呈指数型增长趋势。

二 中级演进方式

中级演进方式是区域系统发展到一定阶段后,要素投入不断增加,

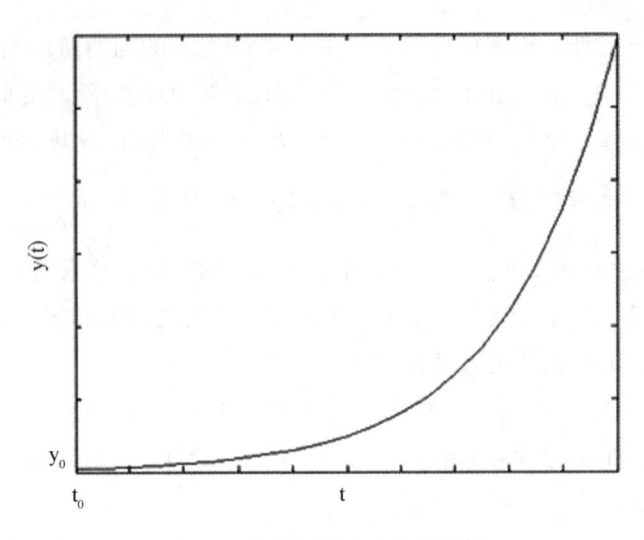

图 7.1 初级演进方式数值模拟

子系统逐渐形成。此时要素与要素之间相互抑制阻碍的作用越来越明显，系统发展存在很大的阻力。

在考虑系统内各要素对系统发展的正的或者负的反馈作用，但不考虑子系统之间互相影响的情况下，影响区域协同发展水平的各生产要素会对经济发展产生一个上行的压力，这种压力可以用 $-sy^2$ 来表示，本研究将 s 定义为"压力系数"，$s > 0$。假设随着时间的推移，要素的投入水平是均匀递增的，即 $\partial L/\partial t$ 和 $\partial K/\partial t$ 都是一定的常数，此时有系统发展方程：

$$dy(t)/dt = ky - sy^2 \tag{7.2}$$

当区域协同发展水平 y 比较低时，此压力项趋于0，可以忽略不计，系统发展方程变成初级演进方式下的式（7.1）；但当 y 比较大时，此压力项增长明显，发展水平不再是按照初级演进方式的指数型增长。一般来说，系统协同性越好的情况下，k 值越大，s 值越小。由式（7.2）及初始条件 $t = t_0$ 和 $y(t) = y_0$ 可得：[1]

$$y(t) = \frac{ky_0}{sy_0 + (k - sy_0)e^{-k(t-t_0)}} \tag{7.3}$$

---

[1] 许国志：《系统科学》，上海科技教育出版社2000年版，第159—196页。

当 k 和 s 一定时，函数对参数 t 模拟得出曲线如图 7.2 所示。从图 7.2 中可以看出，该函数有个极限值为 k/s，在 $y(t)$ 增长过程中，当 $y < k/2s$ 时，该图形为凹函数；当 $y > k/2s$ 时，该图形为凸函数。故区域系统协同发展水平与时间之间呈现出"S"型增长的关系（即 Logistic 增长函数），在 $y = k/2s$ 时区域经济、政治、文化、社会、生态系统发展速度最快。

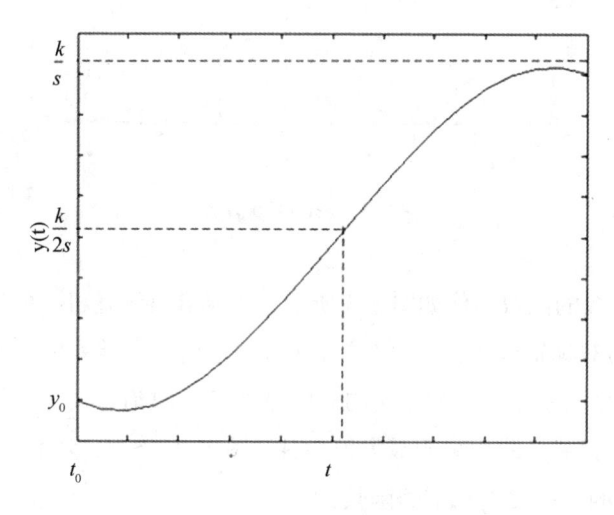

图7.2 中级演进方式数值模拟

三 高级演进方式

高级演进方式下，区域系统的发展比前两种演进方式要相对复杂。要素之间的作用常态化，子系统也形成规模，子系统之间互相影响作用也不断出现。在考虑系统内各要素对系统发展正的或者负的反馈作用的基础上，同时增加对各子系统之间相互影响的分析。本研究假设各子系统之间的影响受正态分布的随机力作用（当然在短时间内，子系统之间的影响并不呈现一定的规律，但从长期发展的规律来看，正态分布的影响假设是合理的），引入"影响系数"：[①]

$$c(t) = Ae^{-\frac{(t-B)^2}{2}} (1 > A > 0, B > 0) \tag{7.4}$$

---

① ［德］哈肯：《协同学：物理学化学和生物学中的非平衡相变和自组织（Synergetics）》，原子能出版社 1984 年版，第 372—384 页。

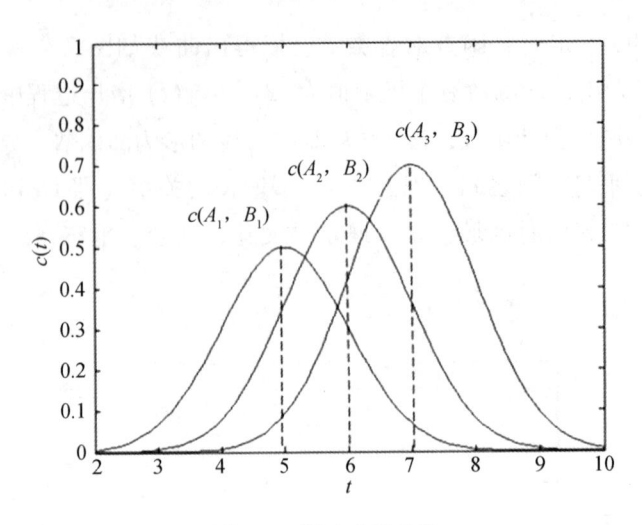

图 7.3 影响系数函数

影响系数的函数图像如图 7.3 所示，该函数表示随机力的作用大小是以 B 时刻为对称轴进行正态分布的，在 B 时刻，"影响系数"的最大值是 A，即 B 时刻子系统之间相互作用对区域经济、政治、文化、社会、生态系统协同发展带来的影响的最大值为 A，图中 $A_3 > A_2 > A_1$，$B_3 > B_2 > B_1$。则有新的协同发展水平的函数：

$$y(t) = \frac{ky_0}{sy_0 + (k-sy_0)e^{-k(t-t_0)}}[1 - Ae^{-\frac{(t-B)^2}{2}}] \quad (7.5)$$

式（7.5）中 k、s、A、B 四个参数的取值为大于 0 的任意实数。当子系统之间相互作用的"影响系数"越小，系统整体的协同发展水平受到的影响也越小，协同发展水平越高；反之，"影响系数"越大，协同发展水平越低。

本研究用以下三种取值（按四个参数依次由小至大）来模拟曲线的演进规律，分别是 (1) $k_1 = 1, s_1 = 1, A_1 = 0.5, B_1 = 5$；(2) $k_2 = 1.2, s_2 = 1.2, A_2 = 0.6, B_2 = 6$；(3) $k_3 = 1.3, s_3 = 1.3, A_3 = 0.7, B_3 = 6$。得出图 7.4 中三条曲线 $y(k_1, s_1, A_1, B_1, t)$、$y(k_2, s_2, A_2, B_2, t)$ 和 $y(k_3, s_3, A_3, B_3, t)$。其中，取初始值 $(t_0, y_0) = (1, 0.1)$。利用 Matlab 进行数值模拟，得图 7.4。

高级演进方式下的区域经济、政治、文化、社会、生态系统协同发

第七章　中国区域经济、政治、文化、社会、生态……机理分析　　/　133

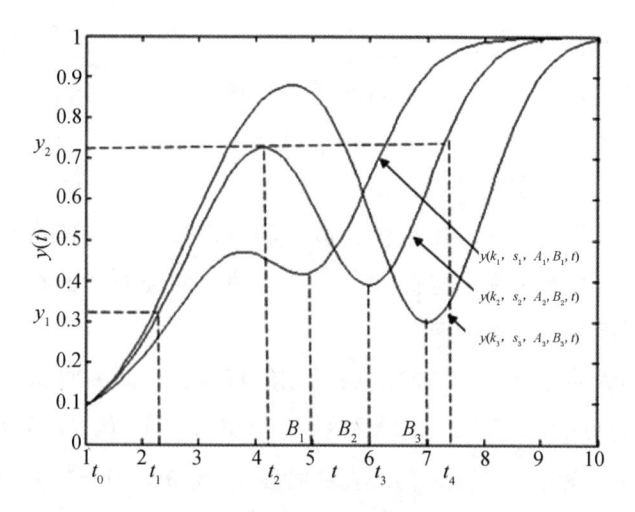

图7.4　高级演进方式数值模拟

展水平函数有以下几个特征。

曲线先上升后下降的阶段，表示区域系统在发展过程中遇到一定阻碍，在达到：（1）区域经济、政治、文化、社会、生态系统在受到生产要素的相互作用、子系统之间的相互影响下，并不一定总是单调递增的，而是遵循"先上升—下降—再上升"的螺旋式演进规律。区域经济、政治、文化、社会、生态系统在初始阶段的快速增长后，进行一个波动调整，在调整到较低的发展水平后，区域经济、政治、文化、社会、生态系统开始强势回调，最终趋于一个极限值，这一发展规律相比于初级和中级演化方式更符合经济周期发展的观点。

（2）高级演进方式的协同发展曲线的波动与影响系数有关。影响系数函数中的 A 影响曲线波动的大小，B 决定曲线波动的时间。k 和 s 的大小影响曲线的斜率，拉力系数和压力系数越大时，曲线的递增和递减的速度就越快，表现在图形上即 $y(k_3,s_3,A_3,B_3,t)$ 上升阶段、下降阶段、恢复阶段的曲线斜率相对于 $y(k_1,s_1,A_1,B_1,t)$ 都要大。

（3）区域经济、政治、文化、社会、生态系统的高级演进曲线存在一个极大值和一个极小值，即一阶导数 $\partial y/\partial t = 0$ 的点。曲线上升的顶点，开始下降；同样，极小值点出现在曲线下降后上升的阶段，区域系统在触及极小值点后反弹上升，给区域经济、政治、文化、社会、生态系统注入新的活力。

（4）高级演化方式下的协同发展曲线除去中间波动的一段，在波动之前和波动之后都会经历一段"S"型增长，只是两段"S"型增长的斜率和起点不同。这表明区域经济、政治、文化、社会、生态系统的内在调节能力是很强的，在经历系统的波动和衰退过后能迅速恢复，强势增长。系统的自组织理论中也提到，正是这种"回复力"的存在，使得系统从偏离平衡状态中得到恢复。

根据高级演化方式的协同发展函数的特征，本研究将这一区域系统的演进方式分成五个阶段，以图7.4中的$y(k_2,s_2,A_2,B_2,t)$为例。定义时间$t \in [t_0,t_1]$为第一阶段；初级发展阶段（$\partial y/\partial t > 0$ $\partial y^2/\partial^2 t > 0$）、$t \in [t_1,t_2]$为第二阶段；快速增长阶段（$\partial y/\partial t > 0$，$\partial y^2/\partial^2 t < 0$）、$t \in [t_2,t_3]$为第三阶段；波动调整阶段（$\partial y/\partial t < 0$）、$t \in [t_3,t_4]$为第四阶段；恢复增长阶段（$\partial y/\partial t > 0$，$\partial y^2/\partial^2 t > 0$）、$t \in [t_4,t_5]$为第五阶段；趋于协同阶段（$\partial y/\partial t > 0$，$\partial y^2/\partial^2 t < 0$）。$\partial y/\partial t$表示曲线的一阶导数，代表函数的单调性，当$\partial y/\partial t > 0$时，表示函数单调递增，$\partial y/\partial t < 0$表示函数单调递减；$\partial y^2/\partial^2 t$表示曲线的二阶导数，代表函数的凹凸性，$\partial y^2/\partial^2 t > 0$表示函数图像为凹，曲线的斜率单调递增，$\partial y^2/\partial^2 t < 0$表示函数图像为凸，曲线的斜率单调递减。

第四节　中国区域协同发展非线性演进机理分析

当系统处于区域系统协同发展的初级阶段时，各种生产资料处于待开发状态，生产要素投入也刚刚起步，区域系统发展得比较缓慢，各子系统之间的区分还并不是很明确，五个子系统中仅经济子系统的发展初具规模。此时生产要素的投入的边际效用很大，"拉力系数"k的作用明显，但要素投入产生的"压力系数"s以及子系统之间的"影响系数"作用微弱。即系统处在高级演进曲线的$[t_0,t_1]$阶段——初级发展阶段。

随着生产要素的不断投入、劳动工具的不断改善，人们对社会生活的各方面需求日益增加，如人们对政治参与热情不断提高、对社会安全稳定的迫切要求、对丰富文化生活的向往以及对健康生态环境的依赖。系统的各项"潜能"被激发。由于要素投入的边际报酬递减规律的存在，要素投入产生的"压力系数"s不断增加，区域经济、政治、文化、社会、生态系统协同发展速度放缓，呈现"J"型方式发展。系统处于高级演进曲线的$[t_1,t_2]$时间内，即快速增长阶段。

区域经济、政治、文化、社会、生态系统在经历初级发展阶段和快速增长阶段过后，各子系统之间的内部矛盾开始呈现，经济的飞速发展导致犯罪率不断提高，生态系统一定程度恶化，社会不稳定因素加剧，文化生活繁杂万变。子系统之间的"影响系数"作用加大，系统的发展受到了阻碍。即在$[t_2,t_3]$时间内系统出现了波动调整的情形，进入波动调整阶段。如图7.4所示，状态一的区域协同发展水平受到的影响比状态二、状态三更小，且影响时间更短（$B_3 > B_2 > B_1$）。

经过一段时间的影响，区域经济、政治、文化、社会、生态系统经历了各子系统协同发展的低谷，随着生产效率的提高，经济结构的初步调整，各子系统之间的影响逐渐变小。经济的发展逐渐带动了民主生活的发展，提高了人们的生活质量，繁荣了人们的文化生活以及加大了对环境保护的投入。即到了高级演进曲线的t_3过后，系统消除了上一阶段的干扰后，解决了系统发展的"瓶颈"，出现了类似于第一阶段的快速增长，进入恢复增长阶段。

系统经历了恢复增长阶段后，人口的增长率的下降以及人类文明程度的提高，区域经济、政治、文化、社会、生态系统中政治、经济、文化、社会及生态五个子系统的协同程度越来越高，经济发展越来越全面，政治生活越来越民主，社会生活越来越稳定安全，文化生活越来越丰富繁荣，人与自然越来越和谐相处。即在高级演进曲线中到了t_1时刻后，根据边际报酬的递减规律，系统发展的速度开始减慢，但系统的总体发展水平在不断的调整中趋于协同状态（图7.4中显示的曲线有一水平的渐近线），即该区域各子系统达到了全面协同发展。当系统处于恢复增长阶段和趋于协同阶段时，影响作用越小的地区更容易从调整发展阶段中恢复过来，即状态一的曲线比状态二、状态三的曲线更快地走向趋于协同。

两个因素影响下的三种不同的假设前提，构成了本研究的三种形式的演进模型。初级演进方式和中级演进方式的假设条件都相对比较严格，但其为高级演进模型奠定了基础。高级演进模型下，考虑了区域经济、政治、文化、社会、生态系统内各投入要素之间的相互作用，同时还引入了子系统之间相互作用的影响系数函数。最终得出了一个螺旋式上升的区域系统协同发展的曲线，划分了区域系统协同发展的五个不同的阶段：初级发展阶段、快速增长阶段、波动调整阶段、恢复增长阶段和趋于协同阶段，分析各个阶段的相应演化特征，为研究中国区域经济、政治、文化、社会、生态系统非线性演化提供了理论基础。

第八章

中国区域经济、政治、文化、社会、生态系统协同发展测度

第一节 指标体系的建立与数据来源

一 指标体系的构建

区域协同发展是一个多要素、多子系统的复杂系统，其各要素、各子系统之间存在着多链条、非线性的联系。要了解区域系统的演进特征既要对协同发展的内涵做全面的理解，又要找出概括区域发展的具体指标。

在建立经济、政治、文化、社会、生态系统时指标选取应遵循以下五个原则。

一是简洁全面性原则：区域经济、政治、文化、社会、生态系统是一个复杂的有机整体，在选取指标时应尽可能简洁明了，且能够考虑到系统的方方面面，让指标体系能简单充分地反映系统发展演化的真实状况。

二是可操作性原则：由于区域经济、政治、文化、社会、生态系统涉及的子系统较多，指标的设置应考虑数据的可获得性，即指标可以通过权威发布的统计资料、各类政府工作报告、各级政府部门处直接获得。

三是可比性原则：反映区域经济、政治、文化、社会、生态系统的指标有很多，但选取的指标不仅要能够适合所有地区，同时还要在不同区域之间有一定可比性，能够体现出各区域发展的相同与不同之处。

四是层次性原则：区域经济、政治、文化、社会、生态系统协同发

展包括五个不同的子系统,各类指标应该与各子系统一一呼应,层次分明。指标体系的层次性可以使原本复杂的系统发展情况变得一目了然,便于数据处理。

五是动态性原则:区域系统的演化需要通过一定的时间才能得到反映,因而指标的选择要考虑动态变化特点,能反映历史发展情况且能对未来发展趋势的预测有一定的参考价值。

本着上述原则,本研究在对区域经济、政治、文化、社会、生态系统的内涵、特征进行分析的基础上,对区域政治、经济、文化、社会、生态五个子系统的指标进行了慎重选取。不仅注重单个指标的意义,更强调指标体系的整体与部分的关联性,力争能充分地反映区域经济、政治、文化、社会、生态系统的整体性及各子系统之间辩证统一的关系。最终得出中国经济、政治、文化、社会、生态系统的指标体系,如表 8.1 所示。

表 8.1　中国区域经济、政治、文化、社会、生态系统评价指标体系

一级指标	二级指标	指标符号	类型
政治子系统(P)	工会基层组织个数(万)	L_{11}	效益型
	万人律师从业人数(人)	L_{12}	效益型
	万人职务犯罪率(%)	L_{13}	成本型
	公共财政支出(万元)	L_{14}	效益型
	行政管理费率(%)	L_{15}	成本型
经济子系统(E)	人均 GDP(元)	L_{21}	效益型
	GDP 增长率(%)	L_{22}	效益型
	第二产业占 GDP 比	L_{23}	效益型
	第三产业占 GDP 比	L_{24}	效益型
	地方财政收入(亿元)	L_{25}	效益型
	R&D 投入强度	L_{26}	效益型
文化子系统(C)	文化产品(种)	L_{41}	效益型
	文物藏品数量(件/套)	L_{42}	效益型
	文化机构数量	L_{43}	效益型
	文化产业增加值(千元)	L_{44}	效益型
	人均文化事业费(元)	L_{45}	效益型

续表

一级指标	二级指标	指标符号	类型
社会子系统（S）	高等学校毕业生数（万人）	L_{31}	效益型
	城镇居民可支配收入（元）	L_{32}	效益型
	恩格尔系数（%）	L_{33}	效益型
	城镇登记失业率（%）	L_{34}	成本型
	养老保险参与率（%）	L_{35}	效益型
	社会安全指数	L_{36}	效益型
生态子系统（E）	森林覆盖率（%）	L_{51}	效益型
	自然灾害损失（亿元）	L_{52}	成本型
	单位GDP能耗（吨标准煤/万元）	L_{53}	成本型
	环境投资占GDP比（%）	L_{54}	效益型
	单位GDP污染物排放（吨/亿元）	L_{55}	成本型

二 指标体系的内涵分析

测度经济子系统时，人均GDP以及经济结构的变化是衡量区域系统经济发展程度的重要指标。由于各地人口总量的不同，本研究选取了人均GDP、GDP增长率来反映经济子系统发展的水平，人均GDP能反映一个地区的经济发展的一般水平，GDP增长率则反映了一个地区在演进过程中动态的变化情况。同时第二产业占GDP比、第三产业占GDP比、地方财政收入以及R&D投入强度是对地区经济发展总量进行分解，能从工业、服务业、政府收入、科技投入四个不同的角度反映区域经济的发展广度。这也避免了仅仅以GDP数值的高低判断一个地区经济发展带来的片面性。

测度政治子系统首先考虑到工会作为党联系群众的重要的桥梁和纽带，工会基层组织数量能够很直接地反映党政工作的广度。职务犯罪包括贪污贿赂和渎职侵权，万人职务犯罪率为区域职务犯罪人数占当地人口的比率，能直接反映该区域的政治清廉程度。依法治国是中国共产党领导人民治理国家的基本方略，律师在推行依法治国的道路中也承担了很重要的作用，律师从业人员的数量增加是法治社会的显著标志。公共财政支出和行政管理费是指国家财政在国家管理的过程中在公共事业的投入以及行政自身运行的费用，区域系统在不同的发展阶段对公共财政和行政管理费的支出上也会有很大的差别。其中行政管理费率是指行政管理费占公共财政支出的比例。

文化子系统的测度需要综合考虑文化的多样性以及文化的现实价值。各地文化产品的种类、文物业文物藏品的数量以及文化机构的数量三个指标能较为全面地反映当地文化繁荣的程度。其中文化产品包含出版的期刊、图书以及报纸三种最为常见的类型；文化机构包括公共图书馆、群众艺术馆机构、文化馆、博物馆、艺术表演团体以及艺术表演场所六种不同的文化类机构；文物业文物藏品对于区域文化子系统的演进有很大的参考价值，其能较为直观地反映该地区在不同的时间点上，文化子系统的发展概况。文化产业增加值和人均文化事业费则分别从宏观和微观两个层面描述文化产业的发展所带来的现实价值，这也是文化子系统在区域经济、政治、文化、社会、生态系统中不可或缺的原因所在。

社会子系统的测度需要考虑到社会发展的方方面面。本研究用高等学校毕业生人数来测量社会的受教育程度；用城镇居民的可支配收入、恩格尔系数来反映人民群众的生活水平，恩格尔系数的计算取各地区城镇居民与农村居民的平均值；用城镇登记失业率和养老保险参与率来反映社会保障的发展程度。社会安全指数是上海市统计局发布的关于评价区域社会安全状况的重要指标，也是国家统计局全面建成小康社会统计监测指标体系的重要指标之一。其计算方法是社会安全指数 = 20 × （基准期万人交通事故死亡率/当期万人交通事故死亡率）+ 20 × （基准期万人工伤事故死亡率/当期每百万人工伤事故死亡率）+ 20 × （基准期万人火灾事故死亡率/当期每百万人火灾事故死亡率）+ 40 × （基准期万人刑事犯罪率/当期万人刑事犯罪率）。[①]

生态子系统的测度较为复杂，本研究试图从自然环境和人的作用两个角度来诠释一个地区生态子系统的发展状况。描述自然环境的发展状况，森林覆盖率和自然灾害带来的损失能反映一个区域的生态系统总体情况，或好或坏。人的作用的测度利用单位 GDP 能耗、环境投资占 GDP

[①] 上海市统计局：《社会安全指数》，2015 年 3 月 16 日访问，http://www.stats-sh.gov.cn/tjzx/201103/86149.html。

第八章　中国区域经济、政治、文化、社会、生态……发展测度　/　141

比和污染物排放三个指标进行分析。其中 GDP 能耗利用每万元 GDP 消耗的标准煤的吨数表示，反映了人的活动给区域经济带来发展的同时带来的资源消耗的量；环境投资占 GDP 比是指为了维护区域系统的可持续发展，对生态环境进行维护、改造所进行的投资占国内生产总值的比例，环境投资包括城市环境基础设施建设投资、工业污染源智力投资、建设项目"三同时"环保投资三个方面；污染物的排放的计算，本研究选取粉尘排放量与二氧化硫排放量的总和，这两种排放物在所有污染物排放中也是最高的，能较为精确地反映一个地区总的污染物排放的情况，折算成单位 GDP 污染物排放指标更具有可比性。

三　数据来源

本研究采用 2002—2012 年中国各项数据进行实证分析，数据来源于《中国统计年鉴（2002—2012）》《中国律师年鉴（2002—2012）》《中国检察年鉴（2002—2012）》《中国司法行政统计年鉴（2002—2012）》《中国财政年鉴（2002—2012）》《中国民政统计年鉴（2002—2012）》《中国社会统计年鉴（2002—2012）》《中国工业经济统计年鉴（2002—2012）》《中国文化文物统计年鉴（2002—2012）》《中国劳动统计年鉴（2002—2012）》《中国安全生产年鉴（2002—2012）》《中国出版年鉴（2002—2012）》《中国教育统计年鉴（2002—2012）》《中国人口与就业统计年鉴（2002—2012）》《新中国六十年统计资料汇编》《中国能源统计年鉴（2002—2012）》《中国各省（市、区）政府工作报告（2002—2012）》及《中国各省（市、区）国民经济和社会发展统计公报（2002—2012）》以及各级政府各部门的官方网站。部分省份指标取值如表 8.2 所示。

表 8.2　中国部分省份区域经济、政治、文化、社会、生态系统指标取值

指标	北京	浙江	湖北	安徽	贵州
工会基层组织个数（万）	Mx：2.96 Mn：1.32 S/V = 0.32	Mx：14.4 Mn：5.64 S/V = 0.30	Mx：12.1 Mn：4.54 S/V = 0.33	Mx：10.2 Mn：5.13 S/V = 0.22	Mx：7.52 Mn：2.21 S/V = 0.44

续表

指标	北京	浙江	湖北	安徽	贵州
万人律师从业人数（人）	Mx：12.1 Mn：5.4 S/V = 0.28	Mx：2.87 Mn：1.45 S/V = 0.25	Mx：1.32 Mn：0.57 S/V = 0.28	Mx：0.98 Mn：0.60 S/V = 0.18	Mx：0.68 Mn：0.29 S/V = 0.32
万人职务犯罪率（%）	Mx：14.5 Mn：10 S/V = 0.15	Mx：15.4 Mn：9.8 S/V = 0.14	Mx：14.5 Mn：10 S/V = 0.15	Mx：6.5 Mn：3.7 S/V = 0.15	Mx：9.3 Mn：6.7 S/V = 0.13
公共财政支出（千亿元）	Mx：4.57 Mn：0.68 S/V = 0.65	Mx：3.84 Mn：0.75 S/V = 0.54	Mx：3.16 Mn：0.51 S/V = 0.64	Mx：3.31 Mn：0.46 S/V = 0.64	Mx：2.24 Mn：0.32 S/V = 0.69
行政管理费率（%）	Mx：8.7 Mn：0.48 S/V = 0.21	Mx：18.2 Mn：10.3 S/V = 0.22	Mx：17.3 Mn：10.1 S/V = 0.21	Mx：15.7 Mn：9.9 S/V = 0.17	Mx：25.9 Mn：12.2 S/V = 0.34
人均 GDP（万元）	Mx：8.7 Mn：3.5 S/V = 0.29	Mx：6.3 Mn：2.0 S/V = 0.36	Mx：3.9 Mn：0.48 S/V = 0.52	Mx：2.9 Mn：0.64 S/V = 0.51	Mx：1.96 Mn：0.4 S/V = 0.57
GDP 增长率（%）	Mx：14.5 Mn：8.1 S/V = 0.18	Mx：14.7 Mn：8.9 S/V = 0.18	Mx：15.7 Mn：9.2 S/V = 0.16	Mx：14.6 Mn：8.9 S/V = 0.15	Mx：15 Mn：9.1 S/V = 0.16
第二产业占 GDP 比	Mx：31 Mn：23.4 S/V = 0.11	Mx：54 Mn：51 S/V = 0.02	Mx：50 Mn：40.6 S/V = 0.07	Mx：54.4 Mn：38 S/V = 0.12	Mx：43 Mn：37.7 S/V = 0.04
第三产业占 GDP 比	Mx：76 Mn：67.8 S/V = 0.04	Mx：44 Mn：39.4 S/V = 0.04	Mx：42.6 Mn：37 S/V = 0.04	Mx：42 Mn：32.5 S/V = 0.08	Mx：49 Mn：38.6 S/V = 0.09
地方财政收入（千亿元）	Mx：4.36 Mn：0.6 S/V = 0.69	Mx：3.2 Mn：0.57 S/V = 0.54	Mx：1.5 Mn：0.24 S/V = 0.62	Mx：1.46 Mn：0.2 S/V = 0.69	Mx：0.77 Mn：0.1 S/V = 0.67
R&D 投入强度	Mx：5.8 Mn：5.1 S/V = 0.05	Mx：1.85 Mn：0.7 S/V = 0.31	Mx：1.65 Mn：1.0 S/V = 0.18	Mx：1.4 Mn：0.73 S/V = 0.24	Mx：0.68 Mn：0.5 S/V = 0.12

续表

指标	北京	浙江	湖北	安徽	贵州
高等学校毕业生数（万人）	Mx：33.5 Mn：6.8 S/V=0.51	Mx：23.8 Mn：4.8 S/V=0.42	Mx：3.6 Mn：7.8 S/V=0.43	Mx：25.6 Mn：4.4 S/V=0.47	Mx：8.3 Mn：1.79 S/V=0.43
城镇居民可支配收入（万元）	Mx：3.47 Mn：1.2 S/V=0.34	Mx：3.1 Mn：1.17 S/V=0.32	Mx：1.84 Mn：0.7 S/V=0.35	Mx：1.86 Mn：0.6 S/V=0.37	Mx：1.65 Mn：0.6 S/V=0.34
恩格尔系数（%）	Mx：34 Mn：31.4 S/V=0.02	Mx：39.4 Mn：35 S/V=0.04	Mx：45.4 Mn：40 S/V=0.04	Mx：45.7 Mn：39 S/V=0.05	Mx：49.7 Mn：43 S/V=0.05
城镇登记失业率（%）	Mx：2.1 Mn：1.3 S/V=0.19	Mx：4.2 Mn：3.12 S/V=0.11	Mx：4.3 Mn：4.1 S/V=0.02	Mx：4.4 Mn：3.7 S/V=0.06	Mx：4.2 Mn：3.63 S/V=0.05
养老保险参与率（%）	Mx：54 Mn：31 S/V=0.21	Mx：33 Mn：15 S/V=0.28	Mx：19 Mn：11 S/V=0.16	Mx：12 Mn：7 S/V=0.20	Mx：8 Mn：4 S/V=0.23
社会安全指数	Mx：198 Mn：94 S/V=0.217	Mx：130 Mn：76 S/V=0.15	Mx：119 Mn：88.7 S/V=0.09	Mx：130 Mn：89.3 S/V=0.13	Mx：133 Mn：100 S/V=0.09
文化产品（千种）	Mx：3.8 Mn：1.96 S/V=0.21	Mx：9.8 Mn：5.34 S/V=0.17	Mx：11.6 Mn：5.6 S/V=0.27	Mx：8.0 Mn：3.26 S/V=0.30	Mx：1.67 Mn：0.9 S/V=0.20
文物藏品数量（万件/万套）	Mx：374 Mn：196 S/V=0.57	Mx：109 Mn：50.9 S/V=0.21	Mx：146 Mn：82 S/V=0.18	Mx：83.4 Mn：45 S/V=0.27	Mx：19 Mn：5.2 S/V=0.46
文化机构数量（千家）	Mx：0.3 Mn：0.18 S/V=0.13	Mx：1 Mn：0.39 S/V=0.45	Mx：0.6 Mn：0.47 S/V=0.09	Mx：1.7 Mn：0.42 S/V=0.74	Mx：0.31 Mn：0.23 S/V=0.20
文化产业增加值（亿元）	Mx：41.3 Mn：4.6 S/V=0.77	Mx：82.4 Mn：23 S/V=0.40	Mx：37.9 Mn：8.8 S/V=0.48	Mx：102 Mn：4.87 S/V=1.20	Mx：14.9 Mn：3.2 S/V=0.56

续表

指标	北京	浙江	湖北	安徽	贵州
人均文化事业费（元）	Mx：88.7 Mn：29 S/V=0.77	Mx：53 Mn：12.3 S/V=0.45	Mx：20 Mn：4.55 S/V=0.53	Mx：15.3 Mn：3.3 S/V=0.53	Mx：21.6 Mn：2.9 S/V=0.69
森林覆盖率（%）	Mx：36.7 Mn：19 S/V=0.25	Mx：60.7 Mn：51 S/V=0.06	Mx：31 Mn：26 S/V=0.08	Mx：26.1 Mn：23 S/V=0.05	Mx：39.9 Mn：21 S/V=0.22
自然灾害损失（亿元）	Mx：14.7 Mn：0.6 S/V=0.76	Mx：346 Mn：41.4 S/V=0.53	Mx：239 Mn：51 S/V=0.66	Mx：229 Mn：35.3 S/V=0.54	Mx：249 Mn：23.7 S/V=0.99
单位GDP能耗（吨标准煤/万元）	Mx：1.0 Mn：0.46 S/V=0.23	Mx：1.03 Mn：0.6 S/V=0.77	Mx：1.62 Mn：0.9 S/V=0.16	Mx：1.5 Mn：0.75 S/V=0.19	Mx：3.88 Mn：1.7 S/V=0.23
环境投资占GDP比（%）	Mx：2.1 Mn：0.12 S/V=0.39	Mx：2.4 Mn：0.74 S/V=0.40	Mx：1.32 Mn：0.2 S/V=0.36	Mx：1.75 Mn：0.2 S/V=0.43	Mx：1.14 Mn：0.5 S/V=0.21
污染物排放（吨/亿元）	Mx：55 Mn：7.81 S/V=0.65	Mx：119 Mn：29.5 S/V=0.51	Mx：207 Mn：41 S/V=0.52	Mx：229 Mn：61.5 S/V=0.44	Mx：1260 Mn：239 S/V=0.56

注：表格中Mx和Mn表示近十年指标取值的最大值和最小值；S/V是该指标数值的变异系数，即均值与标准差的商。

第二节 数据处理

一 利用Topsis方法计算各级指标的权重

第一步，标准化数据。由于区域经济、政治、文化、社会、生态系统中各类指标数据的量纲差异性较大，将指标进行分类并进行标准化的处理有利于进行后面的研究。指标体系的指标可以归纳为两种：一种是越小越理想型，另一种是越大越理想型。不同类型的指标无量纲化的标准函数不同，以政治子系统为例，工会基层组织数量、万人律师从业人数、公共财政支出为"效益型"指标；万人职务犯罪率、行政管理费率为"成本型"指标。

由于本研究要对各省（市、区）协同发展水平排序和各省（市、区）区域系统所处发展阶段两个方面进行研究，因此在数据无量纲化的过程中，处理各省（市、区）协同发展水平排序时，采用纵向无量纲化，即选取某一年各省（市、区）各指标的数据进行分析；但在分析各省（市、区）区域系统所处发展阶段时，因为要研究的是一个区域的演化特征，采用的是横向无量纲化的方法，即选取一个地区2002—2011年的各指标数据进行分析。需要进行两种方式的对于成本型指标和效益型指标无量纲化的函数分别为：

$$Z_{ij} = \frac{X_{ij} - \text{Min}(X_{ij})}{\text{Max}(X_{ij}) - \text{Min}(X_{ij})} \tag{8.1}$$

$$Z_{ij} = \frac{\text{Max}(X_{ij}) - X_{ij}}{\text{Max}(X_{ij}) - \text{Min}(X_{ij})} \tag{8.2}$$

在进行纵向无量纲化时，i 和 j 分别代表地区和指标，$i = 1, 2, \cdots, 30, 31$；在进行横向无量纲化时，i 和 j 分别代表年份和指标，$i = 2002, 2003, \cdots, 2010, 2011$。

第二步，计算变异系数。为了消除测量尺度和量纲的影响，利用标准差与平均值的比，即变异系数来反映数据的离散程度，进而确定指标对整体的影响程度。第 j 个评价指标变异系数的计算公式为：

$$\delta_j = \frac{D}{\bar{X}_j}, \text{其中 } D = \sqrt{\frac{1}{n}\sum_{i=1}^{n}(X_j - \bar{X}_j)^2}, \bar{X}_j = \frac{1}{n}\sum_{i=1}^{n}X_{i,j} \tag{8.3}$$

D 表示每个指标观测值的标准差；$\bar{X}_j$ 表示每个指标观测值的期望；δ_j 表示指标 j 的变异系数。

第三步，指标权重的计算。计算第 j 个指标所占的权重：

$$W_j = \delta_j / \sum_{j=1}^{m}\delta_j, \text{其中 } m \text{ 表示子系统中指标的个数} \tag{8.4}$$

权重表示的是区域经济、政治、文化、社会、生态系统发展过程中该指标影响整个系统的程度。表8.3为在横向无量纲化下，中国区域经济、政治、文化、社会、生态系统二级指标相对于一级指标的权重，每个子系统内，各指标的权重之和为1。

表8.3　中国区域经济、政治、文化、社会、生态系统各级指标的权重

政治子系统	0.1849	0.3829	0.0964	0.1557	0.1801	
经济子系统	0.1986	0.1096	0.0768	0.2126	0.1864	0.2159
文化子系统	0.1944	0.1745	0.177	0.2306	0.2234	
社会子系统	0.1704	0.0888	0.0982	0.1779	0.2148	0.2498
生态子系统	0.2576	0.1253	0.1415	0.3450	0.1306	

指标权重的大小代表了其对于区域系统发展的重要程度。由表8.1和8.3可知，中国区域经济、政治、文化、社会、生态系统中政治子系统中，指标权重最大的是 L_{12}：万人律师从业人数，突出了法治队伍建设对于依法治国的重要性，社会主义法治建设需要一支忠于党、忠于法律的司法工作队伍；经济子系统中指标权重最大的是 L_{26}：科技研发投入强度，反映了建设创新型国家对于科技创新的迫切需求，科教兴国是中国现代化建设的战略方针；文化子系统中指标权重最大的是 L_{44}：文化产业增加值，文化产业振兴对于大力发扬社会主义核心价值观、弘扬中华民族优秀传统文化有着重要的意义；社会子系统中指标权重最大的是 L_{36}：社会安全指数，公共安全是人民能够安居乐业的基础，也是构建社会主义和谐社会的重要因素；生态子系统中指标权重最大的是 L_{54}：环境投资占GDP比例，环境保护是经济社会得以可持续发展的重要前提，节能环保不仅仅是一国发展之大事，更是全人类的共同使命。

二　中国各地区协同发展水平测度方法

利用各省（市、区）每年的标准化数据及各指标的权重，计算中国2002—2011年各省（市、区）区域经济、政治、文化、社会、生态系统各子系统的综合评分：

$$y_{i,j} = \sum_{i=1, j=2002} Z_{ij} W_i \tag{8.5}$$

$y_{i,j}$ 为某地区第 j 年第 i 个子系统的发展能力。$j = 2002, 2003, \cdots, 2011, i = 1, 2, \cdots, 5$。利用 TOPSIS 法计算出各个子系统的综合评分后，再利用五边形蛛网结构对区域经济、政治、文化、社会、生态系统的总体协同发展水平进行测度。

第八章　中国区域经济、政治、文化、社会、生态……发展测度 / 147

五边形蛛网结构示意图如图 8.1（a）所示，正五边形 ABCDE 中心点 O 到各顶点的轴的长度 OA、OB、OC、OD、OE 设为 1，这表示各子系统的综合评分最大值为 1，即 $y_{i,j} \in (0,1)$，正五边形蛛网结构的边界 ABCDE 即区域系统协同发展的极限。当各子系统的综合评分取 0—1 任意数值时，将子系统的综合评分刻画在轴上，便为中心点到各顶点的轴上的一个线段。oa 到 oe 分别表示地区政治子系统、经济子系统、社会子系统、生态子系统、文化子系统的综合评分，连接 a、b、c、d、e 五个点便得到一个包含在正五边形内的小五边形 abcde。用 S 来表示五边形的面积，y′ 表示区域经济、政治、文化、社会、生态系统的协同发展水平，可表示为：

$$y' = \frac{S_{abcde}}{S_{ABCDE}} \tag{8.6}$$

如图 8.1（a）所示，当五边形 abcde 的边越接近五边形 ABCDE 的边界，则表示该区域的协同发展水平越接近极限，协同水平越高。另外，若五个子系统中有一个子系统的发展水平过低，类似于管理学的"木桶效应"，y′ 的值也会因为发展水平最低的那个子系统受很大的影响。只有当五个子系统发展均衡，即 oa、ob、oc、od、oe 的长度差距不大时，系统才会趋于协同发展。

正五边形蛛网结构有以下几个特点。

第一，简洁明了。通过内五边形的面积与正五边形的面积之比，得出的区域系统协同发展水平，比一般的协同发展测度方法具有更强的可视性，能更直观地反映区域经济、政治、文化、社会、生态系统的发展状况。当五边形 abcde 的边越接近五边形 ABCED 的边界，则表示该区域的协同发展水平越接近极限，协同水平越高；当五边形 abcde 越靠近正五边形的中心时，则表示该区域的协同发展水平越低。

第二，科学实用。五边形蛛网结构对于区域系统协同发展的测度具有一定的可行性。如图 8.1（b）、（c）所示，在对两个区域的协同发展水平进行对比时，不能因为某个区域的多个子系统的发展水平较低而判断其总的发展水平较低，同时也不能因为某个区域的单个子系统的发展水平突出而判断其总的发展水平较高。类似于管理学的"木桶效应"，当五个子系统的发展不平均，发展最差的子系统势必会拖整个系统的后腿，在测度区域系统协同发展水平时，结果往往并不理想。区域经济、政治、文化、社会、生态系统需要各个子系统之间相互协调，共同成长，如此才能实现真正意义上的协同。

第三，易于推广。利用正五边形蛛网结构对区域经济、政治、文化、社会、生态系统协同发展水平进行测度，方法实用性较强。任何一个系统，在协同演化的过程中，都会有各种因素、各个子系统的影响，利用正五边形蛛网结构能较为科学直观地描述系统的演化情况。在讨论其他系统时，正五边形蛛网结构可以扩展到正多边形蛛网结构进行推广应用。

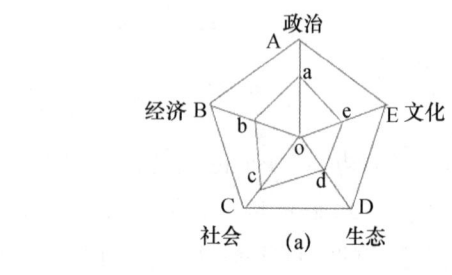

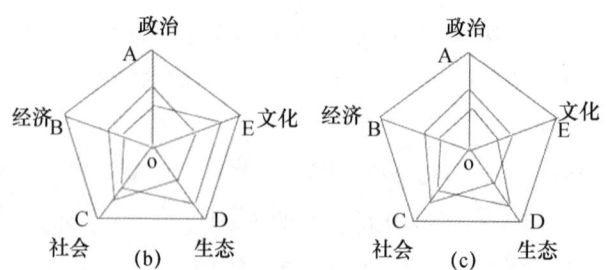

图 8.1　区域经济、政治、文化、社会、生态系统协同发展蛛网结构

第三节　中国区域经济、政治、文化、社会、生态协同发展的测度结果及分析

一　中国各地区 2002—2011 年协同发展格局

利用式（8.5）和式（8.6）计算得出各省（市、区）区域经济、政治、文化、社会、生态系统的协同发展水平综合评分，其中经过纵向标准化与横向标准化之后的各地区每年的协同发展水平综合评分在表 8.4 和

表8.5中列出。横向标准化的结果可以用在各地区之间的经济、政治、文化、社会、生态系统的协同情况比较，观察横向标准化的结果可知，中国各省份历年的经济、政治、文化、社会、生态系统得分存在较为明显的差异性和非平衡性，北京、上海、广东、西藏、福建、宁夏等地区的经济、政治、文化、社会、生态系统协同情况较好，而吉林、甘肃、青海和贵州地区的经济、政治、文化、社会、生态系统协同情况较差，这一分布特征与中国各地区的经济发展现状不完全一致。总体上看，经济发达地区的区域协同发展水平一般较好，如北京、上海、广东，但经济发展相对落后的省份，也有区域协同发展水平较高的，如西藏、宁夏等，经济发展水平较好的地区，也有区域协同发展得分不高的，如山东。这说明，经济发展是区域"五位一体"协同发展的基础，但经济发展并不等于区域协同发展，区域协同发展要求的是各方面的平衡发展，区域也不会因为经济发展了自然而然形成"五位一体"的协同发展，而是需要在各个方面同时发力，协同推进，特别是要注意在短板的方面加大投入，加快改善。

表8.4是经过纵向标准化之后的中国区域经济、政治、文化、社会、生态系统协同发展情况，可以用来比较中国各个地区自身的年度变化情况，由表8.4的结果可知，和2002年相比，中国大部分省份在2011年的协同度都得到了相当大的改进，北京、西藏、广东、福建、宁夏、上海、湖北等地区的改进幅度较大，改进值在全国位于前列，相反地，吉林、青海、贵州、甘肃、辽宁、浙江、山东等地区的协同度改进值相对较低，即和2002年相比，这些地区在2011年的经济、政治、文化、社会、生态系统协同度得分提高较少。出现这种现象的原因是部分省份本身在经济、政治、文化、社会、生态各个子系统中投入了更多的资源，得到了更好的发展，或者是该地区本身起点较低，产生了"追赶效应"，因此，反映在结果上就是那些协同度改进较大的地区既有东部发达地区省份，也有西部地区的不发达省份。此外，各地区的协同度得分情况并不都是逐年提高的，存在部分省份在少数年份的协同度得分情况还较上一年度更低的情况，但是总的趋势是上升的，体现了波动上升的态势。

表 8.4　中国区域经济、政治、文化、社会、生态系统协同发展水平测度（横向标准化结果）

	2002	2003	2004	2005	2006	2007	2008	2009	2010	2011
北京	0.071	0.148	0.299	0.343	0.505	0.429	0.457	0.395	0.493	0.650
天津	0.053	0.078	0.093	0.102	0.105	0.153	0.258	0.380	0.501	0.440
河北	0.064	0.069	0.086	0.133	0.131	0.170	0.220	0.255	0.308	0.451
山西	0.062	0.082	0.093	0.113	0.144	0.167	0.210	0.254	0.305	0.430
内蒙古	0.051	0.061	0.067	0.121	0.109	0.151	0.199	0.263	0.342	0.394
辽宁	0.081	0.108	0.088	0.093	0.108	0.124	0.246	0.256	0.270	0.379
吉林	0.059	0.075	0.067	0.081	0.103	0.309	0.496	0.260	0.206	0.301
黑龙江	0.086	0.077	0.088	0.128	0.134	0.160	0.211	0.260	0.243	0.436
上海	0.160	0.118	0.283	0.291	0.402	0.499	0.442	0.356	0.382	0.576
江苏	0.080	0.056	0.119	0.102	0.126	0.163	0.216	0.284	0.318	0.400
浙江	0.149	0.159	0.198	0.331	0.432	0.498	0.468	0.427	0.482	0.462
安徽	0.065	0.052	0.080	0.077	0.118	0.196	0.171	0.251	0.497	0.419
福建	0.067	0.091	0.089	0.089	0.108	0.162	0.195	0.269	0.269	0.499
江西	0.057	0.061	0.099	0.103	0.127	0.183	0.201	0.274	0.312	0.420
山东	0.053	0.063	0.080	0.109	0.135	0.183	0.315	0.251	0.276	0.371
河南	0.065	0.057	0.075	0.093	0.138	0.162	0.234	0.267	0.287	0.462
湖北	0.041	0.093	0.163	0.215	0.378	0.395	0.510	0.492	0.473	0.453
湖南	0.041	0.031	0.098	0.051	0.158	0.146	0.310	0.279	0.385	0.447
广东	0.106	0.155	0.249	0.274	0.387	0.505	0.429	0.369	0.528	0.551
广西	0.066	0.073	0.090	0.104	0.123	0.174	0.203	0.293	0.338	0.439
海南	0.042	0.051	0.123	0.057	0.160	0.165	0.125	0.211	0.238	0.419
重庆	0.024	0.112	0.144	0.200	0.279	0.494	0.524	0.449	0.430	0.427
四川	0.079	0.080	0.087	0.092	0.108	0.155	0.182	0.269	0.306	0.421
贵州	0.015	0.026	0.027	0.055	0.091	0.119	0.152	0.219	0.263	0.273
云南	0.080	0.106	0.096	0.128	0.133	0.165	0.184	0.245	0.284	0.426
西藏	0.053	0.065	0.075	0.093	0.119	0.132	0.149	0.197	0.240	0.524
陕西	0.045	0.048	0.149	0.070	0.087	0.141	0.142	0.198	0.243	0.365
甘肃	0.024	0.043	0.050	0.077	0.119	0.167	0.201	0.224	0.258	0.292
青海	0.030	0.043	0.053	0.073	0.144	0.144	0.226	0.248	0.266	0.274
宁夏	0.063	0.101	0.084	0.105	0.103	0.132	0.175	0.232	0.283	0.483
新疆	0.072	0.080	0.118	0.121	0.114	0.136	0.173	0.234	0.272	0.452

表8.5 中国区域经济、政治、文化、社会、生态系统协同发展水平测度（纵向标准化结果）

	2002	2003	2004	2005	2006	2007	2008	2009	2010	2011
北京	0.585	0.639	0.494	0.553	0.572	0.605	0.667	0.666	0.705	0.645
天津	0.354	0.374	0.269	0.330	0.295	0.306	0.356	0.359	0.386	0.378
河北	0.300	0.314	0.210	0.282	0.276	0.245	0.304	0.303	0.304	0.329
山西	0.275	0.273	0.187	0.235	0.255	0.217	0.258	0.280	0.277	0.292
内蒙古	0.241	0.258	0.188	0.251	0.256	0.224	0.284	0.269	0.296	0.296
辽宁	0.375	0.369	0.254	0.319	0.310	0.267	0.361	0.386	0.367	0.366
吉林	0.293	0.279	0.194	0.234	0.230	0.233	0.292	0.267	0.286	0.296
黑龙江	0.279	0.281	0.202	0.251	0.244	0.226	0.294	0.275	0.278	0.299
上海	0.670	0.629	0.596	0.697	0.610	0.583	0.561	0.555	0.525	0.530
江苏	0.481	0.454	0.370	0.431	0.433	0.403	0.508	0.506	0.499	0.493
浙江	0.536	0.540	0.348	0.431	0.433	0.398	0.497	0.481	0.490	0.452
安徽	0.236	0.257	0.187	0.221	0.229	0.226	0.283	0.302	0.318	0.328
福建	0.365	0.361	0.242	0.294	0.274	0.268	0.329	0.322	0.325	0.328
江西	0.250	0.253	0.185	0.242	0.233	0.235	0.298	0.281	0.273	0.296
山东	0.422	0.405	0.302	0.383	0.401	0.365	0.468	0.433	0.418	0.426
河南	0.308	0.329	0.233	0.304	0.314	0.302	0.368	0.374	0.357	0.376
湖北	0.333	0.339	0.227	0.278	0.272	0.248	0.321	0.320	0.325	0.323
湖南	0.294	0.300	0.356	0.260	0.316	0.298	0.308	0.302	0.291	0.289
广东	0.612	0.587	0.409	0.492	0.470	0.471	0.550	0.531	0.550	0.521
广西	0.252	0.241	0.172	0.216	0.204	0.205	0.257	0.268	0.265	0.257
海南	0.167	0.194	0.154	0.155	0.197	0.208	0.188	0.201	0.253	0.258
重庆	0.236	0.279	0.187	0.229	0.237	0.240	0.290	0.280	0.338	0.350
四川	0.314	0.327	0.220	0.268	0.261	0.251	0.322	0.337	0.349	0.352
贵州	0.156	0.147	0.112	0.141	0.136	0.138	0.144	0.160	0.159	0.177
云南	0.254	0.265	0.188	0.218	0.217	0.201	0.241	0.238	0.238	0.269
西藏	0.226	0.188	0.139	0.150	0.140	0.144	0.159	0.157	0.166	0.226
陕西	0.323	0.330	0.226	0.266	0.259	0.271	0.312	0.310	0.304	0.322
甘肃	0.213	0.222	0.151	0.184	0.185	0.179	0.217	0.219	0.201	0.231
青海	0.188	0.190	0.132	0.153	0.187	0.156	0.190	0.171	0.208	0.205
宁夏	0.204	0.206	0.149	0.159	0.184	0.150	0.189	0.185	0.184	0.250
新疆	0.225	0.228	0.164	0.179	0.166	0.164	0.203	0.211	0.210	0.246

二 中国各地区经济社会协同发展所处阶段

（一）中国区域经济、政治、文化、社会、生态系统协同发展阶段——整体水平分析

由前述分析可知，中国区域经济、政治、文化、社会、生态系统协同发展 5 个阶段描述如下：

第一阶段区间（初级发展阶段）的特征：$\partial y/\partial t > 0$，$\partial y^2/\partial^2 t > 0$；

第二阶段区间（快速增长阶段）的特征：$\partial y/\partial t > 0$，$\partial y^2/\partial^2 t < 0$；

第三阶段区间（波动调整阶段）的特征：$\partial y/\partial t < 0$；

第四阶段区间（恢复增长阶段）的特征：$\partial y/\partial t > 0$，$\partial y^2/\partial^2 t > 0$；

第五阶段区间（趋于协同阶段）的特征：$\partial y/\partial t > 0$，$\partial y^2/\partial^2 t < 0$。

为更加合理地进行阶段划分判断，我们描绘了 2002—2011 年的走势图（见图 8.2）。

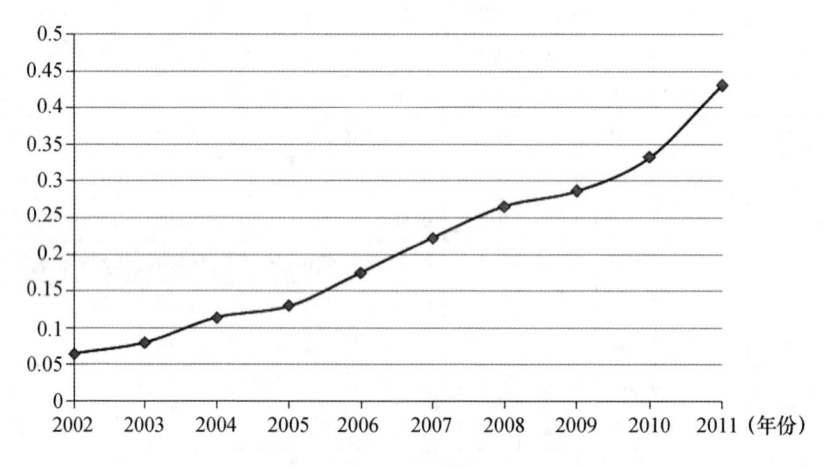

图 8.2 中国经济、政治、文化、社会、生态系统 2002—2011 年发展期望值的演进趋势

结合图 8.2 以及各阶段的特征描述可知，目前中国经济、政治、文化、社会、生态系统协同发展还处于初级发展阶段，因为在该阶段指标值的一阶导数大于 0（即，$\partial y/\partial t > 0$），而其二阶导数也大于 0（即，$\partial y^2/\partial^2 t > 0$），符合第一阶段区间（初级发展阶段）的特征。这说明，必

须加快推进中国区域协同发展的步伐，实现区域"五位一体"协同发展任重道远。

（二）中国区域经济、政治、文化、社会、生态系统所处发展阶段——地区差异分析

虽然中国经济、政治、文化、社会、生态系统整体处于初级发展阶段，但不同区域所呈现出的阶段性也存在一定差异。通过表8.5的数据，我们基于2011年指标值的期望值对同处于初级阶段的经济、政治、文化、社会、生态协同度进行了阶段划分。通过观察图8.3可以将区域划分为四大类。

其一，初级阶段的较高水平。北京、上海、广东、西藏、福建、宁夏6个区域在期望值较高的省份当中处于较高的水平。其中，北京是全国的政治中心与文化中心，上海是全国的经济中心，而广东、福建则是改革开放先行区，四个地区政治、经济在全国处于极其重要的地位，能够调动和整合最多的资源，政治、经济、文化、社会和生态各个子系统均得到了最有利的发展且各系统及各区域之间的联系协调程度相对较高，因此，在经济、政治、文化、社会、生态系统发展中力压全国其他地区。虽然西藏和宁夏的经济、政治、文化、社会和生态系统的发展水平相对较低，但倾斜式的中央政策引导下这两个区域的协同发展水平相对较高。

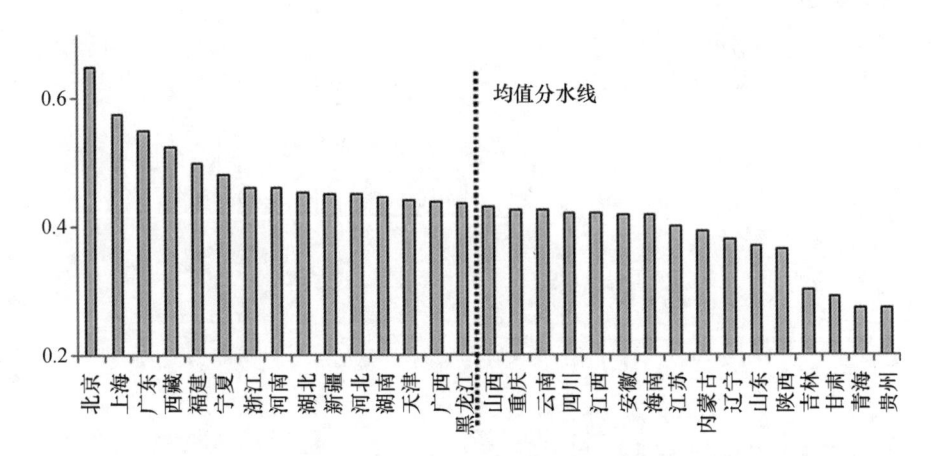

图8.3　2011年中国经济、政治、文化、社会、生态系统发展的区域差异

其二，初级阶段的良好水平。浙江、河南、湖北、新疆、河北、湖

南、天津、广西和黑龙江9个区域的系统间协同度相对比较趋同，处于同一层次。其中，河北和天津同处于京津冀协同发展规划城市群，政策支持下拉动了协同度的提升。新疆与前述的西藏、宁夏特征相似。

其三，初级阶段的一般水平。山西、重庆、云南、四川、江西、安徽、海南、江苏、内蒙古、辽宁、山东、陕西12个区域的协同度水平均低于期望值水平，但与前两个层次的差距并不是非常大。

值得注意的是，前三个层次的区域均处在国家战略区域规划的政策覆盖下。如上海市的浦东新区，湖北的武汉城市圈"两型"社会综改试验区，湖南的长株潭城市群"两型"社会综改试验区，广西的北部湾经济区，天津的滨海新区，上海、浙江、江苏的长江三角洲地区，广东的珠江三角洲地区、深圳市综合配套改革实验区，福建的海峡西岸经济区，四川、重庆的成渝城乡统筹实验区等。

其四，初级阶段的较差水平。吉林、甘肃、青海和贵州4个区域的协同度水平相对较低，在全国处于最为落后的位置。其中，甘肃、青海和贵州均位于西部地区，省内经济基础薄弱，基础设施建设落后，长期面临人才外流的困境，西部大开发的政策优惠不足以改变这4个地区的发展劣势，在经济、政治、文化、社会、生态系统发展方面还存在进一步提升的空间。

第 九 章

中国各区域协同发展的制约因素：
基于序参量的分析

以上我们测度了中国区域经济、政治、文化、社会和生态的协同发展及其演变状况，揭示了各区域协同发展的差异及其发展阶段。那么，是哪方面的因素制约了不同区域经济社会的协同发展？弄清楚这个问题，不仅是对各区域协同发展认识的进一步深化，更是为解决区域不协调问题，推进"五位一体"协同发展提供重要依据。本节我们将利用协同学中对序参量的识别方法，来求解各区域协同发展的关键或根本制约因素。

第一节 序参量概述

序参量是自组织系统有序性的一种判断依据，也是协同学和相变理论的基本概念。最早是苏联学者朗道为描述平衡相变现象而引入的，哈肯把它推广应用于描述非平衡相变。自组织理论中，序参量是指在系统的演化过程中，支配或主宰系统整体演化状态的一个变量。[1] 在区域 PESCE 系统由一个发展阶段演进到另一个发展阶段时，无论是进入更协同、更有序的阶段，还是进入更混乱、更无序的状态，系统中一般都会有一个或两个因素处于明显的支配地位影响着区域 PESCE 系统的发展，这个因素可能是该区域的社会子系统的发展，也可能是经济状况，也可能是生态条件，也存在两种因素同时存在的情况。总之，此时区域

---

[1] 吴礼斌、孙伟：《含控制因子的 R/S 分析的 H 参数估计及应用》，《统计与信息论坛》2010 年第 25 卷第 10 期，第 27—32 页。

PESCE 系统的发展会受到一个或两个子系统的支配,这样处于支配地位的子系统即被称为序参量子系统。

区域 PESCE 系统是一个由很多要素、很多变量相互作用的复杂系统。在这个系统中找出起决定作用的序参量,就能把握住整个系统的未来发展趋势和方向。各个子系统对系统整体发展所贡献的力量是不尽相同的,从序参量子系统出发,牢牢掌握住系统发展和演化的核心,就能使整个区域系统从无序走向有序,从低水平协同走向高度协同,推动区域政治、经济、文化、社会、生态的全面协同发展。

第二节 R/S 分析法介绍

R/S 分析法,又称为重标极差分析法(Rescaled Range Analysis),是水文学家赫斯特在大量研究的基础上提炼的一种统计方法。赫斯特在研究相关问题时,发现很多自然现象都遵循在一个相对稳定的值附近的随机变动的"游动",为了对这种有偏随机游动进行全面深入的研究,他提出了一个赫斯特指数(Hurst)来解释这种现象。该指数用来衡量系统中某种趋势的强度随时间的变化情况。[①] 这种方法对研究系统要求的假定很少,对于大部分的时间序列都有着广泛的用途。曼德尔布罗特(Mandelbrot)在 1972 年首次将 R/S 分析应用于美国证券市场,分析股票收益的变化,彼得斯(Peters)把这种方法作为其分形市场假说最重要的研究工具进行了详细的讨论和发展,并做了很多实证研究。[②]

R/S 分析法是从时间序列中提取信息的一种重要方法。R/S 分析法能将一个随机序列与一个非随机序列区分开来,而且通过 R/S 分析还能进行非线性系统长期记忆过程的探寻。

设已知子系统历史演化时间序列为 $\{\varepsilon_i\}$,$i=1,2,\cdots,n$。τ 为时间间隔,则 n 个时间数据的均值为:

[①] 黄勇等:《R/S 分析法在地下水动态分析中的应用》,《河海大学学报》2002 年第 30 卷第 1 期,第 83—87 页。

[②] 徐龙炳、陆蓉:《R/S 分析探索中国股票市场的非线性》,《预测》1999 年第 3 期,第 69—72 页。

$$(E\varepsilon)_\tau = \frac{1}{n}\sum_{i=1}^{n}\varepsilon_i \tag{9.1}$$

由此求得累积离差：

$$X(i,\tau) = \sum_{i=1}^{n}[\varepsilon_i - (E\varepsilon)_\tau] = \sum_{i=1}^{n}\varepsilon_i - i(E\varepsilon)_\tau, 1 \leq i \leq \tau \tag{9.2}$$

极差为：

$$R(\tau) = \max X(i,\tau) - \min X(i,\tau) \tag{9.3}$$

标准差为：

$$S(\tau) = \sqrt{\frac{1}{\tau}\sum_{i=1}^{\tau}[\varepsilon_i - (E\varepsilon)_\tau]^2} \tag{9.4}$$

而极差 $R(\tau)$ 与标准差 $S(\tau)$ 之间存在

$$R(\tau)/S(\tau) = (C\tau)^H \tag{9.5}$$

其中，C 是常数，H 是 Hurst 指数。对式（9.5）两边求对数，得到 $\log(R/S) = H(\log(\tau) + \log(C))$，再利用最小二乘法可拟合得出 H 值。

Hurst 指数（H）的取值不同代表不同的内涵。通常情况下，H 是介于 0 和 1 之间的实数。计算区域经济、政治、文化、社会、生态系统中某个子系统的 H 值时，当 $0<H<0.5$ 时，表明该子系统时间序列具有反持续性、比随机序列具有更多的波动性和突变性，当 H 值越接近 0，这种反持续性就越强，越接近 0.5，这种反持续性就越弱；当 $0.5<H<1$ 时，表明该子系统的时间序列具有长期持续性、比随机序列具有更多的趋势追随的倾向。H 值越接近 1，这种时间序列趋势追随的程度就越强，反之就越弱；当 $H=0.5$ 时，时间序列处于一个临界的状态，该状态下系统近似高斯独立过程，时间序列是由布朗运动决定的完全随机变量。

第三节 序参量的甄别

利用 R/S 分析法对中国各省（市、区）2002—2011 年区域经济、政治、文化、社会、生态系统的序参量子系统进行甄别。计算各省（市、区）的经济、政治、文化、社会、生态系统的五个子系统的对应的 H 值，进行甄别时，应遵循以下原则。

其一，若该区域经济社会系统的五个子系统的 H 值中有大于 0.5 的，

则选择 H 值最大的子系统作为序参量子系统。H 值越大代表该子系统在过去的一段时间中对系统发展持续性作用程度越强烈，越能代表未来系统的发展方向。

其二，若该区域经济社会系统的五个子系统的 H 值都小于或者等于0.5，选择最小 H 值的子系统作为序参量子系统。H 值越小表示该子系统对区域系统的发展影响越大，但是这种影响是具有反持续性的。

根据以上原则，在计算各地域子系统相关 H 值后，得出中国各省（市、区）2002—2011 年区域经济、政治、文化、社会、生态系统发展的序参量分布，如表 9.1 所示。

表 9.1　中国各省（市、区）2002—2011 年区域经济社会系统发展的序参量分布

政治	经济	文化	社会	生态
云南 (0.583)	上海 (0.571)	天津 (0.515)	北京 (0.551)	河北 (0.425)
	江西 (0.579)	黑龙江 (0.586)	吉林 (0.575)	山西 (0.410)
	山东 (0.563)	安徽 (0.508)	江苏 (0.568)	内蒙古 (0.528)
	湖南 (0.559)	海南 (0.574)	福建 (0.570)	辽宁 (0.538)
	四川 (0.573)	重庆 (0.585)	河南 (0.580)	浙江 (0.585)
	甘肃 (0.568)	西藏 (0.506)	广东 (0.576)	湖北 (0.509)
		陕西 (0.589)	青海 (0.566)	广西 (0.529)
		宁夏 (0.577)	新疆 (0.594)	贵州 (0.560)

注：表格中括号内数字代表各省（市、区）序参量子系统的 Hurst 指数。
资料来源：数据来源于附表 B2。

第四节　各区域协同发展关键制约因素分析

从表9.1中可以看出，除了河北、山西两地的 H 值小于0.5，其余地区的 H 值都大于0.5。这表明，大部分省份的序参量子系统对当地的区域经济、政治、文化、社会、生态系统具有一定的持续性和趋势追随作用，即这些序参量子系统的发展决定了区域未来的方向和重点。而河北和山西两地的生态子系统作为序参量子系统，对区域系统的发展有一定的反持续性的作用，给区域系统的发展带来更多的波动性和突变性。造成这一情况的原因是河北和山西两省一直是中国的能源消耗大省，二氧化硫及工业粉尘等污染物的排放一直居高不下，空气污染相当严重，一年当中有一半以上的天数空气质量不达标。2002年至2011这十年间，河北、山西两省的二氧化硫排放远远超过其他省份，且近些年也未见明显好转，2011年两省的工业粉尘排放之和占了全国的20%之多，严重影响人民的生活。生态子系统的弱化对河北、山西两省的区域经济、政治、文化、社会、生态系统发展造成了很大的阻碍，从表9.1中可以看出，两省近十年的协同发展水平一直处于比较落后的位序。

从总体上看，文化、社会和生态分别是8个省份系统演进的序参量，即这些区域经济社会协同发展决定性制约因素；其次是经济有5个省份，政治有1个省。这说明，影响中国区域经济社会协同发展的最重要因素，经济已经处于次要地位，而文化、社会、生态问题凸显为最重要地位。因此，推进中国"五位一体"的发展战略中，在保持经济持续发展的同时，应该更加注重区域文化、社会和生态的发展。政治因素只是一个省份的序参量，说明中国政治是稳定和统一的，区域政治基本上不是制约区域经济社会协同发展的决定性因素。

具体来看，（1）上海、江西、山东、湖南、四川、甘肃，经济是系统序参量，仍然是决定这些区域协同发展的关键因素，推进区域协同发展首先必须大力发展经济。其中，江西、湖南、甘肃、四川可能是因为经济发展水平还比较不发达，只有聚焦经济发展才能有效推进区域协同发展；上海、山东是经济比较发达地区，序参量仍然是经济，可能是因为相对其他方面的发展而言，经济仍然是不足的方面，或者就在系统中作用而言，经济仍然是制约区域发展的关键因素。

（2）天津、黑龙江、安徽、海南、重庆、西藏、陕西、宁夏，文化是系统序参量，说明这些地方需要大力推进文化建设，以文化发展来引领和促进区域协同发展。究其原因，一是可能其中区域文化发展不足，成为"五位一体"的短板，因为补短板成为关键，如黑龙江、海南、宁夏等；有些是因为文化是其比较优势，区域协同发展需要发挥比较优势来引领，如陕西、西藏等。

（3）北京、江苏、广东、福建、河南、青海、新疆、吉林的序参量是社会因素，说明这些地方应该把社会发展放在推进区域协同发的关键位置，大力发展社会事业。究其原因，有的地方可能因为经济发展了，社会发展滞后，严重拖累了区域协同，如北京、江苏、广东等；有的可能是因为社会问题或矛盾比较突出，解决社会问题是促进区域协同发展的关键，如新疆、青海等；有的可能是因为各方面的发展中，社会问题更为突出，需要特别重视社会建设，如河南、吉林等。

（4）河北、山西、内蒙古、辽宁、浙江、湖北、广西、贵州，生态是系统序参量，说明这些地区推进区域协同发展的关键是加强生态文明建设。其中，有些省份可能是因为生态危害严重，如山西、河北，治理和优化生态环境成为区域协同发展的关键；有些省份可能是因为生态是比较优势，只有发挥生态的比较优势才能促进整个区域协同发展。

（5）只有云南，政治是区域系统的序参量，说明云南在政治方面问题较多，如腐败，推进云南区域协同发展，首先需要加强政治文明建设。

第三篇

中国区域经济、政治、文化、社会和生态协同发展的推进机制研究

推进中国区域经济、政治、文化、社会和生态"五位一体"协同发展是一项巨大的系统工程，任务复杂艰巨，任重而道远。要有效推进区域协同发展，首先需要明确，应该依据什么样的理念和原则来推进协同发展？推进区域协同发展的动力何在，依靠什么机制去驱动？如何去构建推进区域协同发展的协调机制等？即首先需要从理论上深入探讨区域协同发展的推进机制问题。本篇将首先基于区域协同发展的基本特征和基本要求，提出和深入阐述了推进我国区域协同发展的基本理念和原则，构建"双重竞争模型"，深入研究和揭示地方政府竞争和市场竞争是推进区域协同发展的根本动力；依据区域各个方面及区域间的复杂关系，从六个维度提出和阐明推进区域协同发展的协调机制。

第十章

推进中国区域协同发展的基本理念和原则

推进区域经济、政治、文化、社会和生态协同发展，问题复杂，涉及面广，需要确立一些基本的理念或原则，总览全局，提纲挈领，才能引领各层次各方面相关主体自觉有效地去推进，实现"五位一体"协同发展。中国在推进区域发展中，常常出现顾此失彼、相互冲突的问题，如注重经济增长就忽视社会公平，强调政治稳定就不顾经济活力，关注社会发展就罔顾生态环境等；在推进机制上，有时强调中央统一规范，有时又放任地方的作为；有时强调市场的决定作用，有时又强化政府的管制。凡此种种都说明，我们在推进区域发展中，缺乏一些高层次的理念和原则引领，常常就事论事，权宜处理。因此，推进区域协同发展，首先需要确立一些基本的理念和原则，以这些理念和原则来统领各方面的政策和行为，才可能真正实现区域的协同发展。

第一节 以民生幸福为宗旨引领协同发展

区域经济、政治、文化、社会和生态都有自己特定的发展目标，经济发展追求物质财富的增长，政治发展追求国家治理的公正与稳定，文化发展追求民族精神和文明水平的提升，社会发展追求社会的和谐和公平，生态发展追求人与自然的和谐和环境优美，要实现具有差异化的五个方面的协同发展，就必须找到它们共同的价值基础和目标理念，这个价值理念不仅是统领五个方面的总体目标，而且能够完全兼容五个方面的各自目标，成为各方面的最高目标。那么，什么价值目标具有这样的特性呢？我们认为，就是人民的幸福生活或民生幸福。

只有把民生幸福作为总体目标，才能有效统一经济、政治、文化、社会、生态的协同发展。民生幸福是一个综合性的具有直接感受性的指标，它不仅以经济发展为基础的，而且要求这种增长大家能够分享；不仅要满足人们物质生活需求，还需要使人们有人格的尊严、精神的充实、生活的安定、环境的舒适等。以民生幸福为最高价值目标，我们的发展必须是全面的、协调的。

长期以来，我们的区域社会发展之所以出现不协调、不平衡，有发展阶段上的客观原因，也有发展目标上缺乏高层次的统一价值理念的主观原因。经济发展追求 GDP 没有错，问题在于停留在 GDP 目标上而没有更高层次的价值目标的引领，也就使得 GDP 的追求排斥了其他社会发展，造成生态的破坏、贫富的悬殊等。如果我们经济发展的最高价值目标定位在民生幸福上，那么，我们在追求 GDP 增长的同时，会注重 GDP 的质量，注重增长财富的共享，注重经济增长与环境保护的协调，因为只有这样，GDP 的增长才会带来民生幸福的提升。反之，离开了民生幸福的价值目标片面追求 GDP 的增长，或者只把 GDP 作为政绩的目标，就必然导致只管 GDP 增长而罔顾生态环境恶化、社会差距拉大等问题的产生。

同样，只有用民生幸福作为最高的价值目标，才能使区域政治、文化、社会、生态的发展，既能够实现自身高品质的发展，又完全兼容其他方面的发展，实现"五位一体"的协同发展。以民生幸福为宗旨引领政治协同发展，我们的政治就不会只强调治理有效而罔顾人民的权利和自由，不会为追求统治的正义而不惜牺牲人民利益和尊严，我们的政府官员也就不会只追求政绩以求晋升，而不去贯彻为人民服务的宗旨。以民生幸福引领文化发展，就是要使文化发展去满足人民大众的精神需求，用精神、理想去激发人们的生活热情，同时，不把文化变成虚幻的说教和低俗的精神刺激，努力在提升文化品位的基础上让文化去为经济和社会发展服务，产生实在的现实价值。以民生幸福去引领社会发展，才能真正做到为最大多数的人民提供公平的公共产品和服务，不把社会工作仅仅当作维持社会稳定的工具，而是服务于全体人民的事业。以民生幸福去引领生态发展，就会更加明确我们为什么要去治理环境污染、怎样去优化生态系统，而不把生态治理与经济发展对立起来，而是努力追求二者的协调和协同，因为如果没有面包、饿着肚子，再优美的环境也不能给人愉悦，只有把生态优化与经济发展协调起来，才能实现生态发展的真正目的。

第二节　在发展中推进协同

区域协同发展包含了协同和发展两个方面的规定，这两个方面是可以相互促进的，但也是具有差异的。协同强调一致性、平衡性，发展则要求变化性和突破性，因此，在一定条件下，二者之间也可能产生冲突。这就需要我们正确地去处理二者之间的关系。

首先，要坚持把协同与发展的统一作为最高目标。这主要是要求我们在推进发展中，始终要有一个目标，就是共同发展，共同富裕。尽管我们在一定条件下，需要差异化来推进发展，需要不平衡来寻求突破，但是，不应该把一定条件下的差异和不平衡固化，发展和突破的最终目的和效果，不应该是个别地区和少数人的发展，而是实现区域之间、区域各个方面、区域全体人民的共同发展、共同幸福。改革开放初期，为了突破停滞不前的旧格局，给发展注入活力，邓小平提出让一部分地区率先发展，一部分人先富起来的战略，但是，部分地区、部分人的发展与富裕不是我们的目标，而是要先发展地区带动后发展地区，实现共同发展，以先富带动后富，实现共同富裕。所以，邓小平说，如果我们的发展造成了贫富悬殊和两极分化，造成了区域之间的极大不平衡，这种发展又有什么意义？

其次，当协同与发展在一定条件下难以统一时，应该在尽可能兼顾的情况下把发展放在优先位置。协调发展的根本是发展，没有发展的协调和平衡归根结底是没有意义的。在改革开放之前，我们曾经有一段时期，把区域平衡、协调放在最高的目标上，不顾客观规律，人为地去搞平调，求平衡，结果导致大家的不发展和共同的贫穷。因此，我们始终应该牢记"发展是硬道理"，"发展是第一要务"，把发展特别是经济的发展放在首位，在发展中追求协同，实现区域之间区域各个方面的共同提升。道理很简单，发展是实现协同发展的条件，只有发展了，才有可能加大文化、社会和生态方面的投入，解决这些方面的问题，促进其更好地发展，从而实现与经济的协同发展。当然，把发展放在首位，以经济发展为中心，并不是不要区域协同，更不应以牺牲其他方面来追求经济增长，而是应该在尽可能兼顾协调与平衡的条件下来追求发展。

最后，协同与发展的关系是一个动态的过程。在经济社会发展的初级阶段，经济发展是最重要的，在这个阶段资源会向经济发展倾斜，其他方面的协同发展会受到限制，可以称为发展优先阶段；第二阶段是兼顾发展阶段，也就是在把经济发展作为中心的同时，兼顾文化、社会、生态的发展，在不影响经济正常发展条件下，尽可能加大在这些方面的投入，更需要创新体制机制，让文化、社会、生态的发展能够为经济更高水平、更优质的发展创造条件，形成经济与政治、文化、社会、生态相互促进的格局。第三阶段是协同发展阶段，在经济发展达到较高水平，政治、文化、社会、生态问题更为突出的情况下，协同与发展将具有同等重要甚至更为凸显的地位，协同发展成为最优选择。在这个阶段，在保障经济正常发展的前提下，应该更加重视政治、社会、生态、文化等方面的发展，政府的投入方向应该由保经济发展向推动上述几个方面的发展转变，使得文化、社会、生态等过去发展的短板被补齐，促进这些方面与经济发展的协同。更为重要的是，在这个阶段，社会经济、文化、生态等方面获得发展都不是孤立的，而是相互渗透、相互融合的，如经济生态化发展、生态经济化改善，产业重视文化价值，文化形成产业发展等。

第三节　发挥政府和市场的双重作用

在推进区域协同中，应该发挥政府和市场的双重作用，既要靠政府，也要靠市场，只依赖政府不发挥市场机制作用，或只强调市场调节作用，不充分发挥政府的特殊作用，都不可能有效实现区域协同发展。同时，在不同阶段、不同领域，政府和市场的作用是不一样的。

长期以来，社会上有一种观念，就是认为市场力量会拉大区域发展差距，区域的协调或协同只能依靠政府来调节，至少要以政府为主导来调节。在一定条件下，这种看法有一定道理，但总体上看，则是片面的。在社会主义市场经济条件下，只依靠政府来推进区域协调或协同发展是不可能完全有效的。改革开放以来，中国政府推出了不少区域发展的战略，如沿海东部地区优先发展战略，中部崛起、西部大开发、东北老工业基地振兴等战略，除了早期一部分地区优先发展战略比较成功以外，其他战略都没有达到预期目标。其重要原因之一，就是这些战略由政府制定，实施主要依赖政府，市场的作用发挥不够。我们的经济体制是社会主义市场经济，市场在资源配置中发挥着决定性作用，因此，区域资源协调配置也应该充分发挥市场机制的作用。当然，市场机制有局限性，有可能在一定时期、一些方面扩大区域差异，因此，推进区域协同发展必须发挥政府的作用。区域协同发展就本质上说更追求的是区域之间的公平发展和国家的整体发展，需要政府特别是中央政府发挥重要作用，离开了中央基于全国一盘棋的宏观布局和有效的调控，是不可能实现的。因此，区域协同发展必须有效发挥政府和市场的双重作用。

政府和市场在区域协同发展的不同领域的作用是不一样的。在经济协同发展中市场的作用更为突出，甚至应该逐步起主导作用。这是因为，在市场经济体制条件下，经济发展问题归根到底还是要靠市场，区域之间的经济合作应该以市场为基础，遵循市场规律，发挥企业的主体作用。当然，政府的作用也是不可或缺、至关重要的，这不仅在于区域经济协调发展不只是一个经济问题，而且涉及国家政治和社会稳定等，需要政府的作为，而且区域间的市场合作路径需要政府来开通，市场交易环境和条件需要政府的供给。相对于区域经济协同发展市场的主导作用，区域政治、文化、社会和生态的协同发展中，则应该发挥政府的主导作用。其中，区域政治、社会协同发展应该由中央政府主导，区域文化协同发展则主要由地方政府主导，区域生态协同发展则应由中央和地方政府共同主导。区域的政治实际上是政府行为或行政工作，其核心是政治权利的配置和社会治理，这里市场的作用是次要的，但是，在市场经济条件下，不可能完全排除市场机制的作用，适当利用市场的竞争机制、绩效机制有利于政府运行效率的提升，区域政治合作与协同发展也需要区域市场的联系来推进。区域文化包括了诸多方面，如文化风尚、文化事业、文化产业等，文化事业发展主要靠政府，文化产业发展则主要靠市场，文化风尚的演进则主要是社会的事情。社会发展包括了社会保障、社会公平、社会事业等，其发展的推进机制主要是政府，当然，市场经济发展是社会发展的基础,深刻影响着社会发展。区域生态发展中,政府当然起着重要甚至主导作用,但是市场机制也发挥着重要作用。这不仅从原因上看,市场经济是影响生态的重要根源,而且在生态治理中市场机制也发挥着越来越重要的作用,如排污权交易、碳权交易等,特别是现代环境和生态产业的发展,把生态与经济、环境治理和市场经营有机结合起来,在生态治理和环境优化中发挥着越来越重要、越来越有效的作用。

第四节　统分结合多元推动

推进区域协同发展是一项国家战略,必须有国家层面的战略和统一规划,同时,协同发展是在一定区域推进,协同发展的条件和方式各不相同,必须充分发挥地方的主动性和自主性,采取不同方式推进协同发展,此外,在区域协同发展中,企业、社会群体、居民等,也发挥着重要作用,他们分散而具体的行为,是具体实施区域协调发展的重要力量,如区域经济协同发展的实际实施主体是企业,区域文化协同发展是建立在文化单位和居民交流交往基础上的等。因此,推进区域协同发展必须有效发挥宏观(国家)、中观(地方政府)和微观(企业等)三个层面的作用,并将三者作用有机结合起来,统分结合多元推动。

国家或中央政府是区域协同发展的引领者和主要推动者。区域协同发展首先是一种国家战略,基于国家经济、政治和社会的稳定和可持续发展,国家需要基于全国一盘棋的思想,对区域的经济、政治、文化、生态等进行协调,以促进整个国家的均衡和平衡发展。特别是对于中国这种幅员辽阔、地方差异很大的国家,国家区域协同发展战略更是至关重要。可以说,没有国家层面强有力的区域协同发展战略,中国区域之间差异就必然不断扩大,国家的统一、民族的团结以及国民的凝聚力就会受到很大影响。国家在区域协调或协调发展中的作用,一是制定区域协同发展总体战略,引领整个国家区域协同发展的推进;二是构建制度,推进和规范区域协调发展的实施;三是资源投入,优化国家产业布局,促进协同发展。

地方政府是区域协同发展的直接推动者和组织者。地方是区域协同发展的当事人，区域协同发展归根到底是要靠相关区域内的人来推进和实现。其中，地方政府在具体的区域协同发展中处于关键作用。地方政府是区域协同发展的组织者和指挥者，特别是在跨区域的协同发展中，只有地方政府才可能打破地方行政壁垒，协调本区域与其他区域的关系，代表本区域与其他区域达成合作战略，制定合作规划，确立合作机制；同时，地方政府可以提供区域合作的基础性资源和条件，如土地、金融支持等，以及提供区域协同发展的制度支撑。

企业等社会组织是区域协同发展的重要主体。企业是区域经济协同发展实施的主要主体。在市场经济条件下，不论是国家战略确定的区域资源布局和投入的资源，还是地方政府的经济协同发展规划，最终大部分都要通过企业行为来实现。因此，企业是区域经济协同发展的重要主体，直接制约区域经济协同发展能否实现和实施的效率。应该说，在中国目前的区域协同发展战略中，对企业的作用认识不足。在人们的观念中，似乎区域协同发展只是中央政府和地方政府的事情。这种对企业作用的轻视，在一定程度上导致了我们一些区域协同发展战略成效不高，甚至无效。因此，在未来的区域协同发展战略实施中，应该进一步提升企业的地位，更多地发挥企业的作用。除企业外，区域的社会其他组织，如社团组织、行业协会、学术团体、宗亲族群等，都会在区域协同发展的不同方面发挥作用，利用这些社会组织将有利于推进区域协同发展。

第十一章

推进中国区域协同发展的动力机制研究

改革开放以来，中国区域关系在不断推进和演变中，推动这一过程的基本动力，就是地方政府的竞争，这种竞争关系体现在经济、政治、文化、社会和生态诸多方面，推进了区域关系演变和发展。同时，在经济领域，市场竞争也是基本动力，是制约区域经济关系的根本因素。因此，政府竞争和市场竞争的双重竞争，推动了区域经济关系的演变，制约了区域经济的协调状况，决定了区域经济发展的基本格局。由于经济关系是区域间最基本的关系，是区域协同发展的基本内容，因此，双重竞争不仅制约区域经济协同发展，也会对整个区域协同发展产生重要影响。因此，正确认识和妥善处理政府竞争和市场竞争的关系，协调和优化双重竞争机制，对于推进区域协同发展，强化其动力机制，具有重大的意义。

第一节 中国区域协同发展动力机制的理论分析

一 政府竞争、市场竞争是制约区域经济协同发展的基本动力

地区间的竞争关系是区域间发展格局形成的重要动力，地方政府竞争和市场竞争是区域竞争的两种基本形态，它们具有各自特殊的运行机制，又相互作用，共同推动了区域关系格局的形成和演变。

（一）地方政府竞争是制约区域经济协同发展的主要动力

地方政府竞争是指地方政府在政治晋升和行政性分权框架下为推动

本区域经济的发展通过财政支出结构调整等行政手段实施的竞争行为。区域间政府竞争的目标是区域经济发展。在行政性分权框架下，区域经济发展可以有效地扩大税源、保障财政收入、取得相对更好的政绩，进而提高地方政府效用，并成为中国地方政府之间竞争的重要目标。区域间政府竞争的手段是地方政府财政支出的结构性倾斜。以财政支出为主要内容的公共品供给是地方政府实现其政府职能的主要手段。由于不同类型的财政支出对区域经济的影响效应存在一定差异，地方政府在竞争博弈过程中为推动本区域经济发展必然会对经济效应较强的财政支出更加偏好，这便形成了地方政府财政支出的结构性倾斜[①]，同时也解释了地方政府竞争手段的具体内容。

在区域发展关系的形成中，地方政府竞争是一把"双刃剑"，既有积极的一面也有消极的一面。从积极层面来说，竞争博弈过程中所形成的"在经济社会治理上'后发区域'向'先发区域'学习"的行为会不断推动"后发区域"地方政府的决策优化；地方政府决策者为获取竞争的比较优势会不断地推进行政制度改革，进而促进政府治理职能的优化；地方政府作为一个生产和供给公共品的"黑盒子"，在竞争压力下会不断地提高其自身生产率，即政府效率，并通过多种渠道不断优化其公共品的供给，提升社会福利；在竞争过程中地方政府为更好地完成其经济社会治理职能，会对产权进行明确界定和积极保护，进而保障和推动区域经济发展。从消极层面来说，不良的政府竞争会导致政府过多地干预市场，使得市场在资源配置中的作用得不到有效发挥，不利于经济长期效应的有效显现；地方政府竞争的加剧会扩大政府对税收的需求，区域税收负担的加重增加了市场主体的运行成本，不利于区域经济的发展；自我封闭式的地方政府竞争行为，增加了区域间经济互动的交易成本，不利于区域间的市场协作和正外溢性传导，阻碍了区域协同发展。在此"双重效应"的驱使下，改革开放以来中国地方政府竞争带动着中国区域经济的快速发展，但也带来了区域经济差距扩大、市场分割加剧的经济格局，并成为制约区域

[①] 在政绩观的驱使下，受任期限制的地方政府官员更加倾向于实施短期内可以促进区域经济增长的财政支出，这加剧了财政支出的结构性倾斜现象。

经济协同发展的基本动力之一。

（二）市场竞争是制约区域经济协同发展的基本动力

区域间的市场竞争是指以企业为主要代表的经济活动主体通过其市场行为引导生产要素在区域间的配置，进而在生产要素层面获取比较优势以此提升地区市场利润空间的竞争行为。区域间市场竞争的主体是以企业为主要代表的经济活动主体。以企业为主要代表的经济活动主体虽然是一个比较分散的群体，但却具备一些共同的区域特性，这既是由其自身正式制度约束（如逐利行为、地区经济政策、政府竞争行为等）决定的也是由地区非正式制度约束（如风俗、"老乡"观念、经营理念、非正式制度对交易成本的影响效应等）决定的。这些共同的区域特性使得一个地区的经济活动主体可以概括为参与到区域间市场竞争中的总括性主体。区域间市场竞争的目标是在生产要素层面获取比较优势，以此提升地区市场利润空间。新古典经济增长理论认为，生产要素投入是决定区域经济增长的重要因素，作为生产要素的资本、劳动、技术是推动区域经济增长的主要源泉。在此理论路径下，市场经济活动主体必然采取各种市场行为驱使生产要素向本区域流动，以提升其产出水平和质量，而单个主体的产出优化行为构成了整个区域的经济增长。区域间市场竞争的手段是通过市场行为引导生产要素在区域间的流动。区域间市场竞争的目标是在生产要素层面获取比较优势以此扩大地区市场利润空间。

生产要素流动是区域间市场竞争手段形成的前提和核心。先发区域[①]的市场竞争手段主要为：通过企业制度和资金投入等手段削弱低层次生产要素（普通劳动力和传统产业投资等）的外流问题，通过人才引进和优化投资等手段吸引高层次生产要素（高层次人才和新型产业投资等）的流入，保持和优化区域经济增长动力，通过人力资本优化和技术创新等手段提升区域技术水平和生产效率、降低区域企业生产成本，最终扩

---

① 借鉴王义民和彭荣胜在《江西社会科学》2008年第1期发表论文《先发区域与后发区域经济协调发展研究》的观点，先发区域是指经济起步较早、在要素禀赋和技术因素等方面具备优势的经济发达区域，先发区域形成的主因是改革开放以来实施的非均衡发展战略及区位比较优势。

大区域生产利润空间。后发区域①的市场竞争手段主要是通过争取"返流"和"外溢"两条路径实现,"返流"主要是指先发区域低层次生产要素外流至后发区域的现象,而"外溢"主要是指先发区域要素优化的正外部性对后发区域要素优化的积极作用,而该"外溢"也可视为要素"质量"的转移。区域间市场竞争效应也具有积极的一面和消极的一面。在积极效应方面,市场调节资源在区域间的配置,不同层次生产要素在不同区域进行布局分配,促进不同区域经济的共同发展。在消极效应方面,垄断、不完全信息、外部性和公共产品等市场机制引致的市场失灵现象造成了区域经济发展的无效率。

二 地方政府竞争影响区域协同发展的动力效应

政府竞争对区域协同发展的影响是一把"双刃剑",即存在着正向和负向的"双重效应",而中国地方政府竞争对区域协同发展的影响路径正是正、负"双重效应"的博弈结果。一般而言,适度的地方政府竞争有利于推动区域协同发展,而过度的地方政府竞争是不利于区域协同发展的。

(一)正向路径下政府竞争影响区域协同发展的动力效应

生产要素的区域间配置是地方政府竞争影响区域协同发展的主要理论路径,而生产要素自由流动、经济发展环境优化、经济结构性转移、制度创新和优化是影响生产要素在区域间配置的主要因素。

1. 生产要素自由流动视角下政府竞争影响区域协同发展的正向效应

新古典经济增长理论认为,生产要素投入是决定区域经济增长的重要因素,作为生产要素的资本、劳动、技术是推动区域经济增长的主要源泉。然而,目前中国面临着市场配置机制失灵的问题:一方面,受到区域制度安排、要素禀赋、要素相对价格和区位因素的制约,后发区域的市场机制对生产要素的吸引力显著落后于先发区域;另一方面,受到要素使用成本的约束,优化要素结构成了先发区域所面临的主要问题。

---

① 借鉴王义民和彭荣胜在《江西社会科学》2008年第1期发表论文《先发区域与后发区域经济协调发展研究》的观点,后发区域是相对于先发区域而言的,其是指经济相对落后、经济起步较晚,但自然资源和劳动力充裕的经济欠发达区域。

在市场机制缺乏效率的情况下,政府成为后发区域和先发区域改变这一生产要素不利于布局现状的重要主体。

后发区域地方政府的生产性财政支出行为,通过项目投资等形式吸引外区域生产要素(资本、劳动和技术)向本区域的流入,进而促进区域协同发展。政府作用下生产要素向后发区域流入对区域间协同发展的推动作用主要表现为:其一,先发区域资本、劳动和技术等要素向后发区域的流入,通过要素外溢性和区域市场合作等技术路径,加强了先发区域和后发区域之间的经济联系;其二,生产要素向后发区域的"返流",拉动了后发区域的经济增长,缩小了区域间的经济差距;其三,生产要素在区域间的自由流动以及先发区域部分经济成分(传统产业)向后发区域的转移,使得区域间形成了合理的分工格局,促进了区域间经济增长的收敛;其四,中央政府科学的区域经济发展战略,可以根据区位经济比较优势推动区域分工,促进区域协同发展。在本部分理论路径下,以生产性财政支出为主要手段的地方政府行为代替了市场在区域间的资源配置作用,使得在"无形的手"作用机制下处于劣势地位的区域获得了"有形的手"的合理干预,进而推动了区域协同发展。

经济转型中先发区域政府竞争行为缓解了本区域市场对生产要素的结构性需求不足的问题,有利于推动区域间协同发展。先发区域的经济发展已处于转型的关键时期,虽然要素的高回报率使得先发区域的要素禀赋要高于后发区域,但其也面临着诸多问题:其一,先发区域日益高涨的土地使用价格、不断上升的劳动力工资使得许多投资开始退出先发区域市场;其二,高昂的生活成本使得对人力资本需求较高的先发区域开始担忧劳动力的结构性流失问题;其三,在各地政府不断加大技术投入和技术外溢性模糊区域限制的作用下,先发区域开始失去了其在技术层面的优势;其三,处于转型期的先发区域面临着低层次生产要素过剩、高层次生产要素供给不足的状况。面对这些问题,先发区域开始积极吸引高层次生产要素的流入,有的放矢地降低本区域内部分低层次生产要素的充裕度,如深圳市于2008年出台的《中共深圳市委深圳市人民政府关于加强高层次专业人才队伍建设的意见》等。先发区域的这一政府竞争行为,可以有效地推动区域间经济的协同发展。

2. 经济发展环境优化视角下政府竞争影响区域协同发展的正向效应

地方政府财政支出向生产性财政支出的结构性倾斜是横向政府竞争的主要手段，而生产性财政支出的主要效应便体现在以基础设施完善为主要内容的区域经济发展环境改善上。一方面，区域经济发展环境的改善可以提升后发区域的生产要素吸引力，进而缩小先发区域和后发区域的经济差距，促进区域协同发展。另一方面，区域经济发展环境改善的获利主体不仅仅是本区域市场主体，还包括其他区域的市场主体，凸显出地方政府在生产性财政支出方面的正外部性，这一正外部性政府行为可以有效地促进区域间的协同发展。当然，需要注意的是，超越区域经济发展水平的过度基础设施建设，不仅不利于区域经济的增长，还会给区域市场主体造成税收负担。

3. 经济结构性转移视角下政府竞争影响区域协同发展的正向效应

区域经济是一个结构性演变的过程，先发区域在经济结构上要远远领先于后发区域。在中央政府的区域发展政策和地方政府的竞争行为作用下，不适于先发区域地方政府效用偏好的经济成分（如传统产业等）逐步向后发区域转移，这加速了先发区域的经济转型，同时也优化了后发区域的经济结构，进而带动了整体经济的结构性增长，促进区域协同发展。而在经济成分的转移过程中，生产要素的流动也是相伴而生的。另外，后发区域地方政府为吸引更多的生产要素和经济成分流入所配套的相应政策和投入，使得其区域市场吸引力更强，进而形成了一种良性循环，带动了区域间的协同发展。

4. 制度创新和优化视角下政府竞争影响区域协同发展的正向效应

制度创新和优化涵盖了正式制度和非正式制度两个方面。第一，正式制度方面。伴随着生产性财政支出的政府竞争行为的实施，区域政府在不断地完善区域的正式制度供给（如税收优惠政策、人力引进政策、产业发展帮扶政策等），特别是在后发区域，制度优化行为增强了区域生产要素的吸引力，促进了区域间的协同发展。同时，制度创新使得生产性财政支出对区域协同发展的正向作用效率得到了提升。另外，制度创新也是政府政绩评定的重要内容，制度创新竞争也是地方政府竞争的主要构成部分，因此地方政府竞争可以通过正式制度创新促进区域间协同发展。第二，非正式制度层面。在制度安排对交易成本的作用机制下，非正式制度对于进入本地市场的外地企业具有重要的影响。若外地企业不能较好地适应本地市场的非正式制度约束（如方言、消费倾向、社会资本、风俗习惯等），外地企业在本地市场所消耗的交易成本要远远高于本地企业，这在本地市场上形成了对外地企业的非正式制度歧视。本地市场非正式制度对外地企业的歧视性越强，外地企业和本地企业所消耗交易成本的差距越会不断扩大，区域间的协同发展水平也越会降低。正式制度供给是地方政府行为的重要体现，在外部性的作用下正式制度影响着非正式制度的变化轨迹。对非正式制度具有正外部性影响的正式制度供给，可以缩小非正式制度在地区间的禀赋差异，削弱非正式制度的歧视性，进而促进区域协同发展。

（二）负向路径下政府竞争影响区域协同发展的动力效应

政府的积极干预可以有效地弥补市场机制失灵问题，但政府决策的短期偏好行为使得政府竞争无法在长期内形成对区域协同发展的正向影响效应。过度的地方政府竞争行为会造成政府竞争影响区域协同发展的负向效应。

其一，地方政府竞争行为引致的产业同构和产能过剩，不利于区域比较优势的充分发挥。不同经济区域在其比较优势上都具有不同的特点，任何经济区域都应根据自身的区位优势选择适合自己发展的经济结构（产业结构）及模式。而在当前非均衡的区域经济格局下，后发区域政府容易形成盲目"模仿"先发区域经济发展模式的行为，这主要缘于政府对市场的错误判断。后发区域忽视本区域比较优势的盲目"模仿"行为，容易引致本区域产业结构与先发区域的趋同，造成重复建设和产能过剩，不仅使得本区域产业发展无法与先发区域衔接和合作，还使得本区域经济本已面临的市场竞争乏力状况更加严峻，最终不利于区域间经济的协同发展。徐艳飞和刘再起的研究认为，当前中国地方政府对市场干预所形成的市场分割行为模式加剧了地区的产业同构，其中，中西部地区产业同构现象较为严重，而东部地区产业结构调整较为及时，产业结构更加符合其区位优势。[①] 在市场竞争力并不明显的后发区域，政府竞争行为

---

① 徐艳飞、刘再起：《市场化进程中地方政府经济行为模式与全要素生产率增长》，《经济与管理研究》2014年第10期，第36—44页。

所引致的产业同构和重复建设等现象无疑是对市场发展的雪上加霜，同时对于宏观层面的区域间经济格局来说也是不利的。

其二，地方政府竞争行为无可避免地形成了地方保护主义行为，不利于区域间的融合。在政府竞争过程中，地方政府所实施的竞争行为存在着短视性。在不考虑中央政府宏观调控作用的情况下，后发区域地方政府行为的出发点都是着眼于提升本区域经济发展水平，而非对全国经济大局的考虑，故此其短视行为是无法避免的。无论是企业层面、产业层面，还是区域经济层面，后发区域地方政府都会给予处于劣势地位的本地市场主体一定的保护，这种保护行为可以是政策层面的，也可以是政府购买倾斜、市场保护性封锁等隐形行政壁垒行为。虽然政府的地方保护主义行为可以在一定范围内避免本地企业、产业或者其他经济体受到外来竞争的冲击，但也隔绝了区域间的经济交流渠道，不利于区域间经济联系的加强，同时也在长远角度不利于其所保护经济体的发展。另外，这种拒绝接受市场资源配置作用的干预行为也易于造成产业同构和产能过剩现象。

其三，生产要素稀缺状态下后发区域政府的"恶性"竞争行为，加剧了区域间发展格局的不协同。在当前市场经济中，资本、劳动和技术等生产要素都是稀缺资源，不同区域经济主体都在为争夺这些稀缺资源而实施相应的竞争行为，而地方政府为了吸引投资、引进人才、提升技术水平也使出了浑身解数，主要措施包括通过公共品供给和制度保障优化为生产要素进入本市场提供优惠政策、加强基础设施建设改善本区域的投资环境等。但一些恶性竞争行为，如土地和其他一些自然资源的低价转让、投资的盲目配套、本应有的环保和行政审批措施不到位等，在一定程度上不利于本区域经济的发展转型，同时也导致了生产要素的恶意逐利行为，加剧了竞争区域间的对立，在原有经济格局的基础上扩大了区域经济差距，不利于区域间的协同发展。

其四，政府竞争行为引致的财政支出结构偏离，不利于区域间的协同发展。一方面，区域间的政府竞争使得地方政府的财政支出结构不断偏离，地方政府过度偏好生产性财政支出，这挤占了地方政府的保障性财政支出。保障性财政支出的缺失，使得人才培养、民间投资优化、社会资本提升和环境保护意识培养等方面出现不足，不仅使得本已处于弱势地位的后发区域的经济增长更加乏力，还使得区域间的政府资源配置偏离均衡、区域间政府合作难度加大，不利于区域间的协同发展。另一方面，区域间的财政支出竞争使得地方债务问题更加严峻。财政支出竞争使得地方政府对财政收入更加偏好，而这一倾向使得区域市场税收负担不断加大，这种过度的市场干预行为不利于区域间的协同发展。

结合政府竞争对区域协同发展的正负效应分析，本节得出如下结论。

第一，适度的地方政府竞争有利于推动区域协同发展。后发区域适度的政府竞争行为，可以促进生产要素的"返流"，提升生产要素"外溢性"的经济效应，进而加强区域间经济联系程度，缩小区域间经济差距；在要素使用成本不断攀升的背景下，先发区域适度的政府竞争行为促进了不同层次生产要素在区域间的合理配置，有利于区域协同发展。同时，适度的政府竞争可以优化区域经济发展环境，推进区域经济结构的合理转移，促进区域间的协同发展。另外，政府竞争也从正式制度和非正式制度层面为区域协同发展创造了制度条件。

第二，过度的地方政府竞争不利于促进区域间的协同发展。过度和盲目的政府竞争行为，易于引致区域间的产业同构，阻碍区域经济比较优势的发挥，放大了地方保护主义的消极影响，强化了地区行政壁垒，不利于区域间的协同发展。同时，过度政府竞争也表现为一种恶性竞争行为，加剧了区域间的对立，在竞争手段上导致了政府财政支出结构的偏离，使得保障性财政支出的积极作用得不到充分显现，不利于区域间的协同发展。

三 市场竞争影响区域协同发展的动力效应

市场竞争对区域协同发展的影响路径主要表现为通过市场竞争机制实现的资源在区域间的配置，这种配置机制呈现了正向和负向的"双重效应"。在当前中国市场化程度差距较大的背景下，短期内市场竞争对区域协同发展的影响更多地体现在其负向效应上。随着市场机制的优化，市场竞争的长期正向效应逐步显现出来。

（一）正向路径下市场竞争影响区域协同发展的动力效应

区域间协同发展主要表现在三方面，即经济联系程度不断加强、区域间的经济差距在合理区间内不断缩小、区域间的经济增长差异不断收敛，而区域间的市场竞争机制通过这三方面对区域协同发展产生长期的正向影响效应。

1. 市场竞争对区域间联系的强化作用

在排除政府作用的情况下，市场机制的作用使得生产要素和产品在区域间进行逐利性流动，而在区域异质性条件下这种逐利性流动使得区域间的经济联系不断加强。后发区域和先发区域在要素禀赋和经济阶段上都是不同的，这也使得后发区域和先发区域对要素和产品的需求呈现出结构性差异：其一，先发区域低层次生产要素集聚过度，但高层次要素的需求空间仍然很大；其二，后发区域在资本、劳动和技术生产要素层面上处于禀赋弱势地位，但在自然资源等不可流动性生产要素上处于禀赋优势地位。

基于这一区域差异，市场机制作用加强了区域间的联系。

第一，随着先发区域传统产业投资收益的下降、中西部地区对产业转移的承接，先发区域相应产业的资本要素拥有者会不断将其区域资本投向后发区域，这加强了先发区域和后发区域资本要素拥有者之间的经济联系，进而推动了区域间经济联系的强化。

第二，随着后发区域劳动要素价格的提升和先发区域生活成本压力的增加，先发区域过剩的劳动力不断向后发区域"返流"，这不仅弥补了后发区域的要素缺失问题，还使得劳动力所承载的人力资本、技术水平等经济因素呈现出区域间经济互动的趋势，进而带动了区域间的经济联系。

第三，技术供给市场是一个全国统一市场，市场竞争使得技术转化成果根据其区域市场需要进行区域间的分配，这会加强技术供给和需求方面的区域间经济联系。

第四，先发区域和后发区域在生产要素的供给上均具备各自的优势，而其生产要素的需求并不一定会与其供给优势是匹配的，在不匹配的情况下会形成区域间的要素依赖，进而加强区域间的经济联系。当然，这一影响路径形成的前提是要素和产品在区域间的流动是无壁垒的、可以实现区域间自由流动的市场行为。在政府因素外生的情况下，以企业为主要代表的区域经济活动主体无法形成国内市场的区域性市场壁垒。这意味着，区域间要素和产品的自由流动前提是成立的，那么，市场竞争对区域间经济联系的强化路径也是成立的。

另外，除政府因素外市场竞争对区域间经济联系的积极影响还需考虑市场机制的完善问题。对于机制不完善的区域市场，要素流动的传导机制受到阻碍，这使得区域要素和产品在区域间配置不能更好地匹配其区位优势，进而不利于区域间市场分工的进行，其对区域间经济联系的强化程度也会相对减弱。

2. 市场竞争对区域间差距的缩小作用

市场竞争机制下区域间经济差距的缩小主要表现在以下三个方面。

第一，要素"返流"和"外溢"机制加快了后发区域在经济发展方面的追赶步伐。在"返流"机制下，原本在要素吸引方面不具备优势的后发区域开始获得要素补充，这使得后发区域的经济增加动力得到了加强，其经济发展水平开始向先发区域追赶，区域间经济差距缩小。在"外溢"机制下，后发区域要素质量得到提升，市场机制逐步完善，区域间的经济发展差距不断缩小。

第二，要素相对价格（报酬）均等化推动区域间经济差距的缩小。市场竞争机制在配置区域间生产要素布局的同时促进了区域间要素相对价格（报酬）的均等化。所谓要素相对价格（报酬）是指要素的名义价格（报酬）与要素使用成本之间的比例。改革开放初期，先发区域和后发区域的要素使用成本差异并不大。此时，先发区域的要素相对价格（报酬）相对较高，在要素逐利行为的作用下后发区域的生产要素不断向先发区域集聚，区域间的经济差距也在不断扩大。在市场竞争机制作用下，先发区域的要素使用成本急剧增加，而后发区域要素使用成本的增幅相对较少，这使得先发区域和后发区域的要素相对价格（报酬）在不断趋同，实现区域间的均衡化。要素相对价格（报酬）的均等化，一方面，为前述的"返流"和"外溢"机制创造了市场条件，进而使得区域间的经济发展差距不断缩小；另一方面，通过城镇化进程和市场扩张推动区域间经济差距的缩小。

第三，市场竞争机制下的区域经济结构演变推动了区域间经济差距的缩小。随着经济发展的进一步推进，在经济结构和市场机制两方面先发区域都要远远领先于后发区域。在这一背景下，区域间经济分工不断明晰，在先发区域已经不再具备市场优势的经济成分开始向后发区域转移,如东部地区传统产业向中西部地区转移等。一方面,经济成分在区域间的转移与生产要素的流动是相伴而生的,生产要素的流动促进区域经济差距缩小。另一方面,经济成分的转移带动了后发区域的经济结构优化,如产业结构高级化和合理化等,这使得后发区域的经济追赶步伐加速,经济差距在缩小。

3. 市场竞争对区域间增长差异收敛的促进作用

区域间的合理分工和区位比较优势的充分发挥是促进区域间经济增长收敛的主要条件。市场竞争的合理深化,使得市场可以在区域间进行有效率的资源配置。符合区位比较优势的区域间资源配置,会在原有区域经济禀赋基础上形成符合其各区域经济特征的区域经济分工格局。这种分工格局不仅反映了各区域对区域经济增长的自我需求,同时也显示出不同结构生产要素和经济成分在不同区域间的合理分布,这使得区域间的互补性和互动性在不断加强,区域经济增长的收敛性也在不断强化。区域经济增长凸显的是一个区域的经济潜力,在不同经济阶段促进经济快速增长的动力是不一样的:在经济发展初期,区域快速经济增长对生产要素层次和经济结构层次的需求相对较低;而在经济发展后期,区域快速经济增长对生产要素层次和经济结构层次的需求会相对较高。在依据区位比较优势进行的区域间合理分工格局中,市场竞争可以有效地促进各区域在经济增长上的收敛,进而带动区域间的协同发展。

(二)负向路径下市场竞争对区域协同发展的动力效应

市场失灵是任何区域市场无法规避的问题,特别是在市场机制并不完善的后发区域,市场对区域资源的配置作用相对较弱,甚至出现资源配置无效率的情况,这也造成了区域间市场竞争对区域协同发展的短期负向影响效应。

其一,市场竞争引致的市场化程度差距扩大,不利于区域协同发展。在区域间市场竞争不断加剧的情况下,先发区域和后发区域的市场化程度差距在不断扩大。在中国,任何区域的市场都包含着以国有企业为代表的国家市场力量和以民营企业为代表的民间市场力量。鉴于地方政府对投资的区域化和政策性控制,国家市场力量中所蕴含的生产要素在区域间的流动性并不强,而民间市场力量中所蕴含的生产要素更具逐利性,在区域间的流动性更强。先发区域市场化程度比后发区域更高,其民间市场力量的作用也相对更强。随着区域间的市场竞争的加剧，后发区域民间市场力量的流失更为严重，国家市场力量在其区域市场中发挥的作用更为显著，这使得后发区域的市场化程度不断下降，先发区域和后发区域的市场化程度差距也进一步扩大。另外，先发区域国家市场力量在制度层面更加依赖市场机制的作用，而后发区域对市场机制的依赖作用相对更弱，这使得先发区域和后发区域本已存在的市场化程度差距更大。市场化程度差距的扩大弱化了区域间的经济联系，加剧了区域间的经济差距，不利于区域间的经济增长的收敛，进而阻碍了区域间协同发展的进程。

其二，市场竞争机制下的市场失灵对区域协同发展的负向影响。市场失灵是指市场无法有效率地进行资源配置的情况。市场竞争机制下的市场失灵现象，不仅阻碍了生产要素（或经济成分）在区域间的合理配置，而且容易造成整体经济损失、区域经济浪费、区域收入分配不公等问题，这不利于实现区域间的经济合理分工，对区域协同发展造成了负向影响。同时，市场失灵引致了区域间经济运行交易成本的上升，特别是对于市场机制并不完善的后发区域，交易成本的上升不利于区域经济的发展。而政府的合理干预是弥补市场失灵缺陷的重要手段，本部分将在下文中进行进一步讨论。

结合市场竞争对区域协同发展的正负效应分析，本节得出如下结论。

第一，市场竞争对区域协同发展产生短期的负向影响。在当前不均衡的经济格局下，市场竞争在短期内扩大区域间的市场化程度差距，进而弱化区域间的经济联系，加剧区域间的经济差距，不利于区域间经济增长的收敛。同时，在中国后发区域市场机制并不成熟的经济环境下，市场竞争容易引起区域间的市场资源配置失灵现象，阻碍了生产要素（或经济成分）在区域间的合理配置，不利于区域协同发展。

第二，市场竞争对区域协同发展产生长期的正向影响。就长期而言，通过要素"返流"和"外溢"、要素相对价格（报酬）均等化、区域经济结构演变、区域间的合理分工和区位比较优势的充分发挥等市场机制，市场竞争调整不同层次生产要素在不同区域间的配置，进而加强区域间经济联系、缩小区域间经济差距、促进区域间经济增长差异收敛。

四 双重竞争机制约束下的区域协同发展

分析双重竞争机制约束下的区域协同发展，需要解决两个主要问题。其一，在不同经济区域（先发区域或后发区域），哪类竞争机制（政府竞争或市场竞争）对区域协同发展的积极作用更为显著？其二，在政府竞争（或市场竞争）的约束下，市场竞争（或政府竞争）对区域协同发展的影响路径产生怎样的改变？

（一）区域异质性视角下政府竞争和市场竞争的动力效应比较分析

1. 先发区域政府竞争和市场竞争的动力效应比较分析

如前所述，相对于后发区域而言，先发区域的优势主要体现在：一方面，经济总量相对较高，资本、劳动、技术等生产要素具备禀赋优势；另一方面，市场化程度较高，市场运作机制更完善，政府对市场的干预程度和方式更加合理。

规范的市场制度、完善的市场调节功能和较高的市场化程度，使得先发区域内的市场机制可以更合理地进行资源配置。在合理资源配置作用下，先发区域的市场竞争行为对区域协同发展产生正向影响效应：其一，先发区域的市场竞争加速了不同层次生产要素的"扬"和"弃"。"弃"是经济结构优化过程中低层次生产要素的外流，"扬"是市场主体对高层次生产要素的保留。这为后发区域吸引生产要素创造了条件，有利于缩小先发区域和后发区域的经济差距。与要素外流相伴而生的要素外溢，加强了区域间的经济联系。其二，先发区域的市场竞争使得其传统产业不断向后发区域转移。在政府产业政策和要素使用成本的作用下，中国中西部地区不断承接东部地区的产业转移，进而带动经济结构方面的区域合理分工。其三，先发区域市场竞争逐步实现其生产要素相对价格（报酬）与后发区域的均等化。在原有禀赋下，先发区域的名义要素价格（报酬）相对较高，要素集聚程度也在进一步扩大。在市场机制的作用下，先发区域的要素市场成本在不断提升，其生产要素相对价格（报酬）在逐步下降，并与后发区域呈现出均等化的趋势，拉动了区域间的协同发展。其四，先发区域的市场信息完全化程度更高，在要素配置过程中市场竞争的正向效应相对更显著。

在政府职能方面，先发区域地方政府对市场的干预程度和方式更为合理，这使得其政府竞争行为对区域协同发展产生正向影响：其一，先发区域的高层次人才引进政策和新型产业投资吸引政策，配合并加速了市场机制在区域间资源合理配置的作用。其二，先发区域的产业调整政策，在优化区域经济结构的同时，也推动了传统产业向后发区域的转移，为市场竞争积极作用的实现提供了辅助。其三，先发区域在经济总量、经济结构及要素禀赋方面的优势使得先发区域地方政府采取地方保护主义策略的意愿更低。其四，先发区域的国家市场力量（国有企业等）更加熟悉市场运作的规则，其作为重要的市场主体对区域间协同具有重要的正向影响。

就先发区域而言，市场机制依然是调节区域经济运行的主体，政府对市场的干预更为合理和谨慎，这使得先发区域市场竞争的正向效应比政府竞争的正向效应更加显著。

2. 后发区域政府竞争和市场竞争的动力效应比较分析

后发区域政府竞争与市场竞争的经济效应比较，不能仅从政府与市场的角色定位层面进行分析，还需考虑到国家市场力量（即国有企业和政府控制的市场投资等）在市场活动中的作用。

市场竞争过程中，与先发区域市场化程度差距加剧了后发区域所面临的要素禀赋不利局面，这使得以生产性财政支出为主要手段的政府竞争可以在后发区域发挥出更为显著的积极作用。目前，中国后发区域面临着要素禀赋不利、要素价格（报酬）较低、市场机制不完善、市场吸引力不高等市场因素问题，这使得后发区域大量市场资本、劳动力、技术等要素流向先发区域，加大了区域间的经济差距。而后发区域地方政府，为了改变目前市场所面临的要素禀赋不利、市场资源配置机制不完善的局面，会积极地通过其财政行为和政策手段对市场进行干预，这种干预手段虽然有可能引致政府间的恶性竞争，但其对区域协同发展的作用比市场机制更为显著。

国有企业对市场活动的参与程度扩大使得市场竞争的经济效应弱化。后发区域国有企业对市场活动的参与程度扩大涵盖了两个特质。一是后发区域国有企业自身所具备的"市场"特征被其所具备的"政府"特征所挤占。由于国有企业的投资者和决策者是政府，故此其"政府"特征是无法避免的，若其"政府"特征过多地挤占了其作为一个市场主体的

"市场"特征，则市场机制对其的约束力也会相应下降。二是后发区域市场要素的流失使得国有企业在市场运作中的影响力不断扩大，此时国有企业的"政府"特征削弱了市场机制的区域经济效应。故此，服从于政府竞争态势的国有企业使得政府竞争的经济效应显著强于市场竞争的经济效应。

后发区域所面临的"大政府，小市场"局面使得市场企业在决策过程中更多地受到了政府的干扰，而基于市场资源配置作用的经济活动机制受到了极大的限制，这也使得后发区域政府竞争经济效应比市场竞争经济效应更加显著。[1]

综上所述，在后发区域，政府竞争对区域协同发展的影响更加显著，而市场竞争的影响效应相对较弱。

(二) 政府竞争与市场竞争影响区域协同发展的相互约束机制

政府和市场之间的关系是一个动态的相互作用的过程，政府竞争对市场竞争的经济效应会产生一定的影响，同样地，市场竞争也会影响政府竞争的经济效应。那么，政府竞争和市场竞争之间的相互约束机制是怎样的呢？本节将要深入讨论这个问题。

市场竞争的正、负效应分别对政府竞争的影响路径产生相应的差异化影响。

1. 市场竞争的正向效应优化了政府竞争对区域协同发展的积极影响

市场竞争的正向效应表现为：通过市场的资源配置机制实现生产要素的"返流"和"外溢"、要素相对价格（报酬）均等化、产业结构在区域间的合理配置、区域间的合理分工以及区位比较优势的充分发挥等。

要素的"返流"和"外溢"机制的优化为要素流动视角下政府竞争积极效应的发挥提供了更好的前提和支持。提升区域生产要素吸引力是地方政府实施政府竞争行为的主要出发点之一，要素"返流"和"外溢"机制的优化为后发区域政府吸引要素流入提供了渠道、添加了动力，同时也为先发区域政府的生产要素结构性调整提供了帮助。同时，通过"外溢"机制带来的知识外部性转移使得后发区域地方政府可以积极地吸

---

[1] 朱明熙：《西部开发能实行"小政府，大市场"的发展机制吗？》，《经济学家》2005年第3期，第62—68页。

纳先发区域的经济治理经验，进而优化政府对市场的干预程度和干预方式，提升政府竞争的正向效应，从而更好地促进区域协同发展。

要素相对价格（报酬）均等化提升了后发区域地方政府生产性财政支出的积极效应。要素相对价格的均等化，使得先发区域的要素名义价格不再具有优势，一些迫于成本压力的资本和劳动要素开始向后发区域转移，而后发区域的成本优势逐渐显现出来。此时，后发区域地方政府的招商引资、人才和技术引进等措施的政策效率得到了提升，区域间的经济差距不断缩小，政府竞争对区域协同发展的积极影响得到优化。

产业结构在区域间的承接转移为后发区域产业结构调整政策提供了动力。区域产业结构政策是政府竞争的重要组成部分，产业转移一方面避免了后发区域政府竞争过程中"模仿"先发区域而形成的重复建设等问题，另一方面也为后发区域产业政策落地提供了支持。这两方面影响为产业层面的政府竞争行为正效应的发挥提供了动力，同时也有利于后发区域经济结构优化、区域生产要素的合理配置。

区域间的合理分工以及区位比较优势发挥可以为地方政府制定区域经济发展策略提供参考。这一因素加强了政府竞争积极效应的发挥，若地方政府能因地制宜地进行经济决策，区域间的经济合作和联系会不断加强。然而，若地方政府对市场的干预不是以区域经济特征为依据的，片面地将政府边界代替市场边界，则会引起相反的效果。

2. 市场竞争的负向效应加剧了政府竞争对区域协同发展的消极影响

市场竞争的负向效应表现为市场竞争引致的区域间市场化程度差距扩大、市场竞争机制下的市场失灵等现象。

区域间市场化程度差距的扩大减弱了政府机制在区域间的协同作用。一方面，区域间市场化程度差距的扩大使得市场竞争机制对后发区域的冲击更大，这也迫使后发区域地方政府采取更为强化的地方保护主义策略，进而使得政府竞争的负向效应扩大。另一方面，区域间市场化程度差距的扩大使得区域之间不能有效地进行市场衔接，加剧了区域间的信息不完全，后发区域政府不能根据其自身经济比较优势制定区域经济发展战略，易于导致产业同构、重复建设、产能过剩等现象。

区域市场机制失灵加剧了地方政府间的恶性竞争和财政支出结构偏离。市场失灵使得政府机制成了地方政府的救命稻草，后发区域的经济运行更加依赖政府，市场的资源配置作用被严重低估，政府边界替代了市场边界。政府作用的不合理高估会加剧地方政府之间的恶性竞争，容易造成地方政府财政支出的结构性偏离，使得政府决策的短视性加剧。

在先发区域的生产要素和产业向后发区域转移过程中，后发区域地方政府为了抢夺稀缺的要素和产业资源，会加强彼此之间的政府竞争程度，从而放大了区域间政府竞争的负向效应。

在市场机制缺乏效率的情况下政府竞争对区域协同发展的影响更加显著，但这种显著性是正向的或者负向的，便由政府竞争的正负效应博弈所决定。

关于中国目前市场竞争对政府竞争影响路径的整体影响，本部分将在后续的实证部分中进行讨论。需要说明的是，有两个理论概念必须澄清，"市场竞争对政府竞争的影响"与"市场竞争对'政府竞争影响区域协同发展'的影响"是不同的。

政府竞争的正负效应分别对市场竞争的影响路径产生相应的差异化影响。

1. 政府竞争的正向效应优化了市场竞争对区域协同发展的积极影响

政府竞争的正向效应主要表现为生产性财政支出对要素吸引力提升、经济发展环境优化、经济结构性转移、制度创新和优化等方面。

合理的政府竞争行为加速了先发区域生产要素和经济成分向后发区域的流入，同时也为先发区域的生产要素结构和产业结构调整提供了政策支持。一直以来，后发区域地方政府为招商引资、人才和技术引进提供了诸多的政策支持，包括投资落地政策优惠、基础设施建设、人才引进配套政策、科技孵化政策等，这些政府竞争行为使得迫于成本压力和经济结构调整需要不断流出先发区域的生产要素和产业投资加速了向后发区域的流入。而对于先发区域而言，其政策导向强化对高层次生产要素的需求、保障新型产业的投资增长，这有利于优化先发区域市场的要素合理配置机制、加快产业结构调整的步伐。

合理的政府竞争为市场竞争机制的优化提供了政策引导和制度保障。一方面，在中央政府的约束下，区域地方政府之间制定相关的区域间经济发展政策弥补区域间市场失灵引致的消极效果，引导区域间的市场机制朝着正确的方向演进。另一方面，合理的政府竞争行为为区域内市场化和市场机制改革提供了制度保障。另外，合理的制度供给，可以有效地缩小非正式制度在地区间的禀赋差异，削弱非正式制度的歧视性，进而促进区域协同发展。①

2. 政府竞争的负向效应加剧了市场竞争对区域协同发展的消极影响

政府竞争的负向效应主要表现为政府间过度竞争引致的产业同构、地方保护主义、恶性竞争和财政支出结构偏离等现象。

过度的政府竞争行为导致市场竞争机制缺乏效率。在政府和市场两大主体中，政府的主动性比较强，而市场更多地是依赖自发性。过度的政府竞争行为极易对市场的作用机制产生不利的影响。以产业调整为例，若地方政府倡导的产业政策不符合区域经济特点，便会造成区域经济资源的浪费，同时还不利于生产要素在区域间的合理配置。

政府的地方保护主义行为阻碍了区域间的市场融合。市场竞争虽然会给后发区域带来冲击，但也加速了区域间的市场融合，为市场资源配置提供条件。政府的地方保护主义行为在短期内避免了市场竞争对区域经济发展的冲击，却使得区域间的市场融合和市场机制优化错失良机。

在政府职能缺失的情况下，市场竞争对区域协同发展的影响更加显著。需要说明的是，市场竞争影响政府竞争的变化，但政府竞争并不会造成市场竞争的变化，但政府竞争对区域协同发展的影响效应会对市场竞争影响区域协同发展的路径产生影响。为什么政府竞争不会影响市场竞争的变化？因为政府的主动性较强，其可以根据对市场竞争形势的判断进行政府决策。然而，市场是自发性的行为，政府竞争可以加速或减缓目前中国的市场竞争形势，但却不能转变市场竞争路径。关于中国目前政府竞争对市场竞争影响路径的综合影响效应，本部分将在后续的实证部分中进行讨论。

第二节　市场竞争、政府竞争推动区域协同发展的机理模型

由前文中的定性理论分析可知，区域间的要素流动是地方政府竞争

---

① 罗富政、罗能生：《中国省际政治协同的测度及其对区域经济增长的影响》，《经济地理》2016年第8期。

和地区市场竞争影响区域之间协同发展的重要路径。为证实前文理论分析结论的合理性，本节构建了一个基于家庭部门、企业部门和政府部门的空间区域模型，系统地模拟区域政府竞争机制和市场竞争机制对区域之间协同发展的具体影响路径及其外在约束机制。

一　模型基本框架

（一）家庭部门的消费行为

假定每个区域内的代表性消费者的效用函数为：

$$U = U(C_s, C_g) = C_s^\mu C_g^{1-\mu} \quad (0 < \mu < 1) \tag{11.1}$$

其中，C_s 和 C_g 分别表示代表性消费者对私人产品的消费总量和对公共品的消费总量，μ 和 $1-\mu$ 分别表示代表性消费者对私人产品和公共品的支出份额。假定区域内公共品是同质的，即区域政府在公共服务的供给上提供的仅有一种产品，且一个区域内的消费者只能购买其所在区域内政府供给的公共服务。而消费者购买公共服务的价格（P_g）是单位公共品所分担的税收。市场企业提供的私人产品是不同质的，根据 D-S 垄断竞争模型假设 C_s 为不变替代弹性函数：

$$C_s = \left(\sum_{i=1}^{n+n^*} c_i^{\frac{\sigma-1}{\sigma}}\right)^{\frac{\sigma}{\sigma-1}} \quad (0 < \sigma < 1) \tag{11.2}$$

其中，c_i 表示对第 i 种私人产品的消费量，n 和 n^* 分别为本区域和外区域企业生产的差异化产品的种类数，① σ 为差异化产品之间的消费替代弹性。此时，区域代表性消费者面临着两个决策问题：一是私人产品购买量的决策，亦可表示为在私人产品购买总量既定的情况下如何决策每种差异化产品的购买量以实现支出的最小化；二是在公共品和私人产品的选择上做出决策，即在总支出既定的情况下何种购买决策使得消费者效用最大化。

对于第一个问题，最优化决策可表示为：

$$\min E_s = \sum_{i=1}^{n+n^*} p_i c_i \quad s.t. \quad C_s = \left(\sum_{i=1}^{n+n^*} c_i^{\frac{\sigma-1}{\sigma}}\right)^{\frac{\sigma}{\sigma-1}} \tag{11.3}$$

---

① 由于在 D-S 垄断竞争下每个企业仅供给一种产品，所以 n 和 n^* 分别为本区域和外区域的企业数量。

其中，E_s 为消费者对私人产品的支出水平，p_i 为第 i 种私人产品的价格。

求最优解可得：

$$E_s = \sum_{i=1}^{n+n^*} p_i c_i = \sum_{i=1}^{n+n^*} p_i \frac{C_s}{p_i^{\sigma} (\sum_{i=1}^{n+n^*} p_i^{1-\sigma})^{\frac{\sigma}{\sigma-1}}} = C_s (\sum_{i=1}^{n+n^*} p_i^{1-\sigma})^{\frac{-1}{\sigma-1}} = C_s P_s \qquad (11.4)$$

其中，$P_s = (\sum_{i=1}^{n+n^*} p_i^{1-\sigma})^{\frac{-1}{\sigma-1}}$ 为私人产品组合 C_s 的价格。

对于第二个问题，其最优化决策可表示为：

$$\max U = C_s^{\mu} C_g^{1-\mu} \ s.t. \ E = E_g + E_s = P_g C_g + P_s C_s \qquad (11.5)$$

其中，E_g 和 E 分别表示消费者对公共品的支出水平和总支出水平，P_g 表示公共品的价格。假定区域储蓄水平为 S、区域收入水平为 Y，则 $E = Y - S$，消费者行为最优决策可表示为：

$$C_g = \frac{(1-\mu)(Y-S)}{p_g} \qquad (11.6)$$

$$c_i = \frac{\mu(Y-S)}{P_s^{1-\sigma}} \cdot p_i^{-\sigma} \qquad (11.7)$$

由 c_i 可知，第 i 类产品的消费量不仅与第 i 类产品的价格（p_i）成反比，还与区域收入水平（Y）成正比、与区域储蓄水平（S）成反比，同时还与区域内整体价格水平（P_s）成反比。

（二）企业部门的生产行为

假定第 i 类产品的生产企业的成本函数为 $M + wa_s x_i$。其中，M 为企业生产的固定成本，w 为区域内的要素价格，a_s 为单位产品的生产要素消耗量，x_i 为第 i 类产品的产量，第 i 类产品的生产企业的生产要素消耗量 $F_i = a_s x_i$，区域内生产要素总量 $F = \sum_{i=1}^{n} F_i = a_s \sum_{i=1}^{n} x_i$。则第 i 类产品的利润函数为：

$$\pi_i = p_i x_i - (M + wa_s x_i) \qquad (11.8)$$

结合公式（11.7）可设：

$$x_i = c_i = \mu(Y-S) \frac{p_i^{-\sigma}}{P_s^{1-\sigma}} = \frac{\mu(Y-S)}{P_s^{1-\sigma}} p_i^{-\sigma} \qquad (11.9)$$

此时市场企业利润最大化函数可表示为：

$$\max \pi_i = p_i x_i - (M + wa_s x_i) \ s.t. \ x_i = \frac{\mu(Y-S)}{P_s^{1-\sigma}} p_i^{-\sigma} \quad (11.10)$$

求解可得：

$$p_i = \frac{\sigma}{\sigma - 1} wa_s \quad (11.11)$$

在市场企业的竞争均衡路径下，$\pi_i = p_i x_i - (M + wa_s x_i) = (\frac{\sigma}{\sigma - 1} - 1) wa_s x_i - M = 0$。解之得：

$$x_i = \frac{M(\sigma - 1)}{wa_s} \quad (11.12)$$

（三）政府部门的决策行为

1. 政府部门的收入来源

政府的收入来源于消费者对公共品的购买，即区域内总税收收入（包括地税和国税）为：$T = P_g C_g$。在税收的分配上，区域地方政府税收收入比例为 ϑ，上交中央政府的税收比例为 $1 - \vartheta$。而区域地方政府的财政支出函数可表示为：

$$G = (1 - \upsilon)[\vartheta T + \kappa(1 - \vartheta)T](0 < \vartheta < 1, \\ 0 \leqslant \kappa < 1, 0 < \upsilon < 1) \quad (11.13)$$

其中，κ 为中央政府的区域发展策略系数，即中央政府对区域地方政府的财政支持，υ 为地方税收转化为地方实际财政支出的折损率，亦可反映出地区行政腐败率对财政效率的影响。

2. 政府部门的支出决策

根据张宇的研究，将地方政府的财政支出结构划分为生产性支出和保障性支出两个方面。[①] 生产性支出是指与社会物质生产直接相关的公共投资，如基础设施建设、企业补贴等。一个区域地方政府的生产性支出在社会和经济系统中所产生的效果通常局限在本区域内部，具有较强的排他性。地方政府在区域宏观调控中的主要财政决策主要体现在生产性财政支出的调整上。保障性支出是指与社会物质生产无直接关系的公共

[①] 张宇：《财政分权与政府财政支出结构偏异——中国政府为何偏好生产性支出》，《南开经济研究》2013 年第 3 期，第 35—50 页。

投资，如文教卫生事业支出、抚恤和社会福利救济支出等。一个区域地方政府的保障性支出一般是由区域规模（人口、地理和社会规模）所决定，且保障性财政支出具有跨区域的外溢性。故此，可构建地方政府部门的支出决策函数如下：

$$G = G^a + G^p = (1-\psi)G + \psi G \tag{11.14}$$

其中，G^a 和 G^p 分别表示区域地方政府的保障性财政支出和生产性财政支出。ψ 和 $1-\psi$ 分别表示区域地方政府的财政总支出中生产性支出的占比和保障性支出的占比。另外，政府部门的生产性财政支出是对本地市场和企业生产活动的支持，间接而言，是对本地企业私人产品的一种变相购买行为，如企业补贴是通过财政补贴企业间接购买企业私人产品；基础设施建设是一种降低企业生产成本的行为，这也是一种间接购买产品的行为。而政府部门的保障性财政支出在对本地市场和企业生产活动的支持，还通过其外溢性对外区域市场和企业产生变相购买行为。则可将两区域政府对本区域私人产品的变向购买行为表示为：

$$[\varpi(1-\psi)+\psi]G + \varpi^*(1-\psi^*)G^* = [\varpi(1-\psi)+\psi](1-v)[\vartheta+\kappa(1-\vartheta)]T + \varpi^*(1-\psi^*)(1-v^*)[\vartheta+\kappa(1-\vartheta)]T^*$$

其中，上标 * 表示外区域的相关数理变量，ϖ 表示保障性财政支出对本区域企业私人产品的变相购买的比例，$1-\varpi$ 表示保障性财政支出对外区域企业私人产品的变相购买的比例。

二 政府竞争对区域协同发展的影响机理

在展开理论分析之前，本部分先对区域异质性的假定和政府部门的决策变量进行说明。

区域异质性的假定：区域1为经济欠发达的后发区域，区域2为经济发达的先发区域，$Y_1 < Y_2$；后发区域的居民储蓄率高于后发区域，$s_1 > s_2$；先发区域生产要素的价格（亦即生产要素收益率）高于后发区域，$w_1 < w_2$；先发区域的单位产品的生产要素消耗量低于后发区域，$a_{s1} > a_{s2}$。

政府部门决策变量：在政府部门的博弈过程中，区域政府财政总支出（G_z）、生产性财政支出占比（ψ）、地区行政腐败率（v_z）、中央政府区域发展战略（κ）、税收总量（T_z）、分税制系数（ϑ）和地方政府开放性（$1-\varpi$）均属于地方政府和中央政府的决策范围。故此，本部分将从上述角度出发研究政府决策行为对区域协同发展的影响。

(一) 引入政府财政支出的要素收入—支出均衡

为更好地模拟区域政府行为和经济运行情况，假定存在的两个区域分别为 1 和 2，且这两个区域的企业数目分别为 n_1 和 n_2。假定产品运送到本地市场是无成本的，而运送到其他区域市场是有成本的，这种成本不仅包括运输成本还包括企业进入其他市场的交易成本。设 θ_z 为外区域产品进入 z 区域市场的成本系数，若产品在区域 1 的价格为 p，则该产品在区域 2 的市场价格为 $p_1/(1-\theta_2)$。

根据家庭部门的消费行为最优决策公式求解 c_{zv}^i (z, $v=1$ 或 2)，c_{zv}^i 为区域 z 的消费者对区域 v 的企业生产的第 i 种产品的需求量。

$$\begin{cases} c_{zv}^i = \dfrac{\mu(Y-S)}{P_s^{1-\sigma}}(p_v^i)^{-\sigma} & if\ z=v \\ c_{zv}^i = \dfrac{\mu(Y-S)}{P_s^{1-\sigma}}\left(\dfrac{p_v^i}{1-\theta_z}\right)^{-\sigma} & if\ z\neq v \end{cases}$$

其中，上标 i 表示第 i 类产品，p_v^i 表示区域 v 的第 i 类产品的价格。

设 E_{zv} 为区域 z 的消费者对区域 v 的企业生产的产品的支出水平。结合公式 (11.11)，可得出区域 1 的消费者对区域 1 企业生产的产品的支出水平为：

$$\begin{aligned} E_{11} &= \sum_{i=1}^{n_1} p_1^i c_{11}^i = \frac{\mu(Y-S)}{P_s^{1-\sigma}} \sum_{i=1}^{n_1} (p_1^i)^{1-\sigma} \\ &= \frac{\mu(Y-S)}{P_s^{1-\sigma}} \cdot n_1 \cdot \left(\frac{\sigma}{\sigma-1} w_1 a_{s1}\right)^{1-\sigma} \end{aligned} \quad (11.15)$$

同理：

$$E_{12} = \frac{\mu(Y-S)}{P_s^{1-\sigma}} \cdot n_1 \cdot \left(\frac{\sigma}{\sigma-1} \cdot \frac{w_2 a_{s2}}{1-\theta_1}\right)^{1-\sigma} \quad (11.16)$$

$$E_{21} = \frac{\mu(Y-S)}{P_s^{1-\sigma}} \cdot n_2 \cdot \left(\frac{\sigma}{\sigma-1} \cdot \frac{w_1 a_{s1}}{1-\theta_2}\right)^{1-\sigma} \quad (11.17)$$

$$E_{22} = \frac{\mu(Y-S)}{P_s^{1-\sigma}} \cdot n_2 \cdot \left(\frac{\sigma}{\sigma-1} \cdot w_2 a_{s2}\right)^{1-\sigma} \quad (11.18)$$

其中，w_1 和 w_2 分别为区域 1 和区域 2 的生产要素的平均价格，a_{s1} 和 a_{s2} 分别为区域 1 和区域 2 内单位产品的生产要素平均消耗量。

结合公式 (11.15) 和 (11.16)，区域 1 的消费者对区域 1 企业生产的产品的支出与其对区域 2 企业生产的产品的支出之比可表示为：

$$\frac{E_{11}}{E_{12}} = \frac{\frac{\mu(Y-S)}{P_s^{1-\sigma}} \cdot n_1 \cdot \left(\frac{\sigma}{\sigma-1} w_1 a_{s1}\right)^{1-\sigma}}{\frac{\mu(Y-S)}{P_s^{1-\sigma}(1-\theta)^{1-\sigma}} \cdot n_1 \cdot \left(\frac{\sigma}{\sigma-1} w_2 a_{s2}\right)^{1-\sigma}} = \left[\frac{w_1 a_{s1}(1-\theta_1)}{w_2 a_{s2}}\right]^{1-\sigma}$$

(11.19)

同理，结合公式 (11.17) 和 (11.18)，区域 2 的消费者对区域 1 企业生产的产品的支出与其对区域 2 企业生产的产品的支出之比可表示为：

$$\frac{E_{21}}{E_{22}} = \frac{\frac{\mu(Y-S)}{P_s^{1-\sigma}} \cdot n_2 \cdot \left(\frac{\sigma}{\sigma-1} \cdot \frac{w_1 a_{s1}}{1-\theta}\right)^{1-\sigma}}{\frac{\mu(Y-S)}{P_s^{1-\sigma}} \cdot n_2 \cdot \left(\frac{\sigma}{\sigma-1} \cdot w_2 a_{s2}\right)^{1-\sigma}} = \left[\frac{w_1 a_{s1}}{w_2 a_{s2}(1-\theta_2)}\right]^{1-\sigma}$$

(11.20)

此时，区域 1 的总支出可表示为：

$$\frac{E_{11}}{E_1}(Y_1 - S_1) + \frac{E_{21}}{E_2}(Y_2 - S_2) + G_1 \quad (11.21)$$

其中，Y_z、S_z、G_z ($z=1$ 或 2) 分别表示区域 z 的收入、储蓄和财政支出，$E_1 = E_{11} + E_{12}$ 和 $E_2 = E_{21} + E_{22}$ 分别表示区域 1 和区域 2 的对两区域产品的总支出。

同理，区域 2 的总支出可表示为：

$$\left(1 - \frac{E_{11}}{E_1}\right)(Y_1 - S_1) + \left(1 - \frac{E_{21}}{E_2}\right)(Y_2 - S_2) + G_2 \quad (11.22)$$

就要素的收入—支出而言，一个区域的要素总收入来自两个区域家庭部门对该区域私人物品的支出和政府部门对本区域私人物品的支出，则：

对于区域 1 而言，要素的收入—支出均衡为：

$$w_1 F_1 = \frac{E_{11}}{E_1}(Y_1 - S_1) + \frac{E_{21}}{E_2}(Y_2 - S_2) + \varpi_1 G_1^a + (1 - \varpi_2) G_2^a + G_1^p$$

(11.23)

对于区域 2 而言，要素的收入—支出均衡为：

$$w_2 F_2 = \left(1 - \frac{E_{11}}{E_1}\right)(Y_1 - S_1) + \left(1 - \frac{E_{21}}{E_2}\right)(Y_2 - S_2) \quad (11.24)$$
$$+ (1 - \varpi_1) G_1^a + \varpi_2 G_2^a + G_2^p$$

区域的总体收入来源于区域生产要素的总体收益,包括劳动力工资收益和资本收益等,则区域总收入可表示为 $Y_z = w_z \cdot F_z$,其中 F_z 和 w_z 分别为区域 z 的生产要素总量和生产要素价格。将 $[\varpi \cdot (1-\psi) + \psi] \cdot G + \varpi^* \cdot (1-\psi^*) \cdot G^*$ 和区域储蓄率 $s_z = S_z/Y_z$ 代入公式(11.23)和(11.24)可得:

$$[1 - \frac{E_{11}(1-s_1)}{E_1}]Y_1 = \frac{E_{21}(1-s_2)Y_2}{E_2} + [\varpi_1(1-\psi_1) + \psi_1]G_1 + (1-\varpi_2)(1-\psi_2)G_2 \tag{11.25}$$

$$[1 - (1 - \frac{E_{21}}{E_2})(1-s_2)]Y_2 = (1 - \frac{E_{11}}{E_1})(1-s_1)Y_1 + [\varpi_2(1-\psi_2) + \psi_2]G_2 + (1-\varpi_1)(1-\psi_1)G_1 \tag{11.26}$$

其中,v_z、G_z^a 和 G_z^p 分别表示区域 z 地方政府的区域行政腐败率、保障性财政支出和生产性财政支出,κ 反映的是中央政府的区域发展战略,在本模型中指的是中央财政对区域1的支持,则 $1-\kappa$ 指的是中央财政对区域2的支持。

(二) 后发区域地方政府决策行为对区域协同发展的影响

对后发区域来说,Y_2 和 G_2 是外生的,Y_1/Y_2 可表示为:

$$[1 - \frac{\frac{E_{11}}{E_{12}}(1-s_1)}{1 + \frac{E_{11}}{E_{12}}}]\frac{Y_1}{Y_2} = \frac{[\varpi_1(1-\psi_1) + \psi_1]G_1 + (1-\varpi_2)G_2^p}{Y_2} + \frac{\frac{E_{21}}{E_{22}}(1-s_2)}{1 + \frac{E_{21}}{E_{22}}} \tag{11.27}$$

求解 Y_1/Y_2 关于 G_1、ψ_1、$1-\psi_1$ 的导数可得:

$$\frac{d(Y_1/Y_2)}{dG_1} = \frac{\varpi_1(1-\psi_1) + \psi_1}{Y_2} \cdot \frac{1 + \left[\frac{w_1 a_{s1}(1-\theta_1)}{w_2 a_{s2}}\right]^{1-\sigma}}{1 + s_1 \cdot \left[\frac{w_1 a_{s1}(1-\theta_1)}{w_2 a_{s2}}\right]^{1-\sigma}} > 0 \tag{11.28}$$

$$\frac{d(Y_1/Y_2)}{d\psi_1} = \frac{(1-\varpi_1)G_1}{Y_2} \cdot \frac{1+\left[\frac{w_1 a_{s1}(1-\theta_1)}{w_2 a_{s2}}\right]^{1-\sigma}}{1+s_1 \cdot \left[\frac{w_1 a_{s1}(1-\theta_1)}{w_2 a_{s2}}\right]^{1-\sigma}} > 0 \quad (11.29)$$

$$\frac{d(Y_1/Y_2)}{d(1-\psi_1)} = -\frac{(1-\varpi_1)G_1}{Y_2} \cdot \frac{1+\left[\frac{w_1 a_{s1}(1-\theta_1)}{w_2 a_{s2}}\right]^{1-\sigma}}{1+s_1 \cdot \left[\frac{w_1 a_{s1}(1-\theta_1)}{w_2 a_{s2}}\right]^{1-\sigma}} < 0$$

$$(11.30)$$

由公式（11.28）可知，随着后发区域的财政总支出的增加，区域间的协同发展水平在不断提升，显示出后发区域财政政策对区域协同发展的正向影响。由公式（11.29）可知，后发区域生产性财政支出占比的增加有利于提升区域间的协同发展水平。公式（11.30）表明，后发区域保障性财政支出占比的增加不利于提升区域间的协同发展水平。后发区域生产性财政支出的经济效应要强于其保障性财政支出的经济效应。

政府和市场是进行区域间资源配置的两大重要主体。在先发区域具备要素价格和要素生产率等市场优势的前提下，后发区域地方政府为了吸引生产要素向本区域的流入会采用积极的财政政策，而具有排他性的生产性财政支出成了后发区域的首要政策选择。

如前所述，区域的总体收入来源于区域生产要素的总体收益，包括劳动力工资收益和资本利润收益，区域总收入可表示为 $Y_1 = w_1 \cdot F_1$。在 Y_2 外生和区域生产要素基数（F_1）既定的情况下，由 $d(Y_1/Y_2)/d\psi_1 = dw_1/d\psi_1 > 0$ 可知，后发区域生产性财政支出占比的增加，提高了本区域的生产要素价格，吸引着生产要素"返流"至后发区域，缩小了区域间的经济差距，进而提升了区域间的协同发展水平。这也解释了为什么中国地方政府财政支出结构普遍向生产性支出倾斜。[1] 而由 $d(Y_1/Y_2)/d\psi_1 = dw_1/d\psi_1 < 0$ 可知，后发区域保障性财政支出占比的增加，不仅不能提升本区域对要素流入的吸引力，反而降低了生产性财政支出对本区域生产要素流入的吸引力，不利于本区域收入水平的增加，进而不利于缩

---

[1] 龚锋、卢洪友：《公共支出结构、偏好匹配与财政分权》，《管理世界》2009年第1期，第10—21页。

小区域间的经济差距。

生产性财政支出和保障性财政支出的经济效应为什么是不同的呢？区域地方政府的生产性财政支出在社会和经济系统中所产生的效果通常局限在本区域内部，对生产要素价格的降低作用和生产要素流入的促进作用都具有排他性，仅作用于本区域。而地方政府的保障性支出可以通过其外溢性对外区域市场和企业产生相应的经济效应，不具有排他性，不仅对区域间经济差距的缩小不具备显著的直接推动作用，反而会变相挤占生产性财政支出比例，不利于区域间的协同发展。既然如此，为什么中国地方政府保障性财政支出总量还在提升，这是因为区域地方政府的保障性支出是由区域经济规模和社会规模所决定，区域经济和社会规模的扩张必然引致地方政府保障性财政支出总量的增加。

（三）先发区域地方政府决策行为对区域协同发展的影响

在后发区域（区域2），Y_1 和 G_1 是外生的，区域协同变量（Y_1/Y_2）可表示为：

$$[1 - \frac{1}{1+\frac{E_{21}}{E_{22}}} \cdot (1-s_2)] (\frac{Y_1}{Y_2})^{-1} = \frac{[\varpi_2(1-\psi_2)+\psi_2]G_2 + (1-\varpi_1)G_1^p}{Y_1}$$

$$+ \frac{1}{1+\frac{E_{11}}{E_{12}}}(1-s_1) \quad (11.31)$$

求解 Y_1/Y_2 关于 G_2、ψ_2、$1-\psi_2$ 的导数可得：

$$\frac{d(Y_1/Y_2)}{dG_2} = -(\frac{Y_1}{Y_2})^2 \cdot \frac{[\varpi_2 \cdot (1-\psi_2)+\psi_2]}{Y_1}$$

$$\cdot \frac{1+[\frac{w_1 a_{s1}}{w_2 a_{s2} \cdot (1-\theta_2)}]^{1-\sigma}}{s_2 + [\frac{w_1 a_{s1}}{w_2 a_{s2} \cdot (1-\theta_2)}]^{1-\sigma}} < 0 \quad (11.32)$$

$$\frac{d(Y_1/Y_2)}{d\psi_2} = -(\frac{Y_1}{Y_2})^2 \cdot \frac{(1-\varpi_2) \cdot G_2}{Y_1} \cdot \frac{1+[\frac{w_1 a_{s1}}{w_2 a_{s2} \cdot (1-\theta_2)}]^{1-\sigma}}{s_2 + [\frac{w_1 a_{s1}}{w_2 a_{s2} \cdot (1-\theta_2)}]^{1-\sigma}} < 0$$

$$(11.33)$$

$$\frac{d(Y_1/Y_2)}{d(1-\psi_2)} = \left(\frac{Y_1}{Y_2}\right)^2 \cdot \frac{(1-\varpi_2) \cdot G_2}{Y_1} \cdot \frac{1 + \left[\frac{w_1 a_{s1}}{w_2 a_{s2} \cdot (1-\theta_2)}\right]^{1-\sigma}}{s_2 + \left[\frac{w_1 a_{s1}}{w_2 a_{s2} \cdot (1-\theta_2)}\right]^{1-\sigma}} > 0$$

(11.34)

公式 (11.32) 显示, 先发区域生产性财政支出占比的增加对区域间协同发展水平的作用是负向的。而公式 (11.33) 显示, 先发区域保障性财政支出占比的增加有利于提升区域间的协同发展水平。公式 (11.34) 结果显示, 随着先发区域的财政总支出的增加, 区域间的协同发展水平在不断下降。这得出了一个与后发区域相同的结论, 即先发区域生产性财政支出的经济效应要强于其保障性财政支出的经济效应。为什么先发区域财政支出及其结构对区域协同发展的影响路径与后发区域的相关影响路径是完全相反的呢? 这是因为本部分的前提假设中生产要素是同质的、要素需求是不存在区域差异的, 而且模型中运用的是要素名义价格、没有考虑要素的相对价格。实践中, 先发区域生产性财政支出吸引的是高层次生产要素, 而且先发区域合理的政府竞争行为会引致要素相对价格的均等化, 进而有利于区域协同发展。同时, 通过比较先发区域和后发区域生产性财政支出占比的经济效应, 本部分还得出了另外一个结论, 即政府作用和市场作用是相互补充的; 在具备市场优势的先发区域, 以生产性财政支出为主要手段的政府竞争行为对区域协同发展的作用相对较弱, 而市场机制对区域协同发展的作用相对较强; 在不具备市场优势的后发区域, 以生产性财政支出为主要手段的政府竞争行为对区域协同发展的作用相对较强, 而市场机制对区域协同发展的作用相对较弱。

先发区域具有跨区域外溢性的保障性财政支出, 不仅有利于推动本区域经济的发展, 还可以带动后发区域经济发展水平的提升, 在边际递增效应的作用下, 区域间的协同发展水平在不断提升。其具体路径表现为: 一方面, 先发区域保障性财政支出通过其外溢性 (如教育、技术外溢等) 可以提升后发区域生产要素使用效率, 进而带动后发区域经济发展水平的提升; 另一方面, 先发区域经济和社会规模的扩张使得其保障性财政支出的占比随之提升, 在此路径下其生产性财政支出的比例也会相应下降, 而后发区域生产性财政支出的比较优势就会显现出来, 生产要素向后发区域的"回流"现象出现,区域间的协同发展水平不断提升。

综上发现,在区域经济发展中,政府作用和市场作用是相互补充的,且这种补充特征具备区域差异性。后发区域的政府竞争行为对区域协同发展的影响是正向的,但过度的政府竞争行为也不利于区域的协同发展。后发区域政府竞争行为对区域协同发展的影响效应比先发区域政府竞争行为的影响效应更显著。

三 市场竞争对区域协同发展的影响机理

（一）区域异质性视角下市场竞争影响区域协同发展的短期效应

在区域经济关系演进过程中,在已有市场机制差距和要素禀赋差异的作用下,区域间的市场竞争对区域经济关系的短期影响效应表现为区域间企业对市场份额的争夺,[①] 即短期内市场竞争的冲击使得后发区域消费者对先发区域产品的消费支出增加（在模型中体现为 E_{11}/E_{12} 的缩小）,先发区域消费者对本区域产品的消费支出增加（在模型中体现为 E_{21}/E_{22} 的缩小）。那么,区域异质性视角下市场竞争影响区域协同发展的短期效应是怎样的呢?

在公式（11.27）的基础上,求解 $\dfrac{Y_1}{Y_2}$ 关于 $\dfrac{E_{11}}{E_{12}}$ 的导数可得:

$$\frac{d(Y_1/Y_2)}{d(E_{11}/E_{12})} = \frac{1-s_1}{\left(1+\dfrac{E_{11}}{E_{12}}s_1\right)^2}$$

$$\cdot \left\{ \frac{[\varpi_1(1-\psi_1)+\psi_1]G_1+(1-\varpi_2)G_2^p}{Y_2} + \frac{\dfrac{E_{21}}{E_{22}}(1-s_2)}{1+\dfrac{E_{21}}{E_{22}}} \right\} > 0$$

(11.35)

由公式（11.35）可知, $\dfrac{d(Y_1/Y_2)}{d(E_{11}/E_{12})} > 0$,在后发区域的视角下,短期内区域间市场竞争的加剧（ E_{11}/E_{12} 的缩小）不利于区域的协同发展

[①] 马述忠、张洪胜:《产品差异、外资垂直并购与市场竞争——基于企业产品定位和市场份额的分析》,《浙江大学学报》（人文社会科学版）2013年第4期,第157—169页。

(Y_1/Y_2 随之下降)。在不考虑政府干预的情况下,市场竞争短期冲击的加强使得先发区域企业产品的成本优势、技术优势和品牌优势得到了充分发挥,先发区域企业产品在后发区域的市场份额会迅速扩张,区域间的经济差距也会相应不断扩大,区域不协同程度提升。另外,短期内市场竞争扩大了区域间的市场化程度差距,加剧了区域要素禀赋的不平衡格局,不利于区域间的协同发展。

后发区域的市场化程度和市场机制并不完善,市场竞争冲击的加强使短期内后发区域地方政府倾向于将政府调控职能替代市场资源配置机制。这里的结论与前述部分的结论是一致的,即短期内后发区域地方政府更加倾向于选择政府干预政策手段,而非选择市场机制的作用。然而,后发区域政府竞争程度的加深,又会加剧市场竞争对区域协同发展的消极影响,[①] 这使得后发区域形成了一个恶性循环。

在公式(11.31)的基础上,求解 Y_1/Y_2 关于 E_{21}/E_{22} 的导数可得:

$$\frac{d(Y_1/Y_2)}{d(E_{21}/E_{22})} = \frac{1-s_2}{\left(1+\frac{E_{21}}{E_{22}}\right)^2}$$

$$\cdot \left\{\frac{[\varpi_2(1-\psi_2)+\psi_2]G_2+(1-\varpi_1)G_1^p}{Y_1} + \frac{1}{1+\frac{E_{11}}{E_{12}}}(1-s_1)\right\}^{-1} > 0$$

(11.36)

由公式(11.36)可知,$d(Y_1/Y_2)/d(E_{21}/E_{22}) > 0$,在先发区域的视角下,短期内区域间市场竞争的加剧(E_{21}/E_{22} 的缩小)不利于区域经济的协同发展(Y_1/Y_2 随之下降)。这与后发区域视角下市场经济的短期效应是一致的。但不同的是,先发区域的政府竞争行为削弱了市场竞争对区域经济协同发展的短期负向影响。由公式(11.36)可知,ψ_2 值越大,$d(Y_1/Y_2)/d(E_{21}/E_{22})$ 越小,这意味着单位 E_{21}/E_{22} 值下降所引起的 Y_1/Y_2 下降幅度越小。如前所述,市场竞争短期冲击扩大了区域间市场化程度的差距、加剧了市场要素的区域不平衡格局,先发区域的市场优势更加明显,

---

① 后发区域政府竞争程度越高,市场竞争对区域协同发展的负向作用越强。由公式(11.35)可知,ψ_1 值越大,$d(Y_1/Y_2)/d(E_{11}/E_{12})$ 越大,这意味着单位 E_{11}/E_{12} 值下降所引起的 Y_1/Y_2 下降幅度越大。

区域间的经济差距不断扩大。当然,这是在不考虑政府作用因素和市场机制长期效应的情况下得出的结论。

(二) 区域异质性视角下市场竞争影响区域协同发展的长期效应

在将政府行为作为外生变量的情况下,区域经济演变过程中,市场竞争机制的长期效应体现为区域间要素价格的逐步均等化和区域间市场的不断融合,[①] 即后发区域与先发区域的要素价格比(w_1/w_2)在不断上升,外区域企业进入本地区的交易成本(θ_1 和 θ_2)逐步下降。本节将讨论区域异质性视角下市场竞争影响区域协同发展的长期效应。

在公式(11.27)的基础上,求解 Y_1/Y_2 关于 w_1/w_2 和 θ_1 的导数可得:

$$\frac{d(Y_1/Y_2)}{d(w_1/w_2)} = \frac{(1-s_1)(1-\sigma)}{\left(1+\frac{E_{11}}{E_{12}}s_1\right)^2}$$

$$\cdot \left\{ \frac{[\varpi_1(1-\psi_1)+\psi_1]G_1 + (1-\varpi_2)G_2^p}{Y_2} + \frac{\frac{E_{21}}{E_{22}}(1-s_2)}{1+\frac{E_{21}}{E_{22}}} \right\}$$

$$\cdot \left[\frac{w_1}{w_2}\right]^{-\sigma} \cdot \left[\frac{a_{s1}(1-\theta_1)}{a_{s2}}\right]^{1-\sigma} > 0 \qquad (11.37)$$

$$\frac{d(Y_1/Y_2)}{d\theta_1} = -\frac{(1-s_1)(1-\sigma)}{\left(1+\frac{E_{11}}{E_{12}}s_1\right)^2}$$

$$\cdot \left\{ \frac{[\varpi_1(1-\psi_1)+\psi_1]G_1 + (1-\varpi_2)G_2^p}{Y_2} + \frac{\frac{E_{21}}{E_{22}}(1-s_2)}{1+\frac{E_{21}}{E_{22}}} \right\}$$

$$\cdot (1-\theta_1) - \sigma \cdot \left[\frac{w_1 a_{s1}}{w_2 a_{s2}}\right]^{1-\sigma} < 0 \qquad (11.38)$$

由公式(11.37)和(11.38)可知,后发区域视角下市场竞争对区域协同发展的长期影响效应是正向的。$d(Y_1/Y_2)/d(w_1/w_2) > 0$ 意味着,

---

[①] 陈勇兵、陈宇媚、周世民:《中国国内市场整合程度的演变:基于要素价格均等化的分析》,《世界经济》2013 年第 1 期,第 14—37 页。

w_1/w_2 的上升拉动了 Y_1/Y_2 的上升，即就要素价格均等化层面而言，市场竞争在长期效应对区域协同发展产生正向的影响。$d(Y_1/Y_2)/d\theta_1 < 0$ 意味着，θ_1 的下降拉动了 Y_1/Y_2 的上升，即就外区域企业进入本地区交易成本下降的层面而言，市场竞争在长期效应对区域协同发展产生正向的影响。在长期效应下，通过要素"返流"和"外溢"、要素相对价格（报酬）均等化、区域经济结构演变、区域间的合理分工和区位比较优势的充分发挥等理论路径，市场竞争调整不同层次生产要素在不同区域间的配置，促进区域间的市场融合，进而加强区域间经济联系、缩小区域间经济差距、促进区域间经济增长差异收敛。

在公式（11.31）的基础上，求解 Y_1/Y_2 关于 w_1/w_2 和 θ_2 的导数可得：

$$\frac{d(Y_1/Y_2)}{d(E_{21}/E_{22})} = \frac{(1-s_2)(1-\sigma)}{(1+\frac{E_{21}}{E_{22}})^2}$$

$$\cdot \left\{ \frac{[\varpi_2(1-\psi_2)+\psi_2]G_2 + (1-\varpi_1)G_1^p}{Y_1} + \frac{1}{1+\frac{E_{11}}{E_{12}}}(1-s_1) \right\}^{-1}$$

$$\cdot \left[\frac{a_{s1}}{a_{s2}(1-\theta_2)}\right] 1 - \sigma \left[\frac{w_1}{w_2}\right] - \sigma > 0 \tag{11.39}$$

$$\frac{d(Y_1/Y_2)}{d\theta_2} = \frac{(1-s_2)(1-\sigma)}{-(1+\frac{E_{21}}{E_{22}})^2}$$

$$\cdot \left\{ \frac{[\varpi_2(1-\psi_2)+\psi_2]G_2 + (1-\varpi_1)G_1^p}{Y_1} + \frac{1}{1+\frac{E_{11}}{E_{12}}}(1-s_1) \right\}^{-1}$$

$$\cdot \left[\frac{w_1 a_{s1}}{w_2 a_{s2}}\right] 1 - \sigma \cdot \frac{1}{(1-\theta_2)^{2-\sigma}} < 0 \tag{11.40}$$

由公式（11.39）和（11.40）可知，先发区域视角下市场竞争对区域协同发展的长期影响效应是正向的。$d(Y_1/Y_2)/d(w_1/w_2) > 0$ 意味着，w_1/w_2 的上升拉动了 Y_1/Y_2 的上升，即就要素价格均等化层面而言，市场竞争在长期效应对区域协同发展产生正向的影响。$d(Y_1/Y_2)/d\theta_1 < 0$ 意味着，θ_2 的下降拉动了 Y_1/Y_2 的上升，即就外区域企业进入本地区的交易成本层面而言，市场竞争在长期效应下对区域协同发展产生正向的影响。

综上发现，市场竞争对区域协同发展的短期影响是负向的，市场竞争对区域协同发展的短期影响是正向的。

四 政府竞争和市场竞争相互约束下对区域协同发展的影响

（一）市场竞争约束下政府竞争对区域协同发展的影响

市场竞争的正向影响促进了政府竞争对区域协同发展的正向效用。区域要素价格均等化程度越高、区域间市场融合程度越高，政府竞争对区域协同发展的正向促进作用越强。由公式（11.29）可知，在均衡路径下，区域要素价格均等化程度越高（w_1/w_2 越大），生产性财政支出占比增加对区域协同发展的正向影响作用就会越强 [$d(Y_1/Y_2)/d\psi_1$ 就会相应越大]；区域间市场融合程度越高（θ_1 越小），生产性财政支出占比增加对区域协同发展的正向影响作用就会越强 [$d(Y_1/Y_2)/d\psi_1$ 就会相应越大]。

市场竞争的负向影响抑制了政府竞争对区域协同发展的负向效用。区域间的市场化程度差距越大，政府竞争对区域协同发展的正向促进作用越弱。区域间的市场化程度差距，在本模型中采用区域间经济差距代指。这种代指是合理的，因为市场化程度差距是中国区域经济差距的重要体现。[①] 区域间的经济差距表现为 Y_1 和 Y_2 的差值，当 Y_2 越大时，区域间的经济差距越大。由公式（11.29）可知，Y_2 越大 $d(Y_1/Y_2)/d\psi_1$ 的值就会相对越小，这说明区域间经济差距越大，区域间的市场化程度差距也会相应越大，生产性财政支出对区域协同发展的正向作用就会越弱。

（二）政府竞争约束下市场竞争对区域协同发展的影响

后发区域政府竞争的正向效应削弱了后发区域市场竞争对区域协同发展的短期负向影响，先发区域政府竞争的正向效应优化了先发区域市场竞争对区域协同发展的积极影响。后发区域地方政府的开放性越强，市场竞争对区域协同发展的短期负向影响越弱。由公式（11.35）可知，在后发区域视角下，$1-\varpi_1$ 越大，$d(Y_1/Y_2)/d(E_{11}/E_{12})$ 越小，短期市场竞争程度提升一个单位（E_{11}/E_{12} 下降）所引起的市场协同程度下降

---

① 贺灿飞、梁进社：《中国区域经济差异的时空变化：市场化、全球化与城市化》，《管理世界》2004 年第 8 期，第 8—17 页。

的幅度下降。先发区域地方政府的开放性越强,市场竞争对区域协同发展的长期正向影响越强。由公式(11.39)和(11.40)可知,在先发区域视角下,$1-\varpi_2$ 越大,$d(Y_1/Y_2)/d(w_1/w_2)$ 越大,长期市场竞争程度提升一个单位(w_1/w_2 上升,θ_2 下降)所引起的市场协同程度上升的幅度提升。

后发区域地方保护主义行为加剧了后发区域市场竞争对区域协同发展的短期负向影响,先发区域地方保护主义行为削弱了先发区域市场竞争对区域协同发展的积极影响。后发区域地方保护主义行为(地方政府的开放性减弱),市场竞争对区域协同发展的短期负向影响越强。由公式(11.35)可知,在后发区域视角下,$1-\varpi_1$ 越小,$d(Y_1/Y_2)/d(E_{11}/E_{12})$ 越大,短期市场竞争程度提升一个单位(E_{11}/E_{12} 下降)所引起的市场协同程度下降的幅度上升。先发区域地方政府的开放性越强,市场竞争对区域协同发展的长期正向影响越弱。由公式(11.39)和(11.40)可知,在先发区域视角下,$1-\varpi_2$ 越小,$d(Y_1/Y_2)/d(w_1/w_2)$ 越小,长期市场竞争程度提升一个单位(w_1/w_2 上升,θ_2 下降)所引起的市场协同程度上升的幅度下降。

第十二章

推进中国区域协同发展的协调机制分析

地方政府竞争和市场竞争推动着区域的协同发展演变与发展，与此同时，要实现区域的协同发展，还需要一系列的协调机制来调节区域间的各种关系，从而促进与推动各区域间与区域的各要素间的共同和谐互动与协同发展。

第一节　构建多层次联动协调体系

推动区域的经济、政治、文化、社会和生态的协同发展，需要涉及各个领域，需要从不同层次发力，形成宏观、中观、微观联动的协调体系。

一　宏观层面

宏观层面实现政府政策主导的东、中、西部地区协调发展。区域发展差距的协调是一个漫长而复杂的过程，无论是最早实施区域政策的英国，还是现代化程度最高的美国，区域间发展差距的协调都仍将是未来施政的重要方向。中国的区域发展战略起步较晚，且无成熟的实践经验，区域发展差距的协调更加任重道远。长期以来，地区间自然资源禀赋的巨大差异以及工业化过程中的基于比较优势的产业布局使得中国的区域发展呈现出东、中、西由强渐弱的梯度特征，虽然新中国成立初期实施的平衡发展战略对中西部地区的产业进行了大力扶持，但改革开放初期所实施的偏重东部沿海地区的非均衡发展战略使得东部地区再一次迅速崛起，东、中、西的区域差距被进一步拉大，21世纪以来，为防止进一步扩大区域间的差距，中国实施区域协调发展的战略，对中国的中西部地区进行了较大力度的扶持，但从现状上看，东部地区仍占据高附加值产业和高素质人力的竞争优势，三大区域间的发展差距依然很大。因此，在宏观上针对东、中、西三大区域的协调发展战略在新时期仍有其存在的意义。

结合国内外区域发展的实践经验，新时期东、中、西三大区域的协调发展战略可从以下三方面入手，第一，对三大区域的产业结构进行优化调整，积极鼓励先进区域的部分产业转移到落后区域，从而使落后区域形成新的增长极，逐步缩小区域间的发展差距；第二，大力加强对落后区域基础设施建设和人力资源培育等方面的扶持，为其承接先进区域的产业转移夯实基础；第三，努力消除区域间劳动力及资本流动的壁垒，为进一步加强区域间的经济社会交流扫清障碍，从而最终完成东、中、西三大区域的梯度界限的消融。在具体的实施中，一方面，使中国区域政策的制定和实施效率提高，可借鉴英、美及欧盟区域发展战略实施的经验，构建起集立法机制、监督机制、效果检测机制和反馈机制为一体的过程控制机制，大力提高政策制定的合理性及政策实施的高效性；另一方面，中国中央政府相较地方政府有更大的财权，财政政策可成为协调区域发展的重要手段，可借鉴日、德两国的经验，构建纵向和横向相结合的财政转移支付体系。纵向上，加大对落后区域的财政转移支付力度及税收优惠力度；横向上，建立起发达区域向不发达区域转移的财政制度，最大限度地扶助落后区域的发展；最后，要将产业结构的调整视为协调区域发展的长远战略，日本的产业政策对区域间的协调发展产生了重要影响，事实证明，只有建立起合理的产业结构，再依托市场进行自发的资源配置，才能从根本上建立起区域发展的协调机制。

二 中观层面

中观层面实现市场主导政策为辅的协同发展地区间的经济圈。自改革开放以来，各地区的交通和信息得到快速且全面的发展，地区间的经济联系和贸易往来逐步深入，相邻地区间的文化和社会不断融合，越来越多的地区突破行政区划的界限，形成高度一体化的城市群，进而形成规模庞大的地区经济圈，从最早的环渤海湾经济圈、长江三角洲经济圈和珠江三角洲经济圈这三大经济圈，到至今初具雏形的大西南经济圈、西三角经济圈、合肥经济圈，一张超越行政界限的经济版图正逐渐成形。从中观层面看，城市群和经济圈的培育是实现中国区域经济协同发展的必要路径。在区域经济增长极扩散效应作用下，城市群和经济圈不断形成，其具体作用机制是：产业和资本在特定地区的集聚使该地区形成经济增长极，通过增长极的产业及资本辐射逐渐带动外围地区的发展与融合，最终形成高度一体化的地区经济圈。自从实施区域协调发展战略以来，中国的产业结构经历了大的调整，在各地区产业不断发展的同时，潜在的高度一体化的城市群不断地改写中国区域经济发展的现状，中国政府也因此批设了遍及各区域的城市群，如长江中下游城市群、长株潭城市群、武汉城市群等。

同宏观层面高度政策引导不同的是，中观层面地区经济圈的协同发展应采用市场主导、政策为辅的模式。一方面，不同地区的比较优势只有在市场机制的不断作用下才能够充分发挥，进而实现资源配置的最大效率，因而必须坚持市场机制在城市群、经济圈的协同发展中的主导地位；另一方面，完全放任的自由市场又将导致更大程度的区域差距，因此，在市场主导的同时，还需用政策手段加以调节，政策的辅导作用在这一层面可以体现为以下几个方面。其一，在产业结构的布局与调整上，根据不同地区的自然条件及产业发展现状给予相应政策上的支持和引导，促成各地区尤其是落后地区增长极的形成，进而通过增长极带动落后区域的全面发展。其二，在城市群及经济圈的批设上，坚持"市场说了算"的原则，即只有在地区城市群和经济圈业已成形的条件下，才做出相应的批复，而不走先批复、后发展的老路。在具体政策的实施上，同样应当借鉴英美等国的经验，通过加强立法和监督建设建立起规范的过程控制机制，同时还可借鉴欧盟和日本的经验，在战略的制定和监督上设立跨越行政区划的专门部门，在战略的项目实施上设立"第三部门"并引进民营资本以提高实施效率。其三，在区域经济社会的交流与合作上，制定尽可能消除区域间资本及人力资源自由流动的壁垒，融合区域间的文化和社会差异，为实现城市群和经济圈之间，城市群和经济圈内部的协同发展扫清障碍。

三 微观层面

微观层面实现地区建设主体功能区及经济开发区等内部协同发展。区域协同发展的微观层面作为协同发展战略实施的基石，是落实协同发展战略至关重要的一环。作为一个幅员辽阔的大国，中国不同地区间以及地区内部的自然资源禀赋存在巨大的差异，改革开放以来，针对全球化竞争下不同地区的比较优势，中国在全国范围内先后设立许多的经济技术开发区，其在该地区的经济社会发展中起到了至关重要的作用。但受非均衡发展战略的影响，经济开发区东、中、西梯度分布的特征较为显著，成为微观层面促成我们区域发展差距扩大的重要因素。因此，在新时期合理规范中国地区内部经济开发区的建设，并且使各经济开发区协调发展，这对我们国家的区域协调发展总体目标的实现具有十分重大的意义。

实现地区建设内部的协同发展，首先要规范地区国土开发的格局，制定符合区域发展政策目标及区域自身条件的国土开发总体规划，自"十一五"规划实施以来，基于现有的各区域的资源环境承载力、区位和经济结构的特征、现有的开发密度、人口集聚状况及参与国际分工的程度等多种因素，中共中央提出了主体功能区的概念，指出"将国土空间划分为优化开发、重点开发、限制开发和禁止开发四类主体功能区，按照主体功能定位调整完善区域政策和绩效评价，规范空间开发秩序，形成合理的空间开发结构"。通过主体功能区的建设最大限度地发挥地区的比较优势，对于落后地区的崛起具有重要的意义。其次要赋予地方政府以更大的执行权力，同时也要改善和完善地方政府的执政监督机制。地方政府作为地区经济开发区及主体功能区的建设主体，必须有足够的财权和相应的事权作为支撑。财权方面，中国正积极探索和试点含地方债在内的多种融资渠道；事权方面，党的十八届三中全会以来，减政放权将成为今后中国政治体制改革的一大方向，地方政府在地区开发上的主动权势必加大。但也需注意的是，地方政府施政的监管制度也需随之完善，才能有效抑制寻租和腐败所带来的低效率。再次，在战略的制定和实施上，要引入市场竞争机制，放宽民营资本的准入限制，给区域开发以更大活力和更高效率。一方面，借鉴英国战略制定的经验，将利益相关者纳入制定的主体范围；另一方面，借鉴日本在战略项目的实施上的经验，鼓励民营资本的参与。最后，还要从微观层面出发注重经济发展同社会、生态、文化和政治发展间的协同关系，尤其处理好经济发展同生态环境之间的关系，以建立起可持续性发展的区域开发机制。

第二节 创新跨区域协调组织

在一直以来的区域发展战略推进过程中，中国都存在着诸多的横向和纵向跨区域协调组织。但是由于种种原因，中国现有的跨区域协作无论从机制上，还是从效果上看，都还存在许多困难与问题，主要表现在以下五个方面。一是现有区域协作组织的权威性不高，因而难以协调涉及各方利益的重大复杂问题。二是现有区域协作主要通过定期或不定期会议、协议等方式进行，制度化程度较低，一旦外部条件稍有改变，合作就有可能会中止。三是当前的区域协调机制中，缺少有效的利益协调机制，当面临着最关键的利益问题时，各方分歧立现，协作难以推进。四是缺乏有力的政策工具来推进区域治理目标的实现。五是现有区域协作仅局限于政府之间，企业和社会方面的参与几乎没有。凡此种种，都使得区域协作的推进很不理想，影响了区域协同发展。[①]

为适应目前区域协同发展的需要，创新跨区域的组织协调机制，应当注意以下方面内容。

其一，根据区域协同发展需要设立相应的跨区域协调机构。一方面，设立区域协同发展委员会。设立区域委员会的情况主要有以下两种：第一，存在有明显政府目标的国家发展战略，例如京津冀一体化；第二，涉及数个省级行政单位的区域协同。有如下几种区域委员会的设立方式，一种是由中央带头设立，一种是通过地区间的合作而产生，还有一种就是通过在相关部委中设立专司区域协调的机构，以管理分配区域中的各个地方政府行动。因此，区域委员会的主要职责是长期规划与实施区域

---

① 冯俏彬：《创新跨区域行政体制，促进区域协同发展》，《北方经济》2015年第5期，第5—6页。

性的政策，同时，其拥有依照实际需要而改变地方政府运作的权利。另一方面，设立联合机构以专项处理区域的公共问题。关于重点集中于某个或多个方面的区域协作，政府可以考虑建立某种专门解决特殊问题的联合机构，这些特定机构不拥有能够干预地方政府运作的权力，除非有章程规定的权责。目前中国的区域协作能够通过该种方式来解决如下问题：规划区域、布局产业、处置应急问题、管理流域、协作生态以及基础设施的互联互通等，特别值得注意的是，需要着重设计出既能实实在在进行约束，又能妥善处理好各种利益的行政及财政规则，此外，还需要保证有相关政策工具以保障实施的顺利进行等。

其二，制定具有约束力的各区域协作准则。确保有能对合作各方都构成明确约束的相关准则，在设立区域委员会、某种区域联合机构发挥作用。在我们的国家，综合说来暂时还不具备条件来出台区域协作相关法律，然而对于国务院层面，以及各部委的具体管理层面来说，存在确保各区域协作的相关行政准则的要求，例如特定的区域规划、流域管理办法、空气质量控制条例等，当区域内的地方政府违反该准则时，行政问责程序就立马启动，从而对各方都形成约束。只有采取如此的措施，区域协作中因某方的不合作而致使整体协作破裂的行为才能被抑制。

其三，设计出能够推进区域协作的政策工具。这是在区域协作中从理论到实实在在地取得成效的关键点之一。根据国内外的经验可知，主要有如下两个方面值得注意。第一，根据区域公共问题的特点来建立由各协作方共同参与的团体，例如公众小组、专家小组和政府工作团队等，这些工作团队分别负责各阶段工作的实施、督查、考核、完善等，从而保证问题得到切实的解决。第二，需要相对应的技术分析工具，因为区域的公共问题往往具备了高度的专业性，比如水污染与空气污染问题等，这些都需要专家们提供备选方案、成本估算和推进工作的程序等，由此可见，专门的技术模型和信息分享等技术工具是必不可少的。总而言之，在解决繁杂的区域问题以及设计利益平衡机制时，都需要相应的政策工具。

其四，设计相应的区域公共财政体制。解决区域公共问题的关键在于资金。因为区域问题具有地方性的特点，因此不能单单指望中央政府提供资金，更为重要的是整合各方面的资金。基于此，需要设计出相应的区域公共财政机制，以解决区域公共问题所需资金的成本分摊和利益分享问题。而区域公共财政体制的关键点在于，根据所需解决问题的性质，来引进专业的分析技术与人员，从而形成行之有效且被各方接受的成本分摊和利益分享机制。

其五，推动政府、市场和社会组织间的协作。需要为区域问题负责的主体并不仅仅是政府，同时也需要市场主体和社会公众的参与。依据国外的经验，提高公众参与热情以及听取公众的声音能够推动相关地方政府密切合作，并使区域公共问题的解决早日提上日程。在没有市场主体的积极主动参与的情况下，政府推行相关的政策是困难的。由此可见，听取公众的声音，并积极推动政府、市场和社会组织间的多元协作机制的形成能够更好地促进区域公共问题的解决。

第三节　健全多元的制度规范

制度规范是区域协同推进的重要外部约束力。制度是多元的，主要包括正式制度和非正式制度两个方面，正式制度主要是指各种成文的法律法规等，非正式制度则指伦理规范、价值信念、风俗习惯、道德观念以及意识形态等。

在正式制度方面，应当积极推进法律法规的协调机制。区域间的法制协调是促进区域间合作与发展的重要途径和保障。建立区域间法制协调机制，能够在维护区域共同利益的基础上创造良好的法治环境，有效防范局部利益对共同利益的侵蚀，进而为区域协同发展提供有力支撑。首先，在立法方面进一步强化协调立法。各区域均有各自独立的地方立法权，由于经济和文化发展水平的差异，不同区域在市场准入、环境保护、安全生产等诸多方面的立法标准上存在一定差异，不利于区域间的协同发展。由此，应加强不同区域之间立法的沟通与协商，减少区域法律法规差异，为区域协同发展提供有力法制保障。其次，在执法方面进一步加强协调与联动。建立区域行政执法机关之间的联席会议制度，对区域内行政执法形势和现状进行通报，实现执法信息的互通共享。对行政执法矛盾比较突出的部门必要时可成立专门的行政执法协调机构。同时，应当加强执法的协调与联动。相互承认执法结果，行政处罚坚持

"一事不再罚"原则,避免重复检查和处罚;建立行政执法案件移送制度,如行政执法机关发现对正在办理的行政执法案件不具有管辖权或处理权时,应移送区域内其他地区的相关行政执法机关;加强区域内的联合执法,对跨区域的违法行为进行联合执法,提高执法效果,进一步改善跨区域的投资与经营环境。完善区域内信用体系的建设,建立区域内企业信用的信息查询制度以及市场主体对行政执法部门的评价制度,完善区域内个人信用的征信管理制度,努力维护区域内的市场经济秩序。最后,在司法方面,还要进一步提高各部门协作水平。为保障区域协同发展拥有良好的司法环境,竭力减少司法地方化带来的负面影响,各级司法机关之间应深入加强司法协作,包括扩大司法协作的范围,丰富司法协作的方式,提高司法协作的水平。此外,还要进一步完善协调沟通机制、司法联动机制,建立跨区域的法院系统、检察院系统的定期联席会议制度,在司法文书送达、案件调查取证、案件执行、法律服务、信息共享等方面强化协作关系,竭力实现区域内司法的公平与公正。①

在非正式制度方面,应当通过文化建设和认同意识塑造,弱化本地区非正式制度对外地企业的歧视性。这种弱化非正式制度歧视的行为不仅包括减少外地企业在本地市场的市场进入障碍,还包括从非正式制度层面为外地企业在本地市场获得平等竞争机会提供条件支持。降低区域经济运行的交易成本是弱化区域间制度歧视性行为的核心问题,地区政府在对政策歧视性进行弱化的过程中应当从降低交易成本的视角出发,如简化外地企业在本地区运行中的各项行政审批手续,倡导普通话推广降低外地企业在本地区的语言障碍等。

第四节 建设互联的交通网络

空间距离是区域间不能有效实现协同发展的现实阻碍,而区域间交通状况的优化是打破这一阻碍的重要方式。新中国成立以来,中国交通基础设施投资在不断加大,区域间交通状况得到极大的改善,交通运输

---

① 许颖:《法制协调是京津冀协同发展的重要保障》,《河北日报》2015年2月4日第7版。

方式也在不断革新，交通运输网络的流通潜力也在不断提升。区域间交通状况的优化，加速和改善了区域间的生产要素流动和配置，实现了区域交通运输效益的整体提升和服务能力的全面提高，进而满足各区域经济社会发展的不同现实需要，由此有效地推动了区域间的协同发展。

虽然如此，但在区域发展格局不断调整的背景下，中国交通状况的发展还存在着一些问题。其一，区域交通规划和建设缺乏统一的政策思维。各区域交通网络由于受到行政区划、国家区域协同机制建设滞后的影响，其规划与建设往往从自身需要出发，以核心区域为中心发展发射型的交通网络，而其他区域的交通需求以及与其他区域的协同配合则较少予以考虑和重视，以致区域间的交通渠道受阻。近年来，中国在逐步推进区域型发展战略，但这种发展战略注重的也是区域内区域间的交通连通，还是不能从全国区域发展战略和区域合作需要视角进行交通规划和建设。其二，区域的交通枢纽缺乏分工协作。不同区域的地理条件和发展需要各有不同，这使得地方政府交通基础设施建设水平和交通发展政策各有差异，从而使得各区域的交通枢纽不能根据其自身比较优势进行分工协作，进而阻碍了区域间的生产要素流通，制约了区域间的市场一体化进程和协同发展水平。其三，区域间的不同运输方式无法实现顺畅衔接。不同区域的交通运输方式构成是不同的，若欲实现区域间交通的有效连接进而推动区域协同发展，就必须要实现不同运输方式之间的有效衔接。然而，目前中国各区域的铁路、机场、公路都是独立建设的，区域间的交通物流信息无法完全实现共享，不同运输方式有效衔接的实现也缺乏技术支撑。[①]

面对这些问题，中国区域协同发展应当应用互联机制的交通发展战略。互联机制的交通发展战略是区域间协同发展的前提基础，是各区域实现发展分工和产业协同的流通纽带。区域协同发展中，无论是各地区经济联系的加强、产业协同的实现，还是生产要素如人员、物资、信息、资金等的流通，都离不开互联互通、成本低廉、效率颇高且低碳环保的交通运输体系。在互联机制的交通发展战略的指导下，逐步突破区域协

[①] 王中和：《以交通一体化推进京津冀协同发展》，《宏观经济管理》2015年第7期，第44—47页。

同发展中存在的行政区划界限，进而实现区域经济之间的良性互动与共同发展，无疑将是必然出路。那么，如何有效地推进互联机制的交通发展战略呢？

首先，应当将跨区域的交通规划纳入全国区域发展战略规划当中。统一的跨区域交通规划为互联机制交通发展战略的实现提供了思路引导。通过中央政府（特别是交通部），在跨区域和区域内的重大交通建设方面提供统一的规划思路，可以有效地避免行政边界对交通建设的限制，加强区域间的交通互补，深化区域合作，推进区域协同发展。

其次，促进区域交通资源的合理配置，加强不同运输方式之间的有效衔接。逐步推动区域间公路、铁路、航空、海路等不同运输方式之间沟通与衔接的改变，加快建设区域间物资流通供应链平台，努力达成交通信息在区域之间的共享。另外，还要统筹规划不同交通运输方式的场站、线路，加强铁路、公路站场与航空港和海运港口之间的运输衔接，减少区域物资换装、人员流动的转场环节。

再次，改变区域内交通网络的单中心放射模式，构建多中心交通网络的新格局。中国交通网络建设目前以单中心放射模式为主，在区域不平衡发展战略下这一交通网络建设模式起到了一定的积极作用；但在推进区域协同发展战略过程中，各区域交通网络的协同发展十分关键，应当大力促进，以推动多中心网络交通新格局的构建。多中心网络交通应以各地现有的产业优势以及未来产业协同的客观需要为立足点，进而明确各地区在区域交通网络当中的功能定位。

最后，依据区域间经济社会发展互补需要进行交通建设规划。交通建设规划依据，不仅应以区域地理状况和地方政府意愿为依据，还应充分意识到区域财政状况和区域间经济社会发展互补需要的影响。交通建设规划既要避免"盲目自信"，也要避免"无所作为"。

第五节　打造共享的信息平台

长期以来，中国各区域之间形成了一个联系紧密、相互依托、不可分离的区域格局。然而，对于各个独立发展、没有任何隶属关系的行政区域来说，要想实现联动协同发展，当务之急就是建立跨区域的一体化信息共享机制，以打通信息交流上的阻碍，打破发展与决策过程中存在的信息壁垒。一体化的信息共享机制主要表现在以下几个方面。

其一，拥有跨区域的一体化信息共享协调机构。对于区域协同发展来说，设立专门的跨区域信息化共享机构至关重要，这一机构的主要职责有：跨区域信息共享的规划与发展、制定并实施信息化发展战略、立项与审核重大信息化项目，以及监督和评估区域政务信息共享过程。中国跨区域一体化信息共享机制的建设，离不开各层级不同职能部门之间的合作与协调，各部门应以"谁生产谁负责，谁建设谁负责，谁运营谁负责，谁共享谁负责"为原则，明确报备信息共享的范围、内容、用途、方式等问题，并及时反馈和解决信息共享中出现的问题。

其二，建设跨区域的信息共享业务数据库和应用平台。要实现区域间信息共享，必须建立信息共享业务数据库与互联互通的信息操作平台。跨区域信息共享，意味着要充分利用不同区域之间各层级政府部门所拥有的信息资源，并在一个统一的平台上实现共同管理，其中信息共享以及共同开发利用是这一平台设计过程中的两个关键着眼点。

其三，健全信息一体化绩效考核制度和激励机制。建立一套科学、系统而全面的综合绩效评估指标体系，并以此来衡量和评估区域间的系统平台共享、部门间的信息资源交互和共享、部门间协同工作效率、信息目录体系、安全技术标准、重复建设程度、服务质量系数以及社会满意程度等。与此同时，要把评估结果与激励补偿机制相挂钩。具体来说，比如与政务项目立项机制相关联，实施共享项目的资金优先审批，加大共享项目的资金支持力度等。另外，推动工作激励机制与经济激励机制的有机结合，以绩效考核为驱动力，在政府工作体系和考核体系中真正纳入跨区域信息共享工作，从而提升职能部门之间的协作动力。

其四，创建内部监督和社会监督相结合的监督机制。在信息一体化的过程中，多方全面灵活的监督信息传递的每个环节是有必要的，唯有如此才能平稳高效地推进跨区域的信息一体化。要加强内部监督，跨区域信息一体化管理委员会要根据各级政务部门的职责监督检查其信息共享情况，及时提出相关机构与人员的协调方案与部门考核方案，综合评估和通报监督检查情况，以不断提升信息共享水平。此外，还需要建立健全社会监督机制，以保障政务信息共享中实现公开性、透明性与实用性的结合,从而促使各级政府部门自觉主动地推进信息一体化。

第六节 培育内生的认同共识

意识具有主观能动性,意识差异是造成区域间发展差异的重要原因。认同意识为区域间的协同发展提供了深层次的动力支撑和智力支持,因此,构筑发展意识的共同灵魂对于协调发展而言十分重要,没有认同意识就难以取得真正意义上的突破。认同意识是指区域协同发展进程中各区域在其发展意识上的认同感和归属感,以此推进区域间发展格局的协同。尽管认同意识是主观层面上的内容,但它可以从行为方式、观念等当中表现出来。认同意识的依据,就是秉承共同的发展理念、遵循共有的思维模式。认同意识是一个国家、一个区域实现协同发展的基础要素,它为区域经济发展提供了持久的内生动力,[①] 对凝聚力和竞争力的形成有着至关重要的作用。要增进区域之间的认同意识,可以从以下多个方面入手。

首先,以"互通互补"为导向,加强区域发展理念的挖掘和整合。促进各区域高校和科研院所研究力量的有效整合,形成一个分工有序、协作协调的研究团队;另外,还需充分挖掘区域发展理念的精髓,基于整个社会发展的背景对区域发展理念进行准确定位和整合,正确把握区域发展理念的内涵。与此同时,在研究整理过程中,还要结合社会结构特征和社会经济发展目标,培养互通互补性的认同意识,强化区域间的合作意识。

其次,依据区位比较优势,打造不同区域发展理念的彼此认同意识。当前,中国地方政府间的盲目竞争使得其无法对自身进行准确定位,甚至会出现具备不同区位比较优势的区域实施相同的发展理念定位,这不仅影响了自身的发展,还造成了彼此间的认知不准确,无法进行合理的区域合作。此时,便要求在中央政府的协调和引导下,各地方政府准确认知自身的优势及劣势,对自身和其他区域的发展理念进行准确定位,

---

① 黄建生:《增进文化认同,促进京津冀协同发展》,《大舞台》2015年第12期,第231—231页。

形成区域发展理念的认同意识，以此为区域发展战略的制定和区域间合作意识的塑造提供条件支持。

再次，中央政府和地方政府通力合作，对推进意识认同进行规划建设。积极开展各地方政府都可参与的共享式经济社会活动，利用活动的契机让各地方政府及其他市场主体直接参与到区域发展理念的意识建设当中来，认可并接受各方倡导的区域发展理念。同时，还需提升区域内市场主体的参与度和分享度，促使各级政府和企业认识、传播区域发展理念、认同彼此之间的区域发展意识，进而实现区域间的协同发展。

最后，以文化建设为基础推进区域间发展理念的意识认同。文化建设是认同意识形成的关键因素。文化的认同包括对本土文化的认同以及对异域文化的吸收，因此，区域协同发展要求区域文化资源与区域外优秀文化资源的统一。也就是说，既要对本地文化中的包容、诚信等思想文化进行继承与发展，也须看到各区域文化中不再适应时代发展的一面，积极引进先进文化，提升各地区居民的发展意识、竞争意识与创新意识，重构区域文化心理。以文化理念来凝聚人心，为区域协同发展提供精神文化上的支撑，进而从根本上促进区域间的协同发展。

第四篇

推进中国区域经济协同发展研究

在中国区域经济、政治、文化、社会及生态协同发展中，区域经济的协同发展是最基础和最重要的，它不仅是区域协同发展中内容最为充实和丰富，最多理论和实践问题的部分，也是区域政治、文化、社会和生态协同发展的根本制约因素，影响乃至在一定程度上决定着其他方面协同发展的实现与效率。因此，探讨中国区域各方面的协同发展，首先需要研究区域经济的协同发展。本篇将在对区域协同发展相关研究进行全面回顾与分析的基础上，设计区域协同度测度方法，对中国区域经济协同发展度进行动态评价及比较分析；依据哈肯协同演进模型等，对区域经济协同发展的驱动机制进行深入研究；基于区域发展的不同特征，提出区域经济协同发展的模式选择；在分析中国区域协同发展存在问题基础上，全面研究推进我国区域经济协同发展的支撑体系。

第十三章

协同发展：区域经济发展的新趋势

第一节 中国区域经济发展的新格局与新理念

一 中国区域经济发展初现"多极共生"新格局

1978—2008年改革开放30年以来，中国区域经济发展实现了大步跨越。改革开放成功实现了邓小平提出的"点—线—面"梯级渐进的沿海发展战略，构建沿海地区经济特区"点"，由"点"及整个沿海经济带"线"，再由"线"至"面"带动全国经济的发展。在中央政府的战略部署下，东部沿海地区迅速崛起成为支撑中国经济高速发展的重要轴线，推动中国经济高速增长达数十年。然而，2008年美国次贷危机给东部沿海地区"出口导向型"经济带来了强烈冲击，在一定程度上弱化了东部地区作为中国区域经济发展"单极"格局的绝对增长极地位，使得2008年成为中国区域经济格局发展转变的重要战略节点。2008年至今，在中部崛起战略、西部大开发战略以及产业转移战略等多重因素的综合推动下，东部地区的绝对增长极地位逐渐弱化，内地经济显著发展，涌现出长江中游地区、中原地区、成渝地区、关中—天水、呼包鄂等经济增长具有活力的城市群地区。中西部地区的发展潜能正逐步显现，力争成为推动中国区域经济可持续发展的又一强力引擎，助力构筑中国区域经济发展多轮驱动、多轴联动、多区协同的大区域经济协同发展格局。

时至今日，中国区域经济初步显现了"多极共生"新格局和区域间协同共生、合力打造中国区域经济发展的新局面，中国区域经济格局正由"单极"格局，即以沿海地区迅速崛起支撑中国经济高速增长的格局，转变为沿海地区与中西部地区多个增长极共生的"多极"格局，这是区域经济协同发展阶段到来的标志。随着这一新阶段的到来，新的区域经济发展特征和新的区域经济矛盾也必将逐渐凸显出来，在客观上要求建立新的区域经济协同运行机制，创新区域经济协同发展制度和政策体系。这无疑给学术界和政府界提出了崭新的课题。

二 政府战略谋划中蕴含的区域经济协同发展理念

中国区域经济发展中出现的"多极共生"新格局给政府顶层设计带来了新的启示，中央政府紧抓阶段性特征、构筑区域经济协同发展的美好愿景，宏观规划以及区域发展布局均凸显了政府力求实现区域经济协同发展的宏伟蓝图。

政府在宏观规划中强调了区域合作，以及发挥市场在资源配置中的决定性作用的重要性。推崇区域合作是区域经济协同发展的大前提，而充分发挥市场在资源配置中的决定性作用更与"互惠共生，合作共赢"的区域经济协同发展内生增长机制相契合。首先，在"十二五"规划中，中共中央明确地提出，要"充分发挥不同地区比较优势，促进生产要素合理流动，深化区域合作，推进区域良性互动发展，逐步缩小区域发展差距"，旨在通过解决跨行政区协同管理与地方保护主义问题来促进区域合作。从本质上说，对区域合作的重视正满足了区域经济协同发展的基本条件之一，唯有在各区域具备合作意愿和合作方式的基础上才有可能实现中国大区域经济各环节的相互嵌入，这是中国区域经济协同发展的大前提。其次，在党的十八届三中全会上，中央通过了《中共中央关于全面深化改革若干重大问题的决定》，其中明确地指出，"要紧紧围绕使市场在资源配置中起决定性作用深化改革"，加快形成"商品和要素自由流动、平等交换的现代市场体系，着力清除市场壁垒，提高资源配置效率和公平性"，"建立和完善跨区域城市发展机制"。这一决定旨在利用市场自发的调节机制来带动经济发展，这也正是区域经济协同发展的重要内涵之一，也就是"互惠共生，合作共赢"的内生增长机制。只有促进区域之间、市场之间以及经济个体之间协同共生的内生增长机制的形成，整个经济系统才有可能在无外力调控的情况下，自发地走向协同有序的经济发展状态。

在党的十八届三中全会决定精神引导下，中国区域发展重点基本明晰了"纵横交错"的网络式空间布局，映射出中国多区域联动发展的协同发展模式，旨在充分发挥子区域间的协同提升效应。首先，长江经济带战略部署正致力于打造中国区域经济发展新阶段的重要经济横轴。长江经济带涵盖了东部的上海、江苏、浙江和中部的安徽、江西、湖北、湖南以及西部的四川、重庆、云南、贵州 11 省（市、区），依托长江黄金水道将打造连接长三角地区、中三角地区以及成渝经济圈的重要"经济横轴"，深度挖掘中西部地区的发展潜力，构建具有全方位对外开放新平台，进而打造中国新的经济支撑轴线。其次，丝绸之路经济带规划贯穿了中国绝大部分地区。丝绸之路经济带涉及了中国西北五省（区）（陕西、甘肃、青海、宁夏、新疆）、西南四省（市、区）（重庆、四川、云南、广西）以及东部五省（江苏、浙江、广东、福建、海南），初步形成了以亚欧大陆桥为主的北线、以石油天然气管道为主的中线、以跨国公路为主的南线三条线，不仅建造了沟通东部地区与中西部地区的桥梁，更有助于以重建丝绸之路为切入点经由中亚，进一步连接中国与欧洲，全面构建开放型经济格局。

综上所述，中央政府的顶层设计虽未明确提出"区域经济协同发展"这一概念，但其战略部署及区域发展布局均与区域经济协同发展的理念不谋而合，蕴含了浓烈的协同发展内涵，本质上是推进中国区域经济协同发展，更进一步印证了区域经济协同发展的重要研究价值，但与此同时，这也反映了中国区域经济协同发展理论研究刚刚起步的现实，还亟待学术界予以高度关注与探究。

第二节　区域经济协同发展的界定

本课题认为，区域经济协同发展指的是，区域之间或同一区域内各经济组分间的协同共生，共同推动大区域经济从无序转变为有序、从初级转变为高级，形成"互惠共生，合作共赢"的内生增长机制，并最终促进大区域经济实现高效、有序发展的过程。

区域经济协同发展表现出如下四个特征：共生性、有序性、高效性及动态性。

共生性是区域经济协同发展的基础。协同发展强调子系统间的"协同共生","协同"意指经济组分的高度协调整合运作,而"共生"意味着经济组分之间相互开放且相互依赖,彼此之间的要素可自由流动,经济活动联系紧密。"协同"的达成有赖于要素交流后反馈的信息,从而引导系统向更高级的协同路径进行调整。可见,区域间以及区域内各经济组成的协同运作必须建立在子系统要素"共生"的基础之上。

有序性是实现区域经济协同发展的必备条件之一。区域经济协同发展系统自身具备的重要特征就是持续的无序运动,无论是否具有外力牵引和内力驱动,系统内部要素均需保持运动特征。此时,想要把所有微小的无序运动整合成对网络体系有序的运动,有序的协同运作将是关键所在。区域经济协同发展系统的有序性根源在于其内生的增长机制,即可以通过有效的区域产业分工机制来达成整合各区域无序运动的目的,进行各经济组分的协同转化,从而成为区域经济协同发展的必备条件。

高效性是区域经济协同发展的重要目的之一。协同发展需要系统各经济组分实现高效整合,较高的区域经济协同程度是各区域内部(局部)高效快速地发展的体现,更是区域间"互惠共生,合作共赢"的内生增长机制的体现,网络体系的运行过程能够高效集合所有子系统的最佳状态,推动大区域经济系统的高效、持续发展。

动态性意味着区域经济协同发展是一个动态过程。复杂系统的演化规律是由低水平的"初级—中级—高级"向高水平的"初级—中级—高级"发展。内外部环境的不断变化意味着系统处在非平衡状态,且系统内部的变化是多层次、多时空的。在驱动因素的作用下,系统演进规律是从无序走向有序,进而从新的无序走向新的有序,持续变动着向更高水平进行。

第三节 相关研究综述

区域经济协同发展是相对较新的研究论题,针对性研究比较有限,相关研究主要集中在区域经济协调发展和区域内子系统的协同发展方面。因此,本节对现有相关研究进行梳理,并指出已有研究的不足。

一 关于区域经济协调发展的研究

(一) 区域经济协调发展的理论研究

1. 概念的界定

1993年，中国已故的著名区域经济学家刘再兴发表的《九十年代中国生产力布局与区域的协调发展》一文，这是区域协调发展概念出现的早期文献之一。[①] 同年，蒋清海发表的《论区域经济协调发展》一文，对区域经济协调发展做出初步探讨。[②] 1994年国务院发展研究中心课题组出版的《中国区域协调发展战略》一书，集中反映了当时经济学界对于区域经济协调发展的认知。[③] 这些早期文献的中心思想是要重视和控制区域经济差异，引导区域间的合理分工、共同发展，但是并没有对区域经济协调发展做出严格定义。

自20世纪90年代中期起，经济学界开始对区域经济协调发展概念进行探讨，随后这一概念的内容得到极大的丰富。彭荣胜认为，区域产业的协调发展指不同区域的产业依据各自的比较优势而建立，通过合理分工与相互协作，达到区域间产业的相互依存、有序运行、良性循环和共同进步，并可促进区域整体目标的实现。[④] 张守忠、李玉英认为区域经济协调发展应是在开放的条件下，以区域共同繁荣为目标，兼顾各方利益，通过地域分工促进地区间经济的联系和依赖。通过经济持续发展带动地区间差距逐渐缩小，从而实现区域经济的一体化。[⑤] 颜世辉、白国强认为，区域经济协调发展是可持续的、融洽的目标状态与实现这种目标状态过程的统一，以协调好区域间的产业结构为核心，使其不断优化，而区域间经济协调发展的实现则依赖于产业、时间、空间上投资的合理

[①] 刘再兴：《九十年代中国生产力布局与区域的协调发展》，《江汉论坛》1993年第2期，第20—25页。

[②] 蒋清海：《论区域经济协调发展》，《开发研究》1993年第1期，第21—25页。

[③] 国务院发展研究中心课题组：《中国区域协调发展战略》，中国经济出版社1994年版，第1—63页。

[④] 彭荣胜：《区域间产业协调发展基本问题探讨》，《商业时代》2006年第36期，第74页。

[⑤] 张守忠、李玉英：《区域经济协调发展综合评价问题探讨》，《商业时代》2009年第29期，第114—115页。

配置。① 覃成林、张华等认为区域经济协调发展应当是区域间的经济联系日益密切、经济依赖日益增强、经济互动正向促进以及区域经济差距趋于缩小的过程。②

在认识上、表述上各位学者存在一定差异，但学界对区域经济协调发展的认知在以下方面存在一致性。第一，区域经济协调发展所描述的是区域间经济关系或过程。实现区域经济协调发展的基础是存在紧密的经济联系，只有区域之间具有紧密的经济联系，才能形成经济的相互依赖；只有相互依赖，区域之间才具备"协调"发展的内在需要。第二，区域之间是开放的和联系的，发展上是关联的和互动的，从理论上看，这种关联互动的关系对相关区域的经济发展既可能产生正向促进作用，也可能产生负向抑制效果。第三，区域经济协调发展的目标是区域经济的共同发展，经济差距趋于缩小。

2. 区域经济协调发展水平的评价标准

如何判断经济发展是否协调是发展实践中应当解决的一个问题。蒋清海提出能够判定区域经济协调发展的七个标志，分别是区域具有较强的自我发展能力；区域间差距未快速扩大或呈现两极分化趋势；各地区的经济优势得以充分发挥，资源配置效率得以极大提高；生产要素在各区域能够自由流动；分工协作观念加强，横向经济联合广泛发展；区域市场发育迅速，全国统一市场逐步形成；生产力发展，经济效益提升，人民生活不断改善。③ 陈栋生提出判断区域经济协调发展的两个标准，标准之一是地区发展水平、收入水平、公共产品享用水平，标准之二是区际分工协作水平。④ 王琴梅对区域经济协调发展做出三个方面的理解，即在发展的基础上实现区域间绝对收入差距的缩小；各区域都要发展，且落后地区的发展应该尽量快一些；在实现区域利益的帕累托改进时实现

---

① 颜世辉、白国强：《区域经济协调发展内涵新探》，《湖北社会科学》2009 年第 3 期，第 95—98 页。

② 覃成林、张华、毛超：《区域经济协调发展：概念辨析、判断标准与评价方法》，《经济体制改革》2011 年第 4 期，第 34—38 页。

③ 蒋清海：《区域经济协调发展的若干理论问题》，《财经问题研究》1995 年第 6 期，第 49—54 页。

④ 陈栋生：《论区域协调发展》，《工业技术经济》2005 年第 24 卷第 2 期，第 2—6 页。

公平，最终走向共同富裕。① 这一理解也可视为判断区域经济协调发展的标准。彭荣胜则认为，区域经济协调发展有四个标志，即区域之间经济联系日益密切；区域分工趋向合理；区域间经济发展差距在一定的度内，且逐步缩小；区域经济整体高效增长。② 陈秀山、杨艳则从地区比较优势偏离度、区域差距、基本公共服务均等化程度、市场一体化程度等方面提出判断区域经济发展是否协调的标准。③ 覃成林、张华等认为区域经济协调发展的判断标准是区际经济联系趋于紧密、各个区域的经济持续发展、区域经济差距趋于缩小。④ 孙军等的研究显示，区域经济协调发展会受到国家、区域、市场规模及竞争等因素作用，区域经济协调发展水平能通过经济效益、区际分工以及区域经济差距等指标来评价。⑤

此外，部分学者将区域经济协调发展由经济发展推演至社会、生态、政治、文化等方面，认为"区域协调发展的核心是实现区域之间经济发展的和谐、经济发展水平和人民生活水平的共同提高、社会的共同进步"，将区域经济协调发展的内涵定义为一个区域内部经济、社会、资源、环境或者生态系统之间的协调，通过建立相应的指标体系，计算单个区域内部的各子系统的协调程度，然后对区域间的协调水平进行比较。对此，覃成林等认为，这种区域经济协调发展的解释与区域经济学界关于区域经济协调发展的主流认识是有差异的，而且，也与中国政府对区域经济协调发展的界定完全不同。⑥

（二）区域经济协调发展的实证研究

现阶段区域经济协调发展的实证研究方法主要有投入产出法、回归

---

① 王琴梅：《区域协调发展内涵新解》，《甘肃社会科学》2007 年第 6 期，第 46—50 页。
② 彭荣胜：《区域经济协调发展的内涵、机制与评价研究》，博士学位论文，河南大学，2007 年。
③ 陈秀山、杨艳：《我国区域发展战略的演变与区域协调发展的目标选择》，《教学与研究》2008 年第 5 期，第 5—12 页。
④ 覃成林、张华、毛超：《区域经济协调发展：概念辨析、判断标准与评价方法》，《经济体制改革》2011 年第 4 期，第 34—38 页。
⑤ 孙军、高彦彦：《金融危机背景下我国经济增长的区域差异及其协调发展》，《经济论坛》2011 年第 2 期，第 5—10 页。
⑥ 覃成林、张华、毛超：《区域经济协调发展：概念辨析、判断标准与评价方法》，《经济体制改革》2011 年第 4 期，第 34—38 页。

分析法、主成分分析法、数据包络分析法、协调度模型、指标体系构建等传统分析方法。研究对象包括多个子系统间的协调发展和区域协调发展状况两个方面。

1. 多个子系统间的协调发展评价

于瑞峰等采用主成分分析法、线性多元回归分析等方法建立协调发展模式，该模式是经济、社会、环境、人口组成的复合系统，利用该系统以山东省乐昌市为例进行了实证研究。[①] 叶民强、张世英通过几何空间描述和弹性分析，提出了区域经济、社会、资源与环境复合系统及其子系统的静态和动态的评价模型。[②] 赵翔、陈吉江等在生态水文学、可持续发展原理、水资源与社会经济和生态环境关系机理的基础上，提出"和谐度"，并建立和谐度的评价模型，以新余市为例，进行了实证检验。[③] 牛媛媛等以关中—天水经济区为研究对象，建立变异系数的协调函数模型，对人口—经济—生态协调度进行测算，结论认为人口、经济、生态三个子系统的变化会对整个系统产生影响，从而限制系统的协调发展。[④] 高志刚、王垚采用主成分分析法、层次分析法对中国区域经济、城乡、社会、环境与协调能力等五方面进行评价，研究显示区域协调水平呈现"东强、中弱、西更弱"的发展态势。[⑤]

2. 区域协调发展状况的整体评价

覃成林等分别用Moran'I系数测度区际经济联系状态，用区域经济增长率变异系数测度区域经济增长状态，用区域经济增长水平变异系数测度区域经济差异状态。然后运用区域经济协调发展度函数计算出区域经济协调发展度，作为判断区域经济协调发展的指标，分析了中国1996—

[①] 于瑞峰、齐二石、毕星：《区域可持续发展状况的评估方法研究及应用》，《系统工程理论与实践》1998年第18卷第5期，第1—6页。

[②] 叶民强、张世英：《区域经济、社会、资源与环境系统协调发展衡量研究》，《数量经济技术经济研究》2001年第18卷第8期，第55—58页。

[③] 赵翔、陈吉江、毛洪翔：《水资源与社会经济生态环境协调发展评价研究》，《中国农村水利水电》2009年第9期，第58—62页。

[④] 牛媛媛、任志远、杨忍：《关中—天水经济区人口—经济—生态协调发展研究》，《城市环境与城市生态》2010年第6期，第24—27页。

[⑤] 高志刚、王垚：《基于组合评价的中国区域协调发展水平研究》，《广东社会科学》2011年第1期，第19—26页。

2009年区域经济协调发展状况。① 此外，也有少数学者针对局部区域经济协调发展做了简单定量分析。冯静对珠三角9个城市2009年的职能强度及城市间的联系强度进行了定量分析，得出珠三角城市群的扩散方向是沿着广州—深圳、广州—珠海主轴展开的。按西蒙·库兹涅茨的工业化五阶段说，珠三角已跨入第五发展阶段，城市群的发展应采取网络式方式，进而达到一体化，实际上并不如此。作者由此认为珠三角没有完全形成以分工协作为支撑的有着巨大竞争力的实体，区域之间的协调机制没有完全建立，还有不少的因素使珠三角城市群一体化进程受阻。② 朱俊成认为多中心共生作为多中心间新的关联形式，有利于探索区域协调发展的新思路与新模式，利用城市经济能级、城市经济关联、城市流动强度与城市外向功能指数等对长三角16个城市进行了定量比较，分析了长三角城市经济运行态势，提出了长三角城市经济发展的多中心协同共生、创新发展与集群式发展、新型城市化道路等对策。③

二 关于区域内子系统间协同发展的研究

区域经济系统并非孤立系统，它与社会、生态、文化等多个子系统之间都存在着相互影响的协同作用，脱离了其他子系统，区域经济系统也无法单独存在。众多学者对区域内经济系统与其他子系统之间的协同发展问题进行了相关研究。

（一）区域（内）经济与社会的协同发展研究

区域经济与社会的协同发展是经济学与社会学共同关注的热点，经济社会的协同发展是经济发展、社会和谐的题中应有之义。理论研究方面：Crandall和Weber认为经济发展的目标就是促使社会系统实现最大限度的生产，因此，必须要积极协调社会与经济的关系，避免单纯追求经

---

① 覃成林、张华、毛超：《区域经济协调发展：概念辨析、判断标准与评价方法》，《经济体制改革》2011年第4期，第34—38页。

② 冯静：《珠三角城市群协调发展的实证研究——基于区域经济一体化的分析》，《企业导报》2010年第4期，第162—163页。

③ 朱俊成：《基于多中心与区域共生的长三角地区协调发展研究》，《中国人口·资源与环境》2011年第21卷第3期，第150—158页。

济增长而出现各种社会问题。[1] 国内学者也对经济增长与社会发展进行了较为深入的研究。刘远航系统论述了经济增长与社会发展的关系，指出区域经济系统内部的均衡性以及经济与社会环境的统筹发展都极其重要。[2] 周建明通过对中国改革发展历程的反思，总结出为经济发展所承受的社会代价，认为社会的进步和代价应该作为经济发展的重要度量尺度。[3] 实证研究方面，李太杰等构建了经济增长方式的转变与社会发展的综合指数，开辟了一条综合评价社会发展的新途径。[4] 徐开金等借助拉弗曲线的分析方法，得出经济增长与社会发展史对立统一的关系。[5] 张立柱等基于灰色理论系统，对经济与社会协调发展问题进行研究，并以青岛作为案例，尝试着测度经济与社会协调发展的状况。[6]

(二) 区域 (内) 经济与生态的协同发展研究

区域经济与生态的协同发展一直是我们面临的一个重大课题。Stratos Loizou 等在区域环境投入—产出模型的基础上，研究了区域经济发展与生态环境的协调发展，运用模型分析，总结了区域经济发展给生态环境带来的直接或间接的危害，并指出，相关推进区域经济发展与生态环境协调发展的政策亟待制定。[7] 徐婕等采用改进的 DEA 模型交叉效率评价方法，评估了中国各地区的资源、环境与经济协调发展的相对有效性，并引入"伪标准指数"（FSI），比较分析了传统 DEA 方法评价值与对抗交叉 DEA 评价值，最后还构建了一个经济协调发展二维综合评价矩阵，并

---

[1] Crandall M. S., Weber B. A., "Local Social and Economic Conditions, Spatial Concentrations of Poverty, and Poverty Dynamics", *American Journal of Agricultural Economics*, Vol. 86, No. 5, 2004, pp. 1276 – 1281.

[2] 刘远航：《论经济增长与社会发展》，《当代经济》2007 年第 3 期，第 58—59 页。

[3] 周建明：《建立发展的社会维度——对发展中的社会代价与社会进步的探讨》，《毛泽东邓小平理论研究》2007 年第 5 期，第 6—11 页。

[4] 李太杰、李汉铃：《简论经济增长机理与社会发展综合指数评价》，《中国软科学》2000 年第 2 期，第 62—66 页。

[5] 徐开金、蔡保国：《厘清经济、社会发展关系理解科学发展观》，《生产力研究》2007 年第 20 期，第 1—2 页。

[6] 张立柱、郭中华、曹洁：《基于 GST 的区域经济与社会协调发展测度方法研究》，《泰山学院学报》2008 年第 30 卷第 3 期，第 84—88 页。

[7] Loizou S., Mattas K., Tzouvelekas V., et al., "Regional Economic Development and Environmental Repercussions: An Environmental Input-output Approach", *International Advances in Economic Research*, Vol. 6, No. 3, 2000, pp. 373 – 386.

基于此进行了深入分析。① 赵旭、吴孟建立了综合评价指标体系，采用因子分析法综合评价了中国各省份的城市化与城市生态环境水平；除此之外，还运用耦合度、耦合协调度函数衡量判断中国各省份城市化与城市生态环境的协调发展状况。② 张向阳、党胜利等在分析京津冀区域经济生态系统的概念、内涵与本质特征的基础上，阐述了京津冀区域经济生态系统的运作机制，分析认为区域经济与生态系统的协调发展是一个不断调整的动态过程，是区域发展的重要构成要素。③ 张耕田根据2010年底国务院公布的《全国主体功能区规划》中关于主体功能区的划分，分析每一主体功能区的特征。根据不同主体功能区的特征提出了不同的开发原则和发展方向、实行差别化的区域政策和绩效考核评价，以加强各主体功能区的经济生态协同发展。④

（三）区域（内）经济与文化的协同发展研究

经济的发展依附于特定的文化背景，文化的繁荣与发展是区域经济发展的重要支撑，经济与文化协调发展是十分必要的。国外学者中McKenna划分出了阻碍经济发展和促进经济发展的文化，包括不同的道德规范、价值观念和宗教等。⑤ Wilson也指出有些根植于文化价值观中的无形因素会严重阻碍经济发展。⑥ 国内学者则侧重对经济与文化协调发展的理论和战略研究。陈太福认为经济制约文化，文化调控经济，两者是双向互动的关系，并且随着时代进步而逐渐增强。⑦ 对于经济与文化的关系，孟召宜等通过从时间和空间两个角度对江苏经济文化协调发

---

① 徐婕、张丽珩、吴季松：《我国各地区资源、环境、经济协调发展评价——基于交叉效率和二维综合评价的实证研究》，《科学学研究》2007年第25卷第S2期，第282—287页。

② 赵旭、吴孟：《区域城市化与城市生态环境耦合协调发展评价——基于全国30个省区市的比较》，《西部论坛》2007年第17卷第6期，第73—78页。

③ 张向阳、党胜利、刘志峰：《京津冀区域经济生态系统运作机制研究》，《企业经济》2009年第6期，第45—47页。

④ 张耕田：《落实主体功能区规划 促进经济生态协调发展》，《环境保护》2011年第13期，第8—10页。

⑤ McKenna S. P., "Measuring Quality of Life in Schizophrenia", *European Psychiatry*, 1997, 12: 267s–274s.

⑥ Wilson P. A., "Embracing Locality in Local Economic Development", *Urban Studies*, Vol. 32, No. 4–5, 1995, pp. 645–658.

⑦ 陈太福：《论经济与文化的互动和社会的全面发展》，《广西民族大学学报》（哲学社会科学版）2001年第23卷第4期，第76—80页。

展格局进行研究,指出经济为文化提供物质基础,文化反向促进经济发展。① 朱孔来、李建伟以烟台为研究案例,指出经济与文化的协调发展必须以"大文化"观为引领,着力推进经济文化一体化发展。② 黄娅则构建了衡量文化经济协同度的指标体系,并拟定出文化—经济协同发展类型的评价标准。③

(四)区域(内)经济与政治的协同发展研究

经济基础决定政治体系,政治是经济的重要保障,区域内经济与政治的协同发展是区域保持可持续发展的基础。国外学者 Jessop 探讨了多类型政府治理与经济增长之间的联系和失败的可能性,指出需要找到政府失败范式和社会资本理论两者之间的平衡点,让整个社会形成一个交易网络。④ Miljkovic 和 Arbindra 认为,社会经济因素对政治的稳定性产生着重要的作用。⑤ 国内学者汪彤认为政治对一国经济发展具有重要影响,政府权力只有在用于社会资源整合时,经济才会出现持续增长;反之,经济也将反作用于政治,影响政治的稳定。⑥

三 关于区域经济协同发展的研究

(一)区域经济协同发展的理论研究

1. 区域经济协同发展的基础理论

协同学理论是区域经济协同发展最根本的理论依据,最早在20世纪70年代由赫尔曼·哈肯(Hermann Haken)提出。⑦ 协同学(Synergetics)

---

① 孟召宜、朱传耿、渠爱雪:《江苏省经济与文化协调发展的过程、格局研究》,《人文地理》2007年第22卷第3期,第34—37页。

② 朱孔来、李建伟:《促进烟台经济与文化协调发展应重点强化的措施和对策建议》,《环渤海经济瞭望》2009年第4期,第8—11页。

③ 黄娅:《民族文化旅游产业可持续发展的综合评价体系及评价方法研究——基于文化经济协同发展的视角》,《贵州民族研究》2012年第1期,第111—116页。

④ Jessop B., "The Rise of Governance and the Risks of Failure: The Case of Economic Development", *International Social Science Journal*, Vol. 50, No. 155, 1998, pp. 29–45.

⑤ Miljkovic D., Rimal A., "The Impact of Socio-economic Factors on Political Instability: A Cross-country Analysis", *The Journal of Socio-Economics*, Vol. 37, No. 6, 2008, pp. 2454–2463.

⑥ 汪彤:《中国体制转轨中的政府权力悖论——认识中国转轨进程的一个独特视角》,《山西财经大学学报》2007年第1期,第15—20页。

⑦ Haken H., "Synergetics", *Physics Bulletin*, Vol. 28, No. 9, 1977, p. 412.

主要研究开放系统通过内部子系统间的协同作用而形成有序结构的机理和规律,是一门交叉学科。其核心理论是自组织理论,这一理论的研究对象是自组织的产生与调控等问题。这种自组织实际上是系统内部各要素或各子系统相互作用、有机整合的过程,它伴随协同作用而发生。[1] 在此过程中,须强调系统内部各个要素或子系统之间的差异与协同,还有差异与协同的辩证统一等。[2] "协同学"在提出之后,最先被用于解决生态、物理等方面的问题,并在接下来的二十多年中得到快速发展,经济学和社会学也开始广泛运用协同学理论展开研究。曾健也以这一理论为基础,采用非线性动力学、混沌、自组织及突变等方法,研究了当前人们普遍关注的"人口—资源—环境""粮食—材料—能源—信息""贫困与发展""社会结构转型"等重大社会经济课题。[3] 尹少华等则从共生的概念和内涵入手,研究指出,基于共生理论的协同发展有利于提高区域整体实力,实现全局共赢;有利于资源共享,获得成本优势;有利于市场互利,做大产品市场;有利于环境共治,实现可持续发展。[4] 对区域经济协同发展的理论基础较为全面的总结出自冷志明,他指出,区域分工与协作理论、协同理论、共生理论是中国省级毗邻地区经济合作与协同发展的理论基础。[5]

2. 区域经济协同发展的影响因素及实现途径

丁建军、冷志明等探讨了政绩考核方式的改变对区域经济协同发展的影响;[6] 文华则研究了转换地方政府经济职能对后者的作用。[7] 游茜认

---

[1] 黎鹏:《区域经济协同发展及其理论依据与实施途径》,《地理与地理信息科学》2005年第21卷第4期,第51—55页。

[2] 姜德波:《论中国统一市场建设中的地区本位》,《中国经济问题》2004年第5期,第52—58页。

[3] 曾健:《社会协同学》,科学出版社2000年版。

[4] 尹少华、冷志明:《基于共生理论的"行政区边缘经济"协同发展——以武陵山区为例》,《经济地理》2008年第28卷第2期,第242—246页。

[5] 冷志明、张合平:《基于共生理论的区域经济合作机理》,《经济纵横》2007年第7期,第32—33页。

[6] 丁建军、冷志明、杨宗锦:《政绩考核方式与省际边界区域经济协同发展——一个基于政治晋升模型的思考》,《制度经济学研究》2009年第2期。

[7] 文华:《成渝经济区协同发展与地方政府经济职能转换研究》,硕士学位论文,重庆大学,2007年。

为整体区域的行政性分割、低素质劳动力、脆弱的生态环境和落后的基础设施建设是湘鄂渝黔边区经济协同发展中的突出问题,应制定区域发展规划和政策法规,共同加强区域对基础设施、人才教育以及生态环境的建设和完善。[1] 刘英基认为,资源、要素与产业的协同是区域协同发展的本质。从区域经济发展战略的角度来讲,就是通过区域经济发展的协同管理,协同区域之间的资源配置、要素与产业的流动,发挥各自的比较优势,促使各区域实现协同运转。区域经济的协同发展须从整体和全局出发,通过组织和调控,将区域之间或者区域内部各经济部门里相互关联而又相对分离的资源、要素、产业、经济行为主体整合为一个系统,优化其战略布局,以实现整体功能大于局部功能简单相加的系统优化效果。[2] 黎鹏遵循比较优势与互利共赢、可操作性与可调控性、效率与公平兼顾等原则,指出实施与监督调控区域经济协同发展的基本途径是:建立跨行政区组织协调机构及其运行机制、跨行政区点轴开发的经济地域系统以及评价地方经济发展与考核政府政绩的区际协调与保障机制。[3] 侯建荣等以现代合作博弈理论为基础,分析了都市圈经济系统协同发展存在的可能性,并基于此提出了都市圈经济系统获得协同发展的前提条件,即圈内各区域经济成员之间要形成有效磋商机制和补偿支付机制。[4] 冷志明等认为,动力机制、组织机制、整合机制、利益共享与补偿机制是协同发展理论机制建设的重点。[5] 高明、刘俊杰对环北部湾旅游圈的发展趋向进行博弈分析后,得出协同发展的动力来自市场驱动力和政府调控力。[6] 王力年通过分析认为,区域经济协同发展是一种客观规律,而初级

---

[1] 游茜:《湘鄂渝黔边区域经济协同发展研究》,硕士学位论文,吉首大学,2010年。
[2] 刘英基:《中国区域经济协同发展的机理、问题及对策分析——基于复杂系统理论的视角》,《理论月刊》2012年第3期,第126—129页。
[3] 黎鹏:《区域经济协同发展及其理论依据与实施途径》,《地理与地理信息科学》2005年第21卷第4期,第51—55页。
[4] 侯建荣、陈洁、黄丹:《基于合作博弈的都市圈经济系统协同机制研究》,《中国管理科学》2007年第15卷第S1期,第559—562页。
[5] 冷志明、张合平:《基于共生理论的区域经济合作机理》,《经济纵横》2007年第7期,第32—33页。
[6] 高明、刘俊杰:《环北部湾旅游圈协同发展动力机制探讨》,《旅游论坛》2008年第19卷第1期,第69—72页。

协同向高级协同的转变升级是其关键环节,并由此提出了区域经济协调发展过程中的资源耦合、区域开放、目标一致等原则。[①] 赵双琳、朱道才通过对中外学者成果的全面研究分析后,提出可以通过多学科融合、多方法交叉和国际比较研究等推进产业协同研究的深入开展,探索中国区域产业协同的有效途径,以推动区域间的合作与共赢。[②] 朱鹏颐研究并总结了资源共享型协同发展模式、优势互补型协同发展模式、关联互动型协同发展模式和联网辐射型协同发展模式海峡西岸经济区的四种协同模式。[③]

(二) 区域产业或城市协同发展的实证研究

现有关于协同发展的实证研究多落脚于产业协同发展、城市协同发展等方面,研究区域间经济协同发展的文献相对较少,其中实证研究方法主要包括 DEA 方法、灰色关联法、因子分析法等。大多数学者从产业协同角度入手开展实证研究。如王传民、袁伦渠应用灰色关联分析法,通过构建产业协同发展模型,研究了产值结构、就业结构与资产结构的协同问题。运用第一、二、三产业的产值比重与就业比重、固定资产形成额比重之间的灰色关联度,评估判断了县域的经济发展水平,进而为优化县域产业结构提供了理论和实证基础。[④] 邱风、朱勋研究了长三角地区产业重复投资与协同发展,通过领先产业比例、区位商、产业结构相似系数等的比较,发现长三角地区因重复投资引起结构趋同与过度竞争问题并不突出,正是区域内产业的有效竞争使得该地区表现出领先于全国的经济活力和强大的产业竞争力。[⑤] 许雪琦等通过实证分析有力地证明了协同发展能够提升物流服务业和制造业集群之间各自的生产效率和利

[①] 王力年:《区域经济系统协同发展理论研究》,博士学位论文,东北师范大学,2012 年。
[②] 赵双琳、朱道才:《产业协同研究进展与启示》,《郑州航空工业管理学院学报》2009 年第 27 卷第 6 期,第 15—20 页。
[③] 朱鹏颐:《海峡西岸经济区经济协同发展的模式与运行机制》,《福建师范大学学报》(哲学社会科学版) 2010 年第 6 期,第 8—11 页。
[④] 王传民、袁伦渠:《基于灰色关联分析的县域产业协同发展模型》,《生产力研究》2006 年第 4 期,第 188—189 页。
[⑤] 邱风、朱勋:《长三角地区产业重复投资与协同发展研究》,《财经论丛》2007 年第 6 期,第 8—14 页。

润，从而提升整个区域经济的总体竞争力。① 王新华、李堂军在分析区域产业发展水平的基础上，从产业经济发展与环境和社会之间关系出发建立了区域产业协同发展水平的指标体系，同时以协同学理论为基础，建立了区域经济、环境与社会各子系统的有序度模型，以及区域产业整体发展的协同度模型，并利用此模型对青岛市 2000—2005 年的产业发展现状进行了协同度分析。②

也有少数学者对城市或城市子系统间的协同发展进行了实证分析。潘雄锋等通过构建城市建设和经济协同发展协同的非线性微分方程灰色系统模型，分析了大连市 1996—2001 年的城市建设与经济协同发展状况，研究发现，GDP 是该系统的序参量。③ 苗长虹等利用演化理论探索了中国城市合作模型，研究指出，追求更大规模和层次的聚集效应及协同效应是城市合作的本质之一，大区域经济效率的提升依赖于城市间的协同合作。④

从文献检索看，已有大量相关研究区域经济协调发展及区域内子系统间协同发展的研究，而关于区域之间经济协同发展的研究还十分缺乏，近年来才开始引起学者的关注，因此整体尚处于开创阶段。已有研究至少还在以下几方面存在不足。

第一，缺乏较完善的理论研究框架。现有的理论研究缺乏系统性，大多基于区域分工与合作理论、协同理论等视角简述区域经济协同发展的理论基础，缺乏从现状评析、模式选择、机制构建、支撑体系等方面对区域经济协同发展进行系统研究，尚未构建一个较完善的区域经济协同发展的理论分析框架。

第二，研究视角的局限性。一方面，已有研究大多从经济与文化、社会、生态等子系统间的协同发展以及产业协同等视角来对某一局部区

---

① 许雪琦、曹为国、金聪等：《物流业与制造业集群的协同发展问题研究》，《包装工程》2007 年第 28 卷第 6 期，第 87—89 页。
② 王新华、李堂军：《区域产业协同发展模型与实证分析》，载《第五届中国管理科学与工程论坛论文集》，2007 年。
③ 潘雄锋、刘凤朝、王元地：《区域人才软环境实证分析》，《科技管理研究》2005 年第 25 卷第 5 期，第 53—56 页。
④ 苗长虹、张建伟：《基于演化理论的我国城市合作机理研究》，《人文地理》2012 年第 1 期，第 54—59 页。

域内部（如长三角地区、环渤海地区等）的研究，而缺乏对全国区域层面以及不同空间尺度区域层面经济协同发展状况的比较研究。另一方面，现有研究大多停留在某一时点的静态分析，关于中国区域经济协同发展状况不同阶段的动态研究十分缺乏，因而无法揭示中国区域经济协同发展状况的动态演化特征以及阶段性特征。

第三，量化分析的匮乏。现有关于区域经济协同发展的少数研究还局限于定性分析，尚未出现定量分析中国区域经济协同发展状况的研究，更缺乏对不同空间尺度的区域经济协同发展状况分阶段的定量研究；再者，尚未有文献对区域经济协同发展影响因素进行量化分析。

第四，实证方法缺乏创新性。现有大量关于区域协调发展、区域合作及产业协同发展的相关实证研究仍然多采用因子分析法、回归分析法、DEA法、协调（协同）度模型等传统分析方法，创新性不足。同时，鲜有学者尝试从区域经济协同发展的理论基础出发探索本源性的研究模型，忽视了对其理论基础的扩展深入分析，"协同"的深层内涵有待进一步挖掘。

第十四章

中国区域经济协同发展度的动态评价及比较

本章目的在于对中国区域经济协同发展度进行分阶段动态评估与比较分析，以揭示中国区域经济协同发展状况的动态变化特征、时空差异变化和存在问题，为进一步研究推进中国区域经济协同发展的支撑体系提供基础。

第一节 区域经济协同发展评价指标构建

一 区域经济协同发展的作用机制

区域经济系统是一个复杂的社会系统，这个系统受到市场、投入要素、政府等各个方面的影响。耗散结构理论告诉我们，在一定条件下，任何一个复杂系统都有可能形成耗散结构，从无序走向有序。区域经济系统若要协同发展，必须满足若干条件，也就是说，在某些因素的影响下，区域经济系统的内部将互相竞争与合作，从而引发涨落现象，表现出若干特征，逐渐形成耗散结构所需要的四个条件：开放性条件、非线性作用条件、远离平衡条件和存在涨落现象。

区域经济协同发展机制的作用过程如图 14.1 所示。与耗散结构形成的四个条件相对应，区域经济协同发展的影响因素也可以概括为四个方面，即区域比较优势度、地方保护水平、要素自由流动水平以及其他因素。其中，地方保护水平是一个区域经济系统开放与否的关键因素，区域间贸易壁垒及地方政府不合理的规章制度等将市场分割开来，从而影

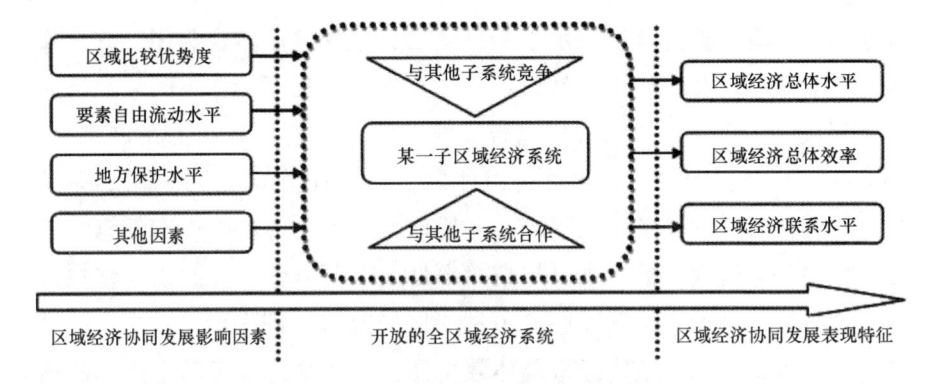

图 14.1 区域经济协同发展的作用机制

响各个区域间资金和人才等要素的互换,一个区域的地方保护水平越低,则这个地区的经济系统开放性也就越高。区域比较优势对一个区域发展格局的形成起着非常重要的作用,各个区域按照区域比较优势,合理分配生产要素和资源,使各个区域实现差异化发展。要素的自由流动程度在一定程度上可以间接体现区域间的非线性作用。无论是商品和劳务的大量交换,还是区域间贸易的频繁发生,均是区域间相互作用的必备因素。在这些因素的不断作用下,各子区域经济系统之间发生非线性的作用,使得某些涨落被放大,最终造成区域经济系统内在的协同变化趋势。

二 区域经济协同发展的判断标准

区域经济协同发展的评价标准可以从两个维度来考虑,即区域经济协同发展的表征指标和区域经济协同发展的影响因素指标,前者作为区域经济系统的产出指标,后者为投入指标。

(一) 区域经济协同发展的表现特征

区域经济协同发展的主要表现特征为子系统的共生性、全系统的高效性和过程的动态性。首先,子系统的共生性表明区域间联系的紧密性,区域经济联系越紧密,相互合作的可能性就越大,区域间要素和商品流动的阻力越小。一般来说,区域经济联系水平越高,区域经济协同发展度越高,区域经济联系水平用区域经济联系强度衡量。其次,区域经济系统的高效性从两个方面进行分析:①区域经济总体水平(人均 GDP),是从量的角度衡量区域经济系统。一般来说,人均 GDP 低即区域经济总体水平低，意味着区域发展水平相对落后，这样的区域较封闭，其合作意愿、合作能力及合作效率低，难以与其他区域良好协作，区域经济协同发展度低；反之，协同发展度较高意味着区域经济较高的发展水平，因此人均GDP较高。②区域经济总体效率（全社会劳动生产率），是从质的角度评价区域经济发展水平。一般而言，社会劳动生产率低意味着该地区经济总体效率低，难以与高效率地区展开合作，长此以往将拉大低效率地区与高效率地区差距，不利于区域经济协同发展；反之，区域协同发展度高意味着地区经济总体效率高，那么全社会劳动生产率的值也高。最后，过程的动态性由投入—产出的分析方法体现。

(二) 区域经济协同发展的影响因素

区域经济协同发展的影响因素，考虑区域比较优势度、省际贸易依存度和市场分割程度三方面。①区域比较优势度。区域比较优势包括区位、劳动力、土地、技术等方面，是区域参与合作分工的重要依据，它影响区域分工从而影响资源的配置，决定区域经济发展格局的形成，对区域经济协同发展具有重要影响，区域比较优势度由比较劳动生产率衡量。②省际贸易依存度。区域间的非线性作用，商品和劳务的交换，区域间贸易的频繁发生，要素能够自由流动是区域间相互作用的基础。省际贸易依存度体现区域间要素自由流动的程度，一般省际间合作越深入，其贸易依存度越高，从而区域间协同发展度也越高。③市场分割程度。市场分割程度由市场分割指数衡量，直接地反映了行政性地区分割造成的地区分割对区域间要素流动的影响，一般市场分割指数越低，表明区域系统间越开放，区域间协同发展度也越高。区域经济协同发展的表征指标和影响因素指标并不是各自独立的，而是互为依托，相互影响的。

因此，区域经济协同发展度评价指标设置如下（见表14.1）：产出指标为区域经济总体水平（人均GDP）、区域经济总体效率（全社会劳动生产率）、区域经济联系水平（区域经济联系强度）；投入指标为区域比较劳动生产率、省际贸易依存度、市场分割程度。

表 14.1　　　　　区域经济协同发展度的评价指标

一级指标	二级指标	三级指标
区域经济协同发展度	影响因素 （投入）	X_1　区域比较劳动生产率 X_2　省际贸易依存度 X_3　市场分割程度
	表现特征 （产出）	X_4　人均 GDP X_5　全社会劳动生产率 X_6　区域经济联系强度

第二节　区域经济协同发展度的评价模型

　　为科学全面地衡量区域经济系统的协同发展，需要选取有效且可操作性强的方法对其进行评价。既有文献中能够对系统进行评价的方法主要有层次分析法、专家打分法和数据包络分析法（DEA）等，其中，数据包络分析方法能够较好地测度区域之间经济系统的协同发展。DEA 方法是由美国运筹学家 Charnes、Cooper 等学者首先发展起来的。[1] 这种方法的核心就是针对具有相同类型的决策单元（即 DMU），采用线性规划的技术，通过对所有观测点的特征分析构造生产前沿面的方法来进行绩效评估，衡量每个决策单元的相对效率。DEA 方法能够避免不同变量之间量纲不同的影响，可以自由选择多项投入或者产出指标，通过与选定的前沿面上的点进行比较，最终确定各个 DMU 的效率，并能够将这种效率分解成技术有效和规模有效，是一种非常理想的测度模型。本研究采用扩展的 DEA 方法，构建区域系统的协同发展度评估模型，从协同与发展两个方面来对区域协同发展度进行综合测评。

---

[1] Charnes A., Cooper W. W., Rhodes E., "Measuring the Efficiency of Decision Making Units", *European Journal of Operational Research*, Vol. 2, No. 6, 1978, pp. 429–444.

一 DEA 方法基本理论模型

(一) DEA 模型的基本原理

CCR 模型是 DEA 方法中最基本的模型。这个模型假设存在 n 个可比的 DMU，每个 DMU 都有 m 种类型的输入，同时有 s 种类型的输出。每个 DMU 基本的输入数据与输出数据格式如下：

$$\begin{array}{c} \quad 1 \quad\; 2 \;\cdots\; j \;\cdots\; n \\ \begin{array}{c} v_1\; 1 \\ v_2\; 2 \\ \vdots\;\vdots \\ v_m\; m \end{array} \rightarrow \begin{pmatrix} x_{11} & x_{12} & \cdots & x_{1j} & \cdots & x_{1n} \\ x_{21} & x_{22} & \cdots & x_{2j} & \cdots & x_{2n} \\ \vdots & \vdots & & \vdots & & \vdots \\ x_{m1} & x_{m2} & \cdots & x_{mj} & \cdots & x_{mn} \end{pmatrix} \end{array}$$

$$\begin{pmatrix} y_{11} & y_{12} & \cdots & y_{1j} & \cdots & y_{1n} \\ y_{21} & y_{22} & \cdots & y_{2j} & \cdots & x_{2n} \\ \vdots & \vdots & & \vdots & & \vdots \\ y_{s1} & y_{s2} & \cdots & y_{sj} & \cdots & y_{sn} \end{pmatrix} \begin{array}{c} \rightarrow 1 \; u_1 \\ \rightarrow 2 \; u_2 \\ \vdots\;\vdots \\ \rightarrow s \; u_s \end{array}$$

其中，x_{ij} 是第 j 个决策单元中第 i 种输入的总量，$x_{ij} > 0$；同理，y_{ij} 是第 j 个决策单元中对第 r 种输出的总量，$y_{ij} > 0$；v_i 为第 i 种输入的权重；u_r 则是第 r 种输入的权重；$i = 1, 2, \cdots, m$；$j = 1, 2, \cdots, n$；$r = 1, 2, \cdots, s$。

为了计算处理方便，则记

$$x_j = (x_{1j}, x_{2j}, \cdots, x_{mj})^T, j = 1, 2, \cdots, n$$
$$y_j = (y_{1j}, y_{2j}, \cdots, y_{sj})^T, j = 1, 2, \cdots, n$$
$$v = (v_1, v_2, \cdots, v_m)^T$$
$$u = (u_1, u_2, \cdots, u_s)^T$$

x_j、y_j 分别是第 j 个决策单元的输入向量与输出向量，$j = 1, \cdots, n$ 都是已知数据。

对于权重系数 $v \in E^m$ 和 $u \in E^s$，DMU_j 的效率评价指数为：

$$h_j = \frac{u^T y_j}{v^T x_j} \leq 1 \quad j = 1, 2, \cdots, n$$

以第 j_0 个 DMU 的效率评价指数为目标，用所有 DMU 的效率指数为约束，评价 DMU_{j0} 相对有效性的 CCR 模型为：

$$\text{Max} \quad h_0 = \frac{u^T y_0}{v^T x_0}$$

$$s.t. \quad \frac{u^T y_j}{v^T x_j} \leq 1 \quad j = 1, 2, \cdots, n \quad (14.1)$$

$$u \geq 0; v \geq 0$$

进一步地，通过对 CCR 模型进行 Charnes-Cooper 变换，可将其转化为等价的线性规划形式（P）：

$$\text{Max} \quad h_0 = \mu^T y_0$$

$$(P) \quad s.t. \, \omega^T x_j - \mu^T y_0 \geq 0 \quad j = 1, 2, \cdots, n$$

$$\omega^T x_j = 1$$

$$\omega \geq 0, \mu \geq 0 \quad (14.2)$$

式中：$\omega = tv, \mu = tu, t = 1/v^T x_0$

(P) 的对偶规划为 (D)（加入松弛变量 S^- 及 S^+ 后）：

$$\theta_0 = \text{Min} \theta$$

$$(D) \quad s.t. \sum_{j=1}^{n} \lambda_j x_j + s^- = \theta x_0$$

$$\sum_{j=1}^{n} \lambda_j y_j - s^+ = y_0$$

$$\lambda_j \geq 0, s^- \geq 0, s^+ \geq 0, j = 1, 2, \cdots, n \quad (14.3)$$

式中：θ 是 DMU_j 的有效值，表示 DMU 效率的高低，θ 的值越大，效率越高；S^- 是各种投入的松弛向量，为 DMU_j 可能的投入冗余；S^+ 则是各种产出的松弛向量，意味着 DMU_j 可能的产出不足，上述向量均为非负变量。

(二) DEA 模型的有效性

1. 技术有效性

若果松弛向量 $S^- = S^+ = 0$，则表示该 DMU 的投入得到了充分的利用，产出实现了最大化，这种情况称为技术有效。反之，则称为技术无效。

2. 综合有效性

DEA 模型中的关键参数 θ 表示 DMU 的评价效率值，其中 $0 \leq \theta \leq 1$。当

$\theta=1$，并且任一个松弛向量 S^- 或 S^+ 不等于 0 时，也就是 $S^->0$ 或 $S^+>0$ 时，称此时所对应的决策单元为弱 DEA 有效。若 $S^+>0$，则表示存在投入冗余；而当 $S^+>0$ 时，则表示存在产出不足。最后，当 $\theta=1$，并且 $S^-=S^+=0$ 时，此时称其所对应的决策单元为 DEA 有效。CCR 方法下的有效性是技术有效性与规模有效性的乘积。

3. 规模有效性

令 $K=\frac{1}{\theta}\sum \lambda_j$，式中 K 称为决策单元的规模收益值。若 $K=1$，则表明该决策单元规模有效；若 $K<1$，表明规模收益递增，此时应当增加投入从而获取更大的产出；而当 $K>1$ 时，表明规模效益递减，应当减少无效投入或提高技术水平，提高效率值。

二 DEA 模型扩展分析

（一）协同发展度的概念确定

在 DEA 模型中，有效性包括技术有效和规模有效两种，综合它们二者的乘积就是综合有效。第一，当 DMU 的投入与产出间的比例，也就是技术系数达到最优时，则表示这个决策单元位于生产前沿面上，实现了技术有效。在一个系统中，就表明系统内各子系统之间或系统内各组分间的比例较为理想，系统较为协同。依据这一概念，本研究将技术有效定义为系统之间或者系统内各组分间的协同有效，这种协同有效性可以用协同有效程度来衡量。第二，和上述概念类似，规模有效指的是系统间或者系统内各组分间的发展有效，可用发展有效程度来对其进行衡量。第三，系统之间或者系统内的协同发展有效就是综合有效，可以用协同发展综合有效程度这一指标来衡量。协同和发展两个方面在系统的发展过程中都是必不可少的。

综上所述，本研究将系统协同发展的综合有效程度（可简称协同发展度）定义为协同有效程度（可简称协同度）与发展有效程度（可简称发展度）的乘积。如果一个系统是协同发展有效的，则它一定既是协同有效的，也是发展有效的。如果一个系统不是综合有效，那么它可能协同和发展都不是有效的，或者可能协同和发展之间只有一个是有效的。

(二) 子系统之间协同发展度的计算

如果要研究某个一子系统对另一同类系统的 DEA 有效性，第一步就需要构建多个子系统之间的数量关系输入输出表。假设有两个同类型的子系统 A 和 B，A 为输入指标，B 为输出指标，由此可以构建出输入指标 A 系统对输出指标 B 系统的综合有效性的交叉表，由这种交叉输入输出表组合而成的评价单元于是便满足 DEA 模型的输入输出评价单元的特征，也就是两个系统或多个系统具有同样的目标和任务，并且处在相同的外部环境中，具有相同的输入和输出指标特征。

假定系统 A 对系统 B 的协同度为 $h_s(A/B)$，发展度为 $f_s(A/B)$，且假定分式规划中系统 A 的输入作为分子，系统 B 的输出作为分母，那么 A 系统对 B 系统的协同度可以定义为公式（14.4）：

$$\text{Max} \quad h_0(A/B) = \frac{U^T Y_B}{V^T X_A}$$

$$s.t. \quad \frac{U^T Y_B}{V^T X_A} \leq 1$$

$$U \geq 0; V \geq 0 \qquad (14.4)$$

式（14.4）的对偶规划为式（14.5）：

$$\text{Min} \quad h_0(A/B)$$

$$s.t. \quad \begin{aligned} &\sum_{j=1}^{0} \lambda_{A/Bf} x_{Aj} + s^- = x_{A0} h_0(A/B) \\ &\sum_{j=1}^{0} \lambda_{A/Bf} y_{Bj} - s^+ = y_{B0} \\ &\delta \sum_{j=1}^{0} \lambda_{A/Bf} = \delta \end{aligned} \qquad (14.5)$$

$$\lambda_{A/Bf} \geq 0$$

$$s^- \geq 0, s^+ \geq 0, \delta = 1 \text{ 或 } 1$$

在规划式（14.5）中，显然，$0 \leq h_s(A/B) \leq 1$。$h_s(A/B)$ 越接近于 1，表明系统 A 对系统 B 的协同效果越好。如果 $h_s(A/B) = 0$，则表明 A、B 两个系统之间完全不协调，系统 A 的投入对于系统 B 的产出完全不相关，但一般来说，如果两个子系统存在于同一系统中，上述情况基本上是不存在的；如果 $h_s(A/B) = 1$，则表明系统 A 的输入对系统 B

输出的效率是最好的，表明系统 A 对系统 B 的输入输出关系相对而言是最适配的，并且协同发展的综合效果最好。

系统 A 对系统 B 的发展度可以表示为：

$$f_s(A/B) = \frac{1}{\sum_{j=1}^{n} \lambda_{A/Bj}} \quad (14.6)$$

如果 $\delta = 0$，且规划式（14.5）的目标函数值等于 1，则说明此时规划式（14.5）是 CCR 有效的，$h_s(A/B) = zh_s(A/B) = 1$，$f_s(A/B) = 1$；如果规划式（14.5）的目标函数值不等于 1，表明此时规划式（14.5）不是 CCR 有效的，需要要令 $\delta = 1$，然后再进一步分析。

（三）区域经济协同发展度的评价结构

可以将区域经济协同发展度的评价划分为区域经济系统内部的综合有效性与系统之间的综合有效性，前者又可以分为系统内的协同有效性与系统内的发展有效性，同样，后者也可以分为系统间的协同有效性与系统间的发展有效性。

指标区域经济系统之间的协同发展度可以反映各个区域经济系统间的协同与发展状况。鉴于子系统间可以有很多种组合方式，既可以是某个子系统对于其他子系统的协同发展度，又可以是两个系统之间或者多个系统间的协同发展度。考虑到本研究是为了评估某个区域与其他区域间的协同发展现状，因此只需要涉及两个子系统间的组合。

1. 子系统 A 对于子系统 B 的协同发展度计算

如果用 $h_s(A/B)$ 表示子系统 A 对于子系统 B 的协同度，用 $f_s(A/B)$ 表示子系统 A 对于子系统 B 的发展度，那么 A 对 B 的协同发展度 zh_s 可以用计算公式表示为：

$$zh_s(A/B) = h_s(A/B) \times f_s(A/B) \quad (14.7)$$

且有，$zh_s(A/B) \neq zh_s(B/A)$。

2. 两个系统之间的协同发展度计算

$$h_s(A,B) = \{\min[h_s(A/B), h_s(B/A)]\} / \{\max[h_s(A/B), h_s(B/A)]\} \quad (14.8)$$

$$f_s(A,B) = \{\min[f_s(A/B), f_s(B/A)]\} / \{\max[f_s(A/B), f_s(B/A)]\} \quad (14.9)$$

$$zh_s(A,B) = h_s(A,B) \times f_s(A,B) \tag{14.10}$$

三 指标选取与数据来源

在中国各年度的统计年鉴中，西藏地区的数据缺失较多，而重庆1997年以后才有数据，因此在样本中将二者剔除，研究对象为中国剩余的29个省份，数据来源于1993—2013年《中国统计年鉴》、历年统计公报、各省统计年鉴、中国公路信息服务网及统计局网站等。依据前文中区域经济协同发展度的评价指标体系（见表14.2），具体的指标说明如下。

（一）投入指标

1. 各区域比较劳动生产率（Regional Comparative Labor Productivity, RCLP）

比较劳动生产率指的是一个部门的产值比重与该部门劳动力的比重之间比率，用来衡量不同产业间的劳动生产率水平，本研究是关于中国29个省份之间的协同发展度的，因此只需细化到各个省份，对该指标进行相应变化可以得到如下公式：

$$RCLP_i = \frac{GDP_i/GDP}{Labor_i/Labor} \tag{14.11}$$

GDP_i 为地区 i 的地区生产总值，GDP 则表示中国29个地区的生产总值之和，$Labor_i$ 是地区 i 的总就业人数，$Labor$ 则表示所有地区的就业人数之和。$RCLP$ 指标越高，即区域比较劳动生产率越高，则该区域就业人员的生产率也就较高，区域比较优势也越大。

2. 省际贸易依存度（Domestic Trade Dependence, DTD）

中国现行的国民经济核算体系中，用支出法衡量的地区生产总值中的货物与服务的净出口一项不仅包括与国外的贸易与非贸易往来部分，也包括地区间货物与服务的往来，亦即省际贸易的部分。[①] 用公式表示省际贸易依存度为：

$$DTD = \frac{Br}{GDP} = \frac{N - B_i}{GDP} \tag{14.12}$$

---

① 王兆峰、陈盼：《西部地区省际贸易空间差异与经济协调发展研究》，《科学·经济·社会》2011年第29卷第2期，第5—10页。

Br 为省际贸易，N 为货物与劳务的净出口，Bi 则是国际贸易差额。本研究需衡量的是区域之间的贸易往来与合作水平，因此而对相应数值进行取绝对值处理，数值越大则表明中国区域间合作的水平就越高。

3. 市场分割指数（Market Segmentation Index，MSI）

根据既有文献的研究，可以采用相对价格指数方法来衡量地区间市场分割程度，相对价格的绝对值为：

$$|\Delta Q_{ijt}^k| = |\text{Ln}(p_{it}^k/p_{jt}^k) - \text{Ln}(p_{it-1}^k/p_{jt-1}^k)| \qquad (14.13)$$

随后，采用去均值法的方法消除由于其与特定商品种类相联系而产生的固定效应所带来的系统偏误，改进计算方法，最后，计算出相对价格变动的部分方差。市场分割指数越低，即市场一体化程度越高，表明区域间的协同发展度越高。

(二) 产出指标

1. 人均地区生产总值（GDP per Capita，GDPC）

人均地区生产总值的计算是利用一个地区一定时期内的地区生产总值除以这个地区的常住人口得到的，这一指标是用来衡量经济发展状况最常用的指标，计算公式为：

$$GDPC_i = \frac{GDP_i}{Capita_i} \qquad (14.14)$$

GDP_i 是地区 i 的生产总值，$Capita_i$ 则是地区 i 的总人口。人均 GDP 高，即表明这一地区的经济发展程度较高。

2. 社会劳动生产率（Social Labor Productivity，SLP）

社会劳动生产率是可以用来反映一个地区经济实力的基本指标之一，是一定时期内全社会劳动者的劳动效率，其计算公式为：

$$SLP_i = \frac{GDP_i}{Labor_i} \qquad (14.15)$$

GDP_i 是地区 i 的生产总值，$Labor_i$ 则是地区 i 的社会从业人员人数。一个地区的社会劳动生产率高，则表明该区域就业人员平均生产率较高，从而区域经济发展度也越高。

3. 区域经济联系强度（Regional Economic Relation Intensity，RERI）

区域间的经济联系强度反映了经济体中心城市对周围地区的辐射

能力，以及周围地区对中心城市的辐射能力。该指标可以表示为：

$$RERI_{ij} = \frac{\sqrt{P_i G_i} \times \sqrt{P_j G_j}}{D_{ij}^2} \tag{14.16}$$

$RERI_{ij}$ 为 i、j 两个地区的经济联系强度；P_i、P_j 为 i、j 两个地区的人口数量；G_i、G_j 是 i、j 地区的生产总值；D_{ij} 是 i、j 两地区省会城市的最短交通距离。两个地区的区域经济联系强度越大，则整个区域经济联系就越紧密。

第三节 中国区域经济协同发展度的比较分析

本课题采用扩展的 DEA 方法，运用 deap2.1 软件，对中国 29 省份、三大区域以及三大区域内部 1993—2002 年和 2003—2012 年两个阶段的经济协同发展度进行测度，测度结果如表 14.2 和表 14.3 所示，由于年份较多，因此仅列出代表性年份的结果。

一 中国 1993—2002 年区域经济协同发展度的比较

（一）29 省份协同发展度的比较

1. 协同发展度的均值及其变化趋势

29 省份协同发展度十年平均值达 0.665，整体处于中等水平，尚未达到 DEA 有效，具有较大的改善空间。全国的协同发展度均值在十年间呈上升趋势，2002 年较 1993 年上升了 2.074%，表明 1993 年至 2002 年中国整体协同发展度略有改善。

2. 协同发展度均值排名

协同发展度均值排在前十位的省份为第一梯队，排名最后十位的省份是第三梯队，中间的省份为第二梯队。因此，第一梯队的省份包括：北京、天津、河北、吉林、上海、江苏、浙江、山东、河南和广东；第二梯队：山西、黑龙江、安徽、福建、江西、湖北、湖南、广西和四川；第三梯队：内蒙古、辽宁、海南、贵州、云南、陕西、甘肃、青海、宁夏和新疆。这一梯次排名情况大致与研究期间内中国各省份的经济发展情况相匹配，表明中国区域经济协同发展度与地区经济发展情况有较强的相关关系。

3. 协同发展度变化

首先,十年均值变动方面,北京、天津、山西、内蒙古、黑龙江、江苏、安徽、江西、山东、河南、湖北、湖南、广东、海南、四川、贵州、云南和新疆18个省份协同发展度有所上升,其他省份有不同程度的下降。其次,排名变动方面,北京由第三梯队(1993)上升至第一梯队(2002),广东由第二梯队(1993)上升至第一梯队(2002),四川和黑龙江由第三梯队(1993)升至第二梯队(2002);福建由第一梯队(1993)下降至第三梯队(2002),山西由第一梯队(1993)降至第二梯队(2002),陕西和甘肃由第二梯队(1993)降至第三梯队(2002);这十年有10个省份排名稳定,河北、上海、江苏、浙江和山东稳处第一梯队,江西和湖南居于第二梯队,贵州、青海和宁夏位于第三梯队。

4. 协同发展度的最高值与最低值的差距

1993—2002年十年间协同发展度均值最高的是上海市(0.870),最低的是新疆(0.571),它们之间的相对差距是1.523(均值比,下同),2002年最高值与最低值之间的相对差距较1993年总体上升了1.631%,说明29省份协同发展度最高省份与最低省份之间的差距有所扩大。可能的原因是排名靠前的省份协同发展度比排名靠后的地区上升得更快。

表14.2　　1993—2002年中国29省份代表年份协同发展度

省份	1993年	1997年	2002年	十年均值
北京	0.575	0.790	0.706	0.718
天津	0.766	0.758	0.843	0.745
河北	0.744	0.719	0.711	0.718
山西	0.668	0.672	0.671	0.668
内蒙古	0.580	0.597	0.586	0.609
辽宁	0.622	0.574	0.609	0.601
吉林	0.700	0.649	0.690	0.682
黑龙江	0.586	0.699	0.647	0.637
上海	0.721	0.952	0.692	0.870
江苏	0.815	0.805	0.873	0.836
浙江	0.825	0.866	0.767	0.822

续表

省份	1993 年	1997 年	2002 年	十年均值
安徽	0.650	0.682	0.669	0.665
福建	0.662	0.567	0.598	0.612
江西	0.649	0.644	0.650	0.644
山东	0.774	0.773	0.803	0.786
河南	0.689	0.674	0.692	0.678
湖北	0.653	0.697	0.663	0.665
湖南	0.647	0.674	0.661	0.661
广东	0.655	0.624	0.806	0.688
广西	0.634	0.637	0.617	0.620
海南	0.561	0.584	0.594	0.591
四川	0.605	0.603	0.622	0.611
贵州	0.585	0.583	0.603	0.591
云南	0.607	0.613	0.608	0.606
陕西	0.619	0.623	0.602	0.611
甘肃	0.611	0.618	0.608	0.609
青海	0.583	0.598	0.571	0.585
宁夏	0.585	0.601	0.578	0.589
新疆	0.543	0.558	0.566	0.571
全国均值	0.652	0.670	0.666	0.665

（二）东、中、西部三大地区协同发展度的比较

1. 协同发展度的均值及其变化趋势

如图14.2所示，东、中、西部地区协同发展度1993—2002年历年的均值分别是0.726、0.663和0.600，东部地区在全国处于领先地位，中部地区次之，西部地区最小。比较三大地区十年变动，总体而言，西部地区最平稳，东中部地区稳中略有上升。

2. 各梯队分布情况

东部八个省份（包括北京、天津、河北、上海、江苏、浙江、山东和广东）处于第一梯队，中部六个省份（包括山西、黑龙江、安徽、江西、湖北和湖南）位于第二梯队，西部八个省份（包括内蒙古、贵州、

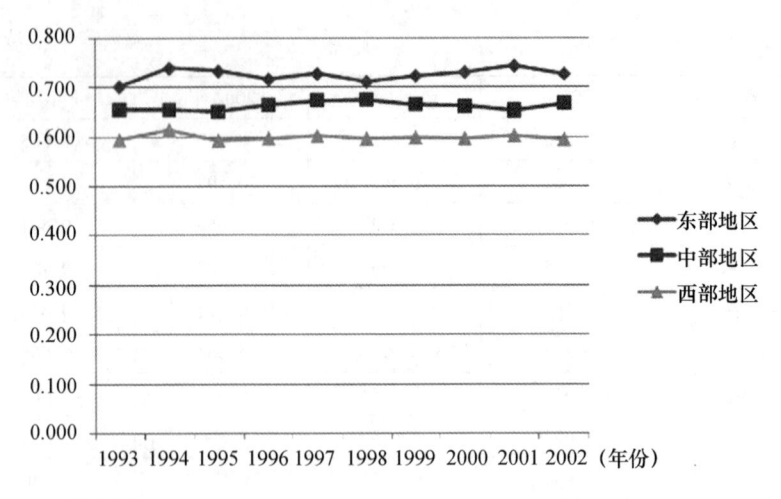

图 14.2　中国三大地区 1993—2002 年协同发展度

云南、陕西、甘肃、青海、宁夏和新疆）属于第三梯队。这一梯队布局表明，1993—2002 年，东、中、西部存在明显的梯级差距。

3. 协同发展度均值的差距

从相对差异来看，东部与西部地区约为 1.200，而东部与中部、中部与西部均围绕 1.100 上下波动；三者之间的相对差距都略有扩大，扩大的幅度分别为 3.524%、1.684%、1.810%。

（三）东、中、西部地区内部协同发展度的比较

1. 东部 11 省份协同发展度

1993—2002 年，东部地区中协同发展度上升的有 6 省份，下降的有 5 省份；其中上海市保持靠前，广东省则提高了 23.148%，由第二梯队上升至第一梯队；与此同时，福建省下降 9.718%，由第一梯队下降至第三梯队。在这十年间，东部地区内部均值最高的省份是上海，最低的省份为海南，两者之间的相对差距为 1.473。我们同时还发现，东部地区内部协同发展度的最高值与最低值的相对差距呈扩大趋势。

2. 中部 8 省份协同发展度

1993—2002 年，中部地区协同发展度上升的有 7 个省份，下降的仅有吉林省 1 个省份；其中，吉林居首位，黑龙江省是这期间中部地区提升最显著的省份，提高了 10.417%。总体而言，中部地区的协同发展度较为稳定。在这十年间，中部地区内部协同发展度均值最高的省份是吉

林，最低的省份为黑龙江，两者之间的相对差距为 1.071。与此同时，中部地区内部协同发展度的最高值与最低值之间的相对差距呈缩小趋势，缩小幅度为 2.500%。

3. 西部 10 省份协同发展度

1993—2002 年，西部地区协同发展度提高的有 5 个省份，下降的有 5 省份；其中，贵州上升了 3.086%，陕西下降了 2.700%。在这十年间，西部地区内部均值最高的省份是广西，最低的省份为新疆，两者之间的相对差距为 1.086。同时我们还发现，西部地区内部协同发展度最高值与最低值之间的相对差距呈缩小态势。

二 中国 2003—2012 年区域经济协同发展度的比较

（一）29 省份协同发展度的比较

1. 协同发展度的均值及其变化趋势

29 省份协同发展度十年平均值达 0.673，与前十年相比上升了 1.158%，仍未达到 DEA 有效。2003—2012 年全国整体协同发展度均值呈上升趋势，表明 2003 年至 2012 年中国整体协同发展度在上一个时间段的基础上进一步得到了改善。

2. 协同发展度均值排名

第一梯队：北京、天津、河北、辽宁、上海、江苏、浙江、山东、河南和广东；第二梯队：山西、吉林、黑龙江、安徽、福建、江西、湖北、湖南和新疆；第三梯队：内蒙古、广西、海南、四川、贵州、云南、陕西、甘肃、青海和宁夏。与 1993—2002 年的梯队排名相比，辽宁和新疆梯队排名上升，吉林、广西和四川梯队下调，其他省份梯队排名没有变化。

3. 协同发展度变化

首先，从各地区十年内协同发展度的均值变动来看，天津、河北、内蒙古、辽宁、吉林、黑龙江、上海、江苏、福建、广西、海南、陕西、青海、宁夏和新疆 15 个省份协同发展度有所上升，其他省份有不同程度的下降。其次，在各地区的排名变动方面，福建由第三梯队（2003）升至第一梯队（2012），辽宁和上海由第二梯队（2003）上升至第一梯队（2012），青海由第三梯队（2003）升至第二梯队（2012）；北京、山西、河南由第一梯队（2003）降至第二梯队（2012），安徽和四川由第二梯队（2003）降至2002年第三梯队（2012）；有8个省份排名稳定，天津、河北、江苏、浙江和山东稳处第一梯队，湖南稳居第二梯队，海南和云南位于第三梯队。

4. 协同发展度的最高值与最低值的差距

1993—2002年十年间协同发展度均值最高的是江苏省（0.928），最低的是贵州省（0.576），它们之间的相对差距是1.612，2012年最高值与最低值之间的相对差距较2003年上升了15.518%，表明和上一个时间段相比，29个省份的经济协同发展度最高与最低省份之间的差距仍在扩大。

（二）东、中、西部地区之间协同发展度的比较

1. 协同发展度均值及变化趋势

如图14.3所示，东、中、西部2003—2012年十年均值分别为0.755、0.648、0.603，东部地区领先于中、西部地区并超过全国平均水平。东、中、西部协同发展变动方面，东部上升5.281%，中、西部分别降低1.802%、0.755%。

表14.3　2003—2012年中国29省份代表年份协同发展度

省份	2003年	2007年	2012年	十年均值
北京	0.741	0.719	0.690	0.722
天津	0.850	0.893	0.966	0.895
河北	0.736	0.797	0.762	0.745
山西	0.669	0.670	0.666	0.660
内蒙古	0.569	0.552	0.597	0.618
辽宁	0.627	0.683	0.709	0.687
吉林	0.692	0.597	0.702	0.631
黑龙江	0.631	0.628	0.646	0.637
上海	0.650	0.911	0.760	0.863
江苏	0.860	0.919	0.969	0.928
浙江	0.747	0.736	0.742	0.748
安徽	0.651	0.633	0.603	0.637

续表

省份	2003年	2007年	2012年	十年均值
福建	0.595	0.570	0.697	0.621
江西	0.646	0.645	0.622	0.638
山东	0.800	0.779	0.762	0.758
河南	0.694	0.689	0.677	0.674
湖北	0.663	0.658	0.648	0.663
湖南	0.656	0.642	0.644	0.644
广东	0.771	0.705	0.737	0.740
广西	0.624	0.620	0.625	0.613
海南	0.589	0.605	0.591	0.592
四川	0.607	0.618	0.575	0.605
贵州	0.594	0.570	0.555	0.576
云南	0.599	0.606	0.552	0.592
陕西	0.605	0.602	0.612	0.602
甘肃	0.606	0.579	0.549	0.588
青海	0.573	0.637	0.628	0.598
宁夏	0.577	0.677	0.582	0.609
新疆	0.562	0.771	0.595	0.626
全国均值	0.661	0.680	0.671	0.673

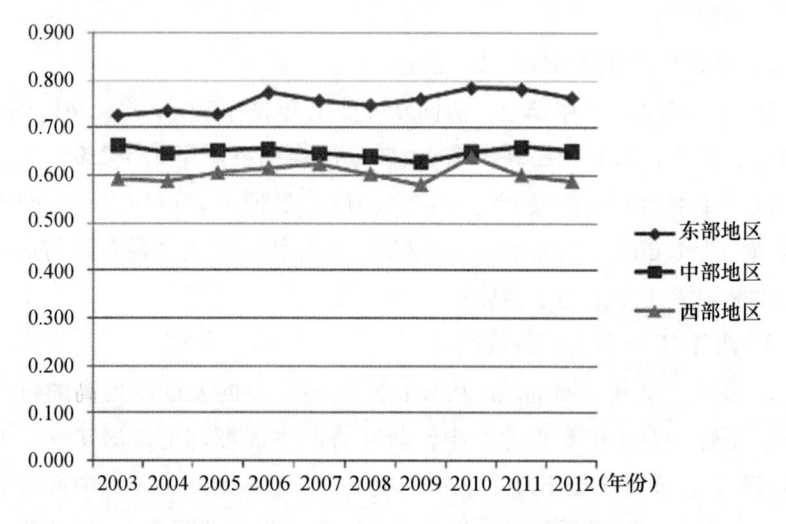

图 14.3 中国三大地区 2003—2012 年协同发展度

2. 各梯队分布情况

东部九个省份，包括北京、天津、河北、辽宁、山东、上海、江苏、浙江和广东，处于第一梯队；中部七个省份，包括黑龙江、山西、吉林、安徽、江西、湖北和湖南，位于第二梯队；西部九个省份，包括内蒙古、陕西、广西、四川、贵州、云南、甘肃、青海和宁夏，属于第三梯队。这一梯队分布表明，2003—2012年东、中、西部地区的协同发展度仍存在明显的梯级差异。

3. 协同发展度均值的差距

这十年期间，东部省份和中、西部省份之间的相对差距稍有拉大，表明东部地区省份的经济协同发展度改善程度更加明显，而中部省份与西部省份之间相对差距有缩小趋势，这一结果也表明中、西部地区之间经济协同发展度改善的情况具有一定的趋同性。

（三）东、中、西部地区内部协同发展度的比较

1. 东部11省份协同发展度

2003—2012年，东部地区协同发展度上升的有7个省份，下降的有4个省份；其中，江苏省保持靠前，福建提高了17.123%，而北京则下降了6.989%。在这十年期间，东部地区内部均值最高的是江苏，最低的为海南，两者的相对差距为1.567；此外，东部地区内部协同发展度最高值与最低值之间的相对差距在整体上有所上升，但从2008年开始，这一差距开始下降。

2. 中部8省份协同发展度

2003—2012年，中部地区协同发展度上升的有2个省份，下降的有6个省份；其中，黑龙江提高了7.491%，河南则下降了2.382%。在这十年期间，中部内部均值最高的省份是河南，最低的省份为吉林，两者的相对差距为1.069；与此同时，中部地区内部协同发展度最高值与最低值之间的相对差距呈现缩小趋势。

3. 西部10省份协同发展度

2003—2012年，西部地区后发优势明显，协同发展度提高的有6个省份，下降的有4个省份；其中，新疆协同发展度均值位居第一，上升了5.878%，而甘肃则下降了9.410%。在这十年期间，西部内部均值最高的省份是新疆，最低的省份为贵州，两者的相对差距为1.085；我们还

发现，西部地区内部协同发展度最高值与最低值之间的相对差距在样本期间内有所缩小。

三 区域经济协同发展度的两阶段比较

（一）29 省份两阶段协同发展度的比较

如图 14.4 所示，中国 1993—2002 年，即第一阶段协同发展度的变动情况如下：1993—1994 年得到明显提升，之后有所下滑；1997 年出现小幅反弹，但反弹成果在次年就被消解，1999 年开始缓步上升，但在 2002 年又出现了下降。总体而言，中国 1993—2002 年第一阶段协同发展度的变化轨迹呈横"M+S"字形。

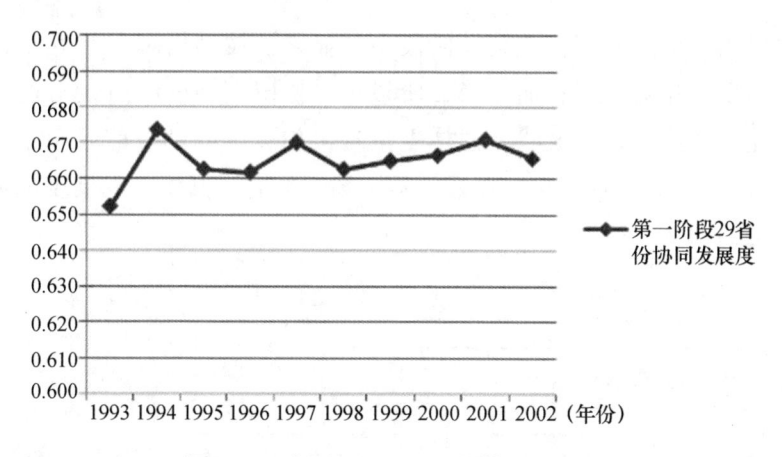

图 14.4 中国 1993—2002 年协同发展度

如图 14.5 所示，中国 2003—2012 年，即第二阶段协同发展度的变动情况如下：2003—2006 年，协同发展度稳步上升，但随后出现了连续三年的下滑，2010 年再度上升，但此后到 2012 年，协同发展度呈现出明显的下降趋势。总体而言，中国 1993—2002 年第二阶段协同发展度的变化轨迹呈"M"字形。

综合来看，如图 14.6 所示，中国 1993—2012 年协同发展度的变动情况如下：1993—2004 年，协同发展度整体保持稳定，2005—2006 年有小幅上升，随后又降至上升前水平；2010 年，协同发展度再度上升，但很快 2011—2012 年又开始逐年下降。通过对两个阶段的协同发展变化轨

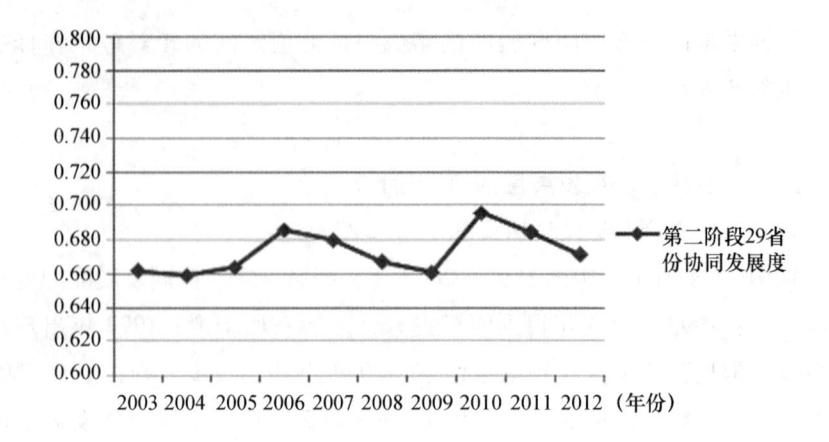

图 14.5　中国 2003—2012 年协同发展度

迹的对比，可以发现，在第一阶段中，显著的波动出现在前五年，后五年的变动相对平缓；而在第二阶段里，协同发展度的曲线出现了两个明显的波峰、一个波谷，总体上呈现出较大的变动。前后两个阶段不同的变化特征表明，第二阶段与第一阶段相比，其协同发展度的波动性更大。

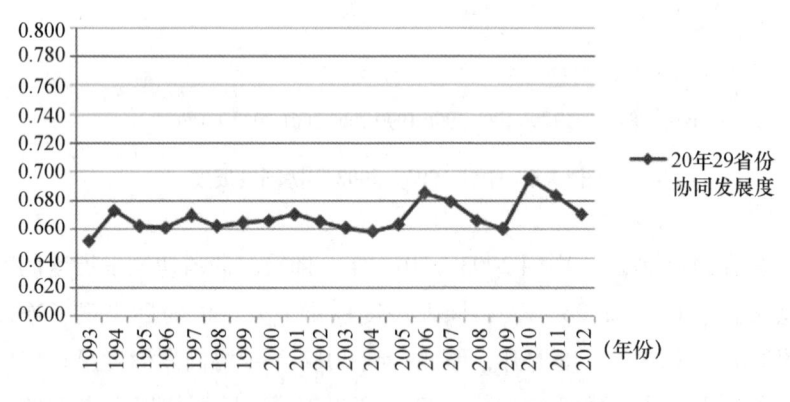

图 14.6　中国 1993—2012 年协同发展度

（二）中国 20 年区域间协同发展度差距比较

我们选用两个指标，即最大值与最小值之比以及变异系数，对中国区域间协同发展度差距进行了测度。其中，前者意在量化样本数据的最大变动幅度，可以反映不同区域间协同发展度的高低，但也存在忽略中间数据变动情况的缺点；变异系数则在一定程度上弥补了这一缺陷，是测度离散程度最常用、最有效的指标。

1. 协同发展度均值的差距

20 年内，中国 29 省份协同发展度的最大值与最小值之间的差距有所扩大，2012 年与 1993 年相比，上升了 16.273%。20 年内协同发展度最大值与最小值之间最大差距出现在 2009 年，这一年，协同发展度值最大与最小的省份分别为江苏和新疆，两者间的相对差距为 1.842。2009 年以后，这一差距有所缩小，2012 年相比 2009 年下降了 4.063%。

从三大区域之间来看，协同发展度均值在东、中、西部地区之间的差距有所扩大。从 1993 年到 2012 年，东部与中部地区之间的差距扩大了 9.348%，而东部与西部之间的差距扩大了 10.149%。但从发展趋势来看，自 2009 年东部与中、西部之间的差距达到最大值后，这一差距开始缩小。具体地，相比 2009 年，2012 年东部与中、西部之间的差距分别缩小了 3.411%、0.855%。

从三大区域内部来看，从 1993 年到 2012 年，东部地区内部协同发展度差距上升了 11.332%，但从 2009 年开始，东部地区内部的差距出现逐年缩小的趋势，相比 2009 年，2012 年东部地区的内部差距缩小了 7.651%；与此同时，2012 年中、西部地区内部协同发展度差距与 1993 年相比分别缩小了 2.500%、1.880%。

2. 协同发展度变异系数的变化

图 14.7 是 1993—2012 年 20 年间，全国范围内以及东、中、西部内部协同发展度变异系数的变动趋势图。首先，全国范围内，变异系数在第一阶段保持平稳态势，这表明，在样本前十年，全国 29 个省份协同发展度之间的差距基本稳定，变动较小；而在第二阶段，尤其是从 2005 年开始，变异系数的波动性显著增强，并于 2009 年达到最大值，这意味着此时全国 29 个省份间的差距最大，2009 年之后变异系数开始有所下滑。

分三大区域来看，第一阶段，中、西部地区变异系数的曲线都表现非常平稳，且变异系数较小，这说明中、西部地区内部的差距较小，变化也不大；东部地区的曲线呈现出不同的特征，出现了明显的波动，且变异系数较大，并于 1997 年达到最大值，说明东部地区各省份之间的协同发展度差异有扩大趋势。而在第二阶段，西部成为内部波动最为剧烈的地区，东部和中部地区变异系数曲线的波峰均出现在 2009 年。整体上看，中、西部地区的协同发展度变异系数在各个年份都比东部地区要小，这说明，中、西部地区的内部差异一直小于东部地区。总的来说，东部地区的变异系数与全国水平的变化趋势基本吻合，而在大部分年份，中、西部地区的变异系数变化也比较相近。20 年来，东部地区和全国一样，其协同发展度差距大体上是扩大的，只是近年来有所回落；与此不同的是，中部地区的协同发展度差距呈现出整体下降的态势；西部地区则在 2005 年之后波动较大，其内部差距在 2007 年和 2010 年达到峰值，2010 年之后开始下降。

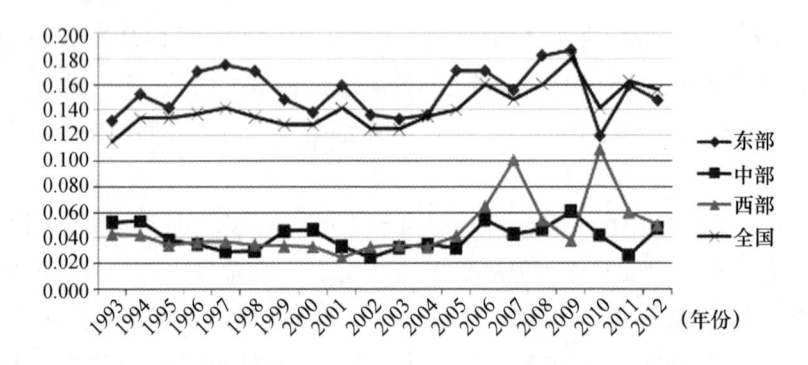

图 14.7　中国 29 省份及东、中、西内部协同发展度变异系数

图 14.8 是中国东、中、西部两两之间协同发展度变异系数的变动趋势图，可以明显看出，东部地区和西部地区之间的变异系数在各年份均高于中、西部之间和东、中部之间，表明东、西部之间的差距是全国范围内差距的主要来源，而且这一差距仍在不断扩大；第一阶段中，东、中部地区与东、西部地区之间的变异系数在波动中交替领先，差距不大，而到了第二个阶段，东、中部地区的差距开始扩大，中、西部地区的差距有下降趋势，表明东部地区和中西部地区开始有了较为明显的差距，特别是东部地区和西部地区之间，而中、西部之间差距不大，进一步验证了前文结论。

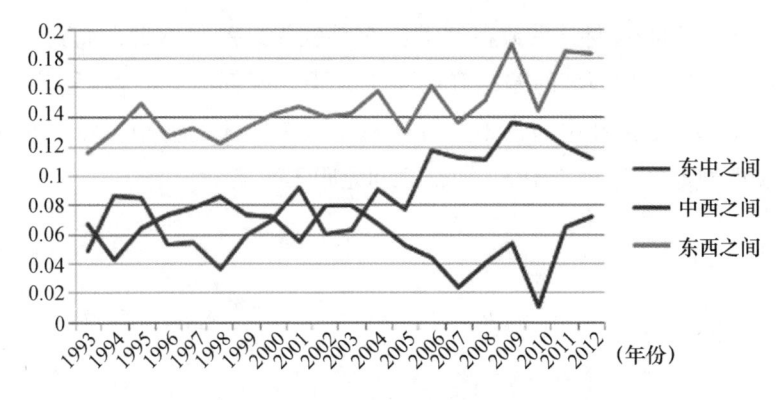

图 14.8　东、中、西地区之间协同发展度变异系数

第四节　本章小结

本章从区域经济协同发展影响因素以及表现特征两个维度构建了区域经济协同发展度的衡量指标，随后利用扩展的 DEA 模型，对中国 1993—2012 年 20 年间中国 29 个省级行政区的区域经济协同发展度进行了分阶段的动态评估与比较，实证分析结果表明以下几点。

（1）我国区域经济协同发展整体处于初中级水平，后 10 年（2003—2012 年）协同发展度较前 10 年（1993—2002 年）有所提升；29 省份区域经济协同发展度可分成三个不同梯队，呈现出明显的东、中、西梯级差异；两个时间段内只有少数省份在排名上出现了较大的变化，大部分省份的梯次排名情况大致与研究期间内中国各省份的经济发展情况相匹配，表明中国区域经济协同发展度与地区经济发展情况有较强的相关关系。

（2）从区域经济协同度的差距来看，全国范围内，变异系数在第一阶段保持平稳，这表明，中国 29 个省份协同发展度之间的差距变动幅度在前 10 年较小；而到了第二阶段，尤其是从 2005 年开始，变异系数波动明显，并于 2009 年达到了最大值，这意味着这时全国 29 省份之间的差距最大。2009 年以后，变异系数开始有所下滑。

（3）从差距的来源来看，东、西部地区之间的差距是全国范围内差距的主要来源，且这一差距仍在不断扩大，第一阶段中，东中部地区、东西部地区之间的变异系数在波动中交替领先，差距不大，而到了第二个阶段，东、中部地区的差距开始扩大，中、西部地区的差距有下降趋势，表明东部地区和中西部地区开始有了较为明显的差距，特别是东部地区和西部地区之间，而中、西部之间差距不明显。

第十五章

区域经济协同发展的驱动机制研究

本章重点从全国层面以及不同空间尺度层面,评析了中国区域经济协同发展的驱动机制,并探索了中国区域经济协同发展的序参量,即最主要的驱动因素,为中国区域经济发展实现由无序至有序,从低级到高级的协同演化提供理论依据。哈肯模型作为物理学领域协同学理论中的重要模型,其在经济学领域的尝试性运用得到了充分肯定。本章将运用哈肯模型探析中国区域经济协同发展的驱动机制。

第一节 区域经济协同发展驱动机制的机理分析

根据上文界定,区域经济协同发展意指,各经济组分间在区域之间或者区域内的协同共生,共同促进大区域经济由无序转变为有序、从初级转变到高级,进而推动"互惠共生,合作共赢"内生增长机制的形成,并最终推进大区域实现高效、有序发展的过程。区域经济协同发展意味着,系统内部各子系统间需要相互协作,并通过有机整合达到有序演变状态,维持差异与协同的辩证统一关系。资源、要素、产业三者的协同是区域经济协同发展的本质。[①] 基于此,本课题通过深入研究得出,资源禀赋、要素流动以及产业分工三者的协同是区域经济协同发展的本质,分别对应区域比较优势、区域经济联系以及区域产业分工等区域经济协同发展的三个主要驱动因素,三者在分别作用于区域经济协同发展的同时还存在驱动因素间的协同运作机制,从而产生驱动因素的协同驱动效

---

① 刘英基:《中国区域经济协同发展的机理、问题及对策分析——基于复杂系统理论的视角》,《理论月刊》2012年第3期,第126—129页。

应，促使中国区域经济协同发展实现从初级—中级—高级的协同转变。

一 驱动因素的动态作用机理

区域经济协同发展呈现出由初级到中级，再到高级的动态演进阶段，在此过程中，区域比较优势、区域经济联系以及区域产业分工表现出差异化的动态演化特征，区域经济协同发展的不同演变阶段呈现出不同的演化特征。

（一）区域比较优势

区域经济协同发展在于资源禀赋，这反映出了各经济子系统资源禀赋，其中包含了自然资源、劳动力、经验、资金、技术、土地、管理等多个方面，这直接形成区域的比较优势，促进区域经济的协同发展，其动态的作用机理如图15.1所示。

1. 区域比较优势的动态演化特征

在区域经济协同演变过程的不同阶段，区域比较优势的主要演化特征如下。第一，由静态比较优势转化成动态比较优势。区域比较优势在初级阶段表现为核心层、中心层及外围层中比较固定的静态比较优势。而区域比较优势在高级阶段将演化成可实现随时适应性变动的各层次资源的动态比较优势，并且可以根据格局大区域经济体的整体效率要求及时对子区域的资源配置进行调整。第二，由资源型比较优势转化成为知识型比较优势。所谓资源型比较优势，即在初级阶段，发展区域经济主要依靠自然资源。而知识型比较优势则表示，区域竞争力的高级要素，例如信息、技术、管理等逐步向核心层移动，其对区域经济的带动作用越来越明显，并且明显地比自然资源等初级要素要优越，即便是高级阶段的动态比较，高级要素的核心带动效用依然是相对更强。

2. 区域比较优势对区域经济协同发展的动态作用机理

在不同的演化阶段，区域比较优势对区域经济协同发展的作用有一定的差异。

在初级阶段，自然资源开发产品是区域经济发展的依托物，因而自然资源成为区域比较优势的核心层，然而体现区域核心竞争力和比较优势的要素，例如信息、技术、管理等的作用还没有显现出来，处于外围层。区域比较优势表现在低级、静态的资源型区域比较优势，而这种比

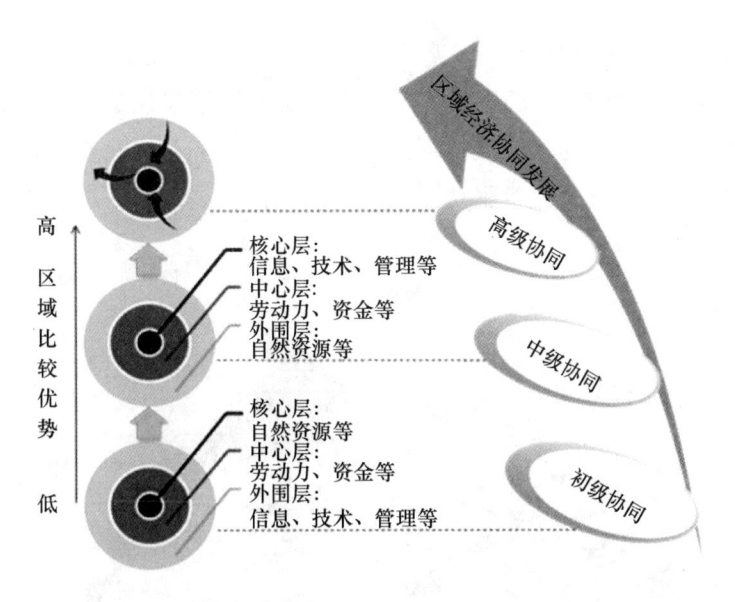

图 15.1　区域比较优势对区域经济协同发展的动态作用机理

较优势以自然资源等初级要素为依托的，在这种情况下，各区域并没有对其资源禀赋充分挖掘，因此其提升空间还比较大，需要改善这种区域经济协同发展状况，该情况对应于图 15.1 的底层阶段。

在中级阶段，基于自身比较优势的情形下，各区域参与到大区域经济系统的产业分工中来，并通过与其他经济子系统协同运作的方式来调整系统内部结构。由此，信息、管理、技术等高级要素的协同提升效用得以显现出来，并且逐渐地向核心层转化，因此，自然资源也相应地向外围层移动，由此，对区域要素的优化配置也相应地改善了区域经济的协同发展状况，此时初级协同整体上升为中级协同。

在高级阶段，在大区域经济系统不断变化的协同发展作用的环境下，各子系统通过对所有要素做出随时的适应性规划，以顺应大区域经济系统的协同演变。因此区域比较优势将逐渐演化成动态区域比较优势，即核心层、中心层与外围层根据大环境而做出即时的调整。在各个区域的动态开发资源禀赋基础上，区域比较优势能够被充分地利用，同时，经济子系统间的协同作用也将得到加强，最后实现高级协同。

(二) 区域经济联系

区域经济协同发展的本质在于要素流动，这不仅仅是区域经济协同发展过程中所具备的共生性特征，也意味着在经济系统间要实现要素共享的协同内涵，因此其能驱动区域经济的协同发展，其动态的作用机理如图 15.2 所示。

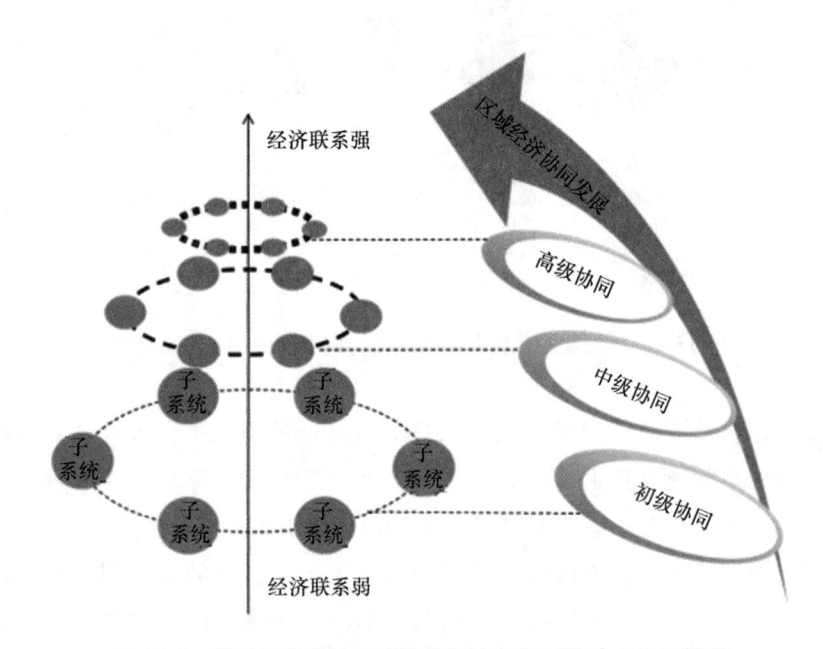

图 15.2　区域经济联系对区域经济协同发展的动态作用机理

注：虚线代表区域间的经济联系，粗细程度表示区域间经济联系的强度，虚线粗表示区域间经济联系比较紧密，反之，则经济联系比较弱；虚线圈的大小则表示区域间在发生经济联系情况下的能量损耗程度，虚线圈大表示能量损耗大，反之，则能量损耗小。

1. 区域经济联系的动态演化特征

区域经济联系的演化阶段是由区域间经济联系的强度及其能量损耗所决定的，总的来说，演化过程中的区域经济联系有如下特征：（1）区域的经济联系强度得到提升。由图 15.2 可知，其虚线逐渐由细变粗，这表示区域间的经济联系在不断加强，且越发紧密，由此可知，子系统间的相互依赖和相互影响程度也在明显地增强。（2）区域的经济联系能量损耗有所降低。由图 15.2 中的线圈大小可知，当线圈由大变小时，表示在区域间发生经济联系的情况下，能量损耗减少，也就表明通过有形要素和无形要素交流，子系统间所形成的经济纽带的精度得到提升，资源浪费逐渐被消除了，资源的优化配置在各区域间和区域内部得到实现。

2. 区域经济联系对区域经济协同发展的动态作用机理

由于存在高效的协同运作，大量的要素在区域之间频繁地流动，这能从根本上疏通复杂的系统要素流动通道，区域经济由协同发展转向高级协同转变的演变路径能够通过子系统和各经济组分间的信息交流从而被挖掘出来，在不断推进的协同作用的共同作用下，各个层次的子系统实现由初级到中级，再到高级的协同转变。

图15.2中底层的经济联系圈表示子系统间的经济联系较弱，因此区域之间的要素流动将受到一些阻碍，从而大量的能量损耗发生在区域间交流过程中，这将对整体网络体系中的资源配置产生制约作用。此时，微小的无序运动被各经济子系统的单独封闭运作而扩大，子系统间自发的无序运动要比子系统间有关联的有序运用略强。在这种情况下，整个大区域的经济协同发展网络系统由此处于停滞不前甚至是倒退的困境当中，由于单个区域系统与大区域经济系统都不能实现正常的协同转变，所以此时为区域经济协同发展的初级阶段。反而言之，完全无障碍的要素流动代表着进入高级阶段的区域经济联系，此时区域间实现了通过有效频繁的交流从而能高效地整合各个层次子系统的目的，区域的资源也实现了合理配置，从而减少在要素交流过程中不必要的资源浪费，使整个经济系统的能量损失降到最低，各区域的经济实现了协同运转，同时大区域的经济得到高效的整合，整体的网络体系也协同跃升。

(三) 区域产业分工

区域经济协同发展的本质之"产业分工"，意指区域间产业分工与协作，各区域通过一定的产业分工模式成为大区域经济体的有机组成部分，各自承担相适应的经济纽带作用，从而形成高效的分工协同作用机制，对区域经济协同发展有着整合提升的协同驱动效用，其动态作用机理如图15.3所示。

1. 区域产业分工的动态演化特征

区域产业分工的动态演化特征为：（1）逐渐优化的产业分工模式。逐渐规范子系统间的组织模式，由图15.3可知，底层杂乱无章的模式变成了顶层规则有序的模式，也就是区域间产业分工的模式在逐步优化。

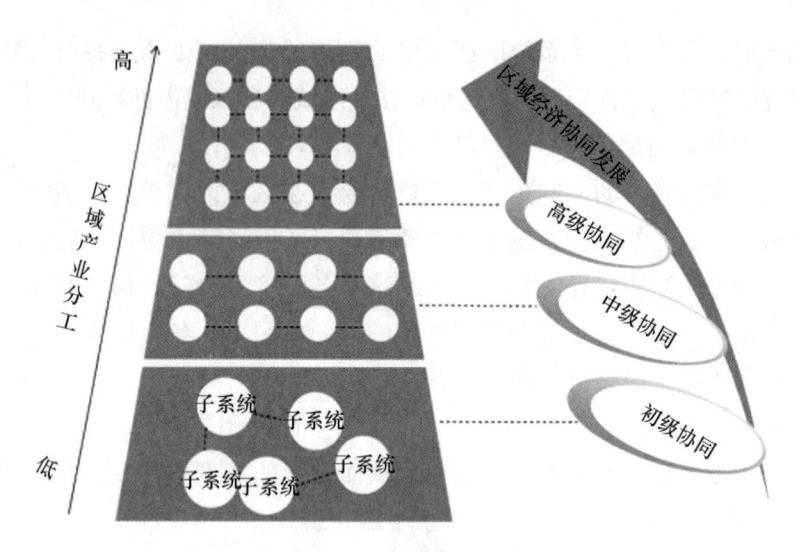

图 15.3　区域产业分工对区域经济协同发展的动态作用机理

（2）不断增加的有效分工的子系统数量。由图 15.3 可知，白色圆点数量不断增加，这表示参与有效分工的子区域在不断增加，各区域已经能够融入整个分工协作的大区域经济中。关键在于，各子系统一直都处于大区域的产业分工中，所以，图中白色圆点的不断增加并不代表产业分工子系统的逐渐加入，这仅仅代表着分工有效程度比较高的子系统。

（3）逐步弱化的子系统的个体特征。

2. 区域产业分工对区域经济协同发展的动态作用机理

当区域产业分工处于初级阶段时，以整体网络体系的运行效率视角来进行分析，虽然子系统的单独特征相对突出，但是整合程度不高，所以协同效用也不明显，可以认为子系统之间的组织模式的水平较低，也就是单向、无序的整合模式。在区域经济协同发展的初期，各区域经济的产业发展模式是资源型的，产业分工水平很低，从而无法实现整体功能大于简单相加之和的局部功能的系统优化，所以现阶段仍处于协同的初级阶段。当产业分工模式逐步优化后，在产业分工的引导下，各子系统的比较优势得到了充分发挥，凭借着比较优势，各子系统重新融入整体网络系统的协同运转中，由此逐渐弱化了个体特征。在这个阶段，各区域充分发挥比较优势，且明显提升区域间的产业分工效率，从而整体功能大于简单相加之和的局部功能的系统优化得以实现，初级—中级—

高级的协同转变也得以实现。

二 驱动因素之间的协同运作

依照前文所说的,影响区域间的经济协同发展的主要驱动因素有:区域比较优势、区域经济联系和区域产业分工,这三者同时发挥作用,既具有较强区分度又有相互作用的内在联系,在此种协同运作机制引导下,三大因素共同推进了大区域经济系统的由初级向高级的协同演进。

(一) 区域比较优势与区域经济联系的协同运作

区域比较优势与区域经济联系的协同作用为相互促进。区域比较优势涵盖了各方面的资源禀赋,包括资金、劳动力等方面的有形要素以及信息、知识等方面的无形要素,区域资源禀赋是最根本的经济基础,因而也决定了各区域先天的比较优势。而在区域经济协同运作中,区域之间始终进行着有形要素和无形要素的交流,通过一定程度的区域经济联系,各区域的比较优势将会发生相应的变化,二者的协同运作如图 15.4 所示。

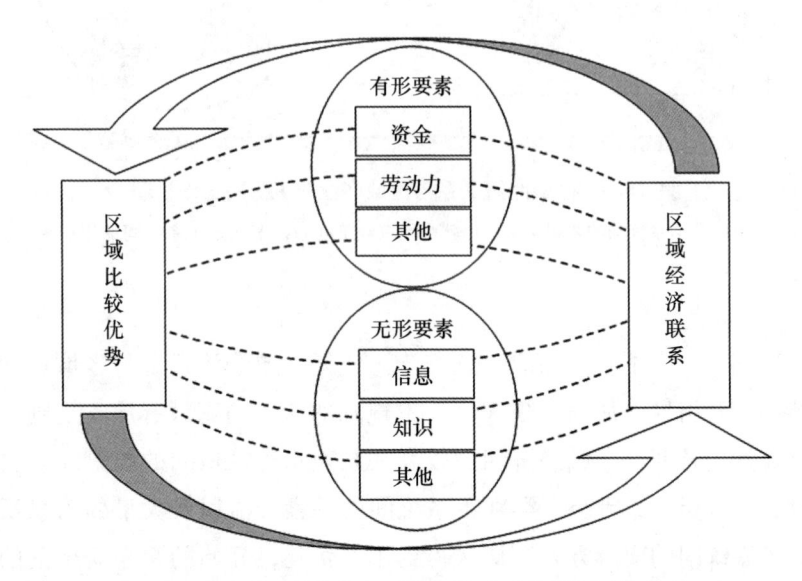

图 15.4 区域比较优势与区域经济联系的协同运作机理

依据比较优势理论,各区域凭借自身具备的比较优势通过要素交流形成区域间合作,无论是具备绝对比较优势的区域还是具备相对比较优势的区域都将从中获益，通过外包自身不具备比较优势的部分以及内包自身具备比较优势的部分实现双赢，最根本的利益驱动役使各区域加强区域经济联系。同时，各区域在经济联系的过程中，通过要素交流能弥补各自不足，实现由相对比较优势转化至绝对比较优势的成功突变，进一步提升区域比较优势。可见，区域比较优势与区域经济联系存在相互促进的协同作用。

（二）区域经济联系与区域产业分工的协同运作

区域经济联系与区域产业分工的协同作用是相互引导的，运作机理如图15.5所示。

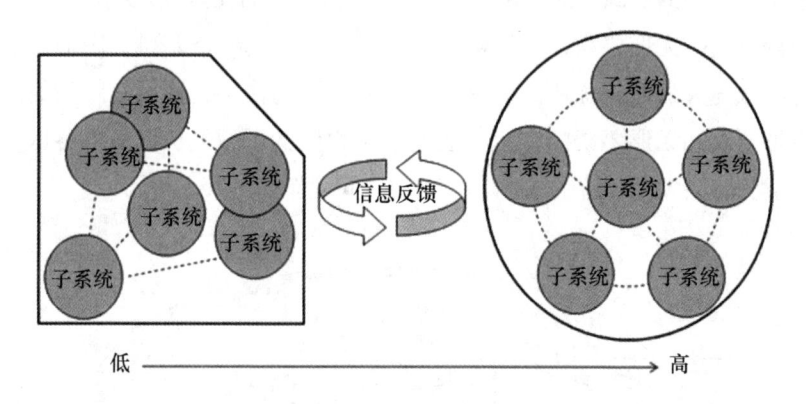

图15.5 区域经济联系与区域产业分工协同运作机理

注：虚线是子系统间的要素交流，也就是区域经济联系，实线是子系统间的组织模式，也就是区域产业分工。

协同运作中不断循环的信息交流，使得区域经济联系与区域产业分工能够相互引导，从而实现无序、不规则的状态向高效有序、规则阶段的动态发生转变。区域经济间的较高联系表示着区域间的要素能够自由流动，在各层次、等级、类别子系统间的要素交流以及大量的信息反馈后，子系统间的交流方式和层次得到不断优化，开始的无序而杂乱的运动慢慢转变成高效而有序的协同运动，此时分工合作的模式也逐渐趋于合理，更为高级的区域产业分工模式由此形成。与此同时，每一次产业分工模式的形成，都会将更加高效有序的要素流动路径反馈给子系统，也就是对影响子系统经济联系变化的信息进行反馈和传递，在它的指导下，子系统间的要素流动将基于原先的基础而进行改进和完善，像这样进行无限次的循环，并在相互引导的协同机制下，大区域经济系统的区域经济联系和区域经济产业分工均实现了升级转变。

(三) 区域产业分工与区域比较优势的协同运作

区域产业分工和区域比较优势间存在相互依存的协同作用，如图15.6所示。

图15.6中金字塔的底层是指当驱动因素处在较低水平时的初级演化阶段，相对应地，塔尖代表较高水平的高级演化阶段。区域产业分工的依据是区域比较优势，但是区域产业分工能有力地保障区域比较优势能够得到充分发挥。在各区域根据自身的比较优势来参与到产业分工中来的基础上，高水平的区域产业分工就形成了。只有在各个区域充分发挥比较优势的前提下，各区域才能在整个经济系统中起到最为高效的作用，实现大区域经济系统的高效性的关键所在就是保证各个节点的稳定性。而对各个节点做出合理规划的指挥模式就是区域产业分工，与此同时，高效的区域产业分工模式同样是各区域比较优势的充分发挥的保障，这两个方面互为基础，相互依靠。

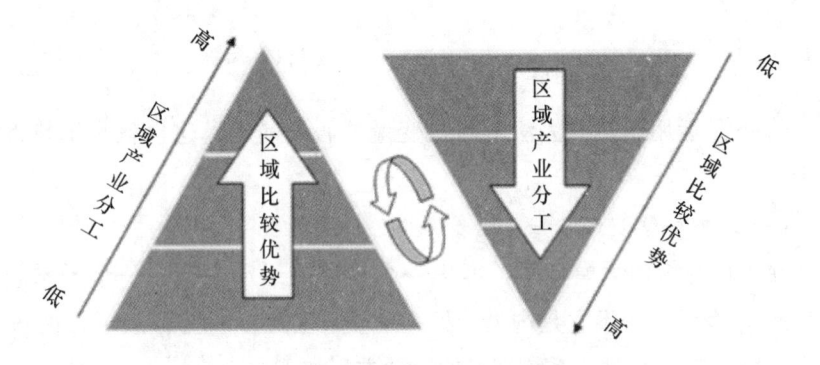

图 15.6 区域产业分工与区域比较优势协同运作机理

第二节 区域经济协同发展驱动机制的哈肯模型构建

区域经济协同发展驱动机制的机理分析显示，控制系统协同演化的关键所在就是识别主控系统演化的主要驱动因素，同时求解各个参量之间的相互作用关系，哈肯模型正好有助于此点，不仅蕴含"协同"的理论内涵，更赋予"协同"清晰的数学表达，能识别系统序参量并得出参量间非线性相互作用方程，因而构建了探索中国区域经济协同发展驱动机制演化的哈肯模型。

一　哈肯模型简析

一般情形下，假设系统在 t 时刻的行为效果 $q(t)$ 只取决于该时刻的外力 $F(t)$，与其他时刻的外力无关；此外，外力 $F(t)$ 随着时间的推移而逐渐衰减，即 $F(t)=ae^{-\delta t}$，a 是常数，δ 是阻尼系数。在这一情形下，方程 $\dot{q}(t)=\gamma q+F(t)$ 的解为：

$$q(t)=\frac{a}{\gamma-\delta}(e^{-\delta t}-e^{-\gamma t}) \tag{15.1}$$

由于系统对外力响应的过程进行得很快，具有瞬时性，能量来不及交换，因此这一响应过程被称为"绝热"过程。假设系统的行为效果比外力随时间的衰减快得多，也就是说，系统的阻尼远远超过外力的阻尼，$\gamma \gg \delta$，那么：

$$q(t)=\frac{a}{\gamma}e^{-\delta t}=\frac{1}{\gamma}F(t) \tag{15.2}$$

$\gamma \gg \delta$ 是运用绝热消去法消除快变量的假设前提，这也就是绝热近似原理。

（一）序参量演化方程

在哈肯的物理学模型里，考虑一个简单的运动系统，一个子系统及参量用 q_1 表示，假设它是内力；另一个子系统及参量用 q_2 表示，被 q_1 这个内力所控制。此时，系统满足的运动方程如下：

$$\dot{q}_1=-\gamma_1 q_1-aq_1 q_2 \tag{15.3}$$

$$\dot{q}_2=-\gamma_2 q_2+bq_1^2 \tag{15.4}$$

依据绝热近似原理，与外力作用的系统要求类似的是，当内力 q_1 不存在或者被撤除时，子系统 q_2 是稳定的、有阻尼的，且会由于存在阻尼作用而回到稳定状态，此时 $\dot{q}_2=0$。这意味着 $|\gamma_2| \gg |\gamma_1|$，也就是说，子系统 q_2 的阻尼远远超过内力 q_1 的阻尼，子系统比内力的变化和衰减要

快得多。所以，$|\gamma_2|\gg|\gamma_1|$ 被称为这一运动系统的"绝热近似假设"。在实际运用中，二者需要相差至少大于一个数量级。假使"绝热近似假设"成立，突然撤除 q_2，q_1 将会来不及变化。令 $\dot{q}_2=0$，得到：

$$q_2 = \frac{b}{\gamma_2}q_1^2 \tag{15.5}$$

式（15.5）表明，作为内力的子系统及参量 q_1 控制、支配或役使了子系统和参量 q_2，子系统及参量 q_2 必须跟随控制力 q_1 的指令而动作。子系统及参量 q_1 决定了另一个子系统及参量 q_2 的行为，进而决定了整个系统的秩序以及有序度的变化。所以，q_1 即序参量。

基于此，解得序参量演化方程，由于序参量在整个系统中起支配作用，因此这也代表了系统的演化方程：

$$\dot{q}_1 = -\gamma_1 q_1 - \frac{ab}{\gamma_2}q_1^3 \tag{15.6}$$

（二）势函数

对任何物理或生物系统来说，所有物体都会由于系统位置的移动而产生不同的势能。比如，把某重物提升到某一高度，就会获得一定的重力势能，而使其下落则意味着其重力势能对外做功。势函数可以对整个系统是否处在稳定状态做出有效判断，因而哈肯通过探讨系统运动方程以及序参量，求解系统的势函数，以此对系统所处状态进行进一步的判断。

对 q_1 的相反数进行积分即可求出系统势函数：

$$v = \frac{1}{2}\gamma_1 q_1^2 + \frac{ab}{4\gamma_2}q_1^4 \tag{15.7}$$

势的平衡点由 $\dot{q}_1=0$ 来确定。在物理中，可将此类比粒子在山坡上的行为。当 $a*b*\gamma_1*\gamma_2$ 符号为正时，方程存在唯一解 $q_1^*=0$，对应图 15.7 中的势函数（1）来说，不管最初粒子位于山坡上哪一点，最终都会回到唯一的稳定点——A 点；当且仅当 $a*b*\gamma_1*\gamma_2$ 符号为负时，方程存在三个解，分别为：$q_1^*=0$；$q_1^{**}=\sqrt{\left|\frac{\gamma_1\gamma_2}{ab}\right|}$；$q_1^{***}=-\sqrt{\left|\frac{\gamma_1\gamma_2}{ab}\right|}$，此时，$q_1^*$ 点不稳定，不管系统处于何种状态，都会回到 q_1^{**} 或 q_1^{***} 这两个最终平衡点，对应图 15.7 中的势函数（2）来说，C 点是不稳定点，粒子最终将回归至 B、D 两点。粒子运动过程中，由不稳定点向稳定点移动

的现象被称为"分歧"现象，它具体描绘了系统进化的可能性和方向。

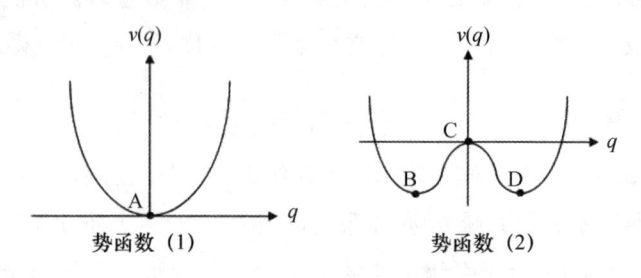

图15.7 哈肯模型的势函数图像

二 哈肯模型的建模机理

基于哈肯模型具备严谨的物理学理论基础及较强的经济解释力，本课题构建了中国区域经济协同发展驱动机制的哈肯模型，并从其经济学应用、模型内涵及模型分析步骤三方面阐述建模机理。

（一）哈肯模型的经济学应用

哈肯模型作为协同学理论的重要模型被逐渐运用于经济学分析，实现了跨学科分析对问题的整合性研究，成为研究系统演化的重要模型之一。

朱永达等在哈肯模型的基础上，建立了产业系统演化方程，以郑州为例进行了定量的实证分析。结果表明，创新以及科技进步的劳动生产率是产业系统演化的序参量。此外，还对方程中的5个参数做了灵敏度安排，针对郑州实际操作、模拟的结果，提出了9种不同的应对方案，并对各个方案的实施条件进行了分析。[1] 畅建霞等以协同学理论为基础，将黄河流域水资源系统作为研究样本，运用灰色关联度和熵的相关方法，在序参量的基础上，建立起水资源系统演化方向的判别模型，并以此描述了水资源系统的有序性以及演化方向。[2] 郭莉等同样以哈肯模型为基础，建立了产业生态系统演化方程，以北京、上海等全国21个省份作为

---

[1] 朱永达、张涛、李炳军：《区域产业系统的演化机制和优化控制》，《管理科学学报》2001年第4卷第3期，第73—78页。

[2] 畅建霞、黄强、王义民等：《基于耗散结构理论和灰色关联熵的水资源系统演化方向判别模型研究》，《水利学报》2002年第11期，第107—112页。

研究样本，通过实证研究发现，衡量环境科技进步的环保生产率是产业生态系统演化的序参量。① 李柏洲、朱晓霞在序参量的基础上，建立了基于灰关联熵的 RIS 演化方向判别模型，并以黑龙江省为例验证了这一模型的研究结果。② 赵玉林、魏芳也以哈肯模型为基础，建立了高技术产业化过程的演化方程，并将北京、天津、上海、河北等 29 个省份作为样本，开展了定量化的实证研究。结果表明，研究开发投入强度是高技术产业化过程中的序参量。③ 武春友等同样运用协同学方法，对城市再生资源系统的演化机理进行了研究，界定了城市再生资源系统的内涵，并分析了城市再生资源系统的理论演进方式，结果发现，衡量经济效益的废旧材料回收加工业的利润是城市再生资源系统演化的序参量。④ 熊斌、葛玉辉在科技创新团队系统演化方程中，将关键状态变量用团队创新力和协同力来衡量，深入分析了科技创新团队系统的演化机制。⑤

综上所述，哈肯模型在经济学分析中的尝试性运动得到肯定，但仍有三个方面值得改进：①序参量识别均局限于两个影响因素，适用范围较窄；②研究视角多为静态分析，缺乏动态视角的全面评估与比较；③缺乏严谨的系统状态评价方法，尚未对哈肯模型进行扩展与深化。基于此，本课题尝试将指标数量增加至三个，对中国区域经济协同发展的驱动因素进行分阶段的两两间序参量识别，并进一步依据势函数构造了系统状态评价函数。

（二）模型内涵

哈肯模型主要适用于两个系统参量之间的序参量识别，通过确定系统的主要作用参量，包括慢变量和快变量，构建参量间的运动方程，在

---

① 郭莉、苏敬勤、徐大伟：《基于哈肯模型的产业生态系统演化机制研究》，《中国软科学》2005 年第 11 期，第 156—160 页。

② 李柏洲、朱晓霞：《区域创新系统（RIS）创新驱动力研究》，《中国软科学》2007 年第 21 卷第 8 期，第 108—111 页。

③ 赵玉林、魏芳：《基于哈肯模型的高技术产业化过程机制研究》，《科技进步与对策》2007 年第 24 卷第 4 期，第 82—86 页。

④ 武春友、刘岩、王恩旭：《基于哈肯模型的城市再生资源系统演化机制研究》，《中国软科学》2009 年第 11 期，第 154—159 页。

⑤ 熊斌、葛玉辉：《基于哈肯模型的科技创新团队系统演化机制研究》，《科技与管理》2011 年第 13 卷第 4 期，第 47—50 页。

此基础上，对系统的序参量进行识别，并且对整个系统所处状态做出评估。这一研究思路也可用于中国区域经济协同发展的驱动机制的分析。

在现有研究的基础上，本课题创新性采用哈肯模型来实现三个驱动因素的序参量识别，突破了传统模型研究指标的限制，分析研究了影响中国区域经济协同发展的各方面因素，确定出主要作用参量：RCA（区域比较优势）、RER（区域经济联系）和RID（区域产业分工）；在此基础上，构建两两之间的运动方程并进行求解，由此识别出了中国区域经济协同发展的序参量，并探索性地以势函数为基础，构造了系统状态评价函数。通过构建哈肯模型全面、深入、创新地对中国区域经济协同发展的驱动机制进行动态分阶段的实证研究，不仅以区域经济协同发展理论基础为立足点，更对中国区域经济协同发展实证方法进行了创新性的探索，为日后对中国区域经济协同发展论题的深入探究提供了理论依据和方法选择上的新思路。

（三）模型分析步骤

模型把1992—2011年划分为1992—2001年、2002—2011年两个跨度为十年的阶段，分两个阶段对区域比较优势（RCA）、区域经济联系（RER）和区域产业分工（RID）三个参量进行了序参量识别。根据协同值求出系统状态得分值，进而判断系统所处状态，最后将两阶段进行对比分析，其框架如图15.8所示。

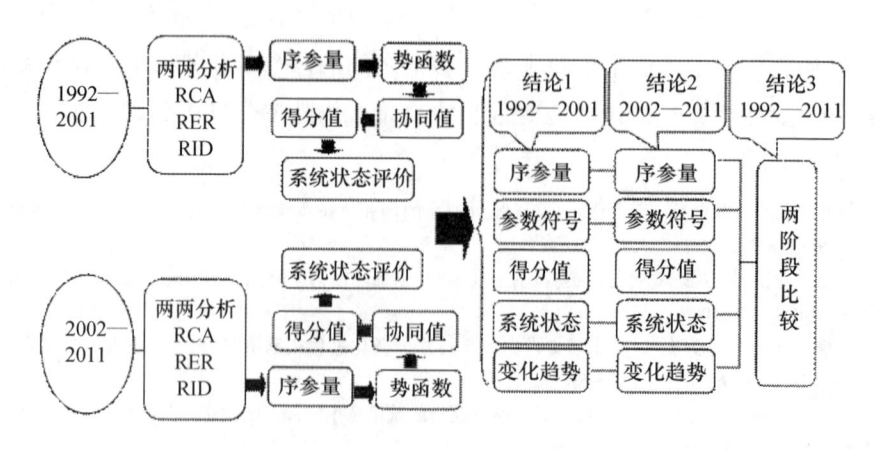

图15.8 基于哈肯模型的实证分析框架图

图 15.8 给出了哈肯模型的实证分析框架,以下几点值得引起关注。①两两分析是指在 RCA、RER、RID 中选取两个因素,提出相应的模型假设,并进行序参量识别,所以一次两两分析一般包含六次序参量识别。②协同值是基于序参量识别和势函数求解的结果得到的系统稳定值。系统协同度的高低与距离稳定值的远近有关,距离稳定值越近,系统的协同度就越高,因此可在此基础上求出系统状态得分值。③得分值是判断中国各省份在区域经济协同发展中所处的位置以及各自演变阶段的关键依据。这意味着,只有序参量相同,才能对得分值进行纵向的比较。如图 15.8 所示,结论 1 和结论 2 分别对应第一阶段 1992—2001 年和第二阶段 2002—2011 年,两个十年内序参量相同,可以对得分值进行横纵向比较;但由于两个阶段的序参量可能不尽相同,所以在结论 3 的两阶段比较分析中,只能对比序参量、参数符号、系统状态和变化趋势,对得分值也只能进行同时段的横向对比,不能纵向比较不同阶段的差异。

三 指标选取与数据来源

基于以上分析发现,中国区域经济协同发展的驱动因素主要是区域比较优势、区域经济联系和区域产业分工。基于任何指标的选择都有它的侧重点以及利弊,将上述的这三大指标分别选取两个具有同等经济解释力的细分指标,然后根据各自 50% 的权重加权而生成三个合成指标,目的是提高指标的解释力。选择的数据来自历年《中国统计年鉴》和《中国工业经济统计年鉴》(目前仅更新至 2012 年),由于西藏缺失数据较多,并且重庆的数据开始于 1997 年,所以将这两者二者剔除,共剩下中国 29 省份,选取的时间区间为 1992—2011 年。

(一) 区域比较优势

从两方面对区域比较优势(Regional Comparative Advantage,RCA)进行衡量,比较劳动生产率可以反映出经济系统中要素投入的生产效率,同时 GDP 与主导产业的灰色关联度能反映出整体经济系统的运行效率,这二者由微观到宏观来综合评估区域的比较优势。

1. 比较劳动生产率

比较劳动生产率(Comparative Labor Productivity,CLP)是指一个部门的产值比重与该部门的劳动力比重的比率,该比率不仅能够直接反映各区域劳动力的经济效益,也可以间接反映出自然资源禀赋、区域区位条件、资金和劳动力等优势。一般用以衡量不同的产业之间的劳动生产率,考虑到对中国区域经济协同发展水平的研究不需要细化到各个具体行业,因此对该指标做出如下变形处理:

$$CLP_i = \frac{GDP_i / \sum_i GDP_i}{LABOR_i / \sum_i LABOR_i} \tag{15.8}$$

GDP_i 代表 i 地区的国内生产总值,$\sum_i GDP_i$ 代表中国的国内生产总值,$Labor_i$ 代表 i 地区的就业人数,$\sum_i LABOR_i$ 代表全国的总就业人数。CLP 值高代表该区域的就业人员生产率较高,因此该区域的比较优势也较大。

2. GDP 与主导产业的灰色关联度

对区域的比较优势的衡量还需要考虑到区域经济系统运作效率,GDP 与主导产业的灰色关联度(Grey Correlation,GC)可以反映出以主导产业为核心、以关联产业为配套的产业协作系统,从侧面反映出产业结构合理性,同时也为区域整体经济实力提供依据。考虑到中国目前各省份以二、三次产业为主导产业,因此选取 GDP 和二、三次产业的灰色关联度来表示 GDP 与主导产业的灰色关联度。

V_{ik} 代表 i 评价单元 k 指标的评价值,$i = 1, 2, \cdots, m$;$k = 1, 2, \cdots, n$。选取的参考数列是 $V_{0k} = \max(V_{ik})$。因为 GDP 与二、三次产业增加值的单位统一,所以不需要对其进行无量纲化处理,从而直接计算灰色关联系数,在取均值后得到灰色关联度,公式如下:

$$GC_i = \frac{1}{n} \sum_i \frac{\min_i \min_k |V_{0k} - V_{ik}| + 0.5 \max_i \max_k |V_{0k} - V_{ik}|}{|V_{0k} - V_{ik}| + 0.5 \max_i \max_k |V_{0k} - V_{ik}|} \tag{15.9}$$

灰色关联度越高,代表着 GDP 与主导产业的相关性越好,当关联程度越大时,主导产业的带动作用就越强。

(二)区域经济联系

区域经济联系(Regional Economic Relation,RER)与要素流动没有差异,省际贸易依存度体现出要素流动,市场分割指数则以地方保护主义的角度从侧面来衡量出要素流动的受阻程度,以这两个方面,二者对区域经济联系做出综合测度。

1. 省际（国内）贸易依存度

在经济活动中，区域之间以商品贸易衡量经济联系，有形要素与无形要素结合成商品，省际贸易依存度（Domestic Trade Dependence，DTD）表示省与省间的经济往来，反映出区域经济联系的紧密程度。参考王兆峰的测算方法，本研究根据国民经济的核算体系，以支出法计算地区生产总值中的货物和服务净出口，其既包括了本地区的对外贸易进出口以及国外的非贸易往来部分，也包括地区间货物与服务的进出口，也就是省际贸易。[①] 省际贸易依存度的计算公式是：

$$DTD = \frac{B_r}{GDP} = \frac{N - B_i}{GDP} \quad (15.10)$$

B_r 代表省际贸易，N 代表货物和劳务的净流出，B_i 表示国际的贸易差额，GDP 表示国内的生产总值。正、负号分别表示国内的卖出和买入，在衡量区域经济联系度的时候不需要阐明贸易的方向，所以要对数值做绝对值处理，这只代表依赖程度，该数值越大代表该区域的经济联系度越高。

2. 市场分割指数

市场分割指数（Market Segmentation，MS）主要用来测度地方保护主义，该指标能够从侧面反映出区域间的经济联系。本课题依照 Parsley、Sandra Poncet 以及刘小勇价格指数方法来衡量市场分割程度。[②③④] 选择的原始数据有粮食、衣着、饮料烟酒、报纸杂志、药品、日用品和燃料七类商品的零售价格指数，处理方法如下：

首先，计算出相对价格的绝对值 $|\Delta Q_{ijt}^k| = |\text{Ln}(p_{it}^k/p_{jt}^k) - \text{Ln}(p_{it-1}^k/p_{jt-1}^k)|$，考虑到统计年鉴中商品价格指数为以上年为基期而得出的，所以将 i、j 两地区的价格指数相减并取绝对值就能求得 $|\Delta Q_{ijt}^k|$。

其次，考虑到特定商品种类中相联系的固定效应可能造成系统误差，所

[①] 王兆峰、陈盼：《西部地区省际贸易空间差异与经济协调发展研究》，《科学·经济·社会》2011 年第 29 卷第 2 期，第 5—10 页。

[②] Parsley D. C., Wei S. J., "Limiting Currency Volatility to Stimulate Goods Market Integration: A Price Based Approach", *National Bureau of Economic Research*, 2001.

[③] Poncet S., "Measuring Chinese Domestic and International Integration", *China Economic Review*, Vol. 14, No. 1, 2003, pp. 1 – 21.

[④] 刘小勇、李真：《财政分权与地区市场分割实证研究》，《财经研究》2008 年第 34 卷第 2 期，第 88—98 页。

以需要采用去均值的方法对其进行去除。假设 $|\Delta Q_{ijt}^k|$ 由 a^k 与 ε_{ijt}^k 组成，其中 a^k 只与商品种类 k 相关，ε_{ijt}^k 只与 i、j 两地的特定市场环境相关，将 406 (C_{29}^2) 对 $|\Delta Q_{ijt}^k|$ 减去它的均值 $|\overline{\Delta Q_t^k}|$，即 $|\Delta Q_{ijt}^k| - |\overline{\Delta Q_t^k}| = (a^k - \overline{a^k}) + (\varepsilon_{ijt}^k - \overline{\varepsilon_{ijt}^k})$，令 $q_{ijt}^k = \varepsilon_{ijt}^k - \overline{\varepsilon_{ijt}^k} = |\Delta Q_{ijt}^k| - |\overline{\Delta Q_t^k}|$。

最后，计算出相对价格的变动部分 q_{ijt}^k 的方差，市场分割指数 $Var(q_{ijt}^k)$ 只和地区间的市场分割因素以及随机因素有关，该方差越小则代表市场的分割程度越小，从而区域经济联系也就越为紧密。

（三）区域产业分工

中国区域产业的分工（Regional Industrial Division，RID）在于制造业的专业化分工，常用于衡量不同区域的产业专业化程度的指标是克鲁格曼指数和区位商。测度方法表示在测算细分行业时偏向于使用克鲁格曼指数，而对于处理制造业整体的数据则倾向于使用区位商，这二者相互配合使用以全面衡量区域的产业分工。

1. 克鲁格曼指数

本课题选取了制造业细分下的 12 个行业作为研究对象，分别是食品制造业、饮料制造业、烟草制品业、纺织业、造纸及纸制品业、石油加工炼焦及核燃料加工业、化学纤维制造业、黑色金属冶炼及压延加工业、金属制品业、交通运输设备制造业、电气机械及器材制造业和电子设备制造业。克鲁格曼指数（Krugman Index，KI）计算公式如下：

$$KI_{ij} = \sum_k \left| \frac{S_i^k}{\sum_k S_i^k} - \frac{\sum_{j \neq i} S_j^k}{\sum_k \sum_{j \neq i} S_j^k} \right| \tag{15.11}$$

S_i^k 表示 i 地区 k 产业的工业总产值，模型选用克鲁格曼指数中的相对专业化指数作为 i 地区与其余地区平均水平差异程度的度量，以此表示制造业细分行业的专业化分工水平。

2. 制造业区位商

区位商（Location Quotient，LQ）的计算公式为：

$$LQ_{ij} = \frac{e_{ij} / \sum_j e_{ij}}{\sum_i e_{ij} / \sum_i \sum_j e_{ij}} \tag{15.12}$$

e_{ij} 代表 i 地区 j 产业的工业总产值，制造业区位商表示为 i 地区的制

造业产值占 i 地区工业总产值的比重除以全国制造业产值占全国工业总产值的比重，可以较好地反映中国制造业专业化分工水平。

第三节　区域经济协同发展驱动机制的分阶段序参量识别

前文详细阐述了中国区域经济协同发展驱动机制的理论机理及模型构建，综合分析得到 RCA、RER、RID 三个模型变量，并逐步得到分阶段实证研究框架，本章节将依据该实证分析框架对中国区域经济协同发展的驱动机制分阶段实证讨论。序参量识别的基本步骤是：（1）提出模型假设；（2）构造运动方程、判断方程是否成立；（3）求解方程参数并判断能否满足"绝热近似假设"；（4）判断模型假设成立与否，并得出系统序参量。模型方程采用 EVIEWS6.0 对面板数据回归得到，限于篇幅，具体步骤略去。

一　第一阶段（1992—2001）序参量识别结果分析

表15.1 两两分析结果显示，1992—2001 年中国区域经济协同发展的序参量是 RCA，即区域比较优势。序参量识别结果分析主要表现在两个方面：首先，依据哈肯模型识别出的系统序参量判断中国区域经济协同发展的驱动机制，并深入分析序参量的协同内涵；其次，依据参量间的相互作用方程判断驱动因素间的协同提升效应，挖掘中国区域经济协同发展存在的问题。结果分析如下。

（一）中国区域经济协同发展的驱动机制为单一序参量驱动机制

在影响中国区域经济协同发展的诸多因素中，区域比较优势、区域经济联系、区域产业分工的序参量识别结果表明，区域比较优势是 1992—2001 年影响中国区域经济协同发展的序参量，单一的序参量驱动机制调控中国区域经济的协同发展，在整个系统演化过程中起支配作用，通过与其他参量的协同共生，共同役使中国区域经济实现从低级至高级、从无序至有序的协同演进。

区域比较优势包含比较劳动生产率和 GDP 与主导产业的灰色关联度两方面内容，因此，大区域经济的协同发展应注重提高区域的劳动生产率并优化产业结构，比较劳动生产率是区域间进行经济联系和产业分工的基础，各省份应依托各自比较优势发展主导产业，提升专业化分工与协作水平，双管齐下，全面提升区域比较优势。政府应制定有效的区域产业政策，引导各地区依托自己的比较优势构建以优势主导产业为核心、以关联产业相配套的区域产业协作系统，实现大区域的高度有序协同发展。

表15.1　　　　　　　1992—2001年变量间两两分析结果

序号	模型假设	运动方程	方程参数	结论
[1]	$q_1 = RCA$ $q_2 = RER$	$q_1(t) = 1.005q_1(t-1) - 0.056q_1(t-1)q_2(t-1)$ $\binom{454.286}{***}\binom{-2.638}{**}$ $q_2(t) = 0.881q_2(t-1) + 0.006q_1^2(t-1)$ $\binom{51.452}{***}\binom{3.877}{***}$	$\gamma_1 = -0.005$ $a = 0.056$ $\gamma_2 = 0.119$ $b = 0.006$	(1) 运动方程成立； (2) 满足绝热近似假设； (3) RCA 是系统序参量。
[2]	$q_1 = RCA$ $q_2 = RID$	$q_1(t) = 0.958q_1(t-1) + 0.047q_1(t-1)q_2(t-1)$ $\binom{236.759}{***}\binom{9.445}{***}$ $q_2(t) = 0.978q_2(t-1) + 0.012q_1^2(t-1)$ $\binom{255.843}{***}\binom{3.358}{***}$	$\gamma_1 = 0.042$ $a = -0.047$ $\gamma_2 = 0.022$ $b = 0.012$	(1) 运动方程成立； (2) 不满足绝热近似假设；(3) 模型假设不成立。
[3]	$q_1 = RER$ $q_2 = RCA$	$q_1(t) = 1.138q_1(t-1) - 0.198q_1(t-1)q_2(t-1)$ $\binom{19.212}{***}\binom{-3.004}{***}$ $q_2(t) = 1.002q_2(t-1) - 0.180q_1^2(t-1)$ $\binom{783.334}{***}\binom{-3.072}{***}$	$\gamma_1 = -0.138$ $a = 0.198$ $\gamma_2 = -0.002$ $b = -0.180$	(1) 运动方程成立； (2) 不满足绝热近似假设；(3) 模型假设不成立。
[4]	$q_1 = RER$ $q_2 = RID$	$q_1(t) = 0.997q_1(t-1) - 0.142q_1(t-1)q_2(t-1)$ $\binom{15.363}{***}\binom{-1.715}{***}$ $q_2(t) = 0.991q_2(t-1) - 0.134q_1^2(t-1)$ $\binom{429.032}{***}\binom{-1.424}{}$	$\gamma_1 = 0.003$ $a = 0.142$ 	(1) 运动方程不成立； (2) 模型假设不成立。

续表

序号	模型假设	运动方程	方程参数	结论
[5]	$q_1 = RID$ $q_2 = RCA$	$q_1(t) = 0.969q_1(t-1) + 0.023q_1(t-1)q_2(t-1)$ $\begin{pmatrix}179.340\\***\end{pmatrix}\begin{pmatrix}4.018\\***\end{pmatrix}$	$\gamma_1 = 0.031$ $a = -0.023$	(1) 运动方程成立； (2) 不满足绝热近似假设；(3) 模型假设不成立。
		$q_2(t) = 0.973q_2(t-1) + 0.034q_1^2(t-1)$ $\begin{pmatrix}267.677\\***\end{pmatrix}\begin{pmatrix}7.346\\***\end{pmatrix}$	$\gamma_2 = 0.027$ $b = 0.034$	
[6]	$q_1 = RID$ $q_2 = RER$	$q_1(t) = 0.989q_1(t-1) + 0.040q_1(t-1)q_2(t-1)$ $\begin{pmatrix}377.300\\***\end{pmatrix}\begin{pmatrix}1.867\\*\end{pmatrix}$	$\gamma_1 = 0.011$ $a = -0.040$	(1) 运动方程成立； (2) 不满足绝热近似假设；(3) 模型假设不成立。
		$q_2(t) = 0.877q_2(t-1) + 0.017q_1^2(t-1)$ $\begin{pmatrix}27.974\\***\end{pmatrix}\begin{pmatrix}4.378\\***\end{pmatrix}$	$\gamma_2 = 0.123$ $b = 0.017$	

注：括号内为 t 值，*、**、*** 分别表示在 10%、5%、1% 水平上显著，无 * 号表示不显著，下同；运动方程 [6] 中阻尼系数相差只有一个数量级，因此不满足绝热近似假设。

（二）地方保护主义严重

表 15.1 中 [1] 显示，常数 a 为正，这说明区域经济联系对区域比较优势有着消极影响，区域经济联系是由省际贸易依存度以及市场分割指数度量的，这意味着 1992—2001 年中国各区域的联系并不紧密，由于较高的市场分割度和较为严重的地方保护主义，要素的自由流动受到阻碍，无法有效促进区域比较优势的提升，中国区域经济的协同发展受到影响。常数 b 为正，表明区域比较优势对区域经济联系有着积极作用，这意味着 1992—2001 年中国各区域尚能充分发挥自身优势参与到大区域的分工协作中来，自身竞争力得到明显提高，区域的比较优势进一步加强。

因此，1992—2001 年，地方保护主义是阻碍中国区域经济协同发展的重要因素，区域经济的协同发展应将各省份的比较优势作为基础，依托比较优势积极发展优势特色产业，破除地方保护主义，实现区域间要素自由流动和专业化分工，合力推动大区域经济的分工整合。中央政府应致力于提升大区域经济的投资效率,鼓励地方政府放宽地域限制,允许要素自由流动,从根源上改善地方保护主义问题。

二 第二阶段(2002—2011)序参量识别结果分析

第二阶段序参量识别结果分析如下。

(一)中国区域经济协同发展的驱动机制为多重序参量驱动机制

在影响中国区域经济协同发展的诸多因素中,区域比较优势、区域经济联系、区域产业分工的序参量识别结果表明,区域比较优势和区域产业分工是2002—2011年影响中国区域经济协同发展的序参量,通过与其他参量的协同共生形成多重序参量驱动机制,调控中国区域经济的协同发展,共同役使中国区域经济实现从低级至高级、从无序至有序的协同演进。

首先,正如上文所述,区域比较优势是区域间进行经济联系和产业分工的基础,各省份应依托自己的比较优势构建以优势主导产业为核心、以关联产业相配套的区域产业协作系统,实现大区域的高度有序协同发展。其次,区域产业分工是区域间经济联系的途径,合理的产业分工能促进资源的优化配置,提升大区域经济的整体效益,有助于构建高效的协同演进机制。因此,在此阶段,区域比较优势和区域产业分工共同作用于中国区域经济协同发展。

(二)区域经济联系增强

表15.2中[1]显示,常数 a 为负,表明区域经济联系对区域比较优势有积极影响,意味着2002—2011年中国区域经济联系有所加强,市场分割程度降低,地方保护主义有所缓解,区域经济的有效联系能促进各区域提高其比较优势。常数 b 为正,表明区域比较优势对区域经济联系有积极影响,意味着2002—2011年各区域充分发挥了自身优势参与到大区域的分工协作中,竞争力明显提高。

表15.2中[6]显示,常数 a 为负,表明区域经济联系对区域产业分工有积极影响,意味着2002—2011年中国的市场分割和地方保护主义均有所缓解,有效的经济联系为合理的区域产业分工提供了可能性。常数 b 为正,表明区域产业分工对区域经济联系有积极影响,意味着2002—2011年各区域依托自身比较优势加入区域产业分工,分工的合理化又进一步加强了区域经济联系。

表 15.2　　　　　　　2002—2011 年变量间两两分析结果

序号	模型假设	运动方程	方程参数	结论
[1]	$q_1 = RCA$ $q_2 = RER$	$q_1(t) = 0.992q_1(t-1) + 0.010q_1(t-1)q_2(t-1)$ $\binom{369.370}{***}\binom{1.824}{*}$ $q_2(t) = 0.839q_2(t-1) + 0.020q_1^2(t-1)$ $\binom{29.367}{***}\binom{3.900}{***}$	$\gamma_1 = 0.008$ $a = -0.010$ $\gamma_2 = 0.161$ $b = 0.020$	(1) 运动方程成立；(2) 满足绝热近似假设；(3) RCA 是系统序参量。
[2]	$q_1 = RCA$ $q_2 = RID$	$q_1(t) = 1.021q_1(t-1) - 0.030q_1(t-1)q_2(t-1)$ $\binom{162.338}{***}\binom{-4.725}{***}$ $q_2(t) = 1.017q_2(t-1) - 0.012q_1^2(t-1)$ $\binom{264.038}{***}\binom{-3.950}{***}$	$\gamma_1 = -0.021$ $a = 0.030$ $\gamma_2 = -0.017$ $b = -0.012$	(1) 运动方程成立；(2) 不满足绝热近似假设；(3) 模型假设不成立。
[3]	$q_1 = RER$ $q_2 = RCA$	$q_1(t) = 0.938q_1(t-1) - 0.003q_1(t-1)q_2(t-1)$ $\binom{14.246}{***}\binom{-0.042}{}$ $q_2(t) = 0.994q_2(t-1) + 0.027q_1^2(t-1)$ $\binom{475.940}{***}\binom{2.150}{**}$	$\gamma_2 = 0.006$ $b = 0.027$	(1) 运动方程不成立；(2) 模型假设不成立。
[4]	$q_1 = RER$ $q_2 = RID$	$q_1(t) = 0.969q_1(t-1) - 0.069q_1(t-1)q_2(t-1)$ $\binom{44.879}{***}\binom{-2.357}{***}$ $q_2(t) = 0.998q_2(t-1) + 0.042q_1^2(t-1)$ $\binom{362.166}{***}\binom{2.447}{**}$	$\gamma_1 = 0.031$ $a = 0.069$ $\gamma_2 = 0.002$ $b = 0.042$	(1) 运动方程成立；(2) 不满足绝热近似假设；(3) 模型假设不成立。
[5]	$q_1 = RID$ $q_2 = RCA$	$q_1(t) = 1.025q_1(t-1) - 0.024q_1(t-1)q_2(t-1)$ $\binom{187.984}{***}\binom{-5.247}{***}$ $q_2(t) = 0.993q_2(t-1) + 0.001q_1^2(t-1)$ $\binom{169.523}{***}\binom{0.925}{}$	$\gamma_1 = -0.025$ $a = 0.024$	(1) 运动方程不成立；(2) 模型假设不成立。

续表

序号	模型假设	运动方程	方程参数	结论
[6]	$q_1 = RID$ $q_2 = RER$	$q_1(t) = 0.995q_1(t-1) + 0.033q_1(t-1)q_2(t-1)$ $\binom{232.867}{***}\binom{2.092}{**}$	$\gamma_1 = 0.005$ $a = -0.033$	(1) 运动方程成立； (2) 满足绝热近似假设； (3) RID是系统序参量。
		$q_2(t) = 0.805q_2(t-1) + 0.051q_1^2(t-1)$ $\binom{25.827}{***}\binom{4.974}{***}$	$\gamma_2 = 0.195$ $b = 0.051$	

表15.2显示，2002—2011年中国区域经济协同发展的序参量是RCA和RID，即区域比较优势与区域产业分工。

三 两阶段序参量识别结果对比分析

（一）中国区域经济协同发展迎来新突破

两阶段序参量的转变，说明中国区域经济协同发展的驱动机制已从单一序参量驱动机制向多重序参量驱动机制协同演变，序参量的协同驱动效应得到明显提升。1992—2001年，提高区域的比较优势是区域经济的发展重点所在，各个区域整体仍处在协同发展初级阶段；2002—2011年，区域经济协同发展不单单立足于各区域比较优势的增强，区域产业分工效应日益凸显。20年间，区域经济协同发展的序参量发生转变，由区域比较优势逐渐过渡为区域比较优势和区域产业分工共同作用，这说明中国的区域经济协同发展处于新突破阶段，各区域分工合作将得到更多重视，而不仅仅依赖经济子系统各自的发展。作为大区域经济体的有机组成部分，各经济组分的节点支撑作用也越发明显，区域间的分工协作作用增强，区域间相互依赖程度提升，一体化程度提高。

（二）中国区域经济协同发展环境明显改善

1992—2001年，中国区域经济联系与区域比较优势之间呈负相关，这说明区域经济联系并不能够有效促进区域经济比较优势，二者协同运作的机制存在障碍，突出表现在市场分割严重以及地方保护主义色彩浓重等方面。而2002—2011年，区域经济联系对区域比较优势的正向促进作用逐渐发挥。常数a符号的转变表明区域经济联系可以通过要素的流动提升区域比较优势，中国的市场分割度下降，要素的流动性提高，地方保护主义得到一定程度的缓解，方程参数符号的改变说明中国区域经济协同发展环境得到一定程度的改善。

第十六章

区域经济协同发展的模式选择

根据区域经济协同发展的程度及其所处的阶段选择合适的区域经济协同发展模式，是推进区域经济协同发展的关键环节。上文研究表明，近20年中国区域经济协同发展整体处于初中级阶段，东、中、西部梯级差异明显；区域经济协同发展的空间分异显著，且存在明显的正自相关聚类特征；役使区域经济协同发展的序参量由前10年单一的区域比较优势转变为后10年的区域比较优势和区域产业分工共同作用，区域间的分工协作效应趋向增强。上述结论意味着，中国不同空间尺度的区域经济协同发展模式的选择应具有明显的差异性和多样性。本章重点探析区域经济协同发展的四种主要模式，即中心—腹地模式、"飞地"模式、省际毗邻边缘区模式和区域城市群模式，解析每一种模式的基本条件、实施途径以及具体策略。

第一节 中心—腹地模式

一 模式的界定

中心—腹地模式是基于区域经济学增长极理论和辐射理论提出的一种区域空间关系发展模式，在一个较大的区域中，总是存在一个区位条件比较好、发展水平比较高的经济中心，经济中心的吸收能力以及辐射能力所能够达到并促进其经济发展的区域范围，就是中心的腹地。经济中心是一定区域内经济发展的增长极，是一定区域经济活动的枢纽，对于整个经济区经济发展的方向、规模、速度和水平等，都有重要的带动与辐射作用。经济腹地是经济中心赖以存在的基础，是经济中心人力资本、资源的重要来源，产品的重要市场和产业链拓展的重要空间，没有经济腹地，也就无所谓经济中心。例如上海，其狭域经济腹地指的是上海市域，其广域经济腹地指的是整个长江三角洲地区。

一般说来，经济中心是一定区域内重要城镇。中心城市的经济发展水平相对较高，通常拥有资金、技术、人才等要素优势和较为先进的思想观念、生活习惯、思维方式等，但自然资源可能相对欠缺，劳动力供给相对紧张，成本也相对较高。相比之下，周边落后地区缺乏资金、技术、人才等要素优势，但拥有丰裕的自然资源和劳动力。若中心城市能与周边落后地区进行要素资源交流，实现优势互补，不仅能带动落后地区的经济发展，还能为中心城市的经济发展增添助力，实现区域共赢。辐射的初级阶段，中心城市中的资本边际效率相对较高，资本流向是由周边落后地区到中心城市，进一步提升中心城市的经济增速，并加重周边地区的资本匮乏困境，从而造成中心城市与周边落后地区差距的扩大。但随着资本不断向中心城市流动，中心城市的资本边际效率会不断下降，周边落后地区的资本边际效率会不断提升，即开始资本从中心城市流入周边落后地区的逆流阶段，从而带动周围落后地区的经济发展。因此，从经济发展的长远角度看，中心城市与周边地区之间的资本流动不仅有利于中心城市的经济建设，而且有利于周边地区的经济增长。

中心—腹地模式作为区域经济协同发展的模式，就是要自觉利用区域自然形成的中心和腹地关系，构建更加紧密的中心和腹地互动与共生关系，借助腹地来推进中心的发展，利用中心来带动腹地的发展，使二者形成一个统一的、有机联系的、良性发展的经济系统。

二　模式选择的基本条件

（一）由中心城市和腹地（周边区域）组成

符合中心—腹地模式的中心城市必须具有高聚集的城市人口，中心城市的市区非农人口规模应当在 500 万以上，非农人口的比重应当在 70% 以上。一般而言，中心城市的经济势能涵盖经济发展水平、城市基础设施、城市环境质量、城市人口、商品流通、文明程度等诸多方面。因此，中心城市是指经济发展程度较高、城市基础设施较为完备、城市环境质量较为优良、城市规模较大、商品流通较快、文明程度高的特大型城市，腹地是环绕中心城市相对落后的大、中小型城市，中心城市对腹地城市有较强的经济文化辐射和引领作用。中心城市形成，首先带动周边大中型城市发展，再扩散辐射促进周边小城市、小城镇的兴起。

(二) 优势互补

符合中心—腹地模式的区域内城市间在自然条件、历史发展、经济结构、社会文化等某一个或几个方面有密切联系。中心城市必须拥有许多著名高校和科研院所，以此吸引大量的资本、汇集大量的技术创新人才；中心城市属特大型城市，城市化水平较高，制度演化速度和创新程度均较高，区域经济系统、金融系统、投资及融资体系、粮食流通体系、财政及税收制度、企业制度、产权制度、住房制度、医疗制体系及社会保障体系等较完善。总之，中心城市技术先进、资本充足、人力资本雄厚，居民思想观念、思维方式和生活习惯先进。而腹地自然资源和劳动力比较充裕，以此来弥补中心城市资源匮乏、劳动力不足的劣势，腹地也会受到中心城市的辐射和扩散作用，带动当地经济的发展。中心城市和周边区域很好地实现优势互补，可以提升区域综合竞争力。

(三) 发达的基础设施和网络型区域交通条件

基础设施建设是区域城市圈经济发展的根基，现代经济的历程发展中，如果没有足够、完善的基础设施系统，区域经济协同发展的中心—腹地模式就不会形成。基础设施的发展为工业聚集和规模生产提供了得以实现的基础及条件，同时有效促进了区域专业化分工与协作；基础设施的发展能够有效沟通区域内生产要素及产品在空间中的自由转换和流动，从而降低了交易成本，有效地平衡市场供给与需求，促进经济的高效运行。所以要构建完善的区域经济协同发展之中心—腹地模式，就需要在区域内形成统一的交通运输网络、水电供应网络、通信信息网络、环境治理网络等基础设施网络。其中交通网络相当于区域的神经，中心城市的经济势能，即吸引能力与辐射能力的空间范围，与距离远近有直接联系。依据空间扩散的规律，中心城市的经济势能作用力与空间距离呈反向关系，这意味着空间距离越远，经济势能的作用效果越弱。按照现代交通条件测算，距中心城市 3 小时车程的距离内才能有效地接受中心城市的经济辐射。发达的交通运输促使周边区域的资金、技术、人才向中心城市集中，中心城市因此成为技术创新的源泉、现代经济增长的驱动中心，区域的增长极。以中心城市为区域中心建立四通八达的道路交通网络，和周边区域的交通网络连为一体，提高中心城市和周边区域的辐射效率。

三 协同发展实施途径

（一）实行"一中心两侧翼"的发展模式

中心—腹地模式的中心城市均为特大型城市，应作为区域的中心，腹地是中心城市的侧翼，中心城市的策略应围绕产业、市场、城市化、基础设施等方面的共同发展而进行，通过扩大区域合作而创造丰富灵活的合作方式，形成区域一体化的发展格局，积极发展循环经济，着眼于产业结构升级，发展主导产业，吸引适合中心城市环境、可以承担中心城市本地成本的企业进入，比如高、精、尖生产制造业及服务业等。将一般化、低层次的加工制造业逐步转移到周边地区。腹地大型城市利用区域内城市间的资源优势，在产业分工、市场对接、资源共享等方面强化与中心城市的合作，促进区域城市产业边界最大化的实现。

（二）建立以双层管理为原则的统一协调机构

区域内存在行政壁垒、地方保护主义，政策协调管理较难。区域应建立以双层管理为原则的统一协调机构，负责区域内生态环境保护和治理，区域性交通网络体系规划和建设，并享有区域内环境整治、交通建设的相关资金分配权、区域性协调发展的审批权及监督实施权、对下层次（各单个城市）规划的否决权、区域性贷款投资倡议权等。构建区域性经济社会发展的相关政策，例如财政、金融、产业、土地批租、招商引资、技术开发、人才流动、信息共享等方面的框架及实施细则，区域性医疗和高等教育的合作和联系等，以解决区域发展问题，促进区域一体化和各城市间的互动发展。此外，还应该构建政府、部门、行业、企事业、学术界五个层面的合作与协调组织，发展多层次的协调机构，尤其是学术研究机构，从理论及实践相结合的角度，对区域的经济、文化、社会、环境、生态等各个层面进行深入探讨，为城市政府和区域管理机构的决策提供科学基础。

四 具体的实施策略

（一）中心城市与腹地差异化发展，促进产业链延伸

区域产业结构存在较严重的同构现象，将会导致城市定位和分工不明确，为了使区域经济协同发展，中心城市与腹地走差异化发展的道路势在必行。产业链的延伸建立在产业链结构整合的基础上，产业区的发展则建立在产业内部分工及供需关系的基础上，产业链作为带动区域经济发展的重要链条，能够有效联动区域内的各个环节形成经济圈。在中心—腹地模式中，中心地区往往是其工业体系中的核心区域，产业基础完备，需要腹地相关产业进行相应的生产、加工、配套及售后服务。

（二）强化城市的功能定位，推进区域产业结构有机整合与有序分工

地区城市功能的定位大致可分为三大类：第一类是整个地区的资源配置中心，即最高等级的核心城市；第二类是地区性的资源配置中心，即二级城市或区域副中心，这两类城市都应是综合性较强的城市；第三类是定位独特和专业功能较强的城市，如旅游城市、交通枢纽城市等。区域经济协同发展的实现有赖于区域产业结构整体结合与分工，应在明确定位各类城市具体功能的基础上，以产品、资产联系为纽带，把组建超大型企业集团作为重要手段，整合各城市产业资源，实现大区域产业资源的优化配置，从而带动区域经济协同发展。

第二节 "飞地"模式

一 模式的特征

"飞地"（enclave）在英文中的意思是被包围的领土，也可解释为孤立的小块地区。它是国际法中的重要概念之一，《法学辞典》对此的解释为："一国位于他国国境之内不与本国毗连的领土。"也有理解为，"飞地"是一种特殊的人文地理现象，指隶属于某一行政区管辖但不与本区毗连的土地。"飞地经济"意指经济发展水平各异、彼此独立的两个行政区域，在经济发展进程中突破现有的体制或机制障碍，通过借助税收分配等制度进行合作，采用跨越空间的行政管理及经济开发策略，最终形成资源互补、互惠共赢的区域经济发展模式。一般情况下，拥有技术、

资金、产业、管理等方面优势的发达地区为"飞出地",而经济实力较弱,在技术、资金、产业、管理等方面不具备优势的欠发达地区为"飞入地",双方打破行政区划的限制,共同发展飞地经济能实现"互惠、合作、共赢"。"飞地经济"作为区域经济发展进程的"嵌入式"模式,其核心在于突破原有的体制及行政边界的限制,在无行政隶属关系的其他地区建立产业区,进行跨区域的投资开发,以实现产业及相关要素的整体性转移,进一步促进资源在更大范围内的重新配置。飞地经济很好地解决了发达地区寻找产业转移的承接地的问题,有效避免了不同地区的重复建设,在相当程度上能够缓解由于区位条件差而造成的恶性累积的地区效应,减轻由于受空间约束而产生的发展空间的受限问题。同时,飞地经济也为欠发达地区缓解资本、人才和技术短缺等问题提供了新的思路,为欠发达地区实现经济跨越式发展提供了新的平台。

二 模式选择的基本条件

（一）空间的分离

足够的发展空间是地区经济的发展赖以生存的根本,获取更为广阔的空间来释放出地区发展过程中积累的能量与经验,并创造出更大的价值是一个地区经济发展的本能反应。但是受到所处区位环境的限制,一些地区在规模扩展过程中无法选择在原所在地进行扩张。所以,这些地区的企业会选择在原地区之外建立起"飞地",通过各种不同的形式来开发"飞地"。区位的限制条件造成了"飞地经济"这一发展模式的主要特征,即"飞出地"和"飞入地"之间存在空间上的割离性,在行政管辖上隶属于不同的地区。必须打破地域限制,使得管理范围扩大到另外一个独立的行政管辖区域,通过两地的合作来实现互利共赢,形成飞地经济模式。一般情况下,飞地经济模式的两个地区之间存在着经济发展的差距,这种差距将双方紧紧联系在一起。

（二）优势的互补

飞地经济发展模式产生的重要条件是合作双方的资源互补。在区域竞争日趋激烈的今日,各区域会主动寻求有利于自身经济发展的区域合作机会,而资源分布不均匀使得各区域的资源禀赋具有一定差异,若某区域拥有另一区域经济发展紧缺的资源或生产要素,而另一区域恰巧拥有自身发展所需的资源或生产要素,双方对于互补性要素的需求即成为双方合作的重要交易动机,这就为二者开展飞地经济模式的合作打下了基础。"飞入地"必然与"飞出地"存在某些方面如资源禀赋、经济潜力、社会环境和政策等的差异性与互补性,使两个地区能够发挥各自的优势,促进两地的共生、共赢与共荣。通常,"飞出地"拥有资金、管理与技术优势,经济发展水平较高,与此同时,"飞出地"的产业结构相对更加高级化,但是由于发展迅速,遇到了资源"瓶颈";反过来,而"飞入地"则多为自然资源丰富但是发展相对比较落后的地区,这些地区产业发育的程度较低,技术水平滞后,资源的利用效率低下,同时,更丰富的土地资源使得土地的使用成本更低。如果从劳动力情况来看,"飞出地"通常人力资本更丰富、更集中,而"飞入地"则拥有众多的普通劳动力资源,两者之间优势互补。

(三) 产业的关联

飞地双方产业具有一定的关联性。其中,"飞出地"的企业在发展过程中积累了丰富的经验,汇集了大量的客户,形成了较强的综合竞争力,进入"飞入地"后将根据实际情况调整企业发展重点,但不会脱离原有的特色和优势产业,一般会对原有产业进行延伸和转移,因此,"飞入地"产业与"飞出地"产业必须具有关联性。"飞出地"可以重点从事研发、设计等产业分工环节,这些环节产生的附加值较大、辐射力较强。"飞入地"则可以致力于制造环节,两者相结合,在区域之间形成较为完整的产业链。

(四) 发展的需求

"飞入地"和"飞出地"两个地区的经济发展需要双方更密切地合作。两地区域经济发展的共同需要为两个地区产业的转移和承接提供了现实条件,"飞出地"有产业转移的需要,而"飞入地"也需要承接产业转移发展经济。一般而言,"飞入地"基本上都是经济发展水平相对较低,或者是现阶段虽然具有一定经济实力但明显缺乏持续发展动力的地区,由于在开发、管理等方面缺乏经验,这些地区难以充分挖掘自身比较优势,直接导致资源浪费和经济发展滞后,双方经济发展存在一定落差。同时,作为"飞出地"的发达地区急需转出部分本地淘汰或相对落后的产业以实现产业升级和资源优化配置,而"飞入地"有承接产业转移，发展新的经济增长点的需求，两地的产业发展阶段的匹配性促成了双方的产业合作，成为飞地经济发展模式的重要先决条件之一。在产业转移的过程中，"飞出地"实现人才、资金、项目、经验、技术的输出和促成本地优势产业的转移与产业链延伸，在"飞入地"发展相关的配套产业，实现本地产业的转型升级。"飞入地"则通过借助"飞出地"的产业优势和管理经验，充分挖掘本地土地资源丰富、劳动力供给充足、原材料价格低廉等优势，扩大本地的产业规模，并迅速发展成为增长极，发挥极大的辐射带动作用，推进当地经济的发展，加速当地的城市化进程，并促进产业结构的升级，借力"飞入地"经济，实现跨越式发展。

三 协同发展实施途径

（一）依托要素优化配置机制，提升协同发展的整体效应

要素优化配置机制，即"飞出地"和"飞入地"通过合作共建飞地园区的方式发展飞地经济，"飞出地"转出部分本地相对落后但对"飞入地"而言较为发达的产业，置换出空间和资源进行产业升级，以产业、技术、管理等本地优势要素置换土地、原材料、劳动力等本地稀缺要素，"飞入地"则通过承接较发达的产业转移，以土地、原材料、劳动力等本地优势要素置换产业、技术、管理等本地稀缺要素，推动跨区域互补性要素的双向流动，实现整体要素的优化配置。依托飞地经济的要素优化配置机制能实现区域经济协同发展整体效应的提质升级，"飞入地"通过承接产业转移完善本地产业链，并打造新的增长极和动力源，"飞出地"通过置换出资源和空间进行产业结构升级，从而实现大区域产业分工的优化和整体效应的提升。

（二）强化共建共管协调机制，减少协同发展的区域争端

共建共管协调机制，即在飞地经济的重要载体——飞地园区的建设、运营和管理过程中，双方采取以"飞出地"为主导、双方共同参与、差异化分工的方式进行飞地园区的共建共管，"飞出地"负责飞地园区的总体规划、投资开发、招商引资等工作，"飞入地"负责拆迁安置、基础设施配套、社会管理等工作，而园区的管理运营则采取以"飞出地"为主导的双方共管方式，既借鉴了"飞出地"先进的管理模式，也在一定程

度上缓解了园区管理的矛盾争端。强化共建共管协调机制是飞地模式得以顺利实施的重要保障，也是区域经济协同发展的制度保障，通过明确参与方的职能和义务能有效减少协同发展的区域争端，实现协同发展多区域的共同参与、差异定位、协同管理。

（三）完善利益共享机制，增强协同发展的内生动力

利益共享机制，即依据"飞出地"和"飞入地"共同建设飞地园区的投资比例，在一定期限内，双方可分享飞地园区的 GDP、税收、园区经营收益、土地指标等，"飞出地"不仅能在本地置换出空间和资源进行产业结构升级，还能在"飞入地"获取一定的经济收益，而"飞入地"则通过承接较为发达的产业转移培育了新的动力源和增长极，使得双方的合作积极性得以同步提升。完善利益共享机制能增强协同发展的合作积极性，通过合理的利益分配明确各方通过飞地经济推进协同发展的经济收益，提升各区域的主观能动性，由被动参与转为主动寻求区域合作，从根本上增强区域经济协同发展的内生动力。

（四）巩固市场化运作机制，激发协同发展的市场活力

市场化运作机制，即"飞出地"和"飞入地"共同出资成立飞地园区开发公司，开发公司成立后双方政府不再干预园区管理运营，仅充当配套协助的角色，由开发公司全面实行飞地园区自负盈亏的市场化运作。值得注意的是，由园区开发公司来管理飞地园区与前文提到的以"飞出地"为主导、双方共同参与、差异化分工的飞地园区共建共管协调机制并不矛盾，只是进一步明确了主体是企业而非政府。市场化运作是增添市场活力的重要机制，通过明确政府配套协助的角色定位，赋予市场充分的自主权，从政府主导转变为市场主导，充分减少行政阻碍，从而激发协同发展的市场活力。

四　具体的实施策略

（一）理顺"飞地园区"的管理体制

在"飞地园区"的管理机制中，"飞出地"的政府职能部分地转接到了"飞入地"政府，因此，需要理顺"飞地园区"的管理体制。主要的内容包括，规范化双方政府之间的定期联系机制，明确双方政府权责，

合理定位"飞地园区"的管理机构的管理权限等。① 通过理顺"飞地园区"的管理机制，妥善处理"飞入地"与"飞出地"政府之间、飞地园区管委会与"飞出地"政府之间、"飞入地"政府与园区管委会之间、园区管委会与投资开发公司之间的关系。

（二）创新"飞地园区"市场化运作方式

根据江苏、广东等地"飞地园区"发展的实践经验，创新园区的市场化运作方式是确保"飞地经济"发展的重要途径。一般来说，通过建立由"双方政府联席会—飞地园区管委会—园区投资开发公司"构成的多层次、全方位管理体制，明确由管委会负责日常管理、投资公司负责具体投资开发活动的市场化运作方式。这种市场化运作方式的关键是地方政府应按照"市场主导，政府推进"的原则，实现政企分开，管好政府该管的；园区投资开发公司将作为独立企业法人，按照现代企业制度的要求，自主经营、自负盈亏；同时，还应充分发挥行业协会以及社会组织等主体的作用。

（三）建立合理的利益分配机制

国内"飞地园区"发展实践表明，建立合理的利益分配机制是确保飞地园区成功合作的又一关键因素。合理的利益分配机制构建原则是"谁投资，谁受益"，根据这个原则将利益在多个主体之间进行划分。具体来说，主要从两方面入手：其一是根据合作双方贡献大小，事先规定合作收益的分配方案；其二是建立纷争裁决机制，对于合作过程中出现的纠纷与争议，由合作双方的共同上级管理部门来负责进行裁决。

（四）创新具有激励机制的政绩考核办法

打破 GDP 统计中的属地原则，允许 GDP 统计、工业产值、税收等指标在"飞出地"与"飞入地"之间划分；对实施跨区域经济发展的政府实施考核办法创新，将飞地经济的发展状况纳入政府绩效考核范围，"飞出地"政府与"飞入地"政府加强合作，共建园区，实现优势互补、合作共赢。

---

① 麻宝斌、杜平：《区域经济合作中的"飞地经济"治理研究》，《天津行政学院学报》2014 年第 2 期，第 71—79 页。

第三节 省际毗邻边缘区模式

一 模式介绍

在经济全球化和区域经济一体化的大背景下,跨行政区的省际毗邻边缘区域的协同发展已成为重要课题。目前,中国大部分省际毗邻边缘区域已探索性实施协同发展战略,但省际毗邻边缘区域之间的联系并非因为属于同一上级行政区,而是由于在历史地理因素作用下自发形成的内在联系,这种在平等互惠的条件下建立起来的经济联系,虽然突破了传统行政区划的条块分割,使得省际毗邻边缘区域有统一同步的经济利益,但与此同时,各区域所隶属的行政区域的差异又造成了行政管理上的诸多矛盾,使省际毗邻边缘区域协同发展在实践中往往受到多方制约。[①] 如此一来,省际毗邻边缘区域松散的经济联合体给协同发展带来了极大的挑战,使得如何突破省际毗邻边缘区域协同发展的行政制约成为理论学术界,以及各级政府均需要深入探讨的重大现实问题。

二 模式选择的基本条件

(一)地理相近,同属一个自然地区

区域一般是不同省份的交界地带,山水相连,地域接壤,交通近便,距省会和中心城市较远,接受中心城市的辐射较弱。同属一个自然地区,在资源(水热条件、土壤植被、自然资源禀赋等)、区位、经济文化背景以及产业结构水平等方面具有相同的特点。自然地区一般是根据温度条件、水文条件大致相同,区域气候基本相似,植被、土壤以及土地利用等方面共性较多而划分的。同属于一种自然地区的区域对自然条件的改造和利用的方向基本保持一致。

(二)历史上形成密切的地缘关系,具有共同的环境

采取省际毗邻边缘区模式的区域由于区域一般是不同省份的交界地带,山水相连,地域接壤,同属于一个自然地区,故区域的绝大部分地

[①] 冷志明:《湘鄂渝黔边区域经济协同发展研究》,《中央民族大学学报》(哲学社会科学版)2005年第5期,第5—10页。

区在历史上会形成密不可分的地缘关系，拥有共同的习俗、相近的文化、语言、价值取向及社会心理。

三 协同发展实施途径

（一）共享区域经济成果

省际毗邻边缘区文化接近，地理条件趋同，历史渊源深厚、经济往来密切，但出于各种原因，在行政区划上却并非隶属同一行政区划，由此造成条块分割，弱化了省际毗邻边缘区域之间本身的联系。出于这个原因，省际毗邻边缘区域之间的协同发展重点应在于区域经济成果的共享，通过加强资源空间分布的整体规划，提升区域管理机构体制的统一性和开发管理的协同性，成立跨行政区联合管理机构等措施保证省际毗邻边缘区域实现资源开发共享、环境保护共投、社会共识一致，突破边缘区经济联系与合作的困局，确保省际毗邻边缘区经济发展有序和高效。

（二）加强区域经济的正外部性

经济外部性在省际毗邻边缘区域中的作用较为明显，由于各区域地理位置接近、文化习俗相似、经济水平相近，但行政管制的力量较为薄弱，为发挥区域间的正外部性预留充足空间的同时，也可能造成负外部性的存在，使得省际毗邻边缘区域的经济外部性，无论是正外部性还是负外部性均强于其他区域，如何弱化负外部性，加强正外部性成了重要着力点。在省际毗邻边缘区域中由于短视经常会出现争相开采资源、乱砍滥伐、随意拦河蓄水、向毗邻区域排污等乱象，均成为"公共地悲剧"的隐患，而完全依靠市场机制无法发挥正外部性并弱化负外部性，由于在开采资源过程中利己动机的存在，没有明确的排他性产权，始终无法解决这类问题，而单纯地依靠毗邻区域之间双边政府采取征税来消除负外部性则同样容易造成成本过高的问题，因此，只能通过相关的政府职能部门全面加强共同管制来减缓负外部性的问题，健全相关法制，明确具体监管职责，为省际毗邻边缘区域经济的运行提供良好的制度环境。

（三）发挥优势互补

省际毗邻边缘区域能够获得更大的经济效益，其原因在于充分发挥了不同区域分工和专业化生产的比较优势，必须充分挖掘各区域比较优势，依据各区域的比较优势将各区域的优势产业整合为整体产业链的各个环节，从而实现各区域资源互补、产业互联、市场互通、经济互惠，实现省际毗邻边缘区域经济的协同发展。但在此过程中，产业同构和低水平充分建设是需要引起重视的重要问题，处理不当将造成区域资源的恶性竞争和整体产业链的不完整，一旦省际毗邻边缘区域的产品雷同，加之本身市场容量有限，恶性价格战难以避免，区际市场将受到极大冲击，协同发展将面临巨大挑战。因此，解决好省际毗邻边缘区域的经济发展过程中产业同构问题与重复建设等问题，降低产业成长阶段的高额试错成本，不能将希望完全寄托于市场理性，在此过程中，需要省际毗邻边缘区的政府主体消除市场无理性的诱致性因素，理顺省际毗邻边缘区内部的产业关联维度，强调以分工协作来获取最大的经济互利性收益。

（四）增加区域公共产品供给

增加省际毗邻边缘区内各政府对区域的公共设施与公共服务的投入，能够对边缘区域的经济合作有明显的拉动效果。为加速省际毗邻边缘区的经济发展，需要大力改善省际毗邻边缘区的基础设施水平，其中硬件设施包括交通基础设施、电力和水利设施、通信与计算机网络等。尤其值得注意的是，省际毗邻边缘区域的交通本身较为闭塞，道路不畅，因而交通基础设施的改进应该放在第一位，省际毗邻边缘区域内各政府应当积极建设跨区域的铁路、公路等基本交通基础设施，扩大商品和人力在区域之间的流动范围与规模，提高产业与资本的可达性与机动性，缓解边缘区资源要素的空间分布制约现状，创造省际毗邻边缘区经济发展的大好机遇。

四　具体的实施策略

（一）制定发展规划，加强宏观管理

由于省际毗邻边缘区在行政区划上是分离的，这一现实给边缘区的协同发展带来了较大的挑战，因此，制定区域整体发展规划，同时加强宏观管理变得极其重要。制定边缘区的整体发展规划应该着眼大局，对整个大区域经济做全局战略研究，联合各区域的高层领导部门共同协商制定战略规划，对区域内的产业结构、能源开发、交通、旅游发展和生态环境建设等重要领域统一布局，通过组织相关的部门协商制定出一个科学的，并且切实可行的中长期发展规划，按发展规划要求，打造成边缘区的区域集团经济，使之成为省际毗邻边缘区经济协同发展的依托载体。

（二）破除行政壁垒，推动资本流动

行政壁垒是阻碍省际毗邻边缘区域协同发展的重要因素，使得区域内较发达地区不能充分发挥其辐射范围之内欠发达地区的带动作用，弱化了经济辐射效应，因而破除行政壁垒是打破此孤立局面的重要举措。区域内各级政府应秉承互惠互利的原则，同步制定能切实推进大区域协同发展的政策措施，废除造成地区封锁、市场分割的各种不合理的政策和规定，消除地方保护主义；从大区域经济的整体效益出发，同时兼顾各区域的同步发展，构建合理的利益共享机制和问题磋商机制；鼓励支持本地企业和外地企业组建企业集团，从企业层面增添市场活力，推动资本要素的跨区域流动。

（三）对区域内基础设施建设进行全盘布局

省际毗邻边缘区域交通通常较为闭塞，铁路、公路、港口、机场、航道等交通基础设施建设不完善，且能源、信息网络、邮电通信、金融电子化等类型的基础设施也较为落后，阻碍和制约了省际毗邻边缘区域人才流、商品流、技术流、资金流、能源流和信息流等进行区域内和区域间的流动。基础设施建设的欠完善极大地提高了市场交易费用，资源流动受阻，市场配置效率较低。因此，对区域内基础设施建设进行全盘布局，提高基础设施水平是推动省际毗邻边缘区经济协同发展的重要条件，同时也是现阶段省际毗邻边缘区经济协同发展的重点战略目标。

（四）打造区域性招商引资共同体，扩大经贸交流

省际毗邻边缘区域通常存在经济滞后、资源相近、产业相似等问题，如何将劣势转化为优势，形成合力是协同发展需考虑的重要课题。省际毗邻地区各级政府应联合起来，共同打造区域性招商引资共同体，整合区域内资源共同面向国内发达地区以及国际市场进行招商引资，以边缘区整体的名义联合举办各类贸易促进会及展销会，宣传和推广区域内的工农业产品；鼓励与倡导区域内企业积极参与各地的商品交易会，充分了解国际需求市场信息，紧跟国际标准；提前在区域内的专业市场布局，不断完善交通基础设施网络和现代物流体系；利用跨地区的行业协会和商会等非政府组织，支持和帮助跨地区经贸活动的广泛开展。

第四节　区域城市群模式

一　模式介绍

城市群是在城镇化发展过程中，在城镇化水平较高的地域范围内，以发达的交通通信等基础设施网络为纽带，由若干个空间分布紧凑的不同等级的大小城市及周边腹地通过空间相互作用而形成的地域密集分布、经济联系紧密的城市—区域系统。城市群的出现是人类社会生产力不断发展和生产要素逐步优化配置的必然产物。通常，每个城市群均以一两个或者多个经济相对发达、对周边地区具有较强辐射带动功能的中心城市为核心，另由若干个与中心城市空间距离较近、经济联系密切、功能结构互补、规模等级有序的周边城市共同组成。推动城市群的发展可以在更大的范围内实现资源的优化配置，在促进城市群内部各城市自身的发展的同时增强各级城市对区域经济的辐射带动作用，从而实现整个区域经济的快速发展。

截至2015年，中国已经出现的城市群中除了长三角城市群、珠三角城市群、京津冀城市群三大老牌国家级城市群外，还形成了中原城市群、长江中游城市群、哈长城市群、成渝城市群、辽中南城市群、山东半岛城市群、海峡西岸城市群、关中城市群共11个国家级城市群，除此之外，另有包括北部湾城市群、晋中城市群等在内的13个区域性城市群正在建设中。这些区域城市群的存在，引导生产要素向区域城市群内移动，使各生产要素获得了更为合理的回报，对区域经济乃至全国经济起到了引领带动作用，促进了区域经济的协同发展。

二　模式选择的基本条件

（一）经济互补

采取区域城市群模式的区域城市之间必须具有经济互补的基础。经济互补性通常是由于客观上存在着区域经济发展水平的差距，区域间经济的相互联系非常紧密，不同区域在经济交往中各取所需、取长补短、相互协调并共同发展。城市间在产业结构、经济基础和资源禀赋上存在差异构成了城市之间经济互补的基础和前提。经济互补性的存在构成了城市之间空间相互联系的基础，经济互补性越强，则增长极扩散效应越容易发挥。

（二）城市之间拥有便捷的交通条件

采取区域城市群模式的区域城市之间必须拥有便捷的交通条件。城市之间拥有高速公路、快速路、轨道交通等快速交通设施，形成交通网络同城化，拥有联系城市主城区和重要功能区的快速城际轨道交通网络，以此加强区域内部城镇之间的联系。

（三）地理邻近

一个区域采取区域城市群模式必须具备地理邻近条件，区域城市之间地理位置越接近，越有利于发挥区域内增长极的辐射作用，城市之间经济联系越紧密。区域内产业集聚，区域内知识的流动以及区域创新能力都与地理邻近有关。地理位置越接近，越有利于区域内产业集聚，越有利于地理区域创新。区域内城市间距离越近，则越容易使区域主体之间充分地交流，更有利于隐性知识的转移、流动和扩散；相反地，区域间城市距离越远，则知识发挥出正外部性的机会就越弱，隐性知识的转移和传播也就变得更加困难。

三　协同发展实施途径

（一）加强政府合作，协调各方面利益关系

政府须从维护区域整体利益的角度出发，充分发挥引导与调节作用，利用高效的制度安排和相关法律法规，规范市场主体行为，维护市场秩序。不同城市的地方政府领导在执政期间通常要追求本区经济发展和地方政绩。如此一来，地方政府在区域经济规划过程中都倾向于本区得利，在资金扶持、项目审批、政策优惠等方面均向区内企业和个人倾斜，不利于大区域经济的协同发展。因此，区域经济协同发展应当以市场经济条件下的区域竞争为基础，加强政府合作，协调各方利益，在面对不同地区的企业及个人的利益冲突时，地方政府不应简单以行政手段来确定和干预利益的划分格局。

（二）推进区域内不同城市间的多维合作

区域城市群内各企业要建立起良好的合作关系。鼓励和支持同行业企业做大做强，加强跨区域大型龙头企业的带动作用，积极建设可带动不同城市相关产业部门共同参与的大项目，充分激活市场活力；推进不同城市对相关领域的共同开发,由组织内部协商构建集团领导组织机构,在合理的利益共享的前提下集合各城市所长共同开发,以提高大区域经济的整体竞争力;积极鼓励区域内城市的企业、高校、科研机构间的频繁接触,推动产学研协同创新。

四 具体的实施策略

(一) 建立城际协调机制,完善利益协调与补偿机制

目前,中国的城市群制度仍然处于初步创建基础性政策的阶段,现有的各类政策还处在单个城市的城市化发展框架下。城市群经济发展要想形成合力,必须基于平等互利与协作形成的共同发展的基础。由于城市群内部各城市的经济发展的不平衡、收入差距明显以及主体功能定位不同,要实现产业在城市群内的转移以及排污治理投入分担等都会使各个城市现有的成本和收益受到影响。因此,城市群内部的单个城市必须将本身所在城市置身于整个城市群发展的宏观视野之下,建立城际协调机制,完善利益的协调及共享、补偿机制,做好地方经济利益的再分配工作,实现城市群内各城市的共赢。

(二) 加大制度创新和科技投入强度,增加不同城市的综合实力

只有通过持续不断的创新,包括制度创新、科技创新和管理创新,才会带来城市群内各城市强有力的综合实力和强大发展后劲。城市群内各城市应当进一步加大政府财政对科技创新的投入力度,为企业、高校和科研院所三方创造更好的科研平台,推动产学研的结合,使科技更多地转化为生产力,不断提高城市的劳动生产率与资本产出效率,促进各城市的可持续发展。[1]

(三) 逐步加大基础设施投入力度,提高城市公共服务质量

发达的基础设施网络是一个城市实现快速发展的重要前提条件。在城市群的发展过程中,要逐步加大对各个城市内部及城市之间的基础设施的投入力度,同时提高基础设施建设的"硬件"和"软件"水平,提高城市公共服务的质量。通过综合性的制度创新,解除城乡二元结构障碍,加快城镇化进程。

---

[1] 刘量:《长株潭区域经济发展现状及对策》,《现代经济信息》2011年第10期,第221页。

第十七章

推进中国区域经济协同发展的支撑体系研究

第一节 中国区域经济协同发展的主要障碍

通过对现有研究以及前文的实证研究结果的综合分析，可以得出，现阶段中国区域经济协同发展主要面临着四个方面的障碍，即区域经济差距过大、区际利益分割、缺乏针对性的制度设计、文化及思想观念障碍。四个方面的障碍有着不同的表现及影响，共同制约着中国区域经济协同发展，必须逐个破除这四个方面的障碍对区域经济协同发展的限制。

一 区域经济差距过大

当前，中国区域经济差距较大已是共识，而本研究的实证分析结论更从区域协同发展的总体差距、"中部塌陷"等方面进一步验证了该结论，由此造成区际传递的失业率和通胀压力以及严重资本"外溢"现象，均阻碍了中国区域经济协同发展。

（一）中国区域经济差距过大的表现

1. 区域协同发展差距总体呈扩大的趋势

如果用协同发展度的差值来表示中国各个地区之间的协同发展度的绝对差距，如前文第2章的分析，中国现阶段的协同发展度总体情况是：东部地区的协同发展度高于中、西部地区，且在总体上高出全国平均水平。以2012年为例，2012年，中国东部地区的协同发展度为0.762，而西部地区为0.587，二者的差距为0.175。中部地区与全国的协同发展度分别是0.651和0.671。从绝对差距来看，2012年，协同发展度最高的为江苏省，指标值高达0.969，而最低的是甘肃省，为0.549，二者相差0.420。

前文第2章的实证结果表明，协同发展度在东、中、西部之间具有明显的梯级差异，可以说明目前中国的区域经济协同发展依然是以东部为中心，带动中西部地区发展，在中心—腹地理论中即东部地区为中心地，中、西部则为腹地。在空间分布上则表现出东部地区内部的协同发展水平较高，而中、西部地区的协同发展度较低。

虽然中国中、西部地区内部的协同发展度差距呈现出缩小的态势，但29个省份之间以及东、中、西部三大地区之间的协同发展的差距依然有所扩大，从这个角度来看，表明尽管在小范围尺度中出现了协同发展度的区域差距缩小的情况，但是在中长范围尺度中，中国的区域经济发展差距还是呈现出扩大的趋势。

总的说来，1993—2012年，中国29个省份之间的协同发展度的差距随着时间的推移有所扩大；且东、中、西部之间的协同发展度差距有所扩大；协同发展度在东部地区的内部各省份之间的差距也呈现出扩大的态势。从这个角度看，如何缩小区域差距，统筹区域发展，协调区域间利益，在一定时期内依然是政府部门需要考虑的重要问题。

2. 中部地区的协同发展地位有所下滑

在"七五"计划中，中国被划分为东、中、西三个经济地带，其中，中部包括内蒙古、黑龙江、吉林、山西、江西、安徽、河南、湖南、湖北9省份。2000年底，国务院又在制定的西部大开发战略中将内蒙古纳入西部地区的范畴，因此，本节研究中的中部地区规定为除内蒙古外的其他8个省份。2012年，中部8个省份人口总数为4.251亿，占全国总人口的32.319%；2012年，中部地区的GDP为14.191万亿元，在全国占比为25.141%；[①] 中部地区是中国重要的农产品、原材料和能源的生产基地及加工制造基地，是中国整体区域经济发展的重要组成部分。但近年来，中部地区面临着较多的问题，在全国的相对地位也有所下滑，体现出一定的"中部塌陷"现象。

---

① 经2013年《中国统计年鉴》计算得出。

(二) 区域经济差距过大的影响

1. 产业梯级转移与结构调整的传导机制受阻

产业梯级转移是促进产业结构调整的重要途径，通过从发达地区有序转移部分本地较为落后的产业至落后地区，促进资金、项目、人才、技术等要素流向落后地区，扩大落后地区的产业规模，同时为发达地区的产业转型置换出空间和资源，实现整体区域产业的结构调整。然而，当区域经济差距扩大到一定程度，发达地区和落后地区的产业梯度差提升，落后地区缺乏承接产业转移所需的产业配套、资金支持、市场容量等基本条件，其资源收益率也低至无法吸引区外投资的临界点，承接产业转移的能力明显不足，而发达地区出于对产业转移合作预期收益的考量，面临政府层面的合作积极性匮乏和企业层面的搬迁阻力，产业难以成功转出。若将发达地区的产业强制转移至产业发展条件不成熟的落后地区将导致该产业的衰退，这也有悖于产业转移的初衷。可见，区域经济差距过大加重了发达地区和落后地区的产业梯度差，对发达地区、落后地区，甚至整体区域而言，产业梯级转移均难以实施，造成产业梯级转移与结构调整的传导机制受阻。

2. 引致"虹吸"现象

"虹吸"是一种流体力学现象，是指在不借助泵的情况下，利用液体压强差和 U 形管抽吸液体，在经济学上意味着区位条件优越、综合经济实力较强的发达地区"抽夺"落后区域的要素资源，对发达地区产生正效应，对落后地区产生负效应。区域经济差距过大意味着发达地区和落后地区存在明显的经济"压强差"，直接导致"虹吸"现象，即发达地区凭借绝对优势的资源配置地位源源不断地"虹吸"着周边落后地区的要素资源，资金、人才、技术、信息等生产要素大量转移至发达地区，阻碍了发达地区辐射带动作用的有效发挥，反而极化效应不断增强，加重了落后地区的资源匮乏和经济落后。同时，"虹吸"现象又将在很大程度上进一步加大区域经济差距，提升经济"压强差"，使得"虹吸"现象越发突出，造成恶性循环。

3. 消费潜力难以释放

消费作为带动经济增长的"三驾马车"之一，在投资和出口增速回落明显的形势下，消费对中国经济增长的带动作用显著增强，然而长期内需不足的困境难以改变，消费潜力难以释放，区域经济差距过大正是造成该困境的原因之一。由于区域经济发展水平直接决定了地区收入，当区域经济差距扩大至一定程度，地区收入的极端不平衡无法避免，使得决定整体区域消费水平的广大中低收入区域，尤其是覆盖面广、程度深的贫困落后地区，有食品、住房、衣着、医疗等方面的强大消费需求却没有相应的消费能力，被遏制的消费需求导致经济增长动力不足，难以盘活经济实现增收，又进一步遏制了区域消费，使得消费潜力难以释放。

二 区际利益分割

区际利益分割致使各级地方政府均从自身利益出发盲目谋求短期的区域发展，盛行的地方保护主义以及区域产业趋同均为区际利益分割的典型特征，长期内将造成"公共地灾难"和城市间的过度竞争，不利于中国区域经济协同发展。

（一）区际利益分割的表现

1. 地方保护主义严重

区域经济联系对区域比较优势有消极影响，意味着区域间联系不紧密，要素自由流动受阻，市场分割程度高，地方保护主义严重，无法进一步发挥区域比较优势，阻碍中国区域经济的协同发展。地方保护主义是掣肘中国区域经济协同发展的重大障碍。

中国在政府治理上"中央集权地方分权"的制度安排以及官员考核机制是地方保护主义形成的宏观背景，改革过程中权力的下放，特别是地方政府竞争的现实使得地方保护主义逐渐形成，而在此过程中，相应的权力约束机制没有发挥应有的作用，也使得地方政府在主观上为了自身利益，无视区域发展的宏观大局与发展目标，对本就不太发达的区域市场进行人为的分割。而作为代表区域利益的地方政府，在其制定各项发展目标和政策、管理与发展本地经济的过程中，主观上受到本地利益最大化思想的驱动，必然引致其为保护本地产业与本地企业，特别是与其他地区企业处于焦灼的竞争阶段的企业，减缓来自其他地区同行业竞争者的冲击，为其他地区企业进入本地设置各种方式的壁垒，造成区域市场的分割与封锁，使整个区域难以建立起统一的区域大市场。地方保护主义带来的行政壁垒和市场分割阻碍了区域内企业做大做强，使区域内具备特色和优势的产业和企业难以发挥更大的市场影响，同时也不利于区域产业的分工合作的加深和地方产业专业化的发展，区域经济协同发展的这一目标也难以实现。

2. 区域产业结构趋同化

区域产业结构趋同化表现为产业结构差距缩小、各地区产业结构趋于接近、主要产品生产的区域分布集中度下降、许多产品的生产缺乏应有的规模经济。地方政府都比较热衷于投资那些附加值较高、利润率较大的产业，但一是这种企业是有限的，竞相发展这类企业容易造成重复建设与产业同构，二是有可能造成当地在初期，为了引进这类企业的代价过大，成本多年以后仍然难以收回。因此，各个地区的政府应该充分考虑当地的竞争优势，明确目标定位，发展符合本地区长期利益的产业，使邻近地区的产业形成较好的互补性，互相弥补短板，发挥各自长处与优势，避免盲目投资的竞争与重复建设。

产业结构相似系数是测度地区间产业同构程度最常用的方法之一，公式如下：

$$s_{AB} = \frac{\sum_{i=1}^{k} x_{Ai} x_{Bi}}{\sqrt{\sum_{i=1}^{k} x_{Ai}^2 \sum_{i=1}^{k} x_{Bi}^2}} \quad 0 \leq s_{AB} \leq 1 \tag{17.1}$$

其中，x_{Ai}、x_{Bi}分别是某产业i在地区A、B的产值比重，S_{AB}越接近1，表明区域间产业结构的差异性越小，同化程度越高，竞争越激烈，地区间的产业互补性越弱；反之，区域间的产业互补性越强。

基于前文所阐述的"中部塌陷"现象，特以中部地区为例分析了区域产业结构趋同问题，经计算可知，中部地区各省份之间三次产业结构相似系数在2011年均达到了0.9以上，且大部分省份的趋同随着时间的增加有上升的趋势，表明各省份在三次产业层次上产业结构的趋同，区域产业趋同问题亟待改善。

(二) 区际利益分割的影响

1. 造成"公地悲剧"

1968年，英国加勒特·哈丁教授在其《公共地悲剧》一文中首先提出"公地悲剧"这一概念，认为公共资源的自由使用最终会毁灭所有的公共资源。假设有一片所有牧民都可以自由放牧的公用地，每一个牧民都可直接从畜牧中获利，获利大小与其放牧规模成正比，但由于过度放牧引起公用地退化所带来的成本，每个牧民却只需要承担微小的一部分。趋利性使得牧民纷纷选择了过度放牧，最后造成草场被毁，无牧可放的"公共地悲剧"。几乎所有的公有资源案例中，都存在"公共地悲剧"的问题，由于私人决策者过度地使用公有资源，环境的恶化、拥挤的道路均是典型的"公共地悲剧"。

区域利益分割使得地方政府成了"公共地悲剧"中的放牧人，均仅从自身利益角度出发，不顾整体经济效率，一味地谋求区内经济发展，而各区域追求自身利益最大化的过程必然会造成各区域在经济利益分配上的博弈，分化地方利益扭曲，严重损害了整体经济效率。在该博弈行为中，各区域均面临两种选择，一种是主动突破区域利益分割，追求整体经济效益的提高，另一种是持续追求自身利益，加剧区域利益分割，造成整体经济效益的下降。各区域同时选择突破区域利益分割固然是最优选择，但各区域在进行博弈时均清楚地知道，若其他区域不放弃追求自身利益，本区选择不放弃比选择放弃获利更多，因为最先放弃的区域必然受损最严重，而若其他区域选择放弃，本区选择不放弃同样比选择放弃获利更多，因为在其他区域均放弃的情况，本区选择不放弃可获得高于所有区域同时放弃时的经济收益。如此一来，无论其他区域如何选择，本区选择追求自身利益始终比选择放弃自身利益获利更多，不可避免地导致所有区域同时选择追求自身利益，使得区域利益分割加剧，整体经济效率下降，造成"公共地悲剧"。

2. 城市间过度竞争

城市间过度竞争主要表现为对资金、技术、人才及自然资源的争夺。

整体而言，人才、资本、技术和资源要素等是经济发展的基础，这些要素分布客观上存在地区差异，区际利益分割将会促使各城市采取一些不正当竞争手段，封锁与分割要素市场，阻碍要素自由流动与资源的优化配置，一些城市出于优先发展本地经济的动机，与周边地区对生产要素进行激烈的抢夺。在此过程中，为了短期内看到收益，各城市忽视甚至违背当地的比较优势，竞相发展那些预期收益更高的产业或项目，由此引发各城市的盲目投资热潮和产业的低水平重复建设，容易造成城市中部分产业和相关产品的生产能力严重过剩，产品日趋同质化，城市间产业和产品结构形成同构现象，给各城市实现跨区域合作和经济协同发展造成巨大的障碍。

具体而言，城市间过度竞争会造成区域间资金、技术、人才及自然资源不合理流动的恶性循环。资金、技术、人才通常偏向流入了具有较好福利待遇、工作环境、发展机会以及较高市场投资回报率的经济发达地区，这种单向的要素流动，一方面，激化了经济发达地区和经济落后地区的利益矛盾；另一方面，也拉大了地区之间经济发展的差距。而日益扩大的经济发展差距，反过来又会进一步强化人才和资金等要素的单向流动。

三 缺乏针对区域经济协同发展的制度设计

一个地区的经济发展不仅受到其所处的地理位置、自然环境和资源禀赋的影响，还受制于所属国家或地区的区域政策。正如缪尔达尔在其"循环累积因果理论"中指出的市场对经济发展的调节作用的结果更倾向于扩大区域间的差距而不是缩小这个差距，赫希曼、艾萨德等也非常赞成上述观点。区域经济发展过程中，合理的区域政策能够优化资源配置，调节区域发展差距，创造就业岗位并改善人民的生活，但是不合理的区域政策则会带来相反的影响。

（一）缺乏针对性制度设计的表现

随着经济全球化进程的深化与提速，区域经济一体化在全世界范围内得到了广泛的关注与密切的讨论。在现实操作层面，欧盟（EU）、东盟（ASEAN）、亚太经合组织（APEC）等区域合作组织陆续出现，合作机制越发完善，对成员国和非成员国均产生了深远的影响，深刻地改变着世界经济格局。以欧盟为例，目前，欧盟是当今世界上规模最大和发展水平最高的区域一体化组织，其主旨在于扩大成员国之间的全方位合作，欧盟在促进欧洲一体化的进程中发挥了重要的作用，其指定的区域政策有助于缩小成员国经济发展的差距并且协调成员国之间的经济发展。在制度层面上，欧盟有非常完善的区域管理制度。第一，欧盟的管理机制健全，欧盟委员会为最高权力机关，委员会内部下设24个事务部，其中第16事务部专门负责区域政策的制定与进行成员国聚合方面的实务操作。第二，欧盟在区域政策的对象层面上建立了一套标准的经济区划分体系。第三，在欧盟的区域政策工具层面上，欧盟主要采取的是基金工具与贷款工具作为其政策工具。

和欧盟相比，尽管政府在中国的区域政策的发展方面做出了巨大的努力，但还是存在较大的差距。从总体来看，到目前为止，中国的区域政策发展经历了三个主要的阶段。第一个阶段是国家调整了全国范围内的工业布局，力推沿海和内地的均衡发展，这一测量与当时的国际政治氛围有关，同时也是为了改变中国工业基础薄弱的状况，在当时提出了调整沿海与内地工业布局的战略。这一战略举措加速了内地的工业化进程，甚至目前内地工业的发展仍然在一定程度上依赖于这一时间段打下的坚实基础。这一阶段的区域战略被称作区域均衡发展阶段。第二个阶段则是沿海地区率先发展的阶段。这一阶段的产生始于邓小平"让一部分人先富起来"的思想与中央层面上"两个大局"观的提出。在这一时期，拥有地理优势的东部沿海地区迅速发展起来，走在中国发展的前列，迅速提升了中国的综合实力。这个阶段的区域发展战略属于区域不均衡发展阶段。第三个阶段是20世纪90年代以来的区域协调发展战略，这一战略仍处于不断完善中。在宏观层面上，国家提出了"四大板块"的战略概念，将中国划分为四大板块，在区域发展中要"推进西部大开发，振兴东北地区等老工业基地，促进中部地区崛起，鼓励东部地区率先发展"。这一阶段的区域发展战略属于区域不均衡协调发展阶段。中国幅员辽阔，区域间的自然条件与经济发展水平差距极大，提出针对性的区域政策来解决中国各个地区的区域发展问题很有必要。

（二）缺乏针对性制度设计的外部影响

1. 条块分割的行政管理体制

行政管理体制深入各个经济组织内部，行政级别与官僚体制对应。地方行政官员为了体现在任的政绩，仅仅顾及任期内的短期利益和自己辖区的局部利益，不会从长远和全局出发，不顾行政区之间的经济协调发展状况，忽视本地区管理体制对区域内其他地区造成不利影响。在各个行政区域的地方政府各自为政的情况下，地方政府必然竞相开采资源，在造成其低效利用，并破坏经济可持续发展的同时，以牺牲生态环境为代价来追求当地短期利益的实现。并且,官僚式的行政管理体制结构为寻租创造了条件,造成了资源利用的浪费和低效,也给跨区域的经济协同制造了壁垒。①

2. 各自为政的地方性政策法规与部门规章制度

地方政府为了增加当地的财政收入,并保证地方短期利益的实现,制定和出台了许多地方性的政策规章,如跨行政区的行政干扰、人才流动限制、产品流动的障碍等,这些政策规章人为地设置了区域间的交流障碍,降低了商品与生产要素的流动规模,阻碍了区域间商品与生产要素的优化整合,也让规模效益和外部效益更难以获得。与此同时,各主管部门制定的政策有时候甚至会互相冲突,导致多重管理,带来管理难题,过多、过滥的行政审批也给相关的政府官员创造了更多"寻租"的机会,加大了企业的设立和正常经营的负担。

3. 政府过多干预阻碍了市场机制发挥作用

地方政府过多地介入企业经营活动当中,严重阻碍了市场机制应有作用的发挥。地方政府对企业的经营活动干预过多给企业的生产经营活动带来了前所未有的挑战,企业是市场主体,以自身的利益最大化为导向,而不会去从政府的角度出发,考虑企业经营活动给当地政治和社会带来的影响,二者的这种目标不一致会影响到政企关系的协调,不能让市场机制充分发挥作用,对区域经济的协同发展目标的实现也带来了障碍。

四 文化与思想观念障碍

中国文化与思想观念障碍体现在多个方面,在宏观领域主要体现在传统观念、价值观、宗教信仰、民族(团体)优越感、创新或变革精神等方面,在微观领域主要体现在经营理念、企业文化、管理模式等的差异上。②

(一)宏观差异

首先,语言差异导致交流沟通障碍。一方面,南北方语言差异较大,

---

① 徐丽:《我国区域经济协同发展的策略思考》,硕士学位论文,新疆师范大学,2006年。
② 黎鹏:《区际产业的互补性整合与协同发展研究——理论依据、实践需求和方法论思路》,《经济与社会发展》2003年第1卷第5期,第46—50页。

给跨地域企业员工的日常沟通带来诸多不便。另一方面，表现为不同民族之间的语言差异。据中国社会科学院民族研究所和加拿大魁北克拉瓦尔大学国际语言规划中心在20世纪80年代末联合进行的一项抽样研究推算，中国少数民族兼用汉语的人口占使用少数民族语言人口的37.7%，少数民族转用汉语的人口占少数民族总人口的16.1%；少数民族使用本民族语言的占少数民族总人口的71.8%。[1] 这说明，从目前语言实际使用的总体情况看，中国各民族之间仍然存在着较大的语言上的差异。

其次，观念上的差异导致了难以协调的人际关系。北方人热情好客，重情义，爱交朋友，而南方人相对而言为人低调，内敛，说话做事委婉，不愿与人过于亲近，不轻易交朋友。这种观念上的差异非常容易形成"小圈子"，外人难以融入甚至遭到排斥，进而影响了和谐人际关系的建立。

(二) 微观差异

首先，区域文化差异导致了决策分歧。从决策过程来看，文化冲突主要有决策标准和依据不相一致，决策模式不同，个人决策的主动性不同，承担责任的意愿不同等方面。决策者往往依据自身文化对来自不同文化背景的信息做出价值判断，他们能改善的仅是意识到的可能失误，并及时通过反馈信息修订决策。此外，不同文化背景的决策主体对决策的责任感也有所不同。

其次，区域文化差异造就不同的人力政策。一方面，用人上存在的差异。例如南方敢于起用新人、能人，力求唯才是举，有才必用，而北方用人制度则偏于保守，对起用新人存在较大疑虑。另一方面，激励制度也存在差异。东北文化中，激励制度通常是以稳定为基础，甚至有时会出现精神鼓励比物质刺激更能激发员工的创造力以及对公司的忠诚度。

第二节　推进中国区域经济协同发展的制度创新

在区域经济协同发展过程中，制度创新作为一项必须完成的基本使

---

[1] 唐鸣：《国家权力的分享和分配与民族矛盾——社会主义初级阶段民族矛盾政治原因分析之一》，《社会主义研究》2002年第1期，第38—42页。

命，对实现区域协同发展的积极意义是毋庸置疑的。在通过制度创新实现既能有利于区域协同发展，又能为区域的发展创造良好的环境条件，还能推动其顺利地走上协同发展的道路这一目标之前，需要开展大量的调查研究工作，需要根据区域的实际情况，清楚判断其目前发展中的问题所在、矛盾所在和出路所在，从而明晰制度创新的思路。这对区域的发展至关重要。

根据区域发展的现实情况，在推动其发展的过程中，本着促使和实现区域经济协同发展的基本目标推动制度创新，其基本思路是：从区域实际情况出发，在遵循国家宏观发展规划和正确处理内外部关系的基础上，把影响区域发展的众多制度因子集合起来，分析其相互之间的关系，有目的地选择关键因子，打破既定格局，实现制度突破，不断完善制度结构，创新制度内容，促使制度效益达到最大化。

一 推进经济体制改革

党的十八大指出，处理好政府和市场之间的关系是推进经济体制改革的核心问题，要使市场发挥在资源配置过程中的基础性作用。党的十八届五中全会指出，要深化对行政管理体制方面的改革，进一步加深对政府职能的转变，持续地推进简政放权、优化相关服务及"放管服"结合等措施，提高政府效率和能力，激发市场的创作活力和整个社会的创造力。因而，应以"市场主导、政府引导"为基本原则推进中国经济体制改革，厘清政府与市场二者之间的关系，充分尊重市场规律，从扩大市场开放和提升市场效率两方面入手，强化市场配置的决定性作用，并从明确公共服务型政府新定位和推进简政放权两方面着手，深化政府职能转变。

（一）强化市场配置的决定性作用

1. 扩大市场开放

扩大市场开放包含了国内市场开放和国际市场开放两方面内容。就扩大国内市场开放而言，应加快培育统一的商品市场和要素市场，激活资本市场、信息市场、技术市场、人才市场等，严格限制地方政府通过各种方式参与竞争性产业的发展，避免地方政府采取设置隐性贸易壁垒、区别对待外来投资等措施参与产业竞争；逐步推进石油、电信、水利、电力等垄断性产业的开放，允许社会资本参与经营管理，增添市场活力；进一步深化港澳与内地、大陆与台湾的和谐发展，提升港澳地区在中国经济社会发展以及对外开放中的功能和地位，强力支持港澳地区发展经济、推进民主、促进和谐和改善民生，以互利共赢的方式加深两岸经济合作和文化交流。

深化内地和港澳、大陆和台湾地区合作发展，提升港澳在国家经济发展和对外开放中的地位和功能，支持港澳发展经济、改善民生、推进民主、促进和谐，以互利共赢方式深化两岸经济合作。就国际市场开放而言，应重点落实"一带一路"的对外开放和长江经济带重点城市的对外开放，依托"一带一路"打开中国对东盟、南亚、西亚、北非、欧洲的市场开放，重点推进中国与相关的其他国家或地区在多个领域内进行互利共赢的务实合作，推进国际装备和产能的制造合作，打造中国陆海内外相互联动、东西双向的多面开放新格局；支持鼓励沿海地区积极参与到全球经济的分工和合作中来，有意识地培育在全国有影响力的高科技制造业基地和经济地区，进一步提高边境的经济合作区、跨境的经济合作区的发展水平；依托长江经济带重点城市的对外开放建设中国内陆城市对外开放新高地，构建中国网络式对外开放的空间格局。

2. 提升市场效率

市场效率的提升依赖于现代市场体系的完善和市场新鲜动力的涌入。一方面，应健全现代化的市场体系，加快形成既统一开放又能够竞争有序的现代市场体系。充分地完善反映市场供求关系、资源稀缺程度、环境损害成本的生产要素和资源价格形成机制，尽量减少政府决策对产品价格产生的直接干预，最终形成全面开放的竞争性的商品和服务价格；加快对财税体制的改革，积极主动地构造对转变经济发展方式有利的财税体制，进一步理顺各级政府间财政分配关系，改革和完善税收制度；深化金融体制改革，最终形成具有多种所有制或者多种经营形式、功能完善、结构合理、高效安全的现代化金融体系；进一步完善金融监管，推进金融创新，维护金融稳定。另一方面，应积极发展非公经济，为市场注入新鲜动力。扩大非公企业进入垄断行业、社会事业、基础设施和公共服务等领域，加快推进垄断行业改革；保证非公企业所享受的政策优惠至少不低于同类型的国有控股企业；建立一批具有活力的非公经济示范项目，鼓励和支持民间投资主体通过整合联盟和引入现代管理机制做大做强；推动有条件的非公企业通过参股、控股等方式参与国企改革，对支柱产业和战略产业中的国有企业，非公企业可先行参股，有条件的可逐步控股，对公用事业和基础设施建设领域的国有企业，非公企业可以以参股方式参与建设和重组，对因经营业绩原因而暂不具备整体上市条件的企业集团，非公企业可先参股甚至控股；拓宽途径，进一步发展混合所有制经济，同时允许更多的国有经济和其他所有制经济转变发展成为混合所有制经济，非国有资本允许参股国有资本的投资项目中来，实行企业员工允许持有混合所有制经济的股份，形成资本所有者和劳动人员共同的利益集体，积极鼓励发展非公有资本控股的混合所有制企业。

（二）深化政府职能转变

党的十八届三中全会《决定》指出，必须确切有效地转变政府职能，对行政体制改革深入研究，创新发展行政管理方式，增强政府部门的公众信用和执行力，建立法治政府和服务型政府。要进一步加强简政放权，对行政审批制度进行更为深化的改革措施，最大限度地减少中央政府对微观层面事务的管理，取消那些对于市场机制能够调节的经济活动的审批程序，加强和提升保留下来的行政审批事项的效率和规范程度。可见，从宏观层面上说，服务型政府成为现阶段政府行政体制改革的新定位，促进地方政府职能向公共服务型政府转变是转变政府职能的最终目标。从微观层面上说，全面落实简政放权是实现该目标的具体措施。

1. 明确公共服务型政府新定位

政府的职责和作用是作为弥补市场失灵时的"有形之手"，承担起市场不愿提供或无力提供的公共服务责任，辅助市场在资源配置中起决定性作用，应最大限度减少中央政府对微观事务的管理，将政府职能更多地向宏观调控管理、制定法律法规、监管市场运行、提供公共服务等方向转变，多方面地建设公共服务型政府。公共服务型政府指代的是一种在公民本位、权利本位、社会本位的理念的指导下，立足于整个社会民主秩序的框架下，用公开的方式在政府工作内容、工作程序、工作目的和工作方法上给公民、社会组织和社会提供便利、有效和周到的帮助，为人民谋福利，促进社会的稳定发展，并且通过相关的法定程序，以全心全意为广大人民服务的宗旨，按照公民意志进行组建起来的，能够实现服务的职能，并承担着相应服务的政府。建立公共服务型政府意味着地方政府必须正确处理政府与市场、政府与企业、政府与市民社会的关系，政府的作用严格限定在公共领域，在公共领域以外，并不受到政府权力的直接干预。

地方政府在行使政府职能的过程中占据了市场机制有效的发挥空间，过多的地方政府的介入，影响了企业的经营、重组活动，使得市场机制难以有效地发挥应有的作用，必须大力转变政府职能使其从经济建设类型的政府向公共服务类型的政府进行转变。公共领域内政府权力才可以直接干预，对私人领域应该简政放权，政府对微观事务的管理应该减少，从而使私人领域（市场领域）只受到市场规则支配和法律规则的制约。相应地，地方政府应该妥善处理好政府和市场的关系、公民和政府的关系，应以追求公共利益为最终目标，不得滥用公民赋予政府的权力。同时，在构建公共服务型政府时还需要政府加强宏观调控的职能，同时加强地方政府在市场监管、社会管理、公共服务、环境保护等方面的职责。各级政府要加强发展规划、战略、标准、政策等制定和实施；加强市场监管活动，加强各种公共服务的提供，履行环境保护、社会管理等应该尽到的职责；积极推广政府购买服务，对属于事务性管理的服务，在原则上都应该引入竞争机制，通过委托和合同的方式向社会进行购买。政府这种积极职能的转变，既有助于实现政策对接和消除行政壁垒，又可以促进要素的自由流动和建立区域大市场，进而推进区域经济的协同发展；有助于促进对政府官员政绩考核方式的改革，把通过经济增长来间接强调合作纳入到政治晋升制度中来，进而激发地方政府合作的动力。

2. 推进简政放权

中国此次全面深化改革，就是要进一步坚持市场化的改革大方向，通过进一步的简政放权，最大限度地减少对产品物品和生产经营活动的许可，最大限度地缩小投资项目的核准、备案、审批的范围，尽最大可能地减少对各类活动及机构的认定，在原则上取消与行政许可法规定的资质资格相悖的许可，一般情况下不再新设行政审批的相关事项，确实需要设新的也必须要严格遵守行政许可法，切实地防止行政审批事项出现边减边增、明减暗增等现象。

首先，进一步撤销、下放行政许可的审批事项，对保留的行政审批事项要规范管理、提高效率。对非行政许可审批事项进行全盘清理，该取缔的一概取缔。对于直接面向基层、由地方管理更方便有效、量大面广的经济社会事项，一律下放到对应的地方和基层管理。必须要保留下来的非行政许可事项也要对应地依法调整为行政许可，确保从今以后再也不搞非行政许可审批。顺应经济改革和未来发展方向，最大限度地放权给市场，凡是能够由市场机制决定价格的都交给市场决定，政府不对市场机制进行人为干预，推进石油、天然气、水、电力、交通、电信等领域的价格改革，对竞争性的价格环节进行放开，适当降低市场的准入门槛，引入民营经济进入石油、电信、邮政等基础性领域。

其次，大力推行各级政府权力清单公开制度。尽可能压缩政府对市场主体的自由裁量空间，细化政府责任归属，将政府仍然保留的行政审批权通过政府信息公开方式向全社会公布，使政府照单行事，真正做到政府在市场经济运行中"法无授权即禁止"，并接受广大人民群众监督，为进一步明晰政府与市场职权边界提供制度保障。[①]

最后，推行"互联网＋政务服务"。在深化简政放权的过程中，应充分借助互联网透明、便利、及时的优点，一方面将政府部门下放和未下放的行政审批权在网络上进行公开，接受公众监督，督促各级政府进一步落实简政放权；另一方面通过"互联网＋政务服务"实现部门间数据共享，可在线申报投资项目，追踪审批流程等，为居民和企业提供便利，力求"少跑腿、好办事、不添堵"，切实建设公共服务型政府。

二 构建跨区域组织协调机制

（一）设立跨区域协调机构

和欧盟等发达的地区相比较，我们国家目前缺乏合理分工、职能明确的区域管理机构。如果管理机构不够明确或重复，那么将会降低区域政策的实施效率，将导致"寻租"事件发生的概率较高，且交易成本也会上升。区域经济的协调发展需要的是建立一个统一的官方机构和相应的高度权威的、具有强制约束力的制度安排，因为一旦地方利益和整体

[①] 王连伟：《政府职能转变进程中明晰职权的四个向度》，《中国行政管理》2014年第6期。

的利益发生冲突,各个区域往往在考量地方利益的驱动下导致整体利益处于困境之中。通过建立一个基于经济区域整体的、高效的、统一的组织协调机制,正是国内当前的行政体制改革所要面对的问题,也是中国体制创新的重点所在。从区域经济一体化发展的趋势和要求来考量,区域经济的发展应当具有充分的协调性、发挥整体性和表现出有序性。因此,必须建立一个能够跨区域的管理协调机构,负责对应区域相关规划的实施和组织活动,对区域间的沟通、交流和利益关系进行相应的协调等。

具体而言,跨区域协调机构的主要职能是负责区域经济协同发展各方在研究策划、统筹规划、联系沟通、指导实施、信息服务、政策法规咨询等方面的工作,为推进区域经济协同发展营造多方位、多层次、高效率的合作环境。首先,为保障跨区域协调机构职权相匹配,应将其构建在超行政区域权力的大框架之下,确保在该机构拥有高于机构成员行政主体的绝对权力,在实践中不被架空。其次,跨区域协调机构应重视机制创新,充分利用其超行政区域权力构建区域经济协同发展的协调新机制,促进有效合作,扩大合作成果,推动政府在经济发展中角色转变的同时,建立地方政府市场和企业之间的功能互补关系,推动区际文化的交流与融合、思想的沟通和观念的转变,推动长期的战略规划和微观组织的努力方向以及资源的高效率流动与整合,指导和推动地方政府制定有利于宏观的区域经济协调与合作以及市场机制有效发挥作用的地方性政策法规。

(二)细化区域管理对象

《国民经济和社会发展第七个五年计划》中将中国分为东部、中部、西部3个经济地区。2011年发布的《全国主体功能区规划》进行了重新分类,按照开发方式来划分,国土空间进行细致划分为重点开发、优化开发、限制开发和禁止开发;按开发内容来划分,则分为农产品主产区、城市化地区和重点生态功能区。和欧盟对地域的划分的对比来看,英国的土地面积为24.86万平方公里,具体划分成12个NUTS-1区和37个NUTS-2区,不过我们国家的面积更为广泛、情况更为复杂,现有的区域划分标准需要进行进一步完善。了解不同区域的具体情况,细化具体到每一个区域,有助于针对性地制定和实施对应的区域政策。并且,世界上所有的事物都是不断变化和发展的，对应于区域层面的发展也是一样，不合理的、过时的区域划分将会制约一个区域经济和社会的可持续发展，因此要及时地了解区域最新的发展情况，根据区域情况的最新变化来调整区域的划分是很有必要的，换句话说，要动态地调整区域管理对象，用发展的眼光不断地完善经济区的规划。

（三）协调区域间的权利及利益分配

在当前中国行政藩篱和地方保护主义仍然存在的情形下，区域间权利及利益的合理分配有赖于跨区域协调机构能发挥实质上的调解作用，各行政区域主体应在不影响国家宏观经济调控的前提下，主动让渡一部分区域权力给跨行政区域组织机构，确保该组织机构能够拥有适度的决策权力，真正做到内外兼顾。同时，还应注意协调整体与局部的利益分配，构建区域间利益共享机制。一方面，应建立突破地方利益的利益分享机制。政府对各自利益的追求是引发地方保护的关键所在，区域利益分享通常可以表现为股权分配、技术共享等类型，通过跨区域的产业合作、项目带动、区域贸易及第三方协调等形式能实现区域间经济利益的分享，促进区域间经济合作。另一方面，建立完善的纵横向利益补偿机制。仅仅通过产业合作和项目带动无法从根本上实现利益共享，相应的利益补偿机制是必要辅助，主要体现为：通过由上级至下级的财政转移支付来平衡地区间财力，缩小各行政区的行政能力差距；通过发达地区对欠发达地区的横向扶持来帮助落后地区后发赶超，促进区域经济平衡发展。

（四）采取有效区域政策工具，强化监督评估机制

直接援助和间接援助是中国国家区域援助政策工具的两种类型，前者包括财政投资、税收减免等，后者包括基础设施建设、社会保障、技能培训等。中国的区域政策工具需要创新，区域政策工具的执行方式需要调整，区域政策的效果需要得到切实的评估和强有力的监督。第一，合理设计区域政策工具，借鉴欧盟结构基金的思路，对落后贫困地区的生产性项目、基础设施项目、地区内在潜力的项目以及人力资源方面进行援助。针对不同区域采取不同的政策工具组合，同时各项配套设施也需要齐头并进，达到综合治理效果。第二，中央政府的援助资金可起到指导的作用，地方政府根据当地情况选择具体的投资运作形式，同时建

立有效的责任机制和监督机制，发现问题应立即停止援助并追究相关责任。曾任欧共体主席的德洛尔指出，区域援助措施不能扭曲市场的力量，首要目标是培养落后地区的发展能力，增强落后地区的竞争力，而不是简单地缩小经济差距。

第三节　推进中国区域经济协同发展的政策支撑

前文对中国区域经济协同发展过程中的主要障碍及制度创新进行了详细深入的研究，本节将对其具体的实施政策进行针对性分析，从财政政策、开放联合政策、区域协同发展政策、产业协同发展政策四大方面为中国区域经济协同发展提供政策支撑，旨在给政府的宏观规划提供具有参考借鉴意义的具体实施方针，全面落实中国区域经济发展过程中的协同发展举措。

一　财政政策

（一）财政优惠政策

1. 建立纵横结合的转移支付制度

中央政府应以保证自然资源、经济环境迥异的各地区都能享受到大致相同的公共服务水平为要求，建立一套完整、有效的政府间转移支付制度，以调节中国区域经济协同发展的基础性差异。首先，制定并实施规范的中央财政转移支付政策，有效地发挥转移支付在缩小地区经济发展差距中的作用。其中，重点增加对革命老区、民族地区、边疆地区、贫困地区的转移支付。其次，实行针对落后地区的企业补贴制度。从一些发达国家的经验看，中央政府对落后地区的援助大多采取投资补贴的形式。补贴的具体形式主要有投资补贴、就业补贴、税收补贴和直接向企业拨款进行公共产品生产等。

2. 重点投资中、西部地区的经济带建设

本课题的实证分析均指出了中国当前区域经济协同发展存在明显的东、中、西部梯级差异，相比之下，中、西部地区作为区域经济协同发展的"短板"，应积极培育其增长极或增长带，从而加速构建中国区域经济发展的"多极"格局。整体而言，中央政府应将投资重点放在长江经济带以及丝绸之路经济带的建设上，推动中、西部地区构筑中国区域经济版图中的新经济轴线。具体而言，应逐步提高在中、西部地区投资的比重，在能够调控的全民固定资产投资总量中较多地向中、西部地区倾斜，在项目安排和资金分配上也要向中、西部地区倾斜，为两大经济带建设筹集充足的发展基金。此外，可选择一些重大基本建设项目作为突破口，采取适当的政策鼓励外资和内资沿两大经济带轴线发展"瓶颈"产业、电力建设、交通通信设施及矿产资源开发，增强中、西部地区的"造血"机能和对内外资的吸引力。

（二）税收优惠政策

税收政策与区域经济协同发展具有高度的相关性。对经济落后地区给予更多的税收优惠也是国外运用区域财政政策促进区域协调发展的重要做法。

1. 协同管理税收优惠政策

税收优惠政策是激励产业或企业投资的重要措施，但由此也造成了优惠乱象，当前中国各地区为招商引资设定了繁多的税收优惠政策，在一定程度上打压了本地产业以及中小企业的发展，不利于区域经济协同发展。因此，中央政府应按照统一税制、公平税负、促进公平竞争的原则，从大区域经济的整体效益出发，协同管理各地的税收优惠政策，特别是区域税收优惠政策的规范管理。首先，规范税收优惠政策的制定权限。税收优惠政策统一由专门的税收法律法规规定，禁止各级地方政府随意设立名目，给予企业特殊的税收优惠。其次，统一制定并完善阶段性的税收优惠政策。在禁止各级地方政府私自给予税收优惠的前提下，中央政府应统一制定针对不同阶段不同地区的税收优惠政策。当前，中国区域经济格局正处于向"多极"格局转变的关键阶段，政府应把握契机针对性制定阶段性向中、西部地区倾斜的税收优惠政策，助推大区域经济的协同发展。中央政府从宏观规划的角度出发制定相应的税收优惠政策，也在一定程度上杜绝了各级政府随意制定税收优惠政策的乱象。

2. 调整和完善税收制度

中国税收种类较多，应秉承公平税赋、统一税制的基本原则对不同税种、不同地区进行针对性的税收制度革新。就不同税种而言，应调整消费税征收范围、环节、税率，把高耗能、高污染产品及部分高档消费品纳入征收范围；逐步建立综合与分类相结合的个人所得税制；加快房地产税立法并适时推进改革，加快资源税改革，推动环境保护费改税；加强对税收优惠特别是区域税收优惠政策的规范管理。就不同地区而言，中、西部地区的生态资源相对丰裕，部分区域的生态环境较为脆弱，应着重资源税改革，提高资源税税率，实行"先征后返"的办法，为促进中、西部资源区域能源开发工业和深加工工业的发展提供条件，也可以在一定程度上抑制东部地区对能源的需求和加工工业的盲目发展，实现资源消耗型产业、劳动密集型产业向技术密集型、外向型产业的转变。

3. 完善地方税收体系

在中国现行分税体制下，中、西部地区上缴的税收对自身经济发展的影响相对其他地区更高，在经济发展水平已经较为落后的情况下，税收给地方财政带来了较大负担，影响了中、西部地区的公共服务水平。因而，中央政府应酌情考虑中、西部地区经济落后的实际情况，考虑将中央的部分税收立法权适当下放给中、西部区域政府，赋予中、西部地区针对自身实际情况进行适当税收选择的权力，允许部分地方性特征较凸显的零星税种由地方政府进行立法、征管和使用，既减轻了中、西部落后地区的税收压力，也增加了其完善税收体系的积极性。

（三）金融创新政策

金融创新过程中，政府应该从宏观、中观以及微观三个层面切入。在宏观上，进行金融机制变革。金融创新所涉及的范畴十分庞大，包括了金融市场的开发、金融服务的更新改革、金融技术的创新等，中国必须抓住这次世界金融体系改革的潮流，结合中国国情，进行金融机制改革。在中观上，进行金融机构功能变革。重点在于创新金融中介功能，使其拥有更好的流动性，能够更安全，得到更多的盈利。在微观上，进行金融工具创新改革。协同管理信用创新型、风险转移创新型、增加流动创新型、股权创造创新型金融工具，使之相互补充，相互联系，共同为构建创新金融体系出力。[①] 具体措施如下。

1. 设立有效的监管制度

金融在现代经济发展过程中的重要作用日益凸显，金融创新对经济

---

① 毛敏：《试论我国金融创新》，《中国集体经济》2014年第18期，第90—91页。

的带动效应也越发重要。当前，中国的金融创新从单一性扩张转变为多样性扩张，在激发内生动力的同时也伴随着一定的隐患和风险，应对金融创新进行有效的监管，对各类危机进行事前防范，帮助建立良好的金融创新市场规则。有效的监管包括以下几方面内容：由中央政府领导，设立定期的金融创新监管讨论会，对金融市场的监管制度进行实时反馈与修正；建立责任到人的监管制度，对各类金融产品、各项业务环节等的监管落实到人，使监管权力有迹可循，激发管理人的主观能动性和危机意识，切实监管各项金融服务的业务活动；加强市场监管，打破国有银行的垄断，允许社会资本参与竞争，杜绝国有银行垄断带来的机构臃肿、人员懈怠、竞争意识匮乏等问题，充分发挥市场对金融创新的监督作用；为满足国民各种财务管理的需求，应把金融监管集中起来，把分散的监管集中为统一监管。

2. 完善监管的法律系统

金融监管制度的实施有赖于配套的法律支持，唯有建立起完善的金融监管法律体系，才能保障金融监管能真正落到实处，对违规操作进行有法律保障的惩戒。设立金融监管的法律系统包含以下几方面内容：加快完善金融立法，对期货交易、存款保护、信托基金、外商投资等制定可操作性、有针对性的政策法规，做到有法可依；金融执法是金融监管法制建设中最薄弱的环节，应加大执法力度，对不严格执行国家金融法律法规的机构进行严肃惩处，各级检查部门还应对金融监管部门进行定期检查，对不合规处进行通报批评和严厉惩罚；建立完善的金融监管考核指标体系，对资本充足性、盈利状况、资产质量、资产流动性等进行定量和定性分析，依据考核结果进行等级评定，并及时披露，增加透明度。

3. 加强监管的工作建设

有效的金融监管除了监管制度的设立和法律支撑的完善，还包括金融监管的工作建设，需建立一套符合地区标准、有实际可操作性、能充分控制金融风险的监管操作流程，将监管制度和监管法律的作用发挥至最大。金融监管的工作建设包含以下几方面内容：监管的工作重心应由合规监管转向风险监管，完善风险预警机制、风险评价机制、风险化解机制、风险隔离机制等，确保将可控制、可预测的风险防患于未然，对突发风险进行及时处理，对未来有可能发生的风险做好应对准备；依托委托监管、非现场监管等措施改进监管工作方式，运用现代化的电子技术和监测方法完善监管的技术装备和手段；加强金融监管队伍建设，通过健全金融监管人员考试任职制度，加强现有人员的培训制度等措施完善金融监管人员的素质体系，提升金融监管水平。

二　开放联合政策

（一）区域经济联合政策

中国曾推行横向经济联合政策和对口帮扶政策，形成了东北经济区、西南6省经济协调会、黄河流域经济协作区、桂西南经济技术协作区、湘鄂黔桂毗邻地区经济技术协作区、黄河上游多民族经济开发区等多个经济联合区，还制定了山东帮扶新疆、江苏帮扶陕西、浙江帮扶四川等对口支援计划名单，对当时中国区域经济发展起到重要的推动作用。但因大部分经济联合政策具有强烈的计划经济色彩，对口帮扶"配对"中的地缘阻碍也较大，已不适应现阶段中国区域经济发展。鉴于此，应在横向经济联合和对口帮扶的基础上进行完善，实施区域经济联合政策创新，纵深推进各区域在国家区域规划框架内的全方位深度经济合作。

1. 建立区域经济错位联合机制

区域经济的整体布局对各区域经济发展和大区域经济协同发展有着至关重要的作用。当前，中国实施"四大板块"和"三大支撑带"区域发展战略规划，形成了纵横交错的网络式覆盖全国的区域战略布局，各项区域经济活动应充分契合在国家区域战略发展规划的框架内。在此框架内，积极建设区域经济错位联合机制，即以各板块和各经济支撑带为总体规划范围，将"一带一路"、长江经济带、京津冀地区分别定位为对外开放门户建设、流域经济建设样本、城市群协同发展模板，再依据该差异化战略定位，针对经济支撑带上各子区域的资源优势、产业基础、管理制度、经济梯度等进行深度细分，力求构建充分发挥子区域比较优势，降低区域间同质竞争程度，深度挖掘区域经济增长潜力的错位机制，同时，以经济支撑带为主体，以产业链为依托，构建沿支撑带、沿产业链发展的跨区域经济联合机制，加强支撑带上各区域对整体产业链的补链式延伸，以此推进各区域经济联合发展，实现中国区域战略布局的纵深推进。依托该错位联合机制，促进"横向"区域经济联合和"纵向"产业链上下游区域的对口帮扶，实现区域经济发展的网络式推进。

2. 强化重大项目的区域联合开发

由于基础设施建设、生态资源保护与开发、矿产资源利用等方面牵涉到许多跨行政区部门，"各自为政"的发展模式会造成无序开发和资源浪费，对大区域经济资源优化配置的阻碍作用明显。因而，应强化经济板块内和经济支撑带上各区域在公路建设、铁路建设、土地资源、森林资源、水资源、湿地资源、旅游资源等方面的联合开发，一方面能充分提升资源利用率，促进大区域资源优化配置；另一方面还能以此为着力点加强区域经济联系，为区域经济协同发展奠定基础。建议以经济支撑带为主体，重点实施交通基础设施建设项目和生态环境保护项目的联合开发，强化各区域在高速铁路、城际铁路、高等级公路、油气管道、干线航运等交通网络建设项目和雾霾治理、水污染治理、森林资源保护、旅游资源绿色开发等环境保护建设项目上的联合开发，并通过加强跨区域联合开发领导组建设，为联合开发项目提供招商引资、土地划拨、税收征缴等优惠政策，扩大市场准入调动民间资本参与联合开发等措施，为联合开发项目提供政策保障。

(二) 全方位对外开放政策

为适应经济全球化的新形势，中国应积极推动对内对外开放相互促进、"引进来"和"走出去"更好结合，促进国际国内要素有序自由流动、资源高效配置、市场深度融合，加快培育参与和引领国际经济合作竞争新优势，构建全方位的对外开放格局。

1. 放宽投资准入

首先，统一内外资法律法规，保持外资政策稳定、透明、可预期。逐步推进金融、教育、文化、医疗等服务业领域有序开放，放开育幼养老、建筑设计、会计审计、商贸物流、电子商务等服务业领域外资准入限制，并进一步放开一般制造业。其次，扩大企业及个人对外投资，确立企业及个人对外投资主体地位，允许发挥自身优势到境外开展投资合作，允许自担风险到各国各地区自由承揽工程和劳务合作项目，允许创新方式"走出去"开展绿地投资、并购投资、证券投资、联合投资等。最后，加快同有关国家和地区商签投资协定，改革涉外投资审批体制，完善领事保护体制，提供权益保障、投资促进、风险预警等更多服务，扩大投资合作空间。

2. 加快自由贸易区建设

首先，自由贸易区建设应坚持世界贸易体制规则，坚持双边、多边、区域次区域开放合作，扩大同各国各地区利益汇合点，以周边为基础加快实施自由贸易区战略。其次，应改革市场准入、海关监管、检验检疫等管理体制，加快环境保护、投资保护、政府采购、电子商务等新议题的谈判，形成面向全球的高标准自由贸易区网络。最后，在挑选试点的过程中，应按照严格标准选择若干具备条件地方发展自由贸易园（港）区，杜绝自由贸易区的泛滥建设。

3. 扩大内陆地区的对外开放

扩大内陆地区的对外开放是抓住全球产业重新布局机遇的重要战略。首先，支持内陆城市增开国际客货运航线，发展多式联运，形成横贯东中西、联结南北方对外经济走廊。其次，推动内陆同沿海沿边通关协作，实现口岸管理相关部门信息互换、监管互认、执法互助。再次，加快沿边开放步伐，允许沿边重点口岸、边境城市、经济合作区在人员往来、加工物流、旅游等方面实行特殊方式和政策。最后，重点推进长江经济带、丝绸之路经济带、海上丝绸之路建设，加快中、西部地区的开发开放，构建全方位的对外开放格局。

三　空间协同发展政策

（一）建立点轴开发网络体系

区域经济发展通常是从经济条件较好、综合条件优越的增长极向外扩散，该增长极可能是空间上的某个点，也有可能是具有推动性的主导产业，通过增长极的支配效应、乘数效应、极化与扩散效应，影响和改变区域空间结构，对区域经济发展产生推动作用。同样，中心—外围理论也强调了中心城市对区域经济发展的重要推动作用，唯有中心城市拥有较强的经济实力，才能实现其向外辐射，带动周边腹地的经济发展。足见，在区域经济协同发展的过程中，中心城市或增长极的发展具有至关重要的地位，应大力发展中心城市，甚至培育、发展跨行政区域大城市群，只有强化空间上的经济强"点"，才能推动以点带线，以线带面，实现大区域经济的协同发展。

1. 整体设计

区域经济发展的一般规律是从重点城镇形成增长极开始，到以重点城镇为"点"、以交通干线为"轴"的"点轴开发模式"，再到城镇与交通干线交织成网的"网络式开发模式"，推进区域经济从不发达走向发达。就现阶段中国区域经济发展状况而言，仅有东部的部分地区适应"网络式开发模式"，绝大部分区域仅停留于"点轴开发模式"，区域经济发展水平的限制决定了中国区域经济发展的整体设计，即"点轴开发"。在该发展模式下，交通干线的辐射延伸能冲破地区行政藩篱，推动跨区域经济交流，而以大型中心城市为"点"能增强增长极的经济辐射，形成突破行政区划的向外辐射扩散区，依托交通干线形成的"轴"还能扩大其辐射范围，显著增强更大范围内的经济辐射效应。

2. 具体推进

"点轴体系"中的"点"是指中心城市、空港等优区位及具有极强跨地区辐射能力的区域，"轴"是指由公路、铁路、江河航运干线等交通轴线。依据中国当前的区域发展规划，长江经济带和丝绸之路经济带致力于打造中国区域经济发展的新经济轴线，大力发展重要的中心城市如武汉、长沙等经济轴线上的重要经济"点"，构筑中国区域经济协同发展新格局的"点轴体系"。加强对这种"点轴体系"的开发不仅是区域经济发展的正确方向，还是突破地区利益分割的重要途径。在"点""轴"功能正常发挥的前提下，各区域的资金、人才、技术、信息等要素资源能从"点"开始，沿着"轴"流向周边的广大腹地，突破地区行政分割，加深要素资源的跨区域横向联系，有助于促进大区域整体产业分工的优化升级，实现资源优化配置。而后，在"点轴开发模式"不断发展与完善的过程中，"点"和"轴"的数量和功能将不断扩张，最终会形成多点辐射、多轴联动的网络式辐射模式，实现"网络式开发"，促进跨区域资源配置的深度优化。

(二) 加强区域合作

区域合作是区域经济协同发展的重要载体，依托各区域在社会、经济、文化等多个系统的合作能促进区域融合，实现各区域主动融入大区域经济的良好态势，促进区域经济协同发展。区域合作是一个动态变化的过程，包含了区域联动和区域互动两方面内容，前者指借助行政外力发展区域经济联系，加强区域合作，后者是前者的纵深推进，各区域秉承"互惠共赢"的原则，主动向区位寻求经济合作，以实现要素资源的互补式发展，人流、物流、资金流、信息流等各种要素资源进行频繁往复的跨区域流动，交通运输网络和通信网络等基础设施也逐步实现互通共享。在区域联动和区域互动螺旋式上升的演进过程中，区域经济协同发展水平逐步提高，区域经济的行动主体从政府转向企业，市场主导特征逐步凸显，逐渐形成生产要素互相投入、互相服务、互相依存的统一市场网络和高度开放性的产业协作机制，使区域内原来各自为政的行政区实现有机融合，达到规划统筹、交通同网、信息同享、市场同体、产业同布、旅游同线、环境同治的一体化境界。加强区域合作的最终目的在于区域经济共同发展、结构优化升级、在各自比较优势的基础上共同打造竞争优势，促进跨区域的多层次融合，实现区域经济协同发展水平的升级转变。

加强区域合作需依托区域联动—互动策略的实施，"和而不同"是该策略的核心内容。"和"指各地和衷共济地参与国际竞争与合作，"不同"指各区域在保持行政区划不同的同时，注重特色产业差异化发展，避免产业雷同和低水平重复建设，通过产业的错位发展推进整体产业链的纵深完善。"和"与"不同"都离不开区域间的信息交流，既包括区域政策和基础设施建设等方面的互联互通，也包括人才、技术、资金等要素的跨区域流动，而该信息交流的实现有赖于行政力量来扫除行政壁垒。政府应运用行政手段加强区域经济联系，建立区域经济协同发展信息的沟通平台和高效的网络系统，有助于培育密切的区域经济空间协同关系，进而实现大区域经济体的整体利润最优化。首先，建立区域政府间的信息交流平台。通过构建区域间政府内部信息网上交流平台，定期召开政府各部门的共同协商会议，以及积极推进区域间的项目合作等多种形式来实现区域间信息交流，加强政府间的问题磋商，即时解决经济矛盾，加强区域合作。其次，建立区域间信息协调权威组织机构。在区域间的信息交流过程中难免出现争端，在网上平台进行的信息交流也难以杜绝信息泄露，因而应建立相应的组织机构进行区域政府间信息的协调与监管，全面保证区域间信息交流的高效性。

四 产业协同发展政策

（一）科学践行产业转移

产业转移是进行中国区域产业协同发展的重要杠杆之一，各区域在"转出"或"转入"产业的过程中，应将增强产业集聚效应并支撑配套产业的发展视为主要的判断依据，依据地方特色选择适合的产业转移模式。

1. 产业转移应立足于增强产业集聚效应

关联产业的配套情况是产业转移承接能力的体现，集聚效应更是产业做大做强的有力保障。在产业梯度转移过程中，东、中、西部地区均应有选择性地承接适应本地比较优势且与本地主导产业相互关联的配套产业，以增强产业的集聚效应，盲目承接非适应性的大型主导产业将导致转移产业与转入地区的双重失利。同时，产业转移也已成为强势吸引发达地区和跨国公司资本、技术和人才等生产要素的投资驱动力，引进适应本地主导产业的大型龙头企业能带动配套企业的转移，有利于构建良好的产业集群态势，实现产业链的整体转移。通常情况下，中、西部地区处于较低梯度，面临人才缺乏、资金短缺和技术欠佳的困境，招商引资是其突破发展"瓶颈"的必经之路，但在制定招商引资政策和措施的同时需注意保持人才引进、资本投资的长效机制，推进中长尺度的经济发展。

2. 合理选择产业转移模式

产业转移模式各有不同，主要分为"邻近式"和"蛙跳式"，各地应根据自身梯度和产业级别进行合理选择。东部地区应选择转移其丧失比较优势的产业，而中部地区是重要的能源原材料基地、现代装备制造业以及高新技术产业基地，具有承接东部产业转移的产业梯度落差小、经济互补性强以及潜在消费市场巨大等优势，但目前中部地区尚不能脱离能源、原材料等资源密集型产业，制造业"邻近式"梯度转移以及有选择的"蛙跳式"产业转移应成为中部地区承接产业转移的首选路径。相比之下，西部地区拥有农副牧原料丰富、供应稳定和成本低廉三大优势，但长期被定位成原材料供应市场使其经济发展稍显落后，选择"蛙跳式"产业转移模式将面临消费市场萎靡的风险，因而加工原产地化路径是西部实现产业梯度转移的最优选择。资源型产品最终加工原产地化即指在资源出产地进行投资开发，在资源型产品的原产地完成其最终深加工的生产与销售过程，西部地区独特的光热资源是其发展农副牧特色产业的排他性优势。

（二）推进产业结构的绿色转型

产业结构调整已然成为全球范围内的经济热点，产业结构的绿色转型更是各区域展开下一轮产业竞争的关键点，中国东、中、西部地区应根据自身特色适时推进产业结构的绿色转型。

1. 东部地区应推进"精致"的产业结构绿色转型

东部地区经济实力雄厚，产业结构的绿色转型应落脚于"精致"二字，通过在原有产业基础上的优化升级来提炼出绿色优质产业，减少工业污染，提升区域的绿色生产效率，发展"精致"产业。具体而言，应从以下几方面采取措施。首先，大力改造提升传统产业。按照先易后难、分步实施的原则，坚定有序地淘汰钢铁、建材等行业的落后产能，大幅度压减煤炭用量和过剩产能，制定完善整合重组方案，实行最严格的能耗和排放标准。其次，培育壮大战略性新兴产业。加快新能源开发及应用示范、信息产业升级、生物产业创新发展等战略性新兴产业发展步伐，扶持空气监测净化等节能环保技术产品的开发利用，推进新能源汽车发展和动力电池产业化建设。再次，调整生产力布局。按照主体功能区划要求，合理确定重点产业发展布局、结构和规模，将煤炭减量替代作为新上耗煤项目的前置条件，严格控制生态脆弱或环境敏感地区建设高耗能、高污染工业项目。最后，加快发展节能环保产业。加快构建以政府为引领、市场为导向、企业为主体、产学研相结合的技术创新体系，设立大气污染治理科研专项，加快废气废水处理、垃圾处理等大气污染控制环保技术的开发利用，依靠科技带动产业结构优化升级。

2. 中、西部地区应致力于"特色"的产业结构绿色转型

中、西部地区的产业基础相对薄弱，缺乏走"精致"产业的实力，因而"特色"的产业结构绿色转型成为中、西部地区实现产业结构升级的突破口。整体而言，中、西部地区应把培育地方特色产业作为有效途径，以经济的发展来支撑生态环境的改善。首先，农业方面。中、西部地区应立足本地农业资源禀赋，积极促进本区域的农产品优势产业带建设，依托当地一些生产规模较大、经济效益较好，且发展潜力较大、特

色鲜明的企业，通过政府的扶持、引导以及社会各方面的支持，力争将其培育成为该农业领域内，在当地乃至国内综合实力雄厚且具有较大影响力的龙头企业。其次，能源工业方面。中、西部地区是中国重要的能源、原材料基地。中部六省份拥有丰富的煤炭资源、水资源、地热资源以及钢铁、水泥、硅锰合金等原材料等，西部地区也拥有相当可观的水资源与矿产资源存储量。因而中、西部地区应依赖优势工业，加大投资力度，开发先进工业技术，提升产品品质。最后，现代服务业方面。中、西部地区在文化资源和旅游资源方面具有很大优势，集合了历史古都、历史名城、名胜古迹等多处国际著名的旅游胜地，可依托境内丰富的旅游景点，打造精品旅游特色品牌，要突破行政区划的限制，整合区内旅游资源，加强跨区域的旅游合作，开发跨省旅游线路。

第五篇

推进中国区域政治协同发展研究

在推进中国区域协同发展过程中，政治是个关键性的制约因素。地方政府政治行为作为一种区域治理的主要机制，对区域的经济、文化、社会和生态发展都起着关键性的制约作用。区域之间政府政策和行政行为的协调状态，制约着区域合作的广度和深度，中国区域经济发展中的市场分割和区域之间的不正当竞争，主要来自各区域间行政壁垒和政府竞争，也即区域之间政治或行政的不协调。因此，推进区域政治协同发展，对于推进整个区域的协同发展具有重要的意义。同时，推进区域政治协同发展，对于维护国家稳定和统一，保障国家安全具有特殊意义。区域政治协同发展是目前学术研究中很少涉及的领域，亟待从理论和实证层面进行积极开拓和深入探讨。本篇首先将从政治权力分配和政治资源配置的视角，对区域政治协同发展进行界定和对协同机理进行分析；在此基础上，构建评价模型，对中国区域间政治协同度进行测度和分析；进而深入探讨区域政治协同对区域经济发展的影响；最后探讨和提出了推进我国区域政治协同发展的路径和对策。

第十八章

推进中国区域政治协同发展的理论分析

推进区域政治协同发展具有重要的意义，但迄今学术界却还鲜有研究。什么是区域政治协同？其协同的内在机理是什么？区域政治协同对区域发展，特别是经济发展有什么影响？推进区域政治协同发展的机制是什么？这些是首先需要从理论上弄清楚的基本问题。

第一节 区域政治协同发展的界定

一 政治与区域政治

政治作为国家治理机制，包含两个基本层次：一是国家权力的配置，也就是由谁来控制国家权力和统治国家，采取何种方式来分配国家权力和达成权力的均衡或协调；二是如何利用政治权力来实现对国家的管理和对国民提供公共服务，这也就是政府的行政。中国是实行集中统一政治制度的国家，第一个层次的政治主要集中在中央，区域政治主要是第二个层次的，也就是地方政府利用政治权力来实现对地方的治理的过程。这里的地方政府是广义的，包括党委、政府、人大等党政机构的综合。地方政治当然也包含了对地方权力的配置，其政治行为也会影响国家的统治权，但其主要的政治活动还是地方治理的行政行为。

从要素角度分析，政治是由政治理念、政治制度、政治活动和行为构成的。区域或地方的政治基本上也是如此，但性质和层次上具有差异。中国地方的政治，一方面是在中央所确定的政治理念和政治制度下，来具体推进本地区的政治建设,实现对地方的有效治理;另一方面由于每一地方都具有自己的特殊性,地方政府也具有一定的政治自主权,政府官员的政治理念和能力也具有差异,因此,地方的政治也会具有差异性。同时,区域地方的利益也不完全一致,地方政府及其官员要为本地方负责,并在本地方做出政绩获取升迁资本,从而引发地方政府之间的竞争,不可避免产生区域之间的矛盾和冲突。这种竞争和冲突必然造成区域之间的不协调,对区域双方及其整个国家发展都会带来消极影响。而推动区域政治的协同发展,就是要缓解和消除区域之间的冲突和消极竞争效应的基本路径。

二 区域政治协同发展的界定

"政治协同"概念源于美国,泛指美国联邦与地方政府上下层级间,以及地方政府间或不同部门间的理念价值、互动合作关系。事实上,政治协同是各界对政治体系中上下层级或平行层级关系的正面期望,即强调不同主体间应将协同原则作为政治理念和实施互动,以产生1+1>2的功效。政治协同理论的基石源于政府间竞争与合作关系的演进,在概念上包含三方面内容。第一,以"协同"为基础的政府关系模式。由于只要设有中央和地方政府,地方政府之间的政治关系就必然存在,只是可能因为价值理念和互动方式的不同,而可能有"好/坏""积极/消极""合作/冲突"之别。因此,强调"协同"意味着省际政治关系应排除各种负面的可能性,并以协同和合作为唯一选择。第二,强调价值理念、行动协调与资源分享。既然协同和合作是唯一选项,则政治关系中的各成员自然应保持自主的价值理念、采取实际行动,来排除可能产生的负面互动方式。又因为是缔结关系,所以各成员自然应舍弃本位主义心态,并以实际行动支持整体绩效的达成。由此可知,政治协同包括了静态与动态两个方面,前者强调价值理念协同,后者强调政府行为协同。第三,希望促成互利的结果。在面临环境挑战以及社会对政府诸多期望的情景下,政治协同应非为协同而协同,而是希望借此发挥互利功能,进而达成双赢结果,促进彼此政治的优化发展。

基于以上分析,我们给出区域政治协同发展的界定:区域政治协同发展是指通过区域政府之间在政治理念、政府政策和行为方面的相互协调、相互合作,去提高地方社会的有效治理和促进区域政治文明发展的过程。从内容上看,区域的政治协同发展体现在三个方面:一是区域之间政治理念上的一致性,主要是对公正价值的遵从;二是区域的政策的协调性,相互之间的基本法规和政策的一致性和开放性,能够促进彼此之间的合作,降低交易成本;三是区域政府行为或活动的互动性,即通过更多的相互交流、相互协调、相互促进,来实现彼此行政效率的提升和区域治理的优化。从形式上看,区域政治的协同发展,包含了区域内部政治相关要素的协同和区域之间政治的协同。区域内部政治相关要素之间的协同,主要通过区域政治资源的优化配置和区域政治与经济的关系协同发展体现出来;区域之间政治的协同,是通过彼此之间政治理念、政策和行为的互动与合作体现出来。

第二节 区域间政治协同的机理分析

一 国家权力配置下区域间政治协同机理

如前所述,政治协同主要表现在政治理念一致性、政府政策协调性和政府行为互动性三个方面。而中央政府,作为国家权力配置的主体,可以通过这三个方面有效地对区域间政治协同发展产生影响。

其一,中央政府主导下政治理念的一致性和包容性影响着区域间的政治协同状况。中国是民主集中制国家,中央政府在地方政府政治理念的引导上具有重要的影响。一方面,中央政府的引导确保了各区域政治理念主旨的一致性,即中国特色的社会主义政治发展理念。另一方面,地区间的区位比较优势差异又决定了区域间政治理念的特色差异,而这一差异是以政治理念主旨一致性为前提的。如东部沿海地区相对较为外向型的政治理念与西部地区相对比较保守的政治理念,政治理念的差异主要通过地区间的体制机制差异表现出来。上述两方面内容要求国家权力配置过程中,既要保证区域间政治理念的一致性,又要保证区域间政治协同的特色差异,而这些特色差异主要体现在政治理念的包容性上。政治理念的一致性和包容性是相互影响的:区域政治理念的包容性是以其一致性为前提的,而一致性既体现在区域政治理念主体的一致上,又体现在具有共同区位比较优势区域的政治理念一致上。中央政府在国家权力配置过程中如何有效地处理一致性与包容性的关系，决定着区域间的政治协同发展程度。

其二，中央政府主导下区域政策配置的协调性影响着区域间的政治协同状况。区域政策配置的协调性主要体现在三个方面：一是区域间政策制定和实施的理念价值观的一致性，提升区域间政治互动的效率；二是区域基本法规和政策的一致性，确保区域间交易成本的降低；三是区域间政策的开放性，以此促进彼此之间的合作。但是区域政策的制定往往是以本区域效应最大化为目标的，若要实现政策协调就必须要有中央政府的参与。中央政府的参与，一方面通过国家战略等形式引导区域政策制定和实施的方向，另一方面通过对政策孤立主义的压制确保区域政策的开放性，从而推动了区域政策配置的协调性。然而，当前中国区域政策的配置是非均衡的，这种非均衡状态既表现在中央优惠政策的区域倾向性差异上，又体现在中央政府对各区域政策支持力度的差异上。中央政府如何合理有效地引导区域政策的非均衡性，是决定区域间政策配置协调的关键因素。

二 地方政府间政治互动机制下的协同机理

在中央政府的约束下，各区域政府拥有自主的政治行为权力，区域间政府行为的互动效果便直接决定着区域间的政治协同程度。区域间政府行为的互动效果有积极和消极两个方面：积极方面主要体现在通过相互交流、相互协调、相互促进，来实现彼此行政效率的提升和区域治理的优化；消极方面主要体现在恶性竞争、政治分割上，阻碍区域间积极的政治外溢性，加深区域间的体制机制差异。显而易见，消极的政治互动是不利于区域间政治协同的，而积极的政治互动可以有效地推动政治协同。

积极政治互动得以实现的关键在于打破区域行政边界的限制。以京津唐为例，京津唐都市经济圈是指北京、天津和冀东重要城市唐山之间三角地带的广大地区。在中央政府的政治资源配置影响下，这三个地区间政治边界限制被打破，区域间的政治互动得到极大加强，政治资源的跨区域配置更加有效率、更加优越。同时，这种打破区域行政边界限制的政治协同发展方式，也使得外部性（区域间）的政治互动内部化了，即成了京津唐都市经济圈内部各地区间的政治协同。

同时,区域间的积极政治互动要明确不同区域的政治比较优势,即地方政府在对其所拥有的政治资源进行不同主体和方向的配置过程中所体现出的价值理念和行为准则应当是互补的,应当发挥各自的比较优势。

另外,还应以区域间政治理念协同一致性为导向,引导地方政府在政治互动层面的合作,形成了良性的政治互动循环。而积极的政治互动通过外部性渠道,使得后发区域的政治配置方式向先发省份不断"学习和靠拢",进而促进全体区域间政治协同进步。

第三节 区域内政治相关要素协同:基于政治—经济系统的分析

一 政治资源配置与政治协同

西方行为主义政治学提出了"政治资源"的概念,但政治学家们对政治资源的表述各不相同。综合国内外学者的观点,我们认为,所谓政治资源是指能够使政治行为主体对政治客体发生作用,从而影响政治变迁、维护政治稳定、推动政治发展的实体性与规范性因素的总和。政治资源的主体涉及两个层次:从微观角度讲,政治资源的主体可以是领袖、公民个人或社会组织等,而从宏观层次上讲,政治资源的主体应该是国家或政治共同体。从表现形态来看,政治资源可以分为实体性政治资源和规范性政治资源两个主要部分,前者又可分为政治实体性资源(如:政治权力、政治组织等)和经济实体性资源(如:国有企业、国家财政等)。后者主要是规定政治实体性质、地位、作用、相互关系、运行程序、运行方式等的制度规范以及政治文化等。[①]

政治资源的配置,是指一个社会中政治资源总量在各个政治行为主体、各个不同的政治使用方向之间的安排与分配。政治资源配置状况,不仅反映了政治资源在各个政治主体中的静态布局,而且也体现了政治资源在各个政治主体之间的动态流动。区域地方政府,作为中国重要的区域性政治行为主体,可以通过对政治资源的配置以实现其经济和社会

---

① 陈文新:《政治资源的优化配置与政治文明建设》,《北京行政学院学报》2012年第6期,第56—58页。

治理的目的。区域地方政府的政治资源配置方式在经济治理上的表现主要包括以下两个方面。

其一，将政治资源配置给不同的政治行为主体。通过区域政策倾斜等手段，区域地方政府可以让辖区内不同的区域享受差异化的政策手段；区域地方政府亦可以通过产业规划战略等手段，优先发展一些产业，甚至限制一些落后或者高污染产业的发展；区域地方政府亦可以通过收入再分配手段让不同的阶层分享不同的改革福利。公共品供给和制度设计是区域地方政府实现这一资源配置方式的主要手段。

其二，将政治资源配置到不同的政治使用方向上。区域地方政府在政治价值理念上会有一个方向，即政府行为的政策导向，这种价值理念既可以是地方政府所遵循的地方保护主义理念，也可以是地方政府倡导的开放型发展思路。

区域间的政治协同主要体现在区域间政治资源配置层面的协同性上，即政治资源配置互动性加强、政治资源配置理念的一致性以及政治资源的跨区域合理配置。

二 政治资源配置路径下政治协同对区域经济增长的影响

本节我们以 Barro and Martin、Davoodi and Zou、丁菊红和邓可斌的模型为基础，构建加入政治资源的内生经济增长模型对中国各地区政治资源配置和经济增长之间的关系进行分析。[1][2][3]

假设一个国家存在两个区域，且仅生产一种产品 m。设生产函数中的投入包括私人资本、公共资本和劳动力，公共资本投入包括必要投入（如教育、医疗、卫生和均等化的必要政策等）、本区域非必要投入、省外公共资本投入溢出效应三部分。采用 Cobb-Douglas 生产函数形式，可构建产出函数如下。

---

[1] Barro R. J., Sala-i-Martin X., "Economic Growth and Convergence Across the United State", *NBER Working Paper*, No. 3419, 1990.

[2] Davoodi H., Zou H., "Fiscal Decentralization and Economic Growth: A Cross-country Study", *Journal of Urban Economics*, Vol. 43, No. 2, 1998, pp. 244–257.

[3] 丁菊红、邓可斌：《政府干预、自然资源与经济增长：基于中国地区层面的研究》，《中国工业经济》2007年第7期，第56—64页。

$$y = Ak^\alpha l^\beta P^\gamma Q^\vartheta (\eta S)^\zeta \qquad (18.1)$$

y 代表人均产出水平，k 和 l 分别为人均私人资本和每期劳动力投入，P 为本区域必要公共资本投入，Q 为本区域非必要公共资本投入，S 为外区域非必要公共资本投入，且 $g = P + Q$，η 为外区域公共资本投入的溢出效应，区域之间政治互动性越强，η 值越大（$0 < \eta < 1$）。假设税率不变，用 Q/Y 表示政府对本区域 m 产业的政治资源配置。参数 α、β、γ、ϑ 和 ζ 都代表产出弹性，且 $\alpha + \beta + \gamma + \vartheta + \zeta = 1$，$0 < \alpha < 1$，$0 < \beta < 1$，$0 < \gamma < 1$，$0 < \vartheta < 1$，$0 < \zeta < 1$。税收为：

$$\tau = g/Y$$

不考虑消费者异质性，将其连续时间下跨期效用最大化可以表示为：

$$\max U = \int_0^\infty u(c_t) e^{-\rho t} dt \qquad (18.2)$$

c_t 表示 t 时刻人均消费，ρ 为正的不变时间偏好率。效用函数设为 CAAR 形式。即：

$$u(c_t) = \frac{c_t^{1-\sigma} - 1}{1 - \sigma} \qquad (18.3)$$

其中 $\sigma > 0$ 为风险规避系数。在稳态经济情况下，消费以不变速度 q 增长，于是有 $c_t = c_0 e^{qt}$，将公式（18.3）代入公式（18.2）得：

$$\lim_{t \to \infty} \frac{c_t^{1-\sigma} - 1}{1 - \sigma} e^{-\rho t} = \lim_{t \to \infty} \frac{c_0^{1-\sigma}}{1 - \sigma} e^{[-\rho t + q(1-\sigma)t]} \qquad (18.4)$$

当 $-\rho t + q(1 - \sigma) t > 0$ 时，式（18.4）是有界的。满足这一条件要求消费者的时间偏好很强，且风险规避较高。为了研究的方便，假设这一条件满足。于是效用函数 U 是有界的。

另外，假设人均资本存量的增速为：

$$\dot{k} = \frac{dk}{dt} = (1 - \tau) y - c = (1 - \tau) A k^\alpha l^\beta P^\gamma Q^\vartheta (\eta S)^\zeta - c \qquad (18.5)$$

这也是消费者进行投资消费的约束条件（也是控制变量，为简化分析不考虑折旧）。假设一个地区的劳动力投入在短期内是不随时间变化的，也即 $\dot{l} = \frac{dl_i}{dt} = 0$。假定政府预算在任何时间都是平衡的，并且税收总是一次性征收的。为了分析最优的政治资源配置状况，构建 Hamilton 最优控制函数：

$$H = \frac{c_t^{1-\sigma} - 1}{1 - \sigma} + \lambda [(1 - \tau)Ak^\alpha l^\beta P^\gamma Q^\vartheta (\eta S)^\zeta - c] \qquad (18.6)$$

在式（18.5）的约束条件下，对式（18.6）求最优解，得到：

$$c^{-\sigma} = \lambda \qquad (18.7)$$

$$\dot{\lambda} = \rho\lambda + \lambda[(1 - \tau)\alpha Ak^{\alpha-1} l^\beta P^\gamma Q^\vartheta (\eta S)^\zeta] \qquad (18.8)$$

因为 $P + Q = \tau Ak^\alpha l^\beta P^\gamma Q^\vartheta (\eta S)^\zeta$，可以推出：

$$k = \left(\frac{P + Q}{\tau A l^\beta P^\gamma Q^\vartheta (\eta S)^\zeta}\right)^{\frac{1}{\alpha}} = \left(\frac{y}{A l^\beta P^\gamma Q^\vartheta (\eta S)^\zeta}\right)^{\frac{1}{\alpha}} \qquad (18.9)$$

将公式（18.9）代入公式（18.8）得到：

$$\dot{\lambda} = \rho\lambda + \lambda\left[(1 - \tau)\alpha A \left(\frac{l}{y}\right)^{\frac{\beta}{\alpha}} \left(\frac{P}{y}\right)^{\frac{\gamma}{\alpha}} \left(\frac{Q}{y}\right)^{\frac{\vartheta}{\alpha}} \left(\frac{\eta S}{y}\right)^{\frac{\zeta}{\alpha}}\right] \qquad (18.10)$$

人均收入增长率为：

$$\frac{\dot{y}}{y} = \frac{1}{\sigma}\left[(1 - \tau)\alpha A \left(\frac{l}{y}\right)^{\frac{\beta}{\alpha}} \left(\frac{P}{y}\right)^{\frac{\gamma}{\alpha}} \left(\frac{Q}{y}\right)^{\frac{\vartheta}{\alpha}} \left(\frac{\eta S}{y}\right)^{\frac{\zeta}{\alpha}}\right] - \frac{\rho}{\sigma} \qquad (18.11)$$

由公式（18.11）可知：

第一，政治资源对本地企业的倾斜有利于推动本区域经济的增长。在其他变量不变的情况下，政治资源配置变量 Q/y 与人均产出增长呈现正相关的关系。

第二，区域政府间的良好政治互动有利于推动本区域经济的增长。在其他变量不变的情况下，外区域政治资源配置外溢变量 $\eta S/y$ 与人均产出增长呈现正相关的关系。

第三，若政府试图通过地方保护主义等策略实现其政治资源配置倾斜的目的，则不能确定其对经济增长的促进效应。因为在政府实施地方保护主义等政策时，政治互动的外溢性系数 η 会不断下降，虽然 Q/y 的影响路径是正向的，但 η 的下降使得其影响路径不能确定。

第四，区域间的政治协同有利于推动本区域的经济增长。根据前述关于政治协同的界定，该概念包含两方面含义：一是两区域政府在政治理念上的趋同，在公式（18.11）中表现为两区域政府变量 Q/y 的接近；二是两区域政府在政治互动上较强，即公式（18.11）中系数 η 相对较大。

在中央政府的约束下，通过对先发区域的"模仿效应"政治资源配置可以促进后发区域的经济的增长。假设两个区域是同质的，m 产业是两区域经济发展的主导产业。在中央政府的约束下，后发区域为了达到促进本区域经济发展的目的，会向先发区域进行模仿，加大政治资源向 m 产业的配置，进而促进区域的经济增长。后者通过政治互动，显著强化了本区域经济的增长。还须说明的是，对一些实施地方保护主义的区域，政治互动会逐步打破行政壁垒促进区域经济增长。

第十九章

中国省际政治协同的测度及现状分析

本部分将从省际的视角,来研究中国区域政治协同发展的基本状况。主要内容是一方面利用熵值法对省际点对点的政治协同进行测度,另一方面在测度结果基础上通过时间和空间维度对区域之间的政治协同状况进行分析。

第一节 指标体系的构建

一 指标体系构建的原则

确立正确的测度指标体系构建原则是建立中国省际政治协同测度体系的指导思想,是科学构建政治协同评价体系的基础和方法论,因此应该首先确定指标体系构建的原则,并在此原则指导下选取评价指标,确立评价体系内容。

其一,系统性原则。指标体系构建的系统性原则,是指纳入指标体系内的各项指标应在总体上构成一个系统,具有统一性和完整性。

其二,相关性原则。相关性原则的含义是指各项指标与政治协同之间应该相关,即区域之间的政治协同度可以由这些指标灵敏地反映。基于本章所要研究的问题,相关性原则在此应该还有更深层次的含义,即指标的选取和确立应该与政治协同的静态和动态表现相关。为遵循这一原则,本章将政治协同分为政府公正协同、政府效率协同和政府互动协同三个方面。

其三,可测性原则。首先,各项指标应该是可测的。每个指标都可以通过对经济现象的观测准确地计算出来。其次,所选择的指标应该尽可能地与可获得的有关统计资料在统计口径上一致。

其四，科学性原则。统计指标的选择能较为准确地反映省际政治协同的某一方面。

其五，实用性原则。通过该评价体系得出的结论和相应数据应能够较容易地被有关政府部门、学术机构和企业等采用。

二　指标体系的构建及解释

根据前述关于政治协同的定义，省际政治协同是指省级政府之间在政治理念、政府互动两方面的协调程度，政治理念涵盖了政府公正和政府效率两方面，而政府合作是指基于政治目标的地方政府之间的合作行动关系。基于上述定义，本章将政治协同的测度划分为政府公正、政府效率和政府互动三个方面。政府公正和政府效率强调的是静态下政治理念的协同，而政府互动强调的是政治互动作用下的竞合关系。

对于 i 和 j 两个省份的单点指标 B_i 和 B_j，其处理方法为：$B'_{ij} = |B_i - B_j|$，B'_{ij} 为双向指标，主要用于反映两个省份政治理念的协同度，观察表19.1可知，政府公正和政府效率基本都是单点指标。而政府互动指标都是双向指标，反映的是两个省份之间的关系。结合前人的研究，本部分构建政治协同的测度指标体系如表19.1所示。

表19.1　　　　　　政治协同测度的指标体系

一级指标	二级指标	三级指标	指标说明	指标性质
政府公正	价值取向	B1：政府自身支出占比	地区一般公共服务支出占财政总支出（预算）比例	单点
		B2：政府经济运行理念	地区税收收入总额占地区GDP的比例	单点
		B3：政府环保价值理念	地区政府财政支出（预算）中环保支出所占的比例	单点
		B4：政府教育价值理念	地区政府财政支出（预算）中教育支出所占的比例	单点
		B5：政府科技价值理念	地区政府财政支出（预算）中科技支出所占的比例	单点
		B6：政府社保价值理念	地区政府财政支出（预算）中社保就业支出所占的比例	单点

续表

一级指标	二级指标	三级指标	指标说明	指标性质
政府公正	行政规范	B7：政府廉洁度	地区职务犯罪立案数占地区公务员数量的比例	单点
		B8：政府财政运作规范	财政预算完成额：财政决算占预算的比例减1的绝对值	单点
		B9：政府组织建设规范	街道办事处行政区划数量占地区人口数量的比例	单点
		B10：政府法规约束规范	地区政府已制定地方法律法规数占GDP的比例	单点
政府效率	行政运作效率	B11：政府行政运作效率	一般公共服务支出（决算）占地区公务员数量比例	单点
		B12：国有企业运作效率	国有企业净资产利润率	单点
		B13：机构臃肿度	地区公务员数量占地区总人口数的比例	单点
	行政产出效率	B14：经济增长的政府效率	地区GDP占一般公共服务支出（决算）的比例	单点
		B15：经济稳定的政府效率	经济稳定性指数占地区财政支出（决算）的比例	单点
		B16：稳定物价的政府效率	物价稳定性指数占地区财政支出（决算）的比例	单点
		B17：促进就业的政府效率	地区就业率占社会保障就业财政支出（决算）比例	单点
		B18：环境保护的政府效率	工业废气排放总量占环保财政支出（决算）的比例	单点
政府互动		B19：区域战略规划	虚拟变量：政府的经济区域归属	双向
		B20：区域经济互动	区域间经济联系程度指标	双向
		B21：区域市场融合	基于价格水平法的区域间市场融合指标	双向
		B22：区域政府开放度	地区政府进出口总额占GDP比重	双向

注：单点指标只反映一个省份的样本特征，后续中还会对其进行处理，使之成为双向指标；而双向指标反映的是两个省份之间的样本特征。

其一，政府公正。政府公正是政治理念的一个重要表现，具体包括政治价值理念和政治行为规范。

（1）价值取向的测度反映在6个方面，即政府财政支出中的自我消耗（B1，自身支出占比）、政府经济运行理念（B2）、政府环保价值理念（B3）、政府教育价值理念（B4）、政府科技价值理念（B5）、政府社保价值理念（B6）。B1显示出了政府愿意将多少财政资金用于自身的消耗，适当的自身财政消耗有利于提升政府运作效率，但这一支出过度的话会挤占财政对经济和社会的效益。要说明的是，一般公共服务支出主要用于保障机关事业单位正常运转，支持各机关单位履行职能，保障各机关部门的项目支出需要，以及支持地方落实自主择业军转干部退役金等。B2显示出了政府行为给地区市场带来的财政压力和税收负担，即政府的经济运行理念。B3、B4、B5、B6分别显示了政府在环保、教育、科技、社保就业四方面的财政支出理念。上述数据来源于2008—2014年《中国财政年鉴》，本部分利用统计软件将单点指标处理后形成了2007—2013年6个指标的3255个样本数据。

（2）行政规范的测度包括了4个方面，即政府廉洁度（B7）、政府财政运作规范（B8）、政府组织建设规范（B9）、政府法规约束规范（B10）。B7反映出政治的清明度，其中地区职务犯罪立案数的数据来源于历年《中国检察年鉴》，地区公务员数量指标为历年公共管理、社会保障和社会组织行业的就业人数，来源于历年《中国统计年鉴》。B8反映的是地方政府在对其财政支出进行规划的一个规范化程度，数据来源于历年《中国财政年鉴》。在政府组织建设规范指标的设计中，本部分以街道办事处行政区划数量为组织建设核心，这一设计是因为：中国街道办事处是中国最基层的正式组织，其数据来源于历年《中国民政统计年鉴》。B10指标中的已制定地方法律法规数则来源于我们在法律之星网站中对各地方政府法规的统计（http://law1.law-star.com/）。

其二，政府效率。政府效率反映的是政治运作自身效率和其对市场产生的效率，具体包括行政运作效率和行政产出效率。

（1）行政运作效率的测度包括三个方面，即政府行政运作效率（B11）、国有企业运作效率（B12）、机构臃肿度（B13）。由于国企是中国政治体制的一个重要表现方面，故此本章不仅考虑政府行政的效率还考察国企的运作效率,另外,本部分着重分析了政府的臃肿度。表中的指标数据来源于历年《中国财政年鉴》和《中国统计年鉴》。

(2) 行政产出效率反映的是政府行为(或称政治行为和价值)在经济增长(B14)、经济稳定(B15)、稳定物价(B16)、促进就业(B17)和环境保护(B18)五方面所带来的效率。在指标B15中,经济稳定指数(Est)设计如下:

$$Est = 1 - \frac{\left|g_t - \frac{g_{t-1} + g_{t+1}}{2}\right|}{g_t} \quad (19.1)$$

其中,g_t表示当年的GDP指数,g_{t+1}表示次年的GDP指数,g_{t-1}表示前一年的GDP指数。

在指标B16中,物价稳定指数(Pst)设计如下:

$$Pst = 1 - \frac{|cpi_t - cpi_{t-1}|}{100} \quad (19.2)$$

其中,cpi_t和cpi_{t-1}表示当年和前一年的居民消费价格指数。

在指标B17中,就业率指标为1减去失业率指标所得。

其三,政府互动。政府互动反映的是区域间的政治互动性,从动态的视角测度区域间的政治协同度。该指标具体包括省级政府间在战略规划(B19)、经济互动(B20)、市场融合(B21)、政府开放度(B22)四方面的政治互动。政府互动指标都是双向指标,其测度方法如下。

区域战略规划:虚拟变量,若i省份和j省份不属于同一个大经济区域,则虚拟变量$D=1$;若i区域和j省份属于同一个大经济区域,则虚拟变量$D=2$;若i省份和j省份属于同一个大经济区域且具备地理邻近性,则虚拟变量$D=3$。经济区域的划分如下:东北地区(辽、吉、黑),北部沿海地区(京、津、冀、鲁),东部沿海地区(苏、浙、沪),南部沿海地区(琼、粤、闽),黄河中游地区(陕、晋、豫、蒙),长江中游地区(鄂、湘、赣、皖),西南地区(滇、黔、川、渝、桂)以及大西北地区(甘、青、宁、藏、疆)。

区域经济互动:区域间经济联系程度指标设计为$er_{ijt} = (\sqrt{G_{it}P_{it}} \times \sqrt{G_{jt}P_{jt}})/D_{ij}^2$,其中,$er_{ijt}$表示$t$年份$i$地区和$j$地区之间的经济联系;$G_{it}$和$G_{jt}$分别表示$i$地区和$j$地区的地区生产总值;$P_{it}$和$P_{jt}$分别表示$i$地区和

j 地区的总人口数；D^{ij} 表示 i 地区和 j 地区省会城市之间的空间距离。该指标值越大，说明各省份之间经济联系程度越强，这是一个正向指标。

区域市场融合：选取 t 年 i 和 j 区域的居民消费价格指数（cpi，以上年为 100），设计指标 $|cpi_{it} - cpi_{jt}|$ 测度各省份之间市场的融合程度，该指标越小说明市场间的价格水平差异越小，市场融合程度越高。

区域政府开放度：选取 t 年 i 和 j 区域的政府开放度指标（地区政府进出口总额占 GDP 比重），并比较其开放度的相似性，主要在于观察两地区开放价值观念的比较。

第二节 基于熵值法的中国省际政治协同测度

近年来，国内外进行综合测度的方法有很多种，主要有主成分分析法、层次分析法、因子分析法、熵值法、DEA 法、综合指数法等多种方法，由于主成分分析方法得出某个指标的值加总之后是等于 1 的，其存在有正有负的数值，不利于比较分析；而层次分析法在权重赋值过程中存在很大的主观性，故熵值法是最佳的测度方法。

基于前面的指标体系及获取的数据，本章利用熵值法对中国省际政治协同进行测度。在信息论中，熵的概念指的是事物提供的信息量多少对判断结果不确定性的估量。信息量越大，所得出的结果不确定性越小；信息量越小，结果的不确定性就越大。利用这个概念，在对指标权重进行熵值法计算时，如果指标提供的有效信息量越大，则其熵值越小，熵权也就越大；反之则熵权越小。

一 评价指标值的无量纲化处理

无量纲化的处理是为了消除单位不同给各指标所带来的不可公度性。但是，普通的无量纲化处理是针对静态评价问题的，本部分所涉及的指标值具有时间的维度。如果对具有时间维度的数据进行传统的无量纲化处理，只能保留各个评价指标因素之间的差异，而不同时间同一指标的变动信息则被剔除掉了。因此本章采用的无量纲化处理方法是，将同一指标在不同时间点上的数据集中到一块统一进行无量纲化的处理，处理公式为：

对正向指标：$C_{ij} = \dfrac{A_{ij} - \min(A_{ij})}{\max(A_{ij}) - \min(A_{ij})}$，对负向指标：$C_{ij} = \dfrac{\max(A_{ij}) - A_{ij}}{\max(A_{ij}) - \min(A_{ij})}$。

其中，A_{ij} 为处理后的单点指标和为处理的双向指标，i 表示第 j 个指标下的样本点，$i = 1, 2, \cdots, m$；$j = 1, 2, \cdots, n$。

之后，我们运用 Z-Score 标准化公式对上述值进行表转化：$ZC_{ij} = \dfrac{C_{ij} - E(C_{ij})}{Stdev(C_{ij})}$。

其中，$E(C_{ij})$ 和 $Stdev(C_{ij})$ 分别表示指标 j 的均值和标准差。转化之后令 $P_{ij} = ZC_{ij} + 7$，① 以实现对数据的平移，以便数据进行取对数处理。

二 指标权重及测度结果的计算

计算第 j 项指标的第 i 个样本点指标值的比重，记为：$q_{ij} = P_{ij} / \sum_{i=1}^{m} P_{ij}$ ($i = 1, 2, \cdots, m$；$j = 1, 2, \cdots, n$)。计算各评价指标的熵值：$e_j = k \sum_{i=1}^{m} q_{ij} \ln q_{ij}$ 其中，$k = 1/\ln(m)$。计算指标权重：$w_j = (1 - e_j) / \sum_{j=1}^{n} (1 - e_j)$。通过统计软件计算出各指标的权重如表 19.2 所示。

以表 19.2 中的权重值为基础，计算省份和省份之间的指标加权均值，即区域之间的政治协同度。需要说明的是，此时各个指标也是省份和省份之间的数据值，因此可以直接进行加权平均以求测度值。指标加权均值的计算公式为：第 j 项指标的第 i 个样本的测度值 $\theta_{ij} = w_j \cdot P_{ij}$；第 i 个样本的综合测度值 $\theta_i = \sum_{j=1}^{n} w_j \cdot P_{ij}$。具体测度值的评价将在后文进行分析。

---

① 通过数据计算发现，ZC 值的最小值为 -6.5，为取整数且保持数据大于 0，故此 ZC 进行数值 7 的平移。

表 19.2　　　　　　　　　各指标的权重值

指标	权重	指标	权重	指标	权重
B1	0.04545479	B9	0.04545422	B16	0.04545327
B2	0.04545387	B10	0.04545493	B17	0.04545069
B3	0.04545470	B11	0.04545480	B18	0.04545368
B4	0.04545488	B12	0.04545475	B19	0.04545960
B5	0.04545169	B13	0.04545149	B20	0.04546537
B6	0.04545420	B14	0.04545522	B21	0.04545331
B7	0.04545491	B15	0.04545328	B22	0.04545484
B8	0.04545151				

第三节　中国省际政治协同现状的时空分析

一　政治协同度的判断标准

2007年的中央经济工作会议指出"促进区域经济协调发展","全面深化改革,完善推动科学发展、促进社会和谐的体制机制"。这为中国区域政治协同鸣响了起跑枪。所以,本研究以2007年作为中国省际政治协同的测度起始年份,鉴于数据的可得性,数据的截止年份为2013年。下文当中将对数据的时间和空间维度进行探讨分析。任何数据的测度都必须有一个合理的评价机制,以此判断中国政治协同度的优劣。利用Geoda软件,我们对政治协同度的判断标准进行了计算,省际政治协同的判断标准如表19.3所示。

表 19.3　　　　　　　　省际政治协同度的判断标准

评价	协同度最佳	协同度良好	协同度一般	协同度较差
程度区间	7.24—+∞	7.18—7.24	7.04—7.17	-∞—7.01

二　点指标维度下的区域间政治协同度

下文的表19.4显示的是2013年点指标维度下的区域间政治协同度。

(1) 中国区域间政治协调发展的总体水平较高。经测算,2013年中国省际政治协同度的平均值为7.10,其中大于并等于7.24(最佳评价)的测算值个数占到总体样本数的38.92%,大于并等于7.18(良好评价)的测算值个数占到总体样本数的46.83%。

2013年政治协同度排名前10的区域间数据点分别是江苏与安徽(8.42)、浙江与江苏(8.01)、河北与山东(7.92)、河北与山西(7.87)、安徽与湖北(7.84)、湖北与湖南(7.81)、河南与山东(7.78)、湖南与江西(7.74)、河北与河南(7.74)、四川与云南(7.73)。排名最后的10个区域间数据点分别是吉林与西藏(5.95)、山西与西藏(5.94)、西藏与浙江(5.94)、河北与西藏(5.90)、山东与西藏(5.86)、黑龙江与西藏(5.83)、广东与西藏(5.81)、天津与西藏(5.81)、北京与西藏(5.81)、上海与西藏(5.61)。

由此可知,经济发展水平与区域政治协同度并不存在显著的相关性,排名靠前的10个数据点中大多是中部区域或者中部与东部区域,并不存在东部区域之间的数据点;排名最低的10个数据点均是西藏,这与西藏的政治欠发达状态有关,同时还发现与西藏相关的最差区域均是经济、政治发达区域,这表明政治水平的差距也引致了政治协同度的降低。

(2)中国区域之间政治协同度的不平衡状态十分显著。同一区域与在政治水平和区域特征上存在差异的不同区域之间的政治协同水平存在巨大差距,如江苏与安徽之间的政治协同度为8.42,而其与西藏的政治协同度仅为5.98,其与青海的政治协同度仅为6.62。

(3)政治理念定位对区域间政治协同度具有重要的影响。北京是中国的政治中心,在表18.4中,北京与其他区域的政治协同度的平均值仅为6.74,而仅有1个数据点达到了良好水平。上海作为国际金融中心,其与其他区域的政治协同度也相对比较低。

(4)地理邻近性对区域之间的政治协同度具有重要的影响。如同处于东北老工业基地的黑龙江、辽宁和吉林三个省份之间的政治协同度相对较高。黑龙江与辽宁和吉林的政治协同度分别是7.47、7.71,辽宁与吉林的政治协同度为7.54。

第十九章　中国省际政治协同的测度及现状分析 / 355

表19.4　点指标维度下的区域间政治协同度（2013年）

	黑龙江	吉林	辽宁	北京	天津	河北	山东	江苏	浙江	上海	海南	广东	福建	陕西	山西	河南	内蒙古	湖北	湖南	江西	安徽	云南	贵州	四川	重庆	广西	甘肃	青海	宁夏	西藏	新疆
黑龙江		7.71	7.47	6.78	6.87	7.27	7.19	6.92	7.02	6.55	6.78	6.85	7.11	7.23	7.28	7.23	7.42	7.33	7.28	7.33	7.24	7.40	6.91	7.34	7.41	7.14	7.21	6.92	7.09	5.83	6.92
吉林	7.71		7.54	6.69	6.79	7.20	7.04	6.85	6.95	6.46	6.75	6.76	7.05	7.24	7.25	7.16	7.43	7.34	7.25	7.25	7.18	7.34	6.93	7.30	7.47	7.08	7.17	6.91	7.08	5.95	6.97
辽宁	7.47	7.54		6.62	6.96	7.24	7.32	7.15	7.24	6.80	6.87	7.03	7.34	7.25	7.21	7.29	7.45	7.54	7.32	7.30	7.42	7.37	7.08	7.38	7.35	7.29	7.15	6.92	7.05	6.05	7.03
北京	6.78	6.69	6.62		7.26	7.06	6.96	6.79	6.82	7.05	6.44	6.85	6.70	6.90	6.88	6.59	6.73	6.68	6.75	6.80	6.72	6.74	6.54	6.88	6.85	6.55	6.82	6.57	6.69	5.81	6.73
天津	6.87	6.79	6.96	7.26		7.23	7.30	7.22	7.24	7.15	6.97	7.11	7.31	6.88	7.02	7.03	6.92	7.02	6.92	7.23	7.08	7.12	7.01	7.12	7.02	7.14	6.99	6.74	6.80	5.81	6.87
河北	7.27	7.20	7.24	7.06	7.23		7.92	7.21	7.38	6.57	6.93	7.08	7.12	7.49	7.87	7.74	7.35	7.42	7.46	7.46	7.22	7.36	7.20	7.46	7.21	7.34	7.32	6.86	6.99	5.90	7.09
山东	7.19	7.04	7.32	6.96	7.30	7.92		7.66	7.64	6.87	6.87	7.40	7.02	7.42	7.36	7.78	7.12	7.38	7.42	7.51	7.44	7.24	7.16	7.41	7.13	7.34	7.15	6.68	6.90	5.86	7.02
江苏	6.92	6.85	7.15	6.79	7.22	7.21	7.66		8.01	6.86	6.86	7.50	7.52	7.18	7.06	7.20	6.89	7.37	7.16	7.26	8.42	7.07	7.18	7.22	7.16	7.26	6.92	6.62	6.71	5.98	6.84
浙江	7.02	6.95	7.24	6.82	7.24	7.38	7.64	8.01		7.43	6.84	7.47	7.42	7.32	7.19	7.37	7.03	7.31	7.34	7.46	7.42	7.17	7.23	7.25	7.04	7.30	7.06	6.63	6.74	5.94	7.03
上海	6.55	6.46	6.80	7.05	7.15	6.57	6.87	6.86	7.43		6.58	7.05	6.93	6.73	6.59	6.55	6.53	6.78	6.60	6.80	6.98	6.70	6.75	6.81	6.82	6.81	6.57	6.39	6.46	5.61	6.43
海南	6.78	6.75	6.87	6.44	6.97	6.93	6.87	6.86	6.84	6.58		6.96	7.10	7.10	6.94	7.03	6.88	7.03	6.99	7.15	7.13	7.15	7.17	7.10	7.03	7.20	7.23	7.15	7.17	6.39	6.92
广东	6.85	6.76	7.03	6.85	7.11	7.08	7.40	7.50	7.47	7.05	6.96		7.57	7.16	6.92	7.17	6.84	7.22	7.30	7.36	7.29	7.01	7.06	7.22	7.09	7.20	7.36	6.54	6.62	5.81	6.68
福建	7.11	7.05	7.34	6.70	7.31	7.25	7.52	7.47	7.62	6.93	7.10	7.57		7.36		7.34	7.03	7.43	7.25	7.60	7.53	7.25	7.33	7.29	7.22	7.53	7.10	6.72	6.96	6.03	7.04
陕西	7.23	7.24	7.25	6.90	7.12	7.49	7.42	7.18	7.32	6.73	7.10	7.16	7.36		7.69	7.66	7.47	7.57	7.58	7.63	7.42	7.48	7.40	7.72	7.40	7.43	7.66	7.08	7.20	6.15	7.27
山西	7.28	7.24	7.21	6.88	7.02	7.87	7.36	7.06	7.19	6.94	6.94	6.92	7.20	7.69		7.59		7.35	7.34	7.46	7.22	7.33	7.21	7.41	7.28	7.28	7.40	7.02	7.11	5.94	7.17
河南	7.23	7.16	7.29	6.59	7.03	7.74	7.78	7.20	7.37	7.03	7.03	7.17	7.34	7.66	7.59		7.36	7.62	7.53	7.58	7.46	7.45	7.23	7.51	7.16	7.49	7.33	6.79	6.99	5.96	7.09
内蒙古	7.42	7.43	7.45	6.73	6.92	7.35	7.12	6.89	7.03	6.53	6.88	6.84	7.03	7.47	7.47	7.36		7.27	7.31	7.25	7.36	7.33	6.95	7.35	7.32	7.05	7.33	7.17	7.22	6.18	7.08
湖北	7.33	7.34	7.54	6.68	7.02	7.42	7.38	7.37	7.31	6.78	7.03	7.22	7.43	7.57	7.35	7.62	7.27		7.81	7.72	7.84	7.51	7.31	7.57	7.51	7.52	7.35	6.96	7.07	6.05	7.06
湖南	7.28	7.25	7.32	6.75	6.92	7.46	7.42	7.16	7.34	6.60	6.99	7.30	7.25	7.58	7.34	7.53	7.31	7.81		7.74	7.43	7.45	7.43	7.61	7.37	7.46	7.38	7.01	6.98	6.22	7.17
江西	7.33	7.25	7.30	6.80	7.23	7.46	7.51	7.26	7.46	6.80	7.15	7.36	7.60	7.63	7.46	7.58	7.25	7.72	7.74		7.70	7.50	7.33	7.66	7.38	7.56	7.43	6.96	7.17	6.05	7.21

续表

	黑龙江	吉林	辽宁	北京	天津	河北	山东	江苏	浙江	上海	海南	广东	福建	陕西	山西	河南	内蒙古	湖北	湖南	江西	安徽	云南	贵州	四川	重庆	广西	甘肃	青海	宁夏	西藏	新疆
安徽	7.24	7.18	7.42	6.72	7.08	7.22	7.44	8.42	7.42	6.98	7.13	7.29	7.53	7.42	7.22	7.46	7.10	7.84	7.43	7.70		7.42	7.31	7.47	7.34	7.55	7.24	6.85	7.09	6.01	7.01
云南	7.40	7.34	7.37	6.74	7.12	7.36	7.24	7.07	7.17	6.70	7.15	7.01	7.25	7.48	7.33	7.45	7.33	7.51	7.45	7.50	7.42		7.42	7.73	7.39	7.56	7.42	7.07	7.13	6.17	7.27
贵州	6.91	6.93	7.08	6.54	7.01	7.20	7.16	7.18	7.23	6.75	7.17	7.06	7.33	7.40	7.21	7.23	6.95	7.31	7.43	7.33	7.31	7.42		7.40	7.29	7.61	7.31	6.97	6.88	6.40	7.19
四川	7.34	7.30	7.38	6.88	7.12	7.46	7.41	7.22	7.25	6.81	7.10	7.22	7.29	7.72	7.41	7.51	7.35	7.57	7.61	7.66	7.47	7.73	7.40		7.72	7.50	7.58	7.12	7.10	6.13	7.19
重庆	7.41	7.47	7.35	6.85	7.02	7.21	7.13	7.16	7.04	6.82	7.03	7.09	7.22	7.40	7.28	7.16	7.32	7.51	7.37	7.38	7.34	7.39	7.29	7.72		7.39	7.29	7.09	7.10	6.04	6.91
广西	7.14	7.08	7.29	6.55	7.14	7.34	7.34	7.26	7.30	6.81	7.20	7.36	7.53	7.43	7.28	7.49	7.05	7.52	7.46	7.56	7.55	7.56	7.61	7.50	7.39		7.31	6.84	7.01	6.03	7.07
甘肃	7.21	7.17	7.15	6.82	6.99	7.32	7.15	6.92	7.06	6.57	7.23	6.86	7.10	7.66	7.40	7.33	7.33	7.35	7.38	7.43	7.24	7.42	7.31	7.58	7.29	7.31		7.43	7.32	6.36	7.44
青海	6.92	6.91	6.92	6.57	6.74	6.86	6.68	6.62	6.63	6.39	7.15	6.54	6.72	7.08	7.02	6.79	7.17	6.96	7.01	6.96	6.85	7.07	6.97	7.12	7.09	6.84	7.43		7.35	6.63	7.09
宁夏	7.09	7.08	7.05	6.69	6.80	6.99	6.90	6.71	6.74	6.46	7.17	6.62	6.96	7.20	7.11	6.99	7.22	7.07	6.98	7.17	7.09	7.13	6.88	7.10	7.10	7.01	7.32	7.35		6.30	6.96
西藏	5.83	5.95	6.05	5.81	5.81	5.90	5.86	5.98	5.94	5.61	6.39	5.81	6.03	6.15	5.94	5.96	6.18	6.05	6.22	6.05	6.01	6.17	6.40	6.13	6.04	6.03	6.36	6.63	6.30		6.51
新疆	6.92	6.97	7.03	6.73	6.87	7.09	7.02	6.84	7.03	6.43	6.92	6.68	7.04	7.27	7.17	7.09	7.08	7.06	7.17	7.21	7.01	7.27	7.19	7.19	6.91	7.07	7.44	7.09	6.96	6.51	

三 时间维度下政治协同度的区域走势

为在时间维度下展开分析，本部分测算出了年份 t 时期各区域之间政治协同度的平均值，以此分析政治协同在时间维度下的走势，其测算方法如下：

$$pc_t = \frac{1}{465}\sum_{i=1}^{31}\sum_{j=1}^{31}ec_{ijt}, \text{其中 } i \neq j$$

其中，pc_t 表示 t 年份各区域之间政治协同的总体状况。

本部分测算出了年份 t 时期 I 区域各区域之间政治协同度的平均值，以此分析 I 区域政治协同在时间维度下的走势，其测算方法如下：

$$pc_{It} = \frac{1}{465}\sum_{i=1}^{31}\sum_{j=1}^{31}ec_{ijt}, \text{其中 } i \neq j, \text{且 } i \in I, j \in I$$

其中，pc_{It} 表示 t 年份 I 区域内各区域之间政治协同的总体状况。

（一）全国样本下政治协同度的时间走势

图 19.1 显示，中国区域之间政治协同度呈现出了不断上升的趋势。具体而言，2009 年以前中国区域之间政治协同度的增幅较大，而 2009 年以后政治协同度的增幅较慢，这体现出了中国政治协同度增长的边际递减趋势。2009 年批复的区域规划包括珠江三角洲、海峡西岸经济区、江苏沿海地区、关中—天水经济区、辽宁沿海经济带、珠海横琴新区、图们江概念、中部地区、鄱阳湖生态经济区规划、黄河三角洲。这使得 2009 年的区域政治协同度的增速达到了最高值。2009—2012 年省际政治协同度仍呈现出增长的势头，但增幅相对平缓。2013 年区域间政治协同度有所下降，但下降幅度不大。

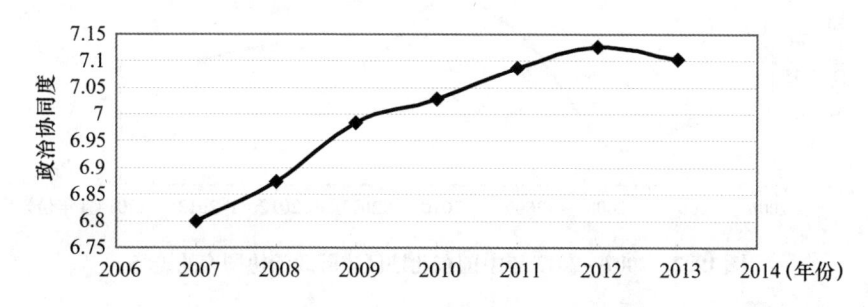

图 19.1 2007—2013 年省际政治协同度的走势

省际政治协同由低向高不断上升的原因为：其一，改革开放初期，中国实行不均衡的发展战略，东部地区的经济增长背后隐藏的是政治理念的转变和区域政治互动的加强，而相对封闭的中、西部地区在政治理念和互动方面还不能跟上东部地区的步伐，故此它们之间的差距较大，政治不协同的趋势也比较显著；其二，随着中国改革开放机制向中、西部地区的覆盖，中、西部地区的政治理念和互动性不断向东部地区趋同，这使得区域之间的政治协同程度呈现出不断提升的趋势；其三，中央政府的区域战略政策对政治协同度的演进产生了重要影响，中央政府提出的区域协调发展战略加强了区域之间的互动性，也使得不同区域之间的政治理念不断趋同。

（二）东北地区区域间政治协同度的时间走势

图 19.2 显示，中国东北地区区域之间政治协同度呈现出波动性上升的趋势。2003 年 10 月 5 日，中共中央、国务院印发《关于实施东北地区等老工业基地振兴战略的若干意见》，制定了各项方针政策，以加快体制机制创新、全面推进工业结构优化升级、大力发展现代农业和第三产业、推进资源型城市经济转型、加强基础设施建设等为主要内容的振兴东北老工业基地战略正式拉开了序幕。这使得 2007—2013 年中国东北地区政治协同度呈现出波动性上升趋势。2008 年受到国际金融危机的影响，东北三省为缓解经济颓势做出了一些差异化的政策措施，这使得政治协同度小幅下挫。2008—2010 年政治协同度便开始上升。2011 年，东北三省人均财政支出达到 8122 元，略低于全国平均水平，政治协同度也在下滑，并在 2011—2013 年保持平稳状态。虽然，东北地区政治协同度在波动性

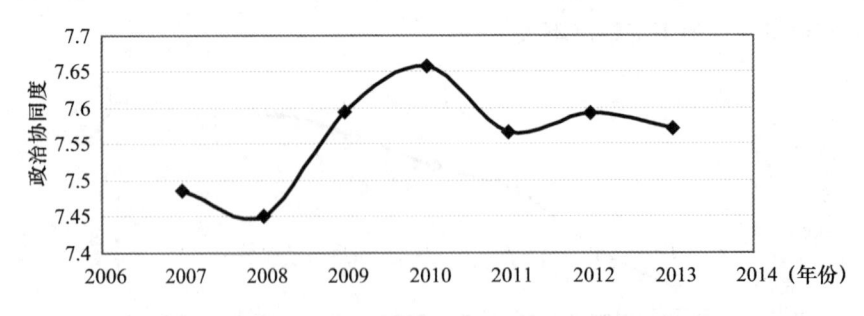

图 19.2 2007—2013 年中国东北地区省际政治协同度的走势

变化，但总体协同度相对较高，这与东部三省的地区规划和地理区位因素有关，即便是在最低值的 2008 年，政治协同度指数也达到了 7.4 以上。

（三）北部沿海地区区域间政治协同度的时间走势

图 19.3 显示，中国北部沿海地区区域之间政治协同度呈现出波动性上升的趋势。北部沿海综合经济区包括北京、天津、河北和山东 4 省份。与东北地区相比，北部沿海地区的政治协同度相对较低，其原因在于东北三省的政治经济明确定位的时间较早，而北部沿海地区的政治互动起步较晚。同样，受到 2008 年国际金融危机的影响，北部沿海地区政治协同度呈现出一定程度的下降。2010—2011 年北部沿海地区政治协同度比较平缓，而 2011 年以后呈现出快速增长。

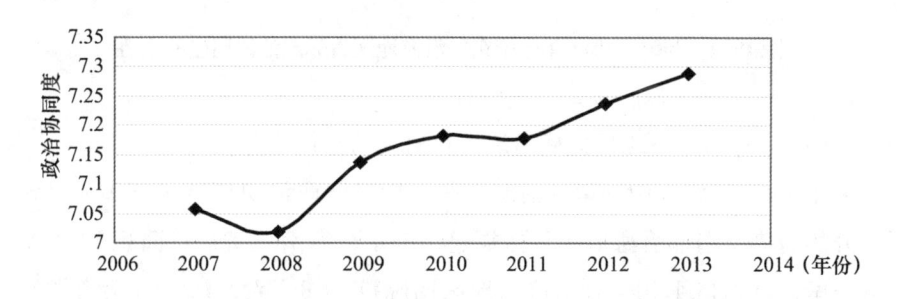

图 19.3　2007—2013 年中国北部沿海地区省际政治协同度的走势

2007 年，《京津冀都市圈区域规划》出台，形成以北京、天津和滨海新区为轴，以京津冀为核心，以辽宁和辽东半岛为两翼的环渤海区域经济大格局。2015 年 7 月，中共北京市委十一届七次全会通过北京市委、市政府关于贯彻《京津冀协同发展纲要》的意见。2015 年 9 月 10 日，京津冀三省份司法行政厅（局）在北京市司法局签署"1+4"合作协议。

（四）东部沿海地区区域间政治协同度的时间走势

图 19.4 显示，中国东部沿海地区区域之间政治协同度呈现出不断上升的趋势。东部沿海地区包括上海、江苏、浙江两省一市，总面积 21 万平方公里。2007 年这三个政治理念近似和政治互动较强的区域的政治协同度已经达到了 7.2 以上，并呈现出快速上升的趋势，直至 2013 年达到 7.65。2008 年国际金融危机并未影响政治协同度的上升趋势。2010 年，国务院对《长江三角洲地区区域规划》的批准使得 2010 年东部沿海区域

之间的政治协同度得到异常提升。地处江浙沪的长江三角洲是长江入海之前的冲积平原，中国第一大经济区，中央政府定位的中国综合实力最强的经济中心、亚太地区重要国际门户、全球重要的先进制造业基地、中国率先跻身世界级城市群的地区。

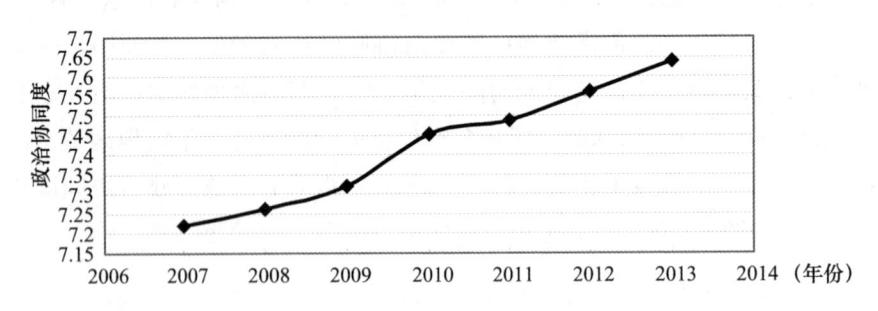

图19.4　2007—2013年中国东部沿海地区省际政治协同度的走势

（五）南部沿海地区区域间政治协同度的时间走势

图19.5显示，中国南部沿海地区区域之间政治协同度呈现出波动性上升的趋势。南部沿海地区包括福建、广东、海南三省，总面积33万平方公里，总人口12019万，这一地区面临港、澳、台，海外社会资源丰富，对外开放程度高。该地区的政治协同度相对较低，最高值仅达到7.2左右，2007年仅达到6.6。这三个区域在政治理念上存在一定差异，福建偏向于海洋性经济；广东的经济发展偏向于外向型和金融化；海南的经济发展偏向于旅游业和服务业。另外，海南和广东与福建的政治互动相对较弱，这使得南部沿海地区的政治协同程度相对较低。

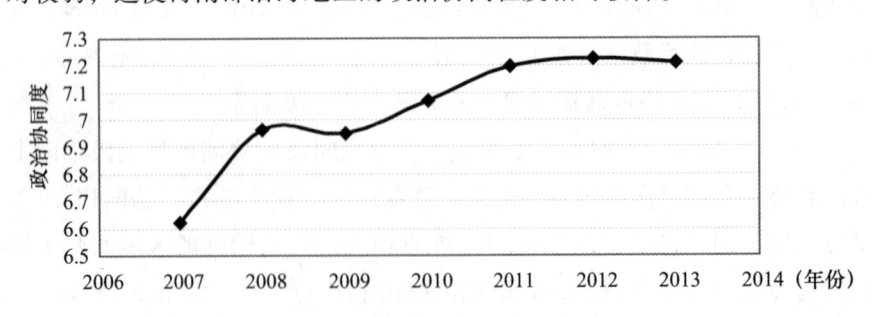

图19.5　2007—2013年中国南部沿海地区省际政治协同度的走势

（六）黄河中游地区区域间政治协同度的时间走势

图 19.6 显示，中国黄河中游地区区域之间政治协同度呈现出不断上升的趋势。黄河中游综合经济区包括陕西、山西、河南、内蒙古，主要经济类型涵盖了最大的煤炭开采和煤炭深加工基地、天然气和水能开发基地、钢铁工业基地、有色金属工业基地、奶业基地。总体而言，黄河中游地区政治协同度相对较高，2007 年维持在 7.2 左右，而 2013 年达到了 7.55。2010 年黄河中游地区政治协同度出现了异常提升现象。2010 年，国务院正式批复《皖江城市带承接产业转移示范区规划》，这是中国批准设立的首个国家级承接产业转移示范区，标志着产业梯度转移正式上升为国家战略之一；正式设立"山西省国家资源型经济转型发展综合配套改革试验区"，这是中国设立的第九个综合配套改革试验区。

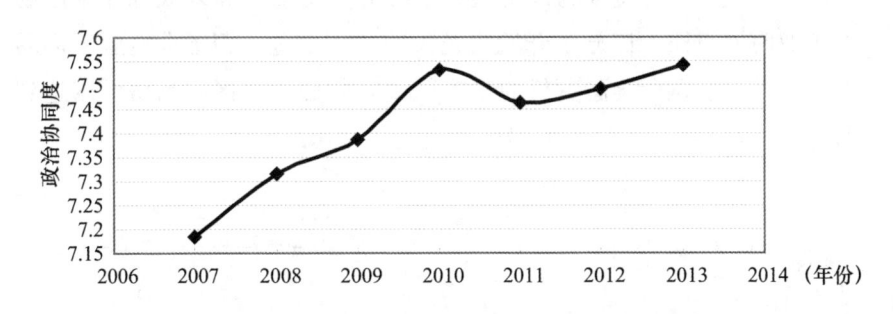

图 19.6　2007—2013 年中国黄河中游地区省际政治协同度的走势

（七）长江中游地区区域间政治协同度的时间走势

图 19.7 显示，中国长江中游地区区域之间政治协同度呈现出波动性上升的趋势。2007 年长江中游地区区域之间政治协同度到了 7.65，在 2008 年达到了最高值（7.75），之后迅速下降，直至 2010 年的 7.66，之后便不断上升，2012 年达到 7.72，2013 年出现短暂下降。长江中游综合经济区包括湖北、湖南、江西、安徽，经济特征以水稻和棉花为主的农业地区专业化生产基地及相关深加工工业、以钢铁和有色冶金为主的原材料基地。2008 年 1 月 11 日，国务院正式批复国家发展和改革委员会有关建立促进中部地区崛起部际联席会议制度的请示报告，同意建立由发展改革委牵头的促进中部地区崛起工作部际联席会议制度。这为同处中部地区的江西、安徽、湖南、湖北之间的政治协同提供了制度支持。

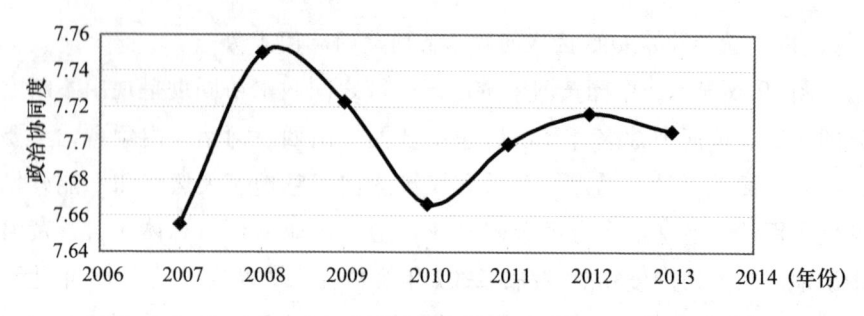

图 19.7　2007—2013 年中国长江中游地区省际政治协同度的走势

（八）西南地区区域间政治协同度的时间走势

图 19.8 显示，除 2008 年之外，中国西南地区区域之间政治协同度呈现出不断上升的趋势。大西南综合经济区包括云南、贵州、四川、重庆、广西五个区域，经济特征为以重庆为中心的重化工业和以成都为中心的轻纺工业两大组团、以旅游开发为龙头的"旅游业—服务业—旅游用品生产"基地。受国际金融危机的影响，2008 年西南地区政治协同度达到了最低值（7.34）。之后，在 2010 年达到了增速最高值。

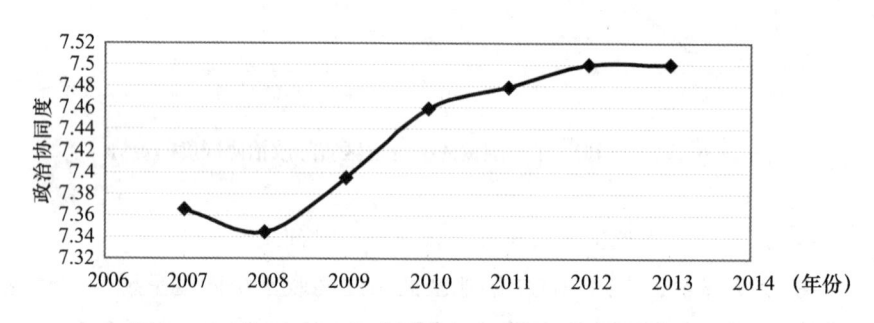

图 19.8　2007—2013 年中国西南地区省际政治协同度的走势

2010 年 5 月 7 日，国务院正式批复《重庆"两江新区"总体规划方案》。之后，缓慢上升，直至 2013 年达到最高值（7.5）。

（九）西北地区区域间政治协同度的时间走势

图 19.9 显示，中国西北地区区域之间政治协同度呈现出波动性上升的趋势。2007 年西北地区区域之间的政治协同度为 6.55，2009 年达到了 6.9，之后小幅下降，至 2010 年达到 6.75 左右，2012 年达到了最高值（7.05），2013 年出现小幅下降。大西北综合经济区包括甘肃、青海、宁

夏、西藏、新疆区域，其经济特征为重要的能源战略接替基地，最大的综合性优质棉、果、粮、畜产品深加工基地，向西开放的前沿阵地和中亚地区经济基地和特色旅游基地。

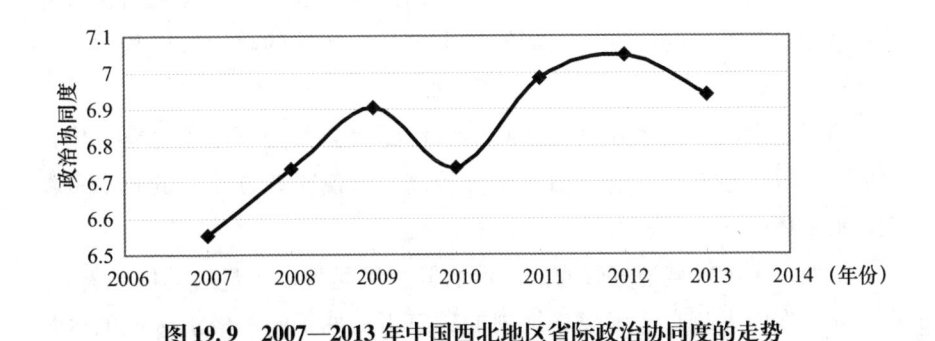

图19.9　2007—2013年中国西北地区省际政治协同度的走势

四　空间维度下政治协同度的区域分布

为在空间维度下展开分析，本部分测算出了年份 t 时期 i 区域的政治协同度，以此分析政治协同在空间维度下的分布，其测算方法如下：

$$pc_{it} = \frac{1}{31}\sum_{j=1}^{31} ec_{ijt}, \text{其中} i \neq j$$

其中，pc_t 表示 t 年份 i 区域的政治协同度。

（一）2013年省际区域政治协同度

根据前述对政治协同度的评价标准，我们将各省份政治协同度划分为四个部分：其一，政治协同度最佳的省份分别是江西、四川、陕西、湖北、安徽、湖南、云南和河南；其二，政治协同度良好的省份分别是河北、山东、广西、福建、甘肃、山西和重庆；其三，政治协同度一般的省份分别是浙江、辽宁、江苏、贵州、内蒙古、黑龙江、吉林和广东；其四，政治协同度较差的省份分别是天津、新疆、宁夏、海南、青海、北京、上海和西藏。由上述分析可知以下几点。

第一，政治协同度与地区经济发展水平并未呈现出线性相关性。政治协同度较好的区域多是一些经济发展处于中段水平的中部区域，而经济发展水平较高的区域分布在政治协同度良好、一般和较差三个阶段。

第二，政治协同度与政治发展水平并不是同一个概念。政治发展水平是指一个区域政府在政治民主、政治发展理念和政治互动水平三方面的发展程度。政治发展水平较高的省份一般呈现政治民主化和制度化水平较高、政治理念先进和政治互动程度较高三种现象。然而政治协同程度主要表现在一个区域的政治价值理念与其他区域的协同性和政治互动的协作性,这更强调两个区域在政治层面的比较和互动。在政治发展总体水平相对并不高的国家,政治发展水平高的区域的政治协同程度不一定会很高。

第三,中国省级地方政府在政治资源配置方面并不是很完善。中国中部地区省级地方政府的政治协同度较高,这说明地方政府的政治资源配置水平还处于中上游水平。

第四,中国区域地方政府的政治协同程度呈现出了显著的区域特征。一方面,在中央政府区域战略规划的约束下,处于同一经济区域的区域在政治理念方面存在相似性和互补性,故此区域内区域之间的政治协同度较高;另一方面,地理邻近性较高的区域之间的政治互动性较强,故此政治协同程度也会相对较高。

(二) 2013 年八大经济区域政治协同度

依据对前面八大区域政治协同度走势图的分析,可以知道,中国政治协同程度最高的经济区域是长江中游地区,其次分别是东部沿海地区、东北地区、黄河中游地区、北部沿海地区、西南地区和南部沿海地区,协同度最低的是西北地区。

同时,我们还发现区域间政治协同度的差异相对较大。长江中上游地区政治协同度为 7.71,而东部沿海地区政治协同度为 7.64,相差 0.07;东部沿海地区和东北地区的政治协同度相差 0.07;东北地区和黄河中游地区的政治协同度相差 0.03;黄河中游地区和北部沿海地区的政治协同度相差 0.04;北部沿海地区和西南地区的政治协同度相差 0.21;西南地区和南部沿海地区的政治协同度相差 0.08;南部沿海地区和西北地区的政治协同度相差 0.07。

我们对八大经济区域的政治理念进行了界定:长江中游地区的政治理念是"建设中国经济发展新增长极、中西部新型城镇化先行区、内陆开放合作示范区和'两型'社会建设引领区";东部沿海地区的政治理念是"共同构建交通网络、打造长三角物流中心,合作发展服务业,建立长三角'环保联盟'等方面加大力度,深化合作,促进共同发展";东北地区的政治理念是"支持东北等老工业基地的调整和改造,支持资源为主的城市和地区发展接续产业、扶持粮食主产区发展、确立为东北三省新的发展战略并继续在政策上给予倾斜支持、更加促进东北三省的经济和社会快速发展";黄河中游地区的政治理念是"产业梯度转移和资源型经济转型发展";北部沿海地区的政治理念是"以京津冀为核心,以辽宁和辽东半岛为两翼的环渤海区域经济大格局";西南地区的政治理念是"以重庆为中心的重化工业、以成都为中心的轻纺工业、以旅游开发为龙头的区域基地";南部沿海地区的政治理念是"海洋性经济、外向型和金融化、旅游业和服务业";西北地区的政治理念是"重要的能源战略接替基地,最大的综合性优质棉、果、粮、畜产品深加工基地,向西开放的前沿阵地和中亚地区经济基地和特色旅游基地"。

第二十章

区域间政治协同对区域经济增长的影响

以面板数据为基础,本部分将实证分析省际政治协同对区域经济增长的影响,且实证分析将考虑样本的区域异质性。

第一节 计量模型与数据说明

一 计量模型设计

本章的建模思路是在柯布—道格拉斯生产函数的基础上,控制政府因素、市场因素的同时,引入政治协同指标,估计和检验省际政治协同对区域经济增长的影响程度及其显著性。为此,本章采用的理论建立的假设因素检验模型如下:

$$Y = f(PC, K, L, G, M)$$

Y 是衡量区域经济增长的变量,PC 为待检验变量矩阵(政治协同度),K 为资本变量,L 为劳动因素变量,G 和 M 分别为反映政府和市场因素的控制变量。

另外,本部分的指标数据都是反映了两个区域的点对点样本,这就必须考虑区域的异质性,故此本部分设计下标 d 和 u:

$$d = \begin{cases} i, gdp_i > gdp_j \\ j, gdp_i < gdp_j \end{cases}; \quad u = \begin{cases} i, gdp_i < gdp_j \\ j, gdp_i > gdp_j \end{cases} \quad (20.1)$$

其中,d 表示样本点中经济发展水平相对较高的区域,即先发区域;而 u 表示样本点中经济发展水平相对较低的区域,即后发区域。

据此，设立基于面板数据的经验计量模型见公式如下：

$$Y_d = \alpha + \beta_0 pc + \beta_1 hr_d + \beta_2 hc_d + \beta_3 k_d + \beta_4 fe_d + \beta_5 mi_d \\ + \beta_6 ic_d + \beta_7 in_d + \mu + \varepsilon \quad (20.2)$$

$$Y_u = \alpha + \beta_0 pc + \beta_1 hr_u + \beta_2 hc_u + \beta_3 k_u + \beta_4 fe_u \\ + \beta_5 mi_u + \beta_6 ic_u + \beta_7 in_u + \mu + \varepsilon \quad (20.3)$$

其中，下标 d 和 u 分别表示先发区域和后发区域，α 为常数项，β_i（$i=1$，…，7）分别为各变量的系数向量，pc 表示区域之间的政治协同度，hr 和 hc 分别表示劳动力因素的人力资源和人力资本，k 表示资本变量，fe 表示政府控制变量的政府市场干预变量，mi、ic、in 分别表示市场控制变量的市场化程度、产业结构、市场的信息网络化。μ 和 ε 分别表示非观测效应项和随机误差项。

二 变量选择与数据说明

本章以 2006 年至 2013 年中国 31 个区域（港澳台数据获取难度较大，故此未采用）作为分析样本构建面板数据，对区域经济增长的政治协同因素进行估计与检验。

（一）被解释变量

本部分的被解释变量是区域经济增长，而在该变量的选择上一般包括三种，即地区生产总值（GDP）、人均地区生产总值和 GDP 增长率。地区生产总值偏重于对地区产出水平的考察。人均 GDP 偏重于考察地区经济产出的规模差异，而本章并不注重对规模差异的分析。GDP 增长率偏重于考察地区的增速，在经济新常态下这一指标是不考虑的。故此，本解释变量的设计是 2007—2013 年中国 31 个区域的地区生产总值，数据来源于历年《中国统计年鉴》。

（二）主要解释变量

区域之间的政治协同度（pc）。省际政治协同指标为前文测度的点对点形式的区域之间政治协同度指标，该指标主要从政府公正（价值取向、行政规范）、政府效率（行政运作效率、行政产出效率）和政府互动三方面展开。数据包括 2007—2013 年 31 个区域之间的政治协同度。

就检验估计结果的预期而言，区域之间的政治协同度越高，政府在价值取向和行政规范方面的协调度越高，行政运作和行政产出的效率越近似，政府的互动程度也相对越高，故此区域间的外部性和互补性越强，经济增长相对越快。

由图20.1可知，政治协同程度的提升对后发区域的经济增长促进作用更加显著（斜率值相对更大），而其对先发区域的经济增长促进曲线相对比较平缓。

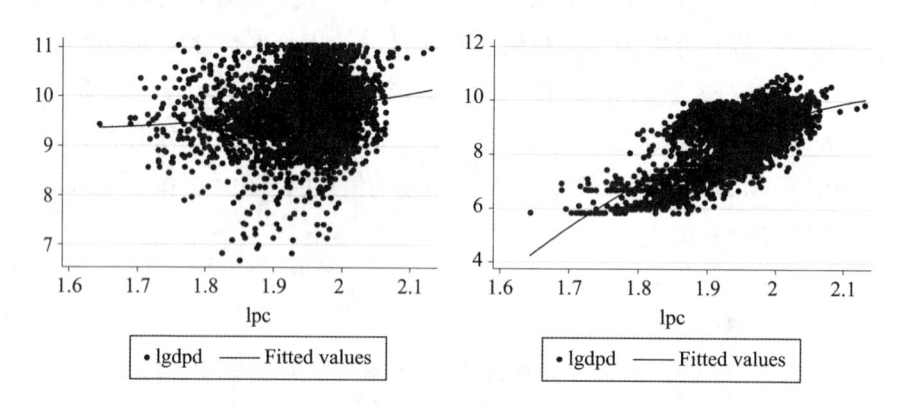

图20.1 政治协同度与区域经济增长的散点图

注：左图是先发区域数据，右图是后发区域数据。

（三）其他解释变量

人力资本（hc）。该指标选取的是各区域"就业人员中大学本科文化程度就业人员占比"。指标 hc 可以很好地显示出接受高等教育的就业人员所占的比例，以此反映中国各区域的人力资本状况。人力资本指标值越高则表明人力资本水平越高。数据来源于历年《中国人口和就业统计年鉴》。

人力资源（hr）。该指标选取的是各区域"城镇就业人员年末数"。人力资源是指在一个国家或地区中，处于劳动年龄、未到劳动年龄和超过劳动年龄但具有劳动能力的人口之和。故此一个区域的就业人员数可以反映区域人力资源状况。需要说明的是，由于统计口径的改变，近几年来中国就业人数的指标是缺乏的，所以指标选取的是城镇就业人员数。数据来源于历年《中国人口和就业统计年鉴》。

资本变量（k）。该指标选取的是各区域"全社会固定资产投资总额"。全社会固定资产投资是以货币表现的建造和购置固定资产活动的工作量，它是反映固定资产投资规模、速度、比例关系和使用方向的综合性指标。国内外学者在实证估计中普遍采用全社会固定资产投资总额指标来反映柯布—道格拉斯生产函数中的资本因素。数据来源于历年《中国统计年鉴》。

政府干预（fe）。该指标采用"地区财政支出占地区生产总值比重"进行衡量，以此反映出地方政府对市场的干预程度。fe_d和fe_u分别表示先发区域和后发区域的市场干预程度。一般而言，该指标值越高表明政府财政支出对市场的干预程度越显著，反之市场干预程度相对越弱。数据来源于历年《中国财政年鉴》。

市场化程度（mi）。该指标采用"全社会固定资产投资中非国有固定资产投资占比"进行衡量。指标mi值越高，市场的非国有资产占比越高，市场活力越强，市场化程度越高。数据来源于历年《中国固定资产投资统计年鉴》。

产业结构（ic）。该指标采用"第三产业占地区生产总值的比值"进行衡量，以此反映各区域的产业结构高级化进程，进而显示出区域产业结构的优化升级。数据来源于历年《中国统计年鉴》。

市场的信息网络化（in）。该指标采用各区域"上网人数占人口总数的比值"进行衡量。指标in值越高，一方面，显示出区域的信息化程度的提升；另一方面，显示出该区域的市场网络越宽阔。一般而言，该指标值越高，市场的信息化和网络化程度越高，社会资本越丰富，区域经济增长得到促进。

（四）数据划分的说明

在实证过程中，为了考察样本异质性对实证结论的影响，本章对数据进行了划分，具体包括地理邻近性和经济区位比较优势。

地理邻近性。实证中的样本数据划分通过虚拟变量来实现，设定虚拟变量 d1，若省份 i 与省份 j 在地理上是接壤的，则 d1 = 1，否则 d1 = 0。

经济区位比较优势。若省份 i 与省份 j 在属于同一个经济区域，则认为它们具有共同的区位经济比较优势 d2 = 1，否则 d2 = 0。按照国务院发展研究中心的标准，将中国划分为八大经济区域，即东北地区（辽、吉、黑），北部沿海地区（京、津、冀、鲁），东部沿海地区（苏、浙、沪），南部沿海地区（琼、粤、闽），黄河中游地区（陕、晋、豫、蒙），长江中游地区（鄂、湘、赣、皖），西南地区（滇、黔、川、渝、桂），西北地区（甘、青、宁、藏、疆）。

为消除数据的异方差特征，并避免指标数值单位差异的影响，实证中将对所有指标数据进行取对数化处理。下文将通过统计性描述和相关检验确保数据的稳健性和合理性。

第二节　数据的统计性描述与检验

一　数据的统计性描述

表20.1提供了所有指标数据的统计性描述结论。

表20.1　　　　　　　主要变量的统计描述

Variable	Obs	Mean	Std. Dev.	Min	Max
GDP_d	3255	20565.87	13556.07	797.35	62163.97
GDP_u	3255	8405.55	6768.91	341.43	59161.75
pc	3255	7.0000	0.4244	5.1766	8.4202
hr_d	3255	1099.05	638.19	83.05	3637.12
hr_u	3255	507.16	340.25	41.24	3181.80
hc_d	3255	0.0484	0.0449	0.0083	0.2752
hc_u	3255	0.0429	0.0378	0.0083	0.2752
k_d	3255	11856.32	7439.96	482.84	36789.07
k_u	3255	5739.34	4731.81	270.34	36789.07
mi_d	3255	0.7289	0.0910	0.4656	0.8855
mi_u	3255	0.6332	0.1208	0.2663	0.8855
ic_d	3255	0.4023	0.0905	0.2862	0.7685
ic_u	3255	0.4047	0.0824	0.2862	0.7685
fe_d	3255	0.1771	0.0587	0.0874	0.6121
fe_u	3255	0.3166	0.2362	0.0874	1.2914
in_d	3255	0.3545	0.1532	0.0595	0.7358
in_u	3255	0.3093	0.1440	0.0595	0.7358

均值统计量反映了变量样本数据的平均水平，而标准差是变量数据离散程度的指示。就均值来看，先发区域的经济发展水平显著高于后发

区域；而就标准差值来看，先发区域之间的经济发展水平的不均衡程度也要高于后发区域。

从其他变量来看，先发区域的人力资源存量、人力资本水平、全社会固定资产投资、市场化程度、市场信息网络化程度均是高于后发区域的，而先发区域的产业结构高级化程度与后发区域基本一致，先发区域的市场干预程度要远远低于后发区域；就区域差异而言，先发区域的市场化程度和市场干预程度的区域差距要小于后发区域，先发区域的其他指标的区域差距均是大于后发区域的。

二 面板数据的单位根检验

为了进一步选择面板数据分析方法对政治协同影响区域经济增长的作用机制和程度进行假设检验，表20.2中估计了解释变量之间的相关性系数，以检验变量之间的多重共线性，检验结果表明解释变量之间不存在严格的多重共线性。

表 20.2　　　　　　　　　解释变量相关系数矩阵

	pc	hr_d	hr_u	hc_d	hc_u	k_d	k_u	mi_d	mi_u	ic_d	ic_u	fe_d	fe_u	in_d
pc	1.00													
hr_d	0.11	1.00												
hr_u	0.53	0.44	1.00											
hc_d	-0.24	0.01	0.06	1.00										
hc_u	-0.02	0.18	0.24	0.09	1.00									
k_d	0.27	0.73	0.43	-0.09	0.28	1.00								
k_u	0.53	0.46	0.85	0.14	0.12	0.53	1.00							
mi_d	0.13	0.59	0.35	-0.04	0.16	0.69	0.35	1.00						
mi_u	0.46	0.26	0.54	0.04	0.19	0.25	0.54	0.22	1.00					
ic_d	-0.29	0.14	0.04	0.88	0.02	-0.16	0.08	-0.09	0.02	1.00				
ic_u	-0.31	0.01	-0.03	0.00	0.62	0.06	-0.22	-0.01	-0.23	-0.01	1.00			
fe_d	0.00	-0.57	-0.32	0.07	-0.01	-0.42	-0.22	-0.63	-0.22	0.02	0.09	1.00		
fe_u	-0.54	-0.17	-0.53	0.03	-0.12	-0.11	-0.44	-0.15	-0.79	0.00	0.37	0.30	1.00	
in_d	-0.07	0.42	0.24	0.67	0.26	0.32	0.36	0.17	0.14	0.61	0.07	-0.16	-0.01	1.00
in_u	0.11	0.32	0.33	0.26	0.73	0.45	0.38	0.21	0.23	0.14	0.37	0.03	-0.08	0.42

表 20.3 是采用面板单位根检验法检验面板数据平稳性的结果,其检验方法描述如下:考虑面板数据具有 AR(1)过程,即 $y_{rt} = \rho_r y_{r(t-1)} + \beta_{rt} X_{rt} + u_{rt}$,$y_{rt}$ 为 t 时期的解释变量,且将其滞后一期的变量 $y_{r(t-1)}$ 作为解释变量之一,ρ_r 为其系数,X_{rt} 为其他的解释变量向量,β_{rt} 为其他解释变量的系数向量,u_{rt} 为随机误差项,服从独立同分布的假设,如果 $|\rho_r|<1$,则面板数据序列不存在单位根,而如果估计的 ρ_r 不能拒绝 $|\rho_r|=1$,则面板数据存在单位根。检验面板数据的平稳性有两类方法:一类是检验变量的面板数据中横截面数据是否具有相同单位根,代表性的方法有 Levinlin 检验、Breitung 检验、Hadri 检验等;另一类是检验变量的面板数据中各横截面是否具有不同的单位根,即允许 ρ_r 跨时期变化,代表性的检验方法 IPshin 检验、ADF-Fisher 检验和 PP-Fisher 检验等,它们是对变量面板数据的不同横截面分别进行检验的基础上构造统计量,以检验数据是否存在不同单位根的方法。Eviews 软件对于前类方法的原假设为各横截面变量存在相同的单位根,而后者的原假设为各横截面变量存在不相同的单位根,两类方法所设定的备择假设都是面板数据变量不存在单位根。表 20.3 是运用 Eviews 软件对被解释变量和其余解释变量数据进行 Levinlin、IPshin、ADF-Fisher 和 PP-Fisher 四类检验方法进行面板数据单位根检验的结果。从 Levinlin 检验法的检验结果上看,所有变量均在 1% 的显著性水平上拒绝各横截面变量存在相同的单位根的原假设。采用 IPshin 检验法检验变量数据时发现,所有变量均在 1% 的显著性水平上拒绝了该检验的原假设。采用 ADF-Fisher 检验法检验变量数据时发现,所有变量都在 1% 的显著性水平上拒绝了各横截面变量存在不相同单位根的原假设。采用 PP-Fisher 检验法对变量数据进行检验的结果表明,所有变量均在 1% 的显著性水平上拒绝了各横截面变量存在不相同单位根的原假设。这四类检验方法的检验结果表明,被解释变量、主要解释变量及其他相关变量的样本数据基本为平稳数据序列。

表 20.3　　　　　　　　　面板数据单位根检验结果

	Levinlin （t 值）	IPShin （t 值）	ADF-Fisher （χ^2值）	PP-Fisher （χ^2值）
GDP_d	-252.26 ***	-67.8295 ***	1168.57 ***	2016.15 ***
GDP_u	-37837.30 ***	-1589.04 ***	1193.81 ***	1567.54 ***
pc	-65.11 ***	-10.93 ***	1468.89 ***	2321.57 ***
hr_d	-2367.76 ***	-378.09 ***	1068.33 ***	2120.48 ***
hr_u	-26153.6 ***	-3203.54 ***	1178.27 ***	1389.22 ***
hc_d	-3102.52 ***	-1830.14 ***	1052.15 ***	2206.14 ***
hc_u	-2591.93 ***	-119.83 ***	1065.97 ***	2093.79 ***
k_d	-713.62 ***	-36.32 ***	942.40 ***	1992.72 ***
k_u	-14215.20 ***	-574.32 ***	1124.72 ***	1508.62 ***
mi_d	-228.10 ***	-23.25 ***	1103.57 ***	1615.85 ***
mi_u	-1258.74 ***	-94.08 ***	1148.49 ***	1925.26 ***
ic_d	-5496.93 ***	-1198.28 ***	1109.97 ***	2106.62 ***
ic_u	-57.86 ***	-13.82 ***	1242.25 ***	2333.92 ***
fe_d	-906.68 ***	-57.06 ***	1229.40 ***	2016.23 ***
fe_u	-2463.12 ***	-144.46 ***	1534.67 ***	2135.04 ***
in_d	-1158.18 ***	-1447.38 ***	1157.54 ***	2691.51 ***
in_u	-148.07 ***	-19.47 ***	1042.18 ***	2258.52 ***

注：*、**、***分别表示在1%、5%和10%的双尾检验显著性水平上拒绝相应检验方法的原假设；检验条件是 with individual intercept。

三　面板数据的协整检验

Kao 提出的面板协整检验是针对斜率具有同性质的同质面板数据的检验，但同质性的约束条件对现实而言太过严格，为此，Pedroni 提出了允许存在时间趋势项和截距项的异质面板数据协整检验。其基本结论如下。

对于一般的面板固定效应模型：$y_{it} = \alpha_i + \delta_{it} + X_{it}\beta_i + u_{it}(i = 1,2,\cdots,N; t = 1,2,\cdots,T)$ 根据其估计的残差面板 $\hat{e}_{it}$ 的自回归检验式：$\hat{e}_{it} = \rho_i e_{i,t-1} + v_{it}$ 和 $\hat{e}_{it} = \rho_i \hat{e}_{i,t-1} + \sum_{j=1}^{p}\varphi_{ij}\Delta\hat{e}_{i,t-j} + v_{it-p}(i=1,2,\cdots,N; t=p+1,p+2,\cdots,T)$ 构造了检验假设：$H_0: \rho_i = 1; H_1: \rho_i = \rho < 1(i=1,2,\cdots,N)$ 和 $H_0: \rho_i = 1; H_1: \rho_i < 1(i=1,2,\cdots,N)$。这两个检验假设共有7个统计量，其中4个

是用联合组内尺度描述，另外 3 个是用组间尺度来描述，作为组平均 Panel 协整统计量，如表 20.4 所示。

表 20.4 Pedroni 检验统计量

第一类（组内统计量）	Panel v-Statistic Panel rho-Statistic Panel pp-Statistic（nonparametric） Panel ADF-Statistic（parametric）
第二类（组间统计量）	Group rho-Statistic Group pp-Statistic（nonparametric） Group ADF-Statistic（parametric）

在第一类四个检验中三个涉及使用为人所知的 Phiilips 和 Perron（1988）工作中的非参修正，第四个是基于 ADF 的参数检验，在第二类三个中的两个使用非参修正，而第三个再一次使用了 ADF 检验。其中 X_{it} 是 k 个解释变量的列向量，且对于每一个 i，y_{it} 和 X_{it} 均是一阶差分过程。可见，在 H_0 下，对于每一个个体 i，面板数据的 y_{it} 和 X_{it} 均不存在协整关系；反之对于所有个体，y_{it} 和 X_{it} 都存在协整关系。前文中在得出面板数据存在平稳性后，进一步检验政治协同度与区域经济增长是否存在协整关系。得出如下结果（见表 20.5）。

表 20.5 Pedroni 检验结果

变量	统计量	带截距不带时间趋势	带截距带时间趋势
GDP_d and pc	Panel v-Stat	5.9847 ***	830.2295 ***
	Panel rho-Stat	5.8988	19.6859
	Panel pp-Stat	2.2079	-11.2145 ***
	Panel ADF-Stat	11.8957	-47.7815 ***
	Group rho-Stat	13.1507	26.0963
	Group pp-Stat	-5.4514 ***	-11.2193 ***
	Group ADF-Stat	8.6150	-54.7070 ***

续表

变量	统计量	带截距不带时间趋势	带截距带时间趋势
GDP_u and pc	Panel v-Stat	7.5327	0.3154
	Panel rho-Stat	-4.2680***	8.2860
	Panel pp-Stat	-27.0413***	-41.6232***
	Panel ADF-Stat	-16.9040***	-16.8597***
	Group rho-Stat	7.2757	16.8336
	Group pp-Stat	-41.5264***	-58.0143***
	Group ADF-Stat	-45.8213***	-37.3860***

注：*、**、***分别表示10%、5%、1%的显著性水平通过检验。

就先发区域的经济增长和政治协同度而言：在带截距不带时间趋势的 Pedroni 检验中 Panel v-Stat 和 Group pp-Stat 通过了1%显著性水平检验；在带截距带时间趋势的 Pedroni 检验中 Panel v-Stat、Panel pp-Stat、Panel ADF-Stat、Group pp-Stat 和 Group ADF-Stat 通过了1%显著性水平检验。故此，可以基本认为面板数据拒绝了不存在协整关系的原假设，先发区域的区域经济增长和政治协同度之间是协整的。

就后发区域的经济增长和政治协同度而言：在带截距不带时间趋势的 Pedroni 检验中 Panel rho-Stat、Panel pp-Stat、Panel ADF-Stat、Group pp-Stat 和 Group ADF-Stat 通过了1%显著性水平检验；在带截距带时间趋势的 Pedroni 检验中 Panel pp-Stat、Panel ADF-Stat、Group pp-Stat 和 Group ADF-Stat 通过了1%显著性水平检验。故此，可以基本认为面板数据拒绝了不存在协整关系的原假设，后发区域的区域经济增长和政治协同度之间是协整的。

综上可知，政治协同度与先发区域和后发区域的区域经济增长存在长期的均衡关系。

四 面板数据的格兰杰因果关系检验

根据上述模型的估计结果可以发现政治协同度与先发区域和后发区域的区域经济增长存在长期的均衡关系。为了说明政治协同度与区域经济增长之间的互动关系，这里运用面板数据模型的格兰杰检验来验证。

Granger 因果关系是基于解释变量和被解释变量的向量自回归模型（VAR）来进行估计和检验的。设定 VAR 模型的滞后阶为 2，设 y_t 为被解释变量，x_t 为解释变量，则 VAR 模型如下式：

$$y_t = u_0 + u_1 y_{t-1} + u_2 y_{t-2} + u_3 x_{t-1} + u_4 x_{t-2} + \varepsilon_{1t} \quad (20.4)$$

$$x_t = \delta_0 + \delta_1 x_{t-1} + \delta_2 x_{t-2} + \delta_3 y_{t-1} + \delta_4 y_{t-2} + \varepsilon_{2t} \quad (20.5)$$

若接受 $H_{01}: u_3 = u_4 = 0$，则 x_t 不是 y_t 的 Granger 原因，而接受 $H_{02}: \delta_3 = \delta_4 = 0$，则 y_t 不是 x_t 的 Granger 原因。使用 F 检验来判断两个变量之间是否具有因果关系：

$$F = \frac{(RSS_R - RSS_U)/J}{RSS_U/(T-K)} \sim F(J, T-K) \quad (20.6)$$

其中，RSS_R 和 RSS_U 分别表示在原假设下的约束和无约束的残差平方和，J 和 K 分别表示约束个数和回归因子个数。面板数据模型的格兰杰检验是基于传统格兰杰因果检验的思想，在 Eviews 软件中构建群 Group，在群 Group 中对变量 GDP_d、GDP_u 与变量 pc 进行格兰杰检验。通过 Eviews 软件的检验结果如表 20.6 所示。

在 5% 显著性水平下，政治协同度是先发区域经济增长的格兰杰原因；在 1% 显著性水平下，先发区域经济增长是政治协同度的格兰杰原因；在 1% 显著性水平下，政治协同度是后发区域经济增长的格兰杰原因；在 5% 显著性水平下，后发区域经济增长是政治协同度的格兰杰原因。这里的因果关系只是统计上的因果关系，并不是实际意义上的因果关系，这里的因果检验主要是为了说明政治协同度与区域经济增长之间存在互动关系。

表 20.6　　　　　　　　格兰杰因果关系检验结果

原假设	F 值	结论
pc 不是 GDP_d 的格兰杰原因	6.5405 **	政治协同度与先发区域经济增长是互为因果的
GDP_d 不是 pc 的格兰杰原因	28.5129 ***	
pc 不是 GDP_u 的格兰杰原因	34.5183 ***	政治协同度与后发区域经济增长是互为因果的
GDP_u 不是 pc 的格兰杰原因	3.3727 **	

第三节 计量结果分析

由于含有横截面和时间序列的面板数据包含了样本更多的信息量,降低了变量之间共线性的可能性,同时也便于控制样本个体之间的异质性,增加估计的有效性。目前,面板数据分析模型主要有固定效应模型和随机效应模型两种,且经常用于省级面板数据经验研究之中。对于这两种模型的选择是以模型中的个体固定效应与其他解释变量是否相关为依据。一般采用基于 Wald 统计量的 Hausman 检验方法进行分析判断,Wald 统计量计算方法如下:

$$W = [b - \hat{\beta}]'\hat{\Psi}[b - \hat{\beta}] \tag{20.7}$$

其中,b 和 $\hat{\beta}$ 分别为采用固定效应模型进行普通最小二乘法(Ordinary Least Squares,OLS)和随机效应模型进行广义最小二乘法(Generalized Least Squares,GLS)的参数估计结果,$\hat{\Psi}$ 是固定效应模型和随机效应模型的协方差矩阵。Hausman 检验的原假设为模型中的个体固定效应与其他解释变量不相关,采用 OLS 估计的固定效应模型系数与采用 GLS 估计随机效应模型系数都是无偏或是一致的,只是 OLS 估计的固定效应模型系数不是有效的。备择假设即为仅 OLS 估计的固定效应模型参数是无偏或是一致的,而 GLS 估计随机效应估计参数是有偏或不一致的。本部分则选择以固定效应和随机效应模型进行参数估计是基于以下方面的原因。(1)本章对所有的估计模型都进行了 Hausman 检验,发现检验的结果都拒绝该检验的原假设,说明 OLS 估计的固定效应模型系数与采用 GLS 估计的随机效应模型系数都不是无偏或一致的,OLS 估计的固定效应模型系数不是有效的。(2)采取随机效应的检验可以验证回归结果的稳健性。

为考察样本的异质性,本章还会将样本区域进行划分,一是具有地理邻近性的区域样本,二是具备共同经济区位比较优势的区域样本。另外,本章将分别分析政治协同度对先发区域和后发区域的经济增长的影响。

一 政治协同度对先发区域经济增长的影响

表 20.7 为政治协同度对先发区域经济增长影响程度的估计结果。

表 20.7　实证结果：政治协同度对先发区域经济增长的影响

样本选择	全样本		样本点两区域是地理邻近区域		样本点两区域具备共同的经济区位比较优势	
实证方法	固定效应	随机效应	固定效应	随机效应	固定效应	随机效应
$\ln(pc)$	0.6407***	0.4066***	0.7083***	0.3933***	0.3314*	0.1268
	(12.92)	(9.29)	(5.50)	(3.36)	(1.91)	(0.86)
$\ln(hr_d)$	0.4028***	0.5069***	0.3160***	0.4505***	0.3938***	0.5144***
	(30.01)	(50.41)	(9.85)	(18.06)	(8.80)	(17.56)
$\ln(hc_d)$	0.1089***	0.0984***	0.0881***	0.0667***	0.0630***	0.0544***
	(23.14)	(21.79)	(6.90)	(5.53)	(3.86)	(3.69)
$\ln(k_d)$	0.4038***	0.4069***	0.4608***	0.4715***	0.4744***	0.4832***
	(50.61)	(57.52)	(21.39)	(25.46)	(17.51)	(21.46)
$\ln(mi_d)$	0.3130***	0.2272***	0.2785***	0.1806***	0.1427*	0.0524
	(13.27)	(10.10)	(4.15)	(2.81)	(1.82)	(0.76)
$\ln(ic_d)$	0.0960***	0.1499***	-0.0981*	-0.0065	-0.1853***	-0.0802
	(5.07)	(9.12)	(-1.76)	(-0.13)	(-2.75)	(-1.42)
$\ln(fe_d)$	-0.2205***	-0.3328***	-0.1659***	-0.3312***	-0.1262**	-0.2920***
	(-11.08)	(-26.70)	(-3.82)	(-11.51)	(-2.41)	(-8.66)
$\ln(in_d)$	0.0357***	0.0337***	0.0287*	0.0312*	0.0232	0.0173
	(5.47)	(5.51)	(1.69)	(1.96)	(1.00)	(0.84)
C	2.2098***	1.7089***	1.9397***	1.2496***	1.8184***	1.1111***
	(15.70)	(16.66)	(5.10)	(4.48)	(3.37)	(3.72)
N	3255	3255	469	469	329	329
$R^2\ within$	0.9706	0.9695	0.9783	0.9763	0.9752	0.9735
$R^2\ between$	0.9578	0.9658	0.9704	0.9821	0.9855	0.9910
$R^2\ overall$	0.9558	0.9662	0.9639	0.9810	0.9804	0.9890
Hausman test	328.35***		80.85***		28.64***	

注：估计结果均经过四舍五入后保留4位小数，括号内的数值为标准差；***、**、*分别表示在1%、5%和10%的双尾检验显著性水平上显著异于零。

Hausman 检验结果显示，在三个样本下，固定效应估计方法是最佳选择，同时随机效应估计结果与固定效应估计结果是基本一致的，这也在一定程度上验证了实证估计结果的稳健性。对各指标的估计结果解释如下。

（一）政治协同度对先发区域经济增长呈现出正向影响

在全样本下的固定效应估计结果中，$\ln(pc)$ 指标的系数为 0.6407，且在 1% 水平下显著。区域间的政治协同度增加 1 个百分点，先发区域的地区生产总值增长约 0.6407 个百分点。这表明，政治协同度是中国先发区域经济发展的重要驱动力。这验证了前述理论部分的结论：区域间的政治协同主要表现在两方面，一方面是政治理念和价值取向的协同，另一方面是区域间政治互动的加强，这从正面和反面两方面促进了区域经济的发展；正面，区域政策效果和市场机制的正外部性使得先发区域可以获得更多市场资源，降低了市场要素的获取障碍，带动了先发区域的经济发展；反面，政治协同降低了区域间的行政壁垒效应，使得先发区域可以更好地利用后发区域的市场要素和市场资源，进而带动经济发展。

当两个省份属于地理邻近区域时，政治协同度的提升对先发区域经济发展的促进作用更强。$\ln(pc)$ 指标的固定效应估计系数是 0.7083，且在 1% 水平下显著。区域间的政治协同度增加 1 个百分点，先发区域的地区生产总值增长约 0.7083 个百分点。地理邻近的区域之间政治互动的效果比非邻近省份之间政治互动效果更强，外部性的正向作用更显著；另外，在打破行政壁垒的政治理念作用下，地理邻近省份之间更易于打破行政边界、形成统一市场，进而为先发区域提供更为宽阔的市场。

然而，当两个省份具备共同经济区位比较优势时，政治协同度的提升对先发区域经济发展的促进作用相对较弱。$\ln(pc)$ 指标的固定效应 OLS 估计系数是 0.3314，且在 10% 水平下显著。区域间的政治协同度增加 1 个百分点，先发区域的地区生产总值增长约 0.3314 个百分点。当前，中国中央政府大力进行区域规划和区域扶持的战略政策下，具备共同经济区位比较优势的先发区域与后发区域之间存在着政策资源的竞争行为，而中央政府更加倾向于将政策资源给予经济不发达的后发区域，故此先发区域在政治协同中的获益会相对较弱。这是政府竞争对政治协同的"挤出"效应。

（二）劳动和资本因素对先发区域经济增长的影响

其一，先发区域人力资源的丰富对其经济发展的影响是正向的。表20.7显示，在全样本下的固定效应估计结果中，$\ln(hr_d)$指标的系数为0.4028，且在1%水平下显著。先发区域人力资源增加1个百分点，地区生产总值增长约0.4028个百分点。这符合柯布—道格拉斯生产函数的理论预期。人力资源是核心的经济资源，人力资源的积累对区域经济发展的影响是显著的。表20.7显示，当两个省份属于地理邻近省份或者具备共同经济区位比较优势时，先发区域人力资源的丰富对其经济发展的正向促进作用相对更弱。当两个省份属于地理邻近省份，人力资源增加1个百分点，地区生产总值增长约0.3160个百分点；当两个省份具备共同经济区位比较优势时，人力资源增加1个百分点，地区生产总值增长约0.3938个百分点。随着先发区域居住成本的提升，人力资源提升引致的是劳动力向地理邻近省份的外流，进而通过"挤出效应"阻碍了人力资源对区域经济增长的正向促进作用。

其二，先发区域人力资本的提升对其经济发展的影响是正向的。表20.7显示，在全样本下的固定效应估计结果中，$\ln(hc_d)$指标的系数为0.1089，且在1%水平下显著。先发区域人力资本增加1个百分点，地区生产总值增长约0.189个百分点。人力资本的提升显示出人力资源质量的提升，通过技术外溢和技术创新等途径，其可以促进区域经济的增长。同时我们还发现，人力资本对经济发展的影响是不及人力资源的经济影响效应的。表20.7显示，当两个省份属于地理邻近省份或者具备共同经济区位比较优势时，先发区域人力资本的提升对其经济发展的正向促进作用相对更弱。当两个省份属于地理邻近省份，人力资本增加1个百分点，地区生产总值增长约0.0881个百分点；当两个省份具备共同经济区位比较优势时，人力资本增加1个百分点，地区生产总值增长约0.0630个百分点。人力资本对区域经济增长的影响也是呈现出边际递减趋势的，在一定区域内的区域之间，先发区域人力资本对经济增长影响的边际作用要低于其他区域。

其三，先发区域固定资产投资对其经济发展的影响是正向的。表20.7显示，在全样本下的固定效应估计结果中，$\ln(k_d)$指标的系数为0.4038，且在1%水平下显著。先发区域固定资产投资增加1个百分点，地区生产总值增长约 0.4038 个百分点。这符合柯布—道格拉斯生产函数的理论预期。投资具有双重效应，不仅能增加总需求，而且也能增加总供给，进而促进区域经济的发展。表 20.7 显示，当两个省份属于地理邻近省份或者具备共同经济区位比较优势时，先发区域固定资产投资增加对其经济发展的正向促进作用相对更强。当两个省份属于地理邻近省份，固定资产投资增加 1 个百分点，地区生产总值增长约 0.4608 个百分点；当两个省份具备共同经济区位比较优势时，固定资产投资增加 1 个百分点，地区生产总值增长约 0.4744 个百分点。

（三）政府和市场因素对先发区域经济增长的影响

其一，先发区域政府干预对其经济发展的影响是负向的。表 20.7 显示，在全样本下的固定效应估计结果中，$\ln(fed)$ 指标的系数为 -0.2205，且在 1% 水平下显著。先发区域政府干预增加 1 个百分点，地区生产总值下降约 0.2205 个百分点。政府对市场干预使得市场机制对资源的配置作用受到了影响，进而不利于区域经济的增长。尤其是在经济较为发达的先发区域，政府对市场的干预更易于削弱市场机制对经济增长的积极影响。表 20.7 显示，当两个省份属于地理邻近省份或者具备共同经济区位比较优势时，先发区域政府干预对其经济发展的负向促进作用相对更弱。当两个省份属于地理邻近省份，政府干预增加 1 个百分点，地区生产总值下降约 0.1659 个百分点；当两个省份具备共同经济区位比较优势时，政府干预增加 1 个百分点，地区生产总值下降约 0.1262 个百分点。

其二，先发区域市场化程度对其经济发展的影响是正向的。表 20.7 显示，在全样本下的固定效应估计结果中，$\ln(mid)$ 指标的系数为 0.3130，且在 1% 水平下显著。先发区域市场化程度增加 1 个百分点，地区生产总值增长约 0.3130 个百分点。市场化程度的提升，意味着市场活力的提升，民间投资在优化、市场机制在不断完善，区域经济受其驱动在不断增长。表 20.7 显示，当两个省份属于地理邻近省份或者具备共同经济区位比较优势时，先发区域市场化程度对其经济发展的正向促进作用相对更弱。当两个省份属于地理邻近省份，先发区域市场化程度增加 1 个百分点，地区生产总值增长约 0.2758 个百分点；当两个省份具备共同经济区位比较优势时，先发区域市场化程度增加 1 个百分点，地区生产总值增长约 0.1427 个百分点。

其三，先发区域产业结构优化对其经济发展的影响是正向的。表 20.7 显示，在全样本下的固定效应估计结果中，ln（icd）指标的系数为 0.0960，且在 1% 水平下显著。先发区域第三产业的产业占比增加 1 个百分点，地区生产总值增长约 0.0960 个百分点。产业结构优化意味着区域经济结构的优化，在经济新常态下，经济结构的优化可以极大地促进区域经济的增长。表 20.7 显示，当两个省份属于地理邻近省份或者具备共同经济区位比较优势时，先发区域产业结构优化对其经济发展的影响呈现出负向作用。当两个省份属于地理邻近省份，先发区域第三产业的产业占比增加 1 个百分点，地区生产总值下降约 0.0981 个百分点；当两个省份具备共同经济区位比较优势时，先发区域第三产业的产业占比增加 1 个百分点，地区生产总值下降约 0.1853 个百分点。之所以出现负向影响，与区域内的产业同构现象存在相关性。

其四，先发区域信息网络化对其经济发展的影响是正向的。表 20.7 显示，在全样本下的固定效应估计结果中，ln（ind）指标的系数为 0.0357，且在 1% 水平下显著。先发区域上网人数占总人口的比例增加 1 个百分点，地区生产总值增长约 0.0357 个百分点。相对于政治协同度、劳动和资本等要素而言，信息网络化对区域经济发展的影响很显著，但影响系数却很小，即影响作用相对较弱。表 20.7 显示，当两个省份属于地理邻近省份或者具备共同经济区位比较优势时，先发区域信息网络化对其经济发展的正向促进作用相对更弱。当两个省份属于地理邻近省份，先发区域上网人数占总人口的比例增加 1 个百分点，地区生产总值增长约 0.0287 个百分点；当两个区域具备共同经济区位比较优势时，先发区域上网人数占总人口的比例增加 1 个百分点，地区生产总值增长约 0.0232 个百分点。

（四）稳健性检验

本节考察被解释变量指标更换对检验结果的影响，将人均 GDP 指标替换原有的地区生产总值指标，以此检验本节实证结果的稳健性。稳健性实证估计结果如表 20.8 所示。

表 20.8　　稳健性检验：政治协同度对先发区域经济增长的影响

样本 选择	全样本		样本点两区域是 地理邻近区域		样本点两省份具备共同的 经济区位比较优势	
实证方法	固定效应	随机效应	固定效应	随机效应	固定效应	随机效应
$\ln(pc)$	0.0650	-0.1937***	0.6729***	0.3593**	0.0887	-0.4307*
	(0.88)	(-3.07)	(4.82)	(2.13)	(0.49)	(-1.95)
$\ln(hr_d)$	0.1110***	-0.0733***	0.1567***	-0.0413	0.3774***	-0.0268
	(5.55)	(-5.18)	(4.50)	(-1.11)	(8.02)	(-0.60)
$\ln(hc_d)$	0.2642***	0.3328***	0.0883***	0.1747***	0.0777***	0.1976***
	(37.65)	(48.34)	(6.37)	(10.40)	(4.53)	(9.27)
$\ln(k_d)$	0.3062***	0.2418***	0.4990***	0.3865***	0.4504***	0.2957***
	(25.73)	(23.29)	(21.34)	(14.28)	(15.81)	(8.82)
$\ln(mi_d)$	0.2474***	0.2849***	0.3936***	0.4607***	0.2098**	0.5095***
	(7.04)	(8.45)	(5.40)	(5.10)	(2.55)	(5.02)
$\ln(ic_d)$	0.5357***	0.5798***	-0.0413	0.1362*	-0.1741**	0.1497*
	(18.99)	(23.54)	(-0.68)	(1.92)	(-2.46)	(1.77)
$\ln(fe_d)$	-0.3873***	-0.2795***	-0.2326***	-0.0730*	-0.2450***	0.0078
	(-13.06)	(-16.33)	(-4.93)	(-1.65)	(-4.44)	(0.15)
$\ln(in_d)$	0.1086***	0.1734***	0.0441**	0.1247***	0.0586**	0.1930***
	(11.15)	(18.71)	(2.38)	(5.56)	(2.39)	(6.42)
C	7.6345***	10.5364***	3.3924***	7.2745***	3.3904***	9.9059***
	(36.38)	(74.33)	(8.21)	(17.14)	(5.97)	(20.96)
N	3255	3255	469	469	329	329
R^2 Within	0.9322	0.9242	0.9739	0.9655	0.9722	0.9540
R^2 Between	0.6562	0.8878	0.3161	0.5239	0.2922	0.6935
R^2 Overall	0.7341	0.8964	0.4746	0.6922	0.3900	0.7992
Hausman test	—		279.71***		—	

注：估计结果均经过四舍五入后保留4位小数，括号内的数值为标准差；***、**、*分别表示在1%、5%和10%的双尾检验显著性水平上显著异于零；豪斯曼检验中的—符号表示估计结果不符合豪斯曼的假设条件。

如表 20.8 所示：在全样本下，区域间的政治协同度增加 1 个百分点，先发区域的地区生产总值增长约 0.0650 个百分点；先发区域人力资源增加 1 个百分点,地区生产总值增长约 0.1110 个百分点;先发区域人力资本增加 1 个百分点,地区生产总值增长约 0.2642 个百分点;先发区域固定资产投资增加 1 个百分点,地区生产总值增长约 0.3062 个百分点;先发区域政府干预增加 1 个百分点,地区生产总值下降约 0.3873 个百分点;先发区域市场化程度增加 1 个百分点,地区生产总值增长约 0.2474 个百分点;先发区域第三产业的产业占比增加 1 个百分点,地区生产总值增长约 0.5357 个百分点;先发区域上网人数占总人口的比例增加 1 个百分点,地区生产总值增长约 0.1086 个百分点。所有指标变量的系数方向均与前文的结论是一致的,只是在显著性上存在一定的差异,这证实了前文所得实证结论是稳健的。

二 政治协同度对后发区域经济增长的影响

表 20.9 为政治协同度对后发区域经济增长影响程度的估计结果。

表 20.9　　实证结果:政治协同度对后发区域经济增长的影响

样本选择	全样本		样本点两区域是地理邻近区域		样本点两省份具备共同的经济区位比较优势	
实证方法	固定效应	随机效应	固定效应	随机效应	固定效应	随机效应
$\ln(pc)$	0.5067***	0.3419***	0.3618***	0.2871**	0.5996***	0.4583***
	(9.34)	(7.35)	(2.69)	(2.21)	(3.61)	(2.84)
$\ln(hr_u)$	0.4967***	0.5706***	0.5300***	0.5828***	0.5863***	0.6005***
	(38.93)	(69.29)	(17.77)	(26.43)	(16.00)	(23.71)
$\ln(hc_u)$	0.0935***	0.0985***	0.0450***	0.0673***	0.0492***	0.0802***
	(20.47)	(23.59)	(3.45)	(5.99)	(3.16)	(6.05)
$\ln(k_u)$	0.3420***	0.3933***	0.3754***	0.3779***	0.3508***	0.3556***
	(48.05)	(62.72)	(18.84)	(22.28)	(15.23)	(17.79)
$\ln(mi_u)$	0.2151***	0.0629***	0.2231***	0.1398***	0.2663***	0.1765***
	(12.05)	(4.12)	(5.03)	(3.46)	(5.62)	(4.00)
$\ln(ic_u)$	-0.0255	0.0499***	-0.0833*	0.0505	-0.0730	0.0360
	(-1.56)	(3.56)	(-1.87)	(1.35)	(-1.43)	(0.86)
$\ln(fe_u)$	-0.0892***	-0.2537***	-0.0812*	-0.2310***	-0.0986*	-0.2113***
	(-5.04)	(-28.20)	(-1.76)	(-9.49)	(-1.93)	(-7.81)

续表

样本选择	全样本		样本点两区域是地理邻近区域		样本点两省份具备共同的经济区位比较优势	
ln(in_u)	0.0899***	0.0481***	0.0863***	0.0745***	0.1019***	0.0898***
	(14.81)	(8.74)	(5.14)	(4.88)	(5.24)	(4.98)
C	2.2729***	1.4751***	1.8845***	1.6308***	1.3184***	1.4665***
	(15.75)	(17.96)	(4.99)	(6.80)	(3.02)	(5.19)
N	3255	3255	469	469	329	329
R^2 Within	0.9736	0.9720	0.9781	0.9771	0.9785	0.9776
R^2 Between	0.9904	0.9927	0.9865	0.9906	0.9855	0.9902
R^2 Overall	0.9863	0.9908	0.9847	0.9893	0.9847	0.9892
Hausman test	519.60***		—		48.99***	

注：估计结果均经过四舍五入后保留4位小数，括号内的数值为标准差；***、**、*分别表示在1%、5%和10%的双尾检验显著性水平上显著异于零；豪斯曼检验中的一符号表示估计结果不符合豪斯曼的假设条件。

Hausman检验结果显示，在全样本和两省份具备共同的经济区位比较优势的样本下，固定效应估计方法是最佳选择；在两区域是地理邻近区域的样本下，随机效应GLS估计方法是最佳选择。同时随机效应估计结果与固定效应估计结果是基本一致的，这也在一定程度上验证了实证估计结果的稳健性。对各指标的估计结果解释如下。

（一）政治协同度对后发区域经济增长呈现出正向影响

表20.9显示，在全样本下的固定效应估计结果中，ln(pc)指标的系数为0.5067，且在1%水平下显著。区域间的政治协同度增加1个百分点，后发区域的地区生产总值增长约0.5067个百分点。这表明，政治协同度也是中国后发区域经济发展的重要驱动力，这与前述的理论预期是基本一致的。

比较前一部分的实证结论可知，相比于先发区域，政治协同度对后发区域经济发展的影响比其他因素对后发区域经济发展影响相对较弱。一方面，在后发区域资本和劳动等要素对经济增长的边际影响效应要显著高于先发区域这些因素的影响边际效应，故此，政治协同的影响相对较弱；另一方面，后发区域倾向于通过地方保护主义政策促进本地企业和产业的发展，这也挤出了政治协同的作用。但是政治协同的影响效应也存在边际递减规律，从前文图 20.1 的散点分布可以发现，政治协同度对后发区域的影响系数要大于其对先发区域的影响系数。

当两个省份属于地理邻近区域时，政治协同度的提升对后发区域经济发展的促进作用更弱。如表 20.9 所示，ln（pc）指标的随机效应 GLS 估计系数是 0.2871，且在 5% 水平下显著。区域间的政治协同度增加 1 个百分点，后发区域的地区生产总值增长约 0.2871 个百分点。地理邻近的区域之间，先发区域在市场和政府要素上更加强势，故此，后发区域的保护性政策行为使得政治协同对其经济发展的影响效果更弱。

然而，当两个省份具备共同经济区位比较优势时，政治协同度的提升对后发区域经济发展的促进作用相对较强。如表 20.9 所示，ln（pc）指标的固定效应估计系数是 0.5996，且在 1% 水平下显著。区域间的政治协同度增加 1 个百分点，后发区域的地区生产总值增长约 0.5996 个百分点。当前，中国中央政府大力进行区域规划和区域扶持的战略政策下，具备共同经济区位比较优势的先发区域与后发区域之间存在着政策资源的竞争行为，而中央政府更加倾向于将政策资源给予经济不发达的后发区域，故此，后发区域在政治协同中的获益会相对较强。

（二）劳动和资本因素对后发区域经济增长的影响

（1）后发区域人力资源的丰富对其经济发展的影响是正向的。在全样本下的固定效应估计结果中，ln（hr_u）指标的系数为 0.4967，且在 1% 水平下显著。后发区域人力资源增加 1 个百分点，地区生产总值增长约 0.4967 个百分点。这与先发区域的理论结果是基本一致的，但其影响系数要大于先发区域中人力资源的影响系数，这验证了人力资源影响的边际递减规律。

当两个省份属于地理邻近省份或者具备共同经济区位比较优势时，后发区域人力资源的丰富对其经济发展的正向促进作用相对更强。当两个省份属于地理邻近省份，人力资源增加 1 个百分点，后发区域地区生产总值增长约 0.5828 个百分点；当两个省份具备共同经济区位比较优势时，人力资源增加 1 个百分点，后发区域地区生产总值增长约 0.5863 个百分点。如前所述，随着先发区域居住成本的提升，人力资源提升引致的是劳动力向地理邻近的后发省份外流，这使得人力资源在后发区域发挥了更加重要的作用。

（2）后发区域人力资本的提升对其经济发展的影响是正向的。在全样本下的固定效应估计结果中，ln（hc_u）指标的系数为 0.0935，且在 1% 水平下显著。后发区域人力资本增加 1 个百分点，后发区域地区生产总值增长约 0.0935 个百分点。人力资本在先发区域发挥了更加重要的作用，而其在后发区域的影响相对较弱。

当两个省份属于地理邻近省份或者具备共同经济区位比较优势时，后发区域人力资本的提升对其经济发展的正向促进作用相对更弱。当两个省份属于地理邻近省份，人力资本增加 1 个百分点，后发区域地区生产总值增长约 0.0673 个百分点；当两个区域具备共同经济区位比较优势时，人力资本增加 1 个百分点，后发区域地区生产总值增长约 0.0492 个百分点。

（3）后发区域固定资产投资对其经济发展的影响是正向的。在全样本下的固定效应估计结果中，ln（k_u）指标的系数为 0.3420，且在 1% 水平下显著。后发区域固定资产投资增加 1 个百分点，地区生产总值增长约 0.3420 个百分点。与先发区域相比，投资在先发区域发挥着更加重要的作用，而后发区域更加倾向于劳动力，这与区域经济发展阶段相关。

当两个省份属于地理邻近省份或者具备共同经济区位比较优势时，后发区域固定资产投资增加对其经济发展的正向促进作用相对更强。当两个省份属于地理邻近省份，固定资产投资增加 1 个百分点，后发区域地区生产总值增长约 0.3779 个百分点；当两个省份具备共同经济区位比较优势时，固定资产投资增加 1 个百分点，后发区域地区生产总值增长约 0.3508 个百分点。

（三）政府和市场因素对后发区域经济增长的影响

（1）后发区域政府干预对其经济发展的影响是负向的。在全样本下的固定效应估计结果中，ln（fe_u）指标的系数为 -0.0899，且在 1% 水平下显著。后发区域政府干预增加 1 个百分点，地区生产总值下降约 0.0899 个百分点。相对于先发区域而言，政府干预对经济发展的负向影响更弱。在市场机制并不完善的后发区域，政府干预在一定程度上弥补了市场失灵的影响。

当两个省份属于地理邻近省份或者具备共同经济区位比较优势时，

后发区域政府干预对其经济发展的负向促进作用相对更强。当两个省份属于地理邻近省份，政府干预增加1个百分点，后发区域地区生产总值下降约0.2310个百分点；当两个区域具备共同经济区位比较优势时，政府干预增加1个百分点，后发区域地区生产总值下降约0.0986个百分点。

（2）后发区域市场化程度对其经济发展的影响是正向的。在全样本下的固定效应估计结果中，$\ln(mi_u)$指标的系数为0.2151，且在1%水平下显著。后发区域市场化程度增加1个百分点，地区生产总值增长约0.2151个百分点。相对于先发区域，市场化程度在后发区域发挥出的作用相对较弱，这与不同区域政府和市场的效应博弈有关。

当两个省份属于地理邻近省份时，后发区域市场化程度对其经济发展的正向促进作用相对更弱，后发区域市场化程度增加1个百分点，地区生产总值增长约0.1398个百分点。当两个省份属于具备共同经济区位比较优势时，后发区域市场化程度对其经济发展的正向促进作用相对更强，后发区域市场化程度增加1个百分点，地区生产总值增长约0.2663个百分点。

（3）后发区域产业结构优化对其经济发展的影响是不显著的。在全样本下的固定效应估计结果中，$\ln(ic_u)$指标的系数为-0.0255，系数显著性相对较弱。当两个省份属于地理邻近省份，后发区域第三产业的产业占比增加1个百分点，地区生产总值增长约0.0505个百分点，显著性不强；当两个省份具备共同经济区位比较优势时，后发区域第三产业的产业占比增加1个百分点，地区生产总值下降约0.0730个百分点，显著性不强。

（4）后发区域信息网络化对其经济发展的影响是正向的。在全样本下的固定效应估计结果中，$\ln(in_d)$指标的系数为0.0899，且在1%水平下显著。先发区域上网人数占总人口的比例增加1个百分点，地区生产总值增长约0.0899个百分点。相对于先发区域，后发区域的社会资本未得到充分运用，信息网络化的提升带动了社会资本效应的提升，也符合边际效应递减规律，故此，后发区域信息网络化对经济发展的影响更强。

当两个省份属于地理邻近省份时，后发区域信息网络化对其经济发展的正向促进作用相对更弱，后发区域信息网络化程度增加1个百分点，地区生产总值增长约 0.0745 个百分点。当两个省份属于具备共同经济区位比较优势时，后发区域信息网络化对其经济发展的正向促进作用相对更强，后发区域信息网络化程度增加 1 个百分点，地区生产总值增长约 0.1019 个百分点。

（四）稳健性检验

本节考察被解释变量指标更换对检验结果的影响，将人均 GDP 指标替换原有的地区生产总值指标，以此检验本节实证结果的稳健性。稳健性实证估计结果如表 20.10 所示。

在全样本下，区域间的政治协同度增加 1 个百分点，后发区域的地区生产总值增长约 0.4255 个百分点；后发区域人力资源增加 1 个百分点，地区生产总值增长约 0.2595 个百分点；后发区域人力资本增加 1 个百分点，地区生产总值增长约 0.2484 个百分点；后发区域固定资产投资增加 1 个百分点，地区生产总值增长约 0.2024 个百分点；后发区域政府干预增加 1 个百分点，地区生产总值下降约 0.1577 个百分点；后发区域市场化程度增加 1 个百分点，地区生产总值增长约 0.2126 个百分点；后发区域第三产业的产业占比增加 1 个百分点，地区生产总值增长约 0.3994 个百分点；后发区域上网人数占总人口的比例增加 1 个百分点，地区生产总值增长约 0.1794 个百分点。所有指标变量的系数方向均与前文的结论是一致的，只是在显著性上存在一定的差异，这证实了前文所得实证结论是稳健的。

表 20.10　稳健性检验：政治协同度对后发区域经济增长的影响

样本选择	全样本		样本点两区域是地理邻近区域		样本点两区域具备共同的经济区位比较优势	
实证方法	固定效应	随机效应	固定效应	随机效应	固定效应	随机效应
$\ln(pc)$	0.4255***	-0.2250***	-0.3117**	-0.7531***	0.0762	-0.5677**
	(5.30)	(-2.92)	(-2.04)	(-3.66)	(0.42)	(-2.24)
$\ln(hr_u)$	0.2595***	-0.0965***	0.3234***	0.0162	0.3297***	-0.0257
	(13.75)	(-7.04)	(9.57)	(0.46)	(8.18)	(-0.62)
$\ln(hc_u)$	0.2484***	0.3421***	0.0903***	0.2506***	0.0946***	0.2521***
	(36.76)	(49.50)	(6.11)	(13.94)	(5.52)	(11.80)

续表

样本选择	全样本		样本点两区域是地理邻近区域		样本点两区域具备共同的经济区位比较优势	
$\ln(k_u)$	0.2024***	0.1911***	0.4005***	0.2055***	0.3936***	0.2391***
	(19.22)	(18.39)	(17.74)	(7.59)	(15.55)	(7.46)
$\ln(mi_u)$	0.2126***	0.2281***	0.1429***	0.2612***	0.2155***	0.2619***
	(8.05)	(8.98)	(2.84)	(4.05)	(4.14)	(3.72)
$\ln(ic_u)$	0.3994***	0.3929***	0.0021	0.2616***	0.0090	0.2350***
	(16.51)	(16.91)	(0.04)	(4.35)	(0.16)	(3.44)
$\ln(fe_u)$	-0.1577***	-0.1201***	-0.0425	0.0341	-0.1874***	-0.0167
	(-6.03)	(-8.01)	(-0.81)	(0.86)	(-3.34)	(-0.36)
$\ln(in_u)$	0.1794***	0.2537***	0.1199***	0.2810***	0.1377***	0.2679***
	(19.99)	(27.90)	(6.30)	(11.60)	(6.44)	(9.41)
C	7.4477***	11.3804***	5.8683***	11.4372***	5.1956***	10.9930***
	(34.89)	(83.31)	(13.71)	(29.64)	(10.82)	(23.85)
N	3255	3255	469	469	329	329
R^2 Within	0.9445	0.9322	0.9722	0.9522	0.9731	0.9517
R^2 Between	0.4055	0.8685	0.1892	0.8050	0.2342	0.8031
R^2 Overall	0.5312	0.8833	0.3201	0.8393	0.3186	0.8326
Hausman test	5158.91***		—		—	

注：估计结果均经过四舍五入后保留4位小数，括号内的数值为标准差；***、**、*分别表示在1%、5%和10%的双尾检验显著性水平上显著异于零；豪斯曼检验中的—符号表示估计结果不符合豪斯曼的假设条件。

第二十一章

推进中国区域政治协同发展的政策建议

第一节 优化各级政府间政治结构和权责关系

一 构建中央政府约束下的地方政府政治协同发展体系

建立与中国特色社会主义政治体制相适应的政治协同体系,必须明确政府的职能范围和政治作业,合理划分中央政府与地方政府的政治边界,正确处理中央政府与地方政府在政治运作和政治导向中的关系,构建中央政府约束下的地方政府政治协同发展体系。

宏观层面的政治权利分配和政治边界划分的权利必须集中在中央。因为唯有中央政府才有可能清楚界定和合理保障政治边界的合理性,并可能具备制定克服政治结构失衡的制度及政策的能力。强调政治权力分配和政治边界划分的权力在中央,决不意味着可以忽视地方政府的政治能动性和区域间的协调性,包括不能忽视地方政府间政治协作对政治权利再分配和政治边界重新划分的重要作用。缺乏地方政府在政治协作方面的主动性,中央政府在政治资源分配中的作用也很难有效地传递到各个微观经济层次。

在政治资源的分配上,中央政府的对象是全国各级政府,而省级政府的政治资源分配对象仅仅是一定的区域。这两者之间存在着整体与部分的哲学关系。在这一理论框架下,宏观视角下的政治资源分配,都必须由中央政府来调控。如,明确各级地方政府的政治边界和其所能行使的政治权利,清晰地给出地方政府在经济政策制定上的权利和中央政府的约束机制。地方政府在政治资源的分配过程中必须充分考虑中央政府的约束作用，服从中央政府已实施的政治安排。如，依据中央政府的政治安排制定本区域的政治安排，以环境保护为例，各地方政府应当根据中央政府在环保政策方面的安排制定本区域内的政策制度。具体地说，中央政府与地方政府在政治权力分配和政治边界划分方面的职责应以它们对政治资源的把控能力为准则，即哪一级政府可以在哪一层面的政治资源分配上充分发挥其优势。中央政府对各级地方政府政治资源分配的过度干预和地方政府对已有政治边界的"跨界"行为都不利于中国政治协作体系的合理运作。

在区域政治协同发展过程中，一方面，针对一些政治协同能力较弱的区域，中央政府应当给予更多的政治资源倾斜（如政策优势等）；另一方面，中央政府要确保足够的政治资源（财政权和全国人大政治分配权等），可以掌控各区域间的政治资源分配（宏观区域政策等）。

二 政治协同视角下确保中央集权与地方分权相结合

实行"中央集权与地方分权相结合"是为促进区域经济增长统筹区域经济发展中政府必须采用的行之有效的模式。为了进一步提高政府办事效率，降低行政成本，增强活力，中央和地方政府应明确分工，即中央负责管理全国范围和跨区域的事务，以保证国法制统一，政令统一，市场统一；地方政府负责管理属于区域内的地方性事务。属于中央和区域共同管理的事务，要针对不同情况灵活对待，明确各自管理范围，分清主次责任。改善政府的纵横向权力结构，把握好上下政府分权和集权的度，从法律、组织、风险等方面约束和规范地方政府的行为，使政府真正从管理走向服务，建造一个自主创新的政策环境。

（一）适当强化中央政府的财政实力

一是要采取措施适当增强中央政府的财政实力。中国地区间的经济发展极不平衡，公共物品的分布亦不平衡，如果不把主要财力集中于中央，势必加剧这一不平衡状况，进一步拉大地区间福利水平和经济增长率的差距，引发地区间的利益矛盾甚至冲突。中国地区发展不平衡一定程度上是由发展政策的取向所导致的，因此，规范政府行为便成为缩小地区差距的关键。这就要求中央必须改变目前过度分权的财政制度，强化中央财政转移支付制度。中央政府以税收、财政转移支付的方式在不同地区、不同程度上掌握和调控财富和利益的分配，掌握着政治资源开发和利用的主动权，这不仅能促进地区经济协调发展，而且能协调它们之间的利益冲突，包括相对于合理发展差距的心理不平衡。

二是要强化中央政策的效力。当前，中央政策执行过程的延迟和失误以及"上有政策，下有对策"等现象仍比较普遍，使得中央政策效力的发挥和效益的实现还远远不够充分。当前，仅从政治执行的角度看，最基本的对策是改进和完善政治执行系统，规范政治执行行为，有效地强化政策效力。

三是要强化中央政府的权威，中央政府增强政治整合能力。从维护区域经济协调发展的角度出发，中央应具备相当的控制力，通过具有一定效力的政治权威来陇调各省之间的利益冲突，并努力削弱地方政府对生产要素在地区之间流动的控制力，减少人为扭曲所导致的效率损失，同时又要努力把握集权的"度"不能因为过度集权而打击了对地方政府的积极性和主动性。维护中央对地方必要的控制力，不仅具有经济上的原因，更有其深刻的政治内涵，在对地方分权的同时，需要避免中央政治控制力度的衰减。中央需加强对这些地区的政治控制，在中央与地方间保持必要的张力。

（二）合理分配中央与地方的权力

为避免国家放权后中央式微、地方坐大，中央与地方间产生权力鸿沟和控制真空，有必要对中央和地方的关系加以规范。

一方面，中央与地方要合理分权。中央与地方分权的焦点集中在事权与财权两个主要方面。应以市场经济发展的需要为出发点，实现中央和地方政府之间恰当、有效的权力配置，合理划分中央和地方政府各自的权力范围和职责功能以及担负的义务。中央与地方事权的划分，世界各国并不完全相同，但遵循的原则基本相同，这就是应根据公共品的外在性、规模经济涉及范围的大小来确定应由哪一级政府负责提供。一般来说，凡涉及国家根本利益和全局的立法权、行政管理权和经济政策的决策权都应在中央政府，其余的归地方政府。目前，中国中央政府包揽的公共事务太多太细，应把涉及地方目标的公共事务交给地方办理，以发挥地方积极性。财权的划分目的是保障事权的行使，其方式应当是中央政府将大部分支出责任和一部分收入责任转移给下级政府，同时辅以政府间转移支付机制的协调。下移支出责任可以使政府资源得到更有效的配置，同时让公共支出形成的公共物品和服务更贴近受益人。当然，支出责任下移并不意味着中央或上级政府撒手不管。对于财权的分配有个度的问题，国外许多政府较为成熟的做法是各级政府分配其自有的收入来源，其中中央政府所征税收的税基覆盖面应当更大，课征对象具有较高的收入弹性，再加上各种类型的政府间转移支付，用以调节下级政府的财政收支差额。

另一方面，要实现中央地方关系的制度化、法制化。解决地区差距的问题直接涉及处理中央与地方关系，充分发挥中央和地方两个积极性，是国家政治生活和经济生活中的一个重要原则问题，关系到国家的统一、民族的团结和全国经济的协调发展。在计划经济体制下，这一关系是按照"全党服从中央"的原则处理，中央有权放权，也有权收权。但随着经济体制改革的深入，地方自主权的扩大已无法逆转，省一级的权力已相当完整和强大，中央的权力则相对大大缩小，已经威胁到了中央政府推行政策和履行职责的能力。

第二节　健全区域政府间政治协同发展机制

如前文所述，省级政府间良好的政治协同可以积极地推动区域的经济增长，而区域间的政治协同不仅需要有良好的合作意识，还需要完善的合作组织载体。因而，建立合理高效的政治合作组织和机制是推动地方政府间政治协同机制实现的关键。

一　建立跨区域的政治协调机构和政治对话制度

一　组织层面：建立跨区域的政治协调机构

区域经济增长是中国地方政府政绩考核重要指标，也是地方政府实施政府竞争的主要目标之一。就中国目前形势而言，地域间政治价值理念和经济状况差别较大，要想切实规范地方政府合作就需要成立一个跨区域利益的政治协调机构。上文在实证分析中发现，区域之间良好的政治协同水平对区域经济增长具有重要的正向影响。利益的矛盾性复杂决定了政治协调机构在威信力和管治力方面都需足够强大，故这种机构应由有中央政府牵头设立，再被各省级政治资源配置主体所认可。该机构需要有严格界定在中央所规定范围之内的行政权和立法权，如覆盖有公共事务、基础设施建设、地区协调治理等。

当前，中国区域规划较多，但这些区域规划虽然出台了诸多合作制度，但都存在执行力度小、浮于表面的问题。有的跨区域协调组织维持在表面的协商状态，使得诸多问题、事宜仅仅停留在文件状态，等到领导决策的时刻，又需考虑实际利益，不能起到政治协作的作用。还有一些情况无法保证稳定性，一旦地方领导出现离职等岗位变动情况，很容易解体或架空合作机制，如20世纪80年代末，上海经济区撤销"规划办"实际上就是使上海经济区"消亡"了。90年代后期产生一系列变革，在区域合作组织中一再重演其相应的问题，改革过程中，大多数区域经济合作的行政职能部门、经济技术协作办公室被撤掉或者并入其他相关部门，随之而来的是原有相关职能的取消，最终导致区域经济合作组织慢慢走向衰落。上述现象说明，中央政府强力支持的合作组织是稳定建立协调组织的过程中的重要保证。地方政府的规范性和利益追求性会因为存在着行政级别的上下级问题而得到一定的收敛，这样就保证了合作政策的长久性和稳定性。通过这样一个强有力的组织，参与各方均可获益，例如参与各方在面临利益纠纷时可以更好地协商解决方案，在因信息沟通不畅而产生囚徒困境时也能对问题进行有效的分析和协商，更会使各级地方政府意识到长期利益比短期利益更值得追逐，从而在一定程度上加强了地方政府间的信赖，保证了政策执行与合作的稳定性，防止了由于领导接任问题而产生的地方政府间合作不稳定性，有助于进一步推动地方政府之间的合作。

（二）制度层面：建立跨区域的政治对话制度

建立协调机构是从中央的角度来审视问题，那么地方政府可以用更加灵活的地方领导对话模式来促进合作进程。地方政府的可支配能力在随着中央政府不断放权改革而逐渐变大的过程中，其需要承担的责任也不再仅仅局限于传统的行政管理，包括公共事务、地区和谐发展等问题都是地方政府未来需要注意的。此外，随着地方政府权力的增长，地方政府领导的权力也随之加大。受长期的首长负责制和官僚制影响，中国地区经济发展的推动者和负责人在一定程度上是地方政府领导的形象概括，地方政府不断进行利益协商的过程其实也是各地方政府领导人进行利益协商的过程。高层对话的形式在某些区域经济中已经开始出现，例如：长三角地区和长江沿岸市长专员联席会、环渤海地区经济联合市长联席会等。著名经济学家布坎南认为，集团或者形成集团的个体间互相讨价还价、协调与折中的行为过程是公共决策的表现，而地方领导高层恰恰是这一过程的直接参与者。高层领导对话制度的建立在一定程度上促进了地方政府领导间的信任，消除了彼此的隔阂，促进了彼此沟通过程中信息的交换，防止了由于信息不对称而私下进行博弈的囚徒困境。此外，沟通的过程中也能与即将到任的领导进行深入探讨，从而确定对方对合作的长期态度与合作工作的后续安排等重要事宜。

二 优化区域政府间政治协同的外在环境

（一）政策环境：中央政府对政治协同的支持

平级政府间的合作往往容易产生一系列的问题，这是因为平级政府之间有着相对平等的权力，不存在相互制约的关系。所以中央政府应该建立科学合理的认识基础，对地方政府合作给予一定的政策引导，进而解决平级政府间合作困难的问题。首先，中央政府需要将工作重心放到宏观调控上，通过加强对不同区域间贸易和要素流动的管理，尽可能避免和调整各种利益诱导。其次，应建立强力的监管机构，统一管理各地的行为准则。最后，可制定相关的贸易法规以便削弱地方保护主义，提供有利的制度与环境保障促进地方政府的合作。此外，中国现阶段出台的若干国家级的区域合作规划指导也为增强地方政府合作提供了动力。

中央政府应努力建成利益协调机制。在区域合作过程中，经济发展完全平衡的状态是不可能存在的，经济发展的差距必然存在于一定区域内的城市发展过程中，地方政府并不能很容易解决这一问题。如上文所述，合作很难实现的原因之一是发达地区和落后地区的政府具有不同的想法。一方面，发达地区为了实现本地区的优化升级，希望将技术含量低的经济工业转移落后区域，这势必会扩大污染，影响欠发达地区的可持续发展。另一方面，落后区域由于缺乏合理的资源分配，导致缺乏合作动力。并且较之于合作，这类地区更倾向于争取上级政府的财政支持，使得合作动力大打折扣。

在合作区域过程中,中央政府应该明确地建立利益协商补偿机制,对地区发展利益进行合理分配以及补偿。依靠联邦政府专门的协调机构和严密的实施规划,德国的区域经济政策取得了较好的成效。名称为"区域经济政策部际委员会"的德国联邦政府内协调机构于1964年成立,其前身是"贫困地带问题部际委员会"。协调机构在创造公平环境的同时建立合理的补偿协调机制。通过规范的横向财政转移支付制度建设,实现地区利益的横向转移,从而实现地区间各种利益的合理分配。在中国横向转移支付的力度尚有欠缺,中央政府处于构建区域利益分享和补偿机制的核心地位,这就要在国务院的领导下,建立一个具有凝聚力和权威性的跨省利益协调机构,对关系到区域经济发展全局、非一个行政区能解决的若干重大问题,通过协商和对话,合理制定相关政策,提出可接受的方案,协调和兼顾各方利益,从而实现区域经济发展的整体目标。

(二) 政治理念:转变区域地方政府的政治价值理念

在中国地方政府长期的官僚制下,不但没有形成服务型的政府,反而形成了指挥领导型的政府,领导官员比较忽视下级利益,关注上级利益和政绩工程,这将百姓和区域实际利益放在了次要地位,产生做出政绩是给上级看的不良风气,也使得许多短期急功近利的工程项目应运而生,这些忽视地方政府合作而建设起来的项目也说明地方政府的价值理念亟待转变,即应该建立以地区百姓实际利益为基准的服务型政府而不应该是传统的行政性很强的政府。

地方政府需要注意的另一个问题是地方保护主义。传统意义的行政、市场分割造成地方政府在分配资源时,行政权力凌驾于市场机制上。以地方政府为主体的投资应该起到掌舵而不是划桨的作用,应该避免地方政府参与地方企业的环境,减少对企业的干预。地方政府从微观经济管理领域中退出来对区域统一市场是有利的。从短期来看,强烈的地方保护主义虽然起到了保护企业和地方税收的作用,但是在长远角度来看弊端很大:其一,这会影响地区内的经济环境;其二,区域内地方政府间不信任程度加剧,地方政府间的关系受到了强烈影响。区域政府的行为方式会随着政治价值理念的转变而发生一定的变化。例如当有重复建设等地方政府为投资主体的行为时,要逐步削弱地方政府作为投资主体的作用，调整和改善地方政府的投资范围，培养多元化的投资主体。在区域经济发展过程中，地方政府应逐步退出竞争性领域的投资，履行监管行为而非投资职能，转而投资基础型产业、公共服务设施和社会发展事业等。

(三) 制度保障：形成完善的法律制度保障

法律是社会发展进步的标志和社会稳定的象征。在约束和保护地方政府合作的环境中，有着约束力和稳定性的法律必不可少。规范的法律制度在地方政府的合作中起着重要作用，中央政府可以从法律的角度和立场认可和保护地方政府合作的关系，即根据实际情况出台一部比较完善的地方政府关系法。区域发展的较大障碍源于地方保护主义，这同时也是中国地方政府合作发展面临的主要问题，中央政府可以从实际出发，通过宪法来规范地方政府行为，防止盲目分割市场行为的发生。同时制定相应的法律法规规范细节问题，明确禁止地方政府行政性质的垄断产生。这样，由于企业竞争和保护所产生的隔阂可以有效减少。自20世纪80年代以来，中国政府为了有效区域良性发展，遏制地方政府间的恶性竞争，陆续出台了一些相应的法规，如1980年10月国务院制定的《关于保护社会主义竞争的暂行规定》，1993年第一部规范协调竞争的规范《中华人民共和国反不正当竞争法》出台，但是该规范的执行效果却不尽如人意，在某种程度上说明上级政府需要加大执法力度，并且相关的法律法规仍然存在着修改的空间，需要进一步完善。从内容上来看，中国中央政府出台的相关法律应该集中在地方政府合作中产生的问题上，如应有明确的法律规范解决公共环境污染问题，并且大力支持合作的整体方案和工作的后续稳定性，另外，一些地方政府的立法仍然存在着对合作的不利影响，应对当地不规范的法律法规进行修改、审理、梳理，建立不但能够适应当今社会的发展趋势，还能促进地方政府合作长久性和稳定性的法律法规体系。

(四) 财政支持：构建合理的财政和税收制度

在向上级汇报政绩的时候，地方政府官员往往对于财政税收比较重视，这是因为税收是政绩的一个关键因素。因此，地方政府合作的进行往往会受到财政税收合理性的影响。某些区域保护主义，往往更关心的是本地区弱小企业能否上税，而不是考虑扶持其生存发展。因此，应该尽快成立能保障合作的进行的现代公共财税体制。首先，在收入得到保障的前提下，中央应构建合理的地税体系，通过扩大税源，形成地方稳定的主体税种，同时构建坚实的税基，强化本地区的地方调控能力。其次，规范转移支付制度的，强化其调节作用。利用地方政府的转移支付调整区域内公共支出的项目，有利于实现区域内经济的互惠互利。最后，充分体现税收的优惠政策，适当微调下方优惠权限，合理促进区域经济的协调发展。区域利益的分配往往影响着地方政府合作的进行，通过完善财税分配系统能够促进区域利益分配问题的解决。所以，建立合理完善的现代财税体制对推进区域经济合作发展的进程起着至关重要的作用。

第六篇

推进中国区域文化协同发展研究

文化是社会机体的灵魂和社会发展的内在动力，是区域社会特征的根本标志和区域发展水平的重要显示。推动区域文化的协同发展，有利于推进区域人们之间的相互认同和心灵契合，对于推进区域经济、政治、社会和生态协同发展，实现区域整体的协同发展具有重要的意义。学术界对区域文化的具体研究不少，但对区域间文化的协同发展研究很少，研究的广度和深度都有待于拓展。本篇将在对区域文化进行界定和分析的基础上，对中国区域文化发展及其协调度进行考察，并基于文化特征将中国划分为八大文化区域进行差异化分析；进而以文化产业为例，深入研究区域文化协同发展态势、模式及其影响因素；实证区域文化与经济协同发展度及其制约条件；最后，提出了推进区域文化协同发展的政策建议。

第二十二章

推进区域文化协同的必要性和意义

第一节 区域文化与区域文化协同发展的界定

"文化"（culture）是一个非常广泛的概念，给它下一个严格和精确的定义是一件非常困难的事情。联合国教育、科学及文化组织对文化的定义是："文化是一套体系，涵盖精神、物质、知识和情绪特征，使一个社会或社群得以自我认同。文化不但包括文学和艺术，也包括生活方式、基本人权观念、价值观念、传统与信仰。"人类文化学家泰勒曾在《原始文化》一书中指出：所谓文化或文明是包括知识、信仰、艺术、道德、法律、习惯以及其他人类作为社会成员而获得的种种能力、习性在内的一种复合整体。[①] 一般说来，文化有广义和狭义的理解，广义的文化即"人化"，是相对于自然而言的，人类所改变和创造的一切存在都属于文化，包括物质文化、制度文化和精神文化等；狭义的文化主要是指精神文化，即人类精神活动及其凝结成果，包括知识、信仰、艺术、道德、法律、习俗等。文化的核心是价值观念，基本表征是人们的行为习惯，主要载体是各类文本和文化活动。本部分研究的文化是相对于经济、政治而言的狭义文化，也即精神文化及其实现形式。

区域文化即是在一定区域内人们长期的生产和生活中所形成和演化而来的精神活动方式及其凝结成果。一定的区域文化受区域的地理环境、人们的生活和生产方式、现实经济发展水平、历史的传承和演进的制约，也受到与区域外的交流、交往所影响。区域文化可以从多个维度去进行

---

① ［英］爱德华·泰勒：《原始文化》，上海文艺出版社1992年版。

考察，本部分对区域文化的考察，主要是其与现实社会经济、政治发展等相互关系中去把握。因此，就当代中国来说，理解区域文化发展，可以从区域文化资源、文化产业、文化事业和文化风尚四个方面把握。区域文化资源是区域文化活动的历史积淀，表明了区域文化的厚度，也为区域现实文化的发展提供了基础和条件；文化产业是文化的物化或经济化，是文化存在的重要载体和文化发展的重要成果，表明了文化在现代市场中的发展成就；文化事业是政府和社会组织为公民提供的公共文化服务活动及其成果，是人民文化生活的基本保障和区域文化发展的重要支撑；文化风尚是区域人民群众精神观念和行为习惯所展示出来的一种精神氛围和文化面貌，是区域文化倾向最为直接的显现。因此，我们从这四个方面来把握区域文化发展是比较全面而可行的。

区域文化协同发展，就是指区域文化之间、区域文化各要素之间相互作用、相互合作、相互吸取、相互协调实现共同发展的过程。其基本规定一是协同，二是发展；文化协同呈现出来的就是一定区域文化的和谐状态，不仅是文化的各个方面的协调，也是不同文化的和谐共生，还是与其他区域文化的良性交流与相容。文化发展是文化的持续演进，是文化内容的不断充实和丰富，文化特征的持续更新和优化，文化形态逐步实现由旧向新的跨越。

区域文化的协同发展体现在三个层面上，一是区域内部不同文化之间、文化的不同要素之间的协同发展，可以称为要素协同；在本部分中主要研究区域文化资源、文化产业、文化事业和文化风尚四个方面的协同发展。二是区域之间文化的协同发展，或不同区域文化之间的协同发展，可以称为空间协同。本部分主要将研究中国区域文化之间、八大文化区域之间的协同发展。三是区域文化与社会其他要素，特别是经济的协同，可以称为环境协同。文化是社会系统中的一个子系统，其协同不可能孤立发生，只有在与社会系统其他子系统相互协调中才能实现真正的协同发展。所以，区域文化协同发展应该包括文化要素协同、文化空间协同和文化环境协同三个层面的协同发展。

第二节　推进区域文化协同发展的必要性和意义

一　促进区域文化发展的内在要求

文化作为一种观念形态的事物，是一种具有很强渗透性的、依附性的社会存在，其重要特征：一是文化及其要素总是处于与其他要素相互依存，相互渗透之中；二是其难以孤立自存，总是依赖于其他社会因素得到发展的。这也就决定了文化及其要素不可能孤立发展，而总要在与其他文化要素、其他社会因素的相互依存中才能存在，在相互协同中才能发展。例如，区域文化产业的发展，既依赖于区域文化资源的丰度，也受制于区域文化事业的发展，还被区域文化风尚所引导，因此，只有在与文化资源、文化事业和文化风尚的协同中，才可能有效发展。区域文化的四个方面对于当代区域文化发展来说，缺一不可，而且只有当四个方面都得到了相应发展，才可能保障区域文化的整体发展水平。在现代区域竞争中，文化作为区域软实力的作用日益突出，提升文化软实力，不仅可以优化区域形象，更可以为区域发展注入不竭的精神动力，引领区域向更优、更高层次发展。而提升区域文化软实力，一是要强化区域各要素，大力开发文化资源，大力发展文化产业和文化事业，优化文化风尚，并使各方面相互协调，相互促进，同步发展。二是要开放发展，促进本区域文化与其他文化的相互交流与共融，文化开放与融合是推进区域文化产业发展的重要契机。三是要强化文化与经济等社会因素的相互促进，相互协同，以经济推动文化发展，以文化引领经济发展。总之，只有区域文化在各个层面协同的条件下，才能有效提高区域文化的整体实力，从而提升整个区域的竞争力。

二　推进区域协同发展的方向引领和精神支撑

文化是区域社会中最重要的因素之一，是区域协同发展中的灵魂。文化不仅仅和区域经济、政治、社会事业、生态文明一起构成区域系统的一个子系统，而且作为一种精神因素渗透和贯穿在所有其他子系统中，影响和制约着其他因素发展，引领着区域协同发展的方向。区域要推进协同发展，首先需要有一个协同的文化意识，并且成为区域共同理念，才能激发人们去追求协同的行为，推进区域协同发展的步伐。同时，如何去实现协同，也需要相应的协同文化知识去指导。特别是在区域之间地理、经济、社会都具有差异性，利益方面会具有一定的竞争性，具有差异和竞争性的区域之间推进协同发展，首先需要有彼此认同、合作共赢的意识，否则所有协同的构想都不可能成为现实。推进协同中的各种关系、各种矛盾的处理，也需要彼此本着协同的精神才能有效去处理和解决。所以，协同的文化精神是促进区域间协同发展的内在支撑。

三　提升国家文化软实力建设文化强国的需要

当今时代，和平与发展成为时代主题，文化越来越成为民族凝聚力和创造力的重要源泉，越来越成为综合国力的重要因素。提升国家文化软实力是提高综合国力，实现中华民族伟大复兴中国梦的重要精神支撑。国家文化软实力是区域文化软实力的综合，只有强化各区域文化软实力，才会有国家综合文化软实力的提升。而强化区域文化软实力的基本条件，就是区域文化的协同发展。通过区域文化各要素的协同发展，区域间文化的协同发展，文化与经济社会的协同发展，才能全面提升作为国家文化软实力局部的区域文化软实力，从而为国家文化软实力的提升奠定了基础；而区域间文化协同发展更是整合区域文化成为整体上国家文化软实力的重要机制，从根本上说，国家文化软实力对区域文化软实力的综合，不是区域文化的简单堆积，而是其有机的统一，也就是协同发展。同理，区域文化协同是实现文化强国的必要前提，一个区域间文化分裂、文化冲突不断的国家，是不可能成为文化强国的。文化强国必定是文化多元而又具有共同信念，文化丰富而又协调有序，这样协同的文化才具备凝聚民族，激发民心，引导民众的强大力量。

第二十三章

中国区域文化发展的测度及协调性分析

第一节 区域文化发展测度方式构建

一 指标体系的构建及解释

在遵循系统性、科学性、可操作性、定量和定性相结合的原则上，设计出了文化系统发展水平的评价指标体系。指标体系要求不仅具有平行关系还要具有层次性，充分反映文化系统和经济系统的协调性和整体的完整性。依据这些基本要求，基于前面对区域文化的分析，我们选择文化资源、文化产业、文化事业和文化风尚四个方面来测度区域文化发展。文化资源是区域文化发展的基础，文化产业和文化事业是区域文化发展的基本方式和基本内容，文化风尚则是区域文化状态和文化氛围的直接反映；这四个方面可以基本上反映出一个区域文化的现实发展状况和水平。

（一）文化资源

文化资源包括历史文化资源和现实文化资源，文化具有很强的传承性，文化资源就是其传承的载体，它既是历史文化的积淀，也是现实文化发展的基础。文化资源的状况，将影响到区域文化发展的比较优势和文化发展的特征，对区域文化发展具有重要意义。本部分将以文物藏品数量（D1）、公共图书馆和博物馆总数（D2）、电视节目和广播的节目综合人口平均覆盖率（D3）、艺术表演团体与场馆机构数（D4）来标示各地区文化资源禀赋程度。

（二）文化产业

文化产业是文化硬实力的表现，是文化的物质载体。文章利用文化文物部门总收入中的文化部分（D5）、文化市场经营机构从业人员（D6）、城镇居民家庭人均文化娱乐消费支出（D7）和城镇居民家庭人均文化用品消费支出（D8）这四个指标，从文化产业的文化收入数量、文化企业的规模和文化消费需求三个方面来评价文化产业（C2）整体水平。在指标体系选取中，由于文化产业增加值统计口径的变化，因此相关统计年鉴的统计范围和数据可能具有差异性，但对于做区域的面板实证可能影响不大。文化消费需求是文化生产的内在动机，"消费者的消费意愿、对文化产品和服务的认同、接受和喜爱程度、消费者满足消费需求的方式等，直接影响和决定文化产品的生产和服务方式。通过消费结构和水平的不断提升，可以促进文化产品和服务的创新发展和转型升级"①。

（三）文化事业

中国文化体制改革根据文化产品是否具有公益性质将文化产品区分为公益性的文化事业和经营性的文化产业，文化事业是指从事文化建设和提供文化服务的公益性行业。故，首先，文化事业必须是公益性的，不以赢利为目的。其次，文化事业从事的是一种国家文化建设行为，例如教育等。最后，文化事业的目的是满足人们日益增长的文化需求。因此，本部分以群众文化事业机构数（D9）、文化事业费占财政支出比重（D10）来标示政府对文化事业的驱动力，以大专以上人口占六岁及六岁以上人口比例（D11）来标示居民的文化程度，以教育经费占财政支出比重（D12）来标示政府对文化教育的投入情况。

（四）文化风尚

风尚是指在一定社会时期中社会上流行的风气和习惯，文化风尚是在某种文化的背景下，社会在相当长的一段时期内所崇尚的社会生活准则、道德、爱好、风气、习惯等展现出来的大众文化倾向和文化面貌。文章以图书、期刊和报纸总印刷量（D13）、专利申请和授权数量（D14）、劳动争议案件数（D15）和离婚指数（D16）来标示文化风气、信用水平和社会生活准则等情况。

---

① 柏建华：《扩大文化消费——宁夏文化产业发展的根本动力》，《宁夏党校学报》2013年第2期，第90—92页。

二　相关数据的处理说明

文章以 2004—2013 年 30 个省份的数据作为基础，为消除通货膨胀因素影响，以 2003 年的居民消费指数为基准，将 2004—2013 年的名义居民消费指数转化为实际居民消费价格指数，然后文化系统中的 GDP、文化文物部门总收入中的文化部分、城镇居民家庭人均文化娱乐、文化用品消费支出、人均 GDP、人均财政收入、人均社会消费品零售额、人均进出口额、人均可支配收入等指标均通过实际居民消费物价指数折算为以 2003 年为基期的实际数值。

文章数据来源于历年的《中国统计年鉴》《中国文化文物统计年鉴》《中国人口和就业统计年鉴》等国家年鉴，以及各地级市的相关年鉴和统计局、文化部网上的相关资料。同时为了消除指标单位不同的影响和进行熵值法处理，数据均采用相对比较法进行无量纲化和归一化处理得出。

由于指标选取中存在正向指标和负向指标，正向指标的数值越大，则代表效益越好，而负向指标的数值越小，则代表效益越好。在文章中离婚指数、恩格尔系数和劳动争议案件数是负向指标，故应该进行反向处理；因此文章运用相对比较法对数据进行无量纲化和归一化处理，具体步骤如下：

$$\text{对于指标中的正向指标：} C_{ij} = \frac{A_{ij} - \min(A_{ij})}{\max(A_{ij}) - \min(A_{ij})} \quad (23.1)$$

$$\text{对于指标中的负向指标：} C_{ij} = \frac{\max(A_{ij}) - A_{ij}}{\max(A_{ij}) - \min(A_{ij})} \quad (23.2)$$

A_{ij} 为第 i 个样本点第 j 项指标的取值，其中，i 的取值是 $i = 1, 2, \cdots, 300$（30 个省级行政区，10 年），j 的取值是 $j = 1, 2, \cdots, 16$（一共 16 个二级指标）。

三　文化发展指数测度方法

多指标综合测度的方法较多，比较常用的方法主要有层次分析法、因子分析法、数据包络分析法、主成分分析法和熵值法等多种方法，综合考虑各类方法的优缺点，既要求各指标权重确定的客观性，又符合可操作性、科学性原则，比较而言，熵值法是针对文化发展指数测度的理想方法。

熵值法是表征多目标评价体系中不同评价指标相对重要程度的一种客观赋权方法。根据信息论的相关知识可以知道，熵是系统无序程度的一种度量；熵值法是一种在综合考虑各因素提供信息量的基础上计算一个综合指标的数学方法，是一种客观赋权方法，在水质评价中应用最为广泛，在水质模糊评价，利用各项监测指标值的差异程度来确定指标的权重，当某个指标的各个评价对象对应数值相差较大时，我们认为该指标提供的有效信息量较大，则对应的熵值越小，指标的权重越大；[①] 相反，当指标的各评价对象对应数值相差较小时，则我们认为指标贡献的有效信息量较小，则对应的熵值越大，指标对应的权重越小。特殊情况，当指标的各个评价对象对应数值完全相同时，我们认为指标并不能提供较为有效的信息，这时候熵值达到最大，同时权重小到可以忽略的地步，以至于我们认为指标没贡献，应该从指标体系中剔除出去。

应用熵值法确定指标权重的主要分为下面三个步骤。

第一步，需要计算第 j 项指标第 i 个样本点指标值的比重，亦即其贡献度或者是出现的概率，记为：

$$q_{ij} = \frac{C_{ij}}{\sum_{i=1}^{m} C_{ij}} (i = 1,2,\cdots,m; j = 1,2,\cdots,n) \qquad (23.3)$$

第二步，求出所有样本点对二级指标的贡献总量，用 e_i 来表示。

$$e_j = k \sum_{i=1}^{m} q_{ij} \ln q_{ij} \qquad (23.4)$$

其中，$k = 1/\ln(m)$，m 为所有样本点的个数，在文中为 300。

第三步，计算各个二级指标权重如下：

$$w_j = \frac{1 - e_j}{\sum_{j=1}^{n} (1 - e_j)} \qquad (23.5)$$

当 e_i 趋于 1 时，表明某个指标下各个样本点的贡献一致，即可以不考虑该指标在测度中的作用，也就是说，权重为零。

[①] 罗毅、李昱龙：《基于熵权法和灰色关联分析法的输电网规划方案综合决策》，《电网技术》2013 年第 1 期，第 77—81 页。

依据表 23.1 中的各个二级指标权重的取值，可以通过该权重乘以各指标标准化之后的值计算各个地区历年的文化发展指数值，公式如下：

$$S_{ij} = w_j \cdot C_{ij} \qquad (23.6)$$

为便于比较，将各个地区历年的文化发展指数值进行百分制转换，公式如下：

$$S'_{ij} = \frac{S_{ij} - \min(S_{ij})}{\max(S_{ij}) - \min(S_{ij})} \times 40 + 60 \qquad (23.7)$$

经过计算，得出各指标的权重如表 23.1 所示。

表 23.1　　　　各级省级行政区文化发展指标选取及其权重

一级指标	二级指标	三级指标	权重
B1 文化发展	C1 文化资源	D1 文物藏品数	0.06161
		D2 图书馆和博物馆总数	0.06678
		D3 电视和广播的节目综合人口平均覆盖率	0.06991
		D4 艺术表演团体与场馆机构数	0.06254
	C2 文化产业	D5 文化文物部门总收入中文化部分	0.06252
		D6 文化市场经营机构从业人员	0.06292
		D7 城镇居民家庭人均文化娱乐消费支出	0.06375
		D8 城镇居民家庭人均文化用品消费支出	0.06348
	C3 文化事业	D9 群众文化事业机构数	0.06463
		D10 文化事业费占财政支出比重	0.04012
		D11 大专以上人口占六岁及六岁以上人口比例	0.06329
		D12 教育经费占财政支出比重	0.06900
	C4 文化风尚	D13 图书、期刊和报纸总印刷量	0.06064
		D14 申请和授权专利件数	0.04822
		D15 劳动争议案件数	0.07062
		D16 离婚指数	0.06996

第二节　区域文化发展测度结果及其协调性分析

中国 30 个省级行政区域历年的文化发展指数得分情况如表 23.2

所示。

（1）中国区域文化发展整个处于中等水平，发展趋势良好。全部地区的文化发展指数的综合平均得分为76.25分，处于中等水平。如果把区域文化发展阶段分为不发达阶段、发展中阶段和发达阶段，中国区域文化正处在发展中阶段，与中国处于发展中国家地位基本一致。同时，发展的趋势良好，处于持续的、逐年的上升发展中，从2004年的平均只有72.19分上升到了2013年的80.78分，全国区域的文化发展的整体水平处于不断进步的过程之中。绝大部分地区的文化发展趋势也是一样，都在逐年上升，发展趋势良好。

（2）中国各个省级行政区域的文化发展存在较大差异，区域文化发展呈现明显不平衡性。从2004—2013年的10年平均数值来看，广东、江苏、浙江、北京、山东和河南五个地区的文化发展水平处于全国前列，年均得分超过82分，而青海、宁夏、新疆、海南和贵州等地区文化发展排名落后，年均得分为60多分，差距还是很大的。区域文化发展可能受经济发展的根本影响，区域文化发展水平与经济发展水平基本上是一致的，文化发展水平高的区域，也基本上是经济发达地区，文化发展得分偏低的地区，都是经济发展滞后地区。从区域分布来看，区域文化发展呈现出东—中—西从高到低的格局。

表23.2　　　　各省级行政区历年文化发展指数得分　　　　单位：分

地区	文化发展水平										
	2004年	2005年	2006年	2007年	2008年	2009年	2010年	2011年	2012年	2013年	平均
北京	77.20	78.04	78.01	85.49	83.87	88.97	85.53	88.36	91.72	91.53	84.87
天津	72.53	73.04	72.81	75.84	74.86	75.46	76.71	77.96	78.24	79.21	75.67
河北	77.12	77.48	77.68	79.32	80.40	80.05	79.74	80.63	83.57	83.17	79.92
山西	73.09	73.25	73.33	75.62	75.62	76.44	77.24	77.88	80.82	79.21	76.25
内蒙古	67.23	68.36	68.53	70.90	71.92	71.73	74.35	74.53	75.05	75.54	71.81
辽宁	70.28	70.69	71.79	72.63	74.08	74.31	73.60	76.05	77.08	74.62	73.51
吉林	66.62	67.31	68.46	70.08	70.03	70.19	69.50	70.56	72.38	70.90	69.60
黑龙江	69.31	69.87	70.45	71.30	70.66	70.17	70.20	71.19	72.99	72.67	70.88
上海	75.86	76.94	71.61	79.07	78.13	78.77	82.11	84.43	88.07	89.29	80.43

续表

地区	文化发展水平										
	2004 年	2005 年	2006 年	2007 年	2008 年	2009 年	2010 年	2011 年	2012 年	2013 年	平均
江苏	77.75	79.49	78.77	84.09	83.34	85.89	89.96	93.27	97.12	100.00	86.97
浙江	81.27	81.56	80.54	85.64	82.89	85.54	88.19	89.59	93.34	92.30	86.09
安徽	72.84	73.04	74.14	76.47	79.58	79.15	82.09	85.02	84.82	85.08	79.22
福建	75.82	76.48	76.02	78.55	79.22	80.28	82.17	81.57	83.75	83.88	79.78
江西	72.47	72.94	73.70	76.87	76.26	76.26	76.36	79.17	81.01	80.54	76.56
山东	76.42	78.01	78.14	82.81	82.63	82.96	83.74	86.91	89.53	90.21	83.14
河南	77.92	78.87	79.14	82.33	81.51	82.56	83.45	86.10	87.95	88.66	82.85
湖北	75.05	74.55	74.72	76.61	76.99	77.03	78.35	79.51	83.77	81.38	77.79
湖南	71.52	71.52	72.42	75.52	76.45	75.69	76.67	77.42	80.17	83.47	76.09
广东	82.54	82.16	81.16	88.93	86.99	87.48	89.92	91.98	93.88	96.08	88.11
广西	70.39	71.17	72.59	73.77	73.81	74.28	75.60	76.16	77.05	77.28	74.21
海南	65.98	66.76	67.84	68.96	68.10	68.43	69.32	69.68	70.79	70.28	68.61
重庆	67.32	67.91	67.77	69.84	70.36	70.01	72.44	72.09	72.61	74.35	70.47
四川	80.97	77.61	77.14	79.75	78.01	79.01	81.78	84.73	87.88	89.86	81.67
贵州	65.83	67.11	68.07	69.42	70.15	70.10	70.23	70.01	71.27	72.47	69.47
云南	71.15	71.90	72.86	72.21	72.38	73.65	75.70	76.93	78.73	78.27	74.38
陕西	73.38	73.99	75.37	76.95	77.77	78.78	79.58	81.30	84.80	84.65	78.66
甘肃	69.40	69.98	70.60	71.91	72.27	72.23	73.19	74.22	77.82	77.37	72.90
青海	60.00	61.66	61.90	62.40	62.82	63.09	62.41	64.34	65.77	63.57	62.79
宁夏	63.43	63.99	65.22	69.55	68.24	67.60	68.43	68.60	66.76	67.22	66.91
新疆	64.90	65.31	65.60	66.91	67.73	68.10	70.95	69.06	70.08	70.46	67.91
平均	72.19	72.70	72.88	75.66	75.57	76.14	77.32	78.64	80.63	80.78	76.25

（3）各区域文化结构上也存在较大差异。根据区域文化发展的四个方面，即文化资源、文化产业、文化事业和文化风尚，按照上文中熵值法得出的三级指标权重大小，可得文化发展指数中四个二级指标的得分情况，对每个地区历年求均值的结果如表23.3所示。观察此表可以知道，其一，区域文化构成的四个方面在各区域发展不平衡。从文化资源来看，江苏、河南、广东和浙江得分较高，分值在85分以上，这些省份历史悠久，文化底蕴较为丰厚；而贵州、青海、宁夏和海南得分较低，都不足

70分。从文化产业来看，上海、北京、广东和江苏等地区发展良好，分值均有80分以上；海南、青海、黑龙江等省份得分只有60多分，也显示文化产业的发展情况和经济发展情况具有较强的正相关性。从文化事业来看，四川、浙江、河南和山东等省份的指标得分较高，而得分最低的三个省份来自西部地区，青海、宁夏、内蒙古。文化风尚指标得分最高的三个省份是广东、山东和浙江，这三个省份的离婚指数均较低，且劳动案件纠纷数较少，所以在最后得分中排到了前三名的位置；而文化风尚最低的省份是新疆。

表23.3　　各省级行政区文化发展指数分项指标平均得分　　　　单位：分

地区	文化资源	文化产业	文化事业	文化风尚
北京	85.37	78.77	75.95	82.85
天津	77.39	68.34	71.96	84.82
河北	84.80	64.00	76.23	86.92
山西	80.70	63.50	72.85	86.75
内蒙古	75.17	66.51	67.46	84.81
辽宁	81.38	65.01	70.43	80.91
吉林	76.31	63.04	68.61	81.09
黑龙江	79.67	62.19	69.75	80.28
上海	82.49	80.25	69.35	80.99
江苏	92.83	73.14	73.83	87.81
浙江	86.93	73.07	77.30	88.34
安徽	85.81	64.77	72.18	87.64
福建	81.49	68.52	74.92	86.71
江西	79.68	64.25	73.68	86.88
山东	85.59	67.36	76.63	89.52
河南	88.86	64.89	77.15	87.56
湖北	84.07	64.54	71.71	86.92
湖南	76.50	65.76	75.36	85.82
广东	88.48	76.71	74.36	90.58
广西	74.54	65.44	73.36	85.94
海南	70.42	61.89	67.49	87.06
重庆	74.81	66.09	67.93	82.15

续表

地区	文化资源	文化产业	文化事业	文化风尚
四川	85.70	67.56	77.85	84.74
贵州	66.93	63.88	74.04	83.90
云南	77.98	64.32	71.83	85.52
陕西	81.84	65.37	74.60	87.34
甘肃	75.23	63.43	71.52	86.19
青海	67.71	62.02	64.30	79.91
宁夏	68.73	63.28	66.44	84.62
新疆	74.02	62.69	72.92	75.66
平均	79.71	66.69	72.40	85.01

（4）区域文化内部结构也存在不协同问题。主要表现在一些区域，文化发展的四个方面差距较大，如河北文化资源和文化风尚都比较好，得分在84.80分、86.92分，文化产业得分只有64.00分，发展水平较低，说明河北丰富的文化资源没有得到有效开发和利用。相似情况的还有山西、辽宁、黑龙江、安徽、江西、陕西、甘肃等大部分中西部地区省份，都存在明显的文化产业发展落后于文化资源水平的状况，文化的要素之间不平衡状况明显。此外，各区域文化事业得分普遍不高，即使是经济发达的上海、天津、江苏等也不理想，这说明中国区域在文化等公共服务方面的投入相对于经济发展来说普遍偏低，需要进一步加大投入力度，促进其与经济的协同发展。

第三节 中国八大区域文化发展演变趋势分析

以上实证表明，中国区域文化存在较大差异，为了进一步弄清区域差异及其演变的具体情况，本节我们将在以上总体实证研究的基础上，进一步分区域进行分析，揭示中国各区域文化发展的时空演变趋势。

区域是文化存在和发展的空间基础，文化区域的存在和划分可以以地缘的连续性、文化资源的种类和聚集性、文化产业经济活动的关联性等为依据，必要时应突破行政区划的界限。由于传统地将中国所有省份分为三大区域的做法存在较为明显的缺陷，三大区域内部本身存在的差异很大，不能反映中国文化内在的、具体差异实质。为进一步分析区域文化发展的时空演变情况，正确认识区域文化合作协同发展，本部分将依据2006年国务院发展研究中心发布的《地区协调发展的战略和政策》，将全国所有的省份分为八大区域，对中国八大区域的文化发展情况分别进行分析。八大区域是：东北综合经济区（黑龙江、吉林、辽宁），西北综合经济区（甘肃、青海、宁夏、西藏、新疆），北部沿海综合经济区（北京、天津、山东、河北），黄河中游综合经济区（内蒙古、陕西、山西、河南），西南综合经济区（重庆、四川、贵州、云南、广西），长江中游综合经济区（湖北、湖南、江西、安徽），东部沿海综合经济区（上海、江苏、浙江），南部沿海综合经济区（广东、福建、海南）。

对于区域文化发展水平的时空演变分析，我们要尽量地避免所有区域通用同一规则，而应充分考虑到各个区域的具体情形，以便有针对性地分析、制定和实施政策。按照区域协调发展的要求，考虑八大综合经济区所处的文化发展水平的个体情况的同时，也要兼顾分析各个区域在八大区域中所在的地位和发展阶段。

一　中国八大综合经济区文化发展演变的分别考察

（一）东北综合经济区文化发展的时间演变

东北综合经济区，包括辽宁、吉林、黑龙江三省，东北三省地域辽阔，自然条件和资源禀赋结构相近，历史上相互联系也较为紧密，具有多彩的民俗民风、东北秧歌、冰雪饮食及建筑文化。这一综合经济区曾是新中国的"工业摇篮"，汽车、造船等制造业发达，但是目前该地区也面临着资源枯竭、产业结构优化升级等问题，近年来，国家先后实施了多项措施以振兴老工业基地。文化发展指数得分从2004年的69分上升到2013年的78分，取得较为明显的进步，其中在2005年到2012年之间三个省份文化发展水平提升最为迅速。值得一提的是，这三个省份的文化风尚指标在全国排名中位列第二名、第三名和第四名，说明东北综合经济区的生活准则、道德、爱好、风气和习惯等风尚都是值得推崇的，伦理风尚指标在全国排名最优。总体来说，三个省份文化发展水平不高，在全国排名中处于下游水平，从不同省份的横截面来看辽宁省的文化发展水平最高，吉林和黑龙江的文化发展水平不相伯仲，不过三个省份均处于中下游稳步提高阶段，文化发展水平有很大的晋升空间。（见图 23.1）

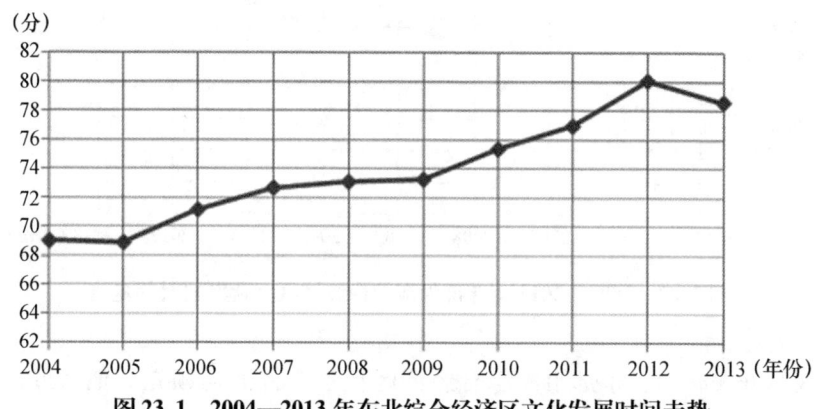

图 23.1 2004—2013 年东北综合经济区文化发展时间走势

（二）北部沿海综合经济区文化发展的时间演变

北部沿海综合经济区，总共包括北京、天津、河北、山东四个省份，是中国环渤海经济区的重要组成部分，经济区内辖两个直辖市，尤其是北京作为中华人民共和国的首都，在全国具有重要的地位，河北和山东也是人口大省，地理位置非常优越，人才集聚程度高。由于该地区交通便利，经济、文化和信息技术发达，科技和教育等文化产业发展突飞猛进。北部沿海综合经济区的文化发展指数得分在所有经济区中只能排在中游水平，但是上升速度较为突出；从 2004 年的 73 分到 2013 年的 85 分，逐年增加，呈现良好的发展态势。尤其以 2010 年以来看，最近三个年份增长最为迅速，实现了跳跃性的发展，北部沿海综合经济区可以说是文化发展最有潜力的综合经济区。从横向指标来，四个省份在各项指标中均表现良好，除了北京在文化产业平均得分处于第二位以外，其他省份在四项指标得分中基本都处于中上游的水平。值得一提的是，河北的文化风尚得分处于全国倒数第二的位置，河北在加强经济建设的同时，要注重提高自身的文化风尚。（见图 23.2）

（三）东部沿海综合经济区文化发展的时间演变

东部沿海综合经济区，包括上海、江苏、浙江三省份，位于中国长三角经济区，是中国经济最有活力的几个区域之一，开放程度特别高；

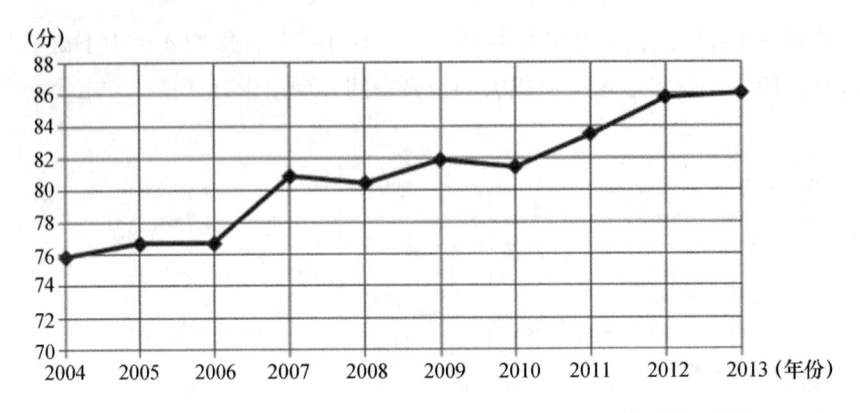

图 23.2　2004—2013 年北部沿海综合经济区文化发展时间走势

在改革开放时期，东部沿海综合经济区在各个方面均领先其他区域，现代化的发展起步较早。同时该地区人力资本较为丰富，发展优势明显，"十二五"时期该地区将进一步加快对金融、信息等服务业的发展，加强对区域之间基础设施建设，逐渐形成文化发展产业的"黄金三角"。首先，从得分上来看，东部沿海综合经济区的文化指数历年平均得分在所有综合经济区中最高，这是因为在历年的文化资源平均得分中江苏排在第一位，浙江处于第四位；在文化产业平均得分中上海处于首位，江苏和浙江位列第四位和第五位；在文化事业平均得分中浙江处于第二位，同时在文化风尚平均得分方面三个省份也都有不俗表现，文化发展四项指标的优异得分使得东部沿海综合经济区是中国文化发展水平最为发达的地区，当然东部沿海综合区也是中国经济较为发达的地区，经济与文化相辅相成，取得良好效果。其次从时间维度上分析，历年的东部沿海综合经济区得分跨度也比较明显，从 2004 年的 76 分上升到了 2013 年的 94 分，尤其是 2008 年到 2013 年的区间段，文化发展得分直线型上涨。（见图 23.3）

（四）南部沿海综合经济区文化发展的时间演变

南部沿海综合经济区，包括福建、广东、海南三省。这一地区是中国的南大门，面临港、澳、台地区，海外的文化资源非常丰富，经济活力以及对外开放程度均有很高水平，珠三角更是中国最早实行对外开放的几个区域之一，一直以来都是中国的经济重地，近年来，这三个省以文化旅游休闲产业、会展业为领头产业，逐渐跳出传统的依靠文化产业的发展模式，逐步加强同区域内经济的交流与合作，大力促进以提升工

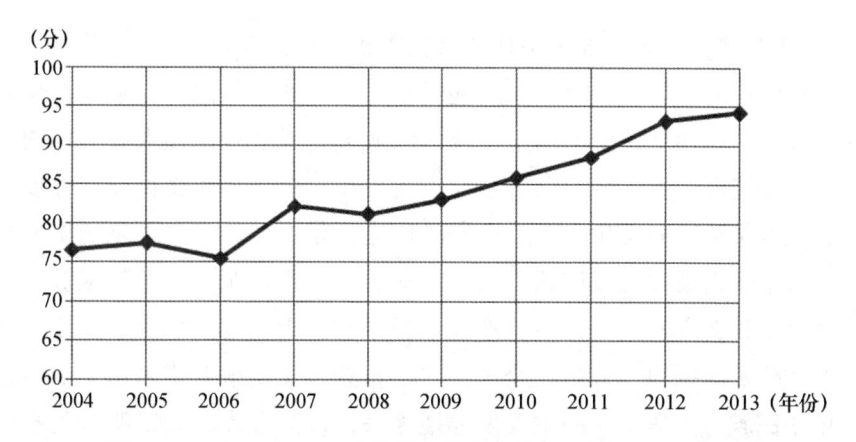

图 23.3　2004—2013 年东部沿海综合经济区文化发展时间走势

业产品的文化内涵，并且以此为突破口来提升地区文化产业的发展水平。南部沿海综合经济区的文化发展指数从 2004 年的 70 分上升到 2013 年的 80 分，提升虽然不是最快的，但是却很稳健。其次南部沿海综合经济区的文化发展水平和北部沿海综合经济区的发展趋势类似，总体水平居中上游，主要是通过近几年的快速发展带动起来的。不过南部沿海综合经济区比北部沿海综合经济区的提升期要更早一些，其在 2008 年开始文化发展水平就有稳步提升，通过几年的发展，已经初见端倪。其中需要引起注意的是海南省，在文化产业、文化事业和文化风尚平均得分中海南均排在末位，文化资源的平均得分也处于倒数第四的位置。是中国文化发展水平最低的省份。（见图 23.4）

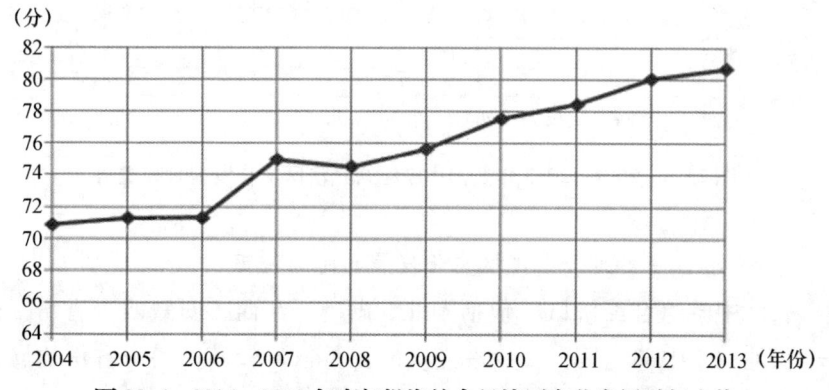

图 23.4　2004—2013 年南部沿海综合经济区文化发展时间走势

(五) 黄河中游综合经济区文化发展的时间演变

黄河中游综合经济区，总共包括陕西、山西、河南、内蒙古四个省份。经济区内四个省份均属于传统的农业大省或者资源型大省，区内煤炭、矿产资源较为丰富，国有企业占比也相对较高；在文化产业发展方面，陕西是传统的文化大省，西安是历史文化古城，河南更是历史文化遗产众多，内蒙古地区广阔，近年来政府在经济资源、科学技术等方面广泛吸引社会资本投资，文化产业取得了相当大的发展成就。其中，河南的文化资源平均得分排在全国第二的位置，文化事业排名第三。河南是中华民族与中华文明的主要发祥地之一，中国古代四大发明中的指南针、造纸、火药三大技术均发明于河南。历史上先后有20多个朝代200位皇帝建都或迁都河南，历史文化深厚，这样的得分也在一定程度上反映了指标选取的准确性。总体上来分析，黄河中游的文化发展水平一般，从2004年的69分上升到2013年的80分，四个省份中文化产业平均得分普遍排名靠后，除陕西和河南两个省份以外，其他省份在文化事业和文化风尚指标的平均得分也不是十分理想。（见图23.5）

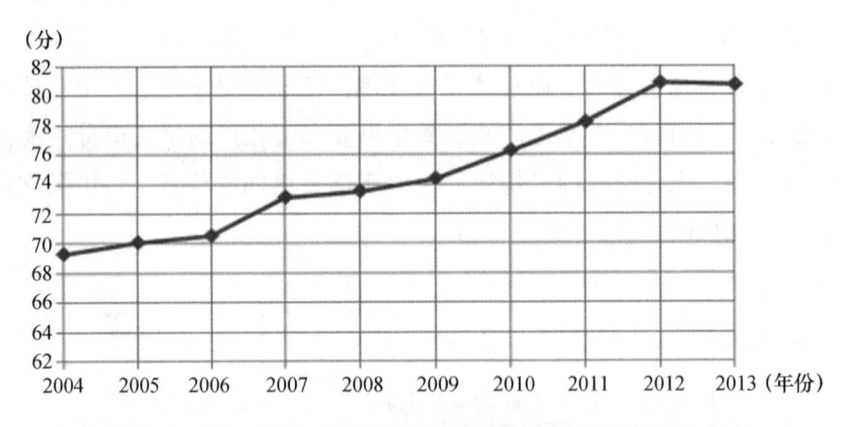

图23.5　2004—2013年黄河中游综合经济区文化发展时间走势

(六) 长江中游综合经济区文化发展的时间演变

长江中游综合经济区，包括湖北、湖南、江西、安徽四个省份。四个省份均位于中部地区，农业占经济的比重依然较高，四个省份均属于人口输出省份，向沿海发达地区输出了大量的劳动力。政府对艺术生产创作展演方面加强交流合作，突出发展区域文化产业，推动娱乐演出业、影视业等相关产业的发展，逐渐实现区域文化产业的一体化进程。但是从数据分析来看，历年来四个省份在文化发展的各项指标表现中均不突出，排名基本上处于中下游水平，并没有特别突出的指标。虽然湖南的传媒行业比较突出，但是并没有系统的产业链，文化产业绩效一般化，在全国排名中只处于第13位。总体来说，长江中游综合经济区的进步很明显，因为基础薄弱，所以上升空间很大。（见图23.6）

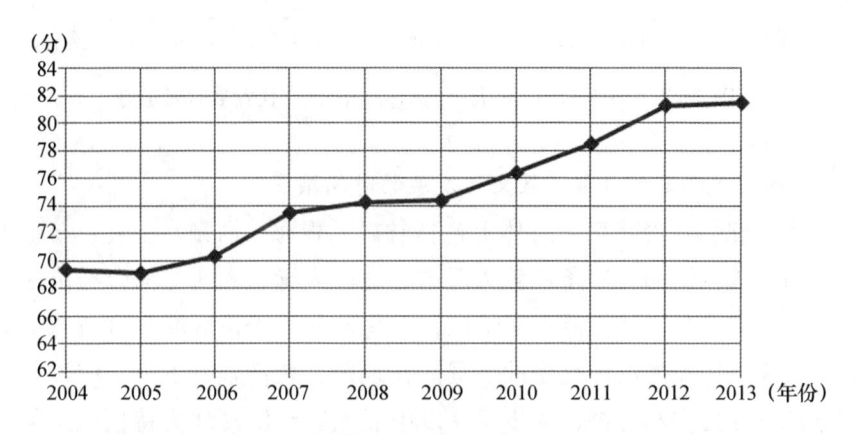

图23.6　2004—2013年长江中游综合经济区文化发展时间走势

（七）大西南综合经济区文化发展的时间演变

大西南综合经济区，总体包括云南、贵州、四川、重庆、广西五个省份。西南五省份位于传统的西部地区，是西部大开发战略的重要受益地区，保持了较高的经济增速，社会发展进步也同样较大。这一综合经济区资源丰富，未来将通过充分利用本地区的人才资源优势，以高新技术为导向，在旅游和现代服务业等相关产业领域实现新的跨越，建立具有亚热带特色农业生产基地及旅游基地为支撑的特色经济区。从横向指标来看，五个省份中除了四川省在文化事业这一项指标平均得分中占据第一名的位置以外，在各项指标表现中均算不上良好，甚至排在末位。各项指标都需要进一步加强。从历年变化来看，2005年指标最低为68分，2013年指标最高为79分；总体水平明显落后于其他经济区的文化发展水平，但好在历年得分稳中有进，值得进一步地挖掘和提高。（见图23.7）

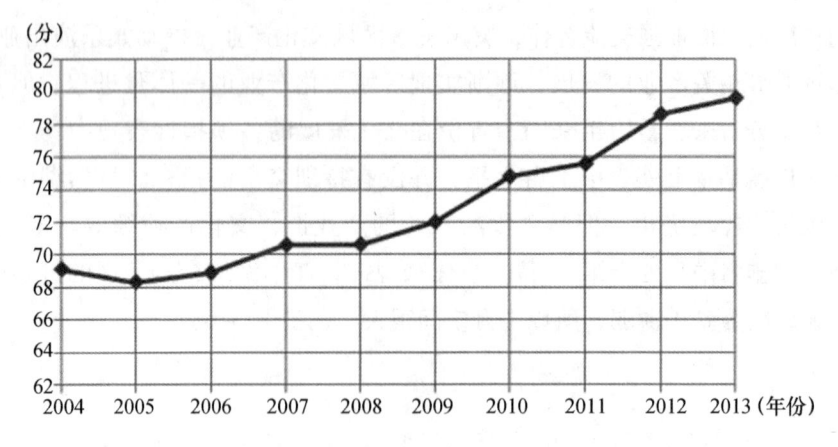

图 23.7　2004—2013 年大西南综合经济区文化发展时间走势

（八）大西北综合经济区文化发展的时间演变

大西北综合经济区，总体上包括甘肃、青海、西藏、宁夏、新疆五个省份。该区域的自然条件较为恶劣，地广人稀，大西北综合经济区内省份均拥有大量少数民族聚居地区，文化发展对于该区域具有特殊重要性，关系到国家发展和稳定的大局。在地区文化产业开发上，应该尊重当地的文化历史和习俗，逐步建立以中亚地区经济高地为特色的文化旅游基地。大西北综合经济区是中国文化发展水平最为落后的地区，2004年文化发展水平平均得分只有 64 分，而 2013 年的最高得分也只有 72 分。从横向各个指标分析来看，文化资源中青海和宁夏居倒数第二、三位。文化事业中青海、宁夏排在倒数第一、二位。除了文化风尚指标以外，五个省份的指标得分均处于末位。文化发展水平整体较差，文化资源、文化产业和文化事业均不占优。（见图 23.8）

二　中国八大综合经济区文化发展时空演变的综合分析

本部分采用国务院发展研究中心发展战略以及区域经济研究部课题组提出的区域划分方法，将全国总体划分为三个层级，其中第一层级，将全国划分为东部、中部、西部、东北四个大的板块；第二层级，将这四个大的板块更具体地划分为八大综合经济区，即东部板块包括东部沿海、北部沿海、南部沿海三个综合经济区；中部板块包括了黄河中游和长江中游这两个综合经济区；西部板块同样只包括了大西南和大西北两

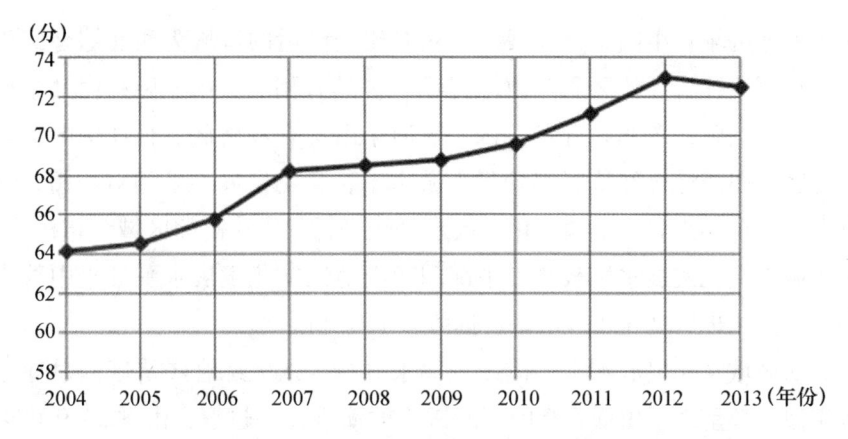

图 23.8　2004—2013 年大西北综合经济区文化发展时间走势

个综合经济区；东北板块也就是东北综合经济区，第三层级就是组成八大综合经济区的 31 个省（自治区、直辖市），其中不包含港澳台地区，因为西藏自治区的相关数据没有办法获取，因此研究对象包括除西藏自治区外的其他 30 个行政区。图 23.9 是 2004—2013 年中国八大综合经济区平均文化发展水平走势图，观察图形可知：

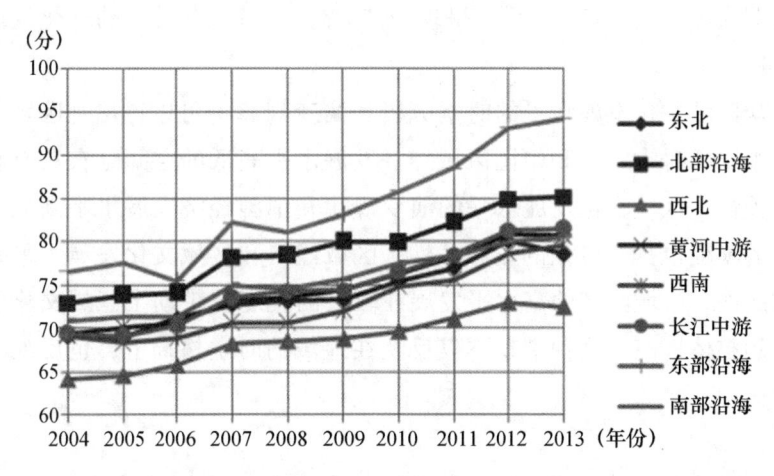

图 23.9　2004—2013 年中国八大综合经济区文化发展时间走势

从区域文化发展水平的时空格局来分析，中国文化发展水平较好的区域主要包括：北部沿海综合经济区、东部沿海综合经济区以及南部沿海综合经济区，这三个区域中东部沿海综合经济区以较高的水平远远领先于其他区域；中国文化发展水平相对比较滞后的区域为西北综合经济区，且西北综合经济区和其他综合经济区具有相当大的差距；而其余四大综合经济区：东北综合经济区、黄河中游综合经济区、长江中游综合经济区、西南综合经济区都处于中游水平，文化发展水平相对均衡，不分上下。总体来看，中国文化发展水平呈现低—中—高的区域分布格局。沿海城市文化发展水平较高，中部和西南地区文化发展水平处于中等水平，而西北地区文化发展水平远远落后于其他区域。

从区域文化发展水平的演变规律来分析，八大综合经济区的总体趋势相似，都呈现了由低到高的不断进步的演进发展过程；由图23.9可以看出，在2004—2013年中国八大综合经济区平均文化发展水平走势图中，东部沿海综合经济区一直是中国文化发展水平最高的区域，而西北综合经济区的文化发展水平一直处于最低。不过值得注意的是，在2004年东部沿海和西北综合经济区文化发展水平的差距只有12.4个单位，到了2013年这个差距增长到了21.7个单位，而其他6个区域的文化发展水平一直在这两个区域之间均匀分布，且这6个区域的文化发展水平相差不多；这样的一种趋势在图23.9中反映为中国八大区域文化发展水平历年趋势图大体上是"喇叭状"，呈现为"1高—6中—1低"的文化发展水平演进趋势。

从区域文化发展水平的时空分析和演变规律中可以得出：区域文化发展水平的时空差异和中国区域经济发展水平高低的空间分布具有较大的相关性，区域文化发展水平的演变规律和中国经济发展水平高低在时间上的演变也具有较强的正相关性；区域经济和区域文化发展水平是相辅相成的，区域经济的高水平发展在较大的程度上带动了区域文化发展水平的整体提高，这种带动不仅反映在地域的时空格局上，也反映在演变规律中。

第二十四章

中国区域文化协同发展：
以文化产业为例

区域文化协同发展的重要表现，就是不同区域间文化的协同发展。从系统论的视角看，各区域文化都是整个大区域文化系统的子系统，只有各子系统相互协同了，才会有整个区域文化的协同；同时，区域子文化系统内在要素的协同也不是孤立实现的，而是在与其他子系统相互作用和相互影响，不断进行物质和能量交换中实现的，也就是在与其他子系统的协同作用中实现的。因此，研究区域之间文化协同，对于认识和推进区域文化协同发展，乃至整个区域协同发展，具有重要的意义。

在现代区域文化系统的四个子系统中，文化产业具有特殊的意义：它既是文化的，又是经济的；既以文化理念为灵魂，又具有强有力的外在物质形态；它具有特殊性，又直接或间接包容了其他文化方面在其中，如它要利用文化资源，适应文化风尚需求，依托文化事业的支撑，因而，在所有的区域文化因素中，文化产业对人们的现实影响是最为直接、最为广泛和最有吸引力的，因而最具有文化的现实代表性。同时，在所有区域文化因素中，文化产业也是区域之间发生联系最普遍，最依赖于区域之间合作，也最有比较成功合作模式的部分。因此，本章我们将以文化产业为代表，来分析区域间文化的协同发展。

第一节 中国区域文化产业协同发展的测度

近几年来，中国的文化产业发展水平不断提高，已经逐渐成为国民经济的重要组成部分，国家经济社会发展战略的重心所在，如何对中国文化产业在各个区域之间的协调发展度进行衡量，从整体上对中国文化产业的协同状况进行描述，对中国文化产业的进一步提升具有重要的意义。

一 区域文化协同度测算模型

随着可持续、协调发展研究的提出和不断深入，大量学者对协调度测算模型进行了研究，并建立或者修正了协同度的测算模型，主要有距离型协同度模型，模糊隶属函数协同度模型，灰色关联协同度模型，序参量功效函数协同度模型等。这些协同度研究虽然针对的是不同的领域内部不同的问题，但最终都为本书的评价研究建立了丰富的学术基础。本部分将在吸收和改进前人有关协同度研究的基础上，构建中国区域文化产业协同度模型。

本部分构建的协同度测算模型是以序参量功效函数协同度测算模型[1]为基础的，基本思路与步骤如下。

（一）序参量分量 x_{ij} 系统有序度的定义

定义复合文化产业系统 $A = \{A_1, A_2, \cdots, A_k\}$，其中为复合成 A_i 的第 i 个子区域文化产业系统，$i = 1, 2, \cdots, k$。本部分中 A 特指由八大区域组成的中国文化产业系统，A_i 是指八大子区域文化产业系统。

设子区域文化产业系统 A_i 演化过程中的序参量变量为 $x_i = (x_{i1}, x_{i2}, \cdots, x_{in})$，其中 $n \geq 1$，$\alpha_{ij} \leq x_{ij} \leq \beta_{ij}$，$j \in [1, n]$。其中 α、β 为系统稳定临界点上序参量 x_{ij} 的上限与下限。假定序参量 x_{i1}，x_{i2}，$\cdots$，x_{im} 的取值越大，那么子区域文化产业系统的有序程度就越高；反之，若其值取得越小，则子区域文化产业系统的有序程度就越低。假定序参量 x_{im+1}，x_{im+2}，$\cdots$，x_{in} 的值取得越大，那么子区域文化产业系统的有序程度就越低；同样，若其值取得越大，则子区域文化产业系统的有序程度就越高。

定义下式为子区域文化产业系统 A_i 的序参量分量 x_{ij} 的有序度：

---

[1] 畅建霞等：《基于耗散结构理论和灰色关联熵的水资源系统演化方向判别模型研究》，《水利学报》2002年第11期，第107—112页。

$$u_i(x_{ij}) = \begin{cases} \dfrac{x_{ij} - \alpha_{ij}}{\beta_{ij} - \alpha_{ij}}, j \in (1, m) \\ \dfrac{\beta_{ij} - x_{ij}}{\beta_{ij} - \alpha_{ij}}, j \in (m+1, n) \end{cases} \quad (24.1)$$

由上述定义可知，$u_i(x_{ij}) \in [0, 1]$ 的值越大，则序参量分量 x_{ij} 对子区域文化产业系统有序的贡献越大。

（二）序参量 x_{ij} 系统有序度的计算

从总体上看，序参量变量 x_{ij} 对子文化产业系统 A_i 有序度的总贡献可以通过对 $u_i(x_{ij})$ 的集成与整合来实现。本研究以几何平均法或线性加权法进行计算，即序参量变量 x_i 的系统有序度为：

$$u_i(x_i) = \sqrt[n]{\prod_{j=1}^{n} u_i(x_{ij})} \text{ 或 } u_i(x_i) = \sum_{j=1}^{n} \lambda_j u_i(x_{ij}), \lambda \geq 0, \sum_{j=1}^{n} \lambda_j = 1 \quad (24.2)$$

（三）复合文化产业系统整体协同度的计算

假定初始时刻 t_0，各子区域文化产业系统序参量的系统有序度为 $u_i^0(x_i)$，$i = 1, 2, \cdots, k$，对在复合区域文化产业系统演变过程中的时刻 t_1 而言，如果此时子区域文化产业系统序参量的系统有序度为 $u_i^1(x_i)$，$i = 1, 2, \cdots, k$，我们定义 $t_0 \to t_1$ 时间段的复合区域文化产业系统整体协同度为：

$$DS = \theta \sum_{i}^{k} w_i [|u_i^1(x_i) - u_i^0(x_i)|] \quad (24.3)$$

$$\theta = \frac{\min_i [u_i^1(x_i) - u_i^0(x_i) \neq 0]}{|\min_i [u_i^1(x_i) - u_i^0(x_i) \neq 0]|} \quad (24.4)$$

式 24.4 子中，$i = 1, 2, \cdots, k$，$w_i \geq 0$，$\sum_{i}^{k} w_i = 1$，$i = 1, 2, \cdots, k$。其中，$u_i^1(x_i) - u_i^0(x_i)$ 衡量的是子区域文化产业系统 A_i 从 t_0 到 t_1 时间段序参量有序度的变化幅度，它描述了系统 A_i 在这段时间里多大程度上变得更加有序。由定义可知：$[u_i^1(x_i) - u_i^0(x_i)] \in [0, 1]$。复合文化产业系统整体协同度 $DS \in [-1, 1]$，其取值越大，则表明复合系统的协同程度就越高；反之，则越低。

参数 θ 的含义在于当且仅当下式成立时，复合文化产业系统才有正的协同度。

$$[u_i^1(x_i) - u_i^0(x_i)] > 0, \forall i \in [1,k] \qquad (24.5)$$

若式 24.5 成立，则表明从 $t_0 \to t_1$ 时间段，复合文化产业系统是协同演进的；若式 24.5 不成立，则说明复合文化产业系统中至少有一个子区域文化产业系统未沿有序方向发展。因此，如果 DS $\in [-1, 0]$，那么我们可以断定所考察的时间区间 $[t_0, t_1]$ 时间段里，复合文化产业系统处于非协同演进状态。

整体协同度 DS 的定义综合考虑了各子区域文化产业的演变情况。如果仅其中一个子区域文化产业系统的有序度有较大幅度提高，而另一个子区域文化产业系统的有序度提高幅度较小，或下降，则说明整个复合文化产业系统尚未处于较好的协同状态或根本不协同。

利用整体协同度的定义，通过对复合文化产业系统基期的考察，可以检验其协同度的特征以及变化趋势。因此，我们可以通过定义，从子区域文化产业系统的序参量系统有序度的变化中把握整体复合文化产业系统的协同状况。

二 指标体系的构建及说明

建立科学、合理的文化产业区域协同发展指标体系，关系到我们能否正确有效地对区域文化产业的协同发展进行科学合理的评估。在参考现有文化产业的指标体系的基础上，结合相关文献中提到的指标体系，经过科学缜密的分析，仔细研究和比较，我们根据在《中国文化文物统计年鉴》以及《中国统计年鉴》中找到的相关统计数据，以协同学作为研究的理论基础，构建一区域文化产业复合系统的指标体系。其中文化产业复合系统是由前文中提到的八大综合经济区构成的，在每个子系统中，又包含投入水平、产出效益、发展潜力、创新能力、文化需求五个对应的序参量分量。五个评价指标是我们通过区域文化产业系统及各个子系统中从无序演化到有序影响的影响大小选取的，我们可以将它们看作慢弛豫参量。最终我们计算出各个子区域系统的有序度，并且进行线性的加权平均，得出中国区域文化产业系统在整体上的协同度，根据本部分中相关研究的需要，我们采用了相关矩阵赋权的方法来确定对应的一级及二级指标权重。而各子系统的对应权重，我们采取了增加值的计算指标方法，对一个子系统而言，其权重系数等于该地区文化产业的增

加值除以中国文化产业增加总值。（见表24.1）

表24.1　　　　　　　　　复合系统指标体系

	序参量分量	权重	衡量指标	权重
i 区域文化产业系统 i = 东北、西北、北部沿海、黄河中游、西南、长江中游、东部沿海、南部沿海	投入水平$_{xi1}$	0.18	财政拨款	0.42
			文化事业费	0.28
			从业人员数	0.12
			文化产业机构数	0.18
	产出效益$_{xi2}$	0.24	文化产业增加值	0.52
			文化产业总产值	0.33
			生产税净额	0.15
	发展潜力$_{xi3}$	0.14	文化产业增加值年增长率	0.34
			文化产业总产值增长率	0.38
			政府投资增长率	0.28
	创新能力$_{xi4}$	0.16	文化产业科研机构数	0.45
			文化产业科研机构从业人员数	0.36
			完成科研项目数	0.19
	文化需求$_{xi5}$	0.28	人均地区生产总值	0.23
			人均可支配收入	0.36
			人均文化消费	0.41

三　中国区域文化产业协同发展的测度结果及分析

结合上述复合文化产业系统关于整体协同度测算模型及指标体系，查找《中国文化文物统计年鉴》以及《中国统计年鉴》的对应指标数据，计算出中国八大综合区域文化产业发展的协同度，以及整个区域文化产业复合系统整体协同度。

如表24.2所示，北部沿海地区文化产业系统的协同发展度在2004年至2006年震荡状态，还未开始有序化进程。从2007年开始，北部沿海地区文化产业系统的协同发展度有了较大提升，比2006年增加了0.12，之后2007年至2010年，协同发展度较为平稳，说明北部沿海区域文化产业系统正逐步向有序化推进。由表24.2可知，北部沿海地区文化产业系统近几年的有序化演进速度还是比较快的，从2004年的0.27增加到了

2011年的0.49，增长了近一倍之多。说明，北部沿海区域文化产业系统的有序化进程在正确的政策引导下稳步发展，应进一步加大政策支持以及投入，使北部沿海地区的文化产业有序化水平能更上一层楼。

表24.2　　　　　　　　北部沿海区域文化产业协同发展度

年份	$u_1(x_{11})$, $u_1(x_{12})$, $u_1(x_{13})$, $u_1(x_{14})$, $u_1(x_{15})$	几何平均法 $u_1(x_1)$	线性加权法 $u_1(x_1)$ $\lambda = (0.24, 0.35, 0.18, 0.16, 0.07)$
2004	(0.15, 0.07, 0.38, 0, 0.53)	0.12	0.27
2005	(0.19, 0.08, 0.20, 0.31, 0.39)	0.20	0.24
2006	(0.23, 0.10, 0.21, 0.27, 0.48)	0.23	0.27
2007	(0.32, 0.28, 0.53, 0.25, 0.54)	0.36	0.39
2008	(0.39, 0.25, 0.22, 0.29, 0.61)	0.33	0.38
2009	(0.41, 0.23, 0.15, 0.30, 0.70)	0.31	0.39
2010	(0.47, 0.23, 0.16, 0.15, 0.79)	0.29	0.41
2011	(0.59, 0.28, 0.25, 0.13, 0.93)	0.35	0.49

如表24.3所示，长江中游区域文化产业系统的有序化进程较为坎坷，2004年至2006年，协同发展度状态几乎一样，到2007年开始有了较大提升，比2006年提高了0.15。到2008年，长江中游区域文化产业系统的协同发展度又稍有回落，直至2009年开始正式步入有序化进程。说明，长江中游区域文化产业系统的有序化进程在经历过一段困难时期后，有序化程度有了显著提高，到2011年达到了0.42。今后几年，长江中游区域文化产业系统还有很大潜力可以挖掘，因此，要分析该区域的文化产业系统内部情况，寻找新的提升有序化程度的动力源，使长江中游区域文化产业系统的有序化程度进一步提高。

表 24.3　　　　长江中游区域文化产业系统协同发展度

年份	$u_2(x_{21})$, $u_2(x_{22})$, $u_2(x_{23})$, $u_2(x_{24})$, $u_2(x_{25})$	几何平均法 $u_2(x_2)$	线性加权法 $u_2(x_2)$ $\lambda=(0.24, 0.35, 0.18, 0.16, 0.07)$
2004	(0.18, 0.07, 0.51, 0.25, 0.10)	0.18	0.19
2005	(0.21, 0.10, 0.27, 0.21, 0.13)	0.17	0.17
2006	(0.23, 0.11, 0.22, 0.25, 0.18)	0.19	0.19
2007	(0.26, 0.36, 0.67, 0.26, 0.26)	0.34	0.34
2008	(0.30, 0.25, 0.13, 0.30, 0.28)	0.24	0.26
2009	(0.38, 0.30, 0.35, 0.39, 0.34)	0.35	0.35
2010	(0.42, 0.36, 0.21, 0.25, 0.43)	0.32	0.35
2011	(0.47, 0.45, 0.23, 0.29, 0.54)	0.38	0.42

如表 24.4 所示，东北地区的文化产业在系统的有序化总体水平上表现极差，协同发展度的平均水平保持在 0.15 上下，位居八大区域中靠后位置。2004—2006 年，东北地区的文化协同发展度保持在 0.1 左右，有序化状态几乎不变。在 2007 年，东北地区的文化协同度提高至 0.23，但在 2008 年又降低到 0.17。直至 2011 年，东北地区的文化协同发展度都没有较大增幅，仅比 2007 年增加了 0.01。这一结果表明，东北地区的文化产业在系统的有序化进程中尚处于初级阶段，面临较多难题，需要政府正确的政策引导，引导东北地区的区域文化产业系统发展尽快进入快车道，充分挖掘其发展潜力，逐步提高东北地区的区域文化产业系统的有序化发展水平。

表 24.4　　　　东北地区的区域文化产业系统协同发展度

年份	$u_3(x_{31})$, $u_3(x_{32})$, $u_3(x_{33})$, $u_3(x_{34})$, $u_3(x_{35})$	几何平均法 $u_3(x_3)$	线性加权法 $u_3(x_3)$ $\lambda=(0.24, 0.35, 0.18, 0.16, 0.07)$
2004	(0.11, 0.02, 0.20, 0.26, 0.01)	0.06	0.10
2005	(0.13, 0.04, 0.24, 0.3, 0.03)	0.10	0.12
2006	(0.12, 0.04, 0.18, 0.31, 0.06)	0.11	0.12
2007	(0.16, 0.16, 0.61, 0.26, 0.12)	0.22	0.23

续表

年份	$u_3(x_{31}), u_3(x_{32}), u_3(x_{33}), u_3(x_{34}), u_3(x_{35})$	几何平均法 $u_3(x_3)$	线性加权法 $u_3(x_3)$ $\lambda=(0.24, 0.35, 0.18, 0.16, 0.07)$
2008	(0.19, 0.09, 0.19, 0.23, 0.16)	0.17	0.17
2009	(0.24, 0.12, 0.34, 0.24, 0.19)	0.22	0.21
2010	(0.27, 0.16, 0.20, 0.16, 0.26)	0.21	0.21
2011	(0.27, 0.20, 0.15, 0.16, 0.34)	0.21	0.24

如表24.5所示，东部沿海地区的文化产业系统协同发展度在全国一直处于较高水平，2004—2011年，东部沿海地区的文化产业系统协同发展度得到稳步提升。从区位因素来看，东部沿海地区经济实力雄厚，文化产业起步较早，市场机制也较为完善，其有序化进程非常顺利。在2011年，东部沿海地区的文化产业系统协同发展度达到0.68，较2004年提高了0.45，增加了近2倍。东部沿海地区的文化产业协同发展水平已经位于全国前列，更应该充分发挥该地区的经济优势，使该区域的文化产业系统有序化水平达到更高的层次，为其他区域的文化产业协同发展提供经验借鉴。

表24.5　东部沿海的区域文化产业系统协同发展度

年份	$u_4(x_{41}), u_4(x_{42}), u_4(x_{43}), u_4(x_{44}), u_4(x_{45})$	几何平均法 $u_4(x_4)$	线性加权法 $u_4(x_4)$ $\lambda=(0.24, 0.35, 0.18, 0.16, 0.07)$
2004	(0.27, 0.22, 0.18, 0.15, 0.30)	0.22	0.23
2005	(0.32, 0.26, 0.33, 0.16, 0.37)	0.27	0.29
2006	(0.38, 0.32, 0.22, 0.16, 0.43)	0.28	0.32
2007	(0.43, 0.56, 0.33, 0.19, 0.53)	0.38	0.44
2008	(0.53, 0.53, 0.25, 0.20, 0.61)	0.38	0.46
2009	(0.58, 0.66, 0.30, 0.23, 0.67)	0.44	0.53
2010	(0.64, 0.78, 0.20, 0.15, 0.77)	0.41	0.57
2011	(0.79, 0.91, 0.24, 0.16, 0.92)	0.48	0.68

如表 24.6 所示，黄河中游区域的文化产业系统协同发展度呈现稳固上升态势，协同发展度在 2005 年稍有回落，从 0.28 降至 0.25，此后其协同发展度开始逐年平稳小幅上升，2011 年较上一年度有较大幅度提升，取值达到了 0.47，充分说明黄河中游区域的文化产业系统尚未找到稳定的发展模式，要尽快分析该区域的文化产业系统内部具体情况，归纳和总结适合该区域的文化产业协同发展模式，加速黄河中游区域的文化产业系统有序化进程。

表 24.6　　　　黄河中游区域的文化产业系统协同发展度

年份	$u_5(x_{51})$, $u_5(x_{52})$, $u_5(x_{53})$, $u_5(x_{54})$, $u_5(x_{55})$	几何平均法 $u_5(x_5)$	线性加权法 $u_5(x_5)$ $\lambda = (0.24, 0.35, 0.18, 0.16, 0.07)$
2004	(0.11, 0.06, 0.55, 0.90, 0.11)	0.20	0.28
2005	(0.14, 0.06, 0.19, 0.89, 0.15)	0.19	0.25
2006	(0.17, 0.08, 0.27, 0.93, 0.21,)	0.24	0.30
2007	(0.23, 0.15, 0.42, 0.92, 0.27)	0.32	0.36
2008	(0.31, 0.15, 0.29, 0.90, 0.34)	0.33	0.37
2009	(0.35, 0.21, 0.28, 0.94, 0.40)	0.37	0.39
2010	(0.42, 0.27, 0.27, 0.48, 0.48)	0.37	0.39
2011	(0.54, 0.33, 0.38, 0.43, 0.61)	0.45	0.47

如表 24.7 所示，南部沿海区域的文化产业系统协同发展度总的来说水平不是太高，而且其有序化的进程也稍显缓慢，2004—2005 年，南部沿海区域的文化产业协同发展度水平没有变化，从 2006 年开始，有序化的进程得到稳步提高，但协同发展度水平依然不高。从区域现实情况来看，南部沿海地区的经济实力较强，但文化产业的协同发展程度却没有与之匹配，说明文化产业尚有很大潜力，因此，要加大南部沿海区域的文化产业投入力度，投入更多资源来推动该区域的文化产业使之实现有序化发展。

表 24.7　　　南部沿海区域的文化产业系统协同发展度

年份	$u_6(x_{61})$, $u_6(x_{62})$, $u_6(x_{63})$, $u_6(x_{64})$, $u_6(x_{65})$	几何平均法 $u_6(x_6)$	线性加权法 $u_6(x_6)$ $\lambda = (0.24, 0.35, 0.18, 0.16, 0.07)$
2004	(0.17, 0.13, 0.14, 0.21, 0.11)	0.15	0.15
2005	(0.19, 0.13, 0.15, 0.17, 0.14)	0.15	0.15
2006	(0.22, 0.16, 0.23, 0.18, 0.19)	0.19	0.19
2007	(0.24, 0.22, 0.24, 0.17, 0.25)	0.22	0.23
2008	(0.29, 0.24, 0.22, 0.17, 0.29)	0.24	0.25
2009	(0.32, 0.27, 0.25, 0.19, 0.34)	0.27	0.28
2010	(0.39, 0.29, 0.22, 0.12, 0.42)	0.26	0.31
2011	(0.49, 0.32, 0.25, 0.12, 0.51)	0.30	0.36

如表 24.8 所示，西北区域的文化产业系统协同发展度在总体上表现较差，2004—2006 年，这一区域的文化产业协同发展度的水平存在停滞不前现象，从 2007 年开始有了小幅提升，但有序化水平依然较低。中国西北地区人口密度小，经济发展相对滞后，因此，有必要分析该区域的文化产业发展特点，找到适合该区域的文化产业协同发展模式，努力提高其有序化的发展水平。

表 24.8　　　西北区域的文化产业系统协同发展度

年份	$u_7(x_{71})$, $u_7(x_{72})$, $u_7(x_{73})$, $u_7(x_{74})$, $u_7(x_{75})$	几何平均法 $u_7(x_7)$	线性加权法 $u_7(x_7)$ $\lambda = (0.24, 0.35, 0.18, 0.16, 0.07)$
2004	(0.03, 0, 0.16, 0.26, 0.16)	0.05	0.11
2005	(0.05, 0, 0.22, 0.23, 0.19)	0.07	0.13
2006	(0.06, 0, 0.21, 0.23, 0.21)	0.08	0.14
2007	(0.08, 0.04, 0.36, 0.27, 0.28)	0.15	0.19
2008	(0.11, 0.03, 0.26, 0.24, 0.32)	0.15	0.19
2009	(0.13, 0.05, 0.30, 0.26, 0.36)	0.18	0.22
2010	(0.17, 0.08, 0.27, 0, 0.45)	0.07	0.21
2011	(0.24, 0.10, 0.38, 0, 0.53)	0.12	0.27

如表 24.9 所示，西南区域的文化产业系统协同发展度在总体上水平较高，和 2004 年相比，2005 年协同发展度稍有回落，但 2006 年开始稳步提高，且提高速度较快，2011 年达到了 0.50，这一数值是 2005 年的 2 倍多，表明西南区域的文化产业系统有序化进程发展态势非常好，只要保持现有趋势，这一区域的文化产业协同发展度将得到不断提高。

表 24.9　　　　西南区域的文化产业系统协同发展度

年份	$u_8(x_{81})$, $u_8(x_{82})$, $u_8(x_{83})$, $u_8(x_{84})$, $u_8(x_{85})$	几何平均法 $u_8(x_8)$	线性加权法 $u_8(x_8)$ $\lambda = (0.24, 0.35, 0.18, 0.16, 0.07)$
2004	(0.36, 0.12, 0.25, 0.20, 0.21)	0.22	0.22
2005	(0.30, 0.11, 0.15, 0.25, 0.26)	0.20	0.21
2006	(0.33, 0.15, 0.27, 0.38, 0.29)	0.27	0.28
2007	(0.35, 0.26, 0.34, 0.26, 0.34)	0.31	0.31
2008	(0.44, 0.22, 0.32, 0.40, 0.39)	0.35	0.35
2009	(0.42, 0.30, 0.26, 0.45, 0.47)	0.37	0.39
2010	(0.51, 0.37, 0.29, 0.26, 0.56)	0.38	0.42
2011	(0.67, 0.46, 0.31, 0.20, 0.69)	0.42	0.50

由雷达图 24.1 可以发现，中国东部沿海地区经济实力强，文化产业起步早，市场机制也较为完善，因此在所有区域中有序化程度最高；而西南地区、黄河中游、北部沿海以及长江中游四个区域的有序化进程进展也十分顺利，有序度在全国处于中上水准；南部沿海地区的有序化进展稍慢，有序度则处于中等水平；东北和西北两大区域经济水平相对滞后，人口密度较小，有序化程度相对比较低，有序化进程面临着诸多难题，亟需国家政策方面的引导和支持。

根据上述中国八大区域子系统的计算，可以发现 2004—2005 年，中国区域文化产业系统处在不协同的发展状态，2006 年以后，中国区域文化产业系统均处于协同的状态。因此，本研究选择将 2005 年作为基期来计算中国文化产业的系统整体协同度 DS，权重系数如表 24.10 所示，计算结果如图 24.2 所示。

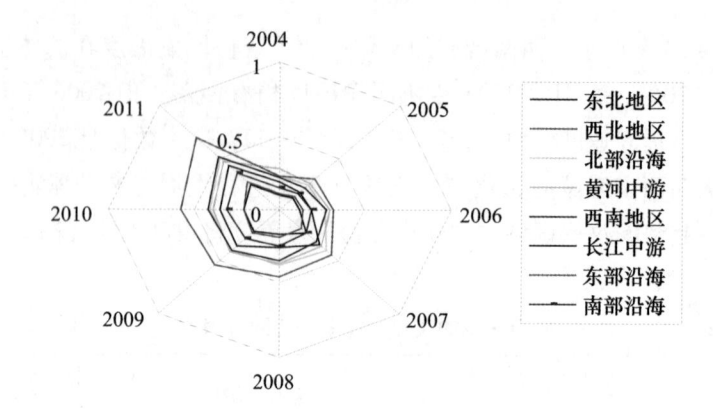

图 24.1　八大区域的历年有序度雷达图

表 24.10　中国各区域文化产业系统中子系统的权重系数

年份	北部沿海	长江中游	东北地区	东部沿海	黄河中游	南部沿海	西北地区	西南地区
2006	0.12	0.13	0.06	0.26	0.12	0.13	0.04	0.14
2007	0.13	0.22	0.05	0.23	0.10	0.10	0.04	0.13
2008	0.14	0.15	0.06	0.25	0.11	0.12	0.04	0.13
2009	0.11	0.15	0.07	0.26	0.11	0.12	0.04	0.14
2010	0.10	0.14	0.08	0.27	0.12	0.11	0.04	0.14
2011	0.09	0.13	0.09	0.27	0.12	0.11	0.04	0.15

注：某地区 $w_i = $ 增加值 $i / \sum_{i=1}^{8}$ 增加值 i，其中 $i = $ 北部沿海、长江中游、东北、东部沿海、黄河中游、南部沿海、西北、西南。

由图 24.2 可知，2006 年以来，中国区域文化产业协同系统在整体上处于协同状态，但其协同度非常低，使用线性加权方法计算出来的协同度均值只有 0.1545，使用几何平均算法的协同度均值更低，仅 0.1063。由图 24.2 可知，中国区域文化产业系统的协同度在总体上呈现上升的趋势，表明随着时间的推移，中国区域文化产业的协同发展程度在逐步提高。但这种协同关系并不稳定。一方面，整体的协同度水平很低；另一方面，和 2007 年相比，2008 年其协同度又有小幅下降。总之，目前中国区域文化产业的协同发展仍然处在起步阶段，对于如何推进区域文化协同发展仍然任务艰巨。

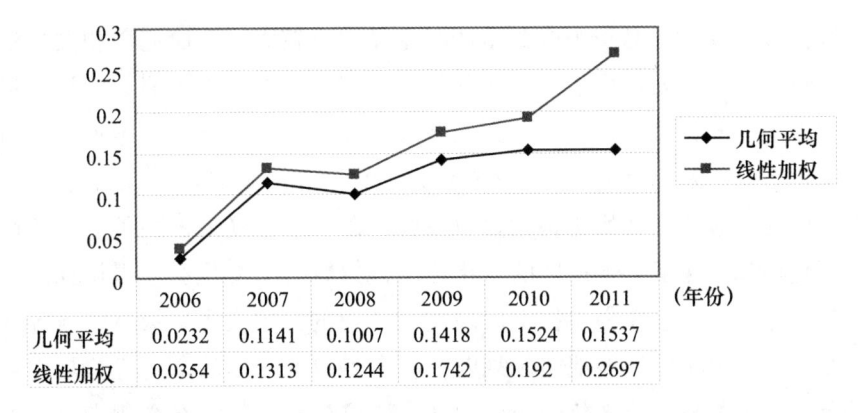

	2006	2007	2008	2009	2010	2011
几何平均	0.0232	0.1141	0.1007	0.1418	0.1524	0.1537
线性加权	0.0354	0.1313	0.1244	0.1742	0.192	0.2697

图 24.2 以 2005 年为基期的中国区域文化产业系统整体协同度

第二节 中国区域文化产业协同发展影响因素的实证研究

一 中国区域文化产业协同发展影响因素的定性分析

按照文化产业区域协同发展的特点，并结合产业经济学和区域协同发展的有关理论，本研究认为区域文化产业协同发展的影响因素主要有政策环境、人力资本、市场需求、产业规模、经济发展水平和创新能力六个方面，分别对上述六个方面的影响因素作出相应的理论分析。

（一）政策环境

文化产业在整体上属于新兴产业，其自身的发展有着独特的优势，与此同时，正是这种特殊性决定了文化产业的大发展大繁荣离不开政府的引导和支持。从这个角度上来讲，文化产业所处政策环境的好坏将直接决定区域文化产业是否能够得到协同发展。一般来说，政府会通过政策的支持以及资金的扶持这两个方面来帮助区域文化产业的协同发展。

第一，政府的政策支持，特别是通过对相关的文化企业进行减税和补贴等方式为其提供帮助，区域内的文化产业因此得到不断的发展和壮大。第二，政府对文化企业的扶持能够给市场提供积极的信号，即政府在下一个时间期限内对文化产业重点照顾，这将引导市场资源不断流入文化产业，带动文化产业的持续繁荣。第三，文化产业包含的细分行业类别很多，发展状况和企业分布情况差异性也较大，政府完善相关的法律政策将有助于划定企业发展界限，在实现自身盈利的同时，为社会提供积极向上的文化产品，不断提高区域文化协同发展水平。第四，政府在文化企业的融资上给予支持将对促进文化产业的发展与壮大意义重大，而政府财政对文化文物机构的财政拨款，在一定程度上保护了一个地区的文化根基，保留了本地区的文化传统，为当前的文化产业提供源源不断的文化素材，这些都将推动区域文化产业的协同发展。第五，当各区域政府在制定相关发展战略规划时，应当明确本区域的文化优势与文化特色，积极参与区域文化的协同发展，寻求与其他区域在文化产业上的合作，深化交流机制，使区域文化产业的协同发展效应得到进一步发挥。

基于此，本研究可以得到第一个研究假设：即区域的文化政策环境与区域文化产业协同发展正相关，政府的政策支持对推动区域文化产业协同发展非常重要。

（二）产业规模

区域文化产业规模的不断壮大，可以发挥规模经济效应，降低产业成本，吸引优秀的文化创意人才以及高素质的管理人才。由于各个区域不同文化背景的人个人偏好存在差异，对文化产品的需求也因此具有多样性，因此，从区域文化产业的产品特质来看，不同的文化产品之间的可替代性较强，人们对于文化产品的价格弹性的敏感度也较高。产业规模的扩大，将有助于规模经济的形成，促使产品成本不断降低。经济的增长带来人们收入水平的提高，而随着人们收入水平的提高，对文化产品的需求也不断扩大，这有利于区域文化产业的协同发展。同时，文化产业规模的扩大也有助于产业集聚的形成，而产业集聚将扩大知识溢出，提高企业生产效率，发挥企业范围经济的效应，增加文化产品供给的总类并降低供应成本。综上所述，可以提出第二个研究假设，即产业规模与区域文化产业协同发展正相关。

（三）市场需求

随着人们相对收入的提高，人们对文化产品以及服务的需求也随之扩大。区域文化产业的协同发展需要强劲的市场需求，中国是人口大国，人口基数决定了中国拥有庞大的文化消费市场，市场需求将促进文化产业的凝聚力和生产力的形成。与其他日常必需消费相比，文化消费属于精神层面上的消费，收入消费弹性较高，需要建立在较高的物质基础条件之上，一旦经济形势下行，最先受到冲击的就是文化产品这种非日常必需品的消费需求。中国各区域经济发展状况的差距较大，文化产业发展程度也参差不齐，因此，有必要加强区域间的文化交流与文化合作，增加市场需求，提高消费者的引致需求。同时，文化产业也属于资本密集型的产业，需要大量的前期投入，产品受人们的群体性偏好影响，因此存在较高的风险。基于此，可以提出第三个研究假设，即市场需求增加有利于区域文化产业的协同发展程度的提高。

（四）创新能力

创新是文化繁荣的核心内容，任何文化的产生或者文化的复兴，都离不开文化作品在传统文化的基础上创作。同时，这种创新能力不仅包括文化本身内容的创新，也包括文化形式、文化的相关组织方式、文化的表现手法的创新。加强区域内文化资源的整合，加强与其他类型文化的沟通与交流，均有助于文化产品的持续创新，而这恰恰是区域文化市场生生不息、持续繁荣的关键所在。区域文化的协同发展离不开相关的文化产业和文化企业的创新能力提升。有鉴于此，本研究认为，创新能力对区域文化产业协同发展有着非常积极的作用。

（五）人力资本

人力资本的丰裕程度是任何产业发展的根基，丰富的人力资本不仅有利于知识溢出效益的发挥，也能够促进区域间的合作和交流，促进产业的协同发展。当经济发展到了一定的阶段之后，市场经济下要素的自由流动保证了资本等要素会自动追求更高的边际报酬，文化产业属于新兴产业，也属于边际报酬较高的行业，因此，任何非专用型的要素约束都将通过市场机制下要素的流动化解，例如一旦缺少资金，则其他产业过剩的资金将进入文化产业。但是文化产业具有其自身的特点，产业的涵盖范围非常广泛，对特定的专业人才的技术要求较高，因此具有一定程度的专用型的人力资本则在短期内无法得到替代，区域文化产业的协同发展对于高素质人力资本的依赖将越来越强。从长远的发展来看，拥有大批高素质的从业人员对区域文化产业的协同发展至关重要。基于此，可提出第五个研究假设，即人力资本对于区域文化产业的协同发展具有正向的影响。

（六）经济发展水平

一个地区的经济发展水平是一切文化产品从创造到消费再到输出的经济基础。依据对世界各国特别是发达国家文化产业发展状况及发展历史的研究，当人均 GDP 在 1000—3000 美元时，文化消费逐渐变得活跃起来，而当人均 GDP 超过 3000 美元时，文化产品的消费开始迅速增长。区域经济增长将大大推进区域文化产业的繁荣，并最终促进区域文化产业的协同发展。基于此，提出本研究的第六个研究假设，即经济发展水平的高低与区域文化产业的发展呈正相关关系。

二 模型构建及指标选取

将使用加权平均方法计算出的各区域文化产业协同发展度作为被解释变量，在模型中用变量 Y 来表示；解释变量方面，用文化事业费度量政策环境，用变量 $X1$ 来表示；用文化产业增加值度量产业规模，用变量 $X2$ 来表示；用城镇居民人均文化娱乐消费度量市场需求，用变量 $X3$ 来表示；用文化产业科研机构数及文化产业科研人员数度量创新能力，分别用变量 $X4$ 和 $X5$ 来表示；用文化产业从业人员数度量人力资本，用变量 $X6$ 来表示；用各区域人均 GDP 度量经济发展水平，用变量 $X7$ 来表示。综上所述，本研究建立如下计量模型：

$$\mathrm{Ln}Y = \alpha_0 + \sum \alpha_i \mathrm{Ln} X_i \qquad (24.6)$$

相关的数据来源于 2005—2012 年的《中国统计年鉴》《中国文物统计年鉴》及《中国文化产业发展报告》。

三 实证结果及分析

从实证结果可知，影响因素中政策环境、市场需求、产业规模、经济发展水平等变量的估计系数均在 10% 的显著水平下通过了检验；特别是衡量创新能力的文化产业科研机构变量的估计系数在 1% 的双尾检验下通过了检验，但文化产业科研人员变量和人力资本变量却没有通过 10% 显著水平下的检验。

解释变量中，政府的文化事业费支出每增加 1%，则区域文化产业协同发展度就会提高 0.2517 个百分点。由此可见，政府政策对文化事业发展的支持,会极大地促进中国区域文化产业协同发展,很好地验证了上文的假设。2011年10月18日,在中共第十七届六中全会通过的《中共中央关于深化文化体制改革　推动社会主义文化大发展大繁荣若干重大问题的决定》中,将"推动文化产业成为国民经济支柱性产业"作为中国文化体制改革的主要目标。各级政府应当紧紧围绕这一目标,出台相关的政策,加大财政投入力度,减少文化企业发展压力、加大区域文化产业协同发展的宣传力度,为中国区域文化产业的协同发展营造出良好的政策制度环境。

解释变量中的产业规模因素,文化产业增加值每增加1%,则区域文化产业协同发展度就会提高0.1918个百分点。这一结论表明,扩大文化产业自身的规模,将有利于区域文化产业协同发展,可以验证上文提出的又一观点。正如上文指出,产业规模的扩大可以有效触发规模经济效应并且造成产业集聚效应,合理配置各个区域间的文化产业资源,增强区域间的交流与合作,促进中国区域文化产业的协同发展。

解释变量中的市场需求,人均文化消费每增加1%,则区域文化产业协同发展度就会提高0.8478个百分点。这一结论表明,市场对文化产品和服务的需求增加,将有利于文化产业的协同发展,可以验证上文提出的观点。正如上文指出,中国拥有庞大的文化消费人群,由此带来的市场需求的潜力也非常大,但目前中国文化市场需求的开发仍然十分有限。通常,由于文化产品的目的是满足人们的深层次精神文化需求,但个人偏好往往存在巨大差异,因此,各个地区应当不断开发市场文化需求,扩大不同创意文化产品的需求规模,这将更大程度地发挥市场需求机制对中国区域文化产业协同发展的推动作用。(见表24.11)

表24.11　　　　文化产业协同发展的影响因素的实证结果

指标	回归方法		
	混合回归	随机效应	稳健性检验
文化事业费	0.2517** (2.22)	0.2517** (2.22)	0.2517** (3.14)
文化产业增加值	0.1918*** (3.17)	0.1918*** (3.17)	0.1918*** (4.98)

续表

指标	回归方法		
	混合回归	随机效应	稳健性检验
人均文化消费	0.8478 *** (8.10)	0.8478 *** (8.10)	0.8478 *** (10.21)
文化产业科研机构数	0.1770 *** (3.23)	0.1770 *** (3.23)	0.1770 *** (2.94)
文化产业科研人员	0.0555 (1.05)	0.0555 (1.05)	0.0555 (0.88)
文化产业从业人员	-0.1083 ** (-2.11)	-0.1083 ** (-2.11)	-0.1083 (-1.69)
人均 GDP	-0.1356 (-1.53)	-0.1356 (-1.53)	-0.1356 * (-2.03)
常数项	-12.7453 *** (-18.05)	-12.7453 *** (-18.05)	-12.7453 *** (-15.23)
R^2 Within	0.9067	0.9067	0.9545
R^2 Between	0.9980	0.9980	0.9545
R^2 Overall	0.9545	0.9545	
Hausman 检验	9.17 (0.2408)		

第三节　中国区域文化产业协同发展推进机制

从文化产业的演变规律来看，区域文化产业的协同发展是一个复杂的动态系统演进过程。现阶段，中国区域文化产业协同发展仍然处于初级阶段，各个区域文化产业发展较为分散，产业布局不合理，区域发展也不平衡，文化市场无序竞争问题也相对突出。这些问题的原因就在于目前缺乏有效的协同发展推进机制，主要需要解决的就是靠谁去推进和利用什么方式去推进的问题。本节主要从区域文化产业协同发展的推进主体以及推进动力两个方面来分析上述问题。

一 区域文化产业协同发展的推进主体

政府、企业和其他相关组织是推进区域文化产业协同发展的主体，区域文化产业协同发展需要依赖不同主体的共同参与和共同推进，这些主体在区域文化产业协同发展的过程中起着十分重要的作用。不同的主体在区域文化产业协同发展的不同阶段承担着不同的任务，并有着不同的行为方式，直接影响了区域文化产业协同发展的进展情况。

（一）企业是区域文化产业协同发展的实践者

随着中国市场经济体制的建立和完善，区域文化企业在区域文化产业的协同发展过程中开始扮演越来越重要的角色。区域文化产业的协同发展说到底要落实到各个实体企业的生产活动中来，而文化企业简单地说就是从事文化的生产、文化的经营和文化的销售和服务的企业，具体地说，文化企业以其自身的利润最大化为目标，以各种无形资产和有形资产作为投入，为整个社会不断提供文化产品和文化服务，并以此获取商业利益的组织形式。

其一，文化企业从根本上说也是理性的经济人，为实现自身利益的最大化，必须根据市场需求情况制定自身的发展策略，整合利用区域内与区域间的文化资源，在实现企业盈利目标的同时实现了促进区域文化产业协同发展的目标。文化企业是推进中国区域文化产业协同发展的最基本载体，也是文化市场重要的市场主体。其二，文化企业通过对区域内外企业的兼并收购，实现集团化发展，通过战略联盟与产业链上下游的合作，形成文化产业集群等方式，形成跨区域文化产业价值网络，缩小区域发展的差距，实现区域协同发展。其三，文化企业通过区域间文化产品协作创新、文化资源的共同开发、文化人才的交流、文化信息共享等提升区域文化产业的影响力、竞争力和辐射范围，促进区域间文化产业的协同。其四，文化企业还是政府政策的最终执行者，文化企业受到政府促进区域文化产业协同发展的相关政策的影响，采取协同合作的行为，推进文化产业的区域协同发展。

（二）政府是区域文化产业协同发展的引导者

区域政府在区域文化产业的协同发展过程中起着引导的作用，承担的职责包括制定文化产业行政指导、各项文化产业政策法规、提供公共技术信息以及咨询服务等，发挥政府宏观调控作用，为区域文化产业创造出良好的发展环境，调节区域文化产业发展的不平衡现状。

中国政府又可细分为中央政府和地方政府。中央政府代表着全国人民的利益，把握着国家文化的发展方向，实行全国范围内的公共管理。因此，中央政府出台文化相关政策与法规是从宏观角度、从整体出发，目标是实现区域文化产业的协同发展。地方政府则是负责贯彻落实中央政府制定的有关文化产业发展方面的政策法规，同时也可以通过制定地方法规，影响区域内企业、社会组织等的行为，担当信息传播和管理监督者甚至协同合作的直接参与者的角色。因此，地方政府的目标是达成中央政府要求，实现地方文化产业的发展。地方政府受中央政府的管辖，是中央政府政策的执行者。中央政府和地方政府地位不同，具体目标存在差异，但对文化产业都起着引导的作用。各级政府应当综合运用法律、经济和行政手段对文化产业协同发展加以引导与监督。

首先，政府可以通过制定和执行文化相关法规行为来规范各类文化市场主体的行为。消除地方壁垒、防止地方保护主义滋生；健全知识产权保护制度，严厉打击盗版等侵权行为；建立文化市场行为规范，监督文化市场主体行为；为区域文化产业协同发展创造一个统一、公平、良好的法律环境。其次，政府可以通过税收、转移支付制度，文化产品采购制度、收入分配等方式对文化产业进行调控，加大区域文化产业的基础设施建设，对欠发达区域文化产业实行优惠政策，引导其他文化主体的分布与资金投向，促进区域文化产业合作，缩小区域间的差距。最后，政府可以适度采用行政干预手段，制定文化产业发展规划及区域文化协同发展政策，设立区域文化产业协同合作服务平台，根据地区不同设立合理开放的文化产业优惠政策及促进区域文化资源流动的政策等来引导区域间文化企业的发展与合作，引导文化行业协会作用的发挥，引导社会舆论的正确方向，最终推进区域间文化产业的协同发展。

（三）相关组织：区域文化产业协同发展的支持者

文化产业相关组织是文化市场的重要组成部分，是推动文化产业发展的重要力量，是政府与文化产业之间沟通交流的桥梁纽带，不仅能够承接一部分政府管理职能，维护市场经济秩序，促进行业自律管理，而且在中国文化产业市场机制缺损、信用体系不健全、区域发展不平衡的情况下，能够发挥市场建设、信用建设、促进区域文化交流等功能，扎实推进区域文化产业协同发展。

"文化产业相关组织"是一个发展中的概念，目前并没有准确的定义，但从学界普遍研究观点来看，中国文化产业相关组织包括文化事业单位，文化产业的行业协会、商会、促进会等社会团体，文化中介组织，基金会几大类。文化产业相关组织是文化市场上重要的主体之一，是处于政府与社会、政府与企业、政府与市场以及企业与企业之间的，发挥着服务、沟通、协调、公证、监督等职能的社会组织的总称。

相关组织可以从以下几方面发挥其促进协同的作用。一是文化产业相关组织为文化市场上供需双方提供信息、咨询服务，专业化程度高的中介组织还可以提供经纪人、代理人、产品设计、包装、鉴定等服务，促进区域文化产业的信息、资源流通与整合，促进区域间交易的达成及利益的协调，实现文化产业相关标准的统一化，规范区域文化市场竞争。二是文化行业协会、商会等组织通过组织各种培训、学术研讨会、资格认证等把各地文化企业、政府部门联系起来，促进文化产业跨区域的合作交流。三是文化相关组织对企业和政府的监督和提建议的作用，可以间接影响企业和政府，促进其采取协同合作的决策和行为。四是文化基金会等相关组织可以通过设立区域协同发展基金，以提供融资的方式促进各区域文化产业的协同发展。此外，提高文化相关组织的管理和服务水平能促进文化产业链的进一步整合，激发文化市场活力，促进区域间文化产业的大融合。

在区域文化产业协同发展过程中，企业、政府与相关组织必须明确各自的职能与分工并相互协作。文化企业是文化市场的关键主体，文化企业间的协同合作是实现文化产业协同的基础，政府出台的区域文化产业的协同政策最终要由文化企业落实相互合作，实现协同共赢，相关组织对协同发展的支持作用很大程度上也是通过为企业搭建平台服务和监督协调各地区企业行为来进行的。而作为区域文化产业协同发展的引导者，政府一般从制定文化产业政策、法规等，构建激励与约束机制，通过政府层级分工，逐步引导文化产业区域协同发展。而相关组织通过连接企业和政府，在企业之间、企业与政府之间起到润滑作用，直接或间接地支持区域间文化产业的协同。区域文化产业的协同发展只有依赖于区域文化市场各个主体的协同，充分发挥企业、政府、相关组织的作用，使之相互配合，才能最大限度推进区域文化产业协同发展。

二 区域文化产业协同发展的动力机制

区域文化产业协同发展不仅需要各行为主体的推进，更需要完善的动力机制来保障文化产业区域协同发展的健康可持续性。本课题认为区域文化产业协同发展需要产业驱动、市场促动、行政引动、社会牵动。

（一）产业驱动

文化产业相比其他产业所需资源不同、需求不同、附加值不同，区域文化产业协同发展相比于其他产业协同发展有其独特之处，表现为文化产业自身特点及发展趋势本身是产业在区域间的协同发展原动力之一。

一是文化产业规模效益递增的特性驱使产业在区域间协同发展。文化产业主要以创意内容为核心，无形的思想、观念或其他精神感受为生产内容，产品虚拟性较强，易于复制传播、重复使用，使文化产业不仅生产效益随着规模的增加而增加，文化消费的效用也随着消费者数量的增加而增加。一方面，文化产业的生产效益递增促使文化企业规模扩张，突破行政区划传播销售文化产品，最大限度发挥文化产业规模效应，获得更大的利益。另一方面，文化产品或服务通常有着越多的人消费，越能增加消费效用的规律，因此也要求文化产业在区域间协同发展。如时尚娱乐业，越多人消费关注某一时尚观念，越容易形成时尚风潮，在各区域全方位铺开，进而形成新的文化圈。

二是文化产业内在关联性和外部溢出效应驱使区域文化产业协同发展。文化产业包含了多个文化子行业，这些行业发展及其内在联系本身就需要突破地域限制，因而也带动着各区域文化产业的协同合作。如会展行业，实质就是与电视、广播、网络、广告等不同行业协调合作，将不同地区优秀产品、作品、项目等在特定的时空汇集起来，又将其传播、分配、销售到各地区，促进各区域交流沟通，协作共赢。而文化产业发展产生的创意、观点、思想等也易于影响甚至运用到其他领域，从而延伸文化产业链，产生外部溢出效应，促进文化产业内部行业间及文化产业与其他产业的协同发展。如一部书可以发展成电影、电视剧，又衍生出相关旅游热点，推动游戏行业、通信行业、家电、服饰等产业的发展，转而引起各区域的协同发展。

三是文化产业的社会文化性和渗透性驱使区域文化产业协同发展。文化产业不仅仅具有经济意义，还影响人们的思想道德，引领社会文化风俗的变迁。一方面，文化产业的发展基于对已有历史文化的传承，由于区域文化产业根植于特定的历史文化背景下，对于拥有共同风俗习惯、文化认知的区域，文化产业发展具有系统性，在地区分工合作的基础上协同有序地发展。另一方面，社会经济的发展，特别是信息技术的发展、互联网的普及，产生了新的文化思潮、新的文化产业热点、新的文化传播方式、新的文化产业集聚地，也使区域间文化融合的速度大大提高了，区域文化产业发展的辐射范围逐渐扩大，并逐步渗透到社会生活的方方面面，推动着区域文化产业全面协同发展。

然而，中国区域文化产业协同发展中，产业驱动作用还不十分明显。一是中国文化产业规模较小，布局不合理，区域间文化产业发展不平衡，无法发挥应有的规模效应。较之于美国、英国等文化产业大国，中国文化产业整体规模偏小，缺乏大型综合文化企业的支撑，因而对跨域文化资源的整合力度较小，规模化、集约化的文化生产水平低。二是文化产业链不完整，与其他产业关联度不高，无法充分发挥文化产业价值增值效应。许多地区文化产业局限于某一行业、单一产品的开发，无法有效利用文化产业与其他产业的关联性开发衍生产品，导致产业链十分短小，品牌甚至无法突破地域限制进行扩张。三是文化产业对传统文化社会影响力的利用程度欠缺，对新兴文化的扩散和存续能力有限。中国文化历史悠久，影响广泛而深远，然而中国区域文化产业发展过程中对此类具有广泛影响力的文化资源开发力度小，很难发挥其对区域协同发展的影响力，相反，随着文化市场的开放程度提高，国外文化企业意识到传统文化的巨大影响力，制作出《功夫熊猫》等影片，在全球热映。

因此，区域文化产业协同发展的产业驱动机制，可以从以下两方面来构建。

首先，充分挖掘中国各区域文化产业发展潜力，建立传统文化保护与创新机制。中国地域广袤，所产生的地域文化多种多样，是区域文化产业发展的不竭源泉。因此，在区域文化产业发展进程中，加强对传统地域文化资源的利用，结合现代新型网络信息技术等，创新文化产业发展模式，一方面能促进区域文化产业的发展，另一方面能扩大区域文化影响力，延续与发展传统文化，促进各个区域文化产业之间的融合。

其次，促进区域文化产业内部结构调整，完善产业链。文化产业的规模效应递增优势的发挥需要区域文化产业集聚发展，以扩大产业规模，充分利用文化产业的外部效应。一方面，可以从文化企业地域布局来调整产业结构，目前中国文化产业大都聚集在东部、沿海地区，在继续发挥东部文化产业集聚效应的同时，也应将部分开发生产能力转移到中西部地区，使中西部地区文化产业形成集群，从而促进文化产业区域间的协同共赢。另一方面，调整文化行业结构关联，完善产业链。文化产业内部行业存在密切的关联性，结合行业特征，打造文化全产业链，一方面能丰富文化产业的内容与业态，另一方面也能强化文化产业的品牌声誉和规模效应，促进区域文化产业的协调可持续发展。

(二) 市场促动

市场机制是推动文化生产要素流动和促进文化资源优化配置的基本运行机制。市场机制通过对机制要素的变化调节文化市场经济活动，使文化企业及其他相关当事人在经济利益的诱导下自觉行动，使区域文化市场的资源要素得到合理流动和有效配置。

市场机制主要包括供求机制和竞争机制。我们可以从这两方面来研究市场机制如何推进区域文化产业协同发展。

第一，供求机制。供求机制是调节市场供给与需求矛盾，使之趋于均衡的机制。文化产业供求机制是整个文化市场机制的基础部分，文化市场的各个子系统机制都不能离开供求机制而发挥作用。

区域文化产业的协同发展，依赖于文化产业市场供求机制的作用。首先，区域文化市场供求机制可以调节文化产品区域总量平衡。文化产品供不应求时，产品价格上升，吸引更多的投资，而供过于求时，部分文化产品价值得不到实现，导致部分文化企业压缩生产或退出生产。其次，区域文化市场供求机制可以调节结构平衡。供求机制通过"看不见的手"使文化生产要素和劳动力在不同文化部门、不同区域合理流动，跨部门、跨区域调剂余缺，互通有无，使区域间的文化产业得到协同发展。

从需求方面看，中国沿海地区发展相对较快，对文化产品的需求明显高于中西部地区，因而吸引了许多的文化产业相关投资，部分劳动力也流向沿海地区，拉动了沿海地区文化产业的发展，从而实现文化产业区域内部的协同发展。而近年来，随着地区经济的发展，人们的可支配收入增加，对文化产品和服务的需求增多，文化产业潜在需求大，特别是中西部充足的文化原始资源，吸引着越来越多的文化投资项目转向中西部地区、创意人才向中西部地区回流，促进了文化产业的区域间的协同发展。从供给方面看，中国沿海地区，文化产业发展较早较快，文化产品服务供给模式发展相对成熟且多样化，文化产业人才、资金、创意点子供给多，甚至不能尽其用，而如大西北地区、西南地区等地域广袤、富有文化原始资源，但由于发展程度不高，发展理念不先进，人才、资金等的匮乏，文化产业供给能力不足。通过供求机制的作用，沿海地区与西部地区可以达成合作，形成优势互补，实现供求平衡，促进区域文化产业协同发展。

第二，竞争机制。竞争机制是指在市场经济中，各个经济行为主体之间为着自身的利益而相互展开竞争，由此形成的经济内部的必然联系和影响。它按照优胜劣汰的法则来调节市场运行，能够形成企业的活力和发展的动力，促进生产，使消费者获得更大的实惠。

竞争机制是通过以下方式推进区域文化产业协同发展的。第一，文化产业竞争日趋激烈，文化企业为降低成本，保持低价竞争优势，提高文化产品的市场占有率，区域文化企业之间会形成合作竞争态势，合作研发、合作生产、合作销售，企业谋求利润的同时促进了区域间统一的文化市场的形成，区域间文化产业的协同发展。第二，竞争的公平性要求打破地方保护主义、破除地区封锁，实现文化生产要素和产品服务的自由流动。竞争使得文化产业发展没有地域的限制，文化市场更加开放，资源配置更加合理，文化企业参与到统一大范围的文化市场竞争，效率越高，文化产品价格越低，产品和服务越多样化、个性化、创意化，越受消费者的欢迎，也就越能吸引各区域的消费者，实现文化产品和服务的跨区消费。第三，竞争使得文化企业为寻求生存与发展，寻求更广阔的市场，扩大品牌效应，提高企业知名度，或者通过兼并收购的方式进入其他区域，或者通过重新布局企业厂址等方式，采取跨区域发展策略。

因此，构建区域文化产业协同发展的市场推进机制，必须使文化市场的价格机制、供求机制、竞争机制的作用得到充分发挥。

一方面要统一思想认识，共建竞争文化市场。区域文化产业的协同发展是要实现区域间文化产业的合作共赢，但是，区域的合作需要完善的竞争机制作为各区域合作和实现协同发展的基石，各区域只有在竞争性的文化市场上合作，才能使文化市场更具活力，文化产业更具发展潜力，合作区域各方能实现协同发展。只有构建起竞争性的文化市场，才能保证文化产业的价格机制、供求机制内在调节作用的发挥。充分有效的市场竞争是价格机制发挥联系市场、调节供求、促进资源配置的前提。缺乏竞争性的文化市场，价格不能调节供求，反映供求，那么价格机制和供求机制也就无法促进区域文化产业的协同发展。

另一方面要破除地方壁垒，共建公平文化市场。区域文化产业协同发展要求有一个统一公平的文化市场，地方壁垒的存在使得文化产业发展面临着区域分割、资源流通不畅、信息不充分、标准不统一等问题，导致文化产业发展各自为政，缺乏协调，文化企业面临不公平的规则要求，无法实现跨区域生产或销售，导致文化产品价格机制、供求机制、竞争机制都无法充分发挥其作用。因此，构建区域文化产业协同发展的市场机制必须打破地区封锁，实现区域文化产业市场的自由开放。

（三）行政引动

政府行政机制是政府按照法律法规进行社会经济管理的过程。现代社会，政府力量是一个十分重要的因素，任何经济社会问题都不能忽视政府的行为。政府需要在推进区域协同发展中扮演主导性作用，只有建立起政府主导的区域管理体制和管理机制，才能取得较好的效果。市场的本性是贪婪逐利的，并不会看到公平，而政府的调控作用在于平衡区域经济发展不平衡，通过转移支付、税收政策等手段缓和先发地区和后发地区的矛盾，填补市场机制的盲点和缺失，促使各区域在发展面前机会平等。

首先，行政机制具有补缺性，弥补区域文化产业市场机制的不足。文化产业市场调节有失灵之时，文化产品具有意识形态的特性，具有经济价值和社会价值，使其容易出现区域文化垄断的现象，文化产品强调创意性却有容易复制的特点，使得它天生具有公共性和外部性。而由于行政区域的划分，地区间文化产业发展存在一定程度上的竞争关系，导致区域文化产业发展存在不平衡、结构不合理的状态。利用行政机制,从中央到地方政府层级管理,因地制宜,在不同文化地域背景条件下,采取相应的对策,提供文化公共物品、加强文化公共基础设施建设,引进高科技人才,促进政府官员交流,区域政府建立合作关系,保障区域文化市场机制推进文化产业协同发展。

其次,行政机制具有导向性,引导区域文化产业协同发展。政府通过制定文化产业规划和其他一系列相关文化政策,或者通过行政审批制度的实行,影响文化产业的发展,影响文化企业的经营决策,促使企业自觉调整以符合国家文化产业协同发展的要求,政府通过制定政策引导文化市场发展方向,文化市场引导文化企业,从而保证整个文化产业区域协同发展。例如,政府确立文化产业区域协同发展的目标,对中西部地区文化产业采取扶持优惠政策,制定中西部文化产业发展的具体规划,引导中西部地区文化产业的发展,同时也将导致文化市场资源区域流向中西部地区,文化企业向中西部进军,中东部企业跨区域布局或者实现跨区域文化企业间合作。

再次,行政机制具有规范性,规范区域文化产业协同发展。政府通过法律体系的建立和执行,保障文化市场主体的平等、维护文化市场秩序、保证市场主体公平竞争与合作,同时,政府的行为也要受到相关法律的约束。政府制定并执行文化产业相关标准规范和法律,消除区域间的行政地域壁垒,促进统一的、规范的文化市场的形成,文化企业参与到不同区域的竞争与合作,使文化市场更具活力。有了法律法规的保障,文化企业的发展空间更加广泛,区域间的竞争与合作将更加频繁。政府采用统一标准规范监管各类文化市场行为,不仅保证区域间文化市场的公平性、有序性,更能保障区域间文化产业协同的持久发展。

最后,行政机制具有协调性,协调区域文化产业的发展。协调性就是政府宏观调控以协调各文化产业经济利益主体之间的矛盾,协调区域之间的关系,使文化产业区域协同发展。政府通过财政、信贷政策调节文化需求,通过完善税收分配制度,调节文化供给,通过提供文化方面的公共服务,优化文化产业发展环境。政府利用财政政策向中西部倾斜,加大对中西部文化产业的财政支持力度,扩大中西部文化基础设施的建设,设立文化专项资金以拉动中西部文化产业的发展,缩小文化产业区域间的差距，使文化产业协调发展。政府利用文化管理职能，建立文化产业发展交流平台，从文化产业整体协同发展的高度，协调区域文化产业发展的核心方向，使区域间文化产业实现错位发展、有序竞争、优势互补。

因此，行政机制对区域文化产业协同发展不可或缺。构建区域文化产业协同发展的行政机制可以从以下几个方面进行。

一是从文化产业行政结构着手。设立分层级的文化产业管理结构，形成从中央到地方的合理、有序、统一的管理结构；明确文化产业政策制定主体的权责，实现各级政府明确分工、相互合作，制定符合区域特色的切实可行的文化产业发展规划和相关政策；构建行政机构之间的联动机制，建立一体化的行政机制。设立专门的区域文化产业政策机构，协调区域文化产业发展，在中央与地方政府间和地方与地方政府之间构建起组织化程度较高、拥有制度化的议事和决策机制的合作组织，建立起中央与区域、区域与区域之间的网络状结构治理协调机制，加深各区域文化交流，消除区域间的制度壁垒，取消妨碍统一文化市场形成的制度和政策规定，以促进文化产业区域间合作，文化市场的完善。

二是从政策法规和区域协同发展规划的制定和执行上着手。文化产业相关政策法规、发展规划应该根据区域文化产业的发展程度、发展特色通过严格考察来制定，并且应该重视政策的衔接性，避免朝令夕改，重视区域文化产业发展规划的平衡协调性，使得文化产业相关的政策具有可行性、规范性、效率性。文化产业相关法律法规是文化产业中包括企业和政府等文化主体的行为依据和保障，建立区域文化产业协同发展的行政机制必须完善法律法规体系，规范行业行为，厘清产业界限；编制区域文化产业合作的规划，取缔文化产业发展中的地区封锁、地方保护相关的法律规章；并通过立法保护知识产权，支持文化创意。严格执行政府制定的政策，并监督政策法规的执行也是不可忽视的，这样才能促使区域文化产业行政机制真正的系统化、一体化，消除区域文化产业壁垒和资源配置机制转换的不平衡，实现区域文化产业的协同共进。

三是从政府经济投入方面着手。建立完善的文化产业财政税收支持体系，进一步加大文化产业的财税支持力度，明确各级财政支持责任，健全区域文化产业发展的经费保障机制。政府通过财税倾斜政策、公共文化基础设施建设等充分发挥财政资金的引导示范作用，带动跨区域的文化投资建设，拉动各区域文化产业发展，缩小东、中、西部文化产业发展差距。利用税收优惠政策促进文化企业的合作，如对一个企业与其他企业合作所产出的或所研发的产品适用于单独研发生产不同的税率。设立文化专项基金，支持跨区域文化产业的发展，引导文化企业跨区域投资、文化创意人才合理流动，文化发展理念的跨区传播，支持区域文化产业合作共赢。

（四）社会牵动

文化产业区别于其他产业的最显著的特点就是它具有意识形态属性，也就是说，文化产业会受到社会文化背景，社会经济发展水平，报纸、广播新闻节目、文件书籍、电视电影等舆论信息的影响。文化产业是以内容为王、以创意为主的产业，除了产业自身发展、市场和政府的作用外，很大程度上还需要依靠社会力量的牵引来实现。毕竟文化产业具有文化内涵、主观意识性，政府干预是有限的，学术层面研究与呼吁也难以进入寻常百姓家，在现代，信息网络高度发达，交通便捷，社会交往更加频繁，人们的精神文化需求也随着社会。因此，社会大众的对区域文化产业协同发展的作用不可小觑。

首先，社会交往的增多，牵动文化产业区域间的协同。随着现代交通业的发达，区域之间的时空距离缩小，文化资源、文化产品和服务的可得性更强，人员交流增多。而信息技术的发展更是革新了区域文化产业的发展方式，使区域文化产业产品和服务实现更低成本、更便捷的传播销售途径，也使区域之间的距离拉近，交往频繁，观念更新。交通业与信息技术的发展，为更频繁、更深层次的社会交往提供了极大的便利，而社会交往的增多又使文化产品在各区域范围内迅速普及推广，同时，社会交往也使各区域的精神文化思想的碰撞越来越多，激发更多的灵感，为区域文化的发展提供新的创意源泉，使社会文化环境出现大变迁、大融合的局面。社会交往的增多使各区域文化产业的合作意识增强，通过社会交往的增加，区域间互信程度加深，对各地区了解加深，更容易实现文化产业在文化资源、资金、人才、技术等方面的有效沟通与合作，使各地区优势互补，互利共赢。

其次，各社会文化的根源相似性牵动着区域文化产业协同发展。区域文化产业的发展有其共通性、关联性、相似性或互补性。利用社会共同的文化推进区域文化产业协同发展。地域邻近的地区，在某种程度上由于地理位置的邻近，通常会形成相似的文化风俗民情与景观，相似的历史文化氛围，如岭南地区、吴越地区。这些地理位置相近的区域由于社会和自然的系统性，文化产业发展通常容易形成合作协同、共生共赢的状态。而相距较远的区域文化产业更会由于文化的包容性、意识自由开放性及社会经济差异而产生较强的互补性。

最后，社会公众力量与媒体导向力的增强牵动区域文化产业的协同发展。随着社会经济及其他产业的发展，人们对精神文化方面的需求增加，不仅是数量方面的增加，更要求文化的多元性、独特性、创意性，客观上推动区域的文化产业协同发展。随着政府重视与推动区域文化产业间的协作、商业企业的合作示范效应凸显，媒体、舆论对文化产业协同发展关注度的增加，特别是公共媒体直接影响着社会文化风俗的形成、引导着社会舆论，使得公众、媒体不仅参与着推进区域文化产业协同发展，还在监督着政府、企业在协同发展中的行为。

促进社会牵动区域文化产业协同发展可以从三方面作为。一是发挥主流媒体的导向作用。中国主流媒体包括中央及各省的新闻媒体网络，主要是报道国内外政治、经济、文化、社会等领域的重要动向并引导社会发展主流和前进方向。这类媒体作为社会舆论的引导者，其新闻议题往往具有强大的影响力，能够为社会普遍关注。因此，主流媒体应发挥这一优势，大力宣传文化产业的发展，特别是文化产业在区域间的协同问题，关注区域文化产业合作议题，报道区域间合作的优秀成果以倡导区域间文化产业的协同发展。二是发挥地缘优势，利用地域关联性或者地域文化资源的特殊优势，加强各区域之间的合作，在实现区域文化产业发展的同时也带动着中国文化产业整体实力的增强、文化软实力的增强。三是充分利用交通、信息技术优势，实现文化产业资源的全流通，在文化原始资源、创意点子、人员、资金、技术等各个方面强化交流与沟通，充分利用各类资源，使其达到最优配置的同时，实现区域文化产业的协同共赢。

三 推进区域文化产业协同发展的支撑体系分析

区域产业协同发展不仅需要产业自身及其相关产业的共同努力，还需要有良好的社会条件来支持，有健全的支撑体系。中国文化产业区域协同发展的支撑条件主要有：构建协同的平台、建立金融支持体系、完善信息服务系统、利用先进科技、培养良好的文化观念。

（一）建设协同发展的产业平台

1. 文化产业园区

文化产业园区作为文化产业发展的重要形式之一，受到国内外广泛重视。文化产业园区是文化产业发展的园区化、规模化，是一种文化产业发展在地理空间上的集聚，具有鲜明的文化特色，对外界具有一定吸引力的整合生产、消费、创新、孵化、投资、服务等一系列功能的园区。文化产业园区通过高水准的规划，确立园区整体发展战略和对产业内容进行合理布局，利用园区的集群效应进行资源整合，是文化产业发展的平台，也是一种文化产业经营模式。

文化产业园区作为文化产业发展的重要载体，是促进区域间协同发展的良好平台。首先，文化产业园区具有集聚效应。集聚是同一产业集中在一起按照产业链的模式形成的利益共同体。文化产业具有文化内涵，具有地方性，地区资源的依赖性，而文化产业园区将各类产业联系密切的文化企业及相关支撑机构聚集起来，一是能够促进生产要素的集聚，整合优势资源，缩短企业间距离，降低交易成本，降低产品成本，扩大生产规模，形成规模效应，提高区域文化产业的竞争力。二是能够通过选择与其他园区内外的文化企业的密切联系，促进企业间的合作，形成长期稳定和互利互惠的合作关系，构建完整的产业链和价值链，享受专业化分工的利益和"溢出效益"，形成园区内外的协同效应。三是能够形成园区核心文化产业，起示范和引导作用，形成区域文化产业核心竞争力，同时也吸引周边区域文化企业积极加入园区或与园区企业合作，从而引导区域文化产业的协同发展。其次园区具有孵化功能、优化与改革功能、抵抗与竞争功能等，促进区域文化产业发展的同时也有利于加强文化企业的团结，形成广泛的、跨区域的文化企业联盟，还能够促进全国范围的文化产业发展环境的优化。

受欧美文化产业园区发展的带动影响,中国文化产业园区如雨后春笋般遍布全国,有力地推动了中国文化产业的快速发展和区域文化产业实力,但从整体来看,东部地区文化产业园区明显比中、西部地区多,且文化产业园区省份分布也相差大,最多的广东有21个国家级文化产业园区,而最少的省份如宁夏等只有2个,中国文化产业发展格局呈现区域发展的不平衡(见表24.12)。

表24.12　　　　　中国国家级文化产业园区区域分布　　　　(单位:个)

地区	数量	占比	地区	数量	占比	地区	数量	占比
全国	214	100.00%	福建	5	2.34%	广西	4	1.87%
辽宁	11	5.14%	广东	21	9.81%	重庆	4	1.87%
吉林	6	2.80%	海南	2	0.93%	四川	12	5.61%
黑龙江	6	2.80%	南部沿海	28	13.08%	云南	6	2.80%
东北	23	10.75%	内蒙古	4	1.87%	贵州	3	1.40%
北京	16	7.48%	山西	5	2.34%	西南地区	29	13.55%
天津	6	2.80%	陕西	9	4.21%	青海	5	2.34%
河北	8	3.74%	河南	8	3.74%	宁夏	2	0.93%
山东	9	4.21%	黄河中游	26	12.16%	新疆	2	0.93%
北部沿海	39	18.22%	湖北	5	2.34%	甘肃	4	1.87%
上海	11	5.14%	湖南	8	3.74%	西藏	2	0.93%
江苏	10	4.67%	安徽	6	2.80%	大西北	15	7.01%
浙江	10	4.67%	江西	4	1.87%			
东部沿海	31	14.49%	长江中游	23	10.75%			

资料来源:根据文化部网站资料整理。

为促进区域文化产业的协同发展,文化产业园区建设应该更加注重区域发展的协调性。一是要创新园区的体制机制。文化产业园区推动文化产业的发展及区域的协调必须依靠文化园区管理机制的优化,科学的管理机制不仅是在园区设立方面的统筹规划与管理优化,更是在园区内部企业的构成、企业之间的联系、规模化、市场化运作方式等方面的定位与创新，促使园区内部企业之间、园区与园区之间加强合作，有效整合资源，拓展产业发展的空间和平台。二是培育跨地区的文化产业园区。构成文化产业园区的企业并不是因为简单地在地理上的接近而产生集聚效应，而是既要看空间集中性，还要看集聚企业之间的产业关联性和协同性，因此，在建设文化产业园区时可以建立跨省份的文化产业园区。特别是邻近的省区，风土人情、自然地貌等文化资源有着极大的相似之处，整合邻近省区文化资源，构建区域文化特色产业园区，合力开发，优势互补，共享资源，共享成果，促进文化产业的协同发展。三是偏重中西部文化产业园区的建设。大西部地区，原始文化资源丰富，少数民族文化资源、历史文化资源、自然文化资源大多处于原始状态。依托中西部地区文化特色资源，对资源进行产业化经营，形成生态旅游园区、历史文化艺术园区等，使中西部地区文化产业发展独具特色，更具竞争力，创造更大的价值，从而有能力融入文化产业大发展的潮流。四是形成文化产业园区发展联盟。文化产业园区具有吸引创意人才、社会投资和市场组织等作用，能形成创新合作、联合生产的氛围，具有"筑巢引凤"的功能。目前，中国东部文化产业发展相对较快，资金实力雄厚，市场宽阔，人才集聚，而中西部地区文化资源有优势，因此，整合东西部资源优势，形成文化产业园区联盟，更有利于文化资源的开发利用，信息交流，资金技术引进，人才互访学习，从而加快中西部文化产业的协同发展进程。

2. 文化产业网络体系

区域文化产业是在一定区域范围内，一些有共同社会文化背景的人和企业所形成的文化生产体系，在区域内的行为主体间，通过竞争、合作、集聚等必然会形成各种正式和非正式的联系，构成文化产业的网络体系。文化网络是一套高信任的关系，直接或间接地把文化产业中每一个成员连接起来，包括产业内的所有企业、相关产业企业、大学、研究机构等之间的联系。在网络中，商业网络和社会经济网络是最重要的，而商业网络又包括水平网络，即终端企业间，终端企业与其他企业间的关系；垂直网络，即上下游企业间前后向的关联；其他网络，即企业与公共机构之间的联系,如大学、研发机构、中介组织、政府等建立的关系。①②

　　构建有效的文化产业网络体系,能促进区域文化产业的协同。文化产业具有特定的地域性和社会文化内涵,网络体系的形成,给文化企业的沟通和合作提供了平台。中国文化产业可以通过跨区域网络的构建,增强区域间、行业间的分工合作力度,在提高文化产业竞争力的同时促进区域间的协同发展。文化产业商业网络的形成,使得各地文化企业融入网络,共享文化产业网络中的各种信息、资源,共享文化产业大发展的环境氛围,获得外部规模经济,降低企业间的交易成本,形成文化产业联盟。文化产业的第一要义是创意,文化企业与大学建立频繁且良好的合作关系,为文化产业输入智力、创意强的人才,保证文化企业的创新具有充足的知识资源,企业与区域外的研发机构合作,也能获得足够的创新能力与技术支持,从而增强文化产业整体的创新能力和专业技术化程度,文化产业与政府之间的网络联系可以为文化产业创造良好的政策、制度软环境。文化产业的社会经济网络的形成,如与制造业、金融服务业的合作,为文化产业发展所必需的资金、技术、社会文化做有力保障。文化产业网络将各地区、各行业、各部门、企业等连接起来,相互结网,构成文化产业多维发散的网络,进一步融入国家社会生产网络,从而带动整个文化产业、整个国家社会全面地发展。

　　目前中国文化产业网络体系并不完善,区域内文化行业间、企业间合作较为紧密,但区域间、文化园区之间的关联与合作却很少,相关产业的协同与支持力很弱,区域内的联系也只是在低层面的,相互促进,共同创新、提升整体实力的效果并不明显。因此,中国文化产业网络的完善仍还有很长一段路要走。首先,在区域间通过共同投资项目、共同开发资源,合作研发新产品等加强、加深文化产业内部及文化产业与其他产业、机构等的合作。其次,建立完善的上下游产业链,促进中小企

---

① McDonald F, Vertova G. Geographical concentration and competitiveness in the European Union [J]. European Business Review, 2001, 13 (3): 157-165.

② 范晓屏:《网络因素对产业区块持续发展的影响——以浙江工业园区为实证》,《研究与发展管理》2007年第19卷第1期,第79—86页。

业发展，结合高校、科研机构，配套服务，建立文化产业垂直和水平的网络体系，促进文化产业创新。最后，倡导文化园区间、企业与外部供应商、用户间建立合作关系，超越行政区域概念，积极发展与区域外、国际相关文化产业间的合作关系，整合外部资源，从大区域角度发展文化产业；促进文化行业与政府交流，加快跨区域的行业协会、全国性的中介组织的培育，为文化产业网络系统搭建桥梁。

3. 完善协同发展的信息服务系统

信息服务是传播信息、交流信息、实现信息增值的一项活动，现代文化产业的区域协同发展对信息的需求十分迫切，建立和完善信息服务系是文化产业区域协同发展的必然要求。

首先，文化产业区域的协同发展需要技术创新的信息。文化产业是创意型产业，技术创新是提高文化产业生产率、增强文化产业竞争力的重要途径，当前，科学技术日新月异，新理论、新方法、新技术不断出现，各地区文化企业要进行创新，必然要掌握丰富的信息资源，加强与高校、科研机构的信息沟通，加强与文化产业发达地区的交流。其次，区域文化产业协同发展需要决策管理信息。一方面，中央政府和地方政府需要掌握大量的文化产业区域发展进程、形势、结构、需求等信息，来制定相应的政策法规引导区域文化产业发展，指导区域文化产业错位发展、协同发展；另一方面，跨区域发展的文化企业需要及时掌握国家有关政策、法律信息，社会文化信息，公共服务信息，文化资源信息，竞争对手信息，人才资源信息等来做出发展管理决策。最后，文化产业区域协同发展需要更多的市场信息。文化产品的内容意识形态强，传播也不受时空、人数的限制，因此，文化产业区域协同发展不仅需要本地文化市场信息，还需要了解全国市场、国际市场信息，了解各地区文化消费者的偏好、文化资源的分布、文化市场的结构、文化产业相关行业的行情等信息。

信息服务系统在文化产业区域协同发展中起着十分重要的作用，信息服务系统有时空压缩、交流自由、资源共享、功能超越等特点，能够加强各地区文化产业交流，减少信息不对称，降低文化产业的交易成本，提高文化产业效率，实现各地区优势互补，促进区域间协同合作。完善的信息服务系统需要综合网络通信设施、丰富权威的信息资源、多媒体资源等，整合区域内外、各行业的文化产业信息，面向政府部门、科研院所、企业单位乃至广大消费群众，为其提供完善的信息检索服务、信息报道与发布服务、信息咨询服务、网络信息服务等。①②

目前，中国的信息服务系统还存在着机构少、服务质量不高、信息资源共享缺乏法律保障、信息获得成本高等问题，要使信息服务系统真正服务于文化产业区域协同发展，必须从以下几点着手。

（1）建设信息基础设施、信息数据库和信息交流平台。信息基础设施是满足各用户的信息需求的最基本的平台，建设内容包括信息设备和通信网络，这是信息服务系统的物质基础和硬件保障；信息数据库则是对文化相关信息资源的整合与共享，包括文献型、电子型、网络型的信息资源的归类分档，再根据具体文化子行业的特点、地域特点等方式建立专业的数据库；信息交流平台则是各用户信息交流的渠道，是信息交换的中介，交流平台的构建，有助于各区域主体的交流，了解行业发展行情等，也是创造各区域间合作机会的良好平台。

（2）建立信息服务相关机制。建立信息扩散机制，如竞争机制、价格机制、供求机制、交流机制等，增强文化产业相关信息的流动性，扩大信息的利用率；建立信息获取机制，通过图书馆、网络、电视、报纸、杂志等渠道，使各地区提高文化产业信息获得的便捷性；建立信息评估机制，保证信息的有效性、前沿性、权威性；建立信息的利用机制，文化产业相关主体将获得的信息有效吸收并充分发挥信息作用，为文化产品增添信息附加值。

（3）建立相关信息服务法律法规。规范信息的采集程序、归类方法、传播途径和利用方式，保证信息的质量。相关法律法规的建立，一方面保障信息获取的合法合规，另一方面也规范信息的传播与利用，注重保护文化知识产权、创新成果等，保障信息的安全。

（二）确立协同发展的金融支持体系

中国文化产业发展正呈现良好的发展态势，逐渐成为经济发展新的

---

① 葛慧丽：《块状工业经济信息服务系统建设与服务构想》，《科技管理研究》2011年第31卷第1期，第187—190页。

② 王蕙、张武强：《企业自主创新的信息服务支撑体系构建研究》，《情报理论与实践》2012年第35卷第3期，第70—74页。

增长点，是各地区实现跨越式发展新的引擎，也是实现区域协同发展的良好机遇。然而，文化产业快速发展迫切需要金融业的大力支持，金融是现代经济的核心，金融引导资源配置、调节经济运行、服务经济社会，对国民经济的持续、健康、稳定发展具有重要作用。文化产业是国民经济的重要组成部分，良好的金融支撑不仅能够增加区域文化产业的资本积累，而且能有效提高文化投资效率和效益，通过资金带动物资流、人才流、信息流，从而加快文化产业发展和文化产业实现区域协同发展的步伐。

1. 发挥金融对区域文化协同发展的协调作用

文化产业是一种高投入、高风险、高收益的产业，在文化产品或服务的初创阶段，需要大笔研发费用，生产成本非常高，前期投入大，但形成一定规模后，边际成本降低，其复制、流通、传播的成本也相对降低，最后防范传播、综合开发形成产业链后，产业利润实现最大化。因此，在文化产业发展的不同阶段，资金的需求不同，但整个发展过程都离不开金融的支持。区域文化产业要实现协同发展，需要利用资金的形成机制、导向机制和信用催化机制，调节区域间资金供给和配置结构。一是通过金融对区域间资金供求的重新安排，提高区域文化产业资金要素的投入，特别是欠发达地区，金融支持将为当地文化产业带来新的生机，从而促进区域文化产业的区域协同。二是利用金融的导向作用，促进人才、技术等其他资源的流动，使各地区文化产业获得相应的生产要素和相关支撑力，从而优化文化产业的资源配置。三是金融带来的信用创造，加速区域的资本形成，促进文化资源的使用效率的提高。四是文化企业利用金融信贷支持，通过生产规模扩大或文化企业的兼并重组等扩大企业规模，形成文化企业集团，上市交易，实现跨区域发展，形成规模效应和辐射效应，带动区域文化产业协同发展。

2. 创新区域文化协同发展的金融支撑机制

政府方面，注重发挥财政资金的杠杆作用。政府通过贷款贴息、项目补贴、风险补偿、税收优惠、政策倾斜等方式对文化产业区域分布进行调节，扶持欠发达地区文化企业和项目的发展；设立文化产业引导基金，推进跨区域文化产业园区的建设，推进中小文化企业的集聚，加大对中西部地区文化产业园区的投入力度，利用文化产业带动中西部地区整体的发展；由政府牵头，加强与宣传财政、金融、文化等相关部门的协调与合作，建立政银企合作的议事平台和交流平台；鼓励社会资本和外资投入，构建多元化文化产业融资机制；规范和完善专利权、版权等无形资产的评估、质押、登记、流转的办法，使文化产业的融资有制度保障。金融机构方面，加快金融创新，发展适合文化产业特点的融资工具，拓宽文化企业融资渠道。银行要掌握文化企业的用资特点，在利率、担保条件等方面给予优惠，在信用评级、抵押贷款、并购贷款等方面提供优质服务，开发适合文化企业的金融产品。针对欠发达地区文化产业提供具有当地特色的融资服务，为其提供融资规划、财务顾问等，帮助文化企业建立现代企业制度、提升财务管理水平，降低融资风险。证券公司等对符合条件的文化企业做好上市融资的培训和推介，以推动更多的文化企业上市交易；构建多层次的资本市场，鼓励风险投资基金，私募基金等加入文化产业发展，以资本杠杆促进文化产业分布的区域协调；拓展贷款担保公司业务范围，加强对文化中小企业的融资担保，特别是为欠发达地区文化企业提供更多的融资渠道。保险机构积极开发文化产业相关保险产品，降低文化产业区域协同发展各项目风险，并鼓励保险公司参与文化产业投资。通过金融机构与非金融机构加强合作，综合利用金融产品和服务，使文化企业以资本为纽带，跨地区、跨行业、跨领域联合重组，促进文化产业区域间的协同发展。[①]

（三）构建协同发展的科技服务体系

科技是社会智力发展的一个方面，既是文化的重要内容，也是文化的重要体现形式和载体。科技是促进新兴文化业态形成发展的核心动力。党的十七届六中全会中明确指出："科技创新是文化发展的重要引擎。要发挥文化和科技相互促进的作用，深入实施科技带动战略，增强自主创新能力。"文化产业的发展离不开科技的支撑，文化产业实现区域的协同发展更需以科技进步作为强大推动力。

科技作为先进生产力，代表着文化发展的未来方向，文化和文化产业的科技含量和技术进步，一定程度上决定着文化和文化产业的竞争力。

---

① 刘战武：《金融创新支持区域文化产业发展的对策》，《当代经济》2012年第19期，第8—10页。

科技服务体系与文化产业的融合将引领文化产业的全面发展。首先，区域文化产业依靠科技服务体系，进行文化体制机制改革和创新，促进现代化统一的文化产业市场机制的形成，使区域文化产业资源与科技创新相互衔接、协同创新，实现区域资源的优势互补。其次，科技服务体系与文化产业融合提高了文化产品和服务的科技附加值，使文化产品和服务以多种形式表现和传播，如3D技术、多媒体技术等高新技术与影视业、会展等结合，不仅改变了传统文化生产、传播和消费方式，突破了地域时空的限制，而且催生了新的文化业态，提升了文化产业的吸引力。再次，科技服务体系能够极大提升区域文化和文化产业的创新力、表现力、传播力，促使区域文化产业形成自主品牌，拓展区域内外市场，提高文化企业的影响力、核心竞争。如《舌尖上的中国》不仅有传统的书籍形式，还被拍摄成纪录片，利用网络多媒体技术等展现了中国不同地域的食物及风俗，不仅纪录片获得了成功，也促进了中国文化的传播、各地旅游业的发展。另外，科技服务具有极强的外部溢出效应，一方面可以通过区域间的文化产业合作研发，加深区域间交流，另一方面可以通过利用已有的科技服务发展当地文化产业，从而促进区域文化产业协同发展。

完善文化产业区域协同发展的科技服务体系，可从以下几方面着手。一是建立区域间文化产业相关科技服务的交易网络。一方面促进区域内部加快科技创新，推动区域内文化产业发展，另一方面促进各类科技创新要素和生产要素的自由流通。科技服务交易网络可吸引各地区文化企业采取自主创新或者合作开发，推动区域间的技术转移。二是建立与完善公共服务与中介服务平台，实现区域科技资源共享。共享文化产业相关科技资源包括文化文献信息、文化原始资源和文化相关数据的共享，减少文化产业相关科技资源的重复和浪费；而中介服务包括文化技术咨询与服务、技术交流、文化产品标准、技术成果转化等，并实现区域间无障碍服务。三是积极探索区域产学研合作新格局。政府倡导建设跨区域的政府、企业、研究院所、中介机构等的联盟，推进文化产业产学研和上下游企业的创新科技资源的有效整合，以提供给科技服务体系源源不断的动力。四是优化文化产业与科技相互融合的外部环境，积极探索跨地区、跨行业的文化科技合作新机制，使科技创新能与区域文化产业协同发展对接起来。

（四）优化协同发展的文化观念环境

文化产业是从事文化生产与服务的产业，必然与文化观念环境紧密相连。文化观念是长期生活在同一文化环境中的人们逐步形成的对自然、社会、人本身的基本的、较一致的观点与信念。由于地理环境和自然条件的不同，历史文化背景的差异，中国区域文化具有明显与地理位置有关的特征，而区域文化产业的发展则是立足于中国文化的地域性、多样性上。因此，文化产业实现区域的协同发展离不开区域间文化观念的相互认同。

同源、同质的文化观念环境有利于文化产业区域间的协同发展。区域文化根基相同，使区域内人们文化身份归属感、认同感、一致性增强，在社会行为特别是涉及价值观念的行动上容易采取相似的行动。文化产业的消费形式是大众性的，是通过文化产品与服务的广泛传播、大量复制等方式发展的，相似的文化观念环境有利于形成相似的文化消费价值观。而中国区域文化发展至今，在起源、传播、演变过程中相互交融、兼收并蓄共同创造了灿烂的中华文明，使得区域间文化观念不难找到契合点、共通点，从而实现文化的相互认同。文化认同使区域发展产生亲近感、归属感，使得文化产业发展有了强大的内聚力和向心力，使区域间加强沟通与协调，形成联盟或加强合作，实现文化产业区域协同发展。

文化观念具有可塑性，加强区域间文化观念的认同可以进一步促进文化产业区域协同发展。文化产业本身就具有意识形态的属性，文化领域里批量化生产的文化产品、广泛的文化服务，潜移默化地改变着广大民众的文化心态、知识结构乃至世界观、价值观。现代文化产业通过广播电视、网络传媒等方式在全社会广泛传播，而各区域的文化产业也在不断地交流学习，传统的文化观念在继承与发扬的同时也在吸收其他区域的优秀文化，为自己文化产业创新和发展找寻"灵感"和"资源"，从而获得更大的文化产业发展空间。区域文化观念的相互认同促进了文化产业区域协同的同时，文化产业区域协同发展又巩固和深化了文化观念相互认同，更进一步地为文化产业协同发展聚集力量。

塑造良好的文化产业区域协同发展的文化观念环境，首先要注重加强区域内部文化观念环境的塑造。文化产业区域协同发展需要文化观念的认同，但并不是所有区域的文化观念完全同质化。[①] 区域文化观念的认同需要通过形成自身独有的文化，经过传播获得集体认同，然后使集体认同制度化，而制度等又作用于人们的注意力等。区域文化产业要有区域的特色，在区域内部淡化甚至消除行政区划边界思想观念，实现区域内部的相互认同，促进文化产业的大区域整合、小区域配合，强化本区域的文化景观的空间延续性和历史延续性、继承和发扬本区域传统风俗，提高文化产品的识别度，打造区域文化产业的品牌，形成区域的"文化名片"。在此基础上，依靠区域文化的特色优势、品牌优势，通过各种传播方式扩大区域文化产业的影响力、认同度，融入文化产业大发展的潮流，形成各区域文化产业的协同共进局面。

塑造良好的文化产业区域协同发展的文化观念环境，还需要加强协同发展氛围的营建。一是营建文化传播交流氛围，随着科技的发展，文化交流与沟通的方式多种多样，区域间网络化、数字化信息辐射能力大、覆盖面广，对人们的文化观念转变有着极大的影响力，在传播本区域文化的同时也提高对其他区域文化的认知度和理解力，在寻找区域文化发展共同性的同时又保护好文化发展的各自特色。各区域以包容、开放的态度促进文化共识、集聚与发展。二是强化各区域在文化产业发展过程中的归属感、责任感。区域文化产业的发展是文化产业的整体发展中的一部分，把各区域文化产业视为提高中国文化产业竞争力，提高中国文化软实力的有机组成部分，使各区域承担维护文化产业整体性、文化市场规范、文化产业利益的责任，从而在发展过程中注重文化的共性与个性相结合，加强区域间的合作，实现文化产业区域的协同发展。

（五）健全协同发展的人才共享体系

文化产业是一种内容产业、创意产业，而人才是文化创新的源泉，是决定文化产业竞争力的关键因素，是从事文化产业活动的重要载体，更是文化产业发展最大的推动力，在文化产业发展过程中起着决定性作用。因此，中国区域文化产业要实现区域的协同发展必须要大力发展文化产业人才队伍，建立起区域文化产业人才共享体系。

[①] 刘杏玲：《区域一体化进程中的文化认同研究》，硕士学位论文，电子科技大学，2008年。

目前，中国文化产业人才在区域合作方面还存在很多问题。文化产业人才一般具有年龄较轻、头脑灵活、文化素养和综合素质高、注重自我价值的实现、流动性强等特点。中国人力资源平均文化素质不高，发达国家人力资源文化素质的平均指数为64.15%，而中国的仅为35.88%，远远低于发达国家水平。而从30多个行业人才紧缺程度上看，文化产业人才紧缺最为严重。从专业程度来看，文化产业人才的专业素质偏低，复合型、创业型人才极为稀缺。年龄结构上，据有关调查，文化产业人员年龄在35岁以上比重较高，特别是文化经营管理人员大部分都是在36岁以上。地区分布上，呈现东高西低的态势，从业人员、从业单位数量仅东部就占66%和78%，而收入方面东部更是占到82%，远高于中西部地区。从人才的流动性、共享性方面看，由于存在户籍差异、标准差异，缺乏专业的人才市场，招聘渠道狭窄等原因，人才流动十分困难，且部分地区为防止本地人才流失，还设置了各种限制政策，抵制人才合作，严重制约着区域间的人才共享。

建立区域文化产业人才共享体系，形成以市场为导向的文化人才协调机制，可以带动区域的资本流、信息流、人才流和物流渠道的畅通，使区域文化产业资源配置和资源共享得到优化，从而增强区域文化产业竞争力，缩小区域间的差距。人才共享体系的建立也有利于人才自身实现自我价值，英国人力资源管理专家库克的人才创造周期理论认为：人才的创造力在某一工作岗位上呈现由低到高再到低的过程，如果在下滑期转变工作岗位，能够发挥人才的最佳效益。[①] 文化产业与其他各行业联系广泛，相互交融，因此，文化产业人才会具有很大的流动性，在流动中找寻更大的发展机会，同时也为文化产业发展注入新的能量，在人才流动过程中，能够实现人力资源的优势互补，缓解文化产业发展人才需求压力。

建立文化产业区域协同发展的人才共享体系可以从以下几方面着手。

首先，建立人才培养机制，构建多层次文化产业人才体系。建立完善统一、协调有效的文化产业人才教育培训体系，加大对教育的投入力

[①] 张乾瑾、吴九思：《合作与共赢：成渝区域人才一体化的路径选择》，《中国商贸》2012年第18期，第234—235页。

度,提高人才整体素质。建立产学研协作运行机制,结合文化产业发展需求,培养不同层次的文化产业人才,使文化产业人才更具专业性、针对性,鼓励大学师生创立文化创意工作室、组织学生到文化企业实习等以提高学生的综合能力和素质。构建文化产业人才职业培训网络平台,利用文化产业行业组织、社会办学机构的引导和管理能力,针对企业需求,举办各类短期培训、讲演、论坛等促进文化产业人才交流学习。

其次,建立人才流动共享机制,构建文化产业人才市场体系。建立统一的文化产业人才信息数据库,包括文化产业人才供需总量、供需结构,如文化产业人才的专业类别供需情况、地区间文化产业人才供需结构等,使得区域间信息充分透明,促进人才供需平衡、结构的调整,同时也可以促进区域间文化产业人才的流动与共享,进一步促进文化产业区域间的平衡发展。由政府组织建立文化人才服务机构或依靠中介组织搭建专门的文化产业人才服务平台,举办专场的人才招聘会,取消户籍、身份的差别待遇,促进人力资源合理有效地流动,实现区域间人才的共享。

最后,建立人才激励机制,构建多维度的激励体系。文化产业人才具有艺术性、个性化、创新性等特征,对文化产业人才的选择与激励方式应该以公开、平等、竞争、择优为导向并不拘一格,从而充分调动文化人才的积极性、创造性。面对中国目前文化产业人才分布不平衡的问题,特别需要建立合适的激励体系,如人才物质或精神奖励制度,相关住房、户籍、社保、子女上学等保障制度,相关政策引导人才流动等,鼓励更多的人才去中西部地区发展、创业,带动中西部地区文化产业的发展,促进文化产业区域间的协同发展。

第二十五章

中国区域文化与经济协同发展研究

文化是区域系统中的一个子系统，区域文化要实现协同发展，不仅仅文化内在各要素之间要相互协同，而且需要与其他子系统，特别是与作为整个区域系统基础和核心的经济子系统相互协同。促进区域文化与经济的协同发展，对于促进整个区域的协同发展也具有重要的意义。

第一节 区域文化与经济协同发展测度模型构建

一 测度模型的基本要求

目前，学术界尚没有专门测度经济文化协同发展水平的模型，通常是借用其他学科的方法来进行测度，这就需要对借用的模型可以在多大程度上测度经济文化协同发展水平进行评估。从已有的文献来看，离差系数是目前用于测度协同发展的方法中较为常见的模型之一，但是作为一种测量离散程度的数学模型，离差系数似乎只能测度协同的意义，却不能评估出发展的意义，从协同发展的内涵角度来讲，在测度协同发展时，离差系数存在一定局限。

前文已经对中国经济文化协同发展内涵做出界定，认为经济与文化的协同发展应该既满足经济系统和文化系统两个子系统之间的协同，同时，也应该体现在两个子系统各自的发展，避免低水平的协同对我们造成误导。所以，经济文化协同发展水平测度所选用的模型必须满足以下两点基本要求。

首先，所采用的方法或者模型在方法上具有科学性和可行性，并能够体现经济发展与文化发展这两组变量间的协同度，即经济发展与文化发展间的离散趋势，帮助我们捕捉经济发展和文化发展两个子系统中是否存在某一个子系统发展滞后的情况。

其次，所采用的方法或者模型必须既考虑到经济系统和文化系统的协同，又考虑到两个子系统本身的发展，避免不能够对低水平的协同和高水平的协同做出区分。

二 传统离差系数方法的局限性

离差系数又叫变差系数、变异系数、相对标准差等，用于测度数据之间的离散趋势，通常用符号 CV 表示，其基本的计算公式为：

$$CV = \frac{S}{\bar{X}} \times 100\% \tag{25.1}$$

其中，S 为标准差，$\bar{X}$ 为平均数。从统计学意义上来讲，假设有两个系统 X 与 Y（或两组变量 X 与 Y），二者之间的协同度体现为 $f(X)$ 和 $g(Y)$ 的离差，则有两者的协同度越高，$f(X)$ 和 $g(Y)$ 离差越小；反之两者的协同度越低，则 $f(X)$ 和 $g(Y)$ 离差越大。因此，可以用离差来度量系统之间的协调性。用公式表示为：

$$CV = \frac{S}{[f(X) + g(Y)]/2} = \sqrt{2 \times \left\{1 - \frac{f(X) \times g(Y)}{[(f(X) + g(Y))/2]^2}\right\}} \tag{25.2}$$

由于离差系数与协同度呈反向关系，上式 CV 越小，则协同度越大，根据这个关系，可以构建两个系统的协同度测度模型：

$$C = \left\{[f(X) \times g(Y)] \times \left[\frac{f(X) + g(Y)}{2}\right]^{-2}\right\}^K \tag{25.3}$$

C 表示协同度，K 为调节系数，K 值通常是协同度评价指标体系的层次数减 1，一般取 2。容易证明，$0 \leq C \leq 1$，这样协调系数 C 取值在 0—1。当 C 值等于 1 时，表示系统处于完全协同状态；反之，当 C 值等于 0 时，表示系统处于最不协同状态。通过这个公式，我们便可以利用前文计算出来的文化发展指数和经济发展指数数据，计算各个地区历年的文化经济发展协同度。但是，如此一来，便会出现一个非常明显的不足。考虑到上述方法不能区分低水平协同和高水平协同，因此，我们需要另辟蹊径，对传统离差系数方法加以改进，从而能够对两者进行直接区分，准确衡量中国各省级行政区域历年的经济社会协调度情况。

三 改进离差系数方法测度的中国文化经济协调度

前文对离差系数模型测度协同发展时的局限进行了分析。简单来说，离差系数在测度协同发展水平时仅测度了协同，但是没有体现发展的理念，因此，对于完整的协同发展定义而言，显然离差系数存在不能准确度量的问题。不可否认，离差系数在测度协同方面简单易行，且比较直观，有着较好的效果。鉴于此，对离差系数模型加以改进，将有助于更加科学地测度协同发展水平。

从中国经济文化协同发展的内涵来看，协同发展简而言之是协同和发展的综合体，既要体现协同，又要体现发展。显然，协同可以用传统的离差系数测度，而发展度则可以用如下公式表示：

$$D = \alpha f(X) + \beta g(Y) \tag{25.4}$$

这里仍然以两个系统之间的协同发展为例，其中 α、β 分别为 X 变量与 Y 变量的权重，若同等重要，则取值均为 0.5。既然协同度和发展度都能被度量，那么，如何将二者结合为协同发展度则是重要的问题。借鉴车冰清等[1]的方法，利用如下公式，将协同的测度和发展的测度联系起来，公式如下：

$$S = \sqrt{\left\{ [f(X) \times g(Y)] \left[\frac{f(X) + g(Y)}{2} \right]^{-2} \right\}^{K} \times [\alpha f(X) + \beta g(Y)]} \tag{25.5}$$

式中，S 代表采用改进的离差系数方法计算的协同度，不难证明，$0 \leqslant S \leqslant 1$，当 $S = 1$ 时，说明协同发展度最好，反之，则表明协同发展度仍然有改进的空间。鉴于 $S=1$ 只是理论上可能出现的状态，各个省级行政区域历年的协同度均处于 $S<1$ 区间，因此，有必要对协同度大小代表的实际协同程度给出定义。表 25.1 给出通用的取值范围对应的描述亦即协同等级的通用分类标准。

---

[1] 车冰清、朱传耿、孟召宜等：《江苏县域社会经济协调发展格局及对策研究》，《经济地理》2010 年第 30 卷第 7 期。

表 25.1　　　　　　　　协同发展度的等级分类标准

类别	D 取值范围	具体类型
协同发展类	0.9—1.0	优质协同发展类
	0.8—0.9	良好协同发展类
	0.7—0.8	中级协同发展类
	0.6—0.7	初级协同发展类
过度发展类	0.5—0.6	勉强协同发展类
失调发展类	0.0—0.5	不协同发展类

第二节　中国区域文化与经济协同发展的测度结果及分析

一　中国区域文化与经济协同发展的整体分析

利用上文中改进的离差系数方法，对中国各个省级行政区域2004—2013年的文化与经济协同度进行测度，结果如表25.2所示，值得注意的是，为确保最终的协同度取值在0和1之间，对各个地区文化发展指数和经济发展指数做了标准化处理，确保结果的可比性。

（1）整体看，中国区域文化与经济协同水平不高。即使是协同水平最高的北京市得分都只有0.75，只达到了中级协同发展的水平，中部和西部的大多数地区得分都在0.5以下，都处于不协同发展阶段。因此，推进区域文化与经济协同发展是推进中国区域协同发展的当务之急之一，急需加大力度推进，并长期坚持下去。不过，从变化趋势上看，中国历年平均文化与经济协同度呈现不断上升的趋势。在2004年，全国文化与经济协同发展度只有约0.30，而到了2013年，这一数值增长到了0.52，协同类别也从不协同发展类发展到了勉强协同发展类，发展趋势向好，也说明近10多年来中国推进区域经济社会协调发展的努力取得了实际成效。

（2）区域之间文化与经济协同度差异较大，且与文化和经济区域发展的不平衡性基本一致。从各省级行政区域10年的社会经济发展协同度的平均值来看，广东、北京、上海、江苏、浙江、天津和山东这些东部沿海省份处于全国前列，平均协同度都在0.5以上，这些区域也是经济比较发达、文化水平较高的地方；而甘肃、贵州、云南和青海等地则排在全国后几名，平均协同度均在0.3以下，基本上也是经济和文化发展相对滞后的地区。这说明协同与发展是紧密相关的，发展会促进协同，越不发展就越会不协同。

表25.2　　　　各省级行政区历年协同度指数得分

地区	文化与经济协同度水平										
	2004	2005	2006	2007	2008	2009	2010	2011	2012	2013	平均
北京	0.57	0.59	0.61	0.67	0.68	0.70	0.69	0.72	0.75	0.75	0.67
天津	0.48	0.50	0.52	0.54	0.55	0.56	0.59	0.61	0.62	0.63	0.56
河北	0.28	0.31	0.34	0.37	0.39	0.41	0.44	0.47	0.48	0.52	0.40
山西	0.26	0.29	0.32	0.34	0.36	0.36	0.39	0.42	0.44	0.46	0.36
内蒙古	0.27	0.31	0.34	0.38	0.41	0.44	0.47	0.49	0.50	0.52	0.41
辽宁	0.37	0.40	0.42	0.45	0.47	0.49	0.52	0.55	0.57	0.56	0.48
吉林	0.28	0.30	0.32	0.35	0.37	0.39	0.42	0.44	0.46	0.48	0.38
黑龙江	0.32	0.35	0.37	0.38	0.40	0.39	0.42	0.44	0.46	0.47	0.40
上海	0.58	0.60	0.57	0.64	0.63	0.64	0.67	0.69	0.72	0.73	0.65
江苏	0.47	0.52	0.55	0.59	0.61	0.63	0.68	0.71	0.73	0.75	0.62
浙江	0.46	0.49	0.52	0.56	0.57	0.59	0.63	0.66	0.68	0.69	0.58
安徽	0.21	0.24	0.26	0.29	0.31	0.33	0.37	0.40	0.43	0.46	0.33
福建	0.36	0.38	0.41	0.44	0.46	0.48	0.52	0.55	0.57	0.59	0.48
江西	0.19	0.22	0.25	0.27	0.30	0.33	0.37	0.40	0.43	0.46	0.32
山东	0.40	0.44	0.47	0.51	0.54	0.55	0.58	0.62	0.64	0.66	0.54
河南	0.23	0.26	0.30	0.34	0.36	0.38	0.41	0.44	0.47	0.49	0.37
湖北	0.26	0.29	0.31	0.34	0.37	0.39	0.43	0.46	0.48	0.50	0.38
湖南	0.24	0.27	0.30	0.32	0.35	0.37	0.41	0.44	0.46	0.49	0.36
广东	0.56	0.59	0.62	0.67	0.67	0.68	0.71	0.73	0.75	0.77	0.68
广西	0.19	0.22	0.24	0.26	0.28	0.31	0.35	0.37	0.40	0.42	0.30
海南	0.22	0.22	0.25	0.27	0.29	0.32	0.36	0.39	0.40	0.42	0.31
重庆	0.25	0.28	0.31	0.33	0.36	0.38	0.41	0.45	0.48	0.50	0.38
四川	0.21	0.24	0.28	0.30	0.33	0.36	0.40	0.43	0.46	0.49	0.35
贵州	0.12	0.16	0.17	0.21	0.22	0.25	0.29	0.31	0.34	0.37	0.24

续表

地区	文化与经济协同度水平										
	2004	2005	2006	2007	2008	2009	2010	2011	2012	2013	平均
云南	0.19	0.21	0.23	0.25	0.27	0.28	0.31	0.34	0.37	0.40	0.28
陕西	0.22	0.25	0.28	0.30	0.33	0.35	0.39	0.43	0.44	0.47	0.35
甘肃	0.15	0.18	0.20	0.22	0.23	0.25	0.27	0.29	0.30	0.33	0.24
青海	0.21	0.23	0.25	0.27	0.28	0.28	0.31	0.33	0.34	0.36	0.29
宁夏	0.21	0.23	0.25	0.26	0.28	0.31	0.34	0.36	0.37	0.39	0.30
新疆	0.26	0.29	0.31	0.33	0.35	0.33	0.36	0.39	0.40	0.42	0.34
平均	0.30	0.33	0.35	0.38	0.40	0.42	0.45	0.48	0.50	0.52	0.41

二 中国八大区域文化与经济协同发展的演变趋势

为进一步弄清楚文化与经济协同发展的区域差异和特征，与对区域文化发展的分析类似，将全国所在所有的省份分为八大区域，对中国八大区域的文化与经济协同发展及其演变趋势分别进行分析。

（一）东北综合经济区文化经济协同度的时间演变

东北综合经济区包括黑龙江、吉林和辽宁三省，三省2004—2013年文化与经济协同发展度的均值随时间的变化趋势如图25.1所示，在2012年以前，东北综合经济区的文化与经济协同发展度均低于0.5，属于不协同发展类型，2012年以后属于勉强协同发展类型。虽然总体情况仍然不算乐观，但是我们应该看到，2004年，东北综合经济区的协同度平均值只有0.32，经过10年的发展以后，协同发展度的平均值增长到了0.50，这是一个长足的进步。同时从不同省份来看，2013年辽宁省文化与经济协同发展度的数值达到了0.57，领先于平均水平，处于勉强协同发展类，而黑龙江和吉林省份为0.48左右，处于不协同发展类。总体来说，东北综合经济区协同度在全国只排在平均水平。

（二）北部沿海综合经济区文化经济协同度的时间演变

北部沿海综合经济区包括北京、天津、河北和山东四个省份，四省份2004—2013年文化与经济协同发展度的均值随时间变化趋势如图25.2所示，2004—2006年北部沿海综合经济区的文化与经济协同发展度均值低于0.5，属于不协同发展类，2007—2011年，文化与经济协同发展度处

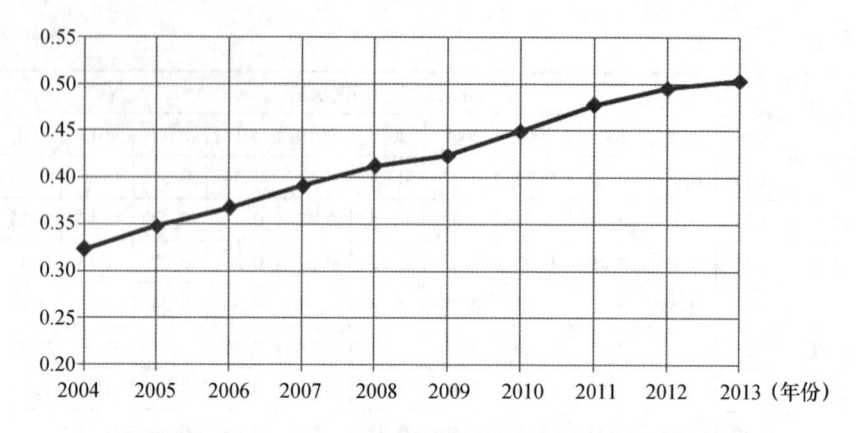

图 25.1　2004—2013 年东北综合经济区协同度发展时间走势

于 0.5—0.6，属于勉强协同发展类，2012—2013 年协同度平均数值进一步提高，达到 0.6 以上，属于初级协同发展类。历年的变化显示了北部沿海综合经济区的文化与经济协同发展"三连跳"。同时从四个省份的截面分析中，我们可以看到北京的协同发展度历年均值最高，河北的协同发展度历年均值最低，协同发展度得分也低于其他三个省份；在 2013 年，北京迈入中级协同发展类，山东也迈入初级协同发展类，而河北却仍然处于勉强协同发展类。

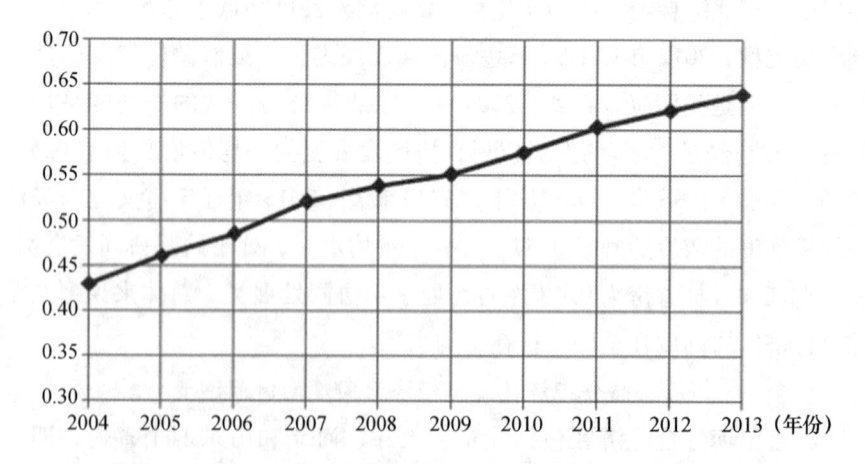

图 25.2　2004—2013 年北部沿海综合经济区协同度发展时间走势

（三）东部沿海综合经济区文化经济协同度的时间演变

东部沿海综合经济区包括上海、江苏、浙江一市两省，是中国最具影响力的多功能的制造业中心，同时也是最具竞争力的经济区之一。三省份2004—2013年文化与经济协同发展度的均值随时间变化的趋势如图25.3所示，从2004年起，东部沿海综合经济区的文化与经济协同发展度就达到了0.5，迈入了勉强协同发展度的门槛，此后更是逐年递增，到2013年，文化与经济协同度达到了0.72，成功进入了中级协同发展类。这也是中国唯一迈入中级协同发展类的经济区，区域文化与区域经济协同发展基本达到要求。同时从横截面不同的省份来看，2013年江苏省协同发展类0.75，高于上海市的0.73和浙江省的0.69，在2013年全国协同发展度排名中排在第二的位置。

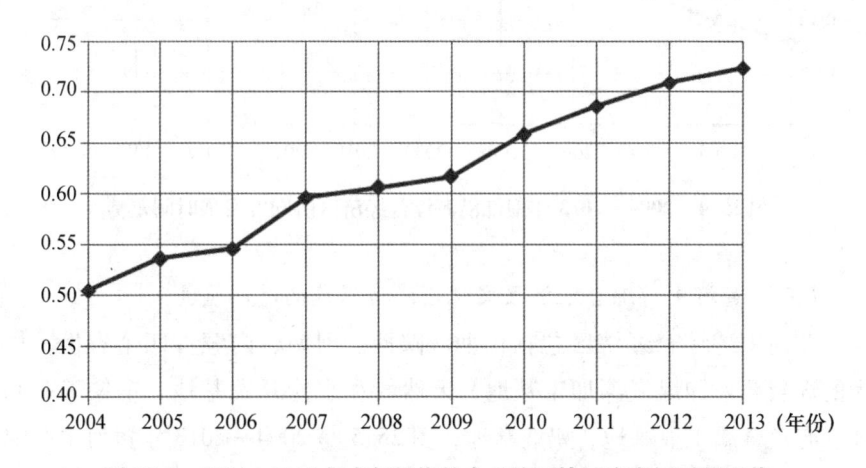

图25.3　2004—2013年东部沿海综合经济区协同度发展时间走势

（四）南部沿海综合经济区文化经济协同度的时间演变

南部沿海综合经济区包括广东、福建、海南三个省份，这一地区是中国的南大门，是最重要的外向型经济发展的基地、消化国外先进技术的基地、高档耐用消费品和非耐用消费品生产基地和高新技术产品制造中心。图25.4反映的是中国2004—2013年南部沿海地区平均文化经济协同发展度趋势。从历年变化上来看，区域平均文化经济协同度从2004年的0.38增长到2013年的0.59。虽然整体上协同发展度水平仍然不高，但是增长速度却不落后于其他经济区。从各省份横截面来看，三个省份的文化经济协同度发展水平参差不齐，地区差异较大；广东省文化与经济历年平均协同度排在全国第二的位置，有 0.67，2013 年协同发展度甚至全国排名第一，有 0.77。相对的海南省文化经济历年平均协同发展度只有 0.31，2013 年海南省文化与经济协同度同样只有 0.42，远远低于广东省份。

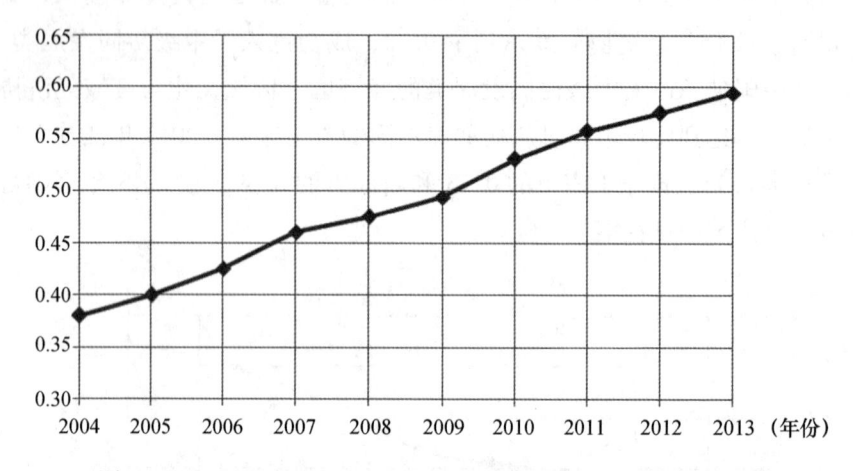

图 25.4　2004—2013 年南部沿海综合经济区协同度发展时间走势

（五）黄河中游综合经济区文化经济协同度的时间演变

黄河中游综合经济区包括山西、陕西、河南、内蒙古四个省份，最大的煤炭开采和煤炭深加工基地、天然气和水能开发基地、钢铁工业基地、有色金属工业基地、奶业基地；图 25.5 是 2004—2013 年黄河中游综合经济区平均文化经济协同度的趋势图，观察图形可知，2004—2013 年整个 10 年期的考察范围中，黄河中游综合经济区一直处于不协同发展类，2013 年最高的文化经济平均协同发展度也只有 0.48。从横截面分析来看，四个省份的协同度水平类似，不相伯仲。不管从时间序列还是从横截面分析来看，区域文化与经济在黄河中游综合经济区的协同度表现并不算好。各个省份应该充分发挥各自的优势，实现经济与文化的协同发展，共同进步。

（六）长江中游综合经济区文化经济协同度的时间演变

长江中游综合经济区包括湖北、湖南、江西和安徽四个省份，长江

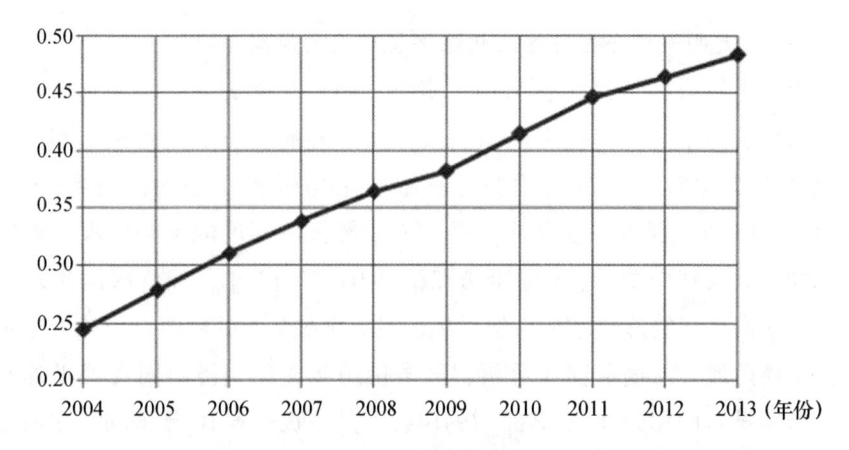

图 25.5　2004—2013 年黄河中游综合经济区协同度发展时间走势

中游综合经济区是以水稻和棉花为主的农业地区专业化生产基地及相关深加工工业、以钢铁和有色冶金为主的原材料基地、武汉"光谷"和汽车生产基地；图 25.6 反映的是 2004—2013 年长江中游综合经济区平均文化经济协同度趋势图。长江中游综合经济区 2004 年的文化经济协同度平均值为 0.22，到了 2013 年上升到了 0.48，虽然增长速度较快，但是整体水平仍然处于不协同状态。从各省份横截面来看，除了湖北省在 2013 年文化经济协同度达到 0.5，处于勉强协同发展类以外，其他省份协同发展水平不相上下，整体水平较低，处于不协同状态。长江中游综合经济区应当充分重视文化水平的发展和提高，达到与经济相匹配的发展状态。

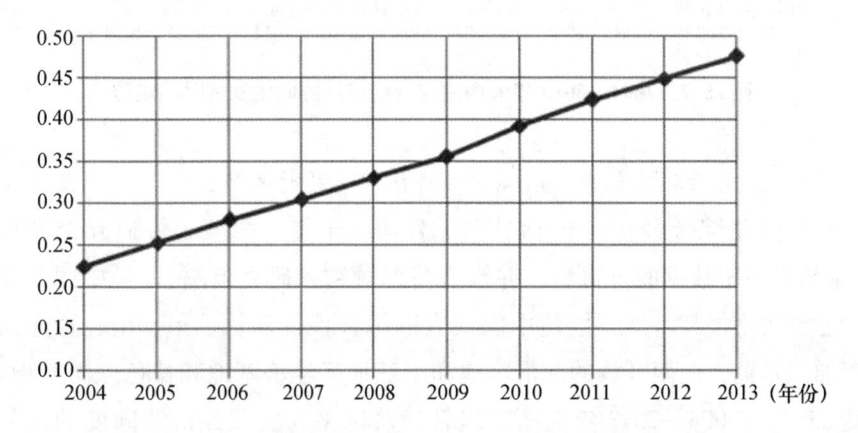

图 25.6　2004—2013 年长江中游综合经济区协同度发展时间走势

(七) 大西南综合经济区文化经济协同度的时间演变

大西南综合经济区包括云南、贵州、四川、重庆、广西五省份，形成了以重庆为中心的重化工业和以成都为中心的轻纺工业两大组团，以旅游开发为龙头的"旅游服务业—旅游用品生产"基地，图25.7是2004—2013年大西南综合经济区平均文化经济协同度的走势情况。观察图可知，和长江中游综合经济区类似，2004—2013年，经济区的平均文化经济协同度尽管逐年增加，但是依旧没有突破0.5的阈值，仍然处于不协同发展阶段。从横截面来分析，五省份历年文化经济协同发展平均水平在全国排名中均处在20名靠后的位置，其中贵州省10年平均文化与经济协同度排在全国末位，只有0.24；云南省倒数第三，只有0.28。重庆市相对于其他四个省份来说，文化与经济协同度发展较好，在2013年达到了0.5，恰好迈入勉强协同发展类。

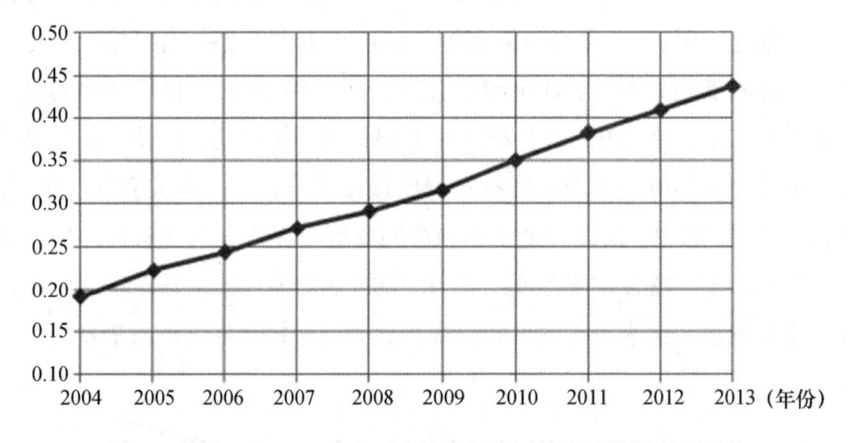

图25.7 2004—2013年大西南综合经济区协同度发展时间走势

(八) 大西北综合经济区文化经济协同度的时间演变

大西北综合经济区包括甘肃、青海、宁夏、西藏、新疆五个省份（本研究由于数据的可得性，并没有将西藏纳入研究范围），是中国重要的能源战略接替基地，也是中国最大的综合性优质棉、果、粮、畜产品深加工基地，向西开放的前沿阵地和中亚地区经济基地和特色旅游基地。图25.8是2004—2013年大西北综合经济区平均文化经济协同度的走势图。观察图可知，总体而言，大西北综合经济区内的社会经济协同发展情况较差，2004—2013年，区内的平均社会经济协同度均在0.5的阈值以下，属于不协同发展的阶段，2013年最高值也只有0.38，严重低于其他综合经济区的协同发展水平。这主要是由于大西北综合经济区，在经济发展指数上的得分和文化发展指数上的得分均不高，协同发展属于不协同发展类型，且不协同程度较为严重。从横截面分析来看，文化与经济协同发展度表现最好的是2013年的新疆，只有0.42，协同类别为不协同发展类。大西北综合经济区是中国主要的少数民族地区、边疆地区和贫困地区，在加大经济发展的同时，文化水平的发展和人民思想素质的提高对中国的和谐、团结和友爱具有重要推动力。

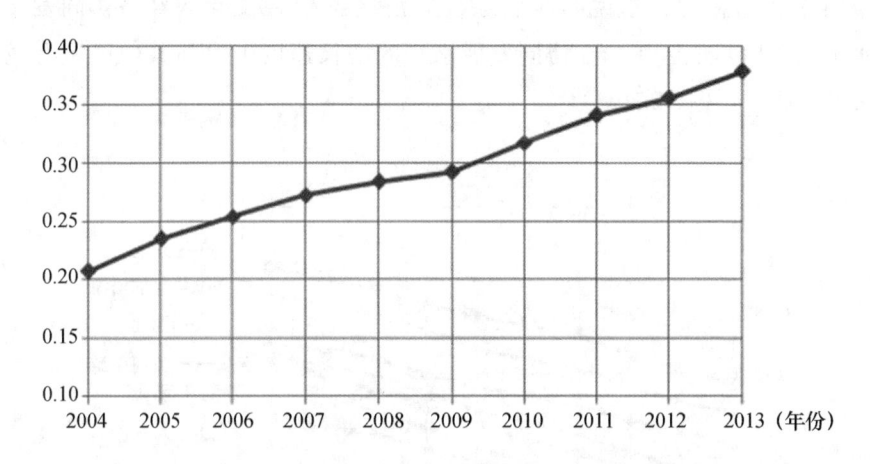

图25.8 2004—2013年大西北综合经济区协同度发展时间走势

（九）中国八大综合经济区文化经济协同度的时空演变

从区域文化与经济协同度发展的时空格局来分析：首先，中国文化与经济协同度表现尚好的区域包括：东部沿海综合经济区、北部沿海综合区和南部沿海综合经济区。这三个区域是我们国家对外开放的前沿阵地和经济社会发展的引擎，是中国参与国际竞争力的主体，是改革的先行地区和实践科学发展观的典范地区；虽然区域文化与经济协同度发展水平高于其他区域，但是从协同发展度的等级分类标准来看，只有东部沿海综合经济区在2011年以后达到了初级协同发展类以上，其他大部分区域处于过渡协同发展类和不协调发展类，这种现象充分反映了我们国家整体的文化与经济协同发展水平不高，亟须提高。其次，区域文化与经济协同发展度的数值差距较大,表现在各区域曲线图高度之间具有较大的间隔,这说明区域与区域之间文化与经济协同发展度的联系不强,并没有在地域上形成空间溢出效应,这主要反映在文化的溢出效应不强,区域之间的文化发展并没有形成较强的关联性。

从区域文化与经济协同发展度的演变规律来看,虽然全国八个区域的文化与经济协同发展度水平不高,但整体上处于良好的稳步上升阶段。从经济学上来分析,曲线的斜率反映的是一个区域文化与经济协同发展度水平的增长速度,观察各区域的文化与经济协同发展度水平曲线的斜率可知,除了代表西北综合经济区折线的斜率较低以外,其他区域斜率较为相似,这说明西北综合经济区不仅在文化与经济协同发展水平上落后其他区域,在协同发展水平的增长速度上也与其他区域有较大的差距。(见图25.9)

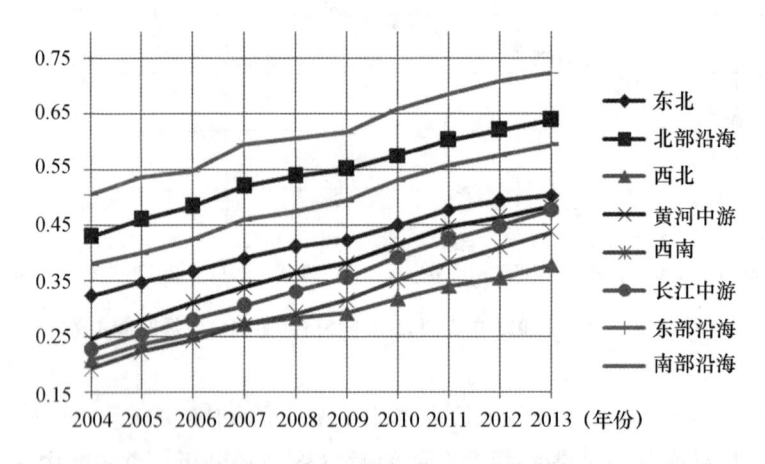

图25.9　2004—2013年中国八大综合经济区协同度发展时间走势

从区域文化经济协同发展水平的时空分析和演变规律中可以得出以下四点。第一,中国区域文化与经济协同发展度整体水平不高,即使表现最好的东部沿海综合经济区也只处于中级协同发展类水平,仍然有很多区域处于不协同发展类。第二,在经济发展水平较为良好的地区,文化发展水平也较高,同时区域文化与经济协同发展水平也较高,这三者之间具有较强的正相关性;因此要坚持以经济建设为中心,提升中国区域文化发展水平。第三,区域之间文化与经济协同发展水平并没有形成较为良好的空间溢出效应，这主要归因于在区域与区域之间文化发展没有较为良好的关联性。第四，协同发展水平整体趋势良好，处于稳步上升阶段，但是西北综合经济区不仅在区域文化与经济协同发展水平上不高，在协同发展速度上也较其他地区较为缓慢，故应该给予西北综合经济区在经济、文化及两者之间的协同发展方面足够的重视。

第二十六章

推进中国区域文化协同发展的政策建议

第一节 推进区域文化协同发展的建议

一 以经济关联推进文化的协同

区域经济具有明显的开放性，因为区域经济系统之间有较多的商品贸易、要素流动及技术扩散等经济联系，故各个区域间具有广泛的关联效应。从以上实证分析可知，经济对文化具有重要的促进作用，因而区域之间的经济往来对于区域之间的文化交流具有不可忽视的重要促进作用。同时，区域之间的空间溢出效应对相邻区域的经济、政治、文化和社会各个方面也存在着明显的贡献。近年来，加强区域联系备受关注，成为各地区促进经济、政治、文化和社会发展的重要手段与发展战略。长三角地区、珠三角地区和京津冀地区在促进国家和各地区经济、政治、社会和文化发展的历程中起到了不可忽视的作用。区域文化与区域经济协同发展的根本目的就是发展生产，致富人民。因此必须要坚持以人为本，科学发展，协调发展，加强区域经济联系，不仅能够促进区域间的经济水平的提高，同时也可以加强区域文化之间的交流和产业化，促进区域间文化协同发展。在区域文化与经济协同发展度的测算当中，以东部沿海综合经济区为例，首先，从整体水平来看，东部沿海综合经济区不论是经济发展水平还是文化发展水平，均处于领先地位；其次，从区域内部各省份来看，东部沿海综合经济区内文化协同处于较高水平。上海、江苏和浙江三个省份不仅经济发展水平远超其他地区，这三个省份的文化发展水平也领先其他地区一个很大的台阶。上海、江苏和浙江作为长江三角洲经济区的组成成员，在区域经济关联上具有天然的优势，以区域经济的发展带动区域文化的发展，进而带动区域内各个省份间文化发展水平的协同进步。

二 以文化的交流促进文化协同

区域文化的繁荣发展是一个区域综合实力提高的根本特征之一，在当今世界上，"文化交流与合作已成为继政治外交、经贸合作之后的一个新的重要领域"。"文化多样性创作、交流、革新的源泉，对人类而言如同生物多样性对维持生物平衡那般必不可少。"在区域间，文化的交流不仅有融合，也会有冲突，文化多样性的发展是区域文化交流的价值所在，也是区域文化协同的利益所在。加强区域文化交流主要从以下两方面着手。

一方面要破除区域文化的市场壁垒，充分地发挥文化市场在资源配置中基础性的作用；要努力促进区域文化产业和其他关联产业的协同、合作，在区域市场壁垒与行业壁垒得到弱化的基础上，促进各类要素在市场中的优化配置，使文化资源和关联产业资源的流动有更为广阔的空间，使协同发展中的文化企业和关联产业中的企业能够突破区域限制和行业限制，引导文化产业与关联产业协同发展所需的各类资源汇集向领先的区域。

另一方面要努力提升区域间文化产业的技术协作水平。中国各地区的自然、资金、技术等生产条件各异，产业发展具有较大的互补性。沿海地区（东部沿海地区、南部沿海地区、北部沿海地区）拥有自然的地理优势，相比中西部地区，第二、三产业的发展较快，资金相对充裕，此时进行文化产业和金融行业的合作显得尤为重要，促进文化企业向充分利用金融资本的企业转型，进而带动关联产业的发展。中西部地区拥有灿烂的民间传统文化与丰富的历史名胜古迹，资金供应却相对不足，因此，建立健全文化产业的投资、融资体系，促进文化产业与旅游产业的融合应作为推动中西部地区文化产业与关联产业协同发展的重点。区域间的产业技术互动，能够促使生产要素合理流动，加快市场的形成和发展，提高资源开发效率，扩大企业规模效应。因此，首先，应以全国统一政策为主，各区域的发展政策为辅，积极发挥区域比较优势，推动各区域产业技术方面的合作。其次，应将跨省份的建筑、网络、通信等基础设施与文化产业的结合视为地区产业联合的重点，加快文化产业跨区域运输通道的建设进程，为促进区域间文化产业与关联产业的协同发展创造条件。

文化交流不仅仅是政府的事情，更要鼓励和促进区域民间的文化交流，如区域之间的传统文化习俗节庆活动的相互参与，文艺活动的跨区域演出等。政府应该鼓励成立跨区域的民间文化和学术交流机构，特别是对具有共同文化渊源的区域，大力发掘其文化关联来促进现实的文化合作；民间的文化交流对于融合区域之间的民心、民情，推进区域协同发展具有特别重要的意义。

三　以健全机制保障文化的协同

中国区域文化产业发展不均衡，区域间文化发展水平差距明显，其重要原因之一，就是区域协同发展机制尚不健全，区域之间的合作和协同发展的制度有待完善。

一方面，要强化立法及监管，为区域文化协同发展提供制度保障；法律法规保障市场经济的顺利运行，公平的市场竞争环境需要以法律为基础，减少相关主体的不正当行为，确保市场经济的健康运行。由于中国的文化产业自身发展尚未成熟，文化产业与关联产业间的协同发展程度较低，且专门针对文化产业及其与关联产业之间协同合作的法律法规尚处空白，现阶段产业间合作的相关法律有待完善，所以应加快文化产业及其与关联产业间协同发展的法律法规建设，促进文化产业及相关产业的发展。

另一方面，先进国家为知识产权保护、科研平台建设、合作研究的开展建立了一整套科技创新体系，为企业将科技成果转化为产出并产生经济效益提供制度保障，在推动区域间文化交融互通的基础上，进一步鼓励了区域间文化产业"质"和"量"的提高。首先，中国政府应加快知识产权的立法建设，进一步落实文化产业和关联产业合作中的知识产权保护工作，加强行政制度管理与创新工作。其次，逐步完善产业合作中的知识产权交易市场，当前时期，文化产业呈现迅速发展态势，从创作、生产、传播到消费阶段，文化产业与关联产业的协同合作都有不同形式的权利伴随产生，文化创意的保护工作应当得到相关部门的保护与支持。构建相关产业协同发展的知识产权交易市场，应当先以文化产业发展相对领先的区域作为试点，不断完善协同发展中的知识产权交易体系，试点成功后继续向其他的区域乃至全国范围推广。再次，还需反馈实验的相关结论，不断优化知识产权，形成良好的循环机制。最后，应当完善人才培养体系，随着文化产业与关联产业协同合作的迅速发展以及新兴文化业态的出现，人才"瓶颈"问题非但没有缓解，反而愈加严峻，人才供求的结构性缺口逐渐扩大，人才培养与相关文化产业的实际需要出现脱节。一要摒弃传统的论资排辈的用人观念，拓宽人才渠道。二要引进创新型人才，完善人才管理制度与分配激励制度，改革传统的事业单位制度与人才使用制度，构建科学规范的人才管理机制，充分发挥人才的积极性和创造性。

四　优化条件助推文化协同

2015年3月5日，国务院总理李克强在"政府工作报告"中提出"大众创业、万众创新"，文化产业作为极具创新潜力的产业之一，在提升国家和区域综合竞争力方面发挥着愈加关键的作用，在推动区域文化协同发展过程中，文化创意产业的协同发展需要依靠专业人士的技术与科技创新成果的联合驱动。在"互联网+"的网络新思维的引导下，文化与科技正在向深入融合的方向发展，互联网思维为中国文化创意产业提供了前所未有的巨大机遇，因此在区域文化发展水平较为落后的地区，应该顺势而为，迎难而上，抓住机遇，努力提升自身文化发展水平，促进区域间文化发展的协同和发展。

一方面，政府应该加大互联网与文化相关产业协同发展的资金支持力度，首先，政府可将文化产业与相关互联网产业合作的投资范围进行适当放宽，增加文化产业相关合作的资金投入，采取补息、补助、奖励等形式，支持合作项目的进行，吸引相关资金，带动社会资本投入到文化产业与互联网产业的合作项目中来。并且，在专项基金的基础上，可以建立种子资金等带动其他社会机构投资及个人投资，拓展文化产业与相关产业的合作，进而建立多渠道产业合作的投资、融资渠道。其次，各区域应积极引导银行等金融机构对文化企业与相关产业合作的信贷投资支持力度，立足于大数据挖掘技术建立一个权威透明、公平公正、健全有效的产业合作评估体系。

另一方面，应着眼于现有文化创意产业的基础，在数字图书、音乐影视、网络游戏等领域继续做优、做强，发挥其良好的辐射作用，带动其他领域的文化创意产业发展。应促进互联网产业与文化事业、公共服务等领域的有机结合，以丰富的形式吸纳社会资本、商业资本进入公共网络文化服务体系，促进网络文化产业在文化信息资源共享工程、公共网络信息库以及数据库中的合作。同时依托文化产业的龙头企业，积极发挥其关联带动优势，整合地区内文化资源，实现区域辐射，并以此为中心实现整个产业链的拓展与延伸。对于小、微文化企业，应采取积极的政策支持；对于不适应市场需求的文化企业，应限期整改，以备进一步地并购联合。产业的龙头企业可谓文化内涵的缩影，不仅具有对上下游产业良好的带动作用，而且能够为区域精神文化倾注动力。文化传承与经济利益在优势龙头企业的发展中交织融合，为本区域的精神与物质文化生活提供了双重保障，推动区域间文化发展水平的协同进步。

第二节　推动区域文化与经济协同发展的建议

一　协同区域经济发展和文化发展的战略规划

改革开放四十余年来，中国经济社会的成就举世瞩目，亿万人民的物质生活得到保障后，对精神文化生活提出了新的要求，而且在积极行使当家做主的民主权利、保障社会公平正义、营造健康美好的生活环境等方面有了新的期待。因此，在当今形势下，协同区域经济发展和文化发展的战略规划，统一规划、一体布局具有重要的现实意义。首先，在经济建设领域，应促进社会主义市场经济体制的建立与完善，加快经济发展方式的转变，鼓励工业化、信息化、城镇化与农业现代化齐头并进。其次，在文化建设领域，应努力构建社会主义核心价值体系，促进公民道德素质的提升与精神文化生活的丰富，增强文化竞争力，构建社会主义文化强国。只有坚持统一规划、一体布局，才能把邓小平同志提出的"两个文明"建设落到实处，推进区域经济和文化的协同发展。

二 以经济资源助推和支撑文化发展

经济资源助推和支撑文化的发展主要包括了从经济投入和经济运行方式等方面着手。首先,以经济投入助推文化的发展,在经济发展过程中,经济投入的比例决定了中国三大产业的结构形式;在中国长期发展过程中,产业结构的不合理主要表现在长时间依赖低成本劳动,高投资的拉动,这只能带来短暂的竞争力,想要长期保持高速发展,我们必须走合理的产业优化道路,逐步提升二、三产业比重,不断提高产业的技术含量、竞争力和文化附加值,调整社会劳动结构,不断丰富物质产品与其文化内涵,积极发挥文化要素促进产业发展的作用,只有这样,才能高速、健康地推动文化的发展。其次,以经济运行形式来支撑文化的发展,在发展社会主义文化过程中,要引入市场机制在资源配置中的基础作用,使文化的生产和管理中表现出更多的经济要素,坚持经济建设为中心不动摇;人民日益增长的物质文化需求与落后的社会生产之间的矛盾尚未改变。因此,我们在促进区域文化与经济协同发展的过程中,仍然要以经济建设为中心,这不仅是由中国目前社会的主要矛盾决定的,也是促进区域经济与文化协同发展所需求的,只有满足了人民的物质生活,文化发展水平才有保障,只有人民的物质生活丰富了,区域文化才能蓬勃发展。

三 以文化价值引领和提升经济发展

文化已经成为提升国家经济质量,展现国家综合实力的重要因素,中国应在以经济资源助推和支撑文化发展的同时,以文化价值引领和提升经济发展,推动区域经济与文化的协同发展。2011年以来,中国经济增速逐步放缓,其中最重要的原因是长期潜在的增长率下滑。为此,我们需要挖掘最有潜力的增长源泉,文化领域之中,文化产业的发展迅速,正在成为中国经济新的增长点。文化领域内的经济发展模式具有高技术含量、高附加值高、高产出、低投入等特点,在促进经济发展的同时具有污染少、无污染的优点,符合绿色发展理念,正在逐步成为各国经济发展的新方向。文化的高水平发展不仅可以作为无形资产提升品牌价值、优化经济环境,而且能够在市场经济中树立和践行社会主义荣辱观,引导正确消费观的建立，正确处理公平与效率、经济效益与社会效益、先富与后富等关系，为市场经济的发展奠定思想基础；引导正确人生观与价值观的树立，通过道德手段对人们的经济行为进行调整和规范，一定程度上规避市场经济的缺点和弊端，降低交易成本。

四 融合经济与文化大力发展文化产业

文化与经济的相互渗透和融合已经成为世界各国关注的重点，因此，强化经济与文化的融合发展格外重要。作为 21 世纪的新型产业，文化产业是文化与经济的集合体、是文化与经济融合的结晶。在区域文化与经济协同发展度的影响因素分析中，交互项的产生诠释了区域经济发展水平远远高于区域文化发展水平所带来的弊端，由于区域经济和区域文化发展水平的差距增大，高经济发展水平对应的低文化发展水平严重地影响了中国区域文化与经济的协同度水平；推动文化水平的发展，缩小区域文化发展水平与经济发展水平的差距，重点在于推进文化产业的发展，随着经济建设水平的提升，人们对于精神文化的需求日益增加，娱乐、文化用品等方面的文化消费支出占比也逐年上升，这是文化产业发展的一个机遇，推进区域文化的发展势在必行。文化产业作为高层次的第三产业，从微观角度看，其形成和发展体现在物质、能源消耗在单位产品的价值的占比减少，而文化产品及文化服务的占比增加；从宏观角度看，其发展与进步体现在文化产业在社会经济总量中的占比和从事文化工作的劳动者在全社会劳动就业中的占比提高；此外，文化产业的发展也将促进产业结构的高级化。因此，我们需要积极构建结构合理、门类齐全、科技含量高、富有创意、竞争力强的现代文化产业；深化文化体制改革，以建立现代企业制度为支点，培育文化企业成为真正的、合格的市场主体；促进文化要素的合理流动，创建一批具有传统文化特色的文化企业和品牌。扩大文化消费，使文化产业成为中国经济新的增长点，促进中国经济结构的转型升级。

第七篇

推进中国区域社会协同发展研究

区域社会发展是区域"五位一体"发展中与老百姓的日常生活联系最为紧密、人民群众感受最深的方面，也是维护区域社会稳定和社会秩序的基础，更标志着一个区域社会文明的发展水平。同时，社会协同发展对区域经济、政治、文化等方面的协同发展有着重要的影响作用，推进区域社会协同发展是实现区域"五位一体"协同发展的重要环节。因此，对区域社会发展进行深入研究，具有重要的意义。目前，学术界对区域社会协同发展，特别是区域间社会协同发展研究还较少，亟待拓展和深化研究。本篇将在对区域社会协同发展机理进行分析基础上，对中国区域社会发展及其协同度进行测度与分析，揭示其发展水平、特征及其时空演变趋势；进而构建数理模型，实证检验区域社会协同发展对区域经济发展的影响效应和作用机制；最后，针对中国区域社会发展中存在的问题，提出推进区域社会协同发展的路径、方式和政策。

第二十七章

社会协同发展：新时期区域发展的重要主题

第一节 推进区域社会协同发展的意义

改革开放以来，中国区域经济快速发展，经济实力不断增加，人们的物质生活持续改善。但是，随着市场经济体制的推进和经济的快速增长，各种社会问题也不断凸显，就业岗位不足，社会保障不健全，贫富差距急剧扩大，教育事业、文化事业和卫生事业等发展滞后，社会矛盾不断扩大等。针对社会发展中的这些问题，党的十六届六中全会明确提出和强调要加强社会建设，构建和谐社会的战略，把社会发展总体布局从经济建设、政治建设、文化建设"三位一体"发展为经济建设、政治建设、文化建设和社会建设"四位一体"。此后，党的十七大继续具体化了社会建设的战略布局；党的十八大则进一步提出包含经济建设、政治建设、文化建设、社会建设和生态文明建设的"五位一体"的总体战略布局，其中社会建设被置于更为重要的地位。区域社会协同发展是国家社会建设的重要构成，也是区域社会建设的重要目标。推进区域社会协同发展，对于促进区域经济社会的持续发展，具有极为重要的意义。

首先，推进区域社会协同发展是缓解区域社会矛盾，促进区域和谐发展的必然要求。改革开放以来，区域经济社会取得巨大发展，同时各种社会矛盾也不断累积和发生。造成社会矛盾多发的重要原因，就是经济发展的同时，社会建设没有同步跟上，攸关民生的许多问题未能有效解决。因此，要化解各种社会矛盾，促进区域社会和谐发展，就需要通过社会建设和社会协同发展的推进从而解决人民群众关注度最高、最根本和现实的民生问题，如促进社会公平正义，扩大公共服务，实现基本公共服务均等化健全社会保障体系，调整收入分配关系，缩小城乡居民收入差距，完善社会管理体制等。

其次，推进区域社会协同发展是保障区域经济社会持续发展的必然要求。社会建设的滞后，社会发展不协同，不仅造成了社会矛盾不能有效化解，也将对区域社会经济等方面的发展造成很大冲击。社会贫富的悬殊，收入分配的不公平，社会保障的不完善，不仅将极大弱化大部分劳动民众的经济积极性，而且会严重地影响居民的消费倾向，使消费需求不足，影响经济增长。同样，社会事业投入不足，公共服务不完善，将对社会文化发展，生态发展产生消极影响；社会治理体系的不健全，将严重影响政府运作，制约社会政治文明的发展。总之，社会建设与社会的协同发展是整个经济社会发展的基本保障，没有健全的区域社会建设和社会协同发展就不会有区域整个经济社会的协同发展和持续发展。

最后，推进区域社会协同发展是全面建成小康社会，实现国家现代化的要求。全面小康社会的根本目的就是要人民群众过上全面的幸福生活。实现这一目标，不仅要求经济收入显著提高，物质生活全面改善，也对教育普及、卫生医疗、社会保障体系、公共服务、生活环境以及个人全面发展等方面提出了更高的要求，需要加快社会事业发展和推进社会的协同发展。同样，社会主义现代化的基本内容之一，就是社会建设的现代化，就是要全面提高社会服务、社会保障、社会和谐的水平，这些目标的实现，都依赖于社会建设加大投入和实现社会协同发展。

第二节　国内外相关研究综述

一　国外研究综述

经济社会协同发展的研究最早始于国外学者对于经济带来的社会和生态问题的反思。从20世纪70年代开始，人们开始注意由传统发展观念带来的贫富分化、社会动荡等各种社会问题，对社会发展问题的关注度持续上升。1972年，来自罗马俱乐部的经济学家发表了名为《增长的极限》的报告，引发了热烈讨论，提高了人们对经济增长与其他社会、生态、文化方面关系的认知。① 1987 年,"可持续发展"的概念在联合国的研究报告《我们共同的未来》中第一次被提出。该报告指出,可持续发展是既满足当代需求,又不对后代满足需求能力构成危害的发展,这标志着全球范围内的发展理论和发展观念开始逐步从以"物"为中心转向以"人"为中心,即不再单纯追求 GDP 的高速增加,而是更加注重人的主观感受,强调在生态、经济和社会三个方面的可持续发展。1990 年,联合国正式提出了人类发展指数(Human Development Index,HDI)的概念,并且从那时候开始每年都发表一份不同主题的《人类发展报告》,以人为本与社会发展成为人类发展观的重要内容。联合国的人类发展指数综合了经济生活、教育水平和健康水平三个方面的内容,利用三类指标来衡量一个国家或地区经济社会发展的总体情况,得到了全球范围内很多国家的响应。Dholakia 利用上述人类发展指数指标对印度的人类发展指数做出了测度并分析了发展的不足。② Peinado 等则利用该指数对西班牙的人类发展指数进行了测量。③ 实现经济、社会和生态的协同发展成为世界各国发展的目标。

为了衡量社会发展情况,国际上目前已经存在了一些指标体系,这些指标体系各有优缺点,也是我们重要的借鉴。主要的指标体系有如下几种。

(1) 社会进步指数。社会进步指数(Index of Social Progress,ISP)是由美国宾夕法尼亚大学的理查德·J. 埃斯特思教授于 1984 年首次提出的,该指数是试图寻求社会发展综合评价指数的一次尝试,它旨在综合评价一个国家社会各方面的进步情况。④ 为了评价社会发展的尺度,理查德将众多的社会经济指数浓缩成一个综合指数。1984 年,埃斯特思在《世界社会发展的趋势》一书中,曾利用未加权和加权社会进步指数,广泛地分析评价了世界上 124 个国家的社会经济发展状况,基本反映和评价

---

① 吕健华:《再读〈增长的极限〉》,《中国党政干部论坛》2011 年第 4 期,第 63—63 页。
② Dholakia R. H., "Regional Disparity in Economic and Human Development in India", *Economic and Political Weekly*, 2003, pp. 4166 – 4172.
③ Peinado J. M., Céspedes G. C., "Gender and Regional Inequality in Human Development: The Case of Spain 1", *Feminist Economics*, Vol. 10, No. 1, 2004, pp. 37 – 64.
④ Estes R. J., *The Social Progress of Nations*, Praeger Publishers, 1984.

了各国社会经济发展的实际情况。然而，该指数仍具有局限性，例如尚未对发展领域及指标选择做翔实的理论说明，诸如解释指标设定的依据是什么？各种指标在提出时是否包含了社会发展的所有方面？是否所有国家的社会发展领域都适用这些评价指标？在各子领域指标的选择的不平衡势必会影响加权指数中权数构造的准确性，对于社会发展领域指标的总体设计上，还缺乏反映秩序与安全、闲暇时间的利用以及反映财富分配方面的指标，不能反映所有国家的社会进步状况的指标也会影响研究的准确性。

（2）人类发展指数。在联合国开发计划署（UNDP）出版的《1990年人类发展报告》中，人类发展指数（HDI）被首次提出。HDI 对人类发展进行了定义和测度，对经济增长与人类发展的关系、90 年代人类发展战略等问题进行了讨论。报告指出，90 年代是人类发展时代，因此测量人类发展十分必要，人类发展指数（HDI）这一综合指标应运而生。跟社会进步指数等综合指标一样，该指数挑战了传统的 GNP 指标，力求弥补 GNP 指标尚存的不足，竭力探求可以全面考核社会与人的福利标准，重点研究了健康与长寿、知识获取以及生活水平提高所必备的资源等人类的基本选择问题。毋庸置疑，采用 HDI 全面评价人类发展水平为人们对社会发展的综合评估提供了一个全新的思路。然而，在评价一个国家的发展水平时，只选取与健康有关的预期寿命、与教育相关的成人识字率、与生活水平有关的实际人均 GDP 三个指标，显然无法综合、全面地反映社会发展的诸多方面。相关研究还发现，HDI 与其每个构成指标之间都存在着高度的正相关关系，这意味着，采用 HDI 或者其中的任何一个构成指标对各国发展水平进行评价，得到的结果都是一样的；而且，由于 HDI 缺乏与国家发展水平相关的信息，所以还无法完全取代 GNP 指标，尚不足以成为人们广泛认可的评价国家发展水平的最有效方法。

（3）加权社会福利指数。鉴于 GNP 或人均 GNP 存在一定的局限性，其增长无法反映收入分配状况，所以经济增长与收入分配之间的关系问题在 70 年代以后受到了人们的广泛关注。其中，消除贫困、减少收入不平等就是很多国家在发展过程中所面临的核心问题。为测度经济增长对社会福利的影响，弥补 GNP 及其增长率指标存在的缺陷，探求取代 GNP 指标用来评价社会发展与社会福利的新尺度，学者们又提出了"加权社会福利指数",并在此基础上展开了有益的尝试。

(4) 美国社会卫生组织指数。美国社会卫生组织（American Social Health Association，ASHA）提出了一个以该组织命名的 ASHA 指数，这一指数包括人均国民生产总值增长率、就业率、识字率、平均预期寿命、人口出生率、婴儿死亡率等指标，用以反映一个国家，尤其是发展中国家的社会经济发展水平，以及在满足人民基本需要方面所取得的成就，因此是一个衡量社会发展的综合评价指数。

二 国内研究综述

国内学者主要从社会变迁、系统论、哲学等多个视角出发，对经济社会协同发展的概念进行了界定。学者们普遍认为，经济社会协同发展是指，经济和社会两个领域之间的各要素相互促进、共同发展，最终服务于人类发展的过程。不同研究方式下的研究内容各有不同，其中，定性研究重点探讨了中国经济社会协同发展的内涵、不协同的表现、实现条件、影响因素以及相关政策建议。所以，定性研究是分析经济社会协同发展的第一步。

定性研究路径中，学者们主要从经济社会学、哲学、系统论的角度，对经济社会协同发展进行了概念上的界定。经济社会学方面，梁春梅认为，经济社会协同发展是经济社会学理论中系统观、时空观、进程观有机统一的充分体现。[1] 肖卫东研究指出，经济社会学的基本发展观就是经济社会协同发展，并提出了经济社会协同发展的"四要素说"。[2] 哲学视角上，王伟光通过研究认为，经济社会协同发展是马克思主义的世界观与方法论。[3] 系统论方面的代表有白雪梅关于经济社会协同发展的研究。[4]

在界定内涵的基础上，国内学者对中国经济社会协同发展进行了现

---

[1] 梁春梅：《中国经济社会协调发展的经济社会学分析》，《山东师范大学学报》（人文社会科学版）2010 年第 55 卷第 4 期，第 111—115 页。

[2] 肖卫东：《中国经济社会协调发展模式的基本要素及其变项选择》，《理论导刊》2009 年第 3 期，第 46—48 页。

[3] 王伟光：《关于统筹经济社会发展的理论思考》，《求是》2004 年第 11 期，第 14—17 页。

[4] 白雪梅：《中国区域经济发展的比较研究》，中国财政经济出版社 1998 年版。

状描述。王一鸣等指出,就业、社会保障和收入分配是经济社会不协同发展的三个突出领域;通过分析进一步认为,社会发展滞后的原因主要在于总体经济发展水平低、社会事业管理体制改革落后、政府职能转变滞后。[①] 陆学艺对比了经济发展与社会发展的几个维度,并在此基础上对中国经济发展与社会发展之间的差距进行了经验判断,认为中国社会发展至少滞后于经济发展5年。[②]

同时,学者们还对如何促进经济社会协同发展提出了自己的观点与建议。杨志勋指出,中国经济社会协同发展的动力是改革,如改革户籍制度、社会保障制度等,特别是社会保障制度,既能减少社会贫困、缩小收入差距、带动经济发展、维护社会稳定,又能保障居者有其屋、保证劳动者普遍具有较高知识和技能。[③] 国际上和中国的发展实践都表明,保证经济社会协同发展的基础就是建立并完善社会保障制度。[④] 徐逢贤以陵县为例,研究了县级财政对经济社会协同发展的促进作用,分析认为,县级财政体制改革对经济社会协同发展具有深远的意义。[⑤] 此外,还有学者指出,实现经济社会协同发展需要一定的基础支撑,林祖华由此提出了"四个重视",分别为:重视人口数量控制、提高人口素质、拓宽就业渠道;重视环境保护、合理利用资源;重视产业结构调整、发展第三产业;重视科技进步、优先发展教育。[⑥]

在研究社会与经济的协同发展时,也需要构建相关的指标体系,并选择合适的方法对其进行测度。不同学者在构建经济社会协同发展指标体系时,对指标的维度划分和遴选标准是不同的。总的来说,经济维度的指标通常用以反映生产水平、生产效率、产业结构、能源消耗、进出口贸易等方面,社会维度则一般包括基础设施、科教文卫、社会保障、收入消费、

[①] 王一鸣、李爽、曾智泽:《"十一五"时期促进经济社会协调发展的对策建议》,《宏观经济研究》2005年第12期,第21—25页。

[②] 陆学艺:《经济和社会要协调发展》,《宏观经济研究》2003年第9期,第3—6页。

[③] 杨志勋:《"协调发展"与体制改革》,《科研管理》1983年第4期,第25—28页。

[④] 陆学艺:《经济和社会要协调发展》,《宏观经济研究》2003年第9期。

[⑤] 徐逢贤:《寻求经济与社会的协调发展——以陵县为典型的县级财政体制改革的思考》,《社会学研究》1990年第4期,第97—107页。

[⑥] 林祖华:《关于我国经济社会协调发展的实现条件分析》,《江苏社会科学》2000年第1期,第55—58页。

生态环境等内容。国内学者选择的评价方法大致可分为以下三类。

第一,指数评价法。该方法通过经济社会发展指数或协同发展指数的计算,运用指数对发展协同程度进行了分析。杨立勋分六个领域计算了社会发展指数,选取9个指标测算了经济发展指数,进而对2001年至2003年深圳市的社会发展指数和经济发展指数进行了对比分析。[①]

第二,指标体系评价法。该方法通过经济社会协同发展指标体系的构建,考虑指标之间的内在关系,对协同程度进行了分析。具体方法又分为两种。第一种为定性分析法。研究者一般以其构建的指标体系为基础,寻找经济社会发展当中的薄弱环节,进而指出促进经济社会协同发展应遵循的原则、应解决的问题。朱庆芳在指标体系构建的基础上,收集了中国1979—2003年的统计数据,根据指标数据的运行趋势,提出了构建和谐社会亟待解决的六大问题。[②] 杨贺等基于经济社会协同发展的内涵,构建了一套县域经济社会协同发展的指标体系,并运用该体系定量分析了长三角地区76个县域的经济社会协同状况。[③] 第二种是主成分分析法。主成分分析法是一种将原来众多具有相关性的指标重新组合成一组新的相互无关的综合指标从而取代原指标的方法。该方法通过计算各指标在提取的主成分上的权数,得到综合评价函数。潘安娥和杨青基于武汉市1996—2003年的统计数据,选取14项指标,提取了两项主成分,并计算出综合得分。[④] 车冰清等在构建经济社会协同发展的指标评价体系的基础上,采用主成分分析等方法分析了江苏省13个地级市、52个县(市)的经济社会协同发展水平。[⑤]

第三,协同系数法。该方法实际上是对指标体系评价法的一种深化,

[①] 杨立勋:《深圳市经济社会发展协调度研究》,《特区经济》2004年第10期,第26—30页。

[②] 朱庆芳:《增加社会发展投入——经济社会协调发展的前提》,《中国党政干部论坛》2004年第1期,第33—35页。

[③] 杨贺、刘金平、蒋正举:《长三角区域经济社会协调发展等级层次体系研究》,《华东经济管理》2011年第25卷第5期,第31—35页。

[④] 潘安娥、杨青:《"两型社会"协调发展评价——基于武汉城市圈的实证》,《统计与决策》2013年第9期,第109—112页。

[⑤] 车冰清、朱传耿、孟召宜等:《江苏经济社会协调发展过程、格局及机制》,《地理研究》2012年第3期;朱华、范柏乃:《我国经济社会发展协调度的影响因素与应对策略研究》,《软科学》2009年第23卷第1期,第1—5页。

其主要思路是：通过构建指标体系，对指标进行赋权，进而计算经济和社会发展得分，并建立协同发展模型，最后求得协同系数。于博等运用层次分析法计算指标权重，从而得出系统发展协同度与系统协同发展趋势指数，在此基础上对青岛市的基础设施、城市资源与经济社会协同发展的关系进行了深入探讨。① 毛慧慧等采用层次分析法和熵值法，对指标进行赋权，通过发展协同度模型的构建，对海河流域水利与经济社会协同发展的关系进行了分析和研究。②

还有一些学者探索了经济社会协同发展的其他分析方法。杨玉珍和许正中运用 DEA 模型，以河南省 1990—2007 年的数据为样本，测度了河南省的经济社会协同发展程度。③ 崔述强观察到目前关于经济社会协同发展的测度，在方法上还存在巨大差异，因而尝试编制了定基发展指数，基于此对不同区域经济社会协同发展程度进行了测度与分析。④ 此外，为进一步研究经济社会协同发展的影响因素，朱华、范柏乃运用逐步回归，确定了 R&D 经费占 GDP 比重、基尼系数、城乡居民收入比以及财政教育经费占 GDP 的比重四个主要影响因素，并基于实证结果，提出了促进经济社会协同发展的政策建议：即加快调整经济结构、增加 R&D 投入和教育投入、建立有序的收入分配格局。⑤

也有不少学者研究了区域社会协同发展的问题，尤其是集中在公共服务均等化和社会公平等方面。刘尚希等认为，公共服务是政府利用公共权利和公共资源进行的一系列公共行为，其目的是推动居民基本消费的平等化，分担居民消费风险。公共服务的均等化指的是，政府按照法律法规，向全体居民均等地提供社会公共服务，以保障社会全体成员的

---

① 于博、刘新梅、郑响理：《青岛市城市资源、基础设施与其经济社会协调发展的定量评价和分析》，《中国人口·资源与环境》2007 年第 17 卷第 4 期，第 149—153 页。
② 毛慧慧、王勇、董琳：《海河流域水利与经济社会协调发展定量评价》，《干旱区资源与环境》2011 年第 25 卷第 10 期，第 44—47 页。
③ 杨玉珍、许正中：《基于复合 DEA 的区域资源、环境与经济社会协调发展研究——以河南省为例》，《统计与决策》2010 年第 7 期，第 82—84 页。
④ 崔述强：《基于定基指数的经济社会协调发展评价方法探讨》，《统计研究》2011 年第 28 卷第 5 期，第 64—66 页。
⑤ 朱华、范柏乃：《我国经济社会发展协调度的影响因素与应对策略研究》，《软科学》2009 年第 23 卷第 1 期，第 1—5 页。

基本社会权利及社会福利。[①] 陈昌盛、蔡跃洲利用2000—2004年的数据对全国省级行政区的公共服务及其分项指标进行了评估，结果发现，总的来说，中国各项公共服务随着时间的推移均有所改善，基本公共服务存在明显的区域差异，其中东部地区优于中西部地区，经济发达省份优于经济落后省份。[②] 黄小平、方齐云利用1997—2005年的数据，通过泰尔指数方法测算了中国三大区域之间在财政、卫生支出方面存在的差异，结果表明，2000年以来，总体差距在不断减小，且这一差异主要来源于三大地区内部的差异，区域间的差异占比很小。[③] 胡鞍钢等利用2006—2010年的数据，借助一系列公共服务指标，综合评估了"十一五"期间的基本公共服务发展水平，结果发现，地区基本公共服务水平得到了明显提升，但从增速来看，落后地区进步得更快，地区差距得到缩小，但是这一趋势在2008年之后有所反转，在2010年之后差异系数再次下降。[④] 赵宇以2011年的统计数据为样本，选取了10个指标，基于因子分析法评价并对比了中国28个省份的农村基层医疗服务水平，结果发现，农村基层医疗服务水平在总体上存在显著的东、中、西部地区的区域差异性，并且在大体上与各省份财政收入总量呈正相关关系。[⑤]

在社会公平方面，社会公平主要包括教育公平、收入公平等，均有相应的研究成果，如孙继红等对中国1982—2007年的全国教育发展情况进行了测算，结果表明，中国的教育不平等问题逐渐得到缓解，但东西部省份之间的教育成就还存在较大的分布差距，且这一差距仍在扩大；[⑥] 而在收入公平方面，欧阳志刚通过测算中国各地区收入差距的泰尔指数

[①] 刘尚希、杨元杰、张洵：《基本公共服务均等化与公共财政制度》，《经济研究参考》2008年第40期，第2—9页。

[②] 陈昌盛、蔡跃洲：《中国政府公共服务综合评估报告》，《调查研究报告》2007年第7期，第1—24页。

[③] 黄小平、方齐云：《中国财政对医疗卫生支持的区域差异——基于泰尔指数的角度》，《财政研究》2008年第4期，第41—45页。

[④] 胡鞍钢、王洪川、周绍杰：《国家"十一五"时期公共服务发展评估》，《中国行政管理》2013年第4期。

[⑤] 赵宇：《中国各省区农村基层医疗服务水平综合评价——基于因子分析方法》，《财政研究》2013年第4期，第28—33页。

[⑥] 孙继红、杨晓江、缪榕楠：《区域高等教育发展综合评价实证分析》，《科学学与科学技术管理》2009年第30卷第12期，第122—127页。

发现中国城乡收入差距呈现一定的波动情况，1993—1997 年呈现逐渐下降趋势，并在 1997 年达到最低点，随后逐渐上升，直到 2003 年，而之后又呈现下降趋势，但是总的说来，中国仍然面临着较大的收入差距问题。①

三　文献述评

国内外关于社会发展、经济与社会协同发展的相关著作与文献为本研究的顺利进行提供了一定的思路和借鉴，但是也存在诸多不足。现有社会建设方面的研究，大部分是从每一个单独的社会领域来研究的，缺乏对集合社会各个方面的社会发展协同问题的研究；对社会发展与经济发展的关系，大部分局限于一些理论上的论述，少数的实证分析也局限在个别领域，缺乏对整体社会发展与经济发展相互关系的实证研究；特别是对区域间社会协同发展的研究基本上还是空白。

第三节　研究的基本思路与内容

本篇将对区域社会协同发展进行深入研究。在对相关理论进行探讨的基础上，测量中国区域社会发展及其协同度、区域社会与经济发展协同度，实证检验社会发展对经济增长的影响效应，提出推进中国区域社会协同发展、区域社会与经济协同发展的政策建议。基本内容结构安排如下：

第一部分，区域社会协同发展的理论分析。从四个维度界定了社会发展的概念，提出了区域社会协同发展的主要内容及其影响因素；分析了区域社会与经济协同发展的内在机理、推进路径和实现方式。

第二部分，中国区域社会发展的评估及协同性分析。建立了社会发展综合指标体系，利用熵值法对中国历年省际社会发展进行了测度，测算出了各省级行政区域的社会发展指数，并考察了区域社会发展的结构差异和时空演变；分析了区域社会发展各要素、各方面的协同程度。

---

① 欧阳志刚：《中国城乡经济一体化的推进是否阻滞了城乡收入差距的扩大》，《世界经济》2014 年第 2 期，第 116—135 页。

第三部分，中国区域社会与经济协同发展的测度与分析。利用协同函数测度了全国各省级行政区域的社会发展与经济增长协同度，并分析了其区域差异性和动态变化。

第四部分，中国区域社会发展对经济增长影响的实证研究。在对数据进行单位根检验、协整分析的基础上，利用面板 VAR 模型、脉冲响应函数和方差分解分析，探析了社会进步与经济发展二者之间的相关关系；运用面板固定效应模型和 FGLS 随机效应模型，实证检验了社会进步对区域经济增长影响效应；并进一步分析了社会发展对经济增长不同方面的不同影响，以及社会发展四个方面对经济增长影响的差异性。

第五部分，推进中国区域社会协同发展政策建议。主要从加大力度更加重视区域社会发展，优化机制推进区域之间社会协同发展，统筹推动区域社会与经济协同发展三个维度进行了阐述。

第二十八章

区域社会协同发展的理论分析

第一节 区域社会协同发展及其影响因素

一 社会发展的界定

社会的发展,从整体上来说指的是整个社会的向前运动的过程,是指构成社会的各种要素向上的、前进的变迁过程。作为发展的主体,社会是和自然环境明显分开的。从形态上看,社会发展是指社会整体的经济、政治、文化等方面的演化和进步;从内涵上看,社会发展是其内在的基本结构以及诸多具体环境不断趋向"合理性"的变化;从本质上看,由于社会历史的主体是具体的、历史的人,因此社会发展的实质是人类及其生存方式(包括生产方式和生活方式)不断完善的过程,也是不同历史时期的人们追求其合理理想状态的过程。社会发展有广义和狭义之分,广义的社会发展包括了由人类活动构成的经济、文化、政治、习俗等一系列的社会存在的总和。狭义的社会发展是指广义社会发展中除了政治发展、文化发展、经济发展和生态发展之外的所有社会活动的前向运动。具体说来,狭义的社会的发展主要包括社会保障、社会管理、社会公平和社会事业四个方面的内容。社会的发展必然会要求社会保障体系的完善、社会管理的趋于合理化、社会公平的改进和社会事业的持续繁荣。

二 区域社会协同发展的基本规定

区域社会的协同发展是指区域社会发展的各子系统相互协调,相互影响,由整体运动而不是各子系统独立运动占主导地位时,系统呈现出有规律的有序和前向运动状态。

从内容来看，区域社会协同发展既包括区域内部的社会各个方面，即社会保障、社会管理、社会公平和社会事业四个子系统的相互协同，同时也包括区域之间社会发展的协同；同时，社会协同发展不是孤立发生的，而是在多方面的社会联系中发生的。因此，社会协同发展的内涵与其他社会因素，特别是与经济的协同发展相关。在区域内部的协同发展方面，区域社会发展的四个子系统必须协调同步地向前发展，既不能忽略其中的某些子系统的发展，也不能过分偏重于其中的某些子系统的发展，保证社会发展中的社会保障、社会管理、社会公平和社会事业得到同步的发展，避免区域内部社会发展系统之间出现过度不均衡性。在区域之间的协同发展方面，各个区域的社会发展也需要协调同步地向前发展，既不能使得某些区域的社会发展严重滞后于总体社会发展，也要避免某些区域投入过多造成社会发展大大超前于其他区域的发展，保证区域之间的社会发展系统呈现出一定程度的均衡性。社会发展的外部协同，主要是与经济发展的协同，社会发展与经济发展应该基本同步，相互作用，相互促进，相互补充，这样才能保障经济的持续发展以及社会的健全和谐。

从区域社会协同发展的推进路径来看，区域社会协同发展包括社会发展系统协同、社会发展空间协同和社会发展时间协同三个协同发展战略。社会发展系统协同就是利用系统工程的方法来规范或者调控社会发展的状态或者过程。社会发展是由社会保障、社会管理、社会公平和社会事业组成的，我们可以利用系统工程的方法，对这种状态的发展进行系统设计、最优实施以及反馈控制，从而达到对社会发展状态的优化组合管理及最佳功能的调制。社会发展空间协同就是协调各区域空间之间在社会发展方面的关系，实现相互合作与共同发展。人类的所有活动都是在一定的空间中展开的，因此必须要将社会发展的各种系统状态置于人类活动的特定空间范围内，进行系统工程的规划、实施和调控，进而推动人类社会在其空间范围之内实现全面而持久的协同发展。空间协同要求无论是何种子系统，都需要在其空间或者地域范围内保持同步协调发展。社会发展时间协同就是指在社会系统长期的时序的变化起伏中去进行有效调控，维持社会系统的长期的协同演进。社会发展是随时间不断变化的，必须将社会发展中存在的各个系统组合置于特定的时间范围之内，进行长期的系统工程的规划、实施和调控，进而促使其能在其时间进程中得到持续的协同发展。由于受到一系列客观条件的限制，如社会发展空间协调中有可能出现的某一个区域由于各种原因与其他区域相比处于落后地位，处于极不平衡的发展过程中，又或者是由于在不同的时期，社会发展的各个子系统发展的紧迫性和难度存在一定的差异，因此，可以在一定的时间范围内加速或者侧重发展该系统，以实现社会发展在区域内各个子系统之间、区域间的发展以及区域之间的社会发展子系统与其他对应部分的平衡发展，确保实现社会发展在系统、空间和时间上达到协同发展。

三 区域社会协同发展的影响因素

区域社会的协同发展是一个复杂的过程，受到诸多影响因素的推动或者制约。

首先，经济发展状况是制约区域社会协同发展的根本因素。社会保障体系的构建、社会管理的加强、社会公平的改善和社会事业的推动均需要雄厚的财政实力作为支撑，而一个地区的财政收入状况大部分是由该地区的经济发展水平所决定的。发达地区经济繁荣，财政收入也较多，因此能够在社会发展方面投入更多的财力与人力，社会的整体发展水平也相对更高；而落后地区经济发展滞后，政府财政收入不足，因此，也不太可能在社会发展方面投入足够的资金，社会发展相对滞后。区域经济发展的情况是影响区域社会协同发展的重要因素，西方国家的历史经验也告诉我们，只有在经济得到充分发展的时候，社会的发展才能随之不断前进，不可能出现某个地区经济不发达而社会系统得到快速发展的情况。中国目前的区域社会发展不均衡的状况也与区域经济发展不均衡这一现实直接相关，甚至在一定程度上可以说，正是区域经济发展的不平衡、不协同决定了区域社会发展的不平衡、不协同。

其次，中国现行的政策制度也是影响区域社会协同发展的重要因素。如中国分税制改革之后的财政分权制度虽然推动了中国经济快速发展，但是这一政策在各地区的社会发展方面则造成了一定的不确定影响。分税制改革之后，地方政府和中央政府按照一定的比例对税收收入进行分成，主要税种中增值税的75%入中央级国库、25%入市（或区、或县）级国库；消费税的100%入中央级国库；企业所得税的60%入中央级国库、15%入省级国库、25%入市（或区、或县）级国库。个人所得税中的利息税100%入中央级国库；个人所得税中的其他个人所得税60%入中央级国库、15%入省级国库、25%入市（或区、或县）级国库；营业税则100%入地方国库。总的看来，税收收入中的大部分均归入中央政府，而地方政府中则占有剩下的小部分，但是从社会发展的财政投入来看，地方政府负责了更多的投入，这就造成了财权和事权的不统一，造成的后果就是地方社会发展的相对滞后，而由于发达地区的营业税收入更高，因此比较而言，落后地区的财政收入更低，社会发展更为滞后，这一过程便引起了中国区域之间社会发展的非协同。当然，中央政府对落后地区的一般性转移支付和专项转移支付在一定程度上缓解了这种滞后，使得各地区的社会发展得到不断推动，区域间的差距能够得到一定的缩小。此外，中央政府由于宏观层面上对社会发展的重视而出台的相关政策法规有助于扭转重经济轻社会的错误观念，引起了各地方对社会发展的重视，对各地方的社会发展以及推动区域社会协同发展起到积极作用。特别是中央正在努力推进的全国公共服务均等化的政策主张，将会对区域间社会协同发展产生重大的促进作用。

最后，各地区的地理历史因素也是影响区域社会协同发展的重要条件。[①] 中国部分偏远地区省份，远离国家的政治核心区和经济核心区，与东部沿海地区相比，地处偏远，交通、信息设备缺乏和落后，造成这些地区经济发展落后，且难以建立与发达地区广泛的经济联系，使这些地区进行社会发展所需要的资金投入十分巨大，教育、医疗等基础设施难以形成规模经济，且缺乏吸引人才的区位魅力。同时，由于历史原因，东部地区经济比较发达、思想更加开放，在经济体制转轨中快速地走向市场化，加之改革开放以来，国家从全国发展大局考虑，一个时期以来资金流向一直向东部沿海地区倾斜，东部沿海地区的经济社会发展率先得到了巨大的推进。偏远地区经济社会发展的历史起点低，还保留着相

---

① 孙庆刚：《西部吸引服务外包业外资的可行性分析》，《知识经济》2010年第22期，第83页。

当程度的历史痕迹和固有惯性,对传统的经济社会体制存有很深的依赖,从而在转轨的过程中观念滞后,政府职能转变迟缓,成为社会发展的巨大制约力量。

除上述几个主要方面的影响因素外,还存在一些其他因素会对区域社会的协同发展造成一定的影响,如各地区人们的思想观念、文化发展程度、与外部世界的联系等,而这些因素也在不同程度上影响了区域社会的协同发展。

第二节 区域社会与经济协同发展的机理分析

社会发展与经济发展的关系是实现区域社会协同发展的基础,推进区域社会与经济的协同发展,是实现区域社会协同发展的重要环节和基本路径,因此,研究区域社会协同发展,必须深入探讨区域社会与经济的协同发展。

一 区域社会与经济发展的相互作用机理

在区域发展系统中,经济发展与社会发展是两个相对独立又相互联系的区域发展子系统,社会发展和经济发展两个子系统之间既相互促进,又相互制约。传统发展观往往忽视社会发展的重要性,认为社会发展是维护社会秩序的"稳定器",经济发展才是促进整个经济社会体系发展的最重要推动力,忽视或者没有意识到社会发展的发展性价值。本部分认为,社会发展与经济发展之间相互促进,共同推动整体系统的向前发展。

一方面,经济发展能够通过多种渠道影响社会发展。例如经济发展能够使得个人收入增加,从而促进个人和家庭在教育、医疗和文化等方面的消费与投资,推动了相应社会事业的发展。经济发展还促进了政府税收,也即政府收入的提高,政府收入提高将使政府有更多的财力向社会事业的方方面面提供财政拨款,促进科教文卫等社会事业的不断发展、社会保障的逐步健全、社会公平的持续改进,以及社会管理的进一步完善。同时,经济的发展增加了就业岗位,减少了社会失业人口,改善了民众的社会生活等。另一方面,社会发展不仅能为经济发展创造良好社会环境,而且是促进地区经济发展的生产性动力因素。社会发展保障了广大人民群众的社会生活的安定性和促进人们生活水平的提升，有利于促进消费需求，推动经济增长；社会发展保障人民群众的社会权利和公平地位，将激发人民群众更大的经济积极性；社会发展优化了社会治理，减少了社会矛盾，从而也会大大降低企业等经济主体的社会交易成本，提高经济绩效等。

当然，虽然社会发展与经济发展密不可分，但是单纯的经济增长并不必然促进社会发展，片面的社会发展也不一定能够促进经济发展。促进二者之间的相互协同，需要相应的体制机制创新，需要自觉的政府调控和社会各方面的共同努力。

总之，经济发展不仅给人们带来收入，促进消费，而且能提高人口质量，较高的人力资本水平反过来会推动经济的发展。在政府支出之中，有一部分用于科技创新投入，促使劳动生产率提高，直接影响到经济产出和质量，进而对经济发展形成加强循环。在社会发展水平提升之后，民众的健康状况、受教育水平和营养状况相应改善，人力资本增加，体现为劳动者素质及可行能力提高，进而带动技术进步和科技创新，有助于提高经济竞争力。经济发展和社会发展二者相互作用机制如图 28.1 所示。

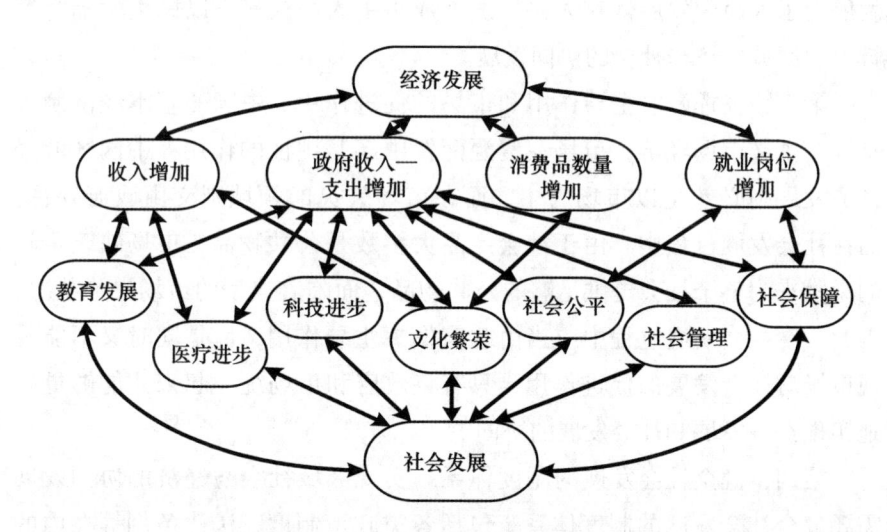

图 28.1 经济发展与社会发展相互关系

二 推进区域社会与经济协同发展的路径和方式

区域社会与经济的内在关联和相互作用为我们推进区域社会与经济协同发展提供了基础和可能，而实现区域社会与经济的协同发展还需要采取正确的推进路径和方式。

第一，要以经济发展为基础推进协同发展。正如前文指出，经济发展是经济社会体系正常运行的基础和前提，因此，在一定发展阶段需要优先发展经济，有限的资源应该在适当兼顾社会发展的前提下优先满足经济发展的资源需求，而不能简单地追求社会发展与经济发展的同步。只有在经济有了一定的发展，打下了比较好的物质基础条件下，才应该努力去推进社会与经济的同步发展，甚至在一定条件下要更加重视社会的发展，以补偿前一阶段社会发展方面的欠账。

第二，以民生幸福为宗旨引领协同发展。党的十八大报告提出，加强社会建设，必须以保障和改善民生为重点。提高人民物质生活水平，是改革开放和社会主义现代化建设的根本目的。使最广大的人民群众幸福是中国特色社会主义道路的本质要求。因此，从这个意义上说，无论是经济发展还是社会发展，最终的目的一定要落到民生幸福上来，坚持发展为了人民、发展依靠人民、发展成果由人民共享，以民生幸福为宗旨引领区域经济与社会的协同发展。

第三，发挥政府主导作用和市场的促进作用。中国的基本经济制度是社会主义市场经济，市场在资源配置中起基础性的作用，中国区域经济的发展则必然是以市场为主，而在市场失灵的领域则交由政府处理。而在社会发展过程中，由于社会产品大多数是公共物品，市场缺乏足够的激励来为整个社会提供足够的公共物品，面临着典型的市场失灵状况，因此，在社会发展过程中应当由政府发挥主导作用，但是同时又不能忽视市场对社会发展的促进作用，只有将政府和市场统一起来才能够更好地实现经济发展和社会发展的协同。

第四，健全社会发展的制度体系。实现区域社会与经济的协同发展需要健全社会发展的制度体系。包括各类政策制度、法律条例等在内的一系列制度体系的完善与否关系到整个社会能否正常运行，社会发展能否得到足够推动，以及经济增长能否得到制度层面上的保障。好的制度体系能够有力推动社会经济发展，实现良性的循环，而不完善的制度体系则会对社会发展产生阻碍作用，使得推动社会发展的各要素无法发挥应有的作用，不利于区域社会经济的协同发展。

第五，充分发挥全社会在协同发展中的作用。社会发展与经济发展一样，都需要全体民众的参与，少了任何一方的积极贡献，经济社会的发展均会受到不同程度的负面影响，因此在社会发展和经济发展过程中，要特别重视民众的参与权的保障，重视民众在社会发展中的作用，此外，虽然政府主体是社会发展的主导者，但是各类非政府组织、企业等主体的作用同样需要得到重视。

第二十九章

中国区域社会发展的评估及协同性分析

第一节 区域社会发展评估体系的构建

一 指标体系的构建及解释

根据前述关于社会发展的定义,本章社会发展的测度包括社会保障、社会管理、社会公平和社会事业四个方面的内容。其中,社会保障是对人们基本生活条件的注重,体现了社会发展的稳定状态;社会管理反映的是一个社会治理水平和有序状态;社会公平反映的是社会各个阶层的人们在社会中的地位和社会主体结构状态;社会事业是为满足人们社会公共需求而开展的事业,反映出社会发展的条件,四个方面的发展综合起来就反映出整个社会建设的发展水平。本部分构建社会发展指数的指标体系如表29.1所示。

社会发展指数指标体系主要包括如下几个方面的内容。

(一)社会保障

社会保障是社会发展的重要内容,社会保障制度对于一个现代化国家来讲是一项基本的社会制度,其完善与否关系到广大社会成员的切身利益,关系到国家经济的持续发展和社会的长治久安,完善的社会保障制度是中国政治文明和社会文明进步的重要标志,也是在21世纪中叶实现中华民族伟大复兴的重要保障。

社会保障指标下又包括了6个三级指标,分别是养老保险普及程度(A11)、失业保险普及程度(A12)、医疗保险普及程度(A13)、工伤保险普及程度(A14)、生育保险普及程度(A15)和社会保障和就业支出占比(A16),前五个三级指标含义均是用研究范围内的省级行政区域年

表 29.1　　　　　　　　社会发展指数的指标体系

一级指标	二级指标	三级指标	指标解释	指标方向
社会发展指数（A）	社会保障（A1）	养老保险普及程度（A11）	各地区年末参加城镇基本养老保险人数/总人口数	正向
		失业保险普及程度（A12）	各地区年末参加失业保险人数/总人口数	正向
		医疗保险普及程度（A13）	各地区年末参加城镇基本医疗保险人数/总人口数	正向
		工伤保险普及程度（A14）	各地区年末参加工伤保险人数/总人口数	正向
		生育保险普及程度（A15）	各地区年末参加生育保险人数/总人口数	正向
		社会保障和就业支出占比（A16）	各地区社会保障和就业支出/一般预算支出	正向
	社会管理（A2）	交通事故管理（A21）	各地区交通事故发生起数（起）	负向
		火灾事故管理（A22）	各地区火灾事故发生起数（起）	负向
		社区服务设施（A23）	各地区社区服务设施数/总人口数	正向
		社区组织单位（A24）	各地区社会组织单位数/总人口数	正向
	社会公平（A3）	就业公平（A31）	各地区城镇登记失业率（%）	负向
		城乡收入公平（A32）	各地区城镇居民可支配收入/农村居民纯收入	负向
		教育公平（A33）	各地区文盲率（%）	负向
	社会事业（A4）	科技发展程度（A41）	各地区国内三种专利申请授权数合计（件）	正向
		医疗普及1（A42）	各地区每千人口医疗机构床位（张）	正向
		医疗普及2（A43）	各地区婴儿死亡率（‰）	负向
		教育发展程度（A44）	各地区每十万人口高中阶段与高等学校平均在校生数之和（人）	正向
		文化发展程度（A45）	各地区图书馆总流通人次/总人口数	正向
		预期寿命（A46）	各地区平均预期寿命（岁）	正向

未参加五类保险的人数与当地总人口之比来表示，由于社会保险是社会

保障中最重要的组成部分，各地区参加五类保险的人数占总人口的比重这一指标可以在一定程度上反映出该地区社会保障的能力。此外，为反映社会保障中其他方面的发展程度，选取各地区社会保障和就业支出占比来反映，这一指标通过各地区社会保障和就业支出除以一般预算支出得到，是反映社会保障在各地区被重视程度的一个合适指标。数据来源于历年的《中国劳动与社会保障统计年鉴》和《中国统计年鉴》。

(二) 社会管理

社会管理水平是一个社会发展程度的重要衡量指标。由于各项社会事务繁杂非常，包罗万千，事务的发生与否存在一定的偶然性、自发性和不可控制性。如果放任所有社会事务自动发生必然会引起整个社会的混乱，导致危机的出现。社会管理在任何情况下都是必需的，社会管理的好坏反映了一个地区社会主体的自我控制和自我调节能力，好的社会必然需要一个好的社会管理与之匹配。良好的社会管理有助于社会秩序的维持和各项工作的顺利进行，人们可以各司其职，共同推动经济、社会、政治、生态和文化的进步。

本研究针对社会管理选取了4个三级指标，分别是交通事故管理（A21）、火灾事故管理（A22）、社区服务设施（A23）和社区组织单位（A24），交通事故管理和火灾事故管理分别指各地区交通事故发生起数和火灾事故发生起数，交通事故和火灾事故能够较好地反映一个社会对这类既可以是人为也可以是偶然发生的事件的管理能力，因而是社会管理的两个较好的衡量指标。值得注意的是，交通事故管理和火灾事故管理在本部分中是负向指标，即一个地区的这两个指标数值越大，则表示交通事故和火灾事故发生起数越多，社会管理水平也就越差。社会服务设施和社区组织单位则分别用各地区的社区服务设施数和各地区的社会组织单位数除以总人口数表示，一般来说，人均社区服务设施数和人均社会组织单位数越大，则该地区的社会管理水平就越高。为维持社会的正常运转，需要整个社会自发或者通过政府组织建立起各类社会组织，并提供各类社会服务设施。数据来源于 ESP 数据库和历年《中国统计年鉴》。

(三) 社会公平

社会公平是社会发展中不可忽视的部分。社会是否实现了公平，在何种程度上实现了公平,是一个社会是否得到良性发展的关键问题。社会由各个阶层的人组成,其中必然会存在由于经济地位和社会地位不同带来的各个阶层的人的差异,实现社会公平是现代文明社会的应有之义。如果一个社会看起来非常繁荣,物质生产高度发达,但是依然有人衣不蔽体、食不果腹,那么这个社会只是表面上的繁荣,并不是实现了真正的高度发展。社会公平的实现也使得社会各个阶层的人拥有生存权、教育权等基本权利,也避免了人力资源的浪费,对于经济发展来说也是极其有利的。

社会公平的三级指标包括就业公平(A31)、城乡收入公平(A32)和教育公平(A33),分别用来反映就业、收入和教育方面的公平。首先,就业公平在本部分中用各地区的失业率来衡量,就业问题涉及了每个人的基本生存权,就业保障了每个人至少可以获得养家糊口的能力,就业问题是最基本的社会公平问题。其次,收入公平是社会公平的最直接体现,一个社会全体居民的收入分配情况决定了整个社会的结构。受到数据的限制,本部分无法用指标来反映各个地区的整体收入分配情况,退而求其次,选择了城乡收入公平指标来衡量,利用城镇居民可支配收入与农村居民纯收入来反映城乡的收入差距。毫无疑问,这一差距越大,则收入越不公平,则越难说社会得到了良好的发展。最后,利用文盲率来反映教育公平,教育公平也是社会公平的重要体现,教育既能够让人更好地参与社会活动,更能提升人力资本的价值,获得更好的收入回报,基本的教育权利保证了每个人有机会获取上述两种能力。值得注意的是,失业率、城乡收入比和文盲率三项均是负向指标。数据来源于历年《中国统计年鉴》和历年《中国区域经济统计年鉴》。

(四)社会事业

社会事业是由中国国家机关或者其他社会组织举办的从事科学、教育、文化、卫生等方面的社会活动。社会事业关系到中国最广大人民的切身利益,是保障社会民主、维系社会公正和体现社会公益的重要手段和途径,是社会发展的重要组成部分。

本部分中社会事业包含六个三级指标,分别是科技发展程度(A41)、医疗普及1(A42)、医疗普及2(A43)、教育发展程度(A44)、文化发展程度(A45)和预期寿命(A46)。其中,科技发展程度用各地区国内三种专利申请授权数合计来表示，医疗普及1和医疗普及2分别用各地区每千人口医疗机构床位和各地区婴儿死亡率，从医疗条件和医疗结果两个方面来反映医疗的普及程度。文化的发展程度则利用各地区图书馆总流通人次除以总人口数来表示，比较而言，这一指标比利用各地区图书馆和博物馆的数量指标来衡量文化发展程度更为有效。最后，利用预期寿命来反映社会事业发展的综合情况，各地区科教文卫事业的发展，均能够在平均预期寿命这一指标中有所体现。各指标中，婴儿死亡率是负向指标。数据来源于ESP数据库、历年《中国统计年鉴》和《中国卫生统计年鉴》。

二 社会发展指数的测度方法

针对多指标综合测度的方法较多，比较常用的方法主要有层次分析法、因子分析法、数据包络分析方法、主成分分析方法和熵值法等多种方法，综合考虑各类方法的优缺点，既要求各指标权重确定的客观性，又符合可操作性、科学性原则，比较而言，熵值法是针对社会发展指数测度的理想方法。

"熵"是热力学中的概念，引入数学上的信息熵表示某种特定信息出现的概率。一个系统越是有序，则对应的信息熵就越低，反之，一个系统越是混乱，则对应的信息熵就越高。当一种信息出现的概率越高的时候，表明被传播得越广泛，信息熵就可以表示信息的价值，如此一来，熵值越大，则该信息的价值也就越高。熵值法便是根据信息熵这一基本的思想发展来的，某一个指标的不确定性越大，则熵值也就越大，总的来说，对综合评价的影响也应该越大。

（一）各三级指标的无量纲化处理

各个三级指标由于量纲的不同，不适合直接采用熵值法进行处理，第一步需要进行无量纲化，无量纲化的处理能够消除单位不同给各指标所带来的不可公度性。由于本部分的研究对象是中国大陆地区除西藏以外的所有省级行政区，数据类型属于面板数据，针对面板数据，如果逐年进行处理则必然会忽略时间变化特征，因此，本部分中采取的无量纲化处理方法是将不同年份的指标取值纳入同一个时间框架内进行处理，具体处理公式为：

对于指标中的正向指标：$C_{ij} = \dfrac{A_{ij} - \min(A_{ij})}{\max(A_{ij}) - \min(A_{ij})} + 1$ （29.1）

对于指标中的负向指标：$C_{ij} = \dfrac{\max(A_{ij}) - A_{ij}}{\max(A_{ij}) - \min(A_{ij})} + 1$ （29.2）

其中，负向指标如上处理的原因是该指标的取值大小与社会发展好坏呈反方向的关系，通过分子中用最大值减去每一个取值可以将其化为正向关系。两个指标中均加上了1是为了方便下一步的取对数处理。A_{ij} 为第 i 个样本点第 j 项指标的取值，其中，i 的取值是 $i = 1, 2, \cdots, 210$（30个省级行政区，7年），j 的取值是 $j = 1, 2, \cdots, 19$（一共19个三级指标）。

（二）各三级指标权重及测度结果

第一步，需要计算第 j 项指标第 i 个样本点指标值的比重，亦即其贡献度或者是出现的"概率"，记为：

$$q_{ij} = \dfrac{C_{ij}}{\sum_{i=1}^{m} C_{ij}} (i = 1, 2, \cdots, m; j = 1, 2, \cdots, n) \quad (29.3)$$

第二步，求出所有样本点对三级指标的贡献总量，用 e_i 来表示。

$$e_j = k \sum_{i=1}^{m} q_{ij} \ln q_{ij} \quad (29.4)$$

其中，$k = 1/\ln(m)$，m 为所有样本点的个数，在文中为210个。

第三步，计算各个三级指标权重如下：

$$w_j = \dfrac{1 - e_j}{\sum_{j=1}^{n} (1 - e_j)} \quad (29.5)$$

当 e_i 趋于1时，表明某个指标下各个样本点的贡献一致，即可以不考虑该指标在测度中的作用，也就是说权重为零。经过计算，得出各指标的权重如表29.2所示。

表29.2　　　　　　　　各指标的权重值

指标	权重	指标	权重
A11	0.0654398	A31	0.0521461
A12	0.0491263	A32	0.0502675

续表

指标	权重	指标	权重
A13	0.0579071	A33	0.0728761
A14	0.0875768	A41	0.0487875
A15	0.0483628	A42	0.0605543
A16	0.0401031	A43	0.0653773
A21	0.0213195	A44	0.0330316
A22	0.0574797	A45	0.0350561
A23	0.0427061	A46	0.0629046
A24	0.0489777		

依据表 29.2 中的各个三级指标权重的取值，可以通过该权重乘以各指标标准化之后的值计算各个地区历年的社会发展指数值，公式如下：

$$S_{ij} = w_j \cdot C_{ij} \tag{29.6}$$

为便于比较，将各个地区历年的社会发展指数值进行百分制转换，公式如下：

$$S'_{ij} = \frac{S_{ij} - \min(S_{ij})}{\max(S_{ij}) - \min(S_{ij})} \times 40 + 60 \tag{29.7}$$

第二节　中国区域社会发展测度结果及其分析

中国 30 个省级行政区域历年的社会发展指数得分情况如表 29.3 所示。由表 29.3 可知：（1）中国各区域社会发展总体水平不高。平均得分在 70 分左右，处于中等偏下水平；但在逐年提升，从 2007 年的 69.14 分提升到 2013 年的 76.38 分，总的趋势是不断进步的。（2）各个区域之间的社会发展存在较大的差异和不平衡性。从 2007—2013 年 7 年的平均数值来看，北京、上海、天津、浙江四个地区的社会发展处于全国前列，年均得分超过了 80。而贵州、云南、安徽、四川等地区则只有 60 多分，亟须实现在社会发展方面的赶超。（3）社会发展水平与经济发展水平基本一致。大部分经济发展水平较好的地区，社会发展水平也处于前列，如北京、上海、天津等，经济发展水平较低的地区，社会发展水平也比较落后，如广西、贵州、云南等。但也不完全同步，有些经济发展水平较好的地区，社会发展不尽如人意，如广东、江苏、山东，与其经济发展的地位并不一致，或者说，其社会发展明显滞后于其经济发展。辽宁、海南经济发展水平不高，但社会发展的得分则比较好，超过了许多经济发展比它们高的地区，这说明这些地区的社会发展具有相对独立性，需要特别加以关注。

表29.3　　各省级行政区历年社会发展指数得分

	2007年	2008年	2009年	2010年	2011年	2012年	2013年	平均
北京	90.25	91.91	93.60	95.03	96.91	99.17	100.00	95.27
天津	82.70	82.63	83.03	83.75	83.76	82.30	82.50	82.95
河北	67.03	68.24	68.86	68.66	69.40	69.81	70.19	68.88
山西	69.56	70.47	70.46	71.26	71.71	74.26	75.41	71.88
内蒙古	66.28	66.43	67.74	68.49	68.56	71.05	72.18	68.67
辽宁	74.13	77.25	79.28	79.01	80.14	79.63	80.47	78.56
吉林	67.88	68.93	71.97	72.66	73.73	74.94	75.71	72.26
黑龙江	70.70	71.55	74.08	73.93	75.53	74.65	74.65	73.58
上海	91.05	91.53	90.66	90.05	91.85	90.84	91.17	91.02
江苏	71.11	72.75	75.68	77.18	79.66	81.10	82.88	77.19
浙江	73.38	75.43	78.73	80.14	82.66	85.97	89.11	80.77
安徽	61.52	62.89	64.43	65.73	66.21	67.25	68.53	65.22
福建	67.61	68.91	70.84	71.78	73.63	74.29	75.94	71.86
江西	66.52	67.13	68.36	69.14	70.11	71.78	72.16	69.31
山东	67.19	68.54	70.83	71.34	73.48	71.22	72.28	70.70
河南	65.34	66.29	67.85	68.18	69.28	70.10	71.00	68.29
湖北	65.36	66.17	67.91	69.31	70.26	72.91	74.27	69.46
湖南	65.82	67.77	69.30	69.25	69.63	68.00	68.65	68.35
广东	70.64	73.26	76.56	78.58	80.91	82.97	85.94	78.41
广西	64.94	65.57	66.81	67.81	68.51	70.07	71.76	67.93
海南	70.00	70.59	73.44	74.64	77.98	79.28	80.26	75.17
重庆	65.75	66.73	68.85	70.11	73.66	79.09	80.90	72.16
四川	61.99	63.96	65.03	66.86	68.72	70.14	71.09	66.82

续表

	2007年	2008年	2009年	2010年	2011年	2012年	2013年	平均
贵州	60.00	61.01	62.34	62.85	64.20	66.73	68.60	63.68
云南	61.99	62.67	63.70	64.54	65.78	66.93	68.19	64.83
陕西	65.91	68.03	69.28	70.36	71.73	72.14	73.14	70.09
甘肃	65.66	66.98	68.07	68.87	69.80	69.92	71.62	68.70
青海	66.21	66.71	68.00	69.66	69.12	71.14	71.88	68.96
宁夏	68.91	69.86	70.56	70.68	72.75	76.14	76.95	72.26
新疆	68.91	69.93	71.90	73.12	74.01	73.71	73.97	72.22
平均	69.14	70.34	71.94	72.77	74.12	75.25	76.38	72.85

社会发展包括社会保障、社会管理、社会公平和社会事业四个方面的内容，按照上文中熵值法得出的各三级指标权重大小，可得社会发展指数中四个二级指标的得分情况，对每个地区历年求均值的结果如表29.4所示，分析其结果如下所示。

一是区域内社会发展的四个方面发展不平衡、不协同情况明显。大部分的省份都存在此高彼低或有好有差的状况，如北京社会保障、社会公平、社会事业都得分在90分以上，社会管理则只有80多分，特别是像吉林省，社会管理67.53分，社会公平87.32分；江西省，社会保障65.84分，社会公平86.01分，好的方面与差的方面相差20余分，不协同非常明显。说明促进区域内社会协同发展还需要特别加大力度。

表29.4　各省级行政区社会发展指数分项指标平均得分

省份	社会保障	社会管理	社会公平	社会事业
北京	92.34	82.08	98.82	95.88
天津	79.53	85.30	88.97	83.34
河北	66.29	73.79	84.64	71.22
山西	68.45	75.68	84.76	76.16
内蒙古	68.58	69.34	78.55	72.73
辽宁	77.75	76.80	87.21	80.63
吉林	71.25	67.53	87.32	75.68

续表

省份	社会保障	社会管理	社会公平	社会事业
黑龙江	71.74	78.02	86.16	74.49
上海	91.34	88.74	85.83	94.79
江苏	72.57	79.06	85.67	87.12
浙江	77.60	89.66	81.61	86.34
安徽	65.11	70.16	69.50	70.67
福建	68.46	78.81	84.58	74.01
江西	65.84	73.65	86.01	69.44
山东	68.49	73.18	80.28	77.77
河南	65.16	72.81	81.86	71.96
湖北	68.10	69.72	78.65	76.04
湖南	67.37	73.05	81.19	71.85
广东	78.87	67.30	90.25	83.37
广西	63.14	82.41	80.14	69.14
海南	70.94	86.09	84.53	69.60
重庆	70.86	76.63	77.94	74.54
四川	66.49	71.23	74.60	73.57
贵州	62.13	84.64	63.40	66.21
云南	63.50	80.62	67.96	70.00
陕西	66.93	74.53	76.57	78.38
甘肃	64.68	86.53	66.90	72.67
青海	66.83	89.09	62.62	72.34
宁夏	67.80	94.25	70.66	75.18
新疆	69.47	75.42	84.62	78.79

二是各个省级行政区域之间的社会发展指数的结构情况存在较大差异。对于社会保障指标，北京、上海、天津、广东、辽宁等地得分较高，而贵州、广西、云南、甘肃和安徽等地得分较低，东北三省的辽宁、黑龙江和吉林由于国有企业成分较重，社会保障得分居于全国前列，得分较低的都是位于西部和部分中部地区的省份。对于社会管理指标，宁夏、浙江、青海、上海和甘肃等地排名全国前列，而广东、吉林、内蒙古、湖北和安徽等地则位于全国下游水平，值得注意的是，在人们的常识中，

广东应该属于社会管理较好的地区，这种异常和指标的选取有关，本部分的社会管理指标中包含交通事故和火灾事故的起数，这类指标通常在车辆拥有量较大、植被比较旺盛的地区较大，这也就不难理解广东的异常。对于社会公平指标，北京、广东、天津、吉林和辽宁等地得分较高，青海、贵州、甘肃、云南和安徽等地得分较低，符合预期结果。而对于社会事业指标，北京、上海、江苏、浙江和广东等地排名全国前列，而贵州、广西、江西、海南和云南则处于落后地位。

三是社会发展的不同方面与经济发展水平关联性不同。社会保障、社会事业和社会管理与经济发展水平相关度较高，经济发展水平高的地区往往这些方面得分也高，而社会公平与经济发展关系则不确定，得分高的，既有像北京、上海、广东这样的经济发达地区，也有像山西、江西、新疆这种经济不太发达的地区。

第三节　中国区域社会发展时空演变分析

为进一步分析区域社会发展的时空演变情况，将全国所有的省份分为八大区域，对中国八大区域的社会发展情况分别进行分析。由于传统地将中国所有省份分为三大区域的做法存在较为明显的问题，三大区域内部本身存在的差异很大，正如国务院发展研究中心指出，中国所沿袭的东部、中部、西部区域划分方法已经不合时宜，为此，可以借鉴国务院发展研究中心在《地区协同发展的战略和政策》报告提出的方法，在"十一五"期间将中国划分为东部、中部、西部、东北四大板块，并提出可将四个板块划分为八大综合经济区的具体构想。八大区域分别是：东北综合经济区，包括辽宁、吉林、黑龙江三省；北部沿海综合经济区，包括北京、天津、河北、山东四个省份；东部沿海综合经济区，包括上海、江苏、浙江三省份；南部沿海综合经济区，包括福建、广东、海南三省；黄河中游综合经济区，包括陕西、山西、河南、内蒙古四个省份、自治区；长江中游综合经济区，包括湖北、湖南、江西、安徽四省；大西南综合经济区，包括云南、贵州、四川、重庆、广西五个省份；大西北综合经济区，包括甘肃、青海、宁夏、西藏、新疆五个省份。依照上述分类方法，下面分别对中国八大综合经济区的社会发展协同情况进行对比分析。

一 东北综合经济区社会发展的时间走势

东北综合经济区，包括辽宁、吉林、黑龙江三省，属于国家老工业基地，国有企业比重较大。社会发展指数得分从 2007 年的 71 分上升到了 2013 年的 77 分，取得了较为明显的进步，特别是在 2009 年和 2011 年进步尤其明显。由于国有企业的性质保证了社会保障事业的率先开展，东北综合经济区的社会保障与社会公平发展两项指标均位于全国前列，总的来说，东北综合经济区内的社会发展情况在全国处于中上游位置。（见图 29.1）

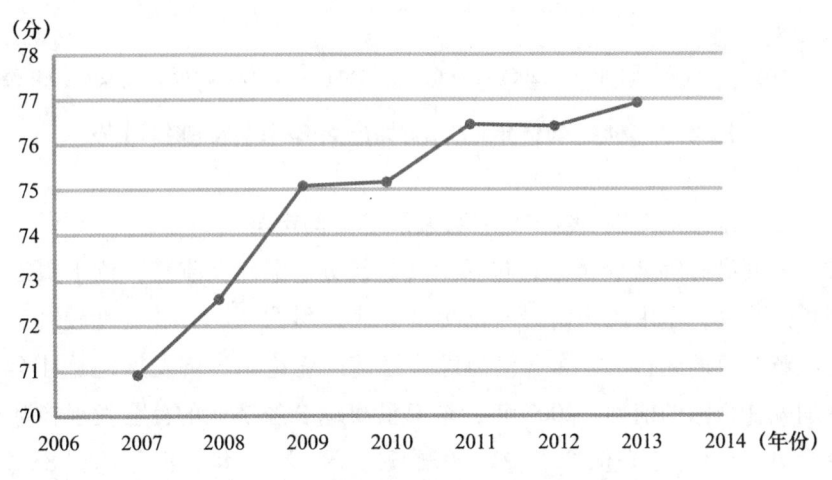

图 29.1　2007—2013 年东北综合经济区社会发展时间走势

二 北部沿海综合经济区社会发展的时间走势

北部沿海综合经济区，总共包括了北京、天津、河北、山东四个省份，是中国环渤海经济区的重要组成部分，经济区内辖两个直辖市，尤其是北京作为中华人民共和国首都，在全国具有重要的地位，河北和山东也是人口大省。其中北京历年的社会保障、社会公平与社会事业的发展均在全国处于领先位置，天津的社会管理和社会公平也处于全国前列，而河北的社会管理得分较高，山东的社会公平得分较高。总的来说，北部沿海综合经济区的社会发展在全国处于上游水平，社会发展指数得分

从 2007 年的 77 分上升到了 2013 年的 81 分，提升明显，尤其是在 2011 年度。（见图 29.2）

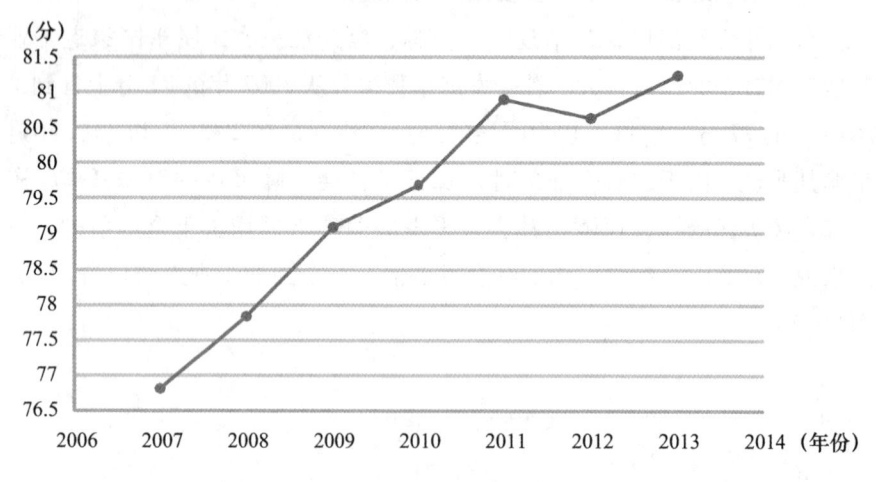

图 29.2　2007—2013 年北部沿海综合经济区社会发展时间走势

三　东部沿海综合经济区社会发展的时间走势

东部沿海综合经济区，包括上海、江苏、浙江三省份，位于中国长三角经济区，是中国经济最有活力的几个区域之一，开放程度较高。作为改革开放的先行区，东部沿海综合经济区无论是经济发展还是社会发展均处在全国的前列。2007 年，东部沿海综合经济区的社会发展指数得分为 79 分，历年来保持了稳定的增长态势，2013 年，得分达到 88 分，在全国处于领先地位，社会公平和社会事业在三个省份均得到了较好的发展，而对于上海，在社会保障与社会管理事业两项分指标上也表现突出，此外，浙江省在社会管理指标上处于全国前列。（见图 29.3）

四　南部沿海综合经济区社会发展的时间走势

南部沿海综合经济区，包括福建、广东、海南三省。这一地区是中国的南大门，靠近港、澳、台地区，海外社会资源丰富，经济活力与对外开放程度均很高，珠三角更是中国最早实行对外开放的几个区域之一，一直以来都是中国的经济重地。南部沿海综合经济区的社会发展指数从 2007 年的 68 分稳步上升到了 2013 年的 80 分，整体提升明显。正如前文

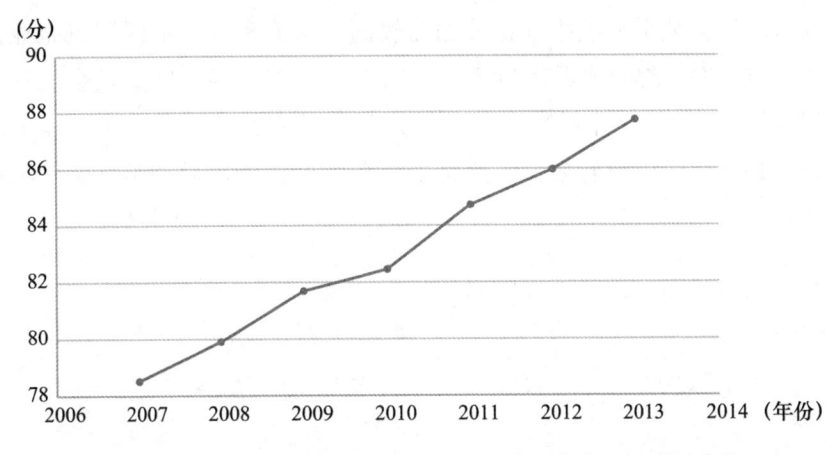

图 29.3　2007—2013 年东部沿海综合经济区社会发展时间走势

指出，广东省在社会管理分指标中得分较低，而在社会公平指标中，广东省获得了较高的分值，福建省也相对较高，而海南省在社会管理指标上得分较高。（见图 29.4）

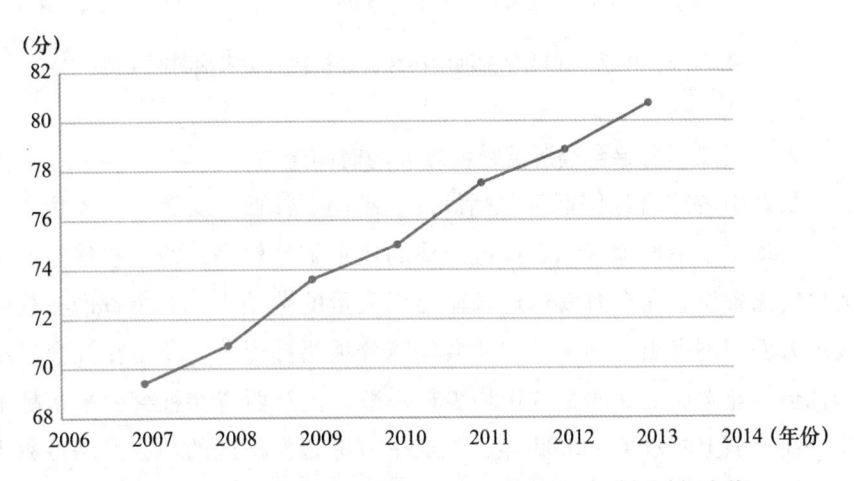

图 29.4　2007—2013 年南部沿海综合经济区社会发展时间走势

五　黄河中游综合经济区社会发展的时间走势

黄河中游综合经济区，包括陕西、山西、河南、内蒙古四个省份。经济区内四个省份均属于传统的农业大省或者资源型大省，区内煤炭、矿产资源较为丰富，国有企业占比也相对较高。山西、河南、内蒙古三个地区的社会公平分项指标得分相对较高，可能和这些地区国有企业占比有一定关系。综合来看，2007年，黄河中游综合经济区的社会发展指数得分为67分，而到了2013年，得分上升到了73分，虽然有一定的提升，但是在全国层面看来，依然属于社会发展较为落后的地区。（见图29.5）

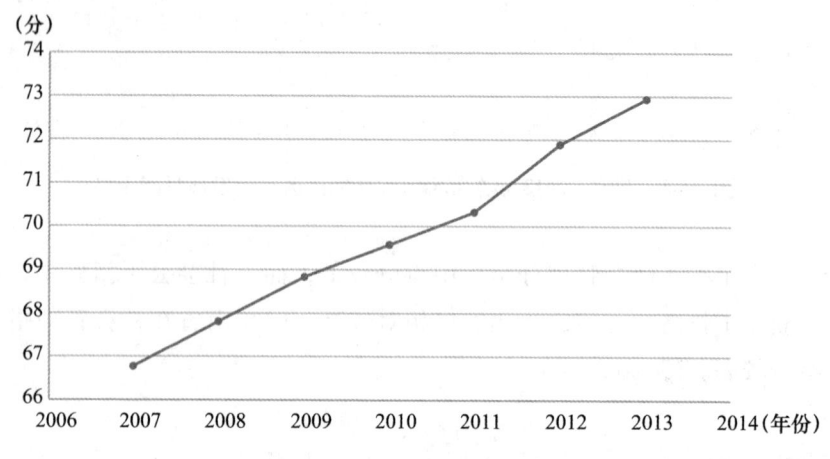

图29.5　2007—2013年黄河中游综合经济区社会发展时间走势

六　长江中游综合经济区社会发展的时间走势

长江中游综合经济区，包括湖北、湖南、江西、安徽四个省份。四个省份均位于中部地区，农业占经济的比重依然较高，四个省份均属于人口输出省份，向沿海发达地区输出了大量的劳动力，四个省份在社会发展方面均不突出，无论是在社会保障分项指标得分，还是在社会管理和社会事业发展上，四个省份均表现一般，仅江西省在社会公平指标上得分在全国上游水平。2007年，长江中游综合经济区的社会发展指数得分为65分，到了2013年则上升到了71分，虽然略有上升，但是社会发展依然在全国处于下游位置，依然有较大的提升空间。（见图29.6）

七　大西南综合经济区社会发展的时间走势

大西南综合经济区，包括云南、贵州、四川、重庆、广西五个省份。西南五省份位于传统的西部地区，是西部大开发战略的重要受益地区，

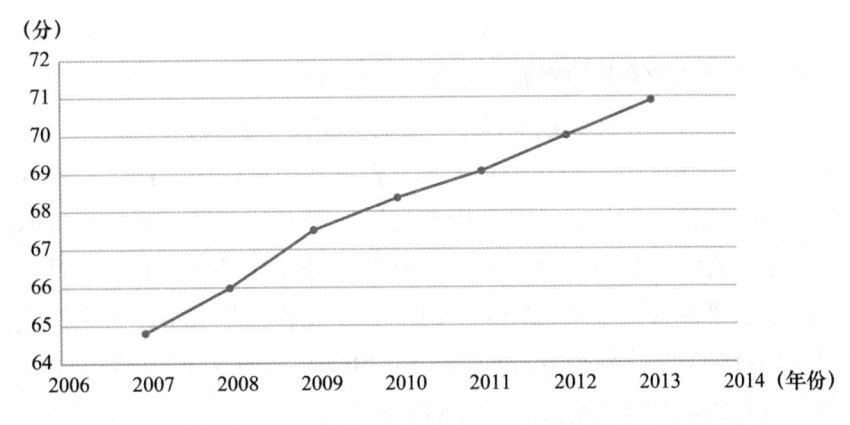

图 29.6　2007—2013 年长江中游综合经济区社会发展时间走势

保持了较高的经济增速，社会发展进步也同样较大。2007 年，大西南综合经济区社会发展指数得分仅为 63 分，而到了 2013 年则上升到了 72 分，提升较为明显。尤其是贵州、广西和云南在社会管理分享指标上得分较高，但是在社会事业发展方面，大西南综合经济区内普遍得分较低，表明这些地区在科教文卫方面依然处于较低水平，急需进一步加大投入力度，推动社会事业发展。（见图 29.7）

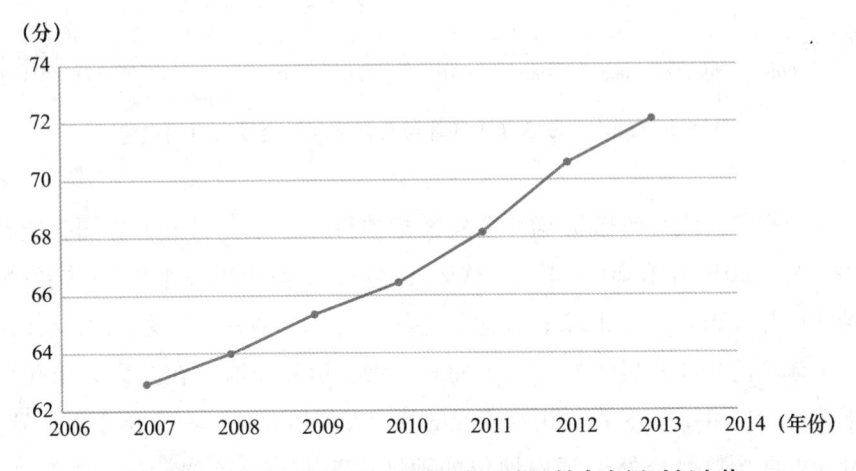

图 29.7　2007—2013 年大西南综合经济区社会发展时间走势

八 大西北综合经济区社会发展的时间走势

大西北综合经济区，包括甘肃、青海、宁夏、西藏、新疆五个省份。大西北综合经济区内省份均拥有大量少数民族聚居地区，社会发展对于该区域具有特殊重要性，关系到国家发展和稳定的大局。从分项指标来看，宁夏、青海和甘肃三个地区的社会管理得分位居全国前列，而新疆地区社会公平和社会事业也处于全国中上游水平。2007年，大西北综合经济区的社会发展指数得分为67分，而2013年这一得分上升到了74分，提升幅度较大，且增长平稳。（见图29.8）

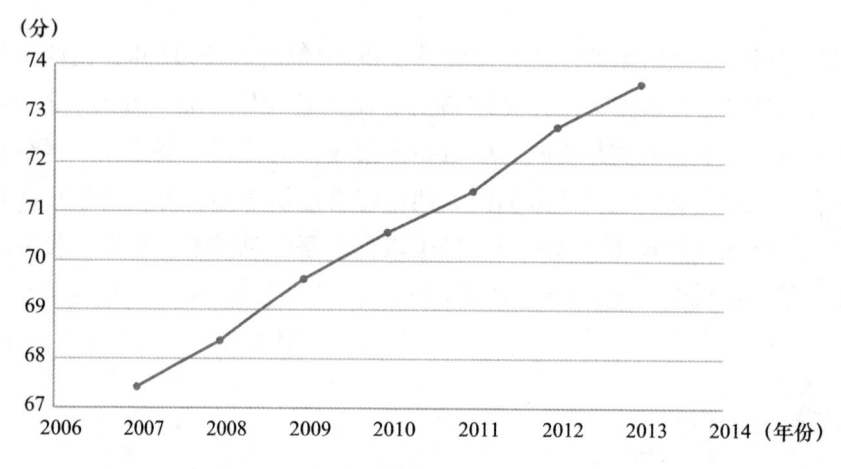

图29.8 2007—2013年大西北综合经济区社会发展时间走势

依据各省级行政区历年社会发展指数得分，综合以上走势图，选择2007年、2010年和2013年三个代表性年份，比较中国各地区的社会发展情况可知：2007年，北京、天津、上海、江苏、浙江、广东和黑龙江这几个地区的社会发展情况较好，而云、贵、川和安徽则在全国处于落后地位。2010年，云、贵、川和安徽的社会发展情况依然在全国下游位置，社会发展指数得分处于领先地位的地区变为北京、上海、辽宁、江苏、浙江和广东（就时间趋势来看，各地区社会发展均处于上升阶段，因此这里并不意味着黑龙江、天津等地社会发展在倒退）。到了2013年，社会发展落后地区变为云南、贵州、湖南、安徽和河北，社会发展指数得分较高的地区为北京、上海、浙江、重庆、广东、辽宁、江苏和海南。综合来看,东部地区省份北京、天津、江苏、上海、浙江、广东等地社会发展水平一直处于全国领先位置,而云南、贵州、四川、安徽等地则一直处于滞后状态,这和中国各地区的经济发展状况存在一定的相关性。从历年各地区社会发展指数得分的方差来看,从2007年到2013年全国各地区社会发展的差距先缩小后扩大,大致呈现出"U"形态势,2010年方差为7.15为历年最低。

第四节 中国区域社会协同发展的测度与分析

一 区域内社会协同发展的测度

中国区域内部社会发展的四个方面——社会保障、社会管理、社会公平和社会事业的发展程度是否协同是一个值得注意的重要问题,一个地区要实现社会发展的健康与良性,必须保证在上述四个方面协同地发展,不能够单独在某一个或者几个方面投入巨大,而在另外的一个或者几个方面投入不足,造成社会发展的四个方面不均衡发展。这种不均衡的发展是畸形的、不可持续的,也影响到社会发展的整体质量。中国各个区域内部的社会发展协同程度到底如何,需要通过一定的方式对其进行测度,从而摸清中国各区域社会发展的现状,更好地实现区域内部社会协同发展,提高社会发展的质量。

为了测度社会保障、社会管理、社会公平和社会事业四者的协同发展程度,将上述四个子系统看作四个序参量,首先对四个序参量的原始数据进行标准化处理,消除由于二级指标个数不同带来的取值差异,这里采用均值—标准差的方法对原始数据进行标准化处理:

$$X'_i = \frac{X_i - \overline{X_i}}{S_i} \quad (29.8)$$

其中,式子左边表示标准化滞后的数据,分母为变量的标准差,分子为变量的原值减去其均值。其次,为了确定各个序参量的权重,这里采用相关矩阵赋权法,步骤如下:

第一步,计算四个序参量的相关系数矩阵L,令

$$L = \begin{bmatrix} l_{11} & l_{12} & \cdots & l_{1n} \\ l_{21} & l_{22} & \cdots & l_{2n} \\ \vdots & \vdots & \ddots & \vdots \\ l_{41} & l_{42} & \cdots & l_{44} \end{bmatrix} \tag{29.9}$$

如果系统中的第 i 个序参量与其他 $n-1$ 个序参量的相关系数较大，则表明该序参量对其他序参量的影响较大，也就是说，它在系统中的作用较大，应当赋予较大的权重，反之，则应当赋予较小的权重，根据这一原理，第二步的计算为：

$$l_i = \sum_{j=1} |l_{ij}| - 1 \tag{29.10}$$

其中，l_i 表示第 i 个序参量对与其他 3 个序参量的总的影响。接下来的第三步则是要通过对 l_i 的归一化来计算出各个序参量的权重：

$$\theta_i = \frac{l_i}{\sum_{i=1}^{4} l_i} \tag{29.11}$$

根据上述方法可以得到四个序参量各自的权重，随后，将这一权重分别乘以标准化之后的四个序参量的数值，经过百分制转换之后，可以得到各地区内部历年的社会发展协调度指标，其中，2007 年、2010 年和 2013 年的具体数值如表 29.5 所示。

表 29.5　　　部分年份各地区内部社会发展协调度情况

省份	2007 年	2010 年	2013 年	平均
北京	95.40	98.96	99.73	98.12
天津	85.26	86.10	84.59	85.22
河北	70.53	72.61	74.74	72.69
山西	72.71	75.66	79.08	75.72
内蒙古	69.66	72.42	76.07	72.54
辽宁	78.86	82.51	85.12	82.38
吉林	73.39	77.19	79.83	76.93
黑龙江	73.82	77.16	79.46	77.09
上海	94.69	95.26	93.30	94.49
江苏	75.24	81.84	89.20	82.25

续表

省份	2007 年	2010 年	2013 年	平均
浙江	76.67	83.42	92.22	83.96
安徽	63.89	67.70	72.49	67.99
福建	70.84	74.81	79.76	75.06
江西	69.16	71.71	75.41	72.12
山东	70.92	75.23	78.94	75.10
河南	68.28	71.21	75.71	71.71
湖北	69.74	73.50	78.21	73.63
湖南	69.43	72.58	75.19	72.53
广东	76.67	84.44	91.61	84.08
广西	66.72	69.56	74.29	69.89
海南	70.20	74.64	79.50	74.97
重庆	68.20	72.70	83.51	74.60
四川	66.07	70.67	76.51	71.05
贵州	60.00	63.28	70.77	64.35
云南	64.00	67.10	71.07	67.29
陕西	69.77	73.67	77.86	73.79
甘肃	65.22	68.89	72.71	68.97
青海	65.62	69.45	72.54	68.95
宁夏	68.72	71.43	78.20	72.79
新疆	73.51	77.72	79.71	77.15
平均	72.11	75.78	79.97	

由表 29.5 中的测算结果可知，2007 年，中国社会发展协调度较高的地区有北京、上海、辽宁、天津、浙江、广东等地，特别是北京市和上海市的得分超过了 90 分，在全国处于遥遥领先的位置，而社会发展协调度得分较低的地区有贵州、甘肃、青海、云南、安徽、广西等，得分均在 70 分以下。在 2010 年和 2013 年，社会发展协调度得分较高的地区依旧是北京、上海、天津、辽宁、浙江、江苏和广东等，而社会发展协调度得分较低的地区也依然包括贵州、甘肃、青海、云南、安徽等，各个区域社会发展协调度得分在全国的位置没有发生太大变化。总的来说，

北京、天津、上海、江苏、浙江、广东几个地区的协调发展情况较好，这几个区域也是传统上的经济发达地区，对外开放程度较高，政府财政实力雄厚，社会发展在全国处于领先地位。而青海、甘肃、云南、贵州、四川、广西、湖南、湖北、安徽、内蒙古、河北等地的社会协调发展情况则相对较差，这几个省份也基本上处于中国中西部地区，经济发展相对滞后，政府财政吃紧，社会发展也就难以全面兼顾。

值得庆幸的是，中国各地区社会发展协调度的平均值从2007年开始就一直呈现上升趋势，从2007年的72.11分逐步上升到2013年的79.97分，且绝大部分的省份的社会发展协调度从2007年到2013年均处于不断上升的阶段，协调状况逐渐好转，相信假以时日，中国各地区的社会发展均将达到较高程度的协调发展。

二 区域间社会协同发展的分析

中国区域间的社会协同发展状况究竟如何？历年来区域间的协同发展是否得到了有效改进？为反映区域间社会协同发展的情况，需要利用相应的方法来测算，对于中国30个省份2007年到2013年的区域间社会协同发展情况来说，离差系数就是一种比较理想的衡量方法。

离差系数又叫变差系数、变异系数、相对标准差等，用于测度数据之间的离散趋势，通常用符号CV表示，其基本的计算公式为：

$$CV = \frac{S}{\bar{X}} \times 100\% \qquad (29.12)$$

其中，S为标准差，$\bar{X}$为平均数。离差系数能够在一定程度上反映出各个区域历年的社会协同发展协同度得分的分布情况，因而是一个简单有效的方法。借助上一节中各个地区历年的社会发展协同度得分结果，可以得到中国历年的区域间社会协同发展情况如图29.9所示。

由图29.9可知，从2007年到2013年，中国区域间社会发展协同度的离差系数从0.111逐年下降到0.090，离差系数在缩小，表明随着时间的推移和中国各地区经济社会各自的发展，中国区域间的社会发展协同度差异逐渐降低，区域之间的社会协同在逐渐改善。在中国各地区社会发展程度逐渐提高的过程中，其与经济发展的协同关系究竟如何？社会发展与经济增长的关系到底怎样？这些问题还需要进一步分析。

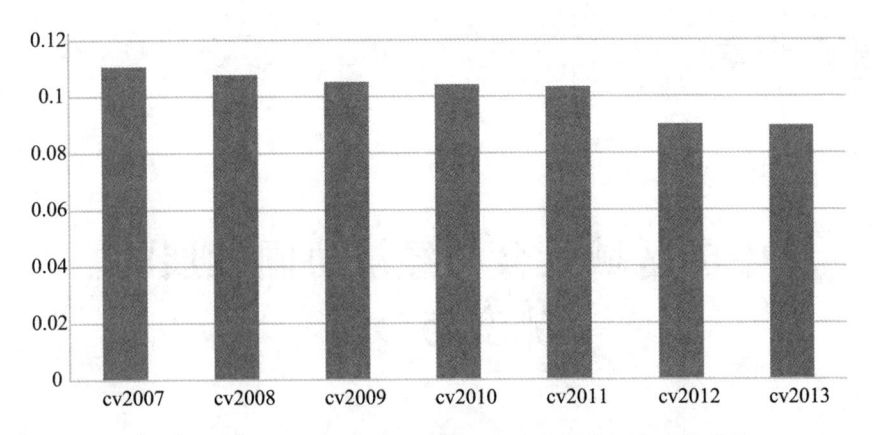

图 29.9　2007—2013 年中国区域间社会发展协同度离差系数

第三十章

中国区域社会与经济协同发展的测度与分析

本章研究的主要内容是通过对社会发展指数指标体系的构建来衡量各地区历年社会发展的基本情况，对各区域历年的社会发展状况进行分析。此外，通过对社会发展和经济发展的协同程度进行测度，对各地区的社会与经济是否实现了协同发展和实现程度做出评价，并同样分析了各区域协同度的变化规律。

第一节 中国各地区经济发展程度的测度

一 指标体系的构建

和社会发展程度一样，本部分也构建了能够反映中国各地区历年经济发展情况的经济发展指数指标体系，该指标体系考虑到了经济发展的多个方面，包括经济总量、经济质量、经济结构和经济效益四个二级指标。而每个二级指标下又分别包含了多个三级指标。具体如下。

（一）经济总量

经济总量是经济发展程度最直接也最明显的指标，一个地区的经济总量特别是地区生产总值（B11）指标在所有的经济指标中总是被人们关注最多的指标，此外，社会消费品零售额（B12）和政府的财政收入指标（B13）也能够反映一个地区经济总量的情况。数据来源于历年《中国统计年鉴》。

(二) 经济质量

一个地区经济发展的情况还在经济质量上有所体现,经济质量指标包括各地区人均国内生产总值(B21)、农村居民家庭人均纯收入(B22)和城镇居民可支配收入(B23),和经济总量相比,农村居民家庭的人均纯收入和城镇居民的可支配收入表示的是全体国民的实际收入情况,能够反映经济发展让全社会所有人收益的情况,因此是一个反映经济质量的理想指标。此部分数据同样来源于历年《中国统计年鉴》。

(三) 经济结构

经济结构的情况是经济发展必须考虑到的一个方面,主要包括产业的结构和经济的外向程度,这两个方面的情况是经济长期发展和经济活力的体现,包含三个三级指标:第二产业占比(B31)、第三产业占比(B32)和各地区进出口总额占 GDP 的比值(B33)。一般来说,由于第三产业是中国就业人员从事的主要产业,因此第三产业所占比重越大,就业情况就越好,同时,进出口总额越高,则表明经济的外向程度越好,经济活力则越大。数据来源于《中国区域经济统计年鉴》,各地区进出口总额的数值通过进出口总额与当年人民币对美元汇率的中间价相乘得出。

(四) 经济效益

经济的发展也需要注重经济效益的提高,没有经济效益的发展是低效的经济发展,在市场上将不具备长期竞争力,只有实现了经济效益的提高,才能够保证经济又好又快发展。经济效益指标包含三个三级指标:单位 GDP 电耗(B41)、劳动生产率(B42)和成本费用利润率(B43),分别用各地区全年耗电量除以地区 GDP 总值、劳动力人均 GDP 和各地区规模以上工业成本费用利润率表示。数据来源于历年《中国统计年鉴》和历年《中国工业企业统计年鉴》。

为得到各个三级指标的权重,首先利用标准化方法剔除数据量纲的差异,使得数据具有可比性,其次同样利用上文介绍的熵值法,求出各个三级指标的权重值,权重具体大小如表 30.1 所示。

表 30.1　　　　　　　　经济发展指数指标体系及各自权重

一级指标	二级指标	三级指标	指标解释	权重
经济发展指数（B）	经济总量（B1）	国内生产总值（B11）	各地区国内生产总值	0.0916
		社会零售品销售额（B12）	各地区社会销售品零售额	0.0832
		财政收入（B13）	各地区政府一般预算收入	0.0793
	经济质量（B2）	人均 GDP（B21）	各地区人均国内生产总值	0.0932
		农民人均纯收入（B22）	各地区农村居民家庭人均纯收入	0.0811
		城镇居民可支配收入（B23）	各地区城镇居民可支配收入	0.0781
	经济结构（B3）	第二产业占比（B31）	各地区第二产业产值在国民经济中的比重	0.0558
		第三产业占比（B32）	各地区第三产业产值在国民经济中的比重	0.0683
		经济开放度（B33）	各地区进出口总额/国内生产总值	0.1373
	经济效益（B4）	单位 GDP 电耗（B41）	各地区全年耗电量/国内生产总值	0.0991
		劳动生产率（B42）	各地区国内生产总值/总就业人口	0.0673
		成本费用利润率（B43）	各地区规模以上工业成本费用利润率	0.0658

二　经济发展指数的测度结果

在利用熵值法得出各个指标所占权重之后，用该权重乘以对应的指标标准化之后的数值，得到了经济发展指数的结果，为使结果更加清晰可比，同样利用上文中提到的百分制转换方法，得出最终中国 30 个省级行政区域历年的经济发展指数情况，如表 30.2 所示。

由表 30.2 可知，中国各地区历年的经济发展情况存在较大的差异。东部发达地区的经济发展指数高于中西部地区，沿海地区的经济发展指数高于内陆地区，这符合我们的主观认识。同时，平均而言，广东、上海、江苏、北京、浙江和山东这几个地区的经济发展指数明显高于其他地区，而甘肃、海南、贵州、宁夏和青海等西部地区省份则明显在经济发展指数方面得分不高。可喜的是，全国范围内的经济发展指数均值则是逐年上升的，经济发展指数从 2007 年的均值 67.93 上升到 2013 年的 77.97，说明中国的经济发展情况总体来说是向好的。

表 30.2　　　各地区历年经济发展指数测度结果

	2007 年	2008 年	2009 年	2010 年	2011 年	2012 年	2013 年	平均
北京	79.86	82.56	81.77	85.35	88.61	90.26	92.82	85.89
天津	74.84	75.16	75.73	79.42	82.05	84.20	85.94	79.62
河北	68.80	70.46	70.70	74.32	77.11	78.66	79.90	74.28
山西	65.72	66.76	66.23	68.71	70.94	71.68	72.14	68.88
内蒙古	67.04	68.65	70.40	73.54	76.57	77.88	78.56	73.24
辽宁	68.39	70.09	71.33	74.60	77.39	79.49	81.50	74.68
吉林	63.79	64.63	65.57	67.55	69.79	71.32	72.06	67.82
黑龙江	67.25	68.58	66.47	68.78	70.97	71.45	72.09	69.37
上海	84.52	85.66	85.77	89.25	91.58	92.72	94.52	89.15
江苏	80.23	82.35	83.46	88.32	92.77	95.87	97.97	88.71
浙江	76.89	78.78	79.76	83.59	86.90	88.84	91.47	83.75
安徽	63.10	65.01	65.97	68.16	70.30	72.03	73.59	68.31
福建	69.89	70.87	71.76	74.85	77.01	78.69	80.42	74.79
江西	62.17	63.78	64.75	67.10	69.01	70.46	71.87	67.02
山东	74.97	77.76	79.31	82.93	86.66	89.50	92.09	83.32
河南	67.96	69.78	70.53	73.03	75.57	77.51	79.10	73.36
湖北	64.96	66.51	67.56	70.06	72.30	74.07	76.00	70.21
湖南	64.04	65.51	66.84	69.44	71.53	73.22	74.88	69.35
广东	85.00	86.38	87.21	91.80	95.34	98.02	100.00	91.96
广西	62.44	63.32	64.50	67.06	68.66	70.19	71.19	66.77
海南	60.00	61.01	62.54	64.41	66.25	66.98	67.28	64.07
重庆	62.69	64.01	65.00	67.04	69.53	71.57	72.81	67.52
四川	64.30	65.73	67.30	70.00	73.06	75.05	76.54	70.28
贵州	60.72	61.55	62.21	63.94	65.86	66.97	68.20	64.21
云南	62.51	62.74	63.56	65.59	66.97	68.33	69.57	65.61
陕西	64.32	66.34	66.97	69.81	71.74	73.11	73.90	69.46
甘肃	61.25	61.12	61.57	63.04	64.37	65.32	66.17	63.27
青海	63.32	64.15	62.63	64.49	66.17	66.67	67.28	64.96
宁夏	61.03	62.07	62.88	64.81	66.19	66.94	68.12	64.58
新疆	65.84	66.76	64.70	67.14	68.69	69.60	71.18	67.70
平均	67.93	69.27	69.83	72.60	75.00	76.55	77.97	72.74

第二节 中国各地区社会与经济协同的测度

一 测度模型的基本要求

目前,学术界尚没有测度中国经济社会协同发展水平的专用模型,一般是通过借用其他学科的方法来测度经济社会协同发展水平,因此需要考虑到借用的模型能在多大程度上测度中国经济社会协同发展水平的问题。从已有的文献来看,离差系数是目前用于测度协同发展的方法中较常见的模型,但从协同发展的内涵来看,离差系数作为一种测度离散趋势的数学模型,似乎只是测度协同的意义,而未能测度出发展的意义,从这个角度来讲,离差系数在测度协同发展时存在一定的局限。

在前文中,作者对中国经济社会协同发展的内涵做出了界定,认为经济和社会的协同发展应该既满足经济系统和社会系统两个子系统之间的协同,同时,也应该要求两个子系统各自的发展,避免低水平的协同对我们造成误导。因此,中国经济社会协同发展水平测度模型必须满足以下基本要求。

首先,所采用的方法或者模型在方法上具有科学性和可行性,能体现经济发展与社会发展两组变量之间的协同度,也就是经济发展与社会发展之间的离散趋势,帮助我们捕捉经济发展和社会发展两个子系统中是否存在某一个子系统发展滞后的情况。

其次,所采用的方法或者模型必须既考虑到经济系统和社会系统的协同,又考虑到两个子系统本身的发展,避免不能够对低水平的协同和高水平的协同做出区分。

以图 30.1 为例,详细说明本部分所研究的中国经济社会协同发展的几种情况。图 30.1 中,横轴代表社会发展,纵轴代表经济发展,45°线上的点表示经济和社会完全协同发展的点。其中 A 点表示经济发展与社会发展都处于较低水平,此时经济发展与社会发展呈现完全协同状态,但发展水平较低,属于低水平协同;B 点,社会发展水平远高于经济发展水平,此时经济发展滞后于社会发展,经济社会发展处于不协同状态;C 点,经济发展与社会发展都处于较高发展水平,经济发展与社会发展处于完全协同,此时的状态便是中国经济社会协同发展的理想状态;D 点,

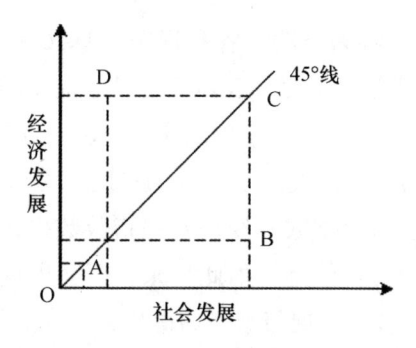

图 30.1 中国经济社会协同发展水平的类型

经济发展水平高于社会发展水平，经济发展与社会发展处于失调状态。图 30.1 也表明，随着经济与社会不断发展，发展也是经济与社会协同发展的重要内容之一，发展无止境，协同发展也将无止境。

二　传统离差系数方法的局限性

离差系数又叫变差系数、变异系数、相对标准差等，用于测度数据之间的离散趋势，通常用符号 CV 表示，其基本的计算公式为：

$$CV = \frac{S}{\bar{X}} \times 100\% \tag{30.1}$$

其中，S 为标准差，$\bar{X}$ 为平均数。从统计学意义上来讲，假设有两个系统 X 与 Y（或两组变量 X 与 Y），二者之间的协同度体现为 $f(X)$ 和 $g(Y)$ 的离差，那么两者的协同度越高，$f(X)$ 和 $g(Y)$ 离差越小；反之，若两者的协同度越低，则 $f(X)$ 和 $g(Y)$ 离差越大。因此，可以用离差来度量系统之间的协调性。用公式表示为：

$$CV = \frac{S}{[f(X)+g(Y)]/2} = \sqrt{2 \times \left\{1 - \frac{f(X) \times g(Y)}{[(f(X)+g(Y))/2]^2}\right\}} \tag{30.2}$$

由于离差系数与协同度呈反向关系，则式（30.2）CV 越小，则协同度越大，根据这个关系，可以构建两个系统的协同度测度模型：

$$C = \left\{[f(X) \times g(Y)] \times \left[\frac{f(X)+g(Y)}{2}\right]^{-2}\right\}^{K} \tag{30.3}$$

C 表示协同度，K 为调节系数，K 值通常是协同度评价指标体系的层次数减1，一般取2。容易证明，容易证明，0≤C≤1，这样协调系数C取值在0—1。当C值等于1时，表示系统处于完全协同状态；反之，当C值等于0时，表示系统处于最不协同状态。以上协调系数C成为学者们所构建的系统之间的"协同发展水平"。通过这个公式，我们便可以利用前文计算出来的社会发展指数和经济发展指数数据，计算各个地区历年的社会经济发展协同度。但是，如此一来，便会出现一个非常明显的不足。例如，贵州省的社会发展指数平均得分为63.68分，而其经济发展指数得分为64.21分，两者非常接近，利用上述公式计算出来的贵州省协同度必然很高，可以预见到，利用这种方法计算出来的贵州省经济社会协同度甚至会高于很多东部地区省份。很明显，贵州省的这种协同属于上文中提到的低水平协同，即社会发展和经济发展在全国范围内均处在较低的水平，这种协同自然不是理想的状态，达到高水平的协同才是我们实现经济和社会协同发展的最终目的。考虑到上述方法不能区分低水平协同和高水平协同，因此，我们需要另辟蹊径，对传统离差系数方法加以改进，从而能够对两者进行直接区分，准确衡量中国各省级行政区域历年的经济社会协调度情况。

三 改进离差系数方法测度的中国社会经济协调度

前文对离差系数模型测度协同发展时的局限进行了分析。简单来说，离差系数在测度协同发展水平时仅测度了协同，但是没有体现发展的理念，因此，对于完整的协同发展定义而言，显然离差系数存在不能准确度量的问题。不可否认，离差系数在测度协同方面简单易行，且比较直观，有着较好的效果。鉴于此，对离差系数模型加以改进，将有助于更加科学地测度协同发展水平。

从中国经济社会协同发展的内涵来看，协同发展简而言之是协同和发展的综合体，既要体现协同，又要体现发展。显然，协同可以用传统的离差系数测度，而发展度则可以以公式（30.4）表示：

$$D = \alpha f(X) + \beta g(Y) \tag{30.4}$$

这里仍然以两个系统之间的协同发展为例，其中α、β分别为X变量与Y变量的权重，若同等重要，则取值均为0.5。既然协同度和发展度都能被度量，那么，如何将二者结合为协同发展度则是重要的问题。借鉴车冰清等的方法[1]，利用公式（30.5），将协同的测度和发展的测度联系起来，公式如下：

$$S = \sqrt{\left\{[f(X) \times g(Y)]\left[\frac{f(X)+g(Y)}{2}\right]^{-2}\right\}^{K} \times [\alpha f(X) + \beta g(Y)]}$$

(30.5)

式中，S 代表采用改进的离差系数方法计算的协同度，不难证明，$0 \leqslant S \leqslant 1$，当 $S=1$ 时，说明协同发展度最好；反之，则表明协同发展度仍然有改进的空间。鉴于 $S=1$ 只是理论上可能出现的状态，各个省级行政区域历年的协同度均处于 $S<1$ 区间，因此，有必要对多协同度大小代表的实际协同程度给出定义。表 30.3 给出通用的取值范围对应的描述亦即协同等级的通用分类标准。

表 30.3　　　　　　协同发展度的等级分类标准

类别	D 取值范围	具体类型
协同发展类	0.9—1.0	优质协同发展类
	0.8—0.9	良好协同发展类
	0.7—0.8	中级协同发展类
	0.6—0.7	初级协同发展类
过渡发展类	0.5—0.6	勉强协同发展类
失调发展类	0.0—0.5	不协同发展类

第三节　中国各地区社会与经济协同的分析

一　中国各地区历年社会与经济协同发展整体情况

利用上文中改进的离差系数方法，对中国各个省级行政区域 2007—2013 年的社会经济协同度进行测度，结果如表 30.4 所示。

---

[1]　车冰清、朱传耿、孟召宜等：《江苏县域社会经济协调发展格局及对策研究》，《经济地理》2010 年第 30 卷第 7 期，第 1074—1079 页。

表 30.4　　各地区历年协同发展度测度结果

	2007 年	2008 年	2009 年	2010 年	2011 年	2012 年	2013 年	平均
北京	0.7575	0.8009	0.7939	0.8465	0.8905	0.9163	0.9448	0.8500
天津	0.6550	0.6605	0.6713	0.7272	0.7557	0.7611	0.7742	0.7150
河北	0.4393	0.4766	0.4901	0.5034	0.5269	0.5389	0.5494	0.5035
山西	0.4094	0.4425	0.4274	0.4915	0.5315	0.5638	0.5785	0.4921
内蒙古	0.4067	0.4248	0.4660	0.4971	0.5035	0.5678	0.5931	0.4941
辽宁	0.4960	0.5445	0.5769	0.6370	0.6812	0.6993	0.7239	0.6227
吉林	0.3351	0.3702	0.4059	0.4705	0.5270	0.5620	0.5790	0.4643
黑龙江	0.4561	0.4908	0.4375	0.5054	0.5585	0.5625	0.5728	0.5119
上海	0.8220	0.8366	0.8336	0.8608	0.8904	0.8906	0.9038	0.8625
江苏	0.5729	0.6128	0.6718	0.7089	0.7590	0.7871	0.8185	0.7044
浙江	0.6069	0.6477	0.6931	0.7347	0.7813	0.8255	0.8689	0.7369
安徽	0.2125	0.2916	0.3528	0.4039	0.4263	0.4609	0.4984	0.3781
福建	0.4599	0.4924	0.5306	0.5693	0.6114	0.6306	0.6640	0.5655
江西	0.2473	0.3345	0.3740	0.4434	0.4871	0.5254	0.5480	0.4228
山东	0.4615	0.5029	0.5651	0.5797	0.6320	0.5698	0.5962	0.5582
河南	0.3919	0.4270	0.4692	0.4880	0.5216	0.5451	0.5689	0.4874
湖北	0.3587	0.3978	0.4396	0.4914	0.5267	0.5796	0.6131	0.4867
湖南	0.3397	0.3955	0.4387	0.4833	0.5102	0.4838	0.5043	0.4508
广东	0.5590	0.6269	0.6958	0.7390	0.7834	0.8199	0.8666	0.7272
广西	0.2687	0.3118	0.3604	0.4301	0.4632	0.5033	0.5353	0.4104
海南	0.0000	0.1210	0.2388	0.3473	0.4212	0.4474	0.4563	0.2903
重庆	0.2821	0.3427	0.3840	0.4482	0.5214	0.5818	0.6117	0.4531
四川	0.2425	0.3363	0.3793	0.4431	0.5010	0.5397	0.5648	0.4295
贵州	0.0000	0.1706	0.2384	0.2836	0.3451	0.4138	0.4579	0.2728
云南	0.2341	0.2601	0.3011	0.3520	0.3958	0.4331	0.4682	0.3492
陕西	0.3491	0.4180	0.4416	0.5018	0.5417	0.5610	0.5810	0.4849
甘肃	0.1746	0.1521	0.1890	0.2935	0.3593	0.3967	0.4275	0.2847
青海	0.3135	0.3479	0.2712	0.3643	0.4209	0.4421	0.4612	0.3744
宁夏	0.1314	0.2216	0.2760	0.3767	0.4282	0.4518	0.4905	0.3394
新疆	0.4109	0.4402	0.3700	0.4594	0.5034	0.5231	0.5538	0.4658
平均	0.3798	0.4300	0.4594	0.5160	0.5602	0.5861	0.6125	0.5063

值得注意的是，为确保最终的协同度取值在 0 和 1 之间，对各个地区

社会发展指数和经济发展指数做了标准化处理，确保结果的可比性。从各省级行政区域7年的社会经济发展协同度的平均值来看：(1) 中国区域社会与经济发展的协同水平不高，年均得分在0.5分左右，处于基本不协同水平。(2) 区域间社会与经济协同度差距较大。上海、北京、浙江、广东、天津、江苏这些东部沿海省份处于全国前列，平均协同度都在0.7以上，而贵州、甘肃、海南、宁夏、云南、安徽等地则排在全国后几名，平均协同度均在0.4以下，表明这些地区离社会经济协同发展的目标还存在较大的差距，需要引起重视。

图30.2则描述了全国30个省级行政区域2007—2013年社会经济协同度均值变化情况。从变化趋势来看，中国历年平均社会经济协同度呈现出了不断上升的趋势。2007年，全国平均社会经济协同度只有0.38，而到了2017年，这一数值则上升到了0.61，平均每年上涨0.033，特别是2010年社会经济协同度增加了0.056，虽然2013年社会经济协同度的增加较上年有所下降，但是总的趋势依然保持着持续上升，也就是说，中国各地区评价社会经济协同度依然是上升的，经济发展和社会发展的协同性也在提高。

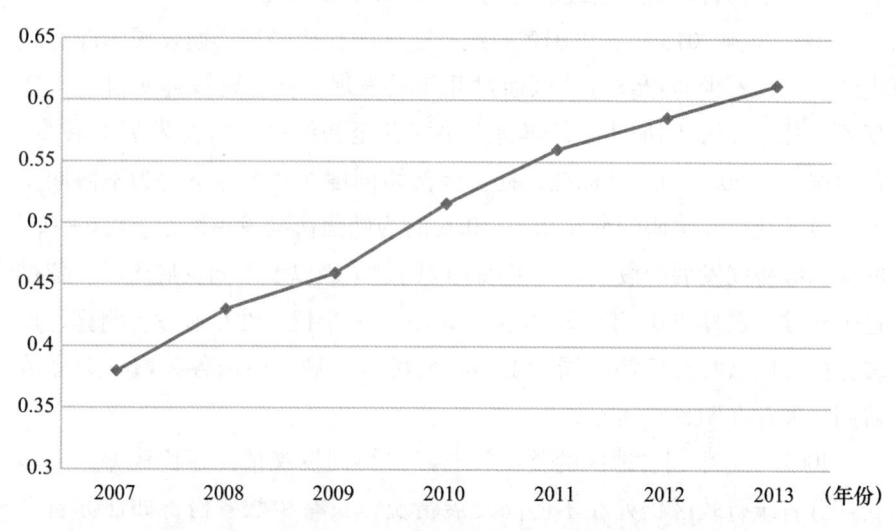

图30.2　2007—2013年中国各地区平均社会经济协同度走势

社会经济协同度平均值不断上升的原因可能是在于，改革开放初期，中国实行以经济建设为中心的总体方针，把党和国家的重心放在经济建设上，而社会发展却没有得到相应的重视，随着中国经济的持续发展，我们有更多的财政资金可以用来推动社会发展，提高了社会发展的广度和深度。在这过程中，尤其是东部地区率先促进社会发展，由于东部地区拥有更雄厚的财政实力，并且长期的社会发展的滞后必然会带来不利的社会影响，不利于社会稳定的大局，反过来也会对经济增长不利，因此经济增长既然会推动也会要求社会发展的同步提升。另外，广大中西部地区在东部地区的示范作用下，也必须发展社会事业，为吸引东部地区的资本和人才，中西部地区必须大力加强社会建设，扩大公共产品提供，提高社会公平，打造适合投资和创业的社会环境，只有如此，才能够在日益激烈的竞争中主动寻求经济上的突破。同时，加强社会建设也是中国中央政府在最高层面上的统筹规划，中央政府通过社会经济协同发展的顶层设计，必然能够进一步规范地方政府行为，推动社会发展和经济发展的同步进行。基于上述原因，中国各区域间平均的社会经济协同度必将提高，不仅如此，在长期内，各地区社会经济的发展将进一步趋于协同。

二 中国各地区社会经济协同发展情况的空间差异

2007年到2013年，中国各省级行政区的社会经济协同发展情况有较大的变化，不少的省级行政区通过几年的发展，社会建设迎头赶上，实现了从社会经济不协同发展到勉强协同甚至初级以上协同发展的转变。依然按照表30.3的分类标准，社会经济协同度在0.5以下的为不协同发展阶段，社会经济协同度在0.5—0.6的为勉强协同发展阶段，0.6—0.7的为初级协同发展阶段，而大于0.7的则是中级以上协同发展阶段。依据这个标准，选择2007年、2010年、2013年三个代表性年份进行测算，比较分析各区域社会经济协同状况，我们可以看到，中国各区域社会经济协同发展存在明显空间差异。

2007年，中国各地区的整体社会经济协同发展情况还比较差，全国大部分省级行政区仍处在不协同发展情况，只有少数省份，如江苏省和广东省，社会经济协同度在0.5—0.6处于勉强协同发展的阶段，浙江省和天津市的经济社会协同度处于0.6—0.7，进入了初级协同发展的阶段，而北京市和上海市，则达到了中级以上协同发展的阶段。2007年全国各地区的社会经济协同发展情况可以总结为除少数省份以外，各地区均未实现协同发展，少数发达地区刚刚迈入勉强协同阶段，政治中心北京和经济中心上海实现了中级以上协同发展。

2010年，中国各地区社会经济协同发展情况较2007年有所改进，中西部大部分省份仍然没有实现社会和经济的协同发展，沿海地区省份均实现了一定程度的协同发展。取得突破的省份有：陕西省、黑龙江省、河北省、山东省和福建省，五个省份从不协同发展迈入了勉强协同发展的阶段，社会建设和经济建设间的差距有所缩小。辽宁省则实现了从不协同发展阶段到初级协同发展阶段的转变，社会建设进展较大。此外，北京市、天津市、上海市、江苏省、浙江省和广东省三省三市均达到了中级以上协同发展阶段，这六个省份中，除了北京市和上海市在2007年便处于中级以上协同发展阶段之外，其余的三省一市均是通过了三年的发展，实现了自身的突破。

2013年，中国各地区的社会经济协同发展取得了较大的进展，除了宁夏、甘肃、青海、云南、贵州和安徽外，中国其他24个省级行政区都实现了一定程度上的社会经济协同发展。特别是在2010年仍处于不协同发展阶段的省份，又经过三年的发展，在三年内陆续实现了社会经济发展的阶段性目标，迈入勉强协同发展的新阶段，这些省级行政区域有：新疆、内蒙古、吉林、山西、河南、四川、湖南、江西和广西九个省份。重庆、湖北和福建则处于初级协同发展的阶段，其中重庆和湖北两地是新增的。对于处于中级以上协同发展阶段的省份，大部分在2010年便已经是属于这个阶段，只有辽宁省是个例外。辽宁省经过不懈的发展，成功地从初级协同发展阶段迈入了中级以上协同发展阶段，实现了社会建设和经济建设的同步进行。

总的来说，经过七年的发展，全国大部分地区都实现了社会与经济一定程度上的协同发展，并且协同程度在逐年增加，这是一个可喜的现象。仍处于经济和社会不协同发展的省份应当加强社会建设，迎头赶上，实现与其他地区的齐头并进。已经实现了部分协同发展的省份也应当继续努力，将社会建设置于和经济建设同等重要的地位，争取进入更高级别的协同发展阶段。中央层面上应当提供相应的政策安排，推动各地社会建设的进程，促进各个地区社会与经济建设的协同发展。

第三十一章

中国区域社会发展对经济增长作用实证研究

第一节 社会发展与经济增长的动态关系

一 社会发展与经济增长的面板 VAR 分析

VAR 模型可以将各变量作为一个系统来估计变量之间的联合动态关系，面板 VAR 则是将这一方法应用到了面板数据的范畴。[①] 这一方法可以很好地分析研究中国各个地区社会发展与经济发展之间动态关系，是本部分可以选取的理想模型。构建模型如下：

$$A_0 Y_{i,t} = f_i + \gamma_{i,t} + \sum_{j=1}^{q} A_j Y_{i,t-j} + u_{i,t} \tag{31.1}$$

其中，$Y_{i,t} = (Soc'_{i,t}, Eco'_{i,t})'$，Soc 为社会发展指数，Eco 为经济发展指数，j 为滞后的阶数，f_i 为地区固定效应，$\gamma_{i,t}$ 用来体现相同时间点不同截面上可能受到的共同冲击，$u_{i,t}$ 为随机扰动项。由于模型中存在固定效应，而 VAR 结构中解释变量（亦即被解释变量的滞后变量），古典线性回归模型中的严格外生性假定便不再成立，因此，通常用来处理固定效应的组内均值差分方法变得不可行，在这种情况下，可采用"向前均值差分"的方法（也被称作 Helmert 转换）消除每个个体未来观察值的均值，确保解释变量与模型误差项不存在相关性，保证回归结果有效。在

[①] Love I., Zicchino L., "Financial Development and Dynamic Investment Behavior: Evidence from Panel VAR", *The Quarterly Review of Economics and Finance*, Vol. 46, No. 2, 2006, pp. 190 – 210.

估计过程中，面板 VAR 方法利用滞后变量作为工具变量，进行系统 GMM 估计，从而消除内生性问题，使结果更有效率。

在对上述模型进行分析之前，需要对数据的平稳性进行检验以避免伪回归的问题。利用三种常见的面板数据单位根检验方法对数据的平稳性进行检验，分别是 Levin-Lin-Chu 检验、IPS 检验和费雪式检验。

其中，LLC 的原假设为面板包含单位根过程，考虑到方程为动态模型且包含个体效应，存在动态面板偏差，如果直接进行 OLS 回归必然会引起统计量及相应的 t 统计量存在偏差，且不服从渐进正态分布，因此需要对 t 统计量进行校正。可以分三个步骤进行，第一步，对于每个面板单位，通过信息准则选择滞后阶数，对差分项直接回归，得到第一个残差的拟合值，随后将水平项回归，得到第二个残差的拟合值；第二步，考虑到不同面板单位可能存在的异方差性，将第一步中得到的两个差分拟合值做标准化处理；第三步，使用全部数据，进行两个残差之间的回归，可以得到解释变量的系数值及 t 统计量。但是如果存在个体固定效应，则 t 统计量将发散至无穷大。为此，Levin, Lin and Chu 提出了"偏差校正的 t 统计量"，此统计量将在大样本下符合标准正态分布。[①] 与 ADF 检验类似，LLC 检验也是左边单侧统计检验，即拒绝域仅在分布的最左边。LLC 检验假设不存在截面相关，如果此假设不成立，则 LLC 检验将存在显著性水平扭曲，为了缓解可能存在的截面相关，LLC 建议将面板数据减去各单位的均值，之后再进行 LLC 检验。

IPS 检验解决了 LLC 检验要求每个个体的自回归系数全部相等的极端假设问题，Im, Pesaran and Shin 三人提出了 IPS 检验的方法：假设面板数据中共有 n 个相互独立的个体，对每个个体分别进行 DF 回归，允许个体之间存在异方差，面板单位根的原假设是所有的回归结果中解释变量参数均为零，即所有个体均存在单位根情况，通过调整 t 统计量构建了一个 Z 统计量，对模型结果进行检验。

费雪式检验的基本思路和 IPS 一样，即对每位个体分别进行检验，然后再将这些信息综合起来。具体来说，对面板数据中的每位个体分别进

[①] Levin A., Lin C. F., Chu C. S. J., "Unit Root Tests in Panel Data: Asymptotic and Finite-sample Properties", *Journal of econometrics*, Vol. 108, No. 1, 2002, pp. 1–24.

行单位根检验,得到 n 个检验统计量及相应的 p 值,然后再利用四种方法将这些 p 值综合成费雪式。方法包括逆卡方变换、逆正态变化、逆逻辑变换和修正逆卡方变换,原假设均为面板间存在单位根过程。

社会发展指数与经济发展指数的面板数据单位根检验如表31.1所示,LLC 检验、IPS 检验和费雪式检验三种检验都拒绝了面板存在单位根的原假设,表示数据不存在单位根过程,即数据是平稳的,不需要进行协整分析。

表 31.1　　　　　　　　　面板数据单位根检验结果

检验方法	statistic	Soc	Eco
LLC test	Adjusted t (trend & demean)	-6.0964***	-32.7384***
	Adjusted t statistic (trend)	-19.3347***	-5.6487***
	Adjusted t statistic (demean)	-5.7113***	-95.6930***
IPS test	Adjusted t statistic	-1.5304*	-2.8032***
Fisher test	Inverse chi2	268.3860***	260.3882***
	Inverse normal	-5.3835***	-6.2821***
	Inverse logit t	-10.4834***	-10.5668***
	Modified inv. Chi2	19.0230***	18.2929***

为了进行下一步的面板 VAR 估计,需要确定模型的最优阶数,最佳滞后阶数的确定,通常利用 AIC、BIC 和 HQIC 三种准则,选择 AIC、BIC 和 HQIC 值最小的模型。如表 31.2 所示,根据 AIC、BIC 和 HQIC 三种准则的检验结果,均表明将模型设定为滞后三阶是最优选择。

利用系统 GMM 估计方法,得到社会发展与经济发展之间的 PVAR 模型估计结果,如表 31.3 所示。对于社会发展方程,无论是滞后一阶、滞后二阶还是滞后三阶的经济发展均与其不存在明显的相关性,因此,可以根据 PVAR 模型认为研究期限内,经济增长并未影响到社会增长。而与此同时,对于经济增长方程,经济增长的滞后一阶与社会发展的滞后二阶均与其呈显著正相关,这一发现提供了社会发展能够在一定程度上影响经济增长的证据,表明社会发展有可能能够提高经济增长的水平,但是因果关系、影响程度还需要进一步讨论。

表 31.2　　　　　　　　　面板 VAR 模型滞后阶数检验结果

LAG	AIC	BIC	HQIC
1	－10.0815	－8.79695	－9.55962
2	－10.4562	－8.8766	－9.8147
3	－11.9417*	－9.94183*	－11.1352*
4	－8.26583	－5.613	－7.22816
5	－7.54109	－3.80456	－6.34574

表 31.3　　　　　　　　　　　PVAR 模型估计结果

h_soc	\multicolumn{4}{c} h_eco
L1. h_soc	0.9486	(0.7913)	0.2023	(0.5293)
L1. h_eco	0.1209	(0.0904)	0.6348***	(0.0669)
L2. h_soc	0.1598	(0.1401)	0.1752*	(0.0914)
L2. h_eco	－0.0865	(0.1409)	－0.0516	(0.0769)
L3. h_soc	－0.2693	(0.2717)	－0.1666	(0.1630)
L3. h_eco	－0.0193	(0.0700)	－0.0565	(0.0390)

注：括号内为标准差，*、** 和 *** 分别表示在 10%、5% 和 1% 的显著性水平上显著。h_表示变量经过了 Helmert 转换。

二　社会发展与经济增长的方差分解与格兰杰因果检验

通过脉冲响应函数能够分析随机扰动项一个标准差的冲击对 VAR 系统中各变量当前和未来一定时期内的影响，可以很好地反映变量之间的动态关系。对预测误差进行方差分解，可以得到所有变量的正交化冲击对其中一个变量预测均方误差的贡献程度，从而可以深入考察各变量的相互影响程度。各变量当前和未来一定时期内的影响，可以很好地反映变量之间的动态关系。

表 31.4 是对经济系统和社会系统进行误差方差分解之后的结果。由该结果可知，社会系统方面，来自社会系统本身的冲击是社会发展波动

的主要原因,冲击占比高达99.7%,在第5年到第10年之间比例就趋于稳定。而对于经济系统,初期的情况是,来自经济系统本身的冲击占主导地位,经过一定的波动,在长期内依然能够解释29.2%的波动,而社会发展对经济发展的影响在长期内可以解释经济波动的70%以上,可见,社会发展对经济发展的影响不可忽视。

表31.4　　　　　　　　　方差分解分析

期数（年）	Soc 的方差分解		Eco 的方差分解	
	Soc	Eco	Soc	Eco
1	1.000	0.000	0.108	0.829
5	0.997	0.003	0.640	0.036
10	0.997	0.003	0.708	0.292
15	0.997	0.003	0.708	0.292
20	0.997	0.003	0.708	0.292

为了进一步揭示面板 VAR 系统中各个变量是否存在因果关系,可以在面板 VAR 框架下对各个面板进行格兰杰因果检验。Granger 因果关系是基于解释变量和被解释变量的向量自回归模型(VAR)来进行估计和检验的。设定 VAR 模型的滞后阶为2,设 y_t 为被解释变量,x_t 为解释变量,则 VAR 模型如式(31.2)所示:

$$\begin{cases} y_t = u_0 + u_1 y_{t-1} + u_2 y_{t-2} + u_3 x_{t-1} + u_4 x_{t-2} + \varepsilon_{1t} \\ x_t = \delta_0 + \delta_1 x_{t-1} + \delta_2 x_{t-2} + \delta_3 y_{t-1} + \delta_4 y_{t-2} + \varepsilon_{2t} \end{cases} \quad (31.2)$$

若接受 H_{01}: $u_3 = u_4 = 0$,则 x_t 不是 y_t 的 Granger 原因,而接受 H_{02}: $\delta_3 = \delta_4 = 0$,则 y_t 不是 x_t 的 Granger 原因。使用 F 检验来判断两个变量之间是否具有因果关系:

$$F = \frac{(RSS_R - RSS_U)/J}{RSS_U/(T-K)} \sim F(J, T-K) \quad (31.3)$$

其中,RSS_R 和 RSS_U 分别表示在原假设下的约束和无约束的残差平方和,J 和 K 分别表示约束个数和回归因子个数。面板数据模型的格兰杰检验正是基于传统格兰杰因果检验的思想,将其扩展到面板数据的检验。面板格兰杰检验的检验经过如表31.5所示。由检验结果可知,经济发展不是社会发展的格兰杰因,而社会发展是经济发展的格兰杰因。这个结论与通过面板 VAR 计量模型得出的结论一致。表明现阶段,经济的发展并不必然带来社会发展的共同进步,但是社会的发展则确实能够影响到经济发展,为经济发展提供助力。这一结论也与我们目前各地区的社会经济发展现状相符合。由于各个地区长期对社会建设的忽视,经济的进步并没有自发带来社会进步。另外,重视社会发展的地区往往能享受到社会发展带来的外部性,促进经济更好地发展,这一发现为我们实现社会与经济的协同发展找到了实证方面的证据。

表 31.5　　　　　　　　面板 Granger 检验结果

检验变量	原假设	$Y = AL^{\alpha}K^{\beta}H^{\gamma}$ 值	自由度	P 值
h_Soc	Eco 不是 Soc 的格兰杰因	3.4185	3	0.331
	所有变量都不是 Soc 的格兰杰因	3.4185	3	0.331
h_Eco	Soc 不是 Eco 的格兰杰因	14.18	3	0.003
	所有变量都不是 Eco 的格兰杰因	14.18	3	0.003

第二节　社会发展对区域经济增长的促进作用

上文中已经对社会发展和经济发展两者之间的关系进行了实证探讨,研究结果表明现阶段,区域经济的增长没有自发带来社会的发展,而社会发展则确确实实对区域经济增长有一定的促进作用。实证分析已经就二者之间的相关关系与因果关系做出了检验,而下一步的工作是探讨社会发展对区域经济增长的促进作用及其弹性大小。

一　模型设定与变量选择

为检验社会发展对区域经济增长的促进作用,引入经济增长模型中常用的 C-D 生产函数。通常,一个国家或者一个地区的经济发展与其劳动、资本等要素的投入直接相关,同时索洛模型告诉我们全要素生产率也是影响经济的一个重要因素。模型的数学表达式如下:

$$Y = AL^{\alpha}K^{\beta}H^{\gamma} \tag{31.4}$$

其中，Y 为经济总量或者与经济有关的变量，而 L、K、H 分别表示生产函数中投入生产的劳动、资本（物质资本）和人力资本要素，由于人力资本的重要作用在经济增长中不可忽视，因此应将其放入生产函数中。另外，大量文献表明全要素生产率受到众多变量的影响，如政府的干预程度、市场化程度和科技水平等，可用函数表达式表示为：

$$A = f(X, G, S, M, \cdots) \qquad (31.5)$$

正如前文分析中指数，社会的发展对经济也能起到一定的促进推动作用，但是这种作用的发生往往不是直接的，而是通过教育、创业环境、社会风气等方面间接推动经济的增长，因此，将社会发展因素放入全要素生产率的函数中是合适的。同时，不失一般性，可以假设全要素生产率的函数为指数形式，并将其代入 C-D 生产函数中，可得：

$$Y = L^{\alpha} K^{\beta} H^{\gamma} X^{\delta} G^{\eta} S^{\kappa} M^{\pi} U \qquad (31.6)$$

其中 X 代表社会发展因素，U 为其他影响全要素生产率的因素，将上式取对数之后可表示为如下形式，令其对应的小写字母代表其对数。

$$y = \beta_1 l + \beta_2 k + \beta_3 h + \beta_4 x + \beta_5 g + \beta_6 s + \beta_7 m + u \qquad (31.7)$$

若令该模型为面板数据，则可进一步表示为：

$$y_{it} = \beta_1 l_{it} + \beta_2 k_{it} + \beta_3 h_{it} + \beta_4 x_{it} + \beta_5 g_{it} + \beta_6 s_{it} + \beta_7 m_{it} + \lambda_i + v_{it} \qquad (31.8)$$

模型误差项进一步分解为地区固定的误差项和随机误差项。

对于模型的变量选取情况说明如下：

被解释变量：上文中经测算得到的各地区历年经济发展指数（Y）。

解释变量：上文中经测算得到的各地区历年社会发展指数（X）。

其他重要的解释变量主要有以下几个。

（1）就业人口（L）。该指标选取的是各区域"城镇单位就业人员年末数"与"城镇个体与私营就业人员年末数"之和。就业人口是指在一个国家或地区中，处于劳动年龄、未到劳动年龄和超过劳动年龄但具有劳动能力的人口之和。故此一个区域的就业人员数可以反映区域人力资源的状况。需要说明的是，由于没有全社会范围内所有就业人员的数据，因此利用城镇单位就业人口与个体与私营就业人员之和来近似表示。数据来源于历年《中国人口和就业统计年鉴》。

（2）人力资本（H）。该指标选取的是各区域"就业人员中大专及以上文化程度就业人员在所有就业人员中的比重"，为大专文化程度就业人员、大学本科文化程度就业人员与研究生文化程度就业人员三个层次的就业人员占比之和。该指标可以很好地显示出接受高等教育的就业人员所占的比例，以此反映中国各区域的人力资本状况。人力资本指标值越高则人力资本水平越高。数据来源于历年《中国人口和就业统计年鉴》。

（3）资本变量（K）。该指标选取的是各区域"全社会固定资产投资总额"。全社会固定资产投资是以货币表现的建造和购置固定资产活动的工作量，它是反映固定资产投资规模、速度、比例关系和使用方向的综合性指标。国内外学者在实证估计中普遍采用全社会固定资产投资总额指标来反映柯布—道格拉斯生产函数中的资本因素。数据来源于历年《中国统计年鉴》。

（4）政府干预（G）。该指标采用"地区财政一般预算支出占地区生产总值比重"进行衡量，以此反映出地方政府对市场的干预程度。一般而言，该指标值越高表明政府财政支出对市场的干预程度越显著；反之，市场干预程度相对越弱。数据来源于历年《中国财政年鉴》。

（5）产业结构（S）。该指标采用"第二产业与第三产业所占地区生产总值的比值"进行衡量，以此反映各区域的产业结构高级化进程，进而显示出区域产业结构的优化升级。数据来源于历年《中国统计年鉴》。

（6）市场化程度（M）。该指标采用"全社会固定资产投资中非国有固定资产投资占比"进行衡量。指标 M 值越高，市场的非国有资产占比越高，市场活力越强，市场化程度越高。数据来源于历年《中国固定资产投资统计年鉴》。

各变量的描述性统计如表 31.6 所示。

表 31.6　　　　　　　　　相关变量的描述性统计

变量	含义	单位	Mean	Std. Dev.	Min	Max
y	经济发展水平	—	1.265	0.134	1.076	1.670
x	社会发展水平	—	1.361	0.095	1.201	1.700
l	劳动人口	万人	828.800	586.100	83.060	3637.000
h	人力资本	%	12.120	8.287	3.007	53.590

续表

变量	含义	单位	Mean	Std. Dev.	Min	Max
k	资本变量	万亿元	0.907	0.690	0.048	3.679
g	政府干预	%	0.213	0.092	0.087	0.612
s	产业结构	—	1.273	0.334	0.290	2.003
m	市场化水平	%	0.693	0.098	0.466	0.886

二 计量结果分析

为进一步考察社会发展因素对经济发展的促进作用及弹性大小，采用上文中提到的计量模型对经济社会系统做出检验。表31.7是在不同的模型下的计量回归结果。模型（1）采取的是单因素回归，模型中没有加入控制变量，回归结果为显著正相关，和我们先前通过面板 VAR 分析得到的结果一致。模型（3）和模型（4）分别是面板数据的固定效应模型和随机效应模型，而模型（2）则是混同 OLS 模型，结果用来进行对照分析。根据随机扰动项与解释变量之间是否存在相关性和是否存在地区特定的扰动项，可以分别采取固定效应模型和随机效应模型。当误差项中存在由于研究样本所处的特定区域带来的地区固定类型的误差时，应当采用固定效应模型，而如果这一地区固定的误差与解释变量均不相关，则此时随机效应模型是更合适的选择。

对于究竟是采用固定效应模型还是随机效应模型，一方面，需要我们根据现实情况进行考虑；另一方面，可以利用豪斯曼检验的方法。对于原假设"H_0：λ_i 与 x_{it} 不相关"（即随机效应模型为正确模型），无论原假设成立与否，FE 都是一致的。但是如果原假设成立，则 RE 比 FE 更为有效。如果原假设不成立，则 RE 不一致。因此，如果原假设成立，则 FE 与 RE 估计量将共同收敛于真实的参数值，借此可以构建一个 χ^2 分布，该豪斯曼检验的统计量为：

$$(\hat{\beta_{FE}} - \hat{\beta_{RE}})'[\overline{\mathrm{var}(\hat{\beta_{FE}})} - \overline{\mathrm{var}(\hat{\beta_{RE}})}](\hat{\beta_{FE}} - \hat{\beta_{RE}}) \xrightarrow{d} \chi^2(K) \tag{31.9}$$

其中，K 为解释变量系数的维度，即 x_{it} 中所包含的随时间而变的解释变量的个数。如果该统计量大于临界值，则拒绝原假设。

根据豪斯曼检验结果，固定效应模型，即模型（3）是更为合适的模型，模型中社会发展对经济发展的弹性为0.358，即社会发展指数每增加1%，则经济发展指数增加0.358%，这是一个非常显著的数值，可见社会发展对经济发展的推动作用之大。

其他解释变量中，劳动力数量与经济发展显著正相关。正如我们所知，改革开放以来中国农村劳动力向城市人口的转移为工业化带来了极大的助力，极大地推动了中国经济的增长，内陆中西部地区省份劳动力大量向沿海地区转移也给沿海地区带去了大量的劳动力资源，为当地的经济腾飞提供了人员保障。因此，可以确定的是，能够通过各种手段吸引更多劳动力（包括本地区劳动力和其他地区的转移的劳动力）的地区，必然会迎来经济的更快发展。

人力资本的情况也与经济发展显著正相关，从系数大小可以得知，人力资本在经济发展中的作用与劳动力数量所起的作用大小接近，表明劳动力的质量和数量同样重要，劳动力中大专及以上学历的劳动者所占比重越大，则该地区劳动力的质量越好，对经济的贡献也就越大。这一结果告诉我们，各个地区应当加大对人才的培养力度，促进人力资本的提升，提高单个劳动者所受教育的年限，让每个劳动者在经济发展中起到更为重要的作用。

资本投入和政府对经济的干预在模型中的系数变得不再显著，可能的原因是本部分的经济发展是一个综合性的指标，不仅包括了经济增长的总量方面，也包含了经济增长的质量、经济增长的结构和效益多个方面的内容，加大资本投入和增加政府对经济活动的干预虽然有可能在短期内对经济增长的总量带来一定的促进作用，但是对于经济增长的质量和效应可能并没有多大推动作用，因此，在实践过程中，那种通过加大投资和政府干预来促进经济增长的模式不再可取，更为重要的应该是推动内需的扩大和更多地发挥市场的基础性作用。

其他方面，市场化水平对经济增长也有显著的正向推动作用，市场化水平在经济增长中发挥的作用已经被不同的研究者反复证实过。确实，市场化水平是经济发展中不可回避的因素。落后市场化水平，将会对经济的增长起到"拖后腿"的作用，只有对该问题足够重视，采取多种手段，切实推动市场化进程，才能够使其在经济发展过程中提供更好的制度环境，发挥更多的推力作用。

表 31.7　　　　　　　　　　　不同模型下回归结果

	模型（1）	模型（2）	模型（3）	模型（4）	模型（5）
lnx	1.108***	0.495***	0.333***	0.407***	0.650***
	(15.560)	(5.011)	(3.850)	(5.627)	(5.201)
lnl		0.050***	0.084***	0.060***	0.041*
		(4.322)	(4.973)	(5.052)	(1.699)
lnh		0.058***	0.038***	0.045***	0.025**
		(5.278)	(5.168)	(7.014)	(2.315)
lnk		0.010	0.019**	0.015**	0.045***
		(1.014)	(2.355)	(2.217)	(3.449)
lng		-0.034***	-0.022	-0.011	-0.082***
		(-2.738)	(-1.020)	(-0.759)	(-2.648)
lns		0.007	-0.032***	-0.029***	-0.007
		(0.596)	(-2.668)	(-2.719)	(-0.417)
lnm		0.041	0.073***	0.084***	-0.015
		(1.447)	(2.710)	(3.483)	(-0.337)
_cons	-0.109***	-0.419***	-0.499***	-0.362***	-0.469***
	(-4.889)	(-5.755)	(-4.550)	(-4.975)	(-2.667)
N	210	210	210	210	210
chi^2				1660.470	425.898
R^2	0.538	0.858	0.899		

注：估计结果均经过四舍五入后保留4位小数，括号内的数值为t值；***、**、*分别表示在1%、5%和10%的双尾检验显著性水平上显著异于零。

三　稳健性检验

对于面板数据，扰动项的异方差或者自相关的问题必须得到重视，如果存在扰动项的异方差或者自相关，必然导致古典线性模型参数的估计理论基本假设不再满足，导致回归结果不再可靠。为此，有必要先对可能造成异方差或者自相关的几种情况做出讨论。

（1）如果个体i的扰动方差与个体j的扰动方差不相等，则称扰动项存在"组间异方差"。

（2）如果个体i的扰动项和个体j的扰动项之间的协方差不等于零，

即两者存在某种意义上的相关性，则称扰动项存在"组内自相关"。

（3）如果同一个个体在不同时期的扰动项之间的协方差不等于零，则称扰动项存在组间同期相关或者截面相关。

对于扰动项可能存在的组间异方差、组内自相关和组间同期相关，可以用两种方法进行处理，一种是继续使用传统 OLS 来估计系数，但是对标准误进行校正；另一种方法就是对异方差或者自相关的具体形式进行假设，然后使用可行广义最小二乘法（FGLS）进行估计。由于第一种方法对组间异方差或者同期相关的问题处理不是太理想，本部分采用第二种方法对上文中的模型进行稳健性检验。

为解决组内自相关的问题，假设所有个体的扰动项都服从自回归系数相同的 AR（1）过程，通过使用 Prais-Winsten 估计法对模型进行广义差分变换，首先利用 OLS 估计原模型，然后做辅助回归得到自回归系数，再用自回归系数的拟合值进行 FGLS 估计，然后利用新的残差估计自回归系数，如此反复循环，直至收敛。

为了解决组间异方差和截面相关性问题，假设不同个体的扰动项同期相关且有不同的方差，利用 OLS 估计后得到的残差来估计残差的协方差矩阵，以此进行 FGLS 估计，最终得到可靠的结果。

表 31.7 中模型（5）便是利用了同时考虑组间异方差、组内自相关和组间同期相关三个因素的 FGLS 模型得出的结果。对比模型结果可知，社会发展对经济发展的弹性仍然高达 0.389，这与固定效应模型的结果类似。而劳动者的质量——人力资本比劳动者的数量对经济增长的影响更为显著，在 FGLS 模型下，单纯的劳动者数量对经济增长的效应已经不再明显，反而人力资本对经济增长有较好的促进作用。而与此同时，资本的投入对经济发展的影响依然不明显，但是政府的干预对经济发展却呈现出显著负相关，这一结果表明政府对经济活动过多的干预对经济发展是有害的，应当更多地让市场发挥基础性作用。最后，市场化程度与经济发展的关系则不再显著。

四 社会发展结构对经济增长的影响

为了进一步分析社会发展的四个方面——社会保障、社会管理、社会公平和社会事业各自对区域经济增长的影响，将社会发展指标具体到四个二级指标放入模型中,计量结果如表31.8所示。

表31.8　　　　　　社会发展四个方面对经济增长的影响

	RE	FE	双固定 FE	FGLS
A1	0.669***	0.605***	0.170**	0.318*
	(7.207)	(5.947)	(1.992)	(1.691)
A2	-0.134	-0.218*	0.033	0.248
	(-1.092)	(-1.681)	(0.327)	(1.349)
A3	-0.507**	-0.399	-0.578**	0.543
	(-2.387)	(-1.314)	(-2.381)	(1.372)
A4	0.327**	0.220	0.426***	1.245***
	(2.114)	(1.376)	(3.498)	(3.017)
lnl	0.050***	0.076***	0.023	0.001
	(4.464)	(4.687)	(1.539)	(0.044)
lnh	0.045***	0.037***	0.013**	0.054***
	(7.199)	(5.197)	(2.143)	(5.277)
lnk	0.019***	0.023***	-0.030***	0.029***
	(2.862)	(2.942)	(-3.626)	(2.802)
lng	-0.017	-0.026	-0.049***	-0.083***
	(-1.224)	(-1.245)	(-2.747)	(-5.603)
lns	-0.008	-0.007	-0.001	-0.025
	(-0.719)	(-0.570)	(-0.134)	(-1.437)
lnm	0.109***	0.088***	-0.001	-0.023
	(4.585)	(3.262)	(-0.051)	(-0.686)
Year_dummy			YES	
_cons	-0.431***	-0.536***	-0.212*	-0.911***
	(-4.573)	(-4.194)	(-1.781)	(-3.792)
N	210	210	210	210
chi^2	1898.685			940.363
R^2		0.912	0.952	

注:估计结果均经过四舍五入后保留4位小数,括号内的数值为t值;***、**、*分别表示在1%、5%和10%的双尾检验显著性水平上显著异于零。

分别用随机效应模型、地区固定效应模型、时间—地区双固定效应模型和可行广义最小二乘估计四种方法，模型的结果分别对应表31.8 的四列。由于时间—地区双固定效应充分考虑了时间异质性和空间异质性，且 Hausman 检验的结果也更加支持固定效应，双固定效应比地区固定效应有更大的 F 值，因此是一种更为有效的方法，截面异质性和自相关性的 FGLS 模型结果与双固定 FE 方法结果类似，进一步保证了结果的可靠性。由计量结果可知，社会发展的二级指标中，社会保障与社会事业两项在多个模型中均显著为正，表明各个地区在这两个方面的得分上升能够对经济增长起到一定的推动作用，社会事业的系数比社会保障的系数更大，说明对经济增长的推动作用更强。社会管理现阶段暂时对中国各地区区域经济增长的影响不显著，社会公平则对区域经济增长具有一定的负面影响。为了实现社会公平，往往要求政府财政向弱势群体倾斜，保障人民的基本受教育权、就业权等权利，促进农村居民增收，相关的政策较好地推动了社会公平，但是也有可能使得该地区为了实现社会公平损失了一部分效率，从而延缓了经济增长进程，这并不是说为了经济增加就不需要推动社会公平，从整个经济社会发展大局来看，提高社会公平程度是实现发展成果由全体人民共享的必由之路。

第三节　本章小结

本章利用2007—2013 年中国30 个省份的面板数据，在前面几个章节的基础上利用面板 VAR 模型和方差分解进一步分析了社会发展与经济发展的动态关系，利用格兰杰因果检验的方法证实了现阶段经济发展并没有必然促进社会发展，而社会发展则对经济发展提供了较大的推力。同时，采取固定效应和随机效应两种模型，在控制了其他因素的基础上进一步分析了社会发展对经济发展的弹性大小，并利用 FGLS 模型做了稳健性检验。结果表明，社会发展与经济发展之间的弹性为0.389，即社会发展指数每增加1%，则经济发展指数增加0.389%。其他方面，劳动者的质量——人力资本比劳动者的数量对经济增长的影响更为显著；政府对经济活动过多的干预对经济的发展有害。从社会发展的分项指标来看，社会保障与社会事业能够对经济增长起到一定的推动作用,社会事业的系数比社会保障的系数更大,社会管理现阶段暂时对中国各地区区域经济增长的影响不显著,社会公平则对区域经济增长具有一定的负面影响。

第三十二章

推进中国区域社会协同发展政策建议

长期以来，中国社会建设滞后于经济发展，区域社会发展存在诸多短板，不平衡、不充分问题突出，亟待提高认识，加大投入，深化改革，完善相关体制机制和政策措施，大力推进区域社会协同发展。

第一节 加大力度更加重视区域社会发展

要确立社会发展在区域发展中更加重要的战略地位。改革开放以来，中国实行"以经济建设为中心"的基本战略，经济建设得到了长足进步，经济发展成果举世瞩目，然而与此同时，中国社会建设由于没有得到应有的重视，长期滞后于经济建设。社会建设的内容牵涉到与民生相关的各个方面，包括教育、就业、收入分配、社会保障及其他基本公共服务等多个系统，对中国各个地区的发展尤为关键。因此，必须确立社会发展在区域发展中更加重要的战略地位，在保障各地区经济发展的同时，应当更加重视社会发展，同时，正如经济建设中必须统筹考虑一、二、三产业及各产业内部的结构优化一样，社会建设也必须高度重视各个系统的协同推进及内部结构的持续优化，强调社会发展的顶层设计。缺乏统筹考虑与顶层设计，将导致制度失衡与结构不良等问题，结果可能是制造矛盾或者在化解了一些问题后又衍生出新的"后遗症"，不利于中国经济社会的全面协调可持续发展。

一 要加大和确保对社会发展的投入

社会发展的推动离不开政府的协调与社会各界的全力投入，如果仅仅依靠执政者的个人意志与偏好来对社会发展加以推动，则很难保证社会的可持续发展，为此，必须建立健全保证社会发展的相关制度，特别是要在立法层面上予以保证。有必要在中央政府层面上出台相关法律法规，强调社会建设的重要性，确保对社会发展的持续投入，保证社会发展的可持续进行。考虑到中国现阶段社会发展的相对滞后状况，为了推动中国社会各个方面的持续发展，必须要加大对社会发展的投入力度，同时，考虑到社会发展投入可能存在的规模收益递减特征，则需要进一步在社会发展方面逐年逐步提高投入，促进中国社会各个方面的稳步发展。

二　健全促进社会发展的体制机制

社会建设是一项系统性工程，必须大力推进顶层设计，重点是构建一套完善的宏观制度体系。对于经济工作，中央有财经领导办公室统筹各个经济部门进行决策。但对于社会工作，迄今并无一个统筹部门。结果社会工作往往分散在各个部门，各个部门由于存在部门利益，很难进行统筹解决，这就造成社会建设"纵向不畅通，横向无合力"的尴尬局面。当前经济社会的突出特点是，经济持续较快发展，政治保持同期稳定，社会问题多发凸显。迫切需要在社会体制方面实施变革，其中最主要的矛盾在于，目前公共产品和公共服务的供给严重不足。对此，应加强社会建设，必须首先建立完善的领导机制、健全的组织机构、可操作的指导意见和科学的发展规划。当前中国的社会建设缺乏一个国家层面的统筹机制，亟须成立一个中央层面的社会建设委员会，统筹社会建设各项规划的制定和实施。社会建设委员会可隶属于国务院，受党中央和国务院双重领导，从而充分协调与社会发展相关的民政、教育、科学、文化、城建、人口、卫生等各部门，有效推进社会建设工作的有序有效开展。

三　鼓励社会各方面积极参与社会发展

社会的全面发展，不仅仅需要政府的大力投入，更需要政府之外的企业、各类机构与个人的全面参与。政府主体和非政府主体二者互为补充、缺一不可。政府主体对社会发展的参与起主导作用，对非政府主体对社会发展的投入起到了引导的作用,避免了社会发展进入无序状态。非政府主体对社会发展的参与则极大地扩大了社会发展投入主体的广度,并且对于政府主体有所遗漏和无法顾及的方面进行了补充。例如,各类公益组织和慈善组织的存在,不仅给弱势群体带去了物质方面的资助,同时也给他们提供了精神慰藉,对整个社会的风气也能起到一定的提升作用,营造出更加高尚的社会氛围。因此,只有在政府主体和非政府主体的共同参与下,在社会各方力量的共同努力下,促进政府治理和社会自我调节、个人自主参与良性互动,由政府主导和社会各界积极参与来创新社会事业资金筹集和分配机制,逐步使其从基本型社会事业向发展型社会事业稳步拓展,社会发展才能够变得更全面、更和谐。

四 因地制宜确定区域差异化社会发展策略

在制定社会发展总体战略过程中,要充分考虑到各个地区地理历史现状和现实发展的差异性,尊重客观规律,制定差异化的区域社会发展策略。在推行差异化的社会发展策略的过程中,要注重方式方法,可以采取局部试点和全面推进相结合的方式。要鼓励有条件的地区先行试点,通过实施经验反馈,调整不足,再向全国推广,允许各个地区存在一定的差异性。例如,广东省深圳市就做出了有力探索。深圳社会建设领域的"基本法"——《深圳经济特区社会建设促进条例》在深圳市五届人大三次会议高票通过,这对全国社会建设的顶层设计具有样板意义。《深圳经济特区社会建设促进条例》将社会建设摆在与经济建设同等重要的位置,加强顶层设计和统筹规划,正是深圳市社会建设的重要特点之一,涵盖了社会事业、社会保障、社会组织、社区建设、社会管理等不同范畴,在公众参与机制、非户籍居民平等参与社区自治等诸多方面都做出探索性改革。类似于深圳这样的发达地区,经济和社会发展均处于全国的领先地位,在社会建设方面可以将更多的资源投入和"质量"有关的公平性方面,而对于中西部落后地区,由于社会发展的程度还较低,现阶段工作的中心可能还无法完全体现在公平性方面,提高"数量"是当务之急。社会发展现状等区域异质性特征决定了社会发展策略可以存在一定的差异性。

第二节　优化机制推进区域间社会协同发展

一　确立全国一体的区域社会发展战略

随着市场经济体制的建立健全和改革开放不断向纵深推进，当代中国的社会主义事业在取得举世瞩目的长足进步和辉煌成就的同时，社会矛盾与利益冲突日益凸显也成为不争的事实。究其根源，一个重要的原因是改革发展成果共享不足所导致的社会不公。社会矛盾及其引发的相关问题如果不能通过深化改革开放得以缓解或排除，将对社会生活的正常运行与良性发展构成严重威胁，甚至危及改革开放已经取得的丰硕成果。如何最大限度地维护和保障广大人民群众的根本利益和合法权益，让每个人都能共享改革发展带来的红利，促进社会公平正义的实现，已经成为处在改革发展深水区的当下中国面临的重要挑战。经济发展成果必须真正为民所享才能实现发展的目的，而这一过程的实现便需要社会发展能够与经济发展相匹配。当前，与中国区域之间经济差异明显相伴随的是社会发展在各个区域之间同样存在较大的差距。在各区域经济快速增长的背后，存在着区域社会发展差距扩大、发达地区与落后地区社会保障与社会事业发展的差距扩大、落后地区教育医疗投入不足等一系列问题。为此，必须要确立全国一盘棋的意识，在中央政府的统领下，制定全国层面社会发展的战略规划，推动全国各个区域的社会发展。努力缩小区域之间的差距、区域内部城乡社会发展差距，扩大对各地区尤其是落后地区教育、医疗、社保的财政投入力度，切实保障民生。

二　大力推进各区域公共服务均等化

加大对财政收入不足的落后地区的政策倾斜力度，促进社会保障的"兜底"作用更好地发挥，推动各个区域公共服务均等化。中西部地区特别是西部地区的政府财政收入有限，当地政府往往会将有限的财政收入投入到能够对经济增长起到较好推动作用的专项投资上去，对能够推动社会发展的支出反而有所忽视。因此，中央政府有必要加大专项转移支付力度，提升落后地区的各类社会保障的覆盖率，提高社会保障水平，从而缩小与发达地区在社会保障方面的差距，进而缩小社会发展的差距。

推动各地区科教文卫事业发展,提升各地区特别是落后地区的科技水平、教育水平和医疗水平等社会事业的发展程度,降低失业率,提高各地区城乡居民收入水平,最终缩小区域社会发展差距。

三 形成全国互联互通的社会保障机制

社会保障体系是社会发展的基石,打通区域之间社会保障的关联,是推进区域社会协同发展的重要抓手。目前,中国社会保障体系的区域限制还比较大,如医保、养老保险等基本上还不能异地使用,更不用说最低生活保障等不能异地领用,这无疑阻碍了区域社会发展给所有居民带来便利的实现,造成了区域间人们在享受社会发展福利上的区隔,不利于区域社会的协同发展。推进区域社会协同发展,需要全面形成全国互联互通的社会保障机制,首先,是互联互通,在各区域都能使用所有区域的社会保障服务;其次,对于基本的社会保障实行各区域的基本社会保障要逐步统一,基本一致;最后,要通过互联网和智能化的方式,进一步简化居民享受社会保障的程序,实现居民社会保障的便利化。

四 健全居民各区域自由流动的社会机制

促进区域社会协同发展的一个重要推动机制,就是要从根本上创新居民居住制度,强化居民的国民身份,淡化地域身份,保障居民可以自由地在全国各区域自由流动、居住,并享受居住地的社会福利。这样一方面将激励各区域政府优化区域的社会福利,不然居民会选择"用脚投票",会促使区域之间社会福利逐步均衡化;另一方面也能更好地保障所有居民在自由选择中,依据自身的偏好选择居住地,实现每个人享有基本一致的社会福利,也就是实现了区域社会协同发展的基本目标。当然,这一目标的实现,涉及复杂的制度和政策改革,需要一个循序渐进的过程,但应该是国家社会发展或区域社会协同发展的一个基本价值目标和趋势。

五 创新区域间社会发展的合作机制

由于中国区域之间社会发展存在较大的差距,经济发达的地区往往社会发展程度也较高,因此,利用多种有效途径积极促进区域之间社会发展的合作,特别是借助发达地区的先进经验提高落后地区的社会发展水平对于中国总体社会发展具有重要的意义。在社会管理过程中要充分利用最新的科学技术、更好的管理方式,提高管理水平,降低管理成本,实现社会管理的升级,从而有利于降低区域的交易成本,更好地推动社会经济的全面协同发展。社会管理水平的提高体现于更加智能的城市系统,如减缓交通堵塞、城市内涝等对城市的影响,或者降低人为灾害的发生次数,降低自然灾害对人们正常生活的不利影响,也体现在对社会突发事件、群体性事件的及时有效应对,降低其对社会正常秩序的冲击,维护社会的健康规范发展,同时增加社区或者居民聚居地公共基础设施的数量与质量,更好地提高居民的生活质量等多个方面。科技水平和管理水平的提高在这个过程中应该发挥非常重要的作用。更为重要的是,考虑到发达地区的科技水平和管理水平通常比落后地区要更高,有必要建立联系机制,促进发达地区对落后地区技术的溢出和人才的交流,更好地为落后地区的社会发展贡献力量,缩小区域间社会发展的差距。

第三节　统筹推动区域社会与经济协同发展

一　协同经济与社会发展的战略规划

为推动区域社会与经济的协同发展,首先要做到的就是在全国层面和各地区层面协同社会与经济发展的战略规划,强调社会发展对经济发展的支撑作用与促进作用,在推动经济发展的同时重视社会发展的实现。在大区域层面上,应统一社会与经济发展的战略布局,加强区域整合,推动区域整体间的流通和发展,加强区域内的经济分工,实现社保统筹,打破地域保护主义,充分发挥区域优势,在实现自身社会经济协同发展的同时,带动周边地区的省份协同发展程度的提高。同时,针对处于不同协同发展阶段的区域,根据所处地区的区域优势和地域特点发展规划应该有所不同,应当适时做出调整以适应社会经济协同发展的需要。要加大城乡统筹力度,着力提高农民生产生活水平,扩大农村消费市场,积极推进经济发展和城镇化进程,加大教育投入力度,转变传统思想观念,合理控制人口,提高人口素质,促进地方社会经济协调发展。通过统筹科学、教育和文化的发展来促进经济发展,在社会发展中转变思想和观念，加强与周边地区的区域合作，以调整和带动本地资源开发、经济和社会的发展。通过经济繁荣与社会进步的协同发展，大力推进经济发展成果向民生幸福转化，积极促进经济发展目标与社会发展目标融合，以区域发展质量为着眼点，以市场化、开放度、科技创新、后发优势、经济结构优化调整与经济社会发展的联动推进为重点，逐步解决经济与社会发展失衡、错位和不协调现象。

二 把社会发展纳入经济发展的价值目标

经济发展的最终目的是实现经济发展成果的全民共享，而这一结果的实现往往需要通过社会发展渠道的保障与协调。社会发展目标与经济发展的目标并不是矛盾的，也不应该被割裂开来，那种经济发展优先、社会发展靠后的观点是不对的。将社会发展纳入经济发展的价值目标，有利于实现经济发展的最终功能的实现，也进一步强调了社会发展在经济发展过程中的必要性。进一步地，经济发展不仅要满足人们的基本生活需要，也要保障弱势人群的生活所需，关注基本福祉的全民普惠，而且要注重更高层次、更为多样的高层次福利的提供和发展，更多地关注人们可行能力的丧失问题，更为注重人们可行能力的培养，积极创造使人们能享受长寿、健康和充满创造力生活的选择自由，提供发展型福祉及其改善的发展机会，这对于提升这些地区社会发展能力具有本质上的潜在价值。在政策取向上，要持续不断地大力提高社会福利支出比重，在满足基本社会需求的基础上，尽可能在人力资本和社会资本方面加大投资，提高教育资源、医疗卫生资源和社会资源的配置效率，通过增加个人和社会投资以及多元化融资平台搭建等途径，培育和增强个人发展能力和社会发展能力，实现发展成果共享的最终目的。

三 以社会发展来优化经济发展的环境

在推进经济社会发展的进程中，不仅要坚持经济发展对社会发展的支撑作用，也要重视社会发展对经济发展的推力作用，通过社会发展来对经济发展的条件进行优化。协调好社会发展与经济发展之间的互动关系，从根本上改变原有的中心完全放在经济建设上，而社会建设仅仅维持在基本生存水平和满足基本生活需要的水平上的发展理念，将教育人力资本和健康人力资本作为经济社会发展的主要着力点，借此提高经济发展所必需的劳动力素质，大力发挥人力资本对经济活动的强大促进作用。重视社会福利支出的投资效应、生产效应和溢出效应，发挥社会保障对整个社会经济活动的"兜底"功能，为创新创业的繁荣提供安全网，维护社会稳定，提高中国科技水平。提高社会管理水平，降低社会整体交易成本，有利于经济活动的顺利进行。在此过程中，特别要避免地方的短视行为，强化信用功能，优化地方宜居宜业的环境，通过社会发展水平的不断提高来加强社会发展对经济发展的反向动力作用。

第八篇

推进中国区域生态协同发展研究

改革开放以来，中国各区域在创造经济增长奇迹的同时，也付出了沉重的资源环境代价。世界银行在《中国环境污染损失》报告中指出，中国每年因环境污染而对经济造成的损失总和大约相当于国内生产总值（GDP）的10%。美国耶鲁大学和哥伦比亚大学发布的2018年全球环境绩效指数（EPI）中，中国空气质量在参评的180个国家中排名第177位。

近年来，中国加大对生态环境治理和保护的力度，生态文明建设取得显著成效。但在长期累积循环因果效应的驱动下，环境污染，特别是深层次污染仍相当严重，从根本上解决生态环境问题，建成美丽中国任重而道远。生态环境问题都具有很大的外部性，空间溢出效应显著，因此，不论是环境污染的治理还是生态优化的营造，都特别需要区域之间的协调与合作，推进区域生态协同发展是生态文明建设的必由之路。同时，区域生态协同发展，对于推进区域经济社会高质量发展，满足人民美好生活需要，发挥着重大作用。本部分将利用中国1998—2013年省际面板数据，通过熵值法测度区域生态环境水平及其区域协调发展水平；建立PVAR计量模型，研究中国各地区生态环境水平与经济发展的互动影响，运用耦合协调度模型测度区域经济发展和生态环境系统的耦合协调度；针对区域生态环境特征和问题，探讨中国区域生态协同治理的路径和方式，为推进中国区域生态环境协同发展提供相关的政策建议。

第三十三章

中国区域生态协同发展的理论分析

推进区域生态协同发展，首先需要对什么是区域生态协同发展，包含哪方面的协同，会如何进行演变，是什么因素制约了区域生态协同发展，如何去推进区域生态协同发展等基本问题进行深入探讨，以期从理论上揭示区域生态协同发展的本质规定、演进规律及其推进机制。

第一节 区域生态协同发展及其构成

一 区域生态协同发展的本质规定

区域生态协同发展的"生态"，不是指离开人的自然生态系统，而是指作为人和人类社会生存和发展的基础和环境的生态资源与自然环境，因此，我们现在关注的生态环境问题本质上是人与自然、社会与生态的关系问题。没有人的生态或者与人无关的生态，不是作为区域社会"五位一体"之一的生态，不是本研究的对象。因此，本研究关注的生态与生物学研究的生态是有重要区别的。而区域生态问题，本质上也就是在一定地域空间中人与自然、社会与生态的关系问题。

因此，区域生态协同发展，主要不是指区域生态系统本身的协同，而是指区域中人类生存的环境的协调与统一；同时，区域生态协同发展，不仅反映于人和自然的和平共处，而且注重二者关系的发展，也就是人与自然关系在不断相互作用中由不协同走向协同，由旧的协同向新的协同的转化，由低级的协同向高级的协同的升华。因此，追求人与自然的协同，不是简单地保护生态不受干扰和没有变化，而是在不断的变化中能够不断形成协调，不断优化协调，使人类社会的发展与生态的优化演进相互协同,促使人类文明的不断发展和生态的持续优化。

在区域生态协同发展反映的生态与社会的关系中,生态与经济的关系是最为基础、最为根本、最具有代表性的。这不仅因为人类生态环境的问题,绝大部分是由人的经济活动直接或间接引起的,解决生态环境问题的主要着力点也在于人类经济发展方式的改变;而且生态与其他社会因素,如政治、文化、社会等的关系的发生及其解决,主要还得靠经济提供的基础和条件。所以,我们研究区域生态协同发展,主要就是要研究区域生态与经济的协同发展,或者区域生态协同发展,本质上就是区域生态与经济协同发展问题。

区域生态协同发展包含了"生态协同"和"区域协同"两个层面含义,"生态协同"是区域内生态各相关要素的协同,主要是生态与经济的协同,已经在上文说明。"区域协同"是指区域之间在空间上的协同,也即不同区域之间通过互动和协作来共同推进生态治理和环境优化,实现人与自然、社会与生态的和谐演进的过程。区域之间的生态环境具有很大的关联性,生态环境的变化也具有突出的溢出效应。因此,生态问题从来就不是哪一个区域的问题,而是整个区域、国家,乃至全球性的问题。一个区域的生态发生问题,可能是多个区域引起的;一个区域生态问题的解决,更有待于邻近或相关联区域的相互合作来协同治理;而一个区域生态的优化,也与其他区域的生态环境改善紧密相关,并会惠及相关区域乃至整个区域生态的改善。因此,区域生态协同发展,也是指区域之间在生态环境治理和优化方面的相互协作、相互促进,来实现整个区域人与自然和谐共生、生态与经济协同互进的过程。

在对区域生态协同发展的两个方面的研究中,区域生态的要素协同发展更为基本和更具现实重要性,也具有更多的资料和数据支持。因此,本研究中将以区域生态的要素协同发展为主线,以区域之间生态的空间协同为辅助,通过对两个方面的深入探讨,揭示区域生态协同发展内在机制和实现路径。

二 区域生态与经济协同发展的特征与构成

所谓区域生态与经济的协同发展是指,在一定区域内既实现生态环境的改善,即实现资源利用率的提高、环境污染的减少和环境演变的优化，又保证经济持续稳定增长、经济结构不断优化、经济效益逐步提高，从而能够达到生态系统和经济系统两个系统之间相互促进、共同进步的一个状态，并且随着时间推移，二者的协同程度会不断提高，发展状态也会呈现更加良好的趋势。

区域生态环境与经济发展的协同具有整体性、结构性、动态性的特征。整体性是指经济发展与生态环境协同是复杂的系统，在系统中人、经济和生态环境和平共处，共同呈现新的功能和整体性，并不只是各要素的简单作用加总；结构性是指经济发展与生态环境协同系统是两系统之间及两系统各要素之间按照一定的数量和结构所组成的综合发展系统；两大系统的协同程度是由经济结构的优化和生态系统结构优化所决定的；动态性是指经济发展与生态环境组成的系统是一个从不协同到协同、从低级协同向高级协同发展的动态演化过程。

推进区域生态与经济的协同发展包含两个方面的问题：一方面是区域的经济发展如何与生态协同，也即是经济发展如何在资源承受力和不影响生态持续演进下来发展经济，或者说是区域经济发展要与区域资源环境相匹配，不能以耗竭资源、污染环境来发展经济；另一方面是改善资源存量和增量，在类型、时间和空间上进行优化配置，来满足经济社会持续发展的需要。生态资源是有限的，但并不是一成不变的，特别是其价值利用可以有很大的发挥空间；如新的资源发现和开发，如新能源、新材料等；资源利用的优化配置，如把资源利用到最有价值的地方、产业和产品上；生态修复和优化，如人工树林的种植，荒漠的治理绿化等。也就是说，生态与经济协同发展不是单方面要求经济去适应生态，而是要求生态也要通过协调和优化去适应经济社会发展，使二者在相互作用的动态中来实现生态环境不断优化、经济发展水平持续提高，生态演变与经济发展日趋契合。

生态与经济协同发展有高协同发展和低协同发展之分，高水平的协同发展是在保护环境的基础上，促进经济的快速可持续发展，既保证了经济的增长，又没有导致环境状况的恶化，高协同发展也就是我们指的协同发展；低协同发展是指经济的发展较慢，这样虽然不会对环境造成污染，同时也不会造成资源的浪费；但却不能快速地提高人们的物质生活水平，是低水平的协同。生态与经济协同发展就是不断推动生态与经济由不协同到协同、由低级协同到高级协同的过程,主要目标是在保证经济快速持续发展的同时,环境得以保障,资源得以充分利用,经济效益和环境效益得到兼顾。

第二节 区域生态协同发展的影响因素分析

中国区域协同生态发展的影响因素主要包括以下 6 个方面。

一 经济发展方式

经济发展速度与规模、工业化和城镇化的加快、粗放式的资源利用方式等因素综合作用下,中国环境问题日益严重。自从 1978 年邓小平同志决定实行改革开放以来,中国 GDP 总量连续保持两位数增长,目前已经超过日本,成为世界上仅次于美国的第二大经济体。在这 40 多年的改革历史中,中国走的是一条粗放式的工业化道路。这样一种工业化的赶超式增长,导致了中国环境状况必然会恶化,因为这是发达国家通过上百年探索所取得的经济成就,并不是中国 40 多年的改革开放能够完全复制的,其中中国环境问题的产生及特征是与中国经济的增长方式有着必然联系的。

中国当前以牺牲资源环境为代价来进行经济发展,目前的综合能源利用效率的中国数值仅为 33%,和发达国家相比落后 10 个百分点,农业灌溉用水利用系数是世界发达国家水平的一半,同时矿产资源的总回收率也有相同程度的差距。在相近气候条件下单位建筑面积采暖所产生的资源耗费是科技程度发达国家的 3—4 倍,工业用水重复率也并不能和发达国家进行相提并论,利用资源的生产效率仅仅是美国的 28.6%。中国想继续通过廉价劳动力和丰富的自然资源促进经济增长的方式是不可取的,不能够持续地进行发展。

二 科学技术

发展中国家和发达国家的科学技术水平目前是具有较大差距的,在工业设备生产中国有相当大的一部分技术水平停留在六七十年代或者更早。由于技术水平的落后,生产效率低下,生产相同数量的产品需要更多的能源耗费，且排出的废气、废水和废渣远远高于科学技术发达的国家。就生产每单位 GNP 所需的能源消费来说，中国的能源消耗是发达国家 3—4 倍，同时从平均每单位主要工业产品的能源耗费上来分析，中国比发达国家高出 40%。平均 30% 左右的能源利用率，同样比科学技术发达的国家低出许多。同时由于中国技术水平低下，在每年的电力生产中，同比发达国家多生产了将近 1.5 亿吨的 SO_2、1000 多万吨的悬浮颗粒；在钢铁的制造业中，同样浪费了 6000 多万吨标准煤，多产生了 93 万吨 SO_2、8000 万吨悬浮颗粒。同样，在中国的北方地区，水资源相当稀缺，这些地区由于技术的落后，水资源的利用率不高，工业生产的水资源利用比例平均只有 60%，然而，在发达国家中，工业生产的水资源利用比例却高达 70%—80%。

三　政府失灵

环境物品是典型的非选择性公共物品。非选择性是指人们不能通过选择其他替代物品来规避高昂的成本；而共享性是指该物品能够同时被两个或者说两个以上的人所使用。共享性和非选择性共同决定了环境物品的非排他性，即它要排除他人使用既不可能也不值得。环境的非排他性存在着两个消极作用：一是环境质量很难通过私人生产者或投资者得到保证；二是导致对环境的过量使用。因此，在涉及多人的情况下，只有解决了"搭便车"问题，才能使环境得到维护。由于国家拥有通过征税和征收其他费用来管理物品的权力，由国家采取集体行动维护环境就成为解决"搭便车"问题的基本方法。

改革开放以来，中国政府对环境保护高度重视，制定了一系列保护环境的政策法规，全面、系统有效的环境管理机构也非常庞大，然而环境污染和资源浪费问题却不能得到根本的解决。这表明，在中国对待环境问题的处理过程中，"政府失灵"现象时有发生，地方政府在执行中央政府决策的效率亟须提高，这主要是地方政府和中央政府的最终目的不同。中央政府更多关心的是环境的改善和资源利用效率的提高，而作为地方政府的各级政府代表关心的行政职位的升迁。对于不利于自己升迁的决策和行动，在执行过程中就不能权责全力地进行，如对发生的严重环境污染事件，往往被当地政府官员认为是对自己的工作业绩的否定而压制。同时当上级政府针对环境的宏观决策影响到地方政府的个体利益得失时，为了追求政绩，地方政府往往做出以牺牲环境质量为代价，而单方面地追求经济的快速增长。同时"政府失灵"的另外一个原因是制度因素，在中国，中央和地方的行政分权表现为经济控制权和政治控制权的分离。地方政府掌握越来越多的经济控制权，在经济地位不断巩固的同时，其财政压力也不断加大。当中央政府对环境污染的企业进行限制治理的需求得以满足时，地方城市的经济发展势必受到影响，地方政府需要在区域经济发展和环境保护之间进行权衡。由于地方政府的经济利益和所管辖的企业是一致的，地方政府将不得不全力维护企业的发展，对企业破坏公共环境的行为只能忽视，甚至有些地方政府出现与企业"合谋"的消极现象。

四　市场失灵

针对环境污染方面来说，造成市场失灵的原因主要包括了以下几个方面。

（1）资源环境作为公共物品，产权原理并不完全。主流经济学认为，市场机制正常运转的基本条件是涵盖所有资源、产品、服务拥有明确定义的、专一的、安全的、可转移的、可实行的产权。产权的界定必须明晰，否则就会引起不必要的法律纠纷，针对环境方面的使用权和所有权界定的不确定性，打击了人们对资源投资、保存和管理的积极性。产权必须专一，产权具有排他性，也就是说，如果某人拥有这个资源的产权，那么其他人对同一的资源就不应具有同样的所有权；多人共享产权，这件事本身就会打击投资者对环境进行投资和开发的积极性。产权还必须是有效实行的，包括有效监督违章活动并进行处罚。最后，产权还必须是法律上可进行转移的，这样投资者将会有更多的主动权和积极性。

（2）外部性。外部不经济是指个人（包括自然人和法人）经济活动对他人造成的负面影响，同时这些外部不经济却不会计入个人的利益得失之中。换句话说，外部性是一方对另一方的非市场的影响。比如，一个企业可能因为排放废气而污染了空气，或者因为排放废水而污染了河流。这种行为对周围生活群众的生活环境造成了不良影响，但污染物的排放者却不需要对自己的污染行为负责。在这种情况下，就发生了边际私人成本和边际社会成本的差异。对于污染排放者来说，因为不用为自己行为对其他人的不利影响而承担后果，所以其私人边际成本小于社会边际成本。这样，污染者从个人角度出发，根据自身的边际收益和边际成本所选择的"最优产量"，远远超过从整个社会角度出发所确定的"社会最优产量"，相应的社会污染也会超过规定标准的要求。另外，还有一种外部性为转移外部性。由于通过选择污染控制策略，环境风险可以发生时间和空间的转移，因此经济个体可以采用将环境风险转移到其他地方，或转移给其他人的方式，来保护自身免遭外部损失。如美国工业发达的中西部各州纷纷在主要的污染排放地建起高大的烟囱，当地空气的污染因此降低，而气流却将日益增加的废气送往处于下风向的东北各州和加拿大东部。

(3) 共有资源、公共物品。共有资源是指不具有排他性，但却具有竞争性的物品。非排他性指的是没有办法将一个经济个体排除在某种物品的消费之外，或者排除在外的成本过高。竞争性指的是一个经济个体对一种物品的消费会减少其他经济个体对该种物品的消费。著名的"牧场悲剧"是共有资源消费中普遍存在的现象。和共有资源不同，公共物品是指不但不具有排他性，而且也不具有竞争性的物品。也就是说，没有办法不让某个人消费这种物品，而且其他人的消费并不会因为另外一个人的消费而减少。环境污染本身不是好的公共物品，一个人的受害程度不会因为另外一个人的受害而有所减少。有许多公共物品是由环境所提供的，比如高品质的水源、清新的空气等。但对于这些由环境所提供的服务付费或存在的"免费乘车"现象，仅凭自由的市场不能提供环境服务，或者提供的环境服务不能满足经济社会发展的需求。

(4) 信息不对称。不对称信息问题的两种类型是道德风险和逆向选择。在环境资源的利用和保护上道德风险主要体现在逃避治理污染的问题上。由于治理污染具有正的外部性，企业从污染治理中获得的收益通常小于社会获得的收益，而污染治理的成本却要完全由企业承担，因此，从企业自身考虑，企业主总是存在逃避污染治理的动机，而社会管理部门作为人民社会利益的维护者，应该积极主动地对企业污染治理进行严格把关。然而，环境管理部门和污染企业之间的信息是不对称的。受技术条件、实施成本等因素的制约，环境管理部门通常很难准确识别企业在污染控制上投入的努力的多少。在经济利益的激励下，企业就会逃避治理污染的责任；而企业这种治理量不够或不治理的现象，就会导致污染治理的资源投入量小于社会最佳污染治理的投入水平，最终造成污染过多的现象。对于绿色产品来说，逆向选择是一个值得考虑的问题。尽管由于其生产过程环保、自然，对于一些顾客来说具有较高的效用，但是由于缺乏规模经济，这类产品的生产成本往往较高，价格也相对昂贵。如果消费者无法将绿色产品与用传统工艺生产的非绿色产品区分开，他就不愿意为此多付钱。如果这种高质高价产品的生产者认为顾客不愿意支付这种较高的价格，那么他就会退出这一市场。这一过程持续下去，最终会导致绿色产品市场的萎缩。

五 环境政策法规

针对环境管理体制方面，中国目前环境管理体制主要实行的是"统一领导、分级负责"，其包括三个方面。一是在业务管理和协调方面，全国环境保护工作由国家环保总局依法负责组织和协调领导。二是在经费管理领域，地方财政拨付地方各级政府领导环保机构的行政经费，同时地方政府负责基本建设投资。三是人事管理控制方面，地方党委和政府管理同级县以上地方各级政府环保局正、副局长；在这样的环境管理体制机制下，环保总局保持且只有对各个环保部门分局的业务指导关系。而地方政府在环保部门主管任命、工作人员的办公场馆建设以及额外补助等方面有决定权。在这种情况下，地方环保局及其工作人员在执行污染税的征收工作中就有动力避免，这主要是由于过于严厉的污染征收措施在地方政府官员间并不受欢迎，而地方环保局工作人员的升迁和其他收入却是由这些地方政府官员决定的。只有地方环保部门得到地方政府主要官员的许可，地方环保部门的环保整治行为才能够有效地实施，这其实更加确实地反映了现实中环保治理在每个地方都束手无策的根源所在。

而在环境法律法规方面，虽然中国已经初步形成一个较为系统和全面的环境资源法律体系：以宪法中环境保护的政策法规为基础，以一系列生态保护与污染防治单行法和环境基本法为主干，同时各种行政法规、地方性法规以及具有规范性的环境标准为支干形成了完整的法律体系。

中国的环境法律体系基本得以完善，中国区域经济与环境的协同发展有法可依；但是，不可否认的是，中国目前的环境法律体系仍存在不少问题，主要表现在以下几个方面：①环境基本法的应有地位没得到立法确认；②处罚力度低；③在一些领域环境单行法出现重叠、交叉和相互矛盾之处，在另外一些领域却出现法律空白，给环境保护工作带来有法难依和无法可依的被动的、尴尬的局面；④执法主体分散，环保部门"统一监督管理"的职能在很大程度上被肢解和架空；⑤重实体法、轻程序法，重法律义务、轻法律责任。面对中国各区域日益严峻的生态环境问题，必须采取全方位、多层次的措施，切实加强环境法制建设，以此促进经济环境的协调发展。

六 公众环境意识

如果仅仅通过国家对环境的严管和自律的企业行为去治理环境污染将是管不胜管、防不胜防的，西方国家的实践已经充分证明这一点。"中国公众环保民生指数"是一个衡量中国公众环保意识和参与情况的指标测度，指代中国城乡居民在日常生活中根据自身的切身体会或者其他方式获得的对环境卫生的感受和印象，长期以来，中国公众参与情况并不乐观。"中国公众环保民生指数"由中国环境文化促进会编制完成。以百分制刻度的"民生指数"可以表示，2005年中国这项指标得分为68.05分。得分的数值反映了中国公众对环境保护的关注不高，参与度不强，公众的环保意识不强，对环保知识不了解是中国环保主动性差的主要原因，"光说不练"占了大多数。其中更加值得一提的是，当遇到涉及环境保护的具体问题时，绝大多数公众不知道应该如何参与。调查数据显示，80%以上的公共民众最近三个月的时间内并没有参与到环保活动中来，只有6.3%的公众参与理论环保活动，两者之间差异明显；当遇到具体的环保活动时，40%以上的群众会根据现场的实际情况再决定如何参与，这一比例最高，自主参与意识不够突出，从众心理较为明显。简单的、低层次的环保行为是公众参与环保行为的主要部分，且主要集中在个人的生活空间中，比如节约用水、用电等日常生活中的事情。见效快、能快速获得改善和利益的环保行为受到大力推崇，但是需要有意识地去学习，并在生活中不断应用的，或者积极主动地去参加慈善环保活动等需要花费人力、物力的环保行动，则少有问津。在2006年的中国公众环保民生指数（2006）显示，环保满意度得分、环保行为得分和公众环保意识得分分别为60.20分、55.17分和57.05分。这表明2006年较2005年虽然环境保护意识整体上有所下降，但是环保的参与度却有所加强。在接受访问的人群中，15.8%的人当发现污染企业在破坏环境时，会选择向相关部门进行投诉；23%的人群会悬着对破坏环境的行为进行劝阻或者予以制止；24%的受访群众会选择向村委会或者居委会反映情况进行求助，选择向政府部门反映的群众占到了15.6%，同时有超过13%的群众会选择向媒体进行反映，其他方式的比例均低于10%，通过法律方式解决问题的最少，只有3.3%，值得一提的是选择"说了也没用，因此一般情况下不表达自己意见"的比例高达11.7%，但是这一数值比2005年下降了0.8个百分点。有76%的受访者不知道或者不了解"12369"全国环境热线，相对2005年下降了8个百分点，同时有21%在知道的情况下却从未拨打过，仅仅有3%的受访群众使用过该热线，比2005年增加了1个百分点。虽然与2005年相比，公众环保参与程度有所增强，但参与比例仍很低，因此提高公众的环境意识是当务之急。

第三节　区域生态与经济协同发展的机理分析

一　区域生态系统与经济系统的交互耦合关系

"耦合"是一个物理学的概念，其指代两个或者两个以上的运动方式和体系彼此之间相互作用和影响的一种现象。经济—环境耦合可以定义为经济和环境两个系统之间通过各自的耦合元素产生的相互影响、相互作用的现象。

一方面，经济发展会引起产业结构的升华和发展，经济增长方式也决定着环境的作用方式，胁迫效应是经济对环境的主要特征；为了提升经济总量，需要消耗更多的资源和能源，这加大了对环境施加的压力；提高人们的消费水平和消费层次，增加人们对汽车和交通扩张的需求，使得人们对环境的需求更大，强度更强。例如汽车尾气会对空气质量造成直接的不良影响，交通运输会产生噪声污染，同时交通的基础设施建设会引起水土流失和空气中尘土颗粒的增多。当然经济发展也具有缓解环境压力的作用，比如人们对环境保护引进更多的投资额，科学技术的发展会为人们净化环境的能力提供保障；同时也可以通过政策导向，主动提高人们保护环境的意识，清洁技术的推广使用，可以使污染物的排放量得到一定程度的控制，从而能够减轻经济发展对生态环境的压力。正是在这样一种正反力量相互作用下，经济对环境的胁迫机制不断地发生在演进的过程中。

另一方面，环境对经济发展具有对应的约束效应。①环境要素随着环境的恶化发生支撑能力下降问题，这会抑制经济的发展，例如，由于水污染，清洁的饮用水由于稀缺提高了用水价格，增加了企业的生产成本，降低了企业的竞争能力。②对环境投资的吸引力会随着环境恶化而减少，竞争力下降，排斥企业资本。环境是招商引资的重要环节，尤其是现代高科技企业对生态环境的需求更为明显，环境的恶化将会使地区丧失对高科技企业的吸引力。③灾难性的环境事件也会在很大程度上影响环境。例如酸雨对土地的沉降、污染灌溉也会造成大片土地的颗粒无收，致使农村的基础经济受到严重损害和大批农民破产，水土流失也会引发洪涝灾害，破坏城市的基础设施等。④被破坏的环境也会提高经济活动的成本，治理和改善是需要占用经济发展的资金的，同时治理往往比保护环境付出的经济代价更为庞大。⑤环境恶化会增加政府部门环境保护的压力，为了保护环境，政府往往会出台更为严苛的法律、法规，同时环境监察部门也会制定更为严格的环境标准，对某些产品的使用或者资源的利用加以限制甚至会终止。这些方面均会降低经济增长的速度，1979年，经济学家丹尼森对美国私人部门进行了研究表明，生产率增长速度下降中的16%可以归结于环保法规；1990年，美国巴伯瑞和麦克钦对美国5类制造业的调查研究表明，导致美国1960—1980年生产率增长速度下降的原因中，有10%—30%都可以归结于为减少污染增加了投入，环境保护的投资占用了经济发展的资本，从而使经济发展的速度有所下降。

综上所述，环境和经济之间确实存在相对应的耦合关系，如果经济发展的速度超出了环境能够承受的范围，区域生态环境就会急剧恶化，这也会反过来影响经济发展的进程；同样地，如果环境建设投资份额过多，不能够达到资本的优化配置的经济原则，经济增长的速度也会因为缺乏相对应数额的资金而放缓，生态环境也会最终失去经济基础的依托。因此经济发展和生态环境的保护是既对立又统一的。

二　区域生态与经济发展的互动机制

生态与经济的耦合关系不是静态的，而是处于一个协同演化的动态系统中。这两者之间通过相互联系和交互达成一种协同演化的机制：一是经济系统的演化如何影响生态环境；二是生态环境系统演化如何影响经济发展。概括而言，经济发展与生态环境的互动演化机制主要有以下几个方面。

其一，生态环境构成经济发展的基础，经济系统产生于环境系统当中。在人类产生之前，环境就独立于人类而存在，人类出现之后，人类为了生存发展而利用和改变环境，在人类对环境的利用和改造达到一定的程度以后，才最终产生了经济系统，因此，经济系统是人类的改造活动和自然环境相结合的产物。生态系统为经济的生产活动提供大量的原材料，经过生产活动产出满足人类需要的产品，两者之间构成了相互联系、相互制约的统一整体，在一个复合的系统中，不断地进行着物质、能量和信息的交换。经济系统一方面从自然环境中获取其所需求的资源，同时生产性的经济活动和消费性的人类生活又会将一定量的污染物排放到环境之中，这种双向的物质循环过程存在于生产活动的每一个过程之中。环境自身利用其扩散、分解废弃物和贮存的机能为经济活动进行服务。这种机能可以有效地减少人工处理设施的投资和费用，同时保持环境的机能不发生变化就能免费地为人类进行净化污染物的功能。相反，如果这种机能发生破坏，不仅处理废物和恢复环境机能的费用是昂贵的，同时也会危害到人类的身体健康。

其二，生态环境也会制约经济的发展。经济发展应该考虑生态环境的承受能力。生态环境的功效不仅仅反映在为人类生产活动提供所需要的物质资源上，同时，随着科学技术的发展，生态环境在量和质的方面会有动态性的变化特征，但也是有限度的，承受发展的能力是有限的，自然界的基本规律要求我们在发展经济的同时不能超过生态环境的承受范围。

其三，经济发展对生态环境的变化起主导作用。经济社会的发展必然会导致生态环境的变化,当人类违背自然规律,对资源进行没有节制的索取对污染物进行肆意的排放时,超过了环境能够承受的临界值,就必然导致环境质量的下降和环境污染的加剧。由此可知,不论是工业性的生产活动,还是农业性的生活劳作,经济发展对生态环境都起到主导作用。

其四,经济发展与生态环境相互促进。健康的经济运行状态需要良好的环境来维系,生态环境能为经济系统提供丰富的自然资源,同时也可以容纳经济系统产生的大量废弃物,从而兼容地促进经济的发展。经济发展则可以促使人类拿出更多的剩余产品和运用更加先进的科学技术来进行环境建设和治理,达到资源环境和经济发展相互促进。

三 区域生态与经济发展的协同演化

经济发展和生态环境都是非常开放和迅速发展的系统,生态环境是经济发展的基础和制约条件,经济发展是生态环境治理的原动力,经济发展和生态环境两个系统在演化进程中的耦合具有自然基础,并通过协同演化机制实现动态的协同演化。

进一步地,我们可以将经济发展和生态环境的演进看作两个动态的系统运作过程,两者之间相互联系,协调演化构成了一个并行的、相互嵌套的复合系统,即"经济发展—生态环境"系统,这一复合系统构成了关于经济发展和生态环境协同演化分析的理论框架,如图33.1所示。

"经济—环境"系统是一个多要素、多层次的复杂巨系统。由经济和环境的对应子系统要素组成,同时次级系统之间复杂的相互作用又构成了各个子系统。"经济—环境"系统所涉及的生态环境有大气、污染和植被等,而人类的社会经济活动则涉及生产、分配、流通和消费。生产和生活消费所需要的必需物质和能力得益于自然环境的供给,同时也会将大量的废气和污染物归还给自然界,在自然循环中,通过各种物理、化学与生物的过程影响着自然环境的更替。

由图33.1可知,在经济系统中,生产的目的是消费,交换是产品、商品、活动等的交换,分配主要涉及制度和性质,消费是生产和生活消费。在生态环境系统中,由于环境系统向经济系统提供资源,经济活动向环境系统排放污染物,所以环境系统主要涉及资源和环境污染。图中,D1表示

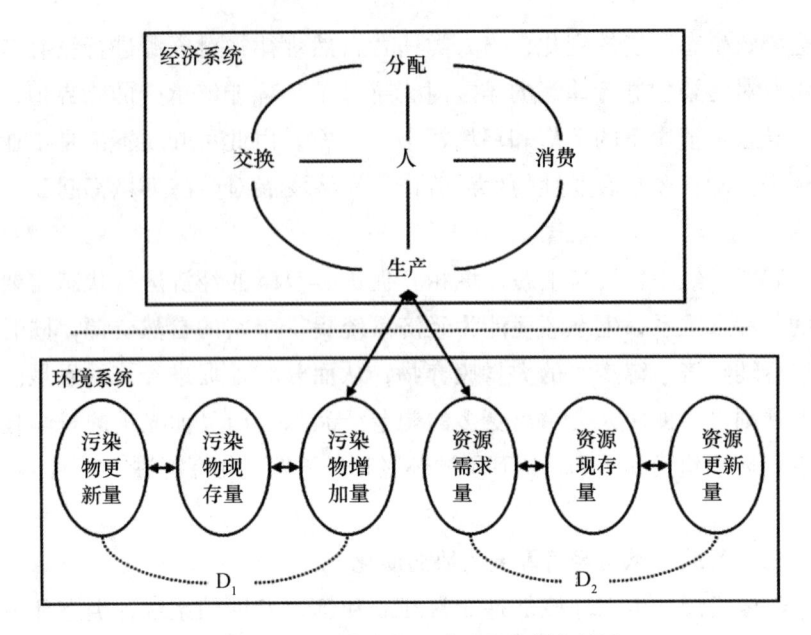

图 33.1　经济系统与环境系统的耦合关系

污染物增加量与污染物更新量的差，D2 表示资源需求量和资源更新量的差，对于 D1 而言，若 D1 > 0，说明污染加重，若 D1 = 0，说明污染维持，若 D1 < 0，说明污染减少；对于 D2 而言，若 D2 > 0，说明资源逐渐枯竭，若 D2 = 0，说明资源维持，若 D2 < 0，说明资源更新。根据 D1 和 D2 取值的不同，得到了资源和环境的不同阶段（见表 33.1）。从表中可知，当 D1 < 0，且 D2 < 0 时，资源和环境均处于良性循环阶段，经济系统的发展对环境系统的变化起主导作用，经济和环境系统具有逐步协调的可能性。

表 33.1　资源和环境发展的不同阶段

环境	资源	特征
$D_1 > 0$	$D_2 > 0$	污染加重，资源枯竭，即恶性循环
$D_1 > 0$	$D_2 = 0$	污染加重，资源维持，也是恶性循环
$D_1 > 0$	$D_2 < 0$	污染加重，资源更新，很少出现
$D_1 = 0$	$D_2 > 0$	污染维持，资源枯竭，基本上恶性循环
$D_1 = 0$	$D_2 = 0$	污染维持，资源维持，环境系统维持现状
$D_1 = 0$	$D_2 < 0$	污染维持，资源更新，基本上良性循环

续表

环境	资源	特征
$D_1<0$	$D_2>0$	污染减少，资源枯竭，基本上恶性循环
$D_1<0$	$D_2=0$	污染减少，资源维持，基本上良性循环
$D_1<0$	$D_2<0$	污染减少，资源更新，良性循环

在"经济—环境"的复合系统中，经济发展与生态环境在复合系统中相互作用、相互渗透、协同演化。当经济发展和生态环境通过正反馈的协同作用实现螺旋式上升的时候，二者所构成的复合系统就会向更高的有序结构演化，两者的协同程度相对较高；反之，当经济发展与生态环境的协同作用下降或不明显时，经济发展增速，但生态环境发展停滞不前或不断恶化时，资源短缺和环境污染等问题势必会制约经济的发展，这种负反馈机制会使得经济发展与生态环境系统向更低层次退化，两者的协同程度变得很低。

按照环境与经济系统相互之间作用的性质，环境经济系统可以分为以下几类。

(1) 良性循环环境经济系统，指的是在发展经济的同时，也要注重对环境的保护。经济发展能够为解决环境污染问题提供技术保障，为改善环境状况提供科技支持，同时，良好的生态环境状况同时为经济发展提供对应的物质基础，经济发展与环境保护两者之间相互促进，相互改善，从而形成良性的循环过程。

(2) 恶性循环生态系统，指的是在人类社会发展过程中，单一地追求经济总量的快速增长，而无视自然的客观规律，对自然资源进行过度的开发利用，大量地排放污染物，超出环境能够承受的临界值，导致环境的急剧恶化、自然资源匮乏等情况。一方面，环境的退化会反过来影响经济的快速增长，甚至导致一国经济的衰退和停滞；另一方面，经济停滞和衰退使得社会的发展水平降低，改善环境状况的资金和技术不足，进一步地向环境系统攫取自然资源和排放污染物，导致环境状况进一步恶化，形成恶性循环。

(3) 过渡型环境经济系统，伴随着经济的快速发展，环境的污染状况也随之不断地恶化，环境污染日益严重，但是由于经济—环境系统对这种反馈作用具有一定的滞后性，环境问题在当下并未能完全制约经济的发展速度。过渡型环境经济系统最终会发展成两种不同的状态，一种是由于人们对环境保护意识的不断提高，大量资金和最新的科学技术应用到环境污染的治理和环境状况的改善中，在经济得到发展的同时，环境状况得以改善，逐步发展为良性的循环型环境经济系统；另一种是由于长期掠夺性的开发，导致资源迅速地发生短缺现象，同时，不合理的开发和环境污染进一步地加重使得环境状况恶化，引起经济的衰退和停滞，逐步发展为恶性循环型环境经济系统。

第三十四章

中国区域生态发展的测度与空间关系分析

本部分基于生态环境和生态效率视角下对中国区域生态发展状况进行了数据测度和时空分析，并运用空间计量方法讨论了生态发展的区域间关系。

第一节 区域生态发展：基于生态环境状况的分析

生态环境是指与生物体相互作用的资源环境或与生物体进行物质能量流动各因素的集合，可见，生态环境至少包括两个方面，一是人类与生物体赖以生活和生存的自然环境，包括水、空气、土地、能源和资源等；二是影响人类生物的有利和不利的生态因子，包括生态环境压力和生态环境保护，生态压力主要表现在空气污染、水污染、垃圾污染、噪声污染等方面，生态环境保护是指为了保护环境所采取的一系列措施，比如废水等污染物的处理，退耕还林、环境治理投资等。根据生态环境诸要素对经济发展的不同作用，可将生态环境分为生态资源水平、生态环境压力、生态环境保护三类来考察经济发展与生态环境之间的耦合协调关系。

一 评价体系构建及说明

本部分以1998—2013年中国30个省份为研究对象，从生态环境水平、生态环境压力和生态环境保护三个方面构建了生态环境的指标体系，如表34.1所示。

表34.1 生态环境评价指标体系

一级指标	二级指标	三级指标	方向
生态环境 B	生态资源水平 B1	人均耕地面积	+
		人均建成区面积	+
		人均公园绿地面积	+
		森林覆盖率	+
	生态环境压力 B2	人均用水总量	—
		人均废水排放量	—
		人均工业废气排放量	—
		人均工业固体废弃物产生量	—
		单位GDP能耗	—
	生态环境保护 B3	建成区绿化覆盖率	+
		工业废水排放达标率	+
		工业固体废物综合利用率	+
		工业污染治理投资总额占GDP比重	+

生态资源水平，主要包括人均耕地面积、人均建成区面积、人均公园绿地面积和森林覆盖率；生态环境压力，主要包括人均用水总量、人均废水排放量、人均工业废气排放量、人均工业固体废弃物产生量、单位GDP能耗，其中，单位国内生产总值能耗反映的是一个国家或地区经济发展与能源消费之间的强度关系，即每创造一个单位的社会财富需要消耗的能源数量，单位GDP能耗越大，说明技术水平越低；生态环境保护，主要包括建成区绿化覆盖率、工业废水排放达标率、工业固体废物综合利用率、工业污染治理投资总额占GDP比重。本部分的相关数据来源于各年的《中国统计年鉴》《中国环境统计年鉴》《中国环境年鉴》《中国能源统计年鉴》《中国国土资源统计年鉴》《中国水资源公报》以及各省统计年鉴。

二 评价方法设计

近年来，国内外文献中对分指标进行综合测度的方法有很多，其中主要有主成分分析法、熵值法、层次分析法、DEA 方法等，由于熵值法是根据各个指标观测值的大小来确定指标的权重，是一种客观的赋权方法，本部分选择熵值法来测度经济发展和生态环境水平。具体测度过程如下。

（1）由于衡量经济发展和生态环境的各个指标的数量级和量纲不同，所以在测度经济发展和生态环境综合水平之前，需要对各指标进行标准化处理，由于正向指标和负向指标对综合指标影响的方向不同，所以对不同方向的指标用不同的算法进行标准化，具体如下：

对于正向指标：$x'_{ij} = \dfrac{x_{ij} - \min(x_{1j}, x_{2j}, \cdots, x_{nj})}{\max(x_{1j}, x_{2j}, \cdots, x_{nj}) - \min(x_{1j}, x_{2j}, \cdots, x_{nj})}$

对于负向指标：$x'_{ij} = \dfrac{\max(x_{1j}, x_{2j}, \cdots, x_{nj}) - x_{ij}}{\max(x_{1j}, x_{2j}, \cdots, x_{nj}) - \min(x_{1j}, x_{2j}, \cdots, x_{nj})}$

其中，m、s_1、s_2 表示第 s^-、s^g、s^b 个地区第 λ 个指标的初始值，x'_{ij} 为进行标准化之后的值。

（2）计算第 i 个地区的第 j 个指标所占的比重：$P_{ij} = x'_{ij} / \sum\limits_{i=1}^{n} x'_{ij}$。

（3）计算第 j 个指标的信息熵：$e_j = -k \sum\limits_{i=1}^{n} P_{ij} \ln(P_{ij})$，$e_j \geqslant 0$，其中，$k = 1/\ln(n)$。

（4）计算第 j 个指标的差异系数：

$g_j = \dfrac{1 - e_j}{m - E_e}$，其中，$E_e = \sum\limits_{j=1}^{m} e_j$，$0 \leqslant g_i \leqslant 1$，$\sum\limits_{j=1}^{m} g_j = 1$。

（5）计算各个指标的权重：$w_j = g_j / \sum\limits_{j=1}^{m} g_j$。

（6）根据标准化后的数据以及熵值法计算的权重，可以测度出生态环境水平的综合评价值 $f(x)$ 和 $g(y)$，计算公式：$f(x) = \sum\limits_{j=1}^{m} w_j x'_{ij}$，$g(y) = \sum\limits_{j=1}^{m} w_j y'_{ij}$。

三 评价结果分析

根据熵值法，将 1998—2013 年中国 30 个省市的数据进行逐年计算得到各省份 16 年的生态环境水平的评价值，结果发现各地区之间以及各地区内不同年份之间的生态环境水平存在显著差异（见表 34.2）。

表 34.2　中国 1998—2013 年各地区生态环境水平评价结果

地区	生态环境水平					
	1998 年	2001 年	2004 年	2007 年	2010 年	2013 年
北京	0.1641	0.1985	0.2122	0.2162	0.2288	0.2583
天津	0.1879	0.1674	0.2059	0.2099	0.1931	0.2256
河北	0.1485	0.1561	0.1779	0.1931	0.2118	0.3174
山西	0.1295	0.1632	0.2039	0.2601	0.2123	0.3662
内蒙古	0.1655	0.1900	0.1819	0.2256	0.2189	0.5798
辽宁	0.1749	0.1924	0.2326	0.2265	0.2223	0.3325
吉林	0.1902	0.2063	0.2156	0.2386	0.2461	0.4729
黑龙江	0.2309	0.2386	0.2421	0.2574	0.2649	0.6097
上海	0.1210	0.1294	0.1456	0.1632	0.1635	0.1744
江苏	0.1639	0.1591	0.1980	0.2176	0.2030	0.2855
浙江	0.2060	0.2310	0.2496	0.2712	0.2687	0.3317
安徽	0.1514	0.1652	0.1908	0.2163	0.2158	0.3512
福建	0.1971	0.2141	0.3018	0.2646	0.2770	0.3385
江西	0.1553	0.1684	0.2327	0.2432	0.2713	0.3499
山东	0.1642	0.2004	0.2303	0.2374	0.2347	0.3275
河南	0.1477	0.1562	0.1870	0.2040	0.1942	0.3010
湖北	0.1706	0.1875	0.1945	0.2197	0.2299	0.3248
湖南	0.1598	0.1974	0.2155	0.2250	0.2341	0.3119
广东	0.1778	0.2236	0.2448	0.2687	0.2742	0.2952
广西	0.1598	0.1749	0.2054	0.2468	0.2468	0.3737
海南	0.1618	0.1899	0.2340	0.2466	0.2530	0.3701
重庆	0.1083	0.1388	0.1613	0.2272	0.2449	0.3482
四川	0.1214	0.1440	0.2207	0.2059	0.2051	0.2929
贵州	0.1204	0.1261	0.1665	0.1887	0.1890	0.3980
云南	0.1451	0.1704	0.2037	0.2187	0.2412	0.4013
陕西	0.3412	0.3138	0.3467	0.3844	0.4298	0.5539
甘肃	0.1225	0.1250	0.1684	0.1979	0.1931	0.4039
青海	0.0686	0.0958	0.0932	0.1156	0.1185	0.2423
宁夏	0.1399	0.2066	0.1637	0.2437	0.2292	0.4887
新疆	0.2109	0.2189	0.2227	0.2306	0.2399	0.4757
均值	0.1635	0.1816	0.2083	0.2288	0.2318	0.3634
东部	0.1689	0.1864	0.2199	0.2301	0.2314	0.3025
中部	0.1668	0.1859	0.2071	0.2322	0.2320	0.4075
西部	0.1531	0.1711	0.1941	0.2236	0.2323	0.4005

根据中国1998—2013年区域生态环境评价结果可以发现（见图34.1）以下几点。

（1）从整体上看，中国区域的生态环境状况仍处于较低水平，2013年区域平均得分只有0.3634分，生态环境的治理和优化发展任重道远，必须继续加大力度，采取更加有效的措施、更加严格的环境规制，来推进生态环境协同发展的工作。从区域生态演变的总体趋势看，则呈现逐渐向好的走势，进步较快。各区域均值由1998年的0.1635上升到2013年的0.3634，增幅达到了122.26%。其中，东部地区生态环境水平均值由1998年的0.1689上升到2013年的0.3025，增幅达到了79.1%；中部地区生态环境水平均值由1998年的0.1668上升到2013年的0.4075，增幅达到了144.3%；西部地区生态环境水平均值由1998年的0.1531上升到2013年的0.4005，增幅达到了161.59%。

（2）区域生态环境水平差异较大，发展不平衡显著。1998年，三大区域生态环境水平差异较小，东部地区生态环境水平最高，中部次之，西部地区最低；2013年，三大区域生态环境水平出现显著差异，中西部地区生态环境水平较高，东部地区生态环境水平反而较低。

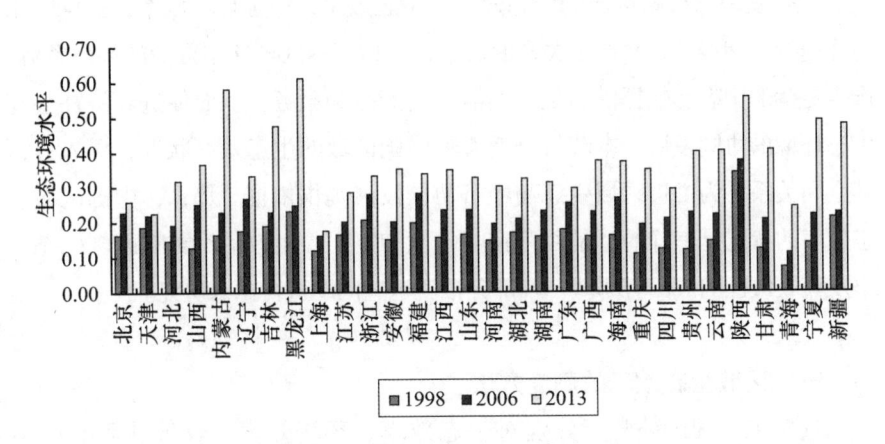

图34.1 中国历年各地区生态环境水平比较

（3）区域生态环境水平与经济发展水平显示负相关关系。北京、天津、上海、浙江等东部较发达省份生态环境水平较低，内蒙古、黑龙江、贵州、陕西、宁夏、新疆等大部分西部欠发达省份生态环境水平较高，而中部地区大部分省份生态环境水平居中，这是因为东部地区经济发展起步较早，发展初期更多以高消耗、高排放、高污染为代价的粗放式经济增长方式为主，使得其累积的环境问题严重，同时，东部地区人口密集，消费水平较高，也加大了对资源的消耗和环境的压力；而中西部地区虽然经济发展方式也为粗放型，但是其发展较晚，虽然环境污染问题也很突出，但相对于东部地区要好一些；西部等欠发达地区，工业化水平不高，污染相对较少，生态环境水平较高。

第二节　区域生态发展：基于生态效率的分析

如前所述，生态环境问题本质上是人与环境的关系问题，人类活动不可能不去开发和利用自然资源，对生态环境不可避免地会造成损害。我们应该追求的不是永远保护生态环境的原初状态，而是努力去争取以最小的资源环境损耗获得最大的经济社会效益，并在经济发展的同时去修复和优化被损害的生态环境，维护生态系统的协调演进。因此，我们对区域生态环境的水平的研究，不仅需要从生态环境的视角去进行考察，还需要联系经济社会发展来分析区域的生态效率。生态效率，亦称环境效率，是反映生态环境投入和经济社会产出关系的概念，是指某一区域使用更少的环境资源、产生更少的生态影响提供满足人类需要的产品和服务，从而促进经济社会与生态环境的协同发展。本节将全面考察中国区域的生态效率状况，深入分析其空间关系，为推进区域生态与经济协同发展提供依据。那么，中国区域生态效率的状况是怎样的，是否存在收敛性和空间溢出效应？影响区域生态效率及其收敛性的成因有哪些？本部分拟就这些问题进行深入研究。

一　区域生态效率的测度方法

近年来，国内外学者分别对生态效率、环境效率、收敛性和空间溢出效应进行了一些研究，但是运用收敛性和空间溢出效应理论来分析生态效率的研究较少。自1992年WBCSD提出环境效率以来，很多学者对环境效率的评价方法进行了研究，国内外学者对生态环境进行测度的方法主要有熵值法、层次分析法、因子分析法、DEA方法等，其中DEA模型被证明是相当有效的工具。① DEA 方法一方面可以较好地衡量以最小的环境资源损耗获得最大的经济产出和更少的环境污染,另一方面由于 DEA 方法在建模前无须任何权重假设,而是以决策单元的实际数据求得权重,有效解决了其他方法综合评价指标赋权主观性的问题。自 1978 年 Charnes 和 Cooper 提出 DEA 效率评价方法以来②,很多学者对其进行了改进,由于利用传统 DEA 方法进行效率测算时,有效率的 DMU 显示都为 1,无法区别出有效决策单元之间的效率差异,所以 Andersen 和 Petersen 提出了超效率 DEA 模型,在该模型的评价值中,无效或弱有效的 DMU 仍然是无效或弱有效的,但却可以区分有效率 DMU 的有效程度,进而将所有 DMU 进行有效排序。③ 但是对于环境效率,存在很多非期望产出,比如废气排放量、废水排放量等,虽然有些学者把这种非期望产出变量作为投入进行效率评价,但却不符合实际情况,所以一些学者开始尝试将非期望产出加入产出指标进行评价。④⑤⑥⑦ 本部分同样利用非径向 SBM 模型将非期望产出作为产出指标来测度环境效率,其表达式为:

$$\min\ \rho = \frac{1 - \frac{1}{m}\sum_{i=1}^{m}\frac{s_i^-}{x_{io}}}{1 + \frac{1}{s_1 + s_2}\left[\sum_{r=1}^{s_1}\frac{s_r^g}{y_{ro}^g} + \sum_{r=1}^{s_2}\frac{s_r^b}{y_{ro}^b}\right]}$$

---

① WBCSD, *Eco-efficient Leadership for Improved Economic and Environmental Performance*, Geneva: WBCSD, 1996.

② Charnes A., Cooper W. W., "Rhodes E. Measuring the Efficiency of Decision Making Units", *European Journal of Operational Research*, Vol. 2, No. 6, 1978, pp. 429 – 444.

③ Andersen P., Petersen N. C., "A Procedure for Ranking Efficient Units in Data Envelopment Analysis", *Management Science*, Vol. 39, No. 10, 1993, pp. 1261 – 1264.

④ Seiford L. M., Zhu J., "Modeling Undesirable Factors in Efficiency Evaluation", *European Journal of Operational Research*, Vol. 142, No. 1, 2002, pp. 16 – 20.

⑤ Hadi V. A., Kazemi M. R., Tavassoli K. M., "Undesirable Factors in Efficiency Measurement", *Applied Mathematics and Computation*, Vol. 163, No. 2, 2005, pp. 547 – 552.

⑥ 王兵、吴延瑞、颜鹏飞:《中国区域环境效率与环境全要素生产率增长》,《经济研究》2010 年第 5 期,第 95—109 页。

⑦ Huang J., Yang X., Cheng G., et al. "A Comprehensive Eco-efficiency Model and Dynamics of Regional Eco-efficiency in China", *Journal of Cleaner Production*, Vol. 67, No. 15, 2014, pp. 228 – 238.

$$s.t. \begin{cases} x_o = X\lambda + s^- \\ y_o^g = Y^g\lambda - s^g \\ y_o^b = Y^b\lambda + s^b \end{cases}$$

$$s^- \geq 0, s^g \geq 0, s^b \geq 0, \lambda \geq 0$$

式中，x_o、y^g、y^b 表示投入、期望产出和非期望产出，m、s_1、s_2 表示三类变量的数量，s^-、s^g、s^b 表示投资、期望产出和非期望产出所对应的松弛变量，λ 为权重向量。上式是非线性规划，可以使用 Charnes-Cooper 变换进行求解得到各期的超效率评价值。

为了较为全面地反映中国省际环境效率的变化情况，本部分以 1998—2013 年中国 30 个省份为研究对象，以资源消耗（主要包括固定资本存量、耕地面积、能源消费总量、用水总量、建成区面积）作为投入变量，以环境污染和地区经济发展水平作为产出变量，其中，为避免因投入产出变量太多而导致评价结果出现偏差，本部分运用层次分析法将废水排放总量、化学需氧量排放量、二氧化硫排放量、烟尘排放量、工业烟（粉）尘排放量、工业固体废弃物产生量 6 种环境污染指标进行综合评价得到的环境污染指数作为非期望产出指标，以地区生产总值作为期望产出指标进行测度。本节研究相关数据来源于各年的《中国统计年鉴》《中国环境统计年鉴》《中国环境年鉴》《中国能源统计年鉴》《中国国土资源统计年鉴》《中国水资源公报》以及各省份统计年鉴，由于香港、澳门、台湾和西藏缺失数据较多，故不计入本部分实证分析。

二 区域生态效率的结果分析

根据以上 SBM 模型，本部分测算了中国 1998—2013 年 30 个省份的区域环境效率值。由图 34.2 可知以下几点。

（1）与区域生态环境水平呈逐年上升相反，中国区域环境效率在 16 年间整体呈现逐渐下降的趋势，不论东部、中部，还是西部，都是如此。这说明，中国的经济增长方式始终是以资源投入为主来拉动的，经济增长的生态环境代价很大，且由于资源边际效用递减，随着经济增长所需资源投入的加大，生态效率也就越来越低。尽管随着经济的发展，我们在环境上的投入越来越多，表面看，生态环境在不断改善，但实质上相

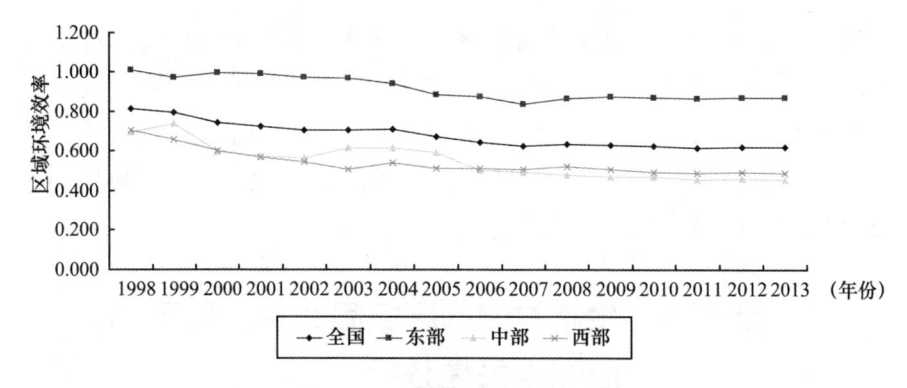

图 34.2　1998—2013 年中国及各区域环境效率水平趋势

对于经济发展还是在不断恶化，因此，不从根本上改变中国粗放式增长方式，生态环境恶化问题就无法缓解。

（2）与生态环境水平一样，区域的生态效率差距较大，生态效率与经济发展水平基本一致。从东部、中部、西部地区看，东部大部分地区环境效率较高，年均值均在1.0左右，但逐年呈现不断下降趋势，中西部地区环境效率的值明显低于全国水平，且略高于西部地区，也呈现逐年下降的趋势。这说明东部地区由于经济基础、人力资本、制度环境、技术水平等较好，能够在生产中不断引进先进技术，促进资源的优化配置，减少环境污染，使其环境效率水平高于中西部地区，但是其住房紧张、交通拥堵、环境恶化等问题日趋严重，导致环境效率呈现逐年下降的趋势。同时由于中国经济发展和产业结构空间的转变，高能耗、高污染的产业正在逐步向中西部转移，虽然促进了这些区域的经济增长，但是也使得环境污染越来越严重，再加上这些地区依旧以粗放型经济增长方式为主，所以其环境效率较为低下。

（3）中国区域生态效率总体空间分布不平衡，基本趋势是东高西低。依据表34.2对1998年和2013年中国各区域生态效率水平的测算进行综合分析，可以看出，中国各省份近16年来环境效率的空间分布变化不大，在整体上呈现出了"东部沿海地区最高，中部地区次之，西部地区最低"的分布特点，这可以反映出在邻近省份之间的生态环境存在空间溢出效应。具体分类来看，东部沿海地区、青海地区及京津地区环境效率处于较高的水平，而在中西部的大部分地区处于低值集聚状态，尤其是河北、云南、吉林、内蒙古等地区环境效率下降得较为明显，这主要是因为这些地区虽然自然资源丰富，但是利用率却不高，导致环境污染日益严重，所以这些地区应该在坚持环境保护和资源节约的前提下，改变以往的经济增长方式，应该尽快向低消耗、低污染的集约型转变，进而不断地加强自我的持续发展能力。

第三节 生态发展的区域间关系：基于空间相关性分析

一 区域生态环境的空间相关性检验和探索性分析

生态环境水平和生态效率的测度结果表明，总体上看中国区域之间生态环境问题存在显著差异，但在大区域相关的省份之间的生态环境水平和生态效率差距较小，说明区域之间可能存在空间相关性，即某个地区的生态环境水平不仅会受到邻近地区的影响，同时也会影响邻近地区，在这种情况下，说明生态环境水平可能对距离相对较近的地区产生较大的空间效应。那么如何从理论上来检验这种空间相关性，一般空间经济学选用 Moran'sI 和 Geary's C 两个空间统计量来进行检验。

Moran's I 指数为：
$$I = \frac{n \sum_{i=1}^{n} \sum_{j=1}^{n} \omega_{ij}(x_i - \bar{x})(x_j - \bar{x})}{\sum_{i=1}^{n} \sum_{j=1}^{n} \omega_{ij} \sum_{i=1}^{n} (x_i - \bar{x})^2}$$

$$= \frac{\sum_{i=1}^{n} \sum_{j \neq i}^{n} \omega_{ij}(x_i - \bar{x})(x_j - \bar{x})}{S^2 \sum_{i=1}^{n} \sum_{j=1}^{n} \omega_{ij}}$$

Geary's C 指数为：
$$C = \frac{(n-1) \sum_{i=1}^{n} \sum_{j=1}^{n} w_{ij}(x_i - x_j)^2}{2(\sum_{i=1}^{n} \sum_{j=1}^{n} w_{ij})[\sum_{i=1}^{n} (x_i - \bar{x})^2]}$$

在上述两个公式中，n 代表地区数，ω_{ij} 是表示空间权重，本部分选择邻接矩阵，如果两个地区相邻则为 1，不相邻则为 0；x_i 和 x_j 分别用来表示地区 i 和 j 的属性，其平均值为：$\bar{x} = \frac{1}{n} \sum_{i=1}^{n} x_i$，其方差为：$S^2 =$

$\frac{1}{n}\sum_{i=1}^{n}(x_i-\bar{x})^2$。对于 Moran's I 指数而言，取值范围为 -1 到 1 之间，如果 ρ 处于 0 到 1 之间，而且在 10% 的显著性水平下通过检验时，说明存在正的空间自相关，如果 I 接近于 0，说明不存在空间自相关性，如果 I 处于 -1 到 0 之间且显著时，说明存在负的空间自相关。对于 Geary's C 指数而言，取值范围为 0 到 2 之间，如果 C 大于 0 小于 1，说明存在正向空间自相关；如果 C 等于 1，说明不存在空间相关性；如果 C 大于 1 小于 2，则表明存在负向空间自相关。

根据以上公式，本部分运用 Stata11.1 软件对 1998—2013 年生态环境水平的空间相关性进行了检验，结果表明，近年来中国区域生态环境的 Moran's I 指数处于 -1—0，部分年份显著为负，Geary's C 指数大部分处于 1—2 显著，即中国各地区的生态环境水平大部分年份在空间分布上存在显著的负向空间自相关，在部分年份呈现显著的正向空间自相关。这说明一个地区的生态环境水平不仅会影响其邻近地区，而且还会受到相邻地区生态环境水平变化的影响。

从具体的区域生态环境空间相关性看，根据表 2.2 提供的区域生态环境水平测度结果，考察 1998—2013 年各地区生态环境均值分布，发现东部沿海相邻的浙江、广东、福建的生态环境水平分别为 0.256、0.247、0.262，生态水平接近；京津冀协同发展区域的北京为 0.211、天津为 0.198、河北为 0.201，趋同性明显；中西部相邻的湖北、湖南、广西的生态环境水平分别为 0.224、0.223、0.231，水平大致相当；西部相邻的内蒙古、辽宁、宁夏的生态环境水平为 0.253、0.238、0.246，数值也很接近。区域生态环境水平的这种邻近趋同的空间分布表明，相邻省份之间的生态环境水平存在显著的空间依赖性或空间溢出效应。

通过 1998—2013 年各地区生态环境均值的局部 LISA 集聚图（见图 34.5），可以发现，中国生态环境水平在空间分布上形成了两个不同的集聚区区域：第一个是以内蒙古和宁夏为中心，与周边的吉林、陕西等地构成了高值集聚区（HH）；第二个是以新疆为中心，与周边的青海、甘肃等省份构成了高值和低值集聚区（HL）。总体而言，虽然很多省份的 LISA 值没有通过检验，但是随着生态环境的发展，它们会从低值逐渐向高值或从高值逐渐向低值区域跃迁。由此可见，一个地区的生态环境水平除了与自身的经济社会发展和所处的地理位置相关外,还与周边地区的生态环境水平密切相关。由区域生态环境水平的空间分布情况及集聚检验结果可知,中国区域生态环境水平存在显著的空间相关性,两者在地理分布上存在较为明显的"路径依赖"特征,进而形成了不同的集聚区。

二 区域生态效率的空间收敛性及空间溢出效应分析

前文结果表明,各省份的生态效率存在显著差异,然而这种差异是否会持续存在还是会随着经济的发展逐渐减弱或消失呢?针对此问题,有必要对各地区的环境效率进行收敛性检验。

(一) β 收敛空间计量模型

基于新古典理论的要素边际报酬递减假说,不同区域之间经济增长的收敛开始引起很多学者的研究。Martin 将研究经济增长收敛性的文章归结为 α 收敛和 β 收敛两类,其中 β 收敛是指相对较为落后的区域经济发展速度高于较为发达的区域。[①] 而对于区域生态环境而言,也可能存在收敛现象:在一个国家内部,由于各个区域之间相互邻接,在自然规律的作用下,环境污染物比如空气污染、水污染等会在区域之间产生溢出,导致邻近区域之间生态环境趋向均衡。所以,即使区域之间的生态环境在初始阶段存在差异,但随着邻近区域生态环境的改变,本区域的生态环境也会相应受到影响,那么随着时间的推移,相互邻近区域的生态环境差异将逐渐缩小。基于此,本部分通过 β 收敛研究了中国区域生态环境差异的变化情况,β 收敛一般可以分为绝对收敛和条件收敛,β 绝对收敛表示所有区域的环境效率都收敛于相同的稳态,而 β 条件收敛则认为各个区域环境效率变化的速度不仅取决于初期环境效率水平,而且还受到各区域资源禀赋、经济发展、产业结构等其他因素的影响,这意味着各个区域的稳态是有差异的。β 条件收敛不仅可以估计到预期初始环境效率的负面效应,而且也可以得到其他解释变量对环境效率变化所产生的影响,所以 β 条件收敛比 β 绝对收敛应用更为普遍。传统 β 绝对收敛模型可表示为:

[①] Sala-i-Martin X. X., "Regional Cohesion: Evidence and Theories of Regional Growth and Convergence", *European Economic Review*, Vol. 40, No. 6, 1996, pp. 1325–1352.

模型1：$\dfrac{\ln EE_{i,t} - \ln EE_{i,0}}{t} = \alpha + \beta_0 \ln EE_{i,0} + \varepsilon_{i,t}, \varepsilon_{i,t} \sim iid, N(0, \sigma^2)$

式中，α 为截距项，β_0 为收敛系数，i（$i=1, 2, \cdots, 30$）α 表示地区，对于各地区而言，从式中的估计系数 β_0 的符号和显著性可以判断是否存在 β 收敛，$EE_{i,0}$ 是某一地区基年环境效率，$EE_{i,t}$ 是某一地区年末环境效率。如果 $\beta_0 < 0$ 且在统计上显著，即区域环境效率的平均增长率在 $0\text{—}t$ 时期内与初始水平呈现负相关，那么说明存在 β 收敛；如果 $\beta \geq 0$ 且在统计上显著，则不存在 β 收敛。由于中国区域环境效率差异比较明显，所以在传统收敛模型基础上加入地区虚拟变量，加入地区虚拟变量 D 后模型可表示为：

模型2：$\dfrac{\ln EE_{i,t} - \ln EE_{i,0}}{t} = \alpha + \beta \ln EE_{i,0} + \eta D + \varepsilon_{i,t}, \varepsilon_{i,t} \sim iid, N(0, \sigma^2)$

很多收敛模型一般只分析了一个区域的某变量增长与其初始水平的关系，而忽略了其与其他区域之间的相互影响，这无法较好地解释收敛过程中，空间相邻区域之间变量的关联现象，特别是俱乐部收敛的形成。而根据空间计量经济学自相关检验结果，可以知道，中国区域空间环境效率存在较为显著的自相关性，所以我们选取在空间计量模型支持下进行 β 收敛分析。同时在空间计量经济模型中，根据观测值空间相关性的不同冲击方式，空间计量可以将模型分为两种：空间滞后模型（Spatial Lag Model，SLM）和空间误差模型（Spatial Error Model，SEM）。在面板数据空间计量经济模型中，需用克罗内克积 $W_{kron} = I_T \otimes W_N$ 来代替截面空间模型中的 W_N，设 $z_{i,t} = (\ln EE_{i,t} - \ln EE_{i,0})/t$，则空间面板滞后模型表达式为：

模型3：$z_{i,t} = \alpha + \rho W_{kron} Z_{i,t} + \beta_0 \ln EE_{i,0} + \varepsilon_{i,t}$

空间面板误差模型表达式为：

模型4：$\begin{aligned} z_{i,t} &= \alpha + \beta_0 \ln EE_{i,0} + \varepsilon_{i,t} \\ \varepsilon_{i,t} &= \lambda W_{kron} \varepsilon_{i,t} + u_{i,t}, u_{it} \sim N(0, \sigma_{it}^2) \end{aligned}$

式中，ρ 是空间自回归系数，如果 ρ 通过显著性检验，即 $\rho \neq 0$，则表示区域之间确实存在空间溢出效应，W_N 是 $n \times n$ 阶的空间权重矩阵，本部分采用空间邻接权重矩阵，当区域 i 与 j 相邻时，$W_N = 1$，当其不相邻时，

$W_N = 0$。I_T 为 $T \times T$ 阶单位时间矩阵，$\otimes$ 为克罗内克积，$\varepsilon_{i,t}$ 是随机干扰项向量，满足条件 $E(\varepsilon_{i,t}) = 0$，$Cov(\varepsilon_{i,t}) = \sigma^2 I$，$\lambda$ 是空间相关误差的参数，衡量邻近地区环境效率的误差冲击对本区域观察值的影响程度。

基于 β 收敛空间模型，为了考察区域 β 收敛差异的成因，本部分拟引入城镇化率、产业结构、环境投资、外贸依存度以及技术水平五个控制变量，与地区虚拟变量一起来研究区域环境效率 β 收敛的原因。β 收敛影响因素一般面板模型表达式为：

模型5：
$$z_{i,t} = \alpha + \beta_0 \ln EE_{i,0} + \beta_1 \ln UR_{i,t} + \beta_2 \ln IS_{i,t} + \beta_3 \ln EI_{i,t}$$
$$DW + \beta_4 \ln TD_{i,t} + \beta_5 \ln T_{i,t} + \eta D + \varepsilon_{i,t}$$

β 收敛影响因素空间面板滞后模型表达式为：

模型6：
$$z_{i,t} = \alpha + \rho W_{kron} z_{i,t} + \beta_0 \ln EE_{i,0} + \beta_1 \ln UR_{i,t} + \beta_2 \ln IS_{i,t}$$
$$+ \beta_3 \ln EI_{i,t} + \beta_4 \ln TD_{i,t} + \beta_5 \ln T_{i,t} + \eta D + \varepsilon_{i,t}$$

β 收敛影响因素空间面板误差模型表达式为：

模型7：
$$z_{i,t} = \alpha + \beta_0 \ln EE_{i,0} + \beta_1 \ln UR_{i,t} + \beta_2 \ln IS_{i,t} + \beta_3 \ln EI_{i,t}$$
$$+ \beta_4 \ln TD_{i,t} + \beta_5 \ln T_{i,t} + \eta D + \varepsilon_{i,t}$$
$$\varepsilon_{i,t} = \lambda W_{kron} \varepsilon + u_{i,t}, u_{it} \sim N(0, \sigma_{it}^2)$$

空间滞后模型和空间误差模型主要考量的是被解释变量的空间自相关性，由前面的空间相关检验结果发现，各解释变量间存在空间相关性，所以本部分引入可以同时考虑因变量和自变量空间相关性的空间杜宾模型（SDM），即某一地区因变量不仅受本地区自变量的影响，还可能受到邻近地区自变量和因变量的影响，SDM 模型的基本形式可以表示为：

$$z = i,t = \alpha + \rho W_{kron} z_{i,t} + X\beta + W_{kron} X\gamma + \varepsilon_{i,t}$$

其中，W_{kron} 代表面板数据的空间权重，X 是自变量，主要包括环境效率初期水平（$\ln EE_{i,0}$）、城镇化率（$\ln UR_{i,t}$）、产业结构（$\ln IS_{i,t}$）、环境投资（$\ln EI_{i,t}$）、外贸依存度（$\ln TD_{i,t}$）、技术水平（$\ln T_{i,t}$），$W_{kron z_{i,t}}$ 是因变量 $z_{i,t}$ 的空间滞后项，$W_{kron} X$ 是自变量的空间滞后项，主要包括 $W_{kron} \ln EE_{i,0}$、$W_{kron} \ln UR_{i,t}$、$W_{kron} \ln IS_{i,t}$、$W_{kron} \ln EI_{i,t}$、$W_{kron} \ln TD_{i,t}$、$W_{kron} \ln T_{i,t}$。同时为了保证结果的稳健性和有效性，本部分分别采用 Moran、Walds、Lratios、Lmsar、Lmerr 五种方法对空间模型进行了空间相关性检验。

在因变量和自变量存在时滞的 SDM 模型中，自变量的回归系数变得丰富而复杂，对于这类模型，Lesage 和 Pace 提出了运用空间回归模型的偏微分法将溢出效应分解为直接效应、间接效应和总效应，[①] 借鉴他们的方法可得：

$$z_i = \sum_{r=1}^{k} [S_r(W_{kron})_{i1} x_{1r} + S_r(W_{kron})_{i2} x_{2r} + \cdots + S_r(W_{kron})_{in} x_{nr}] + V(W_{kron})_i \iota_n \alpha + V(W_{kron})_i \varepsilon$$

将 z_i 对本地区内第 r 个解释变量 x_{ir} 求偏导数得到直接效应 $S_r(W_{kron})_{ii}$，将 z_i 对其他地区第 r 个解释变量 x_{jr} 求偏导数可得到间接效应（空间溢出效应）$S_r(W_{kron})_{ij}$，总效应为两者相加 $S_r(W_{kron})_i$，具体可表示为：

模型 8：$S_r(W_{kron})_{ii} = \dfrac{\partial z_i}{\partial x_{ir}}$

模型 9：$S_r(W_{kron})_{ij} = \dfrac{\partial z_i}{\partial x_{jr}}$

模型 10：$S_r(W_{kron})_i = S_r(W_{kron})_{ii} + S_r(W_{kron})_{ij}$

根据模型（8）和模型（9）可以发现，在空间计量模型中，如果 $j \neq r$，那么 z_i 对 x_{jr} 的偏导数一般不等于 β_r，z_i 对 x_{jr} 的偏导数一般也不等于 0，而是取决于 $S_r(W_{kron})$ 中第 i、j 个元素，因此直接效应表示某一地区的自变量对本地区因变量的影响，间接效应表示某一地区自变量对其他地区因变量的影响，总效应则表示某一自变量对所有地区因变量的影响，其中间接效应反映了空间溢出效应。

（二）β 收敛分析

根据以上对 β 收敛相关模型的分析，本部分选取环境效率为被解释变量，城镇化率（UR）、产业结构（IS）、环境投资（EI）、外贸依存度（TD）、技术水平（T）以及地区虚拟变量（D）为解释变量进行计量分析。其中，环境效率利用前面的 SBM 模型计算所得，城镇化率用城镇人口占总人口的比重来表示；由于中国处于产业结构调整与升级的关键时期，各个产业对资源的需求和环境污染的排放不同，导致对环境效率的影响有差异，理论上产业结构对环境效率影响较大，但是影响方向和程

[①] Lesage J., Pace R. K., *Introduction to Spatial Econometrics*, CRC Press, 2010.

度却存在一些分歧，本部分用第三产业增加值占 GDP 的比重来表示；对于环境投资，由于工业污染对环境的影响较大，同时基于数据可得性，本部分选取工业污染治理投资额来表示政府在治理环境方面的投入力度；由于一个地区的对外贸易活动会影响其经济发展水平，进而影响生态环境，所以本部分用对外贸易总额占国民生产总值的比重来表示外贸依存度对环境效率的影响；技术水平则用单位 GDP 能耗来表示，单位 GDP 能耗反映了不同地区经济发展与能源消费之间的关系，即每单位社会财富创造需要消耗的能源数量是多少，单位 GDP 能耗越大，则表示技术水平越低，环境效率也就越低。本部分相关数据来源于历年《中国统计年鉴》《中国能源统计年鉴》《中国环境统计年鉴》《中国区域经济统计年鉴》《中国环境年鉴》。

根据模型 1 运用 Matlab15a 软件进行估计，可以检验全国和东部、中部、西部三大区域的环境效率是否存在收敛现象，检验结果如表 34.3 所示。经典 OLS 模型检验结果显示，1998—2013 年环境效率变量的收敛系数 β_0 显著为负，表明这一时期中国各地区环境效率差异整体上存在绝对 β 收敛。但是在不同空间层次上区域环境效率的收敛表现有所不同，东部、中部、西部收敛情况差异较为明显，东部地区 β_0 系数虽为负，但是却没有通过显著性检验，说明东部各地区之间不存在 β 绝对收敛，而是呈现发散的趋势，这意味着初期环境效率较高的地区环境效率降低较慢，而环境效率较低的地区环境效率降低较快，出现了类似于生态环境越好就越来越好，而生态环境越差就越来越差的马太效应，正是因为如此，这一时期东部地区出现了环境效率差距逐渐拉大的趋势，这很大程度上是由于地理位置、资源禀赋、经济发展水平以及环境政策不同，导致东部地区各省份环境效率变化差异较大，比如福建、上海、海南等省份的环境效率较高，且环境效率下降的速度较小，而河北、辽宁和广西的环境效率较低，且下降的速度较大；中西部地区的 β_0 系数都显著为负，说明 1998—2013 年这一时期中国中部和西部表现出典型的"俱乐部收敛"。

表 34.3　　1998—2013 年区域环境效率 β 收敛模型估计结果

模型	模型1 绝对收敛 β				模型2 虚拟变量 β 收敛	模型3 空间滞后 β 收敛	模型4 空间误差 β 收敛
Location	All	Eastern	Central	Western	All	All	All
constant	-0.03881*** (-4.8)	-0.01534*** (-2.98)	-0.09307*** (-6.37)	-0.07639*** (-4.36)	-0.07037*** (-6.78)	-0.03526*** (-8.01)	-0.06987*** (-10.60)
β_0	-0.03514*** (-1.68)	-0.03186 (-1.21)	0.15484*** (-4.85)	-0.08911** (-2.45)	-0.08257*** (-3.96)	-0.04871*** (-6.38)	-0.09644*** (-8.07)
D	—	—	—	—	0.04978*** (3.92)	0.02629*** (5.80)	0.04428*** (5.92)
ρ	—	—	—	—	—	0.58497*** (14.14)	—
λ	—	—	—	—	—	—	0.63400*** (15.84)

注：***、**、* 分别表示在1%、5%、10%的统计水平上显著。

基于区域差异，同时引入地区虚拟变量、空间滞后和空间误差模型，即对模型2—4进行估计发现，全国 β 收敛系数的绝对值显著增加，说明地理和空间因素在区域生态环境变化过程中发挥着重要作用，经典 OLS 模型结果显示，1998—2013年，中国省际环境效率存在 β 收敛，地区虚拟变量在解释区域间环境效率差异中的作用非常显著，这说明地理位置对区域收敛的影响相当明显，而引入空间效应之后，β 收敛依然存在，而且空间滞后因子 ρ 和空间误差系数 λ 均在1%的水平下显著，说明各地区环境效率收敛存在较强的空间联动性和依赖性，环境效率收敛到相邻地区的溢出效应较为明显，即邻近区域的环境效率降低，本区域的环境效率也趋于降低，环境效率收敛存在局部集聚的现象，这就是所谓的"效率的繁殖效应"，即当邻近地区环境效率提高时，某一地区通过不断地学习邻近地区提升环境效率的新技术和方法，相应提高本地区的环境效率，表明生态环境存在着显著的"邻里模仿行为"，地理和空间效应通过空间溢出、区域模仿机制，在区域环境效率的变化中发挥着重要的作用。

第四节　本章小结

本章利用熵值法和 DEA 法分别从生态发展水平和生态发展效率两个层面对中国区域生态发展进行了指标测度和数据分析，同时还通过空间计量分析探讨了区域间的生态发展关系。

就生态发展水平而言，中国生态环境水平还处于低级阶段，但其发展水平呈现出了不断优化上升的趋势。区域发展差距较大，中国东部、中部、西部三个地区的生态发展水平总体呈现"东低西高"，东部沿海地区较低，中部地区次高，西部地区最高的格局。与经济发展水平显示出明显负向关联。

就生态效率而言，中国区域生态效率呈现逐渐下降的趋势，东部、中部、西部地区的生态效率差异较大，整体上呈现出了"东部沿海地区较高，中部地区次高，西部地区最低"的分布特点，这与生态环境水平相反，与经济发展水平则相一致。

就生态发展的区域间关系而言，中国区域生态发展存在着"集聚效应"和"模仿效应"。"集聚效应"是指一个地区的生态发展水平或生态发展效率的提升，会带动附近地区相关指标的提升，进而形成区域集聚效应。"模仿效应"是指一地区通过不断地学习邻近地区提升环境效率的新技术和方法，相应提高本地区的生态发展水平或生态发展效率，进而形成区域间的正外部性效应。

第三十五章

中国区域生态与经济的相互关系及协同度分析

本部分将在运用PVAR模型对中国区域生态发展和经济发展进行相互关系研究的基础上，利用耦合协调度模型测度中国区域生态与经济发展的协同状况，并结合EKC曲线讨论两者之间的协同演进趋势。

第一节　中国区域生态与经济相互影响分析

一　中国区域经济发展的测度及空间探索性分析

（一）经济发展的界定

经济发展并不等于简单的经济增长，而是一个更为全面的概念。中国的"十一五"规划中将经济目标由经济增长修改为经济发展，并制定出相应的具体目标：宏观经济平稳运行、产业结构优化升级、资源利用率显著提高、城乡区域发展趋向协调、市场经济体制比较完善等，也充分体现了经济发展内涵界定的广泛性。在汲取相关研究成果的基础上，我们认为经济发展包含了三个层次的意思：第一是经济在量上的增长，即一个国家或地区生产的物质产品和服务的增加；第二是经济结构的优化，即一个国家或地区的产业结构优化升级，收入分配结构更加合理，消费结构更加理性；第三是经济质量的提高，即一个国家和地区经济效益的提高。

经济增长、经济结构和经济效益构成了经济发展的不同维度，三者之间相互影响，互成因果。当经济增长保持一定的水平、经济规模达到一定程度时，经济结构才能够进一步地优化升级，先进技术的开放和利用才能够有物质保障。当经济结构趋于均衡时，经济效益也会随着提高，国民经济的中间消耗的下降，可持续性快速增长的目标就可以实现。相反情况下，经济结构失调，资源的有效配置不能充分发挥的情形下，经济效益低下，经济增长的有效性就会受到威胁。经济效益同时揭示了各种生产要素转化为最终产品的有效性，其提高的关键在于科学技术水平的提升和应用。技术进步可以通过改变生产要素的组合方式来提高经济效率，经济效益也会随着提高。当不存在技术进步时，经济增长就会受到边际收益递减的制约，而当技术进步被引入时，经济增长将会出现递增的趋势。而经济效益的提高，意味着资源配置更加有效率，这也会促使经济结构向更加优化的方向发展。

（二）指标选取与数据来源

由于经济发展综合评价可选用的指标数量较多，很多指标具有模糊、不易量化、数据获取困难等特点，本部分在充分考虑指标代表性和数据可得性基础上，为了较为全面地反映中国区域经济发展的变动情况，以1998—2013年中国30个省份为研究对象，同时结合中国各地区的实际情况，遵循指标选取的主导性、动态性、层次性以及可操作性原则，从经济增长、经济结构和经济效益三个方面构建了经济发展的指标体系，如表35.1所示。

表35.1　　　　　　经济发展水平评价指标体系

一级指标	二级指标	三级指标	方向
A 经济发展	A1 经济增长	GDP 增长率	+
		固定资产投资增长率	+
		社会消费品零售额增长率	+
		财政收入增长率	+
		出口总额增长率	+
	A2 经济结构	城镇人口占总人口比重	+
		第三产业占 GDP 比重	+
		R&D 研发投入占 GDP 比重	+
		非国有企业占比	+
		就业结构优化度	+
		恩格尔系数	—

续表

一级指标	二级指标	三级指标	方向
A 经济发展	A3 经济效益	全要素生产率	+
		全社会劳动生产率	+
		资本生产率	+
		单位能耗产值	+
		工业企业成本费用利用率	+

（1）经济增长。将经济增长划分为经济规模及经济活力两个方面，经济规模主要选取 GDP 增长率和财政收入增长率两个指标，经济活力主要选取固定资产投资增长率、社会消费品零售额增长率和出口总额增长率三个指标。

（2）经济结构。经济系统是个纷繁复杂的大系统，在方方面面均存在结构问题。本部分从城乡结构、产业结构、技术结构、市场结构、就业结构、消费结构等几个基本方面进行测度，其中，城乡结构用城镇人口占总人口的比重来表示，产业结构用第三产业结构占 GDP 的比重表示，技术结构用 R&D 研发投入占 GDP 的比重来表示，市场结构用非国有企业占比来表示，就业结构用就业结构优化度，即第二、三产业就业人员在总就业人员中所占比重来表示，恩格尔系数是指食物支出金额在消费性总支出金额中所占的比例。

（3）经济效益。在宏观经济效益方面，往往以全要素生产率、全社会劳动生产率、资本生产率、单位能耗产值等指标作为技术、劳动、资本、资源效益的衡量指标。在微观经济效益方面，由于工业是与生态环境关联最大的产业，因此选取成本费用利润率作为工业企业效益的衡量指标。其中，全要素生产率衡量了在一定时期一定范围内的技术水平，本部分采取索洛余值法来计算，根据索洛增长方程：$Y_t = A_t K_t^\alpha L_t^\beta$，其中 Y_t 表示第 t 年的总量产出 GDP，K_t 和 L_t 分别是资本投入和劳动投入数量，α 和 β 分别表示资本投入和劳动投入的产出弹性，A_t 代表了希克斯中性的技术水平，即全要素生产率 TFP。采用资本存量来表示 K_t，采用永续盘存法，公式为：$K_t = I_t + (1-\delta) K_{t-1}$，其中 I_t 为新增投资，即历年固定资本形成总额，δ 为折旧率，本部分将其设定为 9%，对于劳动投入 L_t 采用就业平均人数来表示。全社会劳动生产率是指每一个从业人员在一年内生产的 GDP，用 GDP/从业人员数来表示；资本生产率用单位资本存量所产生的 GDP 来表示；单位能耗产值用单位能源消耗所产生的 GDP 来表示；成本费用利润率是指规模以上工业企业在一定期间的利润总额与成本、费用总额的比率，即付出一元成本费用可获得多少利润，体现了经营耗费所带来的经营成果，它是衡量工业效益的常见指标，衡量了一个国家或地区规模以上工业企业经营所得与耗费之间的比例，反映企业投入的生产成本及费用所产生的经济效益。本部分测度的相关数据来源于历年《中国统计年鉴》《中国区域经济统计年鉴》以及各省统计年鉴，由于西藏缺失数据较多，故不计入本部分分析。

（三）测度结果分析

根据熵值法，将 1998—2013 年中国 30 个省份的数据进行逐年计算得到各省份 16 年的经济发展评价值，结果发现各地区之间以及各地区内不同年份之间的经济发展水平存在显著差异（见表 35.2）。

表 35.2　　中国 1998—2013 年各地区经济发展水平评价结果

地区	经济发展水平 $f(x)$					
	1998 年	2001 年	2004 年	2007 年	2010 年	2013 年
北京	0.4173	0.4706	0.5660	0.6114	0.7091	0.7637
天津	0.2621	0.3320	0.3883	0.4457	0.5841	0.5842
河北	0.1562	0.1710	0.2330	0.2714	0.2923	0.3713
山西	0.1642	0.1817	0.2642	0.2597	0.2927	0.2965
内蒙古	0.1807	0.1877	0.2863	0.3060	0.3438	0.3434
辽宁	0.2296	0.2699	0.3280	0.3571	0.3883	0.3929
吉林	0.2127	0.2276	0.2658	0.3266	0.3208	0.3258
黑龙江	0.1925	0.2464	0.2765	0.3166	0.3407	0.3331
上海	0.3465	0.4040	0.4745	0.5553	0.5801	0.6557
江苏	0.2311	0.2638	0.3209	0.3870	0.4584	0.5067
浙江	0.2358	0.2834	0.3213	0.3700	0.4297	0.4674
安徽	0.1770	0.1863	0.2616	0.2924	0.3328	0.3533
福建	0.2637	0.2667	0.2970	0.3567	0.3908	0.4159

续表

地区	经济发展水平 $f(x)$					
	1998 年	2001 年	2004 年	2007 年	2010 年	2013 年
江西	0.1954	0.2047	0.2508	0.2742	0.3362	0.3540
山东	0.2076	0.2150	0.2674	0.3181	0.3615	0.3993
河南	0.1488	0.1592	0.2215	0.2648	0.2738	0.2939
湖北	0.2143	0.2190	0.2618	0.3130	0.3505	0.3802
湖南	0.1783	0.2028	0.2405	0.2910	0.3282	0.3471
广东	0.2649	0.3105	0.3679	0.4203	0.4658	0.5056
广西	0.1679	0.1776	0.2263	0.2662	0.2782	0.2881
海南	0.2075	0.2108	0.2446	0.2987	0.3770	0.3630
重庆	0.1893	0.2112	0.2538	0.2958	0.3572	0.3742
四川	0.1833	0.2143	0.2325	0.2890	0.3140	0.3294
贵州	0.1243	0.1328	0.1568	0.2028	0.2728	0.2764
云南	0.1385	0.1334	0.1896	0.2290	0.2473	0.2731
陕西	0.2180	0.2488	0.2973	0.3194	0.3662	0.3799
甘肃	0.1674	0.1654	0.1970	0.2364	0.2538	0.2738
青海	0.1417	0.1773	0.1990	0.2389	0.2750	0.2703
宁夏	0.1550	0.1747	0.2038	0.2378	0.2961	0.2942
新疆	0.1429	0.1750	0.2133	0.2567	0.2801	0.2977
均值	0.2038	0.2275	0.2769	0.3203	0.3632	0.3837
东部	0.2492	0.2813	0.3363	0.3882	0.4429	0.4762
中部	0.1849	0.2017	0.2588	0.2938	0.3244	0.3364
西部	0.1623	0.1814	0.2159	0.2562	0.2958	0.3077

根据中国 1998—2013 年经济发展评价结果可以发现以下几点。

从宏观层面来看，中国经济发展水平在 16 年间呈现逐渐上升的趋势，这是因为随着工业化进程的加剧，经济各方面均呈现快速增长态势，综合造成经济增长综合评价水平快速上升。

从中观层面来看，中国东部、中部、西部三大经济带的经济发展水平差异较大，东部地区经济发展水平最高，中部地区居中，西部地区最低，但三大区域整体都呈现逐渐上升的趋势，这是因为改革开放以来，中国制定了一系列的促进东部沿海地区快速发展的特殊政策。国家除了在直接投资上给东部地区一定的倾斜外,主要是给沿海地区多方面的优惠政策,包括投资政策、税收豁免、财政自主权、更大的管理经济的权力等,这些政策极大地提高了东部地区吸引国内外资源和要素的能力,而且东部沿海地区的开放度要大大高于内陆地区,它们可以通过国际贸易实现或接近规模经济,从而实现经济的高速增长。

从微观层面来看（见图35.1）,北京、天津、上海等东部较发达省份的经济发展水平较高,贵州、云南、甘肃等欠发达地区的经济发展水平较低。从中国各地区1998—2013年的经济发展综合水平可以发现,近16年来,中国所有省份经济发展水平都呈现上升的趋势,这是因为近年来,中国各地区在资本投入、技术进步、市场化以及对外开放等方面都取得了较大的进步,促进了各地区经济的发展,但是经济发展的区域差异也说明推进中国各区域间经济一体化的进程,有效促进技术创新在各区域间的快速传递,可以缩小东部地区与中西部地区的经济发展差距。

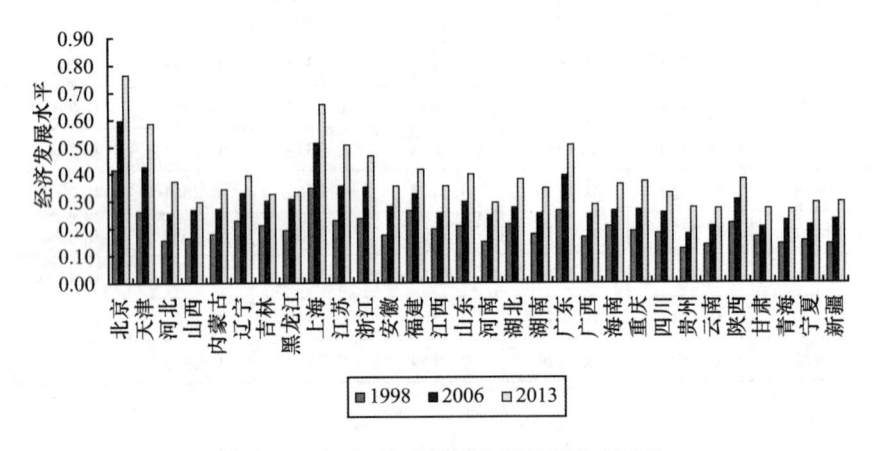

图35.1 中国历年各地区经济发展水平比较

（四）区域经济发展的空间探索性分析

本部分运用Stata11.1软件对1998—2013年经济发展的空间相关性进行了检验,结果表明,近年来中国各地区经济发展水平的Moran'sI指数处于0—1显著为正,Geary'sC指数处于0—1且显著,即中国各地区的经济发展水平在空间分布上存在显著的正向空间自相关。这说明一个地区的经济发展水平不仅会影响其邻近地区,而且还会受到相邻地区经济发展水平变化的影响。

依据表35.3测度数据分析，近16年来，中国各地区经济发展水平空间分布差异较大，整体上依旧呈现东高西低的分布格局，具体而言，东部地区的北京、天津、辽宁、江苏、浙江、上海、福建以及广东处于经济发展水平的最高层次，山东、黑龙江、吉林、内蒙古、陕西、湖北、江西和重庆属于较高层次，河北、山西、河南、安徽、四川、河南、湖南、广西、宁夏、新疆属于较低层次，甘肃、青海、云南、贵州属于最低层次。以上空间分布表明相邻省份之间的经济发展水平存在显著的空间依赖性。

进一步分析可以发现，中国的区域经济发展水平在空间分布上形成了三个不同的集聚区域：第一个是以浙江和上海为中心，与周边福建和江苏等东部沿海省份组成了经济发展水平的高值集聚区（HH），特别是近年来，浙江、江苏与周边上海等地区的经济发展水平的空间依赖性越来越强，相互之间的带动和促进作用也越来越明显；第二个是以河北为中心，与周边的山西、辽宁等省份组成了低值和高值集聚区（LH）；第三个是以新疆为中心，与周边的甘肃、青海等西部省份组成了低值集聚区（LL）。由此可见，一个地区的经济发展和生态环境水平除了与自身的经济社会发展和所处的地理位置相关外，还与周边地区的经济发展水平密切相关。从经济发展水平的空间分布情况及集聚检验结果可以发现，中国区域经济发展水平存在显著的空间相关性，两者在地理分布上存在较为明显的"路径依赖"特征，进而形成了不同的集聚区。

二 中国区域经济发展与生态环境的相互影响关系

（一）PVAR 模型

Sims 在1980年提出向量自回归模型（VAR），这种模型不需要先验理论基础，利用的是时间序列数据的统计性质，通过挖掘数据变化背后的信息，获得对经济活动的把握。模型克服了联立方程模型无法确定内、外生变量的缺陷，将各变量视为内生变量，解释变量设为该变量和其他变量的滞后项，通过一组回归方程阐释变量间的互动关系。模型除了可以分析滞后项对变量的影响外，还可利用脉冲响应进一步分析变量间的短期动态互动关系，探讨随机干扰项对经济系统的动态冲击，还可通过方差分解研究变量间的长期贡献。然而，模型需要估计较多参数，使自由度大幅下降。尤其样本容量较小时，参数估计的精度很差，且现实中某些数据很难满足时间序列所要求的数据长度。

为了克服 VAR 模型数据长度的限制，Holtz-Eakin 等在 1988 年提出基于面板数据的向量自回归（PVAR）的建模方法，后经 Pesaran & Smith、Love & Zicchino 等学者的发展，逐渐趋向成熟。①②③ PVAR 模型作为将面板数据估计方法与向量自回归模型相结合的计量工具，分析框架灵活。首先它继承了 VAR 的优点，把所有变量视为内生变量，即处理一个内生系统。其中正交化的脉冲响应函数能较为真实地反映各变量间的动态关系。其次，PVAR 模型允许样本个体间存在个体效应差异和横截面上的时间效应。更重要的是，由于选取的样本为面板数据，在时间序列长度一定的情况下，通过增加截面个体的数量，极大扩充了样本观测值的容量，弥补了 VAR 模型对时间序列长度限制的不足。

中国现阶段经济与环境相关关系的研究中，大多集中于经济社会发展对环境的影响，具体包括经济增长、城市化进程、人口数量和分布等方面对环境系统的影响，应用的方法主要包括 EKC 的理论和实证分析等。④ 大多数的研究忽略了环境系统和经济系统之间存在双向耦合关系，对环境系统变化作用于经济增长反向影响的研究并不多见。从系统论的角度看，经济系统和环境系统都是开放的系统，经济和环境是相互作用、相互制约的，经济的发展不仅会带来环境质量的变化，环境质量的变化还会影响到经济增长的速度和方向。⑤⑥ 从环境质量对经济增长作用的方

---

① Holtz-Eakin D., Rosen H. S., "Estimating Vector Autoregressions with Panel Data", *Econometrica*, Vol. 56, No. 6, 1988, pp. 1371–1395.

② Pesaran M. H., Smith R., "The Role of Theory in Econometrics", *Journal of Econometrics*, Vol. 67, No. 67, 1995, pp. 61–79.

③ Love I., Zicchino L., "Financial Development and Dynamic Investment Behavior: Evidence from Panel VAR", *Quarterly Review of Economics & Finance*, Vol. 26, No. 2, 2006, pp. 190–210.

④ Vehmas J., Luukkanen J., Kaivo-Oja J., "Linking Analyses and Environmental Kuznets Curves for Aggregated Material Flows in the EU", *Journal of Cleaner Production*, Vol. 15, No. 5, 2007, pp. 1662–1673.

⑤ 徐福留、赵珊珊、张颖等：《经济发展可持续性状态与趋势定量评价方法研究》，《环境科学学报》2005 年第 25 卷第 6 期，第 711—720 页。

⑥ 曹洪军：《环境经济学》，经济科学出版社 2012 年版。

向和性质看，短期来讲，环境保护可能会制约经济增长的速度，如政府为了保护环境会出台更严格的环境标准，限制某些产业的发展，污染造成的健康损害会影响生产中的劳动力和资本，环境保护设施和技术的投入会增加企业的生产成本，影响经济效益等。但从长期的影响看，环境与经济可以达到相互促进，协调发展，环境保护措施的实施可以促使技术进步，提高产业的劳动生产率和资源利用率，推进产业结构向高度化转化，加快社会资源能源的优化配置，实现经济与环境的良性协调发展。[①][②]

因此，从研究系统间双向耦合关系的方法上看，PVAR 模型具有优势，PVAR 模型兼具时间序列分析与面板数据分析的优势，不仅能较好地把握变量之间的内在影响机制，也有助于克服个体异质性带来的估计偏差。因此，本部分采用 PVAR 模型来考察中国经济发展与生态环境的相互影响。模型设定如下：

$$y_{it} = \sum_{j=1}^{p} \beta_j y_{i,t-j} + \eta_i + \gamma_t + u_{it} \qquad (35.1)$$

式 35.1 中，$y_{it} = (ed_{it}, ee_{it})'$ 是包含了两个内生变量的列变量，i 表示不同的省份地区，t 表示不同年份，p 表示滞后阶数；β_j 表示滞后变量的参数矩阵；η_i 表示个体效应向量，反映了区域异质性；γ_t 表示时间效应向量，体现每一时期的特定冲击效应；u_{it} 表示扰动项；ed 表示经济发展水平，ee 表示生态环境水平。

建立变量间的 PVAR 模型首先要选择适合的滞后阶数，滞后阶数过长会损失自由度，也就是损失一部分样本，在小样本的情况下会带来明显的影响；而滞后阶数过短也会使检验结果不可靠，所以本部分通过以下原则来选取滞后阶数。（1）根据 AIC、BIC 和 HQIC 准则选择变量的滞后阶数。（2）根据变量时间跨度的不同，采取适合的滞后阶数，避免滞后阶数太大影响数据的样本量，原则上最大的滞后阶数不超过 4 阶。（3）相同变量的 PVAR 模型在东部、中部、西部三个区域选择一致的滞后阶数。AIC、BIC 和 HQIC 的检验结果如表 35.3 所示。

---

① 潘玉君：《可持续发展原理》，中国社会科学出版社 2005 年版。
② 邓宏兵：《人口、资源与环境经济学》，科学出版社 2005 年版。

表35.3 滞后阶数的选取标准

Lag	全国 AIC	全国 BIC	全国 HQIC	东部 AIC	东部 BIC	东部 HQIC	中部 AIC	中部 BIC	中部 HQIC	西部 AIC	西部 BIC	西部 HQIC
1	-9.93*	-9.31*	-9.69*	-10.49	-9.97*	-10.28*	-9.59	-9.10*	-9.39	-9.46*	-8.97*	-9.26*
2	-9.91	-9.21	-9.63	-10.50*	-9.87	-10.24	-9.65*	-9.04	-9.40*	-9.44	-8.83	-9.19
3	-9.72	-8.93	-9.40	-10.14	-9.40	-9.84	-9.53	-8.79	-9.23	-9.13	-8.38	-8.83
4	-9.86	-8.99	-9.51	-10.21	-9.34	-9.86	-9.62	-8.72	-9.26	-9.01	-8.12	-8.65

从表35.3中可知，全国、东部和西部的最优滞后阶数为1阶，中部最优滞后阶数为2阶，根据滞后阶数选取原则，全国及三大区域的最优滞后阶数均选为1阶，则PVAR模型表示为：

$$y_{it} = \Gamma y_{it-1} + \eta_i + \gamma_t + u_{it} \tag{35.2}$$

式35.2中，Γ是2×1的系数矩阵，即系统由两个方程组成，第 m（=1，2）个方程可表示为：$y_{it}^m = \Gamma^m y_{it-1}^m + \eta_i^m + \gamma_t^m + u_{it}^m$。

（二）PVAR估计结果

本部分采用前向均值差分（forwardmean-differencing），也称Helmert过程来处理模型包含的固定效应，然后利用GMM方法得到系数的有效估计，结果如表35.4所示，其中L代表滞后一期。

表35.4 经济发展与生态环境的PVAR估计结果

Lag	全国 ED	全国 EE	东部 ED	东部 EE	中部 ED	中部 EE	西部 ED	西部 EE
L.ED	0.8039*** (9.35)	-0.2253** (-2.33)	0.8156*** (12.01)	-0.0647 (-1.27)	0.9297*** (24.70)	0.1682** (2.36)	0.8588*** (7.88)	0.3002* (1.91)
L.EE	0.0974 (0.90)	1.2073*** (9.52)	0.1666 (1.06)	1.0450*** (7.83)	-0.0492 (-1.38)	0.7800*** (8.50)	0.0169 (0.21)	0.6835*** (5.01)

从表35.4中可以发现，在经济发展方程中，全国及东部、中部、西部三大区域经济发展水平的滞后项对当期经济发展都具有显著的正向影响效应，其中，中部地区的正向影响效应大于东部和西部。同时生态环境水平的滞后项对当期经济发展水平的影响虽存在显著的区域差异，但

均不显著。在生态环境方程中，全国和东部、中部、西部三大区域生态环境水平的滞后项对当期生态环境都具有显著的正向影响效应，其中，东部地区的正向影响效应显著大于中部和西部。同时经济发展的滞后项对当期生态环境的影响存在显著的区域差异，全国前一期经济发展对本期生态环境的影响显著为负，说明前一期经济发展水平的提高导致本期生态环境水平下降，东部的影响虽为负，但影响不显著，中部和西部地区的影响显著为正，且中部＜西部，说明对于这两个区域而言，前期经济发展水平的提高可以促进本期生态环境水平提高，且西部地区的这种促进作用较大。

(三) 脉冲响应函数

脉冲响应函数描述的是模型中某一变量的正交化新生对系统中每一个变量的影响，可以通过各变量对冲击的动态反应情况，具体分析各个冲击因素对其他因素的影响（见图35.2）。

对于全国而言，脉冲响应图显示，生态环境冲击对经济发展的影响保持为正，期间略有上升的趋势，表明生态环境水平的提高对经济发展具有正向作用，但这种作用不显著；考察经济发展对生态环境的影响，经济发展的冲击使得生态环境表现出负向响应，而且这种负向响应呈现逐渐增大的趋势，由此可知，生态环境受经济发展的影响很大，很多前期经济发展可能导致当期及后期生态环境的逐步恶化，生态环境的发展依赖于经济发展方式的转变和相应环保措施的实施。

对于三大区域而言，脉冲响应函数存在较大差异。对于东部地区而言，各个因素响应函数与全国相类似，只是经济发展冲击对生态环境的影响变得不显著了；对于中部地区而言，脉冲响应函数与其他明显不同，生态环境冲击对经济发展的影响保持为负，呈现不断下降的趋势，但影响不显著，而经济发展冲击对生态环境的影响为正，呈现逐渐上升的趋势，且前两期内影响不显著，从第三期开始，这种正向影响开始显著，说明经济发展对生态环境的正向效应将会从第三期一直向后持续，且这种促进作用在逐渐增加；对于西部地区而言，生态环境冲击对经济发展的影响为正，呈现稳定的状态，但影响不显著，而经济发展冲击对生态环境的影响为正，从第三期开始，这种正向影响开始显著，说明经济发展对生态环境的正向效应将会从第三期一直向后持续，逐步趋

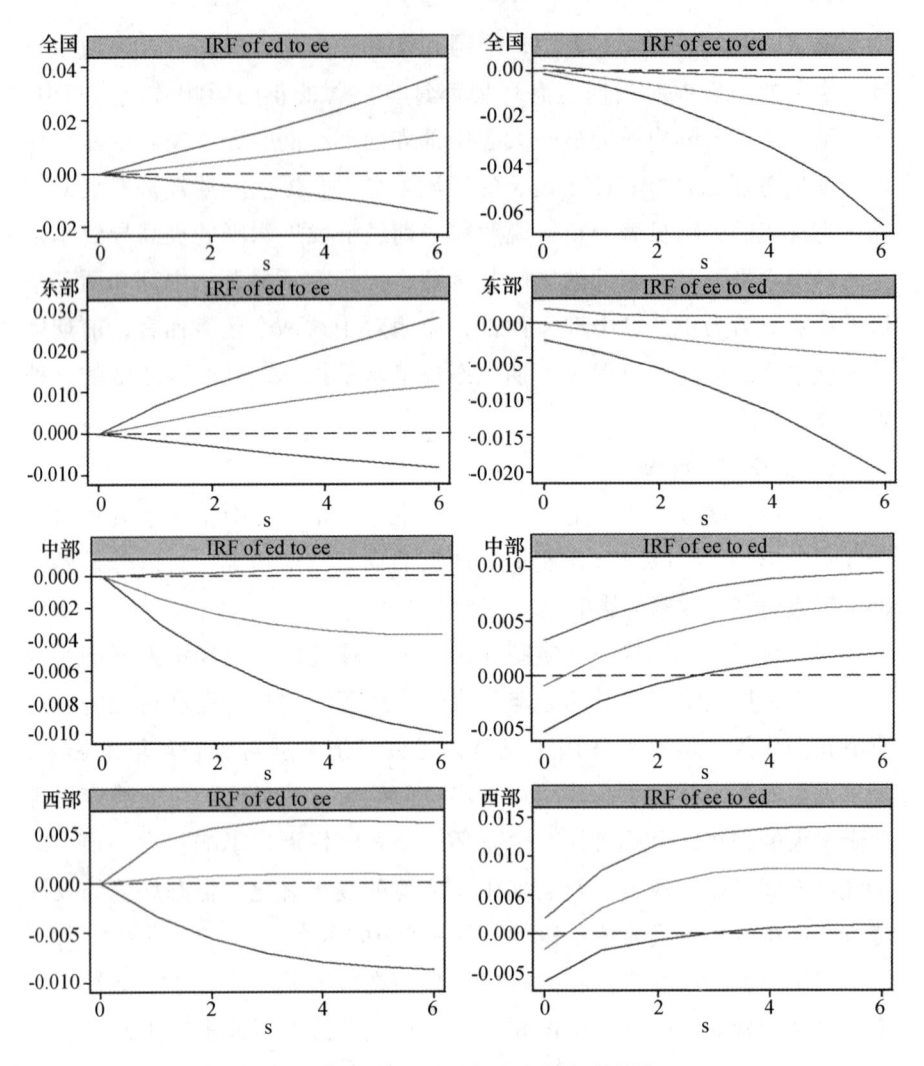

图 35.2　全国及三大区域脉冲响应图

于稳定。

（四）方差分解分析

方差分解给出对模型中的变量产生影响的每个随机扰动的相对重要性的信息。利用面板模型的方差分解，如表 35.5 所示，进一步说明影响因素的大小，以此评价每一个结构冲击对内生变量变化的贡献度。

表 35.5　　　经济发展与生态环境的预测方差分解及其均值

变量	S	全国 ed	全国 ee	东部 ed	东部 ee	中部 ed	中部 ee	西部 ed	西部 ee
ed	1	1.000	0.000	1.000	0.000	1.000	0.000	1.000	0.000
ee	1	0.001	0.999	0.000	1.000	0.001	0.999	0.005	0.995
ed	2	0.990	0.010	0.983	0.017	0.995	0.005	0.999	0.001
ee	2	0.007	0.993	0.002	0.998	0.003	0.997	0.014	0.986
ed	3	0.959	0.041	0.941	0.059	0.986	0.014	0.999	0.001
ee	3	0.022	0.978	0.006	0.994	0.011	0.989	0.041	0.959
ed	4	0.901	0.099	0.876	0.124	0.976	0.024	0.998	0.002
ee	4	0.040	0.960	0.011	0.989	0.023	0.977	0.079	0.921
ed	5	0.812	0.188	0.796	0.204	0.965	0.035	0.997	0.003
ee	5	0.058	0.942	0.016	0.984	0.039	0.961	0.117	0.883
ed	6	0.699	0.301	0.709	0.291	0.954	0.046	0.996	0.004
ee	6	0.076	0.924	0.021	0.979	0.057	0.943	0.152	0.848
ed	7	0.574	0.426	0.622	0.378	0.944	0.056	0.996	0.004
ee	7	0.091	0.909	0.027	0.973	0.075	0.925	0.182	0.818
ed	8	0.457	0.543	0.543	0.457	0.935	0.065	0.995	0.005
ee	8	0.105	0.895	0.032	0.968	0.093	0.907	0.207	0.793
ed	9	0.360	0.640	0.473	0.527	0.926	0.074	0.995	0.005
ee	9	0.117	0.883	0.036	0.964	0.110	0.890	0.227	0.773
ed	10	0.286	0.714	0.414	0.586	0.919	0.081	0.995	0.005
ee	10	0.127	0.873	0.041	0.959	0.125	0.875	0.243	0.757
ed	均值	0.704	0.296	0.736	0.264	0.960	0.040	0.997	0.003
ee	均值	0.064	0.936	0.019	0.981	0.054	0.946	0.127	0.873

就全国而言，生态环境对经济发展的贡献度呈现逐渐上升的趋势，说明生态环境对经济增长的影响具有滞后性，而经济发展对生态环境的贡献度也呈现逐渐上升的趋势，且上升幅度较前者更大，从1—10期影响的均值可以看出，生态环境冲击对经济发展的解释力为6.4%，而经济发展冲击对生态环境的解释力达到了29.6%，说明经济发展和生态环境之间的相互影响是不对等的，经济发展冲击对生态环境的影响远大于生态环境冲击对经济发展的反作用，所以要想提高区域生态环境水平，应该

从改变经济发展方式、提高经济发展水平方面着手。

就各区域而言，东部、中部和西部生态环境对经济发展预测方差的贡献度较小，均值分别为 1.9%、5.4% 和 12.7%，西部远大于东部和中部，而经济发展对生态环境预测方差的贡献度相对较大，均值分别为 26.4%、4% 和 0.3%，东部远大于中西部，方差分解的结果表明，目前中国经济发展对生态环境改善带来的影响较大，经济发展带来不可逆的资源消耗，能源利用的增加，这些导致环境污染愈加严重；同时，伴随着城市的加速扩张，人口的集聚带来交通拥堵、污染物排放等问题，都给生态环境的改善带来巨大压力。综合而言，经济较发达的区域，经济发展对生态环境的影响程度较高，生态环境对经济发展的影响程度较低，现阶段中国的生态环境对经济发展的反馈和约束作用还没有完全显现。

第二节　中国区域生态与经济发展耦合度研究

一　区域经济发展与生态环境的耦合协调模型

"合"作为物理学概念，是指两个（或两个以上的）系统或运动形式通过各种相互作用而彼此影响的现象，耦合度就是描述系统或要素相互彼此作用影响的程度。

本部分借鉴物理学中的耦合系数模型来计算耦合度，设变量 u_i（$i=1, 2, \cdots, m$），u_j（$j=1, 2, \cdots, n$）分别表示各系统，那么多个系统彼此作用的耦合度模型为：

$$C_n = n \left\{ (u_1 \times u_2 \times \cdots \times u_n) / \prod (u_i + u_j) \right\}^{1/n} \quad (35.3)$$

式 35.3 中，C 为耦合度，u_1、u_2、$\cdots$、u_n 表示子系统的综合评价值，n 表示子系统的个数，由于本部分主要测度经济发展和生态环境两个子系统的协调度，所以 n 取值为 2，进而可以得到经济发展与生态环境的耦合度函数：

$$C = \left\{ \frac{f(x) \times g(y)}{[f(x) + g(y)]^2} \right\}^{\frac{1}{2}} \quad (35.4)$$

耦合度取值在 0 到 1 之间，当 C 趋于 0 时，表明系统的耦合程度最小，各子系统处于无关而且无序的状态，当 C 趋于 1 时，说明系统的耦合程度最大，各子系统达到了良性共振的状态。根据耦合度值的变化可以分为以下六种类型：（1）当 $C=0$ 时，经济发展与生态环境系统耦合度极小，系统之间处于无关状态且向无序发展；（2）当 $C\in(0,0.3]$ 时，系统处于较低水平的耦合阶段；（3）当 $C\in(0.3,0.5]$ 时，系统的耦合处于拮抗时期；（4）当 $C\in(0.5,0.8]$ 时，系统的耦合进入磨合阶段，两者间开始良性耦合；（5）当 $C\in(0.8,1)$ 时，系统处于高水平的耦合阶段；（6）当 $C=1$ 时，系统的耦合度最大，系统之间达到良性共振耦合且趋向新的有序结构。由于耦合度只能表明各子系统之间相互作用程度的强弱，无法反映经济发展与生态环境的协调发展水平，因此，引入耦合协调度模型，以便更好地评判经济发展与生态环境交互耦合的协调程度。耦合协调度作为度量经济发展与生态环境协调发展水平高低的定量指标，综合反映了经济发展与生态环境的整体协同效应。那么协调度的计算公式如下：

$$D = \sqrt{C \times T}, T = af(x) + bg(y) \qquad (35.5)$$

式 35.5 中，D 为耦合协调度，C 为耦合度，T 为经济发展与生态环境综合评价指数，a、b 为待定系数，本部分 a、b 取值均为 0.5。基于前述分析，为了更好地说明经济发展与生态环境的耦合协调程度，借鉴廖重斌的研究，根据耦合协调度 D 的大小进行等级划分（见表35.6），进而来定量评判经济发展与生态环境的协调发展状况。[①]

表 35.6　　　　　　　　耦合协调度的等级划分

序号	协调度 D	协调度等级	序号	协调度 D	协调度等级
1	0.90—1.00	优质协调	6	0.40—0.49	濒临失调
2	0.80—0.89	良好协调	7	0.30—0.39	轻度失调
3	0.70—0.79	中级协调	8	0.20—0.29	中度失调
4	0.60—0.69	初级协调	9	0.10—0.19	严重失调
5	0.50—0.59	勉强协调	10	0.00—0.09	极度失调

---

① 廖重斌：《环境与经济协调发展的定量评判及其分类体系——以珠江三角洲城市群为例》，《热带地理》1999 年第 19 卷第 2 期，第 171—177 页。

二 区域经济发展与生态环境的耦合协调结果分析

由于中国各省份在经济发展、基础设施以及资源环境等方面存在较大差异，经济发展和生态环境水平也各不相同。根据以上耦合协调度模型，本部分将30个地区16年的数据进行计算得到了各地区经济发展与生态环境的耦合度和协调度。

经济发展与生态环境的耦合度和协调度情况有以下特征。

从各地区的耦合度来看（见图35.3），1998—2013年各地区两个系统的耦合度在不断提升，1998年所有省份都处于低水平耦合阶段；2006年，仅有北京、天津、浙江和福建四个省份的耦合度上升到拮抗阶段，其他省份两个系统的耦合度虽有所上升，但依旧处于低水平耦合阶段；到2013年，北京两个系统的耦合度开始进入良性磨合阶段，而且除了河南和青海以外，其他省份均已处于拮抗阶段。

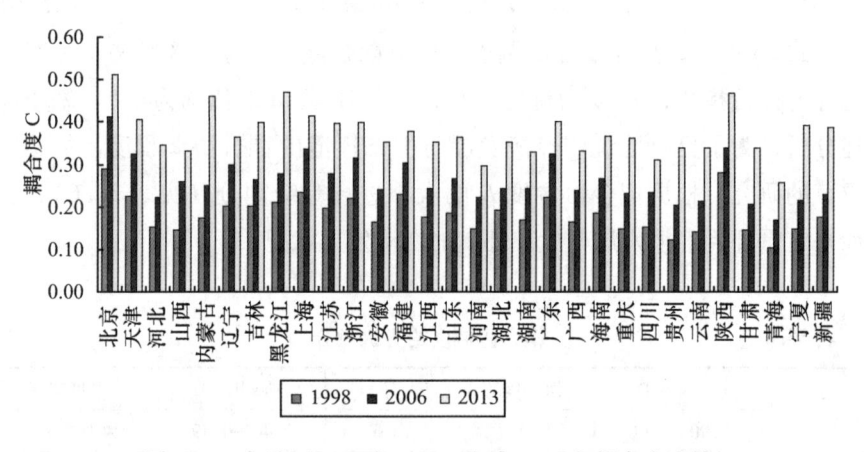

图35.3 各地区1998年、2006年和2013年耦合度比较

从各地区的耦合协调度来看（见图35.4），1998—2013年各地区两个系统的协调性在不断提升，其中，1998年，北京和陕西两个省份均已处于勉强协调阶段，天津、内蒙古、辽宁、吉林、黑龙江、上海、江苏、浙江、安徽、福建、江西、山东、湖北、湖南、广东、广西、海南和新疆处于濒临失调阶段，河北、山西、河南、重庆、四川、贵州、云南、甘肃、青海和宁夏处于轻度失调阶段；2006年，北京已经达到了初级协调阶段，天津、

山西、辽宁、吉林、黑龙江、上海、江苏、浙江、福建、山东、广东、海南和陕西均已处于勉强协调阶段，河北、内蒙古、安徽、江西、河南、湖北、湖南、广西、重庆、四川、贵州、云南、甘肃、宁夏和新疆处于濒临失调阶段，而青海协调度虽有所上升，但依旧处于轻度失调阶段。

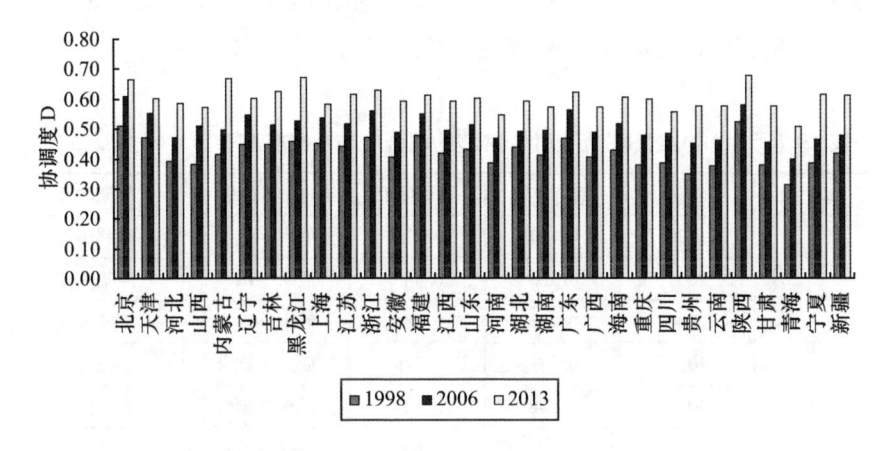

图 35.4　各地区 1998 年、2006 年和 2013 年协调度比较

总体而言，全国各地区经济发展和生态环境的耦合度和协调度在空间上形成了东部地区较高，中西部地区较低的格局，耦合度和协调度较高的地区主要集中在东部沿海，这主要是由于东部沿海各省份经济发展基础较好，支撑了生态环境各方面的建设和完善，进而推进经济发展和生态环境的协调发展。

根据各地区耦合度和协调度测度结果分布计算了 1998—2013 年全国及三大区域 1998—2013 年的耦合度和耦合协调度，结果如表 35.7 所示。

从表 35.7 可知，近年来，全国及三大区域的耦合度和耦合协调度均呈现不断上升的趋势。从耦合度来看，全国及三大区域整体水平较低，说明经济发展和生态环境两个子系统依旧处于较低水平的耦合阶段，且均从低水平耦合阶段逐步进入了拮抗阶段，这说明 16 年来，两个子系统之间的相互影响越来越强，所以不能只顾发展经济而忽略了生态环境。

从耦合协调度来看，全国及各区域协调度均呈现不断上升的趋势，而且协调情况有所不同。就全国而言，从 1998 年的濒临失调逐步变为 2013 年的初步协调，说明中国在经济发展的初级阶段，经济发展和生态环境两个子系统的发展相对不协调,生态环境发展严重滞后于经济发展,很多地区只注重经济发展,资源环境方面发展较为薄弱,但是随着经济发展方式的转变,环境投入不断增加,环保意识不断加强,生态环境也得到了相应完善,生态环境整体水平有所提高,虽然在生态环境方面还存在很多问题有待解决,但是经济发展与生态环境的协调度依旧呈现逐渐上升的趋势,从濒临失调向初级协调发展,这也是经济发展的一个过渡阶段。

表35.7　　　　经济发展与生态环境的耦合度与协调度水平

地区	年份	耦合度 C	协调度 D	耦合阶段	协调类型
全国	1998	0.184	0.422	低水平耦合	濒临失调
	2001	0.205	0.445	低水平耦合	濒临失调
	2004	0.243	0.485	低水平耦合	濒临失调
	2007	0.275	0.516	低水平耦合	勉强协调
	2010	0.298	0.533	低水平耦合	勉强协调
	2013	0.374	0.601	拮抗阶段	初级协调
东部	1998	0.209	0.449	低水平耦合	濒临失调
	2001	0.234	0.473	低水平耦合	濒临失调
	2004	0.278	0.516	低水平耦合	勉强协调
	2007	0.309	0.542	拮抗阶段	勉强协调
	2010	0.337	0.560	拮抗阶段	勉强协调
	2013	0.389	0.608	拮抗阶段	初级协调
中部	1998	0.176	0.418	低水平耦合	濒临失调
	2001	0.194	0.439	低水平耦合	濒临失调
	2004	0.233	0.481	低水平耦合	濒临失调
	2007	0.263	0.511	低水平耦合	勉强协调
	2010	0.278	0.523	低水平耦合	勉强协调
	2013	0.372	0.604	拮抗阶段	初级协调
西部	1998	0.158	0.390	低水平耦合	轻度失调
	2001	0.176	0.414	低水平耦合	濒临失调
	2004	0.205	0.448	低水平耦合	濒临失调
	2007	0.240	0.485	低水平耦合	濒临失调
	2010	0.264	0.507	低水平耦合	勉强协调
	2013	0.354	0.589	拮抗阶段	勉强协调

就各区域而言，东部地区相比于中西部地区，协调度相对高，1998年和2001年处于濒临失调阶段，之后逐步变为勉强协调，2013年已经处于初级协调阶段，说明东部地区经济发展和生态环境的交互作用在逐渐改善，在发展经济的同时，生态环境也得到了很大的关注，进而促使两者正在向更好的协调阶段发展；中部地区也从1998年的濒临失调逐步变为2013年的初步协调，但是协调度的整体发展较东部地区要慢，这说明中部地区在经济发展的初期，两个子系统的发展较为不协调，生态环境发展严重滞后于经济发展，这很大程度上是由于中部地区环境资源消耗较大，环境污染物排放较多，而环保投入和措施较为薄弱，导致经济发展与生态环境发展不同步，而随着环境问题的日益凸显和环保政策的逐步实施，目前生态环境逐步得到好转，进而两者逐步趋于协调；就西部地区而言，1998年经济发展与生态环境已经处于轻度失调状态，这是因为在经济发展的初级阶段，其经济发展主要以高投入、高消耗、高污染、低效率的粗放型增长方式为特征，经济虽然得到了很大发展，但是生态环境压力却越来越大，2013年经济发展与生态环境已处于勉强协调阶段，虽然依旧比东部、中部地区低，但整体也在向协调阶段过渡，所以西部地区应该改变经济发展方式，在保护环境的前提下，促进经济和生态环境的协同发展。

第三十六章

中国区域生态环境协同治理分析

生态的整体性和生态文明建设均要求生态治理措施应当具有统筹、协同性，但是作为生态治理主导力量的行政机构却普遍存在区域分割、部门分割的问题，既难以应对频发的跨区域环境污染事故，也难以实现中国区域间生态事业的协同发展，最终影响经济社会的持续发展。因此，实现行政机构在区际生态治理领域的协同合作成为生态文明发展、建设美丽中国的重要课题。学界现有的研究重点关注协调区域环境保护与污染治理的价值意义、区际协调机制的必要性和构建策略以及国外实践的经验与启示等方面。本部分借鉴了关华和齐卫娜的相关研究，在对中国区域生态治理行为进行博弈分析基础上，揭示区域生态环境协同治理的机制。[①]

第一节 区域生态环境协同治理的机理分析

生态环境的治理，涉及相关各方的利益，是相关主体间博弈的过程。本节我们将从博弈论视角，来分析和揭示区域生态协同治理的内在机理。

一 模型框架

在区域生态协同治理中，中央—地方各自的多个竞争策略构成了策略集。地方政府的占优策略是指代无论中央政府采取何种策略都归属于

[①] 关华、齐卫娜：《环境治理中政府间利益博弈与机制设计》，《财经理论与实践》2015年第1期，第100—104页。

地方政府最优选择的竞争策略，但是这种最佳选择往往会导致不理想的结果。也就是说，基于自身效用最大化的理性最优选择，地方政府的占优策略是选择不治理污染，而由此将导致区域生态环境的持续恶化以及经济发展的不可持续性。本部分将仅就中央—地方、地方—地方之间如何利用所掌握的信息进行决策、这种决策的均衡问题以及主体间的博弈机理进行探讨。

通过博弈理论确定博弈的以下几个要素。

（1）博弈主体。由本部分设定的博弈主体包括中央政府 G、地方政府 L_1 及地方政府 L_2。中央政府与地方政府间的博弈竞争表示为 $N = \{G, L_i\}$ ($i = 1, 2$)，地方政府间的博弈竞争表示为 $N = \{L_1, L_2\}$，N 为虚拟参与人。

（2）博弈策略。也就是博弈主体在给定信息集的情况下的行动规则，一般用 s_i 表示第 i 个博弈主体的某个特定策略，$S_i = \{s_i\}$ 表示第 i 个博弈主体所有可进行选择的策略集合。在政府间生态治理博弈中，中央政府可以进行的策略选择为 $S_i = \{检查, 不检查\}$，地方政府可以进行的策略选择为 $S_i = \{治理, 不治理\}$。博弈策略将规定博弈主体何时选择何种行为。

（3）博弈结果。在特定的博弈策略决定下，博弈主体会得到相对应的效应水平，由此形成了最终的博弈结果。博弈结果不仅仅取决于自己的策略选择，还取决于其他博弈主体的策略选择，本部分选择用 U_i 表示第 i 个博弈主体的效用水平，$u = \{u_1 \cdots u_i \cdots u_n\}$ 为 n 个博弈主体相对应的效用水平组合。所有博弈主体进行策略选择的函数为 $U_i = U_i \{s_1 \cdots s_i \cdots s_n\}$。

二 生态环境协同治理的纵向博弈分析

在生态问题的治理上，中央政府和地方政府的最终目的是不一样的。就中央政府来说，无论哪个地区环境质量的下降都意味着国家整体环境水平的恶化。而地方政府更多地追求 GDP 的快速增长，在面临环境的整治和发展经济的选择时，往往会做出有利于经济发展而损害环境的行为。在中央—地方政府博弈过程中，因为地方政府拥有私人信息，称为"代理人"，但是中央政府不拥有私人信息，称为"委托人"。在中国当前的治理体制是行政分权,中央政府把任务逐步分解,通过行政逐级打包的方式,将生态治理的权限下放到地方,构成典型的委托—代理关系。委托—代理理论试图解决的是在信息不对称的条件下,如何使地方政府能够完全地按照中央政府的利益来行动,或者中央政府怎样根据观测和收集到的信息反馈对地方政府进行奖惩,以此激励地方政府选择对中央政府更为有利的行动。以下构建一个中央政府与地方政府间的博弈模型,并做出如下假设。

其一,中央政府对地方政府生态治理的检测成本为C_G。

其二,地方性政府生态治理成本为C_L,$C_L = f(Q, G, P_2)$,同时$f' > 0$,Q表示污染物治理量,G表示生态治理的投资额,P_2表示的是第二产业增加值占GDP的比值。

其三,地方政府没有按照中央政府的利益行动,选择不治理时将会受到的处罚D。

其四,地方政府治理时收益为π,地方政府不治理且中央政府不检查时的收益为ω,$\pi < C_L < \omega$。

其五,地方政府选择治理时中央政府收益为σ。

根据以上假设,中央—地方政府博弈矩阵如表36.1所示。

表36.1　　　　生态治理中中央与地方政府间的博弈矩阵

		地方政府	
		治理	不治理
中央政府	检查	$\sigma - C_G$, $\pi - C_L$	$D - C_G$, $-D$
	不检查	σ, $\pi - C_L$	0, ω

假定地方政府生态治理的概率为θ,中央政府对地方政府生态治理行为进行检查的概率为α。

第一种情况:假定θ为外生变量的条件下,中央政府进行选择检查($\alpha = 1$)和选择不检查($\alpha = 0$)的期望收益分别为:

$$\mu_G(1, \theta) = (\sigma - C_G)\theta + (D - C_G)(1 - \theta) = D - C_G + (\sigma - D)\theta$$

(36.1)

$$\mu_G(0,\theta) = \sigma\theta \tag{36.2}$$

最后求 $\mu_a(1,\theta) = \mu_a(0,\theta)$ 的纳什均衡解，可知：$\theta' = (D - C_G)/D$。

如果地方政府治理的概率（θ'）等于 $(D - C_G)/D$，不管检查和不检查，其效果都是一致的；如果地方政府选择治理的概率（θ'）大于 $(D - C_G)/D$，那么中央政府的最优选择是不检查；如果地方政府选择治理的概率（θ'）小于 $(D - C_G)/D$，那么中央政府的最优选择是检查。

第二种情况：假定 a 为外生变量的条件下，地方政府选择生态治理（$\theta=1$）和选择不治理（$\theta=0$）的期望收益分别为：

$$\mu_L(\alpha,\theta) = (\pi - C_L)\alpha + (\pi - C_L)(1 - \alpha) = \pi - C_L \tag{36.3}$$

$$\mu_L(\alpha,0) = -D\alpha + \omega(1 - \alpha) = -(\omega + D)\alpha + \omega \tag{36.4}$$

最终求 $\mu_L(\alpha,1) = \mu_L(\alpha,0)$ 的纳什均衡解，可知：$\alpha' = (\omega + C_L - \pi)/(\omega + D)$。

如果中央政府选择进行检查的概率（α'）等于 $(\omega + C_L - \pi)/(\omega + D)$，地方政府将会随机选择治理或不治理；如果中央政府选择进行检查的概率（α'）大于 $(\omega + C_L - \pi)/(\omega + D)$，那么地方政府的最优选择是治理；如果中央政府选择进行检查的概率（α'）小于 $(\omega + C_L - \pi)/(\omega + D)$，那么地方政府的最优选择是不治理。

因此，这个时候的混合战略纳什均衡是：

$$\theta' = (D - C_G)/D;\ \alpha' = (\omega + C_L - \pi)/(\omega + D) \tag{36.5}$$

式（36.5）表明，地方政府将以 $(D - C_G)/D$ 概率治理，中央政府将以 $(\omega + C_L - \pi)/(\omega + D)$ 概率进行检查。

从均衡最终结果可知，地方政府治理的概率和中央政府的监管成本构成反比的关系，同时与中央政府对地方政府的处罚构成正比，这时候双方的博弈均衡解为（不检查，不治理）。同时，拥有占优策略的地方政府拥有明显的优势，其处于竞争中的主动地位。因此，中央政府监管成本越高，地方政府越可能采取不治理策略；也可以说处罚越大，地方政府治理的概率就越大。表明如果在不完全信息的条件下，生态环境的治理在中央政府与地方政府之间就是一个典型的"囚徒困境"。

从区域生态文明协同发展目的出发，中央政府和地方政府必须要同时选择积极治理的行动策略。而实现这一集体行动的关键就在于"降低行动成本、提高行动收益",即加大不作为的承担责任,同时要提高积极治理的制度激励。中央政府作为生态文明理念的提出者、倡导者,有足够的积极性进行生态文明建设的动力,那么要让地方政府能够积极地进行生态文明建设就必须要通过加大中央政府对地方政府消极治理的惩处力度,迫使其能够自觉地进行生态文明建设。

三 生态环境协同治理的横向博弈分析

地方政府作为"经济人""理性人"博弈过程中都遵循占优策略,即不论地方政府 L_1 或 L_2 采取什么样的策略,地方政府 L_1 或 L_2 所选择的都是唯一最佳的策略。地方政府 L_1 和地方政府 L_2 是两个同质政府,各自都是理性行为主体,将总财政预算用于保障性财政支出将有利于生态治理,而生产性财政支出则不利于生态治理。假定地方政府 L_1 加大生产性财政支出的情况下,在晋升激励的作用下,地方政府 L_1 的效用水平会得到提升,而地方政府 L_2 的效用水平会下降。若地方政府 L_1 加大保障性财政支出,地方政府 L_1 和 L_2 都会收益。用 F 表示保障性财政支出,代表具有正外部性的公共产品供给;用 P 表示生产性财政支出,代表具有负外部性的公共产品供给。

假定地方政府 L_1 和地方政府 L_2 财政支出的效用函数分布可表示为:

$$U_{L_1} = (F_{L_1} + \gamma F_{L_2})^\alpha (P_{L_1} - \varphi P_{L_2})^\beta \tag{36.6}$$

$$U_{L_2} = (F_{L_1} + \gamma F_{L_2})^\alpha (P_{L_2} - \varphi P_{L_1})^\beta \tag{36.7}$$

其中, $0 < \alpha, \beta, \gamma, \varphi < 1$, $\alpha + \beta = 1$, 假定地方政府 L_1 和地方政府 L_2 财政支出总额为 H;γ 表示地方政府 L_1(L_2)的保障性财政支出给地方政府 L_2(L_1)带来的正外部性影响系数,而 φ 表示地方政府 L_1(L_2)的生产性财政支出给地方政府 L_2(L_1)带来的负外部性影响系数。

(一)地方政府 L_1 和地方政府 L_2 之间不合作的情况

地方政府作为理性主体最大化自身利益,则地方政府 L_1 的决策可以表示为:

$$\text{Max} U_{L_1} = (F_{L_1} + \gamma F_{L_2})\alpha (P_{L_1} - \varphi P_{L_2})\beta$$

$$s.t \begin{cases} F_{L_1} + P_{L_1} \leqslant H \\ F_{L_1} \geqslant 0 \\ P_{L_1} \geqslant 0 \end{cases} \tag{36.8}$$

地方政府 L_2 的决策可以表示为：

$$MaxU_{L_2} = (F_{L_1} + \gamma F_{L_2})\alpha(P_{L_2} - \varphi P_{L_1})\beta$$

$$s.t \begin{cases} F_{L_2} + P_{L_2} \leq H \\ F_{L_2} \geq 0 \\ P_{L_2} \geq 0 \end{cases} \tag{36.9}$$

由一阶条件可得地方政府 L_1 和地方政府 L_2 的反应函数分别为：

$$F_{L_1} = \frac{\alpha - \alpha\varphi}{\alpha + \beta}H + \frac{\alpha\varphi - \beta\gamma}{\alpha + \beta}F_{L_2} \tag{36.10}$$

$$F_{L_2} = \frac{\alpha - \alpha\varphi}{\alpha + \beta}H + \frac{\alpha\varphi - \beta\gamma}{\alpha + \beta}F_{L_1} \tag{36.11}$$

由公式（36.10）和公式（36.11）可得：

$$F'_{L_1} = F'_{L_2} = \frac{\alpha - \alpha\varphi}{\beta + \beta\gamma + \alpha - \alpha\varphi}H \tag{36.12}$$

将公式（36.12）代入公式（36.8）和公式（36.9）可得地方政府 L_1 和地方政府 L_2 的均衡收益：

$$U'_{L_1} = U'_{L_2} = \left[\frac{\alpha - \alpha\varphi}{\beta + \beta\gamma + \alpha - \alpha\varphi}H(1+\gamma)\right]^\alpha + \left[\frac{\beta - \beta\varphi}{\beta + \beta\gamma + \alpha - \alpha\varphi}H(1-\varphi)\right]^\beta \tag{36.13}$$

（二）地方政府 L_1 和地方政府 L_2 之间合作的情况

在中央的区域发展战略作用下，地方政府 L_1 和地方政府 L_2 积极采取合作的决策行为，追求各地区收益的最大化目标：

$$MaxU_{L_1,L_2} = U_{L_1} + U_{L_2}$$

$$s.t \begin{cases} F_{L_1} + P_{L_1} = H \\ F_{L_2} + P_{L_2} = H \\ F_{L_1}, P_{L_1} \geq 0 \\ F_{L_2}, P_{L_2} \geq 0 \end{cases} \tag{36.14}$$

由于地方政府 L_1 和地方政府 L_2 合作，整个区域内不存在正、负外部性，所以 $\gamma=0$ 且 $\varphi=0$，求解公式（36.14）可得：

$$F'_{L_1} = F'_{L_2} = \frac{\alpha}{\alpha + \beta}H \tag{36.15}$$

将公式（36.15）代入公式（36.14）可得：

$$U'_{L_1} = U'_{L_2} = \left[\frac{\alpha}{\alpha+\beta}H\right]^{\alpha+\beta} \qquad (36.16)$$

从以上两种情况的讨论可以看出：同质地方政府 L_1 和地方政府 L_2 在不合作的情况下进行平等的生态治理博弈，纳什均衡条件下（公式（36.12）和公式（36.13））的均衡结果是（保障性财政支出，生产性财政支出），基于个体理性地方政府 L_1 和地方政府 L_2 按照自身利益最大化做出的决策将导致保障性财政支出不足而生产性财政支出过度。不合作情况下用于保障性财政支出比例会少于合作决策时的最佳财政支出比例，只有在整体理性支配下，资源配置才可以达到帕累托最优，使社会福利最大。这也进一步说明，地方政府间竞争与博弈的后果常常会导致边界生态纠纷频繁以及生态跨域治理失灵的结果。

第二节　区域生态环境的纵向协同治理机制分析

传统的生态文明建设在处理跨区域问题时主要是依赖行政体系，通过中央对地方的管制而实现区域生态文明建设的统筹协作。在中国，中央政府对地方政府具有监管、奖惩的权限，因此，中央政府会对地方政府的生态文明建设行为产生极大的影响。而地方政府会根据中央政府管制的程度，调整各自的治理行为，即通常所言的"上有政策下有对策"。因此，中央与地方的协同治理要建立在两者博弈均衡的基础之上。纵向的生态文明建设主体在中国主要有两种形态。一种是传统的国家行政机关，主要是通过中央机关的行政权力实现区域的均衡发展。另一种是新型的央—地合作模式，出于特定的项目治理的需要，中央机关和相应的地方政府部门组成协调机构而进行合作治理。

一　中央行政部门干预的协同治理机制

纵向省际生态文明建设主体大致上有四个层次：中央职能部门、部委派出机构、议事协调机构、部际联席会议。有稳定和高效的公共行政体系，在保障纵向治理组织对于统筹协调区域环境保护、合作治理生态资源配置使用的负外部性问题上起着主导性作用。

中央职能部门是指具有生态文明建设职责的中央行政机关,包括环保职能部门(环境保护部)、资源管理部门(水利部、国土资源部、国家林业局、国家海洋局等);综合协调部门(国家发展和改革委员会、财政部、农业部等)。

部委派出机构是职能部门的直属事业,目前主要是环保部的华南、西南、东北、西北、华东、华北六大区域督察中心和水利部长江、黄河、淮河、海河、珠江、松辽水利委员会及太湖流域管理局等。

国务院议事协调机构为了完成某项特殊性或临时性任务,通常会设立跨部门的协调机构,并且一般不会另设实体性的办事机构,在一些特殊或者紧急的意外情况下,经国务院同意,国务院议事协调机构也可以规定临时性的对应行政管理措施,依据《国务院关于议事协调机构设置的通知》(国发〔2008〕13号),其中具有生态协调职责的机构包括全国绿化委员会、国家应对气候变化及节能减排工作的领导小组。

部际联席会议主要是为了协商办理涉及国务院多个部门职责的事项,一般由国务院批准建立,各成员单位需要按照共同商定的工作制度,及时进行信息交流,沟通情况,协调不同意见,以推动某项任务能够顺利落实的工作机制,同时也是行政机构最高层次的联席会议制度,当前还主要是环境保护部际联席会议等。

纵向省际生态文明建设主体作为继承了传统的科层制区域生态文明建设模式,由于具有完备的组织体系保障,强力有效的治理措施,在省际生态文明建设中一直占有着核心且高效的角色。但是,由于限于官僚的治理模式,其在省际生态文明建设中仍然有着诸多不足之处。

第一,整体性的综合治理难以成为现实,目前保持资源和环境的分割治理状态。中国当下实行的是分割管理体制,这是由生态管理机构设置实行的,也就是说,环境保护和生态资源管理分开进行。环境保护与污染防治由环境保护部负责,由水利、林业、国土、海洋和大气等部门管理着中国的生态资源,因此形象地形容中国的生态文明建设为"九龙治水"(见表36.2)。此外,国家发展和改革委员会也要兼顾负责全国范围内的公共资源规划、统筹与配置。由于实行分割治理,并且缺少统一负责、协调管理生态资源的开发、管理和保护的综合机构,导致完整的生态文明建设系统被专业化的官僚分割机构所代替,政府所具有的生态管理职能也被分割在不同的部门，使得生态规划职能、生态资源开发与建设职能、环境保护职能分割运行，部门之间分工合理，但合作不足。加上部门内部利益使然，在全国或者区域性生态文明建设中不容易形成共识，不能够实现积极有效的集体行动，无法对生态事务进行有效的统一管理，最终"囚徒困境""公地悲剧"等情形的出现可以说是现行制度设计的必然。

表36.2　　　　纵向省际生态文明建设主体职能概况

名称	生态职责
环境保护部【国务院组成部门】	负责重大环境问题的统筹协调和监督管理
水利部【国务院组成部门】	负责保障水资源的合理开发利用、水资源保护工作
国土资源部【国务院组成部门】	承担保护与合理利用土地资源、矿产资源、海洋资源等自然资源的责任，拟定国土资源发展规划和战略
国家发展和改革委员会【国务院组成部门】	综合协调可持续发展战略推进，参与编制生态建设、环境保护规划，协调生态建设、能源资源节约和综合利用的重大问题，综合协调环保产业和清洁生产促进有关工作
林业局【国务院直属机构】	全国林业及其生态建设的监督，管理全国湿地保护、荒漠化防治工作、野生动植物资源、自然保护区的保护和合理开发利用
国家海洋局【国家局、国土资源部管理】	承担保护海洋环境、海洋环境观测预报和海洋灾害预警报的责任
国家气象局	全国范围内的大气监测、预报、灾害防治、规划制定等
长江、黄河、淮河、海河、珠江、松辽水利委员会、太湖流域管理局【直属事业单位】	负责保障流域水资源的合理开发利用、管理和监督，统筹协调流域生活、生产和生态用水、流域水资源保护工作
环境保护部华北、华东、华南、西北、西南、东北督查中心【直属事业单位】	负责跨省区域和流域环境污染与生态破坏案件的投诉、受理、协调处理工作
环境保护部际联席会议	全国范围内以及区域间环境保护工作的跨部委间协调

资料来源：中央政府门户网站。

第二，由于区域性机构的行政级别偏低，协同治理的效果不明显。

中央层级的专门性的省际协调机关包括由环境保护部建立的区域督察中心和水利部设立的流域管理机构，两类机构都是作为部委的直属事业单位，并且其职能是环境保护部与水利部的相关部门职能的延续。用区域环保督察中心为例，其重要职责是监督地方对国家环境政策、标准、法规的执行情况；承办生态破坏案件与重大环境污染的查办工作；承办跨省区域或流域内重大环境纠纷的协调处理工作；参加重、特大突发环境事件的应急响应和处理的督查工作；承办或参加环境执法稽查的相关工作；督查和监管重点污染源和国家审批建设项目"三同时"的具体执行情况；督查国家级自然保护区（森林公园、风景名胜区）、国家重要生态功能保护区环境的执法情况；负责跨省区域和流域内环境污染与生态破坏案件的来访投诉受理及对应的协调工作等。这些职能都是环境监察局职能的延伸，同时作为事业单位其职能主要是负责"监督"和"查办"，而不具有相关的行政执法权，难以真正协调区域内各个实体之间的利益诉求，不能实现对跨省区域和流域重大环境事件进行有效处理。

制度创新，其目的在于通过法律法规的修订完善为构建协同治理的生态环保的行政治理格局提供制度保障。其一，就长远而言，必然需要制定一部相应的《生态法》，对生态事务的对应职能管理架构做出明晰、明确的法律规范，消融《环保法》与相关其他部门法之间的矛盾，使生态文明建设主体的"使命、权力与责任"实现统一，建立起易行有效的部门之间生态文明建设的协调机制。其二，就目前情况来分析，通过国务院制定的行政法规，一方面，要提升、深化环境保护部际联席会议及环保部、水利部区域性治理组织的相应权能；另一方面，应当增加设立一个国务院对应的议事协调机构，例如国家生态文明委员会或者是国家推进生态文明建设的领导小组，并且可以在国务院办公厅增加设立生态文明建设办公室。这样既可作为日常办事机构也可担任咨询协调机构，最终目标是实现全国和省际的生态建设与开发、生态规划、环境保护的统一协调，承担起部际、省际生态协调职责，也可以为日后生态体制改革进行实验探索，同时也可以积累实践经验。

二　新型央地合作模式的协同治理机制

新型的纵向省际生态协调机构是基于协商民主的央地合作治理的模

式,一般是基于特定的生态项目治理的需要产生。协同治理的集体行为主要是依据不同主体的合意而实现。与传统的纵向治理组织具有极高的相似度,区别是否有与地方政府无隶属关系的中央部委机关参与其中。由于以协商民主为基础,新型组织较传统治理模式取得了更为良好的效果。

新型省际生态协调机构在中国已有较多的实践,主要分布在大江大河流域(长江、黄河、淮河、珠江、海河等)和有国家重大项目工程(南水北调工程)的区域(见表36.3)。

表36.3　新型省际生态协调机构

名称	成员	主要工作成果
全国环境保护部际联席会议	工业和信息化部、财政部、国土资源部、住房和城乡建设部、水利部和农业部以及专题会议涉及的相关省份	召开海河流域、淮河流域、松花江流域、海河流域、黄河中上游水污染防治工作专题会议
长三角地区环境保护合作联席会议	苏、浙、沪、皖环保部门和环境保护部华东督察中心	太湖流域和长江口水污染防治、水源地保护、酸雨和二氧化硫污染防治——《长江三角洲区域环境保护规划》《长江三角洲区域规划生态环境建设与保护专题规划》、长三角区域大气环境保护合作平台、长三角区域机动车污染控制联动方案
淮河流域水污染防治	环境保护部、发改委、国土资源部、住房和城乡建设部、水利部、农业部、江苏、安徽、山东、河南	淮河流域水污染防治——《淮河流域水污染防治规划(2006—2010年)》
南水北调中线工程水源区水资源保护联席会	水利部长江水利委员会、南水北调中线工程水源区(湖北省十堰市、河南省南阳市、陕西省汉中市、安康市、商洛市)	保护好国家南水北调中线工程水源区的水资源,防治水污染——《南水北调中线工程水源区水资源保护和水污染防治联席会议章程》《确保清水流北方——商洛宣言》

续表

名称	成员	主要工作成果
黔桂水资源保护与污染防治协作机制	珠江委、广西和贵州两地水利、环保部门	北盘江及北盘江汇入红水河河段沿线水资源保护和水污染防治力度、协商方式预防、解决跨省（区）水污染事件引发的水事纠纷——《黔、桂跨省（区）水资源保护和水污染防治协作机制组建方案》
渤海环境保护省部际联席会议	国家发展改革委（召集人）、环保部、水利部、天津市、河北省、辽宁省、山东省	渤海环境保护总体规划实施，局部海域环境质量状况有所改善，陆源污染物排放开始得到控制

资料来源：相关机构网站。

新型省际生态协调机构是由国家部委与地方政府通过一对多、多对一、多对多形成的良性互动的产物和维护者，其为营造区域之间平等协商的网络运行机制发挥了建设性作用。但由于其发展时间较为短暂，不免存在一些不足之处。由于高度的相似性，新型的省际生态协调机构也具备横向省际生态协调机构存在的同样问题，也就是数量有限，覆盖面小，主要集中于大江大河领域、治理对象较为单一（重水资源保护与治理，对生物资源、气候资源及土地资源等关注不够充分）、组织结构不够完整、治理措施效用还很有限等问题。除这些以外，目前存在于新型省际生态协调机构的主要问题仍然是中央部委机构的权威性问题。

新型省际生态协调机构较横向省际生态协调机构的优越之处就在于通过中央部委机关积极参与，提升了协商对话中的主体权威性，避免了横向的平等对话平台不易对不同层级的区域问题达成实质性共识的困境。但就目前情况而言，新型省际生态协调机构中的中央部委角色则实际承担的主要是水利部和环境保护部的派出部门。而各管理机构或区域督察中心，则均属于部委的直属事业单位，同时行政职级属于司局级，导致在面对省级人民政府或者是面对其政府组成部门进行协同治理时，难以最终实现中央治理权威的效果。换句话说，行政职级偏低且没有行政执法权限的部委派出机构并不能成为新型省际生态协调机构中合格的中央权威实体，进而影响到区域生态文明建设的最终效果。

缘于中央权威的参与，新型省际生态协调机构在跨区域的重大生态问题治理中发挥了积极的建设性作用，未来应当为其发展提供良好的发展空间。

第一，中央的机构会积极介入，构建新型省际生态协调机构。由中央部委发起或者召集，在全国还没有横向治理机构的区域进行综合性省际生态协调机构的建立，用来弥补既有的横向治理不足，同时可以改变将环境保护和生态资源开发建设进行分割治理的行政惯性。中央政府也应当在政策规划、资金预算、制度建设、人员配备等方面提供更为坚实的保障。此外，中央政府也应当通过实施改革政绩考核体系等措施，积极引导区域政府主动参与到区域生态文明建设中来。

第二，强化现有的新型治理组织。关键在于提升水利系统领域内管理机构和环保系统在区域调查中心的法律地位，积极扩充组织职能，并将其编入国家生态行政序列，使其确确实实能够作为中央政府或部委的行政代表，有相应的行政权能，以方便与地方政府开展合理有效的治理。

第三，积极拓展新型省际生态协调机构响应的治理内容。在当下，新型省际生态协调机构的相关治理内容主要还是地表水资源的污染防治，相应地，其他生态资源的区域协同治理并未纳入其中，而且仅仅限于关注污染防治，却忽视了生态文明建设的其他领域的协同。所以，针对未来新型省际生态协调机构的发展，应当不断丰富其治理内容：既要关注到生态资源的整体性治理，同时也要在生态文明建设的全过程中展开更为广泛的区域协同治理。

中国区域公共生态事务对应的"善治"必然是以相当完善、高效的区域生态治理组织作为核心推动力量的，也就是通过纵向、横向和新型"三位一体"的区域生态治理组织体系，广泛地运用多元的行政治理方式来实现中国区域之间生态文明的协同创新发展。就中国目前而言，新型省际生态协调机构应该成为区域尤其是省际层面生态文明建设的核心。因为国外基于纵向的"科层治理"失灵而对横向区域政府间的平等协商寄予厚望，试图通过平等协商达成合作协议而实现区域公共事务的善治，国内理论界也多持相同观点。西方新近已开始正视横向协调的固有局限，转而更为广泛地强调中央国家权力相应的建构作用和其对公共事务治理的重要性。立足中国公共领域的"强政府"的现状和对科层治理偏好的治理传统，在既有政治体制下依靠横向协调较难实现有效区域生态文明建设，因此，未来中国区域生态文明建设主导模式应当是既注重科层制中央治理权威，又尊重区域政府自主性的新型省际生态协调机构。这不但可以综合两者治理的治理优势，更是治理效率和民主治理的统一。

第三节 区域生态环境的横向协同治理机制分析

和纵向的科层治理和市场协调不同的是，成员间相互尊重、信任是以区域环境联席会议为代表的横向省际生态机构运行的主要基石，在政府协商一致的基础上最终达成区域生态文明建设的共识或协议——横向的省级政府间生态协调机构其实是一种自主治理机制，其肇始于对市场失灵和科层失灵的否定性超越。科层协调产生的内部性交易成本（例如官僚成本和市场协调成本）会最终导致外部交易成本较高，因而基于协商民主的横向省际协调机构的产生和发展是区域公共治理发展的内在要求。其次，横向省际生态协调机构相对于全国性宏观的纵向协调更加具有清晰明确的问题指向以及积极的行动意愿，合作治理措施的针对性更强，应当具有很好的治理成效——组织的垂直依赖与绩效反相关。因而，横向省际生态协调机构在一个结构合理的省际生态文明建设主体体系中应当发挥中流砥柱的作用。

中国的横向省际生态协调机构主要存在于生态环境保护压力比较大、互相之间的依存程度也较高的毗邻省份间，较明显的主要集中于经济发达地区：长江三角洲、珠江三角洲、首都经济圈等，大多属于流域性合作治理，如表36.4所示。

横向省际生态协调机构虽然在协调区域间环境纠纷、促进环境保护合作、协调区域发展规划等方面做出了积极贡献，但是就其自身以及区域生态长远发展而言，还存在诸多不足之处。

第一，权力有限，协同治理覆盖面较小。从目前情形来看，横向省际生态协调机构大部分集中在经济比较发达的生态关联区域：长江三角洲经济区、珠江三角洲经济区、环渤海经济圈、天水—关中经济区等，区域经济一体化成为省级环境的协调治理主要动因。协同治理环境成为区域经济一体化可持续发展所必须坚持的道路，同时发达经济基础和完善的经济一体化合作机制也为区域间环境协同治理铸就了坚实的物质与制度基础，在这些区域环境协同治理既是必需的，也是可能的，更是可以实现的，而在经济欠发达同时也具有环境压力的区域，有协同治理的需求，却难有治理的能力。因此，就全国而言，省际对应的横向环境相关协调组织的治理区域占国土面积的比例极低。

横向省际生态协调机构的主要对象是将地表水资源治理纳入其中，相对应的其他生态要素的省际治理还没有完全地被加入协同治理的范围之内（目前仅有长三角地区将机动车尾气污染治理作为治理对象）仅仅涉及的是区域间环境保护与防治的协调。可见，横向省际生态协调机构治理对象极为单一，与协同治理应当覆盖区域内所有生态要素的要求还相距甚远。横向省际生态协调机构发展既滞后于省际经济合作组织，更滞后于省际生态文明建设的发展需要。

表36.4　　　　　　　代表性的横向省际生态协调机构

名称	区域成员	主要职责	主要工作成果
泛珠三角区域环境保护合作联席会议	福建、江西、湖南、广东、广西、海南、四川、贵州、云南九个省份和香港、澳门特别行政区	珠江流域水环境保护、生态环境保护、环境监测	《泛珠三角区域环境保护合作协议》《泛珠三角区域跨界环境污染纠纷行政处理办法》《泛珠三角区域环境保护产业合作协议》
京津冀水资源环境治理合作协调小组	北京、天津、河北	区域水环境治理、区域生态安全、林业建设	《京津冀都市圈区域规划环境保护与生态建设专题规划》《北京市与周边地区水资源环境治理合作资金管理办法》
江浙沪环境保护合作联席会议制度	江苏、浙江、上海	每半年召开一次会议，定期研究区域环保合作的重大事项，审议、决定合作的重要计划和文件	《长江三角洲地区环境保护合作协议》；推动了区域大气染联防联控开展；机动车管理方面进行合作，延续环保标志互认制度，有力推动了尾气污染的治理

续表

名称	区域成员	主要职责	主要工作成果
渭河流域环境保护城市联盟市长联席会议	甘肃省定西市、天水市和陕西省宝鸡市、杨凌示范区、咸阳市、西安市、渭南市等六市一区	渭河流域水环境保护联防联控、流域生态补偿	全国首例省际生态补偿机制在陕、甘两省率先实施

资料来源：政府机构网站以及新闻报道。

第二，组织结构尚不完善，治理效用不佳。横向省际生态协调机构当下的主要组织形式是首脑级联席会议、职能部门联席会议，而且大多数处于协商讨论的层级。较为完善的横向省际生态协调机构则更应该是多形式、多层级的联席会议，并且联席会议应当由环境专题小组、环境专责小组以及相关的其他保障机构组成。既有的协调机构仍然不具有相当完整的组织体系，只有简单的初步的首长联席会议。不同的职能机构具有各自的区域生态协同效用，只有完备的机构体系才能发挥最佳的治理效用。

第三，治理的方式比较单一，并不能完全长期地保证长期效果。在当前，省际生态协调机构主要采取以合作协议为主的区域行政协议来作为最主要的合作治理方式。区域生态文明建设达成共识的体现和标志仍然是区域行政协议，并且区域行政协议广为应用并发挥了相应的作用，但是这目前还只是区域间政府部门对环境压力所做出的一些自发性的探索和尝试，对于行政协议纠纷的解决机制、协议性质归属及产生的责任界定方面均缺乏明晰的法律界定或者更一般的法理的引领，也就是说，区域行政协议目前还没有对应的法律基础，从而使该协议在法律层面上的实用性缺乏根基。在当前，区域政府的自觉履行和行政首长的意志推动是区域行政协议的主要动力，因此也造成了区域生态文明所面临的困境：区域生态文明建设的共识本来就难以达成，首先是"议而不决"，同时达成协议以后又是"决而不行"。总之，横向区域生态文明建设难以形成对治理行为的明确性指引的规范性文件，缺少必要的长期制度保障。

第四，区域经济发展的不平衡性，区域治理的分散碎片化。区域协调治理的参与主体间的经济、文化及社会发展的不平衡导致了不同区域政府的生态文明建设的具体价值方面存在较大的差异，既影响了治理共识的达成，更加影响生态协同的集体治理行为的最终成效，容易出现经济欠发达区域因考量生态文明建设的成本和本地的经济发展效益而作出在区域生态文明建设中的"搭便车"行为，进而会影响整个区域的生态文明建设成效。以近期为国内外广为关注的北京雾霾天气治理为例，早在2008年奥运会筹备之时北京就与周边省份协作治理空气污染，确保奥运需求，而且在奥运期间治理成效显著，但这是在特殊背景之下运动式治理的成效。从常态分析而言，北京周边四省份工业废气治理费用、每亿元工业产值废气排放量与工业产值之间差异较大。且现有的政绩考核体系中工业GDP占据核心地位，各省均有保持经济较快增长的政治目标，因而很难自主协调五省份的利益关系实现有效的协同治理，何况还有京津"直辖市情结"作梗。

表36.5　　　　　　　　　省际生态协调机构及其职能

机构	职能
环境专责小组	专门负责环境方面的协调合作
环境问题专题小组	专门解决某一具体跨界环境问题
信息沟通机构	环境信息联合监测与通报
纠纷解决机构	解决跨界环境纠纷
联合规划机构	制定区域生态环境规划以及跨界污染防治专项规划
专家咨询机构	为环境决策、环境法规和规划的制定提供专业咨询
监督保障机构	监督环境法规和规划的实施，监督各省落实协议情况
应急机构	负责突发环境事件的通报和处理

横向省际生态协调机构作为区域治理的自发型组织，是较为有效的区级生态利益的协商、对话平台，确保参与主体能够充分表达自己诉求，有助于形成真实的价值与行动共识，因此在未来对区域生态文明建设应予以扶助，完善既有不足。

第一，中央政府的全方面支持。为对应省份之间开展全局性的生态文明建设提供政策的引导、制度方面的保障和物质支撑。针对横向省际生态协调机构，存在数量较少、治理对象单一等问题不应该由中央强制性地干预解决，而是应该通过对应政策的扶持，提供对应的制度和物资支持、引导和鼓励，鼓励各省积极开展生态文明建设，其是一种内生性的治理组织，应该不断充实既有的治理组织机构。

第二，为了确保其长效的发展，应该修订相关的法律法规，将省际环境协调机构法制化。一方面，应该确保相关省际环境协调机构的地位、议事程序、职责和组成内容是明确的，另一方面，明确规范区域行政协议的法律性质、违约责任和纠纷解决的承担方式。全国人大及其常委会制定法律是省级环境协调机构法制化的最根本有效的途径，同时，如果由国务院制定相关的行政法规也是可以的，但是在现实中，最简单易行的是将区域行政协议内容转化为地方立法文件，用地方立法来化解行政协议的确定性和执行问题。

第三，对现有的政绩考核体系进行改革，进而约束区域政府行为。现有的政绩考核体系让区域政府更多地注重本地区内的经济效益，而忽视了对环境方面的治理行为，对区域间生态文明的建设问题更加难以进行考量，因此就会出现重视经济发展而忽视环境保护、对污染进行跨区域转移、招商引资以确保环保的底线等现象。将生态发展与区域间生态共同治理纳入政绩考核标准，促使区域政府能够重视跨界生态问题的共同治理。

第四，对环境治理标准进行统一，构建环境信息的共享平台。首先，应该建立全国范围内统一的环境准入和污染物排放标准体系，改变当前各自为政的不良局面。其次，建立健全的生态信息监测、发布和共享体制，为区域生态协同工作的顺利进行提供完备的信息支持。

第三十七章

推进中国区域生态与经济协同发展的对策

第一节 加强区域生态与经济协同发展的综合性制度建设

党的十八届三中全会审议并通过了《中共中央关于全面深化改革若干重大问题的决定》，提出要"建立系统完整的生态文明建设制度体系，用制度保护生态环境"。这是新时期生态文明建设的指导思想，其内涵就是要通过制度建设实现生态文明建设体系和治理能力的现代化。在这一背景下，实现生态文明建设内部协同的核心在于制度建设。通过制定推进生态文明建设制度体系建设的有效战略、实施步骤和支持政策，实现生态文明建设内部系统的有机整合、高效运转。

构建综合性的生态文明建设制度体系是确保生态文明建设顺利、持续推进的根本保障。综合性的生态文明建设制度体系主要体现在三个方面：其一，内容的综合性，即生态文明建设制度体系要涵盖生态文明建设的不同层面和所有要素；其二，实体和程序的综合，即生态文明建设制度体系尤其是生态法律体系不仅要对实体性权利做出明确的规定，还要对权利实现的程序性规范做出规定；其三，正式制度与非正式制度的结合，即生态文明建设制度体系建设既要对正式制度规范予以重视，更要对非正式制度规范予以高度关注。

一 制度内容的综合性

综合性的生态文明建设制度体系是要求涵盖污染防治、资源和生态保护、经济社会领域中的生态环境保护的制度体系，包括法律、管理体制和关键制度。

综合性的生态文明建设制度体系首先要求有一部综合性的《生态法》，作为调整人类在保护自然环境、合理开发利用自然资源、防治环境污染、保护自然人和法人的生态权利和合法利益方面的系统法律规范。现行的《环境保护法》是生态领域的主要规范，专注于环境污染防治。但是由于是由全国人大常委会制定，不属于基本法的范畴，法律位阶偏低，决定了《环境保护法》目前还不可能成为生态领域的基本法。因此，完善生态文明建设制度体系迫切需要全国人民代表大会制定一部专门性的生态文明建设的基本法，作为生态文明建设制度体系的纲领性文件。

其次，制度体系的综合性体现治理的对象能涵盖所有的生态要素，包括动物、植物、微生物、土地、矿物、海洋、河流、阳光、大气、水分等天然物质要素，以及地面、地下的各种建筑物和相关设施等人工物质要素。污染防治是生态文明建设的最主要的任务，也是目前生态文明建设的主战场，但目前只有《大气污染防治法》《土壤污染防治法》《核安全法》《有毒有害物质污染控制法》等专项法律出台，还有许多生态要素没有专门的法律制度予以保护。而且各个专项法律滞后，难以适应现实的发展。《大气污染防治法》是1987年公布，2000年九届人大常委会修改；《水污染防治法》是1984年公布，1996年全国人大常委会修改；《固体废物立污染环境防治法》是1995年公布，2004年全国人大常委会修订；《环境噪声污染防治法》是1996年公布；《海洋环境保护法》是1982年公布，1999年修订。以《大气污染防治法》为例，2000年修订时主要是针对当时大气污染以煤烟型污染为主的局面，没有涉及区域联防联控的内容，所以难以适应目前区域性和复合型为特点的大气污染新形势，而且规定的50万元罚款上限的违法责任规定，使守法成本和违法成本倒挂，加之对大气污染防治职能规定不清（机动车管理职能涉及环保、公安、工业、交通、质检等13个部门），让该法遇到执法困境。

最后，制度体系的综合性体现于对政府、市场和社会多元参与的生态文明建设模式做出系统性规定。生态文明建设是一场史无前例的经济、社会和文化体制与观念的深层变革，需要动员各方主体参与其中。西方国家生态治理的实践表明单纯依靠市场或政府都难以实现对生态问题的良好治理，因而构建了政府、市场和社会多元主体治理的模式。但是中国目前生态文明建设的制度体系规范主要集中于政府治理，对市场和社会多元参与治理的规定不足。以节能减排为例，节能减排依照国际经验必须要实现政府管制和市场调节的有机结合才可能实现预定目标。但中国节能减排主要依赖行政性排污总量控制制度，《环境保护法》中尚未做出关于实行污染物排放总量控制的规定。具有市场治理性质的排污权（许可证）制度从2007年以来，国务院有关部门组织天津、河北、内蒙古等11个省（区、市）开展排污权有偿使用和交易试点，取得了一定进展，但是缺乏明确的法律规范导致排污权交易市场发展缓慢。因此，完善生态文明建设制度体系建设必须要关注由政府、市场和社会共同参与的机制构建，综合各方力量，实现生态问题的参与共治。

二 实体与程序并重

实体和程序的综合是综合性的生态文明建设制度体系建设的另一个层面。以规定和确认权利与义务为主的法律叫作实体性法律规范。以保证权利和义务得以实现或职权职责得到履行的有关程序叫作程序性法律。"重实体、轻程序"的观念一直左右着法治建设，使得在法治建设中注重实体权利义务的创设，而忽视权利义务实现的程序性规范。在立法理念中就表现为实体正义高于程序正义，没有将程序的公正、合理性视为与法律裁判的结果的公正、合理性具有同等的价值和意义。生态文明建设制度体系建设也受此影响，关注于生态权利（管理权力）的创设，而对权利的救济机制和权力的执行机制涉及较少，尤其是忽视了诉讼程序性规定（如环境公益诉讼的高额的索赔可以提高了其污染成本）。与传统的法律关系相比，生态法律领域缺少如与《民事诉讼法》《行政诉讼法》《刑事诉讼法》相似的《生态诉讼法》等程序性法律规范。这导致生态权益主体难以获得相应的权利救济，在司法实践中出现了环境诉讼的"零受理"现象。

2015年开始实施的《环境保护法》做出了有益的尝试。首次对环境公益诉讼做出了规定，其中第58条规定，公益诉讼的符合条件扩大为社会组织"依法在设区的市级以上人民政府民政部门登记"和"专门从事环境保护公益活动连续五年以上且无违法记录"，且"提起诉讼的社会组织不得通过诉讼牟取经济利益"，放开了社会组织的诉讼权，目前符合诉讼资格的公益诉讼主体300余家。但是这一规定只是对环境公益诉讼的诉权主体资格做出的规定，并没有结合生态问题的特殊性对诉讼的具体程序做出规定，而且还存在主体限制过严的问题。因此，从长远着眼，要适时地制定《生态诉讼法》作为生态权益的程序性规范的基本法律文件，保障公民的生态权益。

生态程序性制度还有包括生态行政权力运行的规定。生态文明建设主体是生态行政治理，因此生态行政权力的运行程序也是生态文明建设制度建设的主要内容。这也是被忽视的一个方面，与中国整体的行政法治现状紧密相关。因为行政程序立法还处于起步阶段，尚无《行政程序法》，在地方层面只有2008年公布实施的《湖南省行政程序规定》，2011年公布、2012年实施的《山东省行政程序规定》等少数的地方行政程序立法。行政程序法是现代化的生态文明建设制度不可或缺的一环，能够控制公共权力滥用，保护公民的基本权利和自由，规范行政行为、规范和简化行政程序、提高行政效率。完善生态文明建设制度体系建设要对生态行政做出翔实的程序性规定，以有效地规范生态行政机关履行生态治理职能，确保法律主体的生态权益得以实现。

三 正式制度与非正式制度的结合

正式制度与非正式制度的结合是生态文明建设制度体系建设的一个重要内容。以往对生态文明制度体系建设关注较多的是国家立法机关制定或者认可的正式制度规范，有国家强制力保障实施。这种制度是生态文明制度体系最初的也是最主要的形态，规定了生态文明建设的基本原则，形成了生态文明建设的基本架构。

非正式制度是与正式制度相对的一个概念，是由相关组织制定或认可的，主要是非国家强制力实现的行为规范。生态文明的制度体系建设既需要考虑科技水平的发展程度，而且又要兼顾经济发展的水平，还要能够应对环境危机的突发事件。这必然会增加传统的以正式制度的立法难度和不可控因素，对传统法律的被动型属性同样提出了挑战。

第二节　优化政府合作治理推进区域
生态与经济协同发展

中国的跨区域生态文明建设要在立足国情的基础上，积极借鉴国外区域生态文明建设的经验，在实现国民经济可持续发展的同时，探索出适合自身的生态文明建设道路。

一　实现传统的环境管制与政府间合作治理的统一

中国跨区域生态文明建设的困境出现与现有的环境管理体系有一定的关系。环境保护和生态资源管理分割管理的体制是中国生态管理机构设置的：环境保护部负责环境保护与污染防范治理，而生态资源则分别由水利、国土、林业、大气、海洋等部门管理——被称为"九龙治水"，这样一来，本来应该具有整体性的生态文明，就被官僚化的机构所割裂。加上中国目前的环境管理基本属于"行政区生态"：生态文明建设被行政区划所分割，各地政府只对本辖区的生态环境负责。这种"部门分割""区域封闭"的环境管理体制显然难以满足区域生态协同发展的要求。

政府间治理是指在现有体制下，通过不同政府、部门之间充分的协商、博弈，最终达成集体治理共识，进而实现公共事务的合作、协同治理。因为政府间治理依据的是主体之间的行动共识，各方利益实现最优化，因此参与者具有较高的行动积极性，治理的目的较为容易实现。传统的国家治理体系很难对层出不穷的跨区域生态问题做出具体规范，而且无论是生态行政、生态立法以及司法裁决，都需要花费较大的人力、物力、财力，还要付出高昂的时间成本，往往治理的结果并不如人意。美国的州际生态文明建设更多依赖于州际合作，以弥补传统治理的空白，这其中包括州与州之间的合作、联邦部门与州政府之间的合作。

立足现有国家治理体制，借鉴美国州际生态文明建设体系的经验，中国要实现区域生态协同发展应当广泛开展政府间生态合作治理，将环境管制与政府间合作治理有机结合起来，既要深化行政体制改革，整合生态环境的执法主体，相应程度地集中执法权，推进综合方面的执法，重点解决权责交叉、多头执法问题，力争建立权责统一、权威高效的生态行政执法体制，也要积极促进、鼓励、保障各个地方政府之间开展规范的生态合作治理。

二 规范区域行政协议的制定与实施

区级行政协议是政府间合作的文本体现和实施规范，因为跨区域的生态文明建设主要方式是政府间合作治理，因此制度化的区域行政协议就成为跨区域生态文明建设的制度支撑。美国联邦对州际生态文明建设极为鼓励和推崇，在宪法和其他生态单行法中都明确提出鼓励地方采取行政协议的方式进行生态文明建设，并且对州际协定的制定、实施、责任承担都有明确的规定。

在中国生态环境治理压力较大的地区也有区域行政协议的出现，主要集中于珠三角、长三角和京津冀地区，如《泛珠三角区域环境保护合作协议》《泛珠三角区域跨界环境污染纠纷行政处理办法》《泛珠三角区域环境保护产业合作协议》《京津冀都市圈区域规划环境保护与生态建设专题规划》《长江三角洲地区环境保护合作协议》等。但是这些区域行政协议只是区域间政府对环境污染的解决做出一种自发性的探索与尝试，协议性质的归属、产生的责任界定以及行政协议纠纷的解决机制均没有明确性的法律依据和指引，即区域行政协议在当前并没有对应的法律基础，从而使得该类协议面临法律适用上的进退两难的境地。因此，未来应当修订法律法规，将区域行政协议的法律属性、纠纷案件的解决办法、违约责任的承担方式做出确定性规范，以切实发挥其在跨区域生态文明建设中的积极作用。

三 注重发挥司法在跨区域生态文明建设中的调节作用

司法常被称为社会矛盾的"调节器""安全阀"。司法在跨区域生态文明建设中的调节作用主要是指通过司法裁判来解决中央与地方、地方与地方之间的生态利益纠纷。司法在美国的州际生态文明建设中发挥了重要作用。一方面，运用司法裁决推动生态法令的实施、确立新的生态判例法，在司法实践中逐渐修正了生态法；另一方面，就是保障州际协议的切实履行。

中国虽然并没有实现判例法制度和"违宪审查制度"，但是存在最高人民法院的案例指导原则，可以视为一种"准判例法"。通过涉及跨区域生态文明建设的行政、民事以及刑事诉讼，依托司法程序化解区域生态文明建设实践中的权益纠纷，形成的司法裁判则可以在全国跨区域生态文明建设实践中形成一个明确的预期，发挥法的指引、预测、评价功能。

四 创新跨区域生态治理组织

跨区域生态文明建设不可拘泥于传统的单一国家科层制度，亦不应局限于单一的市场和社会组织，应当勇于制度创新，将政府治理、市场治理和社会治理机制统一应用，创新治理组织的模式。公司化的运营有助于实现跨领域生态资源的优化配置，社会治理机制可以确保公共治理的民主性、科学性，而行政组织属性则有助于提高治理效率，协调中央和地方之间的利益纠葛。

就目前中国的跨区域治理时间而言，区域生态治理组织主要是中央部委的派出机构和松散的区域政府间的生态文明建设联席会议。中央部委的派出机构主要是环保部的地区督察中心与水利部的大江大河委员会，均只属于行政事业单位，职能仅仅是被派出机构部分监管部门的延伸。而区域联席会议在中国跨区域治理实践中出现的时间较短，其规模较小，规范性、协同性较差。民间机构目前在中国生态文明建设的影响力主要是环保组织的环保宣传和舆论监督，其在区域生态文明建设中尚未形成大的影响力。可见，中国目前的跨区域生态文明建设组织很不成体系，有效的区域生态治理组织目前处于"缺席"的状态，更奢谈组织的创新。因此，在未来中国区域生态文明建设中，要注重治理组织的培育和发展，解放思想，摆脱组织属性的束缚，立足实际，因地制宜地创新区域生态文明建设的组织模式。

第三节　利用市场机制推进中国区域生态与经济协同发展

目前，政府在生态环境治理方面取得了一定的成效，但其政策安排并不能完全纠正过度排放的激励机制，难以从外部性层面治理环境污染问题，这也是生态环境治理政府失灵的体现。因此，利用市场机制弥补政府失灵，约束和激励环境行为，是解决中国环境难题，促进生态与经济协同发展的有效途径。

党的十八届三中全会正是基于市场在国内生态文明建设实践的成效，提出要建立区域之间的环保市场化机制，推行跨区域的市场治理。中国的跨区域市场治理目前主要包括三个方面：第一，在主体功能区规划的原则下，对重点的生态主体功能区采取生态补偿机制，同时要在区域之间建立横向的生态补偿制度；第二，大力发展环境保护的产权交易市场，对于区域内部碳排放、排污权、水权交易制度进行完善；第三，建立吸引社会上的资本对生态环境的保护进行市场化投资，推行环境污染由第三方治理。

一　强化市场机制与生态理念的融合

经济系统和生态系统是两个相互独立，又相互依存，相互交融的统一整体。生态环境是经济发展的基础，经济的发展为生态环境的保护与建设提供依靠。两者是一个共同促进的大系统，在全面建成小康社会和实现现代化的局势下，必须将两个系统有机统一起来，实现经济生态化和生态的经济化。

经济的生态化，就是让我们在经济工作的同时，将生态的理念融入进来，用生态的眼光来发展经济。促进经济的生态化，关键在于发展循环经济。传统的经济发展流程是从资源到产品，最后到排放，而循环经济则是从资源到产品，最后再次利用，这样可以把经济活动对自然环境的负面影响降到最低程度。发展循环经济，这充分迎合了可持续发展的观念，符合走新型工业化道路的要求，是新型经济增长方式和新型发展模式的具体体现，同时也是社会文明演进的直接说明。在中国，要大力发展资源节约型经济，紧紧把握全球经济结构调整和产业转移的有利条件，大力推动产业结构调整，发展节水、节电和节能型产业，推动产业结构的优化升级，把经济增长模式从过去的"高消耗、高排放"转到"低消耗、低排放"上来。要积极发展生态效益型农业、无污染的绿色制造业基地，大力推进现代商贸服务业、知识型服务业和社区服务业，让产业的发展均符合可持续发展的目标。避免盲目地追求指标的数值、速度的快慢和超高速发展，关键在于使经济发展速度与生态环境的承载力相适应。

生态的经济化，就是要利用市场机制来促使生态行为有利可图，实现其经济价值。其一，要用市场经济的运行规律来想办法做大、做强生态产业，使生态环保制造业、服务业成为新兴战略性产业。其二，对生态的考核可以参照经济的量化指标来进行，推进绿色 GDP 指标体系。部门专家和政府部门应该合力打造出一套计算制度和相对应的绿色指标体系，并且将这一套标准作为各级政府领导的政绩考核标准来执行，引导物质的投入向推动经济更高质量的发展方式转变。其三，要推动生态项目按市场经济的办法来做。通过不断建立和完善生态制度和发展方式，使得那些违背保护环境基本原则的企业外部成本内部化，作为获取公共福利的补偿，企业应该付出相对应的成本。积极地探讨资源定价、适度提价机制，用价格杠杆调节资源的使用；推进大项目企业化经营，产业化运作；运用业主招投标、项目经营权转让、BOT 等方式把生态项目推向市场，使生态项目市场化经营落到实处。另外，还要切实建立起有利于欠发达地区发展的生态效益补偿机制。

二 协调生态治理中的政府与市场关系

最近几年来，随着国家经济的快速发展，环境保护的力度大大增强。但是总体上，中国环境质量并没有发生根本改善，生态环境破坏趋势并未得到有效遏制，其中最主要的原因是市场资源配置的基础性作用没有发挥到实处，认为环境是无价的，环境是没有成本的等观念长期存在。环境投入不足、投资效益不高和机制体制不完善等难题是中国环境保护面临的重大困境，因此必须综合运用经济手段、法律监管和必要的行政管理，引入市场机制，实行政府和市场双重调节，发挥政府的主动性和客观的市场规律，进而实现经济和环境的协同、可持续发展。

要彻底解决目前面临的难题，一是要正确地处理好政府调控和市场调节之间的关系，要在政府宏观调控下，充分发挥市场机制的基础性调节作用，对资源环境价格机制进行改革，对税费进行调整，完善生态环境补偿，发展环保市场，推进节能量、碳排放权、排污权、水权交易制度，建立完善的生态保护市场化机制，推进环境保护第三方治理。二是要引导环境保护设施向集约化、专业化和市场化运营。推行环保市场化，不能只靠环保设施的投入和运营由环境治理提供社会化服务的独立法人承担，而且还要通过建立新的机制，逐渐形成一批专业化的环境保护治理公司，最终形成投资、运营、服务市场化。这样做不仅有助于减少环保相关的基础设施重复建设问题，还能降低治理成本，同时对环保的投入有对应的产出，通过利益机制调动社会资本向资源环境保护方向流动，减轻政府负担，加快污染治理进程。三是要大力发展环保产业，目前中国的环保产业不仅潜力巨大，同时也是中国新型的经济增长点之一，中国的重点污染区域，在大气、土地和水源等方面的污染治理，需要投入大量的社会资本。目前，资源和生态环境已经被中国放在更加突显的位置，为环保产业的大力发展和市场化进程提供了广阔的空间，随着中国市场化机制的逐步成熟完善，发展环保产业必然会成为新的经济增长点。

三 优化市场手段的激励和约束机制

经济手段利用不充分和行政管制不到位是中国环境保护所面临的两个突出问题，前置审批，事中和事后监管薄弱是行政管制的重要问题。同时对于环境保护的经济激励不足是另外一个现实的问题，没有有效的经济激励，就无法有效快速地调动人民保护环境的积极性。因为环境保护是一个经济问题，必须运用经济手段来进行管理。根据环境保护的外部性和环境污染的成因，从经济方面入手，在治理环境污染中采取有效的激励制度，建立与市场经济相适应的利益机制，这将对环境污染的治理产生重要的作用。

在当前，国际上普遍应用于环保的经济政策工具有环境税、补贴、排污权交易和环境基金四大类，其核心是在理顺激励机制的情形下，引导企业主动减排。政策的选择主要是根据信息的获取难易程度、执行的成本和经济影响等方面来综合确定的。（1）环境税。环境税主要通过让排污者对自己的污染行为负责，增加其行动成本，以抑制排污行为。环境税可以在生产环节或者消费环节征收。在生产环节征收的优点是对污染源的认知较为明确，征收和管理难度较低。在消费环节征收环境税，一般情况下是为了对消费者的消费行为进行导向。虽然环境税并没有限制排污总量，可能导致"交税即可排污"的后果，但是，提高税率将通过利益机制引导企业少排放。（2）补贴。补贴是政府采取减免税、贴息或专项资金等方式，对社会效益较好的绿色生产企业或环保产品消费者进行补贴的一种方式。根据补贴具体环节不同，一般将其分为鼓励投资补贴、清洁生产补贴和消费补贴三大类。比如可以通过补贴来鼓励企业主动购买节能减排设备或进行技术改造，也可以通过补贴支持企业进行清洁生产，还可以对环保产品适用较低的消费环节税率，并对高耗能产品实行强制报废制度。（3）排放权交易。排放权交易主要是指政府根据一定的规则，将排放量分配给企业，并允许企业之间将排放权进行自由交易。配额不仅会设定污染物的全社会排放总量目标，而且对于具体的每一家企业都规定了最大的排放量，如果超过了最大的排放量，则具体的企业需要去交易市场上购买新的配额，如果少排放污染物，则可以主动出售配额获得收益。因此排放配额成了有价值的可交易商品，并且可以通过价格机制的引导作用来主动减少排放量。这种方式灵活性很高且是以市场机制的客观规律来最优化地分配排放配额，同时可以达到控制排放总量的目标。在经济景气时，配额的价值也会随着提高，就能够有效地鼓励企业主动减排。（4）环境基金。对于指定用途的污染治理项目，环境基金可以提供相对应的资金支持，资金的来源主要有财政拨款或者特定的税费等，通常来说都是专款专用。基金一般用于奖励企业进行资源的回收利用，处理一些责任难以认定，责任者缺乏修复能力，或紧急程度高的污染事件。

主要参考文献

[1]《马克思恩格斯选集》第 2 卷，人民出版社 1995 年版。
[2]《马克思恩格斯全集》第 42 卷，人民出版社 1986 年版。
[3]《马克思恩格斯文集》第 1 卷，人民出版社 2009 年版。
[4] 马克思：《资本论》第 1 卷，人民出版社 2004 年版。
[5]《马克思恩格斯全集》第 44 卷，人民出版社 2001 年版。
[6]《马克思恩格斯全集》第 3 卷，人民出版社 1986 年版。
[7]《马克思恩格斯选集》第 1 卷，人民出版社 1972 年版。
[8][德]恩格斯：《社会主义从空想到科学的发展》，人民出版社 1967 年版。
[9] 习近平：《携手推进"一带一路"建设》，人民出版社 2017 年版。
[10] 习近平：《深入理解新发展理念》，《求是》2019 年第 10 期。
[11] 习近平：《在深入推动长江经济带发展座谈会上的讲话》，《求是》2019 年第 17 期。
[12] 习近平：《明确区域协调发展的三大目标》，中国新闻网，2017 年 12 月 28 日。
[13] 习近平：《提高脱贫质量聚焦深贫地区　扎扎实实把脱贫攻坚战推向前进》，新华社，2018 年 2 月 14 日。
[14]《中华人民共和国国民经济和社会发展第十一个五年规划纲要》，人民出版社 2006 年版。
[15] 中共中央、国务院：《京津冀协同发展规划纲要》，2015 年。
[16] 中共中央、国务院：《长江经济带发展规划纲要》，2016 年。
[17] 中共中央、国务院：《粤港澳大湾区发展规划纲要》，2019 年。
[18] 中共中央、国务院：《关于建立更加有效的区域协调发展新机制的

意见》，新华社，2018年11月18日。

[19] 陆大道：《2000年我国工业生产力布局总图的科学基础》，《地理科学》1986年第2期。

[20] 李剑林：《基于发展观演变的中国区域经济发展战略及空间格局调整》，《经济地理》2007年第27卷第6期。

[21] 陆大道：《关于我国区域发展战略与方针的若干问题》，《经济地理》2009年第29卷第1期。

[22] 杨伟民、袁喜禄、张耕田等：《实施主体功能区战略，构建高效、协调、可持续的美好家园——主体功能区战略研究总报告》，《管理世界》2012年第10期。

[23] 潘文卿、李子奈：《三大增长极对中国内陆地区经济的外溢性影响研究》，《经济研究》2008年第6期。

[24] 刘生龙、王亚华、胡鞍钢：《西部大开发成效与中国区域经济收敛》，《经济研究》2009年第9期。

[25] 姜四清、王姣娥、金凤君：《全面推进东北地区等老工业基地振兴的战略思路研究》，《经济地理》2010年第30期。

[26] 张伟、吴文元：《基于环境绩效的长三角都市圈全要素能源效率研究》，《经济研究》2011年第10期。

[27] 王鹏、李健、张亮：《中部地区自主创新能力评价及提升路径分析》，《中国工业经济》2011年第5期。

[28] 盖美、张丽平、田成诗：《环渤海经济区经济增长的区域差异及空间格局演变》，《经济地理》2013年第33卷第4期。

[29] 张晓旭、冯宗宪：《中国人均GDP的空间相关与地区收敛：1978—2003》，《经济学》（季刊）2008年第2期。

[30] 周业安、章泉：《财政分权、经济增长和波动》，《管理世界》2008年第3期。

[31] 潘文卿：《中国区域经济差异与收敛》，《中国社会科学》2010年第1期。

[32] 傅晓霞、吴利学：《中国地区差异的动态演进及其决定机制：基于随机前沿模型和反事实收入分布方法的分析》，《世界经济》2009年第5期。

［33］刘夏明、魏英琪、李国平：《收敛还是发散？——中国区域经济发展争论的文献综述》，《经济研究》2004 年第 7 期。

［34］樊纲、王小鲁：《消费条件模型和各地区消费条件指数》，《经济研究》2004 年第 5 期。

［35］吴建新：《技术、效率、资本积累与中国地区发展差异》，《数量经济技术经济研究》2009 年第 11 期。

［36］潘越、杜小敏：《劳动力流动、工业化进程与区域经济增长——基于非参数可加模型的实证研究》，《数量经济技术经济研究》2010 年第 5 期。

［37］潘文卿：《中国沿海与内陆间经济影响的溢出与反馈效应》，《统计研究》2012 年第 10 期。

［38］黄晖：《中国经济增长区域差异的制度分析》，《经济地理》2013 年第 33 卷第 1 期。

［39］张天舒、黄俊：《区域经济集中、经济增长与收入差距》，《金融研究》2013 年第 2 期。

［40］何雄浪、郑长德、杨霞：《空间相关性与我国区域经济增长动态收敛的理论与实证分析——基于 1953—2010 年面板数据的经验证据》，《财经研究》2013 年第 7 期。

［41］管卫华、林振山、顾朝林：《中国区域经济发展差异及其原因的多尺度分析》，《经济研究》2006 年第 7 期。

［42］彭国华：《我国地区经济的长期收敛性——一个新方法的应用》，《管理世界》2006 年第 9 期。

［43］余明桂、回雅甫、潘红波：《政治联系、寻租与地方政府财政补贴有效性》，《经济研究》2010 年第 3 期。

［44］郝大江：《基于要素适宜度视角的空间经济协调研究》，《财经研究》2010 年第 1 期。

［45］周海燕、吴宏、陈福中：《异质性能源消耗与区域经济增长的实证研究》，《管理世界》2011 年第 10 期。

［46］李小胜、宋马林、安庆贤：《基于环境技术的省际环境管制成本研究》，《中国人口·资源与环境》2013 年第 23 卷第 6 期。

［47］杨伟民、袁喜禄、张耕田等：《实施主体功能区战略，构建高效、

协调、可持续的美好家园——主体功能区战略研究总报告》,《管理世界》2012 年第 10 期。

[48] 范恒山:《我国促进区域协调发展的理论与实践》,《经济社会体制比较》2011 年第 6 期。

[49] 张文合:《我国区域经济发展战略的转变与选择》,《经济研究》1989 年第 10 期。

[50] 李剑林:《基于发展观演变的中国区域经济发展战略及空间格局调整》,《经济地理》2007 年第 27 卷第 6 期。

[51] 万广华:《不平等的度量与分解》,《经济学》(季刊)2009 年第 1 期。

[52] 张军、吴桂英、张吉鹏:《中国省际物质资本存量估算:1952—2000》,《经济研究》2004 年第 10 期。

[53] 费洪平:《中国区域经济发展》,科学出版社 1998 年版。

[54] 叶文虎等:《联合国可持续发展指标体系评述》,《中国人口·资源与环境》1997 年第 3 期。

[55] 中国科学院可持续发展研究组:《中国可持续发展战略报告》,科学出版社 2000 年版。

[56] [比]伊·普里戈金、[法]伊·斯唐热:《从混沌到有序》,曾庆宏、沈小峰译,上海译文出版社 1987 年版。

[57] [德]哈肯:《协同学:物理学化学和生物学中的非平衡相变和自组织(Synergetics)》,原子能出版社 1984 年版。

[58] 盛昭瀚:《演化经济学》,上海三联书店 2002 年版。

[59] 陈平:《劳动分工的起源和制约从斯密困境到广义斯密原理》,《经济学》(季刊)2002 年第 2 期。

[60] 罗富政、罗能生:《中国省际政治协同的测度及其对区域经济增长的影响》,《经济地理》2016 年第 8 期。

[61] 龚锋、卢洪友:《公共支出结构、偏好匹配与财政分权》,《管理世界》2009 年第 1 期。

[62] 陈勇兵、陈宇媚、周世民:《中国国内市场整合程度的演变:基于要素价格均等化的分析》,《世界经济》2013 年第 1 期。

[63] 贺灿飞、梁进社:《中国区域经济差异的时空变化:市场化、全球

化与城市化》,《管理世界》2004 年第 8 期。

[64] 叶民强、张世英:《区域经济、社会、资源与环境系统协调发展衡量研究》,《数量经济技术经济研究》2001 年第 18 卷第 8 期。

[65] 朱俊成:《基于多中心与区域共生的长三角地区协调发展研究》,《中国人口·资源与环境》2011 年第 21 卷第 3 期。

[66] 李太杰、李汉铃:《简论经济增长机理与社会发展综合指数评价》,《中国软科学》2000 年第 2 期。

[67] 丁菊红、邓可斌:《政府干预、自然资源与经济增长: 基于中国地区层面的研究》,《中国工业经济》2007 年第 7 期。

[68] 黄小平、方齐云:《中国财政对医疗卫生支持的区域差异——基于泰尔指数的角度》,《财政研究》2008 年第 4 期。

[69] 欧阳志刚:《中国城乡经济一体化的推进是否阻滞了城乡收入差距的扩大》,《世界经济》2014 年第 2 期。

[70] 王兵、吴延瑞、颜鹏飞:《中国区域环境效率与环境全要素生产率增长》,《经济研究》2010 年第 5 期。

[71] 包群、彭水军:《经济增长与环境污染: 基于面板数据的联立方程估计》,《世界经济》2006 年第 11 期。

[72] Haken H., "Synchronization and Pattern Recognition in a Pulse-coupled Neural Net", *Physica D: Nonlinear Phenomena*, Vol. 2005, No. 1, 2005.

[73] Born M., Infeld L., *Erinnerungen an Albert Einstein*, Union Verlag, 1967.

[74] Wang Guiyou, *Chaos to Order: Intyoduction of Synergistics*, Hubei People's Press, 1987.

[75] Sombart W., *Allgemeine Nationalökonomie*, Duncker & Humbolt, 1960.

[76] Krugman P. R., *Geography and Trade*, MIT Press, 1991.

[77] Ottaviano G., "Regional Policy in the Global Economy: Insights from New Economic Geography", *Regional Studies*, Vol. 37, No. 6 – 7.

[78] Borck R., Pflüger M., "Agglomeration and Tax Competition", *European Economic Review*, Vol. 50, No. 3, 2006

[79] Ulltveit-Moe K. H. , "Regional Policy Design: An Analysis of Relocation, Efficiency and Equity", *European Economic Review*, Vol. 51, No. 6, 2007.

[80] Fenge R. , von Ehrlich M. , Wrede M. , "Public Input Competition and Agglomeration", *Regional Science and Urban Economics*, Vol. 39, No. 5, 2009.

[81] Gruber S. , Marattin L. , "Taxation, Infrastructure and Endogenous Trade Costs in New Economic Geography", *Papers in Regional Science*, Vol. 89, No. 1, 2010.

[82] Sheard N. , "Regional Policy in a Multiregional Setting: When the Poorest are Hurt by Subsidies", *Review of World Economics*, Vol. 148, No. 2, 2012.

[83] Yang D. , "Patterns of China's Regional Development Strategy", *China Quarterly*, Vol. 122, 1990.

[84] Fan, C. C. , "Uneven Development and Beyond: Regional Development Theory in Post-mao China", *International Journal of Urban and Regional Research*, 1997.

[85] Moore B. , Rhodes J. , "Evaluating the Effects of British Regional Economic Policy", *Economic Journal*, Vol. 83, 1973.

[86] Wren J. T. C. , "UK Regional Policy: An Evaluation", *Regional Studies*, Vol. 31, No. 9, 1997.

[87] Puga D. , "European Regional Policies in Light of Recent Location Theories", *José María Mella Márquez*, Vol. 2, No. 4, 2002.

[88] Becker J. , Fuest C. , "Source Versus Residence Based Taxation with International Mergers and Acquisitions", *Social Science Electronic Publishing*, Vol. 95, No. 11, 2009.

[89] Wiberg M. , "Political Participation, Regional Policy and the Location of Industry", *Regional Science and Urban Economics*, Vol. 41, No. 5, 2011.

[90] Mileti A. , Prete M. I. , Guido G. , "The Role of New Retailing Formats in the Italian Local Development", *Chinese Business Review*, Vol. 10,

No. 8, 2011.

[91] David J. Peters, "American Income Inequality Across Economic and Geographic Space, 1970 - 2010", *Social Science Research*, No. 426, 2013.

[92] P. V. Druzhinin, "Assessment of the Relationship between Economic Growth and Political Institutions in a Region", *Regional Research of Russia*, No. 32, 2013.

[93] Baumol, W., "Productivity, Growth, Convergenceand Welfare: Whatthe Longrun Data Show", *Americian Economic Review*, No. 76, 1986.

[94] Barro, R. J., Sala-i-Martin, X., "Conuergence across States and Regions", in Cukierman, and Ledieman, L. eds., *Political Economic Growth and Business Cycles*, MIT Press, 1992.

[95] Whalley, J. and Xin, X., "China's FDI and non-FDI Economies and the Sustainability of Future High Chinese Growth", *China Economic Review*, Vol. 21, 2010.

[96] V. S. Selin, "Russia's Northern Regions: Economic Dynamics and Problems", *Regional Research of Russia*, No. 24, 2012.

[97] Sen Hu, Hualei Yang, Boliang Cai, Chunxia Yang, "Research on Spatial Economic Structure for Different Economic Sectors from a Perspective of a Complexnetwork", *Physica A: Statistical Mechanics and Its Applications*, No. 39, 2013.

[98] Whalley J., Zhao X., "The Contribution of Human Capital to China's Economic Growth", National BureauofEconomic Research, 2010.

[99] Crescenzi R, Rodríguez-Pose A., "Infrastructure and Regional Growth in the European Union", *Papers in Regional Science*, Vol. 91, No. 3, 2012.

[100] Cowell F. A., Champernowne D. G., *Economic Inequality and Income Distribution*, Cambridge Books, 1999.

[101] Fei J. C. H., Ranis G., Kuo S. W. Y., "Growth and the Family Distribution of Income by Factor Components", *Quarterly Journal of Eco-*

nomics, Vol. 92, No. 1, 1978.

[102] Saatly T. L., "How to Make a Decision: The Analytic Hierarchy Process", *European Journal of Operational Research*, Vol. 48, No. 11, 1990.

[103] Mishan E. J., *The Economic Growth Debate*, London: Allenand Unwin, 1977.

[104] Daly H. E., Steady H. E., *The Econom*, San Francisco: Freeman, 1997.

[105] Kisho Kurokawa, *Each One a Hero: The Philosophy of Symbiosis*, Tokyo: Kodansha International, 1997.

[106] Hartwick, J. M., "Natural Resources, National Accounting and Economic Depreciation", *Journal of Public Economics*, Vol. 43, 1990.

[107] Vitousek P. M., Howarth R. W., "Nitrogen Limitation on Land and in the Sea: How Can it Occur", *Biogeochemistry*, No. 13, 1991.

[108] Department of the Environment of UK, *Indicators of Sustainable Development for the United Kingdom*, London: HMSO, 1994.

[109] R. Costanza, J. Erickson, K. Fligger, et al., "Estimates of the Genuine Progress Indicator (GPI) for Vermont, Chittenden County and Burlington, from 1950 to 2000", *Ecological Economics*, No. 51, 2004.

[110] R. Costanza, M. Ruth, "Using Dynamic Modeling to Scope Environmental Problems and Build Consensus", *Environmental Management*, No. 2, 1998.

[111] R. Costanza, "Social Goals and the Valuation of Natural Capital", *Environmental Monitoring and Assessment*, No. 86, 2003.

[112] Youngtanza, "Soci Environment and Development", *Applied Energy*, No. 64, 1999.

[113] Konstantion Bithas, Peter Nijkamp, "Self-organization and Sustainability: Energeties of Evolution and Implications for Ecological Economies", *Ecological Economies*, No. 33, 2000.

[114] Stratos Loizou, Konstandinos Mattas, Vangelis Tzouvelekas, Christos

Fotopoulos, Kostantinos Galanopoulos, "Regional Economic Development and Environmental Repercussions: An Environmental Input-output Approach", *International Advances in Economic Research*, No. 3, 2000.

[115] Wackernagel M., Onisto L., Bello P., et al., "National Natural Capital Accounting with the Ecological Footprint Concept", *Ecological Economics*, No. 29, 1999.

[116] Verspagen., "Convergence Innovation in Eco-classical Growth-mode Is: A Survey", *Journal of Macroeconomics*, No. 4, 1992.

[117] Smith M. J., *On Evolution*, Edinburgh: Edinburgh University Press, 1972.

[118] Thomas C. Schelling, "Models of Segregation", *American Economic Review*, No. 2, 1969.

[119] Schieve W. C., Allen P. M., et al., *Self-organization and Dissipative Structure: Application in the Physical and Social Science*, Austin, Texas: University of Texas Press, 1982.

[120] Haken H., "Synergetics", *Physics Bulletin*, Vol. 28, No. 9, 1977.

[121] Feng Xingyan, Jiang Ruiping, "North-South Interactions in the East Asian Regional Cooperation", *China International Studies*, No. 3, 2011.

[122] Börzel T. A., Risse T., *Venus Approaching Mars? The European Union's Approaches to Democracy Promotion in Comparative Perspective*, *Promoting Democracy and the Rule of Law*, Palgrave Macmillan UK, 2009.

[123] Jonas A. E. G., Pincetl S., Sullivan J., *Endangered Neoliberal Suburbanism? The Use of the Federal Endangered Species Act as a Growth Management Tool in Southern California*, Urban Studies, 2013.

[124] Beeson M., "The Coming of Environmental Authoritarianism", *Environmental Politics*, Vol. 19, No. 2, 2010.

[125] Baldwin R. E., "Managing the Noodle Bowl: The Fragility of East Asian Regionalism", *The Singapore Economic Review*, Vol. 53, No. 9, 2008.

后　　记

　　本著作是在我主持的国家社会科学基金重大课题"推进中国区域经济、政治、文化、社会及生态协同发展研究"最终成果基础上，经过多次修改完善而成的。一些教授和我的博士生参与了课题的研究工作，撰写了一些子课题或章节的初稿，他们是：谢里教授、王良健教授、李琳教授、罗富政博士、李佳佳博士、彭郁博士、李建明博士等，感谢他们为课题研究付出的辛勤劳动和做出的学术贡献。在初稿基础上，我进行了反复的修改、增删，以及一些子课题和章节的重写，历时两年才完成终稿。很显然，该著作是我与相关教授、博士等合作完成的一项研究成果。

　　从经济、政治、文化、社会和生态"五位一体"的视角来研究区域协同发展，涉及面广，跨学科多，问题错综复杂；同时，已有相关研究主要聚焦在区域经济协调发展上，区域其他方面的协同发展可参考的相关研究成果很少。因此，我们的探索和成果可能会存在这样那样的不足，希望得到学术界同仁批评和赐教。在研究过程中，我们广泛阅读了能够找到的大量国内外相关文献，从中得到研究的启迪，吸取有价值的观点、方法、资料和数据，这些相关成果对于我们完成课题研究起了重要作用，在此，对这些相关文献的作者深表感谢和敬意。我们对引用和参考过的文献都尽可能在书稿中适当地方做了注释和说明。同时，要感谢经贸学院领导对我们研究工作的大力支持和学院对著作出版的资助，感谢中国社会科学出版社为著作出版提供的优质服务，特别是感谢责任编辑喻苗主任，她以热情周到的服务和高水平的编辑工作，为著作高质量出版创造了良好条件，做出了积极贡献。

罗能生谨识
2021 年 3 月 28 日